中国年鉴精品工程
High Quality Project of China's Yearbook

北京朝阳年鉴
BEIJING CHAOYANG YEARBOOK

2021

北京市朝阳区地方志编纂委员会 编

方志出版社
Publishing House of Local Records

图书在版编目（CIP）数据

北京朝阳年鉴．2021 / 北京市朝阳区地方志编纂委员会编．-- 北京：方志出版社，2021.12
ISBN 978-7-5144-5224-2

Ⅰ．①北… Ⅱ．①北… Ⅲ．①朝阳区－2021－年鉴 Ⅳ．①Z521.3

中国版本图书馆 CIP 数据核字 (2021) 第 274008 号

北京朝阳年鉴（2021）

编　　者：北京市朝阳区地方志编纂委员会
责任编辑：丛 珺
出 版 者：方志出版社
地址　北京市朝阳区潘家园东里 9 号（国家方志馆 4 层）
邮编　100021
网址　http://www.zgfzcb.cn
发　　行：方志出版社图书经销中心
电话（010）67110500
经　　销：各地新华书店
印　　刷：北京尚品恒通文化传媒有限公司
开　　本：889×1194　1/16
印　　张：33.75
字　　数：1205 千字
版　　次：2021 年 12 月第 1 版　2021 年 12 月第 1 次印刷
印　　数：0001～1500 册
ISBN　978-7-5144-5224-2　定价：330.00 元

序

国务院办公厅2015年8月印发的《全国地方志事业发展规划纲要（2015—2020年）》（以下简称《规划纲要》）要求，到2020年要做到地方综合年鉴一年一鉴，公开出版，实现省、市、县三级综合年鉴全覆盖。《规划纲要》还要求，坚持存真求实，正确处理质量与进度的关系，将精品意识贯穿于年鉴编纂出版工作全过程。2015年12月，中国地方志指导小组办公室启动中国年鉴精品工程，将其与先期实施的中国志书精品工程视为姊妹工程，一道作为加强地方志质量建设的重要抓手。

实施中国年鉴精品工程有助于推动中华优秀传统文化传承发展。近年来，在党中央、国务院的高度重视和关心支持下，全国地方志事业发展迎来最好的发展时期。年鉴编纂发端于欧洲，鸦片战争后被引入我国，在我国走过了100多年的发展历史。在长期的编纂中，年鉴在内容和形式上不断发展，逐渐演变成为适合反映中国国情、具有鲜明中国特色的一种文化载体，并在改革开放后出现了快速发展的局面。2006年5月，国务院《地方志工作条例》颁布施行，明确将地方综合年鉴纳入地方志工作范畴，年鉴工作走上了有法可依的轨道。《规划纲要》出台，为从依法编鉴转变到依法治鉴指明了方向。2016年12月，中国地方志指导小组印发《全国年鉴事业发展规划（2016—2020年）》，更进一步明确了到2020年全国年鉴事业的任务书、时间表、路线图。经过多年的发展，年鉴工作已经成为地方志工作的重要组成部分，成为中华民族优秀文化传统的有机组成部分，其存史、育人、资政作用日益彰显。实施中国年鉴精品工程，是年鉴工作者紧扣时代脉搏、坚持创新发展的一项重要举措，对于坚定文化自信，传承弘扬好中华优秀传统文化意义重大。

实施中国年鉴精品工程有助于为全面建成小康社会提供更多智力支持和历史借鉴。党的十八大作出全面建成小康社会的战略部署。党的十八届五中全会提出到2020年如期实现全面建成小康社会的目标要求。完成《规划纲要》确定的目标任务是年鉴工作者的神圣使命，更是年鉴工作者以自身力量为全面建成小康社会献上的厚礼。一方面，可以更好地利用年鉴这种年度资料性文献，及时记录各地区在全面建成小康社会伟大征程中每年取得的新成绩和新经验、出现的新情况和新问题、涌现的优秀人物和典型事迹等；另一方面，可以更好地积累地情、国情资料，为推动经济社会发展和深化改革提供智力支持，为推进国家治理体系和治理能力现代化提供历史借鉴。

实施中国年鉴精品工程有助于全面推进地方志事业转型升级。地方志不是单纯修志编鉴工作，而是全体方志人“修志问道，以启未来”的一项事业，这项事业包含着巨大的时代担当与使命追求。地方志工作要在“五大建设”总体布局和“四个全面”战略布局中发挥与其自身价值、功能相匹配的作用，就要因时而谋、乘势而上、顺势而为，全面推进地方志事业转型升级。转型升级，当下最重要的目标就是完成“两全”目标，包括“年鉴全覆盖”目标；长远的目标就是基本形成地方志编修体系、理论研究和学科建设体系、质量保障体系、资源开发利用体系、工作保障体系“五位一体”的地方志事业发展综合体系，包括“五位一体”的年鉴事业发展综合体系。中国年鉴精品工程是一项探索工程，也是一项创新工程，是推进地方志事业转型升级的重要内容。通过实施中国年鉴精品工程，不仅有助于确保年鉴质量，不断编纂出版具有鲜明时代特征、年度特点和地域特色的精品年鉴，也有助于推动年鉴工作适应经济社会发展形势和时代需要，不断改革创新，与时俱进。

多年来，在中国地方志指导小组办公室的指导和全国各级地方志工作机构的共同努力下，年鉴种类数量快速增长，年鉴成果粲然可观，为实施中国年鉴精品工程奠定了坚实的基础。实施中国年鉴精品工程，就是要在全国地方志系统起到示范作用，进一步培育精品意识，打造精品年鉴，以点带面，在提高年鉴质量方面探索出一条切实可行之路，使这项探索工程和创新工程能够积累经验，发挥引领作用。

“万山磅礴，必有主峰；龙衮九章，但挈一领”。实施中国年鉴精品工程，是筑牢地方志事业特别是年鉴事业发展根基之举，其意义与价值不言而喻。但编修出年鉴精品佳作，绝非朝夕之功，需要付出长期艰辛的努力。希望通过实施中国年鉴精品工程，能够进一步推进年鉴质量建设，使年鉴真正成为传承中华民族优秀传统文化的重要载体，成为展示中国国情、地情的重要窗口，成为“为当代提供资政辅治之参考、为后世留下堪存堪鉴之记述”的资源宝库，在全面建成小康社会过程中作出更大贡献。

是为序。

中国社会科学院原副院长

中国地方志指导小组原常务副组长

李培林

编辑说明

一、《北京朝阳年鉴》是由北京市朝阳区地方志编纂委员会主持编纂，北京市朝阳区地方志编纂委员会办公室承编的地方综合年鉴。自2005年开始逐年编纂并公开出版，一年一卷，《北京朝阳年鉴（2021）》为第17卷。

二、《北京朝阳年鉴（2021）》坚持以马克思列宁主义、毛泽东思想、邓小平理论、“三个代表”重要思想、科学发展观、习近平新时代中国特色社会主义思想为指导，坚持辩证唯物主义和历史唯物主义的立场、观点、方法，求真务实，全面、客观、系统地记述区域发展情况。

三、《北京朝阳年鉴（2021）》全面记述朝阳区2020年政治、经济、文化和社会发展的基本情况。凡在文中直书月、日的，均指2020年内的日期，文中“年内”指2020年内。书中涉及其他年份的时间均标明年份。

四、本卷年鉴设有特载、专文、大事记、区情概览、新冠肺炎疫情防控、中国共产党朝阳区委员会、朝阳区人民代表大会、朝阳区人民政府、政协朝阳区委员会、中国共产党朝阳区纪律检查委员会 朝阳区监察委员会、民主党派、人民团体、法治、军事、功能区建设、经济管理、农业与农村经济、工业 商务服务业、金融、旅游业、城乡规划与建设、城乡管理、生态建设、科技、教育、文化、卫生健康、体育、社会生活、街道 地区（乡）、人物 荣誉和附录。除特载、专文、大事记、人物 荣誉、统计资料及附录外，其余均为条目体。全书用规范的语体文、记述体，直陈其事，文字力求简洁、朴实。

五、文中除“民主党派”部分外，未标明党派的“市委”均指“中共北京市委”，“区委”均指“中共北京市朝阳区委”，“党员”均指“中共党员”，“党建”工作均指“中国共产党建设”工作。

六、为方便读者使用，本卷年鉴类目“街道 地区（乡）”内容，按照各街道、地区（乡）名称第一个字的汉语拼音首字母排序，第一个字相同的，按第二个字排列，以此类推。

七、入鉴的资料、图片均由各撰稿单位确定专人撰写或提供，并经主要负责人审核。部分资料由编辑部收集。主要数据和统计资料由朝阳区统计局提供，部分数据由各相关部门提供。由于统计口径等原因，相关部门的个别数据与统计资料不一致的，以统计资料为准。

八、《北京朝阳年鉴（2021）》配有双重检索系统：正文前有目录，后有索引。

数字朝阳

辖区面积	470.8 平方千米	居民人均可支配收入	78721 元
年末户籍人口	214.8 万人	居民人均消费支出	44582 元
年末常住人口	345.1 万人	专利授权量	27551 件
地区生产总值	7037.9 亿元	技术合同成交额	1250.3 亿元
第一产业增加值	2.7 亿元	幼儿园	292 所
第二产业增加值	484.1 亿元	小学	74 所
第三产业增加值	6551.1 亿元	中学	95 所
规模以上工业企业总产值	764.3 亿元	职业高中	5 所
一般公共预算收入	510.8 亿元	医疗卫生机构	1733 个
一般公共预算支出	503.4 亿元	医院床位	23975 张
社会消费品零售总额	3221.7 亿元	房屋施工面积	2102.1 万平方米
进出口总额	1590.2 亿美元	房屋竣工面积	159.8 万平方米
银行人民币存款	29761.4 亿元	商品房销售面积	93.6 万平方米
银行人民币贷款	11304.9 亿元	体育场地	917 个
银行储蓄存款	6592.0 亿元	全民健身工程面积	195.18 万平方米

数据来源：《北京市朝阳区统计年鉴（2021）》

2020 年朝阳区地区生产总值

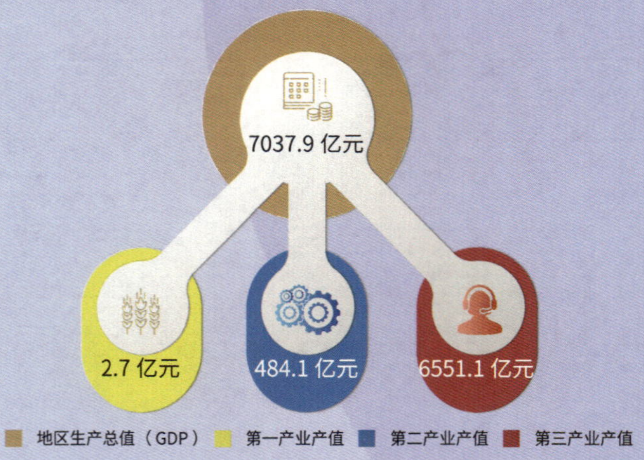

2020 年朝阳区居民家庭人均可支配收入构成

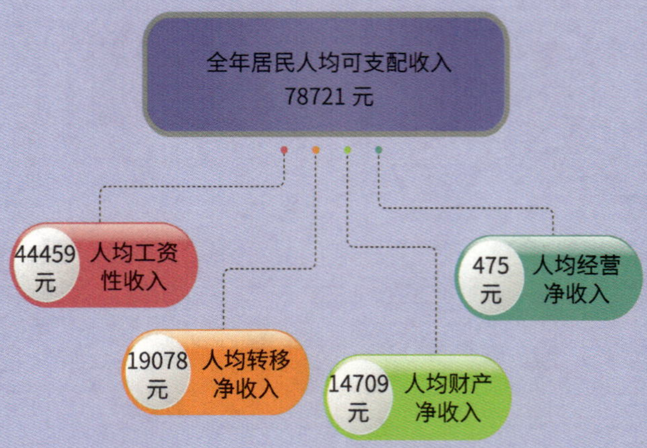

2020 年朝阳区地方财政收支

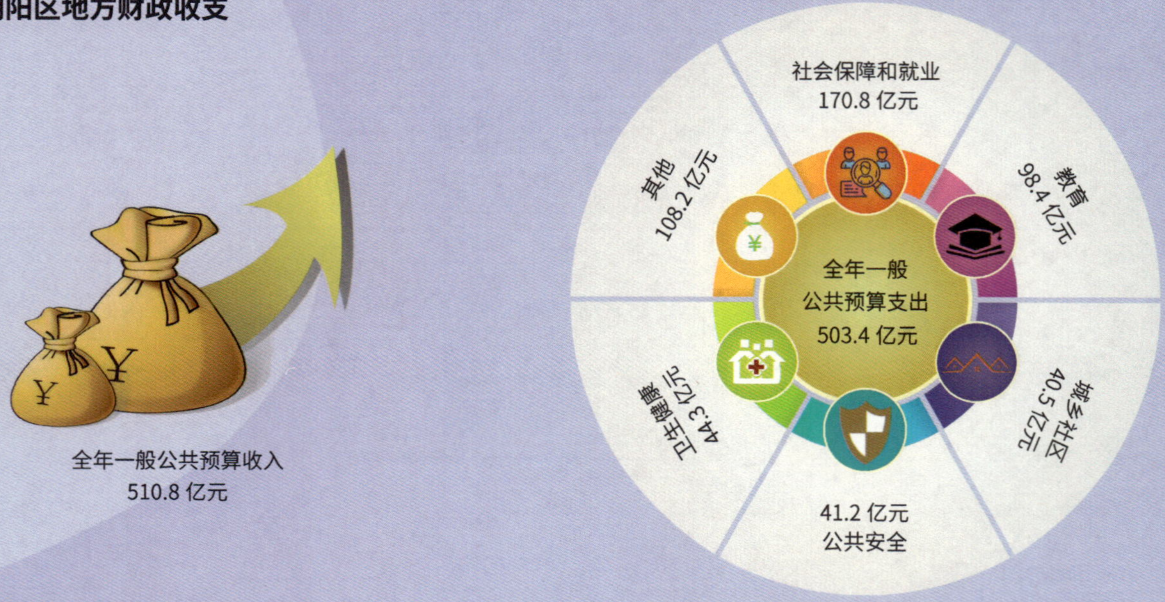

2010—2020 年朝阳区地区生产总值

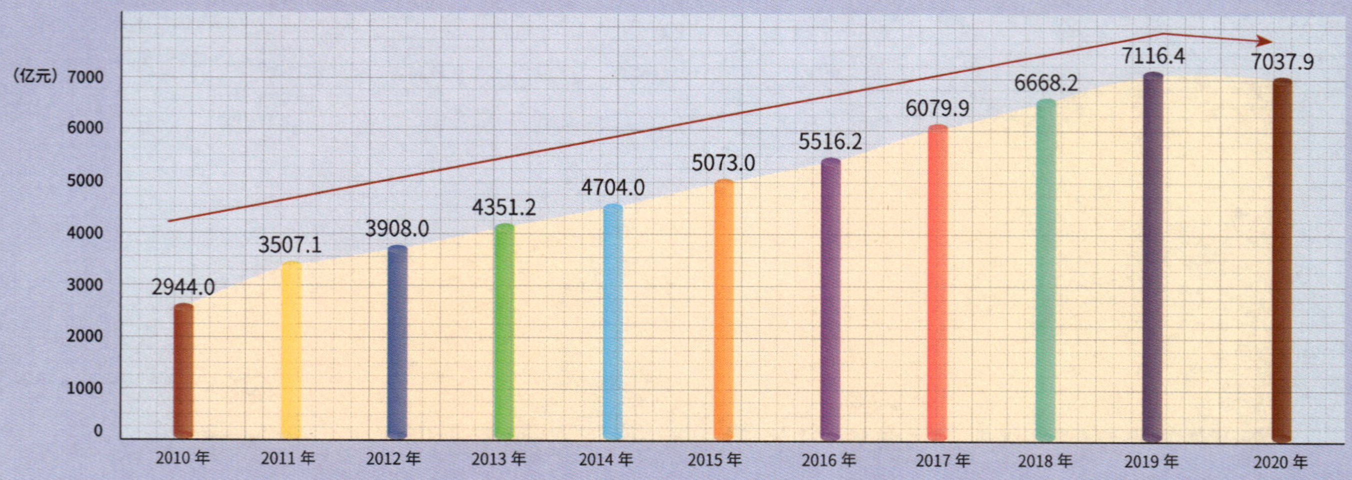

2010—2020 年朝阳区常住人口和外来常住人口

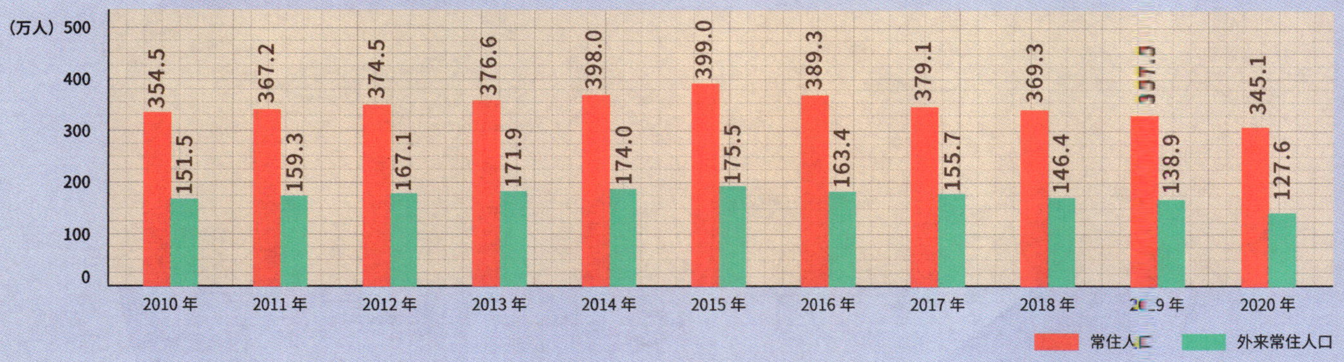

2020 年朝阳区居民家庭每百户主要耐用消费品拥有量

家用汽车	54 辆
摩托车	3 辆
助力车	15 辆
洗衣机	100 台
电冰箱（柜）	103 台
微波炉	80 台
彩色电视机	133 台
空调	198 台
热水器	100 台
洗碗机	3 台
排油烟机	95 台
固定电话	58 部
移动电话	227 部
计算机	94 台
照相机	59 台
中高档乐器	16 件
健身器材	13 件
空气净化器（含新风系统）	45 台
吸尘器	38 台

2020 年朝阳区商品房屋建设

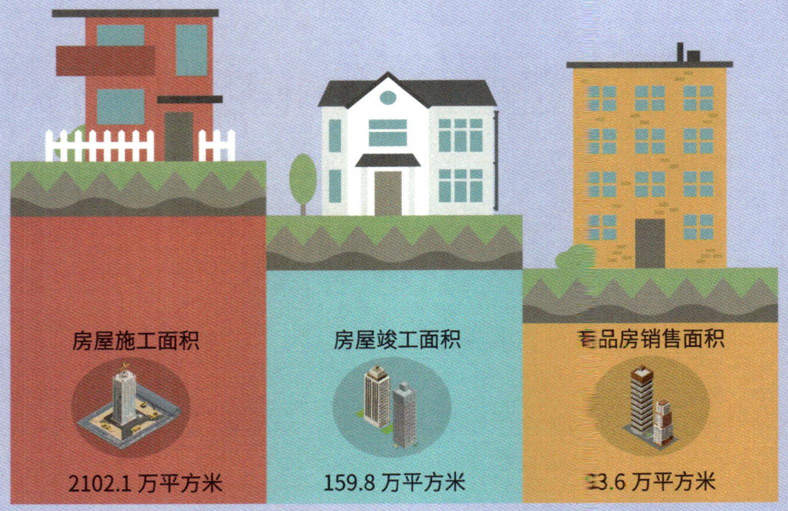

▲ 2月6日，垡头街道志愿者参与疫情防控值守工作（垡头街道　供图）

▲ 2月10日，小红门乡全面开展消杀工作（孙　磊　摄）

▲ 2月12日，双井街道社区工作人员为居民发放疫情防控期间出入证（戴奕茹　摄）

▲ 2月13日，管庄乡保洁队做好疫情防控消杀工作（史　蕾　摄）

▲ 3月12日，六里屯街道社区工作者在疫情防控期间，为出入社区居民测量体温（六里屯街道　供图）

2月，朝阳报记者在疫情防控一线采访 （《朝阳报》 供图）

2月7日，豆各庄乡开展疫情防控宣传 （李会娟 摄）

9月3日，原创抗疫话剧《抗疫12小时》启动 （姜 军 摄）

▲2月18日，陈经纶中学团结湖分校学生在家上网课　　（区教委　供图）

▲2月24日，疫情防控期间，京客隆集团提供商品保证供应稳定物价　　（京客隆集团　供图）

◀ 3月25日，麦子店街道社区工作人员在疫情防控期间开展蔬菜等生活日用品配送服务（区民政局　供图）

▶ 6月4日，朝阳医保中心在疫情防控期间采取“不见面”方式提前办理相关医保业务　　　　（何　京　摄）

▲ 6月10日，朝师附小黄胄艺术分校学生排队等待检测，保持一米间隔　　　　（区教委　供图）

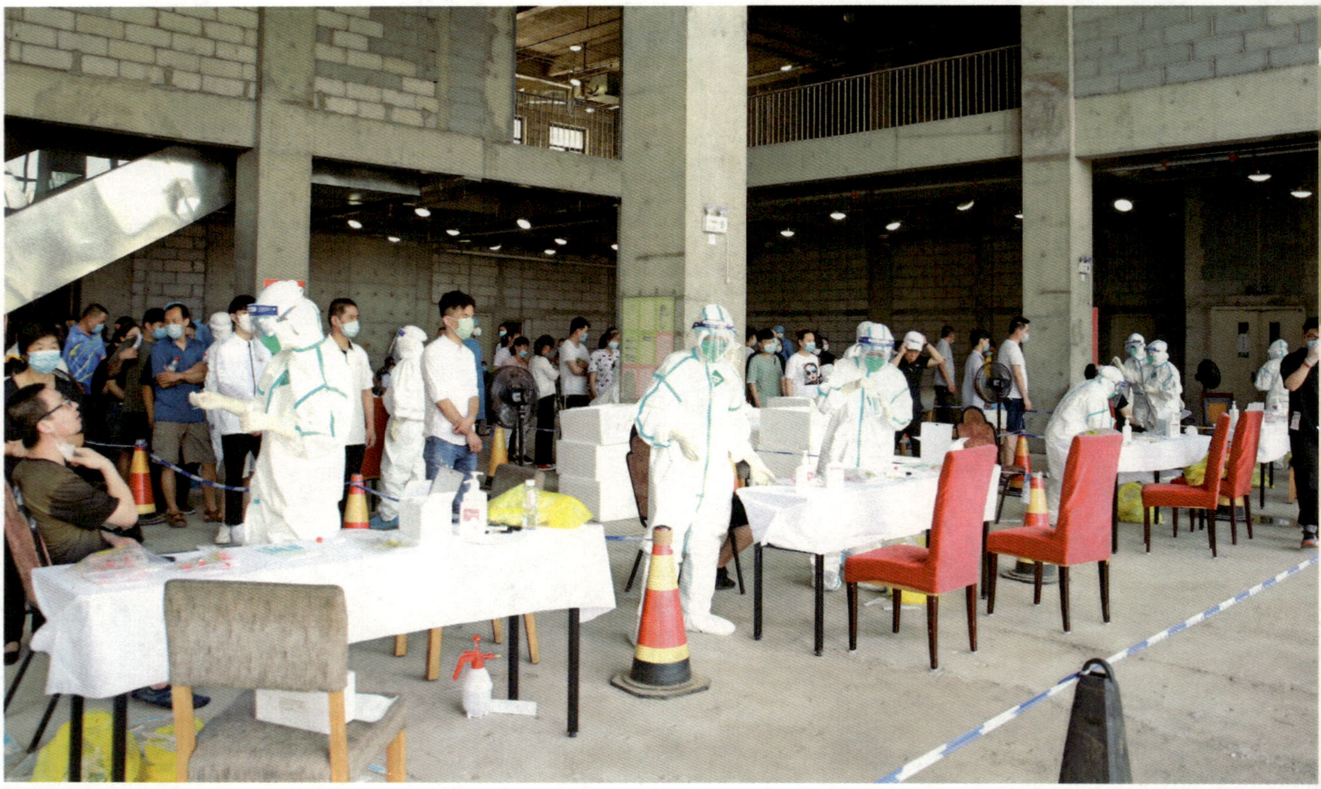

▲ 6 月 18 日，来广营地区核酸检测点检测现场 （魏新华　摄）

◀ 6 月 28 日，八里庄街道对途经新发地等指定市场各类人员进行核酸检测 （穆学森　摄）

▶ 6 月 18 日，大屯街道开展辖区餐饮单位从业人员核酸检测工作，为复工复产做准备 （赵丛聪　摄）

▲ 2月24日，区城管执法局开展“三类场所”疫情防控执法检查 （沈 汀 摄）

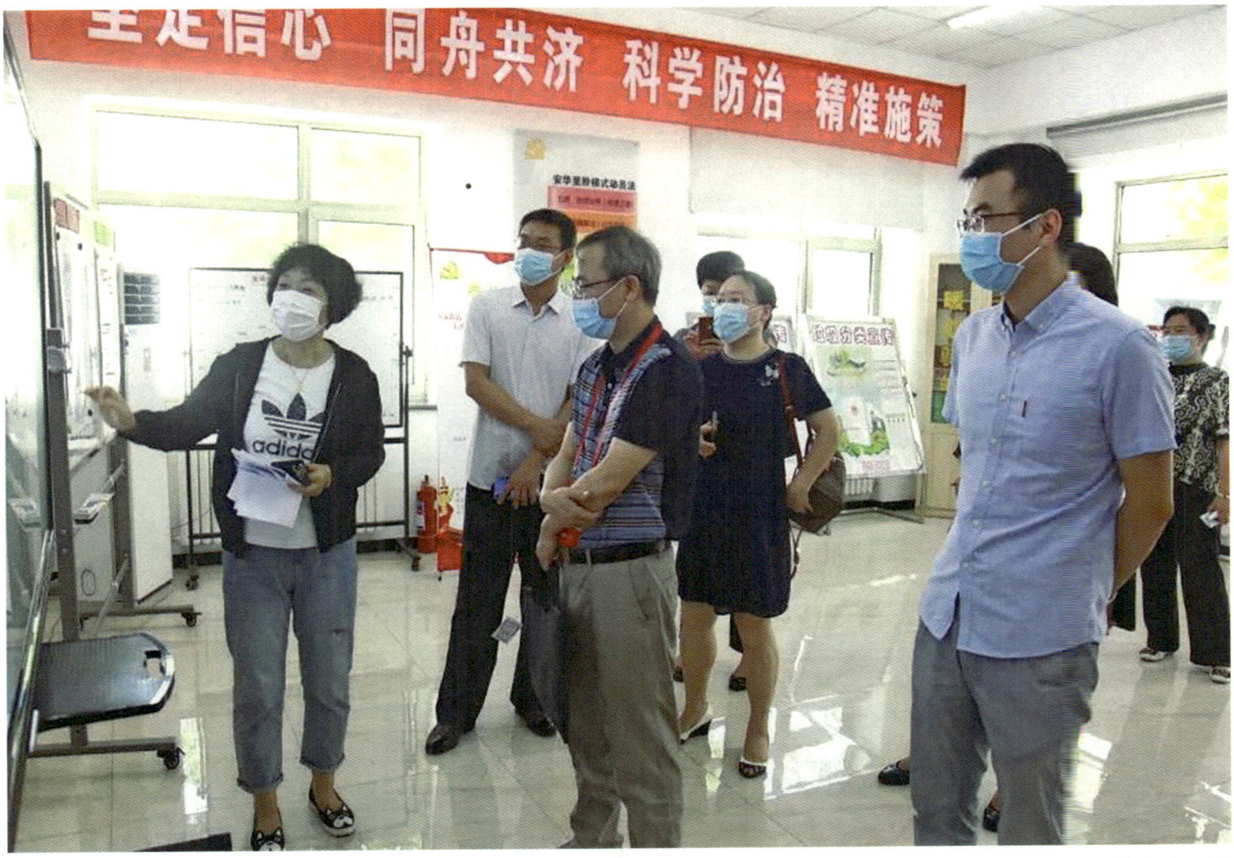

▲ 7月7日，市疫情防控巡查指导组到安贞街道安华里社区调研指导工作 （史超齐 摄）

3月12日，区红十字会使用疫情防控捐赠款为垂杨柳医院购置方舱CT机一台

（区红十字会　供图）

3月21日，区侨联组建“侨海朝阳”国门一线海归志愿服务团

（张宝康　摄）

7月1日，区总工会慰问卫健系统一线防疫人员

（王梓希　摄）

▶8月31日，国家会议中心二期主体结构封顶 （夏波光 摄）

▲ 11月27日，国家游泳中心“水立方”进行工程改造 （张雪恩 摄）

助力冬奥筹办

▲12月12日，国家体育馆改造工程完工　（张雪恩　摄）

▲ 12 月 25 日，国家速滑馆建设完工　（张雪恩　摄）

▲ 1月4日，“冬奥距离 2022”健康走跑活动在奥林匹克森林公园南园启动　　（李　颖　摄）

▲ 1月9日，在奥林匹克森林公园顾拜旦广场冰场，朝阳区“全民健身 助力冬奥”快乐冰雪季活动启动　　（奥林匹克森林公园　供图）

▲ 1月11日，东风地区举办星火文化体育节 （东风乡　供图）

▶ 9月4日，麦子店街道在蓝色港湾全明星滑冰场举行“全民上冰 助力冬奥”活动 （麦子店街道　供图）

◀ 9月17日，劲松街道在社区开展冬奥会冰雪项目体验活动 （曹子航　摄）

开展冰雪运动

▶ 12月16日，小红门乡开展冰壶运动 （孙 磊 摄）

▲ 12月18日，朝阳区举行滑雪选拔赛 （奥林匹克森林公园 供图）

▲ 4月3日，区种养中心在清洋河增殖放流活动中进行水样监测 （齐海霞 摄）

◀ 4月16日，太阳宫地区“互联网+全民义务植树”基地启动仪式 （王广军 摄）

▲ 7 月 22 日，孙河地区实现万亩造林　　（康　文　摄）

▶ 9 月 18 日，望京街道望京小街全景　　（崔晓松　摄）

▲ 9 月 18 日，温榆河公园示范区建成开放

▲ 10 月 20 日，金盏乡楼梓庄李红军大院拆违现场　（邓志远　摄）

▲ 12 月 9 日，广顺北大街北延竣工通车

（温榆河公园　供图）

（宝嘉恒公司　供图）

▲ 11 月 9 日，区绿化局在温榆河公园举行朝阳区创建国家森林城市动员大会暨启动仪式

（罗嗣理达　摄）

▲ 5 月 22 日，区市场监管局华威工商所进行专项检查　（邹　月　摄）

◀ 5 月 30 日，朝阳区新时代文明实践中心举办“践行文明手牵手　引领朝阳新风尚”新时代文明实践推动日活动　（区规划艺术馆　供图）

6 月 12 日，区文化和旅游局在 798 艺术园区举办文化和自然遗产日活动　　（区文化和旅游局　供图）

◀ 8 月 5 日，来广营地区开展垃圾分类宣传活动
（张芷若　摄）

▶ 8 月 20 日，朝阳社区学院、和平街街道办事处、朝阳区关心下一代工作委员会合办“携手‘分小萌’争做‘小标兵’——云端活动营”活动　（高晛钧　摄）

▶ 8 月 27 日，崔各庄乡奶西安置房建设中
（崔各庄乡　供图）

◀ 9 月 5 日，朝阳供电局朝阳公司服贸会 1+N 团队在箱变车内巡视　（张　昊　摄）

▲ 9 月 18 日，孙河乡前苇沟组团棚户区改造土地开发项目　（王　丹　摄）

▲ 10月18日，朝阳公园举办公园半程马拉松比赛 （靳 珩 摄）

◀ 10月15日，高碑店乡在通惠社区小广场举办社区邻里节惠民活动，工作人员为老人剪发 （李 桐 摄）

▶ 10月26日，管庄乡举办惠河文化节 （史 蕾 摄）

▲ 10 月 24 日，区人口普查办公室在枣营北里社区举办“人口普查社区行”活动 （唐宇含 摄）

▲ 11 月 1 日，首都机场街道人口普查员深入居民家中进行登记 （首都机场街道 供图）

▲ 12 月 3 日，区检察院开展“红领巾心向党 我与宪法共成长”主题活动 （区检察院 供图）

▲ 12 月 3 日，香河园街道举办“送公共就业服务 搭人企对接平台”小型招聘会暨就业政策宣传日活动 （王娇娇 摄）

▲ 12 月 29 日，朝阳区举办农村集体经营性用房管理培训会 （王玉艳 摄）

▲ 12 月 29 日，区教委诊断式督导实践研究走进幼儿园进行课题指导 （区教委 供图）

▶ 10月14日，昆泰集团所属企业参加“大爱北京”北京市献爱心助扶贫募捐活动

（昆泰集团　供图）

▶ 9月17日，民建朝阳区委赴河北省丰宁县土城镇马家窝铺村进行爱心超市捐物活动

（民建朝阳区委　供图）

▶ 10月30日，三间房乡领导带队赴河北省阳原县马圈堡乡推进结对帮扶工作

（三间房乡　供图）

◀ 8 月 20 日，区妇联工作人员赴河北省康保县开展巧娘结对扶贫（区妇联　供图）

▶ 8 月 24 日，区人力社保局在河北省阳原县开展技能培训（付泽宇　摄）

▲ 8 月，朝阳区青少年为新疆和田地区中小学生捐赠图书（董珊珊　摄

▲ 1月13，团结湖街道召开第一届“十佳百名”先进模范颁奖典礼，表彰基层先进模范人物 （李　由　摄）

▲ 2月1日，团结湖街道党工委成立疫情防控党员突击队 （团结湖街道　供图）

▲ 2月28日，建外街道在党群服务中心南站举行综合党委成立仪式（高宪龙　摄）

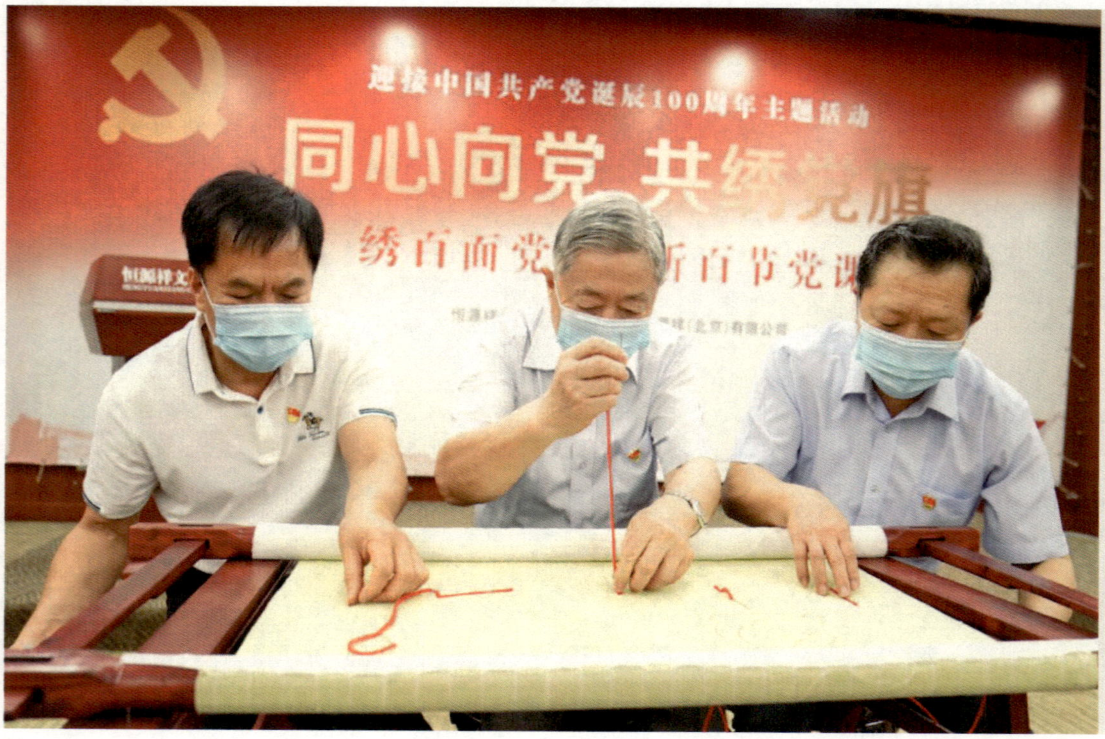

◀ 7月1日，潘家园街道庆祝中国共产党成立99周年开展庆七一绣党旗活动（社　源　摄）

▶ 7月1日，庆祝建党99周年，朝开公司全体党员重温入党誓词（朝开公司 供图）

▲ 9月3日，公安朝阳分局老党员先锋岗在劲松街道大郊亭社区开展反诈宣传（刘 招 摄）

基层党建活动集锦

基层党建活动集锦

▲ 9月4日 太阳宫乡芍药居二社区开展主题党日活动 （太阳宫乡　供图）

◀ 11月5日，东湖街道举行新党员入党宣誓仪式 （腾　飞　摄）

目　录

卷首专题图片

特　载

专　文

大事记

区情概览

基本地情

“十三五”成就

2020 年国民经济和社会发展情况

领导干部名录

新冠肺炎疫情防控

综　述

组织指挥

核酸检测

疫情流调

集中隔离观察

重点领域疫情防控

统一战线

机构编制管理

政策研究

区直机关党建

老干部工作

保密管理

党校教育

党史编研

朝阳区人民代表大会

综　述

重要会议

人事任免

议案办理和信访受理

代表活动

专门委员会

朝阳区人民政府

综　述

重要会议

重大活动

综合政务管理

政府信息公开

应急管理

信息化建设与管理

外事及港澳台事务

政务服务

扶贫协作

信　访

政协朝阳区委员会

综　述

重要会议

协商议政

提案工作

调研与视察

专门委员会

中国共产党朝阳区纪律检查委员会 朝阳区监察委员会

综　述

重要会议

纪检监察体制改革

党风政风监督

巡视巡察

信访举报

纪律检查和案件审理

制度建设

反腐倡廉宣传教育

民主党派

民革朝阳区委

民盟朝阳区委

民建朝阳区委

民进朝阳区委

农工党朝阳区委

致公党朝阳区委

九三学社朝阳区委

台盟朝阳区工委

人民团体

朝阳区总工会

共青团朝阳区委

朝阳区妇女联合会

朝阳区科学技术协会

朝阳区归国华侨联合会

朝阳区青年联合会

朝阳区工商业联合会

法　治

政法委及综治

法治政府建设

公　安

检　察

法　院

司法行政

仲　裁

军　事

区人武部

人民防空

退役军人事务

功能区建设

北京商务中心区

北京奥林匹克公园

中关村朝阳园

温榆河生态走廊

金盏金融商务区

国家文化产业创新实验区

经济管理

经济社会发展与经济调控

财　政

税　务

审　计

统　计

市场监督管理

质量技术监督

食品药品监督管理

消费者权益保护

价格管理

安全生产监督管理

国有资产监督管理

烟草专卖与管理

农业与农村经济

乡村振兴

农村经济管理

农业农村综合服务

银　行

中国银行北京朝阳支行

中国银行北京商务区支行

中国工商银行北京朝阳支行

中国工商银行北京九龙山支行

中国工商银行北京亚运村支行

中国工商银行北京望京支行

中国工商银行北京商务中心区支行

中国建设建行北京朝阳支行

中国农业银行北京朝阳支行

中国农业银行北京朝阳东区支行

保　险

中国人寿北京市分公司

中国太平洋财产保险北京市朝阳支公司

信　托

北京国际信托有限公司

旅游业

综　述

景区景点建设与服务

旅游节庆活动

旅游监督管理

旅游合作与交流

城乡规划与建设

城乡规划

自然资源管理

建设工程

北京宝嘉恒基础设施投资有限公司

城管综合执法

数字化城市管理

交通运输管理

水　务

防　汛

朝阳公园

北京中华民族园

科 技

综 述

科技管理

科技活动

知识产权保护

防震减灾

气象服务

教　育

综　述

教育管理

师资队伍

素质教育

学前教育

基础教育

特殊教育

高等教育

北京化工大学

北京中医药大学

群众文化

文化遗产保护

文化市场管理

文化创意产业

798 艺术区

北京潘家园国际民间文化发展有限公司

朝阳规划艺术馆

新闻传媒

档　案

地方志

文联活动

卫生健康

综　述

公共卫生

医疗卫生

民　政

社会建设管理

人力资源管理

民族宗教

老龄事业

残疾人事业

慈善事业

红十字事业

精神文明建设

街道　地区（乡）

安贞街道

奥运村街道

八里庄街道

朝外街道

大屯街道

东湖街道

垡头街道

和平街街道

呼家楼街道

建外街道

劲松街道

酒仙桥街道

六里屯街道

麦子店街道

潘家园街道

三里屯街道

首都机场街道

双井街道

团结湖街道

望京街道

香河园街道

小关街道

亚运村街道

黑庄户地区（乡）

将台地区（乡）

金盏地区（乡）

来广营地区（乡）

南磨房地区（乡）

平房地区（乡）

三间房地区（乡）

十八里店地区（乡）

孙河地区（乡）

太阳宫地区（乡）

王四营地区（乡）

小红门地区（乡）

人物　荣誉

先进集体

先进个人

逝世人物

统计资料

附　录

勘　误

索　引

CONTENTS

Frontispieces

Special Records

Feature

Chronicle

Overview of District Conditions

COVID-19 Prevention and Control

Beijing Chaoyang District Committee of Communist Party of China

Chaoyang District People's Congress

Chaoyang District People's Government

CPPCC Chaoyang District Committee

Chaoyang District Supervision and Inspection Commission of Chaoyang District Discipline Inspection Commission of the CPC

Democratic Parties

People's Organizations

Rule of Law

Military Affairs

Construction of Functional Areas

Economic Management

Agriculture and Rural Economy

Industry and Trade Services

Finance

Tourist Industry

Urban and Rural Planning and Construction

Urban and Rural Management

Ecological Construction

Science and Technology

Education

Cultural

Health

Sports

Social Life

Sub-Districts Areas (Townships)

Characters and Honor

Statistical Data

Appendices

Erratum

Indexes

特 载

在朝阳区委十二届十三次全体会议上的报告

中共朝阳区委副书记、区长 文 献

（2020 年 12 月 30 日）

一、2020 年工作回顾

2020 年是全面建成小康社会和“十三五”规划收官之年，是极不平凡的一年。面对错综复杂的形势和艰巨的改革发展稳定任务，特别是新冠肺炎疫情带来的严重冲击，在市委的坚强领导下，区委深入落实中央决策、市委部署，坚持人民至上、生命至上，坚决打赢疫情防控的人民战争、总体战、阻击战，迅速有效遏制了疫情蔓延。习近平总书记来朝阳区调研指导，充分肯定了相关工作。全区各项事业有序开展，预计全年实现地区生产总值 7000 亿元左右，完成区级一般公共预算收入 510 亿元左右，居民人均可支配收入实现正增长，场清地净拆除违法建设 317 万平方米，腾退土地 332.1 公顷，$PM_{2.5}$ 累计平均浓度 39 微克/立方米，同比下降 9.3%，全面建成小康社会胜利在望。

回首 2020，我们积极应对考验，稳中求进促发展。同时间赛跑，与病毒竞速，统筹抓好疫情防控和经济社会发展。

齐心协力抗击新冠肺炎疫情。把疫情防控作为重中之重，坚持“三防四早九严格”，压紧压实“四方责任”。召开区疫情防控工作领导小组会议 100 次，区级领导包片督导调研 1700 余次。牢牢守住社区防控阵地，投入防控资金 9.7 亿元，6600 余名区级机关干部下沉一线，7000 余名社区工作者坚守岗位，动员在职党员 4 万余名，组织志愿者 5.7 万名，做好对“参战”党员干部职工的关怀慰问，筑牢“朝阳群众”防疫铜墙铁壁。开发朝阳“战疫”地图，及时准确研判疫情。紧盯商务楼宇、学校、工地、医院周边等重点部位和关键节点，率先建立“双楼长制”，发起“一米线”行动，加强“七小场所”执法检查，实现无死角督查、不定期通报、不过夜整改。全面做好重点人群数据核查、分流管控，强化进京人员检查服务保障，高效转运入境进京和滞鄂返京人员，稳妥处置当当网员工感染隔离、在京某事业单位疫情暴发、俄航班涉外疫情等突发事件，设立了全市第一个入境人员集中医学观察点。共流调病例 1106 例，管理密接 3234 人，医务人员零感染，院感事件零发生。先后启用集中观察点 43 个，接收集中观察人员 1.56 万人。严格安全保障，用心用情服务，蟹岛集中观察点工作得到国家卫健委专家指导组和市巡查指导组好评，成为全市典范。统筹防疫物资采购、生产、调配，11 类生活必需品在 10 天内迅速实储到位。全力应对新发地批发市场疫情，全面排查、隔离管控密接人员。想方设法提升核酸检测能力，累计检测 332.3 万人次。严密防控社会面，巡查管控重点区域，排查整治出租房屋，强化重点行业监管，依法严惩涉疫违法犯罪行为，有效维护社会秩序。加强宣传教育和舆论引导，创新推出户外宣传点位电子地图管理平台，细化四级横幅点位，共布置 4.3 万余处。发动文艺工作者创作抗疫作品 1600 余件，策划新闻发布会、媒体见面会、主题采访 600 余次，中央、市属媒体报道朝阳区疫情防控 1.2 万余篇次，组织境外媒体进行集中采访，营造了良好舆论氛围。出台区级三年行动计划，补短板、堵漏洞、强弱项，完善公共卫生应急管理体系。加强秋冬季疫情防控，积极应对北京国际航班直航，妥善处置境外输入确诊病例关联疫情，严格冷链食品检验检疫，抓好流感、诺如等传染病多病共防，巩固了来之不易的疫情防控成果。

承压前行加强经济组织调度。“一手撑伞、一手干活”，扎实做好“六稳”“六保”，稳住经济基本盘。出台支持企业发展的两个“18条措施”及“稳就业19条措施”，为2.6万家企业减免租金13.7亿元，办理延期缴纳税款34.7亿元，为14.3万家企业减免社保费用298.9亿元。保障重点企业用工，创新推出“共享用工”模式。搭建中小微企业金融综合服务平台，设立全市首个中小微企业防疫应急转贷基金，推出“朝科贷”等产品，平台累计放款150余亿元。开展“潮朝阳”活动，促进消费回暖。成立区财源办，进行“大走访”，做好存量企业实时监测和外迁挽留，增强留驻朝阳发展的根植性。

稳中求进推动产业转型升级。聚焦“三化”主攻方向，推进重大项目，狠抓功能提升。实施“朝阳文旅融合26条”，推出首批10家文化事业产业融合示范园区，打造了一批“城市文化公园”。全面落实《关于加快国家文化产业创新实验区核心区高质量发展的若干措施》，文化产业园区达102家，其中32家被认定为市级园区，居全市首位。统筹大运河文化带重点项目建设，高品质建成亮马河国际风情水岸和坝河一期使馆区示范段，“四廊多节点”空间体系加速构建。积极推动第四使馆区规划建设。建好望京国际人才社区，加快“三国际一未来”项目建设，构建新版“凤凰计划”政策体系，率先设立“国际人才一站式服务平台”，全方位营造国际人才发展环境。率先发布数字经济示范区实施方案，出台新基建、新场景、新消费、新服务等行动方案，推进重点产业发展。加快新型数字基础设施建设布局，建成5G基站4021个，数量全市第一。持续提升CBD国际化水平，CBD吸引力指数保持全国第一，跃居全球第七、亚洲第二；中关村朝阳国际创投集聚区形成一系列创新成果，朝阳园北区规划综合实施方案编制完成，阿里巴巴北京总部建设全面启动；奥林匹克中心区综合服务功能进一步完善。紧抓“两区”建设契机，争取到多项先行先试政策。全区跨国公司地区总部达129家，新增10家外资金融机构总部，10家企业成功上市，25个重点项目顺利落地，全市首家自贸区内的专营银行——工行北京自贸支行成功获批，服务业扩大开放70项任务基本完成。发展商圈经济、夜间经济，改造升级传统商圈，打造望京小街、丽都商圈等新地标。启动城市大脑建设，建立楼宇信息、中小微企业数据库，搭建“点对点”税企沟通平台，推行“不见面”审批。抓好外资领域“放管服”改革，实施“凤鸣计划”，为高成长企业量身定制“成长包”，推进街乡政务服务事项100%一门进驻、一窗受理，营商环境考评成绩连续三年位居全市第一。

回首2020，我们忠诚履行责任，一以贯之抓落实。紧紧围绕中央和市委决策部署，担当作为求实效，稳扎稳打向前进。

突出规划引导作用。落实分区规划，有序开展街区指引和街区控规编制工作，健全国土空间规划管控体系。抓好“十三五”收官，城乡发展“六个一百”工程、“一廊”地区“五大提升”工程各项任务全面完成。制订区委《关于制定国民经济和社会发展第十四个五年规划和二〇三五年远景目标的建议》，科学指导规划纲要和30项专项规划编制，发展蓝图更加清晰。

有序推进“疏整促”专项行动。将功能疏解与疫情防控、复工复产紧密结合，疏解退出一般制造业企业、商品交易市场等16家，整治占道经营点位146个、无证无照经营单位475家，“开墙打洞”动态清零，改造提升120个便民商业网点，8项量化任务指标完成量位居全市前三名。推进第一批26个“基本无违法建设街乡”创建，完成175条背街小巷整治提升，取得用地减量、环境改善、群众满意的综合实效。

融合促进区域协调发展。以助力新疆墨玉县脱贫为重点，决战决胜扶贫协作，帮助3.92万贫困人口稳定就业，对口帮扶6个地区全部摘帽。精准对接雄安新区规划建设需求，引导高新技术企业落户。与通州区联合举办经济高质量发展暨招商引资大会，支持优质企业投资和落户城市副中心。完善与密云区结对协作机制，促进了要素流动、互补发展。

高效服务冬奥会和冬残奥会筹办。建立与冬奥组委、市级部门联动机制，全面推进冬奥筹备。国家体育馆改建项目完工验收，国家速滑馆、国家游泳中心主体改造项目顺利竣工，北京冬奥村、国家会议中心二期主体结构封顶。推广普及群众冰雪运动，冰雪产业蓬勃发展。

不折不扣推进整改任务落实。以高度的政治责任感做好巡视“后半篇文章”。国家监委监察建议中涉及的123处绿地认建认养项目和238处公园配套用房出租均完成区级验收和市级抽验。市委巡视反馈的92项问题完成整改76项。规自领域专项巡视反馈的69项问题完成整改39项。主办第二轮中央环保督察信访交办件262件。强化举一反三，建立长效机制，有效防止了问题反弹。

回首2020，我们精细治理城乡，尽心竭力解难题。坚持以人民为中心的发展思想，提高民生品质，深化共治共享，探索城市治理新路径。

环境品质持续提升。实施《朝阳区污染防治攻坚战2020年行动计划》，PM_{10}、二氧化硫、二氧化氮累计平均浓度分别同比下降15.5%、20%和19.5%，5个地表水考核断面全部稳定达标，污染地块安全利用率100%。完成30条优美大街环境综合整治，推进广渠路生态廊道景观建设，提升“一区一轴一街”环境景观水平，初步形成景观照明框架，城乡环境面貌持续改善。创建国家森林城市，新增造林绿化5566亩，森林覆盖率提升至23.65%，新建公园10个，温榆河公园示范区成为网红打卡地。

城乡发展同频共振。深入落实乡村振兴战略，建设高水平城市化综合改革先行区。整体推进绿隔地区建设，深化王四营减量发展试点，加快东三乡和黑庄户规划实施方案编制。出台“村地区管”意见，强化“三资”管理，清理集体债权债务挂账148亿元。“一村一策”整治人居环境，第二批10个美丽乡村建设有序实施。完成乡（地区）机构改革，调整组建街乡综合行政执法队，推进力量向基层延伸。

城市管理精致精细。狠下“绣花”功夫，运用互联网、大数据等信息技术手段，提高城市精细化、科学化管理水平。广泛开展新时代爱国卫生运动三年行动，成功创建国家卫生区。升级“朝阳群众管城市”公众号，解决各类环境问题4.5万件，小巷管家自曝自治案件2万余件。率先试点公共设施“一码共治”，为6.2万个公共设施赋码。推进违规广告牌匾规范提质，完成三里屯地区架空线入地整治，强化轨道交通沿线环境整治，优化隔离护栏20.3千米。下大力气改善交通基础设施，完成化工路、来广营北路等市级重点工程，幺家店路下穿铁路桥顶涵完工，北京朝阳站6条配套道路全部进场施工；建成孙河北路等10条主次支路，打通电子城北区交通主动脉，广顺北大街全线通车；完成20项疏堵工程，区域路网结构进一步优化。

公共服务优质均衡。聚焦“七有”“五性”，不断提升公共服务水平。新增学位近1.2万个，普惠性幼儿园覆盖率达83%，义务教育优质资源实现全覆盖，优秀教师队伍建设取得新成果。垂杨柳医院新址完成验收，家庭医生重点人群签约率97.6%，43个社区卫生服务中心实现老龄健康服务中心全覆盖，全国健康促进区创建顺利通过国家专家组验收。织密公共文化服务网络，推进常营、安贞地区级文化中心建设，升级文旅云、数字文化馆服务平台。新档案馆主体结构即将封顶。推进老年宜居环境示范社区改造，打造区域养老联合体，养老机构实现医养结合服务全覆盖，居家和社区养老服务改革试点工作被评为全国优秀。建设好无障碍环境。建设筹集政策性住房6881套，竣工1.2万套，完成棚改征收（拆迁）580户。分类推进老旧小区改造，新开工老旧小区综合整治项目38个，率先探索危楼改建试点，光华里5、6号楼成为全市首个启动改建的项目。实施老旧小区加装电梯487部，完成320部。

治理创新成效显著。抓好“四个条例”落实，深化“吹哨报到”改革，围绕“基层建设年”做好基层改革创新“年度三件事”，补齐治理短板。推进接诉即办、未诉先办、一办到底，办理市民诉求57万余件。率先开设垃圾分类曝光平台，建立全流程精细化管理系统，垃圾分类示范片区通过市级验收。探索“一核引领、多元共治”物业治理新模式，物业管理覆盖率88.2%、业委会（物管会）组建率80.4%、业委会（物管会）党组织覆盖率93.2%、物业企业党组织覆盖率91%，提前完成市级任务。扎实推进新时代文明实践中心建设全国试点，深化“三个中心”互联互通、一体服务，打造一批文明实践基地，连续四届荣膺全国文明城区称号。优化超大规模社区，调整、新建社区58个。持续推动社区减负，实行社区工作事项准入制度。深化党政群共商共治，为群众办实事1190件。推广社区成长伙伴计划，打造社区协商示范点43个、楼门治理示范点100个，建成20个全要素小区和258个全景楼院。建成三级退役军人服务保障体系，实现全国双拥模范城“七连冠”。完善人口数据动态监测评价体系，高标准做好第七次全国人口普查工作。

安全稳定持续向好。坚持“守土负责”“守土尽责”，全力维护国家安全，确保社会大局稳定。加强反恐防暴，完善情报体系建设和力量布局，严守政治安全底线。加快推进“雪亮工程”“智慧平安小区（村）”等项目，推动“朝阳群众”品牌升级。扫黑除恶专项斗争圆满收官，依法办理19件涉黑恶势力犯罪团伙案件，形成了扫黑除恶与行业监管相结合的长效机制体系。全面启动市域社会治理现代化试点，打造“五纵三横一张网”治理工作格局。在全市首创“1268N”金融风险防控工作模式，成立全市首家数字金融风险防范实验室，稳妥处置涉众型经济案件，P2P在营平台清零。巩固“社会矛盾化解年”成果，区级接访人次同比下降60.2%。深化诉源治理，“无讼朝阳”平台获评全国政法智能化建设智慧治理十大创新案例。推进依法治区，提升执法司法质效，朝阳区成功入选首批全国法治政府建设示范地区。高位推动安全生产示范城市创建，安全生产事故起数和死亡人数分别同比下降43.5%和39.7%。

回首2020，我们着力固本强基，从严从实强党建。坚持把抓好党建作为最大政绩，层层压实主体责任，推动党建各项工作全面进步、全面过硬。

加强党的政治建设。加强政治教育，严格政治监督，筑牢全区对“四个意识”“四个自信”“两个维护”的情感认同、理性认知和行为自觉，坚决肃清流毒影响。健全各级重大事项请示报告制度，以区委名义向市委请示报告21件次。发挥区委议事协调机构职能作用，统筹研究重大问题。深化“不忘初心、牢记使命”主题教育，建立长效机制，促进成果转化。

抓牢思想建设。全面贯彻宣传工作条例，制定印发指导手册，提升宣传思想文化工作科学化规范化制度化水平。建立区委理论学习中心组“学习日”制度，围绕《习近平谈治国理政》第三卷等开展专题学习，局处级班子开展中心组学习2100余次。综合运用“学习强国”平台、新时代文明实践中心、融媒体中心等载体，深入学习宣传贯彻党的十九届五中全会精神。出台《朝阳区关于加强城市公共空间艺术品建设管理的实施办法》等制度文件，全面强化意识形态阵地管理。

建设高素质领导班子和干部队伍。严格落实新时期好干部标准，树牢鲜明选人用人导向。科学谋划、统筹推进各级领导班子建设，选优配强街乡党政正职。加大制度性、配置性交流力度，讨论决定处级干部任免415人次，完成445人次晋升四级调研员以上职级。推出国资系统年轻干部“培优计划”，完成第二批高校毕业生“选培计划”招录。向基层倾斜干部资源，推进街乡“三懂”干部和职能部门专业干部配备。选派50余名年轻干部定向挂职，顶岗锻炼。“线上+线下”相结合，抓好干部教育培训。严格干部监督管理，加强二级班子重点用权行为监督。注重向基层一线、服务窗口、重大专项任务倾斜考核优秀及奖励指标，及时发现使用在疫情防控等重点任务中涌现出的“急先锋”“老黄牛”“诸葛亮”式干部。建立容错纠错机制，调动和保护党员干部积极性。

推动基层党建进步过硬。深耕“一轴四网”区域化党建体系，区党建工作协调委员会成立五大专委会，实施街乡党建协调委员会“一会五委”组织架构改革，放大党建整体效应。深化区直机关共建手拉手行动，推动区属国企党建“双质量双提升”，区属公立医院和实现组织覆盖的民办中小学校完成党建入章。理顺“两新”党建管理体制，打造百个示范培育点，成立首个区级互联网协会党委，抓实行业党建。建立党群服务中心联盟，24 项区级政务服务资源包下沉街乡党群服务中心。创新开展商圈党建，形成组织整合网和党群融合网。建设 31 个社区书记工作室，全面推行社区、村党组织书记区级备案管理，强化村和社区“两委”换届资格审核、前期把关。抓好 4 个软弱涣散村和 6 个后进社区整顿，5 个后进社区完成转化提升。通过社招、区管、一线使用等方式，推进党务工作者专业化。

加强统一战线工作。进一步明确统战工作是党委一把手工程，形成党建带动统战、统战服务党建的良性循环。优化统战制度体系，建立高校、医院、科研院所等统战工作联盟，强化联动联谊和共建共促机制。支持各民主党派加强参政党建设，引导统战力量支援一线、服务大局。稳妥推进各统战社团换届并积极发挥作用。加强民营经济统战工作，持续推进街乡商会建设。

坚定不移推进全面从严治党。始终坚持“严”的主基调，突出政治监督，强化日常监督，夯实管党治党责任。织牢织密监督网络，加强制度执行情况的监督检查，突出抓好“一把手”监督，构建“四个监督”全覆盖格局。对三轮市委巡视整改情况复核复查，对已完成区委巡察的单位开展“回头看”。持续深化纪检监察体制改革，实现区管企业监督全覆盖。深入推进社区纪委书记专职化，增强基层“监督末梢”活力。加强科级以下重点岗位公职人员因私出国（境）管理，完善权力运行机制和管理监督制约体系。精准运用“四种形态”处置 2383 人次，实现“惩治极少数”与“管住大多数”有机结合。坚持政策宣传与警示教育并重，深化以案为鉴、以案促改，建设廉洁文化。开展 40 余项专项监督，锲而不舍纠治“四风”。保持惩治腐败高压态势，处置问题线索 980 件，立案 308 件，处分 242 人，移送职务犯罪案件 34 件，强化了震慑效应。

同志们，物有甘苦，尝之者识；道有夷险，履之者知。一年来的工作充满艰辛、惊心动魄、荡气回肠。区人大及其常委会主动担当作为，认真履行职责，广泛凝聚合力，用实际行动践行铮铮誓言。区政府始终战斗在疫情防控主战场，克服重重困难、沉着冷静应对，千方百计保障正常生产生活秩序。区政协围绕建言资政、凝聚共识，发挥委员优势，当好决策参谋，释放出为国为民的强大正能量。区四套班子领导下沉一线，指挥协调、督促指导，帮助基层解决难题。各民主党派与区委同舟共济、各尽所能，深刻诠释了报国为民的精神品格。各街乡、各部门、各单位讲政治、顾大局，密切配合、协同作战，实现了快速联动、及时稳控。区总工会、共青团、妇联、工商联、残联、文联、侨联、科协、红十字会、慈善协会等群团组织充分发挥桥梁纽带作用，加强组织动员，投身一线防控，凸显了群团担当。广大医务工作者、社区（村）工作者、政法干警、志愿者连续作战、尽职尽责，共同构筑起坚固防线。成绩来之不易，得益于市委、市政府的正确领导、悉心指导，是全区上下精诚团结、排除万难的结果！在此，我代表区委，向辛勤奋战在全区各条战线的同志们，表示衷心的感谢，并致以诚挚的慰问！

二、当前面临的发展形势

2021 年是建党 100 周年，也是全面落实“十四五”规划的开局之年。党的十九届五中全会对“十四五”时期经济社会发展和二〇三五年远景目标作出了系统谋划和战略部署。市委十二届十五次、十六次全会对全市未来发展和明年工作任务提出了明确要求。区委对标对表中央、市委精神，结合区域实际，制订了朝阳区《建议》。全区上下要把学习贯彻中央精神作为重中之重，深入落实市委部署和区委要求，动员各方力量为实现新发展目标而努力奋斗。

站在新的历史起点，我们要准确把握朝阳新一轮发展的阶段性特征。突出体现在以下几个方面。

面向“十四五”，我们踏上了推动高质量发展的新征程。当前，发展中的矛盾和问题集中体现在发展质量上。推动高质量发展，是适应社会主要矛盾变化的必然要求，是遵循经济发展规律和城市发展规律的必然要求。推动高质量发展，意味着我们要把握构建新发展格局的重大机遇和“两区”叠加的政策红利，加快打造国内国际双循环的交汇点，当好国际资源配置节点，实现发展格局更拓展；意味着要按照分区规划描绘的发展蓝图，立足定位、履行职责，进一步释放“四个中心”“四个服务”能量，实现区域功能更优化；意味着要聚焦“三化”主攻方向，深挖内涵，拓展外延，持续放大比较优势，实现发展特色更鲜明；意味着要更加重视质的提升，升级优化产业结构，提高人均、地均、园均产出，实现质量效益更提升。“十三五”规划已经收官，我们实现了强区富民的夙愿，发展的综合优势持续稳固。但同时也面临建设用地调减、新动能支撑不强、经济抗风险能力不足等严峻挑战。我们必须站在首都发展、国家发展的高度，统筹发展和安全，巩固优势稳住大局，抢抓机遇提升能级，切实当好首都高质量发展排头兵。

面向“十四五”，我们踏上了推进高效能治理的新征程。高效能治理是推进治理体系与治理能力现代化的应有之义，也是高质量发展的有效保障和基础支撑。实现高效能治理，要求我们全面提高城乡规划、基础设施、产业发展、公共服务、城市管理、社会治理一体化水平，加快实现农村城市化，促进区域城乡发展更均衡；要求紧盯细微之处，追求精益求精，坚持久久为功，推动城市干净、有序、安全，促进城市管理更精细；要求加快转变治理理念，创新治理模式，健全体制机制，建立与区域功能定位相适应、与经济社会发展相协调的治理体系，促进社会治理更完善；要求理清上下关系，理顺条块关系，创新政府的行权架构、行权方式、行权手段，推动有效市场和有为政府更好结合，促进政府治理更科学。

进入新阶段，我们需要解决的治理问题越来越多样复杂。在疫情“放大镜”下，应急体系不完善、科技赋能不充分、部分老旧小区管控难等弱项进一步凸显。我们必须坚持问题导向，强化系统治理、依法治理、综合治理、源头治理，有效运用市场、政府、社会三种机制，打通社会治理“最后一公里”，更好地把制度优势转化为治理效能。

面向“十四五”，我们踏上了创造高品质生活的新征程。创造高品质生活既是落实以人民为中心的发展思想的具体体现，也是一切工作的出发点和落脚点。创造高品质生活，要在改善城乡人居环境上持续用力，擦亮大尺度绿化底色，打造绿色、安全、健康、宜居的高品质生活空间，推动城乡环境更宜居；要抓住人民群众最关切的现实利益问题，全力做好普惠性、基础性、兜底性民生建设，更加充分、更高水平地提供公共产品，推动公共服务更优质；要突出文化引领作用，增强城市文化底蕴，创造优良的人文环境和浓厚的文化氛围，进一步提升城市精神高度和人文温度，推动城市文明更美好。多年来，我们坚持外修“颜值”、内提“气质”，群众生活品质持续提升。但环境建设仍有欠账，民生服务存在短板，文化文明的引领作用发挥得还不够充分。我们必须坚持把改善人民生活品质放到更加突出位置，扎扎实实保障和改善民生，让群众有更多的获得感幸福感安全感。

面向“十四五”，我们踏上了锻造高质量党建的新征程。提高党的建设质量，既是对优良传统的继承和发扬，更是适应新形势、完成新任务的迫切需要。锻造高质量党建，关键在于健全总揽全局、协调各方的制度体系，着力把方向、管大局、保落实，让党领导发展的能力更全面；关键在于重视基层、大抓基层、鼓励基层首创，走好新时代党的群众路线，切实把基层党组织建设强、把基层政权巩固好，让基层基础更过硬；关键在于发挥好各级党组织的政治功能和组织功能，把广大党员组织起来、把人民群众动员起来，形成全区“一盘棋”，让社会人心更凝聚。今年的大战大考检验了我们的党建成效，但党的全面领导发力不够均衡，基层基础需要再夯实，党建引领发展和治理的路径还不够多样，“四风”问题隐形变异、反弹回潮的隐患依然存在。我们必须贯彻好新时代党的建设总要求和新时代党的组织路线，深入推进基层党建各项工作迈上新台阶，以高质量党建助推高质量发展。

对标新要求，展望新蓝图，我们要凝聚对党忠诚的坚定信念，始终同党中央保持高度一致，思想同心、工作同向、行动同步，夯实忠诚之基。要坚持人民至上的价值取向，把人民利益作为标尺，以群众感受衡量工作，全心全意办实事，尽心尽力惠民生，坚守为民之心。要激扬奋发有为的担当精神，起而行之、真抓实干，以热火朝天干事业的精神风貌，谱写高质量发展新篇章，凝聚奋斗之力。要保持创新破局的勇气决心，思想活起来、观念新起来、发展动起来，以全面深化改革激发潜能、催生动能，勇立潮头大步向前，把牢前进之源。要强化防患未然的底线思维，时刻保持如履薄冰的谨慎、见叶知秋的敏锐，警惕“黑天鹅”，防范“灰犀牛”，筑牢安全之网，为朝阳发展行稳致远提供坚强保障。

三、2021年工作重点

2021年全区工作的总体思路是：坚持以习近平新时代中国特色社会主义思想为指导，深入贯彻党的十九大和十九届二中、三中、四中、五中全会精神，深入贯彻习近平总书记对北京重要讲话精神，按照市委十二届十五次、十六次全会部署，坚持稳中求进工作总基调，紧抓“三化”主攻方向，全面建设首都高质量发展示范区、文化创新引领区、国际交往中心区、绿色宜居标杆区，确保“十四五”发展开好局、起好步。

（一）旗帜鲜明讲政治，压实政治责任

牢记“看北京首先要从政治上看”，增强“四个意识”，坚定“四个自信”，做到“两个维护”，不折不扣落实中央、市委各项决策部署。

一要强化思想理论武装。紧紧围绕学习宣传贯彻习近平新时代中国特色社会主义思想根本任务，抓住关键少数，发挥理论学习中心组“头雁效应”，深化区委中心组“学习日”机制，促进领导干部带头学、跟进学。加大线上线下宣传宣讲力度，推动五中全会精神深入群众、深入人心。围绕庆祝建党100周年，积极宣传党的创新理论，讲好“四史”和新时代中国特色社会主义建设伟大实践，弘扬红色文化和新时代爱国主义精神。深入贯彻新修订的《党委（党组）意识形态工作责任制实施办法》，完善区级实施细则和考评标准，加强阵地管理，强化巡查、报备、会商研判等机制运行。推进北京朝阳新闻发布厅平台建设，提高舆论引导水平。

二要科学精准从严防控疫情。坚持“带疫发展”，夯实“四方责任”，毫不松懈外防输入、内防反弹，保障人民健康、城市安全。严密社区防控，抓实院感防控，加强公共场所等社会面防控，加强重点行业、重点部位排查，严格消杀管理，做好集中观察点服务保障。加强冷链食品行业监管，坚决阻断冷链食品传播链。抓好核酸检测能力储备，发挥发热门诊和发热筛查哨点的探头作用，完善应急物资储备标准和管理制度，有序开展疫苗接种，做细做实疫情应对准备。推动“互联网+医疗健康”服务，优化医疗服务流程，提高居民就医便捷度。全面落实三年行动计划，健全联防联控、群防群治、医防融合工作机制，提升突发公共卫生事件应急处置水平。加强法治服务保障，强化涉疫矛盾纠纷排查化解，依法从严从快打击处理涉疫违法犯罪。

三要坚定不移落实重大决策部署。坚持精准扶贫“四个不摘”，整合资金投入就业帮扶、消费扶贫等领域，加强项目全过程管理，完善防返贫长效机制。加强与雄安新区、副中心等地的供需交流，创新项目合作模式。与密云区紧密对接，建设好“双创中心”。协助市级部门推进冬奥工程及基础设施建设和改造，整治提升涉奥地区环境，优化场馆团

队组织结构和指挥体系，深化公共区运行设计，编制运行计划，做好冬奥会测试活动和测试赛保障，统筹谋划赛后利用工作。举一反三推进国家监委监察建议、市委巡视、规自领域专项巡视反馈问题整改，深化成果运用。

（二）乘势而上促发展，谱写奋进新篇

着眼高质量发展目标，加快转方式、调结构，推动发展动力更强、质量更优、后劲更足。

一要坚持规划引领发展。树牢战略思维、全局视野，按照区委《建议》安排，科学制订区“十四五”规划纲要。聚焦重点、细化任务，高水平编制各专项规划。坚持清单化管理，项目化推进，扎实做好规划组织实施。围绕重要任务清单加强检查，做好监测评估和督查考核。加强对规划的宣传解读，及时公开规划实施进展，提高群众的知晓率、参与度、支持度。

二要深入推进“疏整促”专项行动。坚持疏解整治提升一体化谋划与实施，突出提升导向和系统观念，以提促疏、以提促治。推动一般性产业精准疏解，腾退低效产业用地，加强重点村整治。全年拆除面积不低于200万平方米，全面创建基本无违建街乡。充分利用疏解腾退空间，推进农村地区和重点功能区的城市修补，补齐基础设施和公共服务短板。

三要加快转变发展动能。推进信息技术与各领域深度融合，实施好“五新”行动方案。加强新型数字基础设施布局，围绕数字产业化、产业数字化、数字化治理及应用场景落地等，细化任务目标，出台配套政策，健全指标体系，推动数字产业集聚发展，深化数字经济示范区建设。强化国际经贸节点功能，聚集国际高端要素，提升总部经济发展能级。紧抓第四使馆区建设机遇，打造国际交往中心新亮点。深入落实北京市促进“新消费”22条政策，扶持首店经济、夜间经济，培育壮大新型消费。持续推进北京CBD国际化提升专项行动计划，加快重点项目竣工入驻和核心区南区建设。加大政策支持力度，建好中关村朝阳国际创投集聚区，引进和培育具有国际影响力的数字总部企业和研发中心，吸引新一代信息技术、人工智能、医药健康等战略新兴产业领军企业、重点项目入驻。推动奥运功能区重点项目建设，实现中国工艺美术馆、国家科技传播中心、北京冬奥村竣工，国家会议中心二期基本建成。进一步聚集国际金融资源，发展金融科技、数字金融，推进国家产融合作试点工作，提升监管服务水平。实施“百园品质提升行动”，建设智慧园区、文化科技特色园区，做大做强数字文化产业，引进培育头部文化企业和高成长性旗舰文化企业，提升文化产业竞争力，争创国家文化和旅游消费示范城市。积极推进朝阳园北区建设，启动实施“三国际一未来”项目，提升望京国际人才社区建设品质，推动国际人才服务信息化、便利化。加强财源建设统筹调度，实施好重点企业走访等“十大专项行动”。落实过“紧日子”要求，量入为出、合理统筹，优化支出结构，科学高效用好财政资金。

四要高水平推进“两区”建设。对标国家服务业扩大开放综合示范区和自贸区建设要求，发挥先行先试作用，扛起推进更高水平对外开放的使命担当。积极探索服务业开放发展的新业态、新模式、新路径，逐步形成与国际先进规则相衔接的制度创新和要素供给体系。充分发挥CBD和金盏国际合作服务区特色资源优势，以重大平台和项目建设为牵引，加强园区联动，增强辐射带动，打造更具黏性和吸引力的产业生态，推动优势产业链集群式发展。加大在跨境金融、专业服务、数字经济国际合作等方面的创新力度，构建以国际金融、服务业开放、数字经济为主要特征的国际商务服务片区。

五要强化城乡统筹发展。巩固试点成果，优化功能布局，拓展创新路径，提高城乡融合发展水平。推进“一绿”城市化建设，统筹推动“二绿”地区纳入“一绿”工作机制。建成第二批美丽乡村，打造一批“朝阳名片”。加快安置房项目手续办理，推动地块上市。加强集体“三资”管理，严格履行合同联网预审程序，将所有合同全部纳入信息化平台监管。落实“村地区管”实施意见和配套政策，健全土地用途管控。完成东风和十八里店乡清产核资工作收尾，推进南磨房、将台2个乡级改革试点，基本完成全区村级改革。推进管庄等乡村级股份量化，建立新型集体经济组织。稳妥有序撤村建居。

六要深化改革创新发展。以改革创新为根本动力，依靠改革应对变局、开拓新局。深化国资国企改革，出台三年行动方案，健全市场化经营机制，加快推进合并重组，完成各层级企业公司制改制。持续深化事业单位改革，探索试点事业单位“管办分离”，逐步建立政事权限清单和章程管理。巩固深化街乡协管员改革成果，分类推进区级部门编制外人员改革。完善优化营商环境工作长效机制，全面推行“告知承诺＋信用监管”审批，实现重点企业“服务包”制度常态化运行。

（三）精益求精优治理，答好民生考卷

从解决群众最关心最直接最现实的利益问题入手，抓好关键小事，筑牢织密民生保障网，构建社会治理共同体。

一要打造宜居环境。聚焦问题、精准施策，完善机制、创新管理，扎实做好中央环保督察反馈问题整改，建设和谐宜居大美朝阳。深化“一微克”行动，严控裸地扬尘，加强科技治污，持续改善大气环境质量。打造幸福河湖，推进“清河行动”常态化规范化，抓好雨污分流，巩固黑臭水体治理成果，推动水城共融。严格管控建设用地环境风险，坚决防止新增土壤污染。全面创建国家森林城市，落实5171亩百万亩造林绿化任务，“留白增绿”600亩，林木绿化率提升至30%，基本完成温榆河公园朝阳段一期（清河南侧部分）主体工程，启动二期工程建设。大力开展爱国卫生运动，巩固创卫成果。推进146条背街小巷环境精细化整治提升，推动亮马河地区和广渠路架空线入地，靓化亮马河沿岸夜景。加快中关村朝阳园北区香江北路、规划一路等拆迁建设，完成广和里西路、定福庄西路南延等保障房周边配套道路建设，实施好九龙花园东路等疏堵工程，完成望京区域交通综合治理。

二要优化公共服务。以群众需求为导向，保基本、兜底线、促公平。实施新形势下稳就业、保就业措施，加强职

业技能培训，完善创业政策，提升就业服务。优化教育资源布局，新增学位1.05万个，建设现代化教育强区。加快朝阳医院常营院区、安贞东方医院工程建设，垂杨柳医院新址全部投入使用，抓好国家城市医疗联合体建设试点，提升居民对社区卫生服务机构的满意度。完善老年人健康服务体系，提升医养结合服务水平。深入推进居家和社区养老服务改革，健全养老服务体系，统筹养老设施布局，新增养老床位不少于1000张。推进全国文化中心建设规划体系实施，优化公共文化服务体系，按照“大区文化名片”标准建设新档案馆，建设“博物馆之城”。加快永通桥和平津闸保护修缮、神木厂遗址保护，推进神木博物馆建设，探索大运河（朝阳段）、亮马河通航文旅项目开发，把大运河及沿岸地区打造成新地标。弘扬和践行社会主义核心价值观，深化新时代文明实践中心建设，广泛开展群众性精神文明创建活动，巩固文明城区创建成果。贯彻落实全民健身国家战略，夯实基层体育基础。加大保障房供给，完成八里庄北里第二小区整治等15个老旧小区综合整治项目，加装电梯全年开工50部，竣工110部以上，加快酒仙桥、化石营、管庄乡棚改等重点项目征收（拆迁）。

三要强化基层治理。强化全区域统筹、全领域协同，深入落实“四个条例”，全面推动基层治理创新。深化“吹哨报到”“接诉即办”改革，围绕“总结巩固年”主题推进基层建设年三年行动计划，继续做好“年度三件事”，形成一批创新成果。完善区、街乡和社区（村）三级社会动员平台建设，深化拓展社区创享计划、社区成长伙伴计划。下大力气抓好物业管理，提高“三率”建设水平，完善物业服务企业信用管理体系，打造法治物业、智慧物业、品牌物业。加快垃圾运输车辆、密闭式清洁站标准化改造和厨余垃圾处理设施建设，提高厨余垃圾分出率，推进垃圾分类示范片区创建验收。聚焦“12345”市民服务热线诉求办理，严格接诉即办考核奖惩和约束激励，推进未诉先办、一办到底。建设区级大数据平台，打造“城市智慧大脑”系统。做好人口普查数据评估和开发利用。

四要维护安全稳定。坚持总体国家安全观，推进市域社会治理现代化试点，建设更高水平平安朝阳。加强国家安全体系和能力建设，筑牢国家安全屏障。严格落实反恐“六住”措施，严厉打击防范敌对势力渗透滋扰破坏活动。常态化开展扫黑除恶，巩固深化专项斗争成果。加强对数字货币、在线教育等领域风险监测，严防经济社会风险向政治安全风险演变。完善社会治安综合防控体系，综合整治安全隐患。强化有解思维，落实党政领导干部接访下访和信访“包案”制度，深化“互联网+信访”建设，构建智慧信访工作平台。完善人民调解、行政调解、司法调解联动工作体系，健全诉源治理工作模式。深化司法体制综合配套改革，健全执法司法制约监督机制。制定实施依法治区规划、法治政府建设实施方案和“八五”普法规划，巩固提升法治政府建设示范区创建成果。深入开展安全生产整治三年行动，健全城市安全发展体系，确保生产安全、消防安全、城市运行安全、食品药品安全。

（四）持之以恒严党建，巩固良好生态

始终坚持党要管党，全面从严治党，为朝阳高质量发展提供根本保证。

一要加强党的全面领导。坚持总揽全局、协调各方，支持区人大及其常委会依法履职尽责，支持区政府转变职能、服务民生，支持区政协发挥民主监督优势，支持区纪委监委、法院和检察院依法行使职权。坚持党管武装，健全退役军人服务管理网络。完善大统战格局，拓展统战组织覆盖面，推动统战社团高效运转。做好各民主党派区（工）委、区工商联换届工作，紧密团结各界统战人士，为朝阳发展集智聚力做贡献。深化党建引领、党群共建，推进群团工作发展创新。

二要建强班子干部人才队伍。全面实施干部政治素质考察，建立领导干部政治素质档案，严把选人用人政治关。以区、乡两级换届和街道任期调整为契机，推动形成搭配合理、优势互补的队伍结构。高质量推进村和社区“两委”换届，“一村（居）一策”选优配强“两委”班子成员。把好队伍建设源头，继续实施“三个一批”干部人才引进计划，储备年轻专业干部。从严加强干部监督考核，突出政治素质、治理能力、工作实绩评价。深入实施新版“凤凰计划”，分层分类组织开展杰出人才、领军人才、青年拔尖人才等高层次人才认定工作。

三要构筑坚强战斗堡垒。深化“一轴四网”区域化党建体系，做深做实党建工作协调委员会，不断提升基层党组织的凝聚力和战斗力。加强支部标准化规范化建设，严格落实加强基层党务工作者队伍专业化建设“1+3”文件，进一步完善选育用管等制度。统筹推进机关、国企、学校、医院等各领域党建工作，重点抓好龙头非公企业、纳税亿元以上商务楼宇和互联网、律师、物业、房地产中介、快递物流等行业党建，打通“两新”党建管理体制“最后一公里”。

四要驰而不息正风肃纪反腐。把“严”的主基调长期坚持下去，紧紧牵住主体责任“牛鼻子”，一体推进不敢腐、不能腐、不想腐。严明政治纪律和政治规矩，强化斗争精神，严格执行重大事项请示报告制度。持续深化纪检监察体制改革，完善纪律、监察、派驻、巡察“四个全覆盖”监督格局。坚持把纪律和监督挺在前面，精准运用监督执纪“四种形态”，在用好“第一种形态”上下更大功夫，抓早抓小、防微杜渐。严格落实中央八项规定精神，严肃整治形式主义、官僚主义，严防“四风”反弹回潮，巩固和发展反腐败斗争压倒性胜利。坚持无禁区、全覆盖、零容忍，重遏制、强高压、长震慑，加强警示教育，抓好廉洁文化建设，营造风清气正的良好政治生态。

朝阳区政府工作报告

——在朝阳区第十六届人民代表大会第七次会议上

朝阳区人民政府区长　文　献

（2021 年 1 月 12 日）

一、2020 年工作回顾

刚刚过去的 2020 年，是极不平凡、惊心动魄的一年，也是全区上下团结奋战、砥砺前行的一年。面对突如其来的新冠肺炎疫情，我们以习近平新时代中国特色社会主义思想为指导，在市委、市政府和区委的坚强领导下，在区人大、区政协的监督支持下，统筹推进疫情防控和经济社会发展，扎实做好“六稳”“六保”工作，积极培育新动能、新优势，较好完成了全年各项任务，实现了“十三五”发展顺利收官。

（一）统筹兼顾、群策群力，抗击疫情取得重大成果

疫情发生后，全区上下按照“坚定信心、同舟共济、科学防治、精准施策”的总要求，压紧压实“四方责任”，迅速打响疫情防控的人民战争、总体战、阻击战，用 3 个月左右时间，取得了抗疫斗争明显成效。在此基础上，全力做好“外防输入、内防反弹”工作，构筑起常态化疫情防控的铜墙铁壁。

准确把握形势变化，各阶段防控工作有力有效。朝阳区承担了全市 30% 的国内人员、40% 的境外人员进京应对任务以及近 100% 的境外进京外交人员集中观察工作。1 月 23 日在全市率先启动“敲门行动”，对涉及人员开展地毯式排查，迅速改建 2 所区级定点医院，组建 500 余人的流行病学调查队伍，统筹各方资源开辟集中观察点，对全部小区（村）实行封闭管理，有效应对了春节后大人流返京风险。针对境外疫情蔓延情况，逐步扩大排查范围，率先对全部境外进京人员进行隔离观察，并在入境转运点探索出全流程闭环管理模式。新发地批发市场聚集性疫情发生后，第一时间开展排查隔离和采样消杀工作，将日核酸检测能力（单样本）由 2 万份迅速增加到 8 万份，在大洋路市场率先实现“批零分开”、设立全市首个批发市场核酸检测站，有效防止了疫情在朝阳区扩散。针对境外输入引发本土关联病例等突发情况，第一时间采取果断措施，最大程度降低了传播风险。

高效统筹资源力量，支撑保障措施及时到位。疫情初期从境内外采购并紧急动员企业生产口罩，短时间内实现了各类防疫物资从紧缺到动态平衡。首次建立区级生活必需品政府应急储备机制，组织商超企业科学调配货源，保障“菜篮子”量足价稳。推行预检分诊、非急诊全面预约制，在全市率先使用方舱 CT、开通 24 小时健康咨询热线，推出“极简取药”等便民服务。发挥科技支撑作用，创新开发朝阳战“疫”地图、楼宇信息采集系统等，支持辖区企业研发“人脸识别 + 红外测温”系统并在全市推广。率先出台并及时调整防疫指引，首创“双楼长”制，首倡“一米”行动，全区未发生公共场所聚集性感染事件。

艰难困苦，玉汝于成。在这场没有硝烟的战争中，广大医护人员、疾控人员与病毒近身交战，基层社区（村）工作者、志愿者日夜坚守，党员干部下沉一线，各行各业鼎力支持，用赤诚与担当，用勇气和奉献，在平凡的岗位上书写了不平凡的抗疫篇章。

（二）危中寻机、加速转型，区域经济呈现坚强韧性

朝阳区经济外向型程度高、服务业占比大，受疫情影响更为明显。我们一方面尽力为企业降成本、减负担，另一方面立足优势培育新动能，有力促进了经济稳步恢复。预计全年 GDP 达到 7000 亿元左右、下降 2% 左右，完成一般公共预算收入 510.8 亿元、下降 4.8%。

千方百计纾困惠企，复工达产成效明显。落实国家和市级政策，出台区级两个“18 条措施”，全力解决企业用工用餐、原料供应、出差隔离、签证办理等实际困难，新增减税 72.1 亿元，减免社保费 279 亿元，返还失业保险费 10.3 亿元，帮助企业获得贷款 160 亿元，为中小微企业减免房租 13.7 亿元；创新提出“数据定位、政策找企”，为困难企业申请临时性岗位补贴和以训稳岗补贴 3.4 亿元。重点企业、楼宇、工地于 3 月底基本复工，新设企业数量自 8 月起保持正增长，全区就业形势总体稳定。

把握新趋势优化结构，经济动能持续增强。在全市率先出台数字经济示范区实施方案，率先实施“五新”三年

行动计划，发布高成长企业培育“凤鸣计划”，加快发展壮大新业态。新增4家跨国公司地区总部。科技服务业、信息服务业财政收入分别增长13.7%和15.8%。金融业财政收入增长19.6%，48家金融机构落户，10家企业完成上市。创新发布国家文化产业创新实验区指数，新增注册资本亿元以上文化企业50家，“百园工程”全面完成。举办“北京消费季潮朝阳”活动，发展直播带货、无接触配送等新模式，线上消费大幅增长，线下消费逐渐回补。持续优化营商环境，推行告知承诺制，增加“朝好办”主题事项，实现政务场所延时服务全覆盖。朝阳区成为国家产融合作试点城市、全国知识产权运营服务体系建设重点城市。

抢抓机遇扩大开放，国际化优势更加凸显。迎来中国（北京）自由贸易试验区设立的重大机遇，CBD、金盏国际合作服务区共7.92平方千米纳入政策范围，全市首个自贸区国际人才一站式服务中心建成，首个金融服务平台上线，首家个人征信公司、首支人民币国际投贷基金、首单本外币一体化试点政策业务在朝阳区落地。服务业扩大开放第三轮试点任务基本完成，25个重点项目入驻。实际利用外资46.2亿美元，同比增长8%，占全市三分之一。CBD国际化提升三年行动计划加快推进，吸引力指数保持全国第一，跃居亚洲第二、全球第七。中关村朝阳园成为全国第三批双创示范基地，国际创投集聚区“政策18条”全面实施、4个高成长中心及一批重点机构入驻。奥运功能区实现亚投行、中石油储气库公司等重点企业入驻，国家速滑馆、国家游泳中心、国家体育馆等新建、改建工程竣工。与外交部建立对接沟通机制，第四使馆区用地范围内拆迁工作全面完成。

创新机制破解难题，城乡一体化步伐加快。成立农村地区拆迁腾退专班，在1个月内完成姚家园三期安置房地块、十八里店村及孛罗营村上市地块滞留户腾退。拆而未净、长期滞留的287个非宅、352个住宅全部拆除。加快前期手续办理，定辛庄等4个安置房项目开工、5个项目基本具备开工条件，颐堤港二期等3个产业项目启动、将台国际文化硅谷等3个项目主体完工。着力解决历史遗留问题，557户安置房产权证正在办理、1万余户具备初始登记条件。出台“村地区管”工作意见，成立平台公司，加强集体土地统筹管理。深入推进乡村振兴，小鲁店等村完成美丽乡村建设，农村人居环境整治三年行动计划任务完成。

（三）对标一流、精细治理，功能品质持续优化提升

坚决落实城市总体规划，全面实施分区规划，巩固拓展治理成效，城乡环境更加宜居、宜业、宜人。

“疏解整治促提升”专项行动取得阶段性成效。聚焦重点区域精准疏解，拆除并实现“场清地净”317万平方米、腾退土地332公顷。精细化整治提升背街小巷175条，建设提升便民商业网点120个，留白增绿208公顷。政府主导、引入社会资本开展“望京小街”更新及运营，开街后迅速成为网红打卡地。北京最早的涉外商圈丽都商圈完成改造升级，成为街区更新的典范。“疏整促”专项行动12项市级年度量化考核任务中，6项超额完成，8项排名全市前三，3项排名全市第一。

生态建设取得显著成效。实施“一微克”行动，狠抓扬尘和挥发性有机物治理，$PM_{2.5}$年均浓度为39微克/立方米，下降9.3%，达到近年来最好水平。5个国考、市考断面达标提质，朝阳区在市水污染防治考评中首获优秀等级。亮马河四环以上段景观廊道建成开放，坝河滨水空间一期（使馆区示范段）工程完工。完成51个小区、67个单位自备井置换，惠及群众近24万人。持续推进大尺度绿化，启动国家森林城市创建，占地2.04平方千米的温榆河公园朝阳示范区建成开园，6个城市公园、4个郊野公园主体完工，新建绿道11千米，新增改造绿化面积506公顷。

交通环境持续优化。化工路改扩建工程完工，垡头铁路道口拥堵问题得到根本解决。广顺北大街全线贯通，中关村朝阳园北区主干路网基本形成。全年竣工主次支路10条，完成20项疏堵工程、102千米慢行系统整治，新增停车位5200余个。CBD区域4平方千米交通综合治理基本完成，成为全市交通优化工作的典范。推动“星火站”更名为“北京朝阳站”，区域知名度和影响力进一步提升。

城市运行更加高效安全。实施生活垃圾管理、物业管理两个条例，厨余垃圾分出率由最初的5%提高到21%，业委会（物管会）组建率、物业服务覆盖率、党的组织覆盖率分别达到87.9%、99.9%、93%。安全生产事故起数和死亡人数分别下降43.9%和40.3%，火灾事故起数下降23.7%。食品药品抽检抽验合格率分别达到98%和99%以上。强化金融风险防范，成立全市首家数字金融风险防范实验室，在营网贷机构实现清零。市域社会治理现代化试点工作全面启动。扫黑除恶专项斗争圆满收官。

（四）紧贴需求、为民解忧，社会事业取得全面进步

实施全面提升“七有”“五性”民生保障水平行动计划，全力兜底线、补短板、强弱项。预计居民人均可支配收入增长2%。

公共服务更加优质均衡。教育教学质量进一步提升，新增9所幼儿园，新建、改扩建4所中小学，学前教育普惠性学位占比达到83%，中小学优质教育资源实现全覆盖。建立全市首个国际医疗联合体，朝阳医院常营院区主体结构封顶，朝阳区成功创建全国健康促进区。实施公共卫生应急管理体系建设三年行动计划，院前急救呼叫满足率达到95%以上。新增养老机构6家、养老驿站10家，居家和社区养老服务改革试点成果被评为全国优秀。进一步完善“3+1”四级公共文化服务体系，开展线上线下文化体育活动8900余场次。出台《朝阳区大运河文化带保护传承利用规划》，萧太后河展览馆对外开放。大力普及冰雪运动，举办冬奥大讲堂等活动，累计参与群众19万人次。推动工人

体育场改造复建工程，仅用1个月时间实现全部商户协商腾退。建设筹集政策性住房6881套、竣工1.2万套，完成棚户区改造580户。启动全市首个危旧楼房拆除重建试点项目，建成于20世纪50年代的光华里5、6号楼基本完成拆除。实施38个老旧小区改造项目，加装电梯开工487部、完工320部。第七次全国人口普查工作顺利完成。历经三年不懈努力，朝阳区成功创建国家卫生区。朝阳区连续四届荣获全国文明城区称号。经过持续攻坚，在全市结对帮扶地区中贫困人口最多的新疆墨玉县成功脱贫，朝阳区对口帮扶的6个地区已全部脱贫摘帽。

基层治理创新向纵深推进。深化党政群共商共治，建成20个全要素小区、258个全景楼院。调整、新建社区58个，实施社区工作准入制，实现“全岗社工”全覆盖。巩固“社会矛盾化解年”成果，群众信访总量、集体访量实现“双下降”。建立“接诉即办”考核激励机制，“12345”市民服务热线诉求解决率、满意率较年初分别提升28个和15个百分点。与此同时，妇女儿童、残疾人事业取得新发展，双拥共建、人防地震、民族宗教、侨务对台、外事旅游、档案方志等各项工作全面进步。

一年来，区政府坚决贯彻全面从严治党要求，巩固深化“不忘初心、牢记使命”主题教育成果，切实加强自身建设。认真执行区人大及其常委会的决议和决定，自觉接受人大法律监督、工作监督和政协民主监督，全年办复市区人大代表建议、政协提案520件。朝阳区成为首批全国法治政府建设示范区。向街乡下放431项行政执法职权并实行综合执法。坚决落实国务院第七次大督查等反馈问题的整改工作，扎实推进规自领域专项治理。大力压减一般性支出。严肃整治发生在群众身边的腐败问题。强化督促检查和绩效管理，有力确保了各项任务顺利完成。

过去一年朝阳区各项工作取得了新进展、新成效，为“十三五”发展画上了圆满句号。五年来，我们深入贯彻习近平总书记对北京重要讲话精神，深入落实新版北京城市总体规划，区域功能定位、主攻方向更加明确，各项事业发展实现新的历史性进步。综合经济实力再上新台阶，预计GDP年均增长6.6%，一般公共预算收入率先在全市跨越500亿元大关，高精尖产业体系加快构建，营商环境考评成绩连年位居全市首位。区域功能品质再上新台阶，疏解腾退面积超过3400万平方米，城乡建设用地减量任务顺利完成。文化、国际化、大尺度绿化建设成效显著。城乡协调发展再上新台阶，“一绿”地区一批6个试点乡基本完成城市化任务，二批5个试点乡拆迁腾退有序推进。31个村完成整体腾退或改造，1.6万名农民实现转居。宜居环境建设再上新台阶，$PM_{2.5}$年均浓度下降53%，黑臭水体基本消除，新建、改扩建道路116条，建成5G基站4000余个，打造110条环境优美大街。群众生活水平再上新台阶，累计办理各类民生实事7300余件，预计居民人均可支配收入年均增长6.9%，“七有”“五性”民生保障水平持续提高。这五年，从聚集资源求增长到疏解功能谋发展、从城市管理到城市治理、从“接诉即办”到“未诉先办”，我们解决了一批群众急难愁盼的实际问题，创造了一系列在全市乃至全国领先的典型经验，走出了一条具有朝阳特色的高质量发展新路。

成绩来之不易，经验弥足珍贵。这得益于市委、市政府和区委的坚强领导，得益于区人大、区政协的有力监督和鼎力支持，得益于全区广大干部群众的顽强拼搏和无私奉献。在此，我代表区政府，向奋战在各条战线上的全区人民，向人大代表、政协委员、各民主党派、人民团体、社会各界人士，向大力支持我们工作的驻区中央、市属单位和解放军、武警部队，向在抗疫斗争中作出突出贡献的个人和集体，致以衷心感谢和崇高敬意！

总结成绩的同时，我们也深刻认识到，区域发展还面临许多难题和挑战。一是保持经济平稳增长压力加大。疫情影响广泛深远，在传统增长动力减弱和疏解减量大背景下，实现高基数上的稳定增长，需要付出更大努力。二是科技创新支撑作用仍然不足。创新驱动的产业体系尚未完全形成，各领域应用场景还不广泛。三是城乡区域间发展不平衡问题依然存在。城乡之间、南北区域之间在产业发展、环境治理、公共服务等方面还存在较大差距，农村城市化进程有待加快。四是城市治理和民生保障水平与群众需求还有差距。城市精细化治理模式还需进一步创新，公共安全体系有待健全，教育、卫生、住房等领域还存在一些薄弱环节。我们一定高度重视这些问题，采取务实有效措施加以解决。

二、“十四五”时期主要目标任务

“十四五”时期，是全面建成小康社会、实现第一个百年奋斗目标之后，开启全面建设社会主义现代化国家新征程、向第二个百年奋斗目标进军的第一个五年。区委十二届十三次全会确定了“十四五”时期朝阳经济社会发展的指导思想和基本要求，为全区发展指明了前进方向。锚定2035年率先基本实现社会主义现代化的远景目标，我们将聚焦文化、国际化、大尺度绿化主攻方向，率先探索构建新发展格局的有效路径，率先建设高质量高效益的现代化经济体系，率先形成超大城市中心城区现代化治理体系，努力打造首都高质量发展示范区、文化创新引领区、国际交往中心区、绿色宜居标杆区，全力建设更宜居、更开放、更具活力的新朝阳。

重点抓好以下目标任务。一是经济质量效益显著提升。GDP年均增速达到5%左右，人均、地均产出持续提高。“两区”建设取得突破性进展，新增国际性组织和机构不少于50个。CBD、中关村朝阳园、金盏国际合作服务区成为新的增长极，一批特色产业园区联动协调发展。二是创新引领作用显著提升。创新在发展中的核心地位更加突出，重要领域和关键环节改革取得更大突破。数字经济成为发展新动能，战略性新兴产业、未来产业持续壮大。三是区域城市功能显著提升。“两轴两带三区”空间布局全面形成，南部地区有序崛起，东部地区加速跨越，疏解非首都功能取得更大成效，全区基本实现城市化。四是生态文明水平显著提升。大尺度生态环境示范区建设取得重大进展，重污染天气基本消除，国家森林城市建成，骨干水系全面连通。单位地区生产总值能耗、水耗稳步下降，资源利用率大幅提高。五是居民生活品质显著提升。实现更加充分更高质量就业，居民收入增长和经济增长速度基本同步。教育、卫生、养老、文化、住房等公共服务体系更加健全，每万人全科医生数达到3人，每千人养老床位数达到7张。六是城市治理效能显著提升。率先形成城市更新有效路径，农村地区规划实现路网密度达到2.04千米/平方千米。安全保障更加有力。基层治理水平大幅提高，一批群众关心关注的实际问题得到妥善解决。

为确保规划落地，我们提出了24项主要指标，并将高质量发展“五大提升工程”和高品质生活“五大示范工程”作为规划实施的重要抓手。高质量发展“五大提升工程”突出发展第一要务，旨在推动质量变革、效率变革、动力变革，包括国际化能级提升工程、数字经济发展提升工程、文化活力提升工程、消费潜能提升工程、服务效能提升工程。高品质生活“五大示范工程”突出以人民为中心的发展思想，坚持问题导向、需求导向，旨在办好一批民生实事，包括大尺度绿化示范工程、现代教育示范工程、卫生健康示范工程、城市更新示范工程、智慧治理示范工程。

三、2021年工作任务

2021年，是中国共产党成立100周年，是“十四五”规划开局之年，是北京冬奥会、冬残奥会筹备的关键一年，是毫不放松抓好常态化疫情防控的重要一年。我们要充分认识新发展阶段国内外环境正在发生深刻复杂变化，紧密围绕首都发展大局，增强机遇意识、风险意识，在危机中育先机、于变局中开新局。我们要准确把握疫情防控依然复杂严峻的形势，慎终如始抓好“外防输入、内防反弹”，做好新冠疫苗接种工作，保障好群众生命安全。我们要全力做好中国共产党成立100周年庆祝活动服务保障工作，全力做好北京冬奥会、冬残奥会筹办工作，向党和人民交上一份满意答卷。

今年政府工作的总体要求是：坚持以习近平新时代中国特色社会主义思想为指导，全面贯彻党的十九大和十九届二中、三中、四中、五中全会精神，深入贯彻习近平总书记对北京重要讲话精神，按照市委十二届十五次、十六次全会和区委十二届十三次全会部署，坚持稳中求进工作总基调，坚定不移贯彻新发展理念，积极融入新发展格局，以推动高质量发展为主题，以深化供给侧结构性改革为主线，以改革创新为根本动力，聚焦“三化”主攻方向，扎实做好“六稳”“六保”工作，统筹发展和安全，推动治理体系和治理能力现代化，更加奋发有为地推动朝阳新发展，确保“十四五”开好局、起好步。经济社会发展主要预期目标是：地区生产总值增长6%左右，居民人均可支配收入稳步增长，城镇登记失业率控制在4.5%以内，一般公共预算收入增长3%。

重点做好以下几个方面的工作。

（一）深入落实城市总规，增强发展新活力

开展新一轮“疏解整治促提升”专项行动。注重以提促疏、以提促治。全年拆违面积不少于210万平方米、腾退土地不少于220公顷。保持“开墙打洞”、地下空间违规住人、违法群租房等动态清零。完成146条背街小巷精细化整治提升，建设提升便民商业网点50个，实现留白增绿40公顷。全力支持城市副中心、雄安新区规划建设。

实施城市更新行动。高标准编制控制性详细规划街区指引，加快街区控规试点编制。严格落实减量发展任务，推进城乡建设用地增减挂钩。发挥责任规划师作用，注重“第五立面”塑造，做好城市设计和风貌管控，打造小微空间改造精品项目。完成棚户区改造450户。实施15个老旧小区共49万平方米的综合整治。复制推广“望京小街”经验，加快传统商街更新改造。深化“劲松模式”“首开经验”，继续开展危旧楼房拆除重建工作。

加快农村城市化步伐。分类实施剩余拆迁腾退任务，有序推进农民市民化。进一步加快前期手续办理，力争5个安置房项目开工。促进区域均衡发展。下大力气推进南部地区城市化进程，加快十八里店、王四营土储地块和小红门棚改地块上市。加快构建东部城乡一体化总体格局，推进管庄棚改项目、黑庄户农业生态公园、北京音乐产业园、金盏森林公园建设。健全“村地区管”工作机制，开展试点项目建设。积极建设数字农业应用推广基地。做好村级产权制度改革扫尾工作。加强未拆迁村物业化管理。加强美丽乡村建设，加快补齐基础设施、公共服务和环境治理短板，持续改善农村人居环境。

（二）紧抓“两区”建设机遇，增强核心竞争力

力促政策落地见效。完善“两区”专班运行机制，细化政策、空间、企业清单，紧盯国际金融、高端商务、数字科技领域，瞄准世界知名榜单企业和世界500强企业，引进一批标志性、引领性、首创性项目。抓住区域全面经济伙伴关系协定（RCEP）、中欧投资协定带来的投资贸易机遇，深化经贸交流合作。

提升重点园区能级。深入推进CBD国际化提升三年行动计划，组建专业化、市场化招商团队，抓好核心区重点项目建设和产业项目引入，加快500千伏变电站项目征收，积极打造国际金融开放前沿区。启动金盏国际

合作服务区东区和中区控规编制，全力服务保障第四使馆区建设，积极打造数字贸易试验区。推进中关村朝阳园北区建设，加快电子城地区改造提升，积极打造国际创投集聚区。

持续优化营商环境。深入推进证照分离和告知承诺制，实现更多事项全程网办。进一步完善重点企业“服务包”制度。建立知识产权质押融资风险分担补偿机制。注重人才引进与培育，成立自贸区人才发展联盟，深化国际教育、国际医疗、国际语言环境建设。实施国企改革三年行动，完善市场化经营机制，提高企业活力和效率。

（三）突出创新引领作用，增强产业新动能

积极培育新需求。推进消费向体验化、品质化、数字化方向升级，积极打造国际消费中心城市主承载区。加强线上线下融合，大力发展首店经济、夜间经济、免税经济，促进境外消费回流。全力打造大三里屯商圈，推进与周边主要交通枢纽地下连通，推动公交场站转型改造，实现太古里西区开业。与辖区艺术院校在流行趋势发布、设计成果转化、品牌文化推广等方面加强合作，引领时尚经济，打造时尚朝阳。聚焦高精尖产业、交通建设、城市更新、民生保障、冬奥会等方面，加大投资力度，抓好重点项目跟踪调度。发挥政府投资撬动作用，激发民间投资活力。

以数字化引领产业升级。深化数字经济示范区建设，支持网络安全、地理信息系统等细分领域发展，推动国家工业互联网大数据中心建设，积极布局人工智能智算中心。充分发挥科创基金引导作用，优化创新创业环境。进一步聚集国际金融资源，发展金融科技，推进10家企业上市。推动商务服务业国际化、高端化，提升总部经济能级和贡献。开展文化产业“双百行动”，提升园区发展质量和效益，打造文化融合创新策源地、文化数字化发展集聚地。

（四）持续扩大绿色空间，增强生态承载力

积极创建国家森林城市。落实新一轮百万亩造林绿化任务，推动区域北部公园绿道连通，完成温榆河公园朝阳段一期主体工程，实现朝阳公园免费开放，新增改造绿化面积500公顷。加强腾退建绿、拆违还绿、见缝插绿，提高公园绿地500米服务半径覆盖率，为群众提供更多亲近自然、娱乐休憩、文体活动空间。

持续打好污染防治攻坚战。推进扬尘管控精细化、生产生活排放减量化，强化重型柴油车等移动源治理，做好$PM_{2.5}$和臭氧污染协同控制。统筹治理河道及两岸环境，巩固黑臭水体和小微水体治理成效，推动“清河行动”常态化规范化，加快推进雨污分流，确保国考、市考断面进一步达标提质。完成亮马河2处跨河桥梁改造，实现燕莎桥至朝阳公园段通船。完成珠江绿洲家园等10个小区自备井置换。全面实施节水行动，打造一批节水典型示范点。强化土壤污染风险管理，确保土壤环境质量总体稳定。扎实推进中央生态环保督察反馈问题整改。推广节能建筑，引导绿色出行，促进生产生活方式绿色转型。

（五）深化精治共治法治，增强城市宜居性

持续提升城市运转效能。构建区级大数据平台，推动人工智能、5G+8K、智能网联汽车等技术在冬奥场景落地应用。继续推进交通建设“三个一百”计划，推动亮马河北路建设，建成10条主次支路，完成5项疏堵工程，新增立体停车设施5处、各类停车位3000个，开展望京等区域交通综合治理。以“北京朝阳站”建设为契机，全面推进周边区域规划建设，解决受京包线阻隔的东西向道路连通问题。配合做好地铁3号线、28号线等5条轨道交通及市郊铁路东北环线建设，提升京沈客专沿线环境水平。推动亮马河地区、广渠路沿线架空线入地。加强共享单车规范管理。大力开展爱国卫生运动，巩固国家卫生区创建成果。推进垃圾分类和资源回收“两网融合”，实现全部垃圾楼计量称重，从源头上促进垃圾减量。健全物业企业考核和信用评价体系，提高“三率”水平。

持续提升安全保障能力。深入推进安全生产专项整治三年行动，分级分批分行业开展安全培训，抓好隐患排查和源头治理。强化质量安全管理和食品药品全过程监管。加强综合防灾、减灾、抗灾、救灾能力和应急体系建设，开展好第一次全国自然灾害综合风险普查，做好水电气热等城市生命线安全保障，建设韧性城市。加强对教育培训、体育健身等领域的预付费监管。积极防范化解涉众金融和债务风险。深化网上信访，大力化解信访积案。进一步完善社会治安防控体系，严厉打击违法犯罪活动。

（六）紧扣“七有”“五性”需求，增强群众获得感

加大高质量公共服务供给。抓好高校毕业生、农转非劳动力等重点群体就业，完成职业技能提升三年行动计划。推进有朝阳特色的教育强区建设，深化“双名工程”，推进北京中学建设，新开办3所中小学，多措并举增加学前教育学位7000个，确保平安校园建设通过市级验收。推进健康朝阳建设，优化医疗资源布局，力争安贞东方医院主体结构完工，实现垂杨柳医院新址全面开诊。持续推进医联体建设，运用信息化手段提高家庭医生服务水平。深入推进全国居家和社区养老服务改革试点工作，新增养老床位1000张以上。健全覆盖各类人群的租赁住房体系，开工建设租赁住房4000套以上。推进救助管理站迁建工作。加强残疾人、低保低收入群体、困境儿童等群体权益保障。完善文化设施梯次布局，推进“博物馆之城”建设，推动实体书店发展，争创国家文化和旅游消费示范城市。做好大运河文化带历史文化保护传承利用工作，启动永通桥修缮工程，力争完成神木博物馆建设。启动深化全国文明城区建设三年行动，深化拓展新时代文明实践中心建设，持续提升市民文明素质和城市文明程度。因地制宜建设更

多体育设施。深化网球特色区建设，支持中网赛事发展。坚持精准扶贫“四个不摘”，进一步完善防返贫长效机制，巩固提升受援地区脱贫成果。

提高基层治理效能。全面完成“基层建设年”三年行动各项任务。推广移动议事厅、网上议事厅，开展社区服务空间开放式建设，推进国际化社区建设试点。继续优化调整大型社区，稳步推进撤村建居。完成社区、村“两委”换届选举。深化党建引领“吹哨报到”改革，完善“接诉即办”工作机制，用好民生大数据，努力办好群众家门口的事。

（七）践行为民服务宗旨，增强政府公信力

深入推进依法行政。认真学习贯彻习近平法治思想，推进新时代法治政府建设。坚决执行区人大及其常委会的决议和决定，认真听取区政协、民主党派和人民团体意见，认真办理人大代表建议和政协提案。进一步加大政府信息公开力度。严格规范公正文明执法，做好“八五”普法工作。

持续提高工作能力。努力适应新形势、新任务对政府工作提出的新要求，积极建设学习型、创新型、实干型政府。健全部门、街乡协调配合机制，实行清单化管理、项目化推进，加大督查考核力度，以钉钉子精神狠抓各项工作落实。加快数字政府建设。加强公务员教育培训，切实提升“七种能力”。

驰而不息改进作风。紧盯“四风”新动向，力戒形式主义、官僚主义。坚持政府过“紧日子”，开源节流、精打细算，继续压减一般性支出。持续规范各类检查考核，切实为基层减负。深入推进审计全覆盖，拓宽监督广度和深度，抓实审计整改。举一反三推进国家监委监察建议、市委巡视、规自领域专项巡视巡察反馈问题整改，深化成果运用。聚焦重点领域、重要部门、关键岗位，加强廉政风险防控，树立干部清正、政府清廉的良好形象。

北京冬奥会、冬残奥会筹办工作已进入决胜冲刺阶段。我们将全面落实绿色、共享、开放、廉洁办奥理念，全力保障重点场馆满足赛事要求，精细推进公共区运行设计、外围保障预案编制和应急演练，高标准实施重点区域环境整治和景观提升，做好系列测试赛相关工作，精心组织宣传推广活动，为成功举办一届精彩、非凡、卓越的奥运盛会，做足充分准备，打下坚实基础，营造浓厚氛围。

专 文

在朝阳区“不忘初心、牢记使命”主题教育总结大会上的讲话（节选）

中共朝阳区委书记　王　灏

（2020 年 1 月 11 日）

去年 9 月以来，区四套班子、143 个二级班子、6000 余个基层党组织、20 余万名党员全员投入、全面覆盖、全情参与。

我们坚持高位统筹、以上率下，主题教育有力有序开展。

一是加强区级统筹，完善体系。制定主题教育实施方案，成立区委主题教育领导小组及其办公室，抓好形势研判和安排调度，实现高效运转。组建 15 个区委巡回指导组，精准推进“四维巡导”，上线“主题教育任务推进系统”，引入检视剖析材料“质量监测系统”，把握各单位重点任务完成进度，督导“后进”单位，确保了全区整体实施、稳步推进。

二是突出率先垂范，分类实施。区四套班子带头开展学习教育、调查研究、检视问题、整改落实，各二级班子同步动员部署，党政机关突出党建和业务两手抓、两不误；各街乡突出为民办实事、解难题，助力乡村振兴、基层治理；国资系统突出谋发展、促升级；教育系统突出为党育人、为国育才；各基层党组织依托“三会一课”等，切实做到了“五个一”。

三是关注重点领域，精准推进。针对“两新”党建薄弱问题，在全市率先成立“两新”工委（筹备组），探索创新“两维双向四扫描”工作法，促进“两新”党建拓面提质。针对重点领域、重点行业，发挥行业主管部门作用，加强党建工作指导。针对创卫专班、党校培训班、女民兵方阵等专项工作，有的放矢设计工作方案，确保主题教育全覆盖。针对区级基层党代表，制定实施《区级基层党代表参加主题教育的工作方案》，确保了主题教育全覆盖。

四是强化宣传引导，展示成效。制定主题教育特色亮点建议清单，选树出“女民兵方阵”“妈妈宣讲团”等先进典型。中央、市属媒体报道我区主题教育相关内容 1500 余篇次，新闻联播两次专题报道我区主题教育重要成果，区级媒体及各单位重点媒体平台发布相关信息 2.1 万余篇次，集中呈现我区主题教育进展和成效。

我们坚持学习先行、融会贯通，思想政治经受深刻洗礼。

一是推动学习教育入脑入心。把学习贯彻习近平新时代中国特色社会主义思想作为首要政治任务，深入学习党的十九届四中全会精神，认真学习党章党规，研读规定书目，系统领会其重大意义、科学体系、丰富内涵和深厚底蕴。区四套班子分时段开展集中自学，围绕 12 个专题开展交流研讨，局处级领导干部开展理论中心组学习 1000 余次，基层党组织开展集中学习研讨 1.5 万余次，全区宣讲十九届四中全会精神 311 场。

二是进一步树牢理想信念。引导全区牢记“看北京首先要从政治上看”的要求，进一步增强“四个意识”、坚定“四个自信”、做到“两个维护”，自觉同以习近平同志为核心的党中央保持高度一致。坚持把革命传统教育、形势政策教育、先进典型教育、廉洁警示教育融入主题教育各项工作，传承红色基因，始终忠诚于党、忠诚于人民、忠诚于马克思主义。

三是坚决贯彻落实重大决策部署。把做好新中国成立 70 周年庆祝活动服务保障作为最实际、最生动的主题教育，完成 14 类重点任务，把落实中央、市委各项决策部署情况作为检验主题教育成效的重要标尺，推动重点工作再上新台阶。

我们坚持问题导向、脚步为亲，为民宗旨得到深入践行。

一是深入开展调查研究。以开展基层建设年为契机，聚焦 10 个方面重点任务，在全区开展大调研、大走访。22 名区级领导确定 45 个具体调研课题，开展调查研究 318 次，走遍全区 610 个社区（村），发现问题 451 个、现场解决294个，破解老大难问题14个。全区二级班子围绕1249个课题，开展调研5385次，发现问题1万余个、现场解决7154个，破解瓶颈性问题948个。

二是深化接诉即办机制。强化大抓基层、深化“吹哨报到”改革，完善服务群众响应机制。强化主动治理，化“被动响应”为“主动出击”，积极探索“接诉即办、未诉先办、一办到底”有效机制，形成未诉先办“查、应、解、判”四步工作法，市民诉求办理质量明显提升。

三是创新破解难点问题。围绕物业管理、老旧小区整治等群众关心关注的问题，形成多种党建引领物业管理模式。劲松“社会资本参与老旧小区改造”的做法在央视《新闻联播》播出，八里庄“大小物业综合服务”经验在全市推广，实现了主题教育成果有益转化、惠及于民。

我们坚持深入检视、狠抓落实，整改措施落地见效。按照“四个对照”“四个找一找”的要求，针对局级干部、处级干部和领导班子分别研究设计“检视问题清单”，将学习教育和调查研究中查摆的问题纳入清单，作为整改落实的重要内容。广大党员干部系统梳理8方面问题，制定整改措施。认真召开专题民主生活会、组织生活会。全区1200余名处级领导干部检视问题1.27万个，整改完成挂账问题3933个。主动承接落实第一批主题教育整改任务300余项，实现前后衔接、上下贯通、整体推进。深入开展“8+1”专项整治，制定专项整治工作方案，提出291项整改措施。

我们坚持全面从严、狠抓作风，党风政风持续向好。深入落实全面从严治党主体责任，大力推进作风建设，集中整治形式主义、官僚主义问题，查处并通报了一批违反中央八项规定精神的案件。高标准推进基层减负，发文数量同比减少70.84%，区级部门考核事项同比减少86.1%，社区表格区级事项精简96.2%，清理整治微信群983个。

通过本次主题教育，我们深刻认识到：必须紧扣学习贯彻习近平新时代中国特色社会主义思想这一主线，强化创新理论武装，锤炼忠诚干净担当的政治品格，在对党忠诚、践行宗旨中永葆初心；必须全面把握总要求，坚持“四个到位”，确保出成果、见实效；必须紧紧围绕主题教育目标，以彻底的自我革命精神解决好突出问题，推动各项工作再上新台阶；必须发挥好领导干部的“头雁效应”，带动主题教育全面覆盖、走向深入；必须建立不忘初心、牢记使命的制度，提高科学执政、民主执政、依法执政的水平。

在肯定成绩的同时，我们也要清醒看到存在的问题，一些党组织抓创新理论武装的功夫下得不够深，运用党的创新理论推动工作的能力不足；基层党建不平衡、覆盖面不够的问题依然存在；一些单位对补齐“七有”“五性”短板、创新基层治理的思考谋划不深入；12345政务服务便民热线工作机制还不够完善；抓意识形态工作的敏锐性不够；把主题教育成果转化为主动研究、联动破解难题的深度不够，相关长效机制还不健全。我们要以此次主题教育为新的起点，不断把自我革命引向深入，确保主题教育“收官不收场”。

一要坚持常抓不懈，确保初心如磐。我们要始终把“不忘初心、牢记使命”作为必修课、常修课，标准不降、力度不减地继续深化主题教育各项目标要求落实。要抓好思想政治体检，自觉同党中央要求“对标”，始终保持共产党人的革命精神和政治本色，切实把初心和使命转化为锐意进取、开拓创新的精气神和埋头苦干、真抓实干的原动力。要深入落实《关于新形势下党内政治生活的若干准则》，落实民主集中制，强化领导班子制度建设，进一步严肃党内政治生活。

二要坚持学用结合，筑牢思想根基。要深入落实《关于认真学习贯彻习近平总书记在“不忘初心、牢记使命”主题教育总结大会上的重要讲话的通知》精神，把学习贯彻习近平总书记重要讲话精神作为当前的一项重要政治任务抓紧抓好。要把坚定理想信念作为党的思想建设的首要任务，教育引导广大党员干部切实筑牢信仰之基、补足精神之钙、把稳思想之舵。要牢记“看北京首先要从政治上看”的要求，增强“四个意识”、坚定“四个自信”、做到“两个维护”，不折不扣贯彻落实党中央大政方针和各项决策部署。

三要坚持自我革新，加强党的建设。要把整改落实作为衡量主题教育成效的重要标尺。要全面加强各级领导班子和干部队伍建设。要深化基层党组织建设，强化各领域党建，大力推进支部规范化建设，把基层党组织建设成为坚强的战斗堡垒。要持之以恒正风肃纪反腐。严格执行中央八项规定及其实施细则精神，坚决克服形式主义、官僚主义，始终保持为民务实清廉的政治本色。

四要坚持斗争精神，开创发展新篇。要增强斗争本领，在大是大非和重大原则问题上始终立场坚定、旗帜鲜明。要严格落实意识形态工作责任制，强化阵地管控，加强正面宣传引导，确保意识形态领域安全。要强化大区担当，全力以赴稳增长，加强经济运行调度，稳妥应对经济下行压力，努力实现一季度开门红。要加快疏解腾退、腾笼换鸟，持续大手笔兴文化、大视野国际化、大尺度精绿化，当好首都高质量发展排头兵。要强化压茬推进的意识，用科学的思维方式、正确的工作导向、严谨的工作作风，高标准完成各项任务。要将“深化提升年”作为主题教育的延续，巩固和拓展“基层建设年”成果。要坚持问题导向，提升创新能力，着力破解基层治理难题。

五要坚持制度保障，推进常态长效。要总结传承好主题教育期间形成的典型模式、优秀经验、特色做法，推动好经验好做法常态化、长效化。要以制度建设强化顶层设计，为做好主题教育“后半篇文章”打下坚实的制度基础。要健全权威高效的制度执行机制，确保不忘初心、牢记使命的制度在朝阳落实落地、结出丰硕成果。

六要坚持以上率下，形成“头雁效应”。全区各级党组织要强化全面从严治党主体责任落实，各级领导干部要从自身严起，发挥好示范作用。要增强自律意识、标杆意识，以更严格的自我要求引领带动全区不忘初心、牢记使命。要拿出“跟我上”的英雄胆，杜绝“给我上”的官僚气，带头找差距、抓整改、促落实，形成上行下效、整体联动的总体效应。

大 事 记

1月

1日 区2019年“零点决算”会召开。2019年，区地方级收入1075.8亿元，区级财政收入536.41亿元，两级收入总量居北京市十六区首位。

2日 全国双拥模范城创建工作调研组到区检查指导工作。

3日至6日 政协区第十三届委员会第四次会议召开。胡杰华当选政协北京市朝阳区第十三届委员会常务委员会秘书长，宝月凤、李贺清当选政协北京市朝阳区第十三届委员会常务委员。

4日至7日 区第十六届人民代表大会第六次会议召开。张克斌当选北京市朝阳区第十六届人民代表大会常务委员会副主任；龚浩鸣当选北京市朝阳区人民法院院长。

11日 区“不忘初心、牢记使命”主题教育总结大会召开。会议以视频会议形式召开，市委第一巡回指导组成员，区四套班子领导，法检“两长”，区委巡回指导组组长，区委、区政府各部、委、办、局，各人民团体领导班子成员，区人大、区政协各委室主要负责人，各街道、地区（乡）领导班子成员，各社区（村）书记、主任，农口各局、中心、大队、公司领导班子成员，区属国有企业领导班子成员，全区各单位党支部书记在主会场和分会场参加会议。

22日 区第十二届纪律检查委员会第五次全体会议召开。会议传达学习贯彻十九届中央纪委四次全会、市纪委十二届五次全会精神，对推进全面从严治党和纪检监察工作高质量发展进行部署。

23日 区新型冠状病毒感染肺炎疫情防控工作领导小组成立。

28日 区新型冠状病毒感染肺炎疫情防控工作领导小组召开会议，传达学习贯彻习近平总书记重要指示精神和市委常委会扩大会议暨市新型冠状病毒感染肺炎疫情防控工作领导小组会议精神，对全区疫情防控工作进行部署。

29日 区新型冠状病毒感染肺炎疫情防控工作会召开，贯彻落实中央关于加强党的领导、为打赢疫情防控阻击战提供坚强政治保证的通知要求和中央应对新型冠状病毒感染肺炎疫情工作领导小组会议精神，以及市新型冠状病毒感染肺炎疫情防控工作领导小组会议精神，进一步部署调度疫情防控工作。

是月 清华大学附属垂杨柳医院改扩建工程新院区部分科室投入使用，医院耳鼻喉科、眼科门诊正式在新大楼开诊。

2月

3日 区委常委会扩大会议暨区新型冠状病毒感染肺炎疫情防控工作领导小组召开会议，学习贯彻习近平总书记在中央政治局常务委员会会议上的重要讲话精神，传达市委常委会扩大会议暨市新型冠状病毒感染肺炎疫情防控工作领导小组会议精神，进一步研究部署全区疫情防控工作。

10日 中共中央总书记、国家主席、中央军委主席习近平到朝阳区安贞街道安华里社区，了解基层一线疫情联防联控情况。在社区居民委员会疫情防控指挥部，习近平听取安贞街道和安华里社区开展联防联控情况介绍。习近平对社区采取多项措施，落实防控责任，实现入户排查、重点群体监控“两个全覆盖”等做法表示肯定。他强调，社区是疫情联防联控的第一线，也是外防输入、内防扩散最有效的防线。把社区这道防线守住，就能有效切断疫情扩散蔓延的渠道。①

同日 区委常委会扩大会议暨区新冠肺炎疫情防控工作领导小组会议召开，传达学习贯彻习近平总书记在京调研指导新型冠状病毒肺炎疫情防控工作时的重要讲话精神和市委常委会扩大会议暨市新冠肺炎疫情防控工作领导小组会议精神，进一步研究部署全区疫情防控工作。

11日 全区领导干部大会召开，传达习近平总书记在北京调研指导新型冠状病毒肺炎疫情防控工作时的重

① 资料来源：《习近平在北京调研指导新冠肺炎疫情防控工作》，载于《人民日报》2020年2月11日第1版。

要讲话精神和市委常委扩大会议精神，部署全区社区防控工作。

24日 区政府以视频形式召开2020年第一次常务会议，研究2020年区政府工作报告重点工作分工方案编制等事项。

同日 区政府以视频形式召开全体会，对当前疫情防控工作和全年经济社会发展重点任务进行部署。

25日 市委书记蔡奇到区调研检查楼宇疫情防控工作。

29日 市委副书记、市长陈吉宁到区检查商超、餐饮、理发、书店等场所疫情防控措施落实情况。

3月

5日 区委召开街乡党（工）委书记月度工作点评会，重点点评当前疫情防控和复工复产情况。此次点评采取视频会方式，劲松、垡头、潘家园、南磨房、平房、崔各庄6个街乡的党（工）委书记在各分会场依次发言，接受区委书记王灏现场点评。

10日 市委书记蔡奇到望京地区检查疫情防控工作。

16日 区审计工作会召开。会议传达北京市审计工作会、区委审计委员会第三次会议精神，听取全区2018年、2019年审计工作情况报告，部署下一阶段工作。

18日 区委常委会召开会议，听取区人大常委会党组、区政府党组、区政协党组2019年以来工作情况及下一步工作思路等事项。

是月 朝阳区22项市级重点项目全部复工。各项目均采取劳务人员返京“点对点”运送、工人进场前远端筛查、各工种分散施工等方式，在保证安全的前提下加足马力赶工期。

是月 朝阳区保障性住房发展有限公司成立，具体负责区保障性住房的组织建设筹集、运营管理。

4月

1日 区委常委会召开扩大会议，宣布市委关于区级领导职务变动的决定。市委同意，提名王冬斌为北京市朝阳区人民政府副区长人选，市委建议免去牛国泉北京市朝阳区人民政府副区长职务，按照有关法律规定办理，结果报市委备案。

2日 区委书记王灏带队赴密云区，检查朝阳区境外进京集中观察点密云指挥部疫情防控工作开展情况，进一步对接结对协作工作。

4日 清明节，全国性哀悼活动举行，表达对抗击新冠肺炎疫情斗争中牺牲烈士和逝世同胞的深切哀悼。全区广大干部群众以不同形式参加悼念活动，缅怀烈士、同胞。

8日 区委城市工作委员会召开2020年第一次全体会议。会议审议通过《关于〈中共北京市朝阳区委城市工作委员会成员名单〉的调整建议》，听取《中共北京市朝阳区委城市工作委员会2020年工作要点》起草情况和朝阳区老旧小区综合整治工作有关情况的汇报。

9日 区委副书记、区长文献与太古地产中国区总裁彭国邦座谈，就加强政企合作促进三里屯地区发展、推进颐提港二期建设进行沟通交流。

15日 区举办以“居安思危　大国长安”为主题的全民国家安全教育日主题展览。

16日 2020年朝阳区党建工作视频会议召开。会议部署2020年宣传、统战、组织、群团工作。

同日 区委书记王灏，区委副书记、区长文献，区人大常委会主任陈宏志，区政协主席陈涛等区四套班子领导到温榆河公园示范区，与机关干部代表一起参加义务植树活动。

同日 全市首个街乡级“互联网+全民义务植树”基地在太阳宫公园揭牌，打通义务植树尽责惠民的“最后一公里”。

20日 区人大常委会召开2020年党建暨人大工作视频会议。会议总结区人大常委会2019年党建工作，部署2020年党建工作。会议通报区人大常委会2020年工作要点并部署相关工作。

21日 民建北京市委联合中华思源工程扶贫基金会向朝阳区捐赠1台负压救护车，助力疫情防控工作。

22日 区政协召开年度协商议政会议。会上，各民主党派、工商联负责人分别介绍2020年重点工作及重点调研课题，就做好疫情防控工作，以及推动企业复工复产、优化营商环境、城市精细化管理、“七有”“五性”民生保障、生态环境改善等工作提出调研思路和研究方向。

23日 区第十六届人大常委会举行第二十七次会议。会议决定，任命王冬斌为朝阳区副区长。会议接受牛国泉、杨艳辞去朝阳区副区长的请求。

24日 2020年朝阳区“基层建设年”暨社会建设、民政工作和农村城市化工作会议召开。会议部署“基层建设年”和落实《北京市街道办事处条例》相关工作；听取2020年区社会建设和民政民生工作报告和2020年农村城市化工作报告。

25日 130名“朝阳柠檬黄”文明引导员走进中山公园、奥森公园、朝阳公园、元大都遗址公园、日坛公园，在节假日期间开展文明游园引导志愿服务。

26日 由中国国际展览中心、全国农业展览馆、国家会议中心、北京国际会议中心等场馆及会展公司发起的朝阳区展会知识产权保护联盟在区成立。该联盟是北京市首家展会知识产权保护联盟，有18家企业加入。

27日 位于坝河、太阳宫北街和比如世界购物中心三角地带，占地面积5.17公顷的坝河常庆花园向市民开放。

5月

6日 市人大常委会主任李伟到区围绕生活垃圾分类和物业管理工作开展调研和两个条例执法检查。

同日 朝阳家园物业管理有限公司在属地东风乡完成三印小区物业项目备案，这是《北京市物业管理条例》实施后，区首个由街乡完成备案的物业项目。

8日 西城区党政代表团一行到劲松街道，就老旧小区综合治理进行考察交流。

9日 区委、区政府召开2020年朝阳区疏功能稳增长调结构暨促进生态文明、城乡环境建设与生活垃圾分类动员大会。会议总结部署全区疏功能稳增长调结构、生态环境保护、环境建设和城市管理以及生活垃圾分类等相关工作。

12日 市政协在朝阳区E9区创新工场举办文化讲堂，围绕“健全和完善文化经济政策、推进文化产业发展引领区建设”进行专题学习。市政协主席吉林，副主席杨艺文、牛青山、林抚生，区领导王灏、陈涛、杨树旗参加。

13日 中国侨联党组书记、主席万立骏，副主席李卓彬就侨商侨企复工复产和基层侨联工作到区调研。中国侨联领导深入正大中心、华贸中心，与侨商侨企座谈交流，走访商户，听取企业防疫和生产经营情况介绍，了解朝阳区侨情和侨联组织抗疫工作，发放侨爱心复工防疫包，为侨之家授牌。

18日 区委召开党外人士座谈会，就区疫情防控和后疫情时期经济社会发展等方面听取各民主党派、工商联、无党派人士代表的意见和建议。

19日 全区领导干部大会暨2020年朝阳区文明委全委（扩大）会召开。会议传达市委十二届十三次全会和全国宣传部长会议、全国文明办主任会议，以及首都精神文明建设工作会议精神，听取朝阳区精神文明建设工作报告。

22日 区委常委会召开扩大会议，宣布市委关于区级领导职务变动的决定。市委决定，李国红任朝阳区委常委。市委同意，提名暴剑为朝阳区副区长人选。市委建议，免去李国红朝阳区副区长职务。按照有关法律规定办理，结果报市委备案。

26日 区召开“十四五”规划编制工作领导小组会。会议分别听取全区“十四五”规划编制整体工作情况及初步思路，社会民生、生态环境、城市治理、文化文明等领域“十四五”规划编制工作开展情况及初步思路，以及“十四五”时期卫生健康事业发展总体思路和重大公共卫生事件应对体系建设思路的汇报。

同日 区2020年扶贫协作与支援合作工作领导小组会议召开。会议听取2020年朝阳区扶贫协作与支援合作工作分工方案、朝阳区开展挂牌督战助力新疆和田地区墨玉县如期脱贫摘帽工作实施方案及社会力量参与帮扶工作措施的汇报，书面审议《朝阳区扶贫协作与支援合作工作领导小组工作规则》《朝阳区扶贫协作与支援合作工作领导小组办公室工作细则》，部署2020年朝阳区扶贫协作和支援合作重点工作。

6月

1日 张家口市阳原县委书记孙海东一行到区，围绕扶贫协作工作进行对接和交流座谈。区委书记王灏、副区长朱晟参加座谈。

2日至5日 区委副书记、区长文献率朝阳区代表团赴新疆生产建设兵团十二师四十七团和新疆和田地区墨玉县考察扶贫协作工作。

6日 以“品味消费，京范儿（FUN）生活”为主题的北京消费季大型促消费活动开幕，朝阳板块的北京消费季“潮朝阳”活动同步启动。该活动至十一黄金周后结束。

8日 市委书记蔡奇到区就温榆河公园规划建设调研。

11日 国务院安委会办公室安全生产和消防工作考核巡查第十四考核巡查工作组对区安全生产和消防工作进行考核。

12日 区委统一战线工作领导小组（扩大）会议召开，研究部署全年工作。会议审议《朝阳区关于加强网络人士统战工作的实施意见》《关于加强和改进朝阳区社会主义学院工作的实施方案》，以及2020年统战工作要点等事项。

18日 区第十六届人大常委会第二十八次会议召开。会议听取并审议区法院关于刑事审判工作情况的报告。会议决定，任命暴剑为朝阳区副区长，张雪涛为朝阳区副区长（挂职一年）。会议接受马继业、李国红、戎均文辞去朝阳区副区长的请求。

21日 市委书记蔡奇到大洋路批发市场、朝阳体育中心核酸检测采样点检查疫情防控工作。

是月 京沈高铁北京星火站主体结构封顶，“星火站”更名为北京朝阳站。

7月

10日 区委农村工作领导小组召开2020年第一次（扩大）会议。会议审议通过《关于切实推进“村地区管”工作的意见（试行）》《关于加强农村地区项目建设管理的指导意见（试行）》《中共北京市朝阳区委农村工作领导小组成员名单》《中共北京市朝阳区委农村工作领导小组2020年工作要点》《2020年北京市朝阳区乡级党政领导班子和领导干部推进乡村振兴战略实绩考核评分表》《朝阳区关于加强和改进乡村治理的工作方案》《关于农村人居环境整治工作情况的汇报》《中共北京市朝阳区委农村工作领导小组2019年工作总结》等事项。

13日 区委宣传思想工作领导小组召开2020年第一次会议，系统总结宣传思想文化工作推进情况，研究部署下一阶段重点工作。

14日 市委书记蔡奇到区调研新业态新模式发展情况。

22日 市委副书记、市长陈吉宁到区调研推动“五新”政策落地促进高质量发展工作情况。

23日 区政协召开朝阳区第一批政协委员工作站工作会。会上，区政协为建外街道、望京街道、安贞街道、潘家园街道、亚运村街道、将台乡、三间房乡、来广营乡、常营乡、王四营乡、工会界别、工商联界别共计12个委员工作站授牌。

27日 朝阳区非物质文化遗产保护工作联席会成立，并召开第一次例会，审议第六批朝阳区区级非物质文化遗产代表性项目名录推荐项目名单。

同日 朝阳区有284人在2020年中考成绩达到570分以上，为北京市第一。

28日 区委十二届十二次全体会议召开。全会总结上半年工作，部署下半年任务。全会强调，要坚持稳中求进工作总基调，做好“六稳”工作，落实“六保”任务，全力以赴防疫情、促复产、稳增长、惠民生、优治理、强党建，确保完成全年目标任务。全会表决通过《中共北京市朝阳区委十二届十二次全体会议决议》。

29日 朝阳区庆祝中国共产党成立99周年表彰大会召开。会议宣布区委关于命名表彰朝阳区优秀共产党员、优秀党务工作者和先进党组织的决定。授予张芳蕾等101人“朝阳区优秀共产党员”称号，授予侯兵等102人“朝阳区优秀党务工作者”称号，授予东坝地区东泽园社区党委等102个党组织“朝阳区先进党组织”称号。

30日 区2020年征兵工作电视电话会议召开。会议总结2019年征兵工作，通报朝阳区征兵工作领导小组关于表彰2019年夏秋季征兵工作先进单位和先进个人的决定，对2020年征兵任务进行部署。

30日至31日 区委书记王灏率朝阳区党政代表团赴内蒙古自治区乌兰察布市卓资县，就扶贫协作工作进行对接。

31日 温榆河公园朝阳段一期项目建设正式启动，该项目是继温榆河公园朝阳示范区项目基本建成后又一结合自然和改善生态环境的重点项目。项目建设面积约193公顷，投资近6.2亿元。

是月 国家卫生健康委发布《国家卫生健康委关于设置国家呼吸医学中心的通知》，国家呼吸医学中心落户中日友好医院，标志着又一国家顶级医疗资源落户朝阳。

8月

3日 区委常委会召开扩大会议，宣布市委、市政府关于区级领导职务变动的决定。市委决定，崔小浩任朝阳区委委员、常委。市委同意，提名崔小浩为朝阳区副区长人选。按照有关法律规定办理，结果报市委备案。经研究，建议崔小浩政府分工为常务。市政府常务会议决定，免去李国红北京商务中心区管理委员会主任职务，崔小浩兼任北京商务中心区管理委员会主任职务。

6日 区政协、区委统战部联合召开议政会，围绕“紧扣‘七有’‘五性’精准推进民生建设”进行协商议政。会上，各民主党派和区工商联代表先后作《关于新冠疫情影响下解决就业问题的相关建议》《关于进一步加强朝阳区幼儿教育的建议》《关于推进家居适老化改造的建议》《关于解决疫情期间劳资纠纷的建议》《关于进一步完善公共卫生防控体系的建议》《关于中小微企业复工复产面临的问题及对策》《关于提升社区物业管理水平的建议》《关于织密朝阳区外卖行业食品安全监管网络的建议》《关于疫情后应重视民营企业参与民生事业的建议》等9个重点发言。

6日至7日 区委副书记、区长文献率朝阳区代表团赴河北省雄安新区和保定市唐县考察调研。

14日 市委书记蔡奇到区调查研究，对朝阳今后发展提出明确要求。他强调，朝阳区是大区，要坚持首都城市战略定位，突出抓好“文化、国际化、大尺度绿化”，大力发展“高精尖”产业，始终保持热火朝天干事业的大区样子，争当高质量发展排头兵。

18日 由中宣部组织的“走向我们的小康生活”主题采访活动走进朝阳区，中央及市属媒体记者来到潘家园武圣东里社区和温榆河公园示范区，集中采访报道老旧小区加装电梯和城市环境提升给居民带来的幸福感。

19日 朝阳区、通州区经济高质量发展暨招商引资大会在区举行。朝阳、通州两区分别就各自区域投资发展环境、产业促进政策、产业空间建设和未来发展规划等情况进行推介。会上，朝阳区与北京万科公司、万达集团、金地集团、太古地产公司等企业签订共同推进产业空间发展战略合作协议。

20日 区第十六届人大常委会第二十九次会议召开。会议听取并审议区政府《关于改善农村人居环境，加快实现农村城市化的报告》、区政府《关于朝阳区2020年国民经济和社会发展计划上半年执行情况的报告》。听取并审议区政府关于朝阳区2019年预算执行和其他财政收支审计工作的报告；听取和审议朝阳区2019年财政决算草案报告，表决并批准朝阳区2019年财政决算；听取并审议区政府2020年财政预算上半年执行情况的报告。会议决定，任命崔小浩为副区长。

21日 2020年度北京市级文化产业园区授牌活动在区举行。朝阳区有798、751、莱锦等在内的32家园区获得市级园区认定，占全市32.6%。

同日 区监委举办第一届特约监察员增聘仪式，增聘10名特约监察员。

23日 “2020年朝阳科技周活动”在望京小街启动。科技周期间，朝阳区运用VR、人工智能、5G网络技术等科技手段，搭建起朝阳科技周 VR 云展厅，让广大市民在线体验学习各类科技知识。

26 日 由区政府、未来论坛联合主办，中关村朝阳园管委会承办的“2020 中关村论坛未来青年论坛”举行。论坛上，朝阳区发布加快新型基础设施建设行动方案和新场景建设行动方案。

28 日 朝阳区新的社会阶层人士联谊会举行换届大会，选举产生新一届理事会、监事会和领导班子。全国政协委员、360 公司董事长兼 CEO 周鸿祎当选新一届会长。

31 日 全国首部抗疫题材舞剧《向北·行天岸》在朝阳剧场进行首演，该剧由朝阳区新时代文明实践中心出品。

是月 区正式发布《朝阳区加快新场景建设行动方案(2020—2022 年)》。根据《行动方案》，朝阳区将推动人工智能、5G、物联网、大数据、区块链等创新技术与城市管理、政务服务、“科技冬奥”、智慧交通、线上教育等领域深度融合，促进潜力企业高速成长，培育新的朝阳经济增长点，持续增强新场景建设对朝阳区数字经济发展的支撑能力。

是月 区首个街乡试点商会在团结湖街道成立。团结湖街道企业数量达到 30 家，商会的正式成立，为街道民营企业和民营经济人士搭建了一个联谊交流、抱团发展的载体。

9月

1 日 面积约 2 平方千米的北京温榆河公园朝阳示范区开园。新建成的温榆河公园朝阳示范区以“生态、生活、生机”的内涵理念为统领，集生态涵养、蓄滞洪等功能于一体，兼顾文化、休闲、体育等多元功能。

同日 区政府与新兴际华集团签订战略合作协议，双方在医药健康、金融资本、商贸服务、应急救援、城市建设等领域开展战略合作。

5 日至 9 日 朝阳区“潮朝阳 FUN 生活”主题展亮相服贸会旅游服务板块。

6 日 2020 北京 CBD 论坛在亚洲金融大厦举行。作为 2020 中国国际服务贸易交易会下的专业级论坛，该论坛以“引领国际要素聚集，打造世界领先 CBD”为主题，邀请来自政、产、融、学、服等领域的权威人士出席并发表观点，共话北京 CBD 发展。

7 日 区委教育工作领导小组 2020 年第一次会议暨庆祝教师节座谈会召开。会议听取关于疫情防控形势下朝阳区中小学校思想政治工作情况的汇报；审议通过《朝阳区深化新时代中小学校思想政治理论课改革创新实施意见》和《中共北京市朝阳区委教育工作领导小组成员名单》。

8 日 三里屯社区卫生服务中心任玉娟，双桥医院张之翠，区疾病预防控制中心马建新获“全国抗击新冠肺炎疫情先进个人”称号。安贞街道安华里社区党委被授予“全国抗击新冠肺炎疫情先进集体”称号。

9 日至 12 日 区委副书记、区长文献率朝阳区代表团围绕高质量发展、城市有机更新等到广东省深圳市考察交流。

24 日至 25 日 区委副书记、区长文献率朝阳区代表团到山东省聊城市考察交流，就进一步深化两地合作进行沟通对接。两地签署推进合作发展框架协议。

28 日 朝阳区举行中国（北京）自由贸易试验区国际商务服务片区挂牌仪式。首批入驻国际商务服务片区项目进行签约。国际商务服务片区总面积 48.34 平方千米，其中包括北京 CBD 4.96 平方千米和金盏国际合作服务区 2.96 平方千米。

10月

9 日 首届北京国际音乐产业高质量发展促进大会在位于黑庄户乡的北京音乐产业园开幕。大会设置论坛、演出、展示、盛典四大活动板块，主题为“音乐点亮城市、创意美好生活”。

12 日 市委、市政府安全生产第五督察组进驻朝阳区督察安全生产工作。开展驻地督察，重点督察区委、区政府贯彻落实党中央、国务院和市委、市政府决策部署，开展依法治安，落实安全生产责任制等方面的工作情况，并延伸督察部分区行业部门、街道(地区)，抽查检查和暗查暗访重点企业。

15 日 区成立水生野生动物救护中心，实现执法监管与保护救治相统一，推动区水生野生动物保护事业健康发展。

20 日 全国双拥模范城（县）命名暨双拥模范单位和个人表彰大会在北京举行，朝阳区再次被命名表彰为“全国双拥模范城”，实现“七连冠”。

22 日 区第十六届人大常委会举行第三十二次会议。会议审议并表决通过朝阳区人大常委会关于授予“朝阳区优秀法官”“朝阳区优秀检察官”“朝阳区优秀人民警察”荣誉称号的决定。决定授予刘燕、李长林、王卫东等 40 人“朝阳区优秀法官”“朝阳区优秀检察官”“朝阳区优秀人民警察”称号。

27 日 区政府与江苏银行签订战略合作协议。根据本次签订的战略合作协议，朝阳区与江苏银行将围绕产业结构调整、产业布局调整、城乡一体化发展等各项重点工作开展全方位、多层次、宽领域的交流合作，共同推进区域经济转型发展。

29 日 区政协和区委统战部联合召开议政会，围绕“发挥国际化优势 增强文化影响力”进行协商议政，为朝阳区“十四五”发展建言献策。会上，各民主党派代表和无党派人士代表、新的社会阶层人士代表先后作《关于培育数字文化产业新动能的建议》《关于发展“北京朝阳站”站域经济的建议》《关于园林绿化废弃垃圾资源化利用的建议》《关于加强朝阳区文化产业创新融合发展的建议》《关于以5G为引擎促进朝阳区文化产业发展的建议》《关于发挥国际化优势增强文化影响力的建议》《关于打造数字贸易公共服务引领示范区的建议》《关于打造国家服务业扩大开放综合示范区和自由贸易试验区的建议》《关于规划建设“中国数据库国际标准示范基地”的建议》《关于加强国际化区域文化影响力的建议》《关于突出“三化”优势 探索北京“两区”建设先行模式的建议》等11个重点发言。

31日 “北京CBD国际人才一站式服务中心”揭牌，这是中国（北京）自贸区范围内的首创。同时，启动中国（北京）自由贸易试验区CBD国际人才港。

是月 朝阳区女民兵巾帼志愿服务队成立。由参加过70周年国庆阅兵仪式的朝阳女民兵组成。

11月

1日 第七次全国人口普查正式进入登记阶段。全区2万余名经过专业培训的普查人员在11月1日至12月10日间，开展人口普查工作。

5日 朝阳区互联网协会暨中共北京市朝阳区互联网行业委员会成立。是由网信部门推动成立的全市首家区级互联网行业党委及互联网企业协会。

6日 在第三届中国国际进口博览会北京市交易团朝阳分团主题交流活动上，朝阳区对外发布《2020朝阳区外商投资发展报告》。

9日 朝阳区创建国家森林城市启动仪式在温榆河公园朝阳示范区举行。

10日 中央文明办在中国文明网公布第六届全国文明城市入选城市名单和复查确认保留荣誉称号的前五届全国文明城市名单。北京市朝阳区第四次获全国文明城市荣誉称号。

12日 区“十四五”规划专家咨询委员会召开第一次会议，听取经济学家、规划专家和企业家等领域代表对“十四五”发展的意见建议。

14日 朝阳区承担的河北省保定市唐县、张家口市康保县和阳原县，内蒙古自治区乌兰察布市卓资县，新疆和田地区墨玉县及新疆生产建设兵团十二师四十七团扶贫协作和对口支援的6个地区全部脱贫摘帽。

17日 由中国青年企业家协会、清华大学经济管理学院、共青团清华大学委员会联合主办的“中国青年企业家学习大讲堂”在朝阳举行，130余名企业家代表和清华大学学生创业者代表参加活动。

20日 市学习贯彻党的十九届五中全会精神宣讲团朝阳区报告会举行。市委宣讲团成员、市委组织部分管日常工作的副部长王建中围绕学习贯彻党的十九届五中全会精神作宣讲报告。报告会还以视频形式开到全区各单位、各街乡及各社区（村），共1200余名党员干部群众听取报告。

21日 北京市文联新时代文明实践文艺志愿服务试点工作在六里屯街道秀水园社区启动。新时代文明实践文艺志愿服务项目是由中国文联文艺志愿服务中心、中国文艺志愿者协会发起统筹，试点地区包括北京、河北、内蒙古、山东、河南5个省、市、自治区。

24日 2020北京国际创投峰会暨中关村朝阳国际创投集聚区揭牌仪式举行。本届峰会以“国际新格局创投新机遇”为主题，在经济新循环背景下引进国内外优质创投机构在京集聚，进一步优化创业投资发展环境，积极营造创新创业生态，助力首都国际科技创新中心建设。来自创投机构、金融机构、科技企业的300余名代表参加峰会。

同日 全国劳动模范和先进工作者表彰大会在北京举行。来自全国各行各业的劳动者受到表彰，其中，由朝阳区推荐的张鶯制、谷现恩、岳海清分别获全国劳动模范和全国先进工作者称号。

25日 全区“以案为鉴、以案促改”警示教育大会召开。大会以视频形式召开，全区各单位、街乡和社区（村）主要负责人参加。与会者集体观看警示教育片《微权之殇》和《褪色的绿地》。

同日 区委常委会召开扩大会议，宣布市委关于朝阳区区级领导职务变动的决定。市委决定，免去张维刚中共北京市朝阳区委员会常委、委员职务，调北京市门头沟区工作。市委同意，提名岳立为北京市朝阳区人民政府副区长人选，按照有关法律规定办理，结果报市委备案。

12月

3日 区委第十二轮巡察工作动员部署会召开，对巡察工作进行安排部署。根据区委部署，本轮巡察派出10个巡察组，对区委教育工委、区教委（区政府教育督导室），奥运村、大屯、小关、将台、高碑店、豆各庄、常营、太阳宫等1个委办局、6个街道、3个乡开展常规巡察，对6个已巡察单位党组织开展巡察“回头看”。

8日 贯穿望京地区和中关村朝阳园及朝阳园北区的广顺北大街建成完工，实现广顺北大街一期、二期及北延南北全线贯通。广顺北大街是出入望京地区的一条主要通道，也是中关村朝阳园北区主干道路，全长2.91千米（包含广顺北大街一期、二期、北延）。

同日 金盏国际合作服务区管委会召开“两区”建设产业联盟成立大会，发布园区产业准入目录，加快推进“两区”建设。

11日 区第十六届人大常委会举行第三十三次会议。根据《北京市人大代表报告履职情况办法（试行）》的有关要求，会议听取市人大常委会主任、市人大朝阳团代表李伟，市人大朝阳团代表张国顺、杨华向常委会报告履职情况。会议决定区人大代表辞职及补选事项。区人大代表补选工作自2020年12月开始，2021年1月完成，补选投票时间为2021年1月7日。会议决定人事任免事项，任命岳立为北京市朝阳区人民政府副区长。

同日 中国（北京）自由贸易试验区国际商务服务片区金盏国际合作服务区推介会在金茂中心举行。推介会以“共建自贸，共赢未来”为主题，集中推介了金盏国际合作服务区规划建设情况、区域发展优势和产业发展方向等相关内容，并就“两区”建设相关政策进行解读。

同日 北京CBD中国（北京）自由贸易试验区国际商务服务片区成立公共文化发展专业委员会，这是全国首个自贸区文化发展专业委员会。

12日 由市经济和信息化局、市商务局共同指导，区人民政府、中国信息消费推进联盟主办的“2020全国信息消费城市行北京站活动”在望京小街举行。

15日 以“交汇·变革·再塑——新征程中文化发展理念创新与实践探索”为主题的2020国家文化产业创新实验区发展论坛在朝阳区举办。

16日 区委副书记、区长文献主持召开编制“十四五”规划的建议征求意见座谈会，听取民主党派、工商联、无党派人士代表对“十四五”发展的意见建议。会上，民主党派、工商联、无党派人士代表围绕加强科技创新、推进数字化平台建设、文创产业发展、优化城市结构空间布局、生态环境保护、健康社区建设、提升教育水平、优化营商环境、完善社会治理、加快推进总部经济发展、促进消费提档升级等方面发言。

24日 区政府与中央财经大学签订战略合作框架协议。双方本着“优势互补、资源共享、平等互利、共赢发展”的原则建立战略合作关系，发挥各自优势，围绕智力支持和战略咨询服务、金融产业发展和金融风险防控、人才培养与干部队伍建设等方面开展深层次、全方位、多领域的战略合作。

25日 朝阳区召开2020年全国及北京市劳动模范、先进工作者、北京市模范集体暨首届“朝阳工匠”表彰大会。2020年，朝阳区3人获全国劳动模范、先进工作者荣誉称号，156人获北京市劳动模范、先进工作者荣誉称号，25个集体获北京市模范集体荣誉称号，7人获“朝阳工匠”称号。

30日 中共北京市朝阳区十二届委员会第十三次全体会议召开。全会全面总结2020年全区工作，研究部署2021年重点任务。全会以视频形式召开，听取并审议区委常委会工作报告，审议区委常委会抓党建工作情况报告，审议通过《中共北京市朝阳区委关于制定朝阳区国民经济和社会发展第十四个五年规划和二〇三五年远景目标的建议》，表决通过《中共北京市朝阳区委十二届十三次全体会议决议》。

是月 赛诺根（中国）有限公司落户北京CBD国贸中心，成为中国（北京）自由贸易试验区首家落户的跨国公司亚太区总部。区市场监管局发出全市首张带有中国（北京）自由贸易试验区标识的营业执照。

是月 朝阳区19个小区、村当选全市首批生活垃圾分类示范小区。

区情概览

基本地情

【概况】 朝阳区是北京市城六区之一，因位于朝阳门外而得名。地处北京市中南部，位于北纬 39° 49' 至 40° 5'，东经 116° 21' 至 116° 38'。北接顺义区、昌平区，东与通州区接壤，南连丰台区、大兴区，西同海淀区、东城区、西城区毗邻。元代开凿的通惠河流经辖区内，在元、明、清三朝曾是漕运的重要河道。境内有温榆河、清河、坝河、亮马河、萧太后河、凉水河、北小河等河流。根据《北京城市总体规划（2016 年—2035 年）》，朝阳区属于北京中心城区，功能定位是：东部、北部地区强化国际交往功能，建设成为国际一流的商务中心区、国际科技文化体育交流区、各类国际化社区的承载地；南部地区将传统工业区改造为文化创意与科技创新融合发展区。

【地质地貌】 全区面积 470.8 平方千米。辖域地质基底构造受新华夏系北东向构造所控制，西部属北京凹陷东北侧，东南部属大兴隆起北段。地貌平坦，地势从西北向东南缓缓倾斜，倾斜坡度在 1/1000 至 1/2500 之间。地质无岩石露头。地貌类型多样，包括山地、丘陵、台地、平原四大类型。平均海拔 34 米，最高处海拔 86.5 米，最低处海拔 20 米。轮廓南北长，最长约 28 千米；东西窄，最宽约 17 千米。

【自然资源】 朝阳区矿产资源主要有地热和矿泉水等。土壤类型主要有碳酸盐褐土、潮褐土、褐潮土、潮土、湿潮土、礓石、黏土、沙砾，土地开发程度大、利用率高。地表水有温榆河、清河、坝河、亮马河、萧太后河、凉水河、北小河、通惠河等主要河流。地下水除来广营、金盏一带是弱富水区（流量为 1000m³ / 日）外，其他大部分地区是较富水区（流量为 1000 ~ 2000m³ / 日）。

【气候】 朝阳区处于北半球中纬度地区，属暖温带半湿润大陆性季风气候区，高空大气环流属盛行西风带，四季分明，降水集中，风向有明显季节变化。春季干燥多风，昼夜温差较大；夏季炎热多雨；秋季晴朗少雨；冬季寒冷干燥，多风少雪。年内，朝阳区平均气温为 13.9℃，比历年平均值 12.4℃偏高 1.5℃。冬、春、夏、秋季平均气温分别为 0.1℃、15.2℃、26.6℃、14.0℃，与历年同期平均值 -1.8℃、13.7℃、25.2℃、12.5℃相比，分别偏高 1.9℃、1.5℃、1.4℃、1.5℃。极端最高气温为 38.1℃，出现在 7 月 24 日；极端最低气温为 -14.1℃，出现在 12 月 30 日。降水量为 557.9 毫米，比常年降水量 559.1 毫米偏少 1.2 毫米。冬、春、夏、秋季降水量分别为 44.0 毫米、92.6 毫米、330.8 毫米、94.5 毫米，与历年同期平均值 8.3 毫米、70.3 毫米、397.3 毫米、83.3 毫米相比，冬季偏多 4 倍，春、秋分别偏多 3 成多和 1 成多，夏季偏少近 2 成。1 日最大降水量为 58.0 毫米，出现在 8 月 24 日；最长连续降水日数为 4 天，降水量为 24.3 毫米，出现在 6 月 23 日至 26 日；最长连续无降水日数为 29 天，出现在 10 月 2 日至 30 日。1 月、3 月、6 月、11 月，朝阳区气温明显偏高。其中 1 月平均气温 -0.6℃，比常年平均值 -3.6℃偏高 3.0℃；3 月平均气温 9.3℃，比常年平均值 6.3℃偏高 3.0℃；6 月平均气温 26.7℃，比常年平均值 24.4℃偏高 2.3℃；11 月平均气温为 6.6℃，比常年平均值 4.4℃偏高 2.2℃。2 月、11 月降水量明显偏多，其中 2 月降水量为 34.2 毫米，与历年同期降水量 3.9 毫米相比偏多 7.8 倍，11 月降水量为 30.9 毫米，比常年值 9.3 毫米偏多 2 倍。10 月降水量 3.1 毫米，比常年平均值 23.2 毫米偏少 9 成。日照时数为 2504.2 小时，比常年平均值 2492.5 小时偏多 11.7 小时。冬、春、夏、秋季日照时数分别为 527.8 小时、743.6 小时、569.0 小时、642.2 小时，与历年同期平均值 541.4 小时、726.8 小时、633.7 小时、590.6 小时比，冬、春季接近常年，夏季偏少 1 成，秋季偏多近 1 成。

【建置沿革】 夏、商、周时，朝阳区境属冀州地、幽州地。秦汉至隋唐五代，朝阳区辖境大部分为蓟县和潞县地。辽代，为析津府析津县地和潞县地。金代，为大兴府大兴县和通州潞县地。元、明、清时，分属大都路（中都路改）大兴府大兴县、宛平县和通州潞县、潮阴县等。1912 年至 1928 年，北洋政府统治时，分属京北和京北所属之大兴县、通县等。1949 年 2 月，北平市政府临时划定全市为 32 个区，辖域分属第十三区、第十四区、第十五区、第十九区、第二十区和河北省顺义县、通县。1950 年 8 月，北京近郊 7 个区顺序改为第十区至第十六区后，辖域分属第十区、第十一区、第十四区和河北省顺义县、通县。1952 年 9 月，撤销北郊第十四区，第十区更名东郊区，第十一区更名南苑区，辖域分属北京市东郊区、南苑区和河北省顺义县、通县。1955 年 8 月，朝阳门关厢、东便门关厢、广渠门关厢区划调整，辖域分属北京市东郊区、东单区、东四区、南苑区和河北省顺义县、通县。1958 年 5 月，东郊区更名朝阳区。1959 年，辖域全部隶属朝阳区。1959 年，顺义区境的首都机场地区划入朝阳区管辖。1987 年，市政府将安贞里街道、安华里街道辖域内 0.6 平方千米及裕民路以南的裕中东里、裕中西里以及西黄寺西地区划归西城区管辖。1988 年 4 月，将农场局家委会等 6 个居（家）委会移交西城区德外办事处。其后辖域无变化。年内，朝阳区辖 24 个街道、19 个地区，设 540 个社区、144 个行政村。

【历史文化】 朝阳区历史文化资源丰富。有东岳庙，日坛，清净化城塔院，元大都城墙遗址（朝阳段），大运河（通惠河朝阳段）永通桥、平津闸，四九一电台旧址 6 个国家级重点文物保护单位；有十方诸佛宝塔、北顶娘娘庙、顺承郡王府 3 个市级文物保护单位。有“聚元号”弓箭制作技艺、小红门地秧歌、北京东岳庙庙会、罗氏正骨法、北京灯彩、傅氏幻术、北京兔儿爷、古琴艺术（九嶷派古琴艺术）、高跷秧歌、相声、老北京跤艺、“张三”功夫、八极拳、杨式太极拳、古彩戏法、北京宫廷补绣、京绣、内画鼻烟壶、北京点翠、京作硬木家具制作技艺、北刘动物标本制作技艺、孔伯华中医世家医术、同春堂皮肤病诊疗方法、蝴蝶手指穴疗法、东岳庙行业祖师信仰习俗、幡鼓齐动十三档、奶子房庙会 27 项市级以上非物质文化遗产。有文字记载的历代名人墓、清代王爷坟、清代公主坟 100 余座。

中华人民共和国成立后，特别是中共十一届三中全会以来，朝阳区日益成为资源丰厚的文化强区。驻区单位有：中国文联、中国作协、现代文学馆等国家级文化机构；中央美术学院、中国音乐学院、中国传媒大学等 20 余家文化艺术类院校；中国交响乐团、东方歌舞团、北京交响乐团、北京歌剧舞剧院等 40 余家专业文艺团体；人民日报社、中国日报社、农民日报社、中央电视台、北京电视台等 20 余家主流媒体；中国农业展览馆、中国电影博物馆等观展型公共建筑。北京奥运会的成功举办为朝阳区留下宝贵财富，直接提升了文化发展的吸引力和影响力，奥运文化成为朝阳区重要的、持久的软实力资源。近年，开展国际商务节、国际风情节、国际旅游节等大型时尚文化品牌活动，培育 798 艺术区、新三里屯、朝阳公园等特色文化园区。

【人口】 2020 年，全区常住人口 3452460 人。其中，常住外来人口 1280747 人。从性别构成看，男性人口 1706125 人，女性人口 1746335 人。从年龄构成看，0 ~ 14 岁人口 395192 人，占 11.45%；15 ~ 59 岁人口 2348399 人，占 68.02%；60 岁及以上人口 708869 人，占 20.53%，其中 65 岁及以上人口为 492775 人，占 14.3%。

【民族宗教】 全区有 55 个少数民族，少数民族人口近 20 万人，是全市少数民族人口最多的一个区。常住少数民族人口中，5000 人以上的有 4 个民族，分别为满族 6.3 万人、回族 5.5 万人、蒙古族 1.3 万人、朝鲜族 5500 人。朝阳区有佛教、道教、伊斯兰教、天主教、基督教五大宗教信徒 5.7 万余人，外国信徒 5700 余人。有宗教团体 3 个，即朝阳区伊斯兰教协会、朝阳区天主教爱国会和朝阳区基督教三自爱国运动委员会。有教职人员 52 人，其中道教 12 人、伊斯兰教 27 人、天主教 3 人、基督教 10 人。有依法登记的宗教活动场所 21 处，包括道教庙宇 1 座、伊斯兰教清真寺 10 座、天主教教堂 1 座、基督教教堂 1 座、依法批准的基督教固定活动处所 6 处、涉外宗教临时活动地点 2 处。

【区情特色】 朝阳区是北京市对外交往的重要窗口。聚集了近 100% 的外国驻华使馆，全市 90% 的国际传媒机构、80% 的国际组织和国际商会、70% 以上的国际投资性公司和地区总部、65% 以上的外资金融机构、50% 的外籍人口。辖区还拥有长城饭店、昆仑饭店、京广中心、中国大饭店等几十家涉外饭店，以及国际会议中心、国际贸易中心、国际展览中心、中日友好交流中心、燕莎购物中心、友谊商店等涉外机构（场所），是首都重要的外事活动区。朝阳区外籍人士集中，望京、麦子店、亚运村、三里屯、建外等街道均拥有国际化社区。

朝阳区是北京市的经济强区，具备以金融业、租赁业和商务服务业占主导，高新技术产业支撑、文化创意产业集群发展的多元化产业格局。北京商务中心区、奥运功能区、中关村朝阳园三大功能区聚集在朝阳。汇聚中央电视台、中国国际贸易中心等一批标志性建筑，以及北京财富中心、北京电视中心、银泰中心等商务楼宇，成为北京地标性建筑展示区。拥有国贸、华贸、环球三大金融中心，秀水服装市场、雅宝路服装市场、三里屯酒吧街、潘家园旧货市场等一批特色街市，以及世贸天阶、三里屯太古里、蓝色港湾、赛特奥特莱斯等一批时尚消费聚集区。

朝阳区是北京市的国际科技文化体育交流区。朝阳区聚集了众多国内外知名的传媒资源、文化艺术高等教育资源、文化演艺场馆，拥有全国首个也是唯一的国家文化产业创新实验区。中关村朝阳园作为国家级高新技术园区，大力发展移动通信和信息服务、新能源、先进装备、生物医药等高端产业，是国际研发创新聚集地、战略性新兴产业增长极。工人体育场、奥林匹克体育中心、首都图书馆等一大批国家级体育文化设施，使朝阳区拥有丰厚的文化和体育资源。中国国际展览中心、中国国际贸易中心、全国农业展览馆等场馆每年举办的各种展览，使朝阳区成为全国会展文化的焦点。

“十三五”成就

【概况】“十三五”期间，朝阳区委、区政府深入贯彻习近平总书记对北京重要讲话精神，始终坚定不移地贯彻落实国际交往中心的功能定位，以“文化、国际化、大尺度绿化”为主攻方向，不断提升开放型经济水平，推进国际交流合作。朝阳区生产总值年均增长6.6%，一般公共预算收入率先在全市跨越500亿元大关，高精尖产业体系加快构建，营商环境考评成绩连续三年位居全市首位；疏解腾退面积超过3400万平方米，城乡建设用地减量任务顺利完成；“一绿”地区一批6个试点乡基本完成城市化任务，二批5个试点乡拆迁腾退有序推进；31个村完成整体腾退或改造，1.6万名农民实现转居；$PM_{2.5}$年均浓度下降53%，黑臭水体基本消除，新建、改扩建道路116条，建成5G基站4000余个，打造110条环境优美大街；累计办理各类民生实事7300余件，居民人均可支配收入年均增长6.9%，“七有”（幼有所育、学有所教、劳有所得、病有所医、老有所养、住有所居、弱有所扶）、“五性”（便利性、宜居性、多样性、公正性、安全性）民生保障水平持续提高。

【高精尖产业体系构建】“十三五”期间，以商务服务、金融、文化、高新技术产业为核心的重点产业支撑作用持续增强，朝阳特色的高精尖产业体系加快形成。商务服务业高端化发展趋势明显，营业收入累计达到1.4万亿元，全市占比超过50%。区内汇聚200余家世界级商务服务企业，包括全球十大律师事务所、40家百强品牌人力资源服务机构、6家世界十大咨询公司。金融业开放创新发展水平显著提高，增加值规模突破1000亿元，占全区比重达到17.7%，比“十二五”末提高5.5个百分点，区级财政贡献超过20%。引进国内首家外商独资地方资产管理公司橡树资本、全国首家相互人寿保险机构信美人寿相互保险社、首家中美合资银行浦发硅谷银行，全区金融机构总数达到1547家，占全市比重超过1/4。

【涉外服务】“十三五”期间，朝阳区针对涉外服务工作，重点提升人力资源、市场环境、行政效率等方面服务软实力。设立外国人出入境服务大厅；吸引国内外高层次人才到朝阳区创新创业；连续举办海外人才创业大会（OTEC），吸引20余个国家和地区的2万余名创业者参加，推动500多个项目落地，打造海外人才创新创业的“朝阳品牌”。2020年7月，朝阳区国际人才一站式服务平台正式成立，首批设有8个服务站点。除在区政务服务中心和电子城IT产业园建立区级服务中心，在CBD设功能区级服务中心，在国际化程度较高的麦子店、三里屯、望京等区域设街乡服务站，还在国际人才集聚的将台阳光上东社区、东湖众运大厦等设社区、楼宇服务点。外籍人才和留学生的签证、工作许可、居留许可、人才评审认定等120项涉外事务都可一站办理。2020年，朝阳区在拥有三里屯、蓝色港湾、SKP等国际时尚消费地标的基础上，打造望京小街、丽都商街等特色街区，从完善基础配套设施上，打造便捷宜居的国际商务生活区。中关村朝阳园加快推进“三国际一未来”四大功能性项目建设。

【科技创新】“十三五”期间，朝阳区吸引了特斯拉、苹果等一批知名跨国总部研发机构落户，鲲鹏联合创新中心建成运营，阿里巴巴北京总部、未来论坛永久会址落地中关村朝阳园北区。中关村朝阳园引进中国工业互联网研究院等国家级重大项目，吸引雀巢研发、惠普等国际研发创新企业入驻发展。区内还涌现出以泡泡玛特、逻辑思维、影谱科技为代表的文化科技“独角兽”，上市文创企业达到182家。软件和信息服务业、科技服务业营业收入年均增速分别达到14.8%和11%，增加值合计占全区的比重达到20.7%，比“十二五”末提高6.8个百分点；国际研发机构达219家，国际科技合作基地达60家，国家高新技术企业达3985家，为“十二五”末的近3倍。此外，朝阳区成立科技、文化产业政府引导基金，支持相关领域产业创新发展；设立全市首个中小微企业防疫应急转贷基金，推出科技类专属融资产品“朝科贷”，帮助企业解困变难。

【教育保障】“十三五”期间，朝阳区教育事业迈入全市先进区行列。通过整体并入、集团办学、高校联合等方式推进中小学资源整合，转型升级、整合100余所学校，公办中小学优质教育资源100%全覆盖，学前教育普惠性幼儿园覆盖率提升至83%以上。

【文化产业】“十三五”期间，朝阳区现代公共文化服务体系初步形成，全区规模以上文化企业达1999家，居全市首位。2017年，全国首个京津冀文化产业协同发展中心落户北京市朝阳区。至“十三五”期末，朝阳区在京津冀协同发展文化创新、公共服务等领域开展交流活动百余次。2017年，全国首家“一带一路”文化主题邮局在北京市朝阳区亚运村邮局内亮相。“十三五”期间，朝阳区开展“一带一路”主题系列国际文化交流活动，“漂亮的兵马俑”创意艺术装置展赴克罗地亚、哥伦比亚、英国、新西兰、澳大利亚等地展出。“十三五”期间，朝阳区完成“百园工程”建设，102个特色文化产业园区投入运营。出台《关于加快国家文化产业创新实验区核心区高质量发展的若干措施》，分三批认定743家“蜂鸟企业”。设立北京市首个文化金融服务中心，建立上市企业培育基地。在全市率先出台文旅融合实施办法，构建文旅融合发展立体化格局。

【文化建设】“十三五”期间，朝阳区坚持以培育和践行社会主义核心价值观为主线，连续四届获“全国文明城区”称号。推进新时代文明实践中心全国试点建设，挂牌成立中心城区首家新时代文明实践中心。公共文化设施体系更加完善，街乡文化中心和社区（村）文化室、室外文化广场建有率达到100%，建成城市书屋36家、社区流动美术馆57家，形成全市首个“一公里阅读生活圈”，人均公共文化设施面积达到2.4平方米。成功创建百个基层文化品牌，基本实现“一街乡一品牌、一社区一品牌”。举办“森林演出季”“我们的节日”等各类文化活动26300余场，惠及百姓近8300万人次，公共文化服务效能持续提升。大运河文化带保护和传承工作持续加强，完成神木厂历史景观保护工程神木廊房、萧太后河展览馆建设、八里桥及平津闸设计和报批等重点工作，挖掘、保护大运河沿线文物14处。

【医疗卫生】“十三五”期间，朝阳区优化医疗资源布局，区疾控中心二期、垂杨柳医院新址投入使用；不断推进分级诊疗服务体系建设，成为全国城市医疗联合体建设试点区，基层医疗管理和服务能力显著提升，社区卫生服务机构总诊疗量占全区30.3%，比全市平均水平高4.5个百分点，成功创建国家卫生区；深化医疗卫生健康改革，制定朝阳区公共卫生应急管理体系建设三年行动计划；完成医药分开、医耗联动等医疗领域改革，公立医院综合改革工作获得国务院通报表扬。

【民生保障】“十三五”期间，区、街乡、社区（村）三级养老服务体系基本建成，进一步织密居家和社区养老服务设施网络，全区新增普通养老机构27家、养老照料中心50家，养老驿站172家，养老床位数居全市首位。养老服务改革不断深化，被确定为全国居家和社区养老服务改革试点区，在民政部、财政部第四批改革试点评审验收工作中被评为全国优秀地区第一名。加大对高校毕业生、城乡就业困难人员等重点群体的就业帮扶力度，就业规模持续扩大，城镇登记失业率连年控制在1%以内，社会保险扩面提质。城乡居民医保制度完成整合，职工五项社会保险和社会救助实现扩面提标。市民居住条件明显改善，累计建成7.79万套保障房，完成1.39万户棚户区改造。

【社会治理】“十三五”期间，“街乡吹哨、部门报到”工作机制全面铺开。深化党政群共商共治，办理各类民生实事7300余件。编制完成《朝阳区全面提升“七有”“五性”民生保障水平行动计划》，不断提高综合监测评价水平。建立“12345”市民服务热线数据定期分析机制，强化接诉即办、未诉先办，一办到底。加强矛盾纠纷源头化解，打造“一统双网三支点”诉源治理新模式，建成法官工作站40个。着力完善三级公共法律服务中心建设，拓宽群众解决法律问题的途径。深化政法领域改革，打造“执法办案中心＋”“无讼朝阳”“朝阳律师”等多个改革亮点，被评为第一批全国法治政府示范地区。成立区级物业管理协会，发布老旧小区物业服务标准，打造枣营北里社区等“物业纠纷诉源治理示范小区”。建成129个全要素小区、515个全景楼院，实现“一刻钟社区服务圈”全覆盖。探索“劲松模式”，为全市老旧小区改造提供经验。全面推进基层管理体制改革，完成全国社区治理和服务创新实验区、全国街道服务管理创新实验区建设，形成双井“13社区”等优秀品牌，双井街道入选联合国人居署可持续发展试点社区。严格落实生活垃圾分类、物业管理条例，着力解决好群众身边两个“关键小事”，垃圾分类示范片区启动创建覆盖率达100%，开通全市首个垃圾分类曝光平台，试点探索“垃圾不落地”机制，成立674家物管会，居全市首位。

【平安朝阳建设】“十三五”期间，朝阳区稳妥处置涉众型经济案件，形成“1268N”金融风险防控工作模式。推进扫黑除恶专项斗争，在全市率先形成与行业监管相结合的长效机制体系。启动并推进市域社会治理现代化试点工作，打造“五纵三横一张网”工作格局。提升“朝阳群众”品牌内涵，高标准完成“五个一”建设。统筹开展禁毒系列专项行动，成为全市唯一跻身全国禁毒示范城市的城区。全面保障重大活动期间全区社会面安全稳定，平安北京建设工作考核优秀，群众安全感满意度稳步提升。安全生产工作有序推进，亿元国内生产总值生产安全事故死亡率控制在0.024%。安全监管力度不断增强，市级抽检重点食品监督性抽检合格率保持在98.5%以上，药品抽检合格率保持在99%以上。

【大尺度绿化】“十三五”期间，朝阳区以创建国家森林城市为抓手，坚持多元增绿、见缝插绿、精准建绿，新一轮百万亩造林工程有序实施，新建、改造绿化面积2799公顷，进场率达到69.8%，“两环六楔，五河十园”的生态格局初步形成。结合公园绿地500米服务半径消盲计划，实现周边居民身边增绿、出门见绿，较“十二五”末，绿化覆盖率由47.5%提升至48.4%，建设提升127个大中小微公园，公园绿地500米服务半径覆盖率由“十二五”末83.72%提升至92.8%，高于全市平均水平10个百分点，提前两年完成“十三五”目标。建成大望京中央公园、CBD城市森林公园、百子湾公园等城市公园，温榆河公园朝阳示范区正式开园，马家湾湿地公园吸引白鹭驻足停留。完成绿道及健身步道建设约90千米。

【污染防治】“十三五”期间，朝阳区坚决打赢蓝天保卫战，深化“一微克”行动，完成用煤户改造4.6万户，全区基本实现无煤化，狠抓柴油货车、扬尘、挥发性有机物精准治理，二氧化硫、氮氧化物排放量分别下降80%和52%，$PM_{2.5}$年均浓度为43微克/米^3，较“十二五”末下降48.4%。持续打好碧水保卫战，新建4座再生水厂，提升污水处理能力至272万吨/日，在全市率先建成河长制管理平台，基本消除全域黑臭水体，5个国家级、市级考核断面水质稳定达标，实现水环境质量持续改善。高标准完成萧太后河系综合治理和滨水绿色休闲廊道建设，实现全线河道贯通，形成“水清、岸绿、景美、蕴深”的建设成效。创新“政企共建”模式，建成亮马河国际风情水岸，成为历史文化与国际时尚交融的城市金名片。全力打好净土保卫战，完成全区唯一污染地块双桥电镀厂土壤修复工作，实现污染地块安全利用率100%，达到市级考核要求。垃圾分类示范片区启动创建覆盖率达100%，旱厕升级改造全部完成。

【功能区建设】 2017年，《北京城市总体规划（2016年—2035年）》公开发布，朝阳区被赋予“国际一流的商务中心区、国际科技文化体育交流区、各类国际化社区的承载地、创新引领的首都文化窗口区、大尺度生态环境建设示范区、高水平城市化综合改革先行区”的功能定位。“十三五”期间，北京CBD先后成立北京国际CBD生态联盟、世界500强与跨国公司智库联盟等组织；中关村朝阳园聚焦新一代信息技术、医药健康、科技服务业、人工智能等高新技术产业的发展，稳步推进“三国际一未来”（国际人才公寓、国际学校、国际医院和未来论坛）项目建设；奥运功能区聚焦国际金融机构、体育赛事及文化交流活动等项目引入，着力推动国际金融及文化领域的交流；国家文化产业创新实验区聚焦文化传媒、创意设计、文化贸易领域的发展，加速推进了文化领域的双向开放。2020年，朝阳区又把推进北京自贸区建设作为重要的政治责任、旗帜引领和发展契机，扛起推进更高水平对外开放的使命担当。

【道路建设】 12月31日，化工路改扩建工程放行通车。化工路为城市主干路，西起东四环窑洼湖桥、东至东五环化工桥，全长约6.6千米，投资额为108723.31万元，市公联公司承建，北京市逸群监理有限责任公司监理，化工路是区“十三五”规划重点道路建设项目，是连接东南四环路、五环路的重要联络通道，新改建的化工路可满足周边10余万居民的出行需求。

【场馆建设】 年内，北京市50%以上的国际性会议，30%以上的国际展览在朝阳区举办。朝阳区推动国家会议中心二期、第四使馆区建设，稳步推进国家速滑馆、冬奥村等场地和基础设施建设，营造优良国际服务环境，全面提升配套服务能力。作为首都对外开放的重要窗口、重大活动的主要承载区，“十三五”以来，朝阳区不断完善国际交往机制，积极打造国际活动主承载区，强化奥运功能区国际交往功能，推进国际交流合作。

2020年国民经济和社会发展情况

【经济建设】 年内，落实国家和市级政策，出台区级两个“18条措施”，解决企业用工用餐、原料供应、出差隔离、签证办理等实际困难，新增减税72.1亿元，减免社保费279亿元，返还失业保险费10.3亿元，帮助企业获得贷款160亿元，为中小微企业减免房租13.7亿元；创新提出“数据定位、政策找企”，为困难企业申请临时性岗位补贴和以训稳岗补贴3.4亿元。重点企业、楼宇、工地于3月底基本复工，新设企业数量自8月起保持正增长。

出台数字经济示范区实施方案，发布高成长企业培育“凤鸣计划”，加快发展壮大新业态。新增4家跨国公司地区总部。科技服务业、信息服务业财政收入分别增长13.7%和15.8%。金融业财政收入增长19.6%，13家金融机构落户，10家企业完成上市。创新发布国家文化产业创新实验区指数，新增注册资本亿元以上文化企业50家。举办“北京消费季潮朝阳”活动，发展直播带货、无接触配送等新模式，线上消费大幅增长，线下消费逐渐回补。优化营商环境，推行告知承诺制，增加“朝好办”主题事项，实现政务场所延时服务全覆盖。强化金融风险防范，成立全市首家数字金融风险防范实验室，在营网贷机构实现清零。朝阳区成为国家产融合作试点城市、全国知识产权运营服务体系建设重点城市。

CBD、金盏国际合作服务区7.92平方千米纳入中国（北京）自由贸易试验区，建成全市首个自贸区国际人才一站式服务中心，首个金融服务平台上线，首家个人征信公司、首支人民币国际投贷基金、首单本外币一体化试点政策业务在朝阳区落地。服务业扩大开放第三轮试点任务基本完成，25个重点项目入驻。实际利用外资46.2亿美元，比上年增长8%，占全市三分之一。CBD国际化提升三年行动计划推进，吸引力指数保持全国第一，跃居亚洲第二、全球第七。中关村朝阳园成为全国第三批双创示范基地，国际创投集聚区“政策18条”实施、4个高成长中心及一批重点机构入驻。奥运功能区实现亚投行、中石油储气库公司等重点企业入驻。

【农村城市化建设】 年内，成立农村地区拆迁腾退专班，在1个月内完成姚家园三期安置房地块、一八里店村及李罗营村上市地块滞留户腾退。拆而未净、长期滞留的287个非宅、352个住宅全部拆除。加快前期手续办理，定辛庄等4个安置房项目开工、5个项目基本具备开工条件，颐堤港二期等

3个产业项目启动、将台国际文化硅谷等3个项目主体完工。解决历史遗留问题，推进办理557户安置房产权证、1万余户具备初始登记条件。出台“村地区管”工作意见，成立平台公司，加强集体土地统筹管理。推进乡村振兴，小鲁店等村完成美丽乡村建设，农村人居环境整治三年行动计划任务完成。

【生态环境建设】 年内，实施“一微克”行动，开展扬尘和挥发性有机物治理，$PM_{2.5}$年均浓度为39微克/立方米，比上年下降9.3%。优良天达到280天，比上年增加48天。5个国考、市考断面达标提质，朝阳区在市水污染防治考评中首获优秀等级。排查整治全区582.82千米的河流（沟渠）两岸入河排口。在副中心廊道广渠路沿线打造重点景观建设，建成郭家场村南侧、咸宁侯村2处、22.5万平方米绿化提升工程两处新节点。坝河滨水空间一期（使馆区示范段）工程完工。完成51个小区、67个单位自备井置换，惠及群众近24万人。推进大尺度绿化，新增造林绿化面积371.06公顷、城市绿地69公顷。启动国家森林城市创建，占地2.04平方千米的温榆河公园朝阳示范区建成开园，6个城市公园、4个郊野公园主体完工，新建绿道11千米，新增改造绿化面积506公顷。

【城乡建设与管理】 年内，聚焦重点区域精准疏解，拆除并实现“场清地净”317万平方米、腾退土地332公顷。精细化整治提升背街小巷175条，建设提升便民商业网点120个，留白增绿208公顷。政府主导、引入社会资本开展“望京小街”更新及运营，开街后迅速成为网红打卡地。北京最早的涉外商圈丽都商圈完成改造升级，成为街区更新的典范。“疏整促”专项行动12项市级年度量化考核任务中，6项超额完成，8项排名全市前三，3项排名全市第一。

化工路改扩建工程完工，垡头铁路道口拥堵问题得到解决。广顺北大街全线贯通，中关村朝阳园北区主干路网基本形成，顺白路来广营北路西段和化工路改扩建工程放行通车。全年竣工主次支路10条，完成天达路、三间房东路、团结湖路、双桥路、东土城路等20项疏堵工程、102千米慢行系统整治，新增停车位5200余个。CBD区域4平方千米交通综合治理基本完成。推动“星火站”更名为“北京朝阳站”，提升区域知名度和影响力。推广城市道路公共服务设施二维码管理，五环内基本实现二维码全覆盖，试点引入RFID视频技术，实现智能感知，同时在全市率先试点公共服务设施“一码共治”精细化管理。

推进垃圾分类，完成全区128座垃圾楼升级改造。设置了1328处大件垃圾暂存点和1200余处装修垃圾暂存点，规范生活垃圾、大件垃圾和装修垃圾的投放、收集、运输、处理环节，实现“垃圾不落地、环境更美丽”目标。实施生活垃圾管理、物业管理两个条例，厨余垃圾分出率由最初的5%提高到21%，业委会（物管会）组建率、物业服务覆盖率、党的组织覆盖率分别达到87.9%、99.9%、93%。安全生产事故起数和死亡人数分别下降43.9%和40.3%，火灾事故起数下降23.7%。食品药品抽检抽验合格率分别达到98%和99%以上。

【科技与教育】 年内，全区登记技术合同6031项，技术合同成交额1250.3亿元。朝阳区32家园区入围市级文化产业园区，占全市的32%。7家科技企业获“2020年度中国技术创业协会科技创业贡献奖”。12月，由北京市朝阳区人民政府、中国信息消费推进联盟主办的“2020全国信息消费城市行北京站活动”在朝阳区望京小街举办，活动以“数字经济、信息消费、北京有我”为主题，朝阳区城市智慧大脑首次在现场公开亮相，朝阳区综合服务移动门户——朝阳通App在启动现场正式发布。年底，开通宏基站1800个，累计完成5G基站建设4021站，五环内室外基本实现5G信号连续覆盖。

年内，新增9所幼儿园，新建、改扩建4所中小学，学前教育普惠性学位占比达到83%。集团化办学、学区制管理发展机制带动12个中小学及校区转型升级，中小学优质教育资源实现全覆盖。“朝阳区马芯兰‘翼课程’数学改革项目”获北京市2020年国家课程创造性实施成果一等奖。国际教育服务水平提升，北京中学东坝南校区、国际人才社区学校等国际化学校建设取得阶段性进展，大望京区域半小时优质国际教育服务圈初步形成。

【文卫体育】 年内，完善“3+1”四级[在区、街乡、社区（村）三个行政层级的基础上，增设地区级文化中心，形成“区—地区—街乡—社区（村）”四级的“3+1”设施网络]公共文化服务体系，开展线上线下文化体育活动8900余场次。认定群众文艺团队3514支。出台《朝阳区大运河文化带保护传承利用规划》，萧太后河展览馆对外开放。承办全国大运河省部际联席会、京杭大运河南北对话分会场等活动。以“寻找工匠”非遗主题活动推广非遗文化。

年内，朝阳区入选国家城市医疗联合体试点城市（区），建立全市首个国际医疗联合体。历经三年努力，区成功创建国家卫生区。朝阳医院常营院区主体结构封顶，成功创建全国健康促进区。实施公共卫生应急管理体系建设三年行动计划，院前急救呼叫满足率达95%以上。

年内，国家速滑馆、国家游泳中心、国家体育馆等新建、改建工程竣工。推动工人体育场改造复建工程，用1个月时间实现全部商户协商腾退。成立北京赛区（朝阳）2021国际滑联速度滑冰世界锦标赛等5项赛事组委会。普及冰雪运动，组织朝阳区快乐冰雪季系列活动30余场，举办冬奥大讲堂等活动，累计参与群众19万人次。

【社会服务管理和社会保障】 深化党政群共商共治，打造43个市级社区协商示范点，推动1190件为民办实事项目落地。建成20个全要素小区、258个全景楼院，打造30个“社区之家”、12个社区综合服务体。调整、新建社区58个，实施社区工作准入制，实现“全岗社工”全覆盖。巩固“社会矛盾化解年”成果，群众信访总量、集体访量实现“双下降”。建立“接诉即办”考核激励机制，“12345”市民服务热线诉求解决率、满意率较年初分别提升28个和15个百分点。

开展“春风行动暨就业援助月”“百日千万网络招聘”“才子朝阳”“就业创业服务攻坚季行动”等促进就业主题活动。开展职业技能培训46260人次，促进和稳定帮扶地区贫困人口就业33887人。全年开发就业岗位9.6万个，城镇登记失业人员实现就业2.06万人，其中就业困难人员实现就业1.55万人。

新增养老机构6家、养老驿站10家。6家社区卫生服务中心创建成功北京市“老年健康服务示范基地”，全区创建“老年友善医疗机构”35家。全区43个社区卫生服务中心获颁“老年健康服务中心”，实现为老服务全区全覆盖。朝阳区居家和社区养老服务改革试点成果被评为全国优秀。

建设筹集政策性住房6881套、竣工1.2万套，完成棚户区改造580户。启动全市首个危旧楼房拆除重建试点项目，建成于20世纪50年代的光华里5号、6号楼基本完成拆除。实施38个老旧小区改造项目，加装电梯开工487部、完工320部。

【精神文明建设】 朝阳区连续四届获全国文明城区称号。加强新时代文明实践志愿服务队伍建设，截至年底，全区建立各类志愿服务队伍1089支，实名注册志愿者达62.23万人。建成“文明实践网络互动平台”并投入使用，全年点单派单1174次，服务群众50793人次。结合新冠肺炎疫情防控工作和重点任务，围绕“决胜全面小康 决战脱贫攻坚”“众志成城 共抗疫情”等重大主题开展宣讲800余场，覆盖近20万人次。开展“变废炫宝”创意作品征集活动，征集优秀作品1095份。面向全区中小学生开展“童心向党”歌咏、“新时代朝阳好少年”成长营、“向国旗敬礼”主题教育等活动。推荐评选出“2020朝阳榜样”年度人物“社区抗疫集体”“最美逆行者”“朝阳青春力量”3个特别奖，及赵勇等十大年榜人物，提名奖41名。

【民主法治建设】 年内，区政府推进依法行政，执行区人大及其常委会的决议和决定，接受人大法律监督、工作监督和政协民主监督，全年办复市区人大代表建议、政协提案520件。朝阳区成为首批全国法治政府建设示范区。向街乡下放431项行政执法职权并实行综合执法。落实国务院第七次大督查等反馈问题的整改工作，推进规划和自然资源领域专项治理。压减一般性支出。整治发生在群众身边的腐败问题。强化督促检查和绩效管理，确保各项任务完成。

领导干部名录

中共北京市朝阳区第十二届委员会

书　　记　王　灏

副 书 记　文　献　王　旭

常　　委　王　灏　文　献　王　旭　马继业（5月免）　迟行刚　史连雪　张维刚（11月免）　席成坡　暴　剑　黄晓伟（女）　崔小浩（7月任）　李国红（女，5月任）

委　　员　（按姓氏笔画排列）

马继业（5月免）　王　旭　王　毅　王　灏　牛国泉（4月免）　文　献　王志刚　史连雪　朱　晟　刘　勇　许嘉宁　孙玉辉　苏向东　李　靓（女）　李云飞　李国红（女）　杨建海　吴　冰　迟行刚　张　岩　张士华　张克斌　张宏明　张维刚（11月免）　陈　涛　陈宏志　邵水平　欧晓勋（女）　周　[illegible]　赵年生　赵红伟　殷金凤（女）　高春利　高智勇　席成坡　黄晓伟（女）　崔小浩（7月增补）　董会生　蒋东燕（女）　谭国忠（满族）　暴　剑

候补委员　连文胜

中共北京市朝阳区委工作机构负责人

办公室（党建办）主任	许嘉宁
巡察办主任	孙玉辉
区委区政府研究室主任	李淑环（女）
组织部部长	迟行刚
组织部分管日常工作的副部长	张中华
宣传部部长	黄晓伟（女）
宣传部分管日常工作的副部长	毕重伟
网络安全和信息化委员会办公室（互联网信息办公室）主任	于良信
统一战线工作部部长	暴　剑（6月免） 李国红（女，6月任）
统一战线工作部分管日常工作的副部长	宝月辰（女，满族）
台湾工作办公室（同时挂政府台湾事务办公室牌子，与统战部合署办公）主任	李　洁
直属机关工作委员会书记	暴　剑（6月免） 李国红（女，6月任）
直属机关工作委员会常务副书记	邵水平
社会工作委员会书记	赵年生
农村工作委员会书记	张克斌（4月免）
政法委员会书记	张维刚（11月免）

政法委员会分管日常工作的副书记 赵红伟
教育工作委员会书记 周 炜
老干部局局长 蔺 红（女，7月免）
周建立（7月任）
机构编制委员会办公室主任 刘 勇（1月免）
李 云（1月任）
党史工作办公室主任 邓献云
党校校长 迟行刚（4月免）
王 旭（4月任）
党校党委书记、常务副校长 李燕梅（女）
北京商务中心区工作委员会书记 李国红（女，8月免）
崔小浩（8月任）
北京商务中心区工作委员会常务副书记 张志国
中关村科技园区朝阳园工作委员会书记 暴 剑（5月任）
中关村科技园区朝阳园工作委员会常务副书记 冯守华

北京市朝阳区政府部门、人民团体党政分设工作机构的党组织书记

科学技术和信息化局党组书记 杨 旭
文学艺术界联合会党组书记 高春利
退役军人事务局党组书记 崔松青（4月任）
审计局党组书记 杨兆生
统计局党组书记 施咸超
信访办公室党组书记 胡铁闽
工商业联合会党组书记 王素荣（女）
城市管理监督指挥中心党组书记 杨汉安
政务服务管理局党组书记 李晓静（女）

中共北京市朝阳区第十二届纪律检查委员会

书　　记 席成坡
常务副书记 高大中
副 书 记 秦 岳 张颖辉（女）
常　　委 燕海涛 马立众 李英辉（女）
尚利准（4月免） 宇 凤（女，4月任）
曹 冲（4月任）

北京市朝阳区监察委员会

主　　任 席成坡
副 主 任 高大中 秦 岳 张颖辉（女）
委　　员 燕海涛 马立众 李英辉（女） 周 滢（女）
曹 冲（4月免） 李 响（4月任）

朝阳区十六届人民代表大会常务委员会

主　　任 陈宏志
副 主 任 常树奇 胡良森 牟燕东 张克斌
叶 青（不驻会）
委　　员 （按姓氏笔画排列）
丁清光 于志刚 马金东 王 宁（女）
王左敏（女） 王志华（女） 王利如（女）
王宝合 王春庆 王清友 韦 平
田树林（女） 付小贺 兰万秋（畲族）
邢平芳 吕 铮 任敬东 刘 勇
刘显威（满族） 孙 立（女） 孙 琦（女，回族）
孙博洋 李革非（女） 李 洋 张明森
陈 岚（女） 陈春玖 郑 晶（女）
郝云峰 侯湘君（女） 徐福寿 殷 宁（满族）
高 峰 姬文革（女） 黄 鹰 曹信红（女）
韩 峰 褚 昱 樊碧发

朝阳区人大工作机构、专门委员会

办公室主任 郑 晶（女）
法制委员会主任 侯湘君（女）
财政经济工作委员会主任 兰万秋（畲族）
城建环保工作委员会主任 邢平芳
教科文卫工作委员会主任 李 洋
代表联络室主任 孙 立（女）
农村工作委员会主任 于志刚
研究室主任 付小贺

北京市朝阳区人民政府

区　　长 文 献
常务副区长 马继业（6月免） 崔小浩（7月任）
副 区 长 暴 剑（6月任） 王志勉
牛国泉（4月免） 杨建海
李国红（女，6月免） 王冬斌（4月任）
朱 晟 戎均文（挂职，6月免）
杨 艳（挂职，女，德昂族，4月免）
张雪涛（挂职，4月任） 岳 立（11月任）

北京市朝阳区人民政府工作机构负责人

办公室主任 赵海东（12月免）
郭 勋（12月任）
发展和改革委员会主任 李 欣
教育委员会主任 肖 汶
教育督导室主任 肖 汶
科学技术和信息化局局长 李容珍
民政局局长 赵年生

司法局局长	王远捷（9月免）
	倪东新（9月任）
财政局局长	欧晓勋（女）
人力资源和社会保障局局长	张　岩
生态环境局局长	李泽林
住房和城乡建设委员会主任	张士华
房屋管理局局长	吴熙盛
城市管理委员会主任	刘炳起
交通委员会主任	刘炳起
水务局局长	路　军
农业农村局局长	张克斌（4月免）
商务局局长	陈庆华（女，土家族）
文化和旅游局局长	高春利
退役军人事务局局长	田志刚
应急管理局局长	马海鹰
市场监督管理局局长	刘立新
卫生健康委员会主任	李　靓（女）
审计局局长	战春燕（女，满族）
外事办公室主任	谭林坤
国有资产监督管理委员会主任	黄宏春
体育局局长	吴晓军
统计局局长	韦小萍（女）
园林绿化局局长	王春增
金融服务办公室主任	牛海龙
政务服务管理局局长	吴景刚（回族，1月免）
	刘　琳（女，1月任）
人民防空办公室主任	吴　冰
信访办公室主任	于建国
医疗保障局局长	商建英

政协朝阳区第十三届委员会

主　　席　陈　涛

副 主 席　杨树旗　张永新　王文远　连玉明　张兴凯　战春燕（女，满族）

秘 书 长　胡杰华

常务委员（按姓氏笔画排列）

于　欣　马立霜（女）　王　强　王　臻　王小龙　王幼君　王素荣（女）　王鲁宁　玉　红（女，蒙古族）　叶　昊　冯　静（女）　司晓强　任炜东　刘元春　刘宁花（女）　刘苗苗（女）　刘敬疆　闫永红（女）　孙　刚　苏俊武　李　红（女）　李　明　李卫刚　李云燕（女）　李玉立　李树东　李秋玲（女）　李海作　吴景刚　杨　扬　杨　杰　杨　科　杨征军　邹　游　宋关福　张　硕　张　维　张　瑞（女）　张劲硕　张学军　张鸿声　陈　霞（女）　陈巴黎（女）　闫立华　宝月凤（女）　所国有　金晓萍（女）　郑　铁　赵建萍（女）　钟　瑾（女）　侯惠荣（女）　袁　媛（女）　顾婷婷（女）　钱晓瑾（女）　徐　伟　徐京玲（女）　殷　峻　高　黎（女）　高吉喜　唐志辉（侗族）　黄　征　黄　轶　黄金维　梅诗曙　盛国辉（女）　梁　丹（壮族）　董　艳（女）　曾　旭（女）　匡存一　霍　超（女）

朝阳区政协工作机构负责人

办公室主任	董　艳（女）
研究室主任	陈　霞（女）
专委会工作一室主任	盛国辉（女）
专委会工作二室主任	刘元春
专委会工作三室主任	李海作
专委会工作四室主任	李贺清
专委会工作五室主任	李树东
专委会工作六室主任	张小锋

朝阳区政协专门委员会负责人

提案委员会主任	盛国辉（女）
学习委员会主任	李树东
教育卫生与体育委员会主任	刘元春
文化文史委员会主任	徐　伟
经济科技委员会主任	李海作
人口资源环境和建设委员会主任	李贺清
社会法制与民族宗教委员会主任	梅诗曙
农业和农村委员会主任	张小锋
港澳台侨委员会主任	曾　旭（女）

北京市朝阳区政法机构负责人

市公安局朝阳分局局长	牛国录（3月免）
	王冬冠（3月任）
人民检察院党组书记、检察长	张朝霞（女）
人民法院党组书记、院长	龚浩鸣
交通支队队长	陈义成

朝阳区各民主党派

民革朝阳区委主委	张兴凯
民盟朝阳区委主委	张鸿声
民建朝阳区委主委	王志勉
民进朝阳区委主委	战春燕（女，满族）
农工党朝阳区委主委	马立霜
致公党朝阳区委主委	高吉喜
九三学社朝阳区委主委	张旺葵
台盟朝阳区工委主委	高　峰

北京市朝阳区各团体负责人

总工会主席	张永新
共青团朝阳区委书记	孙博洋（9月任）
妇女联合会主席	苏　静（女，1月任）
科学技术协会主席	齐建宗
残疾人联合会理事长	王玉华（女）
归国华侨联合会主席	曾　旭（女）
工商业联合会主席	叶　青
红十字会常务副会长	赵宁江
文学艺术界联合会秘书长	金　童（女，满族）

其他单位负责人

北京商务中心区管理委员会主任	李国红（女，5月免）
	崔小浩（7月任）
北京商务中心区管理委员会常务副主任	郭　亮
北京奥林匹克公园管理委员会常务副主任	杨洪福
北京朝阳国家文化产业创新实验区管理委员会主任	丰春秋
中关村科技园区朝阳园管理委员会主任	暴　剑（5月任）
中关村科技园区朝阳园管理委员会常务副主任	苏向东
金盏金融商务区管理委员会主任	刘　伟
温榆河生态走廊建设管理委员会主任	兰学军
城市管理综合行政执法局局长	聂宏伟
城市管理监督指挥中心主任	常敬武
北京798艺术区管理委员会主任	贾恩松
市规划和国土资源管理委员会朝阳分局局长	李　晋
国家统计局朝阳调查队队长	张建萍
国家税务总局北京市朝阳区税务局局长	王炯东
烟草局局长	郑思贤
气象局局长	张沛刚
农村合作经济经营管理站站长	何志立（1月免）
	何文东（1月任）
档案馆（区志办）馆长（主任）	杨立亭（5月任）
高层次人才服务中心	刘　静（女）
种植业养殖业服务中心主任	辛　莉（女）
融媒体中心主任	孙　帅
投资促进局局长	马英晖
循环经济产业园管理中心主任	皮　猛（达斡尔族）
环境卫生服务中心主任	李　罡
农业综合执法大队队长	李杰民

北京市朝阳区街道工委、办事处负责人

八里庄街道

工委书记	张福来
办事处主任	赵国章（7月免）
	李　伟（7月任）

左家庄街道

工委书记	苏　静（女，1月免）
	麻晓晖（5月任）
办事处主任	孙曙光

和平街街道

工委书记	秦　涛
办事处主任	吴勇刚

双井街道

工委书记	董　健（女，9月免）
	陈伟航（9月任）
办事处主任	闫培文

酒仙桥街道

工委书记	崔少飞
办事处主任	陈文刚（11月免）
	徐宏桢（11月任）

呼家楼街道

工委书记	良　彪（满族）
办事处主任	陶黎黎（女）

朝外街道

工委书记	董会生
办事处主任	孟凡森（11月免）

劲松街道

工委书记	杨丙章
办事处主任	刘　胜

安贞街道

工委书记	陈伟航（9月免）
	董　健（9月任）
办事处主任	董　健（9月免）
	陆黎丽（女，壮族，9月任）

三里屯街道

工委书记	唐涌涛
办事处主任	郭　勋（12月免）

建外街道

工委书记	田　华（女）
办事处主任	杨立亭（5月免）
	林　琳（5月任）

团结湖街道

工委书记　　陈　伟

办事处主任　　李亚珉

潘家园街道

工委书记　　张贵林

办事处主任　　李永纲

香河园街道

工委书记　　董云增

办事处主任　　刘秀芹（女）

六里屯街道

工委书记　　谭国忠（满族）

办事处主任　　王　健（7月免）

倪遥远（土家族，7月任）

亚运村街道

工委书记　　麻晓晖（5月免）

孙　扬（5月任）

办事处主任　　历广权

小关街道

工委书记　　洪广欣

办事处主任　　邢　伟（女）

垡头街道

工委书记　　石延刚（回族）

办事处主任　　关进国

麦子店街道

工委书记　　刘晓玲（女）

办事处主任　　于久翔（11月免）

李　霄（11月任）

机场街道

工委书记　　时春岗

办事处主任　　袁自斌

望京街道

工委书记　　胡建东

办事处主任　　杨晓昇

大屯街道

工委书记　　吉旭初

办事处主任　　徐继锋（满族）

奥运村街道

工委书记　　于晓军

办事处主任　　韩　军

东湖街道

工委书记　　倪东新（9月免）

王智勇（满族，9月任）

办事处主任　　谷　雨

北京市朝阳区地区工委（乡党委）、办事处（乡政府）负责人

南磨房地区（乡）

工委（党委）书记　　易湘林

办事处主任（乡长）　　张金鑫（1月任）

高碑店地区（乡）

工委（党委）书记　　顾洪涛

办事处主任（乡长）　　杜　磊

将台地区（乡）

工委（党委）书记　　宋少伟

办事处主任（乡长）　　李　勃

太阳宫地区（乡）

工委（党委）书记　　李　华

办事处主任（乡长）　　郝宝刚

十八里店地区（乡）

工委（党委）书记　　张宏明

办事处主任（乡长）　　刘　涛

小红门地区（乡）

工委（党委）书记　　王小红（女）

办事处主任（乡长）　　闫　博

王四营地区（乡）

工委（党委）书记　　张　奎

办事处主任（乡长）　　邢志新（女，11月免）

苏云华（11月任）

平房地区（乡）

工委（党委）书记　　蒋东燕（女）

办事处主任（乡长）　　张　昕

东坝地区（乡）

工委（党委）书记　　李　钧（满族）

办事处主任（乡长）　　于淑杰（女）

金盏地区（乡）

工委（党委）书记　　陈　杰

办事处主任（乡长）　　陆闻宇

来广营地区（乡）

工委（党委）书记　　王　刚

办事处主任（乡长）　　张继明

东风地区（乡）

工委（党委）书记　　郭　君

办事处主任（乡长）　　谷昆鹏（7月任）

孙河地区（乡）

工委（党委）书记	张晓宁（女）
办事处主任（乡长）	李兴泉

崔各庄地区（乡）

工委（党委）书记	吴选辉
办事处主任（乡长）	齐宝良（5月免）
	殷伟涛（7月任）

三间房地区（乡）

工委（党委）书记	张小锋（9月免）
	王立新（11月任）
办事处主任（乡长）	王立新（11月免）
	袁裕中（11月任）

常营地区（乡）

工委（党委）书记	刘大庆（11月免）
办事处主任（乡长）	方　泽（回族）

豆各庄地区（乡）

工委（党委）书记	张军茹（女）
办事处主任（乡长）	戴昌军（1月任）

黑庄户地区（乡）

工委（党委）书记	秦　涛
办事处主任（乡长）	赵歌帆（1月任）

管庄地区（乡）

工委（党委）书记	万小兵
办事处主任（乡长）	尹　航（5月免）
	汪宝成（5月任）

新冠肺炎疫情防控

综 述

【概况】 2020年，朝阳区落实党中央国务院决策，市委、市政府部署，统筹推进疫情防控和经济社会发展。年初，第一时间成立区级领导小组，严格落实属地、部门、单位、个人“四方责任”，不到1个月的时间初步遏制了疫情蔓延势头，近3个月的时间将疫情基本阻断，又在短时间内打赢了新发地聚集性疫情歼灭战。在此基础上，做好“外防输入、内防反弹”工作。同时，加快恢复生产生活秩序，首创“双楼长”制（由属地街道、物业管理单位责成专人担任“双楼长”，共同负责），首倡“一米”行动（不带病上班，交谈时距离不少于一米；开会前通风半小时，参会人员间距不少于一米；排队乘梯或取餐时，人员间隔不少于一米；公共空间用餐时，用餐距离不少于一米；乘坐交通工具时，人与人的距离不少于一米），出台区级两个“18条复工复产措施”，减税降费70.5亿元，为14.3万家企业减免五项社保费用279亿元，为1.7万家企业返还失业保险费10亿元，帮助企业获得贷款160亿元，经济复苏态势良好。

【社区防控】 1月22日起，朝阳区组织全区社区卫生服务中心配合属地政府做好社区防控工作，充分发挥家庭医生、长期处方作用，做好居民尤其是老年人、儿童、孕产妇等特殊人群的防护指导。接收到“12345”市民服务热线转派涉及疫情有关诉求线索后，均由投诉发生地的社区卫生服务中心配合属地街乡进行入户调查，做好宣教和筛查工作。1月30日，朝阳区编辑完成《新型冠状病毒感染的肺炎防控知识宣传手册》，制定社区（村）防控流程。2月，区卫生健康监督所制定并下发《疫情防控期间公共场所卫生管理措施》《疫情防控期间公共场所监督意见书》《疫情防控期间集中空调通风系统管理措施》《疫情防控期间集中空调通风系统卫生管理监督意见书》《新型冠状病毒感染肺炎疫情社区防控指导意见》《新型冠状病毒感染肺炎疫情社区防控工作指南》《朝阳区新型冠状病毒感染的肺炎流行期间返（来）京人员社区卫生服务中心排查工作规范》等。

【健康咨询】 1月27日，朝阳区健康咨询热线“87789709”正式开通，区卫生健康委联合团区委等相关部门，组建热线咨询员队伍并做统一培训，制定《健康咨询热线工作手册》，梳理明确8大类44项咨询内容，明确答复口径。咨询员队伍包括卫健系统工作人员、一线医生、退休医务人员、社会志愿者等，24小时接听和解答市民关于新冠肺炎的健康咨询服务，有针对性地开展心理疏导。

【防疫宣传】 年内，《人民日报》、中央电视台《新闻联播》、北京电视台《北京新闻》等媒体平台，报道朝阳区疫情防控内容4700余篇（次）。朝阳区布置横幅标语、电子屏、宣传栏、展板橱窗及楼门文化阵地4.3万处，印发《致在京外籍人士的公开信》、多语种宣传折页等33万份，发放宣传品181万件。策划新闻发布会、媒体见面会、主题采访470余次，组织境外媒体走进黑庄户乡郎各庄村进行一次集中采访。发挥新时代文明实践中心作用，通过网站、微信公众号等多个平台，积极宣传疫情防控工作典型案例和优秀人物、榜样人物事迹，发动文艺工作者创作反映抗击疫情的文艺作品1600余件。（区疫情防控工作领导小组）

组织指挥

【概况】 1月，朝阳区成立新型冠状病毒感染肺炎疫情防控工作领导小组，设立工作机构、建立工作制度，制定工作方案。根据疫情发展情况和防治工作的进展，结合朝阳区人口数量大，人员聚集密度大，人员往来流动性大，驻地外国使馆多、机构多、合资企业多、国际交往活动多的特点，持续召开疫情防控工作会议，制发疫情防控工作文件，提出疫情防控工作要求，开展疫情防控工作检查。

【防控机构设置】 1月23日，区委办、区政府办印发《关于成立朝阳区新型冠状病毒感染肺炎疫情防控工作领导小组的通知》，成立朝阳区新冠肺炎疫情防控工作领导小组（以下简称区疫情防控工作领导小组）。区委书记王灏，区委副书记、区长文献任组长；区委副书记王旭，区委常委、常务副区长马继业任副组长；副区长朱晟任执行副组长；下设9个工作机构。至1月30日，区疫情防控工作领导小组下设9个工作机构调整为办公室、医疗保障组、交通保障组、物资保障组、社区防控组、宣传舆论组、社会稳定组、学校工作组、监督组。2月21日，增设复工复产防控组。6月22日，对区疫情防控工作领导小组成员做出调整，增加区人大常委会主任陈宏志、区政协主席陈涛为区疫情防控工作领导小组组长；同时，调整下设工作机构，调整后的工作机构有13个，分别为办公室（调度指挥中心）、检疫检测工作组、流调溯源和大数据工作组、医疗救治和防院感组、市场防疫工作组、社区防控组、复工复产防控组、学校工作组、交通安全组、物资保障和价格稳定组、社会稳定组、宣传舆论组、监督指导组。7月31日，增设爱国卫生运动工作组。12月22日，成立朝阳区集中观察点指挥部。12月31日，在区疫情防控工作领导小组的领导下，设疫苗接种工作领导小组，领导小组下设工作专班，在区应急局集中办公。

【领导调研】 1月28日、2月4日和25日、3月10日、5月1日、6月8日、7月14日、12月26日，市委书记蔡奇分别就物品价格和供应，居民就诊、医护人员防护用品供应，楼宇疫情防控，境外疫情输入防控，假期疫情防控，生态文明建设，新业态新模式发展等情况，到京客隆超市松榆里店、潘家园第二社区卫生服务中心、安贞街道安华里社区卫生服务站、望京地区、奥林匹克森林公园、温榆河公园等地调研。1月28日、2月7日和18日、4月17日，市委副书记、市长陈吉宁分别就武汉旅客服务保障，经济发展和企业复工，重点工程复工复产，商超、餐饮、理发、书店等场所疫情防控措施落实，外资企业疫情防控、复工复产，北京鲜活农产品流通中心规划建设和首农食品集团冷链仓储物流运营等情况，到北京丽豪商务酒店、中关村朝阳园、国家会议中心二期工程北京建工集团施工现场、CBD地区、黑庄户地区等地调研。3月6日，全国人大常委会委员、市政协副主席、台盟北京市委主委陈军一行到朝阳区东湖街道望京花园社区调研走访，看望慰问疫情防控一线工作者。3月11日，中国侨联副主席李卓彬、齐全胜一行到安贞医院，看望、慰问医务工作者以及支持湖北一线的侨界医务工作者家属代表。3月26日，工业和信息化部党组书记、部长苗圩到朝阳区调研防控物资运输保障和医疗装备企业。4月3日，市委书记蔡奇到京沈客运专线星火枢纽工程、国家会议中心二期、轨道交通昌平线南延上清桥站检查调研重点工程建设情况。要求各项重点工程要在做好防疫的前提下，紧抓窗口期，全面推动复工复产，保质保量保进度，力争完成全年目标任务。市委副书记、市长陈吉宁一同检查调研。5月13日，中国侨联党组书记、主席万立骏，副主席李卓彬就侨商侨企复工复产和基层侨联工作到朝阳区调研，先后到正大中心、华贸中心与侨商侨企座谈交流，走访商户，听取企业防疫和生产经营情况介绍，了解朝阳区侨情和侨联组织抗疫工作，发放爱心复工防疫包，为侨之家授牌。

【重要会议及决策】 年内，朝阳区新型冠状病毒感染肺炎疫情防控工作领导小组会议召开102次，传达北京市新冠肺炎疫情防控工作领导小组会议精神，研究调度全区疫情防控工作。区疫情防控工作领导小组印发《关于做好朝阳区新型冠状病毒感染的肺炎疫情社区（村）防控工作的通知》《关于做好全区机关事业单位人员健康排查工作的紧急通知》《关于印发〈朝阳区疫情防控健康服务电话指挥调度工作方案（试行）〉的通知》《关于进一步加强社会福利机构疫情防控工作的通知》《关于进一步加强全区各单位物业、保安、保洁、餐饮等服务人员疫情防控工作的通知》《关于加强疫情防控期间口岸入境人员隔离处置工作的通知》《关于入境进京人员管控不力问题的通报》《关于进一步防范境外疫情输入加强联防联控工作的通知》等重要通知，以及《朝阳区深入开展新时代爱国卫生运动三年行动方案》，要求区内各单位及区疫情防控工作领导小组各工作机构认真抓好贯彻落实。区政府办公室印发《关于支持企业应对新型冠状病毒感染的肺炎疫情稳定发展的若干措施》《关于贯彻市政府办公厅通知精神为新冠肺炎疫情牺牲烈士和逝世同胞举行全国性哀悼活动的通知》《关于落实北京市人民政府办公厅进一步支持中小微企业应对疫情影响保持平稳发展若干措施的通知》《北京市朝阳区人民政府关于做好当前和今后一个时期促就业稳就业工作的实施意见》等，为朝阳区平稳有序应对疫情提供政策保障。 （区疫情防控工作领导小组）

核酸检测

【概况】 朝阳区运用科技手段，加强疫情的信息化管理，制定排查机制，对重点人群开展核酸检测。开通健康咨询24小时热线，回答解释人民群众提出的身体健康问题和防治新冠肺炎疫情的知识，宣传防疫抗疫的工作部署和举措。对检测出的新冠肺炎疫情密切接触者，采取集中隔离、居家隔离、医学观察等管控措施，防止疫情的扩散。

【密接检测】 1月28日起，区疾控中心对有发热、咳嗽等呼吸道症状病例的密切接触者实施采样检测。截至5月14日，区疾控中心累计检测1989例排查病例，其中63例结果阳性。12月18日，针对朝阳区汉庭酒店大山子店（包括底商）出现的疫情，区委、区政府按照“科学、精准、从严”的疫情防控工作要求，第一时间对重点地区、重点人群开展两轮次核酸检测，做到应检尽检，不漏一人。26日至28日，朝阳区按照“应检尽检、愿检尽检”的原则，对望京、东湖、机场街道开展全员核酸检测工作，共组织33家医疗机构、19家社区卫生服务中心、3家第三方医学检验实验室参加核酸检测工作，设置57个采样点，检测结果全部为阴性。

【学生检测】 4月21日至5月8日，朝阳区组织全区初三、高三共计9930名毕业年级师生及员工，分别在外经贸附小、东方德才学校延静里校区、中国传媒大学附属小学高部校区、劲松职高双龙校区、明远小学知语城校区5个点位进行核酸检测，检测结果全部为阴性。5月23日至6月4日，朝阳区组织小学四至六年级、初一至初三年级、高一至高三年级共计124088名师生及员工分别在劲松职高双龙校区、劲松职高常营校区、电气工程学校甘露园校区、电气工程学校将台路校区、求实职业学校望京校区、青少年活动中心图书中心、北京教育学院朝阳分院、香河园少年之家、中国科学院附属实验学校南沙滩小学部9个点位进行核酸检测，检测结果全部为阴性。6月6日至11日，针对小学一至三年级78745名师生及员工，采取送检上门的方式，进行核酸检测，检测结果全部为阴性。7月12日至13日，组织教育系统服务与保障中考工作的4244名师生及员工分别在劲松职高双龙校区、电气工程学校甘露园校区、求实职业学校望京校区3个点位进行核酸检测，检测结果全部为阴性。

【全民检测】 6月初，新发地批发市场疫情发生后，朝阳区委、区政府坚决响应党中央、国务院和市委、市政府关于开展疫情防控工作的指示精神和工作部署，对广大市民开展新冠肺炎核酸检测工作。为做好民众的核酸检测工作，朝阳区组织21所机构承担对外核酸检测工作，从人力、物力上全力做好各项准备。第一时间组建检疫检测工作组，设置医护组、现场组、技术组、安保组等10个工作小组，抽调各单位专业干部40余人，8305名医护人员参加试剂采样，设置全区综合集中采集点2个，在43个街乡设置中型储备采集点86个和小型社区村机动采集点若干，协调检测检验机构21家、防护物资509058件，达到日采样10万人次的核酸检测能力。同时，朝阳区还在人流密集的CBD区域增设流动检测车，达到“应检尽检”不留遗漏的要求。

【批发市场检测】 6月，新发地批发市场聚集性疫情发生后，第一时间开展排查隔离和采样消杀工作，将日核酸检测能力（单样本）由2万份增加到8万份，在大洋路市场实现“批零分开”，设立全市首个批发市场核酸检测站。

【检测基地】 截至11月，朝阳区根据《关于进一步加快推进城市核酸检测基地和国家公共实验室建设工作的紧急通知》要求，制定《北京市朝阳区关于建设新型冠状病毒核酸检测基地建设方案》，区疾病预防控制中心带动航空总医院、民航总医院、垂杨柳医院，建设“1+3”核酸检测基地，达到核酸检测基地1万份/天的检测目标。

【重点群体检测】 年内，朝阳区针对6月新发地疫情发生后，北京市突发公共卫生事件应急预案调整为二级响应的措施，朝阳区为市、区两级“服务包”企业、重点外资企业因公出京员工，提供新冠肺炎病毒核酸免费快速检测服务，选取垂杨柳医院、朝阳区中医医院作为定向核酸检测服务点位，通过在建外街道开设移动式核酸检测车，多渠道保障重点企业员工核酸检测需求。6月，分批次组织公安朝阳分局、区检察院、区法院、区司法局开展核酸检测工作，结果均为阴性；对辖区内餐饮服务单位和食品流通单位从业人员进行核酸检测，结果全部为阴性；在朝体中心、南磨房、朝阳公园（朝阳规划馆）3个点位，分4批对朝阳区环卫人员进行核酸检测，结果均为阴性。对集中隔离点在观人员（代管外区密接人员）、工作人员及外环境样品进行核酸检测。对疑似病例做咽拭子和血标本检测，对及其居住、工作及接触环境做样本检测。

【秋冬检测】 进入秋冬季后，朝阳区疫情防控坚持“外防输入、内防反弹”，检疫检测组总结前期核酸检测经验，制定《朝阳区秋冬季疫情防控核酸检测工作方案》，指导各行业主管部门、各街乡同步制定本行业、本辖区核酸检测工作方案；开展“一街一乡”秋冬季核酸检测演练，组织各街乡主管领导现场观摩学习，明确岗位职责，查找风险问题；提前做好疫情防控物资储备工作，下发各街乡核酸检测点位物品清单，配齐配足所需物资，确保在应急情况下，第一时间开展核酸检测工作。 （区疫情防控工作领导小组）

疫情流调

【概况】 朝阳区从快从严、精准有效地做好确诊、疑似病例流行病学调查。运用大数据手段，第一时间对密切接触者以及根据需要对次级密切接触者采取集中或居家医学观察措施，第一时间上报信息。

【流调队伍】 年内，朝阳区有每年经常态培训演练形成的420名社区流调队员。新冠肺炎疫情发生后，朝阳区疾控中心根据疫情形势变化，抽调中心相关科室人员和社区骨干流调队员，经过培训，逐步形成朝阳区百名核心流调队员。社区流调队员通过新冠肺炎防控理论和实操培训考核后，按属地化防控原则配合核心流调队员开展调查处置工作。6月20日至7月20日，公安朝阳分局派遣5名民警全职参与流调工作。12月18日，朝阳区发生输入性病例引起的酒仙桥本地疫情后，公安朝阳分局再次选派3名干警至区疾控中心参与流调工作。

【信息采集】 年内，区卫生健康委承担组织医院发热门诊、社区卫生服务中心等单位，提供发热人员信息工作。区卫生健康委、区疾控中心疫情处置组与公安部门紧密配合，发挥各自的专业优势，建立"链条式"摸排、"专班式"推进、"侦探式"推理和"动态式"管理工作模式，开展重点人群排查工作。通过精准核实病例活动轨迹，判定密接、次密接、一般接触者等，确定感染来源。在车站、机场等场所采取登记流调的方式。

（区疫情防控工作领导小组）

集中隔离观察

【概况】 2020年，朝阳区承担北京市30%的国内人员、40%的境外人员进京应对任务，以及近100%的境外进京外交人员集中观察工作。1月23日，在全市率先启动"敲门行动"，对涉及人员开展地毯式排查，改建2所区级定点医院，组建500余人的流行病学调查队伍，统筹各方资源开辟集中观察点，对全部小区（村）实行封闭管理，应对春节后大人流返京风险。针对境外疫情蔓延情况，逐步扩大排查范围，对全部境外进京人员实施隔离观察，并在入境转运点探索出全流程闭环管理模式，为"外防输入、内防扩散"发挥积极作用。

【密接人员观察点指挥部成立】 2月4日，按照党中央、国务院关于防控新型冠状病毒肺炎疫情决策部署，做好朝阳区负责留观的密切接触人员服务保障工作，根据朝阳区新型冠状病毒感染肺炎疫情防控工作领导小组相关要求，朝阳区制定集中观察方案，成立组织领导机构，成立密接人员观察点指挥部。区委常委、政法委书记张维刚，区政府党组成员、副区长朱晟任总指挥。成员单位有区委政法委、区卫生健康委、区委社会工委、区委农工委、区文化和旅游局、区城管委、区财政局、公安朝阳分局、朝阳消防救援支队、蟹岛绿色生态农庄及相关街乡。密接人员观察点指挥部下设综合协调组、健康观察组、防控消毒组、安全保卫组、后勤保障组5个专项工作组。各工作组建立工作台账，做好集中留观人员的接收登记、隔离观察、情况记录、转诊应急等工作，加强防控防疫知识专业培训，全面做好指挥部留观人员涉及场所防疫消毒工作。

【建章立制】 年内，制定《密接人员集中观察工作流程》《密接观察点管理规定》等5个专项工作流程和3个工作规定，明确接收、隔离、解除、转诊、应急处置等各个环节工作步骤和注意事项，确保各项措施落实到位。

【心理咨询服务】 年内，针对集中隔离人员因留观时间长可能导致的心理压力大等情况，每天8:00—17:00开通心理咨询热线，组织专业人员开展心理干预，确保密接观察人员情绪稳定。

【中医医疗服务】 年内，为及时了解密接人员身体健康情况，特聘请中医专家为密接人员提供电视电话中医问诊，对密接人员出现的不适症状提供中药汤剂等中医服务，采取中西医结合方式，提高留观人员免疫能力。

（区疫情防控工作领导小组）

重点领域疫情防控

【概况】 朝阳区利用多种载体开展疫情防控的宣传，按照"三防""四早""九严格"的要求，针对辖区常住人口多、商务楼宇多、外籍居民多、防控点位分散的特点，督促多元主体履行"四方责任"，强化"一网"（组建"1+10+6+22"疫情防控指挥体系网，即1个领导小组、10个保障工作组、6个专项工作组、22个社区战斗堡垒）统筹、"两盟"（住宅物业联盟和楼宇物业联盟）支撑、"三线"（社区、楼宇、外籍等防控线）守护、"五实"（组织保障实、数据台账实、社会动员实、舆情管控实、监督考核实）保障。通过"三级联动"（区、街、社区）的组织机制和工作流程，发挥社区战疫临时党支部战斗堡垒和党员干部先锋模范作用。五个"凡是"（凡是有人住、凡是有进出北京记录、凡是有发热迹象、凡是在辖区有生产经营从业行为、凡是跟属地社区有关系的）细摸排，五项"机制"（两档分类、两线管理、两询宣传、两问服务、N组管控）强管理，六个"到位"（入境前告知、入境时接送、进住时登记、集中时保障、居家时服务、沟通时翻译到位）重服务，包楼入户、挂图作战，守好社区、楼宇和涉外三道防控线。朝阳区首创"双楼长"制，发挥科技支撑作用，创新开发朝阳区战"疫"地图、楼宇信息采集系统等，支持辖区企业研发"人脸识别＋红外测温"系统并在全市推广。

【院感防控】 2月4日，区卫生健康委分别召开辖区归口管理的二、三级医院和社区卫生服务中心工作会，通报复兴医院聚集性感染事件，结合北京市卫生健康委近期的工作安排，重点从医院感染防控、人员管理、日常工作等方面再次部署疫情防控工作。同时将市卫生健康委下发的院感防控培训课件微信推送至全区二、三级（含17家发热门诊）医疗机构，开展自学。2月12日，为进一步完善院感防控工作机制，组织区医管中心配合北京院感质控中心编写《新型冠状病毒肺炎疫情感染防控快速查阅工具》；梳理排查医院发热门诊布局流程，严格执行感染性疾病科设置标准，加强医务人员院感防护，对不合理区域提出整改建议；组织区院感质控中心专家联合区卫生监督所从医院管理、预检分诊、普通病区等方面，排查医院院感防控工作存在的安全隐患，对发现的问题责令整改；组织区院感质控中心的专家督导区定点收治医院、后备收治医院的改扩建，按照隔离技术规范的要求，开展图纸审核，现场勘查，制定改造方案和收治转运流程，在符合标准要求的基础上，以最小范围的改造，使医院尽快收治确诊患者；利用微信群组织院感专家在线答疑，为基层医务人员提供解决方案。

【学校防控】 年内，区委教育工委、区教委制定新冠肺炎疫情防控工作应急预案，制定疫情防控应急机制，提高应对处置疫情突发事件的能力，预防、减少和控制新型冠状病毒感染的肺炎疫情危害，确保师生生命安全。按照“统一指挥、分级负责、专业处置”的原则，成立区教育系统新型冠状病毒肺炎疫情防控应急指挥部，防控指挥部总指挥由区委教育工委、区教委主要领导担任，主管卫生工作的副主任和主管安全工作的副主任为副总指挥；成员包括相关副处级领导，负责组织指挥教育系统疫情防控突发事件的应对和处置工作。

【商业、物流业防控】 年内，区市场监管局优化营商环境，以“四个最严”标准保障辖区食品药品安全，全面实施质量强国战略，全力维护辖区市场秩序，保障消费者权益。区市场监管局成立疫情防控专班，统筹、调度全局疫情防控工作。加强对全区实有市场主体385640户（其中，内资企业329677户，外资企业13488户；个体工商户41134户；其他主体1341户）的监督检查，依法查处违法违规行为，全年办理行政处罚案3726件，罚没款8697万元。开展质量技术监督执法1659起，查处案件290起（立案查处168起，现场查处122起），罚没款152万余元。

【“三类场所”和“七小场所”防控】 年内，区城管执法局按照市、区统一部署，根据《北京市人民政府关于加强对商务楼宇、商场和餐馆新型冠状病毒肺炎疫情防控工作检查执法有关事项的决定》，统筹全区城管综合执法系统开展“三类场所”［商务楼宇、商场（含超市）、餐馆（含内部食堂）］和“七小场所”（小餐馆、小网吧、小旅馆、小浴室、小歌舞厅、小理发店、小便民店）疫情防控检查工作。通过“边检查、边建账”的方式，完成疫情防控检查对象的全覆盖摸排、梳理、建账，督促企业落实疫情防控责任，筑牢疫情防控网；新发地疫情发生后，完成朝阳体育中心核酸检测点5万余人的核酸检测保障任务；疫情防控常态化，将疫情防控工作与生活垃圾分类、燃气安全、市容环境秩序等日常执法工作相结合，做到一查多效。全年检查“三类场所”和“七小场所”88.5万家次，发现问题2.9万起，均责令整改并复查验收。 （区疫情防控工作领导小组）

医疗救治

【概况】 2020年，全区收治757名新冠肺炎患者，其中2家区级定点医院收治52名新冠肺炎患者。区级定点医院实现患者“零死亡”，医护“零感染”。

【预防性治疗】 12月16日，朝阳区开始为首批汉庭（大山子）酒店输入性确诊病例密接和次密接集中隔离观察人员投放预防性中药。处方由市中医管理局中医药防控专家组研究确定，由中医药管理科协调上半年区集中隔离点预防性中药供货单位——北京春风一方制药有限公司（朝阳区中药饮片实践教学基地）提供药物，直接送至隔离点。

【确定定点医院】 年内，新冠肺炎疫情发生后，首都医科大学附属北京地坛医院、三间房社区卫生服务中心、北京市朝阳区双桥医院作为朝阳区新冠肺炎感染患者定点收治医院。其中，首都医科大学附属北京地坛医院（三级甲等医院）也是北京市新冠肺炎感染患者定点收治医院。三间房社区卫生服务中心（一级甲等医院）作为朝阳区新冠肺炎感染患者定点收治医院，明确规定医疗救治工作由北京市垂杨柳医院（三级综合医院）负责，其他保障工作由三间房社区卫生服务中心承担。北京市朝阳区双桥医院（二级综合医院）的病房楼在新冠肺炎疫情防控期间改造成为应急呼吸道传染病房楼，并先后成为新冠肺炎病人治疗定点后备医院和朝阳区新冠肺炎出院患者的集中医学观察点，与民航总医院（三级综合医院）建立防控救治共享机制。 （区疫情防控工作领导小组）

疫情防控保障

【交通保障】 1月24日，北京启动新冠疫情一级防控响应机制。辖区出租汽车行业首次启动行业疫情防控日报机制，市交通委朝阳运输管理分局组织行业企业每日对本企业管理人员数、驾驶员数、运营车数、已消毒车数、驾驶员佩戴口罩运营人数、返京人员情况进行摸排统计，监督驾驶员落实疫情防控措施。疫情防控期间，出租汽车行业对乘客信息进行临时登记，非现金支付乘客的支付记录视为临时登记信息，对于使用现金支付的乘客，使用手机登录“北京市出租车疫情防控乘客信息登记系统”小程序，对乘客姓氏、性别、手机号、乘坐人数等信息进行临时登记。市交通委朝阳运输管理分局要求各站（企）将交通运输部调拨捐赠的疫情防控物资投放到一线岗位。朝阳运输管理分局按照市政府办公厅、市财政局和市交通委工作部署，启动辖区出租汽车行业承包金减收和运营补贴申领工作。5月15日起，按照核酸检测“应检尽检”有关规定，朝阳区对所有新入职的巡游车和网约车驾驶员开展核酸检测，核酸检测合格后方可上路运营。

【电力保障】 年内，朝阳供电公司对接首都医科大学附属北京地坛医院用电需求，仅用10天时间完成医院增容工程；统筹推进北京市朝阳区双桥医院、三间房社区卫生服务中心两家医院临时增容工作，仅用3天时间完成三间房社区卫生服务中心增容工程；动态梳理防疫重点单位，成立“1+N”团队15支，对21家防疫单位开展隐患排查、负荷梳理等服务，为防疫重点客户提供电力保障；新发地疫情发生后，组建24人特级预备队，实施全封闭管理，应对高风险地区电力抢修。

【防疫物资保障】 年内，区商务局物资保障组统筹全区防疫物资采买和发放工作，整合全区各类资源，积极对接全国、全球采购，形成全闭环的防疫物资发放体系。通过加强防疫物资管理，保证防疫物资管理科学化、流程规范化、发放精准化、监督全程化。通过构建保供网络，保持市场平稳运行。区商务局协助企业多方筹措货源，稳定各类商品市场供应。组织大洋路、盛华宏林批发市场及朝批、易初莲花等批发企业，提高商业储备数量规模，保持货源稳定；部署京客隆、家乐福、永辉等企业15家，规模超市149家，各类农贸市场46家重要商业批零企业，加强生活必需品储备；引导美菜、美团、每日优鲜、叮咚买菜等生鲜电商平台，加大对肉、蛋、菜等生活必需品的供给。区商品供应部门畅通生活必需品进货渠道，提升批发、仓储、配送保供能力，建立二级市场与非连锁门店断缺货供应机制，避免社区蔬菜网点出现缺货、断货情况。同时，线上线下联动，快速构建补货渠道，保证货架不空，顾客可随时购买到新鲜、安全的生鲜食品。创新发展“无接触配送”新模式，建立社区“点对点”供应保障网络。物美、每日优鲜、禧驼等企业建立各类“无接触自提点”1126个。区商务局通过建立政府储备、商业储备两线储备，明确物资清单、采购清单两张清单，确保供应、流通两个点对点，不断完善储备管理、联动调配、供需监测、应急快速反应、资金保障、信息报送六大机制，增强政府保供托底能力。建立生鲜产品价格监测机制、重点区域巡查机制和菜市场主要负责人、店长日报联系机制，对重点批发市场、大型连锁超市等生活必需品货源供应、销售和运营情况进行监测，及时了解市场供应和价格。据北京商业服务业运行监测与公共服务平台价格监测系统显示，新冠肺炎疫情防控期间朝阳区26种主要蔬菜综合平均价总体平稳。

【宣传保障】 年内，区委宣传部牵头推进疫情防控宣传舆论工作，制定《朝阳区疫情防控宣传舆论组工作方案》，成立宣传舆论组，统筹推进疫情防控社会宣传、新闻宣传、文旅活动管控、宣传系统单位疫情防控及复工复产等工作。2月4日，市委常委、宣传部部长杜飞进到朝阳区建外街道北郎东社区和朝阳大悦城，实地查看疫情防控宣传环境布置和物资储备有关情况，并听取相关属地负责人对当前街道和社区疫情防控宣传工作情况的介绍，区委书记王灏，区委常委、宣传部部长黄晓伟参加。2月，设计并下发18张疫情防控系列公益海报电子版，进一步加强医疗机构、商务楼宇、社区（村）、居民小区等重点区域及周边疫情防控宣传环境布置工作。3月12日，区委常委、宣传部部长黄晓伟围绕疫情防控、抗击疫情文艺创作推进情况前往区文联调研。3月，在富力广场、世贸天阶等7块户外大屏，以及3000余栋楼宇的6000多块屏幕上播放原创歌曲《心在一起》MV。8月31日至9月2日，全国首部原创抗疫题材舞剧《向北·行天岸》在北京朝阳剧场进行首轮三场公演。9月4日，北京市首部抗疫题材话剧《抗疫12小时》在北京二十一世纪剧院首演。该剧以朝阳区真实抗疫事件为原型，由北京市朝阳区新时代文明实践中心出品，区委宣传部、区文化和旅游局、区文学艺术界联合会联合出品。12月16日，组织举办“共抗疫情 决胜小康”2020年“朝阳群众”百姓宣讲汇讲活动。年内，开展“战‘疫’有我 党员先行”行动，下发给党员一封信，号召党员在疫情防控中发挥先锋模范作用，指导区卫生健康委做好在抗疫一线表现突出的北京市垂杨柳医院张立晓、朝阳区疾控中心陈一庆、北京市中西医结合医院田洪燕等13人一线入党工作。

（区疫情防控工作领导小组）

复工复产复学

【概况】 朝阳区落实中央、市级扶持政策，出台支持企业应对疫情稳定发展的两个“18条复工复产措施”和“稳就业19条措施”，设立3亿元专项资金，多措并举助力企业渡难关。千方百计减税降费免租，区属企事业单位、集体经济组织、商务楼宇等累计为2.6万家企业减免租金13.7亿元，办理延期申报、缴纳税款6.6亿元，为14.5万家企业减免社保费用273.3亿元，帮助物资生产企业留抵退税6100余万元。建立24小时重点企业用工保障机制，创新推出“共享员工”模式，疫情防控期间帮助企业招工1.5万人。设立全市首个中小微企业防疫应急转贷基金，推出科技类专属金融产品“朝科贷”，为15万家商户免费提供复工复产爱心保险，帮助1900余家企业成功融资60亿元。区教育系统疫情防控工作领导小组按照市区关于做好2020—2021学年秋季学期开学的工作要求，统筹安排、指导各学校全面落实秋季开学各项工作。区教委落实防控行业责任。制定工作方案和应急预案，统筹建立区级保障机制；统筹安排学校秋季开学工作联络员，指导学校做好秋季开学疫情防控与教育教学工作；开展秋季学期开学教育教学条件评估等。各学校在疫情防控体系框架下，进一步完善秋季开学的组织机构和学校、年级、班级、师生员工（家长）四级防控工作联系网络。

【网络招聘专项行动】 3月20日至6月30日，区人力资源公共服务中心组织开展“百日千万网络招聘专项行动”。活动期间在市人力社保局官网百姓就业板块、“朝阳区人力资源公共服务中心”微信公众号发布“国有企业北京专场招聘会”“朝阳区面向2020届毕业生网络招聘会”等专场招聘活动13场，发布339家单位1.9万个岗位信息，线上点击浏览量4200余次，接收简历929份。同时，在“朝阳区人力资源公共服务中心”微信公众号发布5期职业指导“云课堂”视频及职业指导微课堂内容，以及《朝阳区疫情防控期间人力资源服务补贴实施办法》、《朝阳区疫情防控企业用工一次性吸纳就业补贴的申请操作流程》、临时性岗位补贴等政策资讯，点击阅读量达到2000人次。

【春季线上教学】 4月，朝阳区召开统筹推进中小学2020年春季学期教育教学工作部署视频会，落实北京市中小学2020年春季学期教育教学工作会议精神，部署全区中小学2020年春季学期整体教育教学工作和教育系统疫情防控工作。4月13日起，各学校按照课程教学计划，开展中小学全学段、全学科线上教学活动。

【春季学生返校复课】 4月，召开高三年级试开学工作准备网络视频会，部署高三年级教育教学试开学工作，对学校整体规划、备考研究和组织管理、心理疏导等方面工作提出具体要求。4月21日至25日，组织高三年级试开学所有高中教职员工及市教委明确需做酸检测的人员进行核酸检测，检测结果均为阴性。4月27日，全区40所高中的高三年级学生返校复课。5月11日，全区98校址初中的初三年级学生返校复课。

【春季复课保障工作】 5月22日至30日，按照“应检尽检”原则，组织返校复课教职员工和学生进行核酸检测工作。对已复课学校食品安全及传染病防控工作落实情况进行检查，重点检查学生用餐环节、餐具管理、食堂从业人员晨检、饮水安全、食品安全应急管理，以及学校晨午检、疫情报告流程、通风消毒、新冠肺炎防控应急演练、住宿管理等相关内容，并提出具体工作要求。组织责任督学完成初三、高三年级试开学学校评估验收、开学情况专项督导及随访督导工作；完成中学非毕业年级开学准备、毕业年级师生、员工智能体温监测及学校垃圾分类专项督导工作。完成小学学段疫情防控和教育教学准备、学校垃圾分类工作等专项督导；完成非毕业年级和小学四至六年级开学准备的评估验收工作。做好初三年级试开学的统筹协调、指导督促和检查验收等相关保障和管理工作。5月25日，朝阳区召开2020年春季学期基础教育各学段返校复课部署会，总结初三、高三年级试开学情况，部署2020年春季基础教育各学段返校复课工作和疫情防控工作。

【娱乐场所恢复经营】 7月24日，按照“合格才复工，复工必合格”的工作要求，朝阳区采取积极措施，召开全区文化场所培训会，统筹推进疫情防控和恢复经营。区内各演出场所、娱乐场所、网吧主要负责人参会。会议部署有序推进演出场所、娱乐场所、互联网上网服务营业场所恢复经营活动的有关工作。要求区内演出场所、娱乐场所、互联网上网服务营业场所经验收合格后可有序恢复经营活动。

【秋季开学开园准备】 8月12日，朝阳区召开教育系统新冠肺炎疫情防控工作领导小组专题会议，研究2020—2021学年秋季学期开学工作，明确疫情防控常态化形势下做好开学工作的特殊性和重要性，强化担当、压实责任，落实落细疫情防控措施，确保秋季开学工作平稳、顺利推进；对全区学科类校外培训机构恢复线下课程和集体活动工作，严格验收标准，加强协同联动，稳妥有序推进恢复线下课程和集体活动，确保场所安全和人员健康。25日，召开朝阳区幼儿园2020—2021学年秋季学期开学工作视频会。区教委、区妇幼保健院就幼儿园开园工作、开园物资储备工作、开园督导评估检查工作和常态化疫情防控下幼儿园保健工作进行部署。区教委研究制定并下发《朝阳区教育系统2020—2021学年秋季学期中小学开学工作方案》《朝阳区幼儿园2020—2021学年秋季学期开学工作方案》，指导学校（园所）提高疫情防控意识和能力，做好常态化疫情防控和教育教学工作，全面落实秋季开学前的各项准备工作。

【秋季开学教育督导】 8月，开展全区中小学校幼儿园2020年秋季开学准备工作专项督导，组织责任督学完成全区中小学332址、幼儿园366址的挂牌督导检查。依据学段开学指南，完善督导检查评估指标，组织责任督学牵头，与学校所在地区卫生服务中心保健医、区教委联络员组成评估组，完成全区中小学、幼儿园开学督导检查工作。

【秋季学期防疫保障】 8月下旬至9月上旬，各学校按照市区要求成立专项工作组，统筹组织秋季开学期间常态化疫情防控、教育教学等工作有序运行；建立工作联系网络，完善学校、年级、班级、师生员工（家长）四级防控工作联系网络，及时收集和报送相关信息，及时掌握师生员工健康状况；纳入联防联控、群防群控体系，加强与属地卫生健康部门、疾控机构、就近医疗机构、社区卫生服务中心的沟通协调，取得专业技术支持，配合属地街道（乡）、社区（村）等有关部门开展联防联控、群防群控，形成教育、卫生、学校、家庭与医疗机构、疾控机构“点对点”协作机制。各校医务室专门设置（临时）健康观察室，以备人员出现发热或可疑症状（包括发热、咳嗽、咽痛、胸闷、呼吸困难、乏力、精神稍差、恶心呕吐、腹泻、头痛、心慌、轻度四肢或腰背部肌肉酸痛等症状）时启动健康观察程序。在校门口就近设置临时等候区。学校进行定期常规消毒，若有可疑病例或发热人员进入校园，需在专业部门指导下进行消毒处理；根据学校规模、学生及教职工数量，结合应急方案储备足够数量的疫情防控物资，包括检测类物品，如非接触式温度计；消杀类物品，按照《消毒技术规范（2002版）》选择、储备和科学使用，包括含氯消毒剂、84消毒液、手消毒剂、紫外线灯等，防止出现次生危害；配备防护用品，如一次性医用口罩、医用外科口罩、乳胶手套、防护服、呕吐物处理包等应急物资，保证新发疑似病例和密切接触者转运等需求。

【开学第一课】 9月，进入常态化教学后，各学校将新冠肺炎及夏季传染病防控知识、技能培训和健康生活方式教育作为新学年开学第一课，确保学生熟知学校公共卫生应急管理预案的程序、内容和要求，掌握新冠肺炎传播途径、个人预防方法和技能，以此为契机教育引导学生养成健康的行为生活方式，树立科学的健康观，增强公共卫生观念，提高应急处置能力。充分挖掘此次疫情防控中的战“疫”故事，弘扬抗疫精神，进行爱国主义教育、生命教育、卫生健康教育以及心理健康教育，引导学生坚定理想信念，增强制度自信，弘扬家国情怀，培养奋斗精神；坚持每日体温测量、可疑症状监测与报告制度。

【政策支持】 年内，第24次区长办公会审议通过，由区政府印发《北京市朝阳区人民政府关于当前和今后一个时期促就业工作的实施意见》。意见涉及6方面18条措施，从加大对重点群体就业帮扶力度、提升劳动者就业能力、优化区域人力资源配置、激励劳动者创新创业等方面促进全区就业。年内，区财政局协同区金融办出台《北京市朝阳区中小微企业首次贷款贴息实施方案》，推进新冠肺炎疫情防控重点保障企业贷款贴息管理工作，助力中小微企业解决融资困境。全年减免中小微企业承租区属行政事业单位房产房租7020.99万元。

【体育经营单位疫情防控和复工复产】 年内，区体育局以“抓防疫促生产、抓安全稳运营”为工作原则，做好疫情防控和复工复产工作。印发《朝阳区体育经营单位有序复工复产工作实施方案》《有序复工注意事项》《复工重点内容提示》等，保障区域千余家体育经营单位按照疫情防控各阶段的任务要求，做好疫情防控和复工复产工作；传达落实关于做好疫情防控12个工作指引的政策要求，编辑制发各类通知、提示信息万余条，落实3次紧急停业要求。截至年底，朝阳区体育经营单位复工率99.2%。区体育局对体育经营单位复工复产现场指导检查1707家次，对29家单位法人进行约谈，妥善处理投诉320起次，满意率100%。区体育局抽查检查体育经营单位1073家，对13家单位法人进行约谈，处理投诉320起次。

【运动员复训补训】 年内，区体育局制定《关于疫情防控常态化工作方案》，指导各体校和运动队做好新冠肺炎防疫和复训补训工作。利用暑假，组织散打、摔跤、足球、篮球、排球、游泳、橄榄球等业训项目运动员分别到青海省多巴镇、云南省芒市、广西壮族自治区北海市以及北京市近郊训练基地训练，提升运动队训练水平。 （区疫情防控工作领导小组）

中国共产党朝阳区委员会

综　述

【概况】 2020年，区委深入落实中央决策、市委部署，坚持人民至上、生命至上，坚决打赢疫情防控的人民战争、总体战、阻击战，迅速有效遏制疫情蔓延。统筹抓好疫情防控和经济社会发展，全区各项事业有序开展，突出规划引导作用。落实分区规划，开展街区指引和街区控规编制工作，健全国土空间规划管控体系。完成“十三五”规划任务，全面建成小康社会，完成城乡发展“六个一百”工程、“一廊”地区“五大提升工程”各项任务。制定区委《关于制定国民经济和社会发展第十四个五年规划和二〇三五年远景目标的建议》，指导规划纲要和30项专项规划编制。全年实现地区生产总值超7000亿元，完成区级一般公共预算收入超510亿元，居民人均可支配收入实现正增长，“场清地净”拆除违法建设317万平方米，腾退土地332.1公顷，$PM_{2.5}$累计平均浓度39微克/立方米，比上年下降9.3%。推进整改任务落实。国家监委监察建议中涉及的123处绿地认建认养项目和238处公园配套用房出租完成区级验收和市级抽验。市委巡视反馈92项问题完成整改76项。规划和自然资源领域专项巡视反馈69项问题，完成整改39项。主办第二轮中央环保督察信访交办件262件。区委授予张芳蕾等101人“朝阳区优秀共产党员”称号；授予侯兵等102人“朝阳区优秀党务工作者”称号；授予东坝地区东泽园社区党委等102个党组织“朝阳区先进党组织”称号。

【经济组织调度】 年内，区委做好“六稳”“六保”，稳住经济基本盘。制定支持企业发展的两个“18条措施”及“稳就业19条措施”，为2.6万家企业减免租金13.7亿元，办理延期缴纳税款34.7亿元，为14.3万家企业减免社保费用298.9亿元。保障重点企业用工，创新推出“共享用工”模式。搭建中小微企业金融综合服务平台，设立全市首个中小微企业防疫应急转贷基金，推出“朝科贷”等产品，平台放款150余亿元。开展“潮朝阳”活动，促进消费回暖。成立区财源办，开展“大走访”，做好存量企业实时监测和外迁挽留，增强留驻朝阳发展的根植性。

【产业转型升级】 年内，区委聚焦“三化”主攻方向，推进重大项目，抓功能提升。实施“朝阳文旅融合26条”，推出首批10家文化事业产业融合示范园区，建成一批“城市文化公园”。落实《关于加快国家文化产业创新实验区核心区高质量发展的若干措施》，文化产业园区102家，其中32家被认定为市级园区，居全市首位。统筹大运河文化带重点项目建设，高品质建成亮马河国际风情水岸和坝河一期使馆区示范段，“四廊多节点”空间体系加速构建。推动第四使馆区规划建设。建好望京国际人才社区，加快“三国际一未来”项目建设，构建新版“凤凰计划”政策体系，率先设立“国际人才一站式服务平台”，全方位营造国际人才发展环境。率先发布数字经济示范区实施方案，制发新基建、新场景、新消费、新服务等行动方案，推进重点产业发展。加快新型数字基础设施建设布局，建成5G基站4021个，数量全市第一。持续提升CBD国际化水平，CBD吸引力指数保持全国第一，跃居全球第七、亚洲第二；中关村朝阳国际创投集聚区形成一系列创新成果，完成编制朝阳园北区规划综合实施方案，启动阿里巴巴北京总部建设；完善奥林匹克中心区综合服务功能。以“两区”建设为契机，争取到多项先行先试政策。全区跨国公司地区总部129家，新增10家外资金融机构总部，10家企业成功上市，25个重点项目落地，全市首家自贸区内专营银行——工行北京自贸支行获批，服务业扩大开放70项任务基本完成。发展商圈经济、夜间经济，改造升级传统商圈，建成望京小街、丽都商圈等新地标。启动城市大脑建设，建立楼宇信息、中小微企业数据库，搭建“点对点”税企沟通平台，推行“不见面”审批。落实投资领域“放管服”改革，实施“凤鸣计划”，为高成长企业量身定制“成长包”，推进街乡政务服务事项100%一门进驻、一窗受理，营商环境考评成绩连续三年位居全市第一。

【“疏整促”专项行动】 年内，区委把功能疏解与疫情防控、复工复产紧密结合，疏解退出一般制造业企业、商品交易市场等16家，整治占道经营点位146个、无证无照经营单位475家，“开墙打洞”动态清零，改造提升120个便民商业网点，8项量化任务指标完成量位居全市前三名。推进第一批26个“基本无违法建设街乡”创建，完成175条背街小巷整治提升，取得用地减量、环境改善、群众满意综合实效。

【区域协调融合发展】 年内，朝阳区以助力新疆墨玉县脱贫为重点，决战决胜扶贫协作，帮助3.92万名贫困人口稳定就业，对口帮扶6个地区全部摘帽。精准对接雄安新区规划建设需求，引导高新技术企业落户。与通州区联合举办经济高质量发展暨招商引资大会，支持优质企业投资和落户城市副中心。完善与密云区结对协作机制，促进要素流动、互补发展。

【城乡精细化治理】 年内，朝阳区实施《朝阳区污染防治攻坚战2020年行动计划》，PM_{10}、二氧化硫、二氧化氮累计平均浓度分别比上年下降15.5%、20%和19.5%，5个地表水考核断面全部稳定达标，污染地块安全利用率100%。完成30条优美大街环境综合整治，推进广渠路生态廊道景观建设，提升“一区一轴一街”环境景观水平，初步形成景观照明框架。创建国家森林城市，新增造林绿化5566亩，森林覆盖率提升至23.65%，新建公园10个，温榆河公园示范区成为网红打卡地。深入落实乡村振兴战略，建设高水平城市化综合改革先行区。整体推进绿隔地区建设，深化王四营减量发展试点，加快东三乡和黑庄户规划实施方案编制。制发“村地区管”意见，强化“三资”管理，清理集体债权债务挂账148亿元。“一村一策”整治人居环境，实施第二批10个美丽乡村建设。完成地区（乡）机构改革，调整组建街乡综合行政执法队。运用互联网、大数据等信息技术手段，提高城市精细化、科学化管理水平。开展新时代爱国卫生运动三年行动，成功创建国家卫生区。升级“朝阳群众管城市”公众号，解决各类环境问题4.5万件，小巷管家自曝自治案件2万余件。率先试点公共设施“一码共治”，为6.2万个公共设施赋码。推进违规广告牌匾规范提质，完成三里屯地区架空线入地整治，强化轨道交通沿线环境整治，优化隔离护栏20.3千米。完成化工路、来广营北路等市级重点工程，幺家店路下穿铁路桥顶涵完工，北京朝阳站6条配套道路全部进场施工，建成孙河北路等10条主次支路，打通电子城北区交通主动脉，广顺北大街全线通车，完成20项疏堵工程，区域路网结构进一步优化。新增学位1.1万余个，普惠性幼儿园覆盖率83%，义务教育优质资源实现全覆盖，优秀教师队伍建设取得新成果。垂杨柳医院新址完成验收，家庭医生重点人群签约率97.6%，43个社区卫生服务中心实现老龄健康服务中心全覆盖，全国健康促进区创建通过国家专家组验收。新档案馆主体结构即将封顶。推进老年宜居环境示范社区改造，建设区域养老联合体，养老机构实现医养结合服务全覆盖，居家和社区养老服务改革试点工作被评为全国优秀。建设筹集政策性住房6881套，竣工1.2万套，完成棚改征收（拆迁）580户。实施老旧小区加装电梯487部，完成320部。

【社会治理创新】 年内，朝阳区落实“四个条例”，深化“吹哨报到”改革，围绕“基层建设年”做好基层改革创新“年度三件事”。推进接诉即办、未诉先办、一办到底，办理市民诉求57万余件。率先开设垃圾分类曝光平台，建立全流程精细化管理系统，垃圾分类示范片区通过市级验收。探索“一核引领、多元共治”物业治理新模式，物业管理覆盖率88.2%、业委会（物管会）组建率80.4%、业委会（物管会）党组织覆盖率93.2%、物业企业党组织覆盖率91%，提前完成市级任务。推进新时代文明实践中心建设全国试点，深化“三个中心”互联互通、一体服务，建设一批文明实践基地，连续四届获全国文明城区称号。优化超大规模社区，调整、新建社区58个。持续推动社区减负，实行社区工作事项准入制度。深化党政群共商共治，为群众办实事1190件。推广社区成长伙伴计划，建设社区协商示范点43个、楼门治理示范点100个，建成20个全要素小区和258个全景楼院。建成三级退役军人服务保障体系，实现全国双拥模范城“七连冠”。完善人口数据动态监测评价体系，做好第七次全国人口普查工作。

【社会安全稳定建设】 年内，朝阳区坚持“守土负责”“守土尽责”，全力维护国家安全，确保社会大局稳定。完善情报体系建设和力量布局，严守政治安全底线。推进“雪亮工程”“智慧平安小区（村）”等项目，推动“朝阳群众”品牌升级。扫黑除恶专项斗争收官，依法办理19件涉黑恶势力犯罪团伙案件，形成扫黑除恶与行业监管相结合的长效机制体系。全面启动市域社会治理现代化试点，打造“五纵三横一张网”治理工作格局。在全市首创“1268N”金融风险防控工作模式，成立全市首家数字金融风险防范实验室，稳妥处置涉众型经济案件，P2P在营平台清零。巩固“社会矛盾化解年”成果，区级接访人次比上年下降60.2%。深化诉源治理，“无讼朝阳”平台获评全国政法智能化建设智慧治理十大创新案例。推进依法治区，提升执法司法质效，朝阳区入选首批全国法治政府建设示范地区。推动安全生产示范城市创建，安全生产事故起数和死亡人数分别比上年下降43.5%和39.7%。

【强基固本强党建】 年内，区委健全各级重大事项请示报告制度，以区委名义向市委请示报告21件次。贯彻宣传工作条例，制定印发指导手册。建立区委理论学习中心组“学习日”制度，局处级班子开展中心组学习2100余次。制发《朝阳区关于加强城市公共空间艺术品建设管理的实施办法》等制度文件，强化意识形态阵地管理。选优配强街乡党政正职。讨论决定处级干部任免415人次，完成445人次晋升四级调研员以上职级。推出国资系统年轻干部“培优计划”，完成第二批高校毕业生“选培计划”招录。选派50余名年轻干部定向挂职锻炼。深耕“一轴四网”区域化党建体系，区党建工作协调委员会成立5大专委会，实施街乡党建协调委员会“一会五委”组织架构改革。深化区直机关共建手拉手行动，推动区属国企党建“双质量双提升”，区属公立医院和实现组织覆盖的民办中小学校完成党建入章。理顺“两新”党建管理体制，建设百个示范培育点，成立首个区级互联网协会党委。建立党群服务中心联盟，24项区级政务服务资源包下沉街乡党群服务中心。建成31个社区书记工作室，推行社区、村党组织书记区级备案管理，强化村和社区“两委”换届资格审核、前期把关。整顿4个软弱涣散村和6个后进社区，5个后进社区完成转化提升。抓好“一把手”监督，构建“四个监督”全覆盖格局。推进社区纪委书记专职化，增强基层“监督末梢”活力。加强科级以下重点岗位公职人员因私出国（境）管理。精准运用“四种形态”处置2383人次，实现“惩治极少数”与“管住大多数”有机结合。开展40余项专项监督，纠治“四风”。处置问题线索980件，立案308件，处分242人，移送职务犯罪案件34件。（武国鑫）

重大决策

【加强商会组织建设的工作方案实施】5月26日，区委办公室、区政府办公室印发《朝阳区加强商会组织建设的工作方案》，明确加强商会党组织建设，完善商会职能作用，规范商会自身建设，改进商会管理服务方式，强化商会责任担当，推动统战工作有效覆盖等6大主要任务。

【区纪委区监委派驻机构改革的实施意见】5月26日，区委办公室印发《关于深化朝阳区纪委区监委派驻机构改革的实施意见》。明确全面加强对派驻机构的领导，推动驻在部门党组织担负起全面从严治党的政治责任，赋予派驻机构监察权，健全审查调查工作机制，分类施策推进区委管理领导班子的区管企业纪检监察体制改革，加强派驻机构制度建设和服务保障，建设忠诚干净担当的派驻机构干部队伍等要求。

【党建引领物业管理方案实施】8月24日，区委、区政府印发《朝阳区党建引领物业管理暨落实〈北京市物业管理条例〉工作方案》，明确要求建设朝阳区“法治物业、智慧物业、品牌物业”，提高全区业主委员会（物业管理委员会）组建率、物业服务覆盖率、党的组织覆盖率（以下简称“三率”），建立健全长效管理机制，全面提升区物业服务水平。规定未来三年目标和工作任务、责任分工。

【公共卫生应急管理体系建设三年行动计划实施】10月30日，区委、区政府印发《朝阳区公共卫生应急管理体系建设三年行动计划（2020—2022年）》，明确建立平战结合疾病预防控制体系，提高重大疫情防控救治能力，固化完善公共卫生应急处置联防联控机制，织密打牢基层公共卫生服务网，强化公共卫生科技和人才支撑，加强公共卫生应急管理工作保障，加强党对公共卫生应急管理领导等要求。

【数字经济示范区实施方案实施】12月2日，区委办公室、区政府办公室印发《朝阳区打造数字经济示范区实施方案》。提出力争到2022年，基本建成朝阳区数字经济示范区。部署谋划数字经济布局新蓝图，夯实数字经济基础设施，聚焦数字产业发展重点领域，打造数字消费新生活，全面提升数字城市治理水平等5大重点任务。

【生态环境保护工作职责分工规定实施】12月31日，区委印发《北京市朝阳区生态环境保护工作职责分工规定》，明确区有关部门、乡（街道）、村（社区）生态环境保护工作职责。（武国鑫）

重要会议

【区委全委会】7月28日，召开区委十二届十二次全体会议。区委副书记、区长文献传达市委十二届十四次全会精神，区委书记王灏代表区委常委会向全会作工作报告。表决通过《中共北京市朝阳区委十二届十二次全体会议决议》。会议要求，要做好下半年工作，实现疫情防控与经济发展双胜利，城市功能与发展动能双提升，宜居品质与治理能力双优化，全面从严治党向纵深发展，实现“十三五”发展圆满收官。

12月30日，召开区委十二届十三次全体会议。区委副书记王旭传达市委十二届十五次、十六次全会精神，区委副书记、区长文献作《中共北京市朝阳区委关于制定朝阳区国民经济和社会发展第十四个五年规划和二〇三五年远景目标的建议》说明并代表区委常委会作工作报告，区委常委会就抓党建工作情况作书面报告，审议通过《区委十二届十三次全体会议决议》。会议要求，做好2021年工作，要旗帜鲜明讲政治，乘势而上促发展，精益求精优治理，持之以恒严党建，实现“十四五”良好开局，以优异成绩迎接建党100周年。十二届区委委员、区委候补委员出席会议，非区委委员的区领导、区纪委委员、全

▲ 7月28日，朝阳区召开区委十二届十二次全体会议（区融媒体中心 供图）

区二级班子党政正职领导、各民主党派和工商联负责人、无党派人士代表、区委巡察组组长、区委组织员、部分基层党代表在分会场列席会议。

【区委常委会会议】 年内，区委常委会会议召开37次，传达中央和市委重要会议精神，研究区政府基本建设专项投资计划安排、重要民生实事项目编制工作、安全生产和环境保护工作进展情况、推进基层党建工作重点任务、区红十字会工作和“八一”期间双拥主要活动安排、人民武装工作及驻区部队重难点问题、市民热线“接诉即办”、全区经济社会发展、加强食品安全工作、朝阳区创建国家卫生区国家技术评估迎检工作、《朝阳区贯彻〈北京市污染防治攻坚战成效考核措施〉实施方案》起草情况、《北京市朝阳区国家森林城市建设总体规划》编制工作、农村乱占耕地建房问题摸底排查工作、中国国际服务贸易交易会朝阳区筹备工作等议题238个（含会前学法3个）。

【区委议事协调机构会议】 年内，区委召开议事协调机构会议。1月21日，区委全面深化改革委员会第九次会议召开，审议通过《朝阳区文联深化改革方案》。3月9日，区委财经委员会第二次会议召开，传达中共北京市委财经委员会第四次、第五次、第六次会议精神，会议审议中共北京市朝阳区委财经委员会2020年工作要点、2020年重点议题，汇报《关于朝阳区当前经济形势分析》《关于朝阳区优化营商环境及企业“服务包”制度落实情况》。3月12日，区委审计委员会第三次会议召开，传达习近平总书记对审计工作重要指示，全国审计工作会、市委审计委第五次会议精神，汇报审计署、市审计局关于开展应对新冠肺炎疫情防控资金和捐赠款物专项审计相关工作情况，书面汇报区委审计委办公室2019年工作总结、2019年领导干部经济责任审计情况，研究审议《区委审计委2020年工作要点》《区委审计委办公室、区审计局2020年度审计项目计划（草案）》《朝阳区2018年区级预算执行和其他财政支出情况审计查出问题整改落实情况的报告》。4月8日，区委城市工作委员会2020年第一次全体会议召开，审议《关于〈中共北京市朝阳区委城市工作委员会成员名单〉的调整建议》，听取《中共北京市朝阳区委城市工作委员会2020年工作要点》起草情况、朝阳区老旧小区综合整治工作有关情况汇报。5月19日，全区领导干部大会暨2020年朝阳区文明委全委（扩大）会召开，传达市委十二届十三次全会精神和全国宣传部长会议、全国文明办主任会议，作精神文明建设工作报告。5月26日，朝阳区2020年扶贫协作与支援合作工作领导小组会议召开，传达习近平总书记在决战决胜脱贫攻坚座谈会上的重要讲话精神、北京市扶贫协作和支援合作工作领导小组会议精神和北京市助力决战决胜脱贫攻坚座谈会会议精神，部署2020年朝阳区扶贫协作和支援合作重点工作，汇报2020年朝阳区扶贫协作与支援合作工作分工方案，朝阳区开展挂牌督战助力新疆和田地区墨玉县如期脱贫摘帽工作实施方案及社会力量参与帮扶工作措施，书面审议《朝阳区扶贫协作与支援合作工作领导小组工作规则》《朝阳区扶贫协作与支援合作工作领导小组办公室工作细则》。区委书记王灏主持会议并讲话，区四套班子领导出席会议。6月10日，中共北京市朝阳区委财经委员会第三次会议召开，汇报朝阳区经济形势分析、促进消费升级工作进展和下一步措施、朝阳区就业形势分析及稳就业措施。7月10日，中共北京市朝阳区委农村工作领导小组第一次（扩大）会议召开，审议通过《关于切实推进“村地区管”工作的意见（试行）》《关于加强农村地区项目建设管理的指导意见（试行）》《中共北京市朝阳区委农村工作领导小组成员名单》《中共北京市朝阳区委农村工作领导小组2020年工作要点》《2020年北京市朝阳区乡级党政领导班子和领导干部推进乡村振兴战略实绩考核评分表》《朝阳区关于加强和改进乡村治理的工作方案》《关于农村人居环境整治工作情况的汇报》《中共北京市朝阳区委农村工作领导小组2019年工作总结》。9月15日，2020年度朝阳区党建工作协调委员会议召开，介绍朝阳区党建工作协调委员会改革相关情况和全区党建引领垃圾分类工作情况，通报全区经济社会发展情况。9月25日，区委审计委员会第四次会议召开，传达习近平总书记关于审计工作的重要讲话精神和市委审计委第六次会议精神，审议通过《中共北京市朝阳区委审计委员会办公室关于深入推进审计全覆盖的实施方案》《朝阳区2019年区级预算执行和其他财政支出审计工作报告》。12月23日，中共北京市朝阳区委农村工作领导小组第二次（扩大）会议召开，作《关于成立朝阳区产业用地区级统筹平台公司相关事宜的通报》，审议通过《关于加强农村集体资产监督管理的意见（试行）》。（武国鑫）

重大活动

【“不忘初心、牢记使命”主题教育总结】 1月11日，朝阳区召开“不忘初心、牢记使命”主题教育总结大会。播放“不忘初心、牢记使命”朝阳区开展主题教育工作纪实专题片，区委书记王灏作全区主题教育工作总结讲话，市委第一巡回指导组组长方来英讲话。王灏强调，要以主题教育为新起点，不断把自我革命引向深入，以永远在路上的执着把不忘初心、牢记使命抓紧抓实，确保主题教育“收官不收场”。市委第一巡回指导组，区四套班子领导等400余人参加会议。

【全国文化中心建设推进】 5月13日，朝阳区召开推进全国文化中心建设领导小组会。副区长朱晟通报市推进全国文化中心建设领导小组第6次会议和市推进全国文化中心建设领导小组办公室第1次例会精神，区委常委、区委宣传部部长黄晓伟通报2019年朝阳区推进全国文化中心建设情况并部署2020年工作，区委常委、纪委书记、监委主任席成坡作关于2020年朝阳区廉洁文化建设工作说明，会议审议《朝阳区大运河文化保护传承利用规划》，通报《关于加快国家文化产业创新实验区核心区高质量发展的若干措施》。区委副书记、区长文献主持会议。区委书记王灏讲话。

【区物业管理条例落实动员部署】 5月14日，朝阳区召开区委理论学习中心组学习（扩大）会议暨朝阳区物业管理条例落实动员部署大会。市人大常委会城建环保办公室副主任杨中元围绕《北京市生活垃圾管理条例》作专题辅导报告，市人大常委会城建环保办公室法规处处长李媛围绕《北京市物业管理条例》作专题辅导报告，副区长李国红部署《北京市物业管理条例》相关工作。区委副书记、区长文献主持会议。区委书记王灏讲话。区四套班子领导等300余人参加会议。

【战略合作协议签约仪式】 8月6日，中央广播电视总台总经理室与朝阳区签署战略合作协议签约仪式举行。区委书记王灏致辞。协议提出朝阳作为属地，将持续优化营商环境，持续激发创新动能，全面提升宜居品质，使区域更有吸引力、更具归属感。深化服务，全力为总台发展提供空间、政策、政务、人才等各方面支持，助力总台加强国际传播影响力建设，打造世界一流的新型国际主流媒体。

【北京CBD论坛】 9月6日，朝阳区举行2020北京CBD论坛。区委书记王灏致辞，提出朝阳区是首都功能重要承载区和国际交往重要窗口，将借梯登高、博采众长、内外兼修，全力推进CBD建设，打造具有全球影响力的对外开放高地。区领导王灏、文献、崔小浩、朱晟、张雪涛、王文远出席会议。

【北京市自贸区国际商务服务片区挂牌仪式】 9月28日，朝阳区举行中国（北京）自由贸易试验区国际商务服务片区挂牌仪式。副区长朱晟介绍北京自贸区国际商务服务片区情况，区委书记王灏，区委副书记、区长文献为“中国（北京）自由贸易试验区国际商务服务片区”挂牌。王灏强调，要勇于探索、先行先试，当好制度创新试验田；要聚焦重点、发挥优势，打造对外开放新高地；要优化服务、提升效能，擦亮营商环境金名片。区领导文献、陈宏志、陈涛、綦剑、朱晟出席活动，区委常委、常务副区长崔小浩主持活动。（武国鑫）

组 织

【概况】 中共北京市朝阳区委组织部（简称区委组织部）是区委主管组织建设、干部队伍建设和人才队伍建设的职能部门。年内，全区组织系统聚焦强化党建引领，落实“基层建设年”深化提升年度要求，坚决履行组织部门职能职责，统筹抓好疫情防控和基层党建、干部、人才等各项工作，为推动朝阳各项事业新发展提供坚强政治和组织保证。新增党员41871名。批复成立委员会42个。街乡社区村接收国有企业退休党员16793名。全区建成各类党群服务中心41个。提议区委常委会讨论决定处级干部任免15批次，涉及626人次。统筹处级干部和科级及以下公务员培训，全年举办脱产培训班18期，培训3000余人次。发展党员2076名。评选出713个“防疫先锋岗”、1376名“防疫排头兵”。实施区属国有企业党的建设“双质量双提升”工程，由区国资委党委起草，区委组织部、区国资委党委联合印发《关于区属国有企业党的建设“双质量双提升”工程的实施意见》。朝阳区国际人才一站式服务平台启动揭牌。（于 乐）

【基层党代表列席市区级重要会议】 1月6日，区委组织部组织4名区第十二次党代会基层代表列席审核区纪委报告会议；3月31日，组织5名区第十二次党代会基层代表列席全区领导干部大会；11月6日，组织5名区第十二次党代会基层代表列席全区领导干部大会；11月28日，组织1名市级党代表列席北京市委十二届十五次全会；12月9日，组织1名市级党代表参加《北京市2021年重要民生实事项目》研讨会；12月30日，组织12名区第十二次党代会基层代表列席区委十二届十三次全体会议。（陈 蜜）

【人才工作】 1月8日，北京市朝阳区高层次人才服务中心正式挂牌成立，是区委直属事业单位，相当正处级，归口区委组织部管理，主要从事海内外高层次人才引进、发展、培养和服务等工作。办公地点位于朝阳区将台路5号院，编制30人，内设办公室、人才开发科、联系服务科、交流培养科、数据开发科和调研宣传科6个科室。区委组织部副部长刘静兼任中心主任，张雷、肖振祥任中心副主任。3月至5月，朝阳区组织开展2020年百千万人才工程国家级和市级人选推荐工作。经申报审核，向市人才工作局推荐2名国家级、2名市级百千万人才工程候选人，最终1人被确定为百千万人才工程国家级人选。年内，上报4批人才引进需求710人，涉及240余家单位，市级审批通过482人。区与德勤中国、长江商学院等签订“朝阳人才创新发展联盟”合作协议。5人入选市级人才项目，3家企业及个人入选2020年北京市留学人员回国创业启动支持计划（北京市高层次留学人才回国资助试点工作），7人当选朝阳区党外知识分子联谊会理事。1人被评为第九届“北京市优秀青年人才”。《环球人物》朝阳人才专刊正式出版。制发《朝阳区“凤凰计划”高层次人才认定支持办法》，编制《北京市朝阳区“十四五”时期人才发展规划（草稿）》。（邹志威　张汇康）

【基层党组织建设】 4月30日，朝阳区组织召开2019年度街乡和系统党（工）委书记抓基层党建述职评议考核工作会。区委常委参加会议。4名街乡党（工）委书记、1名系统党（工）委书记在主会场现场述职，其他街乡和系统党（工）委书记书面述职。区委书记王灏逐一点评。区委党建工作领导小组成员、部分街乡和系统党（工）委书记、两代表一委员和基层代表50余人参会。5月，朝阳区成立区级党建引领物业管理综合协调领导小组，由区委书记、区长担任组长，29个区级职能部门作为成员单位，下设领导小组办公室，统筹推进《北京市物业管理条例》落实以及提高“三率”工作。指导制定《朝阳区住宅项目物业服务基础标准（试行）》《住宅项目基础服务标准物业服务成本信息和计价规则》，评选14家AAAAA级、21家AAAA级品牌项目；指导麦子店街道枣营北里社区与酒仙桥法庭联手建设“物业纠纷诉源治理示范小区”；指导六里屯街道晨光家园社区试点成立“社区物业综合服务中心”。6月12日，2020年基层党建工作重点任务部署会召开，部署2020年全区基层党建工作8方面52项重点任务，印发《2020年全区基层党建工作重点任务部署说明》《2020年朝阳区基层党建工作重点任务清单（52项）》，区委各工委副书记、各街乡党（工）委副书记（组织委员）50余人参加会议。年内，朝阳区划分物业管理区域1640个，其中有物业公司提供物业管理服务的1474个，无物业公司但有保安、保洁等准物业管理服务的166个，物业管理覆盖率89.9%；成立业委会（物管会）1452个，其中新成立业委会9个、物管会1322个，业委会（物管会）组建率88.5%；业委会（物管会）成立党组织的1346个，党的组织覆盖率92.7%；全区物业服务企业729家，成立党组织的664家，党的组织覆盖率91.1%。年内，落实《朝阳区社区村党组织书记区级备案管理实施方案（试行）》要求，调整社区、村党组织书记314人，其中免职105人，新任职173人，平职交流36人。（胡永富）

【“两新”组织党建】 5月13日，区委组织部组织二科增加行政编制1名，承担区“两新”组织工委日常工作。6月12日，在中共北京市朝阳区委组织部加挂中共北京市朝阳区委非公有制经济组织和社会组织工作委员会（简称区委“两新”工委）牌子。区委“两新”工委非实体工委，无内设机构。10月1日至11月30日，区委组织部组织全区各委办局、各街乡对负党建工作管理责任的“两新”组织开展大调研。调研明确6项任务（开展摸底排查、扩大“两个覆盖”、理顺隶属关系、党建服务发展、融入基层治理、健全工作机制）。区委常委、组织部部长迟行刚到6个街乡和非公企业座谈调研，17个“两新”工委（筹备组）成员单位对所联系非公企业和社会组织调研24次。全区各委办局、各街乡实地调研单位27144家，发放调查问卷25500份，调查问卷回收率58.4%，访谈13454人，召开座谈会476次，收集意见建议722条，形成有关健全管理体制、完善摸排机制、创新覆盖方法、探索路径载体、强化基础保障的调研报告。11月，成立中共北京市朝阳区互联网行业委员会，职能是统筹朝阳区互联网行业党建工作。年内，全区建成各类党群服务中心41个，其中区级1个（北京CBD党群服务中心）、区级园区1个（中关村朝阳园党群服务中心）、街乡级38个、北京国家广告产业园1个。（张　可）

【第八届海外人才创业大会（OTEC2020）】 7月10日，第八届海外人才创业大会（OTEC2020）启动，以“重新定义创新与创业——人才・机遇・社会责任”为主题，历时70天，由全球创业赛、国际创新周、凤凰云招聘等板块组成，举办18场路演、12个创新圆桌论坛、11次创新创业政策解读、6次大师课培训以及“1 on 1”创投对接会，活动视频直播观看人数20万余人次。全球创业赛立足“高精尖缺”导向，打造“6+X”垂直领域赛道，来自全球39个国家和地区以及国内26个城市的984个创业项目报名，评选出9个冠军项目。9月20日，举办OTEC创新论坛，为各赛道冠军项目颁奖。推出“国际创新周”（Global Innovation Week），携手各国在京商会、跨国公司、创业服务机构和创业投资机构，开设“GIW Runway”“GIW大师课”和“GIW Spark”3大板块，举办国际项目评选、国际项目创投对接、政策解读、国际人才社区外国文化市集、国际人才朝阳行等主题活动。“凤凰云招聘”以“突出国际化特色、推进人才与产业融合”为目标，聚焦前沿科技领域与协同创新，重点关注企业对数据人才、留学生及外籍人才招聘需求，委托专业招聘机构策划、执行，通过为求职学生推荐就业岗位、就业指导等形式，解决9381人就业问题。其间，开展优秀项目对接落地工作，46个项目有落地意向，年内，17家落地注册。（张汇康　邹志威）

【先进表彰】7月，在中国共产党成立99周年之际，区委组织部组织开展区级党内表彰工作，授予101人“朝阳区优秀共产党员”称号、102人“朝阳区优秀党务工作者”称号，授予102个党组织“朝阳区先进党组织”称号。9月，会同区人力资源和社会保障局，做好国家级、市级表彰推荐评选工作。其中，任玉娟、张之翠、马建新3人被授予“全国抗击新冠肺炎疫情先进个人”称号，安贞街道安华里社区被授予“全国抗击新冠肺炎疫情先进集体”和“全国先进基层党组织”称号；徐世谦等40人被授予“北京市抗击新冠肺炎疫情先进个人”称号，朝阳区疾病预防控制中心党总支等15个集体被授予“北京市抗击新冠肺炎疫情先进集体”，佟敬等5人被授予“北京市优秀共产党员”称号，朝阳区疾病预防控制中心党总支等5个集体被授予“北京市先进基层党组织”称号。年内，组织推荐第十五届北京市思想政治工作优秀单位，其中北京思必锐翻译有限责任公司获奖。组织推荐北京市抗击新冠肺炎疫情先进集体、先进个人，其中北京市朝阳区律师行业党委、北京首佳物业管理有限公司党委获先进集体，赵勇荣获先进个人。组织推荐全国、北京市劳动模范和先进工作者及模范集体，其中岳海清获全国劳动模范，董慧、樊小敏、郭天光、姜山赫、解锦霞、孔繁佳、李丹、李建伟、李晓鹏、李振龙、刘金玉、刘卫华、王慧超、杨春会、张萌、赵勇16人获北京市劳动模范和先进工作者，北京蓝调庄园文化发展有限公司营销部、北京市朝阳区律师协会、北京朝阳中西医结合急诊抢救中心医务部获北京市模范集体。（陈　蜜　张　可）

【公务员管理】9月，区委组织部会同相关主管工委采取自下而上、逐级推荐方式广泛挖掘先进个人和集体；通过上下结合、聚集重点领域方法产生拟推荐对象。经区委常委会研究确定区金融办周芳、区发展改革委魏思源、区委社工委（区民政局）陈曦等3名公务员，区卫生健康委、劲松街道办事处城市管理办公室等两个集体分别为区“人民满意的公务员”和“人民满意的公务员集体”推荐对象，上报北京市评选表彰领导小组。12月，经市级评选，区金融办风险管理科科长周芳被授予“人民满意的公务员”称号，劲松街道办事处城市管理办公室被授予“人民满意的公务员集体”称号。劲松街道办事处城市管理办公室主任何海军作为“人民满意的公务员集体”代表在全市表彰大会上发言。（王　静）

【CBD国际人才一站式服务中心揭牌】10月31日，北京CBD国际人才一站式服务中心揭牌暨中国（北京）自由贸易试验区CBD国际人才港启动仪式举行。北京CBD是中国（北京）自由贸易试验区国际商务服务片区重要组成部分，国际要素和国际人才集聚程度高，CBD国际人才港将打造人才集聚平台、综合服务平台、发展培育平台和交流互动平台，包含“引用育留”全链条、全周期服务。CBD国际人才一站式服务中心是“CBD国际人才港”打造高效便捷综合服务平台的具体呈现，成为北京自贸区首个国际人才一站式服务平台，是一站式综合服务站点。中心整合19家职能部门120项服务项目，涵盖外国人工作许可、居留许可、永久居留推荐、人才评审认定、引进落户等42项受理事项，外国专家来华邀请、涉外婚姻登记、子女入学等61项咨询事项，14项支持国际人才创新创业政策咨询事项，实行外国人工作许可和居留许可“一门受理”。市人才工作局、市海外学人中心、市政务服务管理局、市公安局出入境管理局等相关领导，区领导迟行刚、崔小浩、王冬斌出席仪式。（邹志威）

【干部任免】年内，区委组织部优化区农业农村局、区生态环境局、区政务服务局等重点任务集中的18个党政工作部门领导班子。结合换届调整

▲ 10月31日，北京CBD国际人才一站式服务中心揭牌　（区委组织部　供图）

需要，加强对街乡重点岗位、重点人员关注和培养，提前将街乡书记、副书记、组织委员等重要岗位干部调整配备到位。年内，提议区委常委会讨论决定处级干部任免15批次，涉及626人次（其中：提拔118人次，平职交流改任145人次，转任职级26人次，职级晋升210人次，挂职兼职等其他任命127人次）。根据区情实际和干部队伍建设需要，突出择优激励原则，坚持“重资历、重实绩、重基层、重公认”的“四重”导向，系统谋划推进职级晋升工作，稳妥实现各职级常规晋升，年内，全区445人次晋升四级调研员以上职级。（孙　熙）

【干部培训】　年内，全区统筹处级干部和科级及以下公务员培训，全年举办脱产培训班18期，培训3000余人次，其中举办处级干部进修班、科级干部任职培训班、清华大学领导力提升高级研修班等主体班15期，培训1700余人次；举办国际化素质提升专题培训班、数字经济专题系列讲座等专题培训3期，培训1100人次。重点举办新发展党员培训班，组织在抗疫一线发展38名医务工作者、公安民警等参加学习。举办5个重点示范培训班，培训党员600余人次。（陶文鑫）

【干部监督】　年内，全区开展选人用人情况自查。加强二级班子重点用权行为监督，从严开展选人用人和领导干部不担当不作为专项检查，跟踪督促重点单位、重点问题整改，健全完善“12380”四位一体综合举报平台，加大举报查核办理力度和常见问题规律研究。坚持问题导向，协调有关单位开展领导干部配偶、子女及其配偶违规经商办企业行为摸底查核。深化日常管理监督，组织1316名干部开展个人有关事项年度集中填报，严格处级领导干部离京报备流程，探索运用智能证照管理系统。按照有关规定，对66名拟提拔和进一步使用干部开展“凡提必核”，对其中2名漏报情节较重干部给予取消考察对象资格处理。（孙　熙）

【党员和基层党组织】　年内，朝阳区党员247824名，其中新增党员30713名。党员中，女党员113987名，少数民族党员11962名，35岁及以下青年党员35698名，离退休党员145233名，非公有制单位党员46655名。全区基层党组织10114个（不包括流动党员党支部或功能型支部），其中党委676个，党总支406个，党支部9032个。全区机关党组织881个，事业单位党组织865个，国有经济控制党组织202个，集体经济控制党组织175个，非公企业党组织3741个（党委96个，党总支72个，党支部3573个；覆盖企业27574家），社会组织党组织736个（党委18个，党总支21个，党支部697个）。建立党组织的社区（居委会）540个，其中城市社区党组织291个，乡镇社区党组织249个。社区（委员会）基层党组织3079个，其中党委490个，党总支54个，党支部2535个。建立党组织的行政村144个。行政村党组织338个，其中党总支48个，党支部290个。9月22日，区委组织部组织召开基层党建重点任务推进会，60个委办局、43个街乡党建工作主管领导和职能科室负责人210余人参加。会议部署2020年度“两新”组织党建工作摸底排查、调整全区100个“两新”党建示范培育点、加强党群服务中心建设等任务。年内，街乡社区村接收国有企业退休党员16793名，其中央企老党员13918名，市属国企2653名，省属国企94名，区属国企128名。区委组织部会同朝阳区街乡、园区党组织推进市级人才机构、FESCO党员党组织转接工作；会同区人力资源服务中心流动党委做好流动人才党员管理工作。区委组织部批复成立中共北京市朝阳区互联网行业委员会、中共北京CBD金融商会联合委员会、中共北京五八信息技术有限公司总部联合委员会等42个委员会。（张　可　陈　蜜）

【党员电教】　年内，区委组织部组织全区各级党组织开展“党课开讲啦”活动，遴选5部优质课件报送市委组织部，其中《五里桥北平和平谈判沉浸式情景体验课程》被推荐报送至中组部。拍摄制作《砥砺初心·筑梦远航》纪实专题片，展示区“90后”年轻党员风采。制作《中国共产党基层组织换届选举工作条例》解读专题动画电教片。指导各领域基层党组织开发蕴含行业特色纪录片、动漫、微电影等电教片，遴选上报市委组织部43部课件，其中12部展现区各级党组织和广大党员投身疫情防控阻击战的风采。全区153家单位8989人参加干部在线学习，考核通过率100%。（陈　蜜）

【党建研究】　年内，区党建研究中心申请承担北京市党建研究会2020年度立项课题“基层党组织应对重大突发事件实践研究”，撰写完成调研报告《基层党组织应对重大突发事件实践研究——以朝阳区新冠肺炎疫情防控为例》；撰写《关于提升党建引领基层治理水平实践分析》调研报告；完善《关于深化党建引领“吹哨报到”、完善“接诉即办”长效机制研究报告》，被收入《北京党建蓝皮书：北京党的建设报告（2020）》公开发表；与双井街道工委共同撰写《关于党建引领基层社会治理的探索与实践——以朝阳区双井街道“13社区”治理为例》，被收入《党建引领首都基层社会治理的实践与探索》公开发表；完成《2020我的战役追光——党建引领首都基层治理访谈录》区内推荐人物相关材料审核及报送工作，修改完善各访谈录，8篇（9人）入选（此书公开出版）；以基层党建重点项目方式，结合全区重点工作及党建工作要点，整合智库资源，围绕商务楼宇党建、行业总部党建、行业协会商会党建、党建引领基层治理等4个方向，开展基层党建重点项目研究工作，统筹做好项目研究论证、专家对接、项目申报、协议签订、实地调研等，以项目推动问题破解，总结研究朝阳党建规律；围绕疫情防控中党建工作研究、党建引领“两个条例”落实工作研究、“两新”党建工作研究等10个方向，指导基层单位开展课题研究，确定立项课题47个，其中重点课题17个，指导课题30个。区党建研究会全年编发会刊《基层党建与社会》4期，刊登稿件122篇。（齐　童）

【干部队伍建设】　年内，根据《北京市贯彻落实〈2019—2023年全国党政领导班子建设规划纲要〉的措施》，区委组织部研究全区领导班子现状和结构性问题，提出7方面22项措施，推出重点任务一线激励担当作为、促进干部队伍年轻化建设等措施清单。制发《领导干部政治素质考察实施办法》。制发《关于实施班子队伍年龄结构基准线管理的意见》，实施第二批高校毕业生“选培计划”，招录81人，首次推出国资系统年轻干部“培优计划”，招录21人。选派50余名年轻干部到上级业务主管部门、扶贫攻坚、重点任务、基层一线定向挂职、顶岗锻炼。引进区外年轻处级干部6名。提拔4名年轻干部担任街乡党政正职，11名年轻干部担任区级综合部门领导班子成员。年内，统筹全区干部资源做好疫情防控阶段性工作，组建社区防控、楼宇防控、核酸检测、集散点转运、企业复工复产5个区级专班，抽调处科级干部229人次。对接安排300名市级机关企事业单位干部下沉60个社区，充实基层工作力量。选派22名干部赴新疆、内蒙古、河南、沈阳等地对口帮扶、对口协作；选派2名干部赴中央部委和市级部门挂职锻炼。接收中央单位和市级部门挂职干部12人，京郊对口合作挂职干部3人，内蒙古、河北、河南等外省市新选派挂职干部16人。接收安置1名师职军转干部、22名团职军转干部。开展处级干部读书活动，提交心得体会1200余篇。年内，开展排查整顿农村发展党员违规违纪问题工作。排查305名党员入党过程，认定违规违纪问题15个并作出如下处理：开除党籍1人，取消预备党员资格1人，除名2人，严重警告1人，警告3人，批评教育1人，重新履行相关手续1人，认定党员身份5人。（陈　蜜）

宣　传

【概况】　中共北京市朝阳区委宣传部（简称区委宣传部）是区委主管意识形态方面工作的职能部门，加挂北京市朝阳区人民政府新闻办公室（简称区政府新闻办）、北京市朝阳区新闻出版局（简称区新闻出版局）牌子。北京市朝阳区精神文明建设委员会办公室（简称区精神文明办）设在区委宣传部。年内，区委宣传部支持全国文化中心建设，开展文化科技卫生“三下乡”集中示范活动，扎实推进意识形态工作，完成宣讲典型选树和先进典型推选工作。（黄建祥）

【对外宣传】　1月15日，区委宣传部会同市政府新闻办，统筹指导麦子店街道在亮马桥外交办公大楼举办第十六届“中外居民过大年”活动，麦子店地区外国驻华使馆嘉宾、中外居民等400余人参加。活动邀请来自中新社、人民网、北京电视台、《北京日报》和港澳地区，以及俄罗斯等国的15家中外媒体20余位记者到场采访报道，通过北京发布、北京朝阳App全程直播，40万余名网友在线观看。3月11日，围绕朝阳区社区疫情防控工作，区委宣传部会同外交部新闻司、市政府新闻办，策划开展全国首次组织境外媒体走进疫情防控基层一线集中采访，邀请8家境外媒体及市境外社交媒体、市属媒体20位中外记者采访黑庄户乡郎各庄村。7月9日，走访调研中国日报社，双方围绕建立战略合作关系，推动朝阳区国际传播力建设座谈交流。9月1日，“精彩朝阳”海外社交平台上线，区委宣传部联合全区各相关单位成立专项工作小组，打造脸书（Facebook）和推特（Twitter）专页，主动对外讲好朝阳故事，截至12月31日，Facebook和Twitter平台发布帖文192条，账号粉丝4.4万余人，页面总阅读量441.2万人次，互动量20.1万次。（徐志浩　米　洋）

【宣传思想工作领导小组会议】　7月13日，中共北京市朝阳区委宣传思想工作领导小组2020年第一次会议召开。区委宣传部部长黄晓伟汇报《中国共产党宣传工作条例》贯彻落实情况、2020年上半年意识形态工作和新时代文明实践中心建设试点工作中期推进情况，区委宣传部副部长毕重伟通报领导小组人员组成及工作规则调整情况，会议文字传达中共北京市委宣传思想工作领导小组2020年第一次、第二次会议精神。区委书记王灏出席会议并讲话。区委副书记、区长文献主持会议。区领导王旭、迟行刚、张维刚出席会议，区委宣传思想工作领导小组21家成员单位主要负责人参加会议。12月25日，文献主持召开中共北京市朝阳区委宣传思想工作领导小组2020年第二次会议并讲话，毕重伟作关于朝阳区2020年宣传工作和意识形态工作情况汇报。会议审议通过朝阳区2020年宣传工作报告和意识形态工作报告。区委宣传思想工作领导小组9家成员单位主要负责人参加会议。（黄建祥）

【支持全国文化中心建设】　7月14日，区委宣传部召开萧太后河展览馆展陈布置工作调度会。区文化和旅游局汇报萧太后河展览馆展陈布置工作情况，区委办、区政府办、区委宣传部等11家单位参加会议并交流发言。9月14日，区委宣传部召开朝阳区“光明影院”项目主题活动调度会，区委宣传部副部长毕重伟主持会议，区委宣传部副部长杨岳凌、付海钲，区国资委、区残联、朝阳剧场、宣教科主要负责人参加会议。年内，完成《朝阳区“十四五”时期全国文化中心建设规划》编制任务。形成《朝阳区文化和旅游行业应对新冠肺炎疫情策略研究报告》《精准施策促发展 助力园区渡难关》等调研报告。（张秋佳 黄建祥）

【宣传工作“制度建设年”】 年内，朝阳区宣传思想文化战线以贯彻落实《中国共产党宣传工作条例》为工作主线，全面推进制度建设年。编写《学习贯彻落实〈中国共产党宣传工作条例〉指导手册》。制发《关于设立街乡党（工）委宣传思想工作领导小组的通知》，指导区委各主管工委和43个街乡成立宣传思想工作领导小组，健全区委—主管工委—街乡党（工）委三级组织体系。制定《朝阳区新闻宣传工作规范指导意见》《朝阳区关于加强城市公共空间艺术品建设管理的实施办法》《关于进一步加强宣传系统党的建设的实施意见》《宣传系统党支部建设“四大工程”实施方案》等制度文件。（黄建祥）

【理论武装】 年内，区委宣传部制定区委理论学习中心组学习计划并严格落实。围绕习近平总书记关于疫情防控系列重要讲话、《中国共产党宣传工作条例》、《党委（党组）意识形态工作责任制实施办法》等专题，组织区委理论学习中心组开展学习32次，围绕《习近平谈治国理政》第三卷等主题开展交流研讨5次。坚持健全落实“不忘初心、牢记使命”学习制度，探索建立区委理论学习中心组“学习日”工作机制。为区委理论学习中心组配发《习近平谈治国理政》第三卷等理论书籍读物29种1500余册。制定《朝阳区学习宣传贯彻党的十九届五中全会精神工作方案》和《朝阳区学习贯彻党的十九届五中全会精神宣讲工作实施方案》，依托“1+9+43+T”朝阳特色宣讲体系，开展区领导带头宣讲、区委宣讲团集中宣讲、各系统各单位宣讲等各级各类宣讲活动6300余场次。加强基层理论学习宣讲组织指导，对接市委讲师团，组织全区130余名理论宣讲工作人员加入市委讲师团“理论家走基层微信服务群”，推荐理论专家优秀辅导报告15部。推荐10名基层理论宣讲骨干参加市委讲师团2020年基层理论宣讲骨干示范培训班。组织全区各级学习管理员100余人参加2020年“学习强国”管理员线上培训。编发理论刊物《手机报》19期受众14万余人次、《学习参阅》14期35000余册。围绕“学习贯彻党的十九届五中全会精神”到基层宣讲。（杨 帆 吕志兵 孙 玥）

【社会宣传】 年内，区委宣传部开展2020年朝阳区文化科技卫生“三下乡”集中示范活动。惠及群众200余人。组织召开日坛公园文物保护利用工作调度会，听取区园林绿化局和区文化和旅游局关于日坛公园文物保护利用方面存在问题及下一步工作思路，并座谈交流，区委宣传部副部长毕重伟、杨岳凌，区文化和旅游局党委书记、局长高春利，区园林绿化局副局长王礼先，日坛公园主任于亚军参加会议。启动第六届“艺术朝阳”社会主义核心价值观原创文艺作品征集和展示活动（暨朝阳群众创艺秀）。在中宣部宣教局召开的“最美奋斗者”主题文化长廊项目推进专题会上汇报项目筹备情况。组织“忆满京城 情思华夏”清明节线上文化活动，以“云祭扫”“云直播”等形式，开展线上文化活动65场。开展以“和满京城 奋进九州”为主题的端午节线上文化活动，开展67场端午节群众文化活动，惠及群众190余万人次。开展“登高望月——2020书画名家中秋国庆雅集”活动。开展2020年度“我们的节日”——重阳节主题文化活动。12月8日至9日，由市委宣传部、市新闻出版局主办，区委宣传部、北京月讯杂志社承办的第十届书香中国·北京阅读季阅读盛典在区文化馆举办，由开幕活动、第十届书香中国·北京阅读季成就展、“阅读+”主题对话、“阅读无处不在”分会场4部分组成。（边增芝 唐晓彤）

【新闻宣传】 年内，区委宣传部围绕全区疫情防控宣传舆论工作，成立新闻宣传工作专班，研究制定《朝阳区疫情防控宣传舆论组新闻宣传专项组工作方案》《朝阳区秋冬季常态化疫情防控新闻宣传工作方案》等8项工作方案。召开专题推进会10次，制定周重点宣传内容23期，形成“每月聚焦阶段宣传重点、每周确定宣传内容、每日细化宣传安排”运行机制，全年对接中央、市属媒体围绕区疫情防控工作宣传报道6484篇次；融媒体中心各平台宣传报道1.4万余篇次，原创制作并播出短视频、公益广告、宣传标板等内容36部，转发公益歌曲MV和市疾控提供的公益宣传片等内容22部，制作主题宣传海报219张，新媒体端浏览量超过2.6亿；全区各融媒体分中心推送相关内容1.5万余条次。参加市疫情防控新闻发布会14次，持续对外发布权威信息，对网上不实言论，发布社区防控辟谣信息43篇，通知通告430余条。9月23日，为配合2020中国大运河文化带京杭对话活动开展，区委宣传部联合区文化和旅游局、区水务局组织开展萧太后河展览馆媒体记者采访活动，邀请13家中央、市属媒体记者参观拍摄展览馆展陈，宣传展示朝阳区大运河文化带保护建设进展成效。服贸会期间，围绕重点主题策划10场新闻发布会、组织7场集中采访、5场新闻发布会直播、5场展馆慢直播、4场主持人现场直播、3场直播间主题直播、1场论坛直播。《朝阳报》策划刊出专题版面7个，朝阳新闻播出28条，制作短视频38条。涉及朝阳区相关媒体报道及网络转载约2000篇次，传播阅读量7500万余人次。年内，围绕“十三五”区域发展成就，邀请中央、市属媒体，组织采访报道活动，《人民日报》头版、中央电视台《新闻联播》、新华社、《光明日报》、《中国日报》整版、《北京日报》头整版、《北京晚报》头版、北京电视台等报道500余篇次。统筹区融媒体各平台，组织策划新闻宣传活动20次，开设辉煌“十三五”奋进正当时、回望“十三五”、数说“十三五”等专栏，制作读懂朝阳区砥砺奋进“十三五”系列海报12张，新媒体阅读量600万人次。（徐志浩　米　洋）

【意识形态工作】　年内，区委宣传部提请区委常委会开展意识形态工作专题研究5次，组织召开全区意识形态和网络安全情况会商研判通气会4次，专题会商研判会11次，对重点点位开展意识形态巡查21次。会同区委网信办统筹指导全区145家单位制定差异化“两清单一台账”（意识形态工作责任清单、领导班子成员责任清单，意识形态工作风险点台账），完成对全区111家处级单位考核打分，其中问题突出、重点扣分单位23家。根据意识形态（网络意识形态）工作考评标准，开展重点工作任务季度提示和总结5次。健全完善信息联动、会商研判、应急处置等工作机制和流程链条。制定下发《关于进一步做好论坛、讲坛、讲座、年会、报告会、研讨会等阵地管理的通知》。研究建设朝阳区意识形态课程体系，推进有关课件及案例分析等教学内容开发。区委常委会专题研究并审议通过《朝阳区2020年“扫黄打非”暨文化市场管理工作实施方案》。组织召开全年工作部署会等5次会议，研判、部署全年及重要时间节点各项工作。开展“正道”集中行动，打击涉政、涉宗教非法有害出版物及信息。开展“新风”集中行动，打击文化市场违法违规行为，开展“绿书签”系列宣传活动。围绕处置重大案事件，组织召开专题工作推进会，统筹协调各相关单位开展违法打击。深化“扫黄打非”进基层，完成基层网格员巡查反馈线索数量指标。公安朝阳分局治安支队获2020年全国“扫黄打非”先进集体，掌阅科技股份有限公司获第四批全国“扫黄打非”进基层示范点。（杨　帆　于甜恬　孙　玥）

【思想政治和理论宣讲典型选树工作】年内，区委宣传部组织完成基层理论宣讲内部工作表彰活动，从理论宣讲先进集体、先进个人、优秀理论宣讲报告和优秀理论宣讲微信公众号4个方面向市委宣传部推荐报送，推荐民兵方队宣讲团、区文化馆2家单位为基层理论宣讲先进集体，安贞街道安华里社区党委书记侯兵1人为先进个人，《传承初心之志 牢记使命担当 以更加奋发有为的精神状态推动朝阳农村新发展》《〈讲述身边的历史〉沉浸式互动宣讲报告——五里桥北平和平谈判及其当代价值》2部报告为优秀理论宣讲报告，“北京朝阳”微信公众号1家为优秀理论宣讲微信公众号。在北京市2020年度“宣讲家杯”优秀报告（党课）征集和展播活动评审推荐工作中，推荐作品14部，包含基层组10部、专家组4部，黄晓伟、张中华、孙帅3人及金民卿、王雷2位专家的辅导报告分别获评基层组、专家组优秀作品，区委宣传部获先进组织单位，区委宣传部吕志兵获优秀组织员。在2020年度北京市理论宣讲示范基地工作中，呼家楼街道、八里庄街道2家单位获评先进单位，呼家楼街道刘畅、八里庄街道张薇2人获评先进个人，区委宣传部理论科获评优秀组织单位。组织完成北京市第十六届哲学社会科学优秀成果评奖工作，推荐《关于优化专项审计调查项目的多维分析——以C区为例》《基于可持续发展视角下政府审计提质增效的思考》2部作品至市委宣传部参评。（杨　帆　吕志兵　孙　玥）

【新闻出版电影管理】　年内，区委宣传部办理行政审批事项758件，其中办理许可事项737件，办理备案项目21件。制发《朝阳区关于支持实体书店发展的实施意见》《朝阳区实体书店扶持资金管理办法（试行）》政策性文件，开展2020年朝阳区实体书店资金扶持工作，区内44家实体书店获扶持资金889.4万元。按照国家电影局、北京市电影局《关于在疫情防控常态化条件下有序推进影院恢复开放工作通知》要求，形成与属地街乡、区文化综合执法大队、区卫生健康部门联防联控、部门联动工作机制，提出“2346”防控工作标准，做好影院疫情防控和复工复产相关工作。区有影院78家，其中70家影院正常营业。（胡淑娟）

【宣传系统先进典型推选】　年内，宣传系统推选三里屯社区卫生服务中心党支部书记任玉娟、双桥医院手麻科主任张之翠、区疾病预防控制中心流行病与地方病防治科科长马建新3人为“全国抗击新冠肺炎疫情先进个人”；评选区卫生健康委党委书记、主任李靓、区疾病预防控制中心科员张芳蕾、区疾病预防控制中心科长赵剑虹等23人为“北京市抗击新冠肺炎疫情先进个人”，区文化和旅游局、区疾控中心、垂杨柳医院3家单位为“北京市抗击新冠肺炎疫情先进集体”。推荐区文化馆、区图书馆、垂杨柳医院、劲松社区卫生服务中心4家单位为首都文明单位标兵，区委网信办、区文化和旅游局、文创实验区管委会等16家单位为首都文明单位。推荐首都市民学习之星5人；区文化和旅游局行政审批科科长李宏均，双桥医院手术麻醉科主任、第三支部书记张之翠，区疾病预防控制中心科员张芳蕾等13人为“朝阳区优秀共产党员”，区文化市场综合执法大队副队长、支部书记马占晔，区卫生健康委员会三级调研员、机关党支部组织委员苏广涛，三里屯社卫生服务中心党支部书记任玉娟等12人为“朝阳区优秀党务工作者”，区委网信办党支部、区图书馆党支部、区疾病预防控制中心党总支等12个党组织为“朝阳区先进党组织”；区委网信办副主任王金凤、区卫生健康委党委副书记、副主任、一级调研员陈开红，北京朝阳急诊抢救中心感控科主任钱君红等9人为“朝阳巾帼之星”，垂杨柳医院急救医学中心、朝阳区紧急医疗救援中心调度科、北京民俗博物馆办公室、区体育局市场管理科、区融媒体中心总编室5家为“朝阳巾帼文明岗”，北京五洲妇儿医院、区疾病预防控制中心、区文联、区图书馆、区体育科学研究所5家单位为“朝阳巾帼建功先进集体”；十八里店社区卫生服务中心副主任吕田尧家庭，区委宣传部创建科科长庞永顺家庭，区社会体育管理中心副主任刘颖家庭等8户家庭为朝阳区“最美家庭”。（孙 翀 王 琼）

统一战线

【概况】 中共北京市朝阳区委统一战线工作部（简称区委统战部）对外加挂北京市朝阳区民族宗教事务办公室（简称区民宗办）和北京市朝阳区人民政府侨务办公室（简称区政府侨办）牌子。中共北京市朝阳区委台湾工作办公室，加挂北京市朝阳区人民政府台湾事务办公室（简称区台办）牌子，与区委统战部合署办公。年内，编制统战工作“十四五”规划。致公党朝阳区委中日友好医院支部成立，选举产生段军为主委的第一届委员会委员。制发《关于加强网络人士统战工作的实施意见》。

【民主党派工作】 1月11日，致公党朝阳区委在北京西藏中学召开“致公天露助学工程”十年回顾总结会。10年来，致公党朝阳区委推出西藏教育援助工作——致公天露助学工程，捐款24万余元，助力76名学生完成学业。其中29名受助学生大学毕业，23名参加工作毕业生实现家庭脱贫。4月21日，民建北京市委联合中华思源工程扶贫基金会向朝阳区疾病预防控制中心捐赠1辆负压救护车，帮助朝阳区更好开展新冠肺炎疫情防控工作。7月21日，市政协副秘书长、民建北京市委常务副主委任学良一行到朝阳区调研城市体检及国际可持续发展社区建设工作。7月31日，区政协原副主席茅玉麟提交的音视频，被选为全市16区唯一入选《接过父辈的旗帜》专栏人员。10月30日，民建北京市委主委、北京市科学技术协会常务副主席司马红一行到朝阳区调研“大尺度绿化”工作开展情况。12月21日，召开民主协商会，各民主党派、无党派人士和各人民团体负责人参加会议，协商补选区人大常委会副主任候选人、区政协副主席候选人、区政协常委候选人、增补区十三届政协委员建议人选。

【为侨公共服务】 5月20日，区委统战部（区政府侨办）建设完善侨务工作新平台。建立完善为侨服务工作机制。编制《侨务公共服务事项办事指南》《涉侨法规政策宣传手册》，依托区“国际人才一站式服务平台”，将为侨公共服务事项逐一纳入服务平台建设整体规划中，精简办事程序，开展线上咨询。

【民族宗教工作】 6月12日，全区9所清真寺举办主麻日开放宗教活动，全区700余名穆斯林参加聚礼活动。9月18日至25日，杨闸清真寺、管庄清真寺、松榆清真寺、小红门清真寺、西会清真寺和万子营清真寺分别召开换届大会。12月23日，区伊斯兰教协会召开第六次代表大会。107名伊斯兰教界代表人士参加大会，选举产生新一届委员会和监事会，选举张万春为会长。年内，八里庄清真寺、南下坡清真寺等8个清真寺地完成寺管会换届工作。常营回族乡“常营中路民族家园商业楼及民族文化墙改造项目”争取市级专项扶持资金370万元，建设民族文化特色独特街景。

【统战工作领导小组会】 6月12日，朝阳区召开区委统一战线工作领导小组（扩大）会议，贯彻落实全国统战部长会议、市委统战工作领导小组会议和全市统战部长会议精神，研究部署今年工作。会议审议《朝阳区关于加强网络人士统战工作的实施意见》《关于加强和改进朝阳区社会主义学院工作的实施方案》、2020年统战工作要点等事项，对朝阳区加强商会组织建设工作方案做说明。区委统战工作领导小组各成员单位主要负责人，各街乡党（工）委书记等80余人分别在主会场和视频分会场参会。

【港澳台统战工作】 7月21日，区委统战部（区台办）传达中央和市委对台工作会议有关精神，部署下一阶段全区对台工作；副区长王志勉作关于调整区委对台工作领导小组和区台胞权益保障协调小组情况说明。区委对台工作领导小组和区台胞权益保障协调小组成员单位以及各街乡党政主要领导参加会议。9月16日，朝阳区第八届海外人才创业大会（OTEC）国际创新周首次面向港澳台地区开设创新创业专场。邀请创业成功人士就港澳台青年跨界创新能量作演讲，开展项目颁奖和项目落地签约，来自港澳台地区参赛创业者和创新者参加项目路演。9月29日，2020年“文化中国·水立方杯”海外华人和港澳青少年中文歌曲大赛大联欢活动在国家游泳中心“水立方”举行。12月18日，区侨办指导大屯街道亚运新新家园社区和香港九龙东观塘社区康乐区居民协会共同举办京港传统剪纸“云互动”联谊活动，让两地居民隔空“见面”，增进双方居民感情。

【新阶层人士统战工作】 8月28日，朝阳区新社会阶层人士联谊会换届大会召开。大会选举产生新联会新一届领导班子，发布朝阳区新联会LOGO及工作品牌——“欣欣向阳”。9月4日至5日，朝阳区新联会10余名会员代表组成的扶贫工作组到河北阳原县大沙沟村和帅家梁村，开展扶贫慰问活动。走访7户贫困户，赠送慰问金和物品。捐赠打印机、防护服等物资，价值46万余元，采购帅家梁村扶贫农产品7万余斤，总价值67万余元。9月12日，举办“V读北京”——走进创意朝阳活动。60余位网络知名人士和文艺界人士到朝阳望京小街、751和798产业园区。11月6日，区委统战部、区委组织部联合召开楼宇园区新的社会阶层人士统战工作部署会暨统战工作站颁牌仪式。向部分街乡、园区、楼宇代表颁发统战工作站证牌，向全区90万名新阶层人士发出“同心绘朝阳·踔厉增华彩”助力区域发展倡议书，启动朝阳区新的社会阶层人士联谊组织与街乡结对共建活动，发布朝阳区网上统战工作站。年内，区新阶层人士助力疫情防控。捐款2.7亿元，捐献口罩、护目镜、防护服等医用物资价值1500万元，参与防疫工作100余人次。360公司开发小程序“疫点通”，为疫情防控分析和研判提供数据支持。发动驻区“两微一端”新媒体从业人员、网络意见人士、126家各类新媒体平台，协助宣传“众志成城战疫情”“同心同行驰援武汉”“统战人士有话说”等5个系列专题宣传栏目。推广“58同城”复工复产典型经验，通过微信公众号等途径宣传“五要三通”工作法。

【议政会】 10月29日，区政协、区委统战部联合召开“发挥国际化优势，增强文化影响力”专题议政会。邀请区政协委员以及区各民主党派、工商联、无党派人士和新的社会阶层人士代表，为朝阳区“十四五”发展建言献策。民革朝阳区委赵鹏作《关于培育数字文化产业新动能的建议》，民盟朝阳区委常海龙作《关于发展“北京朝阳站”站域经济的建议》，民建朝阳区委杨庆丽作《关于园林绿化废弃垃圾资源化利用的建议》，民进朝阳区委时靓璇作《关于加强朝阳区文化产业创新融合发展的建议》，农工党朝阳区委李金鑫作《关于以5G为引擎促进朝阳区文化产业发展的建议》，致公党朝阳区委李彦馨作《关于发挥国际化优势增强文化影响力的建议》，九三学社朝阳区委蔡中华作《关于打造数字贸易公共服务引领示范区的建议》，台盟朝阳区工委李雪飞作《关于打造国家服务业扩大开放综合示范区和自由贸易试验区的建议》，区工商联梁雪青作《关于规划建设“中国数据库国际标准示范基地”的建议》，无党派人士代表屠新泉作《关于加强国际化区域文化影响力的建议》，新的社会阶层人士代表朱颖慧作《关于突出“三化”优势 探索北京“两区”建设先行模式的建议》。区委副书记、区长文献简要介绍2020年全区重点工作。区各民主党派、工商联负责人，区政府办、区发改委、区城管委等相关单位负责人和区政协各委室负责人参加会议。

【非公有制经济领域统战工作】 年内，开展同区民营经济代表人士谈心活动。形成《关于开展同民营经济代表人士谈心活动的情况报告》。12月18日，朝阳区召开民营经济统战工作电视电话会议。传达习近平总书记关于做好新时代民营经济统战工作重要指示，以及全国、全市民营经济统战工作电视电话会议相关精神。通惠河畔文化创意产业园党委书记李晓清作为文创园区代表发言，并就文创园区以党建为引领，围绕产业发展开展统战工作，企业全生命周期服务理念和后疫情时期全市首创的文创园区“党建服务包”做法进行交流分享。区委副书记王旭，区委统战工作领导小组成员单位、相关委办局主要领导，各街乡党（工）委书记，区工商联、区商会班子成员，部分民营经济代表人士参加会议。 （孙　洁）

机构编制管理

【概况】 中共北京市朝阳区委机构编制委员会办公室（简称区委编办）为中共北京市朝阳区委机构编制委员会（简称区委编委）的常设办事机构，承担区委编委的日常协调服务工作，为正处级，列入区委工作机关序列，归口区委组织部管理。年内，完成下放部分行政执法权并实行综合执法工作、相关单位机构编制事项调整工作、地区（乡）机构改革工作、城市协管员队伍改革工作，开展事业单位改革试点工作。收回区级机关和街乡使用的31名机关工勤空余编制，剩余机关工勤编制随自然减员逐步核销。为区应急局设置2支区级森林消防综合应急救援队伍，配备应急救援队员80名。

【事业单位改革试点】 4月至12月，区委编办梳理全区事业单位机构编制情况，分析各涉改事业单位历史沿革、职能配置、体制架构，对改革重点问题、重点领域、重点单位开展专题访谈、专门调研。预分析各事业单位机构编制调整和机构编制事项精算工作；推进政事分开、事企分开、管办分离，优化布局结构，完善制度机制，制定《北京市朝阳区深化事业单位改革试点实施方案》，完成专项工作汇报、各类模板等相关材料，提交区委编委会审议。

【行政执法权下放】 5月，朝阳区落实《北京市人民政府关于向街道办事处和乡镇人民政府下放部分行政执法职权并实行综合执法的决定》要求，推进行政执法资源和力量向基层延伸下沉。印发《关于向街道办事处和乡人民政府下放部分行政执法职权并实行综合执法的实施方案》。明确部门职责分工，完善统筹协调机制，调整组建街乡综合行政执法队，增加街乡司法所职责，将城市管理、生态环境、水务、农业农村、卫生健康5个领域、431项执法职权下放至街乡，集中行使综合执法职权。6月，区委编办会同区司法局、区城管执法局等部门明确执法边界和执法规范，印发《关于明确有关行政执法范围和执法事项的决定》《朝阳区行政执法事项管辖规定》《关于街乡落实行政执法责任制的工作意见》等制度文件，做好业务指导和培训工作，确保权力“放得下、接得住、管得好”。

【区人大常委会、区政协机关机构编制事项调整】 5月，区委编委调整区人大常委会机关机构编制事项，在法制办公室加挂社会建设办公室牌子，作为社会建设委员会办事机构，承担社会建设委员会相关工作；教科文卫体办公室更名为教科文卫办公室；增设机关党委专职副书记职数1名（正处级）；不再单独核定驻会专职委员编制。调整区政协机关机构编制事项：撤销区政协所属区经济技术咨询服务中心机构，收回事业编制，注销事业单位法人；增设区政协专委会工作六室，作为农业和农村委员会和学习委员会办事机构；为区政协机关办公室增加行政编制1名，加强党建工作力量。

【区委组织部相关机构编制事项调整】 5月，区委编委建立健全区"两新"组织党建工作机构，在区委组织部加挂中共北京市朝阳区委非公有制经济组织和社会组织工作委员会牌子；明确区委组织部对外以北京市朝阳区人才工作局名义开展工作。

【金盏金融商务区管委会机构编制事项调整】 5月，区委编委结合辖区功能定位调整，将"北京市朝阳金盏金融商务区管理委员会（简称金盏金融商务区管委会）"更名为"北京市朝阳金盏国际合作服务区管理委员会（简称金盏国际合作服务区管委会）"，作为区政府派出机构，重新核定内设机构职责。将其所属事业单位"北京市朝阳金盏金融商务区服务中心"更名为"北京朝阳金盏国际合作服务区服务中心"，经费形式由经费自理调整为财政补助（全额），重新核定主要职责。

【地区（乡）机构改革】 8月，朝阳区启动地区（乡）机构改革。印发《地区（乡）机构改革实施方案》，强化乡党委（地区党工委）属地领导责任和统筹管理责任，建立健全乡党委（地区党工委）对地区社会治理重大工作的领导机制；梳理权责事项，理顺职责关系，明确功能定位和主要职责；优化机构设置，实行限额管理，统一将乡机构综合设置为综合保障办公室、党群工作办公室（人大工作办公室）、平安建设办公室（人民武装部、司法所）、城乡管理办公室、民生保障办公室、社区建设办公室、经济发展办公室（统计所）；纪（工）委（监察办公室）；综合行政执法队；便民服务中心（退役军人服务站）、市民活动中心（党群活动中心）、市民诉求处置中心（综治中心）、社会公共事务服务中心（农业综合服务中心）、农村合作经济经营管理站"7办、1委、1队、5中心"，规范和明确机构名称、职能定位和主要职责。重新核定处级领导职数和科级领导职数，科级领导职数实行总量控制和管理。推动区属职能部门统计所和司法所划归属地街乡管理。11月，以区委办、区政府办名义印发区19个乡改革方案，各乡以新内设机构名称对外开展工作。

【城市协管员队伍改革】 8月至12月，区委编委印发《朝阳区城市协管员队伍管理改革工作实施方案》《朝阳区机关事业单位编外人员管理办法》。明确区城市协管员范围，按照"权责一致、人随事走、应沉尽沉"原则，推动22个部门33支协管员队伍下沉街乡，由街乡分类管理、整合优化、统筹使用；细化编外人员使用、培训、考核、退出、工资、日常管理等具体要求；建立朝阳区城市协管员队伍管理改革工作联席会议制度，研究城市协管员队伍管理改革重大事项，逐步形成市级统筹、区级管理、街乡使用、部门指导的城市协管员管理体制机制。12月底，纳入街乡城市协管员范围队伍全部完成下沉，街乡对下沉队伍整合，结合实际重新设置协管员工作岗位，下沉队伍相关经费全部转移至街乡，实现街乡对协管员人、财、物全面管理，城市协管员改革任务总体按期完成。

【区级森林公安管理体制并划转机构编制调整】 12月，区委编委根据市委编办《关于调整区级森林公安管理体制并划转机构编制的通知》要求，将区园林绿化局森林公安处（挂北京市公安局朝阳分局森林公安处牌子）整建制划转至市公安局朝阳分局，更名为市公安局朝阳分局森林公安大队。（王鹏举）

政策研究

【概况】 2020年，区委、区政府研究室完成各类文稿、报告起草574篇236万字；组织开展调研活动50余次，参与调研500余人次；对全区二级班子党政主要领导179项调研课题，加强工作指导和管理服务；围绕全面深化改革制度，制定实施一系列制度文件；全年编印《朝阳调研》6期、《调研参阅》24期、《调研参阅》改革专刊4期、《改革直通车》12期。在北京市第十四届（2018年至2019年年度）调研工作评比中，区委、区政府研究室获"北京市调查研究工作先进单位"称号，《朝阳区流动人口变动特征及管理服务措施研究》和《朝阳区提升城市文化品质实践研究》调研报告分别获第十四届全市优秀调研成果一等奖和优秀奖。

【重点课题研究与管理】 年内，区委开展"朝阳区社区治理'三率'建设研究""提升朝阳区生活便利性水平研究""打造良好营商环境提升外资吸引力的路径研究""PPP模式在社会治理中的运用研究""朝阳区'十四五'时期发展创新思路与重点举措研究""朝阳区立足国际化优势打造全球服务贸易高地路径研究""朝阳区促进'冬奥经济'高质量发展研究""朝阳区外资发展情况分析研究"8项重点课题研究。研究成果在《北京调研》《朝阳调研》《调研参阅》等市区刊物上完成成果转化16篇，获区领导批示10条次。“朝阳区‘十四五’时期发展创新思路与重点举措研究”报告中部分内容纳入区“十四五”规划之中。制发《区委区政府研究室重点课题管理办法》《区委区政府研究室关于进一步加强和改进调查研究工作的实施办法》，推进调研课题分级管理、调研智库分类管理、调研资源“四库”管理。106家“外脑”引入“智囊库”，800余篇研究报告纳入“成果库”。

【深化改革制度研究制发】 年内，区委、区政府研究室制发《区委全面深化改革委员会组成人员及专项小组牵头领导调整情况》，及时调整区委全面深化改革委员会及专项小组人员分工，优化专项小组牵头单位设置。制发《区委全面深化改革委员会2020年工作要点》，明确经济高质量发展、持续优化营商环境、推进基层治理创新、深化医疗卫生健康体制改革等20大项、110细项年度改革任务。落实市委关于坚持党建引领基层治理创新相关部署要求，做好区委提出的“聚焦治理体系和治理能力现代化、解决民生实事难事、推动基层改革创新‘年度三件事’”，制发《朝阳区深化党建引领强化首创精神深入推进基层改革创新工作实施方案》。组织召开区委深改委会议8次，审议通过改革议题31项。开展党的十八届三中全会以来朝阳区全面深化改革落实情况总结评估工作，形成总结评估报告，在北京朝阳App发布“1+11”专题内容，宣传改革成效。建立改革工作亮点台账，总结区改革经验，在各级各类刊物刊发13篇（条）改革信息，领导批示7条次。创设调研参阅（改革专刊），及时刊发改革督察情况、区域创新经验，提供决策参考。加大对区委改革事项督察力度，综合运用领导带队、专项督察、书面督察等方式，发挥督进度、促落实作用。开展“朝阳区农村集体建设用地统筹利用”课题研究。 （武 睿）

区直机关党建

【概况】 中共北京市朝阳区委区直属机关工作委员会（简称区直机关工委），是中共北京市朝阳区委派出机构，主管区直属机关系统党的建设和思想政治工作，领导区直属机关纪律检查工作委员会。年内，区直机关工委辖64个基层党组织，其中7个部门党委、11个机关党委、24个直属党总支、22个直属党支部，在职党员8828人，离退休党员6953人。区直机关系统新发展党员143人，转正127人，9个党组织完成换届，33个直属党组织完成委员调整。

【机关党的政治建设】 1月16日，区直机关工委召开“不忘初心、牢记使命”主题教育总结会，总结主题教育开展情况。8月14日至10月23日，区直机关工委接受区委第七巡察组对区直机关工委2016年至2020年工作专项巡察。区直机关工委向巡察组提交年度工作要点、制度汇编等文件资料。召开动员会，民主测评区直机关工委班子及班子成员。向巡察组报告选人用人专项检查情况和领导干部不担当不作为情况。巡察组工作人员与区直机关工委全体干部逐个谈话。年内，区直机关工委组织机关党员干部学习《中共中央关于加强党的政治建设的意见》，督促机关基层党组织和党员干部严守政治纪律、执行重大事项请示报告制度。督促各部门党组（党委）落实《朝阳区党（工）委（党组）意识形态工作责任制实施细则》和《北京市朝阳区党（工）委（党组）网络安全工作责任制实施细则》，加强对各部门举办论坛、讲坛、讲座等审核报备，年内审核40余次。

【机关党的思想建设】 1月，区直机关工委联合区诗书画协会、区总工会在区政府大院主楼大厅组织开展“迎新春、送祝福”活动，邀请25名书法家现场写春联，为1200余名干部职工送去新春祝福。慰问69名困难党员、259名优秀党员和优秀党务工作者。9月25日，区直机关工委在区政府大院西四楼举办“共抗疫情，决胜小康”百姓宣讲汇讲，14个单位16名宣讲员参加现场汇讲。评选出6名优秀宣讲员，组建成区直机关系统宣讲团。12月17日，区直机关工委召开“学习贯彻党的十九届五中全会精神宣讲团报告会”。组织观看《党建引领践初心，抗击疫情担使命——朝阳区区直机关系统疫情防控工作回顾》纪录片。区宣讲团成员、区直机关工委常务副书记邵水平作专题辅导。区直机关工委为系统内各基层党支部配发《图解党的

▲ 1月17日，区直机关工委举办“迎新春、送祝福”活动 （陈雅茹 摄）

十九届五中全会精神》450册。区直机关系统直属党组织及基层党支部书记、区直机关工委全体干部280人参加。12月，根据区委宣传部《关于进一步做好党委（党组）理论学习中心组学习巡听旁听工作的通知》，区直机关工委区分4个组对32个部门开展巡听旁听，通过列席会议、调阅学习记录检查各部门学习贯彻习近平新时代中国特色社会主义思想和党的十九届五中全会精神、落实理论学习中心组学习制度情况。

【基层党组织建设】 3月，区直机关工委组织区直机关系统52家直属党总支和直属党支部向抗疫地区捐款138.87万元。4月，区直机关工委完成区直机关系统2019年度党费收缴及结算工作。2019年，57家无党费留存权限单位收缴党费200.16万元。上报区委组织部18家具有党费留存权限单位党费收缴年度报告。4月，采取书面形式对区直机关系统直属党组织开展2019年度党组织书记抓党建述职评议考核。6月12日，区直机关系统2020年党建工作例会，制发《疫情防控常态化形势下持续强化党建引领作用深化“1+1手拉手行动”实施方案》，部署“1+1手拉手行动”、传达区疫情防控精神。10月，为区直机关系统10名参加抗美援朝出国作战老战士、老同志发放抗美援朝纪念奖章。12月3日，围绕“深入学习贯彻十九届五中全会精神，总结机关党建工作经验做法，谋划2021年度机关党建工作”主题，到区政务服务局开展机关党建专项调研。组织参观政务服务大厅窗口党建阵地，观摩政务服务大厅思政大讲堂，作主题交流发言，区政务服务局、区医保局、CBD管委会、区市场监管局食药所等介绍开展机关党建工作作法。区直机关工委制发《区直机关工委2020年党建工作专项调研方案》，调阅区人力社保局党委、绿化局党委、房管局党委、应急局党委、住建委党组2019年至2020年9月党组（党委）理论学习中心组学习记录本、成员学习笔记本，整改问题22个。调阅区水务局机关党委、环卫中心机关党委、退役军人事务局机关党委、城管委机关党总支、监督中心机关党总支2019年至2020年党建工作计划及总结、基层党支部会议记录。年内，区直机关工委结合“七一”、元旦，慰问125名区级困难党员、5名市级困难党员，发放慰问金14.8万元。采取线上与线下相结合、专家现场授课与实地参观相结合方式，培训组织委员70余名、140余名党员发展对象和87名基层党组织书记及新任委员。14名党员、15名党务工作者、16个基层党组织被区评为优秀共产党员、优秀党务工作者和先进党组织。区委政法委被评为“北京市抗击新冠肺炎疫情先进集体”，区委组织部组织三科科长洪岩、环卫中心第四清洁车辆场党支部书记曹国炳被评为“北京市抗击新冠肺炎疫情先进个人”。区金融办风险管理科科长周芳被评为“北京市人民满意公务员”。区委政法委商晓晶等20人被评为“北京市劳动先进工作者”，区纪委区监委等4个单位被评为“北京市劳动模范集体”。区委党校被评为“北京市思想政治工作优秀单位”。

【统战群团工作】 4月28日，区直机关工委在朝阳区金融纠纷调解中心组织召开区直机关系统青年干部座谈会。区外办、区市场监管局、区金融办等13名青年干部，分别围绕参与行业防控、楼宇防控、社区防控等经历谈体会谈感想。区委常委、统战部部长、区直机关工委书记暴剑对青年干部在新冠肺炎疫情防控中的表现予以肯定并提出希望。区直机关纪工委书记李海波主持会议，团区委副书记孙博洋参加。5月8日，区直机关工委在区政协委员活动中心组织区直机关系统无偿献血。51家单位210名干部报名参加，血检合格的90名机关干部献血23600毫升。

【志愿服务实践活动】 6月，区直机关工委开展区直机关系统垃圾分类宣传月活动，12000余名党员干部在线云承诺，邀请中华环境保护基金会绿色宣讲团讲师在区直机关系统各单位巡回讲解，基层党组织注册“志愿团队”、10000余名党员干部注册“志愿者”。组织区直机关系统所有在职干部签订生活垃圾分类个人承诺书。8月至9月，在区直机关系统开展“守初心、担使命，争做消费扶贫先锋人”活动，组织机关党员干部办理北京消费扶贫爱心联名信用卡3431张，组织机关食堂单位采购新疆白条兔3吨、白条鸭2.6吨。10月22日，在朝阳社区学院举行“党建引领树新风，垃圾分类我先行”垃圾分类知识竞赛决赛暨深化志愿服务实践活动启动仪式。

▲ 10月22日，区直机关工委在朝阳社区学院举办垃圾分类知识竞赛决赛暨深化志愿服务实践活动启动仪式
（陈雅茹 摄）

【党风廉政建设】 年内，区直机关纪工委创新开展党风廉政教育。1月10日，开展“以史为鉴、见贤思齐，做合格纪检委员”主题廉政京剧观演，观看《三岔口》《赤桑镇》等国粹京剧名段。11月，联合区纪委区监委在区政协委员活动中心开展“清正廉洁、从心出发”廉政主题教育展启动仪式暨区直机关系统纪检委员培训，观看职务违纪违法案件图片展，组织纪检委员集中学习《中华人民共和国公职人员政务处分法》。年内，区直机关纪工委紧贴重点工作和重要节点开展监督检查。监督检查干部下沉社区、单位内部防控、防疫物资发放等疫情防控工作。联合区科信局和360公司开发“朝阳区直机关防控‘疫’点通”系统。督促区直机关系统各单位在节假日开展“四风”问题自查自纠，落实疫情防控要求，严格离京报备。年内，推进第二季“悦读·阅廉”——朝阳区“廉洁文化进机关、进家庭”活动。8月3日，在区图书馆新馆举行启动仪式，号召区直机关系统全体机关党员干部及家属利用微信小程序，对50个阅读内容学习打卡。11月13日，联合区纪委区监委机关、区妇联、区文化和旅游局采取线上线下相结合方式举行汇报演出。年内，区直机关系统各级党组织对纪检委员开展培训551次、宣讲595次、听取廉政专题汇报426次、组织纪检委员述职186次。 （孙新杰）

老干部工作

【概况】 中共北京市朝阳区委老干部局（简称区委老干部局）是区委主管区离退休干部工作的工作机关，归口区委组织部管理。年内，全区离退休干部21380人，其中离休干部304人（含易地离休干部36人），副处级以上退休干部1740人。年内，注重加强离退休干部政治建设、思想建设和党组织建设，做好离退休干部服务管理，落实离退休干部政治待遇和生活待遇，引导离退休干部为党和人民事业增添正能量。建立离退休干部线上学习教育新机制，依托中组部老干部局离退休干部工作微信公众号、北京老干部App、朝阳老干部之家微信公众号等媒体和互联网，组织离退休干部聆听疫情防控、《中华人民共和国民法典》、十九届五中全会精神等辅导报告5次、参加1期全市离退休干部党支部书记线上培训班和3期理论学习培训班，召开区情通报会，继续开设《初心讲堂》。组织离退休干部体检1082人次，走访慰问离退休干部及去世离休干部配偶229人次，完成市和区为离退休干部办实事4件。区卫生健康委离退休干部党支部等7个单位被评为北京市离退休干部先进集体，区人大常委会原副主任张泰等11人被评为北京市离退休干部先进个人。区教育关工委获“全国关心下一代工作先进集体”称号，三里屯街道关工委王春虎获“全国关心下一代工作先进工作者”称号。区委老干部局被中国老年报社授予“疫路同行共风雨花 砥砺奋进再起航”全国涉老工作部门战疫防控宣传报道工作荣誉证书。 （徐振兴）

【老干部工作会】 1月9日，朝阳区召开2020年老干部工作会，传达全国离退休干部“双先”表彰大会和全国老干部局长会议精神，区委副书记王旭主持会议。区委常委、组织部部长迟行刚作《深入学习贯彻党的十九届四中全会精神，认真做好新时代老干部工作》报告。垡头街道工委书记石延刚、和平街街道离退休干部党支部书记丁兰欣作交流发言。区委书记王灏向离退休干部代表通报区级班子新调整情况和2019年全区经济社会发展情况并提出“要以更高站位认识老干部工作、要以更实举措做好老干部工作、要以更大热情激发老干部活力”等要求。市委老干部局副局长宋永健，区领导陈宏志、陈涛、区委老干部工作领导小组成员单位及各单位主要负责人、各单位离退休干部代表300余人参加会议。 （李雪梅）

【老干部精神文化生活】 8月，朝阳区老干部大学与北京东方老年研修学院，推广升级版幸福养老大课堂公共平台，升级朝阳区老党员之家、老干部大学云课堂，教学课程覆盖区老干部大学和46所分校，开展网络教学452课时，服务老年人9000余人次。10月23日，在朝阳区社区学院双龙校区举行新时代文明实践基地“崇德明礼文明行”系列活动。10月，在公众号开通“伴读”栏目，提供《朝阳老干部》报语音版，定期在朝阳老干部之家微信公众号推出“初心讲堂”、中共中央党校公开课等。编辑刊印《朝阳区离退休干部抗击疫情作品集》，选送朝阳区老干部大学学员书画参加“北京市离退休干部助力首都疫情防控阻击战书画作品展”。组织老干部金秋艺术团到区卫生健康委、呼家楼街道、东风乡等单位，开展国庆、重阳节慰问演出。举办离退休干部第十四届“松鹤杯”象棋比赛。依托老干部大学开设兴趣班，组织老干部参与主题参观、就近观看电影、文艺会演、知识竞赛、心理疏导等活动，全年发放电影券1670张，开展各类公共文化活动6955场，惠及离退休干部2万余人次。 （程鹏厚）

【离退休干部政治待遇落实】 11月20日，区领导与离退休干部见面暨情况通报会召开。区委副书记、区委老干部工作领导小组组长王旭通报朝阳区各项事业发展情况，介绍区级班子调整情况。会前，老干部参观北京CBD地区企业，听取CBD区域国际化发展情况介绍。区委老干部局向与会老干部发放精准“服务包”和垃圾分类“爱心包”。区领导文献、陈宏志、陈涛、迟行刚、崔小浩以及区局职离退休干部代表等70余人参加会议。 （赵现宽）

【关心下一代工作】 11月27日，区关心下一代工作委员会换届工作会议召开。宣布新一届《朝阳区关心下一代工作委员会成员名单》，传达市关工委《关于传达学习贯彻习近平总书记对关心下一代工作的重要指示和中国关工委会议精神的通知》。区关心下一代工委成员70余人参加会议。 （于开山）

【离退休干部党的建设】 年内，区委干部局以庆祝中国共产党成立99周年重大纪念活动、重要会议为契机，依托北京老干部App，举办3期离退休干部党支部书记线上培训班，参加北京市老干部党校举办的离退休干部线上培训班4期。全年参加各类政治学习老干部2000余人次。建立朝阳区离退休干部党建工作联席会议制度，完善离退休干部党建工作议事规则。为离退休干部党支部配发《习近平谈治国理政》第三卷等书籍1405本。规范离退休干部党支部书记工作补贴发放。开展离退休干部党建品牌项目培育工作。（韦汝林）

【离退休干部发挥优势和作用】 年内，区委老干部局围绕“增添正能量、共筑中国梦——我为首都治理作贡献”活动主题，组织开展“敢为先锋、筑梦有我”主题党日活动，开展“不忘使命勇担当、再创首都新辉煌”主题征文活动。围绕疫情防控工作，在全区广大离退休干部中开展战“疫”有我——老党员疫情防控共担当活动，全区4000余名离退休党员干部、151支老党员先锋队参与到居住社区（村）疫情防控工作，5004名离退休干部捐款70.97万元支援抗疫。中央人民广播电台老年之声《乐享时光》抗击新冠肺炎疫情特别报道《关键时刻》，播出退休医生张宝恩疫情防控期间坚守在潘家园第二社区卫生服务中心服务一线的战“疫”故事；北京电视台科教频道《晚晴》栏目，播出朝外街道三丰里社区老党员宋振镛初心永铭记、八里庄街道退休干部冯亚力社区战“疫”的故事。围绕垃圾分类和规范物业管理等方面，组织召开离退休党支部书记垃圾分类推进会和深入推进离退休干部参与垃圾分类工作会，制发《关于深入推进离退休干部参与生活垃圾分类工作实施方案》，发布《垃圾分类倡议书》，成立生活垃圾分类工作专班，发放2800个离退休干部“简前值守”爱心包，拍摄朝阳区离退休干部开展垃圾分类工作纪实片《皓首初心 助力朝阳“新时尚”》。组织全区21个宣讲团、200多名宣讲员，讲述垃圾分类工作意义，宣讲身边好人好事。全区143个离退休干部党支部，6000余名老干部参与垃圾分类工作。（全 虹）

【离退休干部生活待遇落实】 年内，区委老干部局升级全区离休干部120急救“一键通”呼叫电话，推进为老服务信息化、智能化建设。与区卫生健康委联合开展朝阳区离退休干部重阳节系列活动，向全区老干部发布“六个老干部精准服务工程”，推出健康服务大礼包，涵盖家庭医生延伸服务、定期巡视探访服务、专项医疗健康筛查服务、就医绿色通道便捷服务等健康服务，全年离退休干部1430人参加体检。在重大节日期间，走访慰问高龄、空巢、独居等特殊困难老干部及去世离休干部遗属，在纪念抗战胜利75周年、抗美援朝出国作战70周年重要活动期间，重点走访慰问参加抗战和抗美援朝老同志，全年慰问13000余人次，安排解困帮扶慰问金、慰问品等经费400万余元，接待答复政策咨询1000余人次，送葬去世老干部8人，下拨市属四就近及离退休干部其他经费175余万元。为375名离退休干部发放养老服务补贴163.17万元，为391名离退休干部每日上门送牛奶，为离退休干部购买人意外伤害保险2020人次，帮扶9名困难离退休干部。年内，安排老干部工作办实事经费134.68万元，落实全市开展离休干部“一对一”精准服务、完善全市离退休干部困难帮扶机制、为去世离休干部无工作配偶发放困难补助费及加发离休干部1至3个月生活补贴，为全区离休干部、有特殊困难及需要组织关心照顾退休干部配备适老化辅具。（张香丽）

【党建引领老干部工作向基层延伸】 年内，区委老干部工作领导小组会暨党建引领老干部工作向基层延伸试点工作组、全区老干部工作会议召开，制发《党建引领老干部工作向基层延伸试点工作实施方案》。朝阳区落实《北京市特殊困难退休干部帮扶办法（试行）》工作座谈会召开，研究制定朝阳区落实《北京市离休干部“一对一”精准服务意见》实施方案。线上试点工作办公室会议召开，传达学习全市老干部工作例会精神，交流试点街道工作经验。完成《朝阳区党建引领老干部工作央地融合发展情况汇报》《朝阳区党建引领老干部工作试点工作总结情况汇报》《朝阳区党建引领试点工作亮点展示》《朝阳区国有企业退休人员社会化管理有关情况汇报》等材料。市委老干部局、市委教育工委离退休干部处、市司法局老干部处、西城区委老干部局等单位到朝阳调研试点工作。试点工作经验被北京老干部App以及北京《老干部工作参训》等媒体报道。（高 晏）

保密管理

【概况】 中共北京市朝阳区委保密委员会办公室（北京市朝阳区国家保密局）[简称区委保密办（区保密局）]设在区委办公室。主要职责为贯彻落实党和国家有关保密工作方针、政策和法律法规，负责制定和实施区保密工作计划，组织开展保密宣传教育和保密检查，督促查处泄密事件。对全区40余家单位进行保密宣讲。在疫情防控期间，加强涉密、借调、运维人员保密教育，开展专项保密培训，防范失泄密隐患发生。组织人员参加市保密局举办的“保密大讲堂”系列教育活动。在市保密局检查组对区开展保密专项督导检查中获“优秀”。

【保密宣传】 4月15日，全区围绕“4·15”全民国家安全教育日开展“进行一次思想武装、创新一种学习方式、开展一轮知识答题、发放一些宣传用品、组织一批涉密资料销毁”保密宣传教育月活动。制作保密法治宣传教育展板20块，在全区各单位巡展。坚持保密宣传进社区、进农村、进科站队所、进中小学校园，发放宣传挂图3000余套。

【保密工作培训】 11月27日，区保密局通过加密视频会议系统，举办朝阳区2020年保密工作培训班，邀请市局领导解读《工作秘密管理暂行办法》。部署梳理“一表一单”编制工作、保密自查自评和“双随机”抽查、推进涉密领域国产化替代完成等工作。区委保密委全体成员，全区保密系统各单位主管领导、保密干部参加培训。 （廖健凯）

党校教育

【概况】 中共北京市朝阳区委党校（简称区委党校）是由区委直接领导，培养领导干部、理论宣传干部的学校，兼区行政学院、区社会主义学院职能，三块牌子一支队伍。年内，落实中央、市区《2018—2022年全国干部教育培训规划》《中共北京市朝阳区委关于加强和改进新形势下党校工作的实施意见》《中国共产党党校（行政学院）工作条例》《社会主义学院工作条例》，围绕干部教育培训总体要求，坚持从区域发展和学员任职岗位需求出发，以习近平新时代中国特色社会主义思想课程为主要内容，突出红色教育、素质提升和区情教育，设置具有针对性培训课程，完成区内、区外各级各类班次培训任务。与市委党校、市社会主义学院、海淀区委党校、河北唐县县委党校、南京市江宁区委党校等开展校际交流。挂牌成立区委党校朝阳园分校、区委党校政法分校等18家分校，党校分校数量增至63家。获北京市委宣传部、北京市人力资源和社会保障局、北京市思想政治工作研究会颁发的“第十五届北京市思想政治工作优秀单位”称号，获“北京市三八红旗集体”称号。

【教学管理】 年内，区委党校改革主体班建制，由班委制改为支委制，突出学员党支部对班级学员教育管理作用，强化党建引领，班主任改为支部联系人，负责支部“三会一课”建设工作。所有主体班按照《朝阳区委党校学员党支部规范化建设办法》，开班即民主选举支委班子，在支委带领下开展微党课、支部园地建设、优秀学员评选、总结学习体会等支部活动，形成学习档案。疫情防控期间，区委党校整合48家分校微信公众号，开辟“疫情防控线上教育平台”，推出“党的声音、分校动态、阻疫微课”3个模块。依托“云课堂”在线教育方式，举办线上、线下培训班8期，培训学员14198人次。继续开展“送培训到分校”活动。分别为18家分校培训一个班，每个班3至5天，总培训80余天。

【干部培训】 年内，干部教育培训内容以习近平新时代中国特色社会主义思想课程为主要内容，在保持理论教育和党性教育比重不低于总课时70%基础上，突出红色教育、素质提升和区情教育。聚焦朝阳区“三化”区域发展方向，设计培训内容。年内，举办主体班11期，培训学员364人次；举办各类专题班12期，培训学员2164人次。

【课程研发】 年内，区委党校建立红色教育专题库，录制、编辑红色故事，把红色故事纳入主体班培训课程；利用5G+4K互动直播技术，区委宣传部、区委党校、区融媒体中心、区规划艺术馆联合推出“五里桥北平和平谈判”万人党课，通过云直播在北京朝阳App全程直播，点击播放量34万次；录制“构建‘用生命守护生命’的防疫长城——彰显中国特色社会主义的制度优势”“在法治轨道上推进疫情防控工作”等系列微课，解读最新理论政策，主动服务全区各级党员干部，为打赢疫情防控阻击战营造良好氛围；完成《全面推进基层治理能力现代化》《突发公共卫生事件应对的法治思维》等8门主体班课程。

【教学科研】 年内，区委党校立项校级课题14项。配合完成校外课题结项工作7项，其中区党史研究会课题成果《革命传统教育在新时代干部教育中的作用研究——以马骏烈士事迹为例》获评优秀成果奖，《互联网企业党建工作创新研究——以朝阳区为例》成果获朝阳区党建研究会立项课题成果二等奖并获北京市党建研究会自选课题成果二等奖；2020年组织申报并获批立项课题5项，其中完成区政协委托课题“朝阳区基层法治建设研究与思考”，其他4项按计划推进；编辑《实践与研究：北京市朝阳区委党校区情研究成果选（2017—2019）》，由国家行政管理出版社出版发行。向市、区领导报送决策咨询报告6篇，全部获领导批示。由《党校决策参考》报送的学员决策咨询报告2篇。

【学术交流】 年内，区委党校党委书记、常务副校长李燕梅作为基层党校代表参加市委党校（行政学院）系统教学工作会，以《聚焦“用学术讲政治”，建设有特色高水平的区级党校》为题交流发言。中共南京市江宁区委党校常务副校长杜春昊一行9人到区委党校调研交流信息化工作。区委党校推进信息化技术应用，实现信息化与教学、办公、党建、后勤等工作全方位深度融合，构建智慧校园系统。建设UILAS图书管理系统，实现对图书馆、红色书屋图书编码管理。 （赫 威）

党史编研

【概况】 中共北京市朝阳区委党史工作办公室（简称区委党史办）为参照公务员管理的区直属事业单位。年内，开展党史宣传教育、党史资料征编、党史课题研究和马骏烈士墓保护提升等工作。设计制作《朝阳区革命遗址遗迹》宣传挂图、宣传折页和宣传展板，开展“党史就在您身边”主题活动。出版两期《朝阳党史》期刊，启动《朝阳区新冠肺炎疫情防控大事记》编写工作。完成《文武双全的回族革命斗士——马骏烈士传略》初稿撰写。

【党史宣传教育】 1月9日，区委党史办为高碑店乡高碑店村赠送党史党建类图书、期刊40余种260册。4月20日，向常营乡党委赠送党史党建类图书60种300余册。7月，在全区组织开展“党史宣教进基层，传播红色正能量”党史宣传月活动。制作并向全区发放“朝阳区革命遗址遗迹”宣传挂图及宣传折页。截至7月31日，向全区81家机关及事业单位、43个街乡、627个社区（村）、20家区属国有企业、30余家公园、330家中小学（含一校多址情况），以及区环卫中心、区房管局等单位赠送宣传挂图1200套、宣传折页22800张，为多家单位赠送党史党建类书籍40余种1300余册。在区政府主楼一层展出以“铭记党的历史 感悟魅力朝阳”为主题的“朝阳区革命遗址遗迹”宣传展板。市委党史研究室在“史志北京”微信公众号转发朝阳区宣传月活动信息4篇。制作完成“朝阳区革命遗址遗迹”视频。10月，为纪念中国共产党北京早期组织成立100周年，开展史志宣传月活动，通过朝阳党史微信公众号集中推送党的创建时期历史故事12篇。

【党史课题研究】 3月，区委党史办完成2019年党史课题评定工作，一等课题空缺，二等课题1个：“宁德工作期间习近平扶贫开发理念与实践研究”，三等课题2个：“探寻超大城市精细化治理力量之源——朝阳区落实习近平总书记对北京讲话精神加强‘疏整促’推进高质量发展的经验与启示”“马骏爱国思想的现实价值——以北京市朝阳区为例”，优秀课题4个：“2008年北京奥运会对朝阳区市民文明素质提升的作用”“‘北京朝阳群众’在社区群防群治中多元参与的实证研究”“朝阳区党建引领集团化办学的历史与现实”“革命传统在新时代干部教育中的作用研究——以马骏烈士事迹为例”。5月，组织开展2020年党史研究课题征集工作，议定精选2018—2019年党史课题成果12篇，汇编成《党史理论与实践研究（2018—2019）》一书。12月，收到2020年度党史课题研究报告9篇。

【党史资料征编】 4月，区委党史办向全区有关单位征集《中国共产党北京执政纪事（2017—2019）》中涉及朝阳区条目的内容资料。编撰完成9个条目2万余字，图片42张，报送市委党史研究室。年内，组织编纂《中国共产党北京市朝阳区历史大事记（2016—2018）》，记载2016年1月1日至2018年12月31日，朝阳区委带领全区各级党组织和广大党员干部群众，坚持和加强党的领导，推进区域经济转型发展，开展生态环境建设，实施文化强区战略，实现民生事业进步进程中的重大事件和生动实践。

【马骏烈士墓保护提升】 7月8日，区委党史办根据区委宣传部《中国共产党早期革命活动旧址——马骏烈士墓保护提升方案》要求，成立马骏烈士墓保护传承利用专项工作领导小组。开展收集有关马骏烈士的史料文献和研究文章、专著工作。年内，完成《文武双全的回族革命斗士——马骏烈士传略》初稿，1.3万余字。收集涉及马骏烈士专著9本，其他研究文章、音像资料等30余份。

【《朝阳党史》编辑出版】 8月，《朝阳党史》2020年第1期印制完成，11万字，印制600册，向全区各单位免费发放。记录2020年上半年朝阳党史工作主要动态，侧重反映朝阳区各系统、部门在区委领导下开展的抗疫工作和主要经验，辑录党史上开展的有关防疫、抗疫重要事件。12月，《朝阳党史》2020年第2期付印700册。重点记述朝阳区党史宣传月活动情况和疫情防控先进人物、先进单位表彰等。 （张　茜）

朝阳区人民代表大会

综　述

【概况】 北京市朝阳区人民代表大会常务委员会（简称区人大常委会）是朝阳区人民代表大会常设机构。2020年，召开人民代表大会会议1次、常委会会议10次。审议议题59项，其中听取审议专项工作报告15项，听取审议计划、预算、决算、审计等报告10项。开展执法检查2项、专题询问1项、专项工作评议1项，作出决议决定11项。任免国家机关工作人员194人次，组织52人向宪法宣誓。年底，全区有北京市人大代表99人，区人大代表432人。

【人大工作会】 4月20日，区人大常委会召开2020年党建暨人大工作视频会。区人大常委会党组书记、主任陈宏志出席会议并讲话，党组副书记、副主任常树奇，党组成员、副主任胡良森、牟燕东、张克斌，副主任叶青出席会议。会议总结区人大常委会2019年党建工作并部署2020年党建工作，通报区人大常委会2020年工作要点并部署相关工作。陈宏志指出，2019年区人大常委会工作呈现出党的建设取得明显成效、依法履职有力服务大局、代表工作展现新的气象、街乡人大重要作用更加突出4个特点。就2020年全区人大党建工作和全年工作任务，陈宏志强调：以政治建设为统领，加强区人大常委会的政治建设、思想建设、组织建设、作风建设、党风廉政建设；把握工作重点，依法履行职责；提高工作水平，提升人大工作质量。

【监督工作】 年内，区人大常委会在区十六届人大常委会会议上听取并审议区政府关于朝阳区2020年国民经济和社会发展计划上半年执行情况的报告及朝阳区2019年区级预算执行和其他财政收支的审计工作报告，关于2019年朝阳区预算执行和其他财政收支审计查出问题整改情况的报告，关于2020年代表建议、批评和意见办理工作方案的报告，关于法治政府建设工作情况的报告，关于朝阳区国民经济和社会发展第十三个五年规划纲要调整方案的议案，关于《朝阳分区规划（国土空间规划）（2017年—2035年）》实施情况的报告，关于继续办理“加快建设温榆河公园示范园，推动朝阳区生态文明建设”议案情况的报告，关于做好农村劳动力就业安置情况的报告，关于区十六届人大六次会议议案办理情况的报告，关于社会救助工作情况的报告，关于实施《北京市生活垃圾管理条例》情况的报告，关于2019年行政事业单位国有资产管理情况的专项报告。听取区政府关于区十六届人大六次会议对国民经济、社会发展计划审查意见研究处理方案的报告，关于朝阳区2019年环境状况和环境保护目标完成情况的报告，关于2019年朝阳区预算执行和其他财政收支审计查出问题整改情况的报告，关于落实人代会、常委会关于计划审议意见情况的报告，关于落实人代会、常委会关于财政预决算审议意见情况的报告，关于朝阳区国民经济和社会发展第十三个五年规划纲要执行情况及第十四个五年规划和二〇三五年远景目标纲要（草案）编制情况的报告。听取和审议区法院关于刑事审判工作情况的报告。听取和审议区人大常委会执法检查组关于检查《中华人民共和国公共文化服务保障法》实施情况的报告、区政府关于实施《中华人民共和国公共文化服务保障法》情况的报告。听取和审议区检察院关于刑事执行检察工作情况的报告。听取和审议区人大常委会执法检查组关于检查《北京市生活垃圾管理条例》实施情况的报告。听取和审议区十六届人大六次会议代表建议、批评和意见办理及督办情况的报告，并测评区政府建议办理工作情况。

【人大代表构成】 年内，朝阳区第十六届人民代表大会有代表432人。男性代表267名，占61.81%；女性代表165名，占38.19%。人大代表中汉族398人，满族17人，回族11人，蒙古族2人，畲族1人，土家族1人，藏族1人，彝族1人。

【代表工作】 年内，区人大常委会代表联络室完成全区43个代表之家的建设工作和230个代表工作室的完善工作。结合新冠肺炎疫情防控情况和代表履职需求，创新开展代表自学和网上学习相结合的学习方式，开展“强信心、勇担当、促履职”为主题的代表履职学习。挑选89篇心得体会编印成册，字数近17万字。区十六届人大六次会议期间，代表依法提交建议166件（含议案转建议6件），交区政府办理156件，交区人大办理1件，交区法院办理9件，转交市人大常委会建议29件。闭会期间代表建议19件，办复18件（含疫情防控期间代表建议9件），1件转区委有关部门参考。召开“双月”代表座谈会4次。重点围绕统筹推进疫情防控和经济社会发展情况、“十三五”规划执行以及“十四五”规划编制工作，听取30余位代表的意见和建议。完善区人大代表工作室网上平台运行机制，围绕常委会重点议题发布意见征集主题2个，收集意见350余条。围绕市人大立法工作发布征集主题2个，收集意见200余条。全年网上平台回复选民留言1780条，“活动剪影”板块上传人大代表相关活动信息2500条。围绕修订《北京市物业管理条例（草案）》《北京市文明行为促进条例（草案）》和制订《北京市医院安全秩序管理规定》，利用网上平台、微信群、邮件、电话等方式，分2次组织征求市、区、乡三级人大代表及市民和有关单位的意见建议，有183位市人大代表，842位区人大代表，1672位乡人大代表，592位市民、社区工作者、物业管理者及87个单位提出意见建议13171条。区人大各街道工委、地区工委利用人大代表之家、代表工作室和代表工作室网上平台，采取“家、站”联系选民与网上平台征求意见相结合的方式，组织人大代表开展代表联系选民活动。组织各类活动393次。其中，召开座谈会133次，调研活动80次，驻室接待选民122次，身边检查等其他活动58次。16名市人大代表、375名区人大代表、591名乡人大代表参加活动，接待选民6300人次。收集到代表及选民意见建议2481条，其中代表意见建议1008条，选民意见建议1131条，代表工作室网上平台发布征集主题23项，收集意见342条。完成11名区人大代表和1名市人大代表补选工作。（徐华东）

重要会议

【概况】 2020年，区人大常委会召开常委会会议9次，审议议题59项，其中，听取审议专项工作报告15项，听取审议计划、预算、决算、审计等报告10项，开展执法检查2项、专题询问1项、专项工作评议1项，作出决议决定11项，任免国家机关工作人员194人次，组织52人向宪法宣誓。

【区人民代表大会会议】 1月4日至7日，召开朝阳区第十六届人民代表大会第六次会议。会议期间召开6次主席团会，5次全体会议。会议听取和审查《朝阳区人民政府工作报告》《朝阳区人大常委会工作报告》《朝阳区人民法院工作报告》《朝阳区人民检察院工作报告》，审查和批准《朝阳区2019年国民经济和社会发展计划执行情况的报告及2020年国民经济和社会发展计划》《朝阳区2019年财政预算执行情况的报告和2020年财政预算》。张克斌当选为朝阳区人大常委会副主任，龚浩鸣当选为朝阳区人民法院院长，当选人与全体代表见面，并向宪法宣誓。

【区人大常委会会议】 年内，区人大常委会召开常委会会议9次。2月27日，区十六届人大常委会召开第二十六次会议。审议通过《朝阳区人大常委会2020年工作要点》。听取和审议朝阳区人大常委会关于2020年代表建议、批评和意见办理工作的意见。听取和审议区政府关于2020年代表建议、批评和意见办理工作方案的报告。决定朝阳区人大常委会代表资格审查委员会组成人员调整事项。听取和审议朝阳区人大常委会关于区十六届人大六次会议议案督办工作方案的报告。听取和审议区政府关于区十六届人大六次会议议案办理工作方案的报告。决定人事任免事项。书面审议朝阳区人大常委会第二十五次会议被任命人员就职报告。4月23日，区十六届人大常委会召开第二十七次会议。听取区政府关于法治政府建设工作情况的报告。审议通过《北京市朝阳

▲ 1月4日，朝阳区第十六届人民代表大会第六次会议开幕 （区人大常委会办公室 供图）

区人民代表大会常务委员会授予地方荣誉称号办法（试行）》。审议通过朝阳区人大常委会关于开展授予“朝阳区优秀法官”“朝阳区优秀检察官”“朝阳区优秀人民警察”荣誉称号的工作方案。听取区政府关于朝阳区2019年环境状况和环境保护目标完成情况的报告。决定人事任免事项。6月18日，区十六届人大常委会召开第二十八次会议。听取和审议区法院关于刑事审判工作情况的报告。书面审议区法院关于落实区人大常委会对《区法院关于金融审判工作情况的报告》审议意见的报告。书面审议区政府关于落实区人大常委会对《区政府关于迎冬奥全民健身开展情况的报告》审议意见的报告。决定人事任免事项。8月20日，区十六届人大常委会召开第二十九次会议。听取和审议区政府关于改善农村人居环境，加快实现农村城市化的报告。听取和审议区政府关于朝阳区2020年国民经济和社会发展计划上半年执行情况的报告。听取和审议区政府关于朝阳区2019年预算执行和其他财政收支审计工作的报告。听取和审议朝阳区2019年财政决算草案报告，并批准朝阳区2019年财政决算。听取和审议区政府2020年财政预算上半年执行情况的报告。决定人事任免事项。决定区人大代表辞职及补选事项。决定乡人大代表补选事项。书面审议朝阳区人大常委会第二十八次会议被任命人员就职报告。9月24日，区十六届人大常委会召开第三十次会议。听取和审议区检察院关于刑事执行检察工作情况的报告。听取和审议朝阳区人民政府关于《朝阳分区规划（国土空间规划）（2017年—2035年）》实施情况的报告。听取和审议区政府关于继续办理“加快建设温榆河公园示范园，推动朝阳区生态文明建设”议案情况的报告。听取和审议区人大常委会执法检查组关于检查《中华人民共和国公共文化服务保障法》实施情况的报告、区政府关于实施《中华人民共和国公共文化服务保障法》情况的报告。决定人事任免事项。书面审议区检察院关于落实区人大常委会对《朝阳区人民检察院关于轻罪检察工作情况的报告》审议意见的报告。书面审议区政府关于落实区人大常委会对《朝阳区人民政府关于学前教育监管服务体系建设情况的报告》审议意见的报告。书面审议区政府关于落实区人大常委会对《朝阳区人民政府关于实施〈北京市机动车停车条例〉情况的报告》审议意见的报告。10月12日，区十六届人大常委会召开第三十一次会议。决定区人大代表辞职事项。10月22日，区十六届人大常委会召开第三十二次会议。审议通过朝阳区人大常委会关于授予“朝阳区优秀法官”“朝阳区优秀检察官”“朝阳区优秀人民警察”荣誉称号的决定。听取和审议朝阳区人民政府关于实施《北京市生活垃圾管理条例》情况的报告、区人大常委会执法检查组关于检查《北京市生活垃圾管理条例》实施情况的报告。对朝阳区人民政府垃圾管理工作开展专项评议。听取和审议区政府关于社会救助工作情况的报告。听取和审议区政府关于办理“落实‘七有五性’（‘七有’即在幼有所育、学有所教、劳有所得、病有所医、老有所养、住有所居、弱有所扶上不断取得新进展；‘五性’指北京市民对美好生活的需要呈现出便利性、宜居性、多样性、公正性、安全性的新特点），提高基层医疗卫生服务水平”议案情况的报告。听取和审议区政府关于2019年度行政事业单位国有资产管理情况的专项报告，审议区政府关于2019年度国有资产管理情况的综合报告。审查和批准朝阳区2020年预算调整方案。听取补选区人大代表情况报告，审议代表资格审查报告。12月11日，区十六届人大常委会召开第三十三次会议，市人大朝阳团代表作履职情况报告。决定区人大代表辞职及补选事项。决定人事任免事项。12月22日，区十六届人大常委会召开第三十四次会议。讨论区人大常委会工作报告（草案）。听取区政府2019年朝阳区预算执行和其他财政收支审计查出问题整改情况的报告。听取区政府落实区人民代表大会、区人大常委会关于计划审议意见情况的报告。听取区政府落实区人民代表大会、区人大常委会关于财政预决算审议意见情况的报告。审查和批准朝阳区2020年国民经济和社会发展计划调整方案。审查和批准朝阳区2020年预算调整方案。听取区政府关于朝阳区国民经济和社会发展第十三个五年规划纲要执行情况及第十四个五年规划和二〇三五年远景目标纲要（草案）编制情况的报告。听取和审议2020年度朝阳区人大代表建议、批评和意见办理及督办情况的报告，并对区政府建议办理工作进行测评。听取区人大常委会街道、地区工作委员会2020年工作报告。决定区十六届人大七次会议有关事项。决定补选市人大代表事项。书面审议朝阳区人大常委会第三一次会议被任命人员就职报告。

【区人大常委会主任会议】 年内，区人大常委会召开主任会议11次。2月28日，区十六届人大常委会召开第三十八次主任会议。会议研究通过《朝阳区人大常委会关于进一步加强人大代表之家、人大代表工作室建设和工作的实施方案》，研究通过人大代表之家、人大代表工作室四项相关制度（修订草案），研究区人大常委会第二十六次会议有关事项，决定区人大常委会第二十六次会议召开时间、地点、建议议题及列席人员等事项。4月14日，召开第三十九次主任会议，听取区政府关于区十六届人大六次会议对国民经济、社会发展计划审查意见研究处理方案的报告，听取区政府关于区十六届人大六次会议对财政预算审查意见研究处理方案的报告，研究区人大常委会第二十七次会议有关事项。6月9日，召开第四十次主任会议，听取区法院关于落实区人大常委会对《区法院关于金融审判工作情况的报告》审议意见的报告，听取区政府关于落实区人大常委会对《区政府关于迎冬奥全民健身开展情况的报告》审议意见的报告，研究区人大常委会第二十八次会议有关事项，决定区人大常委会第二十八次会议召开时间、地点、建议议题及列席人员等事项。8月11日，召开第四十一次主任会议，研究通过《北京市朝阳区人民代表大会常务委员会2020年代表建议、批评和意见办理满意度测评工作方案》，研究通过《北京市朝阳区人民代表大会常务委员会2020年度优秀代表建议、批评和意见评选工作方案》，研究区人大常委会第二十九次会议有关事项，决定区人大常委会第二十九次会议召开时间、地点、建议议题及列席人员等事项。8月24日，召开第四十二次主任会议，会议研究通过朝阳区人大常委会关于补选区第十六届人民代表大会代表工作实施方案（草案）。9月15日，召开第四十三次主任会议。听取区检察院关于落实区人大常委会对《朝阳区人民检察院关于轻罪检察工作情况的报告》审议意见的报告，听取区政府关于落实区人大常委会对《朝阳区人民政府关于学前教育监管服务体系建设情况的报告》审议意见的报告，听取区政府关于落实区人大常委会对《朝阳区人民政府关于实施〈北京市机动车停车条例〉情况的报告》审议意见的报告，研究“朝阳区优秀法官”“朝阳区优秀检察官”“朝阳区优秀人民警察”荣誉称号建议人选及公示方案。研究区人大常委会第三十次会议有关事项，决定常委会第三十次会议召开时间、地点、建议议题和列席人员等事项。10月12日，召开第四十四次主任会议，决定代表辞职事项，决定常委会第三十一次会议召开时间、地点、建议议题和列席人员等事项。10月13日，召开第四十五次主任会议。会议听取区政府关于做好农村劳动力就业安置情况的报告，研究区人大常委会第三十二次会议有关事项，决定常委会第三十二次会议召开时间、地点、建议议题和列席人员等事项。12月4日，召开第四十六次主任会议，研究市人大朝阳团代表在区人大常委会会议和区代表会前活动述职工作，研究区人大常委会第三十三次会议有关事项，决定区人大常委会第三十三次会议召开时间、地点、建议议题及列席人员等事项。12月1日，召开第四十七次主任会议，通过朝阳区人大常委会关于补选区第十六届人民代表大会代表工作实施方案（草案）。12月15日，召开第四十八次主任会议。会议研究通过2020年度优秀代表建议、批评和意见评选结果，研究区人大常委会第三十四次会议有关事项，决定区人大常委会第三十四次会议召开时间、地点、建议议题及列席人员等事项。

（徐华东）

人事任免

【概况】 2020年，区人大常委会依法行使人事任免权，依法任免国家机关工作人员194人次。

【任免事项】 2月27日，区人大常委会第二十六次会议。决定免去：朱春霞的区人大常委会副主任职务，代表资格审查委员会主任委员职务自行终止，苏静的区人大常委会左家庄街道工委主任职务，何文东的区人大常委会常营地区工委副主任职务，曹志刚的区法院副院长职务，韩毅钢的区法院立案庭庭长、审判员职务，李伊雯的区法院金融审判庭副庭长、审判员职务，王喆的区法院南磨房法庭副庭长、审判员职务，雷恩强的区法院亚运村法庭副庭长、审判员职务，孙铭溪的区法院民事审判第一庭副庭长、审判员职务，范米多的区法院王四营法庭副庭长、审判员职务，赵佳的区法院王四营法庭副庭长、审判员职务，杜庆芬、潘超、吴智慧、韩继先的区法院审判员职务。因工作调整，孙立提出辞去代表资格审查委员会委员职务。接受李长萍、刘海涛辞去区政府副区长职务的请求。决定任命：常树奇为朝阳区人大常委会代表资格审查委员会主任委员，王宁为代表资格审查委员会委员，陈扬为区法院酒仙桥法庭副庭长，孙璟钰为区法院民事审判第三庭副庭长，巫霁为区法院民事审判第五庭（知识产权审判庭）副庭长。4月23日，区人大常委会第二十七次会议。接受牛国泉、杨艳辞去北京市朝阳区人民政府副区长职务的请求。决定任命王冬斌为区政府副区长。决定免去张克斌的区农业农村局局长职务。6月18日，区人大常委会第二十七次会议。接受马继业、李国红、戎均文辞去区政府副区长职务的请求。决定任命张京为区人大常委会农村办公室副主任，麻晓晖为区人大常委会左家庄街道工委主任，孙扬为区人大常委会亚运村街道工委主任，王润民为区人大常委会黑庄户地区工委副主任，暴剑为区政府副区长，张雪涛为区政府副区长（挂职一年），刘琳为区政务服务管理局局长，李响为区监察委员会委员，孙京昆为区法院副院长，齐晓丹为区法院副院长、审判委员会委员、审判员，申红为区法院审判委员会委员，周维琦为区法院审判委员会委员，刘鹏为区法院审判委员会委员，胡晶钰为区法院审判委员会委员，陈霞为区法院亚运村法庭副庭长，马婧为区法院温榆河法庭副庭长，程立武为区法院民事审判第二庭副庭长，林上爽为区法院立案庭（诉讼服务中心）副庭长，徐娟为区法院立案庭（诉讼服务中心）副庭长，刘砺兵为区法院刑事审判庭副庭长，辛祖国为区法院刑事审判庭副庭长，万兵为区法院刑事审判庭副庭长，李佳丽为区法院刑事审判庭副庭长，徐悦为区法院民事审判第一庭副庭长，王巍为区法院民事审判第一庭副庭长，吴克孟为区法院民事审判第一庭副庭长，阮健为区法院民事审判第二庭副庭长，赵鑫为区法院民事审判第二庭副庭长，刘燕为区法院民事审判第四庭副庭长，张妍为区法院综合审判庭（未成年人案件审判庭）副庭长，杜宗杰为区法院综合审判庭（未成年人案件审判庭）副庭长，李戈为区法院综合审判庭（未成年人案件审判庭）副庭长，田青为区法院立案庭（诉讼服务中心）副庭长，李甲军为区法院立案庭（诉讼服务中心）副庭长，王阳为区法院民事审判第一庭副庭长，罗曼为区法院民事审判第五庭（知识产权审判庭）副庭长，李铁凡为区法院民事审判第五庭（知识产权审判庭）副庭长，石海朝为区法院南磨房法庭副庭长，陈一铮为区法院王四营法庭副庭长，白星晖为区法院酒仙桥法庭副庭长，付艳为区法院亚运村法庭副庭长。决定免去：徐福寿的区人大常委会城建环保办公室副主任职务，麻晓晖的区人大常委会亚运村街道工委主任职务，吴志伟的区人大常委会双井街道工委副主任职务，付可宾的区人大常委会朝外街道工委副主任职务，王世纯的区人大常委会黑庄户地区工委副主任职务，吴景刚的区政务服务管理局局长职务，曹冲的区监察委员会委员职务，俞里江的区法院审判委员会委员、审判员职务，刘黎的区法院奥运村法庭庭长职务，林上爽的区法院立案庭副庭长职务，徐娟的区法院立案庭副庭长职务，刘砺兵的区法院刑事审判第二庭副庭长职务，辛祖国的区法院刑事审判第一庭副庭长职务，万兵的区法院刑事审判第二庭副庭长职务，李佳丽的区法院刑事审判第一庭副庭长职务，徐悦的区法院民事审判第一庭副庭长职务，王巍的区法院民事审判第五庭副庭长职务，吴克孟的区法院民事审判第五庭副庭长职务，阮健的区法院民事审判第二庭副庭长职务，赵鑫的区法院民事审判第二庭副庭长职务，刘燕的区法院民事审判第四庭副庭长职务，张妍的区法院少年审判庭副庭长职务，杜宗杰的区法院审判监督庭副庭长职务，李戈的区法院审判监督庭副庭长职务，田青的区法院民事审判第二庭副庭长职务，李甲军的区法院酒仙桥法庭副庭长职务，王阳的区法院奥运村法庭副庭长职务，罗曼的区法院酒仙桥法庭副庭长职务，李铁凡的区法院刑事审判第二庭副庭长职务，石海朝的区法院少年审判庭副庭长职务，陈一铮的区法院亚运村法庭副庭长职务，白星晖的区法院民事审判第五庭副庭长职务，付艳的区法院温榆河法庭副庭长职务，于洋的区法院执行第一庭副庭长职务，王振杰的区法院执行第一庭副庭长职务，梁志红的区法院执行第二庭副庭长职务，侯世永的区法院执行第三庭副庭长职务，杜玉勇的区法院执行第三庭副庭长职务，郑晨星的区法院执行第三庭副庭长职务，李金雷的区法院执行第二庭副庭长职务，孙元的区法院立案庭副庭长职务，李清华的区法院望京法庭副庭长职务，陈洁的区法院双桥法庭副庭长职务，于爽的区法院南磨房法庭副庭长职务，臧德胜的区法院审判委员会委员、刑事审判第一庭庭长、审判员职务，李晓的区法院刑事审判第一庭副庭长、审判员职务，李延贵、李红、石岩、袁冲的区法院审判员职务。8月20日，区人大常委会第二十九次会议。决定任命：崔小浩为区政府副区长，曾林为区人大常委会建外街道工委副主任。决定免去：林琳的区人大常委会建外街道工委副主任职务，付博的区人大常委会机场街道工委副主任职务，李伟的区人大常委会左家庄街道工委副主任职务。9月24日，区人大常委会第三十次会议。决定任命：李洋为区人大常委会教科文卫办公室主任，李虹为区人大常委会教科文卫办公室副主任，王智勇为区人大常委会东湖街道工委主任，陈伟航为区人大常委会双井街道工委主任，董健（男）为区人大常委会安贞街道工委主任，郭孟为区人大常委会双井街道工委副主任，赵洪玉为区人大常委会垡头街道工委副主任，马冉为区人大常委会机场街道工委副主任，刘贺鹏为区人大常委会朝外街道工委副主任，闫立春为区人大常委会左家庄街道工委副主任，刘高怀为区人大常委会东风地区工委副主任，倪东新为区司法局局长，宋学亮为区法院民事审判第二庭副庭长，李林强为阳区法院民事审判第三庭副庭长，李默菡为区法院民事审判第四庭副庭长，蒙镭为区法院南磨房法庭副庭长，孙琪为区法院奥运村法庭副庭长。决定免去：倪东新的区人大常委会东湖街道工委主任职务，董健（女）的区人大常委会双井街道工委主任职务，陈伟航的区人大常委会安贞街道工委主任职务，毕淑双的区人大常委会东风地区工委副主任职务，张小锋的区人大常委会三间房地区工委主任职务，王远捷的区司法局局长职务，陈晓东的区法院审判委员会委员、审判员职务，沈静的区法院执行第一庭副庭长、审判员职务，张春光的区法院金融审判庭副庭长、审判员职务，张革新、王凛、董璐的区法院审判员职务。10月12日，区人大常委会第三十一次会议。接受黄璜、倪东新、董健、张小锋、李小兵等5名代表辞去区第十六届人民代表大会代表职务的请求。10月12日，区人大常委会第三十一次会议。决定任命：李钧为区人大常委会东坝地区工委主任，洪广欣为区人大常委会小关街道工委主任，黄宏春为区国资委主任。12月11日，区人大常委会第三十三次会议。决定任命：王立新为区人大常委会三间房地区工委主任，李庆芳为区人大常委会常营地区工委副主任，李文为区人大常委会高碑店地区工委副主任，邢志新为区人大常委会王四营地区工委副主任，马凯为区人大常委会团结湖街道工委副主任，王微为区人大常委会和平街街道工委副主任，赵一帆为区人大常委会奥运村街道工委副主任，刘丹为区人大常委会麦子店街道工委副主任，杨志学为区人大常委会呼家楼街道工委副主任，郝晨刚为区人大常委会安贞街道工委副主任，岳立为区政府副区长。决定免去：刘大庆的区人大常委会常营地区工委主任职务，马玉的才区人大常委会高碑店地区工委副主任职务，高玉利的区人大常委会王四营地区工委副主任职务，郝凯的区人大常委会团结湖街道工委副主任职务，张小洁的区人大常委会和平街街道工委副主任职务，蒋立荣的区人大常委会奥运村街道工委副主任职务，常放的区人大常委会麦子店街道工委副主任职务，马凯的区人大常委会呼家楼街道工委副主任职务，高飞的区人大常委会安贞街道工委副主任职务，周维琦的区法院南磨房人民法庭庭长职务孙长柱区检察院副检察长、检察委员会委员、检察员职务，王宏、叶萍、刘平、刘叶青、刘建军、步秀环、张文娟、董丽娟的区检察院检察员职务。12 月 22 日，区人大常委会第三十四次会议，补选柳贡慧为北京市第十五届人民代表大会代表。（徐华东）

议案办理和信访受理

【概况】 2020 年，区十六届人大六次会议确立“落实‘七有五性’，提高基层医疗卫生服务水平”议案。区人大常委会把大会议案督办与市人大立法征求意见相结合、与全区新冠肺炎疫情防控实践相结合，拓展督办工作深度、广度。围绕组织领导、基层医疗卫生建设、方便群众就医、公共卫生安全 4 个方面，先后组织代表赴区疾病预防控制中心、区妇幼保健院、垂杨柳医院和街乡卫生服务中心实地调研，借助区人大代表工作室网上平台和“代表集中联系选民月活动”征求各方意见建议，针对医疗资源布局不够清晰、街乡卫生服务中心用房面积不足、医联体信息互联存在“壁垒”、公共卫生安全协同联动机制不完善等现实问题，提出加强科学规划、加强软硬件建设、有针对性解决群众就医不便问题、加强公共卫生安全应急体系建设等审议意见。区人大常委会受理各类信访 215 件次，比上年减少 19.4%。

【议案落实情况视察调研】 7 月 16 日，区议案督办工作领导小组和工作组部分成员赴区疾病预防控制中心专题调研公共卫生应急管理工作情况。调研中，区人大代表视察新冠肺炎疫情防控密接管理组、新冠肺炎疫情防控临时指挥部、核酸检测实验室准备区和健康服务电话指挥调度平台，听取区政府相关部门负责人及区疾控中心负责人的汇报。区人大常委会副主任张克斌参加调研，部分区人大代表参加并提出意见建议。

【议案办理审议】 10 月 10 日，区人大教科文卫委员会召开第十七次（扩大）会议，初审区政府关于办理大会议案情况的报告，讨论教科文卫委员会对区政府办理大会议案情况报告的意见和建议。区人大常委会副主任张克斌参加会议，区政府相关部门负责人员到会汇报工作并听取相关意见建议。参会委员和代表围绕精神健康、康养康复、人才队伍建设等方面提出意见建议。10 月 22 日，区人大常委会第三十二次会议召开，会议听取并审议区政府《关于办理“落实‘七有五性’，提高基层医疗卫生服务水平”议案情况的报告》，提出审议意见：提高认识，科学制定医疗卫生事业发展规划；加强软硬件建设，提升医疗服务能力；以“病有所医”为目标，方便群众就医；加强公共卫生安全应急体系建设。

【信访受理】 年内，区人大常委会受理各类信访 215 件次，比上年减少 19.4%。其中，来访 118 批次 195 人，比上年减少 22.3%；来信 97 件，比上年减少 15.6%。办理市人大常委会、区人大常委会领导及人大代表交办的信访件 8 件，与上年持平。（徐华东）

代表活动

【概况】 2020 年，区人大常委会推进代表“家、站”（“人大代表之家”“人大代表工作站”）建设，完善平台阵地，丰富闭会期间活动，激发履职热情，深化代表建议督办，增强办理实效，发挥三级代表联动作用，形成常态化机制，坚持“服务保障监督管理”工作方针，做好代表工作，促进代表依法履职。

【“万名代表下基层”开门立法活动部署】 1 月 19 日，区人大常委会召开“万名代表下基层”开门立法活动部署会。区人大常委会副主任常树奇，区委、区政府相关部门负责人，区人大常委会各工作机构主要负责人，区人大各街道、地区工委主任或副主任，乡人大主席，街乡人大工作联络员参加会议。会议要求，要认识到《北京市物业管理条例（草案）》《北京市文明行为促进条例（草案）》这两部法规对构建更加有效的首都治理体系的重要意义，认识到加强物业管理、文明行为立法，对于提升首都基层治理水平的重大意义，把组织好这次征求意见活动作为贯彻党中央决策部署、市委全会和市人大法规制定工作安排的重要举措。会议强调，要提前谋划，精心组织，用好代表之家、代表工作室这一履职平台，听取不同行业、不同领域、不同利益群体的意见建议，最大限度地凝聚立法共识，反映各方利益，为提升立法工作质量做出贡献。要改进代表工作方式，把“万名代表下基层”开门立法工作作为代表工作的重要载体和长效工作机制，逐渐规范和完善代表工作方式，进一步推进代表之家、代表工作室建设，进一步健全代表联络机制，推动新时代朝阳区人大工作再上新台阶。要策划做好活动的宣传报道，要加强统筹策划，按照全市部署，以融媒体方式加强宣传报道，提高宣传报道工作实效。

【区人大代表“家、站”建设试点单位工作会】 3月31日，区人大代表“家、站”建设试点单位工作会召开，围绕市人大常委会“家、站”建设要求部署朝阳区人大代表“家、站”建设工作，朝外、建外、劲松街道办事处，南磨房、来广营、王四营地区办事处6个试点单位交流探讨人大代表“家、站”建设情况。区人大常委会副主任常树奇参加会议并讲话。常树奇指出，各单位要提高认识，依托街道、地区“三个中心”（市民活动中心、便民服务中心和市民处置诉求中心），推进人大代表之家建设，发挥代表工作室线上线下“双轮驱动”作用，打造示范品牌；结合地区实际，搞“自选动作”，创出自己的品牌；在建好代表“家、站”的基础上，更要着眼利用好这个载体，发挥平台作用，将代表“家、站”真正建设成为闭会期间各级代表履行职责、开展联系和学习培训的阵地。

【“双月”座谈会】 8月18日，区人大常委会召开本届人大常委会第14次“双月”代表座谈会，围绕朝阳区“十四五”规划经济发展纲要编制及区人大常委会工作听取代表的意见建议。各位代表结合朝阳区“三化”建设、经济社会发展及自身企业发展情况，从强化高端商务服务、注重科技创新、优化营商环境等方面提出意见建议。区人大常委会主任陈宏志、副主任常树奇参加会议。

【代表会前视察活动】 11月11日，区人大常委会统一安排部署，以各代表团为单位分专题组织开展会前集中视察活动。区人大常委会主任陈宏志，副主任常树奇、胡良森、牟燕东、张克斌、叶青参加视察。区委常委、区政府常务副区长崔小浩，副区长张雪涛，区法院院长龚浩鸣，区检察院检察长张朝霞陪同视察。此次视察，围绕全区中心工作和区人大常委会的年度监督议题，着眼新冠肺炎疫情防控及朝阳区经济社会发展和关系人民群众切身利益、社会普遍关注的重大问题，从教育、产业发展、农村城市化、司法工作、卫生、垃圾分类等8个领域选择16个具有代表性的点位。 （徐华东）

专门委员会

【概况】 2020年，区人大常委会设置监察和司法委员会、社会建设委员会、财政经济工作委员会、城建环保工作委员会、教科文卫工作委员会、农村工作委员会等6个专门委员会。各专门委员会根据工作职责，强化专委会督办功能，将建议督办与议题调研、代表视察、执法检查相结合，提高建议督办针对性和专业性。

【监察和司法委员会】 1月，区人大常委会法制委员会更名为监察和司法委员会。全年召开监察和司法委员会会议3次，审议议题5项，完成区人大常委会3项常委会会议议题、2项主任会议议题的调研准备工作，承担区人大常委会调研课题1项。组织委员和市、区人大代表开展视察调研21次，参加代表181人次。加强对“一府两院”专项工作的监督，促进依法行政、公正司法，依法开展对区政府法治政府建设工作、“七五”普法规划实施、区法院刑事审判工作、区检察院刑事执行检察工作的调研。依法组织开展规范性文件备案审查工作，做到“有件必备、有备必审、有错必纠”。组织开展“朝阳区优秀法官”“朝阳区优秀检察官”“朝阳区优秀人民警察”地方荣誉称号授予工作。完成26件代表建议督办工作。开展对联系部门的预算初审和“十四五”规划编制情况调研。协助市人大民族宗教侨务外事委员会开展《北京市宗教事务条例（修订草案）》征求意见、《北京市实施〈中华人民共和国归侨侨眷权益保护法〉办法》调研及全国人大常委会法工委行政处罚法修改调研等工作。

【社会建设委员会】 1月，区人大常委会新设立社会建设委员会。全年召开社会建设委员会会议2次，审议议题3项，完成区人大常委会2项常委会会议议题的调研准备工作，承担区人大常委会调研课题1项，协助完成市人大常委会1项执法检查、1项专题调研、5部法律法规立法征求意见工作，全年组织委员和市、区人大代表开展视察调研10次，参加代表100人次。加强对区政府专项工作的监督，促进依法行政，依法开展对区政府社会救助工作、落实常委会对迎冬奥全民健身开展情况审议意见的调研，对口联系单位预算初审和“十四五”规划编制情况调研。协助市人大常委会开展《北京市街道办事处条例》执法检查和实施《北京市文明行为促进条例》、制止餐饮浪费行为专题调研，协助开展《北京市医院安全秩序管理规定（草案）》《北京市突发公共卫生事件应急条例（草案）》立法征求意见、《北京市实施〈中华人民共和国突发事件应对法〉办法》修改工作调研，配合开展《中华人民共和国家庭教育法（草案）》《中华人民共和国退役军人保障法（草案）》征求意见工作。

【财政经济工作委员会】 年内，区人大常委会财政经济委员会完成人民代表大会、常委会和主任会议题17项。其中，人代会审查和批准议题2项，常委会听取审议和审查批准的议题12项，常委会书面审议的议题1项，主任会听取议题2项。走访调研区税务局、区发展改革委、区投促局等政府职能部门及华贸集团、爱工场文化产业园、望京综开公司等区内重点企业。研究分析经济变化、行业发展情况，形成《新冠疫情对朝阳区企业影响分析报告》和《关于稳步推进经济社会发展的建议》《关于新冠肺炎疫情对展览业影响情况的专项报告》等研究成果。继续落实《朝阳区预算审查监督办法》，强化财经监督的规范化、制度化。研究出台《关于进一步深化区人大常委会预算审查监督组织工作的意见》，提高人大预算监督的针对性和有效性。结合朝阳区工作实际，研究起草《关于进一步加强朝阳区人大常委会对审计查出突出问题整改情况监督的实施意见》，构建人大监督与审计监督有效机制。加强区域经济形势分析研判，针对新冠肺炎疫情及国内外经济持续下行等负面因素对朝阳区经济发展造成的影响，进一步深化对区域经济发展和重点经济指标运行的分析研究，由季度分析改为月度分析，撰写《朝阳区一般公共预算收入结构性分析及与重点城区情况对比分析报告》《朝阳区重点经济指标情况分析》及《关于地区生产总值有关情况的说明》等材料，全年形成分析报告18篇。深化人大预算联网监督系统使用的深度和广度，发挥系统在代表开展预算审查监督中的查询辅助作用，委员代表、各专委会工作机构通过系统查询，动态掌握部门及重点项目预算执行情况、下一年预算编制情况等重要信息，为提升监督和议题审议质量打下基础。同时，发挥第三方机构专业研究优势，利用预算联网监督系统数据，探究朝阳区发展的优劣势、思路对策，形成月度朝阳区财政收支情况及相关分析。提升业务能力和专业化水平，深化与第三方机构合作的常态化机制，第三方机构既参与重点课题研究又开展日常性的专业指导。围绕国有资产议题，与第三方机构共同开展研究，撰写《关于加强监督朝阳区行政事业单位国有资产情况的调研报告》，发挥财经顾问专业领域研究优势，财经顾问结合国内外经济形势、财政预算管理的要求，撰写《朝阳区应对疫情推动社会经济稳定发展的相关政策建议》《疫情期间财政管理研究》等材料。做好代表服务保障工作，负责督办15件代表建议。发挥人大代表主体责任，围绕企业复工复产、财经议题审议先后走访贺彩龙、房超、杨镓轩等委员代表，前后征集代表各类意见建议90余条。

【城建环保工作委员会】 年内，区人大常委会城建环保工作委员会督办常委会监督议题4项，其中，法定议题2项，执法检查1项，书面审议议题1项。全年组织开展专项评议1项，专题视察6次，开展执法检查2次，开展暗查9次，召开座谈会10次。配合市人大常委会组织开展执法检查及调研活动6次。督办代表建议60件。组织委员和代表重点完成对区政府实施《北京市生活垃圾管理条例》情况的执法检查工作，并就区政府垃圾管理工作开展专项评议。完成区人大常委会法定审议议题“关于听取区政府2019年度环境状况和环境保护目标完成情况的报告”督办工作。完成常委会审议议题“听取和审议区政府关于实施《朝阳分区规划（国土空间规划）（2017年—2035年）》情况的报告”督办工作。完成对区城管委、规自委朝阳分局的预算初步审查工作。完成对区城管委、市规自委朝阳分局“十四五”规划编制情况的初步审查工作。配合市人大常委会完成对区政府实施“两条例”（《北京市生活垃圾管理条例》《北京市物业管理条例》）情况的执法检查工作。协助区人大常委会做好市、区、乡三级人大代表网络监督城市管理平台建设运行工作。

【教科文卫工作委员会】 年内，区人大教科文卫委员会召开委员会（扩大）会议3次，协助区人大常委会审议议题3项，主任会听取议题1项，开展专项调研11次，组织市、区人大代表209人次参加相关活动。完成区十六届人大六次会议“落实‘七有五性’，提高基层医疗卫生服务水平”大会议案调研，开展《公共文化服务保障法》执法检查，调研学前教育监管服务体系建设审议意见落实情况，设立学前教育人大代表特约监督员。调研落实36件分类督办代表建议。完成市人大常委会《北京市突发公共卫生事件应急条例》《北京市医院安全秩序条例（草案）》《北京市中医药条例》《中华人民共和国著作权法修正案（草案）》4项法律法规征求意见工作，协助开展民办非普惠幼儿园发展情况调研。

【农村工作委员会】 年内，区人大常委会农村工作委员会完成改善农村人居环境议题监督工作。做好农村劳动力就业安置议题监督工作。监督区政府继续办理“温榆河公园示范园建设”议案。做好代表涉农建议督办工作。加强乡人大工作指导，进一步规范乡人大工作。落实区委人大工作会议精神，指导各乡人大围绕乡域中心任务，在功能疏解、环境整治、实现农村城市化等重点工作推进过程中发挥作用。

（徐华东）

朝阳区人民政府

综 述

【概况】 2020年，区政府以习近平新时代中国特色社会主义思想为指导，统筹推进疫情防控和经济社会发展，扎实做好“六稳”“六保”工作，培育新动能、新优势，完成全年各项任务，完成“十三五”规划任务。在疫情防控期间，落实国家和市级政策，制定区级两个“18条措施”，解决企业用工用餐、原料供应、出差隔离、签证办理等实际困难，新增减税72.1亿元，减免社保费279亿元，返还失业保险费10.3亿元，帮助企业贷款160亿元，为中小微企业减免房租13.7亿元；创新提出“数据定位、政策找企”，为困难企业申请临时性岗位补贴和以训稳岗补贴3.4亿元。重点企业、楼宇、工地于3月底基本复工，新设企业数量自8月起保持正增长，全区就业形势总体稳定。年内，建立与冬奥组委、市级部门联动机制，推进冬奥会筹备。国家体育馆改建项目完工验收，国家速滑馆、国家游泳中心主体改造项目竣工，北京冬奥村、国家会议中心二期主体结构封顶。推广普及群众冰雪运动，冰雪产业蓬勃发展。全年办复市区人大代表建议、政协提案520件。朝阳区成为首批全国法治政府建设示范区。向街乡下放431项行政执法职权并实行综合执法。化工路改扩建工程完工，解决垡头铁路道口拥堵问题。广顺北大街全线贯通，中关村朝阳园北区主干路网基本形成。全年竣工主次支路10条，完成20项疏堵工程、102千米慢行系统整治，新增停车位5200余个。完成北京CBD区域4平方千米交通综合治理。“星火站”更名为“北京朝阳站”。实施生活垃圾管理、物业管理两个条例，厨余垃圾分出率由最初的5%提高到21%，业委会（物管会）组建率、物业服务覆盖率、党的组织覆盖率分别为87.9%、99.9%、93%。安全生产事故起数和死亡人数分别下降43.9%和40.3%，火灾事故起数下降23.7%。食品药品抽验合格率分别为98%和99%以上。成立全市首家数字金融风险防范实验室，在营网贷机构实现清零。市域社会治理现代化试点工作全面启动。全年生产总值超7000亿元，比上年下降2%左右；完成一般公共预算收入510.8亿元，比上年下降4.8%。居民人均可支配收入增长2%。年内，处理各类会议（活动）2266件，其中市级以上会议（活动）1852件。

【“疏解整治促提升”专项行动】 年内，区政府聚焦重点区域精准疏解，拆除并实现“场清地净”317万平方米、腾退土地332公顷。精细化整治提升背街小巷175条，建设提升便民商业网点120个，留白增绿208公顷。政府主导、引入社会资本开展“望京小街”更新及运营，开街后成为网红打卡地。北京最早涉外商圈丽都商圈完成改造升级，成为街区更新典范。“疏整促”专项行动12项市级年度量化考核任务中，6项超额完成，8项排名全市前三，3项排名全市第一。

【生态建设提质增效】 年内，区政府实施“一微克”行动，治理扬尘和挥发性有机物，$PM_{2.5}$年均浓度39微克/立方米，比上年下降9.3%。5个国考、市考断面达标提质，并在市水污染防治考评中首获优秀等级。亮马河四环以上段景观廊道建成开放，坝河滨水空间一期（使馆区示范段）工程完工。完成51个小区、67个单位自备井置换，惠及群众23万余人。持续推进大尺度绿化，启动国家森林城市创建，占地2.04平方千米的温榆河公园朝阳示范区建成开园，6个城市公园、4个郊野公园主体完工，新建绿道11千米，新增改造绿化面积506公顷。

【公共服务】 年内，朝阳区新增9所幼儿园，新建、改扩建中小学4所，学前教育普惠性学位占比83%，中小学优质教育资源实现全覆盖。建立全市首个国际医疗联合体，朝阳医院常营院区主体结构封顶。朝阳区成功创建全国健康促进区。实施公共卫生应急管理体系建设三年行动计划（2020—2022年），院前急救呼叫满足率95%以上。新增养老机构6家、养老驿站10家，居家和社区养老服务改革试点成果被评为全国优秀。完善“3+1”（区级、街乡级、社区村级和地区级）四级公共文化服务体系。开展线上线下文化体育活动8900余场次。出台《朝阳区大运河文化带保护传承利用规划》，萧太后河展览馆对外开放。普及冰雪运动，举办冬奥大讲堂等活动，参与群众19万人次。推动工人体育场改造复建工程，用1个月时间实现全部商户协商腾退。建设筹集政策性住房6881套、竣工1.2万套，完成棚户区改造580户。启动全市首个危旧楼房拆除重建试点项目，建成于20世纪50年代的光华里5号、6号楼基本完成拆除。实施老旧小区改造项目38个，加装电梯开工487部、完工320部。完成第七次全国人口普查工作。区成功创建国家卫生区，连续四届获全国文明城区称号。在全市结对帮扶地区中贫困人口最多的新疆墨玉县脱贫，区对口帮扶的6个地区全部脱贫摘帽。

【城乡一体化建设】 年内，区政府成立农村地区拆迁腾退专班，完成姚家园三期安置房地块、十八里店村及孛罗营村上市地块滞留户腾退。拆除拆而未净、长期滞留的287个非住宅、352个住宅项目。定辛庄等4个安置房项目开工、5个项目基本具备开工条件，颐堤港二期等3个产业项目启动，将台国际文化硅谷等3个项目主体完工。557户安置房产权证正在办理，1万余户具备初始登记条件。制定“村地区管”工作意见，成立平台公司，加强集体土地统筹管理。推进乡村振兴，小鲁店等村完成美丽乡村建设，完成农村人居环境整治三年行动计划任务。

【优化结构，增强经济动能】 年内，朝阳区在全市率先制定数字经济示范区实施方案，实施“五新”三年行动计划，发布高成长企业培育“凤鸣计划”，加快发展壮大新业态。新增4家跨国公司地区总部。科技服务业、信息服务业财政收入分别增长13.7%和15.8%。金融业财政收入增长19.6%，48家金融机构落户，10家企业完成上市。创新发布国家文化产业创新实验区指数，新增注册资本亿元以上文化企业50家，完成“百园工程”。举办“北京消费季潮朝阳”活动，发展直播带货、无接触配送等新模式，线上消费大幅增长，线下消费逐渐回补。持续优化营商环境，推行告知承诺制，增加“朝好办”主题事项，实现政务场所延时服务全覆盖。区成为国家产融合作试点城市、全国知识产权运营服务体系建设重点城市。

【扩大开放国际化】 年内，朝阳区迎来中国（北京）自由贸易试验区设立的重大机遇，CBD、金盏国际合作服务区7.92平方千米纳入政策范围，全市首个自贸区国际人才一站式服务中心建成，首个金融服务平台上线，首家个人征信公司、首支人民币国际投贷基金、首单本外币一体化试点政策业务在区落地。服务业扩大开放第三轮试点任务基本完成，25个重点项目入驻。实际利用外资46.2亿美元，比上年增长8%，占全市三分之一。推进CBD国际化提升三年行动计划，吸引力指数保持全国第一，跃居亚洲第二、全球第七。中关村朝阳园成为全国第三批双创示范基地，国际创投集聚区“政策18条”全面实施、4个高成长中心及一批重点机构入驻。奥运功能区实现亚投行、中石油储气库公司等重点企业入驻，国家速滑馆、国家游泳中心、国家体育馆等新建、改建工程竣工。与外交部建立对接沟通机制，完成第四使馆区用地范围内拆迁工作。

【党政群共商共治深化】 年内，朝阳区建成20个全要素小区、258个全景楼院。调整、新建社区58个，实施社区工作准入制，实现“全岗社工”全覆盖。巩固“社会矛盾化解年”成果，群众信访总量、集体访量实现“双下降”。建立“接诉即办”考核激励机制，“12345”市民服务热线诉求解决率、满意率较年初分别提升28%和15%。（梁得天）

重要会议

【政府全体会议】 2月24日，区政府以视频形式召开2020年全体会议，学习贯彻习近平总书记在统筹推进新冠肺炎疫情防控和经济社会发展工作部署会议上的重要讲话精神，全面落实市委十二届十一次、十二次全会，区委十二届十一次全会和区十六届人大六次会议精神，部署疫情防控工作和全年经济社会发展重点任务。区委副书记、区长文献主持会议并讲话。会议部署压紧压实各方责任、全力做好疫情防控工作；盯紧抓实各项任务、全力促进经济社会发展；强化务实高效作风、全力提高政府工作效能；层层落实主体责任、全力推进全面从严治党等工作。

▲ 2月24日，区政府以视频形式召开2020年全体会议 （区融媒体中心 供图）

【政府常务会议】 年内，区政府常务会议召开10次。研究2020年区政府工作报告重点工作分工方案编制，朝阳区2020年重要民生实事项目编制工作，区人大议案、区政协建议案和区十六届人大六次会议代表建议、区政协十三届四次会议政协提案办理方案；市容环境、打击违法建设、市民热线、信访、环境保护、安全生产、食药安全等工作情况，报审《2019年朝阳区法治政府建设情况报告》；市十五届人大三次会议代表建议和市政协十三届三次会议政协提案办理，2019年依法行政工作情况，部署2020年朝阳区疏功能稳增长调结构工作；报审明确有关行政执法事项和执法范围决定，报审《朝阳区落实〈北京市物业管理条例〉工作方案》，朝阳区2020年政务公开工作要点；"七五"普法工作情况，报审朝阳区安全生产专项整治三年行动计划；改善农村人居环境、加快实现农村城市化报告，2020年国民经济和社会发展计划上半年执行情况报告，报审《朝阳区地下水超采综合治理行动方案》；报审《朝阳区贯彻〈北京市污染防治攻坚战成效考核措施〉实施方案》，大气污染防治精细化管控工作；报审《关于办理"落实'七有五性'，提高基层医疗卫生服务水平"议案情况的报告》，报审《关于实施〈北京市生活垃圾管理条例〉情况的报告》，报审《朝阳区垃圾管理工作自查报告》；朝阳区法治政府建设白皮书编制，报审《朝阳区违法群租房及"黑中介"专项整治工作方案》；2021年政府工作报告起草，2020年国民经济和社会发展计划执行情况与2021年国民经济和社会发展计划草案，2020年财政预算执行情况和2021年财政预算草案，2020年朝阳区代表建议、批评和意见办理情况的报告，《朝阳区国民经济和社会发展第十三个五年规划纲要》执行情况和《朝阳区第十四个五年规划和二〇三五年远景目标纲要（草案）》编制情况。邀请学者专家作《北京市生活垃圾管理条例》《北京市生态环境保护工作职责分工规定》《中华人民共和国民法典》《中华人民共和国公职人员政务处分法》等专题讲座。

【区长办公会议】 年内，区长办公会议召开26次。研究报审朝阳区污染防治攻坚战2020年行动计划及朝阳区2020年打赢蓝天保卫战强化措施工作方案，报审《支持企业应对新型冠状病毒感染的肺炎疫情稳定发展若干措施》，部署2020年环境建设及城市管理工作，部署2020年全区应急管理及国家安全发展示范城市创建工作，部署2020年食品药品安全工作等议题。研究疫情防控期间物资采购、生活必需品供应和储备工作，2020年区政府基本建设专项投资计划安排，报审管庄、平房两乡城市化建设试点实施工作方案，报审《朝阳区创建国家农产品质量安全区实施方案》。研究报审《朝阳区进一步加快推进城乡水环境治理三年行动方案》，调整完善朝阳区重点产业政策，CBD核心区地下空间市政交通基础设施及配套工程项目社会化运营管理相关工作。研究背街小巷环境精细化整治提升三年（2020—2022年）行动方案，亮马河（三环—朝阳公园）通船廊道麦子店街、朝阳公园路两座跨河桥改造工程，部署2020年"深化提升年"、推进社会建设和民政民生、落实北京市街道办事处条例相关工作，落实北京市中小学校幼儿园安全管理规定（试行）工作方案。研究重点企业"服务包"有关工作，2020年老旧小区综合整治和增设电梯项目实施计划，星火站周边姚家园北街等6条道路工程立项。研究调整完善产业转型升级相关支持办法，垃圾楼改造工程立项，加快推进农民安置房手续补办有关工作。研究签署亚投行入驻协议，报审街乡落实行政执法责任制工作意见，报审征兵工作优待办法。报审《朝阳区垃圾不落地工作实施方案》，报审《朝阳区国家森林城市建设总体规划》，朝阳区与中央广播电视总台开展合作。研究报审《朝阳区加快新场景建设行动方案（2020—2022年）》，2020北京CBD论坛策划及筹备工作，北京朝阳站周边配套道路拆迁腾退工作。研究报审《朝阳区促进新消费引领品质新生活三年行动计划》，报审《朝阳区提升新服务进一步优化营商环境行动方案（2020—2022年）》，制定《朝阳区关于大力推进博物馆事业发展的工作意见》和《朝阳区扶持非国有博物馆发展实施办法》。研究《朝阳区知识产权运营服务体系建设实施方案（2020—2022年）》《北京市朝阳区水土保持规划（2020—2030年）》，进一步做强做大朝阳区科技产业培育服务平台公司。研究朝阳区公共卫生应急管理体系建设三年行动计划，修订《关于建立朝阳区老旧住宅电梯政府救济机制的实施意见》。研究2020—2021年度供暖保障工作，实施九龙花园东路、百子湾一街和大郊亭中路疏堵工程，农村乱占耕地建房问题摸底排查工作方案。研究建外街道光华里5号、6号楼拆除重建实施方案，《朝阳区农村房屋安全隐患排查整治工作实施方案》，落实"户有所居"加强农村宅基地及房屋建设管理的实施细则，组建集体产业用地区级统筹平台公司。研究《朝阳区"凤凰计划"高层次人才认定支持办法》，做好当前和今后一个时期促就业稳就业工作实施意见，三间房乡城市化建设试点实施工作方案，《朝阳区强化知识产权保护工作方案（报审稿）》等。（梁得天）

重大活动

【全国文化中心建设推进】 5月13日，2020年朝阳区推进全国文化中心建设领导小组会召开，传达市推进全国文化中心建设领导小组第6次会议和市推进全国文化中心建设领导小组办公室第1次例会精神；听取2019年朝阳区推进全国文化中心建设情况并部署2020年工作；听取关于2020年朝阳区廉洁文化建设工作的说明；审议通过《朝阳区大运河文化保护传承利用规划》；文字通报《关于加快国家文化产业创新实验区核心区高质量发展的若干措施》。区领导王灏、文献、席成坡、黄晓伟参加会议。

【“十四五”规划编制工作推进】 5月26日，“十四五”规划编制工作领导小组会召开，听取全区“十四五”规划编制整体工作情况及初步思路，社会民生、生态环境、城市治理、文化文明等领域“十四五”规划编制工作开展情况及初步思路，以及“十四五”时期卫生健康事业发展总体思路和重大公共卫生事件应对体系建设思路的汇报。与会人员深入交流相关工作。区四套班子领导参加会议。12月16日，区委副书记、区长文献主持召开编制“十四五”规划的建议征求意见座谈会，听取民主党派、工商联、无党派人士代表对“十四五”发展的意见建议。

【“潮朝阳”活动】 6月6日，以“品味消费，京范儿（FUN）生活”为主题的北京消费季大型促消费活动开幕，朝阳板块的北京消费季“潮朝阳”活动同步启动。“潮朝阳”活动作为北京消费季活动分支，采取“政府搭台、企业唱戏、全民参与”模式开展大型促销活动。区政府领导通过“网络直播”向广大网友介绍朝阳区消费市场。朝阳区联合阿里巴巴、苏宁易购、中国移动面向社会投放100亿元消费券，聚商惠民。在朝阳区三里屯、国贸、奥运塔、鸟巢、水立方、蓝色港湾、世贸天阶、合生汇等地标、商圈同时“点亮”主题灯光秀。联合全区20余个重点商圈、商业街区，500余家企业商户，举办购物嘉年华、亲子节、店庆优惠等系列活动，为市民送优惠，促进消费。

【战略合作协议签订】 9月1日，区政府与新兴际华集团签订战略合作协议。双方将在医药健康、金融资本、商贸服务、应急救援、城市建设等领域开展战略合作。新兴际华集团党委书记、董事长张雅林，新兴际华集团副总经理张同波，朝阳区委副书记、区长文献，区委常委、常务副区长崔小浩参加活动。10月27日，区政府与江苏银行签订战略合作协议。江苏银行党委副书记、行长季明，朝阳区委副书记、区长文献，副区长朱晟参加签约仪式。双方围绕产业结构调整、产业布局调整、城乡一体化发展等各项重点工作开展全方位、多层次、宽领域交流合作，共同推进区域经济转型发展。12月24日，区政府与中央财经大学签订战略合作框架协议。中央财经大学党委书记何秀超，党委副书记梁勇，党委常委、副校长马海涛，朝阳区委副书记、区长文献，区委常委、组织部部长迟行刚，副区长朱晟参加签约仪式。双方围绕智力支持和战略咨询服务、金融产业发展和金融风险防控、人才培养与干部队伍建设等方面开展深层次、全方位、多领域战略合作。

【自贸区挂牌仪式】 9月28日，中国（北京）自由贸易试验区国际商务服务片区挂牌仪式举行。区委书记王灏，区委副书记、区长文献共同为中国（北京）自由贸易试验区国际商务服务片区挂牌。首批入驻国际商务服务片区项目签约。中国（北京）自由贸易试验区涵盖科技创新、国际商务服务和高端产业3个片区。其中，国际商务服务片区包含金盏国际合作服务区在内的高端服务业的集聚发展等区域，彼此之间功能定位既各具特色、又互为补充，有利于提高产业黏合度，有利于推动优势产业链集群式发展。金盏国际合作服务区，作为第四使馆区所在地，着力建设“区域开放+产业开放”城市新兴增长极，搭建服务国际合作综合平台，承办“一带一路”沿线国家与城市的交易、文化、贸易等活动，利用两种资源、两个市场，建设多国别投资中心。

（梁得天）

综合政务管理

【概况】 2020年，区政府办在各有关部门的支持配合下，完成调查研究、信息编发、督办督查重点工作和重要民生实事、绩效管理、调研考察等各项日常工作。

【文秘工作】 年内，区政府办制发各类公文767件，接收办理各类非涉密公文8111件、涉密公文1130件，接收处理机要文件571件。起草区政府工作报告、区政府领导讲话、汇报材料、调研素材等文稿220余篇，110万余字。

【调查研究】 年内，区政府办完成“朝阳区创建大尺度生态环境建设示范区路径研究”“朝阳区促进‘冬奥经济’高质量发展研究”等5项课题研究，《朝阳区流动人口变动特征及管理服务措施研究》获得北京市第十四届（2018—2019年度）优秀调研成果一等奖；《朝阳区城市环境精细化治理的实践与探索》成果在人民日报海外网、前线App等媒体上刊登。服务市委、市政府研究室领导到朝阳区调研4次。组织“科技朝阳”工作座谈会、政府工作报告征求意见等区政府决策专家咨询委员会决策咨询活动2次，走访智库、院校、重点企业10余家。制作《朝阳区经济社会发展数据手册》《北京市新冠肺炎疫情防控文件汇编》等工作汇编。年内，区政府领导采取“四不两直”方式平均到基层调研80余天、110余次，其中疫情防控期间调研40余天、50余次。

【政务信息】 年内，区政府办编发《政务信息》《疫情防控工作简报》等刊物300期，其中专刊216期，比上年增长一倍，采编基层信息6000余条，区领导批示198条，比上年增长32%，其中区长文献批示152条。国务院办公厅采用信息8篇，中央领导批示2次，采用量和批示数均居全市16区首位，成为16区唯一国务院办公厅信息直报点。市政府办公厅采用短信息170余篇、长篇特刊12篇，报送短信息1700余条、长篇特刊和调研信息39篇、长篇约稿38篇，比上年增长均超50%，政务信息获市领导批示12次，其中市委、市政府主要领导批示7次，全区信息总成绩连续第二年排名全市16区第一。向《北京市新冠肺炎疫情防控工作简报》报送信息470条，被采用120条，其中单独成条65条，采用总数和采用单条数始终位居全市16区第一位。

【督查督办】 年内，区政府办办理市、区领导批示专项件230件；完成市、区两级决策专项督查24件，督办市、区重大决策任务219项，其中，市政府工作报告重点工作70项、市重要民生实事29件；督办区政府工作报告重点工作100项、区重要民生实事30件；督办2020年市区会议议定事项550余项，其中，区政府常务会10期、区长办公会26期；重点督办交通工作、河长制、环保和“12345”市民服务热线办理情况等区领导批示指示交办重点工作，印发《督查专报》87期。

【绩效管理】 年内，区政府办完成日常履职考核事项37条、年度目标86个，涉及承办单位24家。在全市绩效考评中获95.96分，排名中心城区第一。

【外联服务】 年内，区政府办完成各级调研考察12次，组织相关会议46次。完成区领导赴新疆和田、保定唐县扶贫协作，赴河北雄安新区、山东聊城考察，赴通州区开展对口协作，赴深圳市及上海市招商引资等活动。疫情防控期间，帮助司法部做好外来返京留观人员封闭管理工作，协助人民日报社等驻区中央单位开展免费核酸检测，推进辖区内外交部、司法部、民政部、人民日报社、中信集团等中央部委及重点企业疫苗接种工作。（梁得天）

政府信息公开

【概况】 2020年，朝阳区各政府信息公开工作机构（简称公开机构）认真履行《政府信息公开条例》法定义务，重点开展深化主动公开，规范依申请公开，强化监督保障，完善政府网站建设等工作。全区各公开机构（不包含垂直管理部门）通过政府信息公开专栏和区政府官方网站主动公开政府信息27709条，受理政府信息公开申请1217件，因政府信息公开申请行政复议105件，提起行政诉讼57件。政府信息咨询、主动公开及申请受理、办理、答复工作顺利开展，各公开机构组织管理、制度建设、渠道场所、教育培训等工作开展情况良好，全区政府信息公开工作有序运行。

【主动公开】 年内，区政府贯彻落实《政府信息公开条例》，坚持以公开为常态、不公开为例外，遵循公正、公平、合法、便民原则，履行政府信息公开法定义务，研究推进行政决策公开、执行公开、管理公开、服务公开和结果公开，以公开促公正，提升政府执行力、公信力，保障人民群众知情权、参与权、表达权、监督权。不断建立健全政府信息公开工作体系，完善工作制度，制发《北京市朝阳区人民政府工作规则》，把公开透明作为政府工作基本制度，推进政务公开，自觉接受群众监督。贯彻落实政府网站集约化建设成果，利用“北京·朝阳”区政府门户网站信息集中发布平台，规范各单位专属页面设置，加强政府网站及政务新媒体建设，通过多种渠道扩大政府信息主动公开范围，加大政府信息公开力度，围绕群众切身利益、需要群众广泛知晓的机构设置、办公地址、办公时间、联系方式、领导信息、财政收支、政府采购、重大项目、权力清单、双公示、行政执法等重点领域信息公开。通过图表图解、微视频、微资讯等方式，发布涉及企业群众办事服务相关事项信息，发布政策解读。全年发布“图解政府工作”及“微解读”。通过“北京朝阳”微信公众号、“北京朝阳”官方微博及时发布信息。编制《北京市朝阳区政府信息公开指南（2020版）》。

【依申请公开】 年内，区政府贯彻落实《政府信息公开条例》，规范依申请公开工作，组织各单位编制、更新本单位政府信息公开指南，编制区级2020年政府信息公开指南，确保依申请公开渠道畅通，受理机关、邮寄地址、联系电话等信息准确无误。建立健全依申请公开工作机制，规范依申请公开办理流程，严把“受理、办理、答复、送达、归档”等5个环节，确保依法依规做好答复。

【行政复议】 年内，因政府信息公开申请行政复议105件。其中，审结102件中，维持行政机关具体行政行为73件，被依法纠错17件，其他情形12件。

【行政诉讼】 年内，因政府信息公开提起行政诉讼57件。其中，审结51件中，维持行政机关具体行政行为的43件，被依法纠错数3件，其他情形数5件。

【年度报告】 年内，区政府编制2020年朝阳区政府信息公开年度报告，通过“北京·朝阳”官方网站向社会公布。报告包括政府信息公开总体情况，主动公开政府信息情况，收到和处理政府信息公开申请情况，政府信息公开行政复议、行政诉讼情况，政府信息公开工作存在主要问题及改进情况以及其他需要报告事项等6方面内容。

【公开渠道】 年内，在做好区档案馆、区图书馆、区行政服务大厅等3个查阅场所提供自助查询等服

务基础上，区政府指导全区各公开机构主动公开工作，推动民生保障和公共服务等方面政府信息公开工作。（孙立生）

应急管理

【概况】 2020年，朝阳区应急管理局（简称区应急管理局）围绕主责主业和疫情防控，推动区应急办、区安委会办公室、区防火委办公室（简称“三办”）融合，加强应急管理基础建设，防范和遏制安全生产事故发生，提高应急处置能力。做好疫情防控保障任务，区应急管理局完成朝阳公园在鄂返京人员转运点、朝阳体育中心核酸检测集中采样点现场指挥部及应急帐篷搭建和运维任务，保障社区防控、核酸检测和人员转运。为街乡及社区紧急调拨应急帐篷，为基层解决雨雪天、大风天人员取暖难等问题。深化队伍物资保障。加强灾害信息员队伍建设，及时更新队伍名单，组织开展专题培训；整合区级危化、救灾应急物资库，强化仓储调拨利用效能，提升基层应急物资保障能力。推进“三办融合”，建立会议联席、信息联通、文件联发、宣传联办“四联机制”，构建“大安全、大应急、大统筹”朝阳特色应急工作格局。利用大数据、云计算、人工智能、物联网等技术，结合朝阳区城市安全问题，推进集城市安全监测预警、城市安全一张图平台、应急指挥、城市安全管理专题等功能为一体的城市安全大脑建设。编制“十四五”时期应急管理体系建设和综合防灾减灾救灾分规划。（宋政权）

【应急管理体制优化】 1月20日，朝阳区召开“三办”融合座谈交流会。推进区应急办、区安办、区防火办“三办融合”，建立会议联席、信息联通、文件联发、宣传联办“四联机制”，构建“大安全、大应急、大统筹”朝阳特色应急工作格局。“三办”主管领导和科室负责人参加会议。推动“三办”联合召开值守应急月通报会，联合监督全区医学集中观察点严格落实生产安全、消防等各项举措，推进消防单兵系统与区值守应急平台融合，加强突发事件现场信息互联互通。（宋政权）

【防灾减灾日宣传活动】 5月12日，区应急管理局结合疫情防控实际，以主题展览、制发宣传材料等方式开展应急管理宣传进机关、进社区、进农村、进企业、进学校、进家庭、进公共场所，切实提升居民安全意识。活动印制宣传折页18万余份、宣传材料1万余册。以传统媒体、网络媒体和各类自媒体渠道，发布防灾减灾主题、“危险来了我不怕”系列宣传短片和各类安全知识，促进应急宣传“进万家”。区委副书记、区长、区应急委主任文献参加区委、区政府主题展览现场活动。（宋政权）

【城市安全大脑建设】 9月22日，朝阳区城市安全大脑推进会召开，明确城市安全大脑建设思路和具体目标；介绍相关专业企业围绕朝阳区风险防控网格化、处置资源共享化、指挥调度可视化、监管执法规范化等方面对城市安全大脑建设方案。确立“一张网络感全区、两个中心抓全局、三套支撑强智慧、四大应用保安全、N个专题显成效”工作思路和重点建设任务。（宋政权）

【应急指挥能力建设】 10月，区应急管理局为43个街乡配发一套移动单兵视频设备，完成麦子店街道、黑庄户乡、香河园街道等9家单位应急可视指挥系统安装配置，遇有突发事件时，可进行可视化指挥调度。两种手段使区委、区政府在应急状态下指挥通信得到有效保障，提高应对突发事件通信指挥能力。11月25日，完成区地震局、八里庄街道、安贞街道、双井街道、常营地区、小红门地区、南磨房地区和平房地区8家试点单位终端设备搭设，把8家单位应急物资储备工作纳入全区应急物资体系开展统一管理。（胡婷婷）

【突发事件应对】 年内，区应急办接报各级各类突发事件1733起，其中社会安全类961起、事故灾难类717起、公共卫生类30起、自然灾害类25起，各级各类突发事件均有效处置，最大限度降低突发事件带来的影响。（宋政权）

【预警信息发布】 年内，区突发事件预警信息发布中心发布暴雨、寒潮、大风、雷电、高温、冰雹、大雾、沙尘、道路结冰、持续低温等各类预警信息140期，其中橙色预警1次，黄色预警44次，蓝色预警95次，同步通过微信群、北京朝阳App、朝阳有线、朝阳应急公众号等途径向社会发布。利用值守应急管理系统下发各类应对工

▲ 5月12日，区应急管理局举办全国防灾减灾日主题展览 （梁博文 摄）

作通知124个、协调全区做好预警应对工作，确保灾害预警期间，避免造成突出突发事件和人员伤亡等灾害灾难。（胡婷婷）

信息化建设与管理

【概况】 朝阳区科学技术与信息化局（简称区科信局）是区政府主管全区科技和信息化工作的综合职能部门。内设办公室、发展规划科、社会发展科技科、产业发展科、信息化促进科、信息化管理科、信息产业发展科、政务网络安全科、大数据管理中心、生产力促进中心。年内，全区登记技术合同6031项，技术合同成交额1250.3亿元。区科信局入驻北京日报客户端北京号。完成"朝阳通"公共服务平台建设。全区信息系统开展漏洞扫描工作。开展"城市智慧大脑"建设。

【信息消费案例集发布】 2月，区科信局与中国信息消费推进联盟、美团、58同城、京东等单位合作，收集整理北京市服务抗击疫情相关软件产品与服务，发布《北京市信息消费案例集》，形成《齐心协力，抗击疫情，北京信息消费应用指南》。在《北京市信息消费案例集》发布40家企业信息化应用项目，范围涵盖智慧城市、人工智能、工业互联网、5G通信等内容。

【5G建设】 6月2日，区科信局联合中国移动、中国联通、中国电信运营商和中国铁塔公司，在奥林匹克公园开展以"5G+科技冬奥"为主题的应用展示活动，展示全区在5G工作中取得的成绩和未来5G新基建在科技冬奥中支撑作用。年内，区开通宏基站1800个，5G上下行速率均达到行业标准，完成5G基站建设4021站。五环内室外基本实现5G信号连续覆盖，五环外重点地区、重点场景实现精准覆盖，长安街延长线、CBD核心区、奥林匹克公园、国贸CBD、温榆河公园、望京小街、丽都街区、朝阳公园区域、机场高速沿线，工体周边等重点区域、典型应用场景实现专项覆盖。

【软件正版化工作考核】 12月4日，北京市使用正版软件工作联席会议考核组到朝阳区考核2020年度软件正版化工作。考核区信访办、区财政局、团结湖街道、第一中西医结合医院、垂杨柳医院、劲松社区卫生服务中心及北京潘家园国际民间文化发展有限公司7家单位，考核全部合格。

【朝阳通App开通】 12月12日，由区政府、中国信息消费推进联盟主办的"2020全国信息消费城市行北京站活动"在朝阳区望京小街举办，主题为"数字经济、信息消费、北京有我"。朝阳区综合服务移动门户——朝阳通App发布在2020全国信息消费城市行北京站活动启动，朝阳通App接入104项服务内容，是为居民和企业提供政务服务、公共服务、社会服务的综合性服务平台。

【智慧城市建设】 12月12日，朝阳区"城市智慧大脑"在"2020全国信息消费城市行北京站活动"亮相。"城市智慧大脑"是以"城市管理大脑""城市经济大脑" "城市安全大脑"3大主题为核心的一体化系统，解决物业管理、垃圾分类、接诉即办等各类重点问题。年内，建立常态化专班运作机制。推动"城市智慧大脑"运营平台公司注册，拟定名"北京朝阳数科运营有限公司"。开展奥运村样板工程建设和来广营样板工程建设。北京望京科技孵化服务有限公司、北京普天电子城科技孵化器有限公司、北京牡丹创新科技孵化器有限公司等6家孵化器通过"国家级科技企业孵化器2019年度考核评价"。在全国1173家国家级科技企业孵化器考核结果中，北京望京科技孵化服务有限公司获优秀（A类）评级。北京海百川科技有限公司、北京阳光海天停车管理有限公司、北京科创空间投资发展有限公司等7家科技企业获"2020年度中国技术创业协会科技创业贡献奖"。

【社会信用体系】 年内，区科信局建立朝阳区社会信用体系建设联席会议制度，编制《朝阳区2020年社会信用体系建设工作实施方案》。落实信用状况监测考核，开设"诚信建设万里行和双公示重点栏目"专栏，归集公示信用政策制度、红黑名单、信用承诺、政务诚信、风险提示等信息1.12万条。建立"双公示"信息公开机制，规范22个部门信息公示内容，把5571条市级双公示系统中数据同步至区政府网站；开展重点行业领域信用监管工作，指导相关单位报送"信易+便企"信息，面向全区各部门、街乡征集个人诚信数据296条和信用应用典型案例38件。构建以信用为基础的新型监管机制，全面归集红黑名单数据2万条，联合奖惩案例数据5万条。完成42家企业修复初审，更正16家单位、821条问题数据，处理异议申诉1条。（李小骏）

外事及港澳台事务

【概况】 朝阳区人民政府外事办公室（简称区政府外办）是负责朝阳区对外国际交往和处理涉外及港澳事务的区政府工作部门，承担区委外事工作委员会办公室职责。区台办和区委统战部合署办公。年内，区政府外办落实好"国际国内，发展安全"新时代外交外事工作理念，立足区域经济社会发展，合理构建友好城市平台，优化涉外环境，推进朝阳区主动融入国家重大外交战略，完成年度工作任务。被外交部评为"全国地方外事工作优秀集体"。区台办举办2020年朝阳区对台工作培训班。

【友好城市捐赠】 5月，通过与友好城市前期沟通，经市政府外办、区政府同意，区政府外办开展捐赠防疫物资项目，向日本东京都大田区、丰岛区，韩国首尔市松坡区，老挝万象市占塔布里县4个友好城市及通过友好城市渠道捐赠一次性医用口罩、手套等防疫物资，传递携手抗疫信心，共渡难关。友好城市以发放感谢信、报刊和网站报道等形式表示感谢。

【区领导会见沙特友人】 9月25日，区委书记王灏会见沙特国家石油公司（阿美）亚洲总裁安沃·何加齐一行，座谈交流营商环境、疫情防控等事宜。区委常委、常务副区长崔小浩一同会见。座谈中，王灏对安沃·何加齐一行表示欢迎，介绍朝阳区经济社会发展和涉外疫情防控工作情况。希望双方不断加强在能源、科技等领域合作，建立沟通协调机制。朝阳区会为包括沙特国家石油公司在内的国内外驻区企业做好服务保障，进一步提供国际化营商环境和更优质服务，助力企业在朝阳区取得更大发展。

【参加市推进国际交往中心功能建设新闻发布会】 9月27日，市政府外办、市政府新闻办组织召开北京推进国际交往中心功能建设新闻发布会。朝阳区以国际化的鲜明特色和优势，成为全市唯一获邀参加新闻发布会的城区。朝阳区委常委、常务副区长崔小浩，与市政府外办、市规划自然资源委、市文化和旅游局、市人才工作局等北京市有关单位负责人共同发布北京推进国际交往中心功能建设的空间布局、文旅融合、国际人才社区建设等信息，并回答记者提问。 （龚　舒）

政务服务

【概况】 朝阳区政务服务管理局（简称区政务服务局）为区政府工作部门。年内，区政务服务工作以党建为引领，紧紧围绕疫情防控、复工复产等中心工作，落细落实防控举措，持续优化营商环境，深化“放管服”改革，强化“互联网+”建设，优化公共资源交易服务流程，加大政府信息和政务公开力度，完成年度各项任务。年内，区政务服务中心办件386407件；“朝我说”平台受理3058件；公共资源交易服务中心新增进场项目868项，提供开评标服务179场。制发《朝阳区政务服务中心优化营商环境3.0学习方案》。组织窗口工作人员代表结合《习近平谈治国理政》第三卷、中共十九届五中全会精神开展宣讲，讲授课程80余场，参与活动9400余人次。完成区首个水务工程——坝河滨水空间建设一期（使馆区示范段）工程全流程电子化开、评标工作。 （郭靖楠）

【全市首个远程异地评标项目完成】 2月27日，公共资源交易中心完成全市首个远程异地评标项目——“2020年怀柔区G335大修工程”。这是朝阳区首次基于互联网跨地区、跨平台远程评标。通过与市公共资源交易综合分平台远程协同，在交易中心抽取专家，利用语音视频系统开展远程异地讨论和监督，评标结束后系统自动汇总评标结果，由招投标监管部门实行全程监督。 （松　磊）

【“朝好办”窗口开通】 3月23日，区政务服务中心“朝好办”窗口开通主题事项预约服务功能。实现提前预约，可减流程、优服务、少排队、省时间，实现“地下停车场备案（含人防）”等6个主题事项在线预约办理。办事群众可登录“朝阳政务”微信公众号，“朝阳政务”—“网上预约”—“朝好办”模块，预约时间到政务服务中心“朝好办”窗口现场办理或咨询主题事项。此模式以办好一件事为主题，集成优化跨部门多个事项的受理条件、时限、流程、要件材料等，采取“集成套餐、政务专员”服务形式，为企业群众提供办事指南查询、线上线下咨询、申报、办理等服务。 （王　寅）

【错峰延时服务全面升级】 5月22日，区政务服务中心完成错峰延时服务全面升级。完成窗口数量、办理事项数量、服务时间扩容升级。早晚弹性办公、午间不间断和周末不休息，即在法定工作日8:00—9:00和17:30—18:30各延长1小时服务时间，在法定工作日12:00—13:30正常休息时间内提供不间断办事服务。在法定休息日每周六9:00—12:00和13:30—16:30提供办事服务，解决群众“上班没空办、下班没处办”问题。 （王　寅）

【“中小微企业房租政策”服务窗口开通】 6月3日，区政务服务中心“中小微企业房租政策”服务窗口开通，面向办事人开展中小微企业减免房租告知、申请、受理、反馈等服务。 （郭靖楠）

【76项告知承诺审批事项清单推出】 9月16日，根据北京市政务服务管理局《关于推行全市区级告知承诺政务服务事项（第一批）的通知》精神，区政务服务局推出告知承诺审批事项清单，涉及15个部门、76个事项，实现“一纸承诺、一次办好”，审批更简、服务更优。 （田　伟）

【国际人才一站式服务工作推进会】 11月30日，区政务服务局召开朝阳区国际人才一站式服务工作推进会。会议通报朝阳区国际人才一站式服务平台建设情况和存在问题。探讨平台“一窗受理、同时取证”实施方案及精简审批材料等工作，就实现平台“一窗受理、同时取证”达成一致意见。区政务服务局依托“朝阳政务”微信公众号，为国际人才提供网上查询、网上预约、网上申报、网上预审等服务，搭建国际人才一站式服务平台，整合19个部门、120项服务事项，在四级服务平台8个服务站点实现综合受理。其中可直接受理42项，可提供64项有关国际人才出入境、创业就业等相关政府服务事项办事指南咨询服务，以及朝阳区支持国际人才创新创业14项政策咨询服务，确保线上线下人才服务“同频共振”。 （郭靖楠）

【区块链技术应用融合】 年内，区政务服务局推动区块链技术与政务服务融合应用，完成企业统一社会信用代码等4条法人数据和100余项医疗数据共享利用，实现企业认证材料由9项压缩至2项、医保报销凭证开具“一次不用跑”，提供医保报销线上办理相关服务2896余次。年内，朝阳区向市级平台汇聚事项1099条，2019年至2020年入库数据631592条，质检情况100%。完成事项数据、办件数据、用户数据、证照数据、历史数据修改报送，开展增量数据报送。（田　伟）

扶贫协作

【概况】 朝阳区承担着河北省保定市唐县和张家口市康保县、阳原县，内蒙古自治区乌兰察布市卓资县，新疆维吾尔自治区和田地区墨玉县及新疆生产建设兵团第十四师四十七团等6个地区的扶贫协作和对口支援任务。2020年是脱贫攻坚收官之年，全年市、区两级财政安排援助资金28405.2万元，其中区级资金8501.7万元，比2019年增长17.88%；引导社会力量参与扶贫，累计捐款1215.7万元，捐物折款3517万元，152个帮扶项目全部落地见效。经过持续攻坚，11月，全市结对帮扶地区中贫困人口最多的新疆维吾尔自治区墨玉县成功脱贫。至此，区对口帮扶的6个地区全部脱贫摘帽。同时，区内各单位积极拓展帮扶范围，在河南淅川、云南双柏、贵州张赫、北京密云等地开展扶贫协作活动。（王　源）

【残联扶贫活动】6月9日至12日，区残联扶贫小组到新疆维吾尔自治区和田地区墨玉县和新疆生产建设兵团第十四师四十七团开展残疾人扶贫协作与支援合作对接工作。扶贫小组到墨玉县巴什库杜克拉村两位贫困残疾人家中慰问。区残联副理事长刘显威、墨玉县残联理事长方卫东代表双方就残疾人公益性岗位补贴、残疾人辅助器具需求等方面的工作进行对接，对扶贫协议相关内容进行探讨。11月13日，区残联在河北省唐县特教学校举办腕表助听器发放仪式，捐助防走失腕表和助听器53个。12月2日至3日，区残联到河南省淅川县举办2020年北京市朝阳区对口地区残疾人工作者培训班。南阳市残联党组书记、理事长张群山出席；淅川县政府党组成员陈太良主持开班仪式；淅川县委副书记曲岩，区残联党组副书记陈开红致辞。培训邀请基层组织建设、精神卫生康复、心理康复方面专家为残疾人工作者开展专业知识和实务讲解。来自河南省淅川县17个街乡镇残疾人工作者及南阳市残联110余人参加培训。（区残联）

【妇联助力扶贫】6月29日，区妇联继续开展“爱·照角落 朝阳温度”第四届微心愿认领助力打赢脱贫攻坚活动，实施爱心助学、花漾健康包、爱心助困和妈妈厨房4个项目，通过线上H5募捐通道募集资金235万余元，惠及贫困地区妇女儿童和女学生5000余人。（付淑锦）

【科技扶贫】7月29日，朝阳区与河北省保定市唐县、张家口市康保县、张家口市阳原县和内蒙古自治区乌兰察布市卓资县、新疆维吾尔自治区和田地区墨玉县、新疆生产建设兵团第十四师四十七团视频连线，举办“科技扶贫助力农耕生产”技术培训与指导线上活动。朝阳区邀请8位农技行业专家，为6个受援地农业企业代表、农户及农业技术人员在线答疑解惑，开展知识讲座与线上技术培训，解决日常农业生产过程中遇到的问题，惠及受援地500余人次。9月17日至19日，区科学技术和信息化局党组书记杨旭率市农林科学院、市动物疫病防控中心、区农业农村综合服务中心、北京蓝美莓农业有限公司、海尔数字科技（北京）有限公司、北京地道风物科技有限公司等单位专家一行15人，赴卓资县开展科技帮扶活动，驻区科信局纪检监察组干部全程参与。（邢　杰）

【国资系统扶贫】9月22日，区国资委召开系统对口帮扶工作推进会，副主任张春雷主持会议。会议进一步督促所属企业加大帮扶力度，开展捐助活动，加快项目落地和消费扶贫。昆泰集团、京客隆集团、朝开公司、朝富公司等11家区属国有企业分管领导及扶贫工作负责人参加会议。10月14日，区国资委召开区国资委系统企业向扶贫协作地区援派专业技术人才动员会。会议介绍援派时间、援派地区、具体岗位安排及相关生活保障内容。宝嘉恒、世奥公司、朝富公司、朝阳公园4个企业7名党务、财务、安全生产、工程建设、经营等领域专业人才，分别援派河北省张家口市康保县、唐县和内蒙古自治区乌兰察布市卓资县开展为期6周的脱贫攻坚工作。截至年底，区国资系统京客隆集团实现销售受援地区农产品700万余元；16家企事业单位主动办理消费扶贫爱心卡3595张，采购新疆生产建设兵团第十四师四十七团红枣6787千克、约30.82万元，采购新疆维吾尔自治区洛浦鸭肉2265千克、约3.6万元；12家企业与唐县3个贫困村、卓资县8个贫困村及密云区10个低收入村签订结对帮扶协议，落实帮扶项目15个，投入帮扶资金440万余元；6家企业向河北、内蒙古等6个受援地区捐款捐物990万元。（林春照）

【电商扶贫】10月18日，朝阳区新的社会阶层人士联谊会（简称新联会）组织专业人员赴阳原县举办电商直播专题培训班。河北省阳原县从事相关行业的电商、直播人员、村干部、企业和合作社人员、贫困户以及普通的短视频爱好者等30余人参加培训。（孙　洁）

【劳务协作技能扶贫】 年内，区人力资源和社会保障局培训建档立卡贫困人口6768人（其中墨玉县5300人），培训后就业人员5890人（其中墨玉县5300人），就业率87%，全市排名第一；全年投入技能培训扶贫经费450万元（其中墨玉县424万元）。7月29日，区种养中心与区科信局对河北省康保县、阳原县、唐县，内蒙古自治区卓资县，新疆维吾尔自治区墨玉县和新疆生产建设兵团第十四师四十七团6个对口帮扶地区联合举办线上培训，邀请8名专家线上讲解种植、养殖知识，500余名农牧民参加培训。区种养中心全年派出5名业务骨干到墨玉县、康保县支援帮扶。（王 源）

【健康扶贫】 年内，朝阳区卫生健康对口支援工作覆盖河北省、内蒙古、新疆等地18个市、县、区130余个点位。选派垂杨柳医院、北京市第一中西医结合医院、朝阳区第三医院、朝阳区双桥医院、安贞社区卫生服务中心等区属医疗机构的内科、妇产科、儿科等专业50名医疗卫生专家分别到新疆、河北、内蒙古等地开展工作，其中长期9人、中长期2人、短期39人。接收79名基层卫生技术人员到朝阳区医疗机构进修学习。与东西部扶贫协作支援点位开展互访交流77次，派出80余名管理专家、150余名医疗专家到支援点位开展业务培训、学术讲座、病例讨论、教学查房700余次，受益人5000余人，捐赠医疗物资价值18万余元。九三学社北京朝阳医院支社承担九三学社北京市委“8+1”行动任务，引入远程医疗设施帮扶门头沟妙峰山镇社区卫生服务中心。9月26日至27日，民进北京市委联合民进朝阳区委赴张家口市崇礼区石嘴子乡良户营村开展“健康扶贫送医下乡”活动，为100余名村民体检。（王 源）

【教育扶贫】 年内，北京中医药大学超额完成对接云南双柏县“六个双百”扶贫任务，脱贫攻坚工作入选全国教育扶贫典型案例。北京信息职业技术学院为新疆生产建设兵团职业院校开展6门课程的远程教学，课程惠及学生4890人次。北京劳动保障职业学院承接北京市人力资源和社会保障局安排的定向援藏教育培训任务，举办北京市对口支持西部地区人才培训班，开展北京—内蒙古扶贫协作教师进京培训工作。10月25日至26日，民进朝阳区委社会服务专委会赴内蒙古自治区清水河县第一职业技术学校开展教育帮扶，并就校校合作、校企对接、城际学生深造和就业以及教师职业培训等项目达成帮扶合作意向。11月19日，区民办教育协会组织区民办学校代表赴河北省张家口市康保县二号卜乡开展定向支援帮扶活动。（王 源）

【文化扶贫】 年内，朝阳区图书馆向卓资县学校捐赠各类图书2000余册，主要是近三年出版的青少年读物和历史文化普及读物；邀请北京市第八中学老师翁莉向全县学校的图书管理员和部分语文老师开展“语文教学呼唤图书馆助力”专题讲座，提升当地语文教学水平和学会读书终身学习能力。9月，受台盟北京市委委托，台盟朝阳区工委组织专职干部赴贵州省赫章县开展脱贫攻坚教育帮扶活动并开展相关调研。在赫章县第三小学开展2020年三地四校“同一蓝天下、共上一堂课”活动；向金银山街道少儿活动中心捐赠图书等。10月24日至25日，民进朝阳区委新闻出版联合支部在河北省张家口市怀来县存瑞镇常寨子村开展“文化扶贫捐赠图书”活动，捐赠各类图书100余册。（王 源）

【旅游扶贫】 年内，区文化和旅游局制定《2020年朝阳区文化和旅游局扶贫协作和对口支援工作计划》等基础性文件，助力全面建成小康社会，开展文化和旅游对口帮扶交流合作。邀请北京市密云区、河北省保定市唐县及张家口市康保县、河南省南阳市淅川县参加2020中国国际服务贸易交易会旅游专题展和2020北京朝阳国际文化旅游节活动，推进文化和旅游区域合作。组织干部到新疆维吾尔自治区、河北省等地扶贫挂职，为合作地区开展旅游专业培训。（刘江辉）

【红十字会对口帮扶】 年内，区红十字会与河北省康保县、阳原县、唐县，内蒙古自治区卓资县，河南淅川县，新疆维吾尔自治区墨玉县和新疆生产建设兵团第十四师四十七团开展对口帮扶工作，助力脱贫攻坚。分别到河北省阳原县、康保县、唐县等地实地调研，为阳原县红十字会捐赠30台价值8970元的电子血压仪；为康保县15所乡镇卫生院提供15台价值约8万元的稳压器三年期租用服务，并捐赠40台价值11960元的电子血压仪；向唐县捐赠2930台价值42万元的电子血压仪。将爱心企业捐赠的1188箱价值243.65万元的药品，分别拨发至河北省唐县、河北省阳原县、内蒙古自治区卓资县、河南省淅川县等地红十字会，用于解决贫困家庭相关用药问题。区红十字会全年发放扶贫救助款32.28万元，发放医疗设备、雏鸭、床单被罩、米面油、药品等价值323.28万元的扶贫物资，完成对口扶贫地区帮扶任务。（陈 曦）

信访

【概况】 朝阳区信访办公室（简称区信访办），所属事业单位朝阳区信访信息分析研调中心（简称区信访信息研调中心）。年内，区信访办坚持区委、区政府季研究、联席会议月调度、信访情况周报告等机制，落实领导干部包案、“一线大走访”等机制，整体统筹和指导调度全区信访工作。区委常委会、区政府常务会8次听取信访工作情况汇报，区委、区政府主要领导5次主持召开信访专题调度会，召开4次信访工作联席会议全体（扩大）会和12次月调度会，各包案区领导坚持接访下访与专题调度相结合，解决一批中央、北京市、朝阳区督办挂账疑难复杂信访案件和群众切身利益密切相关信访突出问题。

【信访宣传月活动】 5月25日，全区组织开展“国务院《信访条例》修

▲ 5月29日，区信访办开展“法治信访宣传日”活动。图为工作人员给群众宣讲“依法逐级走访”政策 （区信访办　供图）

订实施15周年法治信访宣传月”活动。5月29日，区信访办在区政府来访接待大厅门前设立“法治信访宣传日”主会场，区属各委办局、各街乡设立宣传站点225个，提供咨询服务1480人次，发放宣传材料、宣传品6.2万余件，参加活动2万余人次。

【信访诉求库分类建设】 6月2日，区信访办召开源头信访诉求“四库”（化解库、疏导库、帮扶库、治理库）分类建设试点工作推进会，调度和部署全区“四库”建设工作。按照“三到位一处理”（诉求合理解决到位、诉求无理思想教育到位、生活困难帮扶救助到位；行为违法依法处理）要求，区分“诉求合理、诉求无理、生活困难、行为违法”4个方面，开展“四库”建设。制定《朝阳区信访诉求“四库”分类工作方案》和《标识流程图》，明确预标、初标、对标、纠标、定标的“五步标识法”，提高“四库”分类精准度，坚持建、管、治并重，精准施治化解矛盾，提升全区信访业务规范化水平和信访工作质量效率。

【信访系统知识竞赛】 8月4日至12日，全区组织信访系统干部开展“学深学透做表率，守法用法筑和谐”学习宣传《中华人民共和国民法典》暨信访基础业务规范化知识竞赛活动。街乡、委办局52支代表队参赛。竞赛内容涵盖《中华人民共和国民法典》、《中华人民共和国信访条例》、《北京市信访条例》、信访工作业务规范性文件。区信访办代表队获第一名，区卫生健康委和金盏乡代表队获第二名，呼家楼街道、大屯街道、将台乡代表队获第三名。

【“红立方”移动信访办工作机制创建】 年内，区信访办按照“提高效率、转变作风、服务群众、化解矛盾”要求，坚持朝阳“未访先办、挂账快办”导向，以聚力强基“党建红”，化解矛盾“立方体”，服务群众“直通车”，构建和谐“移动办”，创新打造“红立方”移动信访办工作机制。开展“周五基层日”活动，启动“信访直通车”，到社区（村）一线接待群众，访民情、察民意、解民忧，通过“一办三联四治”（移动信访办，联系街乡、联动部门、联系包案领导，做到化解库联治、疏导库共治、帮扶库精治、打击库法治），将矛盾吸附化解在基层，促进源头减量。

【信访工作联席会】 年内，全区召开信访工作联席会议全体（扩大）会议4次。3月17日，第一次全体（扩大）会议召开，传达学习全国信访局长电视电话会议和市信访工作联席会议2020年第一次全体（扩大）会议精神，部署区2020年信访及社会矛盾化解重点工作。7月28日，第二次全体（扩大）会议召开，传达学习中央信访工作联席会议全体会议、全国信访局长电视电话会议、市委常委会和市信访办半年工作总结会精神，总结区2020年上半年信访工作，分析当前信访形势，部署下半年信访工作。10月16日，第三次全体（扩大）会议召开，传达学习中央和市委、市政府及市信访联席会议第二次全体（扩大）会议及领导讲话精神，部署区信访重点工作、十九届五中全会和中央巡视信访服务保障工作。12月29日，第四次全体（扩大）会议召开，通报全区信访工作情况，部署信访突出问题化解，督察、市区两会及两节信访服务保障等重工作。 （陈思扬）

政协朝阳区委员会

综　述

【概况】 中国人民政治协商会议北京市朝阳区委员会（简称区政协）是朝阳区地方政协组织。主要职能是政治协商、民主监督、参政议政。区政协第十三届委员会设提案委员会、经济科技委员会、农业和农村委员会、人口资源和建设委员会、教育卫生与体育委员会、社会法制与民族宗教委员会、港澳台侨委员会、文化文史委员会、学习委员会9个专门委员会。区政协第十三届委员会有委员431人。年内，区政协组织各类会议及活动162次，委员出席5200人次，提交提案447件，经审查立案377件。召开政协党组会26次，开展理论学习55次。政协各参加单位和广大委员捐赠抗击新冠肺炎疫情物资价值1.1亿元，创作反映抗击新冠肺炎疫情主题的艺术作品110余件。各民主党派、无党派代表人士、非公经济人士、新的社会阶层人士提出书面建言159篇，围绕“十四五”规划编制建言502条，反映社情民意信息701条。建立10个社区工作站、4个界别工作站，在街乡社区开展各类活动276次，参与委员258人，1700余人次。8名委员作为区监委特约监督员，参与对区有关单位政风行风建设民主监督。　（赵　莹）

【2020年委员报告厅】 6月11日，区政协举办2020年第一期委员报告厅活动。邀请全国政协委员、区政协副主席连玉明以《落实两会增合力　凝聚共识强担当》为题，就学习贯彻全国两会精神与委员履职作专题报告。会议还通报朝阳区实施《北京市生活垃圾管理条例》的有关情况，介绍朝阳区政协围绕生活垃圾管理条例实施开展专项民主监督工作的方案。8月20日，区政协在委员活动中心举办2020年第二期委员报告厅活动，邀请北京市委党校（北京行政学院）教授吕廷君围绕《中华人民共和国民法典》作专题报告。9月18日，区政协举办2020年第三期委员报告厅活动。邀请市委党校专家学者，围绕“北京文化竞争力的国际比较”作专题报告。区政协主席班子出席。区政协委员、区各民主党派和工商联部分成员、区政协机关干部约140人参加报告会。　（赵　莹）

【2020年委员读书班】 9月7日至9日，区政协与区委统战部举办2020年委员读书班。区政协主席陈涛参加开班仪式并讲话，区委常委、统战部部长、区政协党组副书记李国红作委员读书班总结讲话，区政协副主席杨树旗、王文远，秘书长胡杰华出席委员读书班。委员读书班以“深入学习《习近平谈治国理政》第三卷，助推基层社会治理体系和治理能力建设”为主题，邀请专家学者围绕《习近平谈治国理政》第三卷、经济与外交形势等作专题报告。委员们参观考察北京怀柔科学城创新小镇、雁栖湖生态发展示范区核心岛。读书班还安排委员讲座和委员自学等内容。区政协委员、区政协机关干部以及部分统战人士170余人参加。　（赵　莹）

【政协委员构成】 截至年底，区政协有委员431人。其中，男委员280人、占65%，女委员151人、占35%，少数民族委员40人、占9%，中共党员委员174人、占40%，非中共党员委员257人、占60%。由31个界别构成，包括中共界别28人、民革界别11人、民盟界别13人、民建界别13人、民进界别10人、农工界别9人、致公界别9人、九三界别12人、台盟界别3人、无党派界别15人、共青团界别5人、工会界别6人、妇联界别8人、青联界别7人、工商联界别15人、科协界别8人、侨联界别13人、文化艺术界别22人、科学技术界别19人、社会科学界别7人、经济界别43人、农业界别8人、教育界别27人、体育界别7人、新闻出版界别13人、医药卫生界别25人、社会福利界别9人、少数民族界别10人、宗教界别6人、台胞台属界别5人、特邀界别45人。　（杨煜国）

【信息宣传】 年内，区政协在网站开设“抗击疫情，政协在行动”和“委员齐参与，助力新时尚”两个专栏，展现委员风采，提高社会影响力。编发微信公众号、订阅号94期，宣传政协委员187人次，编辑《朝阳政协》杂志4期，编发《政协简报》43期。　（赵　莹）

重要会议

【概况】 2020年，区政协召开常务委员会会议6次，主席会议8次，区政协区委统战部协商议政会议2次。

▲ 1月3日，政协朝阳区第十三届委员会第四次会议开幕 （区政协 供图）

【区政协十三届四次会议】 1月3日至6日，政协朝阳区第十三届委员会第四次会议召开，市政协党组副书记、副主席杨艺文，朝阳区委、区人大、区政府主要领导出席开幕会。区政协主席陈涛作政协北京市朝阳区第十三届委员会常务委员会工作报告，区政协副主席杨树旗作政协北京市朝阳区第十三届委员会常务委员会提案工作报告，会议对政协北京市朝阳区委员会2019年度优秀提案给予表彰。委员分组讨论区政协常委会工作报告和提案工作报告、朝阳区人民政府工作报告、大会决议（草案）、有关选举事项。会议听取《政协北京市朝阳区第十三届委员会第四次会议期间提案审查情况的报告》，审议通过《政协北京市朝阳区第十三届委员会第四次会议决议》，会议补选胡杰华为政协北京市朝阳区第十三届委员会秘书长，补选宝月凤、李贺清为政协北京市朝阳区第十三届委员会常务委员。

【常务委员会会议】 年内，区政协召开常务委员会会议6次。1月4日，政协朝阳区第十三届委员会常务委员会第十八次会议召开。会议听取区政协十三届四次会议各项讨论情况汇报，审议选举办法（草案），审议通过补选政协朝阳区第十三届委员会秘书长、常务委员候选人人选建议名单，审议通过政协朝阳区第十三届委员会第四次会议总监票人、副总监票人、监票人人选建议名单（草案）。1月5日，政协朝阳区第十三届委员会常务委员会第十九次会议召开。会议听取区政协十三届四次会议各组讨论情况汇报，审议通过选举办法（草案），审议通过补选政协朝阳区第十三届委员会秘书长、常务委员候选人名单，审议通过政协朝阳区第十三届委员会第四次会议总监票人、副总监票人、监票人名单（草案）。审议政协朝阳区第十三届委员会第四次会议决议（草案），听取政协朝阳区第十三届委员会第四次会议期间提案审查情况报告，审议通过政协朝阳区第十三届委员会常务委员会2020年工作要点，书面通报区政协各专门委员会2020年工作计划。6月4日，政协朝阳区第十三届委员会常务委员会第二十次会议召开。会议传达学习全国两会精神。会议围绕加强基层社会治理、提升城市精细化管理水平开展专题议政。会议通报区政协开展新冠肺炎疫情防控阶段性工作情况。9月9日，政协朝阳区第十三届委员会常务委员会第二十一次会议召开。会议围绕“坚持高精尖发展、提升区域内生动力”开展专题议政。审议通过《政协北京市朝阳区委员会关于加强委员联系群众工作的意见》和《政协北京市朝阳区委员会提案工作条例》。书面通报《政协北京市朝阳区委员会委员年度履职考评细则（试行）》制定情况。11月3日，政协朝阳区第十三届委员会常务委员会第二十二会议召开。会议学习传达中共十九届五中全会精神。会议听取区政府关于区政协十三届四次会议以来提案办理情况通报，听取区政府《关于进一步推动垃圾分类工作进入实质提升的建议案》和《关于推进国家文化产业创新实验区高质量发展的建议案》办理情况的通报。审议通过关于接受刘元春请辞教育卫生与体育委员会主任、常务委员和委员的决定，审议通过关于接受董健请辞委员的决定，审议通过关于接受路军请辞农业和农村委员会主任的决定，审议通过关于增补张小锋、董健（女）为政协朝阳区第十三届委员会委员的决定，审议通过关于任命副秘书长的决定，审议通过关于任命张小锋为农业和农村委员会主任的决定。12月22日，政协朝阳区第十三届委员会常务委员会第二十三次会议召开。会议听取朝阳区2020年党风廉政建设情况通报。审议通过《关于进一步提升朝阳区生活垃圾分类管理水平的建议案》和《关于进一步推进朝阳区农村地区环境综合整治的建议案》。审议通过关于增补张士华、赵年生为政协朝阳区第十三届委员会委员的决定；各专门委员会主任就2020年工作作工作述职报告。会议通报2020年度委员履职情况。审议区政协十三届五次会议相关文件，会议决定政协北京市朝阳区第十三届委员会第五次会议于2021年1月11日召开。

【主席会议】 年内，区政协召开主席会议8次。1月4日，政协朝阳区第十三届委员会第二十次主席会议召开。会议审议选举办法（草案），审议补选政协朝阳区第十三届委员会秘书长、常务委员候选人人选建议名单，审议政协朝阳区第十三届委员会第四次会议总监票人、副总监票人、监票人人选建议名单（草案）。1月5日，政协朝阳区第十三届委员会第二十一次主席会议召开。会议听取区政协十三届四次会议各组讨论情况汇报，审议选举办法（草案），审议补选政协朝阳区第十三届委员会秘书长、常务委员候选人名单，审议政协朝阳区第十三届委员会第四次会议总监票人、副总监票人、监票人名单（草案）。审议政协朝阳区第十三届委员会第四次会议决议（草案），听取政协朝阳区第十三届委员会第四次会议期间提案审查情况报告，审议政协朝阳区第十三届委员会常务委员会2020年工作要点（草案）。1月6日，政协朝阳区第十三届委员会第二十二次主席会议召开。会议听取选举结果汇报。6月4日，政协朝阳区第十三届委员会第二十三次主席会议召开。会议围绕精准扶贫对口帮扶开展专题议政。会议传达学习全国两会精神。会议审议通过政协北京市朝阳区第十三届委员会常务委员会第二十次会议议程，审议通过政协北京市朝阳区第十三届委员会主席、副主席、秘书长工作分工。审议通过委员年度履职考评细则，听取委员工作站设立情况汇报，书面通报区政协开展新冠肺炎疫情防控阶段性工作情况。9月9日，政协朝阳区第十三届委员会第二十四次主席会议召开。会议审议《政协北京市朝阳区委员会关于加强委员联系群众工作的意见（草案）》，审议《政协北京市朝阳区委员会提案工作条例（草案）》。书面通报《中共北京市朝阳区委机构编制委员会关于调整区政协机关机构编制的批复》。11月3日，政协朝阳区第十三届委员会第二十五次主席会议召开。会议围绕“建言‘十四五’、推动新发展”开展专题议政，会议审议通过《政协北京市朝阳区委员会关于评选表彰优秀提案的实施办法》和《政协北京市朝阳区委员会关于评选表彰最具影响力提案的实施办法（试行）》。审议通过政协北京市朝阳区第十三届委员会主席、副主席、秘书长工作分工，审议通过政协北京市朝阳区第十三届委员会常务委员会第二十二次会议议程。审议有关人事任免事项。11月3日，政协朝阳区第十三届委员会第二十六次主席会议召开。会议审议通过关于增补专门委员会委员的决定。12月22日，政协朝阳区第十三届委员会第二十七次主席会议召开。会议审议通过政协北京市朝阳区第十三届委员会常务委员会第二十三次会议议程，审议《关于进一步提升朝阳区生活垃圾分类管理水平的建议案》和《关于进一步推进朝阳区农村地区环境综合整治的建议案》，审议关于增补委员的决定（草案），审议区政协十三届五次会议相关文件，审议通过《中国人民政治协商会议北京市朝阳区委员会协商工作规则（试行）》，书面通报各专门委员会2020年工作述职，书面通报区政协2020年委员履职情况。

（赵　莹）

协商议政

【概况】 区政协构建“三五四”（明确界别、委员、党政机关三个协商主体，搭建全体会议、专题议政性常委会会议、议政性主席会议、专题协商会、委员工作站协商等五个协商平台，建立“以事定题”“以题定人”“以人定责”“以责定效”的“四定”工作机制）协商体系，明确界别、委员、党政机关三个协商主体，搭建全体会议、专题议政性常委会会议、议政性主席会议、专题协商会、委员工作站协商等五大协商平台。制定区政协协商工作规则，明确“不调研不协商，先调研后协商”的工作原则，完善和细化协商程序、形式和行为规范。区委、区政府主要领导全年参加政协各类协商活动68人次，有104个区委、区政府职能部门和街乡参加政协协商，有关领导和部门负责人在协商中通报情况、回应关切、互动交流，推动协商民主深化深入。召开经济高质量发展、推进城乡社会治理、办好民生实事专题协商会，形成建言224条。在委员工作站开展专题协商54次。区政协以年度专题议政会、议政性常委会、议政性主席会、专题协商座谈会为重点，以对口协商、界别协商、提案办理协商会和社情民意交流会为载体，组织各类协商活动112次。围绕党政工作要事、民生改善实事、社会治理难事，确立协商议题94个。

【年度协商议政会议】 4月22日，区政协召开年度协商议政会议。区委副书记、区长文献结合区政府2020年重点工作提出议政调研方向和建议。区政协主席陈涛主持会议。区委常委、统战部部长、区政协党组副书记暴剑，区政协副主席杨树旗、张永新、王文远、连玉明、张兴凯、战春燕，秘书长胡杰华与各民主党派、工商联负责人出席会议。各民主党派、工商联负责人分别介绍2020年重点工作，就抗击新冠肺炎疫情建言献策、推动企业复工复产、优化营商环境、城市精细化管理、“七有”“五性”（“七有”指幼有所育、学有所教、劳有所得、病有所医、老有所养、住有所居、弱有所扶，“五性”指反映市民需求的便利性、宜居性、安全性、公正性、多样性五个方面）民生保障、生态环境改善等工作提出调研思路和研究方向。

【民生建设专题议政会】 8月6日，区政协、区委统战部举办“紧扣‘七有’‘五性’，精准推进民生建设”议政会。区委书记王灏，区政协主席陈涛，区委副书记王旭，区委常委、统战部部长李国红，副区长王志勉，区政协副主席杨树旗、张永新、王文远、连玉明、张兴凯、战春燕和秘书长胡杰华出席会议。围绕议政专题，区各民主党派、区政协各专委会前期开展调查研究工作，形成调研和建言68份。会上，区政协委员、民主党派、工商联和无党

▲ 8月6日，区政协、区委统战部举办"紧扣'七有''五性'精准推进民生建设"议政会
（周　蕾　摄）

派人士代表分别发言。王灏对区政协委员、各党派区委、区工商联、无党派人士的深入调研、积极建言献策给予肯定。

【"十四五"规划编制专题协商】 10月27日，召开议政性主席会议，专题就"十四五"时期朝阳经济社会发展开展协商，提出加强文化创新、国际交往、公园城市建设等方面建议。此前，针对城市治理、城乡一体化发展、重点产业功能区建设等召开11个专题协商会。聚焦规划编制，落实开门问策，组织全体委员开展历时两个月的建言活动，委员们通过微信、电子邮件等方式，提出有关打造双循环交汇点、构建现代化经济体系、坚持文化创新引领、塑造生态文明金名片、加快推进安全城市建设等28个方面、502条意见建议，为区委、区政府提供决策参考。

【"发挥国际化优势，增强文化影响力"专题议政会】 10月29日，区政协、区委统战部举办"发挥国际化优势，增强文化影响力"议政会，邀请区政协委员以及区各民主党派、工商联、无党派人士和新的社会阶层人士代表，为朝阳区"十四五"发展建言献策。区委副书记、区长文献，区政协主席陈涛，区委常委、副区长暴剑，全国工商联副主席、区人大常委会副主任、区工商联主席叶青，区政府副区长王志勉，区政协副主席杨树旗、张永新、王文远、连玉明、战春燕和秘书长胡杰华出席会议。会议由区委常委、统战部部长、区直机关工委书记李国红主持。会议前期，区各民主党派、工商联，区政协各专委会和各界委员围绕这次议政主题开展调研，在此基础上形成建言87份，并汇编成册。会上22名参会人员分别作重点发言和即席发言。文献回应相关建议建言，并介绍2020年全区重点工作。（赵　莹）

提案工作

【概况】 2020年，区政协收到提案447件，其中，委员提案415件，党派、工商联、界别、专委会和全会小组提案32件。经审查，立案377件，交109家承办单位办理，均按时办结。286件提案提出的建议被采纳、问题得到解决，68件提案提出的建议列入计划逐步解决，23件提案作为重要摘报和新冠肺炎疫情防控参阅，及时报送党政部门。全年重点督办提案4件，带动办理提案52件，督办相关单位40余家，参加委员70余人次，现场提出建议115条。

【三级综合医院建设提案督办】 5月21日，区政协副主席杨树旗带队重点督办《关于加速垂杨柳医院全面发展，创建与百年清华相匹配的不一样的三级综合医院的建议》提案，相关提案政协委员，区政府办、区卫生健康委、区财政局、区医保局、区人力社保局、区市场监管局、垂杨柳医院等单位主管领导，区政协专委会工作一室、二室负责人参加。委员一行到垂杨柳医院新址参观手术室、体检中心，了解垂杨柳医院的建设情况。与会政协委员围绕加速垂杨柳医院全面发展纷纷提出意见建议。

【助力中小微企业融资政策落地提案督办】 5月28日，区政协副主席王文远带队对《关于发挥科技金融效能，结合大数据、区块链技术助力中小微企业融资政策落地的建议》提案开展重点督办，听取有关提案办理工作情况汇报。相关提案政协委员，区政府办、区发展改革委、区财政局、区金融办、区科信局、区商务局、区国资中心等单位主管领导，区政协专委会工作一室、三室负责人参加。委员一行到朝阳区金融纠纷调解中心参观处非专班接访接电、宣传教育、金融风险监测系统等内容及金融产业发展全息地图，了解朝阳区金融产业发展、风险防控等情况。协商座谈会上，区金融办汇报《关于发挥科技金融效能，结合大数据、区块链技术助力中小微企业融资政策落地的建议》提案办理情况，与会政协委员围绕提案提出意见建议。

【智慧朝阳建设专题提案督办】 6月2日，区政协主席陈涛带队开展智慧朝阳建设专题重点提案督办，区委常委、副区长暴剑，相关提案政协委员，区委办、区发展改革委、区财政局、区城管委、市规自委朝阳分局、区科信局、奥林匹克公园管委会、温榆河管委会，区政协办公室、研究室、专委会工作一室负责人参加。委员一行到国家速滑馆参观场馆内5G建设与智慧场馆应用情况。在奥林匹克公园内，委员们视察智慧奥园相关应用，观看无人扫地机器人、无人巡逻车和无人售卖车运行情况，参观体验三大运营商及铁塔公司关于5G应用的布展。在协商座谈会上，区科信局汇报《关于领跑5G建设水平努力打造“新一代智慧朝阳”的建议》提案办理情况，以及科技“战疫”及智慧朝阳建设情况。

【“促进新消费引领品质新生活”提案办理成果转化】 7月21日，区政协、区商务局在CBD郎园联合召开“促进新消费引领品质新生活”提案办理成果转化协商座谈会。来自金融服务、文化服务、商务服务、生活服务等领域委员，相关提案者和区政协专委会工作一室、区商务局参加座谈。区政协委员、区商务局局长陈庆华简要介绍朝阳区经济运行情况、产业结构调整等多项工作。为推动提案办理成果落实落地，区政协加大提案办理“回头看”力度，形成由“提得好”与“办得好”相互转化，促进提案办理工作取得更好实效。座谈会上，政协委员结合自身经验，围绕新需求、新供给、新模式、新业态、新服务、新场景等方面交流发言，并对餐饮服务、医疗健康、居家养老、文创娱乐、社区商业等领域的提升和发展提出意见和建议。

【垃圾分类专题重点提案督办】 9月2日，区政协副主席张永新带队对垃圾分类重点提案开展督办，听取有关提案办理工作情况汇报。相关提案政协委员，区城市管理委、区农业农村局、区房管局、区城管执法局、区生态环境局、区环卫中心、大屯街道、来广营乡等单位主管领导，区政协专委会工作一室、四室负责人参加。委员一行到达大屯街道阳光新干线小区和来广营地区金茂府小区，重点视察两个小区的生活垃圾分类宣传动员、小区桶站设置、人员指导、桶站周边卫生、大件垃圾处理、小区物业责任落实等情况，并向相关工作人员了解垃圾分类工作中的难点问题和相关工作经验。协商座谈会上，区城管委汇报垃圾分类提案办理工作及朝阳区垃圾分类工作开展情况。与会委员围绕提案进一步提出意见建议。

【提案工作报告审议】 11月24日，区政协提案委员会召开全体会议，审议提案工作报告（征求意见稿），协商确定2021年工作思路。会议回顾提案委员会2020年工作开展情况，研讨2021年工作思路，就提案工作报告进一步修改完善提出意见建议。会议认为，提案委在完成年度各项工作任务的同时，把提高提案质量作为推动工作高质量发展的关键，把协商民主贯穿提案工作全过程，以“提好”提案为抓手，以“办好”提案为落脚点，发挥政协提案在区域高质量建设中的重要作用。（张桔歌）

调研与视察

【概况】 区政协围绕经济建设、社会事业、民主法治建设、城市管理等组织视察调研活动34次，委员参与680余人次。密切区政协各专门委员会和人民团体的联系，组织区各人民团体参与政协协商、视察、调研等活动。向区委、区政府报送调研报告、视察报告、社情民意信息专报701份。

【新农村建设情况调研】 8月5日，市政协副主席林抚生带领市政协农业和农村委员会到朝阳区围绕“准确把握京郊人口变化趋势，科学推进新型城镇化建设”议题开展调研。调研组一行到崔各庄乡费家村、黑桥公园、草场地村实地调研，察看新农村建设情况，区政协主席陈涛、副区长杨建海、区政协副主席张永新、区政协秘书长胡杰华一同调研。座谈会上，区农业农村局、区统计局、公安朝阳分局、区卫生健康委、区民政局及十八里店乡、十八里店乡吕家营村，汇报农村地区人口现状及城市化建设的有关情况。与会人员还围绕农村地区城市化建设、农民养老、社会保障服务、“农转非”等内容开展交流。

【商圈建设情况调研】 9月15日，区政协副主席王文远到三里屯街道调研消费升级、商圈建设情况，政协委员和企业代表结合所处区域和新冠肺炎疫情后企业经营面临的形势和需求，围绕朝阳区如何立足国际化优势、打造国际消费中心城市，探索消费升级的路径开展座谈交流。区商务局、区侨联、三里屯街道的负责人员应邀到会，听取意见和建议。北京光华纺织集团有限公司、拓速乐汽车销售（北京）有限公司（特斯拉）、中视金桥国际传媒控股有限公司、中国融通地产北京公司、北京颐盛恒商务顾问有限公司、中国世纪新城投资集团、北京银泰置业有限公司、三里屯太古里、戴德梁行中国区商业地产部、蓝色光标集团等10家企业负责人和委员围绕立足国际化优势、打造国际消费中心城市，探索消费升级的路径主题，分领域分行业针对顶层设计和细节服务相结合，改善基础设施，推动商圈改造，推动消费平台转型，促进消费机制完善，创新消费场景，吸纳和留住人才，加快补短板提优势，吸引消费、留住消费，织密“夜京城”地标、商圈、生活圈网络布局等方面提出意见和建议。

【环境建设民主监督组调研】 10月15日，区政协副主席张永新带队就环境建设民主监督主题，到望京小街、来广营朝来森林公园望京之眼、风舞游龙、森舞漫波、国际化多元市集等处参观调研。委员们对望京街道坚持党建引领、多元协作、撬动社会资本参与街区更新的模式给予肯定。建议望京小街作为一条国际化的活力共享街区，将国际化环境和人才建设、垃圾分类、智慧管理融入一体，继续推动共商共治共建共享，打造具有艺术性、商业性和文化性的望京新地标，促进望京小街精细化治理再上新台阶。调研组实地查看来广营朝来森林公园特色景观节点。委员们建议要进一步加大公园宣传力度，提高群众知晓度，要统筹考虑公园运营维护资金，根据群众需求，不断完善基础设施，提供优质、便捷的服务，提升百姓的获得感、幸福感。

【2020 年集中视察活动】 11 月 17 日、18 日，区政协组织委员开展 2020 年集中视察活动，分别围绕社会事业发展、城市环境建设和经济高质量发展 3 个专题开展集中视察，为朝阳高质量发展建言献策。围绕社会事业发展专题，委员们到三间房社区卫生服务中心视察基础设施及卫生服务情况，并参观懋隆艺术馆。委员们建议，要加强医务人员队伍建设，改善社区卫生服务中心设施，发挥社区卫生服务的公共卫生网底功能，让群众在家门口就能享受优质医疗服务；文创企业要坚持深耕与创新，在原创道路上不断探索，推动中国文化出海与传播。围绕城市环境建设专题，委员们到望京小街参观，了解小街的改造过程、环境、商业业态等。在温榆河公园朝阳示范区，委员们了解公园的规划和建设情况，参观五柳观湖、茑屋等网红打卡点。委员们建议，持续推动共商共治共建共享，打造具有艺术性、商业性和文化性的新地标，促进精细化治理再上新台阶；以人为本，注重细节，加强管理，在公园景观、设施、配套服务等方面满足群众的多元需求，以生态文明建设促进朝阳实现新发展。围绕经济高质量发展专题，委员们到京沈高铁北京朝阳站，在施工现场实地察看工程进展情况。委员们建议，要以服务保障好国家重大项目为契机，借势发力，加快基础设施建设，构建“高精尖”经济结构，聚焦优势产业，推动区域经济高质量发展；发挥科技企业的自身优势，强化自主创新、协同创新，促进创新成果转化落地。

【生态环境建设调研】 年内，委员们为朝阳区绿色发展、提升生态环境质量持续建言，开展关于朝阳区水污染治理和水资源保护的专题调研，组织委员视察区内重点河流流域综合治理情况。召开城市生态环境建设系列协商座谈会，委员们提出建设公园城市示范区的建议，推动形成“绿色 + 文化”“生态 + 生活”“公园 + 家园”的和谐宜居优势。 （赵　莹）

专门委员会

【概况】 区政协设置提案委员会、经济科技委员会、农业和农村委员会、人口资源和建设委员会、教育卫生与体育委员会、社会法制与民族宗教委员会、港澳台侨委员会、文化文史委员会、学习委员会等 9 个专门委员会。优化各专门委员会办事机构干部队伍结构，结合重点工作强化实践锻炼。 （赵　莹）

【提案委员会】 年内，区政协提案委员会收到提案 447 件，其中，委员提案 415 件，党派、工商联、界别、专委会和全会小组提案 32 件。经审查，立案 377 件，交 109 家承办单位办理，均按时办结。286 件提案提出的建议被采纳、问题得到解决，68 件提案提出的建议列入计划逐步解决，23 件提案作为重要摘报和新冠肺炎疫情防控参阅报送党政部门。全年重点督办提案 4 件，带动办理提案 52 件，督办相关单位 40 余家，参加委员 70 余人次，现场提出建议 115 条。修订《政协北京市朝阳区委员会提案工作条例》《政协北京市朝阳区委员会关于评选表彰优秀提案的实施办法》和《政协北京市朝阳区委员会关于评选表彰最具影响力提案的实施办法（试行）》，规范提案的评选、表彰等流程。加强提案信息化平台建设，实现提案日常管理数据化、数据管理规范化。摘选具有前瞻性和全局性的提案，编印《提案摘报》9 期。 （张桂歌）

【学习委员会】 年内，区政协学习委员会举办 3 期委员报告厅。分别以“如何看待新冠肺炎疫情影响下 2020 年中国经济增长”“落实两会增合力 凝聚共识强担当”“解读《中华人民共和国民法典》”为主题，邀请专家作专题报告。举办委员读书班，以“深入学习《习近平谈治国理政》第三卷，助推基层社会治理体系和治理能力建设”为主题，邀请专家学者做专题报告。按照市政协的要求，组织区政协委员参加市政协举办的 9 期委员报告厅视频会。 （杨煜国）

【教育卫生与体育委员会】 年内，区政协教育卫生与体育委员会开展新冠肺炎疫情防控工作，报送社情民意信息 66 篇，征集委员关于十四五规划建言 26 篇。通过网络信息等渠道与教育界别委员，围绕“新时代学校文化建设”协商议题，提出要改变传统教育的弊端，让学生们在接受知识的过程中实现知识与人格精神的共生，变被动成长为主动生长。民生建设民主监督小组就学前教育三年行动计划落实工作开展监督，提出以“七有”“五性”为主旨，以“学前教育质量提升”为核心，凝聚多方共识和力量，让属地儿童享受高质量的学前教育和促进人民群众的获得感。 （杨　青）

【文化文史委员会】 年内，区政协文化文史委员会重点围绕发挥文化引领作用，打造文化强区开展协商议政工作。围绕“创新文化传播方式，推动朝阳国际化进程”开展专题协商，围绕“彰显文化自信，提升文化艺术作品原动力”开展对口协商。协助市政协邀请朝阳区文化文史委员会副主任范周在文化讲堂做专题讲座。协助市政协开展“健全和完善文化经济政策，推进文化产业发展引领区建设”专题调研活动。完成《朝阳文史资料》第 20 辑的资料征集及编辑工作。完成市政协《与祖国同行》《委员一日》文史资料征编工作，入选文史稿件 5 篇。调动委员撰写提案 37 篇、社情民意信息 18 篇。 （杨　青）

【经济科技委员会】 年内，区政协经济科技委员会组织做好企业复工复产工作，报送社情民意信息65份，总结32名委员和相关企业的复工复产经验，形成综合专报报区委、区政府。协同提案委员会督办金融扶持中小企业发展重点提案，对专委会“关于加强朝阳区文化产业融合发展的建议”的提案开展督办。会同区发展改革委、区商务局、区科信局、区金融办、三里屯街道办事处、北京CBD管委会、中关村朝阳园管委会、国家文化产业创新实验区管委会组织近百名区政协委员，走访和联系近百家委员企业和区域重点企业，开展系列调研活动，先后形成《推进朝阳区科技创新发展建议》《立足国际化优势打造国际消费中心城市建设建议》提出9个方面近百项意见和建议。按照区政协党组安排，组织全体委员开展“十四五”建言活动，累计征集建言100余篇，提出28个方面500余条意见和建议，形成综合报告和《“十四五”建议汇编》报区委、区政府。全年两次组织区政协财政预算民主监督组对区财政预算和经济运行工作提出意见建议，形成两份综合专报报区委、区政府决策参考。（李海作）

【人口资源和建设委员会】 年内，区政协人口资源和建设委员会组织委员投身抗击新冠肺炎疫情斗争，捐款捐物，到社区服务。召开专委会工作会议，介绍专委会重点工作草案，听取委员意见建议。以“北京生活垃圾分类条例”为主题实施调研，召开“全体委员齐参与，垃圾分类新时尚”联席会议，制定“围绕生活垃圾管理实施条例实施开展专项民主监督工作方案”，撰写《关于进一步提升朝阳区生活垃圾分类管理水平》调研报告，上升为建议案报区委、区政府参考。抓好京沈高铁站名论证，召开京沈客运专线北京地区车站命名征求意见建议座谈会，政协委员们发挥智力、资源等多项优势，正式提出将京沈高铁北京始发/终到站“星火站”更名为“北京朝阳站”，推动站名确立。（韩保卫）

【社会法制与民族宗教委员会】 年内，区政协社会法制与民族宗教委员会响应党组号召，组织委员为抗击新冠肺炎疫情奉献力量，下沉社区服务。按照市政协要求，结合朝阳区实际，重点围绕《宗教事务条例》《北京市宗教事务条例》到朝阳区的基督堂、东岳庙和天主教堂实地调研并形成调研报告，上交市政协，在市政协民宗宗教条例征求意见建议的议政会上代表十六区作《关于进一步对非法宗教活动治理力度》发言。参与“十四五”建言工作，围绕接诉即办、社会治理等提交意见建议。组织区政协委员70余人到望京小街等街区视察，促进精细化治理。（韩保卫）

【农业和农村委员会】 年内，区政协农业和农村委员会以“关于朝阳区农村地区环境综合整治的建议”为主题开展专题调研，组织委员召开专题调研开题会和调研报告征求意见座谈会，完成调研报告定稿，形成《关于进一步推进朝阳区农村地区环境综合整治的建议案》，并报送区委、区政府。协助市政协到朝阳区开展议题为“准确把握京郊人口变化趋势，科学推进新型城镇化建设”的调研工作，协调区农业农村局等7家单位介绍农村地区人口现状及城市化建设等有关内容。参与全国政协“加强和改进市县政协工作”课题调研，围绕“加强委员联系群众，推动政协协商向基层延伸”主题，成立由政协委员、专家学者组成的调研组开展调研。（苏一喆）

【港澳台侨委员会】 年内，区政协港澳台侨委员会委员们发挥自身界别、党派和团体优势，参与抗击新冠肺炎疫情义捐，委员会与区委统战部、区侨联共同率先发起关爱海外侨胞和留学生暨“侨爱心防疫包”公益捐赠活动，捐赠包括急需的口罩和中药颗粒等在内的防疫物资。组织港澳台侨委员会委员开展特色活动，到正大中心、华贸中心参观交流，共话团圆，共谋发展。围绕“两区”建设，重点就数字贸易、文化贸易、商务会展等产业发展建言献策。与市政协联合开展调研，参与市政协港澳台侨和外事委员会的“提升国际交往中心服务保障能力，推进国际交往中心功能建设”综合调研，相关内容纳入市政协综合报告中。按照区政协“十四五”规划建言献策活动的方案要求，组织委员建言“十四五”，累计征集建言16篇，纳入区政协《“十四五”建议汇编》中。（李海作）

中国共产党朝阳区纪律检查委员会 朝阳区监察委员会

综　述

【概况】　中共北京市朝阳区纪律检查委员会（简称区纪委）是主管全区党的纪律检查工作的专责机关。北京市朝阳区监察委员会（简称区监委）是全区行使国家监察职能的专责机关。区纪委与区监委合署办公。区纪委区监委在市纪委、市监委和区委双重领导下开展工作。年内，区纪委落实各级纪委全会精神，发挥监督保障执行、促进完善发展作用。围绕“三大攻坚战”“三件大事”，统筹推进疫情常态化防控、“四风”检查等日常监督，以及扫黑除恶、脱贫攻坚、离京报备、规划和自然资源领域专项治理和专项巡视等专项监督。明确全年重点监督事项月度推进安排，每月向基层纪检监察组织下发监督提示单，组织召开执纪监督专题会。全区各级纪检监察组织坚持以习近平新时代中国特色社会主义思想为指导，忠实履行党内监督、国家监察专责，协助区委坚定不移推进全面从严治党，围绕市委、区委中心工作，在服务保障大局、净化政治生态等方面主动作为，发挥监督保障执行、促进完善发展作用，为朝阳高质量发展提供保障。区纪委区监委获“2020 年度北京市模范集体”称号，区纪委区监委第八审查调查室副主任曹为镜获“全国扫黑除恶专项斗争先进工作者”称号。　（于　濛）

【全面从严治党主体和监督责任落实】　年内，区纪委区监委协助区委制发《朝阳区关于加强政治生态分析研判工作的实施方案》。方案围绕政治建设、思想建设、组织建设等维度，细化分解 20 项具体工作任务，明确责任部门。到一线调研，结合督查督办、常规巡察、专项巡察、审计监督等情况，通过分类分层谈话等方式，查找重点领域突出问题，全面分析研判，提出针对性建议。精细化开展民意调查，把政治生态 8 个维度细化成 18 项具体问题，分级分类设计调查问卷，了解 29522 名监察对象诉求，获取真实对策建议，为各单位改进工作提供精确“靶向”。制定《朝阳区纪委区监委 2020 年监督工作要点》，涵盖日常监督、专项监督、全面从严治党、监督工作体系、监督运行载体 5 部分 21 项任务。组织召开执纪监督专题会议 8 次，审议年度监督计划、研究解决重点问题。细化专项监督清单，起草《扫黑清单》《扶贫清单》等 23 份。督促各地区、各单位结合“三定”完善权责清单及 115 项《街道责任清单》和 136 项《乡镇政府权责清单》。年内，各派驻组、街乡纪（工）委梳理高风险重点权力事项 300 余个并逐一细化监督制约清单，明确监督方式和检查频次。　（房　磊）

【“四风”纠治】　年内，区纪委区监委抓住整治“四风”不放松，在抓细抓长抓实上见成效。紧盯全区各单位办公用房整改情况，结合半年督查开展延伸督查及“回头看”，对个别办公用房超标、整改工作不到位等问题和“舌尖上的浪费”，成立 4 个检查小组，抽查 30 余家区属单位及基层单位食堂用餐、垃圾分类等方面工作，全年约谈提醒重点岗位负责人 815 人，形成个性化责任清单、负面清单 140 余份。　（秦培奇）

重要会议

【区纪委全会】　1 月 22 日，朝阳区第十二届纪律检查委员会第五次全体会议

▲ 1 月 22 日，朝阳区第十二届纪律检查委员会第五次全体会议在北京会议中心召开（宋瑞敏　摄）

暨2019年全区党风廉政建设工作会议召开。学习贯彻中央纪委、市纪委全会精神。区委常委、区纪委书记席成坡代表朝阳区第十二届纪律检查委员会常务委员会向第五次全体会议作工作报告，总结2019年党风廉政建设和反腐败工作成效，部署2020年工作任务。区四套班子领导、区二级班子党政正职、纪（工）委书记（纪检组长）以及部分基层单位负责人参加会议。（王亚克）

【区纪委常委会会议暨区监委委员会议】年内，区纪委区监委召开区纪委常委会会议暨区监委委员会议38次，审议议题400个，提请区委常委会审议议题26个，会议审议并落实关于综合运用“四种形态”、压实主体责任、信访工作情况分析、监督向基层延伸、派驻机构改革、规划和自然资源领域巡视巡察整改、“三不”一体推进、各类专项监督和重大案件审查调查等工作。（于　潆）

纪检监察体制改革

【概况】2020年，朝阳区统筹推进纪检监察体制改革，健全完善权力运行制约监督体系。推动派驻机构改革向纵深发展，探索建立量化清单、现场嵌入、问题排查等监督方式，提升工作实效；创新区管企业派驻改革，在国有企业设立纪委或联合监督组，实现对区管企业监督全覆盖。激活基层监督“神经末梢”，推动所有村居完成“五有”实体化平台建设，持续推进社区纪委书记专职化，提升社区纪委履职能力；采取“正负面清单”监督模式，细化村居纪检监察组织重点监督事项，推动基层监督精细化；完善片区协作机制，探索协作联动、片区管理监督模式，提升监督执纪执法水平。推进各类监督有机贯通，研究梳理“1+9”贯通协同制度机制，加强与人大、政协等机关统筹协调，与公检法司审计等建立常态化沟通、线索移交、成果共享机制，反腐败工作体制更加顺畅；制发《朝阳区纪委区监委机关与朝阳区司法局加强监督检查协作配合的工作办法》《朝阳区扫黑除恶专项斗争一案三查工作意见》等制度。完成《新形势下纪检监察机关做实做细监督职责的路径研究》《纪检监察机关有效履行职务违法调查职责的问题与对策研究》调研报告验收。（雷晓彤）

【片区协作工作机制建立】年内，区纪委区监委制发《关于建立纪检监察片区协作工作机制的实施意见（试行）》及配套工作办法，初步形成“1+2”片区协作工作体系。全区纪检监察组织分为11个片区工作组（派驻机构3个，街道系统3个，农村系统3个，国资系统2个），规定片区协作组主要承担审查调查、监督检查和内部审理等3项职责，规范片区协作组开展工作具体流程、权限、方式等。（苏占宇）

【派驻机构改革深化】年内，区纪委区监委会同区委组织部、区委编办、区国资委研究深化派驻机构改革工作和区管企业纪检监察体制工作，全面贯彻中央、市委关于派驻机构改革有关精神，制发《关于深化朝阳区纪委区监委派驻机构改革的实施意见》《关于推进区管企业纪检监察体制改革的实施办法》。健全领导体制，确保党的全面领导；深化派驻机构改革，完善工作机制，强化监督效果；针对区管企业特点，分两类设置纪检监察机构，企业纪委（监察专员办公室）和综合监督工作组，初步形成区管企业纪检监察体制机制。（苏占宇）

党风政风监督

【概况】2020年，区纪委严格落实各级纪委全会精神，发挥监督保障执行、促进完善发展作用。区纪委机关出台监督工作规程，开拓“监督信息问题库”，创办《监督工作专刊》，为各类监督提供制度遵循、监督靶向及经验分享平台。分析研判全区政治生态，开展重要权力监督制约事项清单制定，推动监督向基层延伸。围绕区中心工作，统筹推进疫情常态化防控、“四风”检查等日常监督，以及扫黑除恶、脱贫攻坚、离京报备、规划和自然资源领域专项治理和专项巡视等专项监督。明确全年重点监督事项月度推进安排，每月向基层纪检监察组织下发监督提示单，组织召开执纪监督专题会。制定《关于开展全区规划和自然资源领域专项治理及专项巡视反馈问题整改工作专项监督的方案》《关于进一步深化巡视整改情况“回头看”专项监督工作方案》，开展规划和自然资源领域专项治理/优化营商环境专项监督和社会救助领域专项监督等专项监督工作。（石　杨）

【监督信息问题库】3月，区纪委区监委整合“第一种形态”、建议书、问责等数据报表，形成《朝阳区廉政监督信息月度情况汇总表》，作为各级纪检监察组织日常监督工作台账。依托“1+4+N”工作体系，建立“月汇总、季通报、年度分析”机制，综合分析研判各级纪检监察组织监督工作质效，及时反馈问题。年内，全区各级纪检监察组织上报监督发现问题4165个，涵盖政治生态分析7个领域。督促全区各级党组织、纪检监察组织紧盯2019年主体责任检查考核、廉情分析报告等指出的问题及日常监督情况，运用“第一种形态”。年内，全区各级纪检监察组织运用“第一种形态”1951人次，口头督办问题整改1108项，书面督办问题整改275项，制发建议书197份。（苏令朋）

【监督工作规程】5月，区纪委区监委制发《朝阳区纪委区监委监督工作规程（暂行）》，明确细化监督事项分类、重点和分工，监督发现问题的处置分工，专项监督的立项和结项，提升监督精准性的创新方法，9种监督工作载体，9种监督工作机制，以及相关报批程序、流转方式等。通过创新运用“九单”(监督任务交办书、监督工作提示、监督问题移送、监督情况报告、重点问题函报、监督检查记录、监督信息月报、监督工作专刊、监督工作讲堂)载体，搭建监督“一盘棋”格局。年内，党风室及各监督检查室派发“九单”757件，其中交办单500件、提示单257件；向区委主动报告监督工作24次，基层报告监督工作情况256件次；编印《监督工作专刊》21期，配合开展系统性培训2次；定期收集、整理实体化平台试点经验做法，向基层推送典型案例信息。（石　杨）

【离京报备专项监督】　5月，区纪委区监委围绕《重大事项请示报告条例》执行情况以及疫情防控期间纪律要求，对全区133家单位及下属单位开展五一期间离京外出请假报备情况专项检查，离京未报备172人、55家单位在制度制定及工作部署方面存在问题；移送问题线索9条，督促2家单位召开专题民主生活会，立案5人，给予党纪政务处分3人。（王　静）

【第一届特约监察员队伍增聘】　8月21日，区监委举办第一届特约监察员增聘仪式，增聘10名特约监察员。区监委特约监察员队伍增至30人，宣读《北京市朝阳区监察委员会增聘第一届特约监察员的决定》，颁发聘书。年内，组织开展特约监察员走进区纪委区监委机关、参与疫情防控监督检查、评选廉洁文化作品、列席述职会议和区纪委区监委十二届六次全会等系列活动。（雷晓彤）

【“接诉即办”专项监督】　年内，区纪委区监委围绕疫情防控、两会维稳、垃圾分类等重要任务，筛查出重点诉求2.3万余件，下发典型问题诉求400余件，制发交办单200余件，提示单150余件，运用“第一种形态”约谈、提醒、批评教育90余人次，制发建议书6件，通报（含问责）14人次，给予政务处分6人。专项督查“几不管”现象，对6个街乡担当意识淡漠、履职不力相关人员实施“第一种形态”，通报全区。编制《朝阳区“12345”市民热线涉及疫情防控工作专项监督检查清单》。8月，组织召开全区纪检监察系统“接诉即办”专题会，划出纪律红线，在全区集中开展退件、双否、几不管、未认可特例事项4项专项检查。制定《关于在“接诉即办”工作中坚持问题导向目标导向强化监督执纪问责标准的工作方案》，细化监督重点。制发《朝阳区纪委区监委关于开展2020年漠视侵害群众利益问题专项整治工作方案》，全区各级纪检监察组织监督发现制度执行刚性不足、工作履职推进不力等5类漠视侵害群众利益问题1423个，处置相关问题线索216件，立案89人，作出党纪处分32人，作出政务处分7人，移送司法10人，运用“第一种形态”622人次，制发建议书79份，推动主体建立健全制度、49项。（杨　雪　吴清愉）

【农村经济合同整改专项监督】　年内，区纪委区监委成立5个督察组到乡、村检查市委巡视整改落实情况，发现整改时间方式“一刀切”、整改进度与整改台账不一致、个别乡整改结果不公开等问题，督导区农业农村局召开专题会9次。初核问题线索13件，立案2人，下发监察建议书1份，召开专题民主生活会2次。督导区职能部门建立健全“三资”管理风险防控体系，制发并完善制度规定10个。完成市委巡视反馈2169份问题合同整改，追缴拖欠租金4.57亿余元，调增集体年收入1.1亿余元，收回集体土地0.27万余公顷，增加集体资产面积53924平方米，收回建筑物131万余平方米。（邬凤鸣）

【疫情防控专项监督】　年内，区纪委区监委成立疫情防控工作专项监督领导小组，由主要领导任组长，构建战时监督指挥体系，统筹全区纪检力量，分类分区域分行业动态设置专项检查组，形成委领导带队督查、监督检查室重点抽查、派驻机构“嵌入式”监督、基层纪委一线监督的立体工作架构。坚持“每日汇总”“每日会商”“信息共享”“专题学习”“制发监督工作提示”“问题通报”等机制。根据疫情发展形势，及时调整监督重点，制发20个监督工作方案，监督检查社区（村）、商务楼宇、院感防控、集中观察点、核酸采样等重点区域和关键环节，派出检查组12005批次、检查点位44638个，纠治问题797个。警示谈话21人、批评教育41人、党纪政务处分3人。（秦天鸿）

巡视巡察

【概况】　2020年，朝阳区委巡察机构以规范化建设为主线，紧密结合新时期巡察工作特点，深化“三个聚焦”（聚焦贯彻落实党的路线方针政策和党中央决策部署情况，聚焦群众身边腐败问题和不正之风，聚焦基层党组织软弱涣散、组织力欠缺）政治巡察监督重点，坚持巡视巡察上下联动，推动巡察工作向基层延伸、向纵深发展，加强对基层党组织和党员干部监督，促进被巡察单位落实全面从严治党政治责任。10个巡察组对118家单位党组织开展12轮巡察工作，对6家单位开展巡察“回头看”，实现对意识形态、宣传系统、国资领域、区属管委会、群团组织以及街乡（含社区村）巡察全覆盖。发现“三大问题”和违反“六项纪律”方面问题3515个。

【巡察方式创新】　年内，区委巡察工作将各单位落实疫情防控和推进复工复产等各项工作列为巡察监督内容，着力查找政策落实、履职尽责、权力运行、组织建设及“四风”等方面问题。尝试跳出原先板块轮动的巡察形式，采取多任务、跨领域、更加灵活、有形有效方式开展，第十轮巡察中抽出2个组专项巡察区新冠肺炎疫情防控相关工作。开展夜查，检查

6家医院周边商铺、饭店、旅店、“六小门店”及小区出租房屋等场所疫情防控情况，巡察地下空间、商超、养老助残机构防控情况。对于发现的具体问题、问题线索和信访类材料，深入核实，联系区纪委，严格执行请示报告制度，按内容职权向区信访办和区纪委相关室移送，及时处理。

【提高发现问题能力】 年内，区委巡察办坚持问题导向，根据巡察工作重点，结合组织部、纪委党风、信访等部门意见，做好巡前准备，明确必查清单，带着问题巡察。聚焦全面从严治党重点任务，紧盯重点人、重点事、重点问题，着力发现违反政治纪律和政治规矩问题、违反中央八项规定精神问题、隐形变异的“四风”问题、干部不担当不作为问题、选人用人方面问题。通过震慑“关键少数”促进大多数“紧起来”，关注重要领域带动基层建设“强起来”，解决突出问题推进基层管党治党“严起来”。把好政治关、廉洁关，使党员领导干部知敬畏、存戒惧、守底线，切实推动落实管党治党政治责任。实行问题底稿制度，巩固优化巡察发现的问题“一张清单到底”、问题台账、问题底稿、重点问题单行材料等做法，确保写进巡察报告的每个问题都有具体人和事作支撑，除反馈巡察意见外一并移交巡察问题清单。明确巡察报告要求，加强对巡察报告审核把关。统一定性依据口径，由巡察办组织对各组巡察报告和问题线索报告严格审核。

【压紧压实巡察整改主体责任】 年内，召开巡察整改工作联络会议。每轮巡察反馈后，联系被巡察单位巡察工作副职参会。传达中央和市委、区委关于巡视巡察反馈意见整改工作的精神和要求，总结前几轮巡察整改工作问题，“面对面”向被巡察单位讲清整改工作流程和具体任务安排，明确各项材料报送格式、时限等。明确对被巡察单位的整改要求。聚焦问题全面整改，围绕巡察反馈意见和问题清单，完善整改方案和任务清单，强化措施、按时报送；坚持标本兼治，以巡察整改为契机，既在治标上下功夫，对于个性问题立行立改，又在治本上不放松，针对共性问题和长期存在问题深刻剖析根源，找出问题病灶；明确整改任务，除每轮常规整改要求外，在年底前报送中长期整改进展情况，量化“举一反三”任务，针对单位情况，开展自查自纠，从根源上堵塞漏洞，及时汇总报送共性问题整改情况。严格审核整改报告。建立健全区委巡察机构与区纪委监委有关部门协作配合机制，由巡察办、巡察组、区纪委区监委相关监督室和派驻纪检监察组，以及区委巡察工作领导小组主要成员对巡察整改报告逐级层层审核把关的工作机制。形成巡察工作通报制度，《关于对第十轮巡察工作相关情况的通报》通报全区。

（刘克滨）

信访举报

【概况】 2020年，区纪委区监委信访举报处理工作以“学懂了、弄通了、做实了”为工作指针，以助力监督保障执行、促进完善发展为目标，围绕全委中心工作，结合新冠肺炎疫情常态化防控工作，做好“信、访、网、电”4个渠道信访举报接收和处理，开展信访举报处理工作中形式主义、官僚主义专项整治，贯彻落实《纪检监察机关处理检举控告工作规则》，全力保障重点时期来访接待和信访秩序稳定，完成中央纪委国家监委信访举报工作高质量发展调研任务等重点工作。年内，全区纪检监察信访举报在受理量、上级转办量、本级自收量、初次信访举报量、重复举报量以及检举控告量等“六量”同步下降，信访秩序平和稳定。贯彻学习《纪检监察机关处理检举控告工作规则》，举办区纪检监察“业务大讲堂”开展专题培训，组织4批次全系统364人次参加市纪委信访室举办的业务知识培训。完成检举举报平台基层综合业务应用系统推广部署工作，全区具备条件62个单位建有基层综合业务应用系统并投入应用，完成补录和录入检举举报基础数据2300余条。围绕涉及新冠肺炎疫情防控、扫黑除恶、中央环保督察、冒名上大学等重点问题梳理提供11类专项工作台账，为巡察工作提供41份信访举报相关问题台账。全年完成信访分析10篇，报送信息12篇，完成廉政查询8815人次，督促办结信访举报处理工作中形式主义、官僚主义专项整治中涉及86件次重点信访问题。

（吴　飞）

【信访重点工作】 5月，区纪委区监委完成“以党内监督为主导，促进各类监督衔接贯通”调研任务中群众监督板块组稿工作，完成检举举报平台基层综合业务应用系统推广部署工作，62个单位建有基层综合业务应用系统投入使用，完成补录和录入检举举报基础数据2300余条，实现硬件软件安装到位、培训指导到位、数据筛选核对到位。10月，开展来访接待场所安全风险隐患排查和整改工作，委机关及全区74个纪检监察组织开展自查自纠、监督整改和隐患问题“回头看”，筛查13项风险隐患问题，立行立改12项，1项未配齐安全防备设施列入明年预算开展整改。年内，完成全国两会、国庆等重要节点来访接待和信访秩序稳定工作，提前着手采集、完善重点信访人员信息库，健全应急机制；加强监督，督促属地及时掌握重点信访人动态信息；统筹协调区信访办、区委政法委形成合力，建立信息共享机制，来访接待和信访秩序平稳有序。

（吴　飞）

【信访举报受理】 年内，区纪委区监委受理信访举报1190件次，比上年下降38.8%，其中检举控告类1046件次，比上年下降33.4%，初信初访623件次，比上年下降28.3%，全部按要求完成转办，信访问题线索转立案42件次；接待群众来访293人次，比上年下降49.1%，接听群众来电3666件次，比上年上升15.8%。年内，全区纪检监察信访举报呈现受理量、上级转办量、本级自收量、初次信访举报量、重复举报量以及检举控告量等6项指标同步齐降态势，最高降幅48.5%，平均降幅32.7%。受理量比上年下降38.8%；检举控告类比上年下降33.4%；上级转办量比上年下降13.5%；区级自收信访量比上年下降48.5%；重复举报量比上年下降39.7%，初次举报量比上年下降28.3%。（葛媛媛）

纪律检查和案件审理

【概况】2020年，区纪委区监委受理信访举报1190件次，处置问题线索980件、立案308件、处分242人，移送职务犯罪案件34件，全区各单位运用“四种形态”批评教育帮助和处理3518人次。检查2017年至2019年4月办结的党纪政务案件处分执行情况，对2019年度处分执行情况检查问题整改情况开展回头看。（雷晓彤）

【案件质量评查】5月至7月，区纪委区监委完成对2019年5月至2020年4月期间办结的234件案件评查工作。梳理取证、程序、内部审理、处分执行、文书表述、管理6类包含笔录制作不规范、主体信息核实不全面等235个业务问题，逐一反馈问题清单督促承办单位整改。（王凤祥）

【案件审理】年内，区纪委区监委审结案件279件，其中审结并移送职务犯罪案件39件。处分242人，含处级干部26人，科级干部35人。纪检监察干部监督室收到反映纪检监察干部相关问题线索及举报19件，处置问题线索11件，其中谈话函询3件，初核2件，予以了结4件，合并归档2件。（王凤祥　刘炳坤）

【党纪政务处分干部和立案查处】年内，区纪委坚持“严”的主基调不动摇，对党的十八大以来不收敛不收手，严重阻碍党的理论和路线方针政策贯彻执行、严重损害党的执政根基，成为全面从严治党障碍的腐败问题从严查处。紧盯“关键少数”，严肃查处各级各类“一把手”52人。在疫情防控重压形势下，及时处置市纪委市监委交办问题线索46件，办理中央在京单位、市属单位问题线索20件。严格监督管理干部生活作风问题，处置涉“黄赌毒”等人员25人次。坚持追逃防逃一体化，推动区委加强科级及以下重点岗位公职人员因私出国（境）管理，严扎反腐败防逃篱笆。全年，全区受理信访举报1190件次，处置问题线索980件、立案308件、处分242人，移送职务犯罪案件34件，了结澄清480人次，挽回经济损失1亿余元。全区各单位运用“四种形态”批评教育帮助和处理3518人次，其中第一、二、三、四种形态分别占比92.2%、4.5%、1.6%、1.7%。（于　濛）

制度建设

【概况】2020年，区纪委区监委立足职能职责、结合发展实践，制发规范性制度15项，内容涵盖纪检监察体制改革、执纪监督、审查调查、队伍管理等方面。制发《公开发布的中央党内法规汇编》，发放《北京市纪委市监委法规制度汇编》，协助区委梳理全面从严治党相关制度，提升法规制度建设系统性和规范性。（王亚克）

【法规制度建设】年内，区纪委区监委制发制度规范15项。分别是《朝阳区纪检监察干部疫情防控“十不准”纪律要求》《关于建立纪检监察片区协作工作机制的实施意见（试行）》《朝阳区纪委区监委监督工作规程（暂行）》《朝阳区纪委区监委纪律检查建议、监察建议、纪检监察建议工作办法》《关于进一步加强全区纪检监察组织和纪检监察干部考核评价的意见》《全区纪检监察系统落实政治生态分析研判工作任务分工》《关于推进区管企业纪检监察体制改革的实施办法》《区纪委区监委关于在扫黑除恶专项斗争工作中进一步深化联席会商机制的工作办法》《关于进一步聚焦围绕统筹疫情防控和经济社会发展深入推进跟进监督精准监督全程监督的实施办法》《朝阳区扫黑除恶专项斗争一案三查工作意见》《关于加强纪检监察干部因私出国（境）管理工作的实施方案》《朝阳区纪委区监委关于贯彻落实重大事项请示报告制度的具体措施》《朝阳区纪委区监委机关与朝阳区司法局加强监督检查协作配合的工作办法》《关于在优化提升“接诉即办”中强化精准监督严肃执纪问责的工作方案》《朝阳区纪委区监委机关借调人员管理办法（试行）》。（王亚克）

【疫情防控“十不准”纪律要求】年内，区纪委区监委制发《朝阳区纪检监察干部疫情防控“十不准”纪律要求》。围绕组织纪律、工作纪律、群众纪律及落实防控要求等关键环节，提出不准违背组织安排，不准擅离工作岗位，不准在监督中搞形式、要特权，不准泄露秘密散布虚假信息，不准违规占用医用防控物资，不准擅自离京等“十不准”负面清单，明确纪律底线。落实“三个一律”，对思想不重视、责任不落实、工作不到位、违背纪律要求，造成较坏影响或严重后果的，一律快查快办，一律从严处置，一律通报曝光。编印《疫情防控知识专刊》《中央、市、区疫情防控文件汇编》，运用网站、公众号开展全方位宣传教育，及时传达疫情防控新精神、新要求。（刘炳坤）

反腐倡廉宣传教育

【概况】 2020年，全区纪检监察宣传教育预防工作，始终坚持以习近平新时代中国特色社会主义思想为指引，全面贯彻党的十九大和十九届二中、三中、四中、五中全会精神，按照十九届中央纪委四次全会部署，在《朝阳区廉洁文化建设行动计划（2019—2022年）》《关于在朝阳区深入开展“以案为鉴、以案促改”警示教育的工作方案》实施背景下，围绕中心、服务大局、聚焦主业，着重在理论武装、对外宣传、教育文化3个方面集中发力。年内，在中央、市、区各级各类媒体刊发稿件790余篇，其中中央级媒体刊发61篇，市级媒体刊发378篇，推动全区营造崇廉拒腐、风清气正社会氛围。 （贾佳霖）

【全区领导干部警示教育大会】 11月25日，全区领导干部警示教育大会召开，传达学习市委书记蔡奇在市委警示教育大会上讲话精神。总结2019年全区党风廉政建设和反腐败斗争取得成果，指出典型案件主要存在漠视党的政治纪律和政治规矩现象时有发生，违反组织纪律和组织原则在一定程度上存在，规划自然资源领域失管失责问题严重，农村系统成为腐败问题多发的“重灾区”，“四风”问题禁而不绝，群众诉求办理中的形式主义、官僚主义问题仍然比较突出，纪法观念淡薄、追求低级趣味7个方面突出问题，通报2019年警示教育大会以来查处26名处级以上干部名单，观看警示教育片《微权之殇》《褪色的绿地》。会议要求，全区党员领导干部要以案为鉴，认清推进党风廉政建设和反腐败斗争长期性、复杂性和艰巨性，保持决心不变、力度不减，一以贯之把全面从严治党不断引向深入，为全区事业发展提供坚强保证。全区处级以上领导干部、各单位重点科室负责人及社区（村）党组织主要负责人1000余人参加会议。 （于 濛）

【警示教育】 年内，区纪委区监委紧跟全区工作重点，结合疫情防控要求，联合区融媒体中心在《朝阳报》和“清风朝阳”微信公众号开设“战‘疫’故事”“战‘疫’镜头”“以案为鉴”等专栏，以传达中央、市、区最新精神及定期通报全区疫情防控监督检查情况等方式，分级分类对全区党员、干部履职尽责开展提醒教育。制发《关于进一步做好“以案为鉴、以案促改”扎实推进同级同类警示教育工作的通知》，策划制作“四个一”系列警示教育产品（即《忏悔书——朝阳区违纪违法人员典型案例评析》、“‘以案为鉴守初心’警示教育展板”“朝阳区公职人员行业·领域履职风险提示手册”、《微权之殇》《褪色的绿地》等两部警示教育片），把警示教育作为落实“以案为鉴、以案促改”工作的重要方式方法。全区各系统、各单位开展警示教育活动515场（次），涵盖党员干部、监察对象3.5万余人，强化主体责任，警示教育实现从“大水漫灌”到“精准滴灌”转变。制发《关于对同级同类警示教育工作落实情况开展督导检查的方案》，督导检查各个系统开展警示教育学习情况，并联合区委宣传部，在《朝阳报》，北京朝阳App，北京朝阳和清风朝阳微信公众号等区级媒体平台开设“以案为鉴守初心”警示教育专栏。 （贾佳霖）

【廉洁文化建设】 年内，区纪委区监委依托区全国文化中心建设领导小组平台，以落实廉洁文化“六进”教育活动为主线，持续推动全区廉洁文化资源整合。联合区妇联、区直机关工委、区文化和旅游局举办“清风朝阳·悦读阅廉——第二季廉洁文化进机关、进家庭活动”；与区教工委共同推进廉洁文化进校园，开展“三德廉育润童心”廉洁教育成果展示活动；把廉洁文化融入“朝阳区最美家庭”评选、朝阳青年行走“廉之路”等活动中，汇集各方力量，动员党员干部群众参与廉洁文化建设。拍摄制作短视频《五一假期大闯关》，被市纪委、中央纪委网站刊发。与区委宣传部联合发起“清风朝阳·廉洁在我心中”公益作品征集活动，征集41家单位114份作品，2家单位、18部作品获区级奖项，3部作品获市级视频类别作品优秀奖和纪念奖，区纪委区监委荣获市级优秀组织奖。 （贾佳霖）

民主党派

民革朝阳区委

【概况】 中国国民党革命委员会北京市朝阳区委员会（简称民革朝阳区委），有基层支部19个，民革党员1061名。民革党员中有全国政协委员2名（其中常委1名）、市政协委员5名（其中常委1名）、区人大代表3名（其中常委1名）、区政协委员24名（其中兼职副主席1名、常委3名）。年内，民革朝阳区委围绕民革北京市委和中共朝阳区委中心工作，结合民革朝阳区委的特点和优势，组织党员围绕区情开展专题调研，完成调研报告30篇；提交社情民意信息225条；完成支部换届工作，选举产生新一届支部领导班子成员127名，班子结构进一步优化；召开主委会议6次、全委会议2次；举办参政议政、助力精准扶贫和主题教育等活动20余次。

▲ 11月19日，民革朝阳区委青年委员和第十四支部党员到朝阳循环经济产业园管理中心开展“深入推进垃圾分类工作研究”调研（王元博 摄）

【特色活动】 1月18日，民革朝阳区委中山书画社、第三支部、第十支部、第十一支部和北京高文律师事务所党支部联合举办“坚定文化自信，弘扬民族传统——新春送福”活动。8月，区委宣传专委会在民革朝阳中山书画社举办书画创作、好文分享、交流学习等线下学习活动；第十四支部组织党员前往白乙化烈士纪念馆开展以“夯实组织建设基础，增强支部活动能力”为主题的缅怀先烈活动。9月，区委青年专委会联合参政议政、信息专委会举办以夯实基层组织建设，提高青年党员参政议政能力为主题的参政议政培训暨调研工作研讨会；副主委冯静带队到福寿苑东坝养老照料中心走访调研。10月，第二支部联合科教委员会和文艺支部，举办“情暖金秋，爱在重阳”系列活动。11月，区委青年委员会和第十四支部组织党员到区循环经济产业园管理中心开展“深入推进垃圾分类工作研究”专项调研；第一支部联合区委参政议政、信息、青年专委会共同开展“水韵朝阳”调研暨思想建设主题教育。年内，区委开展慰问抗战将领遗属活动，送去慰问品和区委的关怀问候；以老年人健康、撰写社情民意信息、制度自信解析和民革历史解析等为主题，举办“云讲堂”6期。

【社会服务】 11月13日，民革朝阳区委社会服务和青年专委会组织党员到门头沟区雁翅镇高台村考察调研，了解金银花种植基地建设和果树认养情况。中共高台村党支部书记介绍基本情况和帮扶进展等，党员们结合民革党派界别优势、行业和专业优势，研究探讨高台村未来发展，并就美丽乡村建设和打造精品民宿等提出建议。

【参政议政】 年内，民革朝阳区委向区委统战部提交专项调研报告4篇；向区政协提交党派提案2件、大会发言4篇，获优秀提案1件。向区政协、统战部联合举办的议政会提交调研报告15篇（2篇选为重点发言、4篇选为即席发言）。提交社情民意信息225条，被市、区两级部门采用53条，位列民革北京市委各基层组织报送信息采用排名第一名。其中，区政协委员、民革党员姜永海提出的《关于加强长江经济带尾矿库环境风险防控的几点建议》被全国政协采用，得到国务院和全国政协领导批示；二支部党员刘俊卿报送的《北京市流感疫苗供应频频断货亟待重视》信息，被市政协采用，副市长卢彦作出批示；六支部党员葛友山、十一支部党员赵鹏报送的《关于开展“3·15”法律线上宣传与援助的建议》信息，被市政协采用；十一支部党员赵鹏报送的《关于修改〈突发公共卫生事件应急条例〉的建议》信息被全国政协和市政协采用。（梁　艳）

▲ 12 月 28 日，民盟朝阳区委到北京朝阳站参观考察（民盟朝阳区委　供图）

民盟朝阳区委

【概况】 中国民主同盟北京市朝阳区委员会（简称民盟朝阳区委），有基层组织 41 个，其中基层委员会 3 个（各辖 3 个支部）、基层支部 38 个，有盟员 2112 名，年内发展盟员 75 人。盟员中有全国政协委员 3 名（其中常委 2 名）、市人大代表 1 名、市政协委员 9 名（其中副主席 1 名、常委 1 名）、区人大代表 4 名（其中常委 2 名）、区政协委员 28 名（其中常委 5 名）、中央部委特邀监督员 1 名，区工商联副主席 1 名。年内，召开主委会 7 次，召开社情民意信息培训会议、组织工作会、专题调研会、研讨会、专委会盟员线上活动等 20 余次。完成 15 个基层支部换届工作。民盟朝阳区委获“北京市三八红旗集体”、民盟中央“抗击疫情先进集体”和民盟中央“思想政治建设和宣传工作先进集体”等称号。在民盟北京市委 2020 年述职评议会上，民盟朝阳区委获全市民盟区级组织总分第二名。全年报送社情民意信息 396 篇，民盟朝阳区委被区政协评为社情民意信息工作先进单位。

【参政议政】 1 月 7 日，民盟朝阳区委向区政协十三届三次会议提交《领跑 5G 建设水平、努力打造“新一代智慧朝阳”》和《构建绿色基础设施筑牢朝阳区大尺度绿化的生态根基》提案 2 篇，其中《关于领跑 5G 建设水平努力打造“新一代智慧朝阳”的建议》提案列为政协主席重点督办提案。民盟朝阳区委《关于朝阳区建筑垃圾处置的建议》获区政协 2019 年度优秀党派提案，盟员张学军、穆军升撰写的委员提案分别获优秀委员提案。5 月 18 日，民盟朝阳区委主委张鸿声出席中共朝阳区委党外人士座谈会并做《充分发挥科技创新和信息化优势赋能后疫情时代朝阳经济社会发展》主题发言，北京中医药大学委员会盟员刘宁做驰援武汉抗击疫情工作分享。8 月 6 日，张鸿声代表民盟朝阳区委在区政协、区委统战部举办的“紧扣‘七有’‘五性’，精准推进民生建设”专题议政会上做《关于进一步加强朝阳区幼儿教育的建议》发言，副主委张学军做《提升公园绿地生态服务功能的建议》即席发言。10 月 29 日，在区政协、区委统战部举办的“发挥国际化优势，增强文化影响力”专题议政会上，盟员常海龙做《发展“北京朝阳站”站域经济》主题发言，盟员高天玉做《创新发展朝阳区公共法律服务，助力“凤鸣计划落地”》即席发言。年内，民盟朝阳区委完成调研报告 20 余篇。

【助力京哈高铁“北京朝阳站”更名】 4 月 22 日，在区政协年度协商议政会上，区长文献提出请政协委员、民主党派发挥优势助力京哈高铁“星火站”更名为“北京朝阳站”。民盟朝阳区委请担任全国政协委员的盟员在全国两会上提交“星火站”更名为“北京朝阳站”提案，并组织相关领域专家开展更名论证工作。6 月，国铁总公司将“星火站”更名为“北京朝阳站”。12 月，“北京朝阳站”正式挂牌。（葛春艳）

民建朝阳区委

【概况】 中国民主建国会北京市朝阳区委员会（简称民建朝阳区委），有 35 个支部，会员 2003 人，年内发展会员 8 名。会员中有全国工商联副主席 1 名、全国人大代表 2 名、全国政协委员 3 名、北京市人大代表 5 名、北京市政协委员 5 名（其中常委 1 名）、区人大代表 11 名（其中人大常委会副主任 1 名、常委 1 名）、区政协委员 30 名（其中常委 4 名）。年内，民建朝阳区委完成区委委员和副主任委员届中调整。增补王峥、刘昌峰、刘琳、李蔓、杨庆丽、何琼、张军为区委委员，增补解卫、刘琳为副主任委员；完成 28 个支部换届工作。

【参政议政】 年内，民建朝阳区委共形成调研报告 56 篇。向区政协、区委统战部专题议政会提交调研成果13篇（其中2篇被选为重点发言、2篇为即席发言）。全年撰写社情民意信息220篇，被区级以上机关和部门采纳106篇。

【基层组织换届】 年内，民建朝阳区委28个支部完成换届工作。调整后，支部领导班子成员总数182名，其中新当选80名，占成员总数的43.96%。至年末，全区基层组织领导班子成员202名，平均年龄44.23岁，比调整前下降3.79岁，其中年龄最小的31岁；大学以上学历197名，占班子成员总数的97.52%，其中研究生以上学历128名，占班子成员总数的63.37%，比调整前提高7.15%，中级以上职称81名，占班子成员总数的40.1%，与调整前基本持平。

【社会服务】 年内，民建朝阳区委成立双井特邀调解工作室；继续推进“民建朝阳区委丰宁春华助学金”项目，民建朝阳区委组织会员向河北省承德市丰宁满族自治县丰宁一中捐赠助学款4万元；向民建中央“聚光福 稳脱贫”光伏扶贫专项行动捐款25870元；组织会员参加“捧着初心而来，为决胜脱贫下单”消费扶贫专项行动，消费扶贫14688.2元；各支部及会员通过“北京民建公益基金”同心圆公益计划专项账户捐款4万余元；支持丰宁满族自治县土城镇马家窝铺村“爱心超市”建设，捐赠价值1.4万元日常生活用品。

【主题活动】 年内，民建朝阳区委将加强作风建设与开展制度自信专题教育活动有机结合，制定《民建朝阳区委全面加强作风建设实施办法》，并成立全面加强作风建设领导小组。举办“新时代民营经济统战工作”学习座谈会，推动民营经济健康发展；以召开视频会议形式，解读宣传《中华人民共和国民法典》；会同相关单位，共同举办疏解肿瘤医院交通问题研讨会；结合会员企业实际，开展“灵活用工助力企业熬冬迎春”学习交流活动，并走访调研会员企业，协助企业克服困难。（李佳君）

民进朝阳区委

【概况】 中国民主促进会北京市朝阳区委员会（简称民进朝阳区委）有支部36个，会员1233名。年内新增会员25名。民进朝阳区委会员中有全国政协委员3名、市人大代表2名、市政协委员2名（其中常委1名）、区人大代表5名（其中常委1名）、区政协委员21名（其中副主席1名、常委4名）。年内，民进朝阳区委完成32个支部换届工作，其中更名支部2个（社区联合支部更名为第一联合支部、民族职高支部更名为求实职业学校支部）、新建支部1个（民进北京中学支部）和撤销支部1个（十六中支部）；组织12名支部负责人参加区委统战部“2020年朝阳区民主党派支部负责人培训班”；向团结湖街道、和平街街道和南磨房地区捐赠口罩2万只。

【“春联万家”活动】 1月15日，民进全国庚子（2020年）年“春联万家·迈向小康”北京分会场活动在奥运村街道大羊坊社区举行。北京民进书画院书画家和朝阳民进会员现场书写春联和福字百余幅，送给社区居民作为新春的礼物，民进经济企业联合支部会员耿泽与社区居民沟通交流家庭教育等热点问题。民进中央社会服务部部长刘文胜、民进北京市委社会服务处副处长李永起、民进朝阳区委主委战春燕和奥运村街道办事处主任韩军参加活动并就今后结合社区工作开展合作进行座谈交流。

【“朝阳会员之家”揭牌】 1月17日，民进朝阳区委“朝阳会员之家”在崔各庄乡草场地村甲39号揭牌，民进中央组织部副部长梁红星、中共朝阳区委统战部副部长宝月凤和民进朝阳区委主委战春燕出席揭牌仪式。

【专项监督】 11月17日至18日，民进朝阳区委组织10名民进届别政协委员参加由区政协主办的围绕社会事业发展、城市环境建设和经济高质量发展三个专题开展的集中视察和专项监督工作。

【参政议政】 年内，民进朝阳区委向民进市委会、区政协和区委统战部提交调研报告30篇，向区政协提交党派提案2篇。2篇调研报告被评为朝阳区2020年民主党派专项调研报告一类课题、1篇调研报告被评为二类课题、2篇调研报告被评为四类课题；1篇党派提案被评为优秀提案。全年上报社情民意信息268条、工作信息17条。

▲ 9月17日，民建朝阳区委到丰宁一中送去春华助学金（李佳君 摄）

▲ 1月5日，民进朝阳区委社会服务专委会与青海省黄南州受助师生合影　（张　纯　摄）

【捐资助学】　年内，民进朝阳区委向团结湖街道一二条社区12户困难家庭捐赠价值0.3万元的米、面、油等生活用品，向4名贫困学生捐赠现金0.5万元。民进朝阳区委社会服务专委会副主任徐威组织开展的“心计划”公益活动，分别在内蒙古自治区巴林左旗、青海省黄南州等地区开展捐资助学活动，捐助28所中小学的贫困学生297名、慰问贫困老人300人，捐赠肖像画1000余幅，捐款金额22.7万元。（张　纯）

农工党朝阳区委

【概况】　中国农工民主党北京市朝阳区委员会（简称农工党朝阳区委），有25个支部（其中新成立支部1个），党员1137名。党员中，有享受国务院政府特殊津贴2名，有全国政协委员2名、北京市政协委员5名、区人大代表7名（常委1名）、区政协委员15名（常委5名）、农工党中央委员1名、农工党北京市委委员9名（常委2名）。年内，农工党朝阳区委结合朝阳医药卫生事业改革发展大局，关注民生、参政议政、建言献策、服务社会，促进人口资源环境协调发展，形成调研报告4篇、建言文章近20篇，撰写社情民意信息124篇。完成区委所属24个支部换届工作。农工党朝阳区委获农工党中央“纪念中国农工民主党成立90周年优秀地市级组织”称号。

【参政议政】　1月，农工党朝阳区委提交区政协十三届四次会议的党派提案《关于加强紧密型专科医联体机制建设，为朝阳区分级诊疗制度的深入推进助力的建议》获优秀提案奖。农工党朝阳区委向区政协十三届五次会议提交《关于充分发挥基层治理优势，大力提升朝阳区社区常态化防控能力的建议》和《关于以5G为引擎加强文化与科技融合，促进朝阳区文化产业发展的建议》党派提案。《关于支持民营企业创新发展的建议》等5篇委员提案在大会上做重点发言，并被编入大会发言材料汇编。年内，在区政协、区委统战部召开的两次议政会上，农工党朝阳区委提交建言文章13篇。其中《关于进一步完善公共卫生防控体系的建议》和《关于以5G为引擎促进朝阳区文化产业发展的建议》在大会上做重点发言，其余建言文章均被编入议政会建言成果汇编。农工党朝阳区委完成《充分发挥基层治理优势，大力提升朝阳区社区常态化防控能力》《关于促进朝阳区医保提质增效的调研报告》等调研报告4篇；全年提交社情民意信息124篇（其中关于疫情防控信息94篇）。在区政协召开的2020年社情民意信息工作会议上，农工党朝阳区委获2019年度信息工作先进单位。

【主题教育】　11月19日和12月3日，农工党朝阳区委组织2次线上党内专家大讲堂。年内，农工党朝阳区委组织党员参观纪念中国人民志愿军抗美援朝出国作战70周年主题展览，观看部分正能量主题影视作品。全年组织党员参加农工党北京市委举办的“新语大讲堂”活动3次、“云课堂”10期。

【医疗帮扶】　年内，农工党朝阳区委开展“健康京郊行”及“美丽乡村建设”定点帮扶活动，结合农工党中央2020年“环境与健康宣传周”和重阳节等主题，组织16名党内医疗专家赴密云区西邵渠村“农工党名医工作室”开展义诊和巡诊活动，服务村民300余人次。

▲ 6月12日，农工党朝阳区委在密云区西邵渠村开展2020中国环境与健康宣传周“农工党名医工作室”义诊活动　（张胜男　摄）

【科普培训】 年内，农工党朝阳区委联合首都儿科研究所举办第五届前沿医学科普论坛暨出生缺陷产前评估与治疗新进展培训班。培训班采取线上直播和现场授课相结合方式，为京冀两地及全国的儿科产科医务人员创造学习前沿医学知识的机会，加强出生缺陷综合防治。活动首日，400余名医护人员参加线上线下培训。 （张胜男）

致公党朝阳区委

【概况】 中国致公党北京市朝阳区委员会（简称致公党朝阳区委）有支部19个，党员634人。年内发展党员23人。致公党员中有全国政协委员2名、北京市人大代表2名、北京市政协委员3名（其中常委1名），区人大代表2名（其中常委1名）、区政协委员13名（其中常委4名），致公党中央委员3名（其中常委1名），致公党北京市委委员8名（其中常委3名）。

【参政议政】 5月18日，致公党朝阳区委参加中共朝阳区委召开的党外人士座谈会。致公党朝阳区委副主委曹信红做题为《积极发展数字经济，促进疫情后朝阳区经济社会事业加快恢复与创新发展》的发言。8月6日，致公党朝阳区委参加区政协、区委统战部举办的“紧扣‘七有’‘五性’，精准推进民生建设”议政会。致公党朝阳区委党员廖涛作《关于中小微企业复工复产面临的问题及对策》重点发言，梁宝萍作《进一步加大政策支持力度，降低疫情给企业带来的负担》即席发言。各民主党派、区政协各专委会提交调研成果和议政建言68份（其中致公党朝阳区委6份）。10月29日，致公党朝阳区委参加朝阳区政协、区委统战部举办的“发挥国际化优势，增强文化影响力”议政会，为朝阳区“十四五”发展建言献策。致公党朝阳区委党员李彦馨作《关于发挥国际化优势增强文化影响力的建议》重点发言。致公党员王雨云、宋汉晓、戴绪龙撰写的建议被收入议政会建言文集。

【中日友好医院支部成立】 9月4日，致公党朝阳区委中日友好医院支部召开成立大会。致公党北京市委主委闫傲霜、秘书长李满英，区委常委、统战部部长李国红，中日友好医院党委书记周军、院长孙阳出席会议。致公党朝阳区委主委高吉喜主持会议。周军代表中日友好医院致辞。中日友好医院支部由11名致公党党员组成，段军当选支部主委。李国红代表中共朝阳区委向致公党中日友好医院支部的成立及第一届委员会委员的当选表示祝贺。希望新支部成员继续发扬优良传统，发挥专业优势，围绕朝阳区中心工作积极参政议政，为实现朝阳区高质量发展贡献更多智慧和力量。闫傲霜对新支部班子及成员提出加强学习、突出实践和贡献力量3点希望。

【普法宣传】 10月17日，致公党朝阳区委法律专委会联合老龄工作委员会、妇女专委会及二支部、四支部、十三支部开展普法宣传活动，30余名党员参加活动。区委法律专委会主任、第十三支部主委杜立群就“老百姓最关心的50个法律问题”作专题讲座。讲座围绕婚姻家庭关系选取“孩子、结婚、离婚、遗产处置”等4个方面的21个案例进行法律分析；从媒体报道的热点问题中选取17个典型案例做法律解读；选取12个案例讲解个人隐私、好人好事、生活中签订合同等三个方面涉及的法律问题并解答参会党员提出的法律问题。

【基层组织建设】 12月4日，致公党朝阳区委第十二支部完成换届工作。至此，致公党朝阳区委所属需换届的17个支部全部完成换届工作。选举产生支部委员90名，钟瑾、韩桐利、陈艳、梁宝萍、叶月琴、张涛、张宇、牛宇闳、曹信红、熊学军、杨天秀、李立兵、杜立群、李发东、于冬云、李云燕、强勇当选为各支部主委。

【第十四支部成立】 12月16日，致公党朝阳区委召开第十四支部成立大会。致公党中央副主席曹鸿鸣、组织部部长赵晓萍、致公党北京市委秘书长李满英出席会议。区委主委高吉喜、秘书长田丽华参加会议。会议选举张乾永为支部主委，张连军、王晋为支部委员。第十四支部是一个以非公企业人士为主体的支部，由7名致公党员组成。李满英代表致公党北京市委对第十四支部提出加强学习、加强组织建设提升支部活力、加强自身建设提升履职能力3点希望。 （李　旭）

▲ 12月16日，致公党朝阳区委第十四支部成立 （李　旭　摄）

九三学社朝阳区委

【概况】 九三学社北京市朝阳区委员会（简称九三学社朝阳区委），有支社30个（其中新成立支社1个），社员1434名（其中年内发展社员69名）。社员中有在各级政府和司法机关任职的厅局级干部13名、县处级干部69名，在九三学社中央各专委会中任职的社员12名。年内，社员张瑞、宋蕊获九三学社抗击新冠肺炎疫情先进个人，宋蕊获北京市三八红旗奖章；北京安贞医院支社获九三学社中央2016年至2020年社会服务先进集体；社员苏俊武、钟光珍、刘正新、孙倩美、董战峰获九三学社中央2016年至2020年社会服务先进个人；路洪洲获九三学社全国宣传思想工作先进个人和2020年度安徽省科学技术进步奖二等奖；九三学社区委机关获九三学社中央办公厅2020年度机关规范化建设工作组织奖。

【参政议政】 1月，在区政协十三届四次会议上，九三学社朝阳区委提交的提案《关于推进“医联体型”卒中中心建设，打造垂杨柳新院独特优势学科的建议》被评为优秀党派提案。大会期间，社区委提交党派提案5件、社员中的区政协委员提交委员提案32件。年内，在区政协和区委统战部举办的“紧扣‘七有’‘五性’，精准推进民生建设”和“发挥国际化优势，增强文化影响力”议政会上，社区委分别提交党派调研报告15篇、7篇，全部被采用。霍超等5人代表社区委在议政会上发言。全年，社区委报送社情民意信息353篇。其中，柴雨丰撰写的《关于市郊铁路东北环线建设及运营的几点建议》和王荣国、许安萍、王台强联合撰写的《建议重视解决中小学校园厕所女生厕位不足的普遍问题》得到市委书记蔡奇批示；韦小泉撰写的《关于将公共卫生和智慧城市建设作为地方政府专项债券重点领域的建议》被九三学社中央采用，并作为党派提案报送全国政协十三届三次会议；农业农村部支社徐伟平参与撰写的《关于东北地区玉米市场调研情况的报告》得到中共中央政治局常委、国务院副总理韩正和国务院副总理胡春华批示。

▲ 11月19日，九三学社北京市朝阳教育支社成立　（孙庆林　摄）

【科普活动】 1月，九三学社朝阳区委与朝阳区科信局合作，组织中国科技馆科普教育资源和文创产品参加朝阳区科技文化卫生“三下乡”集中示范活动。新冠肺炎疫情暴发后，社区委与社市委社会工作部合作，组织社内专家，在中国科技馆网上科普讲堂举办线上科普讲座4场，受众人群超过300万人次。

【学习教育】 8月28日，九三学社朝阳区委结合《中华人民共和国民法典》颁布，与中国法制出版社合作，组织民法典专题讲座，邀请北京大学法学院教授常鹏翱主讲《民法典中的业主权益保护》，朝阳区各民主党派成员60余人参加活动。社区委于9月7日至9日、11月25日至26日和12月22日至23日，组织骨干社员参加区政协2020年委员读书班、朝阳区党外人士培训班和朝阳区民主党派支部负责人培训班。年内，组织社员参加九三学社创建75周年征文活动，提交征文11篇，获一等奖、三等奖各1篇。

【基层组织建设】 11月19日，九三学社北京市朝阳教育支社召开成立大会，选举产生第一届支委会，程云艳担任支社主委。年内，完成北京工业大学支社、中国音乐学院支社、北京中医药大学支社、对外经济贸易大学支社、中国传媒大学支社、轻工支社、北京化工研究院支社、煤炭科学研究总院支社、北京市朝阳地质支社、北京生物制品研究所支社、中国化工信息支社、北京市朝阳医药卫生支社、农业农村部支社、北京安贞医院支社、中国科技馆支社、北京市朝阳建设支社、北京市朝阳法律支社17个支社换届工作。

【社区委成立20周年纪念活动】 11月24日，九三学社朝阳区委举办社区委成立20周年座谈会，社区委历届主委、区委委员和现任支社主委参加活动。会议总结回顾社区委成立后取得的主要成绩，播放各支社社员录制的庆祝社区委成立20周年微视频。年内，社区委开展成立20周年评优表彰活动，表彰社区委成立20年间作出突出贡献的优秀支社5个、优秀干部30名、优秀社员82名。　（孙庆林）

台盟朝阳区工委

【概况】 台湾民主自治同盟北京市委员会朝阳区工作委员会（简称台盟朝阳区工委）下设3个支部，有盟员86名。年内发展盟员3名，去世

▲ 12月3日，台盟朝阳区工委参加台盟捐建赫章县金银山少儿活动中心先进集体表彰大会 （舒刚庆 摄）

1名，出国保留盟籍1名。盟员中有全国政协委员1名、市人大代表1名、市政协委员2名（其中常委1名）、区人大常委1名、区政协委员5名（其中常委2名）、市政府人民建议征集特邀建议人1名、台盟中央委员1名、台盟北京市委委员8名（其中副主委1名、秘书长1名、常委4名）、台盟北京市监委会委员3名（其中副主任2名）。全年召开区工委会议2次、盟员大会1次。年内，台盟朝阳区工委开展“温暖一家亲”春节慰问老盟员、生病盟员和在社区防控一线工作的盟员活动；参与台盟北京市委“助梦启航”捐资助学活动；组织盟员以坚守防疫一线、捐款捐物（累计价值5万余元）、撰写信息（140篇）等多种形式助力抗击疫情工作。盟员龚浩、郭晓静、潘迎、刘新刚获“台湾民主自治同盟抗击新冠肺炎疫情先进个人”称号；退休支部获台盟捐建贵州省赫章县金银山少儿活动中心“先进基层组织奖”。台盟朝阳区工委获台盟中央和台盟北京市参政议政先进集体等多项奖励。

【参政议政】 1月，台盟朝阳区工委向区政协十三届四次会议提交《关于紧扣国际化，进一步优化朝阳区营商环境的建议》等3件党派提案和2篇大会书面发言，区政协委员、盟员郭晓静做题为《努力推进朝阳社会治理现代化》大会发言。《关于提升朝阳区国际人才便利化的建议》被评为区政协2019年度党派优秀提案，盟员中的区人大代表、政协委员提交代表建议案、委员提案6件。10月，参加区政协、区委统战部联合召开的“发挥国际化优势，增强文化影响力”议政会，李雪飞代表台盟工委作《关于打造国家服务业扩大开放综合示范区和自由贸易试验区的建议》重点发言。11月，李雪飞代表台盟市委参加台盟中央第九次协商议政论坛，并做题为《坚决反对和遏制“台独”，早日完成祖国统一大业》的演讲，获最具魅力奖（一等奖）。12月，台盟朝阳区工委获台盟中央2019年地市级参政议政先进集体奖和地市级参政议政突出进步奖；盟员高峰、舒刚庆获参政议政先进个人，傅鹏获参政议政进步奖。台盟朝阳区工委获台盟北京市委2020年度参政议政先进集体和信息工作先进集体；盟员高峰、李雪飞获参政议政先进个人；姚珍等8名盟员获信息工作先进个人一、二、三等奖；《关于进一步完善朝阳区外卖餐饮行业食品安全监管的调研报告》获台盟北京市委优秀调研报告二等奖。年内，累计15名盟员26人次参与台盟中央和台盟北京市委调研课题9项，盟员傅鹏、李雪飞和林励执笔完成课题分报告3篇。全年报送社情民意信息近300篇。在区委统战部2019年度民主党派调研报告评比中，获评一类和二类课题各1篇、三类课题2篇。

【主题教育】 9月，台盟朝阳区工委开展“开卷有益 深读朝阳”读书学习活动，班子成员、支部负责人及盟员40余人参加活动；联合台盟东城区工委组织盟员赴中国人民抗日战争纪念馆参观“伟大胜利 历史贡献”主题展览，盟员和专职干部30人参加活动；组织盟员和机关干部赴京郊延庆区四海镇参观美丽乡村建设，20余人参加活动。10月，组织盟员及部分在京台胞40余人参观温榆河公园朝阳示范园区暨纪念抗美援朝出国作战70周年观影活动。12月，联合台盟东城区工委和西城区工委组织盟员赴中国国家博物馆参观“金瓯无缺——纪念台湾光复七十五周年主题展”，盟员及在京台胞40余人参加活动。年内，围绕学习贯彻中共十九届五中全会精神、纪念抗日战争胜利75周年和志愿军抗美援朝出国作战70周年等主题，组织盟员参加台盟中央、市委统战部、台盟市委、区政协和区委统战部组织的学习活动。组织盟员参加台盟中央“我的支部我的家”征文活动，提交征文3篇，获二等奖1篇、三等奖2篇。

【骨干培训】 10月，台盟朝阳区工委举办2020年参政议政工作培训班，区工委原主任潘迎、副主任李秋玲和骨干盟员30余人参加会议。会议邀请民盟北京市委医疗卫生委员会副主任、首都医科大学附属北京安贞医院心脏外科主任医师穆军升，朝阳区委、区政府研究室副主任叶建宁作参政议政工作专题辅导。会议举行参政议政工作沙龙，并前往北京海峡两岸社区发展研究中心参观座谈。年内，组织26名盟员参加台盟北京市委2020年中青年骨干盟员培训班；推荐6名盟员参加区委统战部组织的党外干部培训班。 （舒刚庆）

人民团体

朝阳区总工会

【概况】 朝阳区总工会（简称区总工会），有服务业工会、高新技术产业工会、文化创意产业工会等3个产业工会。年内，新增建会单位近400家，发展会员3.7万人，收缴工会经费11.6亿元；设立2000万元新冠肺炎疫情防控专项资金，用于慰问一线职工和支持复工复产企业防控疫情；为7834家小微企业返还经费7700万元；开展“1+1手拉手行动”，工会干部下沉基层，支援社区、楼宇、企业、机场等一线防疫近700人次；全区各级工会投入工会经费2100余万元，助力密云农民增收、帮扶河北省康保县总工会、实施消费扶贫和开展医疗、助学和帮扶救助；“匠心朝阳”抖音号发布信息1600余篇，浏览量超14万次；举办第二届文体嘉年华活动50余场；开展“两模一优”评选活动，选树市级示范性职工之家7个、市级公共区域性职工之家2个、暖心驿站550个；推荐全国劳模3人、北京市劳模156人、北京市模范集体25个，开展劳动和技能竞赛近30场；投入100万元开展首届“朝阳工匠”选树活动，建立工匠创新工作室；完成投保16.9万余人次，涉及金额1278万元，理赔2596人次，理赔金额597.23万元；开展会员服务活动106批次，参与会员177.1万人次，完善全区163个母婴关爱室；开展“书香朝阳”全民阅读活动，举办各类讲座、联谊、沙龙50余场；调解成功案件近700件，建立劳动纠纷诉源治理“融调解”机制，建立工会法官工作站1个，主办普法宣传活动10余场；培育助推11家和谐劳动关系企业，摸排企业8114家，妥善处理新冠肺炎疫情防控期间劳动关系问题。区总工会被中华全国总工会评为2020年度市、县级和基层工会财务先进单位；被市总工会和市卫生健康委员会评为北京市第一届职业健康视频作品征集活动优胜奖单位；获市总工会2019年度基层职工互助保障工作考核优秀单位。

【“朝阳工匠”选树】 1月14日，区总工会第一届“朝阳工匠”选树活动税收专员技能竞赛在日坛宾馆举行。区总工会党组常务副书记、常务副主席姬文革，副主席司晓强，区税务局党委副书记、副局长张贻民，市、区税务局有关领导出席活动。技能竞赛紧密围绕宏观经济形势与年度税收重点，涵盖个人所得税与大企业税收管理两大模块，并专门针对个税新政设置考点进行考核。经比拼，区税务局国际税收管理科刘猛摘取“朝阳工匠”桂冠。4月26日，区总工会第一届“朝阳工匠”选树活动人像摄影师技能竞赛在区政府南楼一层大厅举办，主题为“致敬最美劳动者、最美防疫人”图片展览。600余名选手参与技艺比拼，区融媒体中心朝阳报摄影记者朱壮文获“朝阳工匠”称号，区紧急医疗救援中心信息科科员艾磊获竞赛第二名暨“朝阳工匠”提名奖称号。

【送温暖活动】 1月，区总工会开展“元旦、春节”送温暖活动，为城管大队、消防支队等急难险重一线单位发放60万元慰问品。为密云区输入朝阳区的劳动力发放10万余元慰问品。为38名患大病职工发放医疗补助款11万余元。3月，为全区9名在档困难职工发放救助款1.8万元（2000元/人）并送疫情防护用品。10月，为1名在档困难职工子女申请助学金3000元。全年为市总工会发放困难职工生活补助3.56万元；配合市总工会开展困难职工家境调查工作；开展困难职工五一、国庆节日慰问，发放慰问金1.6万元。

【基层工会组织岗位竞聘】 5月12日至7月1日，区总工会组织街道、地区、功能区总工会和产业工会完成工会常务副站长、站长竞聘任用工作。依据工作实际和编制情况，向48个基层工会（24个街道、18个地区，2个功能区和4个产业工会）下达37个常务副站长、47个副站长竞聘岗位。各基层工会按程序竞聘产生常务副站长30人、副站长41人。新任用人员于7月1日上岗。

【工人文化宫项目建设】 7月10日，区总工会完成购置朝阳区工人文化宫“房屋买卖意向协议书”签订工作。该项目位于东坝地区驹子房地块，项目总投资4.9亿元，建设周期2.5年（2023年投入使用）。该项目为地上10层（建筑面积10860平方米）、地下2层（建筑面积8100平方米），主要功能为技

▲ 8月25日，区总工会联合团区委、区妇联在蓝色光标集团多功能厅举办“垃圾分类我承诺，朝阳职工勇争先”——2020 朝阳区群团组织生活垃圾分类总动员主题实践活动
（王梓希　摄）

能培训中心、宣传教育中心、视频会议中心、阅览展示中心、活动中心和健身中心等。

【垃圾分类总动员主题实践活动】 8月25日，区总工会联合团区委、区妇联在蓝色光标集团举办“垃圾分类我承诺，朝阳职工勇争先”——2020 朝阳区群团组织生活垃圾分类总动员主题实践活动。歌手、主持人林依轮，奥运跳水冠军何姿、秦凯夫妇，市劳模、区青联委员、知名畅销书作家张萌受聘为朝阳区生活垃圾分类形象大使。年内，近 50 万名职工签订垃圾分类承诺书。

【“融调解”签约】 8月，区总工会与区法院、区人力资源和社会保障局在区法院举行关于建立劳动纠纷诉源治理“融调解”机制签约仪式，座谈劳动纠纷诉源治理工作。张岩、姬文革、郭莉蓉代表三方共同签署“关于建立劳动纠纷诉源治理‘融调解’机制的协议”。

【劳模表彰】 12月25日，区总工会召开朝阳区 2020 年全国及北京市劳动模范、先进工作者、北京市模范集体暨首届“朝阳工匠”表彰大会。表彰全国劳动模范和先进工作者 3 名、北京市劳动模范和先进工作者 156 名、北京市模范集体 25 个、首届“朝阳工匠”7 名。

【基层工会换届】 年内，全区 47 个基层工会（43 个街乡、2 个功能区和 2 个产业工会）完成换届选举工作。其中兼职主席按照同级副职配备 16 名、副处级 2 名，进入同级党委的 18 名，占 38.2%；专职主席按照副处级干部配备的 24 名（进入同级党委班子的 5 名）占 51%；专职主席按照正科级干部配备的 5 名，占 0.8%。专职副主席 20 名（其中副处级 7 名、科级干部 13 名）；兼职副主席 27 名（其中副处级 6 名、科级干部 21 名）。

【劳模服务】 年内，区总工会组织开展五年一次的全国及北京市劳动模范、先进工作者和北京市模范集体评选工作。选出全国劳模 3 人、北京市劳模 156 人、北京市模范集体 26 个；元旦、春节期间，为 650 名在册劳模发放市、区两级慰问金 137.8 万元，为 146 名劳模申请生活困难补助金和特殊困难帮扶金 11[illegible].73 万元；组织 461 名劳模体检并建立健康档案；组织 84 名劳模到密云区溪翁庄镇云湖度假村疗休养，助力生态涵养地区经济发展；为 564 名劳模订阅《劳动午报》《工会博览》，举办劳模、优秀职工线上健康知识讲座，2400 余人次听取讲座。
（任　梦）

共青团朝阳区委

【概况】 中国共产主义青年团北京市朝阳区委员会（简称团区委），下设青少年指导服务中心（工资规范管理事业单位）。至 2020 年年底，全区有团组织 3881 个、社区青年汇 67 家、专兼职团干部 3551 人、团建督导员 41 人、青年汇社工 95 人，团员 23462 人、少先队员 143496 人。年内，完成 2055 个团支部对标定级工作，完成率 100%。其中五星支部 680 个、四星支部 603 个，定级支部覆盖团员总数 14877 人。新增团组织 1006 个、团员 3077 名。推荐 10 名优秀团员作为党员发展对象。推荐衣晶等 6 名团建督导员为北京市优秀基层团建督导员。朝阳区青年张晓菲获“第 24 届中国青年五四奖章”称号；王劲清、常凯获“第 34 届北京青年五四奖章”称号；清华大学附属中学朝阳学校团委被评为“2019 年度全国五四红旗团委”；北京师范大学朝阳附属学校少先队被评为“2020 年度全国优秀少先队集体（大队）”；北京市朝阳师范学校附属小学和平街分校五（1）中队被评为“2020 年度全国优秀少先队集体（中队）”；中国人民大学附属中学朝阳分校杨斯涵被评为“2020 年度全国优秀少先队员”；北京明远教育书院陈莉被评为“2020 年度全国优秀少先队辅导员（大队辅导员）”；朝阳区疾控热线青年志愿服务队获“抗击新冠肺炎疫情青年志愿服务先进集体”称号；朝阳区青年法律志愿服务突击队、移动有我防疫保产青年突击队、朝外街道机关团委青年突击队被认定为“北京市青年突击队”；中国传媒大学附属小学覃乔恩获“中国青少年科技创新奖”；北京工业大学附属中学十八里店分校大队辅导员冯婷婷作为辅导员代表、芳草地国际学校世纪小学少先队员田沐之作为台湾地区队员代表参加第八次全国少代会。

【京鄂I Will志愿者联合行动】 1月23日，团区委动员“阳光伙伴”青少年社会公益组织参与“京鄂I Will志愿者联合行动”，为湖北各地居民提供防疫指导、心理辅导、医疗咨询等线上服务。年内，1347位志愿者报名，累计服务湖北居民5000余人次。

【“分小萌”垃圾分类青少年志愿服务】 4月27日，团区委在全区建立100家“分小萌”垃圾分类青少年志愿服务示范引导站，动员团员青年、青少年及青少年家庭参与垃圾分类新时尚。年内建立106家示范站，510个社区（村）团组织发布志愿服务项目530个，1.96万余名青少年志愿者参与，守桶志愿服务总时长17.7万小时。

【“扔出你的态度”垃圾分类视频征集活动】 4月30日，团区委联合新浪微博视频、蜂群文化、北广电视传媒合作推出“扔出你的态度”垃圾分类视频线上征集活动，发动113位青年网红博主以创意漫画、潮流说唱、音乐创作等形式参与，网络点击量1.6亿人次，新浪微博热搜排名第三位。

【图书捐赠活动】 7月至8月，团区委开展“好书伴成长”为新疆和田地区中小学生捐赠国家通用语言文字（简称国语）图书活动。区团少工委、各街乡团（工）委、辖区单位广泛动员团员青年和青少年参与，全区设立图书募集站点283个，近5000人参与，募集图书55456本。

【区餐饮行业团工委成立】 8月13日，团区委联合区商务局、区餐饮行业旅店服务行业协会成立“朝阳区餐饮行业团工委”，团工委发布“餐饮行业团员青年服务包”，包括“新青年学堂”“青春读书会”“青年生活格致”“阳光生日PA”“朝young课堂”5个成熟规范的项目菜单，从团建项目的移植到孵化，从行业的培育到个人服务，为餐饮行业团工委的团建工作提供学习培训、人才储备、法律公益等服务，助力餐饮行业青年发展。

【北京街舞行业团工委成立】 11月17日，团区委依托北京街舞联盟，以及法律、互联网相关领域共同成立“北京街舞行业团工委”。团工委发布“街舞行业团员青年服务包”“公益街舞进社区”服务计划，为社区青年汇日常联系的社区青年和楼宇青年们开展公益街舞课堂，丰富业余文化生活；“阳光街舞，此间少年”艺术关怀计划，为因先天性不可抗因素和家庭问题等原因，失去接触舞蹈机会的青少年们送去温暖；“朝舞创梦特训营”项目扶持计划，为街舞行业机构和舞者青年们提供就业创业机会。

【理想信念教育与思想引导活动】 年内，团区委围绕五四青年节、六一儿童节、烈士纪念日、少先队建队日以及纪念中国人民志愿军抗美援朝出国作战70周年等重要节点，组织全区团员青年、少先队员学习习近平系列重要讲话精神和寄语精神，线上线下开展各类主题活动千余场，近40万人次参与活动。开展“青年大学习”网上主题团课，6万人次参加学习。团区委设计思想引导类课程“青春读书会”，围绕《习近平在厦门》《习近平在宁德》《荆棘与荣耀——新时代女排奋斗记》3本书，在全区43个街乡和75家社区青年汇开展105场主题活动；线上举办《荆棘与荣耀——新时代女排奋斗记》分享读书会直播活动，覆盖青年6600人次，现场互动赠送书籍200本。研发“青春告白——写给最美抗疫人的三行情诗”线上活动，全区集中开展73场活动，直接服务1168人次，创作写给抗疫人的三行情诗584首。

【基层团建经费支持】 年内，团区委坚持工作重心下移，夯实团的基层基础建设，坚持“人往基层走，钱往基层用”，拨付青工、非公系统9家二级团组织基层团建经费11.5万元。

▲ 11月17日，北京街舞行业团工委成立大会暨“献礼百年，红遍京城”庆祝建党100周年主题街舞大赛启动仪式在朝阳区常营体育公园召开 （茅文青 摄）

【困境青少年精准帮扶】 年内，团区委依托“阳关地带”社区青年汇开展32例个案帮扶，有效跟进200次。开展困境青少年社会介入工作研究，启动编纂专业书籍——《困境青少年研究路径》。团区委持续推进困境青少年精准帮扶工作。元旦、春节期间为全区672名困境青少年送去关爱。为37名青少年申请“希望之星1+1奖学金”3.9万元。开展“你好，太空”科学探索营项目，提高帮扶对象的交际、社会融入等能力，服务3600人次。疫情防控期间，团区委为困境家庭青少年提供1316小时学业辅导帮扶；参与关爱帮扶受新冠肺炎疫情直接影响的青少年特别行动，通过全区摸底帮助12名低保重残青少年收到捐款合计14484元，每人获得1207元捐助。

【合适成年人工作】 年内，朝阳区有合适成年人（在未成年人刑事诉讼中，其法定代理人不能或不愿意到场的情况下，为保障未成年人的合法权益，为未成年人挑选符合一定条件的人，作为其合适成年人行使刑事诉讼中的相关权利）23人，“未成年人社会工作室”开展合适成年人活动，到场140人次，服务时长805小时，初步形成专家点评、小组沙龙与实践相结合的培育模式，提升合适成年人的个案处理技巧。

【青少年自护教育】 年内，团区委开展“星光自护”“家长课堂”等品牌活动300余场，覆盖社区学生及家长8000余人。面向青少年群体开展禁毒宣传教育100余场，覆盖青少年2万余人次，促进青少年健康成长。

【兼职法治副校长配备】 年内，团区委联合公安朝阳分局、区检察院、区法院、区教委在全区344所中小学配备兼职法治副校长。以公检法席位制工作机制保证全区所有中小学兼职法治副校长配备率达到100%。兼职法治副校长采取集中组织入校和自由入校相结合模式，全年开展青少年法治宣传教育活动624次。

【青年就业创业】 年内，团区委取消30家单位“朝阳区青年就业创业见习基地”资格。增补三六零、链家、蓝色光标等10家企业为“朝阳区青年就业创业见习基地”，新增见习岗位153个，覆盖文化传媒、信息科技、房地产、商务服务等领域。全年帮助1469名青年在34家基地开展实习，累计发放补贴222.3万元（3415人次），留任转正率8%。开展“朝young课堂——青年就业成长营”，为在校大学生提供免费职前教育培训，优先获得推荐名企内实习机会。开设“数据分析”和“产品经理”在线课程，在京27所高校的607名大学生参与学习。

【“链家美好朝阳管家”项目】 年内，团区委联合链家集团开展“链家美好朝阳管家”项目，发挥新兴青年群体作用，有序参与社会治理。20家站点的492名房产经纪人在“朝阳群众管城市”监督管理平台注册成为“小巷管家”。疫情防控期间，成立“链家青年突击队”，组织小巷管家、青年志愿者参与社区防控，服务4000余人次、服务时长2万余小时。

【“朝阳群众小河长”项目】 年内，团区委“朝阳群众小河长”项目招募青少年小河长1524人。区河长制办公室在“朝阳河长通”微信小程序开通“小河长在线”功能，辅助小河长日常巡河，畅通日常监督途径，健全问题反馈机制，发现问题400余件，均得到妥善处置。开展线下巡河活动114场，覆盖青少年8918人次。

【“青春朝阳”新媒体矩阵建设】 年内，团区委依托自有新媒体平台矩阵进行青年思想引领和服务工作。全年“青春朝阳”微信公众号粉丝4.6万人，推文745篇，阅读量73万人次；“青春朝阳YOUNG”微博粉丝3.1万人，推文216条，阅读量56万人次；“青春朝阳”抖音号粉丝0.7万人，发布视频25条，播放量9万次；“朝小年”快手号粉丝5.5万人，发布视频45条，播放量443.4万次；依托“青春朝阳”微博、抖音以及“朝小年”快手平台开展家长课堂、青年讲师团等直播活动420场，77.8万人次观看；推出“未成年人保护”直播系列课程，发布原创普法短视频，170万人次观看。 （朱劼尧）

朝阳区妇女联合会

【概况】 朝阳区妇女联合会（简称区妇联），年内研究制定《朝阳区妇联关于加强街乡级“妇女之家”规范化建设的实施意见（暂行）》，指导各街乡妇联坚持党建共建共享工作阵地，推动“妇女之家”建设向各领域延伸；梳理妇联改革中的工作亮点、难点；结合43个街乡党群服务中心建设，打造街乡级“妇女之家”，构建“一街一乡一功能区”为代表的立体、多元、开放的妇联组织建设体系；制定印发《朝阳区“绿芽行动”实施方案》，推进婚登、婚检一站式服务场地、流动婚检车配置、婚检宣传等工作；督促指导街乡加大“儿童之家”建设力度，年末建设率94.9%。在全区组织开展推选“朝阳巾帼之星”“朝阳巾帼文明岗”和“朝阳巾帼建功先进集体”活动，全年推选出巾帼文明岗62个、先进集体62个、朝阳巾帼之星177名。推选出首都最美家庭10户、朝阳区“最美家庭”198户。

【公益服务项目创意大赛】 1月至3月，区妇联举办“朝阳区第五届妇女儿童公益服务项目创意大赛”。征集妇女发展、儿童发展、家庭教育等参赛项目101个，评选出一等奖1个、二等奖3个、三等奖4个、优秀奖4个。

【“三八”主题活动】 3月，区妇联联合区人力资源和社会保障局，举办“春风行动”女性专场线上招聘会，21家招聘企业提供就业岗位430余个。以“同心抗疫 巾帼有爱”为主题，开展纪念“三八”国际妇女节网上特别节目，邀请朝阳区参与疫情防控的优秀女性现场分享战“疫”故事。各网络直播平台点击量26万次，微信、微博、抖音等融媒体平台阅读、播放量32万次。

【区妇联常委、执委会议】 3月31日，区妇联召开第十三届第六次常委会、执委会。会议审议并通过《朝阳区妇联2019年工作总结和2020年工作思路（审议稿）》和朝阳区妇联第十三届执委替补人选及常委、主席选举事项。按照《中华全国妇女联合会章程》《妇女联合会执行委员替补、增补及常务委员会组成人员增补的规定》要求，选举常委2名、替补执委2名，选举苏静为朝阳区妇联第十三届执行委员会主席。

【家庭教育服务】 3月，区妇联启动朝阳区0～6个月婴儿家庭母婴安心项目，在疫情防控期间组织儿科医生、专家开展线上授课，为全区1500个母婴家庭提供专业指导和服务。6月1日，区妇联启动“爱育未来”0～3岁儿童早期家庭教育指导服务项目，培育家访员队伍围绕科学育儿、隔代养育、父母时间管理等问题，以线上线下相结合的方式开展家庭教育服务。

【巾帼志愿服务】 5月17日，区妇联启动“女性心力量 志愿在朝阳”——朝阳区巾帼读书志愿服务项目。通过线上线下相结合的方式培训全区47名巾帼志愿者，成立巾帼志愿者队伍，培育14名读书志愿讲师，通过开展社区家庭读书活动，营造家庭共读共学氛围。9月26日，区妇联、区人武部在左家庄街道三源里社区夏园新时代文明实践广场联合举行“朝之花榜样力量”女民兵精神传承暨北京市朝阳区巾帼志愿服务队成立仪式。区委副书记王旭，区委常委、人武部政委史连

▲ 9月26日，区人武部、区妇联在左家庄街道三源里社区夏园联合举行“朝之花榜样力量”女民兵精神传承暨北京市朝阳区巾帼志愿服务队成立仪式 （区妇联 供图）

雪，区妇联党组书记、主席苏静，左家庄街道办事处主任孙曙光等领导出席活动。现场邀请女民兵方队代表、巾帼志愿服务队及家庭代表100余人参加活动。活动发布朝阳区女性榜样形象“朝之花”。年内，全区312支巾帼志愿者队伍，8000余名巾帼志愿者参与疫情防控志愿服务，在社区主战场、家庭主阵地中发挥妇女“两个独特”作用。区妇联开展慰问女医护人员、女干警、巾帼志愿者和基层妇联干部活动。为她们送去价值22.8万元慰问品和市妇联提供的爱心物资，组织区妇促会和区巧娘协会捐赠防护服等物资及善款202万余元。开展慰问困难家庭、福利院儿童、养老院老人等困难群体活动，发放爱心物资价值5.5万元。

【廉洁文化进机关进家庭活动】 8月至11月，区妇联联合区直机关工委、区纪委、区监委、区文化和旅游局开展“悦读阅廉”廉洁文化进机关进家庭活动，引导全区64个机关单位、5000余名干部及家属在阅读中增强廉洁守法意识，弘扬清正廉洁家风、营造良好社会环境。

【普法系列活动】 10月，区妇联联合区律师协会开展“生活中的《中华人民共和国民法典》”系列普法活动，帮助妇联干部和社区群众获取妇女儿童权益保障法律知识。11月20日，区妇联联合区律师协会举办“多元干预·消除家庭暴力”论坛，邀请长期从事反家暴一线工作和研究的专家学者分享实务经验和经典案例，形成多元共治合力，提升婚姻家庭纠纷调解工作的整体水平。

【处级女领导干部培训班】 11月5日至6日，区妇联联合区委组织部、区委党校举办处级女领导干部培训班，参加人数60人。培训班围绕处级女领导干部能力提升，采用线上线下相结合方式，邀请北京大学、中华女子学院等单位知名专家学者，围绕党的十九届五中全会精神、《习近平谈治国理政》第三卷、家庭工作建设、《中华人民共和国民法典》解读、女性形象礼仪以及理论知识等课程开展培训。

【妇女维权服务】 年内，区妇联建立接待工作流程与实操手册，强化妇联

工作人员的能力培训，提升接待人员的专业水平和沟通能力。联合区劳动监察大队，加强对“三期”（孕期、产期、哺乳期）妇女合法权益的维护，参与个案调解工作；加强对招聘活动的管理，对涉嫌就业性别歧视的用人单位开展调查和处理，维护妇女合法权益。做好法律咨询和信访接待工作，疫情防控期间针对妇女群众反映出现的产妇就医、劳资纠纷等问题，进行答疑和政策解读，并对反映问题的妇女进行情绪疏导和心理安抚。

【巾帼建功活动】 年内，区妇联以卫生、教育、科技等女性集中的行业部门为重点，开展“建创文明岗、建功新时代”活动，并做好典型挖掘、引领示范工作。全年推出全国三八红旗集体1个、北京市三八红旗奖章28人、北京市三八红旗集体19个；推选“朝阳巾帼之星”177名、“朝阳巾帼文明岗”62个、“朝阳巾帼建功先进集体”62个。用榜样的力量引领和激励全区广大妇女弘扬“四自”（自尊、自信、自立、自强）精神，在全区唱响爱岗敬业、岗位建功的旋律。完善“巾帼创业就业导师团”师资库，发挥导师团作用，实施动态管理，为朝阳区有创业就业意愿的女性提供创业项目指导、政策咨询、企业管理、心理咨询等各方面服务。 （付淑锦）

朝阳区科学技术协会

【概况】 北京市朝阳区科学技术协会（简称区科协）下设4个区属学会、43个街乡科协、59个企业科协（其中2020年成立6个）。年内，区科协实施“金葵花”品牌：融智朝阳、人才朝阳、科普朝阳、爱在朝阳4个子行动。在服务科技工作者、促进区域创新驱动发展、提高全民科学素质、服务党和政府科学决策等方面发挥重要作用。开展“科教进社区”活动，组织科普讲座、互动体验、动手制作等活动120场，38个街乡的3600名居民和青少年参与活动。实施基层科普项目资助计划，资助10个街道（地区）、4个学校和3个学会，经费合计223.448万元。为19家企业科协开展学术研讨、专业培训等提供资金支持合计34万余元。区科协推荐的申报项目有4项获市科协金桥工程奖（A类奖1项、C类奖3项），区科协获“金桥工程组织奖”；朝阳区代表队获北京市公民科学素质大赛二等奖；区科协被中国科协评为2020年全国科普日活动优秀组织单位。

【“三下乡”活动】 1月10日，区科协与区委宣传部等单位，在朝阳区来广营地区朝阳区实验学校（润泽校区）举办文化、科技、卫生“三下乡”集中示范活动。以“分门别类”的垃圾分类为主题，通过科普讲堂、手工DIY、游戏互动等形式为居民普及垃圾分类知识。

【朝阳最美科技工作者宣传活动】 5月至8月，区科协、区委宣传部、区科信局和中关村科技园区朝阳园管委会成立遴选委员会，通过动员和组织推荐等环节，遴选出朝阳区“最美科技工作者”20名。为弘扬新时代朝阳科技人胸怀祖国、不畏艰难、敢为人先、开拓创新、团结协作、淡泊名利、甘为人梯、无私奉献的优秀品质与精神之光和在本行业领域取得的突出业绩，引导广大科技工作者学习最美、争当最美，组织北京科技报社专业团队集中采访事迹突出的12名最美科技工作者，并将事迹汇编成册。

【院士专家进园区进企业活动】 6月至11月，区科协开展院士专家进园区进企业系列活动。邀请北京物联网协会副会长柏思维、北斗导航领域教授级高工张正烜等4位专家为北京市燃气集团研究院解决技术难题；组织首都医科大学附属北京朝阳医院生殖医学中心主任医师李媛等3位专家走进华润紫竹药业有限公司为企业“问诊把脉”；带领中国科学院计算技术研究所智能信息处理重点实验室副研究员罗平等2位专家助力时趣互动（北京）科技有限公司科技创新；邀请北京林业大学教授、博士生导师吴保国等2位专家走进北京时代凌宇科技股份有限公司解决企业痛点问题；组织中国科学院高能物理研究所罗光宣等2位专家为北京昊日云景机器人科技有限责任公司解决技术难题。

【园区科技工作者之家活动】 7月至10月，区科协委托北京极地加科技有限公司、汉唐信通（北京）咨询股份有限公司、北京高文律师事务所、华夏籁孚文化传媒（北京）有限责任公司等4家单位共同承办园区科技工作者之家活动，开展包括“如何用专利保护你的创新成果”“大数据在文化产业中的创新与应用”“走进荣宝斋体验中国非物质文化遗产木版水印制作工艺”等线上线下活动12场，2万余名科技工作者参加活动。

【科普宣传教育体验活动】 9月19日至25日，区科协联合中国科学院国家天文台、北京工业大学、北京中医药大学中医药博物馆、北京索明科普乐园有限公司、北京工体富国海底世界娱乐有限公司、北京陶瓷艺术馆和北京科技报社等7家朝阳区科学教育馆联盟成员单位，围绕全国科普日主题，组织开展“垃圾分分类、海洋更健康”“陶瓷名师公益行”“云游前沿实验室”等科普宣传教育体验活动，让科普活动走进社区、走进乡村 走进生活。

【“走进科技殿堂 共享文明生活”系列活动】 9月至11月，区科协组织35个街道（地区）近2000名居民走进中国科技馆、中国古动物馆、中国电影博物馆、北京天文馆、北京科学中心和朝阳区公共安全体验馆等8个科普场馆，开展参观体验活动35场。

▲ 12月20日，在北京市公民科学素质大赛决赛中朝阳区获得二等奖 （赵 早 摄）

【科技工作者健康跑活动】 10月23日，区科协、区总工会、中关村科技园区朝阳园管委会和区科信局在北京温榆河公园联合举办“金葵花·强健体魄、乐享金秋”2020年朝阳区科技工作者健康跑活动。72家单位的639名科技工作者全程参加10千米竞技跑和5千米健康跑。北京市热力有限责任公司、北京市朝阳区土木建筑学会的科技工作者分获男子、女子10千米竞技组第一名。

【环保科普项目】 10月，区科协与“手拉手”建外街道北郎东社区党委共同开展“垃圾分类进楼宇·白领引领新时尚”环保科普项目，设计制作创意手账本《垃圾分类24小时之旅》，传播垃圾分类知识，提升环保意识。

【5家企业“创新簇”获市科协认证】 10月，中国制浆造纸研究院、北京时代凌宇科技股份有限公司、北京果壳互动科技传媒有限公司、北京明树数据科技有限公司和北京本农科技发展有限公司5家企业“创新簇”（“创新簇”作为北京市科协服务创新驱动的新探索，依托企业科协而建立，可根据企业的技术、培训等需求，为企业联系相关专家，帮助企业提升创新能力）获市科协认证。

【公民科学素质大赛】 年内，区科协和朝阳区新时代文明实践中心办公室共同举办“金葵花”2020年朝阳区公民科学素质大赛，历时近5个月的线上答题，涵盖从天文、地理、医学、生物、物理等全科学领域知识，吸引朝阳群众近10万人参与活动，近8万人参与线上答题。12月5日举办线下总决赛，在“每日答题”和“进阶挑战”环节，52名选手同场竞技，最终8名选手分获一、二、三等奖，将台地区办事处、朝外街道办事处等8个街乡获优秀组织奖，33个街乡获大赛激励计划奖。12月20日，朝阳区代表队参加2020年北京市公民科学素质大赛决赛，以总分第二名成绩获二等奖。 （王海粟）

朝阳区归国华侨联合会

【概况】 北京市朝阳区归国华侨联合会（简称区侨联）。年内，区侨联联合30家海外高校中国（北京）校友会发布《“侨海朝阳”国门一线海归志愿服务团团员招募令》，组建一支由42位外语志愿者组成的“侨海朝阳”国门一线海归志愿服务团，主要任务是参与防范境外疫情输入志愿服务工作；组织党员干部深入“1+1手拉手”社区——团结湖街道一二条社区参与新冠肺炎疫情防控工作；与区委党校联合举办“2020年朝阳区党政干部侨情侨史培训班”；在中关村朝阳园举办“法治中国·你我同行”普法宣传活动；组织13名侨界代表参加在北京市

▲ 12月11日，区侨联建外街道永安里东社区归国留学人员联谊会成立 （谢 宾 摄）

华侨服务中心开展的2020年“京侨帮扶·双百行动”首场现场捐赠活动；成立北京CBD核心区商圈“侨之家”和北京市第一家社区归国留学人员联谊会——永安里东社区归国留学人员联谊会。

【全球华人乐团弦乐四重奏Mini新年音乐会】1月12日，区侨联联合吕嘉全球华人艺术发展基金在建外媒体中心（DRC MEDIA+）举办侨说|东音西曲·全球华人乐团四重奏Mini新年音乐会，活动是全球华人乐团携多年成功演出的优秀曲目走进社区的系列活动之一。新年音乐会的演出团队是由全球华人乐团邀请的杰出音乐家组成的弦乐四重奏，演奏曲目皆为广受欢迎的中外名曲。音乐会以弦乐四重奏形式演绎中外名曲，参与演出的艺术家们用精湛技艺演奏《蓝色多瑙河》《梁祝》等多首侨胞耳熟能详的经典曲目。用音乐向朝阳区侨界群众献上一份新春贺礼，百余名在华侨界人士聆听。

【“涉侨法律援助专线”开通】4月，区侨联法律顾问委员会联合京师律师事务所推出“涉侨法律援助专线”，以线上和线下同时进行的方式，帮助侨界群众和侨资企业处理矛盾，化解纠纷，平息诉讼，维护合法权益。

【党建带侨建工作推进会】6月11日，区侨联在正大中心召开北京商务中心区（CBD）核心区商圈党建带侨建工作推进会暨“侨之家”建设座谈会，研究商圈党建工作以及CBD侨联组织建设工作。中国侨联基层建设部组织处处长何长松、区侨联主席曾旭、北京CBD党工委常务副书记张志国、正大侨商办公空间副总裁林天春、CBD商圈党建联盟部分成员单位以及相关机构代表出席会议。

【“亲情中华·友好朝阳”网上夏令营】6月29日至7月13日、7月14日至7月29日，由中国侨联主办，北京市侨联和朝阳区侨联承办，北京国际汉语研修学院具体实施的“亲情中华·友好朝阳”网上夏令营分2期举办。活动采取“故事+云体验”网上夏令营形式，为广大海外华裔青少年讲好中国故事、首都故事、朝阳故事，传播优秀中华传统文化。来自美国、菲律宾的255名营员参加。

【第二届“侨商杯”法律知识竞赛】7月10日至12月24日，区侨联组织1767名侨界群众参加纪念《中华人民共和国归侨侨眷权益保护法》颁布30周年暨第二届“侨商杯”法律知识竞赛。50人获个人奖，获奖代表参加中国侨联12月24日颁奖活动。

【“侨说”系列活动】8月19日、9月25日，区侨联分两辑举办“侨说：治愈 朝阳侨界抗击疫情艺术作品云上展”，集中展示朝阳区侨界人士参与新冠肺炎疫情防控创作的书法、美术、剪纸等作品，以艺术方式给予自己和身边人治愈的力量，以云端展览方式记录2020年抗疫期间不平凡的日子。9月16日，“侨说：华贸公益讲堂”摄影主题系列活动在华贸3号写字楼启动。第一期题目为“用手机拍人像大片”。华贸集团及所属公司、强生、伟凯律师事务所、阿拉丁、保乐力加、苹果、鱼眼咖啡等企业和商户的员工参加。摄影主题系列活动分三期举办，拍摄对象包括人物、美食、建筑等内容，注重现场体验与实际收获。

【侨界空巢家庭关爱行动】9月17日，区侨联组织全区427户侨界空巢家庭参与市侨联“京侨空巢陪伴计划”，为他们免费发放“小度在家”智能陪伴产品。区委常委、统战部部长李国红到首都机场街道调研并慰问侨界空巢家庭，实地查看首都机场街道“三亲三办”工作机制以及为民办实事、接诉即办等工作情况，与侨联工作者及侨界空巢家庭代表座谈交流，为侨界空巢家庭发放“小度在家”智能陪伴产品。（杨粤宁）

朝阳区青年联合会

【概况】北京市朝阳区青年联合会（简称区青联），有委员307名，其中常务委员会委员35名，设主席1名、副主席10名。年内，委员王劲清获第34届北京青年五四奖章称号、北京市抗击新冠肺炎疫情先进个人称号；委员张军跃作为国家援鄂抗疫医疗队队员赴湖北省武汉市参加新冠肺炎疫情防控工作，被团中央授予“全国优秀共青团干部”称号；8名委员获“北京市劳动模范”和“先进工作者”称号；推荐9名委员加入朝阳区新阶层人士联谊会、7名委员加入朝阳区海外人士联谊会、11名委员加入市青企协、2名委员加入市青联。区青联组织动员青联委员向疫区捐款捐物，委员及所在单位累计捐款289万元，向在京多家医院及其他机构捐赠医疗和慰问物资价值517万元。

【界别特色活动】1月2日，区青联金融界别开展“走进酷车小镇”活动，通过参观易车之道等商户，了解小镇商业功能定位。1月8日，区青联开展“走进北京CBD”界别联合活动。社会组织和社会中介、经济界别二组、文化体育和宗教、新闻出版与传媒、公共管理和政法等5个界别的40名委员参加活动，了解北京CBD的建设与发展情况。1月13日，区青联文化体育和宗教界别开展“走进北京塞隆国际文化创意园”活动，了解园区文化业态，参观筒仓罐状群和铁路路线。1月16日，区青联经济界别一组开展“走进奥林匹克塔”活动，重温奥林匹克精神并举办界别座谈会，交流感想体会。11月14日，区青联新闻出版与传媒界别、经济界别二组与民革朝阳区委联合举办“重温历史，光影铸魂”观影

▲ 1 月 13 日，区青联文化体育和宗教界别开展“走进北京塞隆国际文化创意园”活动 （武　爽　摄）

活动，观看爱国影片《八佰》并举行座谈会。

【寒假入户慰问帮扶对象】 1 月，区青联开展“青春助跑·青春助学计划”寒假入户慰问活动。青联委员走访慰问结对帮扶对象 16 名，发放青春助学助困补贴金 3.2 万元。

【建言“十四五”主题活动】 11 月 10 日，区青联开展青年建言“十四五”暨首期“青春读书会”主题活动。团体会员单位朝阳区律师协会、各界别秘书长、委员代表等 25 人参加活动。11 月至 12 月，区青联各界别围绕建言“十四五”暨“朝阳青联青春读书会”开展学习活动 9 场，180 名委员和青年参与活动。

【“梦马观影计划”启动】 12 月 20 日，区青联举办《守望相思树》观影活动，会上发布区青联“梦马观影计划”。活动作为“梦马观影计划”启动第一站，全国青联副秘书长黄志刚、朝阳区青联主席孙博洋出席活动。全国青联、北京市青联和朝阳区青联委员代表以及来自街舞、餐饮行业等领域的新兴青年群体代表 100 余人参加活动。区青联“梦马观影计划”由区青联经济界别和保利影业联合发起，通过观影活动、观后感分享、映后互动等环节，激发广大青年爱国情怀。 （张通明）

朝阳区工商业联合会

【概况】 北京市朝阳区工商业联合会（简称区工商联），有直属会员 376 家、团体商（协）会会员 35 个。年内，区工商联深入学习习近平关于新时代民营经济统战工作精神，围绕市委、区委中心工作，突出非公有制经济健康发展和非公有制经济人士健康成长“两个健康”工作主题，加强政治引领和思想引导，以深化商会组织建设为依托，引领区域民营企业适应新发展阶段，贯彻新发展理念，融入新发展格局，做好新阶段工商联（商会）事业的顶层设计和系统谋划，坚持信任、团结、服务、引导、教育工作方针，按照“强引领、强服务、强作用”的发展思路，以“坚定方向、温暖人心、强身健体”为主要手段，在加强民营经济统战工作的新使命中发挥工商联（商会）的职能作用，开展线上政策解读暨项目合作对接会活动。区工商联获全国工商联 2020 年民营企业调查点工作先进单位、2019 年度“北京市扶贫协作奖”组织工作先进集体。

【区政协为工商联界别委员工作站授牌】 7 月 23 日，区政协召开朝阳区第一批政协委员工作站工作会。会上，区政协为工商联界别等 12 个委员工作站授牌，号召委员们依托工作站平台，加强与群众的联系，更好地履

▲ 7 月 9 日，区工商联举办第二期线上“益企·互助·共赢”助力企业发展政策解读暨项目合作对接会活动（金融专题） （区工商联　供图）

职尽责。区政协主席陈涛在讲话中强调，成立政协委员工作站是深入贯彻落实中央、市委和区委政协工作会议精神的具体体现，也是加强和改进人民政协凝聚共识工作的具体举措。建立委员工作站后，委员们要更加明确联系对象、怎样联系群众、委员联系群众做什么这三点，从而更加有效地凝聚共识。同时，要积极探索政协委员联系群众工作的新机制，在原有“政协委员进社区”工作基础上，进一步增强对群众的吸引力和工作的可持续性，邀请全国、市政协委员开展专题培训、政策咨询、基层调研视察等，通过多种形式不断实践、及时总结、积极推进，努力把委员联系群众工作落地落实落细，让群众有更多的获得感。

【表彰先进】 11月27日，区工商联召开“学习贯彻党的十九届五中全会精神暨抗疫表彰大会”。区委统战部副部长、区工商联党组书记、常务副主席、会员企业综合党委书记王素荣，区委组织部相关负责人以及区工商联综合党委委员、受表彰的优秀共产党员、优秀党务工作者、先进基层党组织代表等参加会议。区工商联综合党委系统党组织以“线下＋线上”方式参加视频会议。区工商联党组成员、副主席、综合党委副书记马序松主持会议。会议表彰中共北京海文资产经营管理有限公司委员会、中共洛娃科技实业集团有限公司委员会等10个先进党组织，栗书国、袁化林、张宝安等50名优秀共产党员，王进宏、杜三毛、张路等30名优秀党务工作者。

【汽车服务业商会成立】 12月8日，朝阳区汽车服务业商会召开第一届第一次会员大会。区工商联主席、北京叶氏企业集团有限公司董事长叶青，区委统战部副部长、区工商联党组书记、常务副主席王素荣，区工商联党组成员、副主席马序松，区委社工委委员、民政局副局长常放出席会议，汽车服务商会相关负责人及会员企业代表参加会议。63名会员企业代表出席会议。会议以无记名投票方式选举产生朝阳区汽车服务业商会第一届理事会成员19名、监事会成员3人。随后召开第一届理事会会议和第一届监事会会议。以无记名投票方式选举产生商会会长1名，副会长7名，监事长1名。

【民营经济统战工作电视电话会】 12月18日，朝阳区召开民营经济统战工作电视电话会议。区委副书记王旭，区工商联主席、北京叶氏企业集团有限公司董事长叶青，区委统战工作领导小组成员单位、相关委办局主要领导，各街乡党（工）委书记，区工商联、区商会班子成员，部分民营经济代表人士参加会议。叶青在发言中表示，民营经济界人士要立足新时代、大变局和新发展阶段，切实增强家国情怀和使命担当，切实履行贯彻新发展理念，加快企业转型升级，把个人理想和事业融入国家发展战略之中，以“两个健康”助力民营经济做优做强，为实现“十四五”规划和2035年远景目标做出贡献。 （唐加斌）

法　治

政法委及综治

【概况】 2020年，中共北京市朝阳区委政法委员会（简称区委政法委）坚持党对政法工作的绝对领导，坚持以人民为中心的发展思想，履行新时代政法工作职责任务，推进平安朝阳、法治朝阳建设。健全执法监督检查制度机制。打造“朝警先锋”“迩语薪传”等28个特色党建品牌，组织“朝阳政法人在疫线”“中国人民警察节”等系列宣传活动。牵头成立区新冠肺炎疫情防控工作领导小组下设的社会稳定组，在防控一线成立临时党支部。获北京市抗击新冠肺炎疫情先进集体。区委国安办在全市率先启动国家安全宣传教育“七进”工作（进机关、学校、农村、社区、企业、军营、网络）。公安朝阳分局开展社区“深耕净土除患”专项行动，检查出租房屋4.8万余间、流动人口5.3万余人，发现消除安全隐患171处。（杨再扬　王　晖）

【重大活动维稳安保】 年内，区委政法委统筹全区专群力量，发动群防群治力量，落实点、线、面社会面防控工作任务。统筹完成全区重要目标、重点要害部位、重点区域的应急处置。实地调研督办，明确属地责任。完成全国两会、中国国际服务贸易交易会、党的十九届五中全会等活动安保任务。（杨再扬）

【社会矛盾防范化解】 年内，区委政法委开通全区一体化情报信息体系，针对社会安全等领域形成形势分析专报。组织开展风险评估报备，开展社会稳定风险评估审核。推进一批重大事项化解进程。协调指导区金融办等单位依法处置涉众型经济案件，制定《朝阳区金融社会风险全流程防控应对处置工作方案》，在全市首创金融风险防控工作模式，并在全市推广。（杨再扬）

【营商环境服务保障】 年内，区委政法委统筹协调各政法单位提升民商事案件办理质量，帮助企业化解纠纷。提升涉外检察专业化水平，开展“公益诉讼守护美好生活”专项监督，全区营商环境保持全市领先。（杨再扬）

【“无讼朝阳”诉源治理体系】 年内，区委政法委统筹指导区法院等政法单位，在全市率先出台工作方案，开设“网上12368”受理端口，打造“无讼社区”“无讼乡村”“无讼商务区”等示范样本，“无讼朝阳”平台获全国政法智能化建设智慧治理十大创新案例。（杨再扬）

【基层平安建设】 年内，区委政法委成立智慧平安小区工作组，推进智慧平安小区建设。起草《朝阳区关于进一步加强综治中心建设的实施意见》，将综治中心推进情况纳入全区平安建设工作考核，规范三级综治中心运行。推进城乡接合部地区安全隐患问题综合重点整治。建设“朝阳群众”品牌，宣传报道各街乡、各单位在新冠肺炎疫情防控工作中“朝阳群众”的事迹。印制并发放“朝阳群众”书籍。（杨再扬）

【市域社会治理现代化试点】 年内，区委政法委组建市域社会治理现代化试点工作协调指导组，成立工作专班，区委平安朝阳建设领导小组统筹落实。起草《朝阳区关于开展市域社会治理现代化试点工作的实施方案》《指引任务分解》及《协调指导机制》等文件。政法单位与街道联合打造“物业纠纷源头治理示范小区”共建项目，从源头预防化解物业矛盾纠纷。各街乡推进社会动员、巡防巡控、风险防范等机制建设。（杨再扬）

【“1+7”专项行动】 年内，区委政法委开展“1+7”专项行动。即，“1”是持续深入开展扫黑除恶工作；“7”是深化严厉打击切实防范涉恐涉暴涉毒及各类违法犯罪活动和提升群众见警率，深化社会治安和城乡接合部重点地区整治，深化流动人口服务管理和违法群租房治理，深化综治基层基础及物技防设施建设，深化群众安全感调查中群众反映突出问题整改，深化提升群众安全感入户走访，深化提升群众安全感宣传发动专项行动。群众安全感指数升至99.32%。开展群众安全感季度调查，按季度约谈排名靠后的街乡，分析制定整改方案。宣传报道2019年群众安全感排名靠前的街乡，帮扶薄弱地区，完成平安朝阳建设考核。（杨再扬）

【反邪教和国家安全宣传】 年内，区委政法委开展反邪教警示教育宣传129场，发放宣传品6500余份。推送宣传信息800余条。录制反邪教专家访谈系列视频，开辟“线上专家巡回讲”新模式。区委国安办组织以“坚持总体国家安全观，统筹传统安全和非传统安全，为决胜全面建成小康社会提供坚强保障”为主题的“4·15宣传活动”，在区政府一层大厅设置宣传展板、张贴宣传海报、发放宣传折页。区委政法委联合公安朝阳分局、区司法局、区卫生健康委、区园林绿化局等单位开展线下同步宣传，协调发动繁华商圈LED户外显示屏滚动播放宣传视频，各街乡通过宣传海报、公众号、微信群等方式宣传。 （杨再扬）

【城乡接合部隐患问题整治】 年内，公安朝阳分局组织流管员对出租房屋实行“网格化”管理。采取进楼进村敲门入户、集中核查比对、整合物业中介信息资源等方式，采集、登记流动人口管理基础信息，建立管控台账。检查38个挂账村出租房屋31.4万户，新登记出租房屋6782户，核销9212户。挂账地区接报110警情比上年下降2.2%，可防性案件比上年下降25%。 （姜媛媛）

【居住证（卡）受理】 年内，公安朝阳分局依托居住证业务平台，通过派出所户籍大厅和社区流管站受理来京暂住人员居住证（卡）申领、签注、补领等业务，受理居住证（卡）79.7万件次。推动电子居住证“全程网办、一网通办、微信签注”，办理核发电子居住证（卡）15.9万张，受理量居全市首位。 （张 月 何 帆）

【违法群租房治理】 年内，区房管局与相关单位“吹哨报到”32次，走访街乡51次。通过互联网平台检索排查疑似群租隔断房源662套，处理市住房和城乡建设委转派、区城市管理监督指挥中心转派、400电话举报等群租房投诉案件9300余件。疏解人口1023人。 （高 博）

【疏解整治专项行动】 年内，朝阳区疏解整治促提升专项行动涉及人口13.1万人，其中城乡接合部整治涉及人口8.8万人、中心城区重点区域整治提升涉及人口1.5万人、城乡接合部改造涉及人口0.8万人、中心城区老旧小区综合整治涉及人口0.5万人、疏解商品交易市场涉及人口0.4万人、出租大院和出租公寓整治涉及人口0.4万人、其他7个专项行动涉及人口0.7万人。 （张爱旌）

【城市环境综合整治】 年内，全区拆除违法建设达到场清地净标准的建筑面积316.99万平方米，腾退土地面积332.08万平方米，实施“留白增绿”209.8万平方米。城乡接合部改造拆迁腾退152.1万平方米，实现绿化面积238万平方米。整治占道经营重点点位146处、无证无照经营单位475家、群租房563户，疏解一般制造业企业11家、培训机构13家、商品交易市场5家、出租大院和出租公寓38家，建设提升基本便民商业网点120个，背街小巷环境整治提升175条，棚户区改造征收580户，人防工程环境恢复246处。 （盛 璐）

法治政府建设

【概况】 2020年，朝阳区司法局（简称区司法局）以优化营商环境、创新社会治理为着力点，完善依法行政制度体系，规范公正文明执法，制约监督行政权力，依法化解社会矛盾，将推进法治政府建设作为全面依法治区的重点任务和主体工程。区委常委会、区政府常务会会前学法及领导干部依法行政培训实现常态化。区委常委会审议通过《2019年朝阳区法治政府建设情况报告》。区委全面依法治区委员会审议通过《北京市朝阳区关于加快推进公共法律服务体系建设的若干措施》。编制《朝阳区法治政府建设白皮书》。检查各类违法行为实现全覆盖。开展法治物业课题调研。参与全区重点工作，提供意见百余条。区政府行政负责人出庭应诉3次。审理行政复议案件523件（受理后审结386件），调解率30.3%，为历年最高。完成“七五”普法总结验收。8月，朝阳区获全国首批法治政府建设示范地区。

【合法性审查】 2月，区司法局会同区政府法律顾问，完成《北京市朝阳区人民政府办公室关于支持企业应对疫情稳定发展的若干措施》的合法性审核。年内，区司法局审核区长办公会（区政府常务会）审议的重大行政决策、区政府战略合作协议、重要文件等36项议题的合法性，提出意见100余条。制发《关于全面推行行政规范性文件合法性审核机制的工作规定》。对5项区领导批示工作及区国有资产规范工作小组列会的41个出租项目研判风险提出处理意见。完成22个区公园配套用房出租出借整改项目验收。

【行政应诉】 3月10日，区司法局首次通过网络方式参加北京市第三中级人民法院审理马某某不服司法鉴定投诉答复案，区司法局副局长作为行政负责人出庭应诉，并当庭作出陈述。6月10日，北京市第四中级人民法院公开开庭审理原告冯某某、李某某不服区政府行政答复一案，副区长作为区政府行政负责人出庭应诉。区司法局、区信访办、区农业农村局、高碑店乡政府等10余个行政单位负责人参加庭审旁听，这是区政府负责人首次参加网络庭审。12月17日，区法院采取网络方式开庭审理原告唐某某不服朝阳区人民政府行政复议决定、区市场监督管理局对其举报不予立案一案，副区长作为区政府行政负责人出庭应诉。20余家区属行政机关负责人参加庭审旁听。此案是《中华人民共和国行政诉讼法》修订以来，区政府行政负责人首次出庭共同被告案件庭审。

【行政复议】 3月25日，区司法局代表朝阳区人民政府通过北京法院在线诉讼平台，参加四中院审理的关于三原告不服区政府对其不服某乡政府强拆其房屋的行为作出的驳回复议决定的案件，开庭核实身份、庭审、签署笔录通过在线诉讼平台完成，整个庭审历时1小时30分。6月，区司法局调解某公司不服区市场监管局行政处罚申请行政复议案，出具行政复议调解书，调解结果得到双方当事人认可。年内，全区推行行政复议电子送达制度，区司法局制定《朝阳区行政复议法律文书电子送达工作细则（试行）》。开展网上阅卷，通过电子方式送达《阅卷通知书》及被申请人答复材料。

【行政执法监督】 9月7日至11日，朝阳区组织开展全区年度行政执法部门执法案卷集中评查，评查和讲解27个执法部门的51本处罚案卷和27个执法部门的54本许可案卷，并要求整改。9月，朝阳区组织开展街乡年度行政执法案卷集中评查，首次评查以街乡为执法主体的88本处罚案卷。11月23日至27日，区司法局会同区城管执法局、区法院召开朝阳区街乡综合执法工作研讨会。区城管执法局讲解《北京市禁止违法建设若干规定》（北京市人民政府令第295号），并培训《北京市燃气管理条例》修订后如何开展燃气执法检查；区法院讲解证据规则；区司法局通报街乡行政处罚案卷评查情况并分析评查中出现的问题，座谈下放职权后各街乡行政执法及法制工作开展情况。12月11日，区委全面依法治区委员会执法协调小组召开全体会。会议听取落实街乡综合执法改革工作情况汇报，通报2020年行政执法案卷评查情况。

【依法行政培训】 10月14日至16日，朝阳区开展年度依法行政工作培训。副区长王志勉作开班动员，区司法局党组书记、局长倪东新主持会议。培训邀请中国人民大学、中国政法大学的专家学者，市司法局、区纪委、区法院行政庭相关领导、律师以及区司法局相关科室讲授深入学习习近平总书记全面依法治国新理念新思想新战略、全面推进法治政府建设、行政调解工作基本知识、《中华人民共和国公职人员政务处分法》、行政机关涉诉相关问题、中华人民共和国民法典以及行政应诉、复议工作等。全区各委办局、各街乡依法行政工作主管领导及法制机构负责人160余人参加。（车　莹）

公　安

【概况】 2020年，北京市公安局朝阳分局（简称公安朝阳分局）接收森林公安机构转隶，增设森林公安大队，副处级建制。承担森林防火工作，负责火场警戒、交通疏导、治安维护、火案侦破等，查处森林领域其他违法犯罪行为。协同同级园林绿化局开展防火宣传、火灾隐患排查、重点区域巡护、违规用火处罚等工作。完成全国两会、服贸会、党的十九届五中全会等各项重大安保警卫勤务654起。完成大型活动安保任务68项247场次，安检166.1万余人次、箱包129.3万余件，检查出各类禁限带物品5646件。侦破14起命案现案，连续10年实现命案现案破案率100%；侦破命案积案30起，抓获命案逃犯20名，追逃任务完成率100%，连续2年实现抢劫类案件破案率100%；侦破“九类涉恶因素案件”1450起，刑事拘留1713人，打掉“套路贷”团伙45个。查处造谣传谣、制假售假等涉新冠肺炎疫情案件143起183人次；查处违规养犬行为1209起，收犬5184只。受理出入境证件5.3万件，发证3.4万件。开展预防煤气中毒宣传检查，印发宣传材料22.6万份，出动警力2.4万人次，入户检查7.7万余户，检查企事业单位1252家、学校282家、工地工棚106个，签订安全承诺书7495份，发现隐患10件并监督完成整改。综合运用电子围栏、反诈App等信息化手段，拦截劝阻疑似被电信诈骗事主5.3万余人，破获电信诈骗案件1792起，刑事拘留395人，避免损失3.05亿元。7（天）×24（小时）警务室接待群众8万余人次，调解各类矛盾纠纷1.8万余件。公安朝阳分局授予15个集体、426名个人“朝警先锋”荣誉称号。公安朝阳分局4个家庭被命名为“首都最美家庭”，7个家庭被命名为朝阳区“最美家庭”，6个家庭被命名为“首都公安最美家庭”。公安朝阳分局被公安部评为全国首批（20家）经侦系统情报导侦示范单位。麦子店派出所所长匡岩当选全国三八红旗手，刑侦支队民警王佳获“百佳刑警”称号，朝外大街派出所获北京市模范集体荣誉称号，保安公司辅警郭永军当选北京市劳动模范，刑侦支队民警张超等7人当选北京市先进工作者。警务支援大队获公安部集体一等功。（王　晖）

【抓获1名“红通”逃犯】 1月17日，公安朝阳分局抓获潜逃柬埔寨1年的“红通”逃犯刘某某（原中润天下企业管理中心财务总监）。经审，刘某某对其在中润天下企业管理中心涉嫌非法吸收公众存款的犯罪事实供认不讳。（孟　茜）

【破获制售假冒口罩案件】 2月1日，公安朝阳分局破获全市首起跨省市制售假冒口罩案件。抓获犯罪嫌疑人，查扣假冒口罩2万余个。经审，8名犯罪嫌疑人均对制售假冒“3M”牌防护口罩的犯罪行为供认不讳。（米照栋）

【过渡观察监区设置】 2月2日起，公安朝阳分局设置新冠肺炎疫情防控期间入监所过渡观察监区。启动大轮班封闭警务模式，对所有上岗人员提前核酸检测，形成“全环节、零接触”的安全闭环。对新入所人员采取核酸检测、CT检查、轨迹排查等措施，对5449名新入所人员进行14天过渡观察，对疫情高风险地区的130余名关联人员进行二次排查。 （王会娟）

【社会治安管理】 4月16日，公安朝阳分局打掉辖区内一网络百家乐跨境赌博团伙，当场抓获涉嫌为赌博提供条件人员、涉嫌赌博人员等10人，起获赌资15万余元和相关赌博工具。7月至8月，重点检查全区中小旅店，责令整改超范围超审批面积对外出租的房间，处罚不落实旅客登记制度等违法违规行为。全年检查旅馆业单位4000余家次，取缔无证照经营旅店7家，依法行政拘留擅自经营人员9人。10月23日至12月20日，全区开展寄递物流渠道集中清理整治专项行动，查获寄运违禁品案1起，收缴起获“笑气”180箱。年内，公安朝阳分局推进组建警情高发派出所打击盗销自行车小分队，重点打击主要大街、交通枢纽、商市场周边地区等高发点位，采取悬挂横幅、电子屏滚动播放、张贴警示标牌等方式提高群众自防意识，盗销自行车比上年下降31.9%。以典当业、旧货业、金银饰品加工置换业、废旧金属收购业四类行业为重点，开展反销赃专项集中行动，打击查处违法收购经营行为，清理无照经营问题。开展联合检查10次、取缔无照收购站点网点26家、处罚安全制度不落实单位2家。以中国医学科学院肿瘤医院等6家三甲医院为重点，对医院周边部位“医托”、散发小卡片、黑车、黑摩的等秩序类问题，开展集中攻坚打整行动。开展以105处挂账点位为重点的“平安行动”“晨锋行动”“提质效、开新局”等专项工作，行政拘留各类扰序人员1769人，其中黑摩的扰序839人、无照游商278人、散发小广告210人、“分虫”210人、“医托”“号贩子”33人、倒号53人、非法务工146人。 （王 晖 郭宸羽）

【捣毁为境外赌博集团提供短信服务产业链】 7月30日，公安朝阳分局捣毁为境外赌博集团提供短信推广服务黑灰产业链。抓获涉案骨干犯罪嫌疑人寇某某等19人，捣毁窝点12个，扣押涉案手机29部、电脑17台、账本5册、猫池设备30台、手机卡4万余张。该产业链由提供物联网卡的虚商、收售物联网卡的卡商、使用物联网卡群发短信的机房3个主要环节构成。经审各环节犯罪嫌疑人均对其犯罪行为供认不讳。 （李君静）

【打掉“美容贷”诈骗团伙】 8月13日，公安朝阳分局打掉9个“美容贷”诈骗团伙，抓获涉案人员228名，起获整容协议书若干份。经核实，被骗事主100余人，涉案金额500余万元。经审，嫌疑人对通过托管、外包、渠道代理等方式，与第三方职业介绍或招工团伙合谋，以高薪工作诱骗事主到美容机构，实施“美容贷”诈骗并按比例分成的违法犯罪行为供认不讳。117人被刑事拘留。 （冯 硕）

【“消声净路”百日专项行动】 8月15日至11月，公安朝阳分局依托“平安行动”，开展“消声净路”百日专项行动，打击机动车“炸街”违法现象。检查汽车、摩托车等机修门店648家次，发现非法改装排气管及未按规定如实登记承修车辆信息企业47家，处罚33起，罚款4.37万元，处罚量居全市第一。 （郭星辰）

【人口数据核销】 8月至10月，公安朝阳分局按照《北京市第七次全国人口普查户口整顿工作方案》要求，集中对全区户籍人口中应销未销户口人员信息开展核查及注销。注销2万余人死亡未销户口，注销256人参军未销户口，核销5人双重国籍户口。 （张 明）

【视频侦查电子物证联合实验室启用】 11月26日，公安朝阳分局视频侦查、电子物证联合实验室启用，这是全市第一家全面融合多项新技术手段的实验室。面积320平方米，设受理预检区、视频侦查区、综合研判区和电子物证区，负责电子物证对涉网非接触犯罪证据的采集和分析。 （李君静）

【收押相关工作模式调整】 年内，公安朝阳分局与区检察院、区法院协商，通过派驻法警、开通“远程提讯”“线上开庭”等方式，办理提讯1.2万余人次，远程开庭3059人次。律师会见、办案提讯均采取预约制，开通律师远程会见窗口，律师会见1.4万余人次。协调建设银行、京客隆，研发在押人员持卡消费系统，实现“家属远程存钱，在押人员实名消费，人随卡走，出所人员无退钱烦忧”等功能。开展疑似精神异常嫌疑人远程甄别试点工作，完成远程甄别3人次。 （王会娟 郑建宇）

【扫黑除恶专项斗争】 年内，公安朝阳分局加大线索核查、案件侦办、逃犯缉捕、行业整治、“打伞破网”和“打财断血”工作力度，侦办林某某等人黑社会性质套路贷团伙案，以贾某某为首利用宗族势力称霸一方、欺压百姓的恶势力犯罪团伙案等一批重点案件。 （王 晖 何 帆）

【维护社会稳定】 年内，公安朝阳分局在“110宣传日”“4·15国家安全教育日”“5·12全国防灾减灾日”等主题宣传日活动中，增加反恐防恐内容模块。承办市反恐办在朝阳区蓝岛大厦组织的反恐宣传活动。在小关街道办事处组织开展朝阳区反恐怖宣传演练“进企业”活动。依托“北京反恐”微信公众号推送3期闯关答题活动，参与答题5万余人次。在重点地区场所开展宣传发动，发放反恐宣传海报等宣传页1万余张。在航空总医院、合生汇、颐堤港等单位组织开展实战化演练和反恐培训18次800余人。组织公安朝阳分局、区文

化和旅游局、区卫生健康委、区委教育工委、区城管委等10个成员单位督察专员检查反恐防恐主体责任落实情况。（王　晖）

【销赃打击】 年内，公安朝阳分局以典当业、旧货业、金银饰品加工置换业、废旧金属收购业四类行业为重点开展反销赃专项集中行动。主要组织摸底排查建立台账，培训教育从业人员，督促落实各项安全制度，打击查处违法收购经营行为，清理取缔无照经营商铺。联合检查10次，取缔无照收购站点网点26家，处罚安全制度不落实单位2家，起获各类废旧专用器材384千克，破获销赃类案件7起，做拘留以上处理人员29人，打击效果列全市第一。（郭星辰）

【危险物品排查管控】 年内，公安朝阳分局落实属地监管责任，协调各部门开展易制爆危险化学品专项整治行动，指导督促危险物品从业单位落实安全主体责任和各项安全管理制度。检查涉危单位2856家次，排查重点点位2.5万余个，发现解决隐患98件，处罚违规问题12起，对涉案单位处罚金6.1万余元，成绩名列全市首位。（宋　杰）

【医院警务室建设】 年内，公安朝阳分局在全区23家医院建立26个医院警务工作室。制定《推行“院警制”实施工作意见》，培训医疗保卫民警、辅警。推动辖区有条件的医院建立“人脸识别系统”。指导医院在入口或者重点区域设置安检设备，在急诊室、诊疗科室、医生办公室等重点部位安装“一键式”报警装置。（刘顺利）

【电信诈骗防范打击】 年内，公安朝阳分局开展防范打击电信网络诈骗犯罪。录制反诈小常识视频、“小佳”卡通版视频、精简反诈小视频、高发案提示音频，在全区重点地标、商超滚动播放。通过抖音、快手等直播平台通报新型诈骗手段、传播防范技巧，2600万余人次观看。到北京工业大学等高校开展面对面宣传，向全区393所中小学和19所高校投放反诈宣传资料，覆盖率100%。重点面向警情高发地区、场所及易受骗群体，运用电子围栏、反诈App等信息化手段破获电信诈骗案件1792起，刑事拘留395人。通过“110”即时止付单笔最大金额735万元，预警拦截成功率99.9%，居全市首位。（王　晖　孟　茜）

【“涉众型经济案件报案平台”微信公众号升级】 年内，公安朝阳分局升级“涉众型经济案件报案平台”微信公众号，包括涉稳预警分析模块研发及App转型升级，增强敏感词扫描、数据分析等功能。34.7万余人关注该微信公众号，23.8万余人注册账号通过审核，线上回复咨询6.5万余条，发布已受理的涉众案件176起，线上接收涉案群众报案材料12.6万份，涉及总金额371.8亿元。平台开辟案件接报、数据采集、电子归档、线上稳控新路径，为全市经侦系统首创。（孟　茜）

【可防性案件管控】 年内，公安朝阳分局发动整合群防群治力量，参与邻里守望和看门护院。增强夜间巡控力量，重点巡逻防控高发案区域。制作23期“反诈微信宣传视频”、9期“防火防盗微信宣传微视频”、2期“H5微信宣传版页”，组织全体社区民警在辖区各类微信群中转发，视频点击量2917万次。组织各派出所在小区悬挂横幅标语，在出入口、单元门口、电梯间等重点部位张贴宣传提示，在社区警务室LED屏滚动播放防范宣传语，悬挂横幅409条，张贴海报3万余张，发放宣传手册8万余份，走访宣传群众11.8万余人。成立推进智慧平安小区建设专班，制定《朝阳区全面推进智慧平安小区建设实施意见》，全区1918个现有小区中有380个小区由街乡或物业出资更新安装智能门禁设备和车辆识别设备。建设双网管理应用平台，实现数据共享和可视化应用，形成社区防控新模式。社区可防性案件比上年下降50.7%，入室盗窃案件比上年下降50.2%。（张　月）

【CBD国际人才港启用一站式服务中心】 年内，进驻中国（北京）自由贸易试验区CBD国际人才港启用一站式服务中心，整合19家部门120项服务项目，包括外国人工作许可、居留许可、引进落户等42项受理事项。（张　月　何　帆）

检　察

【概况】 2020年，朝阳区人民检察院（简称区检察院）受理各类案件，办结案件8460件，占全市基层院办案量的六分之一。从严从快打击涉新冠肺炎疫情犯罪67人。受理各类案件比上年下降32.04%，受理数在全市基层院中排首位。其中，受理刑事检察案件7204件，比上年下降29.19%；民事检察案件119件，比上年下降26.54%；行政检察案件8件，与上年持平；公益诉讼案件74件，比上年增长19.35%；检察管理监督案件1725件，比上年下降43.05%。办结各类案件比上年下降40.48%，办结数在全市基层院中排首位。其中，办结刑事检察案件7359件，比上年下降27.73%；民事检察案件106件，比上年下降13.11%；行政检察案件4件，比上年下降55.56%；公益诉讼案件56件，比上年增长107.41%；检察管理监督案件943件，比上年下降75.74%。与区工商联签订《朝阳区民营企业产权保护社会化服务体系战略合作协议》。制定《北京市朝阳区人民检察院关于疫情防控期间依法保障企业复工复产的意见》。撰写《北京市朝阳区人民检察院职务犯罪检察工作报告（2019年度）》《区检察院关于开展公益诉讼检察五年工作情况的报告》《朝阳区人民检察院认罪认罚从宽制度适用情况调研报告》《关于2017—2019年朝阳区犯罪态势的分析报告》。办理的“北京市规划和国土资源管理委员会与北京市可兴乐货物运输服务有限公司行政非诉执行监督案”在全市检察机关行政诉讼监督优秀案件评选活动中被评为行政诉讼监督精品案件。党建目标评价体系2.0版在全国检察基层院建设高级研修班发布。《金融检察白皮书（第五辑）》发布。区检察院获“全国检察宣传先进单位”、市级交通安全先进单位，获北京市检察院举办的“双一流”创建活动示范单位。区检察院课题组撰写的《行政公益诉讼检察调查核实权行使困境与完善路径初探》在《中国检察官》2019年度优秀调研文章评选中获二等奖、《行政公益诉讼检察调查核实权行使困境与完善路径初探》在《中国检察官》2019年度优秀调研文章评选中获二等奖。第七检察部获“全国未成年人思想道德建设工作先进单位”。区检察院获北京市检察机关法治宣传教育“十进百家、千人普法”主题活动先进院称号，6个普法团队获先进团队称号，4名人员获普法先进个人称号，22件普法作品被评为精品普法活动。

【“云开庭”支持公诉】 2月6日，区检察院第三检察部检察官通过远程视频方式，完成对适用刑事速裁程序的25件危险驾驶案件的出庭公诉。远程视频出庭是依托在线视频系统，法官、公诉人、被告人、辩护人分别在法院、检察院、看守所、辩护人住所进行视频“无接触”开庭，庭审程序不简化、不应付。全年“云开庭”公诉近2000次。

【普法宣传活动】 4月22日，为世界地球日，区检察院到京城梨园开展“参与垃圾分类，共护绿色朝阳”主题普法宣传活动。12月3日，区检察院依托最高人民检察院“法治进校园”全国巡讲再出发活动，与四川省凉山彝族自治州人民检察院开展结对交流，并共同促成芳草地国际学校与西昌宁远学校“云连线”，开展宪法日法治宣传活动。

【运用“案－件比”质量评价指标】 4月24日，区检察院首次运用最高人民检察院创立的“案－件比”质效评价标准，检视检察业务运行情况，形成《2019年检察业务情况》。年内，区检察院运用以“案－件比”为核心的案件质量评价指标，减少不必要的办案环节，提高办案效率，案－件比为1.98，比上年下降0.27。

【“北大·朝检法治工作坊”】 4月27日，“北大·朝检法治工作坊”第三期暨北京市检察官协会轻罪案件检察专业分会妨害公务犯罪疑难问题研讨会以视频会议形式举行，研讨围绕“办理涉疫情妨害公务犯罪案件适用法律和刑事政策相关问题”“妨害公务罪中暴力、威胁方法的认定问题”“妨害公务罪中主观方面的认定问题”等7个方面。高校、检察机关、公安机关、律师界代表参会。市检察官协会轻罪分会会员、公安朝阳分局、区法院部分人员线上观看。6月24日，第四期暨北京市检察官协会经济犯罪检察专业分会非法集资中恶意逃废债行为评价和治理研讨会以腾讯视频会议形式举行。北京大学、清华大学教授，最高人民检察院第四检察厅、北京紫华律师事务所、区检察院领导等高校、检察机关、公安机关、律师界嘉宾参会。8月28日，第五期以腾讯视频会议形式举行，研讨性侵未成年人案件实务疑难问题。由区检察院、北京大学法学院、中国刑事诉讼法学研究会少年司法专业委员会、中国政法大学未成年人事务治理与法律研究基地共同举办。高校、检察机关、公安机关、审判机关等单位代表参加，邀请媒体和区人大代表列席。12月25日，第六期“轻刑犯罪与社会治理相关问题”研讨会在区检察院举行。会议主要研讨“醉驾犯罪的司法实践与政策把握”“自助购领域多次盗窃犯罪问题的治理”。北京大学、中国人民大学、中国政法大学专家学者和最高人民检察院、市检察院、公安机关领导出席。

▲ 2月6日，区检察院检察官运用“云开庭”支持公诉 （沈 逸 摄）

【“云列席”朝阳法院审委会会议】 7月28日，区检察院党组书记、检察长张朝霞，党组副书记、副检察长孙长柱依法“云列席”朝阳法院2020年第三次审委会（扩大）会议，通报区检察院2018年至2019年民事诉讼监督情况。

【野生动物保护领域行政公益诉讼案件】 7月30日，区检察院就辖区内存在活体海龟未能依法得到收容救护的问题，对负有保护水生野生动物职责的区农业农村局制发诉前检察建议。该案系《中华人民共和国野生动物保护法》《全国人民代表大会常务委员会关于全面禁止非法野生动物交易、革除滥食野生动物陋习、切实保障人民群众生命健康安全的决定》施行以来，北京市首例野生动物保护领域行政公益诉讼案件。

【民事诉讼监督案件听证会】 10月29日，区检察院召开汽车金融借款合同纠纷案听证会。这是区检察院首次开展民事诉讼监督案件的公开听证，邀请区人大代表、人民监督员、专门领域专家组成的三人听证团参加，效果良好。

【民生案件】 年内，区检察院打击生产销售有毒、有害食品等犯罪30人，办理食药安全领域公益诉讼案件13件。打击“套路贷”等新型诈骗犯罪。打击虐待、诈骗等损害老年人权益犯罪219人。严惩性侵、虐待未成年人犯罪86人，为35名未成年人提供法律援助、开展心理疏导，进校园开展法治教育27次。针对校园周边未加装交通安全装置、娱乐场所违规接纳未成年人等问题制发检察建议，创新未成年人保护体系建设。办理职务犯罪案件31人。

【扫黑除恶专项斗争】 年内，区检察院打击黑恶势力犯罪207人，扣押、冻结、追缴涉案财物估值5.8亿元。制发检察建议6份，建立健全13项工作机制。

【民事诉讼监督】 年内，区检察院受理案件119件，办结125件，提请抗诉与发出检察建议17件。检察长列席区法院审判委员会，通报民事诉讼监督情况。与公安、法院建立防范查处联动机制，打击“打假官司”行为。

【行政非诉执行监督】 年内，区检察院以检察建议及圆桌会议方式开展行政非诉执行监督，推动拆除违法建设5.4万余平方米。

【检察公益诉讼】 年内，区检察院办理行政公益诉讼56件、民事公益诉讼18件，立案27件，发出诉前检察建议20件，推动行政机关作出处罚决定25件，保护土地资源7.3万余平方米。

【“信和”非法吸收公众存款案】 年内，区检察院办理“信和”非法吸收公众存款案，涉案资金1200亿余元，在案人员260余人。区检察院牵头制定《非法集资案件审计工作指引》，同侦查机关建立例会制度，定期通报、协商解决问题。区检察院完成该案向法院起诉工作。 （李　阳）

法　院

【概况】 2020年，朝阳区人民法院（简称区法院）受理各类案件136130件，审结案件135578件。构建“一核双链、三项协同”工作机制，即以府院共治为核心，形成“纠纷化解链”和“司法服务链”，从疑难复杂法律问题协同研判、重大敏感行政纠纷协同防治、区域法治政府建设协同推进三方面形成合力。构建诉讼服务、审判管理、事务办理3个平台，实现司法为民、审执工作、类型案件、语音转写、裁判文书、审执质效、司法活动、系统集成八位一体的信息化工作格局。开展扫黑除恶专项斗争，健全执行工作长效机制，推动构建“无讼朝阳”诉源治理体系，为推进新冠肺炎疫情防控和经济社会发展提供司法保障。区法院获“全国法院先进集体”等市级以上荣誉46项。

【刑事审判】 年内，区法院审结刑事案件2701件，判处罪犯3486人。审结涉黑涉恶案件24件，判处罚金、追缴违法所得、责令退赔5546万余元。审结涉众型经济犯罪案件286件，占全市60%以上。打击抢劫、绑架、故意伤害等危害群众生命财产安全犯罪，判处5年以上有期徒刑33人。审结毒品犯罪案件91件。完善刑事诉讼与监察程序衔接机制，审结贪污贿赂等职务犯罪案件17件20人。

【民商事审判】 年内，区法院审结教育医疗、劳动就业、养老育幼、消费维权等与民生相关案件28274件，审结金融借款、委托理财、股权众筹、营业信托等各类金融案件26124件。与区金融办合作，重点调处P2P网络借贷等金融纠纷。审结涉数字文化、创意设计、文化贸易等高端产业的案件3324件，发布文化产业知识产权审判、文娱产业合同案件审判典型案例。审结涉“疏解整治促提升”专项行动案件328件，其中崔各庄乡疏解腾退系列案被市高级法院评为“疏解整治促提升”专项行动典型案例。按照世界银行营商环境评价指标，完善《商事审判优化流程提速增效工作办法》，制定《民商事案件审判流程规范及防控风险点提示》；与区发展改革委联合解读优化营商环境政策3.0版本。

【行政审判】 年内，区法院审结行政案件1046件。按照法治政府建设要求，推动建立府院联动沟通共享共治平台，建立各委办局行政调解委员会的先行调解机制、法院诉前的多元化解机制、司法审查中的案外协调机制，建立面向基层执法工作的法治培训体系等。发布《行政案件司法审判年度报告》，形成《关于为街乡综合执法改革工作提供司法保障工作方案的报告》。组织覆盖全区街乡的法治培训。

【执行工作】 年内，区法院执结案件55705件，发放案款69.2亿元。执行涉永安里旧城区改建、亮马河景观改造、化工路及双合家园配套设施建设等重点工程项目案件，腾退场地面积

30.5万平方米。与公安朝阳分局、北京产权交易所等合作，建立执行查扣小件标的物集中处置机制及财产在线登记平台。与市交通局首创京牌机动车专线查封系统，承担新冠肺炎疫情防控期间全市法院委托的京牌机动车查封、解封。公布失信被执行人名单6584人次，限制37399人次购买飞机票、动车票、高铁票，致3944名失信被执行人主动履行法律义务。区法院以团队运行为“基点”、以“执行和解+速执”与“类案分流”机制为“两翼”，以集约化、信息化、社会化手段为支撑，建立“一点两翼三化”执行长效机制，得到最高人民法院肯定并在全国推广。

【信访和审判监督】 年内，区法院接受群众来访1063件次、来信762件次。审查各类申诉案件75件，其中驳回申诉69件，提起再审6件。受理当事人申请、检察院抗诉、上级法院指令等各类再审案件148件，审结148件，其中改判52件，撤诉2件。 （李彦松）

司法行政

【概况】 2020年，朝阳区司法局（简称区司法局）运用法治思维和法治方式推进新冠肺炎疫情防控，编制7个涉新冠肺炎疫情法律文件汇编、工作指引下发全区各单位；针对新冠肺炎疫情防控法律适用和标准，提供工作意见和建议；组建3个律师服务团服务企业43家。公共法律服务中心提供全业务“一站式”法律服务。三级实体平台接待各类法律服务咨询4.17万余人次，受理各类法律援助案件4058件。开展“无诉街道（地区）、社区（村）”试点创建工作，建立民建朝阳双井特邀调解工作站和垡头街道双合家园无讼社区。在24家司法所建立法官工作站。推行行政复议法律文书电子送达。联合区委政法委等五部门出台《朝阳区关于加强人民调解员队伍建设的实施办法》。印制30万册普法宣传册下发各社区（村），推出为期一周的垃圾分类线上法律知识竞答，10737人次参与。开通“朝阳普法”抖音号、头条号、企鹅号。探索运用“云直播”扩大普法受众，《中华人民共和国民法典》专题讲座直播浏览量17.9万人次，点赞数2.4万。将《街乡行政执法考核指标》纳入区政府绩效考核；组织联合专题培训9次，编发5项工作指导手册；率先在全市组织街乡行政执法案卷评查；指导试点街乡建立各单位的行政执法责任制；制定下发朝阳区《司法所建设规范化意见》。强化对律师的教育引导，协调律师代理的涉黑涉恶案件175件；按照司法部要求，完成对两名重点律师的行政处罚。组织34个北京市民主法治示范村的自查自评工作。全区有法律服务所3家。区司法局获司法部授予的“全国公共法律服务工作先进集体”荣誉称号、首都拥军优属拥政爱民模范单位，区律师行业党委获北京市抗击新冠肺炎疫情“先进集体”称号，区律师协会获北京市模范集体荣誉称号。

【新冠肺炎疫情防控普法宣传】 1月，区司法局要求属地司法所通过多种媒体宣传新冠肺炎疫情防控。利用“朝阳普法”及“北京朝阳律协”微信公众号、“法润朝阳”微博等新媒体平台普及防控讯息以及防控相关法律知识。2月，编印《新冠肺炎防控法律知识50问》《涉新型冠状病毒感染肺炎疫情防控工作普法手册（案例摘编）》20万册，发至全区556个社区（村）。3月10日至17日，开展全区“防控疫情 法治同行”线上竞答活动。3月，朝阳有线《与法同行》新冠肺炎疫情防控普法专题节目“律师说法”开播。

【区律师协会服务新冠肺炎疫情防控】 1月，区律师协会成立“北京市朝阳区律师协会应对突发疫情律师团”，协助政府部门、行政机关、社会团体、企事业单位以及社会大众应对突发新冠肺炎疫情。2月25日，区律师协会发出《致北京市医护人员的一封公开信》，承诺免费为北京援鄂医疗队人员提供为期一年的法律服务；免费为北京全体医护人员提供为期一年的法律咨询。2月，推出《新冠疫情之民商法律问答100问》《新冠疫情之企业复工指南100问》，推出“律法直播间”栏目。协助共青团朝阳区委和区青年联合会共同成立“朝阳青年法律志愿服务团”，为朝阳区域内的中小微企业提供与新冠肺炎疫情防控相关的免费法律咨询服务。与武汉市律师协会正式建立战略合作关系。

【社区矫正】 3月9日，区司法局召开社区矫正工作专题会，通报社区矫正对象未经批准离京的处置情况。5月，区司法局印发《北京市朝阳区学习宣传贯彻〈中华人民共和国社区矫正法〉实施方案》，印制《社区矫正法宣传手册》1.5万册向社会发放。朝阳中途之家利用微信公众号对矫正对象开展刑法、矫正法等内容的线上宣传。各司法所通过发放宣传资料、悬挂横幅、摆放展板、播放视频资料等方式普及社区矫正相关知识，解答群众提出的问题。

【普法宣传活动】 3月10日至17日，“朝阳普法”微信公众号通过线上法律知识竞答活动的形式推出“凝聚你我力量”消费者权益保护主题普法活动，参与人数9549人次，推动公众号粉丝增长1156人。4月15日，区司法局开展以“坚持总体国家安全观，统筹传统安全和非传统安全，为决胜全面建成小康社会提供坚强保障”为主题的全民国家安全教育日系列普法宣传活动。5月，开展社区矫正法宣传活动。7月7日，组织《中华人民共和国民法典》培训讲座，区司法局机关、直属单位和各司法所全体干部近200人参加，“朝阳普法”微信公众号同步直播讲座，观看量17.8万人次。10月12日至11月23日，区委全面依法治区委员会守法普法协调小组、区司法局共同开展“法治宣传助推垃圾分类”线上主题活动，活动分为“社区是我家——垃圾分类靠大家”“21天养成记——法治情感共鸣激发”“法治家园 你我共建——垃圾分类我在行”3个阶段。11月23日，由区委全面依法治区委员会守法普法协调小组、区司法局举办的“我与宪法”主题法治宣传教育活动启动，以“朝阳普法”微信公众号为依托，包括有奖征集、“宪法日打call”、在线直播、人气普法使者评选等环节，采用线上线下相结合的方式，活动为期1个月。12月4日，副区长王志勉到朝外街道党群服务中心，参加以“深入学习宣传习近平法治思想 大力弘扬宪法精神”为主题的“12·4”国家宪法日暨宪法宣传周系列活动。

【律师管理】 3月，根据市律师行业党委《关于组建律师行业党员律师先锋队的通知》，在区律师行业党委领导下组建党员律师先锋区队，由134名党员组成，包括行政与政府法律顾问、国际业务、金融证券知识产权以及民事、刑事等专业律师。4月8日，区司法局召开朝阳区律师行业重点问题专项整治行动警示教育暨培训大会，全区各律师事务所主任等参会。9月，区司法局组织民营企业公司律师试点工作，全区第一批3家民营企业通过市司法局审批，完成公司律师机构备案。

【司法鉴定行业清理整顿】 4月17日起，全区开展为期2个月的司法鉴定机构和鉴定人清理整顿，区司法局主要检查执业范围、能力验证、“12345”市民服务热线投诉情况，全部合格。

【街乡综合执法改革】 6月17日，朝阳区召开落实向街乡下放部分行政执法职权工作培训会，区城管执法局、区生态环境局、区水务局、区农业农村局、区卫生健康委分别培训下放的执法业务。9月，朝阳区召开落实向街乡下放行政执法职权专题培训会。11月23日至27日，朝阳区召开街乡综合执法工作研讨会，区城管执法局、区法院、区司法局通报街乡行政处罚案卷评查情况，讲解出现的问题并座谈。

【“七五”普法总结验收】 6月18日，朝阳区召开区属行业系统“七五”普法总结验收汇报会。由区委全面依法治区委员会守法普法协调小组成员单位领导，区委办、区政府办领导，部分人大代表和政协委员组成的检查组听取区委组织部、区教委、区国资委、区检察院、区文化和旅游局、区审计局的“七五”普法工作汇报。6月19日，朝阳区召开街乡（地区）“七五”普法总结验收汇报会。7月30日，区政府常务会听取“七五”普法工作情况汇报。9月15日，朝阳区在市委全面依法治市委员会守法普法协调小组召开的全市“七五”普法总结验收集中评议汇报会上，播放《法润朝阳 筑梦前行——朝阳区“七五”普法工作纪实》专题片，展示主要做法和工作成效。

【区律协与三地律协签订战略合作协议】 6月18日，区律师协会分别与嘉兴市律师协会、青岛市律师协会、天津市律师协会滨海新区律工委举办线上友好协会战略合作协议签约仪式。至此，区律师协会与12家律师协会建立合作关系。

【法律援助】 6月，朝阳区法律援助中心与某部队举行法律援助工作签约揭牌仪式，军地双方为“法律援助工作站”揭牌并签订协作协议，在案件代理、非诉援助、法律咨询、普法宣传、骨干培训和国防教育6个方面达成协作共识。7月27日至8月2日，区司法局结合《中华人民共和国民法典》宣传在全区开展“公共法律服务 关爱军人军属”专项维权活动，区公共法律服务中心、43个街乡公共法律服务工作站同步开展活动。活动期间，开展法律援助讲座、慰问军人军属等送法进军营活动10次，解答军人军属法律咨询50余人次，发放法律援助书籍、公共法律服务宣传册等1000余份。7月31日，区司法局法律援助中心工作人员及法律援助志愿律师到某部队开展“庆八一·法援送法进军营”活动，赠送法律援助书籍、公共法律服务宣传手册等200余份。10月1日起，开展为期1个月的“法援惠民生 扶贫奔小康”老年人公共法律服务专项维权活动，区公共法律服务中心及街乡公共法律服务工作站接待老年人各类法律咨询1100余人次，受理老年人法律援助案件20余件，均安排志愿律师承办。

【垡头街道无讼社区创建活动启动】 8月18日，区司法局在垡头街道双合家园社区举行“参与基层社会治理 共享法治建设成果”暨垡头街道无讼社区创建活动启动仪式。王四营法庭党支部、垡头街道司法所、垡头街道双合家园社区委员会联合签署“无讼社区”共建协议书。（车 莹）

仲 裁

【概况】 2020年，全区调解仲裁系统受理劳动人事争议案件42347件，其中区仲裁院受理26406件、案外调解3845件、基层调解组织化解12096件。全年仲裁结案率97.84%、调解成功率64.61%、案件终结率79.31%。朝阳区劳动人事争议仲裁院（简称区仲裁院）获市劳动人事争议仲裁委员会颁发的“2019年度北京市劳动人事争议处理工作优秀单位”“2019年度北京市劳动人事争议调解仲裁综合工作优秀单位”。

【在线审理劳动争议案件】 3月10日，区仲裁院在全市率先利用北京市“云

▲ 3月10日，区仲裁院在全市率先利用北京市“云仲裁庭”平台审理劳动争议案件（王丽婕 摄）

仲裁庭”平台审理劳动争议案件。全年在线审理劳动争议案件60件。

【行业协会启动劳动争议调解】 5月，区仲裁院在朝阳区饮食服务旅店行业协会启动引导调解、委托受案工作，集中处理餐饮服务企业劳动争议。全年调解成功劳动争议200余件，占餐饮类案件20%。

【“融调解”机制启动】 8月11日，区仲裁院与区法院、区总工会启动三方联动劳动纠纷诉源治理“融调解”机制，运用行业调解、行政调解、人民调解、专业调解、司法调解等力量，形成部门联合、多元主体参与的劳动争议纠纷治理新格局。

【仲裁监察联合办案机制启动】 10月，区劳动保障监察队在区仲裁院设立监察工作站，正式启动仲裁、监察联合受理窗口，实行“一窗受理、联合调解”工作模式。截至年底，联合受理案件9098件。

【裁审衔接机制建设】 10月，区法院在区仲裁院建立法官工作站，选取典型案件开展巡回法庭，双方联合办案。截至年底，开展巡回法庭活动1次。

【仲裁“云课堂”讲座】 年内，开展7次直播宣讲活动，解读新冠肺炎疫情防控期间劳动关系政策、劳动争议焦点，组织开展仲裁模拟庭审活动等，近20万人次参与。 （王丽婕）

军 事

区人武部

【概况】 2020年，中国人民解放军北京市朝阳区人民武装部（简称区人武部）加强练兵，依法从严治军，深化党管武装，加强党的建设，统筹推进新冠肺炎疫情防控，完成各项任务。完成军队转业干部和退伍士兵的预备役登记。组织民兵在全国两会等时期完成辖区44处路段、桥梁执勤看护任务。为新兵请领被装、发放行李箱，协调运输车。下拨民兵执勤经费、高校征兵奖励经费等。区人武部被市征兵工作领导小组评为“征兵工作先进单位”“安全稳定先进单位”。

▲ 9月26日，女民兵巾帼志愿服务队成立，并参与社区志愿活动 （赵 云 摄）

【民兵整组】 2月至4月，区人武部成立朝阳区民兵组织整顿领导小组，调整全区民兵队伍。主要包括优化民兵结构，将编组任务分配至43个街乡和区教育、卫生系统及中华女子学院。

【民兵防汛】 5月，区人武部牵头召开驻区部队和民兵防汛工作任务部署会，组织区防汛抢险队进行防汛演练。组织驻区部队和民兵在坝河进行防汛实地演练。

【国防教育】 7月29日，八里庄街道国防教育基地揭牌。基地将定期开展国防教育讲座、军事体验活动和军事爱国题材影片播放等国防教育活动，并定期开展人民防空科普知识宣传、居家安全教育讲座等活动。7月30日，八里庄街道国防教育基地开展“八一”军事活动日直播活动，邀请退伍老兵、转业干部、一线消防员、参加庆祝中华人民共和国成立70周年阅兵的朝阳女民兵分享军人生活，最高在线人数1万余人。截至年底，八里庄街道国防教育基地接待1所小学、4所幼儿园共2000余名学生实地参观。9月18日，区人武部组织各街乡开展第20个全民国防教育日宣传活动，各街乡同时在主要大街、人员密集场所宣传普及国防知识。

【女民兵巾帼志愿服务队成立】 9月26日，区人武部、区妇联在左家庄街道三源里社区夏园新时代文明实践广场联合举行“朝之花榜样力量”女民兵精神传承暨朝阳区巾帼志愿服务队成立仪式，区委副书记王旭向服务队授旗。仪式结束后，服务队队员现场参与三源里社区垃圾分类、光盘行动、人口普查等志愿活动。

【民兵训练】 11月17日，区人武部组织部分街乡专武干部和民兵骨干、民兵新质力量进行训练。年内，实现军地方案的对接，落实党委议训制度，组织民兵应急分队指挥程序训练和基础训练，组织民兵应急分队对执行应急救援、维稳处突任务的程序进行演练和民兵安保执勤演练。落实军事训练保障“向基层用力、向基层倾斜”要求，下拨资金用于民兵训练保障。

【民兵政治教育】 年内，区人武部下发民兵政治教育教材和民兵之歌。开展学刊、用刊活动，订阅《中国民兵》《华北民兵》《国防》《环球军事》《中国国防报》等报刊，供街乡党（工）委书记、大专院校主管领导、所有专武干部和民兵连阅读。

【征兵工作】 年内，区人武部组织街乡、高校采取入户调查登记、网上比对登记和查验兵役证等形式，开展兵役登记，登记率100%。坚持以高校为主体的征兵思路，依托“区校联盟”平台，提高大学生上站率。新冠肺炎疫情防控期间，13所驻区高校采取微信群、校园网、腾讯视频课堂、短信群发等方式，宣传大学生征兵政策，针对应届毕业生，帮助算清“政治账、经济账、学业账、就业账、成长账”，激励大学生报名应征。各街乡入户送征兵政策，一对一解读。按照新冠肺炎疫情防控常态化要求，进站体检测量体温、健康宝扫码、流行病史调查。政治考核实行三级联审、网上对比、区域联审，谁考核谁负责，协调出兵人数较多的地区所在派出所为征兵高校政治考核提供快捷方式。落实廉洁征兵监督员制度，运用社会监督、舆论监督、群众监督等手段防止和纠正征兵工作中的“微腐败”。完成兵员征集任务。9月3日至13日，区征兵办组织入伍新兵在区民兵训练基地进行役前教育训练。 （杨 涛 赵 云）

人民防空

【概况】 2020年，朝阳区人民防空办公室（简称区人防办）制定修改《朝阳区人防办国家工作人员旁听庭审制度》《朝阳区人防办政府法律顾问工作制度》《朝阳区人防办行政处罚简易程序规定》等6项制度；开展网上审批；清理整治擅用人防工程问题；牵头区房管局等8个单位成立区疫情防控地下空间组，以在用人防工程为防控重点，治理擅自住人、擅自设置隔离室等影响新冠肺炎疫情防控问题，清退居住人员；完成设备设施维护维修任务；完成人防工程结构性防水堵漏施工；完成高点监控建设。区人防办行政处罚和行政许可案卷在市人防办、区司法局案卷评查中，被评定为优秀等级。

【警报鸣响任务】 4月4日、9月19日，区人防办完成新冠肺炎疫情全国性哀悼活动，全市警报鸣响和五环路外警报试鸣任务，防空警报鸣响率100%。

【人防工程环境提升】 年内，按照“凡是挂账整治的地下空间无违规住人、无垃圾和不满足消防要求的隔断、无违规使用现象，凡是挂账整治地下空间必须恢复到原平面布局”要求，区人防办完成“三无一恢复”提升任务。

【人防工程安全管理】 年内，区人防办制定《朝阳区人防办重大节日、活动、汛期应急值守工作方案》《朝阳区人防工程防汛应急预案》等安全管理方案。对人防工程进行应急抢险抽水处置。立案处罚人防工程违规行为并收缴罚金。

【人防宣传教育】 年内，区人防办联合区教委组织陈经伦中学分校460名师生演练防空袭疏散。在中国传媒大学附属中学、朝阳区第二实验小学等16所学校进行“人防小社团”人防知识教育、防空袭疏散演练、空袭后自救互救训练66场，普及学生2000余人次。开展人防教育“进社区”居民培训活动35场，1100余人次受益。成立社区人防志愿者队伍100支，组织人防志愿者训练23期，培训746人次。在车库工程安装“朝阳区人防办公共安全宣传栏”30个，在人防工程口部管理房安装宣传栏80个。春节前夕，在人防空间举办3场人防知识小庙会。“5·12”防灾减灾日，在区政府主楼布置防灾减灾宣传主题展览。 （邱云波）

退役军人事务

【概况】 北京市朝阳区退役军人事务局于2019年3月15日挂牌成立，为区政府工作部门。年内，退役军人事务局围绕做好移交安置、退役士兵社保接续等工作，军地相关部门配合推动工作。在全国退役军人事务系统学习推广新时代“枫桥经验”省域实践调度会（北京专场）作题为“运用‘朝阳群众’特色品牌，退役军人参与助推共建共治共享社会治理格局”的经验交流。接收退役士兵、军转干部、军休干部。落实各类重点

▲ 10月22日，圣馨家园社区的人防疏散标识 （郑 萌 摄）

优抚对象优待政策，履行红色教育职能职责，营造崇尚英烈社会风尚。落实自主择业军转干部住房补贴。依法落实军休干部“两个待遇”，实现持卡就医，引进第三方社会机构合作开办首家军休养老服务驿站，开展系列活动丰富军休文化。组织开展技能培训和适应性培训。军休所各党（总）支部完成换届选举工作。朝阳区持续发扬拥军优属、拥政爱民传统，开展双拥共建活动，全区1个中心、28个街乡被评为全国示范性退役军人服务站。朝阳区获“全国双拥模范城”称号，实现“七连冠”。区图书馆获全国爱国拥军模范单位称号。朝阳区成为全市唯一获以上两项集体荣誉的区。（严　苗　王　丽　赵倩彤）

【领导调研视察】 1月2日，退役军人事务部副部长、全国双拥工作领导小组副组长、全国双拥办主任钱锋，中央军委政治工作部群众工作局局长、全国双拥办副主任肖安水率调研组到朝阳区检查指导全国双拥模范城创建工作。调研组听取朝阳区双拥创建工作情况，朝阳区图书馆汇报连续37年开展送图书进军营情况，观看朝阳双拥专题片。10月21日，全国人大环境与资源保护委员会副主任委员王洪尧一行到朝阳区调研双拥工作。王洪尧一行与朝阳区图书馆座谈，参观双井街道办事处退役军人服务站，了解退役军人服务站设施建设、使用情况以及退役军人服务站工作开展情况。12月3日，退役军人事务部军休服务管理司组织全国军休系统部分领导，到朝阳区视察和参观平村服务管理用房使用规划情况。（许长艳　王　丽　李　琳）

【走访慰问部队】 1月2日至21日，朝阳区四套班子领导分别走访慰问驻区部队，并按官兵实际需求向各部队赠送电脑、电视、健身器材等慰问品。1月10日，区委书记王灏，区委副书记、区长文献带队慰问3支市、区双拥工作牵头部队，分别向3支部队送去电脑、健身器材等慰问品。10月15日至22日，朝阳区委、区政府、区双拥办等领导分别到3支部队慰问新兵大队，并送上文艺演出。（许长艳　王　丽）

【自主择业转业干部退役金调整】 4月，全国自主择业转业干部退役金调整工作全面展开。区退役军人事务局作为全市试点单位，第一个完成对全区自主择业转业干部退役金数据的调整工作，准确率100%。（赵宇恒）

【自主择业转业干部住房补贴发放】 7月27日至9月14日，区退役军人事务局召开住房补贴政策宣讲会及材料审核会，对未享受无房职工住房补贴的自主择业转业干部进行住房补贴政策宣讲及材料审核。于11月将通过审核的转业干部住房补贴全部补发完毕。（赵宇恒）

【庆祝建军93周年暨双拥主题日线上活动】 7月31日，朝阳区通过网络直播形式，开展庆祝建军93周年暨双拥主题日线上活动。活动分为工作总结、弘扬先进典型事迹、重点工作发布3个环节。观看2019—2020年度双拥工作总结汇报视频；对朝阳区退役军人抗击疫情最美逆行者进行宣传；发布朝阳区创建首条双拥靓丽风景线和启动庆祝建党100周年活动，推出百名退役军人、现役军人口述军史党史活动。（许长艳）

【“9·30”烈士公祭活动】 9月30日，朝阳区在日坛公园马骏烈士墓前举行朝阳区烈士纪念日公祭仪式。区委、区人大、区政府、区政协四套班子主要领导以及来自社会各界群众代表、马骏烈士家属及区部分烈属代表、学校师生代表、军地检察院代表、武警官兵代表等百余人参加。同日，朝阳区在黑庄户乡长青园无名烈士纪念碑举行烈士公祭活动，黑庄户乡人民政府、朝阳区退役军人事务局领导、机关干部、学校师生、部队官兵以及社会各界群众开展向烈士墓等烈士纪念设施敬献鲜花活动。（张家兵）

【退役军人及随军家属专场招聘会】 10月29日，区退役军人事务局在北京理工大学中关村国防科技园召开北京朝阳区退役军人及随军家属专场招聘会。（徐　童）

【发放抗美援朝纪念章】 10月至12月，区退役军人事务局发放“中国人民志愿军抗美援朝出国作战70周年纪念章”。（李　琳　徐晓敏）

【推进军休干部工资统发】 年内，区退役军人事务局完成由农行、工行、建行发放工资的军休干部工资统发，实现军休大部分资金集中管理、集中支付，保证军休资金安全。（杨建河）

【军休原创歌曲征集活动】 年内，区退役军人事务局举办以“心系国防 情暖朝阳”为主题的军休干部原创歌曲征集活动，征集作品21首，评选出“十佳原创歌曲”，推选出一首《朝阳军休之歌》进行音乐制作、宣传、推广、传唱。（杨　阳）

【首届军休干部诗书画影作品评选暨展览活动】 年内，区退役军人事务局为纪念中国人民志愿军抗美援朝出国作战70周年，举办首届军休干部诗书画影作品评选暨巡展活动。从征稿到评选历时3个月，征集作品289幅，评选出诗词、书法、绘画、摄影“十佳作品”各10幅并展出。（杨　阳）

【“首都老兵”志愿服务队伍成立】 年内，朝阳区成立600余支“首都老兵”志愿者服务队，志愿服务方向涵盖医疗救助、创业帮扶、理论宣讲、心理咨询、法律援助、文化艺术等方面。（徐　童）

功能区建设

北京商务中心区

【概况】 北京商务中心区（CBD）管委会（简称北京CBD管委会）为北京市政府在商务中心区设立的行政机构，代表市政府统一行使北京商务中心区开发建设和管理职能，由朝阳区政府代管。下设北京商务中心区土地资源发展中心、北京商务中心区公共服务管理中心2个事业单位，分别为纳入工资规范管理事业单位和全额拨款事业单位。年内，CBD核心区地下公共空间项目完成除西南区域及交通大厅南段外的全部结构施工，西南区域基坑降至-24米打桩标高，基础桩施工完成；二标段A、B、C、D、E3、E4区结构封顶；累计完成结构约40万平方米，占总工程量的80%。CBD核心区文化设施项目幕墙封闭前的土建、钢结构施工完成并通过结构验收，一、二层防火涂料施工完成。CBD中心区2020年新注册企业3595家，总注册资本439.4亿元，其中新注册资本过亿元的企业93家，新注册外资企业231家。功能区新注册企业1.5万家，总注册资本1379.9亿元，其中新注册资本过亿元的企业300家，新注册外资企业770家。中心区税收456.1亿元，实现区级收入106.1亿元，功能区税收1137.4亿元，实现区级收入278亿元；中心区税收过亿元的楼宇49座，过10亿元的楼宇10座，过20亿元的楼宇5座，过50亿元的楼宇3座；功能区税收过亿元楼宇127座，过10亿元的楼宇15座，过20亿元的楼宇7座，过50亿元的楼宇5座，中信大厦税收超过百亿元。北京华联百货有限公司销售额177亿元，单店销售额、每平方米销售产出均列全球第一。截至12月底，北京CBD国际化提升三年行动计划（2019年—2021年）105项具体工作完成16项，取得阶段性进展或显著提升的72项，持续推进16项，停滞1项。永安里旧城区改建项目全部交房，住宅方面：942户住宅完成腾房工作，拆除941户；非住宅方面：拆除10户，剩余2户。2月10日至4月26日，CBD管委会联合区城管局、区房管局、区疾控中心对CBD功能区450余座楼宇进行10轮疫情防控检查。全委组建50余个检查组，出动3438人次，检查商务楼宇4575座次，检查企业15000余家。

【区域文化发展】 1月8日，首届北京CBD公共文化发展圆桌会议暨北京CBD艺术季启幕仪式在今日美术馆举办，会议专题研讨“北京CBD公共文化艺术发展方向及举措”。中央美术学院美术馆馆长张子康、国家博物馆前副馆长陈履生、全国美术馆专业委员会秘书长钱林祥、远洋集团董事会主席李明、中国国际贸易中心股份有限公司总经理唐炜、泰康人寿集团董事长陈东升等11位专家作为北京CBD公共文化发展顾问出席会议。8月，170平方米的《众神上班图》壁画落地国贸桥银泰航华通道。壁画创作过程中与中国移动合作推出“5G云监工”，高清直播绘画及现场搭建全程，与公众互动。12月11日，北京CBD公共文化发展专家委员会成立仪式暨CBD公共文化发展圆桌会在正大中心举办，第二届CBD艺术季启动，朝阳区委常委、常务副区长、CBD管委会主任崔小浩出席，他表示北京CBD将充分发挥“两区”（服务业开放综合示范区和北京自贸试验区）优势，推试点政策落地，推制度创新和模式示范，集聚国际文化高端要素，打造首都高水平文化发展的样板平台。

【重点企业入驻】 1月9日，德勤北京分所的第七家公司——华永会计师事务所（特殊普通合伙）北京分所税务关系办理完成。1月16日，中信集团一级全资子公司——中信城市开发运营有限责任公司将税务关系迁回CBD。4月1日，中信保诚资产管理有限责任公司落户CBD。4月底，拉法基豪瑞投资有限公司落户北京CBD，并被市商务局认定为跨国公司地区总部。6月24日，黑石（上海）股权投资管理有限公司北京分公司落户CBD国贸中心。10月29日，巴基斯坦哈比银行北京分行在CBD设立。12月11日，赛诺根（中国）有限公司落户CBD，并获得全市首张加带自贸区标识的营业执照。12月28日，朴道征信有限公司入驻北京CBD。12月29日，中国工商银行股份有限公司北京商务中心区支行更名“中国工商银行股份有限公司北京自贸试验区国际商务服务片区支行”。同日，中国银行在北京朝阳地区取得监管批复，成立北京自贸试验区支行银行。

【核心区项目建设】 1月20日，CBD核心区Z2b三星项目和Z1b清华项目实现过渡电供应，其中，三星项目过渡电量9700千伏安，清华项目过渡电量8450千伏安。1月21日，核心区Z2a阳光项目主体结构全面封顶。3月13日，核心区Z2b三星项目完成工程竣工验收备案工作。6月16日，核心区文化设施项目初步设计概算获得批复。6月26日，泰康大厦首层大堂超高全玻璃幕墙安装完成。9月8日，核心区的Z13国寿金融中心大厦储能项目投入使用，项目建设1188个磷酸铁锂电池组成9组电池簇，总供电能力500千瓦/兆瓦时。9月28日，核心区新建Z2A阳光保险金融中心项目完成发电工作。变压器容量7600千伏安。10月14日，核心区地下公共空间项目交通大厅南段工程设计方案、施工方案、应急预案、现状检测报告、安全影响评估报告、轨道防护设计方案、监测方案及地铁十号线F口改移方案7个专项方案通过地铁及路桥安全评估专家评审。10月18日，CBD区域重点建设项目世纪城市项目（地下部分）开工，项目规划建设用地1.8万平方米，建筑规模10.4万平方米，地下30米，负6层。用于办公和公寓，地下部分总投资29.6亿元。同日，核心区六工区Z4、Z5、Z6三个项目启动土护降一体化施工。11月15日，核心区Z12泰康项目完成发电工作，变压器容量11250千伏安，双路供电模式。CBD核心区新建Z2A阳光项目实现供暖。

【绿色认证】 4月17日，北京华贸中心获得美国绿色建筑委员会（USGBC）颁发的LEED既有建筑运营与维护（LEED for Existing Building，简称LEED-EB）铂金级认证，认证面积21.48万平方米。4月22日，北京金地中心获得美国绿色建筑委员会颁发的LEED既有建筑运营与维护铂金级认证，认证面积13.42万平方米。5月26日，北京安联大厦获得美国绿色建筑委员会颁发的LEED既有建筑运营与维护铂金级认证，认证面积4.31万平方米。7月18日，中国人寿金融中心获得美国绿色建筑委员会颁发的LEED建筑设计施工核心与外壳（LEED for Core & Shell，简称LEED-CS）金级认证，认证面积13.1万平方米。7月25日，北京中信大厦获得美国绿色建筑委员会（USGBC）颁发的LEED建筑设计施工核心与外壳金级认证，认证面积40.5万平方米。

【区域人才建设】 5月15日，北京CBD人事人才俱乐部、北京CBD跨国公司政府事务俱乐部、北京CBD总工会筹划，中智公司、中智预才网、北京CBD党群服务中心以“校企直通车·逐梦CBD”为主题，在北京CBD党群服务中心联合举办2020年北京CBD精准云招聘专场活动，主要面向北京地区高校应届毕业生。福特汽车（中国）有限公司、ZARA、中信出版集团、浩天信和律师事务所等近20家CBD区域企业参与，提供160余个招聘岗位，涉及北京、上海、广州等就业地点。6月9日，首届北京CBD人才发展双月坛举办。主题为“打造全球商务人才的首选地”。活动聘请中组部人才工作局原副局长李志刚、中国人事科学研究院原院长吴江、北京大学人力资源开发与管理研究中心主任萧鸣政等与会专家为北京CBD人才发展顾问。8月21日，北京CBD人才发展双月坛No.2举办。论坛围绕“创新人才标准、共建人才生态”主题进行研讨。中国人事科学院、中国人力资源开发研究会、中央财经大学等专家学者以及壳牌、丰田、企业人力资源负责人参加。10月31日，中国（北京）自由贸易试验区CBD国际人才港启动，区委常委、组织部部长迟行刚主持，朝阳区委常委、常务副区长、CBD管理委员会主任崔小浩致辞，市政务服务管理局副局长刘强，市人才工作局副局长杨纲，市公安局出入境管理局副局长陈士东，朝阳区副区长、公安朝阳分局局长王冬斌等参加。12月18日，北京自贸区商务服务片区北京CBD人才发展双月坛No.3举办。论坛以“自贸区人才吸引政策创新”为主题，围绕北京CBD人才需求分析、人才认定标准、人才政策服务包、人才财税政策创新等机制展开重点研讨。中央财经大学原党委书记、教授、博士生导师、教育部直属高校巡视专员李保仁，北京大学人力资源开发与管理研究中心主任萧鸣政，中国人才研究会秘书长韦智敏等出席。

【营商环境建设】 5月19日，全球商务区创新联合会发布《2020年全球商务区吸引力报告》。北京商务中心区总体吸引力排名较2017排名上升2位，超越新加坡和芝加哥，位居全球第7，亚洲第2，全国第1。8月14日，CBD楼宇联盟召开“2020年CBD楼宇联盟理事会”。联盟主席团单位以及20余位行业专家参会，会议发布《CBD楼宇品质分级评价标准2.0》，并公布2019年楼宇品质评价结果，北京发展大厦、环球金融中心、朝林广场（亦庄）、平安金融中心（深圳）、凯晨世贸中心（西城）等5座楼宇被评选为超甲级楼宇；乐成中心、达美中心T1、金长安大厦、骏豪中央公园广场、世贸大厦、赛特大厦、颐堤港（望京）等7座楼宇被评选为甲级楼宇。8月18日，CBD管委会与朝阳区法院就共同建立“CBD地区诉源治理机制”暨“无讼商务区”达成合作协议。8月24日至28日，CBD管委会举办2020年北京CBD构建高精尖产业楼宇金牌管理员培训班。区域内楼宇项目150余人参加。9月11日，CBD管委会与高碑店、太阳宫、南磨房、平房和东风5个地区经济工作负责人召开CBD功能区“十四五”规划产业定位座谈会，探讨功能区整体定位及各地区产业定位。各地区负责人介绍本区产业基本情况以及对未来产业发展的设想，并对CBD功能区各街乡产业协同联动机制建言献策。12月17日，北京CBD传媒产业商会2020年会员大会在中国（北京）自由贸易试验区国际商务服务片区北京商务中心区招商服务中心召开，会议听取北京CBD传媒产业商会2019年至2020年工作汇报和中国（北京自由贸易试验区国际商务服务片区）北京CBD工作进展情况汇报；通过选举产生新一届商会领导机构。北京 CBD 管委会及 40 家商会会员单位参加。

【智慧城市建设】 5 月，CBD 核心区智慧城市建设项目获得立项批复。该项目建设地点位于 CBD 核心区北区，主要建设内容包括视频监控、信息发布、照明联控、停车诱导等智慧感知基础设施以及后台运行系统等。

【合作交流】 7 月 10 日，朝阳区召开专题会，研究朝阳区与城市副中心对口协作有关工作，成立以区政府办、发展改革委、CBD 管委会、金融办、商务局、税务局、统计局、市场监管局、科信局、文创办等单位为组员的对口协作工作领导小组。9 月 7 日，2020 中国商务区联盟闭门会议在北京郡王府召开。联盟主席龙永图主持，北京、上海、广州、西安等 14 家联盟成员单位代表 40 余人参会。朝阳区委常委、常务副区长、北京 CBD 管委会主任崔小浩出席。会上宣布济南中央商务区正式加入中国商务区联盟并授牌。10 月 23 日，CBD 管委会以“构建全球生态圈，提升国际吸引力”为主题举办 2020 北京 CBD 跨国公司创新与发展沙龙。克诺尔、普华永道、亚马逊、西门子等区域 30 余家企业代表参加活动。11 月 5 日至 7 日，区委常委、常务副区长、CBD 管理委员会主任崔小浩带队到上海自贸区世博管理局和上海银行实地调研上海自贸区建设先进经验，并围绕自贸区金融政策进行座谈交流。12 月 7 日，CBD 管委会在 CBD 自贸区招商服务大厅全球连线厅，参加全球商务区创新联合会 2020 年圆桌会议，介绍北京 CBD 抗击疫情的经验，宣传推广北京 CBD。会议采取在线形式，以“重新思考全球商务区的未来”为主题，邀请全球商务区的管理者、相关机构、地产专家、企业代表等展开探讨。

【CBD 变电工程（变电部分）项目建设】 7 月 10 日，CBD 管委会、区征收办、区征收中心、呼家楼街道、新街大院社区等相关部门，在 CBD 500 千伏输变电工程（变电部分）项目选址范围内张贴《暂停办理事项的公告》，项目范围内房屋所有手续暂停办理。9 月 23 日，完成建设项目规划范围内集中入户调查。11 月，CBD 管委会与市保障房建设中心签订百子湾房源订购合同，与华纺京轻签订石佛营房源对接合作协议。2019 年区住建委出具的房源调拨意见函中调配用于电站项目统筹使用的安置房源 1393 套。

▲ 9 月 6 日，2020 北京 CBD 论坛在中国国际服务贸易交易会上的亚洲金融大厦举办（CBD 管委会　供图）

【2020 北京CBD 论坛】 9 月 6 日，2020 北京 CBD 论坛纳入中国国际服务贸易交易专业论坛，并在亚洲金融大厦举办。论坛围绕“打造世界顶级 CBD，赋能企业高质量发展”，邀请 17 位线上线下嘉宾展开交流讨论，共商北京 CBD 发展。论坛上，《助力提升 CBD 吸引力白皮书 2.0》和第二届朝阳“高科技高成长 20 强暨朝阳明日之星”项目评选获奖企业名单发布。商务部副部长王炳南、北京市副市长杨晋柏、朝阳区委书记王灏、朝阳区区长文献出席。

【自贸区建设】 9 月 28 日，朝阳区政府举办中国（北京）自由贸易试验区国际商务服务片区挂牌仪式。北京自贸区的实施范围 119.68 平方千米，包括国际商务服务、高端产业、科技创新三大片区。国际商务服务片区 48.34 平方千米，其中北京 CBD4.96 平方千米，约占该片区的 10%。

▲ 9 月 28 日，朝阳区政府举办中国（北京）自由贸易试验区国际商务服务片区挂牌仪式（CBD 管委会　供图）

【2020 中国商务区蓝皮书发布】 10月16日，在陕西省西安市举行的2020中国商务区联盟年会论坛上，中国商务区联盟、中国社会科学院生态文明研究所及社会科学文献出版社共同发布《商务中心区蓝皮书：中国商务中心区发展报告 No.6（2020）——CBD：引领中国服务业扩大开放》。报告建议：CBD 作为中国服务业开放的前沿阵地，要紧跟全球经贸发展的新趋势和新机遇，加大服务业制度型开放力度，多元探索新兴服务业开放；坚持对内和对外双向开放，加快形成国际国内“双循环”发展的引擎；着力优化国际化营商环境，全面提升服务贸易便利化水平；全方位完善服务业开放促进机制，加快推进服务业在更大范围、更深层次和更高标准上与国际先进制度规则接轨，打造新时期中国对外开放前沿阵地。 （李文正）

北京奥林匹克公园

【概况】 北京奥林匹克公园管理委员会（简称奥管委）成立于2008年11月1日，为朝阳区政府派出机构。年内，北京奥林匹克公园举办大型活动98项，其中会议55项，展览24项，文化活动15项，体育活动4项；1月至12月，奥运功能区完成一般公共预算收入80.82亿元，比上年下降3.95%，完成全年任务的90.2%；1月至10月，奥林匹克公园完成固定资产投资56.98亿元，完成全年任务的74%，其中建安投资47.78亿元，完成全年任务的79.63%。

【冰雪项目普及欢乐汇活动】 1月10日，奥管委2020北京奥运功能区冰雪项目普及欢乐汇活动在国家体育场举办，旨在进一步发挥奥运功能区发展联盟沟通联系的纽带作用，加强奥运功能区非公有制企业党建，政企联系，提升区域凝聚力和冰雪项目的深入普及水平。来自奥运功能区周边街乡、发展联盟成员单位、功能区重点企业及纳税大户代表200余人齐聚鸟巢欢乐冰雪季，体验冰雪项目。该活动是“情系奥园·共享发展”联盟系列活动最后一场。

【海外华人和港澳青少年中文歌曲大赛】 7月22日至9月29日，由北京市人民政府侨务办公室、北京市人民政府新闻办公室、北京国有资产经营有限责任公司、北京歌华传媒集团有限责任公司主办的2020“文化中国·水立方杯”海外华人和港澳青少年中文歌曲大赛举办。在全球共同抗击新冠肺炎疫情的特殊背景下，大赛以“相约十年·心在一起”为主题，以线上云聚会方式，在快手 App 和中国侨网同步直播，首次增设中国香港和中国澳门赛区，来自33个国家、50个海外赛区和中国港澳赛区的近3000名选手报名参赛。大赛设金奖3个、银奖6个和铜奖9个。来自英国的段贞珍、美国的石睿琦分别获2020“水立方杯”海外赛区成人组、青少组金奖，中国澳门的冯颀惠获港澳赛区青少组金奖。该比赛自2011年创办以来已连续举办10年。

【国家会议中心二期项目B23 地下主体结构完工】 8月8日，国家会议中心二期项目配套部分B23地块进入地上主体结构施工阶段。国家会议中心二期项目配套部分位于北京奥林匹克公园西侧，项目总建筑面积37万平方米，合同额33.33亿元，包含写字楼、商业、酒店等业态。项目于2019年10月8日开工。建成后，新建写字楼将成为国际商务和国际交流的新引擎，促进国际交往中心建设。商业部分将弥补奥林匹克中心区缺少中高端商业的现状，增添城市活力。酒店部分包括一栋超五星级奢华酒店、一栋标准五星级酒店，提供近1000间客房。配套商业地块增加建设110千伏变电站，为2022年北京冬奥会主新闻中心、国际广播中心提供电力保障，配套酒店地块将作为冬奥会赛时室外场站。项目建设单位是北辰实业集团，监理单位是中咨工程建设监理有限公司，施工总包是北京建工集团。

【国家会议中心二期主体钢结构封顶】 8月31日，国家会议中心二期主体钢结构工程较原计划提前76天实现封顶。国家会议中心二期是强化首都国际交往中心功能的重要设施，是落实新版北京城市总规划的重要举措。项目总建筑面积78万平方米，建成后将与国家会议中心一期共同组成总规模超130万平方米的世界级会展综合体，全面提升奥林匹克中心区活力，助力北京成为具有广泛影响力的全能型国际交往中心。2022年冬奥会期间，国家会议中心二期将承担主媒体中心（MMC）功能，为全球媒体提供全方位服务保障。项目将于2021年7月按时交付北京冬奥组委。工程于2018年12月开工，工程建设单位是北辰实业集团，监理单位是中咨工程建设监理有限公司，施工总包是北京建工集团。

【服贸会服务保障】 9月5日至9日，北京奥林匹克公园奥管委完成2020年中国国际服务贸易交易会外围服务保障工作。完成服贸会室外场馆区域471组遮阳篷搭建；636个大理石座椅等设备设施的挪移、清理；完成花卉布置和石材修复工作，栽摆花卉1.3万平方米、68万株；开展全园安全生产无死角大检查，重点做好服贸会搭建设施的安全监督工作；在封闭区外围投入504名保安力量，加强外围安全维稳和社会面管控；组织协调城管、公安等部门加强联勤联动，打击扰序违法行为，净化区域环境秩序；每日安排200班次环卫保障人员及50余辆作业车辆清洁公共区域，确保环境干净整洁；协助做好朝阳区现场应急指挥部、维稳安保现场指挥部的搭建，全方位做好会务、餐饮、车辆、休息等后勤保障工作。

【北京冬奥村外檐暨样板间对外亮相】 9月12日，北京冬奥村外檐暨样板间对外亮相，标志着冬奥村项目进入室内精装阶段，实现以“居住者为核心”的健康建筑理念。亮相的样板间是220平方米户型，每套提供3个单人间、1

个双人间、3个卫生间（2个卫生间为无障碍）、1个客厅及储物室，所有房间均设立完备的残疾人设施，可以满足残疾运动员居住生活。北京冬奥村总建筑面积约33万平方米，由20栋住宅组成。冬奥会赛时，北京冬奥村可提供2338个床位，冬残奥会期间可提供约1040个床位；赛后，北京冬奥村将转换为北京市人才公租房，面向符合首都城市战略定位人才配租。项目建设单位是北投集团，设计单位是北京建筑设计研究院，监理单位是北京方圆工程监理有限公司、北京方正建设工程管理有限公司，施工单位是北京城建集团、北京建工集团。

▲ 9月22日，第十一届北京奥运城市体育文化节暨"冬奥距离 2022"健康走跑活动在奥林匹克森林公园南园奉献广场启动（张雪恩 摄）

【第11届北京奥运城市体育文化节活动】9月22日，在北京冬奥会倒计时500天之际，由北京市人民政府、北京奥运城市发展促进会主办的第十一届北京奥运城市体育文化节暨百场"冬奥距离2022"健康走跑活动在奥林匹克森林公园南园奉献广场启动。"冬奥距离2022"健康走跑作为该届体育文化节的首场活动，设置"夏奥大冲关"和"冬奥大冲关"两个特殊关卡，每个关卡设置3个任务，任务内容与"奥运文化"相关。3千米距离约200人参加活动。由于疫情原因，体育文化节采用线上与线下相结合形式，包括"冬奥距离2022"健康走跑、"悦冬"冰雪健身操、"急智冬奥"线上知识竞赛、居家健身挑战赛、国际新兴体育运动推广、青少年冰雪公益课堂等活动。"冬奥距离2022"健康走跑从9月22日开始到北京冬奥会开幕，500天内累计举办100场。活动以"通城记"小程序为线上支撑平台，分"云线路活动"和"主题线路活动"两个部分。"云线路活动"不限时间地点，利用市民群众的碎片时间和休闲时间，进行每周累积走跑"20.22公里"线上里程记录。"主题线路活动"通过线上平台结合线下双奥地标、公园、绿地以及北京市的众多历史文化区域，带动市民群众以运动休闲健身、城市探游打卡、冬奥知识普及、双奥文化熏陶等沉浸式参与体验去探索双奥城市魅力，以500天累计走跑2022千米形式，迎接北京冬奥会到来。

【国家体育产业示范基地建设】9月，奥管委组织园区企业参加2020年中国国际体育用品博览会；连续第七年发布《北京奥林匹克公园体育产业综合发展报告（2019）》；12月，线上参展2020中国体育文化、体育旅游博览会；持续第十年发行《北京奥林匹克公园》杂志。

【京津冀游泳公开赛】10月5日至6日，2020年京津冀游泳公开赛暨第七届北京市全民游泳大赛在国家游泳中心举办。该赛事由北京市社会体育管理中心、北京市游泳运动协会、天津市游泳运动协会、河北省游泳协会主办，北京国家游泳中心有限责任公司、首都体育学院京津冀体育健身休闲发展协同创新中心承办，北京水立方游泳俱乐部有限公司、北京体育赛事管理与营销研究基地协办，是新冠肺炎疫情发生以后北京市首场游泳比赛，来自全市各区县俱乐部及个人报名的1600名运

▲ 10月5日至6日，2020年京津冀游泳公开赛暨第七届北京市全民游泳大赛在国家游泳中心举办（张雪恩 摄）

动员进行7个组别、10个小项比赛。根据国家体育总局《科学有序恢复体育赛事和活动推动体育行业复工复产工作方案》要求，赛事组委会做好三级应急响应期间疫情防控工作，限北京地区人员参赛，严格控制参赛人数，由上年的2600人减少至1600人；缩小参赛选手年龄区间，最小年龄由8岁升至10岁，最大年龄由69岁降为65岁；增加服务团队，安保人员数量比往年增加30%，志愿者由原来的60人增加至80人；单场参赛队员不多于400人，单场比赛结束后立即清场，进行场地设备设施消毒，比赛圆满完成。

【中网业余联赛】 10月17日至12月19日，由北京中国网球公开赛体育推广有限公司主办，首创置业冠名赞助，首创集团和首创股份荣誉赞助，首创环境和首创担保联合赞助的2020首创置业中网业余联赛举办。联赛设昆明、北京、成都、重庆、沈阳、武汉6个赛区，吸引超过1800余名网球爱好者参赛，媒体传播报道超过2000次，赛事影响受众5000万人次。产生3个参赛级别和10大比赛项目冠军、亚军和季军。在水平最高、最受关注的5.0级别巅峰对决中，赵子昂击败李航夺得男单冠军，钱帅/谢雨伦战胜艾裘/裘实摘得男双桂冠。中网业余联赛以全新形象亮相，从场地搭建、赛事服务、媒体宣传等各方面实现提质升级。

【水立方青少年国际游泳邀请赛】 10月31日，2020水立方青少年国际游泳邀请赛在国家游泳中心水立方举办。比赛由国资公司指导，北京国家游泳中心有限责任公司主办，北京水立方游泳俱乐部有限公司承办。比赛包括2813个单项和127个接力项目，延续水立方青少年游泳邀请赛比赛模式，设置200米个人混合泳（限9岁以上）、50米蝶泳、50米蛙泳、50米仰泳、50米和200米自由泳、团体4×50米自由泳接力等52个项目，每个项目均取前三名。来自24个参赛代表队的1007名选手参赛。

【奥园杯中国轮滑广场系列赛事活动】 10月31日至11月1日，由北京奥林匹克公园管理委员会和北京北投文化旅游有限公司联合主办的2020奥园杯中国轮滑广场系列赛事活动暨潮朝阳潮体育系列活动轮滑邀请赛在奥林匹克公园中心区举办。来自京津冀地区108支队伍900余名运动员和爱好者参加3个项目比赛。竞赛项目包括竞速轮滑赛、自由式轮滑赛、障碍赛等，设置108项奖项。其中，团体赛前两名分别被北京飞乐一队和北京冰雪轮滑俱乐部获得；个人单项比赛中，詹皓明以31.5的总成绩获得女子儿童200米竞速冠军，李震爻以30.60的总成绩获得男子儿童200米竞速冠军。中国轮滑广场系列赛事活动已连续举办九年。

【北顶娘娘庙修复工程验收】 11月12日，北顶娘娘庙的三、四进院配殿及山门值房修缮工程竣工。完工的北顶娘娘庙修缮二期工程，主要针对此前一直作为遗址保护的三、四进院。项目于2019年5月启动，包括东岳殿（三进院）东西配殿、玉皇殿（四进院）东西配殿及山门东西值房六栋建筑，总建筑面积517.18平方米。2003年，北顶娘娘庙被批准为北京市第七批重点文物保护单位，并被列入“人文奥运”文物修缮计划之中。该庙坐北朝南，全庙占地近约1万平方米，依中轴线由南向北原有山门、天王殿、娘娘殿、东岳殿、玉皇殿等，共四进院落。开放的一、二进院落，包括山门殿、钟鼓楼、天王殿、娘娘殿及其东西配殿（现作为展厅），主要作为民俗展览、展示场地。北顶娘娘庙不断完善配套设施。工程建设单位为北京民俗博物馆，设计单位为北京兴中兴建筑设计事务所，施工单位为中兴文物建筑装饰工程集团有限公司。

【国家游泳中心“水立方”改造工程完工】 11月27日，国家游泳中心“水立方”改造工程完工，成为北京2022年冬奥会第一个实现完工的改造场馆。工程改造涉及建筑、结构、防水、膜维修等领域，独立施工区约70个，改造面积5万平方米，在保有“水立方”水上功能基础上新增“水冰转换”冰上功能，即在比赛大厅中部通过搭建可转换结构及安装可拆装制冰系统，形成具有4条标准赛道的冰壶场地。“水立方”在北京2022年冬奥会和冬残奥会期间将承接冰壶和轮椅冰壶比赛项目。项目建设单位是国家游泳中心有限公司，设计单位是北京建筑设计研究院，监理单位是北京双圆工程咨询监理有限公司、诺士诚国际工程项目管理有限公司，施工单位是中建一局集团建筑发展有限公司。

【国家体育馆改造工程完工】 12月12日，国家体育馆改造工程完工。该工程除对其主馆进行改造，增加制冰功能和除湿系统外，在其北侧新建冰球馆作为训练馆，并增设更衣室等设施。改建后场馆总面积约9.8万平方米，主场馆可容纳18000人；配置2块符合奥运赛事标准的冰球冰面，冬奥会时1块用于正式比赛，1块用于赛前训练热身。项目建设单位是北京演艺集团有限责任公司；设计单位是北京建筑设计研究院；监理单位是兴电国际工程管理有限公司；施工单位是中建二局三公司。国家体育馆具备办赛条件，在北京2022年冬奥会和冬残奥会期间将承接北京冬奥会男子冰球和女子冰球部分比赛、北京冬残奥会冰橇冰球比赛。

【国家速滑馆建设完工】 12月25日，国家速滑馆建设完工。主场馆建筑面积约8万平方米，高度33米，能容纳约1.2万人，在北京2022年冬奥会期间将承接速度滑冰比赛。该馆采用双曲面马鞍形单层索网结构屋面设计，外立面由3360块曲面玻璃单元拼装而成，嵌入160根S形钢龙骨打造框架中。国家速滑馆于2017年4月开工。项目建设单位是北京国有资产经营有限公司；设计单位是北京建筑设计研究院；监理单位是帕克国际工程咨询股份有限公司；主体施工单位是北京城建集团。

【奥林匹克公园公共区筹备】 年内，由冬奥组委场馆管理部会同朝阳区政府牵头成立北京奥林匹克公园公共区场馆运行筹备工作小组及工作专班，其工作内容是按照要求做好北京奥林匹克公园公共区冬奥会前期运行设计和赛时运行服务，主要职责为安全保障、赛事保障、市政保障、服务保障、开闭幕式保障五个方面。工作小组及工作专班自成立以来，对接冬奥组委业务领域28个和奥林匹克公园内冬奥场馆12个，推进冬奥筹备各项工作；统计和整理园区56家主体单位各类设施以及空间资源基础数据，形成《北京奥林匹克公园空间资源及市政设施信息基础数据报告》，包含九大类62项内容；经过50余次研讨和40余次现场踏勘，完成公共区OB4.0版本运行设计（OB即overlay book，译为设施手册）；启动OB 5.0运行设计及运行计划编制工作；梳理冬奥环境整治提升问题台账、概算、方案并上报市城管委。

【奥林匹克公园公共区场馆运行团队组建】 年内，北京奥林匹克公园根据冬奥组委人力资源部确定的V3版人力资源计划，北京奥林匹克公园公共区场馆运行团队赛时各类工作人员1266人，其中P类（Paid staff，即受薪人员）105人、V类（Volunteer，即志愿者）621人、C类（Contractor，即合同商）540人。根据《北京冬奥组委人力资源部关于直军等128名同志任职的通知》等文件，北京奥林匹克公园公共区场馆主任为王志勉、服务副主任为宋强、后勤副主任兼运行秘书长为杨洪福、安保副主任为李勇。其工作内容是按照要求做好北京奥林匹克公园公共区冬奥会前期运行设计和赛时运行服务；主要职责为安全保障、赛事保障、市政保障、服务保障、开闭幕式保障五个方面。

【楼宇招商】 年内，亚洲基础设施投资银行总部、中建四局北京公司等企业入驻亚洲金融大厦。奥运功能区新引入中国石油集团储气库有限公司等20余家企业，中国航油集团财务有限公司将税务关系迁入，推动五八到家集团、中国建设集团设立新公司。

【景区设施建设】 年内，奥管委完成北京奥林匹克公园标识标牌二期建设，制作和安装标识163块，包括总导览、分区导览、景点解说、移动标牌、多项指引和竖式指引6种类型。对标冬奥会，启动园区无障碍设施建设改造工作，完成国家游泳中心、国家体育馆周边无障碍设施改造。 （杨 盼）

中关村朝阳园

【概况】 中关村科技园区朝阳园管理委员会（简称朝阳园管委会）为区政府派出机构，负责朝阳园的规划设计、开发建设和协调服务等工作。2015年8月，朝阳区机构编制委员会印发《关于调整中关村科技园区朝阳园管理机构设置的通知》，撤销垡头科技商务区管委会及其下设管委会办公室，其主要职能和行政编制划入朝阳园管委会。园区企业可以享受国家、北京市、中关村示范区、朝阳区的各类优惠政策。年内，朝阳园管委会修订《朝阳区高新技术产业发展引导资金管理办法》，制定并出台促进高新技术产业发展政策“36条”；组织园区企业申报“中关村企业抗疫发展贷”等；定制阿里巴巴（北京）软件服务有限公司等48家重点企业政策“服务包”；举办2020朝阳高科技高成长20强暨朝阳明日之星评选活动。推进国际创投集聚区建设，落实中关村国际创投集聚区高质量发展“政策18条”，举办2020北京国际创投峰会暨中关村朝阳国际创投集聚区揭牌仪式活动；牵头举办第二十三届中国北京国际科技产业博览会朝阳区展示活动，组织企业参加第三届中国国际进口博览会等；吸引龙湖集团控股有限公司、普华永道中天会计师事务所北京分所“乐创工坊”项目、国家电投集团北京重型燃气轮机技术研究有限公司、北京首都在线科技股份有限公司等落地朝阳园，北京清大科越股份有限公司、北京一点网聚科技有限公司等实现回迁；聚集以北京奇虎科技有限公司、北京知道创宇信息技术股份有限公司等企业为代表的网络安全企业，北京猿力教育科技有限公司、北京作业盒子科技有限公司、光合新知（北京）科技有限公司等50余家在线教育企业，以及北京陌陌科技有限公司、北京蜜莱坞网络科技有限公司、北京密境和风科技有限公司等在线直播企业。持续与未来论坛战略合作，举办2020中关村论坛——未来青年论坛活动；开展“创新100”加速工程，对优秀科技初创企业及创新创业青年给予重点支持；开展朝阳园知识产权服务管家项目，举办知识产权专家上门服务等多项活动。推进园区博士后科研工作站建设；开展青年北京学者候选人推荐、百千万人才工程国家级人选推荐、北京市享受政府特殊津贴人员选拔等工作。组织编制并完善《中关村朝阳园北区规划综合实施方案》，并推送“多规合一”协调平台；开展北区综合交通、市政综合专项规划等编制工作；重点项目阿里巴巴北京总部建设实现开工并按期推进，国际学校、国际人才公寓、未来论坛等重点项目选址基本稳定；加强与中国工业互联网研究院等意向入驻北区企业对接，结合《北京市人民政府关于加快科技创新构建高精尖经济结构用地政策的意见（试行）》《朝阳区关于落实〈北京市人民政府关于加快科技创新构建高精尖经济结构用地政策的意见（试行）〉的试点实施方案》相关政策，科学规划北区产业业态入驻。年内，朝阳园实现总收入8391亿元，比上年增长21.8%；工业总产值478.7亿元，比上年增长2%；实缴税费459.1亿元，比上年增长8.5%；出口总额222.9亿美元，比上年下降6%。四类重点高新技术领域规模以上企业实现收入6184.4亿元，占朝阳园总收入的72.7%，比上年增长25.6%。其中，先进制造技术领域实现收入2243.5亿元，比上年增长13.7%；电子与信息领域实现收入2561.1亿元，比上年增长69.8%；新能源与高效节能技术领域实现收入1288.4亿元，比上年下降3.8%；生物工程和新医药领域实现收入91.5亿元，比上年下降8.7%。（张旭琴 陈 亮）

【国家部委领导调研园区重点企业】 3月26日，工业和信息化部部长苗圩一行到朝阳园重点企业北京万东医疗科技股份有限公司（简称北京万东医疗）考察调研。苗圩一行听取北京万东医疗领导驰援疫情地区和复工复产汇报。北京万东医疗复工率100%，产能恢复率100%；在第一时间紧急驰援重点疫情地区，为湖北省地区驰援400余套医疗影像设备。苗圩鼓励北京万东医疗进一步提升技术和服务，不断取得突破，为医疗行业作出更大贡献。市经信局局长王刚，区委副书记、区长文献陪同调研。（段 梅）

【北京星河亮点税务关系回迁】 4月2日，北京星河亮点技术股份有限公司税务关系从海淀区迁至朝阳园，首次申报73.5万元税款。北京星河亮点技术股份有限公司成立于2001年，2009年搬至朝阳园望京科技创业园。该公司以移动通信领域测试技术为主要研究方向，专注于基础关键技术的研究与产业化。（王仁清）

【普华永道"乐创工坊"落地朝阳园】 6月2日，普华永道"乐创工坊"落地朝阳园电子城·国际电子总部开业仪式举办。区委常委、副区长暴剑出席并致辞。"乐创工坊"是基于未来办公模式而建立的智能办公室，运用数字化科技、信息交互系统规划以及智能办公基础开发平台提供一体化智能办公解决方案。"乐创工坊"的开业，为朝阳区搭建了一个智能化、数字化成果载体，是5G、人工智能等创新技术应用场景集合，对朝阳区实践党中央"新基建"重要部署、推动区域高质量发展有长远借鉴意义和实践价值。暴剑希望普华永道抓住数字化智能办公大趋势，以"乐创工坊"为试点，优化创新、推广普及，为朝阳园乃至朝阳区发展提供新支持、注入新活力。（赵 剑）

【经济高质量发展暨招商引资大会】 8月19日，朝阳园管委会参加在万科时代中心·十里堡召开的"朝阳区 通州区经济高质量发展暨招商引资大会"。朝阳园管委会作为参会单位之一，邀请30余家重点企业到现场参会，并在推介会上介绍朝阳园总体发展情况、北区规划建设情况及"三国际一未来"、阿里巴巴总部、首开金地等重点项目推进情况。（赵 剑）

【2020未来青年论坛活动】 8月26日，2020中关村论坛——未来青年论坛在中关村国家自主创新示范区展示中心举办。论坛由中关村管委会指导、区政府与未来论坛联合主办、朝阳园管委会承办。中关村管委会党组成员、副主任侯云，区委常委、副区长暴剑分别致辞。论坛聚焦科技与产业数字化转型话题，邀请国内外优秀科学家与青年行业领袖，深度解读科技与产业融合新模式，分享医疗、教育、办公以及物流等行业数字化转型解决方案，激发青年创新思维、提高青年创新能力、助力青年创新实践。朝阳区在论坛上发布《朝阳区加快新型基础设施建设行动方案（2020—2022）》《朝阳区加快新场景建设行动方案（2020—2022）》等赋能数字朝阳、科技朝阳建设的科技创新政策。（张 晔）

【创投峰会暨创投集聚区揭牌】 11月24日，2020北京国际创投峰会暨中关村朝阳国际创投集聚区揭牌仪式举行。活动由市政府指导，中关村管委会、市地方金融监督管理局和区政府主办，朝阳园管委会承办。峰会以"国际新格局 创投新机遇"为主题，旨在经济新循环背景下引进国内外优质创投机构在北京集聚，进一步优化创业投资发展环境，加强创投基金及其所投资优质企业专业化、精准化、人性化服务，推动建立朝阳区乃至全市高质量国际创投服务集聚区新起点、新征程，营造创新新生态。北京市委常委、副市长殷勇出席会议并致辞。区委副书记、区长文献，北京市金融局党组书记、局长霍学文等共同为中关村朝阳国际创投集聚区揭牌；红杉中国科技创新孵化成长中心、高瓴新动能中心、创业邦创新赋能中心、海尔卡奥斯生态集聚中

▲ 8月26日，2020中关村论坛——未来青年论坛在中关村国家自主创新示范区展示中心举办
（中关村科技园区朝阳园管理委员会 供图）

▲ 11月24日，北京市委常委、副市长殷勇出席2020 北京国际创投峰会暨中关村朝阳国际创投集聚区揭牌仪式并致辞 （中关村科技园区朝阳园管理委员会　供图）

心四个高成长中心揭牌仪式同时举行。相关领导以及来自创投机构、金融机构、科技企业300余名代表参加峰会。（赵　剑）

【广顺北大街北延路段实现通车】 12月9日，朝阳园北区广顺北大街通车。该道路为朝阳园北区一条主干路，全长2.9千米，包含一期、二期和北延三段工程。通车后，实现双向六车道与广顺北大街北延南北贯通，接驳香江北路，得以与来广营东路连通。随路建设的还有水、电、气等各种专业管线，为区域内各重点项目安全运行提供保障。该道路通车打通区域堵点，为望京地区、朝阳园北区等区域百姓出行提供便利。（李伟巍）

【参加全国先进制造业集群决赛】 12月18日，朝阳区委常委、副区长暴剑代表朝阳区人民政府，协同中国工业互联网研究院，共同参加工业和信息化部先进制造业集群竞赛决赛答辩，管委会副主任冯少静等陪同参加。2019年，为促进中国产业迈向全球价值链中高端，培育若干世界级先进制造业集群，经国务院同意，工业和信息化部启动先进制造业集群竞赛，从全国遴选培育一批先进制造业集群试点示范。按照工业和信息化部通知的竞赛工作安排，2020年12月18日开展竞赛决赛，并由集群所在地政府相关工作负责人作为代表与集群发展促进机构共同参加决赛。（刘亚奇）

【朝阳园入选第三批双创示范基地】 12月24日，国务院办公厅印发《关于建设第三批大众创业万众创新示范基地的通知》，公布92家第三批双创示范基地。其中，朝阳园入选全球化创业方向。中关村朝阳园占地面积26.1平方千米，包括电子城东区、电子城西区、健翔园、电子城北区、望京地区和垡头中心区6个区域。园区创新资源密集，创新氛围浓厚，国际化优势凸显，是国际创新资源的重要枢纽，是北京市国际人才社区建设重要承载地，是朝阳区高新技术产业发展主阵地，是拉动朝阳区经济增长的重要动力，是北京市推进国际科技创新中心建设的重要节点。（张　晔）

温榆河生态走廊

【概况】 北京市朝阳区温榆河生态走廊建设管理委员会（简称温榆河管委会）为朝阳区政府派出机构，负责温榆河地区开发建设管理和协调服务工作。9月1日，温榆河公园朝阳示范区开园。温榆河公园朝阳示范区占地面积约2平方千米，于2019年1月开工建设。

【生态走廊规划获奖】 10月9日，温榆河生态走廊绿色空间概念性规划获国际风景园林师联合会（IFLA）2020年国际风景园林师联合会亚非中东地区风景园林奖（IFLA AAPME）规划分析类荣誉奖。项目规划范围80.5平方千米，西起北苑东路、北跨清河到孙河乡边界、东至温榆河南岸，是以优化区域水环境，构建健康水生态体系为出发点，由景观设计师与土木工程师密切合作，在水文学家和生物学家等专业人士集思广益下，进行前所未有的尝试。国际风景园林师联合会于1948年在英国剑桥大学成立，总部设在法国凡尔赛，有57个国家的风景园林学会成为其会员。2005年中国风景园林学会加入IFLA，成为代表中国的国家会员。IFLA每年召开一次全球性年会，轮流在亚太区、美洲区和欧洲区进行。

【温榆河公园成为首届北京网红打卡地】 11月18日，2020首届北京网红打卡地榜单在北京市首创郎园Park兰境艺术中心发布，温榆河公园朝阳示范区以其一步一景、集“生态、生活、生机”于一体的特点获2020首届北京网红打卡地（自然景区类）第一名。该榜单发布活动由北京市文化和旅游局、北京市商务局、北京市委网信办、北京广播电视台指导，北京市旅游行业协会、北京演出行业协会、北京动漫游戏产业协会主办，各区文化和旅游局协办，北京时间、凯撒集团、京旅恒展承办，最终，自然景区类、人文景观类、文化艺术类、阅读空间类、街区园区类、餐饮及创新零售类、住宿类七大类主题榜单评选出北京网红打卡地推荐名单100个和提名推荐97个，为北京市民和来京游客提供一份涵盖“吃、住、行、游、购、娱”各环节的京城打卡指南。

【示范园内水系获评年度北京优美河湖】 12月，温榆河公园朝阳示范园内水系获评北京市河长制办公室公布的“2020年度北京优美河湖”。温榆河公园朝阳示范园内水系位于温榆河公园朝阳示范区，水域面积42.4公顷。湿地水源为清河河水及清河第二再生水厂再生水，经湿地净化后作为园区的景观用水。（孙 北）

金盏金融商务区

【概况】 北京市朝阳金盏金融商务区管理委员会（简称金盏金融管委会）是区政府派出机构。7月20日，经中共北京市朝阳区委机构编制委员会批复北京市朝阳金盏金融商务区管理委员会更名为北京市朝阳区金盏国际合作服务区管理委员会（简称金盏国际合作服务区管委会）。下属北京市朝阳金盏金融商务区服务中心更名为北京市朝阳区金盏国际合作服务区服务中心。服务区位于温榆河生态走廊内，紧邻第四使馆区，东至金榆路，南至规划坝河北滨河路及第四使馆区，西临东五环，北至规划东坝路，占地面积1216.69万平方米。服务区内部以机场第二高速为界，东侧称为东区，规划用地面积595.29万平方米，西侧称为西区，规划用地面积621.4万平方米。年内，金盏国际合作服务区管委会完成《东坝地区规划建设方案》编制，形成阶段性成果；加快推进第四使馆区及周边环境整治提升工作，坝河沿岸完成650米围墙搭建、临时道路硬化工程；坝河滨水空间一期（使馆区示范段）水利工程、绿化种植工程完工，整体形象进度完成80%；加大服务区轨道交通一体化项目推进。金盏国际合作服务区被纳入国家服务业扩大开放综合示范区、中国（北京）自由贸易试验区、数字贸易试验区建设范围。（王 洋）

【“接诉即办”和网格工作启动】 1月20日，金盏金融管委会启动接诉即办工作，全年接到市级转派案件95件、考核诉求受理量85件，综合成绩91.93，8月至12月连续5个月排名第一，在全区60家委办局考核中排位第21名。2月12日，金盏金融管委会启动网格工作，处理区网格化城市管理平台上派发的案件。全年处理案件4365件，结案率100%。（刘立亚）

【城市管理指挥中心成立】 5月27日，金盏金融商务区管委会城市管理指挥中心成立。城市管理指挥中心为金盏金融商务区管委会建设科下设立金盏金融商务区管委会城市管理指挥中心机构，设主任、副主任各1名，由10名专职安全员（由区应急局派驻），4名巡防队员，1名“接诉即办”和网格工作人员组成。统筹管理安全生产督查检查队、环境综合治理巡防队、“接诉即办”和网格工作等工作。（刘立亚）

【环球财金中心项目】 6月24日，金盏金融商务区财金中心项目（财金中心）竣工备案，7月8日投入使用。项目位于金盏乡楼梓庄村，总建筑面积14.85万平方米，地下2层，地上13层，由1号楼至4号楼办公商业单体建筑组成。项目于2018年6月27日开工建设，投资约25亿元，功能定位是办公及商业。建设单位是北京朝金房地产开发有限公司；施工单位是中国建筑第八工程局有限公司；监理单位是北京赛瑞斯国际工程咨询有限公司。项目工程曾获中国钢结构金奖、北京市结构长城杯金奖、北京市绿色安全工地、LEED－CS金级认证、绿色建筑设计标识二星等奖项。（王治国）

【环境综合整治】 6月，金盏金融商务区环境综合整治检查队改名为环境综合整治巡防队。全年检查并督促责任主体维护区域环境秩序；协调金盏乡政府建立有效环境整治工作机制，对拒不整改案件，报金盏乡执法部门处理；联合服务区安监派驻组、城管派驻组对项目进行检查。复工复产后东坝大街沿线金地项目处摊贩摆摊严重，环境综合治理巡防队联合乡城管及金地项目部进行治理。截至2020年底，金盏金融管委会完成东区土储地块环境整治项目原北京市朝阳城市建设综合开发公司看护地块的围墙圈建和岗楼建设，砌筑围墙1277延米，建设岗楼14座，对15个土储地块实行封闭式管理；清理苫盖、雇佣保安80人看护，吸纳转非劳动力18人，防止私搭乱建、偷倒渣土、侵占土地、违法施工等问题的发生。初步实现东区国有土地的封闭管理，有效维护区域环境和秩序。第四使馆区及周边环境综合整治工程完成坝河示范段、华翰段、雷庄段及爱迪学校、东苇路两侧主体围墙工程，完成总项目量的70%。（程甲林 张 杰 刘立亚）

【东坝地区规划建设】 7月21日，经朝阳区委城工委全体会议审议，开展35平方千米《东坝地区规划建设方案》的研究及编制工作。工作包括开展金盏国际合作服务区、第四使馆区、东坝南区及外围区域整体研究，提出总体方案，形成区域整体上位规划，同步开展交通、市政及产业等专项规划研究；编制金盏国际合作服务区中区街区层面控制性详细规划及城市设计方案；以实际运营为切入点，选取第四使馆区以北的“L”形核心区先期启动实施策划方案设计，为整体规划及街区控制性详细规划提供三个层次依托。其中，核心区实施策划方案编制工作从实际运营角度为区域规划建设提供思路。由华润置地有限公司、中粮地产（北京）有限公司、香港置地等地产企业，北京清华同衡规划设计研究院有限公司、北京弘石嘉业建筑设计有限公司、安棣建筑设计（上海）有限公司等专业设计机构组合成“运营＋技术”团队参与到项目中。8月26日，北京推进国际交往中心功能建设领导小组办公室召开第二次会议，北京市规划和自然资源委员会（以下简称市规自委）领导就第四使馆区及周边规划编制工作做专题汇报。9月29日，区政府向市规自委报送《关于〈东坝地区规划建设方案〉编制情况的函》，由市规自委牵头组织完成市级部门征求意见、委内审查等工作，并修改完善方案。11 月 25 日，《东坝地区规划建设方案》通过技术层面专家评审，初步具备汇报条件，按程序上报至市级审议。（高　昕）

【参加经济高质量发展暨招商引资大会】 8 月 19 日，金盏国际合作服务区参加在万科时代中心·十里堡举办的“朝阳区 通州区经济高质量发展暨招商引资大会”。副区长朱晟介绍朝阳区投资发展环境、产业促进政策、产业空间建设和未来发展规划情况。金盏国际合作服务区管委会主任刘伟介绍服务区基本情况、现有楼宇项目及未来规划发展等相关情况，吸引更多企业来服务区投资。（张　颖）

【金盏国际合作服务区亮相服贸会】 9 月 4 日至 9 日，金盏国际合作服务区参加 2020 年中国国际服务贸易交易会（简称服贸会），作为朝阳区力荐的服务贸易项目，金盏国际合作服务区现场做主要内容为“共促全球服务贸易，共享合作交流平台”的推介：金盏国际合作服务区是朝阳区服务首都“建设国际交往中心”的核心承载，区位优势显著；是北京最具国际化的数字贸易试验区，园区以数字化、智能化、绿色化、融合化为特色，持续拓展前沿科技的应用场景，彰显立足国际化资源，构建国际合作综合平台、践行新发展理念，推动高水平规划实施、依托前瞻性的新基建，搭建技术应用的新场景、适应多元国际需求，推动远程服务贸易发展和推动开放模式创新，完善制度和政策体系五大优势。服贸会以“全球服务，互惠共享”为主题，搭建面向全球的展示、交流、洽商、合作平台，举办论坛及洽谈活动 190 场，吸引 148 个国家和地区的国际组织、驻华大使馆、境外商协会及机构和企业参展参会，1.8 万家境内外企业及机构线上、线下注册参展参会，超过 10 万人注册参会。（张　颖）

【北京自贸区片区挂牌】 9 月 28 日，中国（北京）自由贸易试验区国际商务服务片区挂牌仪式在金盏国际合作服务区财金中心举行。区委书记王灏和区委副书记、区长文献共同为中国（北京）自由贸易试验区国际商务服务片区挂牌。副区长朱晟介绍北京自贸区国际商务服务片区朝阳组团情况，国际商务服务片区作为中国（北京）自由贸易试验区三个片区之一，面积约 48.34 平方千米，其中朝阳区纳入范围约 7.92 平方千米，包括北京 CBD 中心区（约 4.96 平方千米）和金盏国际合作服务区（中区及东区部分区域，约 2.96 平方千米）。国际商务服务片区重点发展数字贸易、文化贸易、商务会展、医疗健康、国际寄递物流、跨境金融等产业，打造临空经济创新引领示范区。其中，金盏国际合作服务区围绕第四使馆区建设，打造国际组织集聚区、服务贸易示范区、数字贸易试验区及高端跨境消费中心，形成“国际交往中心新亮点”和“第二个三里屯”。金盏国际合作服务区管委会与中国联合国采购促进会、金港汽车文化发展（北京）股份有限公司等现场签约。（张　颖）

【下属企业清理划转】 9 月，金盏国际合作服务区管委会所属事业单位下属企业北京金盏融信投资中心下设的四家全资子公司，即北京恒信通物业管理有限公司（注册资本 50 万元）、北京恒信久通市政工程有限公司（注册资本 50 万元）、北京恒信森通绿化工程有限公司（注册资本 10 万元）和北京金盏园家常菜餐饮有限公司（注册资本 10 万元）完成企业清算注销工作。12 月 29 日，金盏国际合作服务区管委会针对企业划转工作，将《关于金盏国际合作服务区管委会所属事业单位下属两个企业划归区国资中心管理的请示》上报区政府，12 月 31 日，区政府批示由区国资委研究提出意见。（程甲林）

【北京自贸片区推介会】 12月11日，主题为“共建自贸，共赢未来”的中国（北京）自由贸易试验区国际商务服务片区金盏国际合作服务区推介会在金茂中心举行。推介会集中推介金盏国际合作服务区规划建设情况、区域发展优势和产业发展方向等相关内容，并解读“两区”（服务业开放综合示范区和北京自贸试验区）建设相关政策。金盏国际合作服务区管委会与中国外商投资企业协会生物科技创新委员会签署战略合作协议，合作建设北京朝阳国际生物谷总部基地；与德国

▲ 9 月 28 日，中国（北京）自由贸易试验区国际商务服务片区挂牌仪式在金盏国际合作服务区财金中心一层大厅举行（董　超　摄）

德熙生命国际医疗咨询公司、美国焯安神经生长因子科技有限公司、金斯瑞生物科技股份有限公司、蓝龙药业（北京）有限公司、丝路能源、大悦城控股北京大区公司、北京电子城高科技集团股份有限公司、香港置地、华润置地有限公司、北京金茂产城科技有限公司等10家企业签署入驻意向协议。来自九三学社中央理论研究中心、中国外商投资企业协会等单位的嘉宾和代表约100人参会。（张　颖）

【金地启汇中心项目】 12月29日，金盏国际合作服务区金地启汇中心工程完成整体竣工备案。项目位于东坝大街与东高路交叉口，总建筑面积19.44万平方米，占地面积3.97万平方米，地下3层，地上10层，由1#～4# 4栋国际甲级商务综合体和地下商业、车库等5项单体工程组成。项目于2018年11月5日开工建设，投资46.5亿元，功能定位是国际甲级商务综合体，建设单位是北京金地盛通房地产开发有限公司，施工单位是北京城建远东建设投资集团有限公司，监理单位是北京星舟工程管理有限公司。（王治国）

【写字楼注册地址管理】 年内，金盏国际合作服务区管委会开展金盏国际金融中心一期写字楼公司注册地址的转入、转出、列异、删除等管理工作。48家公司在金盏国际金融中心一期地址信息采集平台登记，每个地址使用费用标准为1万元/年，全年收取费用23万元。（齐宏意）

国家文化产业创新实验区

【概况】 北京朝阳国家文化产业创新实验区管理委员会（加挂北京国家广告产业园区管理办公室牌子）（简称文创实验区管委会）为区政府派出机构。国家文化产业创新实验区以“北京商务中心区（CBD）—定福庄”一带为核心承载空间，东至八里桥朝阳区与通州区界，南至广渠门外大街—广渠路，西起东二环朝阳区与东城区界，北至工体北路—姚家园路及其东延长线，行政区域面积78平方千米。截至2020年年底，国家文化产业创新实验区文化产业注册企业4.6万家；规模以上文化企业1102家，实现收入1046.8亿元。实验区范围内汇聚人民日报社、中央广播电视总台、北京电视台、各省级卫视驻京机构以及央视频融媒体发展有限公司、爱上电视传媒（北京）有限公司、万达文化等品牌文化企业，是中国文化传媒类企业最集聚的区域。文创实验区管委会接待国家相关部委、省市官方参观考察团20批次，400余人次。

【“政策18条”出台】 2月17日，市文化改革和发展领导小组办公室暨文化体制改革专项小组2020年第一次专题会议审议通过《关于加快国家文化产业创新实验区核心区高质量发展的若干措施》，以“政策18条”形式，明确国家文创实验区下一步发展方向：创新体制机制、优化空间承载、构建高质量文化生态、扩大文化开放融通。

【第三批“蜂鸟企业”名单发布】 4月10日，文创实验区管委会联合区发展改革委等单位发布《关于发布第三批（2018—2019年度）“蜂鸟企业”名单的公告》，朝阳区220家文化企业入选，其中国家文化产业创新实验区有120家。“蜂鸟企业”的认定范围首次由国家文化产业创新实验区范围内扩展至朝阳区全域。截至2020年年底，朝阳区有“蜂鸟企业”743家，其中国家文化产业创新实验区有643家。

【实验区建设发展引导资金政策支持】 6月28日，朝阳区第12次区长办公会审定通过《2020年国家文化产业创新实验区建设发展引导资金项目拟支持方案》，2020年支持优质企业（项目）176个，拨付资金8889万元。

【与广电总台签署战略合作协议】 8月6日，文创实验区管委会协调推进中央广播电视总台与区政府签署战略合作协议。协议双方将共同打造文化传媒品牌企业，共同提升文体旅产业发展能级，共同拓展新兴领域产业合作。中央广播电视总台央视副总编辑、总经理室总经理彭健明，朝阳区领导王灏、黄晓伟、朱晟等领导出席。

【“魅力京津冀”活动】 9月22日至25日，由文创实验区管委会联合中国文化产业协会主办的“魅力京津冀”2020京津冀文化和旅游产业协同发展交流对接、人才培养活动在北京通惠河畔文化创意产业园举办。活动围绕文旅产业融合、文旅扶贫、文旅防疫、产业发展战略等专题进行专家授课、案例分享和考察交流，梳理京津冀文化和旅游产业发展脉络，推动京津冀文化和旅游产业发展模式创新，搭建京津冀地区文化和旅游产业交流互动、合作共赢的发展平台；活动设置红色文旅参观考察，组织参会代表参观考察全国乡村旅游重点村密云区古北口镇古北口村。活动促成文汇京津际（北京）文化产业发展有限公司与石家庄产业协会达成协办中国·石家庄国际动漫博览交易会合作意向、国家动漫园与京津冀文化产业协同发展中心达成共同举办动漫产业论坛合作意向及中国动漫集团与天津市路道科技有限公司达成共同开发动漫IP实物展合作意向。京津冀三地文化和旅游局、街乡、文化园区及企业代表72人参加。

【文化金融人才集训营】 11月20日至22日，由文创实验区管委会主办的2020国家文化产业创新实验区文化金融人才集训营在国家文创实验区文化金融服务中心举办。集训营通过讲师授课、交流研讨、项目观摩等形式开展。特邀原中国房地产开发集团总裁孟晓苏、中国文化产业投资基金总经理陈杭、国家金融与发展实验室文化金融研究中心副主任金巍等行业资深人士授课，课程内容聚焦文化产业的新趋势、新动向及文化金融创新的业务需求，包括文化产业趋势与机遇、文化金融政策与展望、文化企业上市分析介绍，涵盖文化企业普遍关心的互联网内容平台型公司的合作政策、投资与并购等话题，专门就文化产业园REITs产品的设计与开发、区块链等新技术在文化金融中的应用前景、知识产权和版权的资产证券化设计模式等热点领域进行系统讲解；安排“戏精学院”“未来战场”两场实践课，通过文化体验实地感受线下互动娱乐产业的真实场景，通过融资路演现场学习企业融资过程及投资机构的逻辑与方法，帮助大家直观地了解金融市场宏观形势和微观操作，探索金融助力文化企业发展的有效路径。国家文化产业创新实验区企业高管50余人参加。

【2020国家文创实验区发展论坛】 12月15日，文创实验区管委会举办2020国家文化产业创新实验区发展论坛。论坛以“交汇·变革·再塑——新征程中文化发展理念创新与实践探索”为主题，探讨历史交汇点带来的新特征、新要求，探索文化产业高质量发展的新思路、新路径。管委会发布《国家文化产业创新实验区五年发展成果》，总结国家文化产业创新实验区五年来取得的创新成果和成功经验。市委常委、宣传部部长杜飞进，文化和旅游部产业发展司司长高政出席并致辞。区委副书记王旭，区委常委、宣传部部长黄晓伟等150人参加论坛。

【大运河文化遗产创意设计大赛】 12月18日，文创实验区管委会联合中国文化产业协会、区文化创意产业发展中心、区文化和旅游局主办的“创意点亮通惠河”大运河文化遗产创意设计大赛评审会在北京设计之都大厦举办。小物文化、了草产品、上海韵文博鉴等11个参赛设计团队，围绕通惠河沿线与运河有关的文化遗产，分享各自的平面创意设计、文创产品及包装设计产品。评审专家从文化性、创意性、设计性及市场性四个角度进行专业点评。会后巡展优秀设计作品。大赛于11月29日启动，先后组织开展专家讲座和实地采风活动，帮助参赛设计团队深入了解通惠河的历史演变、文化遗产保护现状和大运河文化精神，形成更具文化价值和时代价值的创意设计作品。

▲ 12月15日，文创实验区管委会举办2020国家文化产业创新实验区发展论坛
（谭　婧　摄）

【实验区指数首次发布】 12月30日，国家文化产业创新实验区、中国文化产业协会、北京蓝色智慧研究院联合发布国家文化产业创新实验区指数（2020）（简称实验区指数）。实验区指数是全国首个反映区域文化产业带发展情况的综合指数，设有环境支撑、创新驱动、产业发展、协同开放4个一级指标，13个二级指标和36个三级指标。结果显示，2019年实验区总指数为225.1，增长态势明显。其中，创新驱动指数和协同开放指数增势更为明显，是推动实验区总指数上升的主要力量。

【精准服务促发展系列活动】 年内，文创实验区管委会举办“优化营商环境精准服务促发展”系列活动20场，聚焦文创企业发展中重点关注的政策法规、创新创业、知识产权、财税金融、上市辅导等热点问题，5700人次参加。

【4家行业领军企业落户文创实验区】 年内，中央广播电视总台所属企业央拓国际融合传播集团有限公司、环球国际视频通讯社有限公司、光华创想文化科技有限公司及虎牙直播全资子公司北京虎游科技有限公司4家企业落户国家文化产业创新实验区。（谭　婧）

经济管理

经济社会发展与经济调控

【概况】 北京市朝阳区发展和改革委员会（简称区发展改革委）主要负责本区国民经济和社会发展统筹协调、经济体制改革综合协调。下设北京市朝阳区价格认证中心、北京市朝阳区中小企业服务中心、北京市朝阳区疏解调控发展运行中心3个直属事业单位。年内，完成“十四五”规划纲要编制，挂牌成立区财源建设办公室。区发展改革委统筹推进疫情防控和经济社会发展，截至年底，朝阳区主要指标实现企稳回升，全区生产总值7037.9亿元，比上年下降1.9%，地方级收入实现1017.9亿元，超额完成市级下达任务近6亿元，区级财政收入510.8亿元，市区两级收入总量居各区首位。完成固定资产投资909亿元、建筑和安装投资409亿元。疏解整治促提升12项市级年度量化考核任务中，6项超额完成、8项排名全市前三、3项排名全市第一。朝阳区连续3年在北京市各区营商环境评价中名列第一。6个对口帮扶地区全部实现脱贫摘帽。（朱兆芬）

【国民经济和社会发展计划制定与执行】 1月4日，区发展改革委《关于朝阳区2019年国民经济和社会发展计划执行情况与2020年国民经济和社会发展计划草案的报告》在朝阳区第十六届人民代表大会第六次会议上审议通过。报告从“在服务保障重大任务中体现政治担当”“在规划落实中加快推动减量均衡发展”“在落实‘三化’功能中迈向高质量发展”等5个方面总结全年计划执行情况，提出2020年经济社会发展计划总体考虑和初步安排。8月20日，区发展改革委《关于朝阳区2020年国民经济和社会发展计划上半年执行情况的报告》在第29次区委常委会审议通过。报告从“加强统筹协调，疫情防控科学高效”“聚焦稳企业保就业，多措并举全面推动复工达产”等5个方面总结上半年计划执行情况，并提出完成全年计划的主要措施。12月18日，《关于朝阳区2020年国民经济和社会发展计划执行情况与2021年国民经济和社会发展计划草案的报告》经区委常委会审议通过。报告从“联防联控，筑牢全区疫情防线”“落实‘六稳’（稳就业、稳金融、稳外贸、稳外资、稳投资、稳预期）‘六保’（保居民就业、保基本民生、保市场主体、保粮食能源安全、保产业链供应链稳定、保基层运转）任务，稳住经济基本盘”等7个方面总结全年计划执行情况，并提出2021年经济社会发展计划总体设计和初步安排。（苏　品）

【“朝阳发改”公众号投入使用】 4月8日，区发展改革委“朝阳发改”公众号投入使用。公众号从区发展规划、经济形势、投资管理、绿色发展、疏解整治促提升、营商环境、区域协同等方面对区发展改革政策进行解读、宣传。全年发布文章518篇，关注2000余人，阅读数15万余次。（朱兆芬）

【年度2个工作方案印发实施】 5月25日，区委、区政府发布《关于印发〈朝阳区推进“一廊”地区“五大提升工程”2020年度工作方案〉〈朝阳区推进城乡发展“六个一百”工程2020年度工作方案〉的通知》。方案明确各部门责任分工及年度目标，确定包括道路建设、环境提升、产业发展、民生改善、社会治理等5个领域的111项任务。其中，续建项目71项、新建项目40项；涉及建设类项目67项，产业发展项目25项，社会民生任务19项。（徐万妍）

【与山东省聊城市签署合作协议】 9月24日至25日，区长文献带领朝阳区代表团赴山东省聊城市对接结对工作并召开座谈会。会上，双方签订《北京市朝阳区人民政府山东省聊城市人民政府推进合作发展框架协议》。双方将本着互利共赢、共同发展原则，在产业发展、科技创新、产销对接、医养健康、教育、人才交流等方面开展全方位、多领域的合作。（张晓跃）

【产业资金安排完成】 年内，区发展改革委完成朝阳区重点产业资金安排工作。分两批次安排资金约7.27亿元，支持企业（项目）761个，其中朝阳区促进中小企业发展引导资金安排资金7308万元、支持项目136个。（李　建）

【重点项目建设资金安排】 年内，朝阳区纳入市重点建设项目36个，计划投资约356亿元；18个项目纳入市重点推进前期工作项目计划，计划投资约

465亿元。同步建立区级重点项目机制，70个项目纳入区级重点项目，计划总投资约117亿元；50个项目纳入区级重点前期项目，计划总投资约400亿元。10个项目纳入市政府扩大内需重大项目绿色审批通道，总投资约180亿元。年内批复立项137个，总投资约340亿元，包括政府投资项目45个；企业投资核准项目25个，企业投资备案项目67个。根据朝阳区固定资产投资项目建设情况，结合2021年重点建设项目征集、政府投资基本建设项目征集、项目审批及2021年商品房计划上报情况，梳理汇总全区2021年计划实施项目313个，总投资约7024亿元。（刘宣炜）

【项目资金争取】 年内，朝阳区亮马河四环路以上段景观提升项目（四环以里）、孙河组团城市森林等26个项目争取市政府补助资金3.16亿元。（刘宣炜）

【重点企业精准化服务】 年内，区发展改革委制定《区领导走访服务重点企业工作方案》《关于开展重点企业走访服务活动方案》，走访市级重点企业13家，组织区商务局、区金融办、CBD管委会等相关部门对重点"服务包"企业走访服务全覆盖。促成中石化、中粮、中能建等企业在朝阳区设立新业务公司。（陈 珊）

【疏解和人口调控年度任务完成】 年内，朝阳区完成疏解和人口调控年度任务。拆违达到"场清地净"标准建筑面积316.99万平方米，腾退土地面积332.08公顷。整治占道经营重点点位146处、无证无照经营单位475家，疏解一般制造业企业11家、培训机构13家、商品交易市场5家，建设提升基本便民商业网点120个，环境整治提升背街小巷175条，棚户区改造征收580户，"留白增绿"实施209.8公顷，城乡接合部改造拆迁腾退土地面积152.1万平方米，绿化238公顷，人防工程环境恢复246处，群租房整治563户。疏解出租大院和出租公寓38家；规范社会办学办园29家；压缩职业学校专业4个、减少学位500个；劳动保障监察检查用工单位8033家。全年"疏解整治促提升专项行动"人口调控目标为8.9万人，实际完成13.1万人，其中城乡接合部整治涉及人口13.1万人、中心城区重点区域整治提升涉及人口1.5万人、城乡接合部改造涉及人口0.8万人、中心城区老旧小区综合整治涉及人口0.5万人、疏解商品交易市场涉及人口0.4万人、出租大院和出租公寓整治涉及人口0.4万人、其他7个专项行动涉及人口0.7万人。（盛 璐 张爱foo）

【节能目标责任考评工作落实】 年内，区发展改革委完成《朝阳区2019年度节能减碳目标责任评价考核自查报告》，以区政府名义报送市发展改革委。完成2019年度区级节能目标责任考评。制定实施《2019年度节能目标责任考评工作方案》，考评重点用能企业235家、街道（地区）办事处43个、行业主管部门12个以及功能区管委会5个。考核结果为，235家企业中，31家优秀、68家良好、58家基本完成、71家未完成，7家由于保密原因未参与考核；12家行业主管部门中，7家优秀、5家良好；5家功能区管委会中，3家优秀、2家良好；43家街道（地区）办事处中，19家优秀、24家良好。（赵志岩）

【区级节能执法监察】 年内，区发展改革委结合区节能工作实际推进情况，制定实施《2020年朝阳区节能监察工作方案》，以区级重点用能单位为主体，按照"双随机、一公开"原则执行，开展年度能源管理负责人备案情况、使用国家明令淘汰用能设备情况等5项内容开展节能综合监察。全年监察执法市区重点用能单位91家、175家次。（赵志岩）

【节能降耗】 年内，区发展改革委安排节能资金6741.87万元，重点支持节能技术改造、能源管控、绿色建筑、能源管理体系认证等节能项目59项。全年朝阳区能源消费总量855.95万吨标准煤，万元GDP能耗下降率3.93%，圆满完成全年节能目标任务。（赵志岩）

财 政

【概况】 北京市朝阳区财政局（简称区财政局）是北京市朝阳区人民政府领导下主管朝阳区财政收支和财政监督工作的职能部门。下属北京市朝阳区财政监督检查所、北京市朝阳区财政局国库集中收付中心、北京市朝阳区财政局预算编审中心、北京市朝阳区财政局绩效考评中心4个事业单位。年内，朝阳区一般公共预算收入完成510.78亿元，比上年降低4.78%，完成调整预算的101.30%；一般公共预算支出503.39亿元，完成调整预算的99.7%，完成市级支出进度考核任务。

【中央直达资金支付完成】 年内，区财政局收到中央直达资金（除参照直达）31.21亿元。区财政局结合朝阳区实际，出台资金使用配套政策和管理措施，制定资金保障应急预案，资金流向明确、账目可查，达到资金使用效益。截至年底，资金全部支出，支出进度100%。

【预算项目绩效考评】 年内，区财政局组织完成2019年度746个预算项目绩效自评工作，项目数较上年增长80.63%，资金规模较上年增长81.01%；事前绩效评估数增加14个、增幅45.16%，资金规模增加8.47亿元、增幅77.71%；启动2020年35个预算项目事后绩效评价工作，资金规模23.83亿元，较上年项目增加5个、资金规模增加4.58亿元。朝阳区不断推进全过程预算绩效管理，在2019—2020年度区级财政管理综合考核中预算绩效管理分项获全市区级财政运行综合绩效评价总体考核第一名。

【政府性债务规范管理】 年内，市财政局安排朝阳区新增专项债券额度25亿元，用于小红门乡棚户区改造和环境整治项目。区财政局赴小红门乡宣讲债券使用要求，并向主管部门、项目主体、小红门乡、监管银行下发监管通知，审核用款计划，确保债券资金合法合规使用。截至年底，专项债券资金额度支出全部完成。

【政府隐性债务化解】 年内，区财政局开展隐性债务化解。通过召开专题会、发函督促、实地调研、协调金融机构，财政出资、收回部分授信额度、提前偿还银行贷款等方式，完成2020年债务化解任务。按照政策对接项目主体、与金融机构协商，三间房乡南区棚改、平房乡棚改、金盏乡棚改、崔各庄乡黑桥村南皋村棚改、十八里店乡小武基等项目的隐性债务按照市场化、法治化原则进行接续并报北京市财政局核对，利率由6%～8%降至4.10%～4.27%，年节约融资成本约7.15亿元。

【国有资产管理】 年内，区财政局推进国有资产出租、出借巡视问题未完成整改事项。资产配置实行预算管理，控制“增量”、盘活“存量”，利用“公物仓”区内调剂与划拨，实现资产区级公用共享。全区出租出借事项整改完成100%。 （蔡华东）

税　务

【概况】 国家税务总局北京市朝阳区税务局（简称区税务局）执行国家税收、社会保险费和有关非税收入法律、法规、规章和规范性文件，负责税收、社会保险费和有关非税收入征收管理等工作，为促进市、区的改革开放、经济建设服务。全年完成各项税费收入（不含出口退税、成品油消费税退税、个人所得税代扣代缴手续费退库、社保基金）2007.95亿元，同比减收54.29亿元，下降2.63%；社会保险基金预算收入完成157.73亿元。其中，完成区级一般公共预算收入498.3亿元，比上年增收1.31亿元，增长0.27%。

【税务征收管理】 年内，区税务局优化注销税务登记办理流程，加强税务注销时限管理，全年办理税务登记注销2.78万户。简化跨区迁移手续流程，为企业迁入、迁出提供政策支持、数据支持服务，全年办理跨区迁出1.13万户，跨区迁入6309户。截至年底，全区有税务登记户72.65万户，其中正常户36.06万户。

【所得税汇算清缴】 年内，区税务局完成2019年度企业所得税汇算清缴。应参加汇算清缴企业25.79万户，比上年下降3.65%；实际参加汇算清缴企业25.16万户，比上年下降5.31%；汇算清缴申报率97.56%；实现所得税额737.55亿元，比上年下降5.83%。首次完成个人所得税综合所得年度汇算清缴，应申报扣缴单位9.64万户，年度汇算申报实现扣缴单位9.33万户，覆盖超150万名纳税人。

【社会保险费和非税收入征管职责划转】 年内，区税务局与区人社、财政、医保部门建立沟通机制，共同开展政策和业务梳理、岗位配置等工作，推进企业社保费划转。加强机关事业单位及城乡居民社保费日常征收管理，在部分银行开展缴费单位查询缴费功能；开展城乡居民养老保险系统测试，确保城乡居民医疗保险资金当天入库。全年完成各项社会保险费收入170.97亿元、各项非税收入43.42亿元。

【减税降费】 年内，区税务局减税降费工作常态化。全年税收和非税收入累计新增减税降费72.12亿元，其中，2020年出台的支持疫情防控和经济社会发展税费优惠政策新增减税降费26.44亿元，2019年出台政策在年内翘尾新增减税降费45.68亿元。

【“银税互动”贷款】 年内，区税务局发挥纳税信用评价结果对社会经济的促进作用，与中国民生银行国贸支行等5家金融机构签订银税互动合作协议，合作金融机构17家，“银税互动”贷款2.11亿元，服务企业68家。

【税收宣传】 年内，区税务局打造“传统媒体+直播+短视频”融媒体平台，创新开展减税降费、“非接触式”办税、优化营商环境等重点工作宣传。制

▲ 4月1日，北京市税务局、朝阳区税务局联合北京交通广播电台《一路畅通》栏目制作播出《税收伴您同行》直播特别节目 （郝维龙　摄）

作以“减税费优服务 助复产促发展”为主题“税收伴您同行”节目，在北京交通广播直播，收听群众136.32万人。推出“税务小哥”视频网络日志（Vlog），录制税收政策和纳税服务举措等内容，为纳税人、缴费人普及税法知识，全年制作发布Vlog视频46期。

【政府信息公开】 年内，区税务局依法做好政府信息公开工作。通过网站网页公开信息1398条，通过微信公众号发布信息1213条，网络直播解读税收政策17次；受理依申请公开27件，全部办结。 （林 洁）

2020年朝阳区税务局税务所一览表

表1

名 称	地 址	电 话
北京市朝阳区税务局	朝阳区安苑东里三区1号	87426551
第一税务所（办税服务厅）	朝阳区宏泰东街望京东园4区绿地中心5号楼	81612366
第二税务所	朝阳区光华路9号光华路SOHO二期E座	81612366
第三税务所（办税服务厅）	朝阳区来广营红军营南路甲3号	81612366
第四税务所（办税服务厅）	朝阳区西大望路甲12号B座一层	81612366
第五税务所	朝阳区光华路9号光华路SOHO二期E座	81612366
第六税务所	朝阳区来广营红军营南路甲3号	81612366
第七税务所	朝阳区华威北里甲26号	81612366
第八税务所	朝阳区管庄乡燕京医药公司东侧	81612366
朝外税务所	朝阳区左家庄东里甲3号	81612366
劲松税务所	朝阳区小八里庄37号	81612366
建外税务所	朝阳区光华路9号光华路SOHO二期E座	81612366
呼家楼税务所	朝阳区太阳宫中路甲6号临1号	81612366
八里庄税务所	朝阳区左家庄东里甲3号	81612366
双井税务所	朝阳区华威北里甲26号	81612366
左家庄税务所	朝阳区左家庄东里甲3号	81612366
酒仙桥税务所	朝阳区宏泰东街望京东园4区绿地中心5号楼	81612366
麦子店税务所	朝阳区太阳宫中路甲6号临1号	81612366
望京税务所	朝阳区宏泰东街望京东园4区绿地中心5号楼	81612366
大屯税务所	朝阳区来广营红军营南路甲3号	81612366
奥运村税务所	朝阳区来广营红军营南路甲3号	81612366
东湖税务所	朝阳区宏泰东街望京东园4区绿地中心5号楼	81612366
南磨房税务所	朝阳区小八里庄37号	81612366
高碑店税务所	朝阳区定福庄路9号	81612366
十八里店税务所	朝阳区小八里庄37号	81612366
常营税务所	朝阳区小八里庄37号	81612366
管庄税务所	朝阳区定福庄路9号	81612366
金盏税务所	朝阳区宏泰东街望京东园4区绿地中心5号楼	81612366
来广营税务所	朝阳区来广营红军营南路甲3号	81612366

审 计

【概况】 北京市朝阳区审计局（简称区审计局）是负责朝阳区审计监督工作的政府职能部门，实行双重领导，对朝阳区政府和北京市审计局负责并报告工作，审计业务受北京市审计局指导。年内，出台《朝阳区审计局加强绩效审计工作管理办法》，将成本绩效作为审计项目立项的依据，强化对重大投资项目执行情况、重点资金支出使用情况绩效审计。全年完成审计项目76个，查出问题金额29.09亿元，其中违规金额3308万元、管理不规范资金28.76亿元，提出审计建议292条，促进增收节支2.1亿元，相关报告获得区领导批示58篇次。发出审计信息280篇，被市区审计局采用778篇次，采用率278%。获市委、市政府“2020年首都文明单位标兵”“北京市先进模范集体”和区委组织部“中共朝阳区委先进党组织”等称号。三间房地区办事处经济责任审计项目获市审计局2020年北京市审计机关优秀审计项目一等奖，北京市朝阳城市建设综合开发公司2015年至2018年6月资产、负债、损益及运营情况审计项目获市审计局2020年北京市审计机关优秀审计项目二等奖，北京市第一中西医结合医院运营管理情况专项审计调查项目获市审计局2020年北京市审计机关优秀审计项目三等奖。

【政策跟踪审计】 年内，区审计局开展重大政策措施落实跟踪审计。成立5个专项审计工作组，对11个部门单位开展审计，涉及财政资金2.35亿元、捐赠资金0.16亿元，提出审计建议9条。

【预算执行审计】 年内，区审计局首次对一级预算单位部门预算执行实现数据审计全覆盖，首次对教育、文化、生态3个行业15个二级预算单位开展现场全面审计。主管部门根据审计问题，研究日常管理漏洞，出台《朝阳区国有企业房屋出租管理暂行办法》《朝阳区高新技术产业发展引导资金管理办法》《关于加强和改进行政事业单位国有资产管理的通知》等制度，新建内部控制和财务管理等制度129项，规范日常管理工作。

【民生审计】 年内，区审计局落实“七有”（幼有所育、学有所教、劳有所得、病有所医、老有所养、住有所居、弱有所扶）“五性”（便利性、宜居性、多样性、公正性、安全性）要求，开展覆盖“养老、助残、文化、医疗、就业、教育”六大领域审计。通过公共文化服务体系建设审计，促进完善区级制度1项、行业主管部门制度5项；通过养老助残领域审计发现养老驿站、助残机构运行管理方面的问题，对某乡出具行政处罚决定书、2条问题线索移送纪委。

【政府投资审计】 年内，区审计局对北京商务中心区（CBD）西北区交通综合治理、优化营商环境、温榆河公园朝阳段一期、道路建设、河道综合治理、绿化美化等项目开展专项审计，从单一工程造价审计向全面投资审计转变，将审计方向聚焦到城市更新、新基建等领域，将审计重点聚焦到建设程序、参建各方职责履行、工程质量、投资效果等非造价内容，提升投资审计成果。

【企业审计】 年内，区审计局完成5名企业领导人员经济责任和1个企业资产负债损益审计，每4年审计一次。与区国资委建立信息通报交流、审计问题及整改结果反馈等工作联动配合机制。企业审计项目首次获得市审计局优秀表彰。

【大数据审计技术应用】 年内，区审计局促进大数据审计技术在审计全覆盖中发挥新作用，首次实现部门预算执行数据分析全覆盖。分层、分类开展审计部门单位76家，采集数据145.9G，生成疑点数据1952条，核查出预算编制不细化、固定资产超标等9类共性问题，涉及金额13.6亿元，疑点转化率48%，较上年疑点转化率有大幅提升。

【审计信息宣传】 年内，区审计局发出审计信息280篇，被市区审计局采用778篇次，采用率278%；市区审计局目标考核任务140篇，完成149篇，完成率106%。学习强国App采用2篇，今日头条App采用2篇，审计署公众号采用2篇，《中国审计报》及公众号采用14篇，《中国审计》及公众号采用16篇，北京审计公众号采用114篇，《朝阳报》采用3篇。在市审计局《北京审计通讯》、北京审计公众号、北京审计网刊登的稿件数分别位居市16区第一。3名干部参加机关工委百姓宣讲，以《逆行的朝阳审计人》为题向全区展现审计工作特色。

（崔月明）

统 计

【概况】 北京市朝阳区统计局（简称区统计局）是朝阳区政府负责综合统计工作的职能部门。北京市朝阳区经济社会调查队为北京市经济社会调查队派出机构，与区统计局合署办公。下属事业单位5个。5月，区统计局迁址到吉祥里102号锦鹏大厦。10月，完成全区统计所改革，158名统计所干部划转至街乡工作。年内，区统计局完成各专业2019年年报和2020年定报工作；完成朝阳区第七次全国人口普查登记；发布《北京市朝阳区第四次全国经济普查主要数据公报》（1号至5号），开展区第四次全国经济普查（简称四经普）合作课题研究；发布《朝阳区2019年国民经济和社会发展统计公报》；“准规模”单位查找10257个，单位数量继续位居全市第一。开展考评类、疫情相关类、民生领域专项调查27项次，开展朝阳区第七次全国人口普查（简称“七人普”）

系列宣传，创新举办以“穿越人普时光，普查惠及朝阳”为主题的朝阳区第六届政府统计开放日。（黎　晨）

【统计质量管理】　6月，区统计局修订《北京市朝阳区统计质量全过程管理办法》，培训43个街乡统计所人员。分4批次开展定报数据质量专项检查，覆盖重点单位2800余家。围绕各行业重点指标，重点检查财务表、劳动工资表、投资数据。开展2020年“准规模”单位查找工作，从查找范围、采集环节、过程审核三个方面查找到10257个单位，占全市22.4%，单位数量位居全市第一。（刘狄菲　秦　琦）

【统计服务】　年内，区统计局围绕区委、区政府中心工作，撰写统计分析报告197篇、经济信息279篇，编印统计快报28期、统计专报17期、专题分析20期、产业监测14期、区域监测14期、研究报告2期、经普专刊23期；被区委办采编信息53条，被市统计局内网采用政务信息123条、分析报告193篇，被国家统计局内网采用政务信息9篇，《中国信息报》刊登各类宣传报道6篇。多篇分析报告得到区领导53次批示和关注。《经济运行总体平稳　发展质量持续提升——2019年前三季度朝阳区经济运行分析及全年展望》《三里屯商圈经营情况调查报告》在市统计局优秀统计分析报告评选中分别获得形势类三等奖和专题类三等奖。《疫情防控期间朝阳区企业生产经营情况、面临的问题及建议》《疫情期间小微企业复工情况调研与分析》2篇分析报告评为区委优秀信息。向区有关单位提供数据51万余笔。完成《统计经纬》《2020朝阳统计手册》《2019年朝阳区统计分析报告汇编》《北京市朝阳区2020年统计年鉴》编印。《朝阳区2019年国民经济和社会发展统计公报》在北京朝阳网、朝阳统计信息内网、“北京朝阳统计”官方微信发布。（黄桂俊　王　婷）

【经济运行监测】　年内，区统计局根据区经济发展重点，制定《北京市朝阳区统计局、北京市朝阳区经济社会调查队统计分析服务工作管理办法（试行）》，发布《北京市朝阳区统计局、北京市朝阳区经济社会调查队关于调整完善统计监测目录做好统计监测工作的通知》，统计监测内容由18项增至21项，加强街乡分析、疫情对经济影响、四经普等内容的分析，强化原因剖析。（黄桂俊）

【统计专项调查】　年内，区统计局开展考评类、与疫情相关类、民生领域专项调查27项次，撰写总报告223篇。其中，开展民生领域调查5项，包括重要民生实事项目线索调查、百姓健康生活调查、城乡居民垃圾分类意识及现状调查、老旧小区综合整治效果民意调查以及非首都功能疏解效果民意调查。部分调查报告获区长等区领导批示，在区委办《调研与参阅》等刊物刊登。（陈　红）

【经济普查数据资料开发】　年内，区统计局推进四经普数据资料开发，发布《北京市朝阳区第四次全国经济普查主要数据公报》（1号至5号）；8项合作课题全部纳入市级课题开发范围，课题研究成果报送区领导；撰写专题分析23篇；完成四经普年鉴和分析报告汇编；通过区政府网站和“北京朝阳统计”官方微信公众号发布四经普公报、数据和分析；制作四经普宣传纪录片，从经济总量、结构优化、空间布局三个方面展示朝阳区现阶段发展规模布局。《北京市朝阳区第四次全国经济普查主要数据公报》显示，从2013年第三次全国经济普查至2018年12月31日，全区从事第二产业、第三产业活动法人单位21.5万个，比2013年末增长52.5%。第二产业和第三产业的产业活动单位23.8万个，比2013年末增长46.3%。第二产业和第三产业的企业法人单位21.0万个，比2013年末增长53.8%。第二产业和第三产业法人单位从业人员294.7万人，比2013年末增长29.0%。第二产业和第三产业法人单位资产195629.6亿元，比2013年末增长64.1%。第二产业和第三产业法人单位营业收入39613.8亿元，比2013年增长22.3%。从事第二产业和第三产业活动的个体经营户4.5万户，比2013年下降47.1%。从事第二产业和第三产业活动的个体经营户从业人员10.6万人，比2013年下降43.2%。（肖昭旭）

【统计成果宣传】　年内，区统计局开展“七人普”宣传月系列宣传活

▲10月28日，区人普办在朝阳区实验小学三里屯分校举办“七人普”校园行活动（姜　倩　摄）

动。举办“七人普”进校园、进社区活动，制作人口普查微电影、科普动画等作品并在公众号展播。设计并发放《朝阳统计手册》1000余册，改版《统计经纬》杂志。升级“北京朝阳统计”官方微信内容选题，增加视频、音频、H5等新媒体传播方式，全年推送图文140期178条，阅读117438人次，转发9713人次。举办以“穿越人普时光，普查惠及朝阳”为主题的朝阳区第六届政府统计开放日，采用网络直播、线上线下融合方式，增强公众对统计工作的认同和支持。2名干部参加由区直机关工委举办的朝阳区“百姓宣讲”活动，获优秀奖。“政务动态”刊登在市统计局平台123篇、区级平台19篇、“北京朝阳”外网平台69篇。（王　婷）

【统计执法检查】 年内，区统计局严格落实行政执法公示、执法全过程记录、重大执法决定法制审核制度“三项制度”，维护统计法律权威。全年完成统计执法任务579家，其中日常检查112家、专项查询465家，统计催报2家；简易程序处罚12起，一般程序立案3起。开展全区统计诚信单位评选，评出年度统计诚信单位9家。（田　泳）

【第七次全国人口普查登记】 年内，区统计局开展“七人普”，普查时点为11月1日0时。普查涉及43个街乡、637个社区（村）、17464个普查小区。引进第三方公司开发区级建筑物标绘平台，完成与东城、西城、丰台、昌平、大兴、顺义等6个区、28个街乡和180个社区（村）的普查区边界修订。对六里屯街道甜水西园社区开展市级综合试点工作；对十八里店乡吕家营村开展区级建筑物标绘专项试点工作。完成“七人普”摸底、短表登记和长表登记。制定数据质量考核评分办法，组建8个业务督导小组，委托第三方公司，对全区所有街乡开展事中质量抽查，重点核查数据质量和空户。完成国家下发的内部比对、户籍漏错报和低龄人口漏报错误核实信息77万余条；管庄地区、潘家园街道、太阳宫地区完成北京市事后质量抽查。近20万人的行业、职业编码，下发行职业核实信息3万余条（2021年1月10日最终完成）。（庄　园）

市场监督管理

【概况】 北京市朝阳区市场监督管理局（简称区市场监管局）是区政府工作部门，加挂北京市朝阳区食品药品安全委员会办公室（简称区食药安办）、北京市朝阳区知识产权局（简称区知识产权局）牌子。下设区市场监管综合执法大队、11个事业单位、43个街道（地区）市场监督管理所及1个特殊地区市场监督管理所（即奥林匹克管委会所）。截至年底，全区有市场主体385640户，其中内资企业329677户、外资企业13488户、个体工商户41134户、代表机构等1341户。全年新增市场主体36764户，其中新设内资企业33124户、新设外资企业1155户、新设个体工商户2466户、其他主体19户。完成市场主体年报工作。区企业年报率92.96%，个体工商户年报率79.52%，农村专业合作社年报率50%，代表机构年报率91.11%。接待企业登记档案外部查询5.5万次，内部查询32万次，互联网查询68万次。年内，优化营商环境，以“四个最严”标准（最严谨的标准、最严格的监管、最严厉的处罚、最严肃的问责）保障辖区食品药品安全。成立新冠肺炎疫情防控工作领导小组，统筹、调度全局疫情防控工作，下设办公室及稳定物价、食品经营防控、医药防控与物资保障、投诉举报（接诉即办）等12个工作组。全年办理市场行政处罚案3726件，罚没款8697余万元，其中涉疫案件204件、经济制裁金额1429万元、吊销营业执照7件。完成无证无照点位整治475处，“开墙打洞”专项整治实行动态清零。区市场监管综合执法大队被人力资源和社会保障部、国家市场监督管理总局授予全国市场监管系统先进集体称号。（肖　洁）

【市场主体登记告知承诺制度推行】 3月19日，全区试行市场主体登记告知承诺制度，4月28日全面推行。遵循依法登记、自主申报、意思自治、信用承诺的原则，申请人承诺所提交材料的真实、有效、合法性，登记机关不再对申报内容进行实质审查。（吕秉生）

【儿童用品质量监管】 5月至6月，区市场监管局开展儿童用品质量监管。抽检玩具、文具、学习座椅等商品86组；行政指导64家重点电子商务经营者，打击销售危险玩具；强化学生用品质量识别，联合区教委开设质量安全云端系列课堂，北京电视台予以报道；利用官方微博、微信、抖音平台于“六一”发布儿童用品质量安全提示。（吕秉生）

【落实主体责任专项执法检查】 6月至9月，区市场监管局开展电子商务平台经营者落实主体责任情况专项执法检查。督促17家电子商务平台经营者自查整改，行政指导18次，立案1件；收集经营者信息170131条。（吕秉生）

【网络市场监管专项行动】 11月至12月，区市场监管局落实《北京市市场监督管理局办公室关于印发落实2020网络市场监管专项行动（网剑行动）的工作方案的通知》。网上检查网站、网店108970个次，实地检查网站、网店经营者4012个次，删除违法信息14256条，责令整改网站264个次，提请关闭网站3个次，责令停止平台服务的网店75个次，抽查核实平台内销售食品、药品、防疫用品经营者主体信息1462个次；查处网络违法案件353件，罚没款3587.35万元。（吕秉生）

【营业执照和公章登记网上办理】 年内，区市场监管局通过微信公众号和微博公告提示办事人员疫情防控期间优先选择“北京市企业登记e窗通服务平台”办理营业执照和公章登记业务，并由中国邮政速递物流股份有限公司免费邮寄到各单位。全年邮寄执照54712份、企业公章12151件。 （吕秉生）

【涉大气污染产品质量抽检】 年内，区市场监管局助力蓝天保卫战工作。全年抽检成品油348组、车用尿素35组、建筑类涂料和胶粘剂42组，未发现不合格样品。 （吕秉生）

【“双随机、一公开”抽查】 年内，区市场监管局单独或联合有关部门“双随机、一公开”（随机抽取检查对象，随机选派执法检查人员，抽查情况及查处结果及时向社会公示）抽查供热单位部门、高风险企业年报信息、房地产经纪机构等经营主体51次，检查经营主体27730户，对检查中发现的问题依法处置，并在区政府门户网站“双随机、一公开”版块公示。“双随机”入户检查区内现有拍卖企业884户，核查是否在注册地开展经营、是否按照要求进行即时信息公示以及公示内容是否真实准确、是否存在违法违规等行为。查出通过登记住所（经营场所）无法联系拍卖企业348户，列入经营异常名录。 （吕秉生）

【流通领域商品质量监管】 年内，区市场监管局抽检大型商超、专业市场、综合商城、专卖店商品48类、961组，商品合格率66.5%。 （吕秉生）

【动产抵押登记】 年内，区市场监管局办理企业新设动产抵押登记248件，融资329.47亿元；办理动产抵押注销登记审核43件，变更2件。 （吕秉生）

【“接诉即办”办理】 年内，区市场监管局依照市市场监督管理局《网络交易诉求突出问题专项整治工作方案》，专项整治辖区电商平台企业格式条款违法违规行为。检查电商平台企业88户，约谈8户，送达行政建议书6份；检查电商平台企业格式条款1882条，发现违法条款15条，指导修改涉嫌违规格式条款11条，查处违法案件4件，罚款4000元。接收“12315”投诉举报中心电话和网络、App等渠道投诉、举报、咨询264412件，其中调解成功22638件，为消费者挽回经济损失18046.04万元；举报提供案件线索73件，立案查处27件。通过北京新闻广播和北京消费投诉App播报消费投诉举报数据、提示和信息披露56次，曝光侵害消费者权益企业18家。开通消费纠纷快速通道，其中开通全国“12315”快速和解通道企业38家、开通市政府快速和解通道企业9家、开通市市场监管局快速和解通道企业430家、网上平台224家。通过网上平台快速和解消费纠纷499件，为消费者挽回经济损失14.7万元。 （吕秉生）

▲ 1月15日，大屯工商所开展节前检查工作 （邹 月 摄）

【企业注销登记电子化】 年内，区市场监管局推进企业注销登记电子化，全程“零见面”。企业注销登记由通过报纸公告的程序调整为免费通过国家企业信用信息系统公告完成，经营主体简易注销登记公告时间由原45天压缩为20天。 （吕秉生）

【“朝阳区广告合规云课堂”开通】 年内，区市场监管局“朝阳区广告合规云课堂”系列网络直播培训课开通。全年培训17期、208万人次。北京电视台、朝阳有线电视台、中国消费网、中国市场监管等媒体跟踪报道11次。 （吕秉生）

【预付式消费资金监管】 年内，区市场监管局牵头探索朝阳区预付式消费资金监管。经与农行、建行、工行等9家银行70余次研讨，与区法院、区教委、区金融办、区体育局等部门7次协调及生活服务类平台企业——美团点评5次研讨，组织企业洽谈300余户次，确定资金监管方案及具体业务需求、制定次卡类服务标准合同范本、合作银行，首批有86家企业表示愿意加入区预付费资金监管平台。平台于2021年1月正式上线。 （吕秉生）

【市场疏解】 年内，区市场监管局依据市区政府功能疏解工作要求，疏解商品交易市场5个，清理市场内虚数主体2806户，注销、吊销、变更空壳市场专营公司9个。 （吕秉生）

2020 年朝阳区工商所一览表

表 2

名　称	地　址	邮　编	电　话
六里屯工商所	甜水园北里1号楼	100026	65076946
团结湖工商所	团结湖北头条9号楼	100026	85589300
双井工商所	松榆东里37号楼	100021	87373176
酒仙桥工商所	驼房营路3号（将台派出所南）	100015	64329430
左家庄工商所	西坝河西里28号英特公寓A座4层	100028	64292464
奥运村工商所	安惠里1区11号	100101	64915551
高碑店工商所	康家园25号	100123	85782132
北京商务中心区工商所	建国路93号万达广场3号楼一层	100022	58205533-525/599
双桥工商所	杨闸环岛东200米路南	100024	85708720
华威工商所	双龙南里212楼	100122	87312145
大屯工商所	惠新东街8号设计大厦十三层	100029	84644537
望京工商所	望京西园103楼	100102	64702120
安贞工商所	西坝河西里28号英特公寓A座3层	100028	64433315
十八里店工商所	双龙南里129楼	100021	87313183
崔各庄工商所	崔各庄乡政府东侧	100015	64321040

质量技术监督

【概况】 北京市朝阳区市场监督管理局（简称区市场监管局），下设质量发展与认证管理中心、特种设备检测所、计量检测所。负责本区贯彻、实施有关质量技术监督方面的法律、法规、规章和政策，质量管理工作，产品质量安全监督管理工作，标准化工作，计量管理和检验工作，特种设备安全监察和检验工作等。年内，开展质量技术监督执法 1659 起，查处案件 290 起（立案查处 168 起，现场查处 122 起），罚没款 152 万余元。全年未发生行政复议和行政诉讼。接到投诉举报 1933 件，其中政民互动来源 1657 件、“12315”投诉举报中心来源 268 件、其他 8 件，涉及家用汽车 929 件、特种设备 382 件、其他 622 件。质量发展与认证管理中心办理行政许可及服务类事项 13 类，其中特种设备类、计量类受理 1476 件。检测计量器具 5.97 万台（件）；出具特种设备检验检测报告 5.71 万台（份）。

【技术标准制定（修订）资助项目受理】 5 月，区市场监管局完成 2020 年度市、区两级技术标准制定（修订）资助项目受理工作。其中市级申请资助单位 40 家、制定（修订）标准 86 项，区级申请资助单位 34 家、制定（修订）标准 166 项。6 月，确定 32 家单位提交的 158 项标准符合区标准资助条件，其中符合国际标准 11 项、国家标准 128 项、行业标准 16 项、地方标准 3 项，补助资金 200 万元，助力企业复工复产。11 月，市市场监管局公布 2020 年实施首都标准化战略补助资金项目评审结果，区 17 家单位的 35 项标准获得 224 万元经费支持，其中国际标准 2 项、国家标准 31 项、行业标准 2 项，1 家单位获得推动标准国际化补助 30 万元。

【科普节目在央视播出】 5 月，区市场监管局特种设备检测所配合中央电视台《解码科技史》节目组在中国科技馆录制关于电梯历史、现代电梯原理、安全保护装置及乘梯注意事项的科普节目，6 月，节目在中央电视台科教频道中播出。

【电商平台CCC 认证产品在线核查】 5 月至 9 月，区市场监管局开展电商平台 CCC认证产品在线核查专项整治工作。核查电商平台 21 家、产品 3050 余种，发现 11 家平台 180 余种商品未落实公示公开规则，未按要求公示强制性认证证书信息，均责令改正。

【获发明专利】 6 月 30 日，区市场监管局特种设备检测所的发明专利《一种热水锅炉阻垢剂及其使用方法》通过国家知识产权局授权，专利号为ZL 2017100595631。

【包装商品专项抽查】 8月至9月，区市场监管局开展辖区内商场、超市、农贸市场、生产企业在售包装商品专项抽查。抽检定量包装商品989批次、预包装商品156件，结果全部合格；抽检过度包装商品48个批次，其中7个批次不合格，责令改正。

【老旧住宅电梯修理改造更新】 9月10日，区市场监管局组织区民政局、农业农村局、财政局、房管局和市规划自然资源委朝阳分局召开老旧住宅电梯修理改造更新工作联席会。会议决定对华严北里67号楼等31部老旧住宅电梯改造更新进行补助，补助工程资金约552万元。

【《节约型餐饮企业评价通则》团体标准发布】 9月11日，区市场监管局牵头起草的朝阳区《节约型餐饮企业评价通则》团体标准发布实施。《节约型餐饮企业评价通则》团体标准由区市场监管局联合区食品药品行业协会、中国标准化研究院、中国食品发酵工业研究院共同起草，经国家标准技术审查部、中国质量协会、国家粮食和物资储备局标准质量中心、北京市标准化研究院等部门专家表决通过。该标准是北京市首个针对节约型餐饮制订的标准，同时也是全国首个由区级市场监管部门牵头行业协会、汇聚社会餐饮单位力量制订的节约餐饮的团体标准。标准的发布和实施对餐饮单位开展节约餐饮相关行动具有明确指导意义和显著示范效应。

【检验检测机构监督抽查】 9月至11月，区市场监管局开展2020年度检验检测机构监督抽查。由执法人员40人、专家38人组成工作组，以“双随机、一公开”方式抽查检验检测机构20家，发出责令改正通知书7份，立案4起，结案2起。

【地方标准编制参与】 12月24日，由特种设备检测所参与编制的北京市地方标准《供热采暖系统水处理规程》（DB11/T 1775—2020）发布。

【大气污染防治专项执法行动】 年内，区市场监管局以“双随机”抽查与日常执法检查相结合方式，以曾经在监督抽查、风险监测中出现不合格的企业为重点，对辖区内胶粘剂、涂料、车用汽油清净剂、车用尿素溶液、柴油降凝剂等大气污染相关产品生产企业开展执法检查。检查企业30家次，现场未发现问题。

【《北京市生活垃圾管理条例》落实】 年内，区市场监管局落实《北京市生活垃圾管理条例》。制定《北京市朝阳区市场监督管理局贯彻落实北京市生活垃圾分类工作实施方案》，出动执法人员21544人次，检查经营主体26422个，宣传4937家次，发出责令改正通知书11份，当场处罚38起，一般程序行政处罚结案13起，罚没款2.76万元。

【特种设备管理】 年内，区市场监管局建立超期特种设备台账，排查确认设备使用状态，督促相关单位及时办理约检、停用和注销等手续。截至年底，全区在用特种设备64873台，其中电梯51621台、锅炉1582台、压力容器6596台、压力管道1268条、大型游乐设施84台、起重机械2798台、厂内机动车923台、客运索道1条，超期设备390台。全年办理特种设备使用登记许可1363件，登记特种设备8899台（套）；办理气瓶充装单位许可1件，特种设备生产单位许可15件；办理特种设备停用4155台，注销1960台（套）。（李　娟）

食品药品监督管理

【概况】 北京市朝阳区市场监督管理局（简称区市场监管局）是区政府工作部门，加挂北京市朝阳区食品药品安全委员会办公室（简称区食药安办）牌子，主要负责本区食品安全监督管理和综合协调，落实药品、医疗器械、化妆品的法律法规和相关政策。年内，设立朝阳区退烧、止咳类药品销售信息填报系统。加强食品新冠肺炎病毒检测，开展冷链食品追溯，保障食品安全。完成餐饮单位从业人员、外卖送餐骑手等核酸检测。

【特殊药品及其空安瓿处置】 7月7日，区市场监管局现场核对、封存中国医学科学院医学实验动物研究所科研用特殊药品27箱。包括在库近22000支盐酸吗啡注射液等特殊药品和近3500支特殊药品空安瓿，联合区禁毒办监督销毁过期麻醉药品上万支。

【食品药品领域监管】 年内，区市场监管局检查餐饮单位25067户次、食品流通领域监督检查48924户次，监督检查药品生产经营企业24户次、药械企业6255户次、医疗器械生产机构32户次、医疗机构448户次，进一步强化食品药品生产经营企业主体责任意识。全年监督抽检食品各环节样本7281件，合格率99%；抽检药品403件、医疗器械59件，收集评价药品不良反应监测评价报告2097件，审核医疗器械不良事件监测报告1048件，审核医疗器械产品注册信息598件。

【食品药品突发事件处置】 年内，区市场监管局处置食品药品突发事件25起。其中食品类24起、其他事项1起，包括植物性食源性疾病暴发事件（扁豆）6起、植物性（毒蕈）食物中毒1起、化学性（亚硝酸盐）引起的食源性疾病1起、细菌性食源性疾病事件4起、无法判定是否与食物有关的4起、排除与食物有关的2起、由诸如病毒导致的疫情1起、尚未定性的事件2起、属其他区局管辖3起，警情协查类1起，未发生人员死亡情况。（肖　洁）

2020年朝阳区食品药品监督管理局食药所一览表

表3

食品药品监督管理所名称	通信地址	邮政编码	办公电话
北京市朝阳区安贞街道食品药品监督管理所	北京市朝阳区安华里一区5号楼旁	100011	64269619
北京市朝阳区奥运村街道食品药品监督管理所	北京市朝阳区科荟桥东北角奥运村城管院内三层	100192	62940953
北京市朝阳区八里庄街道食品药品监督管理所	北京市朝阳区十里堡东里14号楼北侧（城管队院内）	100025	65569356
北京市朝阳区常营地区食品药品监督管理所	北京市朝阳区朝阳北路燕保常营家园9号东侧常营乡政府513	100024	65480860
北京市朝阳区朝外街道食品药品监督管理所	北京市朝阳区雅宝里15号楼211室	100020	85612587
北京市朝阳区崔各庄地区食品药品监督管理所	北京市朝阳区崔各庄乡政府南楼101室	100103	84304136
北京市朝阳区大屯街道食品药品监督管理所	北京市朝阳区北苑路甲166号风格派	100101	58236440
北京市朝阳区东坝地区食品药品监督管理所	北京市朝阳区东坝乡乡政府南100米	100018	65491772
北京市朝阳区东风地区食品药品监督管理所	北京市朝阳区星火西路9号东风乡人民政府	100016	85818457
北京市朝阳区东湖街道食品药品监督管理所	北京市朝阳区宏昌路6号	100102	64712566
北京市朝阳区豆各庄地区食品药品监督管理所	北京市朝阳区豆各庄乡石槽南路于家围小学南门东侧消防站院内	100121	85307404
北京市朝阳区垡头街道食品药品监督管理所	北京市朝阳区垡头西里18号楼东侧	100023	67389581
北京市朝阳区高碑店地区食品药品监督管理所	北京市朝阳区高碑店北路甲1号	100025	85766551、85756693
北京市朝阳区管庄地区食品药品监督管理所	北京市朝阳区管庄乡1号管庄乡政府东配楼206	100024	65767439
北京市朝阳区和平街街道食品药品监督管理所	北京市朝阳区和平街十区1号楼三层	100013	84282097
北京市朝阳区黑庄户地区食品药品监督管理所	北京市朝阳区黑庄户乡黑庄户家属院内	100121	85383697
北京市朝阳区呼家楼街道食品药品监督管理所	北京市朝阳区呼家楼北街甲6号西侧平房	100026	65018535
北京市朝阳区机场街道食品药品监督管理所	北京市朝阳区首都机场西平街2号街道办事处	100621	64501826、64571573
北京市朝阳区建外街道食品药品监督管理所	北京市朝阳区光华里甲12号	100021	58789791
北京市朝阳区将台地区食品药品监督管理所	北京市朝阳区将台乡驼房营中心幼儿园南侧城管综合执法队院内	100016	64372105、64360809
北京市朝阳区金盏地区食品药品监督管理所	北京市朝阳区金盏乡城市指挥管理中心	100018	84334761

续表 3

食品药品监督管理所名称	通信地址	邮政编码	办公电话
北京市朝阳区劲松街道食品药品监督管理所	北京市朝阳区劲松一区132号楼一层	100021	67730440
北京市朝阳区酒仙桥街道食品药品监督管理所	北京市朝阳区万红路16号酒仙桥城管队内	100015	64309117
北京市朝阳区来广营地区食品药品监督管理所	北京市朝阳区朝来绿色家园蕴实园3号楼底商	100012	84950996、84950775
北京市朝阳区六里屯街道食品药品监督管理所	北京市朝阳区八里庄北里87号（六里屯街道城管院3层）	100025	85811864
北京市朝阳区麦子店街道食品药品监督管理所	北京市朝阳区朝阳公园西里南区6号楼麦子店街道办事处内	100125	58260845、58260847
北京市朝阳区南磨房地区食品药品监督管理所	北京市朝阳区平乐园小区临甲105号	100022	67337095、67305049
北京市朝阳区潘家园街道食品药品监督管理所	北京市朝阳区松榆西里甲26号食品药品监督管理所104室	100021	87389607
北京市朝阳区平房地区食品药品监督管理所	北京市朝阳区平房乡林泉街8号院银谷美泉1号楼底商1-2	100123	85573925、85518505
北京市朝阳区三间房地区食品药品监督管理所	北京市朝阳区建国路18号院2号楼104室	100024	65420081
北京市朝阳区三里屯街道食品药品监督管理所	北京市朝阳区幸福村1号三里屯街道办事处一层	100027	84751415
北京市朝阳区十八里店地区食品药品监督管理所	北京市朝阳区十八里店乡大羊坊路168号	100122	67477922
北京市朝阳区双井街道食品药品监督管理所	北京市朝阳区百子湾南二路88号双井街道办事处109	100022	87759513
北京市朝阳区孙河地区食品药品监督管理所	北京市朝阳区孙河乡顺白路6号孙河乡政府东配楼118室	100103	84200568
北京市朝阳区太阳宫地区食品药品监督管理所	北京市朝阳区太阳宫南街15号院1号综合服务楼一层	100028	63599439
北京市朝阳区团结湖街道食品药品监督管理所	北京市朝阳区团结湖北头条九号	100026	85589818
北京市朝阳区王四营地区食品药品监督管理所	北京市朝阳区王四营路280号王四营综合执法中心西楼一层	100023	67373882
北京市朝阳区望京街道食品药品监督管理所	北京市朝阳区望京蓝色家园小区西门外	100102	64212331
北京市朝阳区香河园街道食品药品监督管理所	北京市朝阳区柳芳北里甲15号	100028	64609288
北京市朝阳区小关街道食品药品监督管理所	北京市朝阳区小关东街5号楼3层	100029	84856173
北京市朝阳区小红门地区食品药品监督管理所	北京市朝阳区小红门乡小红门村临918号	100176	67639370
北京市朝阳区亚运村街道食品药品监督管理所	北京市朝阳区安苑北里12号楼	100029	64810160
北京市朝阳区左家庄街道食品药品监督管理所	北京市朝阳区顺源里6号	100027	64668825

消费者权益保护

【概况】 北京市朝阳区消费者协会（简称区消协）接受区市场监管局领导，接受市消协的业务指导；参与朝阳区消费维权工作的研究、方案的制定和职责范围内工作的落实；受理消费者的投诉，并对投诉事项进行调查、调解等。年内，区消协及各消协分会受理消费者投诉69076件，解决56185件，为消费者挽回经济损失5476.93万元；处理欺诈行为投诉得到双倍赔偿88件，双倍赔偿金额17.57万元。接待消费者来访6126人，收到锦旗和表扬信14面/封。

【承诺诚信服务单位推荐与评定】 1月，区消协向市消协推荐2020年度“诚信服务承诺单位”12家；向市消协推荐防控疫情做得较好的食品制造、中药制剂、旅游出行、送餐服务、防护用品等企业6家。年内，区消协授予18家企业“诚信服务承诺单位”牌匾。

【督办“接诉即办”回访】 2月5日，经区市场监管局党委研究决定，成立疫情防控期间“接诉即办”临时督查组，由区消协牵头电话回访，了解已办结投诉举报单办理情况，查找工作薄弱环节，促进履职到位。2月6日至7日，区消协回访1595件，归集投诉处理举报中存在的问题和困难，向区市场监管局提出建议。 （吕秉生）

价格管理

【概况】 朝阳区物价检查所隶属于区市场监管综合执法大队。区市场监管综合执法大队负责承担工商、质监、食品、药品、物价、商标、专利、商务、盐业、粮食和农资等领域的行政检查及处罚，以及本区相关领域的重大疑难复杂案件和跨区域案件的查处工作；北京市市场监管局和北京市市场监管执法总队授权或委托的有关行政执法工作。年内，综合执法大队受理投诉举报4419件，立案264件（非疫情），罚没款合计3483.35万元。区市场监管局价格监督管理科负责组织实施商品价格、服务价格、教育和医疗收费以及国家机关、事业性收费的监督管理工作；负责依法查处价格违法案件，负责明码标价、收费公示制度的推行工作；负责价格改革方案和调控管理措施落实情况的监督检查。

【转供电环节价格行为检查】 年内，区市场监管局核实全区抗疫情复工复产期间转供电企业45家。重点检查降费优惠政策传导给终端用户情况、转供电是否按优惠时段优惠、优惠幅度5%。通过核实，摸清45家转供电企业基本情况、点位情况、政策落实基本情况。

【物业服务费价格监管】 年内，区市场监管局监督检查物业企业价格54家，引导物业企业落实明码标价工作，严格按照公示价格收费。检查过程中，发现物业企业存在收取物业服务费时不明码标价、不按照规定明码标价、不按公示价格收费情况，及时责令改正，截至年底全部整改完毕。 （何　珊）

安全生产监督管理

【概况】 北京市朝阳区应急管理局（简称区应急局 ）是区政府工作部门，受朝阳区政府和市应急局双重领导。设区安全生产委员会办公室（简称区安委会办公室），承担区安委会日常工作，办公室主任由区应急局局长担任。下设5家事业单位。年内，补招职能部门安全生产专职安全员25人。开展疫情防控集中隔离点危险化学品使用、消防、建筑设施等安全检查和复查复工企业安全防范服务指导，为基层一线购置、发放防疫物资10万余件，制作、张贴防疫海报13万余张。推进安全生产文化建设，组织区安全生产委员会成员单位、专职安全员等开展业务培训；开展“5·12”防灾减灾日宣传活动和安全生产月活动及“安全技能进社区”等科普活动。强化“安责险+服务”制度建设，2万余家企业参加安责险；安装电动自行车充电接入口25028个，实现电动自行车充电接入口区街乡全覆盖。全年行政执法检查生产经营单位24744家次，立案1414起，收缴罚没款647.78万元。全区全年发生生产经营性道路交通、铁路交通、火灾、生产安全等死亡事故39起、死亡43人，与上年（68起70人死亡）相比分别下降42.6%和38.6%。其中，生产安全事故发生4起、死亡4人，与上年（11起11人死亡）相比均下降63.6%，实现事故起数和死亡人数连续4年“双下降”。 区公共安全馆在市应急管理局等单位主办的北京第十四届安全文化论坛上获评综合类一级公共安全教育基地。2个街乡通过2020年度北京市安全社区现场评审安全社区复评。 （邱婉凌）

【烟花爆竹临时销售网点首次不设置】 1月，区应急管理局在考察原烟花爆竹销售地点安全条件、充分征求各相关部门及各属地办事处意见后，经与市应急局沟通协调，首次决定朝阳区不设置烟花爆竹临时销售网点。 （夏旭昀）

【安全生产集中整治】 2月25日，区安委会办公室完成组织各街乡、各部门在全区开展的安全生产集中整治工作。集中整治工作启动于2019年12月9日，出动检查人员92738人次，检查生产经营单位48683家次，发现生产安全隐患55589项、整改52534项、整改率94.50%，停产、停业、停止建设201家，关闭184家，处罚金额731.49万元。 （李长江）

【区安全管理中心成立】 4月14日，朝阳区安全管理中心在区应急局（百子湾西里303号楼）挂牌成立，为区应急局所属事业单位，编制15人。主要职责为对朝阳区应急管理、安全生产、防灾减灾救灾重点工程、重大决策、重要事项以及相关规划落实情况的跟踪、督办；承担安全生产挂账隐患整改、安全生产大检查和专项整治等重点工作事项的跟踪、督办；负责朝阳区应急管理信息化系统建设工作；协助组织开展应急管理、安全生产、防灾减灾的宣传教育活动；承担朝阳区安全、应急文化示范单位、安全社区创建具体工作。（林思婧）

【重大活动安全生产服务保障】 4月至5月，全国两会期间，区应急局成立"1+7+43"（即1个应急服务保障组织体系、7个保障组和43个街乡）全国两会安全生产应急服务保障组织体系，检查生产经营单位7521家次，消除安全隐患6501项，下达现场检查记录6471份、责令改正指令书2166份，立案133起，完成住地周边全覆盖执法检查，安全生产环境稳定得到保障。7月15日至9月18日，区应急局在中国国际服务贸易交易会举办期间，收集活动场地周边200米范围内生产经营单位台账；配合市应急局实行进驻式24小时安全监管。"回头看"会议周边生产经营单位问题隐患；按照北京市"全覆盖、零容忍、严执法、重实效"要求，开展危险化学品、有限空间作业等重点行业领域专项执法检查；牵头组织区住建委、消防支队、商务局、生态环境局、市场监管局跨行业联合检查会场、驻地周边建筑工地、商市场、餐饮等重点企业。检查生产经营单位2123家次，督促整改隐患1941项，下达现场检查记录887份，限期整改135份，现场处理措施16份，立案3起。7月，区应急局开展北京市2020年高考考试期间安全监管工作。收集14个高考考点周边200米范围生产经营单位台账，检查生产经营单位299家，消除安全隐患184项。（常　磊）

【安全生产检查】 4月至5月，区应急局统筹街乡应急系统，排查校园及周边生产经营单位安全生产隐患，进行春季试开学校园及周边安全监督检查和治理。检查中学38家、生产经营单位286家次，确保学生安全入学。4月30日至5月5日，区应急局协调街乡执法监察安全员，对区公园景区内部及周边生产经营单位开展安全生产检查。检查公园景区198家次，出动执法人员582人次，消除安全隐患135项，保障五一假日期间公园景区生产安全。5月17日至27日，区应急局联合区住建委、区重大办、消防救援支队对国家速滑馆、北京冬奥村人才公租房、国家体育馆、国家游泳中心、国家会议中心二期施工现场和员工宿舍用气用电用火安全及大型起重机械、特种作业等违法违规生产行为开展执法检查。出动执法人员70人次，消除安全隐患40项，立案10起，冬奥会建设工程安全生产得到保障。（常　磊）

【安全文化建设示范企业评选】 4月至12月，市应急管理局开展"2020年北京市安全文化建设示范企业"评选。区内6家企业参加评选，其中北京北方华创真空技术有限公司、北京昆泰房地产开发集团有限公司2家企业通过评选。6家企业通过示范企业复评。（林思婧）

【危险化学品管理】 5月12日，区内最后1家危险化学品重大危险源企业——北京市自来水集团有限责任公司第九水厂不再储存、使用液氯，经区应急局批准完成液氯核销程序。8月，区内最后1家硝酸铵使用企业——北京普莱克斯实用气体有限公司退出氧化亚氮生产，库存硝酸铵全部完成安全处置。11月，组织街乡等部门联合开展实验室危险化学品安全专项检查。督促街乡、行业建立完善实验室基础台账，检查区283家实验室所属单位实验室安全。各街乡、各部门累计出动检查人员816人次，检查单位387家次，检查实验室283处，发现隐患145处，完成100处隐患消除。同月，根据市公安局、市应急局《关于开展危险化学品涉危涉爆物品"打非治违"百日专项行动的通知》要求，与公安朝阳分局依托属地街乡对重点场所和部位进行危险化学品涉危涉爆物品排查。检查点位1225处，发现、整改隐患2068处；检查危爆物品使用单位277家次，处理涉危投诉举报2起，查处涉危涉爆物品非法违法案件8起，处罚15.3万元，罚没危险化学品5吨。年内，完成危险化学品建设项目许可1家、危险化学品经营许可153家、易制毒许可26家；完成现场检查616家次，行政处罚33家，处罚金额50.3万元，未发生复议、诉讼。区应急局获市安全生产委员会办公室"2020年首都应急管理创新案例"评选一等奖。（夏旭昀　李长江）

【燃气使用执法检查】 5月26日，区应急局、区城市管理委、区城管执法局和属地街乡，责令3家存在较大安全隐患的液化石油气使用单位停业整改。5月，区应急局协调街乡专职安全员，对区燃气使用单位开展安全检查。出动执法人员2294人次，检查燃气使用单位1307家次，消除安全隐患1440项。9月23日，区应急局联合区城管委和朝阳消防救援支队、区市场监管局、区城管执法局等部门开展燃气安全跨行业专项联合执法检查。检查5家，发现隐患13项，全部落实整改。年内，区应急局配合区城管委，对区内液化石油气供应企业集中开展燃气安全联合专项检查。检查企业45家，发现并消除隐患109项。（常　磊　刘　宁）

【"安全生产月"宣传活动】 6月，区应急局举办以"消除事故隐患，筑牢安全防线"为主题的"安全生产月"宣传活动。包括教育培训、隐患曝光、问题整改、经验推广、案例警示、监督举报、知识普及等"进企业、进农村、进社区、进学校、进家庭"，向各街乡和企业发放《致企业的一封信》50000张、公益大使宣传海报10000份、宣传折页21500张、"五进"海报8400套。"朝阳应急"公众号开展"安全生产月"主题有奖问答活动2期，参与群众900余人。（林思婧）

【第二次安全生产条件普查】 6月至12月，区应急局以"应统尽统"为原则，开展朝阳区第二次生产经营单位安全生产条件普查。区应急局分5次召开43个街乡、局内相关科室（队）、普查三方机构及监理机构普查工作动员会。印制宣传海报2700份，横幅标语1080条，印制《一封信》25万余份，宣传折页25万张，印宣传标语布袋5000个，并通过微信公众号、朝阳有线电视台、朝阳报等媒介开展宣传。开展入户登记，核查各类单位23.8万余家，“四经普”底册核查率达100%。截至12月底，核查新增生产经营单位3.3万余家，普查企业台账中涉及危险化学品使用、有限空间和可燃性粉尘单位1.1万家安全生产条件，完成率100%。（杨　毅）

【有限空间作业管理】 7月20日，区应急局制定《朝阳区工业企业有限空间作业“双防一推进”专项执法检查行动工作方案》（“双防一推进”指防止违规作业、防止盲目施救，推进企业落实主体责任），联合街乡开展为期50天的有限空间专项执法检查。出动执法检查力量2132人次、检查企业1844家次，查处隐患1932项、立即整改1398项，出具检查记录1429份、责令限期整改534份、现场处理328份，立案13起、处罚金额4.6万元。年内，区应急局建立完善区工业企业有限空间作业基础台账，涉及工业企业有限空间企业23家、有限空间97个。开展工业企业有限空间作业事故隐患治理“回头看”行动，各街乡对辖区有限空间工业企业检查全覆盖。区安全生产委员会办公室下发《关于做好汛期全区有限空间安全生产工作的通知》和《朝阳区安全生产委员会办公室关于加强有限空间作业安全监管工作的通知》，登记备案有限空间作业行业，确定属地监督、执法部门联合执法检查工作模式。（刘　宁　陈　京）

【营商环境优化】 7月，区应急局与区政务服务局、政务受理大厅协调配合，进一步推进“一窗受理、一网通办”“最多跑一次”工作。1天之内完成中石化石油销售公司危险化学品经营许可证办理，促进全区经济发展。（夏旭昀）

【安全生产培训】 9月14日至10月30日，区应急局依托应急管理干部网络学院，对街乡安全生产分管领导、安委会成员单位分管领导90余人开展在线培训40学时。制定并实施《2020—2022年朝阳区安全生产执法监察人员业务培训实施方案》，对应急系统全体正式人员开展化工安全、机械与工程安全、电气安全、防火防爆及人密场所安全、法律法规及行政执法程序规范等领域40学时的在线业务培训。组织街乡、行业部门安全生产专职安全员1000余人开展40学时的脱产培训，提高区安全生产专职安全员履职能力。组织全区各社区（村）安全生产巡查员1300余人开展涉及危险作业、用电安全、燃气安全、消防安全等4方面8学时的安全生产培训。全年举办各类人员安全生产培训班135期次，培训生产经营单位主要负责人和安全管理人员12429人，位列全市排名第一。（余　捷）

【全国科普日北京主场活动】 9月19日，区公共安全馆受邀参加北京减灾协会在中国科技馆举办以“决胜全面小康、践行科技为民”为主题的全国科普日活动。区公共安全馆为活动提供AED展项、资料、设备与人员支持；开展“全国科普日应急科普亲子活动”，向参与此次活动的亲子家庭赠送《地震知识与应急避险》绘本，通过寓教于乐的方式向小朋友普及防灾减灾知识和应急避险技能。（杨　力）

【安全生产督察】 10月12日至30日，市委、市政府安全生产第五督察组对朝阳区安全生产进行督察。督察组以汇报会、座谈交流、查阅资料、实地检查等形式了解朝阳区安全生产工作情况，区长文献汇报全区安全生产工作开展情况。10月30日，市督察组组织召开安全生产督察反馈会，市督察组组长曲安通报区安全生产工作督察反馈意见，涉及有关部门、街乡和单位具体问题59项。截至年底，完成整改58项，整改进行中1项。11月30日至12月18日，区委组织部抽调正处级领导任组长，以区委、区政府名义对市安全生产第五督察组未延伸到的14个乡和4个管委会开展安全生产督察。督察组开展个别谈话57次，召开座谈会22次，查阅文件资料7560份，涉及企业、社区、村100家。（邱婉凌）

【安全生产“暖冬”专项行动】 12月1日，区安委会办公室组织各街乡、各部门在全区开展区安全生产“暖冬”专项行动（指在全面开展安全生产专项整治三年行动的基础上，强化市委、市政府安全生产第五督察组发现问题的整改，并针对元旦、春节以及全国两会等重要事件节点全面加强重点行业专项整治）。截至年底，出动检查人员10156人次，检查生产经营单位4946家，发现安全生产隐患2677项，整改2671项，整改率99.78%。（李长江）

【安全生产责任险制度推广】 年内，区应急局按照市安委会和市应急局要求，以“保险+服务+公益”理念，推广安全生产责任险制度。新增安全生产责任险参保企业17050家，比上年增加11.5%，位列全市第一，占全市投保企业29.2%，保额超过1648亿元。督促指导保险服务机构做好承保、理赔和事故预防服务，由保险运营公司利用提取经费聘请第三方对投保单位开展隐患排查，年度安责险隐患排查走访企业9856家，发现化解隐患13890处；免费为参保企业提供网上燃气使用安全培训和“在线视频隐患排查”服务，线上培训3145人次；结合新冠肺炎疫情对投保单位影响，推出免费延长三个月保期、基准保险费率下浮10%和免费附加雇员新冠肺炎救助补偿金保险条款等惠企措施，投保企业年度未发生生产安全事故，安全生产责任险品牌得到辖区生产经营单位认可，区应急局在全市安全责任险视频会做典型发言。（邱婉凌）

【电动自行车充电设施安装】 年内，区安委会办公室采取社会化模式在区内推广安装电动自行车充电设施，推动民生实事落实。全年新建集中充电口25028个，超额完成民生实事项目安装2600个充电口的进度目标，实现全区各街乡集中充电设施全覆盖。 （邱婉凌）

【城市安全风险评估】 年内，区安委会办公室组织43个街乡以及区住建委、区城管委、区交通委、区商务局、区水务局、区文化和旅游局、区体育局、区园林绿化局8个部门在建筑施工，电力、城镇燃气、供热、生活垃圾处理设施、户外广告设施、加气站，供水、排水（含再生水利用）、水利工程建设、水利工程运行，轨道交通运营、公共交通运营、高速公路运营、省际客运、旅游客运、危货运输、道路建设及养护项目、普货运输、出租汽车、汽车租赁、机动车维修、水上交通，商业零售、餐饮、其他生活服务业，文化娱乐场所、星级饭店、住宿业、旅游业，体育运动场馆、高危险性体育项目，公园、风景名胜区、园林绿化工程等8个重点行业（领域）开展城市安全风险评估。通过企业自评、属地街乡审核、行业主管部门再评估，完成风险评估单位26870家，其中非小微企业1744家，安全生产责任险融合开展2069家，任务完成179.13%，完成企业家数、任务完成率均位于全市前列。评估出安全风险58480条，其中重大风险1条、较大风险1006条、一般风险13284条、低风险44189条。辨识出安全风险44235条，其中重大风险1条、较大风险703条、一般风险10103条、低风险33428条。 （李长江）

【安全生产隐患排查治理及清单编制】 年内，区安委会办公室组织各街乡开展“一企一标准、一岗一清单”安全生产隐患排查治理及清单编制工作。新增清单编制试点国资系统企业227家，清单编制企业1393家，使用安全生产隐患排查治理信息系统企业25351家，系统使用覆盖率69.81%，每月系统平均使用率99.51%以上，企业信息完备率98.34%。 （李长江）

【特种作业人员管理】 年内，全区有特种作业培训机构8家，全年培训包括高低压电工作业、焊工作业、建筑脚手架拆装、高处悬挂建筑物表面清洗、制冷与空调设备运维、地下有限空间作业等各类特种作业人员22791人次，取证15208人次。区应急局配合市应急局对2019年1月1日以后新取得特种作业操作证且在北京市缴纳失业保险1年以上人员进行每人1000元个人补贴，全年审核通过并享受补贴3854人。 （余　捷）

【安全生产标准化创建】 年内，区应急局完成1800家企业安全生产标准化创建，其中三级标准化创建企业800家、小微（岗位）创建企业1000家。标准化初评工作以公开招标方式确定3家单位分片负责评审工作，企业隐患整改后全部通过。与区城管委联合执法检查区内未开展安全生产标准化供热企业78家，立案处罚26家，处罚金额2.6万元。 （陈　京）

【企业台账动态更新】 年内，区应急局在街乡台账管理员配合下开展企业台账系统数据动态更新。全年完成审核更新111475家，其中新增企业39182家、修改企业信息24529家、核销企业45069家、恢复企业1968家、迁入企业382家及迁出企业345家。A类和B类库企业信息完整率均为95%以上，C类库企业信息完整率为80%以上，区应急管理局及时审核率为99.96%。 （杨　毅）

【城乡接合部专项整治】 年内，区应急局按照市、区委政法委要求，专项整治区城乡接合部重点村安全生产工作。在9个重点乡检查生产经营单位7228家次，发现安全生产隐患21684项，整改率98%；立案210起，责令停产企业停业63家，关闭取缔违法违规企业51家，行政处罚51.4万元。 （黄卫峰）

【应急管理宣传】 年内，“朝阳应急”微信公众号累计推文423篇，文章最高阅读量2.1万人次、累计阅读44.3万余次；朝阳有线播出《安全视界》24期，并在《安全视界》栏目中新增《聚焦安全一线》板块，主动展示应急管理工作成果。 （梁博文）

【安全生产专项整治三年行动启动】 年内，区安委会办公室启动安全生产专项整治三年行动（2020—2022年）。落实企业安全生产主体责任、隐患排查治理体系建设3个专题和推动危险化学品、消防、交通运输、城市建设、城市运行、地下空间、危险废物7个专项实施。全区出动检查人员87054人次，检查生产经营单位43527家次，其中责令停产整顿527家，行政处罚68701家次，处罚金额2724.86万元。建立问题和隐患清单224项，其中一般隐患194项、重大隐患28项、突出问题2项。截至年底，完成整改223项，剩余1项于2021年完成。 （李长江）

【“接诉即办”受理】 年内，区应急局受理“接诉即办”（“12345”市民服务热线举报件）124件，举报内容主要涉及加油站安全、违法施工、无证上岗、电焊工证考试等方面问题，按期办结100%，按期反馈率100%，群众满意率91.41%。通过12350市应急局直派系统接办举报59件，办结率100%，按时反馈率100%。 （于清靓）

国有资产监督管理

【概况】 北京市朝阳区人民政府国有资产监督管理委员会（简称区国资委）代表国家履行国有资产出资人职责。下属单位16家。年内，区国资委监管企业资产1325.39亿元，比上年增长1.9%；净资产326.49亿元，比上年增长6.40%；营业收入177.97亿元，比上年下降2.45%；实现利润6.68亿元，比上年下降36.38%。完成2019年度国资委监管企业负责人薪酬兑现。 （林春照）

【国有资产处置批复】 1月2日，区国资委批复同意朝阳水务集团所属北京通润水务有限公司所持有的北京市朝水环境监测有限公司100%的国有股权（注册资本3000万元）无偿划转至朝阳水务集团，划转后北京市朝水环境监测有限公司成为朝阳水务集团全资子公司。4月30日，区国资委报请区委、区政府同意，批复通过北京昆泰房地产开发集团有限公司申请朝阳宾馆升级改造合规性审核。5月9日，报请区政府批准，区国资委批复同意首联集团向京客隆集团所属全资子公司京客隆首超商业有限公司非公开协议转让建筑面积为10726.04平方米的房地产。5月9日，区国资委批复同意昆泰集团将下属全资子公司昆泰嘉华房地产经营有限公司所持有的昆泰国际大厦地下车位（车位963个，建筑面积45708.93平方米）无偿划转至北京泛利房地产开发有限公司。5月19日，区国资委报请区政府同意，批复通过北京京客隆商业集团股份有限公司控股子公司北京朝批商贸股份有限公司在香港设立全资子公司相关事宜合规性审核。7月3日，区国资委出具批复，同意北京昆泰房地产开发集团有限公司属昆泰大厦2020年6至12月拟采取的非公开协议方式招租方案。7月15日，区国资委批准京客隆集团控股子公司北京朝批商贸股份有限公司对全资子公司北京朝批昭阳生活电子商务有限公司、北京朝批中得商贸有限公司增加注册资本相关事宜。同日，区国资委出具批复，同意朝阳区建筑工程公司转让所持有北京朝鑫达房地产开发有限公司（原北京朝建房地产开发有限公司）100%股权。6月5日，区国资委批复同意望京综开公司对位于朝阳区花家地4号楼、花家地西里111号楼共23套农转居住宅楼房进行房改售房的意见，要求企业严格按照北京市住房分配制度改革的有关规定，以朝阳区房改办等行政管理部门的审批（备案）结论为准，规范操作。7月23日，区国资委审核并报区财政局同意，完成嘉事堂药业股份有限公司281.72万股利股息上缴区国库工作。同日，启动国资中心2019年国资预算项目“华夏出行企业债出资成本补贴”绩效评价工作。8月10日，区国资委出具批复，同意中安国泰公司关于全部净资产2427.66万元为国有资产、全部归属于中国安全科学生产研究院所有的意见。9月27日，区国资委出具批复，同意朝富国有资产管理有限公司所属北京市挑补绣花厂100%的股权无偿划转至北京金刚石厂。11月23日，区国资委出具批复，同意世奥公司利用朝阳区科荟路33号东南1门奥林匹克森林公园南园“奥森国际体育文化中心”项目（总建筑面积为17186平方米，共44幢房屋建筑）房产从事办公、商业等用途。12月9日，第34次区委常委会审议通过区国资委《关于组建朝阳区集体产业用地区级统筹平台公司》的请示。12月7日，区国资委出具批复，同意昆泰集团注册资本增资1亿元，增资后注册资本金变更为4亿元，其中朝阳区2020年国有资本经营预算1500万元，昆泰集团资本公积转增8500万元。12月16日，北京市国资委批复北京首都开发控股（集团）有限公司《关于朝阳区10家国有企业非经营性资产接收工作的请示》，同意其整体接收朝阳区10家区属企业共计261660.33平方米的非经营性资产，标志着区属企业非经营性资产剥离工作前期手续审批完成，进入移交阶段。11月24日区国资委出具批复，同意昆泰集团对所属写字楼及公寓类房产采取非公开挂牌方式出租进行试点，要求昆泰集团按照国有资产保值增值的原则，建立写字楼、公寓类房产非公开挂牌方式出租的内部制度及程序，并及时总结试点经验，评估试点效果。

【法律顾问合同签订】 1月3日，区国资委与北京市康达律师事务所签订《常年法律顾问服务合同》。根据合同约定，该所为区国资委提供法律咨询、协助制定内部规章制度、进行法律宣传教育培训或应邀参加有关会议、谈判等经济活动，为国资国企改革发展提供法律保障。

【企业改革改制】 1月9日，第132次区委常委会审议，同意北京国际商务中心区开发建设有限公司（CBD公司）整合重组CBD公共服务中心所属国有企业和国有资本资源。4月8日，区国资委《昆泰集团合并重组北京郡王府饭店相关工作的请示》在第6次区长办公会审议通过。4月9日，区国资委批复同意《弘朝伟业公司关于北京市兴朝伟业商贸中心审计后全部净资产均为国有资产的意见》。4月15日，第139次区委常委会审议通过区国资委上报《昆泰集团合并重组北京郡王府饭店相关工作的请示》。6月8日，第10次区长办公会审议通过区国资委上报《关于朝富公司合并重组弘朝伟业公司和金朝阳公司相关工作的汇报》和《关于CBD公司合并重组华阳公司相关工作的汇报》。6月12日，区国资委批复同意北京望京新兴产业区综合开发有限公司转让江西中科先锋软件教育发展有限公司资产0.1%股权资产，评估项目予以核准，评估确认江西中科先锋软件教育发展有限公司股东全部权益价值21430万元。6月17日，第146次区委常委会审议通过区国资委上报《关于朝富公司合并重组弘朝伟业和金朝阳公司相关工作的汇报》和《关于CBD公司合并重组华阳公司相关工作的汇报》。6月23日，区国资委党委批复同意弘朝伟业公司下属朝阳区酿酒厂整体改制为有限责任公司，评估确认北京市朝阳区酿酒厂全部权益价值25656.36万元，次日完成工商登记。7月30日，朝富公司、金朝阳公司、朝开公司、朝阳公园、华阳公司5家企业完成公司制改制并取得工商执照。9月17日，区国资委出台《关于深化区属国有企业劳动用工和收入分配制度改革的指导意见》，构建市场化劳动用工和收入分配机制，实现企业内部管理人员能上能下、员工能进能出、收入能增能减，区属国有企业活力和竞争力增强。9月30日，区国资系统28家事业单位完成法人注销工作，经营类事业单位改革工作完成。10月19日，CBD公司完成合并重组华阳公司股权划转和工商变更相关手续并取得工商执照。10月28日，第160次区委常委会审议通过北京朝科创公司由望京综开公司划转至国资中心，实行“二级公司一级管理”工作机制，由区国资委直接监管。12月3日，昆泰集团接收北京朝教会议接待处、朝阳剧场、紫光影城、劲松电影院和郡王府饭店5家企业，全部完成公司制改制并取得工商执照。12月18日，区国资委党委批复同意CBD国际集团组建二级子公司（北京朝阳新经济发展有限公司），并完成工商注册登记。

【企业房屋出租】 1月，区国资委将监管企业房屋出租统一纳入公开交易。截至12月31日，207宗房屋出租项目在北交所发布，涉及10家企业，出租总面积128518平方米，租金25870万元。其中成交（含已摘牌）138宗，出租面积109398平方米，年租金24120万元，较挂牌价增值率10.27%，较挂牌前实际租金增幅28.95%，实现国有资产提质增值。2月10日，区国资委下发《朝阳区国资委关于落实朝政办发〔2020〕2号文减免中小微企业房租的通知》和《区属国有企业办理减免中小微企业租金工作流程》，所有运营的商务楼宇、商业网点、市场等中小微企业租户租金予以减免。区国资委成立工作专班，负责政策研究、解释答疑、材料审核等工作。截至3月底，区国资委系统企业减免7000余家中小微企业租金近8000万元。全年为8500户中小微企业减免租金约2.3亿元，减免涉及面积109万余平方米。

【企业法律顾问等级评审】 1月，区国资委开展2019年度区国资委系统企业法律顾问职业岗位等级资格评审。经筛选审核2名三级、4名助理级企业法律顾问通过企业法务评审。

【国有资本经营预决算】 2月13日，区财政局批复同意区国资委2020年国有资本经营预算，预算收入11000万元，支出11000万元。2019年国有资本经营决算收入13632万元，决算支出13632万元，收支平衡。6月19日，区国资委完成9723万元国有资本收益上缴工作。9月，完成监管企业2021年至2023年国资预算项目入库工作；完成区国资委系统企业29个新报项目筛选，选定22个项目进入国资预算项目库。12月28日，完成国资预算项目调整申请，东坝红松园项目调整为教育公司北京朝莘幼儿园（来广营）新建园项目，并报区财政局审核。12月30日，开展区国资委系统企业违规经营投资责任追究工作体系建设，形成《关于违规经营投资责任追究工作体系建设改革目标任务完成情况的报告》，报市国资委。

【“培优计划”】 4月29日至6月5日，区国资委向全球启动区管企业年轻人才“培优计划”。9月1日，通过网络报名、资格审查、笔试、面试等7个环节，“培优计划”招聘工作完成，为昆泰集团、望京综开、朝开公司、CBD公司、宝嘉恒公司、国资中心和朝保发公司7家区管企业招聘应届研究生22名，其中国内研究生10人、海外留学生12人。

【议案办理】 4月，区国资委涉及的5件议案办理完成，其中人大代表建议2件、政协委员提案3件，主要涉及房屋租赁、公园管理、噪声扰民等方面。按时办复率、同步沟通率和代表满意率均为100%。

【“朝阳国资”上线运行】 5月20日，区国资委微信公众号“朝阳国资”上线运行，主要内容为加大深化国资国企改革、创新发展等方面工作的举措和亮点。截至年底，推送各类信息278条，阅读712153人次，粉丝12420人。

【外部董事管理】 5月22日，区国资委在朝阳公园召开2020年度第一次外部董事工作会暨新聘任外部董事见面会，宣布外部董事任命。新聘任朝阳区外部董事人才库中投融资、法律、文化旅游等专业外部董事11人。12月2日，区国资委出台《国有独资公司外部董事评价暂行办法》和《关于规范外部董事薪酬有关问题的意见》，明确对外部董事考核评价内容、方式、程序、结果应用以及薪酬结构等，从职业操守、履职能力、贡献程度、廉洁从业5个方面确定考核评价要点，提升风险防范能力。

【区属国有企业负责人经营业绩考核评审】 5月22日，区国资委在日坛宾馆开展区属国有企业负责人经营业绩考核专家评审，由财务、审计、人力资源、战略管理、国企改革等方面的专家和区国资委相关负责人组成评审组，对区属国有企业经营业绩考核指标中的管理综合评价指标和创新发展指标进行现场评分。参与考评的17家企业最终管理评价得分计入经营业绩考核结果，得扣分情况以考核报告的形式反馈企业。

【新改制企业董事会成员任命】 5月，区国资委分别召开朝阳公园、华阳公司、金朝阳、朝开公司、朝富公司5个新改制企业董事会成员任职宣布会，宣布区国资委党委关于企业董事会成员的任命通知，介绍外部董事基本情况。区国资委副主任宋超荣为外部董事颁发聘书，并从规范企业董事会运行、发挥外部董事专业优势和提升联动沟通有效性三个方面对外部董事提出要求。

【投资计划备案】 5月，区国资委编制完成《监管企业投资计划2019年执行与2020年备案情况分析报告》，区政府主管领导审阅通过。全年14家单位纳入投资计划备案，备案项目90项，计划投资总额864.89亿元，2020年计划投资额238.81亿元。截至年底，完成监管企业 2020 年备案投资项目 38 项，投资额 68.19 亿元。

【安全生产管理】 8 月 3 日，区国资委在朝阳公园会议室召开 2020 年国资系统安全生产会议，会议传达 7 月 31 日全国安全生产电视电话会议精神并对上半年安全生产工作进行总结分析，部署下半年安全生产工作。8 月 27 日，区国资委在阳光丽城温泉度假酒店举办安全管理人员有限空间作业专项培训班。培训班学习解读《朝阳区国资委监管单位安全生产专项整治三年行动计划工作方案》与《2020 年国资委系统安全生产任务目标书》，邀请区应急局基础科科长张根从安全生产专业角度给予培训指导，各监管单位安全工作主管领导、部门负责人等 120 人参加培训。

【用地补偿】 8 月至 9 月，区国资委研究地铁 17 号线东大桥站 D1 出入口施工占用蓝岛大厦用地补偿相关问题，形成《关于地铁 17 号线东大桥站 D1 出入口施工占用蓝岛大厦用地补偿相关问题的意见》报送区政府，向区住建委出具《关于确认地铁施工占地对蓝岛大厦造成经济损失的函》。

【信访工作调度会】 10 月 10 日，区国资委副主任张春雷组织召开弘朝伟业公司所属融川公司信访问题调度会，就信访人代表提出的问题进行解答，对相关事宜推进情况进行说明，信访人代表对此次调度会成效比较满意。12 月 21 日，区国资委在金朝阳公司会议室召开关于大宗交易所专题信访工作调度会，金朝阳公司介绍大宗交易所信访工作基本情况以及近期工作进展、存在困难，张春雷对工作提出要求。

【划转国有资本充实社保】 12 月 28 日，经区政府同意，区国资委依据国务院、市、区相关划转部分国有资本充实社保基金工作的要求，完成《北京市朝阳区划转部分国有资本充实社保基金方案》。根据方案，朝阳水务集团有限公司、北京国际商务中心区开发建设有限公司和北京宝嘉恒基础设施投资有限公司 3 家企业符合公益类企业标准，为公益类企业，不纳入划转范围；朝建公司、国资中心、蓝岛大厦、朝开公司、潘家园公司、望京公司、昆泰集团、副食公司、弘朝伟业公司、金朝阳公司 10 家企业符合划转条件，纳入划转范围。 （林春照）

烟草专卖与管理

【概况】 北京市朝阳区烟草专卖局（公司）［简称朝阳区烟草局（公司）］隶属于北京市烟草专卖局、中国烟草总公司北京市公司（简称北京烟草），负责朝阳区行政辖区内烟草专卖管理、卷烟市场供应和卷烟销售网络建设。2020 年度纳税信用 A 级企业。全年办理各类涉烟违法案件 107 起，查获违法卷烟 1962.67 万支，其中查获假烟 830.22 万支、走私烟 427.81 万支；查获违法卷烟案值 1397.87 万元。办理涉烟网络案件 1 起，刑拘 15 人。 （丁 鑫）

【涉烟网络案件破获】 1 月 7 日，朝阳区、丰台区、顺义区、房山区、海淀区、昌平区、门头沟区烟草专卖局成立联合专案组，破获“1·07”特大运输、销售假私卷烟网络案件。查获各类违法卷烟 613.64 万支，其中假烟 592.02 万支、走私烟 18.46 万支、真烟 3.16 万支，涉烟案值 408.05 万元，抓捕涉案人员 16 人、逮捕 6 人、刑拘 3 人，查获窝点 13 个、激光打码机 1 台，涉案车辆 8 台。 （房 颖）

【“绿篱”专项行动】 7 月 31 日，为期 4 个月的“绿篱”专项行动结束。朝阳区烟草专卖局以“扎紧篱笆、管好市场、联防联控、分类治理”为工作方针，开展堵通道、控物流、查市场、打重点工作，查办涉烟案件 47 起，查获各类违法卷烟 434.11 万支，涉案金额 297.42 万余元；查获假私烟 155.27 万支；查获真烟 278.84 万支，其中查获外埠卷烟流入 134.02 万支，封堵流出卷烟 144.82 万支。 （房 颖）

【普法宣传活动】 年内，朝阳区烟草专卖局法制科在“4·15”国家安全教育日、“5·15”打击与预防经济犯罪宣传日、“12·4”国家宪法日等各类主题宣传日开展对应主题宣传月活动。开展新办证零售户及重点零售户法律宣传讲解、法律宣传点对点服务，全年开展“送法入户”活动 62 户次。 （柴汝静）

【精益改善活动】 年内，朝阳区烟草专卖局内部专卖监督管理派驻办公室 QC 小组成果《研发卷烟外流数据验证工具》，获北京烟草 2020 年度 QC 小组成果一等奖和北京质量协会第七十七次成果发表赛三等奖；《减少办公区环境检查时间》获得北京质量协会第七十六次成果发表赛三等奖；法制科、营销、财务部门课题分别取得北京烟草十佳 OPL 一点课程（One point lesson）、十佳精益课题。全年，各部门精益骨干完成一页纸改善课题（A3 报告）9 项、OPL 一点课程 19 项、合理化建议 2 个。 （丁 鑫）

农业与农村经济

乡村振兴

【概况】 2020年，朝阳区农村地区有19个乡、144个行政村、249个社区，面积350.5平方千米。农村地区完成区级财政收入86.3亿元，实现集体经济总收入135.4亿元，人均劳动所得39049元。区农业农村局推进农村城市化建设，加强“村地区管”，健全产业用地、基本农田、宅基地和集体经营性用房土地用途管控、分级管理、逐级负责的管理体系，遏制集体土地失管失控。完成拆迁腾退150万平方米、绿化233公顷。7个乡上市地块和安置房用地涉及95万平方米非住宅用地，352户住宅全部拆除。金盏东村、东窑村、半壁店村等10个美丽乡村通过首批市级验收，农村人居环境整治三年行动任务通过市级验收。农村地区受理“12345”市民服务热线诉求18.2万件，解决率、满意率比上年分别提高34.58个百分点和17.41个百分点。

【农村城市化建设】 年内，区农业农村局推进农村城市化建设，出台《关于加强农村地区项目建设管理的指导意见（试行）》，加强农民安置房、产业项目建设全过程管理。完成拆迁腾退150万平方米、绿化233公顷。推动上市地块、产业项目、安置房等相关手续办理；推动安置房、产业、上市及产权证4类项目办理，6个安置房、3个产业项目开工建设，3个上市项目达到入市条件。成立朝阳区农村地区安置房及上市地块遗留问题腾退专班，推动安置房及上市地块遗留问题腾退，7个乡上市地块和安置房用地涉及95万平方米非住宅用地，352户住宅全部拆除。

【人居环境整治】 年内，朝阳区实施“一村一策”环境整治，2276个点位11万平方米私搭乱建全部拆除。区农业农村局推进“厕所革命”，实施改造公共旱厕785座和户厕12户，挂账任务全部清零。第二批东坝、孙河、豆各庄、三间房、来广营5个环境提升乡23个项目建成。开展周末卫生大扫除等专项行动，人居环境长效管护指数系统上线运行。农村人居环境整治三年行动任务通过市级验收，排名中心城区第一。

【美丽乡村建设】 年内，金盏东村、东窑村、半壁店村、高碑店村、郎辛庄村、郎各庄、么铺村、何各庄村、马泉营村、白家楼10个美丽乡村通过首批市级验收。白家楼村、么铺村等精品示范村成为区乡村振兴样板。建设中的第二批10个美丽乡村包括奶东村、老君堂村、小郊亭（自然）村、方家（自然）村、黎各庄村、金盏西村、万子营西村、万子营东村、小鲁店村、大鲁店三村。

【造林绿化】 年内，区农业农村局完成农村地区新增造林绿化371.07公顷、城市绿地69公顷，完成168.31公顷“留白增绿”和30.8公顷“战略留白”临时绿化。新建广渠路郭家场村南侧绿地等10处公园绿地，其

▲ 10月31日，区委常委、宣传部部长黄晓伟到太阳宫地区参加夏家园社区周末卫生大扫除活动 （赵丽丽 摄）

中温榆河公园朝阳示范区建成并开园。

【拆违腾退】 年内，朝阳区农村地区拆除各类违建296.52万平方米，实现“场清地净”296.52万平方米。腾退34家出租大院出租公寓和2家商品交易市场，集体土地区域性物流基地及再生资源回收场站实现动态清零。东风乡、东坝乡2个第一批试点乡图斑举证工作基本完成。

【农村地区社区治理】 年内，区农业农村局在乡村区域新建25个社区，完成14个5000户以上超大社区拆分重组，建设19个社区协商议事厅示范点。通过专业社工人才、社区社会组织和社区“三社一体化”融合发展，改善社区治理模式。开展4个社区“领航计划和社区成长伙伴计划”建设试点。实现区级全年“三率”目标，即农村地区住宅物业管理覆盖率99.5%、业委会（物管会）组建率85.7%、党组织覆盖率89.6%。成立农村地区生活垃圾分类及物业管理工作专班，出台《农村地区农民回迁小区（村）生活垃圾分类标准化设置要求》，开展宣传动员、桶站设置、桶站看守、垃圾运输等方面工作，培养生活垃圾分类投放意识。

【文化文明建设】 年内，区农业农村局、区农工委推出线上“云游”乡情村史陈列室系列节目。乡情村史陈列室是农村历史民俗的展示场、文化遗产的传承地、乡愁乡情的寄托处，成为农村重要的思想文化教育阵地。农村地区建成投入使用乡情村史陈列室24家，其中乡级7家、村级17家。依托管庄地区“惠河文化节”举办第31届北京农民艺术节“乡村大舞台”朝阳专场文艺会演、管庄地区第14届“惠河文化节”。完成文明城区创建22项档案材料整理。

【乡级机构改革】 年内，区农业农村局按照“七室、一委、一队、五中心”架构指导各乡制订机构改革方案。“七室”为综合保障办公室、党群工作办公室、平安建设办公室、城乡管理办公室、民生保障办公室、社区建设办公室、经济发展办公室，“一委”为纪（工）委（监察办公室），“一队”为综合行政执法队，“五中心”为便民服务中心、市民活动中心、市民诉求中心、农业综合服务中心、农村经济发展服务中心。乡级部门职能及人员配置得到完善，乡级机构改革完成。

【村级产权制度改革】 年内，朝阳区小红门乡4个村、南磨房乡4个村、东风乡六里屯村、高碑店乡八里庄村完成劳动年龄统计三榜公示，清产核资形成报告初稿。十八里店乡8个村和东风乡剩余3个村完成劳动年龄统计三榜公示，并与清产核资同步推进。南磨房乡和将台乡完成改革方案初稿。

【产业用地区级统筹】 年内，区农业农村局出台《朝阳区产业用地区级统筹实施方案》，组建集体产业用地区级统筹工作专班。成立北京朝阳新经济发展有限公司，作为区级平台公司，统筹开发建设管理运营农村集体产业用地，严格准入标准及工作流程，试点推动项目开发建设。

【农业生产管理】 年内，朝阳区农村集体土地永久基本农田实现应用尽用、应种尽种。落实“菜篮子”责任制，完成蔬菜播种面积147.56万平方米，完成全年任务36.56%；蔬菜产量3059.3吨，完成全年任务33.07%。创建国家农产品质量安全区，开展农业农村污染防治攻坚行动。成立朝阳区水生野生动物救护中心，作为朝阳区水生野生动物救护机构，履行辖区内水生野生动物接收、救治、饲养、管理的收容救护职责。 （张伟楠）

▲ 11月20日，十八里店乡吕家营村开展劳动年龄统计三榜公示 （赵丽丽 摄）

农村经济管理

【概况】 2020年，朝阳区规范村级预算管理，开展审计双备案制度；建立资产管理制度，提高集体资产监管水平；实行合同联预审机制，规范合同；完善集体产权制度。农村地区完成区级财政收入86.3亿元。137个村完成集体产权制度改革，占总数89%。农村地区集体经济收入135.4亿元，比上年增长2.3%；利润总额-0.6亿元，比上年减少1.6亿元；人均所得39049元，比上年增长2.0%；净资产423.2亿元，比上年增长21.1%。125个收不抵支村减至22个。

【村级预决算管理】 年初，区经管站指导全区农村村级完成2019年预算编制执行和财务公开。17 个乡 150 个村级 2019 年预算总收入 74.28 亿元，预算总支出 73.51 亿元，预算结余 0.77 亿元。

【农村集体经济审计】 年内，朝阳区审计乡村集体经济组织及其所属企业 364 家，审计金额 1774.4 亿元，提出审计建议 1406 条。区经管站指导各乡对村级组织负责人进行经济责任审计，完成 19 个乡 157 个村级组织 298 名负责人的审计。

【集体资产管理】 年内，朝阳区完成农村 2018 年 685 个单位、2019 年 679 个单位的资产清查和数据上报，将年度清查数据与农村经济统计年报数据衔接，保持数据的连续性和稳定性。制定《关于加强集体资产监督管理的意见（试行）》及《乡级集体资产监督管理委员会工作实施细则》《农村集体经济合同联预审工作实施细则》《农村集体经营性用房管理工作实施细则》等 6 个附件，健全农村集体“三资”管理制度。制发《朝阳区农村集体资产管理操作手册》，开展政策培训，推动制度执行。 （魏东剑　张伟楠）

【集体经济组织资产年检】 年内，朝阳区 174 个集体经济组织完成年检，其中乡级集体经济组织 19 个，村级集体经济组织 155 个，年检率 100%。结果显示，截至 2019 年 12 月 31 日，全区集体资产总额 1894.6 亿元，其中乡级资产总额 1437.2 亿元，村级资产总额 457.4 亿元。

【集体经济组织管理】 年内，朝阳区完成 246 个农村集体经济组织换届备案，完成 269 个《集体经济组织登记证》颁证事项。开展集体经济组织经营管理专项调研，形成《朝阳区农村集体经济组织调研报告》，在北京市农研中心主办的《调查研究报告》上刊发。

【集体经济合同管理】 年内，朝阳区完成市委巡视反馈 2169 份农村集体经济问题合同和区纪委专项督查反馈 2091 份问题合同的整改。追缴拖欠租金 4.6 亿元，调增集体年收入 1.2 亿元，收回集体土地 2666.67 万平方米，拆除和收回建筑物 296 万平方米，增加集体资产面积 5.4 万平方米。农村新签经济合同 1123 份，履行联预审程序，年租金总额 5.53 亿元。新签合同规定土地亩均收益 16 万元，是上年亩均收益的 7 倍，集体收益水平明显提高。规范农村集体经济合同 799 份，土地面积增加 6.67 公顷，建筑面积调增 1.86 公顷，年租金增加 8243 万元。解除合同 667 份，收回集体土地 807.74 公顷。

【农民负担检查】 年内，朝阳区开展农民负担执法检查。结果显示，全区公益事业补助资金 1687.5 万元全部拨付到位，发放到村。按照村级公益事业补助资金使用要求，各村做到专款专用。落实各项减负惠农政策，全区无农民负担问题发生。 （魏东剑）

▲ 11 月 16 日，朝阳区召开农村集体资产管理系统验收汇报会 （王玉艳　摄）

农业农村综合服务

【概况】 2020 年，朝阳区标准化基地 12 家，大运河翰林、永顺华、柏华阳光、京朝花园、方圆平安基地撤销备案，荣硕基地、圣露庄园新增备案。崔各庄乡、金盏乡、平房乡、东坝乡、孙河乡、小红门乡 6 个乡“留白增绿”10.69 公顷。15 家蔬菜生产园区为补贴对象，面积 278.33 公顷。全区畜禽存栏 69394 头（羽）。其中，牛 1 户存栏 203 头，羊 4 户存栏 229 只，禽类 14 户存栏 824 只，马属动物 16 户存栏 629 匹，可管理犬 67509 条。动物诊疗机构 158 家，兽药经营单位 11 家，肉类储藏分销单位 13 家。水产养殖面积 62.73 万平方米，养殖企业（户）36 个，其中食用鱼养殖户 4 户，面积 25 万平方米；观赏鱼养殖 3 户，面积 16.27 万平方米；休闲垂钓 1 户，面积 21.47 万平方米。受理兽药经营许可证 6 件、动物诊疗许可证 70 件、农作物种子生产经营许可证 1 件、水产苗种生产许可证 1 件，协助执业兽医师注册 274 件、执业兽医师备案 2 件、执业兽医师注销 280 件。落实市级农机补贴工作资金 4.09 万元，为黑庄户乡购置大中型拖拉机 2 台。10 月，朝阳区种植业养殖业服务中心（简称区种养中心）、朝阳区农村人才就业服务指导中心（简称区指导中心）合并组建北京市朝阳区农业农村综合服务中心（简称区农服中心），为全额拨款正处级事业单位，编制 56 人。承担种植业、畜牧业、水产业、农业机械化等农业产业技术推广和服务，承担农村转移劳动者就业服务。下设全额拨款事业单位北京市朝阳区动植物疫病预防控制中心，由朝阳区动物疫病预防控制中心

与植物保护检疫站合并成立，加挂朝阳区农产品质量安全综合检测站牌子。（许凤娟　王森晶　李　佳）

【植物保护检疫】 3月30日，区植物保护检疫站在"草地贪夜蛾和鼠害防控"微信群下发《2020年朝阳区春季农区鼠害防控技术方案》，播放《科学防控鼠害》视频光盘。培训投饵人员200余人次，发放宣传材料200余份、灭鼠防护用具19套、溴敌隆毒饵2000千克、粘鼠板4000张、陶土毒饵站2000个。5月27日，在全区各乡村农田安装180套草地贪夜蛾诱捕器、116盏杀虫灯。春季、秋季共完成8000公顷农区灭鼠，毒饵站推广面积3333.3公顷。（新　为）

【有害生物病毒除治】 4月，区植保站发现北京朝来农艺园有限责任公司（简称朝来农艺园）上传的2张番茄病害照片符合中国进境检疫性有害生物番茄斑萎病毒病特征，经田间试纸条快速检测番茄斑萎病毒病呈阳性。区植保站将样品送中国检验检疫科学研究院植物检验与检疫研究所鉴定。鉴定报告确认送检样本为番茄斑萎病毒病，属北京市首次发现。区植保站制定《朝来农艺园番茄斑萎病毒除治技术方案》，指导朝来农艺园对园区内番茄、大椒全部拔除消毒深埋，对园区蚜虫、粉虱、蓟马等媒介害虫进行防治。经市植保站专家组检查，种植蔬菜上有蚜虫、粉虱、蓟马等媒介未发现害虫，疫情除治结果符合相关指标，专家验收通过。（新　为）

【农耕文化教育】 5月11日、6月6日，区种养中心与方家村社区合作，在方家村农业示范园和京城梨园老北京菜园开展"知五谷，识蔬菜，传统文化教育从娃娃抓起"农耕文化教育活动。"学习强国"转载《朝阳报》题为"五谷示范园：打造农耕文化传承地"的报道；"今日头条"做《疏整促亦能留住乡情，朝阳区多处公园湿地农田景象成风景》报道。（于洪伟）

▲ 5月21日，区种养中心到京朝花园指导老北京特色传统蔬菜种植　（齐　童　摄）

【老北京特色蔬菜引进】 5月，区种养中心引进强丰番茄、七叶茄、一串铃冬瓜、大核桃纹白菜等老北京特色蔬菜品种10个，种植面积6.37公顷。（于洪伟）

【兽医培训考核】 10月21日、28日，区动物疫病预防控制中心举办2次兽医培训考核工作会。签约兽医培训会解读《签约兽医管理办法》，马场防疫培训会讲解马场疫病防控知识。签约兽医、马场防疫人员、马场检疫人员、马术运动比赛举办人员119人参加。（韩　颖）

【种植技术指导】 年内，区种养中心在蟹岛西区安排统一育苗5万余株、50余个品种。蔬菜播种期将种苗全部发放到街乡、机关、公园、社区、学校、家庭"六进工程"示范合作单位。蔬菜生长期，技术人员到各示范合作单位进行技术指导。区种养中心在京城梨园、朝阳公园、蓝调庄园、中国水谷等10余个公园及单位推广种植30种五谷作物和10余种老北京特色传统蔬菜，指导京城梨园管理林播种兼作景观作物20公顷。（于洪伟）

【农残检测】 年内，区种养中心到朝阳区农贸市场、基地及配送企业、超市检测蔬菜12359个、水果3378个，合格率100%。按市农业农村局要求进行蔬菜农药残留区县互检，抽检顺义区北京美田阳光农场、北京世外苑农场等21个基地4批次241个样品5543个参数，合格率100%。（新　为）

【植物疫情监测】 年内，区植保站在王四营乡、黑庄户乡、金盏乡、崔各庄乡设立4个植物疫情监测点，配备虫情测报灯、孢子捕捉仪、小气候采集系统3种仪器设备，监测点灯下监测美国白蛾、草地螟、蝗虫、黏虫、甜菜夜蛾、玉米螟、小地老虎7种害虫，采用性诱剂监测苹果蠹蛾、橘小实蝇、番茄潜麦蛾、草地贪夜蛾4种害虫。各监测点完成灯下监测29次，监测到美国白蛾5只、小地老虎383只、甜菜夜蛾3251只、黏虫654只、玉米螟1238只、橘小实蝇889只，未监测到苹果蠹蛾、番茄潜麦蛾、草地贪夜蛾成虫。4个监测点周围2000米10种外来有害生物普查28次，普查面积104.66公顷。（新　为）

【无公害复查换证】 年内，区种养中心对北京蟹岛种植养殖集团有限公司、北京都市农汇农业科技发展有限公司、北京水科园水产养殖技术有限公司等 6 家无公害复查换证企业进行现场检查，对生产企业质量管理、产地环境、生产过程、产后管理、产品质量 5 个方面 20 小项逐项检查，使用“绿办管家”微信小程序在线填报检查记录。6 家企业均符合复查换证标准。（董鹤笛）

【农产品质量安全检查】 年内，区种养中心在元旦、春节、五一、中秋、国庆节前开展农产品质量安全检查 21 家企业 50 余次。包括北京中农春雨高科技股份有限公司、北京水科园水产养殖技术有限公司、大洋路农副产品批发市场等。主要查看生产基地生产记录、投入品库房及棚内种植情况，查看检测室检测运转情况及检测数据原始记录，督促企业规范生产经营，科学使用农业投入品，落实安全间隔期（休药期）制度。（董鹤笛）

【蔬菜病虫绿色防控】 年内，区植保站通过北京市农药减量使用管理系统核定 15 家蔬菜生产园区为补贴对象，面积 278.33 公顷。各园区根据蔬菜种植情况，购买生物农药、理化诱控产品和瓢虫、小绥螨等生物天敌 2000 万余头，使用补贴资金 35.12 万元。区植保站与市植保站、北京金天茂农业有限公司、北京蓝美莓农业有限公司、北京京朝花园农业发展中心签订 3 方合作《北京市蔬菜病虫全程绿色防控技术示范基地建设责任书》，推广应用理化诱控、生物防控、生物农药等绿色防控技术，推广使用地布 8000 平方米、黄板 16250 张、防虫网 9000 平方米、杀虫灯 116 盏、高效节能静电喷雾器 52 台。（靳　为）

【动物及产品检疫】 年内，区动物疫病预防控制中心检疫牛布病、牛结核病 35 头次，检疫马属动物马鼻疽、马传染性贫血 673 匹次，检疫结果全部为阴性。检疫各类动物 2164 头（只），动物产品换证 2.5 万吨。完成 17 个冷库贮藏分销商和 27 家直接分销动物产品厂家登记备案工作，签订责任书 44 份，冷库换证单位现场指导 34 次。（韩　颖）

【动物免疫与疫病检测】 年内，区动物疫病预防控制中心对犬只进行狂犬病集中免疫注射，全区 60490 只犬接受狂犬病疫苗注射后佩戴免疫标识。免疫高致病性禽流感 2346 只次，牛 OA 型口蹄疫 313 只次，羊 O 型口蹄疫 455 只次，其他偶蹄动物 O 型口蹄疫 173 只次，羊小反刍兽疫 125 头次，应免免疫密度均为 100%。清圈消毒面积 223 万平方米，发放各类消毒药品 12.44 吨；防护服、手套、口罩等各类防护用品 5 万件（套）。开展动物病原学检测 404 项次，检测结果全部为阴性；血清学检测 6815 项次，检测结果符合农业农村部颁布标准；动物源性产品兽药残留检测 10280 项次，包括克伦特罗、莱克多巴胺、沙丁胺醇、呋喃唑酮、磺胺类、己烯雌酚、氯霉素、孔雀石绿等，检测合格率 99.9%。（韩　颖）

【病死动物无害化处理】 年内，区动物疫病预防控制中心收集各类死亡动物 131 头（只）、动物产品 725.8 千克，集中将动物尸体交给北京市指定的无害化处理公司进行处理。（韩　颖）

【放流水域管理】 年内，区种养中心分别在萧太后河马家湾湿地公园段、清洋河、亮马河、温榆河湿地公园、重兴寺公园 5 处水域放流鲢鱼、鳙鱼、草鱼等 6 个品种 10712 千克（约 10 万尾）。放流水域采集水样 9 次，提供水质检测数据 500 余个。（王森晶）

【政策性农业保险】 年内，朝阳区投保企业有北京朝来农艺园有限责任公司、北京方圆平安食品开发有限公司、北京京北大地园林绿化工程有限公司、北京圣露国际庄园酒店管理有限和北京都市农汇农业科技发展有限公司。（王　东）

【农村人才管理】 年内，区农业指导中心对农村地区 542 名中级人才、38 名高级人才进行信息核实，录入北京农村实用人才数据管理系统。对高级农村实用人才开展健康关爱活动，为 22 人办理体检、6 人办理就医绿色通道、9 人办理全基因检测服务。举办农村实用人才声乐网课培训，5 个乡 14 名学员参加；传统插花网课 2 次，112 人参加学习。在东坝乡朝阳新城第二社区组织面塑、葫芦镶嵌传统文化手工艺培训班 2 次，47 人参加学习。（魏　甫）

农业综合执法

【概况】 2020 年，朝阳区农业综合执法大队（简称区农业执法大队）出动执法人员 5052 人次，执法车辆 1922 车次，检查管理相对人 1608 家次，检查农业机械 1574 台次。查处各类涉农违法案件 163 件，其中一般程序案件 59 件，简易程序案件 104 件。罚没款金额合计 26.87 万元。受理举报 382 起，联合执法检查 78 次；法制宣传 17 次，发放宣传材料 3468 份；开展培训 7 次，培训管理相对人 318 家次，签订责任书 169 份。收容非犬类无主遗弃动物 19 只。检疫监督运输外埠动物及动物产品进京车辆 2.72 万车次，检查活体动物 1.38 万头（只），动物产品 29.29 万吨，劝返不符合规定运输车辆 83 车次，涉及动物产品 1120.43 吨。（张　雪）

【农产品质量监督】 1 月 8 日至 10 日，区农业执法大队监督抽检中农春雨高科技股份有限公司、北京蓝调庄园文化发展有限公司、中国有机绿色食品实业有限公司、北京蓝美莓农业有限公司等 6 家农产品生产基地生产、销售的 17 个批次蔬菜样品禁限用农药和农药残留情况，结果全部合格。2 月 19 日至 20 日，对北京都市农汇农业科技发展有限公司、中国有机绿色食品实业有限公司、北京蓝美莓农业有限公司、北京金天茂农业有限公司、中农春雨高科技股份有限公司5家农产品生产基地进行风险隐患排查及农产品质量监督抽查。抽检蔬菜16批次样品，全部符合要求。9月11日至16日，监督检查北京蟹岛种植养殖有限公司、马玉发垂钓中心等7家农产品生产、农业投入品使用单位和个人以及黑庄户、孙河乡种植蔬菜的基本农田，重点检查规范农业投入品存储场所、农产品生产销售、农药使用记录等，抽检蔬菜、水产品等7个农产品样品。检测是否有国家禁限用农药、重金属污染物及禁止使用的孔雀石绿、硝基呋喃等，结果全部合格。（张　雪）

【动物诊疗纠纷化解】 2月27日，区农业执法大队出台《关于有效减少化解动物诊疗引发矛盾纠纷的指导意见（试行）》。从动物诊疗行业职业道德规范、动物诊疗机构工作规范和投诉处理工作方法3个方面，指导动物诊疗机构进行矛盾纠纷化解，保护人民群众合法利益，落实“接诉即办、未诉先办”工作机制。（张　雪）

【兽药行业法律法规培训会】 8月7日，区农业执法大队召开兽药行业法律法规培训会，16家兽药生产和经营企业质量负责人和行政负责人24人参加培训。培训师讲解监管形势、管理要点、风险提示、从重处罚、行刑衔接等，结合日常监管中常见问题答疑互动。区农业执法大队与16家参会企业签订《北京市朝阳区兽药生产企业产品质量安全承诺书》《北京市朝阳区兽药经营企业产品质量安全承诺书》。（张　雪）

【农机事故应急演练】 9月16日，区农业执法大队在平房乡京城梨园组织区农机规范化管理观摩交流暨割灌机伤人事故应急演练活动。演练事故报案及受理，启动预案、应急抢救，现场勘查、制作文书，事故汇报4个科目。各乡农机监管人员、农机具使用单位负责人、农机驾驶操作人员代表60余人参加。（张　雪）

【动物诊疗行业管理】 9月18日，区农业执法大队举办动物诊疗行业培训暨专项整治工作会，131家动物诊疗机构参会。从动物诊疗机构提升能力适应生存发展、诚信经营主动做好矛盾纠纷化解和安全生产3个方面做动员。市级专家从宠物诊疗的动机、分类、解决方法及如何防范4个方面，引导科学化解纠纷。会议就朝阳区开展动物诊疗机构专项整治行动进行部署。区农业执法大队与动物诊疗机构签订《朝阳区动物诊疗单位承诺书》《朝阳区兽用毒麻药品使用单位承诺书》113份。（张　雪）

【水生入侵物种鳄雀鳝核查】 9月28日，区农业执法大队接到市民举报，称百子湾公园内有外来水生入侵物种鳄雀鳝，并提供当时拍摄的照片。经确认，入侵物种为鳄雀鳝。执法人员实地核查举报地点百子湾公园，与区绿化局协商共同确定行动方案。通过制作发放鳄雀鳝照片及危害的宣传单，告知群众不能随意放生水生动物。9月30日，捕捞的鳄雀鳝被送到富国海底世界。鳄雀鳝是北美洲南部特产淡水巨型食肉鱼，其卵有剧毒，属史前鱼类，在地球上已生存1亿多年，其具有极强的破坏性。“只要是水里的活物，它几乎通吃”，如若放到天然水域，会对当地的水体生态系统带来灭顶之灾，人去惹它或者它受惊后，可出现攻击人类情况。（张　雪）

【水生野生动物救护中心成立】 10月15日，朝阳区水生野生动物救护中心挂牌成立，成为北京市首家区级水生野生动物救护中心，也是北京市唯一一家官方承认的海洋珍贵水生野生动物专业救治机构。中心设在工人体育场富国海底世界内，有5名水生野生动物专业救护人员，履行辖区内水生野生动物收容救护职责，包括接收、救治、饲养和管理。（张　雪）

【农作物种子生产经营管理】 11月24日至25日，区农业执法大队召开农作物种子生产经营单位培训会，辖区17家种子生产经营单位27位负责人参加。会议围绕《种子生产经营许可证》办理和备案、种子质量监督和常见违法行为等方面进行讲解与现场互动问答。（张　雪）

【农产品质量安全管理】 12月9日，区农业执法大队组织召开农产品质量安全工作培训会。解读《中华人民共和国农产品质量安全法》和《关于办理危害食品安全刑事案件适用法律若干问题的解释》。针对责任主体农产品质量安全风险认识不足，农产品生产记录、用药记录落实不到位、农业投入品存储不规范等问题，从专业角度结合相关法律法规介绍农药使用管理要点。发放《农药管理条例》和《农药管理宣传告知手册》等宣传材料。（张　雪）

【农机规范化管理培训】 年内，区农业综合执法大队举办2期农机规范化管理培训。第一期农机规范化管理暨农机安全生产警示教育培训活动，讲解《北京市农业机械安全监督管理规定》重点条款、农机安全生产操作规程与农机具存放场所安全隐患排查内容，对农机台账、出入库等记录填写提出明确要求。观看农机生产安全警示教育视频，8家农机规范化管理标兵单位介绍工作经验。第二期农机规范化管理暨三秋农机安全生产工作会，通报拖拉机污染物减排控制装置加装工作和拖拉机秋季集中检验工作，观看农机安全生产宣传片。（张　雪）

【农机安全检查】 年内，区农业综合执法大队对30家农机使用单位进行农机安全生产隐患排查，760台（件）农机具经过检查全部合格。对小红门、平房等4个乡6家农机具使用单位开展拖拉机送检下乡便民服务，保障农机安全生产。在拖拉机集中检验中第一次使用新购进的检验仪器设备，检查拖拉机10台，全部合格。（王　东）

工业　商贸服务业

工业产业发展

【概况】　2020年，朝阳区工业实现增加值287.6亿元，比上年增长0.1%，占全区4.1%。222家规模以上工业企业实现总产值749.9亿元，比上年下降1.3%，占全市3.7%。完成工业固定资产投资4800万元。产值总量前五名的支柱行业实现产值536.7亿元，比上年下降0.1%，占全区71.6%。其中，电力、热力生产和供应业实现产值222.2亿元，比上年增长2.1%，占全区工业总产值29.6%。开采专业及辅助性活动实现产值112.3亿元，比上年下降1.8%，占全区工业总产值15%。电气机械和器材制造业实现产值90.2亿元，比上年增长3.2%，占全区工业总产值12%。非金属矿物制品业产值56.1亿元，比上年下降13.4%，占全区工业总产值7.5%。医药制造业产值55.9亿元，比上年增长4.8%，占全区工业总产值7.5%。全区道路建设、环境提升、产业发展、民生改善、社会治理5个领域111个项目，涉及产业发展25项。　（朱兆芬　徐万妍　赵　浚）

【市区重点建设项目】　年初，朝阳区确定驹子房路、广华新城小区配套学校、安贞东方医院项目、阿里巴巴北京总部园区等36个重点建设项目纳入市重点项目，北京华力国际大厦、未来论坛、北京中学东坝北校区建设工程、高安屯生活垃圾焚烧厂三期等18个项目纳入市重点推进前期工作项目计划，计划投资465亿元。同步建立区级重点项目机制，东坝23号地配套中学新建工程、水系连通建设工程、环卫中心垃圾楼标准化改造工程、CBD区域交通综合治理工程等70个项目纳入区级重点项目，计划投资117亿元；黄厂西路、教育学院朝阳分院改扩建工程、孙河组团B地块配套学校新建工程、中国创意出版产业基地B区等50个项目纳入区级重点前期项目，计划投资约400亿元。纳入市政府扩大内需重大项目绿色审批通道10个，总投资约180亿元。批复立项137个，包括政府投资项目45个、企业投资核准项目25个、企业投资备案项目67个，总投资约340亿元。　（刘宣炜）

【重点产业资金安排】　年初，朝阳区分两批次安排重点产业资金7.27亿元，支持企业（项目）761个。其中促进中小企业发展引导资金安排7308万元，支持中关村科技租赁股份有限公司、北京市朝阳区国有资本经营管理中心、北京三未信安科技发展有限公司、北京青云科技股份有限公司、北京国泰星云科技有限公司等项目136个。　（李　建）

【“服务包”重点企业扩围】　5月11日，朝阳区完成第二批新增重点企业“服务包”扩围工作，包括中国航空集团有限公司、德勤管理咨询（上海）有限公司北京分公司等，“服务包”企业数量增至288家。制定《区领导走访服务重点企业工作方案》《关于开展重点企业走访服务活动方案》，走访服务13家市级重点企业，实现重点“服务包”企业走访服务全覆盖，促成中石化、中粮、中能建重点企业在朝阳区设立新业务公司。　（陈　珊）

【“十四五”规划纲要编制】　12月22日，区发展改革委完成《关于〈朝阳区国民经济和社会发展第十三个五年规划纲要〉执行情况和〈朝阳区第十四个五年规划和二〇三五年远景目标纲要（草案）〉编制情况的汇报》，经朝阳区十六届人大常委会第三十四次会议审议通过。围绕“十四五”规划编制，40余个部门梳理重大项目、重点任务，开展“开门问策”活动，完成38项前期课题研究、30个专项规划。　（徐万妍）

【节能目标考评与监察】　年内，依据《2019年度节能目标责任考评工作方案》，区发展改革委对235家重点用能企业、43个街道（地区）办事处、12个行业主管部门和5个功能区管委会开展节能目标考评工作。安排节能资金6741.87万元，支持节能项目59项。制定并实施《2020年朝阳区节能监察工作方案》，对区内91家重点用能单位进行节能专项监察。能源消费总量前三季度为643.74万吨标准煤，万元GDP能耗比上年下降0.84%。　（赵志岩）

高新技术产业

【概况】　2020年，朝阳区科技服务业和信息服务业实现增加值1475.65亿元，占全区20.97%；规模以上企业1815家，分别实现营业收入1218.16亿元、2117.94亿元，分别占第三产业比重4.11%、7.14%。全区科技服务业企业101337家，实现区级收入39.34亿元，比上年增长15.29%，占区级收入比重7.92%；信息服务业企业9028家，实现区级收入11.60亿元，比上年增长14.13%，占区级收入比重2.33%。（赵　浚）

【数字经济示范区实施方案】 9月8日，区委办公室、区政府办公室印发实施《朝阳区打造数字经济示范区实施方案》。方案从“三大特色”“三个示范”实施战略维度，聚焦中关村朝阳园北区，打造数字经济核心区，构建酒仙桥—望京—东湖—来广营—大屯—奥运—健翔“一核一廊”数字经济创新走廊，加快构建全球领先的数字经济创业孵化加速体系；依托CBD、奥运、国家文创实验区以及金盏国际合作服务区“四圈”，构筑数字经济产业生态圈；建设一批数字经济示范特色品牌地标“多点”的数字经济新蓝图。实施方案聚焦新基建、数字产业、消费新生活、城市治理等重点任务，力争到2022年基本建成朝阳区数字经济示范区。（徐　璐）

【“凤鸣计划”制定实施】 年内，区发展改革委编制《朝阳区高成长企业培育计划工作方案》，即“凤鸣计划”。为企业量身定制“成长包”，从融资服务、应用场景、技术赋能、人才服务、产业空间、培训问诊、宣传推广和政府相关资源8个方面支持入库企业；建立专员服务机制、问题会商机制、品牌活动机制、定期监测机制服务企业。首批入库企业200家，涉及云计算、人工智能、大数据、文化科技、新消费、新金融等领域。11月25日，蓝岛大厦召开“凤鸣计划”对接会，公司与北京青云科技股份有限公司、北京奇虎360科技有限公司、明略科技、北京深演智能科技股份有限公司、北京健康有益科技有限公司、北京优锘科技有限公司6家公司代表进行项目对接洽商。（李　建　黄　洁）

▲ 11月25日，蓝岛大厦召开“凤鸣计划”对接会（康　晶　摄）

商贸服务业

【概况】 2020年，朝阳区实现社会消费品零售额3221.7亿元，比上年下降8.6%，占北京市总量的23.5%，居全市第一。区商务局通过发展“直播带货”“无接触配送”等新模式、新业态，引导传统百货商场搭建“云逛街”平台；组织大悦城等商家开展线上促消费活动；指导合生汇等10家企业进行直播上线培训，商户淘宝直播超过500场。制定《朝阳区促进新消费引领品质新生活三年行动计划》，推出10余项措施；发布《朝阳区商业步行街白皮书》，围绕首店经济、夜间经济、商业特色、潮流场景、丰富业态等，扩大区域消费市场的吸引力和影响力。推动望京德国街、北京芳园里ID MALL、华贸天地西街等新项目开业。新建或规范提升便民服务网点120处，促进生活性服务业规范化、连锁化、便利化、品牌化、特色化、智能化发展；麦子店、大屯、酒仙桥等地区的新辰里、毕淘买、盒马里、易事达、Hello Mart 5家社区商业综合体开业经营，推动在轨道交通沿线引导建设商业综合体。打造合生汇·21街区、中骏世界城商业街、霄云美食街、望京合生麒麟新天地商业街4条深夜食堂街区，促进夜间经济发展。蓝色港湾完成交通动线规划和3000平方米停车场改造；蓝岛大厦西区闭店腾退，东区进行品牌调整；赛特购物中心的赛特·碧乐城改造项目有序推进；园景国际大厦（原贵友大厦）改造为新型购物休闲综合体，推动商业空间管理创新、商业模式创新。

【生鲜产品价格监测】 年内，朝阳区建立生鲜产品价格监测机制，重点区域巡查机制和菜市场主要负责人、店长日报联系机制，对重点批发市场、大型连锁超市等生活必需品货源供应、销售及运营情况进行监测，了解市场供应和价格情况。北京商业服务平台价格监测系统显示，朝阳区26种主要蔬菜综合平均价总体平稳。

【批发零售与租赁业】 年内，朝阳区批发零售业和租赁商务服务业区级收入150亿元，比上年下降4.8%，占朝阳区总量的29.4%。其中，批发零售业实现区级收入67.55亿元，比上年下降3.4%；租赁商务服务业实现区级收入82.46亿元，比上年下降5.92%。

【社会消费品零售】 年内，朝阳区实现社会消费品零售额3221.7亿

▲ 6月6日，北京消费季“潮朝阳”活动启动仪式　　（区商务局　供图）

元，比上年下降8.6%，占北京市总量23.5%，位居全市第一。1月至11月，朝阳区实现网上零售额868.9亿元，比上年增长26.8%。在入驻北京的183家实体首店（含旗舰店）中，朝阳区有116家。通过启动北京消费季“潮朝阳”活动，整合主流线上平台和线下商业企业共同参与，发放消费券166万张，核销约37.18万张、核销金额约371.38万元，拉动消费额6870.25万元；蓝色港湾、丽都广场、三里屯、华联常营购物中心等商业区举办系列促消费活动。

【“服务包”重点企业解困】 年内，区商务局对“服务包”重点企业走访全覆盖，并做好政策传达与个性化服务。为企业解决人才引进、员工居住证、高级管理人员子女入学等问题，专题解决大众中国复工复产需求、特斯拉新能源车指标延期等问题；提供政策宣讲、“彩虹计划”培训、融资支持等服务。（张维民）

朝富公司

【概况】 2020年，北京市朝阳副食品总公司改制，更名为北京朝富国有资产管理有限公司（简称朝富），法人独资，注册资金7.2亿元。合并重组北京弘朝伟业国有资产经营有限责任公司（简称弘朝伟业）和北京金朝阳国有资本运营管理有限公司（简称金朝阳）。完成下属26家事业单位注销，其中弘朝伟业所属25家、金朝阳所属1家。朝富分别持有弘朝伟业、金朝阳100%股权；持有北京京客隆商业集团股份有限公司股份1.67亿股，占总股本40.61%；对北京富安小额贷款有限公司投资5960万元，占总资本18.01%；对北京朝阳停车管理有限公司（简称停车公司）投资5100万元，占总资本30%；对北京恒瑞永天投资管理有限公司投资4000万元，占总资本100%；对北京市腾远兴业汽车服务有限公司（简称腾远）投资3280万元，占总资本82%；对北京朝阳家园物业管理有限公司（简称朝阳家园物业）投资900万元，占总资本100%。全年实现收入8.19亿元，资产总额53亿元，净资产23.9亿元，上缴税费13271万元，上缴国有资本收益2745万元。公司被评为2020年度北京市安全生产先进单位。

【房屋挂牌招租】 5月至12月，朝富按照区国资委出台《朝阳区国有企业房屋出租管理暂行办法》，试行挂牌招租新模式。国有企业房屋97个项目参与相应平台挂牌出租，其中朝富93个项目，金朝阳4个项目。

【朝莘教育公司揭牌】 9月8日，北京朝莘教育科技有限公司（简称朝莘教育公司）揭牌，同时向朝莘幼儿园各分园授牌。北京朝莘教育科技有限公司成立于2018年7月，隶属弘朝伟业公司。公司以普惠制学前教育和教育产业投资运营为主业，承担政府的普惠制学前教育任务，解决老百姓子女“入园难、入园贵”问题；运用市场化运作确保国有资产保值增值；做好现有园所资源整合、推进新办园所建设，实现学前教育、教育培训、0～3岁教育、国际化学校以及互联网教育5个板块共同运营。

【购置房屋产权】 12月2日，朝富出资近6亿元在北京产权交易所摘牌购置1处房屋产权，完成过户和房屋交接等工作。购置房产坐落于朝阳区酒仙桥北路甲10号院304号楼1～7层，宗地面积54157.74平方米，房屋建筑面积15183.22平方米，购置房屋用途为工业厂房。

【朝阳家园物业获奖】 年内，朝富全资子公司朝阳家园物业在30个街乡建立项目部34个，管理老旧小区及自管宿舍面积近109万平方米，受益群众5.1万人。朝阳家园物业入选朝阳区物业管理协会住宅类项目先进典型；朝阳家园物业慈一居项目部被城市管理委员会评为2020年度首批北京市生活垃圾分类示范小区。朝阳家园李有义获北京市劳动模范称号。（魏　悦）

蓝岛大厦

【概况】 2020年，北京蓝岛大厦有限责任公司（简称蓝岛大厦）注册资本1亿元，资产总额24476.68万元，净资产17473.83万元。组织手机直播业务培训会、“互联网＋职业技能培训计划”线上职业技能提升培训，新入驻品牌业务技能等业务培训13期，428名职工参加学习。公司对通州店偿债能力、盈利能力不足等问题进行处理，按程序完成闭店。职工张艳获北京市劳动模范称号、李世民获北京市安全生产先进个人称号。

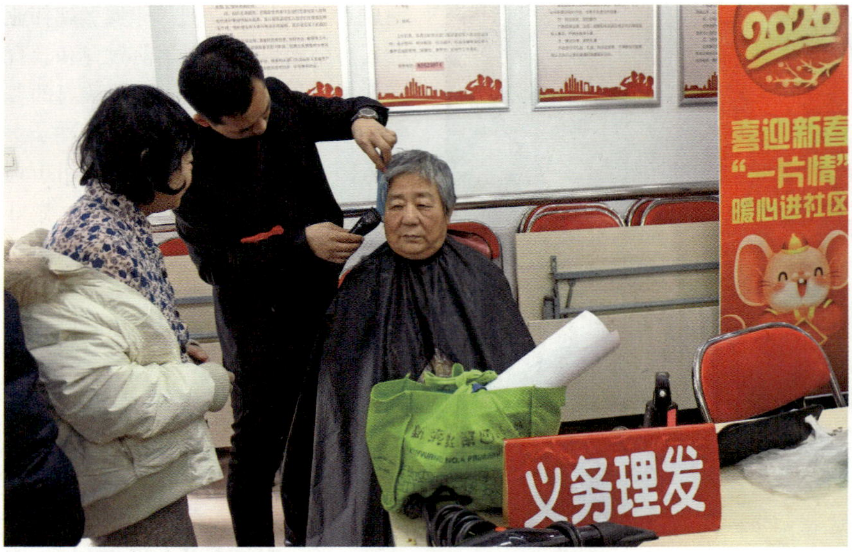

▲ 1月9日，蓝岛便民服务队开展"喜迎新春 相聚芳草"社区便民活动 （康 晶 摄）

【社区便民服务】 1月9日，蓝岛大厦30余人组成蓝岛便民服务队在芳草地社区开展"喜迎新春，相聚芳草"便民服务活动。便民服务队为社区居民提供美食制作演示、义务理发、眼镜清洗、测量血压血糖、皮鞋保养、羊绒衫去球等10余项服务，向近百名社区居民发放新春"福"字，送上蓝岛人对周边居民的慰问和感谢。

【"蓝小微"上线运营】 4月16日，蓝岛大厦线上购物小程序"蓝小微"上线运营，这是继官方网站、官方微博、微信公众号、App之后，蓝岛大厦首次以特卖的形式上线运营蓝小微App购物小程序，尝试无接触网购模式。

【经营区域布局调整】 6月24日，蓝岛大厦启动公司局部经营区域布局调整。8月30日、9月20日，分别引进好利来、星巴克两个品牌进店，日均销售均达到1万元，客流量保持在200人次以上。10月，入驻运动休闲品牌斐乐开业，提升了一层货品的时尚性，销售额比上年增长近两倍。蓝岛负一层超市进驻广联鲜e家，在保留原有稻香村、吴裕泰、同仁堂、金象大药房、烟酒等类品牌外，生鲜区食材品质及生活配套服务类功能提升，购物舒适度和便捷度明显改善。开业2个月固定消费人群基本形成，日均客流1600人次，日均销售额6万元。

【营销促销活动】 年内，蓝岛大厦开展"新年新气象、管理亮士气""苦练内功，蓄力待发——金秋技能大比拼"等主题服务促销活动6场68天。举办蓝岛开业27周年系列庆祝活动，包括"实心实意27周年，你的好我知道""年中庆""夏末出清七夕节""玩味生活节""返利倒计时、冲刺双十一""积分返利月、暖心任性花"等营销活动6场134天，销售额9642.71万元。 （黄 洁）

京客隆集团

【概况】 2020年，北京京客隆商业集团股份有限公司（简称京客隆集团）集社区购物中心、大卖场、综合超市、便利店四种零售经营业态于一体，拥有各业态店铺160家，营业面积24万平方米，店铺网络覆盖北京市10余个区县及河北廊坊地区。公司下设北京朝批商贸股份有限公司、北京欣阳通力商业设备有限公司、北京京客隆（廊坊）有限公司、北京京客隆首超商业有限公司、北京京客隆超市连锁有限公司5个全资或控股子公司。京客隆集团以标准化、专业化、简单化目标和转型、升级、创新、发展为主线，同步推进零售批发业务。拥有物流和信息管理系统，自建常温和生鲜2个现代化配送中心，配备拆整配零自动分拣系统和整箱商品自动分拣系统。全年实现销售总额134.84亿元，利润1.9亿元。公司获全国商贸流通服务业先进集体称号。

【惠民冻猪肉售卖】 7月9日，市商务局政府储备猪肉投放调控工作启动，京客隆集团作为北京市惠民冻猪肉销售点之一，定价13.8元/500克和13.9元/500的冻猪肉在下属73家超市和便利店售卖。截至年底，冻猪肉实现销售量368791.65千克。

▲ 7月9日，京客隆集团开始售卖"北京市惠民冻猪肉" （徐慧颖 摄）

【东关店重张开业】 11月12日，京客隆集团东关店经过6个月装修改造后重张开业。公司与北京恒利食品有限公司携手引进“易厨房”试点项目，包括早餐即食、正餐加热即食、冷冻系列三种形式的美食快餐，实现早中晚三餐家庭化餐饮食材供应。

【老店铺装改】 年内，京客隆集团实施老店改造，完成装改大型店铺1家（东关店），调整布局店铺4家（青塔店、中关村店、府前东街店和金盏店）。新开便利店4家，改造京捷生鲜便利店3家，京捷生鲜店铺规模达到43家。

【京客隆App线上销售】 年内，京客隆App在北京京客隆（廊坊）有限公司所有店铺上线并在部分便利店试运行。京客隆App注册用户44.72万人；试点门店线上营业时间从20点延长至22点；拓展抖音直播等新业务。全年实现线上销售4.54亿元，比上年增长40%。（龙芬芬）

对外经贸

【概况】 2020年，朝阳区完成货物进出口总额11017.6亿元，比上年下降17.8%，占北京市总量的47.5%。其中，进口完成9961.0亿元，比上年下降17.6%，占北京市总量的53.7%；出口完成1056.6亿元，比上年下降19.6%，占北京市总量的22.7%。新设外商投资企业495家，比上年减少25.2%，占全市总量的39.3%；实际利用外资46.2亿美元，比上年增长7.7%，占北京市总量的32.8%；吸引合同外资60.33亿美元，比上年下降30.34%。新增跨国公司地区总部4家，区跨国公司地区总部达129家，占全市总量的70%。受理服务外包合同4214笔，软件出口合同登记证书643份，合同金额35.40亿美元、执行金额26.74亿美元；受理对外贸易经营者备案登记2542个。（张维民）

【两区招商引资大会】 8月19日，朝阳区、通州区经济高质量发展暨招商引资大会在万科时代中心·十里项目举办。两区相关部门领导以及150余家中央企业、市属企业、重点外资和民营企业代表参加。会上，朝阳区与北京万科公司、万达集团、金地集团、太古地产公司等企业签订共同推进产业空间发展战略合作协议，与德勤中国、普华永道、创业黑马、高瓴资本、第一太平戴维斯、中外企业家联合会等机构签订招商引资战略合作协议，举行朝阳区招商引资重点企业集中入驻仪式和朝阳区优质企业集中入驻北京城市副中心仪式，推介朝阳区、通州区两区产业发展政策和重点产业空间项目。（陈　珊）

【全球采购与数字贸易创新融合高峰论坛】 9月8日，中国联合国采购促进会与朝阳区人民政府联合主办的“全球采购与数字贸易创新融合高峰论坛”在国家会议中心召开，论坛以线上线下相结合的方式展开。国内外500强企业代表200人参加。论坛以落实国家对外开放战略部署、推动全球服务贸易的交流与发展为目的，通过与各国政府、各地机构、国内外企业探讨全球公共采购数字化交易新趋势为契机，借助服务贸易会搭建沟通平台与各国合作伙伴签署战略性协议，促进对外贸易向高质量发展，实现从传统贸易向数字贸易2.0版本的升级。朝阳区在论坛签约项目9个，其中招商引资项目1个。（张维民）

【4家跨国公司地区总部落户】 年内，北京市新认定5家跨国公司地区总部，其中4家落户朝阳区。即拉法基豪瑞投资有限公司、欧姆龙（中国）有限公司、康乐保（中国）医疗用品有限公司、北京传富云溪科技有限公司跨国公司地区总部。朝阳区跨国公司地区总部达到129家，约占北京市的70%。（张维民）

【“两区”建设】 年内，朝阳区推进“两区”（北京自贸区和国家服务业扩大开放综合示范区）建设。建立“领导小组＋办公室”管理机制，形成以组团实施方案与工作方案为核心的一整套行动方案；走访重点企业，形成由60项政策组成的重点突破清单；中关村朝阳国际创投集聚区、朝阳区金融综合服务平台揭牌；围绕“本外币一体化”，推动中粮财务有限责任公司成为北京市首家单一币种主账户升级本外币一体化多币种账户企业；聚焦“优化内资银行跨境金融服务”，推动多家企业首批办理资本金线上结汇

▲ 11月20日，北京自贸试验区朝阳金融综合服务平台揭牌　（区商务局　供图）

支付；健全全链条人才服务体系，率先设立国际人才一站式服务平台，外籍人才工作许可、居留许可实现“一窗受理”；统筹项目储备和空间资源，梳理重点项目119个，其中外资项目66个；与世界城市研究小组（GaWC）选取的175家企业建立招商机制，与普华永道、德勤、波士顿开展合作，重点对38家未在北京市落地的企业进行招商，对76家落户在朝阳区的企业加强服务；北京市首支人民币国际投贷基金——璟泉资本管理（北京）有限公司和首家外资银行——巴基斯坦哈比银行落户朝阳区。（张维民）

【参加“服贸会”】 年内，朝阳区完成2020年中国国际服务贸易交易会相关工作，组织企业参与线上线下展览、促成项目签约、推进招商引资。全区327家企业线上参与服贸会，其中布展企业258家，线上参展企业数量居全市第一。（张维民）

【参加“进博会”】 年内，由区15个部门及300余家企业组成的北京市交易团朝阳分团（简称朝阳交易分团）参与第三届中国国际进口博览会。朝阳交易分团围绕建设北京自贸区和国家服务业扩大开放综合示范区工作进行专题推介，吸引更多优质项目落户；策划举办“朝阳主题交流日”活动，邀请30家中外企业现场座谈交流，促进朝阳区引资工作提质增效。朝阳交易分团实现场内、场外全口径交易额6.7亿美元，其中朝阳交易分团采购商与场内展台签约项目13个、签约额1.56亿美元。（张维民）

投资促进

【概况】 2020年，朝阳区投资促进局更名朝阳区投资促进服务中心（简称区投促中心），财政补助事业编制32人。主要职责8项，包括研究拟定朝阳区投资促进工作的中长期发展规划和年度计划，并组织实施；负责围绕区域产业发展和投资促进等重点和热点问题开展研究，并提出完善优化投资环境和政策措施的意见和建议；承担招商引资和投资促进网络体系建设，整合本区招商引资资讯、区域商务承载空间信息和政策支持资源等工作；负责洽谈、引进符合本区“高精尖”产业发展方向的重大企业和项目，协调落实企业的各项服务措施；负责组织社会机构开展招商引资工作。参加第二十三届京港洽谈会活动，促成中卡交流中心+懂车帝金港数字中心签约金额221亿元，刘宇一国际文化交流中心签约金额3.5亿元。引入注册资本金在5000万元以上项目8个。

【投资促进活动】 11月，区投促中心参加第二十三届京港洽谈会活动，促成“中卡交流中心+懂车帝金港数字中心”（签约金额221亿元）及“刘宇一国际文化交流中心”（签约金额3.5亿元）两个项目签约。其间，“投资朝阳”云推介活动，向经纬集团、渣打银行、东亚银行、香港GLP（普洛斯）资本投资公司、中航资本（香港）国际公司、凤凰卫视、英皇集团、香港金港控股集团、中奥投资控股有限公司、希玛眼科、柏利集团、香江集团、恒隆集团、新鸿基集团、九龙仓等30余家香港知名企业宣传朝阳区自贸区建设、营商环境及产业最新政策，通过视频会议实现朝阳区招商引资与海内外投资人直接沟通与交流。

【招商引资】 年内，区投促中心引入注册资本金在5000万元及以上项目8个。其中，外资项目2个，分别为元保科创（北京）科技有限责任公司，新设注册资本金1000万美元；元保科创（北京）科技有限公司，增资注册资本金2000万元美元；内资项目6个，分别为中国能源建设集团财务有限公司、中石化石油销售有限责任公司、北京鹏龙星徽汽车销售服务有限公司、易联众健康科技有限公司、北京巡天防雷科技有限公司、元保保险经纪（北京）有限公司。

【企业走访接待】 年内，区投促中心走访现代汽车（中国）、中国冶金地质总局等企业，宣传朝阳区营商环境，介绍重要产业支持政策，了解企业需求，解读投资政策。接待众信旅游、中联兴邦等企业来访，帮助企业排忧解难，提振发展信心。

【企业服务】 年内，区投促中心为2019年引入的北京知道创宇信息技术股份有限公司5名高管申报个税奖励；协调相关部门为上海罗氏制药有限公司北京分公司和罗氏（中国）投资有限公司北京分公司申请享受朝阳区优惠政策；为两家企业提供增值税发票、危化证办理、注册登记等事项的前期协调服务。（赵　天）

金 融

金融管理

【概况】 朝阳区金融服务办公室（简称区金融办）是负责促进区金融发展、金融服务工作的区政府工作部门。年内，增设事业单位1家，为北京市朝阳区金融发展促进中心（全额拨款事业编制15人）。有48家持牌金融机构落户朝阳区（其中总部机构19家、分行分公司13家、支行支公司16家）。至2020年年末，朝阳区金融机构总数2629家，其中持牌金融机构1635家、非持牌金融机构994家、外资金融机构375家。持牌金融机构中，银行业1036家、保险业195家、证券业243家，其他金融机构161家。区金融办风险管理科科长周芳被评为北京市“人民满意的公务员”。

【辖区企业上市】 1月，辖区企业北控城市资源集团有限公司、中关村科技租赁股份有限公司在香港联交所主板上市。2月，辖区企业北京映翰通网络技术股份有限公司在上海证券交易所科创板上市、耀世星辉（北京）传媒有限公司在美国纳斯达克交易所主板上市。5月，辖区企业金科环境股份有限公司在上海证券交易所科创板上市。7月，辖区企业蓝城兄弟（BlueCity）在美国纳斯达克交易所主板上市。11月，辖区企业中国国际金融股份有限公司（简称中金公司）在上海证券交易所主板上市。12月，辖区企业泡泡玛特国际集团有限公司、北京清科创业信息咨询有限公司在香港联交所主板上市。

【金融机构落户朝阳区】 2月，德国保险巨头安联集团旗下Allianz Partners SAS和扶安管理咨询（北京）有限公司合资持股的安世联合保险经纪公司落户朝阳区；北京首农食品集团和GLP Capital Investment 2（HK）Limited合资设立的首普投资控股有限公司落户朝阳区。4月，朝阳区国有资本投资控股的北京鼎信创伟融资担保有限公司迁址回到朝阳区，填补朝阳区没有国资控股融担公司的空白。6月，亚洲基础设施投资银行与朝阳区政府、北京城市副中心投资建设集团有限公司签署入驻协议，标志着亚投行正式入驻亚洲金融大厦。10月，巴基斯坦哈比银行有限责任公司北京分行落户朝阳区；北京市自贸试验区首支人民币国际投贷基金——璟泉资本管理（北京）有限公司落户朝阳区。12月，北京首家、全国第二家个人征信公司——朴道征信有限公司落户朝阳区（朴道征信有限公司是由北京金融控股集团有限公司发起设立的个人征信有限公司，注册资本10亿元）。

【金融家交流会】 9月28日，北京CBD金融商会在郡王府举办金融家交流会，金融机构与上市公司负责人等150人出席交流会。会议研讨交流金融业发展和北京国际金融主聚集区建设。

▲ 5月8日，金科环境股份有限公司在上海证券交易所科创板上市
（区金融办 供图）

▲ 9月28日，北京CBD金融商会在郡王府举办金融家交流会
（区金融办 供图）

【本外币一体化试点】 10月27日，北京市首单本外币一体化试点政策落地，工商银行朝阳支行将中粮财务有限责任公司跨境资金池项下的单一币种主账户升级为本外币一体化合一多币种账户。这是北京地区第一个存量资金池主账户升级。中粮财务自此成为北京自贸区成立后首家单币种账户成功升级为多币种的金融企业。

【自贸金融综合服务平台上线】 11月20日，中国（北京）自由贸易试验区国际商务片区朝阳组团金融试点银企推介会暨自贸金融综合服务平台揭牌仪式举行。北京市首个自贸试验区金融综合服务平台——中国（北京）自由贸易试验区朝阳区金融综合服务平台正式上线。朝阳区金融办与中交科创科技公司签署入驻自贸区协议。

【金服平台上线助力企业融资】 11月21日，朝阳区中小微企业金融综合服务平台上线一周年，通过聚合多方资源、精准分类施策、构建条块服务体系等手段，有效缓解中小微企业融资难、融资贵问题，运用金融科技手段实现无抵押、无担保纯信用贷款、上线全市第一个"防疫应急转贷基金"等创新举措被央视新闻、北京电视台、人民网等多家媒体报道。年内，平台注册企业数量突破1.2万家，入驻各类服务机构43家，发布金融产品200余款，帮助3100余家中小微企业融资成功，总融资规模超过150亿元。

【"朝阳网债通"上线】 12月25日，为最大限度挽回群众损失、督促逾期借款人履行还款义务、打击网贷平台借款人恶意逃废债行为，区金融办、公安朝阳分局、区检察院、区法院等部门主导开发的"朝阳网债通"微信小程序上线。借款人可扫描二维码或通过微信小程序搜索"朝阳网债通"。

【自贸专营银行机构设立】 12月29日，北京市首批自贸试验区范围内专营银行机构——中国工商银行股份有限公司北京自贸试验区国际商务服务片区支行、中国银行股份有限公司北京自贸试验区国际商务服务片区支行挂牌设立。

【预付费监管平台建立】 年内，区金融办、区市场监管局、区教委等有关部门在调研企业商户和金融机构的基础上，以教育培训行业为试点启动预付费资金监管工作。教育培训行业试点基于中国工商银行北京分行提供的资金监管和业务管理体系，搭建朝阳区预付费资金监管平台（以下简称"平台"）。平台运用区块链、大数据、云计算等新技术手段，分场景管理预付费资金。

【2家证券公司获结售汇业务试点资格】 年内，辖区2家证券公司（中国国际金融股份有限公司和中信建投证券股份有限公司）获结售汇业务试点资格，成为北京市首批结售汇业务试点券商。

【中金公司助力亚投行发行疫情防控熊猫债券】 年内，中金公司作为联席主承销商协助亚洲基础设施投资银行（Asian Infrastructure Investment Bank，以下简称"亚投行"）在中国银行间债券市场成功发行30亿元人民币计价新冠肺炎疫情防控熊猫债券（以下简称"本期债券"）。本期债券期限为3年期，票面利率为2.40%。该次发行是亚投行首次登陆中国境内资本市场发行熊猫债。

【破解"因病返贫"难题】 年内，朝阳区联合水滴公司共同探索金融科技防返贫机制，设立融金朝阳——水滴爱心救助站，发挥"互联网＋公益众筹"优势汇聚社会力量，为对口帮扶的新疆维吾尔自治区和田地区墨玉县、河北省张家口市康保县和阳原县经济困难的大病患者和家庭开通大病筹款绿色通道，加快线上审核和发布进度，实现金融兜底保障。年内，有50余名来自康保县和阳原县的经济困难大病患者在水滴筹平台发起筹款，近5万名爱心人士参加赠与，累计筹得医疗救助款143万元，有效防止因病致贫、因病返贫情况发生。 （马增泉）

银 行

中国银行北京朝阳支行

【概况】 中国银行股份有限公司北京朝阳支行（简称中行朝阳支行）有1个营业部和15家经营性网点支行。年内，朝阳支行以客户结构转型、业务结构转型、网点转型为抓手，以固基础提规模、拓客户抓场景、求转型提质量为业务发展思路，稳定核心存款规模，扩大公司（含金融机构）资产业务规模，重视全量金融资产提升，实现年度工作目标。

【存贷款业务和中间业务】 年内，中行朝阳支行参与支行本外币存款日均余额549.1亿元，贷款日均余额227.4亿元；实现计费净收入12.03亿元，其中中间业务净收入2.7亿元，拨备前利润8.54亿元。 （刘玫均）

中国银行北京商务区支行

【概况】 中国银行股份有限公司北京商务区支行（简称中行北京商务区支行）下辖16家经营性物理网点，均可开办包括对私结售汇、外汇汇款、个人理财、银行卡业务以及对公结算、国际结算、跨境业务、金融机构业务等全部个人、公司金融业务。至2020年年底，实现拨备前利润9.39亿元，本外币存款日均总额折合人民币611.96亿元。

【存款业务】 年内，中行北京商务区支行人民币存款日均余额577.70亿元，其中人民币公司存款（含金融机构）日均余额416.88亿元，人民币储蓄存款日均余额160.82亿元。

【本外币业务】 年内，中行北京商务区支行外币存款日均余额5.25亿美元，其中外币对公日均存款（含金融机构）1.72亿美元，外币储蓄日均存款3.53亿美元。 （杨雪巍）

中国工商银行北京朝阳支行

【概况】 中国工商银行股份有限公司北京朝阳支行（简称工行朝阳支行）下辖物理网点26家、离行式自助银行8家。年内，朝阳支行常态化做好网点新冠肺炎疫情防控工作，保持“零感染”。与泰康人寿联合，为9家医院的医护人员赠险4759份。支持企业复工复产，实现6户新冠肺炎疫情防控重点企业4.9亿元业务审批和贷款投放，完成4户新冠肺炎疫情受困企业4.9亿元的还款计划延期。

【存贷款业务和中间业务】 年内，工行朝阳支行本外币全部存款时点余额1385亿元，日均余额1350亿元，包括人民币储蓄存款时点594亿元、日均余额562亿元，在工行北京分行系统保持双第一。对公存款时点余额733亿元。外币存款时点余额8.9亿美元。年末全部人民币贷款余额236亿元，比上年增加67亿元。在新冠肺炎疫情防控保供、“三农”、民营和外资外贸等领域实现全口径融资超过210亿元，其中累计投放贷款70亿元，比上年增长32%。实现拨备前利润17.7亿元，中间业务收入4.4亿元。 （苗 润）

中国工商银行北京九龙山支行

【概况】 中国工商银行股份有限公司北京九龙山支行（简称工行九龙山支行）有5个直营团队，下辖16家物理网点（财富管理中心2家、理财中心13家、金融便利店1家）。16家网点均可办理对私结售汇、外汇汇款业务在内的个人金融业务和人民币对公业务、外汇对公存款及对公结售汇等业务。年内，九龙山支行实现拨备前利润8.25亿元。

【存贷款业务和中间业务】 年内，工行九龙山支行本外币全部存款日均余额423.94亿元。人民币全部存款日均余额417.38亿元，比上年日均下降64.92亿元。其中储蓄存款日均余额285.95亿元，比上年日均增长27.42亿元。支行人民币各项贷款日均余额163.71亿元，比上年日均增长10.49亿元。外币贷款日均余额2249.50万美元，比上年日均增长519.32万美元。实现本外币中间业务收入2.37亿元。 （杨宇婷）

中国工商银行北京亚运村支行

【概况】 中国工商银行股份有限公司亚运村支行（简称工行亚运村支行），地处朝阳区亚奥地区，紧邻鸟巢、水立方、国家森林公园、国际会议中心等重要场所。设银行卡业务直营团队1个、挂靠融工分部1个，下辖物理网点15个（均为综合网点）。有离行式自助银行1家、附行式自助银行14家。年内，工行亚运村支行完成中航油及化信网点迁址，启动亚洲金融大厦智慧网点建设工作。全面做好网点竞争力提升工作，各季度外部竞争力达标占比均并列分行第1名。

【存贷款业务】 年内，工行亚运村支行本外币存款时点余额549.54亿元，较年初增加68.95亿元；其中人民币存款时点余额517.86亿元，较年初增加67.99亿元，增量分行排名第10位。本外币各项贷款时点余额198.67亿元，较年初增加13.08亿元。

【中间业务】 年内，工行亚运村支行实现营业收入11.97亿元，比上年增加2252万元，比上年增长1.92%；实现拨备前利润9.53亿元，比上年增量5569万元，比上年增长6.21%；实现中间业务收入35634万元，比上年增量852万元，比上年增长2.45%。 （王玉丹）

中国工商银行北京望京支行

【概况】 中国工商银行股份有限公司北京市望京支行（简称工行望京支行）下辖23个网点支行。年内，工行望京支行制定新冠肺炎疫情防控应急预案和“一二三四五，防疫我有谱”防疫小贴士，开展关爱员工行动（为员工购买一次性手套、一次性口罩、免洗消毒凝胶、护目镜等防疫物资），实现新冠肺炎疫情防控保持“零感染”和金融服务保障双胜利。

【存贷款业务和中间业务】 年内，工行望京支行实现拨备前利润10.28亿元，比上年增加6847万元，比上年增长7%。本外币各项存款时点余额627亿元，较年初增长50亿元；日均余额600亿元，较年初增长38亿元。其中人民币存款时点增长47亿元，比上年增长8.7%；日均增长35亿元，比上年增长6.7%。实现中间业务收入4.53亿元。 （刘 鑫）

中国工商银行北京商务中心区支行

【概况】 中国工商银行股份有限公司北京商务中心区支行（简称工行北京商务区支行）有1个营业部和10家网点支行（其中财富管理中心2家、贵宾理财中心7家、金融便利店2家）；智能化网点11家，智能化覆盖率100%。年内，工行北京商务区支行实现分行口径本外币拨备前利润11.50亿元，比上年增长0.22亿元。本外币存款余额593.20亿元，比上年增加56.17亿元；本外币贷款余额218.00亿元，比上年增加35.73亿元；中间业务收入4.18亿元，比上年下降1481万元；按照银保监会口径和央行降准口径，普惠金融贷款余额分别净增长2.72亿元和2.61亿元，超额完成全年任务；实现个人不良贷款清收2566万元、个人逾期贷款余额控制计划1712万元；组织员工为新冠肺炎疫情防控捐款5万元；做好消费扶贫工作，全年实现融e购扶贫交易额1091万元，任务完成率位列分行系统第10位。

【信贷业务】 年内，工行北京商务区支行本外币各项贷款余额218亿元，比上年增加35.73亿元，其中人民币对公贷款余额148.71亿元，比上年增加47.14亿元；个人贷款余额63.70亿元，比上年下降4.18亿元。

【存款业务】 年内，工行北京商务区支行本外币存款余额593.20亿元，比上年增加56.17亿元。其中人民币对公存款余额305.90亿元，比上年增加35.68亿元；人民币储蓄存款244.82元，比上年增加20.62亿元。

【中间业务】 年内，工行北京商务区支行实现中间业务收入4.18亿元，比上年下降1481万元。实现代发工资额净增24.83亿元，私人银行客户数净增74户，信用卡消费额37.37亿元，企业网上银行年动户数6306户，融e行净增客户数30214户，快捷支付月均交易绑卡数26万户。 （张　晗）

中国建设建行北京朝阳支行

【概况】 中国建设银行股份有限公司北京朝阳支行（简称建行朝阳支行）下设营业部1个、营业网点17个。年内，建行朝阳支行完成“防疫贷”客户授信27户，授信金额43.79亿元；为区卫生健康委、环卫工人、社区工作者等提供新冠肺炎疫情防控“爱心保”，为环卫工人及社区工作者提供额外保险服务1.3万余份；为朝阳区看守所上线“建行智慧社区管理平台”，成为分行首家使用建行疫情防控平台的监狱类政法机构。朝阳支行获“朝外街道区域党建共建先进单位”称号。

【本外币业务】 年内，建行朝阳支行实现本外币账面利润15.98亿元。中间业务收入3.25亿元。本外币全口径存款时点余额974.45亿元；一般性存款余额1111.11亿元。本外币各项贷款时点余额477.82亿元；不良贷款余额0.32亿元，不良率0.07%。

【住房租赁业务】 年内，建行朝阳支行挖掘储备集中式存房项目16个，营销3个回迁小区办理分散式存房业务，实现存房685套；实现国管中心职工周转房租金缴费系统一期上线，实现线上交易6209笔、交易金额1329万元。

【金融科技】 年内，建行朝阳支行以“大兴App”“政融支付”“STM获客”三大渠道为重点，上线政融支付16个缴费项，分行排名第1名。为东北师范大学附属中学朝阳学校搭建“平安云厨”就餐系统，通过场景化提升个人客户活跃度。丰富科创平台储备，签约科创孵化基地15家、签署投贷联动协议25户，科创类贷款余额较年初新增19.89亿元，科创贷款客户新增247户。

【服务乡村振兴和消费扶贫】 年内，建行朝阳支行实现乡村振兴和消费扶贫双达标加权服务点123户，发行乡村振兴卡1.3万余张，发放消费扶贫爱心卡2.4万余张，分行排名第7名。

【普惠金融】 年末，建行朝阳支行企业类普惠贷款余额17.42亿元，较年初新增5.87亿元。普惠客户数1078户，较年初新增335户。惠懂你App授信客户504户，较年初新增316户。 （杨子衿）

中国农业银行北京朝阳支行

【概况】 中国农业银行股份有限公司北京朝阳支行（简称农行朝阳支行）下辖营业网点23家。年内，农行朝阳支行配合总行和分行搭建扶贫专区7家，开展专场扶贫活动3次、“扶贫一元购”活动2次，带动专区实现销售额1300万余元，其中朝阳支行完成扶贫交易额近400万元。

【本外币业务】 年内，农行朝阳支行本外币各项存款余额530亿元，本外币各项贷款余额566.6亿元，全年实现营业收入17.93亿元，年纳税1.34亿元。

【公司金融业务】 年内，农行朝阳支行通过合理定价及融资业务拉动，实现中金、中信建投、西门子财务等重点同业客户资金大幅度增长，年末同业结算性存款余额138.7亿元，时点增量36.3亿元，日均增量32.6亿元。对公贷款余额500亿元，较年初增长14.3亿元，日均增量26亿元。

【个人金融业务】 年内，农行朝阳支行本外币个人存款余额279.05亿元，较年初增加16.68亿元。本外币核心个人存款日均余额266.86亿元，较年初增长11.64亿元。个人日均贷款较年初增长3亿元。私行业务方面，私行折效客户较年初净增72户，私行折效客户金融资产较年初净增6.35亿元，私行时点达标客户较年初净增67户，私行时点达标客户金融资产净增7.9亿元，实现私行中收220万元，私行代销产品1.15亿元，较同期增长14倍。资产配置率51%。

【网络金融业务】 年内，农行朝阳支行净增掌上银行月活客户2.05万户，互联网消费场景商户44户、公司类产业链场景商户141户、有效个人收单商户2399户、对公收单商户245户、信用卡智慧商圈商户21户。

【国际金融业务】 年内，农行朝阳支行实现国际结算量 31.28 亿美元，实现对公国际业务收入 3343 万元。累计为客户办理 2.24 亿元港币 H 股派息及 3000 万美元利润汇出业务。 （陈 晨）

中国农业银行北京朝阳东区支行

【概况】 中国农业银行股份有限公司北京朝阳东区支行（简称农行朝阳东区支行）下设二级支行 14 个、在建网点 1 家。二级支行全部分布在 CBD 地区。年内，农行朝阳东区支行为小汤山医院（新冠肺炎治疗后备医院）修缮工程开辟绿色通道，提供中期流动资金贷款 12 亿元，保障工程顺利实施。

【存贷款业务和中间业务】 年内，农行朝阳东区支行本外币各项存款时点余额 342 亿元，较年初增加 9 亿元；各项贷款余额 108 亿元，较上年增加 4 亿元。实现中间业务收入 1.4 亿元，较上年增加 641 万元。 （陈春婷）

保 险

中国人寿北京市分公司

【概况】 中国人寿保险股份有限公司北京市分公司（简称中国人寿北分公司），是中国人寿在京分支机构，下辖分支机构 73 个。年内，中国人寿北分公司实现总保费 115.4 亿元，比上年增长 24.2%。新单保费 40.16 亿元，比上年增长 49%；首年期交保费 21.79 亿元，比上年增长 18%；10 年期及以上首年期交保费 8.64 亿元，比上年增长 11.1%；短期险保费 18.02 亿元，比上年增长 126%。全年处理各类赔付、给付金额 26.68 亿元。

【捐赠保险】 年内，中国人寿北分公司主动为北京市奋战在全国抗击新冠肺炎疫情一线的 3.5 万名医护人员捐赠保险，为每人提供 50 万元（拓展新冠责任）的身故保障。该项目累计风险保额 175 亿元。中国人寿北分公司为在北京市红十字会志愿者注册管理平台登记注册且从事志愿服务活动的近 100 名志愿者赠送专属保险保障。

【老年人意外伤害险】 年内，中国人寿北分公司为约 7.5 万名北京市户籍 60 周岁及以上城乡特困人员、城乡最低生活保障待遇人员、优抚对象及无赡养人的老年人提供意外风险保障。该项目由市民政局出资，针对北京市 50 至 60 周岁退休人员和 60 周岁及以上老年人在各类特定场所发生意外伤害时提供保障。 （赵早早）

中国太平洋财产保险北京市朝阳支公司

【概况】 中国太平洋财产保险股份有限公司北京市朝阳支公司（简称太平洋保险朝阳支公司）。年内，以北京支公司客户体系改革为契机，提升团队客户经营能力。清理未决案件 930 笔、电话回访 1321 笔。至 2020 年年末，车险赔付率下降 3%，未决金额减少 1011 万元；特约定损员覆盖 7 个渠道，日均查勘量 75 笔，派驻渠道结案率大于 94%。新冠肺炎疫情防控期间，优化理赔流程，协助客户线上办理索赔手续，赢得客户好评。各项考核指标在分公司车险理赔部评比中名列前茅。

【业务数据】 年内，太平洋保险朝阳支公司完成保费收入总额 46341.54 万元，其中车险完成保费收入 34955.5 万元（新车保费收 7553.31 万元），占保费收入总额的 75.43%。非车险完成保费收入 11266.13 万元，占保费收入总额的 24.31%，比上年增长 17.25%。全年支付各类赔款 24339.36 万元，全险种赔付率 52.52%。

【车险经营】 年内，太平洋保险朝阳支公司妥善应对新冠肺炎疫情和车险第三次费改挑战，通过落实防疫要求、调整业务结构、严格理赔管控、强化费用投放等措施，达成车险成本优于行业、业务发展优于行业的“双优双对标”，实现车险盈利。通过成立专票抵扣管理小组，理赔专票抵扣税金 1[illegible]10 万元；优化组织架构，新成立交叉销售项目组；注重前端选择，控制后端降本，制定差异化管控方案；实施费用管控升级，做到精准投放，深挖续保潜力，多措并举助达标。

【非车险经营】 年内，太平洋保险朝阳支公司在原有非车险科室基础上改造赋能，在法人客户体系设立货运与信用险团队、健康险团队、交叉销售团队、农险大客户团队、重点客户团队；在政保客户体系设立安责、IDI、诉责、政府关系客户团队。独立开发的影视数据公司职业责任保险在银保监会成功报备。至 2020 年年底，该险种已带动影视类保险保费收入约 300 万元。 （杨 静 王 珏）

信 托

北京国际信托有限公司

【概况】 北京国际信托有限公司（简称北京信托）是北京市国资控股、外资参股的大型金融企业，注册资本 22 亿元。下设二级公司 2 个（全资子公司、控股公司各 1 个）。至 2020 年年末，公司实现营业收入 16.5 亿元，比上年减少 3.8%。其中信托业务收入 10.9 亿元，占营业收入的 66.06%；固有业务收入 5.6 亿元，占营业收入的 33.94%。实现利润总额 12.9 亿元，比上年增长 11.5%；净利润 9.9 亿元，比上年增长 13.7%，完成年初计划的 108%。公司固有资产总额 145.2 亿元，比年初增加

▲ 1月15日 北京信托在2019年度第十届"金貔貅奖"颁奖盛典中获评"年度金牌市场影响力金融机构"（常里琦 摄）

7.3%；净资产总额99.1亿元，比年初增加7%。北京信托获"小康路上一起走"脱贫攻坚国企在行动图片微故事征集活动优秀组织单位称号；获本土化家族信托服务实践创新奖、获2019年度金牌品牌力金融机构金貔貅奖。

【业务发展】 年内，北京信托受托管理的实收信托规模1909亿元，其中集合信托规模1302.16亿元、单一信托规模486.93亿元、财产权信托规模119.91亿元，分别占实收信托规模的68.21%、25.21%、6.28%。按照管理方式分类，主动管理类规模1329.88亿元、被动管理类规模579.12亿元，分别占实收信托规模的69.66%、30.34%。按照功能分类，融资类项目资产余额617.17亿元、投资类项目资产余额729.76亿元、事务管理类项目资产余额584.02亿元，分别占实收信托规模的31.96%、37.79%、30.25%。信托资金投向依次为：房地产类、工商企业类、证券投资类、基础产业类、金融资产类和其他类。信托财产投向主要集中于京津冀（673.14亿元，占35.26%）、长三角（338.92亿元，占17.75%）、中原城市带（120.46亿元，占6.31%），上述3个地区实收信托总计1132.52亿元，占公司实收信托规模的59.33%。

【业务特色】 年内，北京信托围绕服务首都经济社会发展和京津冀协同发展，新成立项目30个，新增投向京津冀地区的信托规模162.76亿元。助力首都疏解整治促提升建设，支持怀柔区刘各长村、朝阳区石佛营东里129号院、朝阳区亮马住宅小区J地块等棚户区改造项目资金共计172.6亿元。设立公司第一单真实股权投资军工类企业项目，与北京市广播电视局签署战略合作协议。开展服务北京市城市副中心建设业务，新成立3个信托项目，项目总规模5亿元。助力北京冬奥会建设，为"崇礼·太舞四季文化旅游度假区"建设运营提供资金支持7.5亿元。至2020年年末，公司存续的与市国有企业合作的信托项目23个，存续信托规模296.12亿元。为企业新冠肺炎疫情防控和复工复产提供资金支持70.72亿元。

【资产管理】 年内，北京信托完成"十四五"发展规划编制，提出从资产驱动向资产与资金双轮驱动转变发展目标；研究制定《关于推进公司与市属企业、各区合作的工作方案》，为合作企业提供资金支持。至2020年年末，公司管理信托规模1909亿元，其中主动管理资产占69.66%（市国资委考核目标值为50%）。受托管理的实收信托规模净减少46.28亿元，实现稳中小幅下降目标，符合监管要求和行业发展趋势。（高　源）

旅 游 业

综 述

【概况】 北京市朝阳区文化和旅游局（简称区文化和旅游局）为区政府工作部门，主要职责为贯彻落实党中央关于文化和旅游工作的方针政策、决策部署和市委、区委有关工作要求，在履行职责过程中坚持和加强党对文化和旅游工作的集中统一领导。下属基层单位有北京旅游咨询服务中心朝阳服务站等10个。截至年底，朝阳区有星级饭店84家，其中五星级饭店25家、四星级饭店27家、三星级饭店24家、两星级饭店8家；有A级旅游景区17家；旅行社1311家，其中一般社790家、出境社503家、外资社18家。有旅行社分社127家；受疫情影响，旅行社服务网点减至139家。全年处理各类旅游投诉1158件，比上年增加30%；全区旅游咨询站接待旅游咨询6.8万余人次，比上年减少89%。（陈晓红）

【行业教育培训】 4月28日，区文化和旅游局召开A级旅游景区五一假期旅游安全服务保障工作会，23家A级旅游景区主管领导参加会议。7月2日至3日，在惠侨饭店召开2020年度星级饭店、旅游景区行业标准提升培训会。全区36家二星级、三星级饭店，23家A级景区的主管部门负责人参加培训。8月21日，召开区2020年文明城区复查测评工作部署会。辖区内二星级以上宾馆饭店及部分大规模酒店、等级景区150余人参加会议。12月17日至30日，为迎接2022年冬奥会，提升辖区内文化旅游行业中层以上管理人员及一线员工社会心理素质，组织召开2020年区文化和旅游系统线上线下相结合的社会心理培训80课时，线下培训441人、线上培训41309人。（宋　蕊）

【文旅品牌建设】 年内，区文化和旅游局在北京市率先出台《关于推进朝阳区文化和旅游融合发展的实施办法》，实施文旅融合发展“三十”工程。制发《朝阳区文化事业产业融合发展示范园区认定管理办法（试行）》《朝阳区文化事业产业融合发展示范园区评审认定标准》《朝阳区特色文旅消费街区认定管理办法（试行）》《朝阳区特色文旅消费街区评审认定标准》等文件，聚焦“潮、范儿、美、嗨、乐”5个关键词选取、扶持一批特色文旅消费街区，形成“文化+旅游+商业”消费新地标，包括评选认定首批10家文化事业产业融合发展示范园区［首创·朗园Vintage、北京电影学院影视文化产业创新园平房园区、798艺术区、吉里（北京）国际艺术区、751D·PARK北京时尚设计广场、北京懋隆文化产业创意园、东亿国际传媒产业园、通惠河畔文化创意产业园、E9创新工场、西店记忆Funs Town］、首批10个特色文旅消费街区（SOLANA蓝色港湾、合生汇21区BLOCK、798园区艺术街区、常营商圈、望京小街、三里屯太古里、朝阳大悦城、潘家园旧货市场、将台地区丽都商街、枫花园汽车影院文创街区），培育推广10条精品文化旅游线路，促进文化旅游消费。（宋　蕊）

▲ 9月7日，朝阳区举行首批文化事业产业融合发展示范园区授牌仪式
（区文化和旅游局　供图）

2020年朝阳区10条精品文化旅游线路一览表

表4

序　号	线路名称	具体路线
1	“潮生活”线路1	三里屯→亮马河国际风情水岸→SOLANA蓝色港湾→朝阳公园→凤凰中心
2	“潮生活”线路2	温榆河公园示范区→将府公园→郎园Station→颐堤港
3	“文艺范儿”线路1	红砖美术馆→北京民生现代美术馆→798艺术区/751D·PARK北京时尚设计广场→中央美术学院美术馆
4	“文艺范儿”线路2	郎园Vintage→西店记忆Funs Town→中国油画院→吉里（北京）国际艺术区→懋隆文化产业创意园
5	“城市美”线路1	奥林匹克森林公园→中国科学技术馆→北京奥林匹克公园→中华民族园→元大都城垣遗址公园
6	“城市美”线路2	庆丰公园→北京CBD核心区→东岳庙→日坛公园
7	“玩的嗨”线路1	侨福芳草地购物中心→世贸天阶THE PLACE→北京SKP、SKP-S→合生汇→潘家园旧货市场
8	“玩的嗨”线路2	SOLANA蓝色港湾→颐堤港→丽都商街→望京小街→望京合生麒麟新天地商业街
9	“聚欢乐”线路1	中国电影博物馆→中国铁道博物馆（东郊馆）→枫花园汽车影院文创街区→朝阳规划艺术馆→朝阳大悦城
10	“聚欢乐”线路2	北京欢乐谷→马家湾湿地公园→中国紫檀博物馆→京城梨园→长楹天街

（陈晓红）

【星级饭店评定复核】　年内，区文化和旅游局复核星级饭店20家。其中通过复核7家、申请延期复核9家、撤销4家。截至年底，朝阳区有星级饭店84家，其中5星级饭店25家，4星级饭店27家，3星级饭店24家，2星级饭店8家。　（宋　蕊）

景区景点建设与服务

【概况】　2020年，朝阳区有国家A级旅游景区22家，其中AAAAA级1家、AAAA级4家、AAA级17家。其中，圣露庄园AAA级旅游景区等级资质于11月12日撤销。区文化和旅游局注重强化“软”“硬”件建设，持续提升旅游景区品质，增强市民游客休闲体验获得感。开展旅游环境与旅游公共服务设施改造建设工作，按照“数量充足、干净无味、实用免费、管理有效”目标，推进“厕所革命”，提升全区旅游服务质量和公共服务水平。

2020年朝阳区A级旅游景区一览表

表5

<table>
<tr><th>序　号</th><th>等　级</th><th colspan="2">景区名称</th><th>评定A级景区时间（年月）</th><th>是否免费入园</th></tr>
<tr><td rowspan="6">1</td><td rowspan="6">AAAAA</td><td rowspan="6">北京
奥林匹克公园</td><td>北京奥林匹克公园中心区</td><td rowspan="6">2012年11月</td><td>免票</td></tr>
<tr><td>中国科技馆</td><td>30元/成人
20元/学生</td></tr>
<tr><td>国家体育场（鸟巢）</td><td>门票40元</td></tr>
<tr><td>国家游泳中心（水立方）</td><td>门票30元</td></tr>
<tr><td>奥林匹克森林公园</td><td>免票</td></tr>
<tr><td>国家体育馆</td><td>不对外开放</td></tr>
<tr><td>2</td><td>AAAA</td><td colspan="2">北京中国紫檀博物馆</td><td>2003年11月</td><td>50元/人，残疾人免票</td></tr>
<tr><td>3</td><td>AAAA</td><td colspan="2">北京朝阳公园</td><td>2005年11月</td><td>5元/人，残疾人免票</td></tr>
</table>

续表 5

序号	等级	景区名称	评定A级景区时间（年月）	是否免费入园
4	AAAA	北京欢乐谷	2008年11月	299元/人，残疾人免票
5	AAAA	蟹岛绿色生态农庄	2009年11月	免票
6	AAA	日坛公园	2006年11月	免票
7	AAA	团结湖公园	2006年11月	免票
8	AAA	红领巾公园	2006年11月	免票
9	AAA	蓝色港湾国际商区	2010年11月	免票
10	AAA	北京蓝调庄园	2012年11月	免票
11	AAA	北小河公园	2014年11月	免票
12	AAA	大望京公园	2014年11月	免票
13	AAA	古塔郊野公园	2014年11月	免票
14	AAA	将府郊野公园（郊野）	2014年11月	免票
15	AAA	庆丰公园（郊野）	2014年11月	免票
16	AAA	兴隆郊野公园（郊野）	2014年11月	免票
17	AAA	四得公园	2015年11月	免票
18	AAA	白鹿公园（郊野）	2016年11月	免票
19	AAA	北京陶瓷艺术馆	2016年11月	免票
20	AAA	斯普瑞斯奥特莱斯	2017年11月	免票
21	AAA	京城梨园（郊野）	2018年11月	免票
22	AAA	西藏文化博物馆	2019年11月	免票

【A级旅游景区旅游厕所提升改造】 10月，朝阳区完成A级旅游景区23座旅游厕所提升改造以及区政府为民办实事第19项“改造升级重点景区20座旅游厕所”任务。改造内容包括更新公共卫生间内便器，更换厕所隔板、墙面瓷砖、墙体内上下水管。政府补助资金433.2万元。

【旅游环境建设】 年内，朝阳区开展生活垃圾强制分类工作。在景区、酒店配备垃圾分类宣传引导员984人，1500余处公共区域张贴宣传海报6000张，开展宣传活动415场次，组织酒店“垃圾分类、客房不主动提供一次性六小件用品、餐厅不主动提供一次性餐具”专题培训115场次，参训员工5000余人次。全年出动检查人员218人次，检查企业158家次。全区23家A级旅游景区配置四类垃圾桶492组，景区内设置垃圾桶2168处、7395个；营业星级饭店68家配置四类垃圾桶350组，星级饭店内设置垃圾桶4593处、11845个。完善控烟制度，梳理22家A级旅游景区、84家星级饭店工作职责，责成专人负责旅游企业控烟督导检查，在日常检查中未发现公共场所吸烟现象，控烟工作实现常态化。

【A级旅游景区评定复核】 年内，区文化和旅游局将疫情防控工作与服务质量提升工作相结合，推动朝阳区旅游景区有序复工复产复业，对朝阳区10家旅游景区开展等级评定与复核检查工作。11月12日，经区旅游景区质量等级评定委员会研究决定，圣露庄园未达到AAA级旅游景区标准，资质予以撤销。截至年底，朝阳区有国家A级旅游景区22家，其中AAAAA级1家，AAAA级4家，AAA级17家。

【景区公共设施提升改造】 年内，区文化和旅游局提升改造A级旅游景区公共设施。提升改造343.81平方米旅游标识牌，新增休息座椅198个、垃圾桶1353个，购买轮椅3辆，完成1座景观平台提升改造工作，A级旅游景区旅游环境得到改善和提升。（宋　蕊）

旅游节庆活动

【概况】 2020年，区文化和旅游局以“文蕴朝阳 活态传承”的“云”游朝阳之文化和自然遗产日、端午歌会为主题，以北京朝阳国际文化旅游节为契机，开展形式多样的文旅节庆活动。（陈晓红）

【端午民俗节庆活动】 6月，端午节期间区文化和旅游局在北京民俗博物馆举办端午习俗展、场景复原、线上“粽”动员、《端午赋》主题歌会等端午民俗节庆活动。活动以线上直播的形式向观众展现端午节的传统民俗及优秀文化，实时观看148.7万人次。（陈晓红）

【朝阳国际文化旅游节】 10月1日至5日，区文化和旅游局举办2020年北京朝阳国际文化旅游节。在朝阳公园主会场和郎园文创园、潘家园旧货市场、北京欢乐谷、丽都商街、通惠河畔文创园5个分会场组织开展文创集市、康保二人台、音乐表演、音乐电影周、棱镜戏剧节、摄影展、古玩淘宝、百姓书场等活动60余场，接待游客约30万人次。（刘江辉）

【文化和自然遗产日活动】 年内，区文化和旅游局举办“文蕴朝阳 活态传承”的“云”游朝阳之文化和自然遗产日特别活动。“云”游直播活动特邀3名主持人，分三路走进东岳庙、鳡堂当代艺术馆、紫檀雕刻工厂、国声京剧团和孔医堂5个别具特色、内涵丰富、形式多元的非遗项目地点。央视移动新闻、今日头条等10余家网络平台对活动进行直播，观看量达225万次。（陈晓红）

旅游监督管理

【概况】 2020年，区文化和旅游局根据旅游季节特点，落实《中华人民共和国国家安全法》“管行业必须管安全，管业务必须管安全，管生产经营必须管安全”要求，以疫情防控为重点，加大重大活动服务保障，维护文化旅游市场安全。（刘 卉）

【接受市安全生产督察组考核】 10月21日，区文化和旅游局接受市安全生产第五督察组第三小组延伸督察。督察组以查阅资料、听取汇报、开展座谈、实地抽查企业等方式进行考核，区文化和旅游局对督察组反馈的问题迅速落实，全部完成整改。（刘 卉）

【安全生产主体责任评估】 10月至11月，区文化和旅游局对域内100家宾馆饭店和7家下属事业单位安全生产主体责任落实情况进行检查评估。检查结果为全部合格，达标率100%。（刘 卉）

【“119”消防宣传月活动】 11月9日，区文化和旅游行业第三十届“119”消防宣传月启动仪式在区图书馆举行。区文化和旅游系统基层单位领导、行业企业代表以及附近居民200余人参加启动仪式。活动现场，向市民发放各类消防宣传品，区消防救援支队指导区图书馆工作人员进行消防应急演练。（刘 卉）

【安全生产总结暨法人培训会】 12月7日，区文化和旅游局召开2020年文化和旅游行业安全生产总结暨法人培训会。会议交流工作经验、总结全年工作，部署2021年工作，并邀请相关部门和行业专家作安全生产专题辅导。辖区宾馆饭店、旅游景区、文化娱乐场所等企业法定代表人600余人参加培训。（刘 卉）

【旅游投诉处理】 年内，区文化和旅游局收到旅游投诉3535件。其中，涉及宾馆饭店1056件，占29.87%；景区333件，占9.42%；旅行社投诉2146件，占60.71%。管辖投诉1158件，占32.76%，非管辖投诉2377件，占67.24%。按照职责划分，办结宾馆饭店投诉841件、景区投诉317件，旅行社投诉转办至市文化和旅游局和市场监管局等相关部门。（宋 蕊）

▲ 10月1日至5日，区文化和旅游局举办2020年北京朝阳国际文化旅游节
（区文化和旅游局 供图）

旅游合作与交流

【概况】 2020年，区文化和旅游局参加国内旅游博览会2场，在北京市率先出台文旅融合实施办法，明确文旅融合发展的体制机制、政策体系、服

务体系、支撑体系。评审认定10家文化产业事业融合示范园区、10个文旅特色消费街区、10条精品文化旅游线路，通过多种推介方式展示朝阳旅游魅力，宣传朝阳旅游资源，促进朝阳文旅融合发展。区文化和旅游局制定《2020年朝阳区文化和旅游局扶贫协作和对口支援工作计划》等基础性文件，开展文化和旅游对口帮扶交流合作。邀请北京市密云区、河北省保定市唐县及张家口市康保县、河南省南阳市淅川县参加2020中国国际服务贸易交易会旅游专题展和2020北京朝阳国际文化旅游节活动，推进文化和旅游区域合作。组织干部到新疆维吾尔自治区、河北省等地扶贫挂职，为合作地区开展旅游专业培训。

【参加服贸会旅游专题展】 9月4日至9日，区文化和旅游局参加2020年中国国际服务贸易交易会旅游专题展。以“潮朝阳FUN生活”为主题，聚焦文旅融合发展，组织区内中国木偶剧院、马蜂窝旅游网、潘家园旧货市场、三里屯太古地产有限公司等12家有代表性的文化和旅游企业参展，通过数字交互、VR互动、非遗传习、现场表演等形式，展示朝阳区国际化、时尚化、年轻化的城市形象。活动期间，朝阳展区接待观众1.2万人次，线上云直播观看150万人次，发放宣传册1.4万册，策划、组织新闻发布会4场，中央、市等20家主流媒体对区展位报道43篇（条），取得良好宣传效果。市有关部门和区领导陈冬、王灏、文献等到展区指导，并给予肯定。

【参加广东国际旅游产业博览会】 9月11日至13日，区文化和旅游局参加2020广东国际旅游产业博览会。重点推介朝阳区首批授牌的10家文创园、文创产品和“打卡朝阳”旅游路线，通过向游客发放“打卡朝阳”旅游地图、北京798艺术区宣传折页、北京欢乐谷旅游纪念品，以及接受游客咨询、与参展商进行交流等方式，取得良好宣传效果。

【参加密云区第十七届鱼王文化节】 9月26日至10月5日，区文化和旅游局组织区非遗企业赴密云区参加2020北京密云第十七届鱼王文化节。活动中，非遗企业展示非遗技艺，促进两地企业间文化交流。（刘江辉）

城乡规划与建设

城乡规划

【概况】 2020年，市规划自然资源委朝阳分局组织规划公示54项。其中，现场公示3项、规划方案网上公示32项、规划道路命名网上公示19项。办理信访类及投诉举报事项839件，其中信访类344件、投诉举报类495件。办理“接诉即办”案件2877件，办理答复1043件，因不属于单位职责做退件处理1834件。收到行政复议诉讼案件214件，其中，行政诉讼178件、行政复议36件。局领导出庭应诉1次、主管领导出庭应诉5次。接收档案移交2347卷（件）；完成业务档案数字化12000卷、文书档案数字化2000件；接待单位内部档案借阅679人次，借阅档案3167册；接待社会单位档案查阅255个文号。

【分区规划】 1月16日，市规划自然资源委朝阳分局面向区各委办局、功能区管委会和各街乡开展分区规划成果宣传培训。国土空间规划数据库建设纳入北京国土空间规划“一张图”，并在北京市城市空间大数据平台更新上线。《朝阳分区规划（国土空间规划）（2017年—2035年）》实施报告得到朝阳区第十六届人民代表大会常务委员会第三十次会议审议通过。

【街区指引编制】 7月21日，市规划自然资源委朝阳分局完成《街区指引编制工作情况》上报区委城工委全体会议研究。内容包括进行街区划定、土地资源梳理、规模指标传导、空间底线约束、品质精细管控等。

【城市体检】 11月，市规划自然资源委朝阳分局按照市级要求，制定朝阳区城市体检工作方案、分解任务，组织区内25家单位参与2019年度城市体检工作。汇总《2019年度城市体检工作情况》《朝阳区2019年度城市体检报告》上报区政府。

【责任街区公共空间整治】 12月11日，在年度责任规划师年终总结交流会上，朝阳区责任规划师“小微空间”改造等亮点工作案例被纳入市级工作成果，18支责任规划师团队获市级优秀责任规划师称号，并作专题交流。市规划自然资源委朝阳分局33支责任规划师团队、50名首席规划师下沉至全区43个街乡和6个功能区管委会开展工作，推动《北京城市总体规划（2016年—2035年）》与《朝阳分区规划（2017年—2035年）》在责任街区落实。与中社社区培育基金合作开展的“微空间·向阳而生——朝阳区小微公共空间再生计划”，以及在太阳宫乡、双井街道、小关街道、南磨房乡和常营乡开展的5个小微空间改造，成为公共空间整治打造模板案例。《中国青年报》、人民网、《人民日报海外版》、北京电视台、《北京日报》等媒体进行报道。

【用地规划管理】 年内，市规划自然资源委朝阳分局严控建设用地增量，形成“三核、一报、多沟通”（核规划、核现状、核遥感；乡政府上报地块；各部门及乡政府横向纵向沟通）工作机制，建立城乡建设用地减量数据库，绘制朝阳区城乡建设用地减量地块示意图、朝阳区城乡建设用地裸地地块示意图，朝阳区城乡建设用地减量地块汇总表（“两图一表”）下达各乡。基本完成17平方千米城乡建设用地减量任务，涉及金盏乡、崔各庄乡、孙河乡等17个乡，2143块图斑，完成减量系统平台填报工作。

【建设项目规划管理】 年内，市规划自然资源委朝阳分局办结38件“多规合一”协同信息平台申请项目。核发供地入市条件5件、一级整理项目5件、农民安置房和集体产业项目7件，涉及建设用地规模约371.34公顷，地上建筑规模约681.83万平方米。其中，一级整理建设用地约75.58公顷，地上建筑规模约148.85万平方米；供地入市条件约65.91公顷，地上建筑规模约178.97万平方米；初审意见建设用地约92.25公顷，地上建筑规模约108.35万平方米。会商意见建设用地约89.2公顷，地上建筑规模约181.16万平方米。规划研究建设用地规模约48.4公顷，地上建筑规模约64.5万平方米。

【重点项目规划研究】 年内，市规划自然资源委朝阳分局完成东坝北西区域回迁安置房工程推动区域整体一级开发工作，以备案形式完成各地块规划指标。组织中关村朝阳园北区实施方案编制工作，朝阳园北区综合实施方案启动。

【市政交通重点项目】 年内，市规划自然资源委朝阳分局开展28号线、平谷线、东北环线线路一体化研究。前期推进东风站、东大桥站等6个“微中心”试点工作，考虑不同“微中心”的区位条件、客流量、可利用土地资源、实施难度等因素将“微中心”分类研究，根据每个站点规划和现状情况，按照“一站一策一档”的思路形成一体化策略和站点档案，建设“微中心朝阳模式”。推进亮马河北路、六里屯路、广渠路东延等东西部重要连接通道建设；加大东南部等基础设施薄弱地区骨干路网建设；推进化工路、老君堂路、王化路、广渠路东延等一批主次干路的规划研究；针对CBD、奥体、望京、青年路、雅宝路等区域交通问题，从规划层面引导其开展交通综合整治，提升城市交通环境品质。推进齐家园外交公寓、将台国际文化硅谷项目、阿里巴巴产业项目配套市政基础设施项目进程；推进区档案馆、中小学等教育和文化基地周边、望京、电子城区域商务文化中心配套市政交通基础设施建设；开展第四使馆区周边道路交通与市政工程方案研究，参与电子城北扩区配套市政专项研究；推进冬奥会速滑馆项目和冬奥村人才公寓配套市政基础设施建设。推动酒仙桥粪便处理厂、高安屯焚烧三期建设项目前期研究工作；推动国家会议中心、奥运核心区、亮马河、三里屯、广渠路等重点区域架空线入地工程落地；配合区城管部门研究市政管线“消隐”工程，治理安全隐患；推动CBD500KV变电站项目规划实施，为CBD区域发展提供市政基础设施。

【地名规划编制研究】 年内，市规划自然资源委朝阳分局做好地名规划与街区控规、规划综合实施方案的衔接工作。其中，东坝北西区地名规划随街区控规完成批复，孙河乡前苇沟组团棚户区改造土地开发项目平衡资金地块地名规划送市规划自然资源委进行审核批复；全年完成双旭东路、南十里居西路等30条道路的命名研究工作；配合市规划自然资源委组织相关委办局、43个街乡完成朝阳区地名录、地名图集、地名挂图区级审核工作；配合市规划自然资源委主管处室完成主干道路、地铁站等区内意见回复；配合区地方志编纂委员会办公室完成区地名志相关篇章复核与提交工作；配合市规划自然资源委地名与地理信息管理处做好相关调研，陪同司法部、民政部等部门进行地名调研；加强与公安及交通部门的沟通协调和联动办理；通过与街乡配合、“多规合一”平台推送、接诉即办等渠道，了解地名命名诉求，进行日常地名命名研究。

▲ 7月8日，市规划自然资源委朝阳分局陪同司法部、民政部进行地名调研 （白 雪 摄）

【乡村建设管理】 年内，市规划自然资源委朝阳分局配合区农业农村局开展十八里店乡、小红门乡、管庄乡、平房乡、东坝乡、东风乡、王四营乡7个乡的综合规划实施方案及东三乡统筹研究。核发平房乡姚家园新村三期、黄渠四期、管庄乡杨闸（二期）等11个项目规划设计方案，涉及地上建设面积123.73万平方米，解决约2.1万人口安置问题。核发王四营土地一级开发项目（一期）土地前期整理有关意见，推进管庄乡郭家场平衡资金地块前期手续工作。研究确定将台乡F地块产业、东方和瑞等21个项目的产业定位。

【项目规划验收】 年内，市规划自然资源委朝阳分局对冬奥速滑110千伏输变电工程、中国电子科技集团公司传感器大楼、国家管网公司办公楼、全球第二家苹果旗舰店等一系列重点项目进行规划验收；完成大望京商务区托幼园等教育配套的规划验收工作，以及孙河养老配套设施及奥体南区人才公租房、宝成雅园回迁安置房、劲松街道社区便民综合服务中心等养老类、保障类住房及配套项目规划验收。全年办理建设工程规划验收77件，建筑规模约342.9万平方米；开展社会投资类全过程服务监督项目112个，总建筑规模约1383.49万平方米；开展历史纳入全过程服务监督项目74个，总建筑规模259.52万平方米；推进简易低风险全过程监督项目39个，总建筑规模3.62万平方米；市政管线备案项目2个，长度1630.5米。 （陈 琳）

自然资源管理

【概况】 2020年，市规划自然资源委朝阳分局推进2019年度土地卫片执法检查工作。受理土地权属审查业务156件，出具土地权属审查告知书111份，涉及宗地面积312.18公顷。其中，国有建设用地土地权属审查80份，宗地面积 141.36 公顷；集体土地权属审查 31 份，宗地面积 170.82 公顷。完成朝阳区 2020 年度耕地保护目标管理暨永久基本农田保护责任书签订工作。签署区乡级责任书 14 份，乡村级责任书 51 份。制订《关于进一步加强市民服务热线反映问题“接诉即办”工作实施方案》《关于建立“三到位一处理”信访诉求“四库”分类工作方案》等相关工作方案，依法依规做好信访答复及“接诉即办”工作。办理依申请信息公开 1032 件，其中市政府转办 15 件、区政府转办 65 件、市规划自然委转办 63 件及市规划自然资源委朝阳分局直接受理 889 件。包括规划审批类 512 件、土地储备项目类 217 件、征地类 184 件、土地性质及土地利用类 102 件、不动产登记及出让查询类 12 件及执法类 5 件。

【地理国情监测】 7 月，市规划自然资源委朝阳分局按照《北京市规划和自然资源委员会关于加强地理国情监测工作的意见（试行）》部署，开展年度地理国情监测工作。经过内业变化信息采集整理，完成国家 47771 块全区图斑内业提取。9 月初，完成其中近 1800 块图斑外业核查。12 月初，朝阳区年度地理国情监测成果通过入库检查和国家验收。

【土地供应】 年内，市规划自然资源委朝阳分局供应莱茵花园南侧地块及东坝北东南一期 1104-613 地块 2 宗商品住宅项目，建设用地面积约 10 公顷。发布东坝北东南一期项目 611 地块及莱茵花园项目 3005-08 地块 2 宗土地出让正式公告项目，建设用地面积约 7 公顷。完成年度商品住宅用地供应任务 65%；完成崔各庄乡黑桥南阜棚改项目 1 号地、崔各庄乡黑桥南阜棚改项目 4 号地、崔各庄乡黑桥南阜棚改项目 6 号地，王四营一期项目 1 号地、王四营一期项目 2 号地、王四营一期项目 3 号地、王四营一期项目 4 号地，市中心收储的将台西路 5 号地（1.55 公顷）和管庄 288 号地（0.86 公顷）9 宗项目入库，建设用地面积 27 公顷，完成年度商品住宅用地入库任务 79%。

【土地市场交易】 年内，市规划自然资源委朝阳分局公开供应一般经营性用地 4 宗。其中，市土储中心收储项目 1 宗，为朝阳区望京花家地西里三组团配套综合楼 1006-605 地块 B4 商业金融用地，建设用地 0.73 公顷，建筑规模 2.19 万平方米；市土储朝阳分中心为主体项目 3 宗，第一宗为朝阳区东坝乡东风村 1104-613 地块 R2 二类居住用地、1104-614 地块 A33 基础教育用地（东坝北东南一期项目 613、614 地块）；第二宗为朝阳区金盏乡小店村 3005-12 地块 R2 二类居住用地、3005-14 地块 A33 基础教育用地、3005-15 地块 A22 文化活动用地、3005-17 地块 A8 社区综合服务设施用地（莱茵花园项目南侧地块）；第三宗为朝阳区东坝北东南一期土地储备项目 1104-611 地块 R2 二类居住用地（东坝北东南一期项目 611 地块），建设用地 12.76 公顷，建筑规模 24.04 万平方米。

【土地储备开发】 年内，土地储备偿还到期政府债券 139.533 亿元（其中使用再融资债券偿还 77.648 亿元），债券利息 16.71 亿元。重点推进东坝北东南二期、王四营一期、十八里店一期、东坝外交部、孙河组团项目的规划、立项、征地、拆迁等相关工作。完成 79 户住宅约 2.57 万平方米、188 家非住宅约 94.55 万平方米、4 家国有单位约 3.18 万平方米腾退。

【征地及农转用项目管理】 年内，市规划自然资源委朝阳分局完成建设项目征地结案 5 个，用地面积 166.6530 公顷。办理土地征收及农用地转用前期手续 8 个，其中 3 个项目取得征地及农转用批复，总用地面积 149.2755 公顷；3 个项目上报市规划自然资源委待市政府批准；2 个项目完成征地补偿安置公告。

【矿产资源管理】 年内，市规划自然资源委朝阳分局完成 21 家地热单位的矿业权年报统计以及矿业权勘查开采公示；参加矿产资源开发利用统计直报管理分析系统培训，掌握系统填报方法，指导矿业权人填报；联系市级专家组成工作组，对矿权单位实地抽查核查；完成 21 家地热单位采矿权使用费缴费工作。

【不动产登记】 年内，朝阳区不动产登记中心业务受理量比上年下降 12.2%。受理各类登记业务约 21.3 万件，档案查询量约 82.5 万件（窗口查询 22.5 万件、自助查询 4.3 万件、网上查询 55.7 万件），发放不动产权证书、证明 12.9 万本（自助制证 7.2 万本），收取不动产登记费 1.6 亿元，代收房改房、经济适用住房、两限房上市等土地收益约 6.5 亿元。上线 7 个不动产登记应用场景，实现企业间存量非住宅转移登记、抵押登记、抵押注销登记等业务全程网办，推进个人间存量商品房交易登记全程网办。在优化营商环境“千人千题”考试中，朝阳区综合成绩全市第一，不动产登记中心 6 名职工平均成绩 90.61 分。朝阳区通过国家“互联网 +”在线核查及外业实地核查，进行第三次全国国土调查。解决历史遗留房地产开发项目“办证难”问题，16 个项目 6909 套房屋具备办证条件，其中 5 个项目 201 套房屋完成登记发证。

【土地出让监督】 年内，市规划自然资源委朝阳分局完成外业巡查任务 238 宗地，发现闲置土地项目 24 宗。通过巡查监督，1 宗项目开工建设，23 宗项目推进处置。

【土地执法监察】 年内，市规划自然资源委朝阳分局对巡查、检查中发现的在施违法建设下发《责令停工通知书》10 起（次）；查处属规划职责范围内违法建设，下发《限期拆除决定书》3 起（次）；依据职责向区城管、乡政府等部门移送 142 起（次）违法建设案件；配合属地及城管部门对214处违法建设出具书面认定（按照立即处置办法快速认定32件）；开展基本无违建创建工作，抽调专人成立认定小组，按时完成系统认定5103件。立案查处违法行为为210件，下达行政处罚决定6件，涉及建筑面积27009.12平方米，罚款1765.9万元。

【法制宣传】 年内，市规划自然资源委朝阳分局完成“4·15”国家安全日、“4·22”地球日、“6·25”土地日、“12·4”宪法日等节点法制宣传。组织《民法典》《北京市街道办事处条例》《北京市禁止违法建设若干规定》及配套文件专题培训，落实北京市城市总体规划和优化营商环境改革、普及民法典知识以及强化基层执法人员的法治意识。

【城市更新调研】 年内，市规划自然资源委朝阳分局组织梳理和总结朝阳区城市更新工作相关经验和存在问题与面临的挑战，研判“十四五”时期工作思路与工作重点，形成《朝阳区“十四五”时期推进城市有机更新路径措施研究》《更新朝阳、更朝阳、新朝阳，朝阳区城市更新多元实践工作报告》等多项成果。同步组织开展《“十四五”时期居民小区完善配套和要素提升课题研究》，针对居民小区配套规划建设提出结合城市更新补齐民生设施短板、推行责任规划师制度、部门齐抓共管等相关政策建议。 （陈　琳）

建设工程

【概况】 2020年，朝阳区住房和城乡建设委员会（简称区住建委）完成全区在施工程644项，2158.47万平方米，138.44千米。其中，房建工程1996.43万平方米，市政工程104.19千米，地铁工程5项80.41千米，老旧小区综合改造工程68项385.5万平方米。全区监督施工工程（开复工项目）2293项，建筑面积4236.97万平方米，市政工程354.51千米，老旧小区改造工程11项27.93万平方米。检查施工工地3112项次，责令停工整改59次、限期整改1908个次，行政处罚258起，罚款82.5万元。完成建设工程消防验收713项，消防备案110项。78家建筑、装饰企业被评为北京市建设行业诚信企业，其中AAA诚信企业55家。办理行政诉讼案件7件，行政复议案件6件。接待处理群众信访事项517件次，其中群众来信来电来访319件、网上信访系统接收198件。政民互动系统办理3280件，主要涉及危改拆迁补偿、房屋质量、施工扰民、工程款纠纷、老旧小区综合整治等问题。完成重复访积案化解17件。信息公开162项，其中主动公开6项、依申请公开156项。 （朱小朋　杨立军　张德学）

【保障性住房建设】 年内，区住建委新开工各类政策性住房6000套。其中，政策性租赁住房3000套、政策性产权住房3000套（共有产权住房2000套）。竣工各类住房10900套。建设筹集各类政策性住房6881套，其中政策性租赁住房3065套、政策性产权住房3816套（共有产权住房2418套），完成全年任务的115%；竣工各类住房12078套，完成全年任务的111%。 （李媛媛　张德学）

【房地产开发管理】 年内，区住建委完成新建改建居住区项目建设方案备案8项，总建筑面积232.79万平方米，包括住宅118.61万平方米、市政设施配套19.02万平方米、公共服务配套18.73万平方米。完成8个开发项目手册区县初审，实地核查开发项目预售服务配套建设情况，确认18次。 （张　煜　张德学）

【配套设施收缴】 年内，区住建委配套办收缴房地产开发配套设施32所55127.68平方米。其中，教育配套设施幼儿园5所16103.29平方米、卫生设施4所636.53平方米、文化配套设施6所13225.2平方米、民政配套设施8所17201.66平方米、其他社区服务配套设施9所7961平方米；托管各类配套设施20所16739.82平方米；文化、民政及其他社区服务配套设施11所5343.77平方米。 （张　煜　张德学）

【房地产开发企业资质管理】 年内，区住建委办理各项房地产开发企业资质审批170件。其中，新设立12件、暂定延续34件、变更40件、重新核定84件。全区房地产开发企业资质有效企业359家。其中，一级14家、二级17家、三级9家、四级246家、暂定73家。 （张　煜　张德学）

▲ 5月24日，朝阳区公租房百湾家园投入使用 （时　彬　摄）

【危旧房屋改造安置】 年内，酒仙桥项目完成房改售房、征收方案最终修订，启动征收预签约。甜水园旧城区改建项目涉及化解矛盾的已搬迁居民中，签署《安置方式选择单》284份，领取到翠城安置房钥匙。酒仙桥、垂杨柳、京棉危改三期3个项目完善方案办理前期手续。 （徐家琛 张德学）

【棚户区改造和环境整治工作】 年内，朝阳区"棚改须"完成580户征收（拆迁、改造）任务指标，疏解人口1504人。年初，将化石营旧城区改建等18个项目纳入2020年棚改工作年度计划。全区棚改项目总占地面积约1320.86公顷，涉及农（居）民约25227户。截至年底，全区完成征收（拆迁）580户。其中：中直安慧项目6户，永安里旧城区改建项目29户，十八里店白墙子项目41户，亮马J地块4户，东坝北西区域项目172户，三间房南区项目2户，三间房D区项目10户，管庄乡棚改项目56户，小红门乡棚改项目16户，甜水园棚改项目244户。 （徐家琛 张德学）

2020年朝阳区棚户区改造和环境整治项目一览表

表6

2020年实施项目（18个）

序 号	项目名称	项目性质
1	中直安慧职工住宅（小关北里43号）工程项目	新增棚户区
2	永安里旧城区改建项目	新增棚户区
3	十八里店白墙子项目	新增棚户区
4	亮马J地块公益用地棚改项目	新增棚户区
5	东坝北西区域B地块项目	新增棚户区
6	东坝北西区域C地块项目	新增棚户区
7	东坝北西区域E地块项目	新增棚户区
8	东坝北西区域F地块项目	新增棚户区
9	南磨房东郊市场	新增棚户区
10	南磨房乡广渠路（含大郊亭3号院）项目	新增棚户区
11	三间房南区项目	新增棚户区
12	三间房D区棚户区改造和环境整治项目	新增棚户区
13	平房乡棚改项目	新增棚户区
14	管庄乡棚改项目	新增棚户区
15	小红门乡棚改项目	新增棚户区
16	甜水园旧城区改建项目	新增棚户区
17	酒仙桥旧城区改建项目	新增棚户区
18	化石营旧城区改建项目	新增棚户区

（张德学）

【老旧小区综合整治】 年内，经市级确认的朝阳区老旧小区综合整治项目30个，综合整治改造面积385.5万平方米，涉及住宅楼586栋，项目总预算资金50.19亿元。实现市"老旧办"要求的新开工38个项目；487部电梯开工建设，完工320部。 （杨立军 张德学）

【房屋私自拆改执法检查】 年内，区住建委受理房屋私自拆改信访事项473起，全部进行调查处置。配合小红门、安贞、六里屯、大屯、东湖、奥运村、双井、左家庄、团结湖、三里屯、垡头等属地办事处调解居民矛盾12次，未发生矛盾激化情况。 （段玉霞 张德学）

【劳动力资源精细化管理】 年内，区住建委通过朝阳从业卡系统大数据支撑，在督导区域建筑业劳务动力供应中实现劳动力资源精细化管理；配合人力社保部门维护工人合法权益，确保其工资依法、按时、足额支付，提升工人生产积极性；牵头建立"朝阳劳务服务群"，畅通企业沟通渠道，实时动态指导企业劳务用工管理。在全区推广建筑行业务工人员从业卡，规范全区建筑市场。从业卡及相应管理平台具有务工履历、教育培训、不良信息、考勤、数据分析记录等多项功能。通过从业卡的诚信功能，引导并约束企业和从业者在质量、安全、用工、维稳等方面树立行业自律意识，解决农民工工资结算争议，规避农民工群体讨薪事件发生。区住建委配合人力社保局劳动监察大队解决农民工工资纠纷4起；各建筑集团、各省驻京建管处参与督导企业整改，协调解决工程合同（工程款、劳务费）纠纷6起。 （苏志成 张德学 高雅琪）

【轨道交通建设征地拆迁】 年内，朝阳区承担地铁3号线、地铁12号线、地铁17号线、地铁28号线（原CBD线）5条新建地铁线路前期征地拆迁协调工作，里程80.41千米，设车站49座。实现全部地块移交。地铁17号线车站主体建设进场，按照计划工期进行有效

▲ 6月5日，住建委完成京沈铁路朝阳段永久用地征地166公顷。图为建设中的朝阳站（时 彬 摄）

建设；配合市交通委推进地铁7号线、地铁10号线换乘站双井站升级改造工程，升级改造完毕。京沈铁路客运专线朝阳段建设全长26.5千米，重点工程北京朝阳站、动车运用所、望京隧道、温榆河大桥全部建设完工。线路工程地基处理及三电迁改和四电工程全部完成。京沈铁路客运专线朝阳段永久用地征地涉及集体土地用地约86万平方米，涉及国有土地用地约80.33万平方米。（王 晶 张德学）

【工程质量监督管理】 年内，区住建委采取多项措施对工程质量实施监管。包括细化日常监督管理、对全区在建施工项目进行质量管理宣传、定时开展项目质量评估工作、对工程现场建筑材料抽测、治理工程质量常见问题等措施。监督房建工程1378项2012万平方米，新注册工程817项861万平方米，在施工程725项1409万平方米，竣工房建工程653项603万平方米、市政工程2项。监督市政工程161项16亿元。监督抽查1230次，质量处罚24起、安全简易处罚56起，处罚金额216万元。下发责令整改通知书17份，企业及项目负责人记16分，检测处理不合格报告924份，材料抽检780次，信息报送68次，工程质量投诉处理418次。（颉砚斌 张德学）

【优质工程评选】 年内，全区申报“朝阳杯”工程35项265.07万平方米、结构工程11项119.80万平方米。11项工程获2020年度建筑结构“朝阳杯”，其中金奖6项、银奖5项。（李 炜 张德学）

【施工安全监管】 年内，区住建委检查评估基础工程54项、模架工程12项、吊装工程2项，检测塔吊、施工升降机124台。推行建筑工程施工安全风险分级管控和隐患排查治理双重预控机制双控体系，在施项目辨识出各类风险5180项，其中重大风险124项、较大风险455项、一般风险2459项、较低风险2142项。开发智慧工地管理平台，将安全生产监督工作全部纳入平台管理，初步实现监督检查数字化、信息化。开展监督检查3112项次，责令停工整改59次、限期整改1908个次，行政处罚258起，罚款82.5万元。与各建筑集团开展座谈交流、联合检查、及时通报项目管理情况，使项目上级单位和主管部门形成管理合力，督促各集团加强自身管理。依托“智慧建委”监管平台中考核排名功能，对上半年排名后10名的施工企业进行告诫约谈，及时纠正安全管理重视程度不足和自身安全管理意识不强等问题。专项整治检查施工项目715项次，排查整改隐患1311个，对1196栋临时建筑重新组织验收。（朱小朋 张德学）

【工地扬尘治理】 年内，区住建委督促全区建筑工程建立完善施工现场扬尘治理管理体系，要求施工企业必须配备扬尘管理员，管理责任明确到人，充实生产一线扬尘治理管理力量。督促涉及土方的工程项目加装计时抬杆及车辆冲洗情况的远程监控设备，对违规行为自动抓拍，鼓励在施工程使用场内吸尘设备、动火点吸尘装置等措施。通过远程视频监控检查29917项，发现问题185项，现场检查工程项目552项次，发现问题1026条，检查非道路移动机械65台次，对现场扬尘措施管理和落实不到位较严重的项目进行告诫约谈93项次，通报1次，向相关部门移交转办11次。（朱小朋 张德学）

【施工许可监管】 年内，区住建委核发建设项目施工许可证906项，建筑工程面积1000.96万平方米，比上年增加135.04%；市政道路管线17.85千米，比上年减少14.27%；投资390.88亿元，比上年增加55.02%。其中，新建90项，建筑面积678.86万平方米，合同金额321.41亿元；装饰装修797项，建筑面积322.10万平方米，合同金额61.04亿元；市政工程19项、道路管线17.85千米、合同金额8.43亿元。（杨 光 张德学）

【招投标监管】 年内，区住建委办理招投标事项113项，其中施工招投标79项，建筑面积815.71万平方米，建筑长度53374.2米，投资204.16亿元，监理招标投标工程34项；资格预审文件备案、招标文件备案、招投标书面情况报告备案共计217项。项目经理解锁及变更87项。（梁 杰 张德学）

【超低能耗项目专项验收】 年内，区住建委参加超低能耗示范建筑专题调度会，配合市住建委开展垡头地区焦化厂公租房项目第二标段（17、21和22号楼）和翠城经适房4期D-23居建公服项目超低能耗建筑项目专项验收。其中，焦化厂公租房项目第二标段（17、21和22号楼）被评为北京市首批超低能耗建筑示范工程。（李路军 张德学）

【建筑材料管理】 年内，区住建委受理新型墙体材料专项基金项目 68 项，退返 3643.46 万元，对应散装水泥专项基金返退项目汇总上报市住建委建材办进行审批。对全区 3 个项目进行“双随机”建筑材料检查，结果基本符合建材使用相关规定。完结建材采购备案项目 3 个，完结项目 421 个。受理节能验收备案项目 6 个、单体 37 个。（王苗苗　张德学）

【混凝土生产管理】 年内，区住建委采用现场检查和视频巡查方式检查搅拌站点 425 站次，约谈 4 站次。受理完成 2 个中央生态保护督察信访件，2 个搅拌站接受实地检查均受到好评。检查建工建均站、小红门站资质及原材检，开展绿色规程执行情况专项检查。全区 19 家站点接受区级初检第一轮打分。（王苗苗　张德学）

【公共建筑超电耗限额管理】 年内，区住建委在公共建筑能耗限额管理系统受理 2018 年度超限额的 24 栋公建异议申请。对 2019 年度限额有异议的 53 栋公共建筑情况提交市住建委进行复审。（李路军　张德学）

【公共建筑绿色化改造】 年内，区住建委梳理年度综合验收的 10 个公共建筑节能绿色化改造项目资料，制订《关于朝阳区公共建筑节能绿色化改造工作比选第三方专业服务机构工作方案》，选定北京绿色交易所有限公司为第三方服务机构，对赛特集团建筑绿色化改造、北京五洲皇冠国际酒店节能绿色化改造、北京万达文华酒店整体节能改造、北京维景国际大酒店绿色化节能改造 2019 年入库 4 个项目进行综合验收。按照 30 元 / 平方米奖励标准，对上述 4 个公建绿色化改造项目拨付市级财政奖励资金 791.68 万元。市住建委专家评审现场验收通过骏豪中央公园广场 At、朝阳区望京 B15 文化娱乐项目、北京中航资本大厦、北望金辉大厦和北京浦项中心 5 个绿色建筑项目。（李路军　张德学）

【建筑再生资源产品推广】 年内，区住建委推广朝阳区建筑垃圾再生资源产品，促进处置点和工程项目合作。其中，温榆河公园建设应用 5 万余吨再生产品，减少天然材料使用，促进城市生态系统良性循环，助力海绵城市建设。全区 10 个建筑垃圾处置点生产再生产品 205.05 万吨，再生产品销售 204.80 万吨，再生产品库存量约为 156.95 万吨。（李路军　张德学）

【建筑企业资质管理】 年内，区住建委受理建筑业企业资质延期 35 家，新设立 37 家涉及 69 个专业，增项 107 家涉及 195 个专业，升级 16 家；建筑业企业基本信息网上全流程变更 169 家。开展建筑业企业资质核查 38 次。受理二级建造师执业资格初始注册 380 人、重新注册 285 人、变更注册 293 人、注销注册 306 人、延续注册 579 人、增项注册 33 人，办理企业负责人、项目负责人和专职安全员《安全生产考核证书》续期 2480 人。（李路军　张德学）

2020 年朝阳区建设工程竣工一览表

表 7

（一）公建工程

序　号	工程名称	工程地址	建筑面积（万平方米）	工程总投资（万元）	开工日期	竣工日期	建设单位	设计单位	施工单位	监理单位
1	S-4#商品房住宅、地下车库（朝阳区东坝南区 1105-659、029 地块二类居住、商业金融用地项目）	朝阳区东坝乡七棵树村	3.23	10927.98	2017-03-23	2019-12-30	北京兴园置业发展有限公司	北京维拓时代建筑设计股份有限公司	中建一局集团第二建筑有限公司	北京中景恒基工程管理有限公司
2	东土城路 5 号科研楼（A 座科研楼）	朝阳区东土城路5号	2.46	9132.99	2018-08-20	2019-11-25	北京城建集团有限责任公司	北京城建设计发展集团股份有限公司	北京城建集团有限责任公司	北京双圆工程咨询监理有限公司

续表 7

序号	工程名称	工程地址	建筑面积(万平方米)	工程总投资(万元)	开工日期	竣工日期	建设单位	设计单位	施工单位	监理单位
3	东土城路5号科研楼项目	朝阳区东土城路5号	3.40	18000	2015-11-18	2019-11-25	北京城建集团有限责任公司	北京城建设计发展集团股份有限公司	北京城建集团有限责任公司	北京双圆工程咨询监理有限公司
4	1#养老设施楼等5项（朝阳区孙河乡西甸村2902-L01、2902-L02地块机构养老设施、二类居住用地项目）	朝阳区孙河乡西甸村	4.59	28732.35	2017-08-17	2020-01-10	北京懋源宏展房地产开发有限公司	北京燕华建筑设计有限公司	中外建华诚城市建设有限公司	北京方恒基业工程咨询有限公司
5	8号住宅楼（农民安置房）等19项（朝阳区柏阳景园项目）	朝阳区王四营道口	1.75	9605.59	2016-09-30	2019-12-24	北京柏基置业有限公司、北京市朝阳王四营农工商总公司	北京凯帝克建筑设计有限公司	江苏圣通建设集团有限公司	北京北辰工程建设监理有限公司
6	121号研发厂房（含总配电室）、121a号分界室等2项	朝阳区朝阳路东军庄1号	0.30	3182.39	2018-07-26	2020-01-09	中国航空制造技术研究院	中国航空规划设计研究总院有限公司	北京城建远东建设投资集团有限公司	中航工程监理（北京）有限公司
7	S07号楼改造（朝阳区三里屯太古里南区改造项目）	朝阳区三里屯路19号	0.22	10217.57	2019-07-31	2020-01-08	北京三里屯南区物业管理有限公司	华诚博远工程技术集团有限公司	中建一局集团建设发展有限公司	北京双圆工程咨询监理有限公司
8	配套商业8#楼［朝阳区来广营乡清河营村住宅及配套（2号地）项目］	朝阳区来广营乡清河营村	1.38	3661.33	2018-04-01	2020-02-10	北京春光置地房地产开发有限公司	北京维拓时代建筑设计股份有限公司	北京城建二建设工程有限公司	建通工程建设监理有限公司

续表 7

序号	工程名称	工程地址	建筑面积（万平方米）	工程总投资（万元）	开工日期	竣工日期	建设单位	设计单位	施工单位	监理单位
9	北京市CBD核心区Z2b地块商业金融项目地下部分	朝阳区CBD核心区Z2b地块	4.75	14582.05	2014-02-17	2020-02-11	北京三星置业有限公司	世源科技工程有限公司	中建一局集团建设发展有限公司	北京帕克国际工程咨询股份有限公司
10	北京市CBD核心区Z2b地块商业金融项目地上部分（北京市CBD核心区Z2b地块商业金融项目）	朝阳区CBD核心区Z2b地块	12.00	81711.7	2015-06-15	2020-02-11	北京三星置业有限公司	世源科技工程有限公司	中建一局集团建设发展有限公司	北京帕克国际工程咨询股份有限公司
11	消防水池等2项	朝阳区三里屯路4号	0.01	146.33	2019-06-10	2020-01-14	北京外交人员服务局	中机中电设计研究院有限公司	北京市朝阳田华建筑集团公司	无
12	朝阳区宝成雅园定向安置房项目［1#住宅楼（地上部分）等2项］	朝阳区朝阳路87号院	2.02	3489.81	2015-08-20	2020-03-23	北京宝成置业有限责任公司	北京首都工程建筑设计有限公司	中铁建工集团有限公司	北京航青工程建设监理有限责任公司
13	2#住宅楼等4项、1#住宅楼地下部分（朝阳区宝成雅园定向安置房项目）	朝阳区平房乡黄杉木店村	0.35	1493.50	2013-12-18	2020-03-23	北京宝成置业有限责任公司	北京首都工程建筑设计有限公司	中铁建工集团有限公司	北京航青工程建设监理有限责任公司
14	图书馆（北京工业大学逸夫图书馆改扩建工程）	朝阳区平乐园100号	4.05	18929.54	2016-11-22	2020-01-13	北京工业大学	华南理工大学建筑设计研究院有限公司	中铁建工集团有限公司	北京远达国际工程管理咨询有限公司

续表 7

序　号	工程名称	工程地址	建筑面积（万平方米）	工程总投资（万元）	开工日期	竣工日期	建设单位	设计单位	施工单位	监理单位
15	1#住宅楼（棚户区改造安置房）等5项、幼儿园等2项、5#居住公共服务设施楼（朝阳区来广营乡动感花园二类居住用地棚户区改造安置房项目）	朝阳区来广营乡来广营村（来广营）	0.19	613.28	2017-08-01	2020-04-02	北京城建投资发展股份有限公司	华通设计顾问工程有限公司	北京城建建设工程有限公司	北京华城建设监理有限责任公司
16	百环家园三区7号楼（配套公建）	朝阳区广渠路南侧66号	1.18	1745.65	2009-05-30	2020-05-13	北京百环房地产实业有限公司	九　源（北京）国际建筑顾问有限公司	北京市朝阳田华建筑集团公司	北京百城建筑工程监理有限责任公司
17	F地块幼儿园等2项［朝阳区东郊农场保障房ABCD地块（棚户区改造定向安置房）项目］	朝阳区崔各庄乡崔各庄村	0.43	3295.53	2018-09-02	2020-04-23	北京东方瑞平房地产开发有限公司	北京中天元工程设计有限责任公司	北京顺鑫天宇建设工程有限公司	北京希地环球建设工程顾问有限公司
18	G地块幼儿园等2项、社区卫生服务中心等2项［朝阳区东郊农场保障房ABCD地块（棚户区改造定向安置房）项目］	朝阳区崔各庄乡崔各庄村	0.43	3295.53	2018-08-10	2020-05-15	北京东方瑞平房地产开发有限公司	北京中天元工程设计有限责任公司	北京高士达建筑工程有限责任公司	北京康迪建设监理咨询有限公司
19	A座教学综合楼等2项（北京经济管理职业学院教学综合楼）	朝阳区花家地12号	3.06	12748.84	2015-11-26	2020-03-04	北京经济管理职业学院	北京市建筑设计研究院有限公司	北京建工集团有限责任公司	中国航天建设集团有限公司

续表 7

序号	工程名称	工程地址	建筑面积（万平方米）	工程总投资（万元）	开工日期	竣工日期	建设单位	设计单位	施工单位	监理单位
20	1#商业办公楼等7项	朝阳区楼梓庄村	14.85	68082.46	2018-06-28	2020-06-22	北京朝金房地产开发有限公司	中国建筑科学研究院有限公司	中国建筑第八工程局有限公司	北京赛瑞斯国际工程咨询有限公司
21	14#、15#住宅楼（自住型商品房），18#配套楼、19#密闭式清洁站及公厕、1#配电室等（朝阳区东坝单店二类居住、小学用地项目）	朝阳区东坝乡	0.28	486.28	2014-06-06	2020-06-30	北京金隅嘉业房地产开发有限公司	华通设计顾问工程有限公司	华北铁建建设有限公司	北京建拓工程管理有限公司
22	20#住宅楼（自住型商品房）、21#配套楼（朝阳区东坝单店二类居住、小学用地项目）	朝阳区东坝乡	0.08	134.69	2016-01-11	2020-07-01	北京金隅嘉业房地产开发有限公司	华通设计顾问工程有限公司	华北铁建建设有限公司	北京建拓工程管理有限公司
23	9#住宅楼等13项（朝阳区孙河乡西甸村HIJ地块居住及配套项目）	朝阳区孙河乡西甸村	0.38	1199.00	2014-11-28	2020-06-02	北京正德兴合房地产开发有限公司	华通设计顾问工程有限公司	中国建筑第八工程局有限公司	建研凯勃建设工程咨询有限公司
24	劲松街道社区便民综合服务中心（劲松街道社区便民综合服务中心）	农光里路	0.62	2981.65	2017-10-28	2020-06-10	北京市朝阳区人民政府劲松街道办事处	北京天鸿圆方建筑设计有限责任公司	北京京能建设集团有限公司	北京高屋工程咨询监理有限公司

续表 7

序号	工程名称	工程地址	建筑面积(万平方米)	工程总投资(万元)	开工日期	竣工日期	建设单位	设计单位	施工单位	监理单位
25	5#配套商业楼[朝阳区东坝南区1106-657地块住宅混合公建用地（配建“限价商品住房”）项目]	朝阳区东坝乡东风村	0.05	159.28	2018-06-01	2020-08-13	北京知泰房地产开发有限责任公司	北京市住宅建筑设计研究院有限公司	中建三局集团有限公司	北京双圆工程咨询监理有限公司
26	1#办公商业楼等7项、7#商业楼等4项	朝阳区东坝乡东风村	6.98	21778.86	2018-07-03	2020-08-14	北京知泰房地产开发有限责任公司	北京市住宅建筑设计研究院有限公司	中建三局集团有限公司	北京双圆工程咨询监理有限公司
27	九年一贯制学校主楼等5项（朝阳区垡头地区焦化厂棚户区改造安置房项目）	化工路甲一号	1.76	7510.80	2017-02-20	2020-08-11	北京市保障性住房建设投资中心	北京中联环建文建筑设计有限公司	北京市第三建筑工程有限公司	北京蔷薇工程监理有限责任公司
28	A2商业办公楼地下工程（雅宝路危改二期A区A2楼）	朝阳区雅宝路	4.82	12056.36	2014-06-23	2020-08-18	北京兆泰集团股份有限公司	中国建筑设计研究院有限公司	中国建筑第八工程局有限公司	北京双圆工程咨询监理有限公司
29	A2商业办公楼（1至15层）等3项、A2商业办公楼（16至20层）（雅宝路危改二期A区A2楼）	朝阳区雅宝路	12.19	29294.95	2015-08-31	2020-08-18	北京兆泰集团股份有限公司	中国建筑设计研究院有限公司	中国建筑第八工程局有限公司	北京双圆工程咨询监理有限公司

续表 7

序　号	工程名称	工程地址	建筑面积（万平方米）	工程总投资（万元）	开工日期	竣工日期	建设单位	设计单位	施工单位	监理单位
30	员工倒班宿舍（首都机场集团公司员工倒班宿舍项目）	首都机场工作区中部，南供水站院内，西邻机场高速，南至航安北路	2.17	9963.00	2017-07-26	2020-06-30	首都机场集团公司	中国民航机场建设集团有限公司	北京建工集团有限责任公司	中船重工海鑫工程管理（北京）有限公司
31	东土城路5号科研楼三期C座项目（C座科研楼）	东土城路5号	0.97	7200	2020-02-10	2020-09-29	北京城建集团有限责任公司	北京城建设计发展集团股份有限公司	北京城建集团有限责任公司	北京华城建设监理有限责任公司
32	1#高端配送库等2项、2#仓库及配套管理用房等10项（朝阳区东四环南路甲1号一号地仓储项目）	朝阳区东四环南路甲1号	9.98	17426.16	2018-07-18	2020-09-28	北京北建陆港国际物流有限公司	中国城市发展规划设计咨询有限公司	福建六建集团有限公司	北京诺士诚国际工程项目管理有限公司
33	1#、2#、3#、4#、7#住宅、1201-602地块地库一期、5#养老设施［朝阳区常营乡1201-602、603地块住宅混合公建用地（配建“限价商品住房”）项目］	朝阳区常营乡	9.35	27979.47	2017-04-06	2020-09-25	北京致泰房地产开发有限公司	北京市住宅建筑设计研究院有限公司	中国建筑一局（集团）有限公司—富利建设集团有限公司（联合体）	北京远达国际工程管理咨询有限公司

续表 7

序 号	工程名称	工程地址	建筑面积（万平方米）	工程总投资（万元）	开工日期	竣工日期	建设单位	设计单位	施工单位	监理单位
34	6#商业办公楼、1201-602地块地库二期等［朝阳区常营乡1201-602、603地块住宅混合公建用地（配建“限价商品住房”）项目］	朝阳区常营乡	1.50	3768.28	2018-03-05	2020-09-25	北京致泰房地产开发有限公司	北京市住宅建筑设计研究院有限公司	中国建筑一局（集团）有限公司—富利建设集团有限公司（联合体）	北京远达国际工程管理咨询有限公司
35	6#科研楼等3项（地球物理仪器研发和油气与金属矿产资源综合研究平台项目）	北京市朝阳区北土城西路19号	3.99	16975.59	2013-09-18	2019-12-02	中国科学院地质与地球物理研究所	北京柯德普建筑设计顾问有限公司	北京城建二建设工程有限公司	北京鸿厦基建工程监理有限公司
36	生活用房（幼儿园）等5项（北苑北辰居住区C2区幼儿园项目）	朝阳区红军营南路	0.68	2760.67	2018-06-20	2020-09-29	北京北辰实业股份有限公司	正东空间实业有限公司	北京怀建集团有限公司	北京中景恒基工程管理有限公司
37	科研用房（应用微生物资源库及综合研究平台）	朝阳区北辰西路1号	3.00	11553.91	2016-04-26	2020-10-13	中国科学院微生物研究所	北京市建筑设计研究院有限公司	中北华宇建筑工程公司	北京中科国金工程管理咨询有限公司
38	朝阳区孙河乡西甸村2902-86地块F1住宅混合公建用地项目（7#配套及商业办公楼，14#、16#、24#办公楼，25-3#地下车库）	朝阳区孙河乡西甸村（孙河）	5.13	13122.94	2018-03-07	2020-11-06	北京正德丰泽房地产开发有限公司	北京维拓时代建筑设计股份有限公司	中建三局集团有限公司	北京五环国际工程管理有限公司

续表 7

序　号	工程名称	工程地址	建筑面积（万平方米）	工程总投资（万元）	开工日期	竣工日期	建设单位	设计单位	施工单位	监理单位
39	北京纺织科研实验楼等11项（北京纺织科研综合楼）	朝阳区红领巾公园路20号	13.08	47577.23	2017-11-27	2020-10-23	北京方宏置业有限责任公司	中国建筑设计研究院有限公司	北京城建五建设集团有限公司	北京赛瑞斯国际工程咨询有限公司
40	26#配套公建楼等2项（朝阳区新星花园二期、三期）	朝阳区东苇路3号	0.78	5807.4	2013-07-20	2020-11-11	北京诚通华亿房地产有限公司	中国建筑技术集团有限公司	北京诚通新新建设有限公司	北京方圆工程监理有限公司
41	朝阳区豆各庄1号地农租房腾退安置用房项目（1#住宅楼等11项）	朝阳区豆各庄乡	0.25	1075.73	2017-07-17	2020-10-28	北京房地集团有限公司	北京首都工程建筑设计有限公司	北京房修一建筑工程有限公司	北京市顺金盛建设工程监理有限责任公司
42	幼儿园等2项（大望京商务区配套托幼园）	朝阳区大望京村	0.31	2257.7	2018-10-08	2020-07-28	北京市朝阳区教育国有资产管理中心	中国建筑技术集团有限公司	北京城建十建设工程有限公司	北京中建协工程咨询有限公司
43	办公楼A座等2项	朝阳区四元桥西北角	1.73	4133.66	2009-07-15	2020-09-03	北京亚之杰置业房地产开发有限公司	中外建华诚工程技术集团有限公司	北京明泰建筑工程有限公司	建研凯勃建设工程咨询有限公司

续表 7

序　号	工程名称	工程地址	建筑面积(万平方米)	工程总投资(万元)	开工日期	竣工日期	建设单位	设计单位	施工单位	监理单位
44	2#、4#、6#住宅楼、18#、19#、20#配套商业、16#车库等18项、29#开闭站、30#配电室、31#锅炉房［朝阳区黑庄户保障房项目（棚户区改造定向安置房）］	朝阳区黑庄户乡郎辛庄村	1.20	2681.16	2016-09-30	2020-11-09	北京住总房地产开发有限责任公司	北京市住宅建筑设计研究院有限公司	北京住总集团有限责任公司	北京光华建设监理有限公司
45	7#住宅楼、9#住宅楼等2项、21#配套商业等2项（定向安置房）［朝阳区黑庄户保障房项目（棚户区改造定向安置房）］	朝阳区黑庄户乡郎辛庄村（黑庄户）	0.97	5886.15	2016-09-30	2020-11-24	北京住总房地产开发有限责任公司	北京市住宅建筑设计研究院有限公司	北京住总第二开发建设有限公司	北京光华建设监理有限公司
46	国航飞行员训练中心改造工程	朝阳区首都机场西路国航股份飞行总队大院	1.56	17618.91	2018-12-01	2020-11-06	中国国际航空股份有限公司	清华大学建筑设计研究院有限公司	北京建工集团有限责任公司	北京津京建设工程监理有限公司
47	换热站及外线改造项目［研发平台等2项（极大规模集成电路制造与关键技术研发平台、换热站及外线改造项目）］	朝阳区北土城西路3号	0.08	303	2018-07-12	2020-04-14	中国科学院微电子研究所	中外建工程设计与顾问有限公司	中国新兴建筑工程有限责任公司	北京兴电国际工程管理有限公司

续表 7

序　号	工程名称	工程地址	建筑面积（万平方米）	工程总投资（万元）	开工日期	竣工日期	建设单位	设计单位	施工单位	监理单位
48	4#、5#楼裙房［朝阳区东坝乡驹子房星海乐器厂及土储地块经济适用房项目（一期）违法建设部分］	朝阳区东坝乡	0.39	750	2011-03-12	2020-12-09	华纺房地产开发公司	北京都市霍普建筑设计有限公司	锦宸集团有限公司	北京京朋工程监理有限责任公司
49	1#、3#、5#、8#住宅楼、23#居住公服、32#密闭清洁站朝阳区黑庄户保障房项目（棚户区改造定向安置房）	朝阳区黑庄户乡郎辛庄村	0.97	2500.27	2016-12-07	2020-12-01	北京住总房地产开发有限责任公司	北京市住宅建筑设计研究院有限公司	北京住总第一开发建设有限公司	北京光华建设监理有限公司
50	1#商业楼等4项（1#商业楼、2#商业楼）	朝阳区金盏乡楼梓庄村	8.08	13413.37	2019-05-05	2020-12-10	北京金地盛通房地产开发有限公司	中国建筑设计研究院有限公司	北京城建远东建设投资集团有限公司	北京星舟工程管理有限公司
51	34#幼儿园［朝阳区黑庄户保障房项目（棚户区改造定向安置房）］	朝阳区黑庄户乡郎辛庄村（黑庄户）	0.51	1451.00	2018-03-28	2020-12-08	北京住总房地产开发有限责任公司	北京市住宅建筑设计研究院有限公司	北京住总第二开发建设有限公司	北京光华建设监理有限公司

（二）住宅工程

序　号	工程名称	工程地址	建筑面积（万平方米）	工程总投资（万元）	开工日期	竣工日期	建设单位	设计单位	施工单位	监理单位
1	1#住宅楼等4项、15#住宅楼等6项、21#住宅楼等6项、28#地下车库（朝阳区孙河乡西甸村2902-L01、2902-L02地块机构养老设施、二类居住用地项目）	朝阳区孙河乡西甸村	5.21	34223.22	2017-08-28	2020-01-10	北京懋源宏展房地产开发有限公司	北京燕华建筑设计有限公司	中外建华诚城市建设有限公司	北京方恒基业工程咨询有限公司

续表 7

序 号	工程名称	工程地址	建筑面积（万平方米）	工程总投资（万元）	开工日期	竣工日期	建设单位	设计单位	施工单位	监理单位
2	5#住宅楼等20项［朝阳区东坝南区1105-655、657号地二类居住、小学用地（配建限价商品住房）项目］	朝阳区东坝乡1105-657号地	1.65	6595.72	2015-12-14	2020-01-13	北京首城置业有限公司	北京维拓时代建筑设计有限公司	北京城建亚泰建设集团有限公司	北京中外建工程管理有限公司
3	1#、2#、3#住宅楼（朝阳区小红门乡新村一期D组团住宅项目）	朝阳区小红门乡牌坊村	5.73	9312.58	2016-04-19	2020-03-18	北京江南投资集团有限公司	中外建华诚工程技术集团有限公司	中建二局第三建筑工程有限公司	中咨工程建设监理有限公司
4	A1号住宅楼等2项及A2号住宅楼等2项	朝阳区小红门乡牌坊村	1.98	9194.11	2011-01-31	2020-02-28	北京江南投资集团有限公司	北京中外建建筑设计有限公司	河北沧贸建筑安装工程有限公司	北京融源建筑设计有限公司
5	1#住宅楼等17项	朝阳区南磨房	1.66	2203.77	2008-11-04	2020-04-26	山水文园凯亚房地产开发有限公司华瀚投资集团有限公司	北京世纪安泰建筑工程设计有限公司	北京城建五建设集团有限公司	广州广保建设监理有限公司
6	水岸庄园A03区511、512、513、515、516、517、518、519、520、561、562、563、565、566、567、568、569、590、591、592、593、685、686、687号住宅楼、3号配电室	朝阳区来广营	1.74	1911.17	2011-09-02	2020-03-19	北京润泽庄苑房地产开发有限公司	华通设计顾问工程有限公司	北京京华嘉典建筑工程有限公司	建科创（北京）工程项目管理有限公司

续表 7

序　号	工程名称	工程地址	建筑面积（万平方米）	工程总投资（万元）	开工日期	竣工日期	建设单位	设计单位	施工单位	监理单位
7	D1号住宅等84项	朝阳区	0.69	1725.87	2009-07-16	2018-12-26	北京财富花园房地产开发有限公司	北京市建筑设计研究院有限公司	北京建工集团有限责任公司	北京光华建设监理有限公司
8	1#住宅楼等4项、15#住宅楼等6项、21#住宅楼等6项、28#地下车库（朝阳区孙河乡西甸村2902-L01、2902-L02地块机构养老设施、二类居住用地项目）	朝阳区孙河乡西甸村	4.14	27201.64	2017-08-28	2020-04-30	北京懋源宏展房地产开发有限公司	北京燕华建筑设计有限公司	中外建华诚城市建设有限公司	北京方恒基业工程咨询有限公司
9	5#住宅及居住公共服务设施楼等5项、10#住宅楼等5项、27#地下车库A段等2项（朝阳区孙河乡西甸村2902-L01、2902- L02地块机构养老设施、二类居住用地项目）	朝阳区孙河乡西甸村	7.01	46173.11	2017-08-17	2020-04-30	北京懋源宏展房地产开发有限公司	北京燕华建筑设计有限公司	中外建华诚城市建设有限公司	北京方恒基业工程咨询有限公司
10	2#住宅楼等3项（3#住宅楼）、4号楼等7项（6号楼、7号楼、8号楼、9号楼、设备机房）	建国路八里桥南1号	9.08	30608.64	2012-05-22	2020-05-28	中央国家机关公务员住宅建设服务中心	北京市建筑设计研究院有限公司	中国大连国际经济技术合作集团有限公司	北京建拓工程管理有限公司

续表 7

序　号	工程名称	工程地址	建筑面积（万平方米）	工程总投资（万元）	开工日期	竣工日期	建设单位	设计单位	施工单位	监理单位
11	1#住宅楼（朝阳区建国路八里桥1号康泉小区职工住宅项目）、2#住宅楼等3项（2#住宅楼、地下车库及出入口）、4号楼等7项（4号楼、5号楼）	建国路八里桥南1号	18.00	63698.28	2012-05-22	2020-05-28	中央国家机关公务员住宅建设服务中心	北京市建筑设计研究院有限公司	中国大连国际经济技术合作集团有限公司	北京建拓工程管理有限公司
12	广华新城623地块职工住宅项目（5-1#住宅楼等11项）	朝阳区大郊亭4号	21.04	85554.46	2014-12-02	2020-08-24	中央国家机关公务员住宅建设服务中心	北京建都设计研究院有限责任公司	中国建筑股份有限公司	北京京友联工程建设监理公司
13	朝阳区孙河乡西甸村2902-86地块F1住宅混合公建用地项目（1#住宅及配套楼，2#～6#住宅楼，25-1#地下车库）	朝阳区孙河乡西甸村（孙河）	6.10	21879.28	2018-03-01	2020-11-06	北京正德丰泽房地产开发有限公司	北京维拓时代建筑设计股份有限公司	中国建筑第八工程局有限公司	北京五环国际工程管理有限公司
14	朝阳区孙河乡西甸村2902-86地块F1住宅混合公建用地项目（8#～13#、15#、17#～23#住宅楼，25-2#地下车库）	朝阳区孙河乡西甸村（孙河）	6.90	25922.77	2018-03-01	2020-11-06	北京正德丰泽房地产开发有限公司	北京维拓时代建筑设计股份有限公司	中建三局集团有限公司	北京五环国际工程管理有限公司

续表 7

序号	工程名称	工程地址	建筑面积（万平方米）	工程总投资（万元）	开工日期	竣工日期	建设单位	设计单位	施工单位	监理单位
15	A-1#住宅楼等7项	朝阳区平房乡黄渠村	3.59	6441.20	2012-11-01	2020-11-19	北京城建房地产开发有限公司	华通设计顾问工程有限公司	北京城建北方集团有限公司	北京华城建设监理有限责任公司
16	17#住宅楼等8项（朝阳区新星花园二期、三期）	朝阳区孙河乡东苇路3号	1.17	7004.07	2017-05-06	2020-11-11	北京诚通华亿房地产有限公司	中国建筑技术集团有限公司	北京诚通新新建设有限公司	北京方圆工程监理有限公司
17	1#住宅楼等45项（1#~9#住宅楼）	朝阳区孙河乡	5.04	14355.95	2018-10-17	2020-12-29	北京远创兴城置业有限公司	北京汉通建筑规划设计有限公司	北京城建六建设集团有限公司	北京市顺金盛建设工程监理有限责任公司
18	1#住宅楼等45项（10#~38#住宅楼、39#配套楼、40#地下车库等）	朝阳区孙河乡	3.69	13100	2018-10-17	2020-12-29	北京远创兴城置业有限公司	北京汉通建筑规划设计有限公司	北京城建六建设集团有限公司	北京市顺金盛建设工程监理有限责任公司

（三）政策房工程

序号	工程名称	工程地址	建筑面积（万平方米）	工程总投资（万元）	开工日期	竣工日期	建设单位	设计单位	施工单位	监理单位
1	朝阳区东坝驹东经济适用房A地块项目（A-1经适房住宅楼及裙房等17项）	朝阳区东坝乡	16.36	40231.99	2017-04-12	2019-12-24	华瀚投资集团有限公司	北京冠亚伟业民用建筑设计有限公司	北京市朝阳田华建筑集团公司	北京旭日明工程管理有限公司
2	Z-1、Z-2自住型商品房住宅楼（朝阳区东坝南区1105-659、029地块二类居住、商业金融用地项目）	朝阳区东坝乡七棵树村	3.11	7609.63	2017-03-09	2019-12-30	北京兴园置业发展有限公司	北京维拓时代建筑设计股份有限公司	中建一局集团第二建筑有限公司	北京中景恒基工程管理有限公司

续表 7

序　号	工程名称	工程地址	建筑面积（万平方米）	工程总投资（万元）	开工日期	竣工日期	建设单位	设计单位	施工单位	监理单位
3	8号住宅楼（农民安置房）等19项（朝阳区柏阳景园项目）	朝阳区王四营道口	3.36	10506.51	2016-09-30	2019-12-05	北京柏基置业有限公司、北京市朝阳王四营农工商总公司	北京凯帝克建筑设计有限公司	江苏圣通建设集团有限公司	北京北辰工程建设监理有限公司
4	7#住宅楼［东坝中路红松园18号住宅混合公建用地（配建限价商品住房）项目］	朝阳区东坝中路红松园18号	1.95	3357.40	2014-10-14	2020-01-09	北京市利锦荣房地产开发有限公司	北京市建筑设计研究院有限公司	正太集团有限公司	北京中协成工程管理有限公司
5	2#、4#、6#住宅楼、18#、19#、20#配套商业、16#车库等18项、29#开闭站、30#配电室、31#锅炉房［朝阳区黑庄户保障房项目（棚户区改造定向安置房）］	朝阳区黑庄户乡郎辛庄村	2.79	6230.84	2016-09-30	2020-04-21	北京住总房地产开发有限责任公司	北京市住宅建筑设计研究院有限公司	北京住总集团有限责任公司	北京光华建设监理有限公司
6	1、3、5、8#住宅楼、23#居住公服、32#密闭清洁站［朝阳区黑庄户保障房项目（棚户区改造定向安置房）］	朝阳区黑庄户乡郎辛庄村	7.23	16125.93	2016-12-07	2020-04-21	北京住总房地产开发有限责任公司	北京市住宅建筑设计研究院有限公司	北京住总集团有限责任公司	北京光华建设监理有限公司
7	朝阳区东坝驹东经适房B地块（B-1经适房住宅楼及裙房等18项）	朝阳区东坝乡	10.83	28335.76	2017-04-12	2020-06-15	华瀚投资集团有限公司	北京冠亚伟业民用建筑设计有限公司	北京市朝阳田华建筑集团公司	北京旭日明工程管理有限公司
8	15#、17#、18#、19#、20#、21#住宅楼（朝阳区垡头地区焦化厂棚户区改造安置房项目）	化工路甲一号	10.74	97450.79	2015-04-27	2020-07-27	北京市保障性住房建设投资中心	北京中联环建文建筑设计有限公司	中国新兴建筑工程有限责任公司	北京蔷薇工程监理有限责任公司

续表 7

序　号	工程名称	工程地址	建筑面积（万平方米）	工程总投资（万元）	开工日期	竣工日期	建设单位	设计单位	施工单位	监理单位
9	T8-1#楼（配套人才公租房）等4项（奥体文化商务园区OS-08地块配套建设人才公租房项目）	朝阳区曹八里	9.36	48351.13	2013-12-12	2020-08-13	北京城市副中心投资建设集团有限公司	北京维拓时代建筑设计股份有限公司	北京建工集团有限责任公司	北京方正建设工程管理有限公司
10	百子湾保障房项目安置房地块项目（3#、5#~7#、11#、12#住宅楼，15#~17#配套楼，2#配电室，3#开闭站、配电室，2#地下车库，2#、3#、4#、5#室外楼梯出入口等）	朝阳区广渠路	18.60	57685.87	2016-12-29	2020-09-22	北京市保障性住房建设投资中心	华通设计顾问工程有限公司	北京建工集团有限责任公司	北京蔷薇工程监理有限责任公司
11	百子湾保障房项目安置房地块项目［1#、2#、8#~10#、13#住宅楼，18#、19#配套楼，1#、4#配电室，1#地下车库，1#室外楼梯出入口（1#地下车库），3#地下车库，1#、2#室外楼梯出入口（3#地下车库），3#室外楼梯出入口（3#地下车库），20#楼幼儿园，21#楼小学，20#楼幼儿园门卫室等］	朝阳区广渠路	10.71	34727.52	2016-12-29	2020-09-24	北京市保障性住房建设投资中心	华通设计顾问工程有限公司	北京城建集团有限责任公司	北京蔷薇工程监理有限责任公司

续表 7

序号	工程名称	工程地址	建筑面积（万平方米）	工程总投资（万元）	开工日期	竣工日期	建设单位	设计单位	施工单位	监理单位
12	朝阳区垡头地区焦化厂棚户区改造安置房项目（1#、3#~11#住宅楼，2#配套公服，1#配电室，1#设备用房，1#开闭所，1-1#地下室等）	朝阳区化工路甲一号	8.40	30329.15	2014-05-10	2020-11-13	北京市保障性住房建设投资中心	北京中联环建文建筑设计有限公司	北京建工集团有限责任公司	北京蔷薇工程监理有限责任公司
13	朝阳区崔各庄乡马泉营村29-L02等地块R2二类居住用地、A33基础教育用地、A8社区综合服务设施用地建设工程项目（2-1#住宅楼等16项）	朝阳区崔各庄乡马泉营村	5.22	6701.91	2019-09-20	2020-12-24	北京中海全盛房地产开发有限公司	北京天鸿圆方建筑设计有限责任公司	北京韩建集团有限公司	北京化科工程管理有限公司

北京宝嘉恒基础设施投资有限公司

【概况】 2020年，北京宝嘉恒基础设施投资有限公司（简称宝嘉恒公司）承担建设任务122项。其中，主干路拆迁3项，道路工程78项（续建16条、新建8条、前期研究41条、储备13条），“五区一路”架空线入地工程、结决算和审计项目41项（含煤改电和架空线入地工程）。完成化工路、东坝南二街二期主干路拆迁腾退，实现孙河北路、单店南路、东高路、南湖渠东路、广顺北大街北延等5条次支干道路竣工通车。完成树木伐移81155棵，色块植被4469平方米，房屋拆除8744平方米，代征地腾退38859平方米，林地申报0.9176公顷。完成双桥东路、育慧北路、双桥路等12条道路向区交通委的移交。投资67440万元，净利润862万元，上缴税金570万元。

【主要建设工程】 年内，宝嘉恒公司完成主干路来广营北路北段、东坝南二街西延树木移伐手续办理；完成化工路、东坝南二街西延代征地腾退以及全部拆迁；完成规划一路雨水泵站树木伐移和代征地腾退等工程。

【次支路续建工程】 年内，宝嘉恒公司完成幺家店路下穿京包铁路顶函施工；孙河北路国有企业、建材制品总厂南街集体企业拆迁拆除；定福庄西路南延、幺家店路、广顺北大街代征地腾退；定福庄西路南延等5条道路树木伐移。实现孙河北路、单店南路、东高路、南湖渠东路、广顺北大街北延5条道路竣工通车；孙河北路、南湖渠东路、广顺北大街北延交通工程完工；孙河北路、单店南路等5条道路路灯、绿化工程完工；定福庄西路

▲ 11月10日，宝嘉恒项目南湖渠东路竣工通车 （高 健 摄）

南延、南湖渠东路等6条道路通信改移工程完工；孙河北路、单店南路、东高路电力改移工程完工。

【道路施工管理】 年内，宝嘉恒公司完成东坝中街、东坝南一街、康各庄东路3条道路交通工程施工、监理招标。取得常营中街、百子湾二街等34条道路的38项规划手续和规划成果；取得单店南路立项批复。实现雅宝路地区竣工发电，完成三里屯地区全部以及广渠路四环内、外地区70%的施工及北京会议中心周边地区、奥运核心区工程施工监理招标。 （郝 晶）

北京昆泰房地产开发集团有限公司

【概况】 2020年，北京昆泰房地产开发集团有限公司（简称昆泰集团）注册资金3亿元、资产总额近400亿元，全资子公司15家，参股公司2家，分公司6家，参股基金2支，开发项目和自持物业超过20个。新接收接管惠侨饭店、中益出租车公司、新都国际旅行社。至3月底，累计受理租户申请239家，上报区国资委212家，涉及面积10.47万平方米，减免租金2525.72万元。所属北京郡王府饭店完成GPL全球善财领袖计划“经典智慧与和美人生”课程大型主题活动接待工作。孙河回迁安置房项目通过2020年度结构“长城杯”专家评审。昆泰集团获得职工技能等级认定资格，可在全市行政区域内开展职业等级认定。创卫工作符合国家卫生城市技术评估标准，国家技术评估组给予验收通过。获北京市应急管理局授予的北京市安全文化建设示范企业称号，入选北京市安全文化示范企业。下属北京温榆河公园和昆泰酒店分别荣获首届北京网红打卡地“自然景区类”“餐饮及创新零售类”榜首。

【温榆河公园项目】 6月8日，市委书记蔡奇到温榆河公园就园区规划建设调查研究，市领导崔述强、隋振江、卢彦参加。7月31日，温榆河公园朝阳段一期项目启动仪式举行，温榆河管委会、孙河乡、昆泰集团有关领导，以及市温榆河公园协调小组办公室、温榆河管委会、公园设计施工单位代表约200人参加。9月1日，温榆河公园朝阳示范区开园。公园规划范围30平方千米，集生态涵养、生境修复、蓄滞洪功能于一体，兼顾文化、休闲、体育等多元功能，形成蓝绿交织、林水相依、生物多样、生态惠民的大尺度生态空间。9月20日，第四十二届公园半程马拉松北京公开赛建依温榆河公园站设在温榆河公园朝阳示范区，480名长跑爱好者参与赛事。11月，作为北京市“生态绿肺”和首都生态文明建设“金名片”，昆泰集团温榆河公园建设被列入《北京城市总体规划（2016年—2035年）》。

【孙河前苇沟棚改项目获批复】 7月15日，昆泰集团下属企业北京昆泰嘉恒房地产开发有限公司为实施主体的朝阳区孙河前苇沟组团棚户区改造土地开发项目取得批复。征地、成本审计及土地上市逐步获得推进。7月30日，北京市年度棚户区改造和环境整治任务中，朝阳区三间房D区棚户区改造和环境整治项目规划综合实施方案及相

▲ 9月1日，昆泰集团项目温榆河公园开园仪式举行 （王 丹 摄）

关规划意见得到市政府批复。项目用地规模约 60.03 公顷，包括代拆朝阳北路北侧约 55 公顷的规划城市绿地，地上建筑约 76.66 万平方米。拟规划建设国家文创实验区国际文化中心，打造世界一流文化综合体，形成共享、开放、国际化的文化活力街区。

【孙河回迁项目通过专家评审】 12月，昆泰集团孙河回迁安置房项目通过 2020 年度结构“长城杯”专家评审。该项目位于孙河地区，是高品质回迁安置房项目，由 85 栋住宅和 16 栋配套商业建筑构成，总建筑面积 115 万平方米，7370 套住房。属于北京市在建项目中面积最大、工人数量最多的重大民生工程之一。 （李雅娟）

北京国际商务中心区开发建设集团有限公司

【概 况】 2020 年，北京国际商务中心区开发建设集团有限公司（简称 CBD 集团公司）资产总额 209.48 亿元，所有者权益 44.12 亿元，资产负债率 78.94%；营业收入 11092.55 万元，利润总额 7273.42 万元。年内，完成系列企业重组。1 月 17 日，京广商务管理分公司由区政府监管的一级企业调整为华阳公司下属企业。7 月 8 日，华阳公司由全民所有制企业变更为国有独资企业。10 月 19 日，华阳公司完成工商信息变更登记，由国有独资企业变更为法人独资企业。10 月 23 日，慕天源公司更名为北京商务中心区物业管理有限公司（简称 CBD 物业）。12 月 9 日，CBD 公司完成对公共服务中心下属企业北京商务中心区投资管理有限公司、北京慕天源商业管理有限公司、北京华阳经济开发公司及京广商务管理分公司交接，以及公司章程修订、股权划转、名称变更及备案一系列重组，北京国际商务中心区开发建设有限公司更名为北京国际商务中心区开发建设集团有限公司（简称 CBD 集团公司）。12 月 29 日，完成企业法人变更。CBD 集团公司有 5 家全资子公司、3 家分公司、2 家参股公司，集团总部设 8 个职能部门。CBD 集团公司以房地产全产业链为核心，开展土地一级开发、房屋及基础设施建设、物业运营管理、投融资服务四大业务板块，负责京广商务楼及 CBD 核心区的物业运营管理，承担 CBD 核心区地下公共空间项目、清华大学新建光华路校区项目、CBD 核心区文化设施项目等工程建设任务等。 （梅红兰）

【双桥医院改扩建工程】 2 月 3 日，朝阳区双桥医院病房楼改建开工，建筑面积 6023 平方米。2 月 24 日，项目竣工验收交付使用，为朝阳区提供 156 张新冠肺炎治疗床位。9 月 29 日，双桥医院改扩建项目具备招投标条件。项目位于朝阳区双桥东路，东至双桥东路支路，北至北京太洋药业股份有限公司，南至大鸭梨饭店，西至中船国际有限公司。建设用地约 18048 平方米，总建筑面积约 64900 平方米。 （张孟晨）

【东坝南三街道路工程】 3 月 20 日，朝阳区东坝南三街道路工程取得《大市政工程“多规合一”协同意见》。6 月 2 日，取得全套初步设计图纸。7 月 10 日，取得“雨水工程规划许可证”。项目起点与东坝西环路相接，终点与单店中路相交，道路全长约 0.711 千米，属城市支路等级。 （张孟晨）

【核心区文化设施项目】 6 月 16 日，CBD 核心区文化设施项目取得初步设计概算批复。7 月，办理完成复工手续，开展外立面设计及招投标工作。项目位于朝阳区 CBD 核心区内，东临金和东路，西至金和路，北临中国尊大厦，南至景辉街，地上 7 层，建筑高度 46.8 米，建筑面积 24875 平方米。集剧场、金融博物馆、CBD 核心区综合指挥中心等功能为一体，构成综合性公共建筑。CBD 核心区文化设施项目于 2016 年 1 月 6 日开工建设，2017 年 9 月 30 日主体结构封顶，2018 年 7 月 2 日停工。 （李江涛）

【清华大学光华路新校区项目】 8 月 31 日，清华大学光华路新校区项目移交清华大学。项目位于 CBD 核心区，建筑高度 230.9 米，建筑面积约 15 万平方米，成为 CBD 核心区唯一教育项目。2014 年 6 月开工建设，2019 年 8 月竣工验收，累计投资 10.47 亿元。此项目获得结构“长城杯”金奖、中国钢结构金奖。 （单伟光）

【永安里旧城区改建项目】 11 月 16 日，永安里旧城区改建项目住宅拆迁补偿协议签订 942 户，签约率 100%；非住宅拆迁补偿协议签订 5 家，签约率 42%。11 月 29 日，17 栋住宅楼的

▲ 11 月，CBD 集团公司负责的永安里旧城区改建项目住宅楼完成拆除 （CBD 集团公司 供图）

水、电、气、热、网络及有线电视关止，16栋住宅楼拆除，4家非住宅所属房屋拆除。项目占地面积48000平方米，涉及征收住宅房屋17栋，942户，涉及非住宅12家。（黄毅楠）

【管庄棚户区改造环境整治项目】 11月17日，管庄乡棚改项目分期入册，取得一期棚改主体授权。项目涉及管庄乡12个村、2.72平方千米范围的“总规落地”“腾退减量”“安置房建设”“农民身份转变”“产业项目”“大尺度绿化”等城市化任务，分为5期开发。CBD集团全资子公司北京仲源房地产开发有限公司为项目实施主体。（刘　莉）

【核心区地下公共空间项目】 年内，CBD核心区地下公共空间项目完成南区新腾退区域土方外运及全部桩基施工。二标段A、B、C、D及E3、E4区域结构封顶。项目位于CBD核心区中央公共绿地及道路下方，总用地规模11.31万平方米，地下5层，总建筑面积约50.96万平方米，是北京市基坑开挖深度深、面积大、功能复杂的地下工程项目。项目主体结构累计完成80%，北区管廊为5栋大厦提供电力、热力、上下水等能源供应。（梅红兰）

北京市朝阳城市建设综合开发有限责任公司

【概况】 2020年，北京市朝阳城市建设综合开发公司完成企业改制，更名为北京市朝阳城市建设综合开发有限责任公司（简称朝开公司），法人独资，注册资本129850.83万元。资产总额213.89亿元，净资产14.19亿元，营业收入2.23亿元，利润总额6088万元，上缴税金2125万元。在职职工54人，其中：专业技术人员34人，具有中高级职称专业技术人员22人。朝开公司承担朝阳区奶西、酒仙桥及甜水园棚改项目；驹子房、七棵树保障房项目；中国社会科学院（简称社科院）东坝职工住宅、广华新城小区配套学校及朝阳区档案馆新馆代建等重点项目建设任务。配合朝阳区崔各庄乡政府完成居民期房选房，部分非住宅腾退工作，做好场地看护及现场踏勘工作。召开安全工作会34次，组织安全培训10次，开展应急演练7次，安全隐患大检查34次，发现各类隐患1017处，整改率92%。朝开公司继续履行北京市朝阳区建筑工程公司托管职责，完成朝建职工劳动关系调整，推进债务清偿、非经营性资产剥离、退休人员社会化等工作。

【甜水园项目化解安置】 年内，甜水园项目化解安置工作完成。朝开公司下属北京甜水园房地产开发有限公司为实施主体，居民安置率82%。实施中配合属地承担平房地区防疫、防汛、防火等安全工作。

【社科院职工住宅竣工验收】 年内，朝开公司实施代建的社科院东坝职工住宅项目通过质量竣工验收。项目位于朝阳区东坝中心地区，占地面积10.3万平方米，总建筑面积21.9万平方米，总投资8.9亿元。

【北京市重点项目建设】 年内，朝开公司实施代建的广华新城小区配套学校项目取得设计概算调整批复，西区建设完工。项目位于大郊亭4号广华新城小区，占地约5.2公顷，建筑面积约9.7万平方米，为北京市重点项目。朝开公司实施代建的朝阳区档案馆新馆项目完成正负零以下地下结构施工。项目位于南磨房路与松榆北路交叉处西北角，占地面积约1.3万平方米，总建筑面积约4万平方米，为北京市重点建设项目。

【主要项目实施】 年内，酒仙桥项目由朝开公司控股北京电控阳光房地产开发有限公司实施建设，占地面积约42公顷。继续完善球场地块配套建设工作，配合北京市朝阳区房屋征收事务中心做好居民咨询、方案论证及后勤保障等工作。奶西项目由朝开公司下属北京永辉鸿景房地产开发有限公司为实施主体。占地面积约233公顷，规划用地面积约47公顷，总投资约141亿元。朝开公司和下属东坝基础设施公司分别为实施主体的驹子房及七棵树农民定向安置房项目未建部分完成开工准备。坝河南路和单店西路交通信号灯工程及坝河污水接入工程完工。（耿　宁）

田华建筑集团公司

【概况】 2020年，田华建筑集团公司（简称田华集团）履行对朝阳区农口建筑业管理、服务的协调职能，在保障农民工工资支付上取得成效。全年

▲ 6月28日，朝开公司负责代建的朝阳区档案馆新馆项目完成结构基础底板浇筑施工（耿　宁　摄）

实现产值20.57亿元，开复工面积186万平方米。

【大望京商务中心项目】 年内，国务院检查组对施工工地保障农民工工资支付落实情况进行突击检查，田华建筑集团第十六分公司施工的大望京商务中心项目在检查行列中获得通过。大望京商务中心项目体现“三全管理模式”，在保障农民工工资支付上取得成效，田华集团受到区人力资源和社会保障局的表扬。

【施工专项检查】 年内，田华集团开展雨季施工专项检查。重点检查雨季施工方案的编制、审批情况和物资准备情况等；检查基坑开挖项目和处于基础、结构施工阶段的工程，对处于装修阶段的工程采取抽查形式。专项检查包括11个分公司的19个在施工程项目，总建筑面积1201万平方米。冬期施工专项检查重点是冬期施工方案的编制、审批情况，物资准备、冬期施工保温、测温工作落实情况，砼、二次结构等湿作业项目冬施保障措施、试块留置等内容。对处于装修阶段的工程采取抽查形式。检查涉及7个分公司的8个在施项目，总建筑面积83万平方米，对发现问题及时提出整改意见。（吴　国）

房屋管理

【概况】 2020年，朝阳区房屋管理局（简称区房管局）完成新建北京至沈阳铁路客运专线（星火站）工程项目、地铁东坝车辆段、永安里旧城区改建住宅部分等市区重点项目，筹集近2700套公租房专项配租给727户列入全市监测评价指标的低保、低收入等困难家庭。整治普通地下室980处，涉及人口50451人，清理面积83.4万平方米，实现全区普通地下室无散户租住。开展限购资格执行情况和预售资金监管专项检查，检查开发企业78家，项目86个，预售资金监管账户132个，现场检查20余次。完成房屋鉴定1459项349万平方米。其中，工程检测项目28项20.3万平方米，公共维修基金鉴定项目236项328.7万平方米，电梯检测1195部。完成商品房实测项目15个，面积82万平方米；完成商品房预测项目1个，面积13万平方米；完成大产权实测项目6个，面积8万平方米。完成全区房产实测成果审核业务190件，涉及797栋楼，建筑面积1000多万平方米。首批房屋租赁政策咨询服务站挂牌，“12345”市民服务热线“接诉即办”办理诉求案件1.3万余件。执法检查1338次，出动执法人员3466人次，下发责令改正通知书148份，做出行政处罚156起，罚款292.19万元。政府信息主动公开288条，全文电子化率100%。政府信息依申请公开接待千余人，受理政府信息公开申请198件，答复193件、706条。办理各种渠道信访2150件，全国初信初访750余件；接待群众来访911批次1482人次；接收信访积案29件，办理18件。供暖中心李江获北京市先进工作者称号。（魏　嘉　林　栩　纪　伟）

【公租房分批选房】 1月，百子湾、焦化厂公共租赁住房项目首批选房工作完成，2681户家庭选定住房。5月至12月，启动第二批选房工作，595户家庭选定住房，2619户家庭办理入住。（陈　超）

【房屋供暖系统管理】 3月31日，历时147天采暖季供暖准时停暖。冬供燃气消耗3211.63万立方米，燃气费8831.96万元；总耗水10.88万吨，水费103.39万元；总耗电1352.74万千瓦时，电费1023.35万元；全冬总耗能（水电气）9958.70万元。供暖费指标11661万元，实收12758万元，完成率109.4%。4月至8月，区房管局开始供暖设备更新维修工程。更换管道约5011米，约投资605.18万元；更换设备21项44台（套），投资约133.79万元；90项工程，投资893.31万元。（唐　静）

【房屋征收签约】 4月1日，地铁三号线东坝车辆段建设项目启动为期一个月的房屋签约工作。44户住宅房屋全部完成签约，4户非住宅搬迁完成。（王男男）

【房屋交易便民服务】 4月3日起，区房管局房屋交易中心增设“破产（强制清算）房屋交易信息查询”政务服务事项。8月1日起，区房管局增设早晚弹性办公、午间不间断、周末不休息延时服务。10月20日起，区房管局增设“现房抵押准销售确认”业务受理事项。（国　佳）

【共有产权房销售】 5月至12月，城志畅悦园5号楼、梧桐湾嘉苑共有产权住房项目完成摇号，组织选房5批次，城志畅悦园5号楼全部售罄。梧桐湾嘉苑项目在通知全部摇号京籍及非京籍家庭后，剩余154套房

▲ 7月31日，区房管局住房保障事务中心对特殊困难家庭开展专项配租工作（区房管局　供图）

源。瑞晖嘉苑、澜悦景苑共有产权住房项目完成摇号，区住房保障事务中心组织4批次选房，房源全部售罄。区房管局利用北京头条App、财富频道和新京报App网上直播方式，实现群众在家观看共有产权摇号实况。（陈　超）

【雨季房屋防汛】6月至9月，区房管局完善防汛工作方案，制定电话接听工作规范；落实物资储备，强化自身演练与培训。组织全区43个街乡观摩屋面苫盖、室内支护等5个科目演练，向各街乡和物业服务企业发放防汛演练教学光盘2000张。汛期值班在岗14964人次，检查平房10294间次、检查楼房22079幢次，处理居民房屋漏雨问题25次；向市住建委、区防汛办报送防汛信息29次。（韩　娜）

【物业费成本监测】7月，区房管局、区物业管理协会按照《住宅物业服务标准》和《朝阳区住宅项目物业服务基础标准（试行）》，对全区600个实施标准化物业管理项目开展物业费成本监测。通过朝阳物业管理协会微信公众号发布《朝阳区物业服务费用成本监测报告》，为业主和物业服务企业选择服务标准和费用提供参考。（郑缅之）

【剩余房源快速配租】10月26日，区房管局将全区泓鑫家园等16个公共租赁住房项目剩余房源，以快速配租方式面向轮候家庭配租。3665户家庭参加配租登记，1151户家庭成功匹配房源。（陈　超）

【预售许可网上填报】年内，市住建委开通预售许可网上填报系统，免于提交11项纸质材料。全区受理预售许可初审14个，现售备案212件，预售许可延期32件，现售延期72件。召开商品房销售项目价格引导会14次。（宇文安）

【低收入家庭专项配租】年内，全区为纳入市保办监测评价指标尚未保障的727户困难家庭启动专项配租。第一批专项配租统筹14个公租房项目739套房源，431户家庭完成选房。第二批专项配租统筹泓鑫家园、原叶美苑等16个公租房项目2027套房源，296户家庭选房。全区低保低收入家庭实现应保尽保。（陈　超）

【保障房动态监管】年内，区住房保障事务中心通过“安居北京系统”受理保障性住房违规案件364件，受理率100%，3个月以上案件核实处理率100%。（王　羽）

【征收补偿诉讼】年内，朝阳区人民政府房屋征收办公室针对在施的永安里旧城区改建项目、分钟寺桥西北侧回迁安置房项目、小关北里公交场站项目、亮马桥J地块棚户区改造和环境整治项目做出补偿决定书21份，送达补偿决定书17份。配合法院强制执行19份，应诉答辩行政复议诉讼案件29件，无一例败诉。（王男男）

【“网约房”平台监管】年内，区房管局与区委网信办、区市场监管局以及公安局朝阳分局组成朝阳区“网约房”及群租房工作专班，对爱彼迎、58同城、途家网等8家在朝阳区注册、经营的“网约房”信息发布平台进行约谈，下架爱彼迎、58同城、途家等5家企业北京市房源126803个、朝阳区房源42321个。看房狗、豆瓣网屏蔽含有日租、短租、民宿等502字段。（高　博）

【房改售房管理】年内，按照北京市住房和城乡建设委员会《关于按房改政策出售公有住房核准及备案等有关问题的通知》，区房管局核准受理本区域内房改单位200家，办理房改售房3505套22.53万平方米。审核已售公房专项维修基金725.25万元，涉及22家单位；审核已售公房提取房改售房款332.74万元，涉及8家单位。（钱　前）

【存量房网签管理】年内，区房管局网签管理全区购房资格核验业务73304件，存量房网签业务44408件，存量房网签合同注销业务2192件；全区购房资格核验业务办理2085件，购房资格核验复核1053件，存量房网签业务5244件，存量房网签合同注销业务1782件，一手房合同注销业务336件，信息变更业务129件，预查封业务257件，房屋交易信息查询业务1119件，住房租赁备案业务274件。（国　佳）

【房屋租赁管理】年内，区房管局与区内街道（地区）办事处开展宣传活动5次，发放打击“黑中介”、拒绝“群租房”等宣传材料500余份，非住宅租赁备案宣传海报5000余份。“朝房啄木鸟”微信公众号发布文章80篇，5.2万余人关注。与相关单位“吹哨报到”32次，走访街乡51次，通过互联网平台检索排查疑似群租隔断房源662套，处理市住房和城乡建设委转派、区城市管理监督指挥中心转派、“400”电话举报等群租房投诉案件9300余件，“疏解整治促提升专项行动台账管理系统”上账523户。成立北京链家置地房地产经纪有限公司等3家试点企业房屋租赁政策咨询违法举报服务站。（高　博）

【租房补贴落实】年内，区房管局按照市住建委、市财政局《关于调整本市市场租房补贴申请条件及补贴标准的通知》要求，部署推进全区市场租房补贴调标工作。完成公租房租金补贴发放50265户次，发放金额7483.57万元；市场租房补贴发放12950户次，发放金额2045.22万元；廉租补贴发放60户次，发放金额3.58万元。全区取得公共租赁住房资格家庭3031户，公租房租金补贴备案资格家庭1191户，市场租房补贴资格家庭873户，完成租金补贴、公租房选房入住家庭等各类资格复核76批次，1.6万余户。（廖石磊　陈　超　刘三虎）

【房地产经纪机构监管】年内，全区受理房地产经纪机构（分支机构）备案类业务205件，住房租赁企业99家，非住宅租赁备案245件，“双随机”检查40家，公示曝光租赁问题突出机构51家，信用不良机构24家；办理群众现场咨询211件，电话咨询16342件；处理房地产交易管理平台552件，“12345”市民服务热线、“接诉即办”7815件；开展检查593次，出动1300余人次，约谈企业450次，责任整改13家，暂停企业登陆存量房平台及公示相关信息190家，暂停网签49家，执法转办293起。下达责令整改38次，约谈企业20余次，暂停8个项目网签。（高　博　宇文安）

【物业服务管理】 年内，区房管局制定《朝阳区物业服务评估工作办法》，对来广营、奥运村、大屯、太阳宫4个试点街乡的标准化物业管理住宅项目开展服务评价，督促物业服务企业履职尽责，提升物业服务管理水平。区房管局会同朝阳区物业管理协会连续第二年开展朝阳区品牌物业项目评选工作，评出AAAAA项目25个，AAAA项目13个。（郑缅之）

【公租房室内综合维修】 年内，朝阳区住房保障事务中心完成东坝朝新嘉园东里六区4号楼和5号楼、康惠园1号院7号楼和8号楼、常营丽景园9号楼和10号楼、常营北小街1号院3号楼、豆各庄朝丰家园6号院、高碑店北花园1号院6个保障房项目，4341户（套）公租房室内综合维修，总费用约85万元。（闻　博）

【房屋安全检查】 年内，区房管局检查城镇房屋建筑14191.38万平方米。其中，物业管理房屋12472.29万平方米、自管房屋1719.09万平方米。排查农村经营性自建房2752户、农村非经营性自建房2283户、农村非自建房320户。按房屋完损等级分类统计，完好房11955.51万平方米，占实查总量的84.24%；基本完好房2067.15万平方米，占实查总量的14.57%；一般破损房149.17万平方米，占实查总量的1.05%；严重破损房屋19.55万平方米，占实查总量的0.14%。以第三管理所为试点开展安全管理提升试点工作，对房屋及设备设施、办公区域的隐患进行排查，查找安全生产管理的薄弱环节，筑牢安全防线，达到全面整改目的。（崔芳静　韩　娜）

【普通地下室管理】 年内，区房管局对全区普通地下室巡查检查41034处。结合地下空间特点，发布《致普通地下室安全使用责任人一封信》，地下空间公共场所防控指引、集中空调通风系统运行防控指引、员工集体宿舍防控指引，累计送达11869件、执法检查1596处，对不符合北京市员工宿舍防控标准整治111处。办理普通地下室登记备案283件。（韩　娜）

【直管公房租赁】 年内，区房管局完成公有住宅租赁合同申请使用备案121件，市场租住宅房屋出租审批195件，三类租别签订租赁合同33处；售房983件，完成备案588户，其中完成房产证办理403户、收回房屋4处，555.17平方米；涉及区属国有资产出租、出借专项整改92处房屋，完成整改80处，阶段性完成整改9处，未完成整改3处。（张榕芳）

【直管公房设备修缮】 年内，区房管局完成辖区内直管公房、设备的检查和修缮。其中，修缮楼房屋面防水29幢29237.54平方米，楼房上下水更新8幢3251平方米，楼房屋面维修29幢1000平方米，平房综合维修4间113平方米；房屋、设备养护维修52783户次，局部勾抹外墙板缝1671平方米，厨厕地下室渗漏30处；电梯更新2部，电梯大修10部；泵房无负压更新1处，泵房改造2处，泵房大修12处。检查楼平房324.28万平方米。其中，平房3632间6.11万平方米、中式楼13幢272间0.66万平方米、正规楼710幢310.72万平方米。（崔芳静）

【诉讼案件行政执法】 年内，区房管局收办行政复议、诉讼案件82件，其中公房租赁类案件18件、征收拆迁类案件27件、房改售房类案件1件、政府信息公开类案件14件、房屋安全监管类案件5件、住房保障类案件5件、商品房买卖类6件、物业管理类3件、民事纠纷类3件。全区房屋行政执法立案149起，执法检查1338次，出动执法人员3466人次，下发《北京市朝阳区房屋管理局责令改正通知书》148份，出行政处罚156起，罚款292.19万元。其中，一般程序处罚119起，罚款291万元；简易处罚案件37起，处以警告20起，处以罚款17起，罚款1.19万元；不予行政处罚36起；撤案18起。（崔素梅　王璐瑛）

【供暖费微信公众号收缴开通】 年内，区房管局开通的朝房供暖左家庄站、劲松站、团结湖站3个微信公众号实现缴费功能。微信公众号关注人数22504人，用户通过微信公众号平台缴供暖费21915笔4025万元，占收费总额的36.15%。（唐　静）

公用事业

供　电

【概况】 2020年，国网北京市电力公司朝阳供电公司（简称朝阳供电公司）持续机构改革，“两部三中心”机构改革方案首批获北京公司批复。成立大客户供电中心、客户服务中心、配电运检中心，强化前端业务支撑，构建供电服务新格局。建立“356”科技创新工作体系。持续推进数字化转型，以网上电网App建设和深化线损治理为契机，开展基础数据常态化治理，发现异常数据1905项，整改完成1153项。试点建设大数据应用商店数创空间，上线2项数据产品、发布3项典型经验。朝阳供电公司10千伏配电资产占北京公司的18%，10千伏线路1798条，总长度9404.04千米，电缆化率79.64%；35千伏及以上变电站

78座，输电通道总长度426千米。完成营业收入8.24亿元，实现利润总额1001万元；新签工程合同162个，涉及金额9.73亿元，其中市场开拓客户项目73个，涉及金额7.8亿元。完成售电量178.52亿千瓦时；综合线损率3.34%，电费回收率100%，城市供电可靠率99.995%，综合电压合格率99.998%；持续开展“两金”压降，预收压降6亿元；进度债权回收3.14亿元。公司获2020年国网示范施工省管产业单位称号。

▲ 9月4日，中国国际服务贸易交易会保障团队对供电设备测温测负荷　（翟　磊　摄）

【电网建设】　年内，朝阳供电公司完成“十四五”电网规划，建立3项电网建设专项机制。重点推进CBD 500千伏等10项输变电工程前期工作。驼房营、姜庄湖站配套切改工程取得市发展改革委立项核准；编制何各庄、费家村站站址控制性详细规划与可研方案；启动北小河等4座变电站选址选线与投资协议洽商等工作。7项110千伏工程中投产4项、新开工1项、完成前期工作2项。黄港工程如期投入生产，确保市重点项目温榆河公园开园，满足清河第二再生水厂用电需求；冬奥会配套速滑—奥体联络线工程如期发电，优化冬奥会配套变电站供电可靠性；百子湾、高碑店工程投入运行，解决南磨房乡、高碑店乡区域长期重过载问题；焦化厂、姜庄湖工程前期工作如期完成。完成104项“三供一业”［供水、供电、供暖（供气）和物业管理］工程及结算转资工作，同步实现工程物资“零剩余”。推进架空线入地工程，三里屯和广渠路工程进入土建收尾阶段，北会、亮马河、奥运核心三区域项目完成规划许可证办理。

【降损增效】　年内，朝阳供电公司推进“降损增效”竞赛，10千伏分线、分台区线损合格率分别为98.38%、96.07%。综合线损率3.43%，比上年下降2.22个百分点。消纳工程退出物资2300万元，剩余物资回库3888万元。大鲁店新仓库物资周转业务运用现代智慧供应链系统取得成效。开展专业智慧库房建设、班组物资集约化管理、固定资产投资里程碑计划管理新模式，资金计划完成率大幅提升。

▲ 8月7日，施工人员在力源里小区开展电力隧道墙体钢筋绑扎工作　（罗　希　摄）

【供电保障】　年内，朝阳供电公司完成供电保障任务80项、供电保障天数215天。其中，2020年中国国际服务贸易交易会供电保障任务，首次应用“临时箱变车+发电车”模式，14天完成工程送电；篷房末端负荷排查梳理全覆盖，绘制图纸487份，查找隐患143项；保障团队连续奋战两个月，10个专业组协同配合，投入人员3786人次。制定施工作业安全措施，两级督查队伍检查施工现场3720个，下发违章通知单25张，违章率比上年下降12.04%；安全生产专项整治，排查各类问题隐患117项，形成问题隐患清单28条，制定措施清单3条。开展主业、产业、外包单位作业人员线上安全知识考试5次，地区所有施工人员有限空间作业培训与考试1036人次。重新组建25人应急救援队，形成1小时应急救援机制；应急培训演练32次，启动应急救援84次。监控中心发现通道隐患发布通知8696次，下发巡视任务60920项，看护任务38249项，全年输电故障仅发生1起。全年累计带电处缺1550次，比上年增长6.74倍；推进电缆反外力、线下去树工作，应用超声波成像仪等新装备，开展线路精益状态检测，配网故障比上年下降低5.9%。配电自动化完成2354台终端切改，全部终端接入新系统；更换4G通信模块1363个，所有架空线路主、支线开关4G信号全覆盖，自动化终端在线率提升至97.09%，故障区间判断准确率提升至90%。

【服务创新】 年内，朝阳供电公司完成接电容量64.84万千伏安，年度接电指标102.92%；提升“获得电力”客户服务满意度，打造2项占掘路世行评价典型案例，在北京市组织的“千人千题”考试中获第一名；全年“三零”（零上门、零审批、零投资）送电项目5028件，平均接电时长5.14天。建立服务日会商机制，投诉比上年下降41.89%；网上国网App累计推广注册22万余户；计量管理能力持续提高，低压采集成功率提升至99.7%，平均购电下发时长压降至2.36分钟；疫情防控期间5%优惠电价累计优惠电费4.28亿元；全年电费回收实现100%。完成CBD综合能源示范区、朝阳循环经济产业园能源互联网规划；对接朝阳电子城、金盏国际服务合作区，推动综合能源纳入园区整体规划；完成综合能源收入指标2100万元。奥特菲克储能重点项目验收和国家游泳中心综合能源平台接入，6项年度重点任务全部按期完成。（王兆东）

供　水

【概况】 2020年，北京市朝阳区水务局作为朝阳区水行政管理工作的区政府工作部门。主要负责保障本区水资源的合理开发利用；组织开展本区水资源保护工作；负责本区水文工作；负责本区生活、生产经营和生态环境用水的统筹和保障；负责本区供水、排水行业的监督管理；负责本区节约用水工作；按规定制定本区水务工程建设有关制度并组织实施；依法依规负责本区水务行业安全生产和水务工程的安全监管等。下设节约用水办公室，负责本区节约用水工作；组织实施节约用水政策、标准和用水计划、指标、定额，组织开展本区用水统计和分析评价工作；组织征收超计划加价水费等。全年完成含豆各庄水厂供水范围内的118个单位（小区）自备井置换和101家老旧小区内部供水管网改造，44万名群众用水品质得到改善。（范　勇　李鹏娜）

【用水计划管理】 年内，区水务局组织区级部门、属地政府、自来水集团及社会力量，开展非居民用水户基本信息普查，建立朝阳区全社会用水基础信息台账。朝阳区网页版、企业版、管理版App节水管理平台上线试运行；开展用水计划管理、用水指标调整，让数据多跑腿、用户少跑路，精准节水、精细管水。（李鹏娜）

【再生水使用推广】 年内，全区市政再生水利用2.13亿立方米，全市排名第一。区水务局落实市生态文明建设委《北京市节水行动实施方案》关于加大园林绿化非常规水利用的工作要求，率先试点开展园林绿化灌溉引入河湖水，实现封填绿化水源井、缓解地下水沉降危机、利用河湖生态补水、节约财政资金的社会效益。开展水影响评价审查，新建项目绿化、景观、道路场地浇洒等用水原则上取用再生水，优化区域水源结构。（李　倩　李鹏娜）

【断面水质达标】 年内，朝阳区地表水有国考、市考断面5处，平均水质全部达标。其中，坝河沙窝断面平均水质为Ⅳ类，清河沙子营、亮马河七棵树、通惠河上段高碑店、通惠河下段新八里桥4处断面平均水质为Ⅲ类。（姜　芳）

【行政执法】 年内，区水务局开展行政检查37635次，比上年10710件增长251.4%，人均检查量1568.13件；作出行政处罚案件1805件，比上年871件增长107.2%，其中一般程序处罚案件273件、简易程序处罚案件1522件、不予处罚案件10件，罚款金额744.32万元。行政处罚案件数、罚款金额均位列全市各区之首。（陈国栋）

【政务服务】 年内，区水务局水行政审批服务受理196件，助力全区复工达产。开展视频沟通、视频会议、“云审查”等服务，审批工作“全程网办”；建立“朝阳水务政务咨询”企业微信号，搭建“一对一”服务沟通平台，开发朝阳节水App；优化营商环境，落实供水排水接入“三零服务”（即零上门、零审批、零投资服务）和供排水“非禁免批”政策，精简小型项目办理程序；定期开展供排水接入案例收集上报工作；宣传市供排水接入新政策，采用图解方式在微信公众号刊发政策解读，录制《供排水接入3.0政策解读》视频。（王　欣）

邮　政

【概况】 2020年，中国邮政集团有限公司北京市朝阳区分公司（简称朝阳区邮政分公司）承担朝阳地区的普通邮政业务和邮政速递物流的经营、服务及相关设施、网络规划、建设、运行管理工作任务及邮政金融代理业务；主要经营函件、包裹、特快专递，报刊，集邮，邮送广告，邮政电子商务，邮政储蓄，代理保险，邮政汇款、代销基金、债券、代收（水、电、燃气）、代发（养老金、工资）等业务。朝阳区邮政分公司启动经营架构改革工作。全年业务收入79676万元，完成任务指标的102.35%，高于市分公司整体水平1.32%。毛利45605万元，比上年增加1938万元，利润比上年增加6283万元。金融网点扭亏7个，比上年末减亏金额479万元；邮政网点扭亏20个，比上年末减亏金额212万元。

【中小学生教材寄发】 年初，朝阳区邮政分公司为确保4月13日北京市网课开学，与65所区属中小学校签署合作协议。公司主动对接、上门服务、加快时限、确保质量，为4万余名中小学生寄发新学期全套教材，保证网课开学前让学生们收到新教材。

【毕业生包裹上门收寄】 6月至7月，高校毕业季的包裹收寄服务与往年不同。朝阳区邮政分公司以各支局为单位，按照“独家包校服务”方式收寄高校毕业生包裹，完成4000名毕业生25000件包裹收寄工作。针对多数毕业生不到校，毕业生包裹多、校方无法及时搬运至首层，影响收寄的时限和频次等特点，统一由校方安排人员为无法到校的毕业生打包寄发。

【特种邮票首发】 年内，朝阳区邮政分公司《庚子年》特种邮票首发仪式在朱炳仁艺术主题邮局举行。《庚子年》特种邮票1套2枚，全套邮票面值为2.40元，第一幅图为《子鼠开天》，一只形象可爱的老鼠腾空跳起，抬头望天，奋力咬破混沌，寓意民间传说中的“鼠咬天开”，同时老鼠跳跃的姿态也寓意鼠年生活节节高之意；第二幅图为《鼠兆丰年》，两只大老鼠带着萌动可爱的小老鼠侧身远望，身边是寓意丰收的花生，表情欢喜、得意，寓意2020年五谷丰登，生活幸福美满，也包含鼠到福来的含义。邮票延续第四轮生肖邮票的创作理念，采用小写意装饰画法，由韩美林设计，邮票延续第四轮胶雕套印工艺，由刘博雕刻，北京邮票厂印制。邮票使用两项升级工艺，首次运用激光雕刻制版技术，在雕刻精度、细节表现方面全面升级；首次使用无色荧光油墨，表现太阳一跃而出的效果，展现“鼠咬天开”的画面。

【公益捐赠邮寄服务】 年内，朝阳区邮政分公司为关爱海外侨胞和留学生暨“侨爱心防疫包”公益捐赠活动提供全流程的邮寄服务，完成“侨爱心防疫包”专用仓库准备、防疫包装箱制作和专业物流团队组建等工作。

▲ 4月2日，朝阳区邮政分公司工作人员为4万余名中小学生寄发新学期全套教材
（管 军 摄）

【主题营销竞赛】 年内，朝阳区邮政分公司评出支局杯、支行杯、营业部杯季度扛旗66个，年度夺杯11个，37名营销员扛旗夺杯。寄递专业以“一月一主题”为客户开发主线。针对“十二大行业”逐一落实销号式开发，总结复制成功案例，实现新增客户超百户，增收160余万元。

【机构客户大走访】 年内，朝阳区邮政分公司出动1640人次参加机构客户大走访，走访率100%，挖掘协同意向客户114户。对接文创项目90个，成单项目21个。

【多级协同制度】 年内，朝阳区邮政分公司基本建成多级协同制度体系，出台协同绩效考核管理办法和收益分配指导意见，解决协同工作“谁来干”“怎么干”和“不想干”的问题。重点协同项目有效落地，汽车产业链、惠农、政务三大协同项目实现收入3960万元。全年累计新开客户871户，累计收入3168万元。

【成本归口管理】 年内，朝阳区邮政分公司开展各项成本归口管理。各部室实现从年初预算源头到日常精细化管理，各支局落实降本增效工作方案。投递外包费节约837万元、业务材料和低值易耗品节约370万元、物业管理费节约60万元、通信费节约87万元。

【节能减排】 年内，朝阳区邮政分公司配发新能源汽车52辆，更新电动两轮车726辆，配发电池1084块，租赁电动三轮车电池400组；45毫米胶带使用和市内循环中转袋基本实现全覆盖，完成绿色邮政建设行动三年规划主要目标，“瘦身胶带”使用率为100%，可循环中转袋使用率为90%。（管 军）

城 乡 管 理

城市综合管理

【概况】 北京市朝阳区城市管理委员会（简称区城市管理委）加挂北京市朝阳区城乡环境建设管理委员会办公室（简称区环境建设办）牌子，是负责朝阳区城乡环境建设、城市管理的综合协调、市政公用事业、市容环境卫生、能源日常运行、拆违控违等管理的区政府工作部门。下设区市政基础设施协调中心、区渣土管理站和区控违拆违督察队3个事业单位。年内，区城市管理委一手抓疫情防控，一手抓城市管理，推进垃圾分类；完成全区128座垃圾楼升级改造；探索“一码共治”，完成公共设施赋码约1.18万个、数据采集4.08万个；完成2019年至2020年供暖季供暖保障2.12亿平方米。拆违控违实现“场清地净”建筑面积316.99万平方米、腾退土地332.08公顷。 （武 兴）

【年度供暖保障】 3月31日，区城市管理委完成2019年至2020年供暖季2.12亿平方米供暖保障工作，供暖量约占全市供暖总面积的25%。供暖季处理居民供暖咨询、投诉1.44万余件，较上一采暖季下降24.7%，处理供暖应急突发事件92起。 （武 兴）

【垃圾分类管理】 4月15日，全区141个区级党政机关和249个所属二级单位率先实现垃圾强制分类全覆盖。5月，区城市管理委以劲松街道辖区华腾园、百环家园、乐澜宝邸等6个小区为试点，建立垃圾分类曝光平台。试点小区垃圾桶站张贴“朝阳群众管城市”二维码，二维码有相应定位，居民发现垃圾桶存在垃圾溢出、破损等问题时，手机扫描二维码进入小程序、拍照上传曝光，截至年底，处理曝光事件941件，全部处理完毕。6月9日，区城市管理委举办市首例企（事）业单位定向生活垃圾分类直播培训。企业与居民参与30000余人，评论反馈10000多条，13.91万人点赞。9月，区城市管理委以六里屯甜水西园社区为试点，在5处垃圾桶站顶棚上安装智能摄像头，用于弥补人工守桶员的值守时间“空档”。12月4日，区城市管理委举办以“全民参与垃圾分类，你我共建美好朝阳”为主题的垃圾分类宣传活动。年内，区城市管理委发放《北京市生活垃圾管理条例》1.4万册、“垃圾分类致居民一封信”152万封，发放并张贴垃圾“四分类”标识3.9万张，张贴、悬挂宣传海报、标语等20万份。制作5部垃圾分类微动漫短片，在区网络和视频平台播放。在蓝岛大厦、京信大厦等区属自有户外广告大屏、单立柱进行垃圾分类宣传。开展“我分类，我承诺”活动，3.5万名机关干部带头签订承诺书。在劲松、双井等13个街乡完成垃圾分类全流程精细化管理系统搭建工作，实现垃圾分类投放、收集、运输、处理全过程管理。 （武 兴 盛日月）

【地下管线防汛】 7月27日，区城市管理委制发《朝阳区地下管线防汛专项工作方案》。按照“综合协调、行业主管、企业主责、属地监管”的原则，调动发挥区应急管理体制综合协调优势，及时消除供水、供气、供电、供热、通信等城市地下管线（包括检查井、井盖等地下管线附属设施和架空线）防汛安全隐患，严格落实防汛责任制，抓好防汛责任、预案、队伍、物资、避险措施、隐患排查“六落实”。汛期区地下管线平稳运行，安全度过汛期。 （武 兴）

【垃圾管理规范化】 9月2日，区城市管理委及区城管执法局联合下发《关于落实〈北京市厨余垃圾分类质量不合格不收运管理暂行规定〉的实施意见》，规范厨余垃圾和其他垃圾的收集运输管理，促进生活垃圾分类管理责任人和收集运输单位依法履行垃圾分类义务。9月3日，印发《关于进一步做好生活垃圾桶站规范化建设工作方案》的通知，推行“撤桶并站”，垃圾桶由2.5万组降至1.8万组。截至9月底，43个街乡完成桶站改造提升工作，桶站达标率100%。10月12日，印发《朝阳区“垃圾不落地”工作实施方案（试行）》。落实生活垃圾“大分流、细分类”原则，进一步解决居住小区“暴露垃圾、堆物堆料、积存渣土”等环境问题。垃圾分类处前端设置大件垃圾暂存点1328处、装修垃圾暂存点1200余处，协调区环卫中心、装修垃圾分拣中转场负责清运，大幅减少垃圾源头产生量。区厨余垃圾分出率由5月的2.18%提升至12月的21.34%。 （武 兴）

【车用柴油减量化】 9月25日，区城市管理委、区生态环境局联合印发《朝阳区2020年推进实施车用柴油减量化发展工作方案》，推进车用柴油总量控制工作。年内，搬离用油企业3家；市级重点企业清单中涉及域内重点用油企业50家；柴油消耗量28766.54吨，较上年柴油消耗量41893.82吨下降31.3%。 （邱 爽）

【20条道路永久路灯建设】 10月22日，区城市管理委完成裕民中路、武圣北路、八棵杨北街、百环家园中路、甜水园东街、炫特路、上元小区路、草房西路、通惠河南街（东段）、小红门二扬路、东方基业东侧路、东方基业西侧路、安苑路北侧路、镇海寺公园路、金田郊野公园西侧路、东坝路、旺角府邸小区路、青青家园小区路、立水桥东路、金田郊野西侧路20条道路路灯工程土建及设备安装，通电亮灯，完成永久路灯建设。 （武 兴）

【公厕数据共享】 10月，区城市管理委与高德软件有限公司合作，将区管1600余座公共卫生间资源向公众开放。群众在朝阳区打开高德地图，搜索“附近→厕所”，便可对邻近的公厕一目了然。同时，建立公厕开放状态情况维护更新机制，避免因设施维护等原因不能如厕的情况发生。 （武 兴）

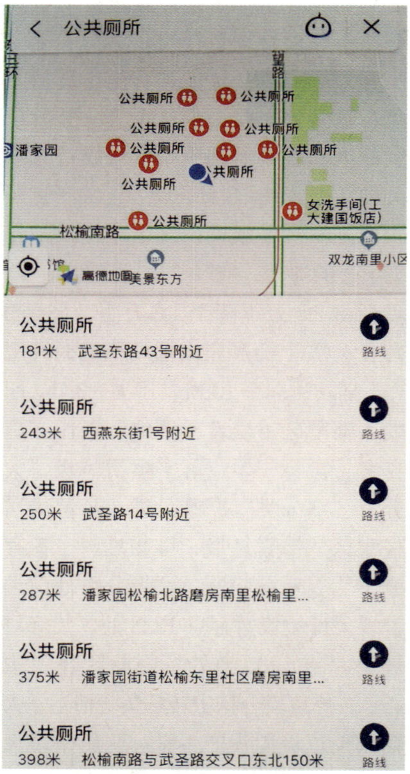

▲ 手机公厕导航搜索附近公厕结果 （刘学敏 摄）

【液化石油气安全整治专项行动】 11月10日，区城市管理委开展液化石油气安全整治专项行动。印发《朝阳区液化石油气安全整治专项行动工作方案》，协调城管执法等部门查处无证无照从事液化石油气经营、储存行为的“黑窝点”2家；督促各街乡（地区）办事处摸清辖区内使用瓶装液化石油气餐饮服务单位的基本情况，协调市液化石油气公司等供气单位为供气用户单位加装必要的液化石油气安全辅助设施1384家，督促区内许可液化石油气供应企业3家签订安全生产责任书。 （李艳鑫）

【垃圾楼升级改造】 年内，区城市管理委完成全区128座垃圾楼升级改造。改造后，120座垃圾楼具备垃圾分类功能，示范片区内垃圾楼均可计量称重，全区垃圾全部实现密闭收运。 （武 兴）

【公共服务设施“一码共治”】 年内，区城市管理委推广城市道路公共服务设施二维码管理，五环内基本实现二维码全覆盖。同时，“城市码”城市精细化管理平台升级版上线，在全市率先试点开展杆体类、箱体类公共服务设施“一码共治”精细化管理，为其亮身份、上户口，实现智能管理，累计赋码约6.18万个。 （马艳洁）

【控违拆违】 年内，区城市管理委拆除并达到“场清地净”标准建筑面积316.99万平方米、腾退土地332.08公顷。26个街乡推进“基本无违法建设街乡”创建，第一批6777个举证图斑中5598处通过审核，举证率83%，同时启动农村地区线下举证。 （武 兴）

【架空线入地】 年内，区城市管理委完成雅宝路地区10条道路7.23千米电力架空线入地。通信架空线入地整治自“十二五”期间启动，截至年内，完成279条、约320千米。 （武 兴）

【“一把扫帚扫到底”环卫作业】 年内，区城市管理委继续推进“一把扫帚扫到底”（指将各级道路、绿地、河流的保洁任务全部交给区环卫中心，统一责任主体、清洁标准、监督考核）环卫作业试点工作。麦子店、三里屯、团结湖、小关、亚运村、奥运村、大屯、六里屯、双井9个街道148条道路纳入“一把笤帚扫到底”保洁工作模式，实现环境精细化管理，用专业队伍、专业设备提高地区的保洁标准和道路洁净度。 （武 兴）

城管综合执法

【概况】 北京市朝阳区城市管理综合行政执法局（简称区城管执法局）是区政府直属行政执法机构，负责域内的城市管理综合行政执法工作。下设6个直属队。年内，完成综合执法体制改革。区城管执法局以疫情防控执法检查、城市环境秩序整治和综合执法体制改革等为重点，以环境整治助力疫情防控。全年城管系统出动执法人员33万人次、车辆10万车次，开展疫情防控、施工扬尘、占道经营、非法运营等各类环境秩序问题联合执法2703次，检查“三类场所”（商务楼宇、商场和餐馆）及“七小场所”（小餐馆、小网吧、小旅馆、小浴室、小歌舞厅、小理发店、小便民店）88.5万家次，发现问题2.9万起；规范、查处各类环境秩序问题13.8万起，结案10427起，罚款676.9万元，违法行为纳入检查率90.3%。 （区城管执法局）

【公园游园秩序专项整治】 4月26日至5月30日，区城管执法局专项整治45处公园游园秩序。劝阻和查处挖野菜、折花木、搭帐篷、露天烧烤等不

文明游园行为，防止出现人员聚集和各类安全隐患。（滕　青）

【重大活动服务保障】 5月18日至29日，区城管执法局开展全国两会环境秩序保障工作。针对全国两会重点保障地区周边增派执法力量，加大管控和巡查力度，做好会议场地及周边重点道路的环境整治和会议保障工作。9月1日至9日，区城管执法局启动中国国际服务贸易交易会环境保障机制，将城市运行与环境保障和卫生防疫相结合，在重点保障地区实行一类地区管控标准，及时发现和解决各类环境问题。（滕　青）

【综合执法体制改革】 7月1日起，根据《北京市人民政府关于向街道办事处和乡镇人民政府下放部分行政执法职权并实行综合执法的决定》，各街道、乡镇设立综合行政执法队，作为街道办事处、乡镇人民政府管理的行政执法机构，以街道办事处、乡镇人民政府名义开展执法工作。各街乡综合执法队不再以区城管执法局名义行使执法权。城管执法部门承担的393项行政处罚权、行政强制权下放至街道办事处和乡镇人民政府，并由其依法行使与之相关的行政检查权，实行综合执法。年内，推动改革任务落实到位，与区司法局等部门研究制定《关于街乡落实行政执法责任制的工作意见》《关于明确有关行政执法范围和执法事项的决定》和《朝阳区行政执法事项管辖规定》等一系列政策文件，厘清街乡综合执法与职能部门之间的执法边界，为规范执法行为、提升执法效能提供制度保障；与43个街乡完成票据交割、证件回收、案件移转、资产划拨等方面的交接、确认和答疑工作；与司法局等相关部门建立联合培训机制，举办多层级专题培训。与司法局共同梳理总结街乡综合执法工作要点，编印《落实街乡赋权工作实务指导手册》，为街乡综合执法工作提供指导。（滕　青）

【校园周边环境秩序综合整治】 8月29日，区城管执法局提前部署新学期开学各项保障工作。重点检查校园周边“三类场所”疫情防控工作落实情况，开展校园周边环境秩序综合整治。整治校园周边点位228处，取缔无照经营39起。（滕　青）

【“蓝盾一号”燃气安全专项整治行动】 9月27日至12月底，区城管执法局组织开展“蓝盾一号”燃气安全专项整治行动，严厉打击非法液化石油气经营行为，查处违法违规使用燃气行为。排查燃气使用单位4343个，燃气类违法行为立案19起。（滕　青）

【垃圾专项执法】 10月1日，新《北京市建筑垃圾处置管理规定》施行，区城管执法局在全区城管执法系统开展建筑垃圾专项整治行动。从施工现场、建筑垃圾运输、消纳场所、重点点位4个方面，加强建筑垃圾全流程监管。截至年底，查处建筑垃圾违法违规行为75起，罚款12.89万元。年内，区城管执法局健全垃圾分类执法体系，聚焦“分类投放、分类收集、分类运输、分类处置”4个环节，依法严厉查处“混装混运类”违法行为，集中开展生活垃圾分类专项执法检查6次，录入执法检查单5.6万份，立案1855起，处罚148.03万元。（滕　青）

【占道经营专项整治】 年内，区城管执法局结合“12345”市民服务热线举报等渠道，排查新增占道经营、摆摊设点高发点位。全年查处占道经营违法行为5373起，罚款184.89万元，全区146处占道经营挂账点位整治状态良好。（滕　青）

【燃气安全专项执法行动】 年内，区城管执法局将燃气执法与疫情防控检查相结合、执法处罚与前端监督管理相结合、执法活动与服务市场主体相结合，开展燃气安全专项执法行动。全年立案查处燃气类违法行为81起，罚款11万元。（滕　青）

【大气污染防治执法】 年内，区城管执法局运用联合执法、视频执法、惩戒联动等措施，开展施工扬尘、渣土车泄漏遗撒、露天烧烤、露天焚烧等执法。全年立案查处大气环保类违法行为759起，罚款311万元。（滕　青）

【规划和自然资源领域违法建设整治】 年内，区城管执法局开展规划和自然资源领域违法建设专项治理。针对市委专项巡视反馈的别墅区违建问题，研究制定《关于加强别墅区违法建设管控的意见》，严控别墅区新增违法建设。逐一排查建账38件112处别墅区既有违法建设

▲ 9月25日，区城管执法局开展酒店宾馆垃圾分类工作情况执法检查（沈　汀　摄）

案件，拆除违法建设45处、结案9件，剩余67处陆续分批分步落实整改。（滕 青）

【无障碍环境建设专项整治】 年内，区城管执法局开展无障碍环境建设专项整治。参照《全市城市道路范围内无障碍设施基础台账》，对损毁、占压无障碍设施情况进行全覆盖检查，查清底数；排查区内《无障碍设施问题点位台账》点位，限期整改并定期复查。全年开展执法检查2657次，巡查检查街道6705条次，教育劝诫120次，举办宣传活动49次，组织清理活动166次；清理整治盲道754条次，处置投诉举报10起，查处城市道路范围内无障碍设施违法行为39起。（滕 青）

数字化城市管理

【概况】 北京市朝阳区城市管理监督指挥中心（简称区城管监督中心）是负责城市服务管理监督与评价工作的区政府行政机构。9月，制发《关于进一步优化提升朝阳区市民服务热线“接诉即办”工作方案》。全年区级系统平台上报城市管理类案件104.6万件，问题解决率96.85%。年内，受理“12345”市民服务热线诉求58.5万件。市民热线诉求受理排名前五位的分别是市场管理、住房、教育、物业管理、城乡建设。全年诉求平均响应率100%、平均解决率87.31%、平均满意率90.80%，平均综合得分92.16分。

【无障碍环境建设专项行动】 1月，区城管监督中心落实区委、区政府无障碍环境建设工作要求，制定《朝阳区城管监督中心无障碍环境建设专项行动工作方案》，开展盲道占用、破损等问题监督。全年上报案件1962件，梳理“12345”市民服务热线关于无障碍设施诉求及建议，受理投诉2745件。

【物业小区普查】 5月，区城管监督中心落实《北京市物业管理条例》，开展全区物业小区专项普查工作。普查物业小区、居民楼、商业楼及公建配建等6大类23类内容，普查物业小区1841个，涉及物业公司或产权单位2803个，包含居民楼15835栋、公建配建2636个、其他建筑2827个。

【轨道交通沿线环境问题监督】 8月，区城管监督中心根据《朝阳区轨道交通沿线及出入口周边环境整治提升工作方案》要求，开展轨道交通沿线可视范围内环境问题监督。日常监督与重点环境建设项目、专项环境治理行动结合，重点检查外墙立面、地面广场、无障碍设施、广告牌匾、绿化美化、环境卫生、环境秩序等区域的环境问题，上报轨道交通沿线环境问题案件8566件。

【分析决策支持系统微信版试运行】 10月，区城管监督中心网格化城市管理分析决策支持系统微信版上线试运行。该系统利用信息化、大数据等技术手段，可对各类城市管理问题和热线诉求进行分析研判，为各街乡落实市委、市政府“闻风而动，接诉即办”工作要求提供实时数据支撑。

【“接诉即办”奖励机制建立】 11月，区城管监督中心制定《朝阳区市民热线“接诉即办”工作专项资金管理办法》，建立市民热线“接诉即办”工作激励机制。对月度绩效进入全市前十位的街乡奖励100万元；对月均受理诉求件数大于500、1000和2000件的委办局，分别给予100万、200万、400万元的专项补助。

【街乡社区边界数据更新】 年内，区城管监督中心开展全区街乡及社区（行政村）边界数据更新工作。社区（行政村）网格图层变更33个，涉及12个街乡；行政区划网格变更122个，新增行政区划网格109个。完成地理信息系统图层（GIS图层）变更并全部纳入网格化城市管理系统及二级闭环系统。

【城市部件数据普查】 年内，区城管监督中心开展城市部件普查工作。区城管监督中心数据普查分队47人，完成城市部件普查345825个。普查内容包括公用设施、道路交通、市容环境、园林绿化、房屋土地和其他设施等7大类101小类。（朱 婧）

交通运输管理

【概况】 北京市朝阳区交通委员会（简称区交通委）是区政府工作部门。年内，完成化工路、来广营北路北段、郎辛庄北路10条主次支路建设。完成天达路、团结湖路、东土城路等20项疏堵工程；完成花园闸桥加固改造工程、CBD区域交通综合治理工程、102千米慢行系统整治；完成区属道路养护维修约50万平方米，其中大修道路12条、面积约24.7万平方米，中小修道路155条、面积约27万平方米。新建居住区车位5276个，建设立体停车设施5处。上汛期间，完成全区区级道路防汛排查工作。北京市公安局公安交通管理局朝阳交通支队（简称朝阳交通支队）对朝阳区道路交通依法实施管理。下属7个大队。年内，接警333611起，其中交通事故158820起、交通拥堵9776起、反映165015起。管界发生交通事故77442起，比上年下降10.51%；伤468人，比上年上升109.87%；亡141人，比上年下降21.67%。全年开展各类交通安全宣教和培训活动850场次，印发宣传材料34.2万余份，摆放宣传展板1600余块，悬挂各类横幅650余条，教育群众65万余人次。北京市交通委员会朝阳运输管理分局（简称市交通委朝阳运输管理分局）为市交通委派出机构，负责朝阳区内道路运输管理工作。截至年底，辖区有地面公交企业2户，运营线路279条；公交枢纽2个，公交场站110个；出租汽车企业

52户（不含个体车辆），其中网约车平台企业4个；省际客运站3户，省际客运企业4户；旅游客运企业15户；汽车租赁企业294户；货运企业2234户；维修企业576户；水运企业6户；汽车驾驶员培训学校3户。年内，辖区旅游客运企业中国天鹅国际旅游公司停业，旅游客运企业减至27家。（刘炳起　刘芝琳　刘天一）

【纯电动巡游出租汽车更新手续办理】 2月11日，市交通委朝阳运输管理分局按照市交通委工作部署，恢复纯电动巡游出租汽车更新、新增手续办理工作。全年辖区纯电动出租汽车更新605辆，完成年度承诺更新任务106.14%。（曹　楷）

【道路客运行业年度质量信誉考核】 4月，市交通委朝阳运输管理分局完成辖区21户道路客运企业2019年度质量信誉考核。旅游客运企业2户纳入管理不参加评级，10户评为AAA级、5户评为AA级，省际客运企业3户评为AAA级、1户评为AA级。（薛海林）

【交通事故办案信息共享】 5月，朝阳交通支队为精准锁定嫌疑人信息位置、车辆轨迹，建立交通事故办案信息中心。配备专网专用设备接入“云瞳”（交管局数据信息集成平台）、朝阳车辆大数据分析、“云指”（交管局指挥调度平台）等交通信息检索系统；与朝阳分局刑侦支队合作，实现人员及车辆信息实时核查；与社会网络公司合作，建立信息共享传输渠道，弥补公安部门以外的信息短板。截至年底，查办案件300余起，准确锁定人员车辆位置轨迹及提供事故关键证据280余条，信息检索成功率91%；全年交通亡人逃逸案件侦破率100%，一般程序伤人财损事故案件侦破率80%。（刘芝琳）

【机动车检测厂检查】 6月5日，市交通委朝阳运输管理分局与区环保局、区市场监管局、市车管所京朝分所联合执法检查博瑞祥安机动车检测场贯彻落实《北京市机动车和非道路移动机械排放污染防治条例》（以下简称《条例》）情况。联合检查组对车辆尾气检测现场进行抽查，查阅检测场留存的复检车辆维修凭证等相关资料，沟通贯彻《条例》中存在的问题。（徐海滨）

【花园闸桥加固改造工程完工】 6月19日，区交通委承担的花园闸桥加固改造工程完工。花园闸桥位于朝阳区高碑店乡，横跨通惠河，建于20世纪70年代，全长57.25米，宽6.36米，经过近50年的运行，该桥存在主梁承载力不足、混凝土耐久性病害等问题。施工项目包括桥下盖梁拆除重建，桥上原混凝土梁体更换为钢梁、浇筑桥面混凝土铺装层、摊铺沥青混凝土铺装层、安装防撞墩栏杆以及两侧道路接顺。工程由区财政局出资400万元，市政道桥管理养护集团有限公司承建，泛华建设集团有限公司监理。（张龙银）

【CBD区域交通综合整治】 6月29日，北京商务中心区（CBD）区域交通综合治理工程（二期）进入施工阶段，12月底基本完工。整治范围西起东大桥路、东至西大望路、南起通惠河北路、北至朝阳北路，面积约4平方千米，涉及市政道路36条，长度约26.77千米。工程旨在对标国际标准，按照“以人为本、慢行优先”的理念，实现交通智能化和精细化管理，注重慢行出行体验改善和街区景观提升。由区政府基本投资建设计划出资，总投资约5.5亿元。12月10日，市长陈吉宁、副市长杨斌一行到CBD调研交通综合治理情况。陈吉宁肯定近两年CBD综合治理取得的效果，提出要在全市推广CBD区域治理经验，提高交通形象；总结CBD治理经验，打造标准化、规范化指南；加大科技研究力度，进一步降低治理成本。（祖　钢）

【区属桥梁现状摸底排查及维护】 6月，区交通委完成区内157座区属桥梁现状摸底排查。主要排查桥面有无破损，护栏有无缺失、破损、锈蚀，伸缩缝有无破裂。重兴寺路桥、定福庄南桥、青年北路桥、西直河闸公路桥4座桥梁进行维护，常营东路桥、白鹿司桥、社科院桥等15座桥梁加装限载吨位牌。（张龙银）

【4条道路通车】 7月底，郎辛庄北路建成通车。郎辛庄北路是北京地铁7号线东延郎辛庄站接驳的交通要道，工程于2019年11月起施工。道路西起豆各庄路，东至郎辛庄东路；规划为城市次干路，红线宽度为40米，道路全长1.4千米。郎辛庄北路是经市政府集中审议通过的“一会三函”（“一会”指市政府召开会议集体审议决策；“三

▲ 12月底，CBD区域交通综合治理工程——十字路口慢行系统完工　（齐　飞　摄）

函”指前期工作函、设计方案审查意见、施工意见登记书三份文件）项目，区政府基建专项资金，工程总投资9970万元，由市公联公司承建，北京京博通工程咨询有限公司监理。12月9日，广顺北大街全线通车。广顺北大街为城市主干路，南起来广营西路，北至香江北路，全长约2.91千米，实现双向六车道与广顺北大街北延南北贯通，接驳香江北路，与现状来广营东路连通。建设主体为宝嘉恒公司，出资主体为区发展改革委。12月12日，顺白路放行通车。顺白路规划为城市次干路，西起北苑东路，东至奶西村三号路，全长约2.2千米、红线宽40米，横断面采用三幅路形式，主路为两上两下，宽16米，非机动车道宽4米，步道宽4.5米。工程出资方为区发展改革委，市公联公司承建，北京正远监理咨询有限公司监理。12月31日，化工路改扩建工程放行通车。化工路为城市主干路，西起东四环窑洼湖桥、东至东五环化工桥，全长约6.6千米，是区“十三五”规划重点道路建设项目。投资108723.31万元，由市公联公司承建、北京市逸群监理有限责任公司监理。（张龙银）

【汽车维修企业约谈】 7月，市交通委朝阳运输管理分局对未录入尾气排放超标车辆治理信息的6家维修企业进行约谈。经核查，6家企业17台次超标车辆维修后未报信息。分局调取了车辆维修单据，向企业负责人宣传相关政策，要求企业立即整改。（徐海滨）

【道路客运行业城市安全发展评价检查】 9月3日，市交通委朝阳运输管理分局联合区安委会对辖区部分省际客运站和旅游客运企业进行城市安全发展评价检查。重点对客运站人流密集场所的交通应急预案、消防措施、场务规范、车辆安全科技应用和安全生产体系建设等内容进行评价，对发现的隐患问题提出整改要求和建议。（薛海林）

【区级道路防汛排查】 9月15日，区交通委完成全区区级道路防汛排查。该项工作于4月25日启动，排查100余条区属道路积水点，疏通酒仙桥北路、南营房胡同等37条道路1534座雨水口及7215米管线，改造西坝河南路、广百西路等道路积水点，配合市排水集团消除积水点位10余处。上汛期间，防汛备勤39次、出动巡查人员384人次、指挥及抢险人员1009人次、巡查车192车次、工程车等车辆143车次，使用排水泵45台次，清掏雨水口202个。（张龙银）

【首次客运行业两类人员安全知识考核】 9月23日，市交通委朝阳运输管理分局首次开展市道路客运行业企业道路运输企业主要负责人和安全生产管理主要负责人、安全管理员两类人员安全知识考核。辖区道路客运行业企业两类人员报名参加考核75人，考核通过27人。（薛海林）

【通惠河（朝阳段）通航运营】 9月30日，经市交通委朝阳运输管理分局前期现场勘验和各职能部门现场检查合格，通惠河（朝阳段）通航运营。（李　磊）

【“京城的哥”文明品牌创建活动推荐】 10月26日，市交通委朝阳运输管理分局启动“京城的哥”文明品牌主题教育和品牌创建活动。推荐条件包括从业连续2年（含）以上的本市在岗出租汽车驾驶员，规范运营、安全行车，在助人为乐、见义勇为、诚实守信、尊老爱亲等方面有突出表现，文明服务、维护国家政治安全和公共安全方面有突出贡献。朝阳区向北京市交通委、首都文明办推荐“北京榜样·京城的哥”12名，全部入选。（曹　楷）

【水上交通安全知识进校园】 10月28日，市交通委朝阳运输管理分局海事执法人员到北京市陈经纶中学民族分校，开展以“水上平安交通、安全伴我成长”为主题的水上交通安全知识宣传教育活动。内容包括乘船注意事项、水上遇险处置方法、落水自救方法等，并向学校师生发放《小学生水上交通安全教育读本》、笔袋和记录本等宣传纪念品90余套，82名师生听讲。（李　磊）

【喷烤漆大气污染防治部署会】 11月6日，市交通委朝阳运输管理分局召开维修企业喷烤漆大气污染防治部署会，全面推进喷烤漆业务标准化治理改造工作。会上，向企业下发前期喷烤漆企业大气污染防治标准符合度专家评审鉴定表，讲解专家指出的问题及改造建议，提出企业治理改造具体要求及时间表；要求企业规范烤漆房维护保养记录表、烤漆房维护保养台账、危险废物转移台账等基础工作。辖区喷烤漆业务维修企业负责人参加会议。（徐海滨）

【区级疏堵工程完成】 11月30日，天达路、三间房东路、团结湖路、双桥路、东土城路等20项区级疏堵工程完成并通车。工程建设主要包括修缮机动车道、完善人行步道及盲道、完善交通标线。工程由区财政局投资6791万元，区交通委建设，中邮通建设咨询有限公司、北京中环工程建设监理有限责任公司监理。（张龙银）

【停车位增建】 11月，区交通委完成吉利大厦、雪花冰箱厂、建国路16号院、太阳能研究所和安华路17号院5处立体停车设施建设，增加停车位1000余个。年内，区交通委协调各街乡在居住区，通过拆除违法建设、利用闲置土地、小区内部设置单停单行、改造绿化、见缝插针等方式，增建停车位5276个。（祖　钢）

【步行和自行车系统道路改造】 11月，区交通委完成步行和自行车系统102千米道路改造。通过整治道路未联网成片的路段，解决实际骑行需求，促成沿河绿道、公园休闲路与城市道路慢行系统有效衔接，提高市民绿色出行环境。（祖　钢）

【交通肇事逃逸案5小时内侦破】 12月9日18时10分许，在王四营乡孛罗营村万通站10千伏祁东路023线杆处，岳某驾驶轮式专用机械由东向西方向从后方将在道路北侧由东向西方向行走的王某撞倒，车辆右前轮从其身上碾轧，造成王某当场死亡，其后驾车逃逸。民警于23时30分许将岳某抓获。（刘芝琳）

【注册企业属地管理部门调整】 12月20日，注册地址在亦庄经济技术开发区的1户旅游客运企业、28户汽车租赁企业，属地管理部门由朝阳运输管理分局调整为亦庄经开区管委会城市运行管理局。（薛海林）

【道路停车收费改革】 年内，朝阳区按照路侧停车改革要求，继续安装路侧停车电子收费设备。截至年末，朝阳区纳入电子收费的117条道路、11212个停车位实现视频设备电子收费全覆盖。覆盖总车位全市排名第一。（祖　钢）

【无障碍设施整治】 年内，区交通委全面排查区属道路无障碍设施，为2022年冬奥会、冬残奥会做好服务。重点开展场馆周边、四环路以内宾馆、医疗机构等区域道路无障碍设施问题整治。全年完成盲道整改1016处，面积约2万平方米。（张龙银）

【共享单车停放试点电子围栏建设】 年内，区交通委规范共享单车停放秩序，开展电子围栏试点建设。共享单车App标注停车区域点位图，如果没有按照电子围栏范围停车，车辆停后将无法上锁，一直处于计费状态。截至年底，在世贸天阶、建国路和财富中心试点建设电子围栏停放区24个，规范了国贸地区骑行秩序。（祖　钢）

【夜查酒驾专项行动】 年内，朝阳交通支队开展夜查酒驾专项行动270次，查获酒后驾车违法行为824起，较上年下降44.06%；其中，刑事拘留726人，行政拘留740人。824起违法行为中，拘留二次饮酒47人、涉牌拘留273人、非司机拘留186人、准驾不符274人。（刘芝琳）

【交通执法】 年内，朝阳交通支队交通现场执法115万起，非现场执法477万起，罚款9.56亿元。现场处罚闯红灯违法行为838起，比上年下降63.91%；涉牌（12分）违法7863起，比上年上升87.08%；扣留两轮摩托车2678辆，比上年下降48.25%；处罚货车违法行为125045起，比上年上升15.01%。（刘芝琳）

【交通乱点、堵点调研】 年内，朝阳交通支队调研辖区交通乱点、堵点150余处。制定并上报交通设施优化方案87个，安装交通标志牌544面、路口信号灯及人行过街灯10处、各类隔离护栏800米，渠化路口16处，增设人行过街灯7处，施划禁停区22处，完善人行过街30处，设置停车泊位11000个，打桩300根，施划交通标线17788平方米。（刘芝琳）

▲ 10月13日，朝阳区建设后的共享单车电子围栏　　（齐　飞　摄）

【道路环境规范净化】 年内，朝阳交通支队继续与朝阳区交通执法第五大队等单位建立联系机制，开展综合执法。全年处罚非法从事客运经营且被执法部门处罚2次的违法行为104起、扣燃油车8536辆。审批道路施工行政许可430件，发现问题61件，举办施工单位安全教育会449次，现场踏勘调整交通导改方案283次。（刘芝琳）

【交通事故源头监管】 年内，朝阳交通支队开展交通事故源头监管，减压死亡事故。全年走访检查单位14916家，责令限期改正2780家，禁止机动车上路行驶711家，实施1万～2万元罚款处罚40家。排查出交通安全事故黑点、隐点3处，全部治理完成。开展“一盔一带”交通安全宣传，推进电动三、四轮车综合治理工作；122交通安全日举办以“知危险会避险、安全文明出行”为主题交通安全宣传活动6场次。召开区级交通管理安全工作群众座谈会18次。全年开展各类交通安全宣教和培训活动850场次，印发宣传材料34.2万余份，摆放宣传展板1600余块，悬挂各类横幅650余条，教育群众65万余人次。（刘芝琳）

【规范交通执勤执法】 年内，朝阳交通支队全年接待群众行政复议立案1566起，行政诉讼案件出庭应诉38次，审理行政拘留案卷740宗、危险驾驶刑事案卷726宗，接待群众复核立案601宗，办理国家赔偿案件249宗、69043元。查获一级临控人员11人（含吸毒人员1人），处理汽车自燃、着火等突发事件24起，查获处置涉嫌涉牌、套牌车辆14辆，处理勤务路线警情6起。收到市民锦旗、感谢信105件。（刘芝琳）

【交通安全示范社区（村）创建】 年内，朝阳区启动第四阶段创建交通安全示范社区（村）工作。截至年底，新建交通安全示范社区（村）65个，其中优秀社区（村）6个，达标社区（村）59个；新增停车泊位2063个。“畅行街区 共治共享 创建交通安全示范社区（村）”于2016年10月启动，分四个阶段完成，创建交通安全示范社区（村）414个，完成率90%，其中优秀社区（村）88个、达标社区（村）326个；增加停车泊位42754个。通过集约化的交通治理，实现环境管理类信访量比上年降低19%，治安案件下降41%，交管类“12345”市民服务热线反映下降31%。（刘芝琳）

【交警警务机制创新】 年内，朝阳交通支队搭建“全区、地区、社区”三级交管服务大众平台，推出交通管理门前化服务、社区科技化管理等方面创新机制。交警进驻的10个社区“12345”市民服务热线交管类民意反映下降50%；建成夏家园、呼家楼北里、弘善家园3个市级精品交管服务社区，新华社、人民日报等10余家主流媒体予以报道。（刘芝琳）

【科技设备管理平台系统集成优化】 年内，朝阳交通支队开展科技设备管理平台系统集成优化建设。新增违法停车抓拍视频探头111处，接入朝阳分局“雪亮工程”高清视频近19000条道路；联合区交通委建立“巡、养、建、管、应急处置”一体化信号灯及附属设施联动闭环管理机制，全年信号灯故障报警环比下降近40%。科技设备管理平台的集成优化，提高了区域配时管理水平，实现新建路口配时自动优化管理、原有路口半自动控制。（刘芝琳）

【区域交通组织优化】 年内，朝阳交通支队参照北京商务中心区（CBD）西北区域交通综合治理模式，配合区交通委和科技公司对CBD整体区域交通组织进行优化设计。涉及4平方千米、35条市政道路，总长26.77千米。通过增加25处二次过街安全岛、增设机动车未礼让行人抓拍设备13套、建设19条智慧斑马线等措施，精细交通标志标线管理，全面提升CBD区域道路通行效率。同时与交通委共同制定《朝阳区居住区停车自治管理办法》，联合属地街乡推动完成弘善家园、八里庄社区周边区域慢行系统改造项目，围绕弘善路、新源街、关庄西路等路段重新施划调整停车泊位4830个，施划禁停黄线14.6万米。（刘芝琳）

【运输行政许可】 年内，市交通委朝阳运输管理分局全年受理各类许可、备案事项15729件，较上年增长14.6%，其中货运行业8641件，占总受理量的44.25%。全年注销各类许可备案证件1440件，限期改正35件，移送交通执法总队处罚29件，约谈企业319户次。（徐海滨）

【4S店维修保养乱象专项整治】 年内，市交通委朝阳运输管理分局开展汽车4S店维修保养乱象专项整治。截至12月，出动执法人员274人次，完成全部汽车4S店87户的入户检查工作。经检查，经营维修业务企业中备案70户、未经营14户、未备案3户。未备案企业中1户完成备案。（徐海滨）

【企业老旧车辆淘汰引导】 年内，市交通委朝阳运输管理分局开展营运性国三汽车排放标准柴油货车淘汰宣传引导工作。通过宣传引导区内企业淘汰更新老旧车辆，淘汰营运性国三柴油货车5916辆，完成率100%。（刘天一）

【驾培企业教练车过户管理】 年内，市交通委朝阳运输管理分局按照市教练小客车过户工作总体要求，督促、指导辖区2户驾培企业完成313辆教练车过户工作。由原民办非企业驾培机构过户至改制后的企业法人驾培机构。（李　磊）

水　务

【概况】 北京市朝阳区水务局是负责朝阳区水行政管理工作的区政府工作部门。年内，区水务局完成“十三五”规划和本年度工作目标任务，在市级水污染防治工作考评中首获优秀等级。（范　勇）

【重点河道工程建设与管理】 12月底，亮马河四环以上段景观廊道建设工程完成形象进度98%并全面对外开放。工程于2019年3月27日开工，起点为香河园路，终点至东四环北路，全长5.58千米，建设内容主要包括景观绿化工程、夜景照明工程、水利水生态工程和拆改移工程。由市、区两级政府投资，区水务建设管理办公室承

▲ 8月10日，建设后的亮马河四环以上段景观廊道　（李佳萱　摄）

担建设，投资金额96490.29万元，北京帕克国际工程咨询股份有限公司监理。8月4日，坝河滨水空间一期（使馆区示范段）工程开工，11月13日完工。工程起点为北马坊路，终点至东苇路桥，长度650米，主要建设内容包括景观绿化工程、水利工程和外电源工程，由区政府投资建设，投资金额3041.55万元，由区水务建设管理办公室承担建设，北京政泰隆工程管理有限公司监理。（郑石城）

【海绵城市建设】 年内，区水务局发挥区级海绵城市联席会制度的调度作用，在住建、绿化、道路等工作面，协调区绩效办增设“防御海绵指数”考核指标。经自评估，年底实现23%的建成区海绵城市达标率，完成市海绵城市考核指标。（皮晓宇）

【河长履职】 年内，朝阳区各级河长利用“朝阳河长通”微信小程序全面落实河湖监管职责，加强河湖巡查、问题处置。全年区级河长巡河43人次，街乡级河长巡河3023人次，村（社区）级河长巡河2.9万人次，基层河长巡河率100%。各街乡落实市、区督办问题1800余件，水环境问题数量比上年下降64%，问题整改率100%。区水务局坚持区河长办与区政府督查室联合督办机制，印发《督查专报》（河长制工作）9期，跟踪督办涉水事项，完成各街乡2020年河长制年度工作综合考核评价。（张　媛）

【“朝阳群众小河长”志愿项目】 年内，“朝阳群众小河长”项目招募小河长1900余人，通过抖音直播、线上课程、净滩行动、志愿巡河、毕业嘉年华等活动，吸引区内社区群众近1.5万人次参与。小河长利用微信小程序“朝阳河长通”自主巡河，巡河里程超过2.5万千米，巡河人次4400余人次，发现问题800余件。（张　媛）

防汛

【概　况】 2020年，朝阳区巩固“1+7+4+43”防汛指挥体系（1个区防汛抗旱指挥部、7个专项防汛指挥部、4个流域防汛指挥部、43个街乡防汛指挥部），摸排全区易积滞水点74处，编制防汛手册，更新防汛基础数据，做到“挂图作战，依册作战”。妥善应对“7·31”“8·12”等强降雨天气，实现“不死人、少伤人、少损失”的防汛工作目标。完成区级防汛、应急救助专项应急预案修订，修订区级突发事件总体应急预案。组织开展区级超标洪水应对指挥处置桌面演练，提高应对暴雨和超标洪水能力。加强灾害信息员队伍建设，开展专题培训；推广“应急小分队”试点经验；整合区级危化、救灾应急物资库，提升基层应急物资保障能力。6月1日，区水务局根据市水务局部署，动员各街乡完成“清管行动”和“清河行动”任务目标。年内完善度汛预案，首次编制完成《朝阳区超标洪水防御预案》，并在朝阳区防汛抗旱指挥部统筹下完成预案演练。8月12日，区水务局承接北京中心城1.57小时向坝河泄洪的任务。（邪婉凌　皮晓宇）

▲ 4月18日，东湖街道基层河长、志愿者开展巡河护河行动（张　媛　摄）

【水旱灾害防御体系完善】 6月1日，区水务局完成《朝阳区中小河道预案》《朝阳区超标洪水防御预案》《朝阳区水务局防汛工作预案》编制。推动防汛工作网格化管理，完善水旱灾害防御体系构建；同时，加强与市水务局、区应急局、区气象局、属地街乡、市排水集团、区域内市管河道的河道管理单位对接，建立联合会商、洪水调度和联防联控机制。6月进入汛期以来，区水务局成功应对“7·31”“8·12”强降雨天气；在“8·12”强降雨中承接中心城1.57小时的泄洪任务，泄洪流量为40立方米每秒。（皮晓宇）

【应急值守和汛情应对】 6月1日至9月15日，区水务局落实“领导带班、全员参与”防汛值班值守工作要求，实行24小时值守和领导带班制度，做到在岗、在职、在责，各个点位值守人员第一时间收集、报送汛情灾情和动态信息；开展闸坝、排水管网（沟渠）、雨水泵站、河道边闸以及雨水情监测、通讯、供电等设施设备的日常巡查、维护和管理，实行定人、定点、定责、定案措施，落实“属地政府是防汛抢险第一责任人”的原则，收到降雨预报提早布控。（皮晓宇）

【应急值守指挥系统增防汛管理模块】 6月，区应急值守指挥系统新增设防汛管理模块，包括暴雨预警信息发布、预警应对准备、雨情灾情统计、基础数据统计、积滞水点位图等功能，为朝阳区防汛抢险救灾指挥调度工作提供全方位技术和信息支持。（胡婷婷）

【桌面演练工作会】 7月24日，区应急局召开朝阳区2020年主汛期防汛抗旱工作会议暨超标洪水应对指挥处置桌面演练。为进一步提高区防汛指挥部及7个防汛专项分指挥部、四河系防汛分指挥部和各街道（地区）办事处防汛分指挥部及其各成员单位的应急指挥、应急响应及应急协作能力，根据《朝阳区防汛应急预案》《朝阳区超标洪水防御预案》，区应急局（区防汛办）牵头组织实施以超标洪水引发的群众疏散为情景开展的综合指挥处置桌面演练。演练的主要参与单位为区水务局、区委宣传部、朝阳交通支队、区城管委、区住建委、区文化和旅游局、区应急局、区国资委、金盏乡。参演角色有区防汛指挥部总指挥文献、副总指挥暴剑、执行副总指挥杨建海，分指挥部指挥等。副区长杨建海，市应急局救援协调与预案管理处处长王耀，防灾科技学院教授迟宝明、王慧彦，区应急管理局副局长蔡睿及区防指各成员单位、各街乡及有关单位主管领导和防汛负责人参加会议。（甘建玮）

节 水

【概况】 北京市朝阳区水务局下设节约用水办公室，负责本区节约用水工作。年内，开展世界水日、中国水周、全国城市节水宣传周活动。开展用水计划精细化管理，完成朝阳区全社会用水基础信息台账建立工作。全区市政再生水利用2.13亿立方米，在全市排名第一位。

【节水宣传】 3月22日至28日，区水务局以世界水日、中国水周、全国城市节水宣传周为契机，联合区卫生健康委、区教委、区国资委、属地街乡等单位开展“养成节水好习惯，树立绿色新风尚”节水宣传系列主题线上活动。播放节水系列宣传视频，推出节水线上小游戏，以多种媒体形式传播节水宣传口号，号召个人和单位关注节水、重视节水。全区张贴节水海报3200张，悬挂节水标语横幅700条，发放节水宣传语帆布袋、围裙及节水小知识折页等2万份。

【节水型社会创建】 年内，区水务局推进行业节水创建工作。联合区教委在东北师大附中朝阳学校开展节水型校园创建，从工程节水、科技节水、文化节水、制度节水四方面开展节水型校园建设工作；组织各街乡完成全区20家市级、30家区级节水型单位创建，研究开展节水型机关创建工作。（李鹏娜）

消 防

【概况】 朝阳区消防救援支队隶属于北京市消防救援总队，为一类支队编制，下设大队5个、消防救援站25个、搜救犬队1个，小型消防站10个。全年接警6010起，出动7391队次、13395车次、66725人次，其中火警2702起、抢险救援2069起、社会救助1239起。执行重大勤务2场次，政治勤务17场次，一般勤务2761次、出动14374车次、68264人次。区消防救援支队规划消防站北工大特勤消防站项目主体结构封顶，区消防指挥中心及百子湾特勤消防站项目取得市发展改革委立项批复，孙河特勤消防站完成规划选址。年内，在中国国际服务贸易交易会消防安保中，5人获市消防救援总队个人三等功，16人获嘉奖；在应急管理部消防救援局第五届搜救犬技术比武大赛中，1人获市消防救援总队个人三等功；在市消防救援总队“入职培训全优队员”考核中，1人被评为“入职培训全优队员”，并获个人三等功；在首届“火焰蓝”队列会操中，18人获市消防救援总队嘉奖。（谷雯丽）

【火灾扑救】 4月24日23时41分，东坝乡后街村老邮局附近平房发生火灾，区消防救援支队3个消防站7辆消防车23名指战员到场处置。25日0时51分明火被扑灭，燃烧物为平房内的床铺和生活用品，过火面积20平方米；火灾造成1人死亡，起火原因为人为放火所致。8月23日12时51分，太阳宫乡芍药居5号院12号楼202室发生火灾，区消防救援支队4个消防站、9部消防车、43名指战员赶赴现场处置。13时13分明火被扑灭，燃烧物为床、衣柜，过火面积5平方米；火灾造成2人死亡，起火原因为工作状态下的电吹风机过热引燃床铺上可燃物所致。（夏新淼）

【消防宣传培训】 11月1日，区消防救援支队在北京欢乐谷开展以“全民消防、生命至上”为主题的119“消防宣传月”启动仪式，建立社区消防志愿者联络机制，联合中央电视台、北京电视台等多家媒体平台，开展7次内容丰富、形式多样的直播活动，群众观看1580万人次。年内，组建朝阳区“红马甲”消防宣传队，在区内各类场所开展消防宣传活动153次。发放消防宣传材料30余万张；组织小区物业及顺丰、美团等快递外卖企业员工佩戴“义务消防宣传员”胸牌，在日常工作中承担义务消防宣传和巡逻等任务；联合北京第二外国语学院，组建全国首支“外国志愿者消防安全宣传队”；在抖音、快手、今日头条、新浪微博、微信公众号、哔哩哔哩等多家媒体平台开展消防宣传，播放量超3亿次，粉丝近200万人。录制多语种消防安全提示视频，在新冠肺炎收治医疗机构和隔离点播放。联合区教委以网课形式对全区中小学生和教职员工开展消防教育培训，10万人受益。（陈 冰）

【消防专项治理】 年内，区消防救援支队开展消防安全专项整治三年行动、冬春季火灾防控、“暖冬行动”等专项治理工作。开展大型综合体、农贸市场、人员密集场所、瓶装液化石油气、冷库隐患排查，开展“两个通道”（消防通道、人员疏散通道）、高层居民小区、冬奥涉及场所等10余项消防隐患专项整治；在全国两会、服贸会、清明节、五一、国庆节、中秋节、圣诞节等重点时段加强火灾防控工作。全年完成消防车道画线1800余处，清理可燃物1300余吨，清理违规电动车700余辆，摸排出存在消火栓损坏的71个高层住宅小区和21个突出隐患小区，涉及630栋高层住宅建筑，挂牌督办114家火灾隐患单位和25处区域性隐患，申请64个重大突出隐患单位整改销账。安装独立式感烟火灾探测报警装置10.86万个，全年检查单位2.6万家，督促整改火灾隐患4.3万处，下发责令改正通知书1.9万份，责令“三停”（停产、停业、停工）351家，罚款1642.6万元，拘留115人。（刘振洋 张 燕）

【城乡接合部消防隐患整治】 年内，区消防救援支队以城乡接合部出租房屋、仓储物流、农贸市场，“六小场所”（小网吧、小歌厅、小企业、小录像厅、小电子游戏厅、小旅馆）等为重点，针对库房内办公、住人、存放电池“新三项”开展消防隐患整治工作，38个重点村3814处火灾隐患进行督改，清理可燃物1110余吨，清理违规电动车充电3700余处。以“街乡吹哨、部门报到”工作机制，清理、拖走违法停放私家车辆2760辆、工程车86辆，清理僵尸车120辆次。开展城乡接合部地区居民消防安全培训210余场次；发放《防火小贴士》《电动车火灾防范海报》等宣传手册、折页25万余张，张贴各类消防安全海报5200余张，悬挂横幅160余条，发放《电动自行车安全隐患告知书》《易燃物清理告知书》3000余份；纠正群众在疏散通道充电、停放电动自行车、堆放易燃物等不安全行为620余次；拉动城乡接合部地区“一警六员”（社区民警和中央在京单位执勤武警，基层工作人员，安全生产巡查员，物业服务企业职员，保安员，火灾高风险场所职员和微型消防站、义务消防队、社会志愿力量的消防队员）消防演练280次，8800余人次参与。（贾镜炜）

【消防安全监督机制完善】 年内，区消防救援支队依托区防火安全委员会平台，向委办局、街乡印发文件、通知通报184余份，定期组织召开消防联席会、工作专题会，重点部署消防安全专项整治三年行动（2020年4月—2022年4月）及消防车通道、老旧小区、堆物堆料、科技防控等任务，创新“三办融合”（区防火委办公室、区应急局办公室、区安委会办公室）应急值守月通报会机制，检查、多部门治理和精细化防控常态化；下发年度目标任务和配套考核细则，将消防工作纳入公共安全、城市管理；依托“朝阳群众”品牌，指导43个街乡落实重点区域实名制网格巡防看护、隐患排查、宣传培训和火情处置机制；将消防安全责任落实纳入区安委会巡查督导范畴，覆盖14个重点街乡和4个管委会；集中约谈火灾多发街乡、挂账隐患社区及文旅、物业、公共娱乐场所，延伸调查火灾事故7起，在督促政府部门主导问题整改、完善消除产品质量问题等多个方面形成工作闭环，倒逼消防安全责任落实。（孙旭光）

【消防行政许可】 年内，区消防救援支队开展消防行政许可办理。办理公众聚集场所投入使用、营业前消防安全检查374项，合格272项，不合格102项。（冯忠强）

生态建设

生态环境保护

【概况】 北京市朝阳区生态环境局（简称区生态环境局）是朝阳区人民政府环境保护行政主管部门，依法对朝阳区环境保护工作实施统一监督管理，业务工作接受北京市生态环境局的指导。有行政执法机构1个，为北京市朝阳区环境执法监察大队。下设朝阳区环境保护监测站、朝阳区机动车排放管理站、环境影响评价评估中心、朝阳区生态与环境保护信息中心4个事业单位。年内，全区 $PM_{2.5}$ 累计平均浓度39微克/立方米，比上年下降9.3%；二氧化硫（SO_2）、二氧化氮（NO_2）累计平均浓度为4微克/立方米和33微克/立方米，比上年分别下降20.0%和19.5%。降尘量5.9吨/月·平方千米。空气质量优良天数280天，比上年增加48天。截至12月，5个地表水考核断面全部达标，在市水污染防治考评中获优秀等级。土壤污染风险得到有效管控，全区未发现污染农用土壤，受污染耕地和污染地块安全利用率在90%以上，动态达到年度国家考核要求。

【杨柳飞絮治理】 3月，区生态环境局牵头完成区内杨柳雌株分布状况摸底调查工作。标记杨柳雌株，建立数据库，明确杨柳飞絮重点治理区。4月22日，开展杨柳飞絮精细化治理。通过清理飘落飞絮、打药抑花、修剪树冠等方式，缩短集中飞絮时间。飞絮高发期开展湿化、清扫，重点区域采用更新树种、物理湿化、修剪疏枝、花序疏除、花芽抑制等措施，综合开展杨柳飞絮防治。

【机动车逾期复检行驶全市首例罚单】 5月20日，区生态环境局开出全市首例“逾期未按规定复检合格又驾驶机动车上道路行驶”罚单。《北京市机动车和非道路移动机械污染防治条例》于5月1日起执行，区生态环境局执法人员联合朝阳交通支队，在京承高速收费站卡控岗开展重型柴油车执法检查，对一辆机动车污染物排放超标、未按期复检、又驾驶机动车上道路行驶驾驶员处以罚款，是新条例实施后全市第一笔该条款处罚。

【河排污口分类分级管控】 7月8日，区生态环境局以“查、测、溯、治、管”为原则，推进入河排污口分类分级管控并获中央财政生态环保专项资金支持。“查”，即排查，对入河排口开展全面排查，建立河流（湖）入河排口台账；“测”，即监测，对入河排口进行水量监测和水质检测，识别重点区域和关键排口；“溯”，即溯源，查明入河排口的排水来源，厘清排污责任；“治”，即整治，根据前期工作对问题排污口开展清理整治和规范化建设；“管”，即管理，对排口进行分类分级管控。全年排查整治582.82千米河流（沟渠）两岸入河排口，“朝阳区入河排口污染溯源及动态管理”项目获中央财政生态环保专项资金支持700万元。截至12月，5个地表水考核断面（通惠河上段、通惠河下段、清河沙子营段、坝河沙窝段、亮马河南岗子段）全部达标。通惠河下段新八里桥、清河沙子营、亮马河南岗子七棵树和通惠河上段高碑店湖水质为Ⅲ类、坝河沙窝为Ⅳ类，均动态达到年度国家考核要求，在市水污染防治考评中获优秀等级。

【机动车氮氧化物专项检查】 8月1日，区生态环境局开展“3+2”工作法专项检查区机动车氮氧化物。“3”指“三步走”，即预约入户（预约执法检查重型柴油车用车大户）、随机检测（现场随机检测来往重型柴油车）、全面体检（对在用国四及以上重型柴油车重点检查氮氧化物排放是否超标的同时，对车辆烟度、OBD诊断系统及车用尿素添加等情况进行检查）；“2”指“双节奏”，即对搅拌站、公交场站等涉及使用重型柴油车的行业单位开展专项检查，重点开展搅拌站重型柴油车氮氧化物排放检查和全年每周固定时间机动车氮氧化物专项检查，督促用车企业对车辆进行自检、维修保养。截至8月底，入户专项检查氮氧化物排放车辆153辆，处罚超标排放车辆27辆；处罚氮氧化物故障指示器报警系统故障车辆170辆，处罚金额11.45万元。

【空气污染应对】 11月12日至17日，北京市空气出现重度空气污染，区生态环境局采取应对措施。启动街乡精细化监管执法，检查工业企业产排污工序对环保水平落后、加大污染排放高、绩效评级低的230家地方C级企业执法检查力度，动员印刷、汽车修理等挥发性有机化合物（VOCs）排放重点行业企业停止相关工序、错峰生产，检查大货车尾气排放。联合区交通委、区交通支队重点开展重型柴油车执法监管，柴油货车入户检查450辆；利用扬尘视频在线监控系统，24小时抽查施工工地，杜绝建筑垃圾、渣土车和不达标车辆违规上路；清单内110条道路增加作业频次1次，做到路面“见本色”；彻底冲洗一级严控区内便道、人行道1次；每日进行污染应对会商调度，按照网格化环境监管要求，整改反馈问题。（高　宇）

水环境治理

【概况】 北京市朝阳区水务局河湖管理科，负责组织实施本区水利工程运行管理的政策、标准、规程规范；组织河道、堤防、渠道等水利工程设施的运行维护管理等工作。年内，区水务局落实《朝阳区进一步加快推进城乡水环境治理三年行动方案》，协调完善区域污水收集处理设施，加强河道水环境动态管理，推进雨污分流，34条黑臭水体治理成效得到巩固，5处国考、市考断面全部达标。

【城乡水环境治理三年行动方案启动】 3月7日，区水务局落实《北京市进一步加快城乡水环境治理工作三年行动方案（2019年7月—2022年6月）》，制发《朝阳区进一步加快推进城乡水环境治理三年行动方案》。方案明确年度任务、责任人和工作计划，形成《朝阳区进一步加快推进城乡水环境治理三年行动方案2020年任务分解》，经区领导同意后印发并实施。截至年底，区水务局配合市水务局完成东坝、北苑污水处理厂升级改造工程；配合市城管委、市水务局开展粪便污水协同处理试点工作，试点情况报告报送市城管委；协调33个非试点街乡启动污水摸排工作，整改排污单位210家，整改入河排水口35处。

【34条黑臭水体治理成效巩固】 年内，区水务局利用河长制加强河道巡查监管，河管单位加强巡查管护。通过采取抽 排积水、水流闸坝调度、水环境维护、投撒水质药剂、及时处置突发入河污水等措施，保障黑臭水体整治效果。区内34条黑臭水体水质均达标，未出现反弹现象。

【区域污水处理设施建设】 年内，区水务局不定期组织升级改造协调工作专题会，协调首创集团、桑德集团等企业推进东坝污水处理厂、垡头污水处理厂升级改造工程。东坝污水处理厂升级改造项目于2018年开工，2020年完工并完成污水联调，可日处理污水2吨；垡头污水处理厂升级改造项目于2018年开工，截至2020年年底完成总工程的48%。工程均由市水务局建设。

【水环境管理】 年内，区水务局加强河道绿化保洁管理。创新考核机制，采取扣分、罚款、审计等多种措施考核绿化保洁服务单位，督促其提高工作成效。探索亮马河物业化管理模式，推进专业化、精细化管理，提高管理效果。推进河道计划用水管理，区中水公司加强水量调节和水质保障，科学、合理利用河道中水补水口和上游河道过境水源补充区内河道景观用水，区管河道全年补水3432.08万吨。开展入河排水口动态管理，及时解决突发污水入河问题。根据河道水质变化情况，向水中投撒生物药剂，有效改善水质、防止水华、黑臭现象发生。污水处理设施采取“日巡查、周检查、月抽查、年度考核”，考核评价所属污水处理站，通过在线监测和人工监测，按达标水量结算模式费用，促进污水处理站达标运行。（姜　芳）

市容环境管理

【概况】 北京市朝阳区城市管理委员会（简称区城市管理委）[加挂北京市朝阳区城乡环境建设管理委员会办公室（简称区环境建设办）牌子]是负责朝阳区城乡环境建设、城市管理的综合协调、市政公用事业、市容环境卫生、能源日常运行、拆违控违等管理的区政府工作部门。下设北京市朝阳区市政基础设施协调中心、北京市朝阳区渣土管理站和北京市朝阳区控违拆违督察队3个事业单位。年内，“朝阳群众管城市”公众号升级改版，增设“疫情防控”“垃圾分类曝光平台”等板块，线上注册街巷长1590名、小巷管家10934名；完成重大活动环境提升工作；打造望京小街等特色街区；建成广渠路22.5万平方米生态廊道；完成年度175条背街小巷环境整治提升及30条优美大街综合整治。推进“城市大脑”建设；推进重点区域夜景照明建设。

北京市朝阳区环境卫生服务中心（简称区环卫中心）是朝阳区环境卫生专业作业服务队伍。主要负责全区环境卫生服务性、技术性和事务性工作，担负全区主要干路的清扫保洁、喷雾降尘、垃圾清运、粪便抽运及无害化处理、公厕管理与保洁等环卫作业生产工作。中心下设环卫一、二、三、四队，第一、二、三、四清洁车辆场，房修所及北京朝环生态资源科技有限公司10个基层作业单位。年内，结合疫情防控工作安排，制定常态化新冠肺炎疫情防控工作专项方案。全年清扫道路3615万平方米，其中机械作业面积1732万平方米，改变原有洗涤、清扫传统作业模式，采用“洗、扫、冲、收”新工艺，道路新工艺作业覆盖率达到93.2%；人工作业面积1883万平方米，保洁过街天桥167座，地下通道55座，保洁清掏果皮箱9788个；管理公共卫生间1708座，密闭式清洁站257座，大型密闭式清洁站16座。全年清运厨余垃圾

14.32万吨，日均清运391.22吨；清运餐厨垃圾5.52万吨，日均清运150.71吨；清运其他垃圾133.87万吨，日均清运3657.72吨；清运处理粪便70.53万吨。（武 兴 张香玲）

【春节景观布置】 1月19日，区城市管理委完成朝阳区春节景观布置。以“欢乐祥和荟朝阳，迎春纳福中国年”为主题，以“中国红、金黄色”为主色调，采用春联福字、灯笼灯饰、景观小品、灯光秀等多种形式，在主要大街、背街小巷、居民小区、公园广场、商业街区等区域布置昼夜兼顾的节日景观，展现中华人民共和国成立以来的光辉历程。（武 兴）

【望京小街特色街区开街】 8月8日，望京小街特色街区开街。望京小街环境整治为望京街（二期）优美大街环境综合提升项目之一，于3月进场施工，由区环境建设办联合望京街道开展，以政府和企业共同投资、共同受益的“双赢”建设模式，打造交通功能区、共享活动街区和形象展示区。施工面积约1.3万平方米，除常规环境建设改造外，还增加智慧灯杆、投影灯杆、旱喷、天幕艺术品等设施。年内，区环境建设办完成30条优美大街环境综合整治提升工程。（武 兴）

【创建国家卫生区国家级技术评估验收通过】 9月，朝阳区通过创建国家卫生区国家级技术评估验收。区环卫中心在区“创卫”国家技术评估迎检保障指挥部领导下，制定迎检环境保障工作方案；部署各作业单位根据“区域负责制”原则，制定本单位迎检工作方案；收集整理及整改国家技术评估中心机关及相关备检点位的创卫档案，领导带队检查指导各作业单位创卫档案材料，发现问题及时分析汇总，指导业务单位整改。（张香玲）

【“接诉即办”办理】 11月4日，区环卫中心党组书记、主任李罡与科室、场队负责人到朝环二清场、三清场、三队等基层单位，针对环卫中心“12345”市民服务热线、“接诉即办”工作中案件解决率和满意度等问题进行实地检查指导。全年区环卫中心受理区监督中心政民互动案件市民诉求3523件，其中属区环卫中心权属诉求2302件，有效评价案件1002件，全部办结。（张香玲）

【垃圾分类示范片区授牌19个】 11月26日，朝阳区18个小区、1个村被市城市管理委评为北京市第一批垃圾分类示范小区、村，并授牌。年内，区环卫中心在垃圾分类工作中指导各街乡作业单位合理修订厨余垃圾清运协议，并按验收要求与各街道社区、物业、单位签订清运协议，按照验收标准开展垃圾分类收集、分类清运工作。（张香玲）

【垃圾楼改造工程完成】 12月10日，区垃圾楼改造工程完工，通过验收并投入使用。垃圾楼改造工程于8月启动，升级改造楼体年限久远、设备老化、垃圾收集效率不高垃圾楼123座，改造内容主要包括：站点统一外观及标识、更换或增设垃圾收集箱，部分站点加装称重系统、新风除臭系统及隔音罩棚等。该项目由方圆化集团有限公司、北京智通博瑞科技发展有限公司（垃圾楼称重系统）、北京双富丽建筑工程有限公司（新风除臭系统）、重庆耐德新明和工业有限公司（垃圾箱体）等12家单位承建，北京中燕通华工程咨询有限公司、北京中城建建设监理有限公司监理，区发展改革委投资22681.07万元。项目受疫情影响，立项和招投标工作完成较晚，项目改造点位较多且分散，造成工期紧张，区环卫中心克服困难，督促项目安全、快速、保质完成。（张香玲）

【空气重污染防治】 年内，区环卫中心配合区政府开展空气污染防治。重点开展环境卫生一级严控区涉及的8个街道办事处道路（含背街小巷）深度保洁，启动空气重污染应急预案6次，其中重度污染1次、黄色预警1次、中度污染4次；出动道路清扫保洁职工7.20万人次、道路保洁作业车辆1.08万车次，使用再生水9.16万吨，展开自查0.25万人次。（张香玲）

【扫雪铲冰】 年内，区环卫中心启动扫雪铲冰应急预案6次。根据气象条件调整作业强度，及时清扫路面雪水，在桥区、匝道等重点区域提前预洒融雪液，防止夜间道路结冰。出动道路作业人员5.07万人次、多功能除雪车183车次、融雪车2577车次，喷洒融雪液38655吨，人工喷洒融雪剂1260吨。（张香玲）

▲ 12月10日，改造后的东坝乡七棵树村垃圾楼（刘宏伟 摄）

【环境整治】 年内，区城市管理委结合疫情防控工作，开展暴露垃圾、乱堆物堆料、积存渣土等三大突出环境问题整治。各街乡出动26万人次，整治暴露垃圾、堆物堆料、积存渣土等近6万吨；采取“日检查、月通报”及“挂账督办、纳入考核”方式，完成市级挂账乱点10批次。（张　晶）

【围栏护栏治理】 年内，区环境建设办继续开展围栏护栏整治。以“重点先行、逐步推进，分时分序、分类施治”的工作思路，落实“能无则无、能少则少、能矮则矮、能短则短”的工作要求，以“拆除一批、改造一批、保留一批、严控新增”的组织方式，由各行业主管部门组织各类围栏护栏的摸排建账、标准制定、实施治理、强化管理等各项工作，全年完成围栏护栏整治优化518千米。（武　兴）

【重点区域夜景照明建设】 年内，区城市管理委继续推进2019年重点区域夜景照明建设。完成一期奥运重点区域夜景照明及灯光秀项目的35栋建筑物施工，完成二期三里屯、望京区域及机场高速夜景照明建设项目的123栋建筑物施工，打亮京藏高速、机场高速、北五环3条重点城市脉络沿线夜景景观和三里屯及大望京2处灯光秀亮点。完成16项节日活动夜景保障，特别在春节、两会、抗击疫情、北京消费季和服贸会以及十一期间，在奥运区域及大望京区域进行灯光秀展示，营造重大活动主题宣传氛围。（武　兴）

【广渠路生态廊道景观建设】 年内，区环境建设办按照打造“历史记忆”环境轴的总体思路，在副中心廊道广渠路沿线开展重点景观建设。完成郭家场村南侧和咸宁侯村22.5万平方米绿化提升工程建设。（武　兴）

【背街小巷整治提升】 年内，区环境建设办启动新一轮背街小巷环境整治提升三年行动计划（2020—2022年），预计用三年时间完成697条背街小巷整治提升。截至12月，41条精治类背街小巷和134条达标类背街小巷整治任务全部完工。继续推动街巷长巡街打卡，加强小巷管家自曝自治，1590名街巷长、10934名小巷管家参与城市环境管理，解决各类曝光环境问题近4.6万件，其中小巷管家自曝自治案件1.2万余件，城市管理逐步社会化。（武　兴）

▲ 2017年7月12日，小关街道吐哈宾馆南侧路整治前（钟　艳　摄）

▲ 11月26日，小关街道吐哈宾馆南侧路整治后（钟　艳　摄）

循环经济产业

【概况】 北京市朝阳循环经济产业园管理中心（简称循环经济产业园）为区政府直属事业单位，业务归口区市政市容委管理，主要承担朝阳区固体废弃物无害化处理和垃圾处理循环利用项目的规划、建设和管理工作。下属单位3个，分别为朝阳区高安屯卫生填埋场、北京绿赛克环保能源科技股份有限公司和北京朝环渣土运输有限公司。园区建有朝阳区高安屯卫生填埋场、生活垃圾焚烧发电厂、餐厨垃圾处理厂、医疗废物处理厂、朝阳生活垃圾综合处理厂焚烧中心、北京市朝阳生活垃圾综合处理厂生物处理中心试验项目、废旧物资回收中心、建筑废弃物资源化利用中心。年内，园区消纳生活垃圾101.21万吨，渗沥液处理33.19万吨，上网发电4.37亿千瓦时。其中，高安屯垃圾焚烧厂处理生活垃圾43.37万吨、渗沥液处理21.15万吨、上网发电2.08亿千瓦时，焚烧中心处理生活垃圾57.84万吨、渗沥液处理9.1万吨、上网发电2.29亿千瓦时，高安屯卫生填埋场渗沥液处理2.94万吨。同时，高安屯卫生填埋场处理填埋气64.79万立方米、填埋生活垃圾焚烧残渣16.52万吨。餐厨垃圾处理厂处理垃圾（含厨余）19.73万吨；建筑垃圾处理厂处理建筑垃圾24万吨，焚烧炉渣4.73万吨，生产再生砖102.51万块；物资回收中心回收、分类和转运废旧物资17.2万吨；高安屯医疗废物处理厂转运医疗垃圾1.3万吨。全年接待社会各界参观336

批次、5705 人次。循环经济产业园获评市教委北京市中小学生社会大课堂资源单位、市生态环境局市委宣传部第七届北京生态环境文化周获评“我是环保明星”集体奖、中国北京国际科技产业博览会组委会获评第二十三届中国北京国际科技产业博览会资源共享单位。 （李 强）

【循环经济产业园向社会开放】 年内，循环经济产业园接待社会各界参观 336 批次、5705 人次。其中接待政府部门 107 批次、1704 人次，居民 77 批次、1635 人次，社会单位参观学习 61 批次、1030 人次，学生参观学习 26 批次、781 人次，同行业交流 21 批次、321 人次，媒体采访 44 批次，234 人次。同时，根据疫情增加线上参观，观看群众 300 万余人。 （黄敬涛）

【垃圾分类宣传】 年内，循环经济产业园继续发挥“环保宝”科普信息化平台作用，依托大数据、云计算、全息仿真等科技手段，将垃圾分类知识从可读到可视、从静态到动态、实现在线虚拟漫游互动体验。参与市、区两级垃圾分类宣传活动 3 次，制作宣传板块 4 块，发放垃圾分类科普书刊及宣传品 200 余份。制作《如何做好垃圾处理》《生活垃圾的“分”与“减”》《你和分小萌成为好朋友了吗？》等课件进学校、进社区 8 次。推出直播《咱们垃圾去哪？》，讲解垃圾分类终端；开设网络公开课《保护环境，节约资源——从垃圾分类开始》，向社会播放。 （范海建）

【园区异味防控与环境监测考核】 年内，循环经济产业园强化园区设施烟气、污水在线监测系统的检查和考核。委托第三方专业公司检测园区及设施环境空气、焚烧烟气、焚烧残渣、生产污水等内容，在线检测结果和定期检测结果纳入设施运行检查考核项目，全年检测情况良好；全年设施运行检查发现问题 77 处，全部整改完毕。 （张 娟）

【园区环境建设】 年内，循环经济产业园对园区内填埋堆体西侧坡和东侧坡绿化提升 25042 平方米，铺设冷季型草坪；园区内部道路两侧绿地重新栽种丹麦草 14000 平方米。以创卫迎检工作为契机，专项检查园区环境卫生 11 次、整改问题 40 余项、清理卫生死角 3 次、全面消杀病媒 3 次。通过区街乡网格化二级闭环系统，及时处理网格问题 600 余件，园区整体环境水平得到提升。 （张 娟）

【园区生产安全】 年内，循环经济产业园从安全生产、维稳、消防、交通安全等方面细化任务指标，与园区所属单位签订安全责任书。全年安全检查 70 次，发现问题 212 项，开出隐患整改通知 1 份，均完成整改。开展安全管理与应急实务培训，7 个设施单位 40 余人参加；组织驻园单位参加市应急管理局生产经营单位主要负责人和安全管理人员培训考核，园区 7 个设施单位、56 人参加。开展国家安全教育日教育活动、“5·12”全国防灾减灾日应急宣传进万家活动、“消除事故隐患，筑牢安全防线”为主题的安全生产月活动；组织“安康杯”知识竞赛，收回答卷 567 份；进行安全生产“啄木鸟”、企业风险“扫描仪”、隐患排查“显微镜”等专项安全生产检查，督查督办问题整改落实情况；开展“119”消防宣传月活动，讲解安全基础知识，实操消防器材，7 个设施单位 57 人参加。 （刘 瑾）

节能减排

【概况】 2020 年，朝阳区成立区委生态文明建设委员会，设大气污染综合治理及应对气候变化工作小组。蓝天保卫战落实情况纳入各街乡绩效考核体系。建成由 380 个环境评价点位、34 个道路交通点位、30 个边界传输点位、37 个污染源点位和 19 个应急监测点位组成的高密度细颗粒物环境监测网络。全面推进市级小型空气质量监测站加密建设工作，实现街乡全覆盖的空气质量监测网络。年内，开展碳排放形势分析研究，编制《2019 年度朝阳区温室气体排放分析报告》和《朝阳区碳排放面临的形势及十四五时期减碳排目标和路径》。组织开展 2020 年节能减排宣传周、低碳日等系列宣传活动，加强重点碳排放单位管理和业务培训。加大碳排放管控力度，地毯式摸排辖区高校、医院、政府机关等重 162 家点碳排放单位。实施《朝阳区污染防治攻坚战 2020 年行动计划》，PM_{10}、二氧化硫（SO_2）、二氧化氮（NO_2）累计平均浓度分别同比下降 15.5%、20% 和 19.5%。实施“一微克”行动，开展扬尘和挥发性有机物治理，$PM_{2.5}$ 年均浓度为 39 微克 / 立方米，下降 9.3%。面向社会公开征集节能项目，安排节能专项资金 6831.33 万元，支持项目 61 项，年节能量 3.4 万吨标准煤。区生态环境局通过生态朝阳官方微信公众号、生态朝阳抖音等新媒体，发布排污许可网上填报指南和“加油站排污许可证抓紧办”“你不可不知的绿本本——排污许可证”等短视频，提升社会公众对排污许可制度的知晓度。全年核发排污许可证 317 家，完成年度排污许可发证登记工作。朝阳区可吸入颗粒物（PM_{10}）、SO_2 和 NO_2 三项污染物累计平均浓度分别为 61 微克 / 立方米、4 微克 / 立方米、33 微克 / 立方米，全部达到国家二级标准。全年空气质量优良天数 280 天，较上年增加 48 天，改善率为 20.7%，同比改善率居全市 16 区之首。5 个国家级、市级考核断面稳定达标。全区污染地块安全利用率和受污染耕地安全利用率均达到 90% 以上。

【全国节能宣传周系列宣传活动】 6 月 30 日到 7 月 5 日是全国节能宣传周。朝阳区采用线上线下相结合的方式，开展系列宣传活动。线上宣传通过网站、微信公众号等途径，宣传贯彻节能法律法规、节能政策、居民家庭节能常识等内容；线下宣传活动符合疫情防控要求，减少人员聚集。同时，在公共机构、重点社区张贴海报近3000张，发放节能宣传品近2万件，倡导公众选择简约适度、绿色低碳的生活方式，普及垃圾分类相关知识，引导居民自觉养成文明、节约、绿色、低碳的良好习惯。

【市人大代表调研】 8月5日，市人大城建环保委部分人大代表，到朝阳区盛华机动车检测场、京承高速收费站机动车联合执法点位，调研5月1日起正式施行的《北京市机动车和非道路移动机械排放污染防治条例》贯彻落实情况。在盛华机动车检测场调研时，代表们观看采取稳态工况法检测排气污染物的汽油车上线检测全过程，了解在用重型柴油车远程排放管理车载终端的联网操作流程，详细询问验车规程、检测标准、检测方法及结果判定、车载终端的安装和联网、市区两级生态环境部门监管方式等情况，听取市区两级生态环境部门落实积分管理办法和新条例执法监督情况。到京承高速收费站现场调研机动车排放联合执法情况，观看重点道路车辆排放检测和“环保检测，公安处罚”执法模式的全过程，重点询问针对“逾期未按规定复检合格又驾驶机动车上道路行驶”违法行为的处罚流程。

【节能减排资金拨付】 8月，区财政局将2020年节能减排补助资金701万元拨付至北京敬业北微节能电机有限公司，专项用于高效电机推广补助。年内，按照《朝阳区节能减碳专项资金管理办法》，区财政局安排节能减碳专项资金6741.87万元，给予全区59个节能项目财政补贴和奖励，重点支持辖区用能单位开展节能技术改造、新能源开发利用、清洁生产、建筑节能、能源管控等项目。

【空气污染削峰减排】 10月8日至10日，京津冀地区出现区域性污染过程，造成污染物扩散能力显著下降，污染物持续积累。10月8日，接到市空气重污染应急指挥部办公室通知后，朝阳区第一时间将指令传达至相关单位和各街乡，成立空气污染精细化专班，每日对重点问题进行调度。全区相关执法部门、各街乡进入战时状态，落实行业管理和属地监管责任。10月9日至10日，全区出动执法人员500余人次，通过现场及视频监管平台检查各类污染源500余家次，检查机动车5508辆、重型柴油车504辆，查处排放超标机动车58辆，检查非道路移动机械6台、加油站7家，对辖区内6家机动车检测机构进行监督管理，巡查污染事件84处，出动道路清扫保洁职工4800人次、道路保洁作业车辆1131车次，使用再生水8288吨。

【机关办公区节能改造】 10月，区机关后勤为进一步加快节约型机关建设，有效降低办公楼照明能耗，解决办公区中楼及西楼公共区域照明系统存在的灯型老旧、能耗高、照度低、维护量大等问题，利用十一假期期间，组织相关单位将机关中楼及西楼公共区域照明灯具全部更换为LED灯具，对照明系统进行智能升级。升级后，20时至次日7时照明系统自动进入省电模式，关闭80%照明设备，实现节能降耗、减少碳排放目标。

【突发环境事件应急演练】 11月19日，区生态环境局开展2020年突发环境事件应急演练。环保、应急、消防、救护、专家等有关人员接到报警后，立即赶赴事故现场。应急人员到达现场后，立即成立现场指挥部，调查处理组人员通过对现场负责人及周边情况进行调查询问，指挥部根据实际情况部署处置行动。环境监测组人员接指令后，使用环境监测车快速确定监测点位和监测范围，采样分析大气、水质状况，向指挥部及时报告监测结果，以便确定人群疏散范围及警戒区域。调查处理组人员、消防队员协助企业应急救援组人员共同对事故现场进行应急处置。事故发生1小时内人员救治、现场监测和现场清理等工作全部完成。

【施工工地扬尘管控】 年内，区生态环境局严格落实《朝阳区扬尘管控意见》要求，以施工工地扬尘管控为重点，加大环境监管力度和检查频次。与全区相关职能部门、各街乡联动联治联防，全面推进扬尘管控精细化，确保辖区“绿色”复工。执法人员主要针对裸地苫盖、食堂油烟净化设备、非道路移动机械、施工工地扬尘管控措施和环保措施落实情况等进行检查。对不正常使用油烟净化设施的问题，执法人员拟立案处罚；对场区内浮土较多问题，现场移交奥管委城管大队，督促其整改。

【2019年度节能目标责任考评】 年内，区发改委组织开展2019年度节能目标责任考评工作。235家重点用能企业考评结果：优秀31家、良好68家、基本完成58家、未完成71家；12家行业主管部门考评结果：优秀7家、良好5家；5家功能区管委会考评结果：优秀3家、良好2家；43家街道（地区）办事处考评结果：优秀19家、良好24家。与上年考评结果相比，企业提交报告数、优秀率、良好率均有所提高，行业主管部门考评结果基本持平，街道办事处考评优秀率、良好率大幅提高，且无不合格单位。（赵万顺）

园林绿化

【概况】 北京市朝阳区园林绿化局（朝阳区绿化委员会办公室）隶属朝阳区人民政府，是政府职能部门，职能业务归市园林绿化局监督指导。下设基层单位18个。年内，全区新增造林绿化面积371.06公顷、城市绿地69公顷，新建公园绿地10个。落实规划建绿，完成168.31公顷“留白增绿”和30.83公顷“战略留白”临时绿化。构建“两环六楔、五河十园”[两环：以一道城市公园环和二道郊野公园环构成两道生态屏障，提质一道城市公园环并构建二道郊野公园环，打造大尺度游憩绿地生态带；六楔：贯穿朝阳区与外围区域的六个楔形生态空间，形成连接中心城区和外围自然空间的大型生态廊道。五河：以温榆河、清河、坝河、通惠河及萧太后河（凉水河支流）河道为依托，建设保障城防洪安全、服务市民休闲活动的生态廊道；十园：围绕10个超大型旗舰公园，建立不同层级的公园体系，包括奥林匹克森林公园、朝阳公园、温榆河公园、朝南万亩森林公园、平房森林公园、东郊森林公园、金盏森林公园、金田公园、黑庄户农业生态公园、黑桥创艺公园]绿地结构。在“一绿”地区（第一道绿隔地区），重点推进广渠路生态公园等项目；在“二绿”地区（第二道绿隔地区），重点推进温榆河公园朝阳段（一期）等项目。开展国家森林城市创建工作，编制《北京市朝阳区国家森林城市建设总体规划（2019—2035年）》，通过国家级评审，11月9日启动，计划于2022年底实现36项指标全部达标，完成创森任务。开展黄土裸露及绿地卫生问题专项检查，整改问题353处，补植乔灌木近9000株、栽植地被1.2万平方米。应对新冠病毒肺炎疫情，制定疫情防控措施和应急预案。新建公园绿地，五一开放4处、十一开放9处。区园林绿化局获市应急办、市安委会办公室“应急宣传进万家”暨“安全生产月”活动优秀组织单位。北京市朝阳区郊野公园管理中心隶属区园林绿化局，为行政全额拨款事业单位。11月25日至27日，在卧佛山庄对各公园主任和业务骨干73人开展郊野公园管理培训。12月7日至9日，在北京郁金香花园举办朝阳区郊野公园第三届职工技能比赛。比赛以乡为单位进行笔试和实际操作，23个郊野公园的102名选手参赛，最终将府公园获第一名，金田公园和兴隆公园获第二名，古塔公园、东坝公园和清河营公园获第三名。

北京朝园弘园林绿化有限责任公司隶属区园林绿化局，是城市园林绿化一级资质企业。年内，承揽园林绿化中标项目21项，经济指标完成4亿元，其中局属项目2.89亿元、市场项目1.11亿元；主营业务成本3.73亿元，营业费用300万元，其中苗圃购苗、养护、地租等费用150万元，投标费用150万元。完成绿化工程项目——温榆河公园朝阳示范区项目园林景观工程（二标段）50万平方米，来广营乡朝来森林公园三期（一标段）89.2万平方米，亮马河四环以上段景观廊道建设工程景观（二标段）绿化、种植、园林小品、廊架等施工98675平方米；完成五环路、十八里店桃蹊公园、2019年平原造林项目、温榆河绿道项目、三间房杜仲公园项目、朝阳区绿化恢复一期6个工程项目898980平方米养护任务。（魏冬梅　刘　岩　岳　棋）

【家庭插花进社区】 3月11日，区绿化委员会办公室组织开展“家庭插花进社区”活动。为太阳宫、孙河和六里屯等8个参与花园式社区创建的街乡配送鲜花150套，八里庄南里社区将鲜花送给防疫一线党员、志愿者、保洁员及保安人员。（张　珊）

【提高公园综合服务保障水平专项行动】 4月1日，区园林绿化局在全区启动“提升公园品质提高公园综合服务保障水平”专项行动。截至年底，整治黄土裸露579149平方米、公园内清理枯死树7645株、诊治清理病虫枝树木36672株、清理49723株树木枯死枝、补植树木15571株、补植花草132360平方米、市民认建认养树木1826株；清理卫生死角709处、清理废弃物14972立方米、清理水面480786立方米；补设安全警示标识840处、补设防护栏224处、修复破损设施3108处、补签安全方责任书55份、整治不合格牌示412处；改造厕所15座。处理服务纠纷104起，纠正工作人员服务态度不端正71次、未持证上岗10次；受理游客投诉数量1345件，办理1323件；受理不文明游园行为投诉236件，其中公园工作人员服务态度投诉83件、公园基础配套设施老旧、破损、不完善投诉118件、垃圾分类投诉3件。（刘　喆）

【义务植树】 4月16日，朝阳区四套班子领导与机关干部代表300人到温榆河公园示范区参加义务植树活动，种植油松、国槐、柳树、海棠、红瑞木等种类树苗300余株。（肖晓晨　张　珊）

【“互联网+全民义务植树”基地揭牌】 4月16日，太阳宫地区“互联网＋全民义务植树”基地揭牌。基地位于太阳宫公园园区内，占地面积24.5公顷，是北京市首个街乡级“互联网＋全民义务植树”基地，基地将按照全民义务植树8类37种尽责形式，规划尽责区域，组织市民开展尽责活动，为市民提供便捷的义务植树尽责平台。（张　珊）

【古树保护】 5月14日至15日，区绿化委员会办公室邀请市园林绿化局专家库专家到高碑店乡、三间房乡、三里屯街道等街乡检查古树、纪念林养护管理情况。考核组专家检查全区12处管护单位并打分，对发现的问题给予专业建议，经查，古树、纪念林整体情况良好。截至年底，全区统计在册古树、名木680株，其中古树592株、名木88株，销账自然死亡二级古树1株。区财政拨付古树名木专项保护资金80万元，区园林绿化局按照程序比选专业复壮单位，复壮古树32株。（张　珊）

【平原生态林养护综合检查】 7月28日至31日，区园林绿化局邀请市林业总站专家郑波综合检查区平原生态林养护管理。专家从林分质量、林地质量、养护措施及高质量发展等四个方面检查19个乡76个地块并打分，现场指导养护单位管护工作，黑庄户、孙河、崔各庄排名前三位。（黄　珊）

【不文明游园行为专项整治】 7月31日，区园林绿化局制定《朝阳区文明游园整治行动实施方案》，联合区委宣传部精神文明办、市公安局朝阳分局等9部门开展不文明游园行为专项整治。区园林绿化局指导各公园制作《北京市公园游客守则》《北京市文明游园倡议书》《不文明游园行为清单》宣传展板，以园内广播、宣传栏、LED屏幕等形式宣传；设置公共文明引导员，引导游客文明游园。全年制止采挖野菜、采摘果实3297起、践踏草坪21807起、攀折花木2544起、野泳垂钓3318起、随地吐痰9496起、噪声扰民1098起、随意运动6472起、其他不文明行为21143起，在网络、媒体曝光5次，4478名志愿者、文明引导员参与，联合公安机关执法60次，联合城管部门执法5次。（郝海英）

【公园系统结对帮扶】 8月18日，区园林绿化局制定《朝阳区城市公园与郊区公园结对帮扶工作实施方案》。年内，由11个区属城市公园对接帮扶区属19个地区办事处，提高被帮扶公园专业管理队伍管理技能。包括城市专业公园对地区办事处公园完善管理规章制度、业务技术规范、安全生产规范，建立适合地区办事处公园实际情况的管理、检查和考核制度；对地区办事处公园技术骨干进行岗位培训；协助地区办事处公园制定年度绿化养护、服务规范、安全生产等工作计划等。（刘艳敏）

【主题宣传活动】 9月20日，区园林绿化局在红领巾公园举办“强化湿地保护修复维护湿地生物多样性”主题宣传活动。公园当天设置宣传条幅和宣传板，向游园市民发放湿地保护宣传单和扇子，讲解《北京市湿地保护条例》等相关法律法规及鸟类保护知识，并以红领巾公园湿地为例，向市民展示湿地给生态环境带来的积极影响。（黄　珊）

【花园式社区验收】 11月5日，首都绿化委员会办公室实地检查验收朝阳区“首都绿化美化花园式社区”。包括麦子店街道农展南里社区、太阳宫地区十字口社区、东湖街道大望京社区、劲松街道劲松北社区、六里屯街道八里庄南里社区、大屯街道金泉家园社区、高碑店乡文化园社区、孙河乡康营家园一社区，8个社区绿化覆盖率均在35%以上，居民植绿护绿、义务植树尽责率为90%，全部通过验收。（张　珊）

【创建国家森林城市启动】 11月9日，朝阳区创建国家森林城市动员大会暨启动仪式在北京温榆河公园举行。当天公布朝阳创森吉祥物“树宝”。首都绿化委员会办公室主任、北京市园林绿化局党组书记、局长邓乃平，首都绿化委员会办公室副主任廉国钊，首都绿化委员会办公室义务植树处处长刘丽莉，朝阳区委副书记、区长文献，区人大常委会主任陈宏志，区政协主席陈涛，区委常委、副区长暴剑，以及全区各委办局领导、各街乡主要负责人，各单位工作者代表、群众代表约400余人参加活动。2020年国家林业和草原局调整创森考核验收政策，评比时间由当年的下半年调整为次年的上半年，评比方式由专家认定方式调整为专家打分方式，再按照差额制评选出授予国家森林城市称号的城市。评比标准包括林木覆盖率、城区人均绿地面积、绿道网络等36项。（张　珊）

【冬季行道树修剪比赛】 12月24日，区园林绿化局在黄渠东路开展行道树冬季修剪比赛，局属12个养护单位50余名园林绿化养护作业人员参加比赛。筹备组对黄渠东路国槐编号，参赛选手现场抽签进行树木修剪，2位市园林研究院高级工程师现场打分。最终，正式工组中，北花园绿化队绳亚明获一等奖，大黄庄绿化队张晶、元

▲ 12月24日，区园林绿化局在黄渠东路组织开展行道树冬季修剪比赛　（刘坤宇　摄）

大都公园吴宝林获二等奖，北花园绿化队张强、绿化二队赵虎、大望京公园石彦洞获三等奖；临时工组中，北花园绿化队王海军获一等奖，北花园绿化队宋立顺、绿化一队许洪民获二等奖，红领巾公园闫庆有、元大都公园邢海、绿化一队于春军获三等奖。（黄　珊）

【行政管理】 年内，区园林绿化局梳理出“9+X”（行政许可、行政处罚、行政强制、行政征收、行政给付、行政检查、行政确认、行政奖励、行政裁决和其他类别）行政职权199项，执行行政检查、行政处罚、行政许可994件。审核占用和备案林地项目40件，涉及林地面积77.62公顷；建设工程附属绿地规划审核37件。开展30家公园安全生产主体责任检查评估“回头看”，5家局属事业单位获安全生产标准化二级证书，位列全市区局第一。以新一轮百万亩造林（2018—2022年）为重点开展种苗质量和检疫检查，集中现场检查区重点绿化工程4次，抽查苗木17批次，抽查18家在册苗圃生产经营情况，行政处罚2起。（魏冬梅）

【森林资源管理】 年内，区园林绿化局审核占用林地项目16件，占用面积66.67公顷，涉及森林植被恢复费用38000.96万元；区级审批占用林地项目7件，占用面积2.65公顷，收缴森林植被恢复费用1567.77万元；占用四级林地备案16件，占地面积17.52公顷，收缴森林植被恢复费7488.99万元；临时占用林地审批16件，临时占地面积9.79公顷，收缴森林植被恢复费5791.62万元。审批发放林木和城市树木移伐许可526件，移伐林树木606062株。其中，林木采伐许可175件，采伐林木9823株；林木移植批准235件，移植林木595766株；城市树木移伐审批116件，其中树木砍伐85件（含低风险审批项目1件，砍伐乔木6株），砍伐树木350株；树木移植31件（含低风险审批项目1件，移植乔木51株），移植树木123株。（任宇晴）

【森林督察】 年内，区园林绿化局开展森林督查。收到疑似图斑117块、面积103.60公顷，经核实，存在问题地块90块、面积67.53公顷。截至年底，完成整改79块、面积63.90公顷，整改率87.78%，整改中11块、面积3.63公顷。（任宇晴）

【绿化改造】 年内，区园林绿化局完成区绿化改造项目6个。分别是CBD区域公园联通改造工程及重点道路项目、屋顶绿化工程项目、全国组织干部学院西侧休闲公园改造工程项目、2019望京沟两侧环境整治项目、北三环路绿化改造项目（安华桥东至三元桥）、花卉常态化项目。建设内容包括绿化、土建、喷灌、补植补种，布置重点路段34条，栽植花卉约165万株盆。6项工程总投资约4073万元，总面积约17.28公顷。（杨孟佳）

【生态资源保护】 年内，区园林绿化局森林公安处接举报73起。其中，行政立案12起，行政罚款491453.88元，补种树木1578株，要求恢复原貌6处，没收野生动物2只（本市重点保护野生动物1只、国家重点保护野生动物1只）、野生动物制品1件，全部办结；办结移送刑事案件8起，向市公安局朝阳分局移交野生动物及制品线索12条，配合市公安局朝阳分局环食药旅大队和刑侦支队侦破办理涉及野生动物刑事案件9起，查获国家珍贵濒危野生动物制品100余件，解救国家一级保护动物1只、国家二级保护动物18只、“三有”野生动物350余只；各类行政检查350余次，行政处罚案件予以公示；野生动物疫源疫病监测雁鸭类1400余只、小鸟类2.9万余只，未发现禽流感病例。（英　頔）

2020年朝阳区注册公园一览表

表8

序　号	公园名称	地　址	电　话
1	团结湖公园	团结湖南里16号	85962151
2	日坛公园	北京市朝阳区日坛北路6号	85616301
3	红领巾公园	北京市朝阳区后八里庄5号	85839070
4	元大都公园	北京市朝阳区安外小关街甲38号	84648252
5	四得公园	北京市朝阳区将台西路9号	64384057
6	庆丰公园	朝阳区厂坡村甲2号	67735955
7	北小河公园	北京市朝阳区师家坟156号	64708518
8	望和公园	北京市朝阳区北四环东路77号	84765896

续表 8

序　号	公园名称	地　址	电　话
9	大望京公园	北京市朝阳区望京东路甲6号	64725018
10	中华民族园	朝阳区民族园路1号	62063618
11	朝阳公园	北京市朝阳公园南路1号	65065409
12	太阳宫公园	太阳宫中路6号	52018583
13	望湖公园	北京市望京北路51号院1-6号楼	64785355
14	丽都公园	朝阳区芳园西路6号	64360541
15	东一时区公园	朝阳区重兴寺东路	65730048
16	朝来农艺园	北京市朝阳区来广营乡新生村新北路	84913534
17	奥林匹克森林公园	朝阳区北五环仰山桥西1000米路北世奥公司	64529010
18	南湖公园	北京市朝阳区阜通西大街20号	64735751
19	八里桥公园	八里桥1号	65716210
20	金盏郁金香花园	朝阳区金盏西大街路北	51781888
21	立水桥公园	朝阳区来广营乡立清路第一社区立水桥公园	84842902
22	北焦公园	北京市朝阳区化工路东口1号	67374074
23	将府公园	北京市朝阳区将台东路甲16号	64331580
24	东风公园	朝阳区将台洼村	85810699
25	京城梨园	北京市朝阳区平房乡姚家园路与东五环路交会处东南角	85574810
26	杜仲公园	北京市朝阳区金卫路	85367196
27	太阳宫体育休闲园	太阳宫西路1号	64323577
28	兴隆郊野公园	北京市朝阳区高碑店乡兴隆庄甲8号	85759918
29	京城体育休闲公园	北京市朝阳区平房乡政府北	85574810
30	京城森林公园	北京市朝阳区平房乡政府南侧	85574810
31	京城槐园	北京市朝阳区平房乡机场二高速石各庄桥北	85574810
32	古塔郊野公园	北京市朝阳区王四营乡古塔公园	87390858
33	常营公园	北京市朝阳区幺家店路	84910079
34	白鹿郊野公园	北京市朝阳区王四营乡道口村	87390858
35	金田郊野公园	北京市朝阳区豆各庄乡于家围北村478号	85362178
36	镇海寺郊野公园	北京市朝阳区小红门乡镇海寺郊野公园	87604036
37	百花公园	北京市朝阳区高碑店乡北花园村	65765898
38	东坝郊野公园	东坝乡康各庄路东坝郊野公园	65491802
39	鸿博郊野公园	北京市朝阳区小红门乡鸿博郊野公园	87609839

续表 8

序号	公园名称	地址	电话
40	老君堂郊野公园	北京市朝阳区十八里店乡老君堂村	67474556
41	朝来森林公园	北京市朝阳区来广营乡新生村	84911886
42	勇士营郊野公园	朝阳区来广营乡中部	84910079
43	海棠公园	北京市朝阳区十八里店乡老君堂村	67474556
44	清河营郊野公园	北京市朝阳区来广营乡清河营村	84910079
45	华汇黄草湾公园	北京市朝阳区大屯乡北五环路	64922882

说明：序号 1 ～ 22 为局属和行业公园，序号 23 ～ 45 为郊野公园

园林绿化监督管理所

【概况】 北京市朝阳区园林绿化监督管理所主要职责是参与市、区规划部门对附属、公共绿地的验收备案工作；负责林地绿地、林木树木许可审批后的监督检查工作；承担辖区林地、绿地专项巡查检查，对侵占绿地、毁坏林地、林木及设施等违法案件，协同区城管执法监察局行使处罚等工作。年内，巡查检查组对全区非法侵占林地、绿地情况进行日常巡查检查。开展 2020 年森林督查核实；开发绿地、林地辅助执法监督系统，实现巡查资料数字化；进行举报件现场情况核实及遥感卫星影像对比。截至年底，接到申报方批件 251 件，外业人员批前现场检查 208 项，批件到期验收项目 127 次，施工现场巡查检查 148 次。（刘　杰）

【占用林地绿地树木审批后监督检查】 11 月 24 日，市园林绿化局资源处、市林业勘察设计院到区园林绿化局检查占用林地绿地树木审批后的监督工作开展情况。市园林绿化局资源处、市林业勘察设计院听取园林绿化监督管理所关于审批及批后监督工作情况汇报，并实地检查市轨道交通 3 号线一期工程［东坝中街站（不含）—曹各庄北站段］、崔各庄乡马泉营村 29-L02 等地块 R2 二类居住用地、A33 基础教育用地、A8 服务综合设施用地建设工程、来广营北湖渠村环境整治平衡资金用地土地一级开发项目施工现场。（蔡继红）

【日常巡查】 年内，区园林绿化监督管理所开展日常巡查。巡查以区三四级林地图层为基础，参考区园林绿化局平原造林、局属专业队管护范围、城市公园、郊野公园、街乡自管等数据，制定日常巡查检查重点范围，巡查检查地块 1653 块、面积 2817 公顷。截至年底，完成 3 轮巡查，发现疑似问题地块 12 处，经过与相关单位及街乡人员核实，均不属于违法侵占行为。新建民生智库监督执法平台，通过记录、拍照、视频等全过程数据采集，实现事前、事中、事后监控，巡查监督过程实现信息化、智能化、规范化。（刘　超）

【遥感影像监测】 年内，区园林绿化监督管理所实施朝阳区绿地林地遥感影像监测项目，联合第三方完成 3 次卫星图片比。通过数据比对，发现变化图斑 226 个，其中有审批手续项目地块 90 个、初步核实现场已绿化图斑 36 个、判图错误地块 51 个、与市局下发的 2020 年森林督查地块重叠图斑 6 个、绿化队苗圃内不计入问题台账的 5 个、疑似存在问题的图斑地块 38 个，监督管理所对疑似问题图斑地块对接相关街乡现场勘查，要求对方对存在问题的地块明确整改时限并跟进整改进度，对无法整改的地块按照地块性质移交至森林公安或属地城管执法队。（刘　超）

园林绿化综合服务中心

【概况】 2020 年，北京市朝阳区园林绿化综合服务中心配合区园林绿化局规划发展科完成 26 个经市规划自然资源委朝阳分局审批建设项目绿地率审核，对其中 11 个、总面积 59.66 万平方米代征绿地项目进行备案；按照《北京市代征城市绿化用地移交建设管理办法》，接收金汉王、北京市保障性住房建设投资中心、北京市档案馆、北京纺织科研实验综合楼、朝新嘉园一二三区、东城区保障房、区法院档案楼等 10 个项目代征绿地工作，总面积 10.46 万平方米；根据市土地整理储备中心朝阳分中心提供的区土储项目代征绿地移交统计情况，实地核对、接收豆各庄乡、东坝乡、金盏乡、来广营乡、孙河乡 66 个地块，总面积 91.6 万平方米。

【代征绿地移交】 年内，区园林绿化综合服务中心按照《北京市代征城市绿化用地移交建设管理办法》，代表区园林绿化局对朝阳区土地储备中心位于豆各庄乡、来广营乡、孙河乡等区域内开发项目的代征绿地 49 个地块、71.76 万平方米办理移交手续和接收工作。

【绿化工程质量监督】 年内，区园林绿化综合服务中心监督绿化工程质

量。监督部门同步监督检查温榆河公园等24个工程实体和资料84次，其中新增安全检查10次，监督工程361.03万平方米、13.4亿元；铺装园路115万余平方米，给排水及照明管线33万余延米，园林建筑物、构筑物52余个。全年资质核查施工、监理及设计企业46个、300余人；强制检测绿化项目土壤灌溉水4次，取样60个，涉及面积18万平方米；病虫害强制检疫3次，取样15个，涉及面积15万平方米；参加竣工验收工程14个。配合市园林绿化局城镇绿化处开展信用评价体系常规检查4次，其中全市覆盖检查1次，涉及项目38个。各参建单位施工作业基本规范、安全、绿色，对于查出的问题及时整改，促进施工标准化、国有资金投入落到实处。（王　君）

绿化一队

【概况】 北京市朝阳区园林绿化局绿化一队（简称绿化一队）主要负责管理园林绿地、美化城市环境。养护范围西起东二环，东至温榆河，南起分钟寺，北至北五环。全年绿化养护面积494.81万平方米，其中特级绿地57条、240.67万平方米，一级绿地105条，二级绿地，三级绿地11条。养护道路树木93.72万株，绿篱色块440.12万株、19.45万平方米，宿根花卉618.51万株、17.18万平方米，草坪110.09万平方米。完成温榆河公园朝阳示范区项目园林景观工程二标段（施工）（负责二标段中1小标段绿化施工）、全国组织干部学院西侧休闲公园改造工程等项目建设任务，完成2020年常态化花卉布置及儿童主题公园、金隅代征绿地（金隅嘉品）等项目的补植和养护工作，施工面积11.7万平方米，栽植树木9232株，栽植色带1108平方米，水生植物1.17万丛，花卉2.25万平方米，草坪及地被类7.5万平方米。配合市政建设交通疏堵项目、北京朝阳站周边路网建设工程、北京地铁建设项目、架空线入地项目、京沈客专下穿铁路桥涵项目、热力及燃气消隐工程和电力、燃气、供水应急抢修等各类重大工程，勘测现场60余次，勘测面积10万余平方米。移伐各类树木3000余株，涉及绿地面积1.6万平方米，恢复占地绿化6230平方米。（高　慈）

【咸宁侯项目】 4月30日，绿化一队施工的2019市级重点环境建设项目——咸宁侯项目（郭家村南侧、咸宁侯绿化环境整治）开工，12月25日竣工。项目绿化面积45000平方米，栽植常绿乔木406株及落叶乔木、落叶灌木、色带、水生植物、花卉等，铺设草坪27553平方米；铺设透水混凝土路面4214平方米、路牙4697米、透水砖1558平方米、防腐木113平方米、沥青路489平方米、旱溪377平方米；安装喷灌管线10196米、喷头1233个、快速取水阀42个。工程项目为采购项目，由区财政局投资，工程预算2506.93万元，区园林绿化局建设，北京市建筑设计研究院有限公司设计，北京园磊工程管理有限公司监理。（李　伟）

【花卉常态化项目】 5月15日，绿化一队13处花卉常态项目开工，分别是工体北路、朝阳公园南路、朝外大街、朝外市场街、朝外南街、老迎宾线、金桐西路、金桐东路、建国路、神路街、光明桥、东四环（内环）、三环路（南段），11月2日竣工。整理绿化用地16608.48平方米，栽植灌木44株、花卉869019株，使用串红、三色堇、牵牛、鼠尾草、铁树、凤仙等花卉40余种。项目由区财政局投资，区园林绿化局建设，工程投资预算1036.95万元，区园林绿化局朝阳区绿化一队承建部分标段，北京中城建建设监理有限公司监理。（张玲玲）

【休闲公园改造工程】 6月23日，绿化一队改造全国组织干部学院西侧休闲公园工程（施工）开工，9月17日竣工。绿化面积10200平方米，栽植常绿乔木45株及落叶乔木178株、落叶灌木1068株、北海道黄杨2100株、红瑞木40平方米、迎春花10.10平方米、花卉553.95平方米，地被植物6456.19平方米等，场外乔木移植76株，场内乔木移植7株。铺装庭院园路431.10平方米、道牙472.20米、户外瓷态竹地板266.28平方米，安装管道180米、快速取水阀6套。项目由区财政局投资，区园林绿化局建设，项目总投资金额264.32万元，北京市园林古建设计研究院有限公司设计，北京子恒工程管理有限公司监理。（李　伟）

▲ 12月25日，咸宁侯项目竣工　（李　伟　摄）

【CBD区域公园联通改造工程】 9月8日，CBD区域公园联通改造工程开工，11月22日竣工。整理绿化用地23225.78平方米，栽植常绿乔木88株及落叶乔木、常绿灌木、落叶灌木、花卉等，种植地被14988.02平方米、攀缘植物2875株；铺设路牙122.32米、园路141.96平方米、现状挡墙修补20平方米、台阶13.85平方米；墙面喷刷468.54平方米；安装路侧座椅14个、植物知识文字标识9个、喷灌管线4499米。工程由区财政局投资，工程投资预算751万元，区园林绿化局建设，北京市园林古建设计研究院设计，北京中景恒基工程管理有限公司监理，区园林绿化局绿化一队负责土建、绿化、喷灌施工。 （刘 跃）

【养护管理】 年内，绿化一队定期检查和不定期抽查养护班组12次，安排专人巡查辖内11株古树。在东四环路、东二环路、广渠路、西大望路、北五环路、建国路、农展南路、外二环路、朝阳北路、朝阳路等养护道路种植乔木和灌木704株、绿篱色34万株（包括大叶黄杨、金叶女贞、紫叶小檗、小叶黄杨等绿植）、宿根地被39万株、月季4.4万株、草坪6万余平方米。 （刘 旭）

绿化二队

【概况】 北京市朝阳区园林绿化局绿化二队（简称绿化二队）主要负责管理园林绿地，美化城市环境，城市园林绿地建设，城市园林绿地管理与规划。截至年底，养护道路388条/块，园林绿地456.63公顷。完成全国和市两会、服贸会、十一等环境保障工作；参与“军民共建社区环境”主题活动，提升北苑武警社区环境；引进市园林科学研究院月季研究所新优月季2000余株，补植三、四环路。使用微喷带道路110余条、约4万米。完成温榆河公园朝阳示范区项目园林景观工程二标段（施工）（负责二标段中3小标段绿化工程），北三环景观提升，2020年重点道路纵二路、东坝北路、公联道路项目，华贸绿线城市森林项目（施工），2020年花卉常态化采购项目（施工），绿化恢复二期工程（施工），太阳宫遗址小微公园，2019年望京沟两侧环境整治项目（施工），东三环北路农展馆正门北忆农园工程等绿化建设及养护等工程，绿化建设42.19万平方米。组织联合执法检查5次，出具通知单8次100余张。安全生产检查23次，检查单位131次，出动检查人员63人次，发现隐患14处，全部整改。 （刘晓兰）

【花卉布置】 5月15日，绿化二队2020年花卉常态化采购项目（施工）工程开工，6月14日竣工。项目位于东四环、北四环、民族大道、安定路、安立路、中轴路、北辰东路、北辰西路、北苑公园、健翔桥、农展桥、太阳宫南街、太阳宫南街路口、樱花西街、京承高速，施工面积1.20万平方米，栽植常绿乔木172株、落叶乔木176株、花卉60万株。工程由区财政局投资，工程投资预算339.98万元，由北京市朝阳区园林绿化局建设，北京中城建建设监理有限公司监理，北京北林地景园林规划设计院有限责任公司设计。 （郑孟娇）

【CBD区域公园联通改造工程】 6月25日，绿化二队组织实施CBD区域公园联通改造工程及重点道路项目，7月25日竣工。项目位于朝阳区东坝北路、纵二路，绿化二队负责绿化施工。施工面积0.62万平方米，栽植落叶乔木168株，落叶灌木473株，色带334株，花卉44.88万株，地被0.36万平方米。工程投资预算336.83万元。 （郑孟娇）

【温榆河公园园林景观工程】 8月17日，绿化二队组织实施的温榆河公园朝阳示范区项目园林景观工程二标段（施工）工程竣工。该项目位于来广营北路东侧，清河滨河路南侧沙子营村，属市级重点工程。绿化总面积11.64万平方米，栽植乔木2818株，灌木8539株，水生植物5370盆，地被4.65万平方米。项目于2019年2月1日施工，由北京温榆河公园建设管理有限公司投资，工程投资预算2193.92万元。由北京温榆河公园建设管理有限公司建设，北京园林古建筑设计研究院设计，北京帕克国际工程咨询股份有限公司监理。 （郑孟娇）

【绿地养护工作】 年内，绿化二队完成道路388条/块、园林绿地456.63公顷养护。其中，特级道路100条/块、面积332.36公顷，一级道路91条/块、面积70.76公顷，二级道路152条/块、面积43.20公顷，三级道路43条/块、面积5.59公顷，四环五环（四环外环）1条/块、面积4.72公顷；公共绿地28处。养护乔木21万株，灌木76万株，绿篱色块892万株（包括大叶黄杨、小叶黄杨、女贞等绿植），竹子26万株，垂直绿化13万株，月季6096万株，草坪167万平方米。 （刘孟然）

【古树名木管理】 年内，绿化二队养护古树4株。分别是樱花西街估算树龄为290年的国槐、将台西路估算树龄为210年的国槐、农展馆北路估算树龄110年的桧柏和麦子店街估算树龄210年的侧柏。定期对古树进行巡查、检查，配合区园林绿化局完成古树标牌编号更换。截至年底，4株古树树势正常。 （刘孟然）

大黄庄绿化队

【概况】北京市朝阳区大黄庄绿化队（简称大黄庄绿化队）主要承担区域内道路及园林绿地的设计、规划、管理、维护与提高；负责全区道路路树及绿地的更新、养护、美化和巡查，以及全区城市公共绿地、道路苗木的病虫害防治工作等。有2个苗木基地。年内，在做好新冠肺炎疫情防控及复工复产、维护安全稳定的同时，重点抓好大尺度绿化及“留白增绿”和国有资产出租出借管理工作。全年收入28099万元，养护投资6891万元。完成豆各庄城市公园东园项目、郭家村南侧咸宁侯绿化环境整治项目、2020年花卉常态化采购项目施工建设。完成朝阳北路、朝阳路、京通路、东南四环路、高安屯、温榆河大道、五环路等道路5.28平方千米的绿化养护任务，其中特级绿地约3.21平方千米、一级绿地约0.35平方千米、二级绿地约0.69平方千米、三级绿地约0.05平方千米、四环五环养护面积0.98平方千米。绿地内种植乔木16.43万余株、灌木12.53万余株、绿篱28.88万株，花卉、宿根、地被313.25万余株，草坪1.23平方千米。全年接收区网格化城市管理系统平台案件943件，其中处理审核通过589件。处理区网格件160件、政民互动件77件、督办件2件。（王爱华）

【市级重点环境建设项目】 4月30日，大黄庄绿化队2019市级重点环境建设项目（郭家村南侧、咸宁侯绿化环境整治）工程开工，12月31日竣工。工程包括绿化、土建、喷灌、电气施工，其中，绿化工程整地面积15.21万余平方米，种植乔灌木0.54万余株、竹类0.1万余平方米、花卉7.36万余平方米、草坪6.75万余平方米；园林土建水系建设0.31万余平方米，搭建多种桥体和平台0.02万余平方米、廊架2座，铺设大小园路面积0.83万余平方米；给排水工程安装铺设给排水管道4.03万余米；电气工程安装配电柜5台、装饰灯679套、电缆检修井23座，铺设电力电缆及过路钢管2.1万余米。工程由区财政投资，工程投资预算9309万元，区园林绿化局建设，北京园磊工程管理有限公司监理，北京市建筑设计研究院有限公司设计。（张　骁）

【豆各庄城市公园东园项目】 5月13日，大黄庄绿化队施工的豆各庄城市公园东园项目开始施工。项目占地14.79万平方米，工程包括绿化、土建施工、灌溉工程、电气工程。其中，绿化面积0.13平方千米，栽植乔木4040株、灌木667株，铺设花卉地被7平方米。工程由区财政局投资，工程投资预算2988万元，区园林绿化局建设，北京中建工程顾问有限公司监理，北京北发生态建设有限公司设计。截至年底，该工程完成上述工程量，园林照明灯、喷灌喷头安装及园路和廊架、儿童塑胶地面、东入口广场铺装未竣工。（张　骁）

【常态化花卉项目】 5月18日，常态化花卉工程项目开工，12月31日竣工。工程包括朝阳北路中心隔离带（白家楼桥至通州区界）和京通路两侧绿地的绿化，总面积0.6万余平方米，栽植粉凤仙、橙凤仙、牵牛、角堇、红海棠、蓝花鼠尾草等花卉26种。工程由区财政局投资，工程投资预算110万元，北京中城建建设监理有限公司监理。（张　骁）

【养护工作】 年内，大黄庄绿化队提升改造南四环路主辅隔离带月季及四环外侧绿地。种植藤本月季900株、品种月季3500株、冷季型草0.1万平方米、丹麦草1万平方米以及玉簪、早园竹、马蔺等植物，打造一条月季景观大道。提升朝阳北路中央隔离带及京通路、四环路、高安屯园区等重点道路地块地被，将原有斑秃、杂草多、需水量大的冷型草更换为耐阴节水、易管理、景观好的丹麦草，改造面积约11万余平方米。春季对朝阳路、京通路及朝阳北路等辖区绿地补植白蜡、元宝枫、椿树等乔木289株、灌木3.1万余株、绿篱6.1万余株（包括黄杨和女贞等绿植）、花卉2.4万余株、地被42.7万余株、竹子0.71万株、冷型草1万余平方米、丹麦草3.6万余平方米、野牛草400平方米。（徐　谦）

北花园绿化队

【概况】 北京市朝阳区北花园绿化队（简称北花园绿化队）主要承担区域内道路及园林绿地的设计、规划、管理、维护与提高；负责全区道路路树及绿地的更新、养护、美化和巡查，以及全区城市公共绿地、道路苗木的病虫害防治等工作。年内，养护道路绿地331.45万平方米，其中特级道路绿地18条、一级道路绿地31条、二级道路绿地92条、三级道路绿地20条、四环五环道路绿地1条；有乔木7.5万株，灌木4.8万株，草坪丹麦草4万平方米，草坪、地被类植物260万平方米；新栽、补植乔木3.4万株、灌木2.3株、绿篱5.6万株、花卉8.5万平方米、草坪3.6万平方米、月季1.9万株。投标道路绿地标段养护工程19个、农药标段2个（第三方公司负责采购全年所需农药品）和1个养护水维修标段（第三方公司负责养护范围内的水管维修）招投标，与22个中标单位签署园林绿化养护合同、安全责任书、疫情防护措施细则、综合治理责任书和农民工工资发放等相关文件。接收、处理网格案件319条，完成率100%。完成专业绿化改造工程和新建绿化工程4项，总面积14.52万平方米、道路6.6千米，分别是豆各庄小微公园园林绿化工程施工采购项目、豆各庄城市公园西园项目、北花园公园绿化工程、化工路道路绿化改造工程。圃内有苗木6160株、落叶乔2203株、落叶灌1969株、地被类567平方米，为养护及工程提供苗木977株。应急抢险高碑店路、钢床厂路倒树10棵，出动吊车3台、货车8台、人工60人次。（伏乃红）

【小微公园园林绿化工程】 4月27日，小微公园园林绿化工程施工采购项目——豆各庄小微公园工程开始施工，6月26日竣工。工程位于朝阳区东五环锦珑文创园，面积2.3万平方米，栽植常绿乔木515株、落叶乔木1786株、灌木680株、色带1244平方米、地被花卉1.68万平方米。由区财政局投资，工程投资预算809.25万元，区园林绿化局建设，北京铭正洋林绿化工程监理有限责任公司监理。（王　楚）

【义务植树活动】 5月13日，北花园绿化队与高碑店乡半壁店村协同举办

2020年高碑店乡义务植树活动。在五环路小郊亭桥西南角种植乔木1000余株、常绿树种100余株，600余人参加。（彭晓凯）

【化工路道路绿化改造工程】10月19日，北花园绿化队施工的四环至五环化工路路段绿化改造工程开工，12月21日竣工。道路绿化改造6.6千米，种植常绿乔木38株、落叶乔木1867株、灌木1.11万株、地被花卉19.93万平方米。工程由北京市公联公路联络线有限责任公司立项，投资1445.58万元，北京逸群工程咨询有限公司监理。（王　楚）

【园林绿化废弃物处理示范点】年内，园林绿化废弃物处理示范点在北花园绿化队苗圃投建。全年可消纳园林废弃物约5000吨。（魏冬梅）

林业工作站

【概况】北京市朝阳区林业工作站主要负责辖区林木有害生物防治、预测预报、检疫工作；依法开展林木种苗生产、经营监督管理工作；负责全区的枯死树鉴定等工作。年内，规范“植物检疫证书”“产地检疫合格证”签发工作，宣传本地苗木电子标签使用方法。全年开具产地检疫合格证18份，开具植物检疫证书4份，检疫面积187公顷。发放苗木电子标签2万余个；调运检疫签发植物检疫要求书3728份，调入河北、上海、山东等地乔、灌、草花3898.9万株。（刘　越）

【执法检查平原造林工程进展】4月，区园林绿化局下发《2020年朝阳区进一步加强林业有害生物防治检疫工作的通知》和《朝阳区关于开展2020年林木种苗质量检查活动的通知》。截至年底，区林业工作站集中执法检查全区平原造林工程进展情况4次，抽查苗木17批次，苗木质量规格抽查结果合格，林业有害生物防控执法检查270余次，无林业有害生物成灾现象发生。（张　磊）

▲ 9月1日，区林业站组织重点乡镇释放周氏啮小蜂遏制美国白蛾等鳞翅目害虫的扩散（张　磊　摄）

【林业有害生物防治】年内，区林业工作站结合林木有害生物巡查工作，科学防控有害生物，消除防控隐患和死角。以防治美国白蛾、春尺蠖、国槐尺蠖、蚜虫等林木有害生物为主，全年域内监测调查林木209公顷，防治面积209公顷，防治率100%，无公害防治率98%。开展生物防治，释放周氏啮小蜂3.6亿头、防治1200公顷次，释放管氏肿腿蜂300万头、防治250公顷次，释放白蜡窄吉丁肿腿蜂300万头、防治100公顷次。（刘　越）

【林木有害生物监测】年内，区林业工作站监测林木有害生物。划出林木有害生物重点监测和巡查区域，并制定主要病虫发生分布图、测报站点分布图、踏查线路图，由监测测报公司负责监测巡查。根据监测数据，区林业工作站做出预测，向各街、乡及有林单位发布短期有害生物发生情况及发生趋势预测分析。全年发布林业保护情况信息22期1100余份。（张　磊）

【松材线虫病普查】年内，区林业工作站开展松材线虫病普查工作。联合各乡普查工作人员采用踏查方法，设置松墨天牛等天牛诱捕器15套，在油松分布地区普查松材线虫病疫情。普查乡19个、街道24个，普查面积293公顷，未发现松材线虫病疫情。（张　磊）

日坛公园

【概况】北京市朝阳区日坛公园隶属区园林绿化局。日坛是北京文物古迹五坛之一，是明清两代帝王朝拜太阳神的地方。全园占地面积20.62万平方米，绿化面积13.26万平方米，水面面积0.47万平方米。重大节日期间在玉馨园、环路主要节点、南北门附近栽植时令花卉。全年接待游客298.73万人次。（张　琳）

【节日花坛摆放】清明节、五一、十一等节日期间，日坛公园完成节日花坛摆放。在玉馨园、环路主要节点、南北门附近栽植月季1800株，栽植时令花卉157335株、175盆，包括小菊、串红、孔雀草、鼠尾草、凤仙、欧石竹等。（张佳佳）

【烈士纪念日公祭】9月30日，朝阳区2020年烈士纪念日公祭活动在日坛公园马骏烈士墓前举行。区委、区人大常委会、区政府、区政协四套班子主要领导以及来自社会各界群众代

表、马骏烈士家属及区部分烈属代表、学校师生代表、武警官兵代表等百余人向马骏烈士献花。（张　琳）

团结湖公园

【概况】 北京市朝阳区团结湖公园隶属区园林绿化局。公园面积12.30万平方米，陆地面积7.70万平方米，绿地面积4.44万平方米，建筑占地面积2.39万平方米，铺装面积0.87万平方米，水面面积4.60万平方米。是江南特色AAA级免费公园。五一和十一节日期间摆放花坛，使用时令花卉3万盆。8月，公园通过AAA级旅游景区复核审查。制定《团结湖公园生活垃圾分类日常管理制度》，开展垃圾分类知识培训和宣传活动。维护园区鼠饵站52个，投放鼠饵剂2.7千克；夏秋季对园内乔木、灌木、花丛及草坪进行全面灭蚊蝇类药物喷洒；补植时令花卉1000盆、600株，冷季型草坪100平方米。完成213株垂柳注射杨柳飞絮抑制剂，修整草地1万平方米。结对帮扶八里桥、东风公园，安放消费扶贫智能专柜8台。疫情防控期间，按30%、50%、日最大承载量三个等级进行游客接待量管控。全年接待游客287万人次。

【公园湖水综合治理】 4月至10月，团结湖公园开展湖水综合治理。每间隔10天向水中投放5.5千克“净化宝”，改善水质；秋季施用蓝藻杀藻剂，治理水华现象；尝试栽植睡莲300余株，利用睡莲根吸收水中有毒物质、过滤水中微生物，通过治理，水体净化能力和景观艺术性得到提升。

【节日花卉布置】 五一、十一前夕，团结湖公园进行花卉布置。五一前夕补植地栽花卉1.6万盆，花卉品种主要有：八宝景天、凤仙、美女樱、三色堇、羽扇豆、万寿菊、角堇、海棠、鼠尾草、串红。十一前夕在东门入口两侧用不同颜色的品种菊、小菊和牵牛花摆放多彩花带，广场布置“欢度国庆”立体花坛，花坛周围分别摆放伞尾竹、世纪红火炬、一品红等时令花卉。在假山上放置悬崖菊，山下布置由三角梅、串红、小菊等组成的彩色花带和云山瀑布相映衬。在广场路椅边、西门外摆放花堆5处，使用花卉1.4万盆。（李洪静）

红领巾公园

【概况】 北京市朝阳区红领巾公园隶属区园林绿化局。公园面积41.99公顷，其中绿地15.81公顷、水面12.86公顷；绿化覆盖率94%。年内，公园发挥文娱阵地和教育基地作用，协助六里屯办事处、八里庄北里社区举办各类文化活动15次。全年接待游客334.08万人次。

【节日花卉布置】 五一、十一、中秋节等重大节日期间，红领巾公园进行花卉布置。五一期间，在会议中心东门东侧绿地、顾家庄桥区栽植串红、孔雀草、牵牛3个品种花卉27500株。中秋节、十一期间，在会议中心东门东侧绿地、顾家庄桥区栽植串红、孔雀草、牵牛、凤仙4个品种花卉29700株。

【民俗趣味运动会】 10月24日，市社会体育管理中心主办的2020年北京市民体质促进民俗趣味运动会暨八里庄北里社区第二届邻里节活动在红领巾公园举办。80余人参加活动。

【主题系列活动】 年内，红领巾公园举办以“2020爱绿一起·红领巾生态小课堂”为主题系列活动10次。每次活动会有近10组家庭参与，通过自然教育机构老师的课堂讲解、做小游戏、边观察边做学习记录等形式，让参与家庭了解湿地的概念、湿地生态系统及各类地被绿植类型。（牟毅卉）

▲ 8月20日，红领巾公园举办“2020爱绿一起·红领巾生态小课堂”系列活动（郝　培　摄）

元大都城垣遗址公园

【概况】 北京市朝阳区元大都城垣遗址公园隶属区园林绿化局。公园面积67.01万平方米，其中绿化面积43.70万平方米、水面积6.50万平方米、建筑面积6.03万平方米、铺装面积10.84万平方米（含园路）；包括财政拨款养护面积54.67万平方米。园内有树木18.73万株，草坪38.48万平方米，整体绿化覆盖率85%。年内，外接养护道路绿地40.41万平方米，均为财政拨款管养绿地，其中，特级绿地10处、27.55万平方米，一级绿地，4处、3.39万平方米，二级绿地3处、9.47万平方米。园外道路乔灌木9.79万株，其中乔木 9360 株，灌木 88567 株，其他 235953 株，草坪 151818 平方米。全年接待游人 421 万人次。（于红艳）

【暴雨应急处置】 8 月 9 日上午，朝阳区出现短时强降雨与大风天气，并伴有少量冰雹。雨后，公园应急养护队伍及时处理倒树、断枝等险情，园区内外清理倒树 9 株、折杈树 3 株。（刘　晖）

【结对帮扶工作】 年内，元大都公园结对帮扶常营郊野公园、东坝郊野公园。与 2 个郊野公园养护工作人员交流常见植物修剪方法。（刘　晖）

四得公园

【概况】 北京市朝阳区四得公园隶属区园林绿化局。公园占地面积 16.13 公顷，其中绿地面积 11.90 公顷、水面面积 0.57 公顷、铺装面积 1.77 公顷，其他面积 1.89 公顷。园内有乔木 4023 株、灌木 2.4 万株、宿根花卉 1960 平方米、绿篱 44950 株、竹子 250 平方米、草坪 10.8 万平方米。年内，公园完善公园检查整改台账，每月月末大检查养护工作完成情况及安全工作落实情况。9 月 8 日代表区健康公园接受国家级创卫工作专家组检查，受到好评。年内通过 AAA 级景区复核。全年接待游客 28 万人次。（崔显红）

【苗木栽植与修缮】 4 月，四得公园全面进行园区苗木栽植与基建修缮。湖边坡地、园路、小广场等地点播种野花组合 1850 平方米、补栽草坪 2500 平方米、使用冷季型草卷 500 平方米、补栽锦带、蜡梅 305 株及棣棠 750 株、苔草 120 平方米、珍珠梅 30 株、芍药 10 株、丹麦草 100 平方米、缀花草坪 210 平方米、马兰 450 平方米、栽蛇莓 30 平方米、移栽玉簪 120 平方米；更换铁艺护栏 70 块、停车场铁艺大门 1 扇、维修湖区挡土墙及步道，公园大门及护栏刷漆，修建残疾人坡道 1 处。（崔显红　魏佳俊）

【创卫检查】 9 月 8 日，四得公园代表朝阳区健康公园接受国家创卫工作专家组检查。专家组实地对园区宣传区、健康步道、健身区、湖区、林地进行检查，检查结果受到专家组好评。（崔显红　孙慧君）

【节日花卉布置】 年内，四得公园在五一、十一节日期间进行园内栽摆花卉 2 次。在公园南门、五环广场 2 处摆放景观花坛，园区内地栽鲜花 5 处，栽花 81000 盆。（崔显红　魏佳俊）

北小河公园

【概况】 北京市朝阳区北小河公园占地面积 22.59 公顷，绿地面积 16.5 公顷，道路面积 1.72 公顷，水面 0.7 公顷，建筑面积 1.97 公顷。园内有乔木 3079 株，灌木 2229 株，宿根花卉 1.7 万株，月季 5640 株，竹子 6090 株，色带 22043 万株（包括大叶黄杨、小叶黄杨、红王子锦带等绿植），草坪面积 9.2 万平方米，绿化覆盖率 90%。年内，公园加大植物补植调整力度，栽植宿根花卉约 7.8 万株、早园竹 700 株、品种月季 1500 株、沙地柏 100 株，更换冷季型草 8600 平方米、苔草 17000 平方米，彻底整治黄土裸露问题。更新园内破损指示牌，维修破损路面、健身设施、木桥，增设母婴室 1 处。开展创建国家卫生区、文明城区复查测评及垃圾分类工作。受理“12345”市民服务热线诉求 96 件、网络诉求 20 件、来电诉求 1 件，其中非公园权属或管辖 33 件，响应率 100%，解决率 90.6%，满意率 90.6%。开展安全生产检查 20 余次，举办主题宣传日宣传活动 5 次。全年接待游客 59.1 万人次。（张阿青）

【节日花卉布置】 五一、十一节日期间，北小河公园在东门口、园路两侧、儿童广场等区域进行花卉布置。栽植串红、牵牛、三色堇、孔雀草、夏堇等时令花卉 5.21 万株。（于立荣）

【创建国家卫生区】 6 月至 8 月，北小河公园在园内开展创建国家卫生区、文明城区复查测评及垃圾分类工作。园内悬挂宣传横幅 3 条，在主要出入口、宣传栏等地张贴创卫宣传海报 20 张，更换垃圾桶分类标识 135 块，张贴垃圾分类指引 45 张。根据《朝阳区创建国家卫生区迎接国家技术评估工作实施方案》要求，在公园东门和北门安装宣传栏 11 个，张贴海报 30 余张，制作文明提示及垃圾分类说明牌 21 块，设宣传围挡 2 处。（张　婷）

【绿地养护】 年内，北小河公园完成辖区绿地养护 0.935 平方千米。其中，特级绿地 11 块，面积 60.68 公顷；一级绿地 32 块，面积 43.54 公顷；二级绿地 23 块，面积 11.87 公顷。种有乔木 3.98 万株、灌木 16.83 万株、月季 7.82 万株、攀缘植物 7.90 万株、竹子 1.63 万株、绿篱 163.04 万株（包括大叶黄杨、小叶黄杨、金叶女贞、桧柏离等绿植）、色块 69.98 万株（包括大叶黄杨、小叶黄杨、金叶女贞等绿植），宿根花卉 45.13 万株、草坪面积 43.21 万平方米。承担社会养护绿地 93.5 万平方米，含 67 处道路（或绿地、边角）。（赵　娜）

庆丰公园

【概况】 北京市朝阳区庆丰公园隶属区园林绿化局。公园面积 20.21 万平方米，其中陆地面积 20.01 万平方米、水面积 0.2 万平方米。园林绿地 19.64 万平方米，树木 35.01 万株，其中乔木 3.23 万株、灌木 29.65 万株、竹子 2.13 万株、花卉 15.12 万株、冷季型草坪 11.38 万平方米。年内，园内补植乔木 60 株及品种月季 800 株等花卉；园外补植乔木 25 株及灌木 1500 株、绿篱 3400 株（包括大叶黄杨、金叶女贞等植物）。修订安全生产制度、应急预案，全体职工签订安全生产责任书和节假日安全责任书 50 份，生产经营单位签订安全生产责任书 20 份；员工消防安全培训 12 次，应急演练 2 次；安全通道专项检查24次，排查安全生产隐患72项。竣工区小微公园项目2个，包括来广营小微绿地和新生村小微公园，工程总面积29710平方米，总投资670万元。处理局政民互动件74个，处理率100%；接待电话及游客现场投诉16个，答复成功率100%。全年总收入2194.51万元，其中财政资金收入1879.10万元、其他资金收入315.41万元；总支出2204.70万元，其中财政资金支出1889.29万元、其他资金工程支出315.41万元。全年接待游客54.75万人次。（刘 岚）

【领导调研】 3月18日，市园林绿化局副局长高大伟、公园管理处处长叶向阳、副处长尹俊杰等领导组成市级核验组，到庆丰公园对配套用房出租出借整治工作进行验收核查。现场听取区园林绿化局领导及庆丰公园领导相关工作汇报，区园林绿化局局长王春增、副局长王国臣一同调研。（钱 博）

【小微公园工程建设】 4月27日，庆丰公园组织建设的2个小微公园开始施工，分别为位于来广营乡的区级新生村小微公园（新勇路与来广营西路交叉路口）和来广营小微公园（北苑中街南北两侧），8月15日竣工。2项工程总面积29710平方米，总投资670万元。项目包括绿化工程、庭院工程、喷灌工程等内容，其中共栽植常绿乔木271株，落叶乔木808株，落叶灌木610株，色带9717株，花卉44965株，地被和草坪16958平方米。工程由区园林绿化局投资立项，北京朝园弘园林绿化有限责任公司承建，北京铭正洋林绿化工程监理有限责任公司监理。（于海强）

大望京公园

【概况】 北京市朝阳区大望京公园隶属区园林绿化局。公园占地面积33.04万平方米。其中，绿地面积25.39万平方米，绿化覆盖率83%，铺装面积5.12万平方米，水面2.34万平方米，管理用房占地1811平方米，景观建筑占地128平方米。园区有树木9.18万株。年内，公园补植宿根花卉6.43万株，包括马蔺、鸢尾、金娃娃萱草等花卉品种；栽植月季1880株、由绿篱1.48万株（包括卫矛、女贞、大叶黄杨等绿植）；播种草籽和花籽计1.5万平方米。安全生产检查16次，查出一般隐患9项，及时整改。开展员工安全教育培训5次、消防和防汛演练各1次。园外养护道路、绿地131处，其中道路96条、整块绿地35处，绿化养护面积146余万平方米。全年接待游客66.15万人次。（许秋珩）

【生物防治水污染】 8月26日，大望京公园在清溪水道中投放锦鲤600余条，生物防治水污染。锦鲤专吃水藻、杂草等富氧化物质，有利于调节水池内浮游植物的丰盛度，降低水池的富营养化程度，通过“以水养鱼、以鱼治水”，增强池水修复能力。同时，鱼类还捕食蚊虫孑孓，对水面蚊虫滋生起到控制作用。（郭 莹）

【公园修葺】 年内，大望京公园对园内基础设施进行维护更新。维修灯箱、路灯58个，清理路灯底座248个，挖沟槽安装电缆68米，过河道架空线50米；维修大理石地面385平方米、鹅卵石地面80平方米，更换园区老旧栅栏1000延米。（蔡杼平）

【绿地补植】 年内，大望京公园对园外管辖绿地进行补植。补植乔木2000余株、色块约6.5万株（包括大叶黄杨，金叶女贞，紫叶小檗等绿植）、草坪地被3万余平方米，地块景观得到提升。（孙 岩）

望和公园

【概况】 北京市朝阳区望和公园占地面积38.62公顷，其中绿地面积30.02公顷，铺装面积7.6公顷，水面0.98公顷，绿化覆盖率80%。公园分南、北2个园区，南园占地面积22.5万平方米，其中绿地面积18.55公顷、园路及铺装面积3.95公顷；北园占地面积约16.1万平方米，其中绿地面积11.47公顷、园路及铺装3.65公顷、湖面0.98公顷。年内，搭建“望和云”网络平台，设置“云课堂”“云预约”等功能。“云认养”树木165株；线下招募义务植树尽责人员518人，抚育苗木785株，根据市民线上预约开展主题活动6次，发放《全民义务植树尽责证书》169份。“云课堂”开展活动39次；举办线下自然体验活动21场，参与体验630人次。开展线上、线下传统文化活动12次，参与400余人次。（肖晓晨）

【义务植树日】 4月4日，首都第36个义务植树日，望和公园推出义务植树“云认养”活动，活动支持线上认养，同时也提供安全合理的线下认养。“线下认养”由公园工作人员对园区内认养树木区悬挂认养树牌220块，游客可现场扫码认养。“云认养”市民可自行在“望和公园”微信公众号“互联网+”中树木认养栏目内进行线上认养，待疫情结束后，线上认养市民可在公园工作人员指导下参与树木抚育等线下尽责活动。全年线上认养树木165株。（肖晓晨）

【“互联网+全民义务植树”基地活动】 5月22日，市政务信息安全应急处置中心党支部30人到朝阳区“互联网+全民义务植树”望和公园基地参与义务植树抚育活动。抚育树木82株，向党支部发放电子“首都全民义务植树尽责证书”。（舒博宇）

奥林匹克森林公园

【概况】 奥林匹克森林公园属北京世奥森林公园开发经营有限公司管理。公园占地约680公顷，以北五环为界，分为南、北两园。南园占地约380公顷，北园占地约300公顷。公园水面67.7公顷，绿化面积472.65公顷。现有乔灌木59万余株，植物品种278种，绿化覆盖率95.61%。是国家AAAAA级旅

▲ 11 月 28 日，第三届"国网杯"网球公开赛在国家网球中心举办（刘继兰 摄）

游景区。北京世奥森林公园开发经营有限公司隶属区国资委，为国有独资企业。设基层单位 8 家。与中国邮政集团公司北京市分公司共同在北京奥林匹克塔举行《中埃建交 50 周年》纪念邮票首发仪式。全年接待游客 1169.11 万人次。

【"冬奥距离2022"健康走跑活动】 9月22日，在北京冬奥会倒计时 500 天之际，"冬奥距离 2022"健康走跑活动暨第十一届北京奥运城市体育文化节全民健身夏日广场在奥林匹克森林公园南园奉献广场启动。奥促会常务副会长刘敬民、奥促中心主任付晓辉、北京奥运城市发展基金会理事长袁斌、北京冬奥组委文化活动部副部长于甲川、北京奥运城市发展基金会各理事单位成员、奥运之家、奥运村街道、亚运村街道、学院路街道、市民群众、健身爱好者等二百余人出席启动仪式。

【国庆彩车模型展出】 11 月 13 日，庆祝中华人民共和国成立 70 周年主题彩车模型开展仪式在北京奥林匹克塔举行。展览展出彩车模型 37 组、45 辆。庆祝中华人民共和国成立 70 周年活动后，所用主题彩车模型全部落户奥运塔，此次展出为选择部分比较有特色的车辆。

【第三届"国网杯"网球公开赛】 11月28日，第三届"国网杯"网球公开赛在国家网球中心开赛。赛事由北京世奥森林公园开发经营有限公司国家网球中心主办，全国近千名业余网球爱好者报名参赛，最终 224 名选手取得参赛资格。

【获评市廉政教育基地】 12 月 11 日，在市纪委、市监委、市委宣传部主办的"决战决胜监督同行——2020 清风北京廉洁颂"活动中，奥森公园廉洁奥运主题文化园获评为北京市廉政教育基地。廉洁奥运主题文化园是全国唯一以廉洁奥运为主题，集奥运文化和廉政文化为一体的廉政文化研究和活动阵地。（陈迎双）

朝阳公园

【概况】 朝阳公园由北京朝阳公园开发经营有限责任公司负责管理，是国家 AAAA 级旅游景区、北京市重点公园和精品公园。公园规划总面积 288.7 公顷，其中水面 68.2 公顷、陆地面积 220.5 公顷，绿化覆盖率 87%。年内，北京朝阳公园开发经营公司变更为北京朝阳公园开发经营有限责任公司。受新冠肺炎疫情影响，朝阳公园夏季海洋沙滩狂欢节、"2020 北京朝阳国际风情节"活动取消。公司绿化保洁部汽车维修班班长薛翠松获"北京市劳动模范"荣誉称号。

【"爱绿一起"生态文明体验活动】 1月至 10 月，朝阳公园举办 2020 "爱绿一起"主题生态文明体验活动。分别开展"松子的秘密""夏末之花""城市水鸟的家""小草的智慧""记录秋天""落叶的秘密"系列活动，100 个家庭 130 人参加。

▲ 10 月 17 日，朝阳公园举办"爱绿一起"之"记录秋天"活动（陈 曦 摄）

【大型活动】 5月17日，区消防救援支队在朝阳公园南门消防文化广场举办消防安全宣传活动。活动以播放宣传片、现场讲解和发放宣传材料等形式开展消防安全知识宣传。8月29日、30日，由市网球运动管理中心主办的2020京津冀网球俱乐部团体积分赛在公园网球中心举行，150人参赛。9月12日，市卫生健康委主办第七个“中国预防出生缺陷日”北京市主题宣传活动在公园举行。国家卫生健康委妇幼健康司副司长沈海屏，市卫生健康委党委委员、中医管理局局长屠志涛，市卫生健康委妇幼健康处处长郗淑艳，市妇幼保健院院长赵娟以及全市16组家庭代表百余人参加活动。10月1日至5日，由区文化和旅游局主办的“2020年北京朝阳国际文化旅游节”活动在公园举行，接待游客20余万人次。10月18日，由市体育局、市体育总会主办的第44届公园半程马拉松北京公开赛在公园举行，全程21.10千米，400余位市民参加活动。

【公司更名】 7月30日，北京朝阳公园开发经营公司变更为北京朝阳公园开发经营有限责任公司（法人独资）。8月7日，北京朝阳公园开发经营有限责任公司公章启用。

【健康促进和健康教育工作评估】 9月8日，创建国家卫生区国家级专家赖维云、区创卫办副主任刘伟、区疾控中心副书记刘英杰等一行5人到朝阳公园就健康促进和健康教育工作进行现场技术评估和检查。专家组对公园内体育健身设备设施和场地进行了解和体验，听取沙滩主题乐园、水上项目及部分少儿类拓展项目汇报和朝阳公园落实“创卫”要求，开展“健康教育和健康促进”工作情况。专家组对朝阳公园在健康促进和健康教育工作中发挥的积极作用给予肯定，并提出在“健康主题公园”牌示和健身器材周边增加健康主题内涵、健康科普信息等牌示等建议。

【检查亮马河项目】 10月30日，区委常委、政法委书记、区级河长张维刚带队到朝阳公园检查公园河湖治理工作情况和亮马河滨河文化项目进展情况，区河长办、区国资委、区城管委、区水务局、区生态环境局、麦子店街道及朝阳公园等相关领导一同检查。张维刚肯定亮马河项目前期的工作成效，要求进一步改善沿湖环境及设施，增设湖面周围的视频监控，确保游客安全；加强对湖面残荷和芦花的治理，杜绝安全隐患。 （张　轶）

北京中华民族园

【概况】 北京中华民族博物院（北京中华民族园）（简称民族园）行政主管单位为市民政局社团办，业务受市文物局、园林绿化局、区文化和旅游局管理。公园占地面积28.2万平方米，其中绿地面积17.26万平方米，道路、广场面积2.96万平方米，水面4.3万平方米，建筑占地面积4.1万平方米，是博物馆与公园相结合的旅游景区。园区绿化覆盖率61.2%，有乔木、灌木、攀缘类、竹子、宿根花卉、草坪等植物。种植粮食作物4种、2800平方米，种植经济作物27种、1.5万株。年内，移栽灌木22株；伐除病死树17株。1月25日，受新冠肺炎疫情影响，民族园闭园。5月6日，北园重新开放，门票销售全部实行网上预约。全年接待游客10.64万人次，其中免票19228人次，包括医护人员免票2522人次。总收入797万元，其中门票收入454万元。与上年相比，游客量减少47.17%、门票收入减少44.63%、总收入减少37.78%。

【病虫害防治】 1月至4月，园林员工受疫情影响停工，导致部分植物品种的病害控制受到影响。民族园植物病虫害主要有：蚜虫、刺蛾、红蜘蛛、白粉虱、松梢螟蛾、白粉病等。五一、十一前，全园范围打广谱抗虫药2次防治虫害，植物病虫害得到有效控制。

【节日摆花】 十一节日期间，民族园摆花5500盆，门区广场内外和园内侗寨广场、傣寨摆放花坛5个。用花品种为串红、粉小菊、黄小菊、孔雀草、鸭脚木、铁树、棕榈、蕉藕、吊兰、万年青等。

【公园建设】 年内，受疫情影响，民族园只进行局部小规模维修。主要有：傣族东侧河道清淤，长60米、宽4米，河道内砌筑睡莲池8个；修缮朝鲜族民居、傣族僧房屋顶；维修门区仿真榕王枝干，防止水泥脱落；修复台湾景区雅美人渔船2条，并重新彩绘；黎族河道砌筑卵石护岸60米；园内安全隐患地段制作并安装高1.2米的竹编栅栏450米。所有工程均由中华民族园自行施工，总投资20万元。 （汪　昆）

科 技

综 述

【概况】 北京市朝阳区科学技术和信息化局加挂北京市朝阳区大数据管理局（简称区大数据局）牌子，是区政府主管全区科技和信息化工作的综合职能部门。下属事业单位2个，即北京市朝阳区信息网络中心和生产力促进中心。年内，全区国家级高新技术企业4200余家，较“十二五”末增长近两倍；国家级高新技术企业年收入6000余亿元，其中收入亿元以上企业495家。“科技战疫”体系建设位居全市首位，在全市率先建设完成朝阳区战“疫”地图平台，服务防疫决策；率先开发核酸检测智能一体化设备，建立结果查询系统，提升疫情防控工作效率90%以上；率先建成“疫点通”小程序、党员干部下社区平台，助力“科技战疫”。举办朝阳区科技战“疫”成果展，千余人参观。（李小骏）

【获国家科技进步奖】 1月10日，2019年度国家科学技术奖励大会在京召开。区内国际竹藤中心、中国医学科学院肿瘤医院、北京东方园林环境股份有限公司、中国建筑科学研究院有限公司、中建一局集团建设发展有限公司、北京化工大学、北京工业大学等7家单位参与完成的7项成果获国家科学技术进步二等奖。（林 鹏）

【“十四五”科技创新发展规划编制】 8月，区科学技术和信息化局启动区“十四五”科技创新发展规划编制。9月24日，组织科技政策、法学、经济学、知识产权、数字经济等领域专家召开区“十四五”时期科技创新发展规划课题专家论证会，为区“十四五”时期科技创新发展出谋划策。11月25日，区委常委、副区长暴剑召开朝阳区“十四五”时期科技创新发展规划暨区科技创新体系建设领导小组座谈会，区委、区政府及产业园区相关部门领导，工研院、长城所、首科技等智囊机构以及华为、360、阿里、三悦科技等企业相关负责人参加会议，区科信局汇报“十三五”时期朝阳区科技创新发展及“十四五”时期科技创新规划编制工作情况。会议围绕“推动朝阳区‘十四五’时期科技创新发展规划”等主题开展交流。（夏春玲）

【工业互联网创新发展产业生态集聚中心成立】 9月18日，朝阳区工业互联网创新发展产业生态集聚中心在2020中关村论坛工业互联网论坛大会上成立。中心将依托产业集群良好基础，打造1+N服务体系，即成立1个工业互联网生态集聚中心、集聚并服务N家企业，充分发挥北京作为全国科技创新中心的优势，服务京津冀，协助集群企业走出去，以赋能全国数字化转型为目标，着力提升高端供给能力，为全国传统产业数字化转型做贡献。（张佩佩）

【获2019年北京市科学技术进步奖】 9月，2019年北京市科学技术进步奖获奖成果名单公布。全市获奖成果154项，其中朝阳区44家单位单独或与相关单位联合申报的47项成果获奖。（林 鹏）

【节能工作会商会】 11月5日，区科学技术和信息化局召开2020年度朝阳区科学研究和技术服务领域节能工作会商会。来自16家重点用能单位的能源管理负责人20余人参加会议。会上，区科学技术和信息化局介绍总结“十三五”期间本行业领域节能工作开展情况，区发展改革委节能办讲解区相关节能政策和节能考核工作，国家节能中心节能技术基地介绍基地职能、服务项目和节能技术应用案例，中国科学院生物物理研究所分享本单位节能工作经验、展示节能监管平台使用效果，各单位就节能工作中存在的困难及问题进行交流。（邢 杰）

【7家获“中国技术创业协会科技创业贡献奖”】 12月10日，中国技术创业协会发布《“2020年度中国技术创业协会科技创业贡献奖”评奖公告》。区企业北京海百川科技有限公司和北京阳光海天停车管理有限公司获“科技创新贡献奖”；北京科创空间投资发展有限公司和北京高创天成国际企业孵化器有限公司获“科技创业孵化贡献奖”；北京东方优联投资顾问有限公司、北京洪泰海创投资管理有限公司和北京智银投资管理有限公司获“科技创业投资贡献奖”。（韩 娇）

【国家级科技企业孵化器考核通过6家】 12月11日，科技部火炬中心公布国家级科技企业孵化器2019年度考核评价结果，全国1173家国家级科技企业孵化器通过考核。区科技企业孵化器联盟成员单位北京望京科技孵化服务有限公司、北京普天电子城科技孵化器有限公司、北京牡丹创新科技孵化器有限公司等6家单位通过考核，位居北京市首位；其中，北京望京科技孵化服务有限公司获优秀（A类）评级。（韩 娇）

科技管理

【概况】 2020年，《朝阳区加快新型基础设施建设行动方案（2020—2022年）》制定，率先在北京市发布区级方案《朝阳区加快新场景建设行动方案（2020—2022年）》，完成《朝阳区加快区块链发展行动计划（2020—2022年）》编制，明确16项重点任务，力争形成龙头企业带动中小创新企业加速集聚的发展态势。朝阳区高精尖产业体系进一步健全。8月，朝阳区信息传输、软件信息服务业完成固定资产投资53.21亿元，提前超额完成市级指标任务。越洋紫晶、柏睿数据、人大金仓、云恒科技、睿家科技等细分领域重点企业相继迁入，北京鲲鹏联合创新中心、中国工业互联网研究院等科技创新服务平台机构落地朝阳。截至年底，区内有“独角兽”企业24家，占全市总数近3成。科技创新创业引导基金正式成立运行，直投项目和子基金建设，改善科技创投环境。输出技术合同6031项，占全市的7.1%；成交额1250.3亿元，占全市的19.8%；“城市智慧大脑”建设初见成效，在疫情防控、城市管理、民生服务、社会治理、服务基层等方面发挥作用显著。推进智慧温榆河公园建设，打造“5G+科技”生态公园朝阳段，实现智慧停车、客流热力图和限流预警。全区5G基站建成4021站，数量排名全市第一。全年审核信息化项目208项，核减资金873.644万元，确保资金使用效益最大化。承办接诉即办案件45件，“三率”（响应率、解决率、满意率）为96.6%。（李小骏 林 鹏）

【科研项目征集】 1月15日，区科学技术和信息化局完成面向社会公开征集节能环保、医疗卫生、城市管理与社会建设、科学技术普及等领域项目。该项工作于2019年12月4日启动，征集项目264项；3月，落实区《关于支持企业应对新型冠状病毒感染的肺炎疫情稳定发展的若干措施》文件精神，面向区内医疗卫生机构征集“朝阳区新型冠状病毒防控医药健康领域专项（医疗卫生机构类）”36项。4月至8月，经专家评审、现场考察、部门联审、集体决策，确定立项65项，支持科技资金970万元。其中，医疗卫生领域42项，包含“朝阳区新型冠状病毒防控医药健康领域专项（医疗卫生机构类）”12项；节能环保、城市管理与社会建设等领域16项；科学技术普及领域7项。10月，为首次立足冬奥会和冬残奥会科技保障需求设立的7项重点项目举办培训会，做好服务指导，推进项目实施，45家项目承担单位120余人参加培训。（邢 杰）

【入围国家众创空间】 3月24日，经科技部火炬中心审定，区“创E＋社区”众创空间入围2020年第一批国家众创空间。截至年底，朝阳区有国家备案众创空间18家，占北京市12%；市级备案众创空间42家，占北京市12%；区级众创空间28家。（韩 娇）

【网络安全通报会】 4月，区科学技术和信息化局为做好2020年全国两会期间信息化应急保障工作，开展全区信息系统漏洞扫描。发现38家单位108个政务外网地址存在2407个漏洞。5月，发现24家单位45个政务外网地址存在漏洞592个，通知相关单位处置。（赵莉莉）

【5G基站建设】 6月2日，区科学技术和信息化局联合中国移动、中国联通、中国电信和中国铁塔公司，在奥林匹克公园以“5G+科技冬奥”为主题向社会公众展示朝阳区在5G工作中取得的成绩以及5G新基建在科技冬奥中的支撑作用。区政协主席陈涛、区委办、奥林匹克公园管委会、温榆河管委会等部门领导观看。截至年底，朝阳区开通宏基站1800个，5G上下行速率均达到行业标准。区内有5G基站4021站，五环内室外基本实现5G信号连续覆盖，五环外重点地区、重点场景实现精准覆盖，长安街延长线、CBD核心区、奥林匹克公园、国贸CBD、温榆河公园、望京小街、丽都街区、朝阳公园区域、机场高速沿线，工体周边等重点区域、典型应用场景实现专项覆盖。（赵莉莉）

【高新技术企业认定】 6月，区科学技术和信息化局开展2020年第一批高新技术企业认定工作。全区申报企业399家，其中符合申报要求企业291家，包括新认定企业申报197家、到期重新认定企业94家。邀请50位专家设立10个专家组按电子信息、高技术服务、生物医药等8个高新技术领域进行评审，评审结果上报市科委进行备案审核。截至年底，全区有国家级高新技术企业4200余家。（林 鹏）

【科普统计调查】 6月至7月，区科学技术和信息化局完成区2019年度全国科普统计调查工作。调查按照科技部《关于开展2019年度全国科普统计调查工作的通知》和市科普工作联席会《关于开展2019年度北京市科普统计调查工作的通知》要求，综合调查2019年1月1日至12月31日区科普资源基本情况。统计范围涉及28个委办局及直属单位、43个街乡、辖区内市科普基地等单位，统计内容包含科普人员、科普场地、科普经费、科普传媒、科普活动、创新创业中的科普等六大类、124项指标。（邢 杰）

【公共服务示范平台和创业创新示范基地入选】 7月6日，市经济和信息化局公布“第三批北京市中小企业公共服务示范平台和第三批北京市小型微型企业创业创新示范基地”，71家入选。朝阳区科技企业孵化器联盟单位——北京望京科技孵化服务有限公司、北京科创空间投资发展有限公司、北京牡丹创新科技孵化器有限公司、汉唐信通（北京）咨询股份有限公司等16家企业入选。（韩　娇）

【入选工信部示范项目】 7月8日，工信部公布2019年至2020年物联网关键技术与平台创新类、集成创新与融合应用类130个示范项目名单。区企业北京超图软件股份有限公司和中信云网有限公司入选关键技术与平台创新类示范项目。7月，区东方国信、安世亚太、索为系统、智通云联、中国煤炭、构力科技6家企业的解决方案入选工信部"2019年工业互联网App优秀解决方案"，入选数量位列全市第二。（张佩佩）

【入选"专精特新"中小企业44家】 7月，市经济和信息化局公布2020年度第一批北京市"专精特新"中小企业名单，朝阳区华大智宝、三未信安等44家企业入选，成为北京市首批"专精特新"中小企业。同月，市经济和信息化局开展2020年第二批北京市"专精特新"中小企业申报、审查和评审工作。区内北京睦合达信息技术股份有限公司、北京鸿业同行科技有限公司和融创动力园区的北京梦知网科技有限公司等22家企业入围。（区科信局）

【朝阳工作站线上培训】 8月7日，首都科技条件平台朝阳工作站举办线上企业税务规划与风险防范培训会，控制企业涉税风险，促进企业复工复产。8月14日，首都科技条件平台朝阳工作站举办线上科技金融、知识产权贷款业务培训会，控制企业贷款风险，降低贷款成本。9月，首都科技条件平台朝阳工作站举办2020年融创动力科技金融需求线上对接会。旨在让区科技企业掌握科技金融领域相关政策动态，促进中小企业发展。（韩　娇）

【软件正版化工作】 9月11日，区科学技术和信息化局召开全区软件正版化工作视频会议培训会。会上启动区党政机关软件正版化工作长效机制建设，全区100余家单位参加会议。12月4日，北京市使用正版软件工作联席会议考核组检查区2020年度软件正版化工作。实地检查区信访办、区财政局、团结湖街道、第一中西医结合医院、垂杨柳医院、劲松社区卫生服务中心及北京潘家园国际民间文化发展有限公司7家单位，考核组对区软件正版化工作予以肯定。（熊桂梅）

【科技型中小企业评价】 10月，区科学技术和信息化局完成2020年度科技型中小企业评价，纳入科技部科技型中小企业库。全区609家企业参评，563家企业获取入库编号，入库类别排名由高到低分别是电子信息、高技术服务领域、资源与环境、生物与新医药、先进制造与自动化、新能源与节能。（林　鹏）

【入选国家产融合作试点城市】 11月，工信部公示全国第二批产融合作试点城市拟认定名单，全国33个城市（区）入围，朝阳区为试点之一。12月，工业和信息化部、财政部、中国人民银行、银保监会、证监会同意朝阳区列为国家产融合作试点城市。产融合作试点城市旨在强化金融对产业的支撑作用，推进制造强国和网络强国建设，营造产业与金融良性互动、互利共赢的生态环境，促进产业提质增效、转型升级。入选城市将获得工作指导和政策支持。（林　鹏）

【"城市智慧大脑"专班成立】 12月2日，区"城市智慧大脑"专班揭牌，区委常委、副区长暴剑出席揭牌仪式。"城市智慧大脑"专班由区科学技术和信息化局、区城管委、区发展改革委等相关成员单位的业务骨干人员组成。区"城市智慧大脑"专班将依托区域特色，利用云计算、大数据、物联网等信息技术，围绕城市发展品质、环境品质、管理品质和服务品质，重点推动"城市管理大脑""城市经济大脑""城市安全大脑"三大专项主题建设。当日召开专班工作会，暴剑听取区科学技术和信息化局关于"城市智慧大脑"工作总体情况汇报，区城管委、区发展改革委、区应急局等单位分别围绕推动"城市管理大脑""城市经济大脑"和"城市安全大脑"三大专项主题建设发言。区相关委办局领导及驻区企业代表参加。（熊桂梅）

【"两区"建设"三单"管理系统建设】 12月，区科学技术和信息化局为助力"两区"建设（建设国家服务业扩大开放综合示范区和自由贸易试验区），统筹各部门数据资源，完成"朝阳区'两区'建设'三单'（政策、空间和企业清单）信息化管理系统"搭

▲ 12月2日，朝阳区委常委、副区长暴剑（左三）出席"城市智慧大脑"专班揭牌仪式
（区科学技术和信息化局　供图）

建。通过“三单”管理，建立招商引资数据基础台账，区领导通过系统可实时了解“两区”建设进展，各部门可根据阶段性重点任务，协同推进工作开展。（马 慧）

【人大、政协建议提案办理】 年内，区科学技术和信息化局收到人大代表建议、政协委员提案、民主党派提案38件。其中，人大代表建议4件，主办2件；政协委员提案25件，主办14件；民主党派提案9件，主办3件。截至年底全部办结。（吕 洲）

【智慧型社会治理项目应用试点】 年内，区科学技术和信息化局开展“智慧型社会治理项目应用试点”征集并给予资金支持项目，该项目为市重点研发计划项目，实施期一年。项目聚焦解决社会治理痛点难点问题，为社区居民提供精准化、精细化服务进行政策制定、搭建国际合作平台，助力北京全国科技创新中心建设。全年面向43个街乡征集试点项目48个，经项目初评及专家论证，确认街乡信息化项目28个，支持资金450万元。（熊桂梅）

【社会信用体系建设】 年内，区科学技术和信息化局建立朝阳区社会信用体系建设联席会议制度，编制《朝阳区2020年社会信用体系建设工作实施方案》；落实信用状况监测考核，在“信用中国（北京朝阳）”政府网站开设“诚信建设万里行和双公示重点栏目”专栏，归集公示信用政策制度、红黑名单、信用承诺、政务诚信、风险提示等信息11222条；建立“双公示”信息公开机制，规范22个部门信息公示内容，将5571条市级“双公示”系统中的数据同步至区政府网站，确保市、区“双公示”信息数据准确一致；开展重点行业领域信用监管工作，指导区各相关单位报送“信易+便企”信息，面向全区各部门、街乡征集个人诚信数据296条和信用应用典型案例38件；归集红黑名单数据2万条，联合奖惩案例数据5万条；完成42家企业信用修复初审，更正16家单位821条问题数据，处理异议申诉1条。（马 慧）

【“金财专网”融合并入区级政务外网】 年内，区科学技术和信息化局完善朝阳区政务外网信息化基础设施。建成政务专网和公用信息平台，形成向上连通北京政务专网、向下覆盖全区所有党政机关、街乡、区属企事业单位的高速宽带光纤网络，实现三级节点全覆盖，并逐步完成社区（村）级节点覆盖工作；政务外网同时连接其他外部网络，包括互联网、图像专网、视频专网、教务网、卫生专网等。与区财政局联合实施区级“金财专网”融合并入区政务外网工作，接入“金财专网”预算单位371家，截至年底完成终端电脑IP地址调整融合并入并统筹管理。（赵莉莉）

科技活动

【概况】 2020年，区科学技术和信息化局举办2020年朝阳科技周活动，运用VR、人工智能、5G网络技术等科技手段，开发设计线上展览展示、专家直播讲座、科普互动游戏，提升全民科学素质，10.83万人次参与。举办“科普进社区进农村”系列活动12场，选取百姓较为关心的前沿科技和科学常识，发挥中国科技馆、北京科技报等科普基地的资源优势，丰富社区（村）群众的文化生活。完善“云享朝阳·感知互动”体验中心在线展厅建设，汇集全区各部门、各街乡信息化优秀成果案例，新增科技战“疫”展、鲲鹏联创展、朝阳科技周3个云展厅，让居民足不出户，随时随地浏览朝阳区信息化智慧成果。（李小骏）

【科技下乡活动】 1月10日，区科学技术和信息化局开展2020年科技下乡活动。组织中国科技馆、《北京科技报》等科普基地到来广营乡，展示“莫比乌斯带”“楞次定律模拟”“低温超导磁悬浮”等科学小实验，发放“‘科学’流言终结榜”年历、科普图书和科技期刊。（刘伟凡）

【凤凰AI云学堂在线培训】 3月19日，区凤凰AI云学堂首期在线培训结束。培训为期3天，由区科学技术和信息化局、区国资委、区高层次人才服务中心联合举办，邀请商汤科技股份有限公司执行总监马珂、清华大学计算机系教授孙富春、优必选行业产品总监劳佩锋，围绕人工智能产业应用、发展趋势、人工智能和大数据在疫情中发挥的作用做主题分享；结合新冠肺炎疫情对人们的生活方式、工作模式以及传统产业的生产方式带来的影响，指出未来人们的生活和工作方式向更加智能化方向发展，无接触、远程调度以及云服务等成为新的发展方向。区属企事业单位、高新技术企业学员600余人完成课程培训。（林 鹏）

【朝阳高新课堂培训】 4月17日，区科学技术和信息化局举办“知”朝阳高新课堂第一期线上培训。培训内容包括政策解读、技术合同登记、人力资源规划、财务管理、成果转移转化、劳动关系管理等，市科委创业中心等单位专家主讲，朝阳区近100家科技企业参加。（林 鹏）

【AI智能电梯试运行】 6月，区科学技术和信息化局负责的5G项目——具有5G+AI语音功能的智能电梯在双桥医院安装调试运行。乘客无须按键，凭人声控制电梯上下运行。在疫情之下，AI语音电梯可有效防控因按键接触带来的病毒交叉感染。（赵莉莉）

【朝阳科技周】 8月23日至29日，区科学技术和信息化局举办“2020年朝阳科技周”活动。通过线上VR云展示、科普热点直播、线上互动游戏及线下“科技快闪”、科技战“疫”展、信息消费城市行、关爱医务工作者及青少年等方式，展示区科技创新成就、科技战“疫”成效、科技扶贫成果、体

▲ 8 月 23 日，区科学技术和信息化局在望京小街举办的“2020 年朝阳科技周”活动（区科学技术和信息化局　供图）

验美好生活等内容，为百姓提供“科普大餐”。（邢　杰）

【创客大赛】 8 月，区众创空间创 E+ 承办的“创客北京 2020”创新创业大赛朝阳区推选赛（复赛）开赛。大赛为中小企业和创客建立交流展示、产融对接、项目孵化平台，以全链条商业模式推动区内企业孵化，新一代信息技术与人工智能领域的 22 个优质项目以路演形式参赛。9 月，比赛结束，20 个优质项目入围。（韩　娇）

【科普培训】 12 月 10 日至 25 日，区科学技术和信息化局、区科协共同举办 2020 年朝阳科普培训班 5 期。培训邀请中国科学院、中国科技馆、中国科普研究所、市科技传播中心等科普专家，以线上线下、经验交流、互动体验方式，讲授科普事业发展方向、科普品牌建设、科普活动策划、高端科技科普化展示、科普讲解技巧等内容，同时在《朝阳报》、朝阳有线、“北京智慧朝阳”微信公众号等媒体刊载。全区 43 个街乡、60 家驻区市级科普基地约 270 人参与培训，其中线上培训 700 余人次、1500 余学时。（邢　杰）

【全国信息消费城市行北京站活动】 12 月 12 日，区科学技术和信息化局在朝阳区望京小街举办以“数字经济、信息消费、北京有我”为主题的“2020 全国信息消费城市行北京站活动”。活动由区政府、中国信息消费推进联盟主办，“朝阳区城市智慧大脑”首次亮相，并现场发布朝阳区综合服务移动门户——朝阳通 App。（张佩佩）

▲ 12 月 12 日，2020 全国信息消费城市行北京站活动在朝阳区望京小街举办，“朝阳区城市智慧大脑”首次在现场公开亮相（区科学技术和信息化局　供图）

知识产权保护

【概况】 北京市朝阳区市场监督管理局加挂北京市朝阳区知识产权局牌子，负责贯彻落实专利工作的法律、法规和相关政策，负责本区知识产权保护工作，承担朝阳区侵犯知识产权和制售假冒伪劣商品工作领导小组办公室的具体工作等。全年新增外观专利快速申请预审备案企业 7 家，预审服务申请接收 530 件，授权专利 405 件。受理商标业务申请 2808 件，颁发商标证 920 件，送达电子文书 8227 件。区内认定市知识产权试点单位 21 户，示范单位 8 户。重点开展打击销售侵权假冒防疫用品、基本民生商品行为，办结涉及疫情商标侵权违法案件 48 件、罚没款 406.03 万元。朝阳区入选全国第四批知识产权运营服务体系建设重点城市。（吕秉生）

【区展会知识产权保护联盟成立】 4 月 26 日“世界知识产权日”，区市场监管局引导和支持中国国际展览中心、全国农业展览馆、国家会议中心、北京国际会议中心等重点场馆及会展公司成立“朝阳区展会知识产权保护联盟”。主要为发挥各成员单位的协同作用，实现资源共享，加强知识产权保护，不断改革创新展会领域知识产权保护的新模式、新机制，提高展会的知识产权保护水平，加强打击侵犯知识产权的行为，保障国家知识产权战略深入实施，维护公平竞争的市场秩序。（靳国乐）

【奥标专项保护行动】 8 月 28 日，区市场监管局与北京冬奥组委检查国家会议中心筹备中的服贸会冬季运动专题展区。重点检查冬奥标志规范使用行为，责令展位装饰布置中存在不当使用冬奥会标志行为企业立即改正。（靳国乐）

【知识产权专项资金落实】 年内，区市场监管局开展知识产权项目征集，落实资金1300万元。其中，专利资助及奖励单位246家和个人17人、591.76万元，专利技术产业化项目资助10项，200万元；知识产权质押贷款贴息资助10项、264.80万元，知识产权重点企业资助92项、155万元，专利导航和知识产权战略研究资助5项、资助资金22.44万元，知识产权服务机构资助8家、49万元，知识产权公共服务工作站经费资助6家、17万元。（王 倩）

【商标代理机构抽查】 年内，区市场监管局对543家商标代理机构进行“双随机、一公开”抽查。148家按登记住所无法取得联系的机构列入经营异常名录。（靳国乐）

防震减灾

【概况】 北京市朝阳区地震局（简称区地震局）是区政府直属事业单位，归口区应急管理局管理，业务受市地震局指导。年内，应对“5·26”门头沟和“7·12”唐山市古冶区震情，做好各项应急处置；在将府公园（三期）新建国家标准Ⅱ类应急避难场所1处，维修改造应急避难场所设施2处，完成地震应急避难场所外语标识设置和检查；与区应急局共同开展“5·12”全国防灾减灾日网上宣传活动，完成《防震减灾法》宣传和立法情况问卷调查；开展建设工程地震安全自查；落实全国文明城区创建复查测评和创建国家安全发展示范城市职责任务；做好政府信息公开。监测震防科董彦迪被市地震局评为北京市2020年度区地震监测预报先进个人。

【震情应对处置】 5月26日，门头沟区发生3.6级地震；7月12日，唐山市古冶区发生5.1级地震，朝阳区震感明显。区地震局迅速启动震情响应机制，开展应对处置和地震科普宣传，安抚群众。区地震局所属6处地震前兆观测点、8处地震宏观观测点未见异常。

【防震减灾宣传】 5月，区地震局配合市地震局、区应急局开展“5·12全国防灾减灾日”网上宣传活动。完成中国地震局《中华人民共和国防震减灾法》立法情况调查问卷。在北京朝阳App上，宣传《中华人民共和国防震减灾法》及朝阳区地震应急避难场所。

【应急避难场所功能设计标准专题调研】 6月8日，北京北林地景园林规划设计院项目主任佟跃与中国城市建设研究院云南分院院长曹炳轩、生态文明研究院副主任研究员袁雯、助理工程师陈艳组成调研组，到区地震局开展《公园绿地应急避难场所功能设计标准》（以下简称《标准》）编制专题调研和实地考察。了解新建防灾性质公园绿地实施情况，老旧公园开展保障应急避难功能的改造情况，对比应急避难场所规划设计与建设管理实际情况的差距，分析原有《标准》存在的问题，为设计《标准》编制提供参考。区地震局副局长李树来向调研组介绍朝阳区地震应急避难场所建设和规划、实施情况，规划建设中存在的政策性、标准性问题，并结合应急避难场所规划建设和设施设置的实际对《标准》编制提出需求和建议。

【防震减灾“十四五”规划研讨会】 8月3日，区地震局召开“十四五”工作规划研讨会。研讨会总结“十三五”时期防灾减灾体系建设成果，研讨区“十四五”防震减灾工作规划，包括完善区地震灾害监测（探测）感知系统、京津冀防震减灾基础能力协同提升工程、加强区应急避难场所建设与管理、加强区地震应急队伍力量建设等内容，为朝阳区“十四五”时期综合防灾减灾救灾专项规划编制工作提供思路。全体干部参加会议。

【建设工程地震安全自查】 8月11日，副区长王志勉主持区防震抗震工作领导小组办公会。按照市防震抗震领导工作小组工作要求，布置区建设工程地震安全自查工作；北京市规划和自然资源委员会朝阳分局、区教委、区卫生健康委按照各自职责分工，对全区2016年6月1日以后完成设计的建设工程以及2009年5月以后完成设计的学校、医院抗震设防要求执行情况进行全面梳理排查，自查项目492个，均达到抗震设防要求。9月底完成《朝阳区建设工程抗震设防情况自查报告》。

【应急避难场所建设及维护管理】 10月16日，将府公园（三期）应急避难场所建设项目竣工并通过区地震局验收。该避难场所按照国标Ⅱ类标准规划建设，场所内应急供水设施安装水净化设备，可供群众直接饮用；高清监控设施覆盖全园，并与手机终端连接，可随时查看避难场所内情况。年内，京城梨园应急避难场所应急厕所和应急供水设施维修改造完成，增加应急供水净化设施，更新部分应急避难场所标志牌；北小河公园应急避难场所应急光伏电站设施拆装迁移至公园管理处楼顶。按照北京市外办要求对地震应急避难场所外语标识进行自查。截至年底，全区有应急避难场所17处，疏散总面积261.16万平方米，可容纳130.47万人。

【地震监测预报协作】 年内，区地震局、通州区地震局与防灾科技学院联动协作，依托在防灾科技学院建设的河北省地震动力学重点实验室、廊坊北三县遥测地震台网中心、廊坊地震局地震会商室开展区域地震监测预报合作，为朝阳区地震趋势预报、风险分析及业务培训、调研起到技术支撑作用。

【助力安全发展示范城市创建】 年内，区地震局按照朝阳区全国文明城区复查测评和创建安全发展示范城市标准工作要求，对朝阳区创建安全发展示范城市防震减灾工作提出意见建议。检查应急避难场所，对发现的问题及时整改，维修更换北小河公园、元大都城垣遗址公园应急避难场所标志牌和疏散示意图，保证文明城区测评和安全城市创建评估中应急避难场所项目达标。

【防震应急体系现状调研】 年内，区地震局按照区应急办要求，开展朝阳区地震系统应急救援队伍和应急物资保障现状情况调研，对朝阳区应急装备物资保障体系建设向区应急办提出意见建议。配合区应急办在应急物资库安装应急物资管理智能终端，完成库存物资清点和物资信息录入工作。 （李振山）

气象服务

▲ 3月13日，区气象局在朝阳国家气象观测站对“翻斗式雨量传感器”进行校准 （刘自名 摄）

【概况】 北京市朝阳区气象局（简称区气象局）是受朝阳区政府和北京市气象局双重领导，并以上级气象主管机构领导为主的气象管理机构。承担辖区内气象数据收集整编、预报服务、预警服务、科技服务、气象科普、气象防灾减灾、科研及行政管理职能。为“2018—2020年北京市科普基地”；继续保持“首都文明单位”称号。年内，朝阳国家气象观测站入选中国气象局第二批“中国百年气象站”名录，被认定为五十年气象站。 （刘自名）

【气象科普】 “3·23”世界气象日、“5·12”全国防灾减灾日等期间，区气象局通过官方微博、微信、区气象信息服务终端“LED显示屏”等渠道，开展线上气象科普宣传。联合望花东里和石佛营西里社区开展气象科普活动2次，为居民进行气象普法和气象灾害防御讲座。5月，首次联合区教委组织区内41所学校的中小学生参加市气象学会第十六届北京市气象知识竞赛，北京市日坛中学获高中组团队比赛第一名。运用全景VR技术制作朝阳区气象科普园区全景展示系统，并于12月1日上线新华云展平台，拓宽气象科普受众面。 （程月星）

【气象观测业务自动化】 4月1日，区气象局地面气象观测全面实行自动化。其中，实现仪器自动观测17项、自动综合判识12项，数据传输频次由每5分钟传输1次提升至每1分钟传输1次。新增“气温多传感器标准系统”“降雨多传感器标准系统”“天气现象智能观测仪”等设备。 （张子曰）

【气象信息员队伍建设】 7月16日，区气象局召开街乡气象协理员防灾减灾线上工作会，43个街乡的气象协理员出席会议。会上总结2019年气象工作，部署2020年气象灾害防御工作，预测2020年汛期天气形势，进一步明确街乡协理员汛期气象工作职责，推进街乡、社区（村）气象灾害防御工作能力。年内，培训全区气象信息员1次43人。3名气象信息员获市气象局“市优秀气象信息员”称号。 （刘自名）

【气象灾害及影响】 7月31日，朝阳区部分地区出现暴雨天气过程，最大累计雨量出现在四元桥站，124.3毫米。8月2日，出现雷雨大风天气，全区倒树292棵，金盏、崔各庄、孙河3个工地临时工棚和1个岗亭倾倒，80余间房屋不同程度受损。8月12日至13日，降水天气导致金泰桥、清苑路出现道路积水，造成短时断路情况。8月12日11时30分至15时20分，首都机场取消航班183架次；三里屯有大树倾倒，砸中车辆7辆。 （李珊珊）

【天气预报预警及气象服务保障】 年内，区气象台发布各类天气预警信号140期，其中暴雨预警6期、冰雹预警4期、大风预警68期、大雾预警6期、道路结冰预警7期、高温预警4期、雷电预警38期、寒潮预警3期、沙尘预警3期、持续低温预警1期。通过官微发布天气预报、预警、科普类微博1405条、科普类微信16条。制作发布常规天气预报304期、影视天气预报246期、环境气象趋势预测363期、天气情况581期、气象信息专报162期、重要天气专报19期。区气象局为中考、高考、节假日、市区两会、服贸会以及新冠肺炎病毒核酸检测开展气象服务保障。提前制定工作方案、应急预案，根据天气形势的变化，调整服务策略；指派业务骨干进驻现场开展气象服务，气象资料对接到区级指挥平台。 （刘自名）

【气象科研】 年内，区气象局完成“激光云高仪组网及在雾霾过程中的数据应用研究”“多旋翼无人机低空气象探测应用探索”2项市科研项目，并通过市气象局科技处验收。“朝阳区冬奥场馆及周边区域气象风险分析”“朝阳区杨柳絮飞散风险区划及气象预报技术研究”获区科信局科技项目立项。论文《北京气象台站气温均一性检验及原因分析》获市气象局第六届基层综合业务技术交流研讨会优秀论文三等奖。 （刘自名）

教 育

综 述

【概况】 北京市朝阳区教育委员会（简称区教委）是负责区内学前教育、基础教育、特殊教育、职业教育、民办教育、社区教育等教育管理部门，受区政府直接领导，业务受市教委指导。有直属单位16个。年内，朝阳区有幼儿园292所，小学74所，中学95所，职业高中5所。全年教育经费投入1122873.44万元。教职工39969人，其中幼儿园16811人、小学7085人、中学15162人、中等职业学校811人、特殊教育100人。组建“1+12+6+9”疫情防控体系（即1个防控办公室、12个工作专班、6项工作机制、9项制度），初三、高三试开学，中考、高考和秋季学期开学等工作按计划实施，全区32万名师生无一例校园感染发生，获市委、市政府“北京市抗击新冠肺炎疫情先进集体”荣誉。完成学前教育三期计划，常住人口适龄幼儿入园率90%以上，普惠性幼儿园覆盖率83%以上。集团化办学、学区制管理发展机制带动12所中小学及校区转型升级，实现公办中小学优质教育资源100%全覆盖。“朝阳区‘马芯兰’翼课程数学改革”项目获北京市2020年国家课程创造性实施成果一等奖。高中首轮新课改平稳落地，推进基于核心素养提升的教学改革和拔尖创新人才培养。新增北京市职业院校特色高水平骨干专业（群）4个和高水平实训基地3个，职业高中学生获北京市餐厅服务项目选拔赛金奖并参加国家第一届职业技能大赛；朝阳区获市教委“十三五”学习型城市建设工作与成果展示一等奖。推进民办学校教育质量与信用评价公开，在全市率先探索第三方对民办培训机构预付费资金监管模式。开展非法自办校和无证幼儿园分类治理，朝阳区非法自办校和无证园问题基本解决。德智体美劳课程设置突出时效性，向家长提供家庭教育指导课程服务70余节；通过“朝阳校园足球”等5个公众号，向学生推送微课、专家讲堂等信息200期，指导学生居家锻炼、掌握健康常识；组织学生参与“劲显朝阳”“师生交流”“成长不延期”“三大战疫有我有你”贴吧推文、科学战“疫”科普作品、区第九届“兰亭杯”书法作品和诗书画大赛等活动，参与学生6万余人次；依托职业学校为16所普通中学派送劳动教育课程30余门。完成首届初中学生劳动技术、信息技术学业水平考试。区教委通过北京市“十三五”时期干部教师培训评估验收。完成区83个结对单位教育扶贫任务。平安校园建设工作通过区综治办、教委、团委和公安朝阳局的区级达标验收。全年完成依法行政许可事项1382件，备案事项157件。区教委获市委国安办、市人力社保局北京市国家安全工作先进集体。区委教育工委、区教委获市委、市政府“首都拥军优属拥政爱民模范单位”“北京市‘七五’普法先进集体”，朝阳区进入教育部“基于教学改革、融合信息技术的新型教与学模式”实验区、“基础教育国家级优秀教学成果推广应用示范区”。中国关心下一代工作委员会、中央精神文明建设指导委员会办公室授予朝阳区教育关工委为“全国关心下一代工作先进集体”。 （张 明）

2020年朝阳区教委直属单位一览表

表9

序 号	直属单位	地 址	值班电话	传真电话
1	朝阳分院	团结湖23号	65088899	65021964
2	朝阳区教研中心	柳芳南里14号	64631140	64676535
3	朝阳区中小学卫生保健所	西坝河中里11号	85964042	85967496
4	朝阳区教育国有资产管理中心	团结湖北二条5号楼	64654693	64618222

续表 9

序 号	直属单位	地 址	值班电话	传真电话
5	朝阳区教育委员会教学设备中心	安华里二区5号楼	64218150	64257125
6	朝阳区青少年活动中心（学生活动管理中心）	红庙延静西里19号（本部）	65060549	65025721
		安华西里1区1号楼北座（图管中心）	65297042	
		三源里北小街甲1号（科教中心）	64672945	
7	朝阳区招生考试中心	团结湖南路1号	85988626	85967037
8	朝阳区教委老干部管理服务中心	水碓子东路5号楼（水碓子本部）	85989474	85968533
		新源西里中街甲5号（新源里分址）	85989474	
9	朝阳区职工大学	和平里南口砖角楼北里5号（本部）	64213152	64210193
		北三环东路17号（和平西街校区）	64429681	
		双龙南里120号（双龙校区）	87316195	
10	朝阳区人才服务中心教育分中心	西坝河中里11号	64618369	64616335
11	朝阳区现代教育信息网络中心（宣教中心）	水碓子北里14号	85979246—81111	85972413
12	朝阳区社会力量办学管理所	胜古北里甲9号	65017723	65012454
13	朝阳区教育委员会项目资金管理中心	石佛营西里28号楼	85811944	85817929
14	朝阳区职业教育教产合作促进中心	建华南路6号 地杰长安驿B座5层	85980233	84512532
15	朝阳区教育党建指导评价中心	石佛营西里27号	85851087	85850161
16	朝阳区特教中心	安华西里二区12号	64260060	64265823

（张　明）

【学科融合课程教学实践研讨】 5月18日，区教委举办学科融合课程教学实践研讨会。白家庄小学展示语文、科学、综合实践融合课，北京第二外国语学院附属小学展示数学、英语融合课，中国人民大学附属中学通州分校展示英语、物理融合课。会议以现场研讨+在线直播形式举行，38万余人次线上观看，互动问题200余个，互动消息300余条。（张浩钰）

【法治教育月】 11月20日至12月20日，区教委举办法治教育月活动。活动以“学科协同，提升师生法治素养”为主题，组织全区中小学开展“五个一”（组织一次法制教育讲座，召开一节法治教育主题班会，开展一次法治教育征文比赛，开展一次“12·4”宪法诵读活动，开展一次“争做守法小公民”活动）法治教育活动。组织全区中小学生参加市“学宪法讲宪法”演讲比赛，获一等奖1名、二等奖2名、三等奖3名；参加市“学宪法讲宪法”知识竞赛，获一等奖1名、二等奖3名、三等奖2名。（乔春江）

【区教委政府服务事项全程网上办理】 年内，区教委按照市区两级要求，依托区政务服务局单窗通办综合窗口受理系统，完成区教委所有依申请事项全程网办对接，依申请事项全部实现全程网上办理。（高　健）

【区教育系统“接诉即办”受理】 年内，区教育系统受理市民服务热线“接诉即办”来件14261件。其中，一级类案件56件、二级类655件、上报申请不计入考评材料4684件、挂账102件，办结率100%，主要涉及疫情管理、民办机构管理、幼儿园和义务教育招生及教学管理、教育设施建设及配备、教师队伍建设、学校噪声扰民、食堂及营养餐质量等内容。（赵　光）

【海外大学录取】 年内，区内申请海外大学学生收到世界Top50海外院校录取通知书500余封1200余份。其中，剑桥大学在全市12个录取席位中朝阳区占5席，哈佛大学、普林斯顿大学、宾夕法尼亚大学、康奈尔大学、约翰霍普金斯大学、斯坦福大学、加州理工大学的录取实现零的突破。提交海外大学申请854人，其中考入世界排名100综合性大学、文理学院、艺术类院校542人，占全体考生63%。（卢　婻）

教育管理

【概况】 2020年，区教委落实疫情防控期间减免中小微企业房租政策，助力学校纾困解难，学生资助聚焦重点群体精准帮扶，区教委获市学生资助事务管理中心“首都学生资助典型经验单位”称号。开展教育扶贫，通过线上、线下手段开展培训，100名干部教师赴受援地支教，接收受援地154名干部教师跟岗培训。制定教育系统内部审计工作管理办法、审计整改工作管理办法等系列制度，强化审计整改落实后续审计。在年度审计项目中增加对防疫物资采购以及相关资金使用情况审计，做到疫情防控到位，政策落实到位，指导监督到位。年内组织实施44个审计项目，审计总金额599544万元，提出审计意见和建议近200条。开展教育系统乱收费摸查工作，摸查单位466个；区治理教育乱收费办公室结合日常电话举报及“12345”市民服务热线政民互动对63个单位进行监督检查和问题情况核实，将摸查和举报集中问题作为后期监督重点内容，进一步规范教育收费管理工作。（张　明）

▲ 9月25日，区教育委员会项目资金管理中心参加2020年北京市学生资助评选活动颁奖典礼，获“首都学生资助典型经验单位”（李　悦　摄）

【新建小学1所】 5月，经区机构编制委员会批准，成立首都师范大学金泽小学，纳入公益一类。学校位于朝阳区金泽家园A区24号楼，占地面积9598平方米，校舍建筑面积6650.43平方米，运动场地面积5028.79平方米。固定资产总值503.04万元，全年教育经费投入86.11万元；信息化经费投入34.59万元，拥有计算机89台，网络多媒体教室7个，校园网出口总带宽100Mbps，数字资源量0GB，“信息技术”课程0.5课时/周。教职工14人，包括高级职称2人。专任教师12人；本科以上学历2人。年内开设教学班4个，招生128人、在校生128人。（陈玉洁）

【学生资助政策宣传】 6月19日至10月19日，区教委项目中心在毕业季和新生入学季，通过借助学习强国平台、朝阳区人民政府网站、朝阳教育微信公众号、朝阳教育报等媒体，宣传北京市生源地信用助学贷款政策及各类教育阶段学生资助政策。包括播放“助梦育新人”朝阳资助工作典型经验宣传片、学生资助政策短视频，刊登《北京市朝阳区教育委员会项目资金管理中心致普通高中、义务教育学生家长一封信》《学前教育资助政策明白卡》《朝阳区学生资助工作由保障型向发展型转变》《“开启精准资助‘云端模式’上好资助育人‘思政大课’——朝阳区教委探索新时代教育信息化学生资助工作新路径”》等文章，保障资助政策家喻户晓，助力脱贫攻坚战。项目中心获市学生资助事务中心“助学圆梦育新人 决战决胜谱新篇”学生资助评选活动2020年“首都学生资助典型经验单位”。（姜　春　李丽芳）

【学校安全生产专项整治三年行动】 10月19日，按照市、区安全生产部署要求，区教委印发《朝阳区学校（幼儿园）安全生产专项整治三年行动实施方案（2020—2022年）》（以下简称《方案》）。《方案》要求3年内，在全区中小学校、幼儿园持续开展安全生产学习教育活动，落实学校安全主体责任，重点治理实验室危险化学品、消防安全、交通安全、水电气热设施设备、建筑施工场所和地下空间安全等问题。（赵灼飞）

【学生资助】 10月，区教委全面落实国家资助学生政策制度，对全区各级各类学校家庭经济困难学生进行普查登记和首次认定。学前教育阶段资助幼儿262人次，资助金额21.36万元；义务教育阶段资助355928人次，资助金额2854.40万元；普通高中阶段资助1039人次，资助金额72.13万元；职业高中阶段资助1174人次，资助金额145.42万元。（马恬静　姜　春）

【健康食堂创建】 11月4日，区教委举行健康食堂创建工作视频会。会议对《北京市健康食堂标准》实施流程及健康食堂创建、杜绝校园食品安全事故等内容进行培训，区内239个学校食堂（16个自办食堂，223个外包托管食堂）学校主管领导及校医参加视频会议。12月4日，调研175个食堂线上线下学生餐带量食谱，13所学校达标并挂牌。（车凤鸣）

【区学校安全工作联席会成立】 11月27日，区教委、区政府办组织召开全区学校安全工作联席会议第一次会议，成立由21个相关委办局和43个街乡组成的朝阳区学校安全工作联席会。联席会主要职责包括贯彻落实《北京市中小学校幼儿园安全管理规定（试行）》，建立政府统一领导、部门齐抓共管、街乡组织落实、社会协同联动的学校安全工作机制。副区长朱晟主持会议并讲话，区委教工委副书记、区教委主任肖汶代表联席会议办公室汇报学校安全工作总体情况，通报重点任务，各成员单位主管领导参加会议。（吴桂全）

【专项审计】 年内，区教委完成专项审计2项。其中，民办单位财务年审报告审核363个、出具综合年检审核意见，要求存在问题单位逐校提交整改资料、列出整改计划；审核2020年拨付民办单位专项资金使用方案140项、13297.22万元，确保普惠资金及时下拨学校。（李庆春）

【无障碍设施建设】 年内，区教委制定《朝阳区教育系统无障碍环境建设（2019—2021年）实施方案》，成立无障碍环境建设专项行动工作领导小组，明确工作职责和建设标准，优化、改造校园和建筑物内无障碍设施行。全年完成103所学校中500个无障碍设施整改工作。（赵　影）

师资队伍

【概况】 2020年，区教委开展线上线下相结合培训，推进导师带教、市级研修合作共同体、博研苑等高端人才培养项目。统筹全区学校编制管理，均衡校际教育资源。按照“区管校用”原则，建立超编教师资源调配库，用于调剂缺编单位人员需求，全年为35所中小学调剂194名学科教师。为基层学校283名临时聘用教师进行需求审批和备案审核，解决学科教师缺口问题。全区有教职工39969人（幼儿园16811人、小学7085人、中学15162人、中等职业学校811人、特殊教育100人），包括正高级职称85人、高级职称3810人、中级职称7725人。北京市特级教师248人、北京市骨干教师332人、北京市学科教学带头人68人。26名教师通过市中小学正高级教师职称评审，通过人数连续3年居全市第一。37名教师当选北京市新一届特级教师，68名教师当选北京市学科教学带头人，332名教师当选北京市骨干教师，90名班主任当选首届北京市骨干班主任；各级各类骨干教师占专任教师54.5%。面向全国引进高层次人才96人，入选教育部首届基础教育教学指导专业委员会副主任委员1人、委员2人，入选教育部新一批“国培计划”专家库专家6人，入选人数位列全市第一。开设教师专业必修及选修培训课程19门，采用面授和网授相结合形式，培训幼儿园干部教师27137人次。（李丽艳　耿　建）

【新任教师岗前培训】 2月至6月，区教委以线上教学方式完成2019届新任教师上岗培训。959名新任教师参加培训并结业，其中191人达到优秀等级。9月，以线上线下、通识培训与学科培训相结合形式启动2020届579名中小学新任教师为期1年的上岗培训，启动新任教师3年（2020—2022年）整体培训培养。（宋　丹）

【首届“领航杯”研究成果评选】 3月至5月，区教委举办首届校级干部“领航杯”研究成果评选活动。99个单位210名校级干部提交参评成果214篇，其中研究论文164篇、调查报告13篇、研究报告37篇，63篇获奖，包括一等奖21篇、二等奖42篇。29篇优秀研究成果编辑为《2020朝阳区中小学干部领导力建设》一书，10月由北京教育出版社出版。（徐艳红）

【普通高中新教材培训】 7月，区教委举办普通高中新教材培训。培训内容包括全部学科新教材通识培训、高考及课程改革对区域教育影响及对策，高中3个年级全体教师、高中学科教研员及市级骨干教师200余人参加培训。高中语文、政治、历史等学科教师参加教育部线上系列培训。（何爱英）

【班主任队伍建设】 7月，区教委成立区第五届中小学优秀青年班主任工作坊，确定工作坊学员31人，按学员需求设置系列学习课程。9月，举办2021届新高三班主任培训，从德育规划与实施、班级文化建设、班级常规管理、典型经验、招生考试变化等方面开展专题研讨。9月至11月，举办班主任基本功比赛。15个学区89名中小学班主任参加复赛，评出一等奖25人，二等奖29人，三等奖35人。11月3日，举办区职业高中班主任基本功展示活动。16名班主任参加展示，评出特等奖1名、一等奖3名、二等奖4名、三等奖4名。年内，全区54名教师参加市教委“北京市紫禁杯优秀班主任”评选，获特等奖2名、一等奖25名、二等奖27名，90人入选市中小学骨干班主任。（乔春江　陈　静　张　林）

【“名校长工程”校长课题结题】 10月28日，区教委“名校长工程”校长课题结题。“名校长工程”校长课题是“双名工程”重要组成部分，49个校长课题涵盖德育、管理、师资培养、队伍建设等领域。（孙闪闪）

【校长职级制评审】 11月23日至24日，区委教育工委开展中小学校长职级制评审。48名中、高级校长（书记）申报职级评审，8人被评为初级校长、19人被评为中级校长、21人被评为高级校长。（靳国立　杨　帆）

【新任教师技能培训与展示】 11月，区教委举办第三届“扬帆杯”教学技能培训与展示活动总结颁奖会。活动历时7个月，首次采用全网络方式，以任务驱动推动新任教师校本培训和自我研修。160所学校1932名为师1至3年新任教师经过校本培训与申报审核、初赛、复赛，94所学校571人获奖，其中一等奖106人、二等奖183人、三等奖282人，33所学校获优秀组织奖。（宋　丹）

素质教育

【概况】 区教委有校外教育单位1个，为北京市朝阳区青少年活动中心，教职工112人。年内，区教委制定新冠肺炎疫情防控期间师生心理健康教育措施10项，开展“凝聚正能量 同心抗疫情”“2020·清明祭英烈”等线上教育活动。编写《朝阳区中小学校垃圾分类知识教育读本》，开展垃圾分类活动100余场；举办“制止餐饮浪费行为”“美好‘食’光”等校园系列活动；开展“五个一”法治教育、“12·4”宪法诵读、“争做守法小公民”等活动，引导学生树立法治观念。在实施“德智体美劳五育并举”基础上，对普通中小学兼任劳动教育课程教师进行线上劳动教育专题培训；利用职业学校资源开发劳动教育课程及区级选课系统，根据学生年龄和居家学习特点指导学生开展家务劳动，并举行“劳动是最好的教育”主题总结会。举行区第五届校园文化节；完成“十三五”时期百个学校文化特色品牌项目评选；完成2020年度全国文明城区和未成年思想道德建设测评工作，中国人民大学附属中学朝阳学校入选教育部第二届全国文明校园。全区中小学校“交通副校长”65名。区教委获教育部支持未成年人校外教育项目经费支持149.26万元，用于建设线上资源教室及课外校外课程研发。陈经纶中学分校利泽校区、朝阳外语小学等4所学校被区教委认定为区级青少年校园足球特色学校，对外经济贸易大学附属小学、东北师范大学附属中学朝阳学校等8所学校被教育部认定为全国青少年校园足球特色学校，枣营幼儿园、和平街幼儿园等4所幼儿园被教育部认定为全国足球特色幼儿园。1名学生被市教委评为北京市优秀学生，2名学生被首都精神文明办公室、市教委等部门评为2020年首都“新时代好少年”；朝阳区实验小学学生李宜泽获教育部第五届全国学生“学宪法讲宪法”活动总决赛三等奖。（乔春江　李　扬）

【市级三好学生优秀学生干部评选】 4月至5月，区教委开展2019年至2020年学年度市级三好学生、优秀学生干部和先进班集体评选并向市教委报送。最终高中获评市三好学生100名、优秀学生干部36名、先进班集体5个，初中获评市三好学生415名、优秀班集体20个，小学获评市三好生915名、优秀班集体50个。（乔春江　陈　静）

【中小学生歌咏展演线上活动】 7月1日，区教委举办以“童心永向党，歌唱新时代”为主题中小学生歌咏展演线上活动。各中小学利用网络新媒体，以短视频、云合唱等形式，唱响爱党、爱国、爱社会主义主旋律，同时结合疫情，增加“齐心战‘疫’”等主题。活动收到70余所学校100余件作品，12所学校530名师生获优秀歌咏节目线上展演。7月至8月，区教委举办中小学生暑期“云”艺术夏令营活动。活动以“暑期乐”为主题，线上展播学生优秀作品300余件，艺术直播讲座在线参与1200余人次，点赞67万余次。（张　弛　李　扬）

【学生心理健康体检】 8月至11月，区教委开展区职业高中学生心理健康体检。心理健康体检通过线上问卷和线下回访方式完成，2170名学生参加体检并建立心理档案。区教委结合体检结果举办职业高中心理健康教育策略培训，114名德育教师参加培训。12月18日，区教委召开高中学生心理测评反馈与培训工作会。会议针对性解读前期参加心理测评12216名高中学生数据，引导学校进行后期数据分析和应用，发挥数据作用，指导学生心理健康发展。（李克明　张　林）

【抗美援朝出国作战70周年主题教育】 10月，中国人民志愿军抗美援朝出国作战70周年，区教育系统曾经参加抗美援朝战争老教育工作者20人获国务院、中央军委授予的“中国人民志愿军抗美援朝出国作战70周年纪念章”。区教委在全区共青团员、少先队员中开展“致敬抗美援朝 争做时代新人”主题教育100余场，覆盖5万余人，组织共青团员、少先队员观看活动直播、回放。（韩牧岑　徐雅丽）

【“教体融合”特色体育课启动】 10月23日，区教委举办校园篮球“教体融合”特色体育课启动仪式。区教委与体育部门、行业协会建立协同育人机制，以篮球项目为引领，推动校园篮球发展，探索朝阳特色体育教学方法，发挥1+1>2育人效能，打开校园体育、体育拔尖创新人才培养新局面。“朝阳之星”篮球训练营承办校、成员校师生代表300余人参加活动。（周　杰）

【“西部温暖计划”公益行动】 11月至12月，区教委组织师生参加2020年“西部温暖计划”志愿公益行动，为欠发达地区儿童及其家长捐赠衣物、文体用品和玩具。全区学校258址、12万余名师生员工捐赠衣物35万余件、文体用品25万余件、玩具2万余件。（韩牧岑）

【劳动教育】 年内，区教委加强劳动教育力度。每月组织核心教师团队40余人线上研讨和线下自主研修1至2次，落实劳动教育文件政策、制订学生劳动素养框架，将中小学道德与法治、语文、历史、艺术等学科纳入劳动教育范围，研究培养学生劳动态度、劳动规范意识、效率观念的方法。在普通高中、职业高中学段，设“铁观音的冲泡”“银行自助机操作”“家庭网络调试”等9门劳动教育课程，提升学生劳动技能。举办“劳动是最好的教育”主题研讨会，推出金工教师培训基地、电子技术教师培训基地等观摩研究课37

节。初中阶段学生劳动学业水平考试合格率100%。（何爱英）

【珍惜粮食调研】 年内，区卫生保健所组织辖区集体用餐小学开展“珍惜粮食制止浪费教育”调研。每校随机抽选1个班扫码答题，全区5219名学生参加。调查结果显示，93%的学生适量取餐，64%的学生认为餐品不可口但坚持用餐，18%的学生会残留餐品，99%接受节约教育。调研数据为开展节约粮食教育提供依据。（车凤鸣）

【垃圾分类教育】 年内，区教委逐步推进垃圾分类。成立垃圾分类工作组，编印垃圾分类教育系列读本（小学低段、小学高段、初中和高中各一册）；组织370址幼儿园、369址中小学及16家直属单位建立生活垃圾分类台账，开展垃圾分类宣传教育，开展“我家垃圾分类习惯养成日记”“我的垃圾分类‘潮’海报”“我的垃圾分类调查报告”等实践活动，收到中小学“我的垃圾分类‘潮’海报”2187件、“我的垃圾分类调查报告”198份、“我的垃圾分类故事”548篇，各评出一等奖20项、二等奖30项、三等奖50项。（乔春江　赵　影）

学前教育

【概况】 2020年，朝阳区有幼儿园292所（教育部门办园33所、其他部门办园4所、地方企业办园15所、事业单位办园15所、部队办园6所、集体办园38所、民办园181所）。新建幼儿园1所。开设教学班3292个，招生33812人，离园21424人，在园88926人；教职工16811人，其中专任教师8168人。全年国家投入教育经费65958.41万。年内，区教委学前教育工作落实《朝阳区第三期学前教育行动计划》和八项工程（即实施资源扩充与优化工程，解决入园难问题；实施安全稳定保障工程，确保幼儿园秩序稳定；实施达标管理工程，促进办园行为规范；实施质量提升与示范引领工程，推进优质内涵发展；实施师资汇聚与培养工程，塑造优良幼师队伍；实施家园共育促进工程，营造儿童良好成长环境；实施特殊需求儿童关爱工程，保障儿童受教育权益；实施党建引领工程，夯实幼儿园组织基础），推动学前教育普惠多元发展。扩充学位8800个。开展城镇小区配套幼儿园治理，95址配套幼儿园转普惠园并完成认定；在入园紧张地区鼓励非普惠性民办幼儿园开办普惠班；普惠性幼儿园覆盖率提升至83%以上。开展学前教育督查，督查检查结果纳入幼儿园年检和考核。完成22所幼儿园等级认定及《朝阳区第三期学前教育行动计划》“实现幼儿园级类管理全覆盖”工作目标。全区307址幼儿园纳入级类管理，级类覆盖率80.1%，其中一级以上幼儿园248址，占比64.8%。完成区域内122址普惠园课程论证和指导。建立师生信息动态监控机制，10万名师生信息上报全覆盖、无遗漏。（邢　凯）

【招生】 5月28日，区教委召开2020年幼儿园招生工作部署会。会议公布全区幼儿园招生工作方案，成立招生政策咨询工作组，明确报名条件、接收原则、接收方式、时间安排，指导各幼儿园做好适龄幼儿入园接收工作。开展招生政策及家园共育、科学育儿宣传；开通招生政策咨询热线，统筹局部入园紧张地区域内学位调配。区内适龄幼儿入园33812名。（邢　凯）

【非教委办幼儿园考核】 11月，区教委完成2019年至2020年学年度非教委办幼儿园年度考核。按照日常动态考核与集中考核、结合年度考核评价体系及考核方式，将日常考核内容纳入年度考核成绩。年度考核285址幼儿园，10址幼儿园评为优秀等级，20址幼儿园评为良好等级，255址幼儿园为合格等级。（邢　凯）

【第三期学前教育行动计划完成】 12月31日，区政府完成三年学前教育行动（2018—2020年）第三期计划。三年中，新增学位近2.7万个，常住人口适龄幼儿园入园率90%，毛入园率超过100%，普惠率由2017年45.1%提升至83%，公办园占比近51%，一级以上幼儿园占比64.8%，规范整治无证幼儿园235所；政府投入学前教育财政性经费475187.67万元（其中市级投入178905.51万元，区级投入296282.16万元），经费投入占教育经费总投入14.3%；幼儿园专职保安配备率、封闭化管理达标率、一键式报警器和视频监控系统达标率均为100%。（邢　凯　綦学锋）

【公办幼儿园调整】 年内，经区教委批准，北京市朝阳区三间房乡定福庄西村幼儿园成立，为公办幼儿园（集体办园）位于三间房乡天泰定福园10号。撤销公办幼儿园3所。包括：北京市朝阳区金盏乡马各庄村中心幼儿园、北京市朝阳区崔各庄乡南皋村中心幼儿园、北京市朝阳区崔各庄乡黑桥中心幼儿园，均为集体办园。更名公办幼儿园2所，均为部队办园。（邢　凯）

基础教育

【概况】 2020年，朝阳区有小学74所（教育部门办校66所、民办校8所），初级中学9所（教育部门办校9所），完全中学13所（教育部门办校11所、民办校2所），高级中学3所（教育部门办1所、民办校2所），九年一贯制学校39所（教育部门办校31所、民办校8所），十二年一贯制学校31所（教育部门办校17所、民办校14所）。教学班7265个（小学5050个、初中1724个、普通高中491个），小学招生31555人、初中招生18294人、普通高中招生5543人；小学毕业20993人、初中毕业10226人、普通高中毕业4402人；在校小学生156698

人、初中生46620人、普通高中生13859人。初中入学率、巩固率、毕业率均为100%。中小学教师合格率100%。新建小学1所。中小学（公办）总占地面积430.11万平方米，总建筑面积302.78万平方米。中小学（公办）纸质图书藏书742.52万册。全年中小学教育经费投入838855.73万元。有义务教育学区15个，实施集团化办学单位1个（芳草地国际学校教育集团）。年内，区教委统筹做好疫情防控和义务教育优质均衡发展布局，优化教育资源配置，12个学校（校区）实现优质化发展，公办中小学优质资源覆盖率100%。疫情防控期间，通过"朝阳教育云"线上推送学生居家学习课程资源包，适当补充与教学内容关联密切、程度适宜拓展性阅读材料和实践活动。义务教育实现一年级学生100%就近入学，54所学校通过义务教育管理标准化建设达标验收，初三年级9700名学生开放性科学实践活动获20分满分，占毕业生总数99.7%。初中毕业考试和高中招生考试实现"两考合一"。继续推进卓越学校内涵发展；支持一批在初高中贯通培养试验工作中成绩突出学校继续探索初高中直升、贯通培养模式；支持一批在理工、人文、科技、艺术等领域教育教学优势明显、办学特色鲜明高中进一步建成特色高中，推进普通高中多样化发展。（张清军 陈 静）

【科研年会】 1月14日至16日，朝阳区教研中心举办以"新时代教科研工作提升与变革"为主题的朝阳区第八届科研年会。会议作课程教学改革学术报告，解读中共中央、国务院《关于深化教育教学改革全面提高义务教育质量的意见》《关于新时代推进普通高中育人方式改革的指导意见》，围绕教育前沿动态分享国内外学习经历，作"知行合一同育人"等专题发言、教学研究展示，会议表彰24名2018年至2019年学年度教研中心科研先进个人和8名教科研员基本功展示人员。区教研中心全体教科研员参加会议。（何爱英）

【"空中课堂平台"运行】 1月至2月，区教委根据疫情对全区教学工作作出"停课不停学"部署，由区教育现代网络信息中心研发"空中课堂平台"项目。项目以"在线教育云平台"为主，"网络电视平台"为辅，于2月17日上线运行。按照对应年级为疫情防控期间居家教师和学生供给学习资源，引导学生在家自主学习；区教委推送公共专题、学科指导、体育活动、阅读拓展、探究实践等课程，供学校、学生选择使用，并向学校提供在线测试、数据分析等功能。全年更新资源包5599条，服务全区公办、民办近2万名教师二次备课、20.3万名中小学生居家自主学习。（李筑恒 戴伟明）

【高考适应性测试】 2月26日，区教委召开2020年高考适应性测试部署会。会议阐述适应性测试目的、测试科目及时间、测试工作流程，明确测试工作各环节注意事项，确保试卷保密、做好阅卷统计、强化疫情防控要求。会议采取腾讯视频形式举行，普通高中学校校长、高三主管、教学主任80余人参会。3月3日至6日，全区28所高中学校高三学生参加北京市2020年高考适应性测试，无一人技术性缺考，无一起技术性故障，无一例意外事故。（李克明）

【教学"双研"会】 4月7日至10日，区教委召开第十七届初中线上双研会。教研员和科研院以"教研"和"学研"为立足点，针对中考变化趋势、本区学情以及初三教学重难点进行探讨。5个学科约1100名初三教师参加会议。11月22日至23日，召开第35届高三双研会。会议以"精准备考、提升能力、落实有效"为主题开展"双研"活动。12月12日至20日，召开首届小学"双研"会。会议以"育人为本 素养导向 关注学生实际获得"为主题，研究小学学段评价改革方向、学生学习习惯和思维培养方式养成，涵盖10大学科，语文、数学、英语学科现场与网络直播同步进行，参与现场活动100人次、参与直播近800人次。（何爱英 张浩钰）

【中考中招】 6月5日至7月30日，区教委组织开展中考中招学生体检。成立中招体检院感防控小组，落实"一人一诊室一消毒"程序，完成75所学校9488名考生体检。其中，完全合格864人，包括男生538人、女生326人；合格专业受限4172人，包括男生2263人、女生1909人；中专中技不合格4452人，包括男生2228人、女生2224人。7月17日至19日，区内8447名考生参加2020年北京市高级中等学校招生文化课考试。8月，中招录取工作完成。全区具有录取资格学生7712人，其中提前招生录取1982人、校额到校招生录取673人、统一招生录取4572人、补录30人；未录取考生455人。（车凤鸣 马悦先）

【"双百"示范项目】 6月，市教委教育信息化融合创新"双百"（即启动100项信息技术与课堂应用融合创新课题研究、建设100个"智慧校园"融合应用示范基地）示范项目评选。朝阳区17所学校入选，其中课题项目校9所，示范基地校8所。入选学校将依据课题和基地工作任务书，推进"双百"项目研究实验，总结信息技术与教育教学深度融合实践经验，发挥示范引领作用。（么 丹）

【国家级信息化教学实验区项目获批】 8月，朝阳区获批教育部办公厅基于教学改革、构建融合信息技术新型教与学模式实验区，是北京市入选5个区县之一。10月30日，区教委在芳草地国际学校远洋小学举行实验区项目启动会。会议介绍国家级信息化教学实验区背景、意义，解读实验区工作方案，实验任务及研究方向。该项目实验周期为3年（2020年至2023年学年度），纳入区"十四五"教育发展规

▲ 10 月 30 日，区教委在芳草地远洋小学举行区信息化教学实验区启动会 （崔东伟 摄）

划。全区遴选出 65 所中小学校参与 3 年实验研究。（于瑞利）

【首次"两考合一"】 9 月 23 日，区教委首次组织初中毕业考试和高中招生考试"两考合一"。2021 届 12702 名初中毕业生参加生物、地理学科学业水平考试。（张清军 翟晓恒）

【同课异构】 10 月，区教委举办同课异构教研活动。活动以"聚焦学科素养、培养高阶思维"为主题，66 名教师分 4 个会场展示 10 个学科 66 节同课异构课程，通过制定符合不同层次学生必备知识、关键能力、学科素养与价值观念教学目标，创设实践性学习情境，发展核心素养与关键能力。观摩课后，200 余名教师就教学目标与高阶思维培养一致性等问题，研究学科教学发展方向。（何爱英）

【学校卫生考评】 12 月 23 日，区教委召开"十三五"期间学校卫生防病评估考评总结会。会议总结政策保障、组织实施、防病效果分析、工作经验及现存不足，朝阳区实验小学、陈经纶中学分校介绍开展防近视、控肥胖健康教育经验。"十三五"期间，2015 年至 2016 年学年度视力不良检出率为 56.1%，2018 年至 2019 年学年度为 56.7%，增长率 0.6%；2015 年至 2016 年学年度肥胖检出率为 14.4%，2018 年至 2019 年学年度为 14.5%，增长率 0.1%；2015 年至 2016 年学年度超重检出率为 13.5%，2018 年至 2019 年学年度为 13.3%，减少率 0.2%（2020 年疫情防控期间不做统计）。（车凤鸣）

【"胡格教学"展示】 12 月 25 日，区教委举办胡格教学（胡格教学是以培养受教育者成为一名具有独立、负责任、有效完成工作任务能力的人为目标，以行动导向为基本原则，逐步实现理论与实践紧密结合的教学模式）展示活动。劲松职业高中数字影像技术专业全体教师与该校 3 个年级学生依据"策、采、编、推"流程，现场完成公众号新闻制作与发布；与会教师围绕胡格模式教学模式促进课程体系改变、教师团队改变、学习生态改变的做法进行交流。145 名职业高中教师参加活动。（何爱英）

【教育资源调整】 年内，区教委制定《朝阳区义务教育资源调整实施方案》，通过整体并入、集团化办学、高校联合等方式，对小武基小学、朝阳区第二实验小学常营校区等 12 所学校（或校区）实施教育资源调整，学校实现转型升级，区域教育资源布局更加科学合理，全区义务教育公办中小学优质资源覆盖率达到 100%。（张清军）

特殊教育

【概况】 2020 年，朝阳区有特殊教育学校 1 所（北京市朝阳区安华学校），随班就读学校 6 所，开设 41 个教学班，在校特教学生 437 名，专任教师 100 名，新聘兼职教研员 58 名。完善区域特殊教育资源布局，加强残疾儿童少年入学宣传与监控，特殊教育学生入学率 100%，流失率和投诉率均为 0；普通教师、骨干教师研修覆盖率分别为 80% 和 100%。疫情防控期间，区特教中心开展残疾学生健康状况监控，每日上报。9 月，启动后疫情时期残疾学生复课情况调研及心理行为问题监控，在分批次返校过程中监控残疾学生返校率，建立报备机制。做好入学指导服务，新生报名期间，开通 2 条入学咨询专线，接待线上咨询 300 余次。调研解决来京人员残疾子女入学问题，保障域内残疾儿童受教育权利。利用微信群、钉钉会议、腾讯会议等形式，开展教师及家长 31 个专题、36 次培训，8000 余人次参加。根据残疾学生居家学习需要，组织资源教师、兼职教研员、送教教师开展主题研究活动 92 次，编制《朝阳区听障随班就读学生居家学习指导策略》《朝阳区自闭症儿童居家生活背景下情绪行为干预策略》34 项，在首都特教公众号发布。接待咨询 800 余人次，解决转学、陪读、家庭纠纷、个案行为矫正、班级管理等个案 17 项。以视频或语音电话形式为重度及多重残疾学生 130 名进行健康监控、送教上门。全年录制微课 450 余节、音频 30 余节，下发绘本故事 184 册，"一对一"网课教学 1760 学时。（李 汀）

【残疾儿童入学情况核查】 1 月至 9 月，区特教中心与区残联、区招办核查43个街乡115名适龄残疾儿童少年入学情况和教育安置情况，编印《针对“残疾儿童入学家长咨询”答复提纲》。经入户和电话核查，入学68人，办理延缓入学47人，符合条件残疾儿童全部建立学籍，教育安置率100%。（王桐娇）

【送教上门服务】 3月至6月，特教中心送教部录制微课450余节，通过“一对一网课”和“微课视频”，为130名重度及多重残疾儿童少年开展远程教学5400课时。9月恢复上门教学。（韩 萍）

【残疾学生“希望杯”比赛】 3月至12月，区特教中心举办以“活力厨房”“我的抗疫小故事”“运动小达人”为主题的3场残疾学生“希望杯”比赛。区内410名残疾学生参赛，其中获优秀奖82人、潜力奖123人、希望奖205人，230名教师获优秀指导教师奖。赛后，特教中心印制《特殊学生希望杯作品集》，发给获奖学生和教师。（王桐娇）

【特殊教育咨询热线开通】 年内，区特教中心针对延学期间融合教育学校管理、融合教育线上教学及居家学习、残疾儿童居家康复训练等不同策略内容，开通5条特殊教育咨询热线，以“分组分类线上咨询”方式开展咨询指导，在线咨询500余人次。（王桐娇）

高等教育

【概况】 2020年，辖区内有高等教育学校15所。其中，教育部直属高等教育学校6所，分别为中央美术学院、北京化工大学、北京中医药大学、中国传媒大学、对外经济贸易大学、中华女子学院；市属院校9所，分别为中国音乐学院、北京工业大学、北京第二外国语学院、北京服装学院、北京联合大学、北京青年政治学院为普通高等院校，北京信息职业技术学院、北京经济管理干部学院、北京劳动保护职业学院为高等职业院校。（张 明）

【北京高校“引智帮扶”低收入村2019年工作总结交流会召开】 1月3日在北京联合大学，北京高校“引智帮扶”低收入村2019年工作总结交流会召开。会上通报北京高校“引智帮扶”低收入村工作实施进展情况并提出下一步工作思路，帮扶高校、驻村第一书记和脱低村代表作交流发言，市农业农村局相关领导介绍全市低收入村帮扶工作的形势并对高校帮扶工作提出指导建议。（赵万顺）

【首都高校第58届学生田径运动会举行】 10月17日，首都高校第58届学生田径运动会开幕。首都高等学校学生田径运动会是本市大学生每年一届的综合性赛事。本届运动会是在疫情防控常态化下举办的首个大型学生体育赛事，不组织大型文体表演、不组织学生观众观赛、不举行运动员入场分列式环节。北京工业大学承办普通学生组的比赛。（赵万顺）

【教学科研获奖】 年内，辖区内高等教育学校在教学科研方面多个项目获奖。其中：北京化工大学2个科研项目获国家科技进步奖二等奖。北京中医药大学获国家科技进步二等奖1项。中华女子学院学生获得71项省部级以上科技创新实践活动奖。北京工业大学8项成果获2019年度北京市科学技术奖。北京第二外国语学院获省部级科研成果奖励9项。北京信息职业技术学院获市级各类创新创业大赛一等奖4个、二等奖10个、三等奖12个。北京经济管理职业学院参加教育部中国国际“互联网+”大学生创新创业大赛，获国赛银奖1项、铜奖1项；参加团中央“挑战杯”大学生创新创业大赛，获铜奖1项。北京劳动保障职业学院在2020年全国职业院校技能大赛改革试点赛高职组“数控机床装调与技术改造”赛项中获三等奖。参加第五届“踏瑞杯”全国高职高专人力资源管理技能大赛总决赛，获特等奖。参加北京市大学生工程设计表达竞赛，获团体赛一等奖2项、二等奖1项，个人赛获奖8金7银。（赵万顺）

北京化工大学

【概况】 北京化工大学由教育部举办，为理工院校。占地面积150.39万平方米，产权校舍建筑面积83.25万平方米。图书馆建筑面积4.37万平方米。全年教育经费投入207536万元。固定资产总值429195万元。拥有教室255间，其中网络多媒体教室201间。拥有图书181.85万册，计算机11250台。网络信息点36700个，上网课程1093门，数字资源量中电子图书115198册、电子期刊722059册。学校设有4个校区（包括朝阳区1个、海淀区1个、昌平区2个），设置14个院（系、部）。开设52个本科专业，覆盖8个学科门类；有一级学科8个，一级学科博士点8个，一级学科硕士点21个、二级学科硕士点2个、硕士专业学位授权类别10个，博士后科研流动站8个。“双一流”建设学科1个，国家级一流本科专业建设点11个，北京市级一流本科专业建设点3个，北京高校“重点建设一流专业”1个，北京高校高精尖学科2个。国家重点实验室2个、国家工程技术研究中心1个、国家工程实验室1个。北京实验室1个、北京高精尖创新中心1个，北京重点实验室8个，省、部级工程技术研究中心（所）15个。教职工2670人，其中专任教师1318人；博士生导师325人，中科院院士4人、工程院院士6人。国家杰出青年科学基金获得者24人，国家优秀青年科学基金获得者24人。外籍教师20人。学历教育毕业生6843人，其中研究生2260人、普通本科生3596人、成人教育本专科生987人。招生7439人，其中研究生 2798 人、普通本科生 3835 人、成人教育本专科生 806 人。教授朱群雄当选中国自动化学会会士。杨卫民教授获北京市先进工作者称号。学校连续九年获“北京市征兵工作先进单位”荣誉称号。

【教学科研】 年内，学校“产品设计”等 5 个专业获批北京市一流专业，“功能材料”等 13 个专业推荐参评国家级一流专业，“人工智能”获批为新专业。首批新工科研究与实践项目全部通过教育部验收；教育部第二批新工科研究与实践项目入选 3 项。高考省份录取工作改革，首次录取第二学士学位 28 人。“新能源材料与器件”学科获国家自然科学基金委重大项目课题 1 项。解决黑色矩阵光刻胶和彩色光刻胶等“卡脖子”问题。成立人工智能交叉研究中心。举办全国“2020 化学与生物医药前沿交叉学术论坛”。与各类企业共建联合研发中心 28 个；与中国石油化工集团签署战略合作协议，成立分子化学工程联合研发中心，将年均投入 3000 万元支持 20 个重大项目。成立先进技术与装备研究院，完善首席科学家负责制的 GF 特色学科体系建设，推动 JM 融合战略实施。获批国家社科基金项目 6 项。新（续）签校际合作协议 33 份，新增国际合作伙伴 14 个，其中 12 个来自“一带一路”沿线国家。“先进碳材料及特种高分子”引智基地进入“111 计划 2.0”建设阶段；“微生物绿色制造技术”引智基地通过 5 年验收，进入滚动建设阶段。29 名研究生获资助赴境外攻读博士学位或联合培养，2 名本科生被国家留学基金委与加拿大 Mitacs 基金会合作本科生实习项目录取。学校教授张立群主持完成的“特种高性能橡胶复合材料关键技术及工程应用”和卢咏来教授参与完成的“地下空间防水防护用高性能多材多层高分子卷材成套技术及工程应用”2 个科研项目获国家科技进步奖二等奖。（肖　勇）

【教学交流】 年内，教育部中外人文交流中心、北京化工大学与山东玲珑轮胎集团有限公司合作共建的“大化工行业中外人文交流研究院”揭牌，学校人工智能交叉研究中心揭牌。特聘教授戴伟受邀参加中共中央总书记习近平主持召开的科学家座谈会并作为外籍科学家代表发言。（肖　勇）

北京中医药大学

【概况】 北京中医药大学由教育部、国家卫生健康委员会、国家中医药管理局和北京市共建，为医药类院校，设有良乡、和平街、望京 3 个校区，设 12 个院（系、部）、16 个本科专业，覆盖 6 个学科门类。占地面积 116.93 万平方米，学校产权校舍建筑面积 42.14 万平方米。学校有和平街校区图书馆，建筑面积 1.23 万平方米。全年教育经费投入 138433.99 万元，其中财政拨款 75343.77 万元、自筹经费 63090.22 万元。固定资产总值 243124.28 万元。拥有教室 211 间，其中网络多媒体教室 197 间。图书馆拥有图书 132.12 万册。网络信息点 26739 个，上网课程 1384 门，图书馆数字资源量中电子图书 139.21 万册、电子期刊 16.10 万册、学位论文 853.95 万册、音视频 12047 小时。具有一级博士学位授权点 3 个，一级硕士学位授权点 7 个，博士后科研流动站 3 个。年内，博士后人员出站 31 人，进站 73 人，在站 130 人。“双一流”建设学科 3 个，国家级一流本科专业建设点 4 个；北京市重点建设一流专业 1 个，北京市高校高精尖学科 2 个。教育部重点实验室 3 个，教育部工程研究中心 3 个。市教委重点实验室 2 个，市科委重点实验室 4 个，市教委工程研究中心 1 个，国家中医药管理局重点研究室 10 个。国家级实验教学示范中心 1 个，北京市实验教学示范中心 4 个。校本部教职工 1293 人，其中，专任教师 803 人，包括正高级 222 人，副高级 260 人；工程院院士 1 人。国家自然科学基金、国家杰出青年科学基金获得者 5 人，国家自然科学基金优秀青年科学基金获得者 6 人；外籍教师 4 人，其中博士 3 人、硕士 1 人。学历教育学生毕业生 7392 人，其中研究生 1327 人、普通本专科生 1393 人、成人教育本专科生 473 人、网络教育本专科生 4199 人。获第二届“全国文明校园”荣誉称号。

【教学科研】 7 月 9 日，北京中医药大学首批辅导员名师工作室揭牌。旨在充分发挥辅导员名师力量，做好处于各职业发展阶段的辅导员“传帮带”工作，着力打造一支学习型、研究型、创新型辅导员团队。12 月 4 日，北京中医药大学举行岐黄学院揭牌。学院以“中医与西医会通、医工理交叉融合、医教研协同创新、学科与教育同步推进、临床与研究一体发展”为理念，以解决临床问题为指引，创建“一体化贯通式、阶段性、模块化、通关式、全程评价”的培养模式，旨在推进“中医 +”“+ 中医”多学科背景的复合型拔尖创新人才培养，推进基础与临床融通的整合式九年制中医、中西医结合教育改革。12 月 25 日，北京中医药大学国际针灸创新研究院成立。年内，成立学生思政工作委员会、马克思主义学院“大党委”；组建面向本科生、研究生一体化的新学工部，新建学生事务服务中心。新增本科专业 3 个。6 门课程入选国家级一流本科课程。首创“丹心计划”，百名硕士毕业生赴基层实践后推免读博。完成首批“+ 中医”非医攻博、中西医临床医学（华佗班）招生和教育部首届中医“专博 + 专培”培养模式试点改革。入选人民卫生出版社国家卫生健康委员会“十四五”规划教材主编 43 位，居全国中医药院校之首。完成教育部“双一流”首轮建设任务。获国家自然科学基金项目 99 项，首次获区域联合基金

▲ 12 月 4 日，北京中医药大学岐黄学院成立揭牌 （北京中医药大学 供图）

项目；国家社科基金项目 6 项，马列学科首次获得资助。新增国家药监局重点实验室 1 个、北京市新型研发中心 1 个。获国家科技进步二等奖 1 项。《北京中医药大学学报》入选百种中国杰出学术期刊。

【教学交流】 年内，参加第六届中国国际“互联网 +”大学生创新创业大赛，获全国赛铜奖 1 项。新增高等学校学科创新引智基地 1 项，国学与传统医药中外人文交流研究院暨人才培养基地 1 项，国家中医药管理局国际合作专项 6 项。 （沈 琦）

中华女子学院

【概况】 中华女子学院由中华全国妇女联合会举办，为语文院校，设有 3 个校区，主校区位于朝阳区育慧东路 1 号，分校区位于昌平区创新路 20 号（汇佳职业学院内）和西城区地安门西大街 103 号。主校区占地面积 10.60 万平方米，产权校舍建筑面积 10.91 万平方米；非产权校舍建筑面积 3.65 万平方米。图书馆建筑面积 16089.57 平方米。年内，教育经费投入 21403.95 万元，其中，财政拨款 15580.49 万元、自筹经费 5823.46 万元。固定资产总值 64948.45 万元，其中，教学、科研仪器设备资产值 5605.97 万元，信息化设备资产值 8282.15 万元。拥有教室 125 间，其中，网络多媒体教室 125 间。拥有图书 67.61 万册，计算机 4133 台。网络信息点 5000 个，上网课程数 634 门，电子邮件系统用户 9838 个，管理信息系统数据总量 412GB，数字资源量中电子图书 275.12 万册、电子期刊 123.78 万册。学校设置 15 个院（系），开设 1 个社会工作专业硕士点、24 个本科专业、4 个高职专业，覆盖 7 个学科门类；具有一级学科 12 个，专业硕士学位授权点 1 个；国家级一流本科专业建设点 2 个；省级一流本科专业建设点 3 个。教职工 477 人，其中，专任教师 339 人，包括教授 33 人、副教授 86 人；国家级高层次人才 3 人，省部级高层次人才 6 人。享受国务院政府特殊津贴教授 8 人。学历教育毕业生 1689 人，其中，硕士研究生 65 人、普通本专科生 1624 人。招生 1168 人，其中，硕士研究生 88 人、普通本专科生 1080 人。留学生毕业 25 人。1000 余名师生报名参与冬奥会志愿者项目。

【教学科研】 4 月，中华女子学院党委书记、全国妇联人才开发培训中心主任李明舜教授主讲的“深入学习习近平总书记关于家庭的重要论述”课程入选学习贯彻习近平新时代中国特色社会主义思想全国好课程推荐目录。年内，学校获批硕士学位授予单位和社会工作硕士、教育硕士、法律硕士 3 个硕士专业学位授权点。法学和学前教育专业 2 个专业获评国家一流专业建设点。社会工作和法学 2 个专业获评北京市一流专业建设点。新增养老服务管理本科专业。《媒介与女性》课程获北京市高等教育本科教学改革创新项目重点项目立项。成立新时代中国特色社会主义妇女理论研究院。获批国家社科基金、教育部人文社科科学研究青年基金、北京市教育科学“十三五”规划一般课题各 1 项。设立就业奖励 100 万元，设置科研、教学和行政等特聘助理岗位 78 个，开拓第二学位 100 个；截至 10 月 31 日，总体就业率 91.10%（其中本专科就业率 92.65%），超过北京市 90% 的工作目标。7 篇本科生毕业论文被评为北京市优秀本科毕业论文，学生获得 71 项省部级以上科技创新实践活动奖。儿童发展与教育学院 19 篇本科毕业论文获第十三届全国高校学前（幼儿）教育专业优秀毕业论文。艺术学院获得线上国际时装周“人才培养成果奖”“25 届中国时装设计新人奖”优秀奖。学校连续第 3 年获得“全国文明单位”荣誉称号。

【教学交流】 10 月 19 日，与浙江省建德市签署合作共建框架协议，根据共建协议，建德市千鹤妇女精神教育基地将挂牌设立“全国妇联干部培训学院现场教学基地”“中华女子学院教学实践基地”。全年举办女干部培训班 26 期、培训 7266 人，其中承办全国妇联领头雁培训项目 24 期、培训 6817 人。11 月 6 日，联合国教科文组织批准在中国信息传播领域的首个教席——“媒介与女性”教席再次延期四年，继续聘任中华女子学院（全国妇联干部培训学院）院长刘利群为该教席主持人至 2023 年 9 月 22 日。11 月 27 日，学院在北京主办第二届全球女性发展论坛暨纪念北京世界妇女大会 25 周年学术研讨会。研讨会以“回顾、反思与展望”为主题，同步举办“脱贫攻坚与妇女可持续发展”“社会治理中的妇女参与”“女性 · 媒介 · 发展”“为女性提供平等优质的高等教育”

4个分论坛，交流研讨如何将性别平等落在实处，让更多的妇女能够走在时代前列的有效路径等。全国妇联书记处书记、党组成员蔡淑敏出席论坛并讲话。院长刘利群连任联合国教科文组织“媒介与女性”教席主持人，并在央视新闻频道现场同步解读习近平主席在联合国纪念北京世界妇女大会25周年高级别会议上重要讲话精神；巴基斯坦留学生参加会议并发言；多名教师参加“亚欧会议高级别对话——新冠疫情期间的妇女经济赋权”等线上国际会议。来自联合国教科文组织、联合国妇女署、坦桑尼亚等国家和国内高校、研究机构等150余位专家学者参加论坛。新华社、央视频、光明网、凤凰卫视、《中国日报》、《中国妇女报》、《中国教育报》等多家媒体采访、报道。12月3日，学院在京召开新时代马克思主义妇女理论发展与高等教育人才培养研讨会。会议探讨新时代中国特色社会主义妇女理论研究及相关的学科建设、师资建设、课程建设和推进性别平等课程全面纳入国民教育体系等议题。全国妇联书记处书记蔡淑敏，高校、研究机构和妇联组织的相关领域专家学者以及学院教工代表130余人参加会议。12月19日，学院在京举办第五届中国家庭学科研讨会。探讨新时代家庭观、家庭学科理论构建、家庭家教家风在基层社会治理中的作用、家庭教育指导、家庭中的托幼养老等社会议题。全国各地高校和科研院所专家、学者，机关企事业单位、各级妇联、社区、社会组织等100余人参加会议。（杨莉锋）

北京工业大学

【概况】 北京工业大学占地面积96.01万平方米。全年教育经费投入248402.09万元。图书馆建筑面积51327.13平方米，藏有纸质图书207.58万册、电子图书168.47万册。拥有多媒体教室座位24536个，上网课程4328门。有校区7个，设16个部（院）、研究院（所）；本科专业67个，研究生专业34个学科；一级学科33个，一级学科博士学位授权点20个；一级硕士学位授权点33个，专业学位授权类别18种；博士后流动站18个，出站66人。国家重点学科3个，市重点学科21个，市重点建设学科18个。拥有国家工程实验室2个、“111计划”引智基地3个，国家级产学研中心1个，国际合作研究中心1个，省部共建国家级重点实验室培育基地1个，教育部工程研究中心3个，教育部重点实验室5个，教育部战略研究中心1个，北京市级科研基地45个，行业重点实验室4个，省部共建协同创新中心1个，北京市级协同创新中心3个，北京高校高精尖创新中心1个。定期出版专业刊物2种。教职工3183人，其中，专任教师2002人，包括正高职称426人、副高职称737人；博士生导师525人，硕士生导师1404人；工程院院士9人，中国社会科学院学部委员1人，国家有突出贡献专家18人，享受政府特殊津贴专家49人，国家杰出青年基金获得者15人。境外教师110人。毕业生6772人，其中，学历教育学生中全日制研究生2276人，非全日制研究生314人；普通本专科生3403人；成人教育本专科生779人。留学生毕业75人。

【建校六十周年活动】 10月18日，北京工业大学举办以“甲子工大正青春”为主题的建校六十周年创新发展大会。校党委副书记、校长柳贡慧作《甲子工大正青春，逐梦一流再启航》主旨报告，回顾60年办学历程。

【教学科研】 年内，学校1个二级党组织、2个党支部入选第二批全国党建工作标杆院系和样板支部创建名单。4月，成立理学部、环境与生命学部，完成城建学部、材料与制造学部实体化，实施一流学科建设高校建设方案。9月，成立教师学院。学校6个学科位列全球ESI前1%行列，8个学科进入QS世界大学学科排名前500名，首次入选2020软科世界大学学术排名全球500强。新增中国社会科学院学部委员1人。乔俊飞教授牵头的“城市污水处理运行优化控制理论及应用”项目获国家自然科学基金创新研究群体项目资助。席晓丽教授、路德春教授获国家杰出青年科学基金项目资助，魏巍副研究员获国家优秀青年科学基金项目资助。获市教委批准建设“智慧环保北京实验室”，“城镇污水深度处理与资

▲ 10月18日，北京工业大学举办建校六十周年创新发展大会（吕　洋　摄）

源化利用技术国家工程实验室”建设项目通过评审专家组验收，8项成果获2019年度北京市科学技术奖。知识产权产业媒体IPRdaily与incoPat创新指数研究中心联合发布中国高校专利转让排行榜（TOP100），学校以640件专利转让数量位列第13名；入选国家知识产权试点高校、科技部“赋予科研人员职务科技成果所有权或长期使用权试点单位”，获批市教委“北京高校科技成果转移转化促进中心”。RV减速器打破日企30年垄断，主要核心元器件实现国产化。入选教育部首批国家级一流本科课程7门，获市教委北京高校优秀本科育人团队1个。7月7日，举办线上毕业典礼。1402名教师、1509名学生志愿者集中开展行李打包、邮寄和留置物品存放工作，22662件包裹如期寄送到境内外毕业生的手中。

【教学交流】 年内，学校参加市教委第六届中国国际“互联网+”大学生创新创业大赛总决赛，获金奖，实现市属高校在该项赛事中金奖零的突破。参加共青团中央、人力资源和社会保障部等共同举办的第七届“创青春”中国青年创新创业大赛（互联网组），获金奖。参加共青团中央、教育部等单位共同举办的第十二届“挑战杯”中国大学生创业计划竞赛，获全国金奖2项。设爱尔兰境外联络处，加入中国——中东欧国家高校联合会。（刘典华）

北京第二外国语学院

【概况】 北京第二外国语学院由市教委举办，为语文类院校。校区占地面积21.32万平方米。图书馆建筑面积8086平方米。全年教育经费投入68379.28万元。固定资产总值77296.86万元。拥有教室271间，全部为网络多媒体教室。有图书124.74万册，计算机4765台，网络信息点16415个，上网课程1648门，数字资源量中电子图书119.61万册、电子期刊155.7万册。设院（系）17个。开设45个本科专业（涵盖26个语种），覆盖4个学科门类；一级学科硕士点5个，二级学科硕士点28个、硕士专业学位授权类别6个；联合培养博士后工作站2个。国家级“双万计划”一流本科专业建设点11个，其中新增6个；北京市“双万计划”一流本科专业9个，其中新增7个；北京市重点建设一流专业2个。国家级特色专业4个，教育部专业综合改革试点专业1个。北京高校高精尖学科2个。教职工938人，其中专任教师数614人，包括正高级101人、副高级195人；硕士生导师306人。外籍教师学历教育学生中毕业生2205人。留学生毕业363人。贯培生（中职段）毕业265人。招生2632人。10月1日，学院校史馆“心馆”揭牌。“心馆”占地面积约600平方米。

【教学交流】 5月20日，学院与中科卫创集团签署卫星大数据文旅应用战略合作协议，共同推动卫星大数据在文旅行业的应用。6月5日，学院旅游管理、酒店管理、会展经济与管理3个本科专业和旅游管理、饭店管理、会展管理3个硕士研究生专业6个项目获联合国世界旅游组织旅游教育质量认证（四年）。8月6日，北京第二外国语学院拉萨附属中学成立并揭牌。12月19日，学院阿拉伯研究中心和中国文化和旅游产业研究院入选中国智库索引（CTTI）来源智库，截至年底，学院有6家研究机构入选中国智库索引（CTTI）来源智库。年内，学院在欧洲地区新签署校级学生交流合作协议13份，续签合作协议2份。

【毕业典礼】 6月18日，学院2020届学生毕业典礼在线举行。校长计金标以《在平凡中创造不凡》为题，向全体毕业生讲授大学“最后一课”，抖音、央视频、微博同步直播，学校师生、学生家长及社会各界人士约6万人观看。

【教学科研】 年内，学校获批市级一流本科专业7个；“旅游经济学”课程入选首批国家级一流本科课程；获评市级“优质本科课程”4门，教材获评市级“优质本科教材课件”4项；入选2020年度国家百千万人才工程1人；学院在2020年软科中国大学排名中，外语学科排名百分位段由上年前19%升至前11%，工商管

▲ 6月18日，北京第二外国语学院举行首次在线毕业典礼 （北二外 供图）

理学科由上年前33%升至18%。获省部级科研成果奖励9项，其中文旅部文化和旅游优秀研究成果奖6项、商务部商务发展研究成果奖3项；获国家级项目16项，其中国家级重大项目3项；获国家社科和国家自科一般（青年）项目13项、国家自然科学基金项目6项、省部级科研项目43项。发表北大核心以上论文140篇，出版专著译著42部，获专利2项，软件著作权1项。（辛　辰　王　薇）

北京联合大学

【概况】北京联合大学（简称北京联大）是经教育部批准成立的北京市属综合性大学，1985年创办，由北京市委、市政府依靠清华大学、北京大学等36所大学分校中的24所大学分校调整合并而成。学校设经、法、教、文、史、理、工、医、管、艺10个学科，以本科教育为主，兼有研究生教育、高职教育、继续教育和留学生教育，是北京市重点建设的应用型人才培养基地，也是北京市规模最大高校之一。学校以北四环校区为中心，另有7个分校区，分别为学院路校区、外馆斜街校区、红领巾桥校区、垡头校区、工体北路校区、蒲黄榆校区、北苑校区。2020年，学校占地面积43.06万平方米；图书馆建筑面积3.31万平方米，馆藏纸质图书304.20万册、电子图书312.75万册。设置学院14个、直属教学部4个。具有一级学科9个，一级学科硕士点9个、自主设置二级学科硕士点7个、硕士专业学位授权类别10个。教职工2638人，其中专任教师1515人，包括正高级204人、副高级566人；硕士生导师278人。外籍教师47人次，其中长期外籍教师12人次。招生6535人，其中学历教育学生中全日制硕士研究生377人、普通本科生5000人、普通专科生302人、成人教育本科生577人、成人教育专科生279人。毕业生7046人，其中学历教育学生中全日制硕士研究生170人、普通本科生5183人、普通专科生216人、成人教育本科生737人、成人教育专科生740人。

【教学交流】4月14日，北京联大与携程集团共同发布酒店业首个《在线住宿平台酒店预售服务规范》，对在线平台酒店预售服务进行系统化规范，旨在推动建立最佳市场秩序，保护消费者利益。11月14日，首届大运河非遗论坛在北京联大举行。论坛由北京联大与中共北京市西城区委宣传部、北京市西城区文化和旅游局、中国美术学院等7家单位共同主办，北京联大承办。该论坛是2020北京大运河文化节系列活动之一，为期2天，来自北京市、区有关机关、行业、企业和30余所高校的领导、学者和研究生参加。论坛开幕式上，与山东美术出版社签约，计划合作出版《大运河非遗论丛》系列专著与论文集，固化大运河非遗研究成果；成立大运河非遗教育联盟；启动清华大学中意设计创新基地、北京联合大学非物质文化遗产学院等单位联合举办的“触摸时间·24节气国际文创在线工作坊”成果展。12月29日，学校举办第十届首都旅游发展论坛。主题为“推动文旅融合，促进旅游新消费”，设“谈疫情冲击”“谈问题建议”“谈旅游发展”“交流座谈”4个板块研讨交流首都文化和旅游融合发展，促进旅游业转型升级、消费。北京旅游学会、旅游产业管理部门、教育行业、研究机构、旅游企业、旅游民间组织近50位专家、学者、企业家、管理者和研究者参加。论坛同步线上直播，2500余人在线参会。年内，学校与黑山共和国下戈里察大学共建旅游孔子课堂。在校举办“健全立德树人机制，提升人才培养能力”展览，与人民网合作推出思政专题系列直播公开课，编辑思政课程纪录片4集在北京卫视《春风化雨　不负韶华》栏目播出。

【教学科研】8月26日，成立北京数字货币研究中心。该中心由北京联大与正道智库、中央财经大学中国银行业研究中心和北京知链公司共同筹建，是首家专注于数字货币问题研究的民间科研机构，旨在培养人才服务经济发展，加速数字货币应用落地的发展和开展“数字货币普惠行动”。11月3日，成立北京自贸区协同创新研究中心。该中心由北京联大与北京大学—中国银行—欧盟经济与战略研究中心、欧盟中国联合创新中心、韩国京畿大学韩中战略经营研究所等共同创办，是首家专注服务北京自贸区的研究机构，主要开展北京自贸区机构建设、开放路径、制度创新与特色建设等领域的深度研究，为北京自贸区与服务业扩大开放综合示范区建设提供智力支持。年内，学校整合数学和物理教学资源，成立数理部。撤销自主设置二级学科食品分离技术、制造业信息化、智能交通工程、信息资源管理。新增科学教育、数据科学与大数据技术2个本科专业及俄交大联合交通学院物流工程和交通工程2个中外合作办学本科专业。马克思主义学院入选市第二批重点建设马克思主义学院。学校获国家级一流本科专业建设点5个、市级12个。成立数理与交叉科学研究院。（王　岩）

北京青年政治学院

【概况】北京青年政治学院由北京市教育委员会举办，为北京市属普通高等学校、北京市市级示范性高职院校。占地面积2.59万平方米，校舍建筑面积7.22万平方米。图书馆建筑面积4618.66平方米。全年教育经费投入18578.48万元。子邮件系统用户770个，管理信息系统数据总量25079GB，数字资源量中电子图书122.4万册。学校设二级学院6个、中心1个、继续教育分院1个和研究所3个，开设专业19个。教职工281人。专任教师205人，包括教授及教授级高级工程师17人、副教授及高级工程师83人；博士36人，硕士105人；“双师型”教师121人。聘请校外教师41人。毕业生1126人，均为高职生。学院“燧石工程”爱国主义教育基地入选北京市首批新时代文明实践基地。发布《北京青年政治学院创建记（1984—1991）》。

【教学科研】 年内，学院成功申报北京市职业院校特色高水平骨干专业（旅游英语专业）1个，北京市职业院校特色高水平实训基地3个（智慧养老学院、融媒体工程师学院、王岳川传统文化教育与推广工作室）。获省部级科研项目立项5项，一般类项目36项。（王玉江）

北京信息职业技术学院

【概况】 北京信息职业技术学院，设校区3个，分别位于朝阳区芳园西路5号、朝阳区东坝红松园北里甲1号和丰台区花乡辛庄90号。占地面积20.21万平方米，产权校舍建筑面积24.30万平方米。全年教育经费投入45806.10万元，其中，国家拨款43423.88万元、自筹经费2382.22万元。固定资产146808.18万元，其中教学、科研仪器设备资产54782.19万元。图书馆建筑面积12665.24平方米，藏有纸质图书65.83万册、电子图书14.65万册。拥有计算机8044台。学院信息化经费投入5589.16万元，信息化设备资产44460.04万元，校园网出口总带宽6000Mbps，上网课程675门。学院设5院2系4部，专业43个。教职工807人。专任教师395人，包括教授及教授级高级工程师14人、副教授及高级工程师154人；博士22人，硕士139人；“双师型”教师337人。毕业生2126人，其中高职生1636人、中职生266人、成人教育专科生202人、留学生22人。招生2399人，其中高职生1662人、中职生179人、成人教育专科生452人、留学生106人。

【教学交流】 9月4至9日，学校国际化办学成果在中国国际服务贸易交易会展示。教育部职教协会、市政府、市教委、市电控公司领导到访学校展台，对学校在教育国际化建设方面取得的成就给予肯定。10月12日至16日，与雄安新区管委会公共服务局合作，举办第一期职业培训教师信息化教学能力提升培训班，雄安新区13家定点职业培训机构的22名教师参加培训。年内，为北京电子控股集团有限公司下属企业在线培训员工3350人次。

【教学科研】 年内，学院新增虚拟现实应用技术、智能交通技术运用2个专业，于7月首次招生。“电子信息工程技术专业”入选第二批市职业院校特色高水平骨干专业（群），“完美世界数字文化创意设计师学院”入选第二批市职业院校特色高水平实训基地（工程师学院、技术技能大师工作室）。实施“三教”（教师、教法、教材）改革，启动学校第二批教师教学创新团队遴选，15个教学团队立项开展教师教学创新团队建设。学院教学工作委员会牵头国内行业、企业编写出版《大数据技术基础》等教材8本。推动“1+X证书”（即学历证书+若干职业技能等级证书）制度试点工作，各专业群启动“1+X”证书制度试点21项。征集培育创新创业项目50项，获市级各类创新创业大赛一等奖4个、二等奖10个、三等奖12个。学院入选北京市职业院校“双师型”教师培养培训基地。（赵燕平）

北京经济管理职业学院

【概况】 北京经济管理职业学院由市教委举办，为财经类院校，设校区2个，分别位于朝阳区望京街道和河北省廊坊市固安县，占地面积85.80万平方米。图书馆建筑面积8318平方米。全年教育经费投入28974.05万元。固定资产总值45757.06万元。拥有图书53.92万册，计算机4100台。网络信息点7435个，上网课程922门，数字资源量中电子图书522881册、电子期刊9822册。设院（系、部）10个，开设专业34个。教职工532人，其中专任教师284人，包括教授及教授级高级工程师15人、副教授及高级工程师100人；博士41人，硕士255人；“双师型”教师175人。聘请校外教师34人。毕业生744人，其中高职生722人、成人教育专科生22人。招生1002人，其中高职生865人、成人教育专科生137人。学校获评教育部“全国职业院校传统技艺传承示范基地”。

【教学科研】 5月11日，学校8个项目入选北京市经济和信息化局首批北京市高精尖产业技能提升培训机构，“数据中心基础设施运维工程师培训”入选第二批培训项目。8月，学校26个试点证书（57个等级）通过市教委审核，成为第三批“1+X”证书制度试点院校。10月20日，学校通过北京市2020年第三批全国现代学徒制试点项目省级验收。年内，学院临空经济管理等3个专业群、科大讯飞人工智能工程师学院等4个项目获批第二批北京市特高项目；宝玉石鉴定与加工专业教学资源库通过教育部验收；新增“3+2”中高职衔接办学项目9项，2部教材入选“十三五”职业教育国家规划教材，获批北京市学分银行联盟成员单位。成立非遗技艺传承（花丝镶嵌）产业学院，3个教育部现代学徒制教育教学试点专业通过省级验收，学院入选“中国工艺美术大师传承创新基地院校”。申报并入选首都职工教育培训示范点、北京市校企合作“双师型”教师培养培训基地、河北省退役军人培训基地。入选教育部第二批“高职院校文化建设与文化育人丛书”编写单位。

【教学交流】 9月5日，学校参加“挑战杯”首都大学生创业计划竞赛，基础教育学院王一晴老师指导的“e书童”创意项目进入路演决赛，项目主创学生宋伟静获金奖。10月23日至25日，教育部职业院校文化素质教育指导委员会在湖南长沙举行以“传承·创新·筑梦”为主题的第二届全国职业院校传统技艺传承与发展研讨会。会上，由张晓晖、杨君和沈罕老师指导，学生于锡铂制作的花丝镶嵌作品获“传统技艺学生技能展示”项目二等奖。11月14日，在中国教育发展战略学会、四川师范大学主办的2020亚洲教育论坛上，学院获评2020全国职业院校产教融合50强。11月18日，与北京东方艺珍花丝镶嵌厂共建的非遗技艺传承（花丝镶嵌）人才培养基地暨非遗技艺传承（花丝镶嵌）产业学院在学院签约揭牌。11月22日，学院发起成立永定河文化研究院。12月3日，学院获评教育部职业院校文化素质教育指导委员会2020年全国职业院校校园文化建设“一校一品”学校。年内，学院参加教育部中国国际“互联网+”大学生创新创业大赛，获国赛银奖1项、铜奖1项；参加团中央“挑战杯”大学生创新创业大赛，获铜奖1项。（于平波）

北京劳动保障职业学院

【概况】北京劳动保障职业学院由北京市人力资源和社会保障局举办，为高等职业教育类院校，设校区2个，分别位于朝阳区惠新东街5号（南校区）和昌平区南口路32号（北校区）。总占地面积17.87万平方米，产权校舍建筑面积10.72万平方米。图书馆建筑面积2313平方米。全年教育经费投入22521万元。固定资产总值37226.04万元。拥有图书24.17万册，计算机2792台。网络信息点2302个，上网课程445门，电子邮件系统用户1500个，管理信息系统数据总量450GB，数字资源量中电子图书130万册、电子期刊1.33万册。学校设3系2部、专业17个。教职工230人。其中，专任教师153人，包括教授及教授级高级工程师9人、副教授及高级工程师57人；博士28人，硕士103人；“双师型”教师82人。聘请校外教师89人。毕业生1522人，其中，高职生973人、中职生238人、成人教育专科生311人。招生1350人，其中，高职生1099人、中职生240人、成人教育专科生11人。学院获评市学生资助事务管理中心“助学圆梦育新人 决战决胜谱新篇”学生资助评选活动“首都学生资助推荐学习单位”。

【教学科研】1月13日，获教育部批准，增设护理专业。4月10日，与京东集团京东物流签署战略合作协议，双方合作开设机电一体化技术专业（京东智慧仓储订单班）。9月16日，张耀嵩主持的“教育类型视野下北京市职业教育本科理论研究与实践探索”课题获北京市教育科学规划领导小组北京市教育科学“十三五”规划2020年度立项。10月15日，学院牵头的北京人力资源服务职业教育集团入选教育部第一批示范性职业教育集团（联盟）培育单位名单。年内，学院在新能源汽车、养老服务与管理、财务管理等专业中实施“1+X”证书制度试点；劳动与社会保障专业、安全技术与管理、老年服务与管理实行校企合作，协同育人。12月8日，王建民主编的《管理沟通实务（第五版）》、张梅主编的《物联网工程项目集锦》、康士勇主编的《薪酬与福利管理实务（第四版）》、谭小峰主编的《汽车底盘电控系统原理与检修》和张严心主编的《高职英语写作》入选“十三五”职业教育国家规划教材。完成市级科研课题4项；新申报省部级以上科研课题9项，获专利3项；立项国家级教学成果奖培育项目4个，立项团队整合课题4项（子课题计29项），非整合课题17项。

【教学交流】10月23日至24日，第三届中国老年学和老年医学学会护理和照护分会学术年会暨国家继教学分“老年护理与照护能力提升班”、第二届产教融合人才培养论坛在学院召开。学校老年服务与管理专业成为国家“双高”建设专业群、北京市特色高水平职业院校骨干专业。11月30日，学院代表队在2020年全国职业院校技能大赛改革试点赛高职组“数控机床装调与技术改造”赛项中获三等奖。年内，参加第五届“踏瑞杯”全国高职高专人力资源管理技能大赛总决赛，获特等奖。参加北京市大学生工程设计表达竞赛，获团体赛一等奖2项、二等奖1项，个人赛获奖8金7银。（程 峥）

职业教育

【概况】2020年，朝阳区有职业学校5所，在校学生（不含成人中专）1229人，招生655人（不含成人中专）、毕业401人（不含成人中专）。教职工811人，其中专任教师670人；高级职称264人、中级职称288人；市特级教师5人、市骨干教师17人、市学科教学带头人2人。公办学校占地面积302144.95平方米，产权建筑面积250610.74平方米。图书馆藏书35.80万册，计算机5526台。全年教育经费投入36405.44万元。设有劲松职业高中劲松校区、求实职业学校望京校区和电气工程学校将台路校区等11个校区。年内，朝阳区职业教育落实疫情防控责任，确保秋季学期顺利开学；有序推进线上教学，开展课程资源建设。全区职高毕业生就业率与往年持平。优化专业结构和布局，新增专业（方向）5个，撤销专业（方向）4个，扩增8个专业（方向）与相关高职院校开展“3+2”中高职衔接办学4个专业入选第二批市特色高水平骨干专业（群）建设名单。截至年底，全区职业高中有北京市职业院校特色高水平骨干专业（群）7个，北京市职业院校特色高水平实训基地（工程师学院、技术技能大师工作室）6个。

【专业调整】1月21日，市教委公布2020年中等职业学校新增专业，朝阳区新增专业5个，分别是北京市劲松职业高中智能养老服务专业，北京市求实职业学校民航运输（智慧机场运行）专业、移动商务（数据分析服务）专业、学前教育（早期教育）专业，北京市电气工程学校建筑装饰专业。撤销4个专业（方向），包括北京市求实职业学校金融事务（互联网金融方向）专业、数字媒体技术应用专业，北京市电气工程学校观光农业经营专业、供热通风与空调施工运行专业。扩增8个专业（方向）与相关高职院校开展“3+2”中高职衔接办学专业，分别为：北京市电气工程学校网络信息安全专业，北京市劲松职业高中中餐烹饪与营养膳食专业、西餐烹饪专业，北京市求实职业学校飞机维修专业、电子商务（网店运营与推广方向）专业、民航运输专业、会计（智能财税方向）专业、金融事务专业。

【区职业教育专业人才培养方案修订】 3月至7月，区教委落实教育部《中等职业学校公共基础课程方案》，指导3所职业高中完成本校专业人才培养方案修订。修订方案从2020级学生开始执行，职业学校公共基础课教学安排实现全区进度统一。

【职业教育专业建设及教育教学创新能力展示】 9月，区教委举办职业教育专业建设及教育教学创新能力展示活动。86位教师创新项目报告参加初赛选拔，最终评出一等奖17项、二等奖28项。

【第二批市特高骨专业（群）和实训基地项目获批】 10月9日，区职业教育4个专业入选第二批北京市职业院校特色高水平骨干专业（群）建设名单，分别为求实职业学校智慧民航服务专业群、求实职业学校老年人服务与管理专业、求实职业学校智慧零售专业群以及劲松职业高中跨境贸易电子商务专业群。3个实训基地入选北京市第二批高水平实训基地建设项目，分别是求实职业学校神州数码智慧网络工程学院、劲松职业高中人民网融媒体工程师学院，劲松职业高中宋志春美发美容大师工作室入选第二批市职业院校工程师学院及技术技能大师工作室。

【职业教育教学工作会】 12月10日，区教委在北京市求实职业学校召开朝阳区职业高中教育教学工作会。会议总结全年工作情况，就“十四五”时期区职业教育发展规划组织研讨，区职业高中、区教研中心职成教研室、朝阳分院职成培训部100余人参加大会。 （张 伟）

继续教育

【概况】 2020年，朝阳区有职工大学1所（北京市朝阳区职工大学）、市民终身学习示范基地10个，市民终身教育服务中心6个，街乡社区教育中心43个，社区教育学校476所。年内，区教委继续推行、宣传终身教育学习理念。开展社区教育骨干培训——“种子工程项目”，授课450余次，培训学员17680人次。疫情防控期间，利用网络平台推送防疫知识、垃圾分类指导、制止餐饮浪费等普及宣传课程，做到停课不停学。采取线上线下相结合方式授课，录制“学生家庭生活指导及劳动教育视频课程”“家庭教育指导专家公众号直播课”150余节，家庭教育专家下校下园举办讲座44场，受众人群近15万人次。朝阳区获评市教委“十三五”学习型城市建设工作一等奖。

北京市朝阳区职工大学（朝阳社区学院）分别在朝阳区和平里南口砖角楼5号、朝阳区北三环东路17号、朝阳区双龙南里120号三址办学。学院总占地面积34706平方米，产权建筑面积28912平方米。图书馆建筑面积316平方米，藏书近8万册。拥有计算机907台。固定资产总值6165万元，其中，教学、科研仪器设备总值1966万元。全年经费投入6336万元，其中财政性资金5516万元，其他资金820万元。信息化经费投入227万元，多媒体教室座位2500个，信息化设备资产1569万元，网络信息点数630个，校园网出口总带宽210Mbps，电子邮件系统用户数3个，上网课程数229门，数字资源量237GB，管理信息系统数据总量24GB。设3个教学系部，开设21个专业。学院有教职工114人，其中，专任教师31人，副教授17人。各层次学历教育招生532人，毕业654人，在校生2003人。 （刘顺宝 王艳萍）

【家庭教育能力提升培训】 9月25日，区职工大学朝阳区家庭教育能力提升培训班第4期开班。培训形式采用面授专题讲座+互动体验+线上网络视频课程学习，其中必修培训课程为线下面授40学时（5天）+线上网络课程40学时（5天），选修培训课程为线上学习40学时；聘请国内家庭

▲ 9月25日，北京市朝阳区职工大学（朝阳社区学院）在学校体育馆举行“朝阳区家庭教育能力提升培训班”（第4期）开班仪式 （门殿文 摄）

教育和心理学专家讲授和指导。148名学员完成课程学习并获取“家庭教育指导师”（高级）证书。朝阳区家庭教育能力提升班于2017年起举办，培养高级家庭教育指导师336名，截至年底，基本实现朝阳区一校一名家庭教育指导师培训目标。（王艳平）

【社区工作者专业技能培训】 9月27日至10月23日，区职工大学举办小红门地区社区工作者专业技能培训3期。培训内容包括突发事件处理、廉政教育、疫情下的制度自信、社区发展与和谐治理4门课程，107人参加培训。（王艳平）

【培训工作成果】 11月9日，区职工大学成为北京市第一批“全国幼儿及青少年人工智能素养等级测评地区测评考点”，为全市首批3所测评考点校之一。年内，区职工大学聚焦品牌项目培育，开展各级各类培训49项，举办培训班109个，培训学员5884名、19727人次。其中，培训公务员及事业单位在职干部2647人、社会工作者1553人、学前教师1002人、考试服务类482人。此外，完成学前幼儿园教师继续教育与赋分23320人次。（王艳平）

【全民终身学习活动周】 11月，朝阳区配合市教委第十六届全民终身学习活动周暨2020年职业教育活动周，推出本区全民终身学习活动周系列活动，主要内容有：线上线下相结合讲座、培训、观摩；组织社区居民、老年人参加宣传周文化艺术活动；宣传全区开放教育、社区教育、老年教育成就。活动举办1600余场次，全区街乡、中小学近20万人次参加。（刘顺宝）

【课题问卷调研】 年内，朝阳区建设学习型城区研究会完成社区学院委托“朝阳区老年大学总校建设策略研究”课题问卷调研。课题组以区域内各老年大学现状、学习意愿为案由设计19项问题开展问卷调研，对10所老年大学发放与收回问卷2675份，收集意见建议1200条，形成数据分析报告。（杨清英）

民办教育

【概况】 2020年，区教委辖属民办教育单位396校468址，其中，民办幼儿园181园208址，在园幼儿44850人；民办中小学34校49址，在校学生14068人；民办培训机构181校211址。完成民办学校摸底调研，牵头制定《朝阳区教育系统民办学校分类登记工作实施方案》，开展现有民办学校变更法人登记类型，保证在校师生合法权益。全年妥善处理民办学校电话投诉1640件、政民互动3588件、信访事项22件，下发责令限期改正通知书105件，规范办学告知书18件。按照“审批一批、规范一批、关停一批”的工作方案，加大对未审批自办学校的治理力度。全年关停未审批自办学校4所；截至年末，历时近17年，完成未审批自办校治理目标。分类整治无证幼儿园，7所达到办园条件的无证园纳入民办园管理。全年疏解无证幼儿园29所，疏解培训学校13所，完成年度疏解计划。（白俊毅）

【校外培训机构小学化倾向专项检查】 2月26日至27日，区教委开展朝阳区校外培训机构学前教育“小学化”专项治理检查。区机构治理工作组办公室抽调学前教育教研员、民办教育巡查员、街乡文教、安全部门人员组成检查工作组，检查全区学前教育培训机构189所，检查内容涉及教学内容、教学用书、教学行为、教学队伍、教育环境、招生制度、宣传导向等7个方面，以规范举办者办学行为。（白俊毅）

【依法办学培训】 4月至10月，区社管所组织区域内民办中小学校长及幼儿园园长参加专题培训。培训以线上线下相结合方式开展，培训内容包含政策环境与法律法规、疫情后的团队建设、专业技能提升和校园卫生防疫与食品安全4个模块，2000余人次参加培训。（范秀春）

【社区办园点备案】 8月18日，区教委召开朝阳区学前教育社区办园点备案管理暨无证幼儿园治理工作部署会。会上启动区社区办园点备案工作，对《朝阳区学前教育社区办园点备案管理办法（试行）》进行政策解读。截至年底，全区备案社区办园点50家。（白俊毅）

【集体合同签订】 9月，区民办学校工会联合会召开民办学校行业集体合同协商会议，会议通过《朝阳区民办学校行业工资专项集体合同（草案）》，245家民办学校教职工方与学校方签订集体合同并在区人力资源和社会保障局备案，13619名民办学校教职工受益。（邳玥）

【社会力量办学单位安全隐患排查】 9月至12月，区社会力量办学管理所开展区内社会力量办学单位消防安全和安全生产隐患排查。排查750址，发出安全生产隐患整改建议书1492份；发现消防安全隐患9118项（现场整改2391项、文件管理1439项、现场管理5288项），隐患管理纳入日常监管台账并监督整改。（范秀春）

【国际交流获奖】 10月23日至25日，北京京西学校学生参加教育部中外人文交流中心和北京外国语大学联合主办、外语教学与研究出版社承办的线上2020世界青少年模拟联合国大会。会上，学生围绕和平与发展相关议题进行探讨。京西学校学生在活动中获评优秀学生，北京京西学校学生团队荣获“优秀团队”称号，指导教师获“年度模拟联合国指导教师”奖。（汤　楠）

【民办学校党建工作调研】 10月至11月，区委教工委指导社会力量办学单位党总支开展民办学校党建工作调研。调研围绕民办学校党建工作的组织体系和推进情况，重点从开展摸底排查、扩大“两个覆盖”、理顺隶属关系、党建服务发展、融入基层治理、健全工作机制六个方面进行。实地调研单位156个，发放调查问卷

958 份，访谈 45 人，召开座谈会 12 次，收集意见建议 39 条。调研结果为：截至 10 月，朝阳区社会力量办学单位有基层党组织 180 个，其中隶属区委教育工委独立党支部 102 个、联合党支部 3 个、协会区域党支部 15 个，隶属其他举办单位党组织 60 个；党员 1825 人，其中组织关系隶属区委教育工委党员 725 人、组织关系隶属上级单位或街道社区党员 303 人、流动党员 797 人。（王圆圆）

【校外培训机构教学内容审查】 11 月 17 日，区教委组织专家组对全区 85 家培训机构教学内容进行审查。41 名专家审核各类教材、教案等 1328 种 3455 册，其中存在超标超纲、意识形态等问题 44 种 152 册，相关教材全部下架。11 月 23 日至 27 日，组织教研员对 21 所校外培训机构开展随班听课，并反馈课程评价结果。（白俊毅）

【民办学校年度信用评价】 年内，区内民办教育机构向区教委提出信用等级申报。经评审，评出信用评价五星级单位 22 家、四星级单位 145 家、三星级单位 136 家、二星级单位 4 家、一星级单位 2 家、零星级单位 72 家。（白俊毅）

【校外培训机构资金监管】 年内，区教委在全市率先启动民办培训机构预付费资金监管试点工作，12 所培训机构资金进入监管系统。（白俊毅）

【民办学校纾困解难】 年内，区教委落实市、区政府关于民办幼儿园租金减免政策。完成 8 所租用市属国企房屋的民办幼儿园、6 所租用区属国企房屋民办幼儿园情况上报工作，帮助有关民办幼儿园及时落实租金减免。落实运转困难民办非普惠幼儿园最低工资补助，帮扶 4 所幼儿园 2 月至 4 月资金 42.90 万元。（白俊毅）

【民办幼儿园调整】 年内，经区教委批准，新成立民办幼儿园 12 所。包括北京市朝阳区保罗幼儿园、北京市朝阳区美格千鹤幼儿园、北京市朝阳区美格国典幼儿园、北京市朝阳区京朝青青藤幼儿园、北京市朝阳区圣克弗斯幼儿园、北京市朝阳区鸿誉幼儿园、北京市朝阳区京童东坝幼儿园、北京市朝阳区意威双语幼儿园、北京市朝阳区三之三奥森幼儿园、北京市朝阳区常营金宝幼儿园、北京市朝阳区芬爱幼儿园、北京市朝阳区凯斯幼儿园。撤销民办幼儿园 1 所，为北京市朝阳区兴隆好思之家幼儿园。（白俊毅）

教育督导

【概况】 2020 年，区政府教育督导室内设机构为督导与评估监测科，公务员编制 5 人，专职督学 22 人，兼职督学 193 人。设中小学、幼儿园、职高、校外及特教督学责任区 32 个。区 43 个街道、地区（乡）办事处完成教育责任督导考核评价工作。完成北京市关于开展义务教育教师工资待遇落实情况自查工作和北京市推进区域义务教育优质均衡发展专题督导调研。统筹做好疫情防控下督学工作。培训全体中小学责任督学及学校校长、督评主管，为今后 3 年学校综合督导工作奠定基础。责任督学下校 9720 余次，围绕初高三年级试开学、中小学开学情况准备、教育教学开学条件、垃圾分类工作、高考考点、中考考点等工作重点，完成各学段专项督导和经常性督导任务。开展朝阳区幼儿园办园质量督导评估，378 所（址）幼儿园完成网上自评，实地评估幼儿园 154 所，验收幼儿园 148 所。（苏纪玲）

【国家义务教育质量监测】 1 月 13 日，区政府教育督导室与区教委召开国家义务教育质量监测结果应用阶段推进会。会议交流 2017 年德育、科学学科监测结果应用中整改方案设计、落实及改进过程中遇到的困难，解读 2018 年朝阳区义务教育质量监测报告，并形成问题清单，制订整改措施。9 月，启动科学、德育学科国家义务教育质量监测工作。提出“节点精确把握、培训精炼明确、台账精细无误、工作精准落实”工作目标，经过组建机构、制定细则、业务培训、现场指导、问题排查、实施监测、上报数据、工作总结等环节，10 月 16 日，2020 年朝阳区 20 所学校国家义务教育质量监测工作完成。（苏纪玲）

【街乡督导考核评价】 5 月，区政府教育督导室制发《关于2020开展对街道、地区（乡）办事处依法落实教育责任督导考核评价工作的通知》和《2020 年督导考核评价工作方案》，明确年度街乡督导考核评价指标体系。10 月 23 日，举办培训会，部署督导考核工作，解读考核评价要点及测评细则，各街乡开展自查。12 月 9 日至 10 日，举行 2020 年街道、地区（乡）办事处依法落实教育责任督导考核评价汇报会。督政督学与督评中心专职督学、区教委相关科室共同组成督评组，听取 43 个街乡主管领导汇报，重点督察新增普惠性幼儿园、无证幼儿园管理等工作。督导考核结果由督评人员上报区绩效办。（李 雪）

【诊断式督导实践研究推进】 9 月，幼儿园、小学、初中、高中 4 个学段 11 所学校（园）诊断式督导教师教学评价实践研究课题组进校园，实地展开课题研究，引导教师深化课堂教学改革，完善教育教学行为，提升教育教学水平和育人质量。全年制作进校视频 25 个、线上培训视频 17 个、4 个学段总结视频 7 个、小视频 46 个，为课题研究积累资料。（苏纪玲）

文 化

综 述

【概况】 2020年，朝阳区文化和旅游局（简称区文化和旅游局）开展各类文化活动6955场次，惠及市民2056万余人次；认定群众文艺团队3514支，比上年增长10.5%；大型活动受到中央市区各级主流媒体报道600余次。公共文化设施建筑面积546.48万平方米，人均1.57平方米，属于全市领先水平。获北京市筹备和服务保障中华人民共和国成立70周年庆祝活动先进集体、北京市模范集体荣誉称号。下属单位北京市朝阳区文化市场执法综合大队获2019年度北京市“扫黄打非”暨文化市场管理工作先进集体称号，北京市朝阳区文化馆获北京市三八红旗集体称号，北京市朝阳区图书馆获全国爱国拥军模范单位称号。（陈晓红）

【首批融合发展示范园区】 9月7日，朝阳区公布首批文化事业产业融合发展示范园区，评审认定798艺术区、751D·PARK北京时尚设计广场、E9区创新工场、东亿国际传媒产业园、吉里（北京）国际艺术区、北京懋隆文化产业创意园、首创·郎园Vintage、西店记忆Funs Town、通惠河畔文化创意产业园、北京电影学院影视文化产业创新园平房园区10家文创园区。评审认定由朝阳区推进全国文化中心建设领导小组办公室统筹，区文化和旅游局文创实验区管委会等单位主办，从园区建设、人才聚集、经济效益、社会效益、资源集聚、群众参与度等方面考核。（陈晓红）

【“艺术朝阳”作品征集】 9月27日，第六届“艺术朝阳”社会主义核心价值观原创文艺作品征集和展示活动启动仪式在望京小街举行。由区委宣传部、区文化和旅游局、区文联和区融媒体中心联合主办。首次采取线上征集方式，征集歌曲、舞蹈、戏剧、微电影等7个类别2347部作品。评选出优秀作品、非遗、艺术街乡三大类128个奖项。相关内容在抖音“朝阳群众创艺秀”官方账号播放，获“粉丝”2.1万人，点赞5万次，话题点击播放量1241.7万次。（李滢瑶　李博雅）

公共文化

【概况】 2020年，朝阳区推动“3+1”四级公共文化服务设施网络，即在区级、街乡、社区村三级基础上，设置地区级文化中心。建设区级文化设施5个、地区级文化中心6个、街乡市民活动中心43个、社区（村）文化活动室538个。优化区级文化设施，培育“百姓书场”“粉墨朝阳”“潮流音乐节”“图书拥军”等基层文化品牌110个。建设朝阳文化“新名片”，鼓励引导各街乡采用社会力量参与公共文化服务设施运营；培育传统文化传承基地和民俗文化活动基地31个；规划地区级文化设施布局，建设博物馆与美术馆52家，接收配套文化设施56处，使用34处；鼓励引导特色文化设施建设，新建城市书屋5家，全区建成36家；围绕春节、清明节、端午节、中秋节、重阳节等节日主题，开展系列文化活动270余场，参与人数558万人次。区文化和旅游局牵头起草、经审议通过朝阳区《关于大力推进博物馆事业发展的工作意见》和《扶持非国有博物馆发展实施办法》。（李滢瑶　黄俏凤　祁媛媛）

【“亚生林”2020演出季】 1月1日至2日，“亚生林”2020演出季在香河园地区文化中心上演，400人次观看。4个青年舞蹈艺术者原创作品参加展演。其中《盼》与《天鹅湖》相互联系，《天鹅湖》高雅优美的梦幻境界作为《盼》的对象。《局中人》展示人与世界碰撞、共存的现状，《有时右逝》体现青年舞蹈演员“北漂”过程。由区文化馆、北京9当代舞团打造的“亚生林”品牌项目，成为支持年轻艺术家营建艺术作品的孵化基地。（李　利）

【文化馆系列音乐会】 1月4日，区文化馆和中国爱乐青少年交响乐团在朝阳“9剧场”联合主办2020年新年音乐会暨建团一周年庆典，500名观众参加。音乐会演奏《我和我的祖国》、里姆斯基·科萨科夫《天方夜谭》、巴赫《D小调双小提琴协奏曲》、莫扎特《交响协奏曲》和《花开》5部经典作品。1月18日，青少年新春音乐会上，区文化馆培训学校300名优秀学员演出合唱合奏《你笑起来真好看》、钢琴独奏《多瑙河之波》、电子琴独奏

《精忠报国》，传统乐器演奏《梅花三弄》《菊花台》《田园春色》等曲目。10月23日至25日，区文化馆主办第15届潮流音乐节。以“千里同心”为主题，包括千里同心、嘻哈风潮、红人在线3个板块，涵盖摇滚、说唱等多种音乐风格。音乐节表演14场，4000余人现场观看，抖音、优酷、“朝阳文旅云”等网络平台450余万次浏览。（李 利）

【楹联窗花赠送】 1月17日，区图书馆以“福满京城，春贺神州”为主题，开展“小年送楹联”“小年送窗花”活动。图书馆邀请中国楹联协会书法家们现场创作百余副楹联作品赠送给市民；北京非物质文化遗产项目孙氏剪纸第四代传承人董月娇现场剪窗花，讲解传统剪纸艺术中的吉庆元素，让市民在感受书法文化的同时将承载祝福的春联、福字带回家。活动现场向市民发放200个窗花作品。（仇宏文）

【文化进军营】 1月17日，区图书馆带着“福”字和春联走进解放军部队大院、拥军图书馆及武警机动支队密云特训大队，开展“文化进军营，书法贺新春”慰问拜年活动。书法家为官兵创作春联作品，送去新春祝福。（仇宏文）

【文创产品异地跨年】 1月，区文化馆文化创意产品“漂亮的兵马俑”受邀参与东莞市文化馆跨年夜活动。参展文创产品有40座人俑及2匹马俑。（李 利）

【图书送基层】 3月，区图书馆将450册图书、200册期刊送医学观察点。8月，向中国人民武装警察部队赠送140套图书。全年配送图书、期刊5次1500册次。图书内容包括文学、历史、科学、健康等。（仇宏文）

【“悦”读周线上活动】 4月18日至26日，区图书馆在“4·23”世界读书日期间，以“书香飘京城 悦读颂小康”为主题，举办“阅读行走——朝阳‘悦’读周”系列线上活动。活动包括推出“悦”读直播间、“悦”享资源库、一起“悦”读吧、“悦”读大礼包4个板块41场次活动。人民网、北京日报、北京时间、腾讯、网易等媒体报道有关内容100余次，关注、参与活动以及进行相关报道人数达16万人次。（仇宏文）

【新舞蹈国际艺术节】 6月22日至7月12日，第六届北京新舞蹈国际艺术节开幕。艺术节由区文化馆、北京9当代舞团、元艺术空间共同打造，通过互联网以“云端拥抱”为主题。首个板块TWV舞蹈夏令营，邀请世界各地学员共舞，提供瑜伽、现代舞技术、编舞与表演技巧14门工作坊课程，线上艺术家访谈、国外大师课等，直播与课堂回放相结合，让学员线上学习体验。活动期间邀请世界14位最前沿舞蹈艺术家，采用全球同步直播课堂形式播出120课时，每课时60分钟，惠及2500人次，回访课程数万人次。（李 利）

【“孙敬修杯”故事比赛】 8月3日至8日，朝阳区第三十二届“孙敬修杯”学生故事比赛作品（个人项目）评审在区图书馆进行。比赛由区图书馆与区青少年活动中心共同举办，以“从小学先锋，长大做先锋”为主题，采用线上参与、线下评审方式。收到126所中小学、幼儿园1800余个作品。通过评审，选出10位选手参加北京市红领巾故事汇报活动，获一等奖2名、二等奖2名、三等奖6名。（仇宏文）

【“金刺猬”系列活动】 8月31日，第十九届“金刺猬”大学生戏剧节开幕。以线上形式开设戏剧培训课10节，每天播出2节，课程包括“从大学生戏剧节到职业戏剧人”“大学生与当下社会的联结”“导演构思”“学习组织表演行动”，在线观看108.4万人次。戏剧节期间，通过“金刺猬”大学生戏剧节和北京“9剧场”微信公众号展演6部“金刺猬”历年优秀剧目，在线观看44.81万人次。举办5场周末线上戏剧沙龙。11月26日至12月6日，“金刺猬”大学生戏剧节回顾展和往届获奖剧目视频展映同时举办。回顾展有摄影作品、奖杯、节目单、戏票等展品；中国农业大学《稼穑之歌》、中国传媒大学《最后只好停下来》、北京大学《一个剧本》、四川师范大学《抓壮丁》、重庆邮电大学《话剧团的心跳》等10部剧目作为视频展项，在朝阳区新时代文明实践中心“人民院线”展映，1500人次观看。12月9日，第十九届“金刺猬”大学生戏剧节评奖揭晓，10部优秀剧本获奖。全国23个省、自治区、直辖市及特别行政区65

▲ 1月17日，区图书馆开展“文化进军营，书法贺新春”活动 （区文化和旅游局 供图）

所大专院校 88 个剧社参加，报名剧目 140 部。（李 利）

【参军入伍慰问演出】 9 月 8 日，区文化和旅游局、区人民武装部联合举办欢送朝阳区优秀适龄青年参军入伍慰问演出。北京歌剧舞剧院演出《咱当兵的人》《小白杨》《兵哥哥》《说句心里话》，舞蹈《春暖花开》《同堂盛世》《追梦》，魔术《炫舞飞鸽》，炫酷杂技《蹬技》等节目。（李滢瑶）

【全国书坊合作共享机制】 9 月 26 日至 28 日，全国城市书坊合作共享机制建立。区文化和旅游局成为全国城市书坊合作共享机制发起单位之一，区图书馆成为联盟成员馆、全国城市书坊联盟共同承办单位。全国城市书坊宗旨是推进城市书坊项目可持续发展。（李 凯 仇宏文）

【朝阳·昆明中秋直播晚会】 9 月 28 日，"同庆祖国好·共筑佳节情"朝阳·昆明共佳节中秋直播晚会在区文化馆行动剧场和昆明市盐隆祠庭院两地同时进行。活动由区委宣传部、区文化和旅游局、区文联及昆明市委宣传部、昆明市文化和旅游局共同主办。晚会现场将两地连线，演出包括打击乐《鼓舞中华》、朝阳文联原创歌曲《回家那一刻》、舞蹈《新天新地新时代》、国乐新奏《风舞朝阳》等 10 余个曲目。现场 600 人观看，央视频在线观看 2 万余人。（李 利）

【公共文化建设研修班】 10 月 12 日，区文化和旅游局举办朝阳区公共文化建设高级研修班云课堂，邀请业内 7 位专家授课，包括传统文化理论精华、文化创新前沿思维、中国特色社会主义道路与文化软实力建设、艺术与文化 4 个方面 8 门课程。参加培训 300 人，包括街乡、文化馆、博物馆、民俗博物馆及扶贫单位。（李滢瑶 白洁琼）

【NEW ERA 青年电影季】 10 月 17 日至 25 日，朝阳区新时代文明实践中心主办第五届 NEW ERA（新时代）青年电影季活动。以"心中有阳光 所念皆星河"为主题，设立主竞赛、创投和命题创作三个板块。主竞赛单元报名作品 829 部；创投单元报名项目 321 部；命题创作单元 3253 人参与，有效参赛作品 272 部。电影季期间区文化馆"人民院线"举办公益展映活动 32 场，放送 42 部优选影片，线下观影 3000 余人次。（李 利）

【"时间·之问"演出季】 10 月 27 日至 30 日，区文化馆北京 9 当代舞团发起"时间·之问"演出季在"798"玫瑰之名·朝阳区国际文化交流中心上演。北京 9 当代舞团联合国内导演及编舞，展现当代艺术交流、融合、突破的魅力。公益演出 6 场，演出作品有《关系》《试错》《共生》《晚餐》《七窍生烟》《我们谈论的是关于未来》，1400 人观看。（李 利）

【首都市民音乐厅公益演出】 11 月 13 日至 12 月 22 日，首都市民音乐厅公益系列演出在首都图书馆剧场举办。活动由市文化和旅游局主办，区文化和旅游局联合首都图书馆、中国广播艺术团、中央歌剧院交响乐团和北京交响乐团承办，"抗疫"期间工作在一线的各行各业工作者观看演出。公益系列演出依托"朝阳文旅云"平台以在线抢票方式惠及首都百姓。6 场演出主题分别为"梦系红楼——《红楼梦》全版主题音乐会"、《冬色·乐韵缤纷》中国广播民族乐团民族交响音乐会、中央歌剧院原创歌剧《道路》、微歌剧《阳光灿烂》音乐会、《永恒的经典》交响音乐会和 2021 年新年音乐会，3000 余人现场观看演出，线上观看超 300 万人。（李滢瑶 李博雅）

【弘扬宪法精神主题书法展】 12 月 3 日，"翰墨朝阳·弘扬宪法精神"书法展在区图书馆举行。由区文化和旅游局、区司法局、区文联、区书法家协会共同主办，采取全程直播形式，历时 2 个月。评选参展作品 50 件，书写内容有法治文化的古今经典、诗词联赋，普法宣传的名言警句。（仇宏文）

【朝阳运河文化访谈】 12 月 3 日，"2020 年阅读盛典"分会场活动在朝阳城市书屋·宸冰书坊馆举办。活动以"北京文化"主题阅读分享——朝阳运河文化访谈为主题，市文物局研究员、老文物工作者吴梦麟，北京史研究会会长、研究员李建平，中国书店出版社总编辑马建农，北京联合大学教授、北京史研究会常务理事张宝秀就朝阳运河文化的历史价值、特点、保护、传承与利用问题畅谈。50 余人参与活动。（仇宏文）

【优秀文化作品展演】 12 月 5 日，朝阳区"十三五"优秀文化作品展演在区文化馆举办。朝阳区新时代文明实践中心办公室、区文化和旅游局、区文联主办，区文化馆、各街乡承办，以迎接建党百年、展现朝阳区"十三五"期间文化建设成果为主线，包括优秀文化作品展演、北京电视台栏目访谈、朝阳区优秀文化作品"云展"三部分。43 个街乡、社会单位、艺术园区征集节目 400 余个，呈现 11 个。节目突出原创性、时尚性、融合性及群众性，展演现场 350 人观看，网络观看 120 万人次。（李 利 何 琳）

【崔各庄首家城市书屋开馆】 12 月 29 日，崔各庄首家城市书屋——京旺家园阅读空间举行开馆仪式。阅读空间位于京旺家园第二社区服务站旁，占地面积 160 平方米，分为少儿阅览区、成人阅览区，设有楼梯书格、立式书柜、长条座椅和卡座。藏书 9000 余册，包括军事类、文学类、历史地理类、生物科学类等；配备自助借还机、书籍杀菌机、门禁系统、监控等设备，是北京市第一家自助式城市书屋。（仇宏文）

【神木博物馆建设项目推进】 年内，区文化和旅游局完成神木博物馆展品老宅预搭建，缺失的老宅构建配备齐

全。神木博物馆智慧光影科技项目招投标工作完成；《持续推进神木博物馆建设方案》获批。（沈子豪 祁媛媛）

群众文化

【概况】 2020年，朝阳区举办各类文化活动3104项、6955场，覆盖约2560.11万人次。策划完成系列公益惠民演出，完善“首都市民音乐厅”“哈哈镜居民会客厅”“百姓书场”等群众文化品牌。开展“我们的节日”系列主题文化活动；建立健全立体培训体系，加快文化人才队伍建设。“高研班云课堂”和“美育讲座进基层云课堂”开播，培训惠及人群1.63万人次；以开展“寻找工匠”主题活动推广非遗文化。（李滢瑶）

【香河园地区文化生活节】 1月1日，朝阳区香河园地区文化中心举办“文化生活节”开年第一场活动——“新·欣向荣”元旦文化活动。包括有趣的画·干花粘贴画体验课，15个家庭参与体验干花粘贴画制作；“亚生林”演出季惠民演出，4个剧目参加展演，观众400人次；公益惠民艺术培训班成果展览，分为成人书法、成人国画、儿童书法、儿童绘画4个学员成果展板，展出作品70幅，300余名市民参观。（李 利）

【“寻找工匠”作品展】 1月14日至16日，由区文化和旅游局主办、区非物质文化遗产保护中心承办的“寻找工匠”“非遗”传承人群培养计划结课作品展在北京SKP文苑举办。参加2019年培训项目的95名学员109件非物质文化遗产工艺品参展。（李 利）

【垡头地区系列文化活动】 1月，朝阳区垡头地区文化中心开展“新时代文明实践活动”木版年画体验课。体验课12课时，每节课50分钟，总时长10小时，受益120人。中央美院教师教学，介绍木版年画的历史和现状，学员按照木版年画制作工序，每人完成一幅木版年画。在文化中心展厅举办迎新年书画作品展，100幅作品分两场展出。在中心广场举办“新时代文明实践、2020年左邻右舍送春联”活动，垡头诗书画研究会6位成员为“五乡一街”居民送春联祝福200副。8月，核心品牌“垡头居民美好文化节”推出“哈哈镜居民会客厅”线上课堂，5课时72.83万人观看。星期大课堂国画线上公益课堂，国家一级美术师、区美协理事靳耀华教授山石、树、水、云、人物等国画技法，10课时116.38万人浏览学习。（李 利）

▲ 8月24日，垡头居民美好文化节星期大课堂国画线上公益课堂开课（区文化和旅游局 供图）

【乡街文化中心管理】 4月2日起，区文化和旅游局对朝阳区28个街乡文化中心采取培训加管理模式。以“创新思路、集中资源、按需施教、务实培优”为原则，对接属地需求，科学制定课程体系。包括舞蹈、声乐、戏曲、书画、摄影及传统文化等。周一至周五除工作时间外，每天1场培训。周六、周日全天各举办2场培训，22周每周9场培训。（李滢瑶 白洁琼）

【重阳节主题活动】 10月25日，区文化和旅游局、区卫生健康委主办，区文化馆承办，朝阳区呼家楼街道办事处协办“孝满京城 德润人心”、朝阳区新时代文明实践中心“岁月如歌 一起精致到老”重阳节主题活动在区文化馆举行。活动包括快闪演出、曲艺专场、重阳市集3个板块，现场有传统插花、品重阳糕、饮菊花茶、太极拳互动交流等，2000人次参与活动。（李 利）

【文艺团队培训】 12月3日至13日，区文化馆对属地机动某支队的新时代战士文艺团队进行文化人才培训。邀请中央音乐学院和中国音乐学院的老师以及国家一级演员、非物质文化遗产传承人等为100名部队文艺骨干提供音乐知识入门与赏析、舞蹈知识入门与赏析、戏剧知识入门与赏析三个门类的课程培训12个课时。为组建腰鼓队、快板队等8支文艺团队，区文化馆邀请中央民族乐团、北京舞蹈学院青年舞蹈团等乐团、舞团的专业艺人担任培训教师，培训合计320个课时，480人参加。（李 利）

【文艺骨干培训】 年内，区文化和旅游局完成朝阳区文艺骨干培训“云课堂”、美育讲座进基层“云课堂”等多个“云课堂”建设。面向文艺骨干、对口扶贫单位文化干部、文艺爱好者等群体，提供线上授课资源，评选优秀学习成果。选出重点培养团队参加市、区比赛，在区文化和旅游局官方抖音账号、文旅云平台和数字文化馆等线上推广。两组拍摄团队对舞蹈、模特等10大门类30位教师授课381课时，全部上传相关数字服务平台，20000余人次收看。（李滢瑶　白洁琼）

【惠民“文化大餐”】年内，北京儿童艺术剧院、北京歌舞剧院、北京一九九八剧团等5家院团通过歌曲、舞蹈、戏曲、曲艺等多种形式将年味文化、传统文化送进街乡、校园、军营，丰富和活跃基层群众的文化生活，使百姓共享惠民“文化大餐”。全年举办演出活动16场，覆盖500人次。（李　黎　李滢瑶）

【系列主题文化活动策划】年内，区文化和旅游局策划“清明书香晒书房”云观展、“记得是最好的生命关怀”清明节特别阅读推广、博物馆云观展等清明节主题线上文化活动33场，惠及群众2.03万人次；“云游端午习俗，品味传统文化”、芳香中华四季歌会《端午赋》主题歌会等线上文化活动20项、27场，惠及群众约190万人次；“我们的节日・爱满京城 相约幸福”七夕主题系列文化活动7项7场，推出七夕传统习俗动态展示、灯会、民俗活动体验等，覆盖32.21万人次；“月圆京城情系中华”中秋节、“祝福祖国”和“中秋专辑随身听”等中秋节、国庆节主题文化活动63项、186场，覆盖约247.65万人次；“孝满京城，德润人心”“岁月如歌，一起精致到老”等重阳节主题文化活动33项77场，覆盖82.65万人次。（李滢瑶　李博雅）

文化遗产保护

【概况】2020年，区文化和旅游局推进全国文化中心和大运河文化带建设，构建博物馆之城。开展朝阳区《“十四五”时期优秀传统文化保护与传承规划》研究，出台《大力推进博物馆事业发展的工作意见》和《扶持非国有博物馆发展实施办法》，推进传统文化课题研究。完成萧太后河展览馆展陈建设，实施大运河文化带朝阳段数字化保护项目，开展朝阳区博物馆宣传片制作、“博物馆之城”构建课题研究等。给予新建博物馆30万元补贴，打造“博物馆之城”；启动永通桥修复工程，老桥正式退役。建立朝阳区传统文化专家库和资源库，启动朝阳文化“云”赏传承活动。北顶娘娘庙三、四进院配殿及山门值房修复工程竣工验收。召开区文物安全工作会，协助市文物研究所完成孙河等18个地块建设项目考古勘探对接；出动605人次检查文物、博物馆293处；组织专业人员对三间房关帝庙等8处红色安全风险等级文物开展技术评估。（黄俏凤　祁媛媛）

【朝阳博物馆线上直播】5月18日，区文化和旅游局举办“多样的朝阳博物馆”主题活动。“致力于平等的博物馆：多元和包容”选取北京民俗博物馆、和苑博物馆、晋商博物馆3家具有朝阳特色、朝阳内涵的博物馆线上直播带领市民“云游”，展现朝阳区博物馆的多样性。市民通过央视频（央视新闻+）、今日头条等平台观看，线上观看人数近200万人次。（沈子豪　祁媛媛）

【文化与自然遗产日活动】6月12日，区文化和旅游局主办文化和自然遗产日主题活动。活动以“魅力运河、活化传承”为主题，在798艺术园区尚如艺术中心举办。活动内容包括发布大运河文化带工作内容、举办永通桥开窗工程启动仪式、认定2020年传统文化传承基地、颁发2019年优秀传统文化传承基地证书、聘任传统文化专家及文物安全监督员等。中国青年网、央视频等15个网络平台同步直播，总观看量约941.1万次。活动中观复博物馆、懋隆文创园、中国木偶艺术剧院、北京陶瓷艺术馆等10余家朝阳区博物馆、传统文化传承基地和非物质文化遗产项目单位举办特色文物展、文博课堂、非物质文化遗产体验等形式多样的线上、线下文化活动。通过官网、抖音等平台观看10万人次。6月13日至14日，区文化和旅游局主办、区非物质文化遗产保护中心承办“云游”朝阳之文化和自然遗产日特别活动。以“文蕴朝阳、活态传承”为主题，用直播方式感受朝阳传统文化底蕴，普及非物质

▲ 6月12日，区文化和旅游局主办文化和自然遗产日主题活动（区文化和旅游局　供图）

文化遗产知识和健康生活理念。活动中主持人到北京东岳庙、觿堂当代艺术馆、北京中国紫檀博物馆制作中心、国声京剧团和孔医堂望京馆宣传展示5个非物质文化遗产项目。央视移动新闻、新华社现场云、今日头条等十几家网络平台对活动进行多机位导播切换直播，225万人次观看。（陈 烜 祁媛媛 李 利）

【永通桥保护修缮】 6月，区文化和旅游局按照市文物局对永通桥老桥（现八里桥）整体修缮方案要求，启动永通桥表面部分沥青清除工程，查找桥面沥青下的老石板。为降低对文物的干扰，工程人员通过小型器械和传统工具，以毫米为单位逐步刨查，防止大幅动作对隐藏在水泥下方的老石板造成损伤。工程历时20天，投资117944元，发现老石板10块。7月2日，永通桥由市交通委移交区政府办公室，其交通功能结束，作为文物由朝阳区组织全面修缮，恢复其历史原貌，重展“长桥映月”美景。10月20日，《大运河——永通桥修缮工程设计方案》专家评审会召开，原则同意永通桥保护修缮方案。11月3日，《大运河——永通桥保护修缮工程设计方案》获市文物局批准。（沈子豪 祁媛媛）

【非遗项目参加“服贸会”】 9月5日至9日，区非物质文化遗产保护中心6个非物质文化遗产项目参加2020年中国国际服务贸易交易会朝阳展区“潮朝阳FUN生活”旅游服务板块展示，10余位非物质文化遗产传承人现场演示非物质文化遗产绝活。分别是孔伯华中医世家医术、同春堂皮肤病诊疗方法，以及花丝镶嵌、北京雕漆、聚元号弓箭制作、盘扣制作、景泰蓝制作技艺。（李 利）

【萧太后河展览馆落成】 9月23日，萧太后河展览馆落成。展览馆有三层，建筑面积2675.54平方米，展陈面积1378平方米。馆内一层为萧太后河专题展，二层为萧太后专题展，三层为辽南京城专题展。展览馆围绕萧太后河，将一条河、一个人、一个时代、一个民族、一座城相结合，成为大运河知名品牌串联起的历史记忆。展陈施工于2019年7月启动，历时400余天，投资465万元。（沈子豪 祁媛媛）

【碧霞宫娘娘庙抢险修缮】 9月，区文物管理所启动碧霞宫娘娘庙抢险修缮项目。工程针对碧霞宫娘娘庙出现的主要危险部位进行抢救性修缮，包括碧霞宫娘娘庙正殿建筑屋面、大木、局部墙体、壁画及周边环境清理。工程历时90天，投资约50万元。（陈 烜 祁媛媛）

【北顶娘娘庙修复工程验收】 10月16日，北顶娘娘庙三、四进院配殿及山门值房修复工程完工，市建设工程质量监督总站文物工程监督站、区文化和旅游局文物管理科、区文物管理所会同北京民俗博物馆、设计单位、监理单位、施工单位等参建方对工程进行验收。工程2019年4月启动，历时500余天，投资1395万元。（黄俏凤 祁媛媛）

【区革命文物名录核定】 年内，区文化和旅游局组织辖区内革命文物核定、汇总、报送等事项，依照第三次全国文物普查登记信息，梳理辖区市级及以下不可移动文物，确定不可移动革命文物名单，报送区政府批准。（黄俏凤 祁媛媛）

2020年朝阳区区级以上文物保护单位一览表

表10

级 别	名 称	地 址	电 话
国家级	东岳庙	朝阳门外大街141号	65510151
国家级	日坛	日坛北路6号日坛公园内	85616301
国家级	清净化城塔	黄寺大街11号	58334721
国家级	元大都城墙遗址（朝阳段）	健安东路、健安西路北侧，东起土角楼西侧北京服装学院以东673米处，西至京藏高速路	84648252
国家级	大运河（通惠河朝阳段）——永通桥、平津闸	管庄乡八里桥村东南、高碑店乡高碑店村西北	85709886 85755601
国家级	四九一电台旧址	豆各庄乡双桥街9号院	85368774
市级	十方诸佛宝塔	王四营乡古塔公园内	67362070
市级	北顶娘娘庙	奥林匹克中心区国家游泳馆南侧	65510151
市级	顺承郡王府	朝阳公园南路19号	65940948
区级	海阳义园（山东会馆）	呼家楼南里2号	85967822

续表 10

级 别	名 称	地 址	电 话
区级	马骏烈士墓	日坛北路6号日坛公园内	85616301
区级	张翼祠堂	豆各庄乡豆各庄村西	87392142
区级	常营清真寺	常营乡民族家园东路西南侧	65484914
区级	肃慎亲王敬敏墓	王四营乡道口村西北（现柏阳景园小区西侧）	65510151
区级	显谨亲王衍璜墓	潘家园东里	87381829
区级	南下坡清真寺	朝外二条129号	85626316
区级	那桐墓	三间房乡双桥路西里6号	67751725

（祁媛媛）

文化市场管理

【概况】 2020 年，朝阳区对辖区内网吧、歌舞厅、影剧院、电玩游艺、音像、演出、书报刊、印刷、复印、出版物、版权、文物和卫星地面设施等开展行政执法检查。出动执法车辆 1183 车次，执法人员 1.36 万人次，检查文化娱乐场所 7251 家次。收缴非法出版物 150 万册；受理回复举报 1600 余起，立案调查 46 起，结案 32 起，警告 10 家次，罚款 3.8 万元，报送工作信息 113 篇次。接办诉求 3486 件（含旅游投诉 1158 件），比上年增长 320%，响应率 100%，平均解决率 68%，较上年提升 2 个百分点，平均满意率 79%，较上年提升 6 个百分点。（何 晶）

【非法出版物和盗版图书查处】 6 月 10 日，区扫黄办组织公安朝阳分局、区文化市场综合执法大队、黑庄乡政府，对黑庄户地区双树北村西四号院库房开展突击检查。1 家仓储的 5 个库房均涉嫌储藏非法出版物，查处非法出版物 228 种、50 余万册图书，码洋超过 1200 万元。9 月 10 日，区文化市场综合执法大队联合黑庄户派出所对黑庄户乡郎各庄村外运三间房仓库一分库 A-7 开展突击检查。仓库涉嫌储藏非法出版物，查处非法出版物 25 种、34.94 万册图书，码洋超过 800 万元。11 月 5 日，区文化市场综合执法大队对王四营图书批发市场进行突击检查。现场扣押涉嫌非法出版物 1965 种、5.57 万册图书，码洋 152.03 万元。12 月 24 日、25 日，区文化市场综合执法大队联合市文化市场综合执法总队查处豆各庄、黑庄户等 3 处盗版图书库房，扣押涉嫌盗版图书 60 册。（何 晶）

【行政许可审批】 年内，区文化市场综合执法大队受理审批事项 791 件。其中，营业性演出类 313 件、互联网上网营业场所类 20 件、歌舞娱乐场所类 135 件、游艺娱乐场所类事项 19 件、文艺表演团体类场所 22 件、演出场所经营单位备案 10 件、艺术品经营单位备案 68 件。审核话剧及演出材料 176 件，核查场地 39 家次。（李宏钧）

文化创意产业

【概况】 2020 年，朝阳区文化创意产业领导小组办公室（简称区文创办）完成 11 家企业申报非京生源应届毕业生进京指标；2 家企业 2 人获得“百千万”人才工程国家级人选和北京市享受政府特殊津贴人员认定；4 家企业进行引进留学人才需求申报；5 家企业申报国际高端人才引进专项计划；企业进行第四届北京市华侨华人“京华奖”候选人推荐申报。通过线上线下相结合的方式，组织开展“精准服务促发展”系列活动 22 期，覆盖文化企业 5700 人次。第九届郎园国际创意文化节上，朝阳区文化事业产业融合发展示范园区郎园 Vintage 揭牌。举办朝阳区文化产业经营管理人才培训班，全区文化企业、园区高层管理等 80 余名学员参加培训。区文化创意产业发展中心获由北京市人力资源和社会保障局颁发的 2020 年度北京市事业单位脱贫攻坚专项奖励集体嘉奖。朝阳区获得文化和旅游消费试点城市资格；798 艺术区获得国家级文化产业示范园区创建资格；全区有 32 家文化产业园被授牌为北京市文化产业园，位居各区县之首。798 艺术区、751D·PARK 北京时尚设计广场等 10 家文创园区被认定为首批朝阳区文化事业产业融合发展示范园区。区重点文化企业中信出版、掌阅科技、爱上电视获全国文化企业 30 强提名。（刘 莹 周少英 薛博雅）

【市级文化产业园区授牌】 8 月 21 日，北京市级文化产业园区授牌活动在 E9 区创新工场举行，被授牌市级文化产业园区 98 家中，朝阳区有 32 家，占比 32.7%，位居全市首位。市级文化产业园区代表以及中央、市属媒体代表 160 余人参加授牌活动。（孟丽霞）

【“服贸会”签约】 9月4日至9日，在2020年中国国际服贸会文化服务专题展（第十五届北京文博会）上，朝阳展区以“北京朝阳·国家文化产业创新实验区——新时代、新动能、新机遇、新发展”为主题，运用“线上+线下”办展新模式，组织百余家园区企业参加，13家领军企业和行业组织线下参展。“服贸会”期间朝阳区签约133亿元。（赵建杰）

【市文化融合发展项目签约】 9月8日，在2020年第七届北京市文化融合发展项目合作推介会上，朝阳区发布《关于加快国家文化产业创新实验区核心区高质量发展的若干措施》。10个项目签约，签约金额96.6亿元。（赵建杰）

【751D·PARK国际设计节】 9月25日至10月8日，751D·PARK北京时尚设计广场主办以“设计无距”为主题的第十届751D·PARK国际设计节在751园区举办。北京市文资中心，北京市电子控股有限责任公司，北京正东电子动力集团有限公司，751D·PARK文化公司有关领导以及韩国驻华大使馆代表在开幕式上致辞。设计节期间举办展览、跨界论坛、创意市集等活动近70个项目。（赵建杰）

【北京音乐产业园开园】 10月9日，以“音乐点亮城市、创意美好生活”为主题的北京国际音乐产业高质量发展促进大会（2020北京国际音响展）开幕，北京音乐产业园开园。北京音乐产业园3月被列为北京建设音乐城市实施项目之一。园区位于朝阳区黑庄户乡，由原双桥汽车配件厂、齿轮厂等老旧厂房改造而成。占地面积306.82万平方米，规划建筑面积84.2万平方米，产业核心区建筑面积35.2万平方米。（何全翰）

【城市文化发展联盟年会】 10月31日，全国老旧厂房保护利用与城市文化发展联盟年会在区规划艺术馆召开。以“工业遗存·文化富矿·城市更新”为主题，多位业内知名专家学者和企业家受邀参会发表演讲，探讨新时代老旧厂房保护利用和城市文化发展的新途径、新方式。会上发布《老旧厂房保护利用政策汇编（2020年版）》，成立国内首个工业遗产保护利用研究中心——北京城市规划学会工业遗产保护利用研究中心。文化和旅游部产业发展司、市委宣传部、市文化促进中心有关领导出席活动。（关嘉义）

【文化产业创新实验区】 12月15日，朝阳区联合中国传媒大学及中国文化产业协会共同主办国家文化产业创新实验区发展论坛，主题为“交汇·变革·再塑——新征程中文化发展理念创新与实践探索”。开幕式上发布文化产业创新实验区五年发展成果，总结国家文创实验区发展经验。12月30日，国家文化产业创新实验区指数（2020）在区规划艺术馆首次对社会发布，为各界了解和认识文创实验区提供新的窗口，对文化产业及文化园区发展动态监测和量化考核提供“北京文创实验区模式”。（杨 曦）

▲ 10月9日，北京国际音乐产业高质量发展促进大会开幕，北京音乐产业园开园
（区文创办 供图）

【“房租通”政策支持】 年内，区文创办指导企业争取市级政策支持，全区1194家文化企业获得北京市“房租通”政策支持，占全市总数的50%，获得支持共计7363.8万元，均居全市首位。（孟丽霞）

【国家文化重点项目】 年内，朝阳区漫奇妙（北京）文化有限公司、北京太乐文化科技有限公司、中国东方演艺集团有限公司3家公司申报项目被认定为2020年“一带一路”文化产业和旅游产业国际合作重点项目。掌阅科技、人民天舟、华韵尚德等16家企业和蓝海融媒体全球传播云平台等10个项目被认定为2019年至2020年国家文化出口重点企业和重点项目，分别占北京市重点企业和重点项目的40%和56%，列全市第一。（刘 莹 周少英）

798艺术区

【概况】 2020年，北京798艺术区管理委员会（简称798艺术区管委会）协调物业重点做好园区出入管控、企业管理及防疫宣传；检查指导园区出入管控、复工复产等情况。举办“2020北京798艺术节”，以“致敬抗疫英雄”“扶贫脱贫”“保护环境”为三大主题，呼吁关注自然、关爱生命。

【园区运营发展座谈会】 7月24日，文化和旅游部产业发展司一行到798艺术区调研园区运营和发展情况。调研尤伦斯当代艺术中心、亚洲艺术中心、爱马思艺术中心三家园内艺术机

构，了解机构发展、运营、活动开展等基本情况并召开园区运营发展座谈会，参观园区公共展示空间和包豪斯建筑群，了解798艺术区从工业遗产到文化创意园区的转型升级发展情况。座谈会上，798艺术区管委会、七星集团分别汇报相关情况。与会人员围绕798艺术区定位、管理体制、公共服务、市场渠道等问题进行交流。文化和旅游部产业发展司司长高政肯定朝阳区对798艺术区管理和文化产业发展成效，区委、区政府表示要继续完善地方产业政策，提升文创园区硬件和软件品质，提升国家文创产业实验区示范作用，探索文化和旅游融合发展。

【798艺术节】 10月，北京798艺术节举办。艺术节由区委宣传部指导，北京798艺术区管理委员会、北京七星华电科技集团有限责任公司主办，突出“致敬抗疫英雄”“扶贫脱贫”“保护环境”三大主题，弘扬抗疫精神，展现脱贫攻坚战中感人故事，呼吁关注自然、关爱生命。798艺术区管理委员会甄选出10余个展览和文化艺术活动，与其展开合作，增添艺术区文化艺术氛围，增强798艺术区驻园企业凝聚力和向心力。艺术节还举办主题日活动，邀请艺术机构负责人、合作方代表、媒体等参加，感受新时代文化艺术成果。（季　昕）

北京潘家园国际民间文化发展有限公司

【概况】 2020年，北京潘家园国际民间文化发展有限公司（简称潘家园文化公司）资产总额72998万元，负债总额6879万元，所有者权益66120万元，利润总额871万元。公司与字节跳动联手搭建潘家园抖音电商直播基地落户十里河文化园。带自创品牌“潘家园礼物”及市场优质商户组成潘家园展团参加第四届中国（五台山）国际旅游文化用品及工艺品展览会和第十七届中国景德镇国际瓷博会。潘家园旧货市场作为“潮朝阳·FUN生活”2020年北京朝阳国际文化旅游节的分会场之一，举办潘家园首届文化旅游消费季展会。“潘家园”品牌被认定为中国驰名商标、北京市著名商标、北京市年度十大商业品牌。成为全国十大古玩市场、全球十大“跳蚤”市场之一，朝阳区文化创意产业集聚区、首批特色文旅消费街区、精品文化旅游线路。潘家园文化公司总鉴定师师俊超获得北京市劳动模范称号。

【直播拍卖筹善款】 1月30日，潘家园文化公司总鉴定师师俊超通过微博组织文化艺术品捐赠及网络公益拍卖直播活动，筹得善款6.36万元，通过北京青少年发展基金会捐献给防疫第一线。2月24日至28日，通过微博、直播平台开展文玩知识交流、展示销售、义拍捐助在线直播10小时，义拍3件和田玉，筹得善款7100元。

【主题网络直播】 2月4日至8日，潘家园文化公司通过微博官方账号“潘家匠”开展3场“在家防疫 文玩相伴”主题网络直播，畅聊文玩知识、文玩故事。潘家园各自媒体账号，迎合年节假期，发表春节、元宵节专题文章，策划“宅家不宅心，线上潘家园”专题图文专栏，将潘家园各电商平台、潘家园旧货市场优质商户资源进行整合，以图文形式在公众号推送。

【线上古玩城】 2月28日至29日，京东潘家园项目团队在拍卖珍品频道广告位组织潘家园新春新品尝先专场拍活动，品类涵盖珠宝玉石、文玩收藏、字画、紫砂、铁壶、铜器等，参与商户数十家。将潘家园旧货市场商户实体店内商品展示到线上平台，保证商户通过线上平台正常运营销售，助力商户复工复产。

【“云逛”潘家园】 3月24日，潘家园文化公司携手阿里巴巴，围绕北京老字号数字化转型系列主题开展“走进民间可以触摸的博物馆——潘家园旧货市场淘宝直播专场”线上活动。总鉴定师师俊超根据古董店实物瓷片讲解明清瓷器的特点和鉴别小知识，走进和田玉店讲解和田玉历史与辨别知识，看文玩、聊收藏。淘宝直播间浏览量6425次，新增“粉丝”328人，1小时销售2.65万元。北京电视台对活动进行专题报道。

【青瓷品茗杯入选“北京礼物”】 4月9日，“北京礼物”品牌管理中心公示2019年度“北京礼物”预备认证商品及店面名单。潘家园文创品牌——潘家园礼物原创设计作品“青瓷品茗杯”入选“北京礼物”。

【涂鸦文化活动】 4月22日，潘家园文化公司呼应“世界地球日”与全球共同“抗疫”，举办“潘家园×青年艺术家”涂鸦文化活动。邀请艺术家徐启龙在潘家园旧货市场路面绘制以孔明锁图案为原型，榫卯结构化身为抽象纹样的大型涂鸦作品。榫卯结构产品本身具有环保属性，材质以实木为主，不用铁钉和化学胶。通过对纹样的认知，提升环保意识。涂鸦活动引入公益属性，优化市场陈列环境。

【“地摊文化”之旅网络直播】 6月11日，潘家园文化公司联合京东拍卖平台开展“潘家园‘地摊文化’之旅”网络直播，为京东线上潘家园“618”活动预热。直播涉及品类涵盖和田玉、南红玛瑙、菩提子、老物件、家具、木雕、朱砂、文玩核桃等。为在京东线上潘家园“618”活动进行宣传、推广、引流。

【潘家园拍卖有限公司成立】 6月24日，由潘家园文化公司全资控股的北京潘家园拍卖有限公司（以下简称拍卖公司）在潘家园旧货市场举行揭牌仪式。拍卖公司定位为中小拍卖市场，主打高频次、小规模的“日常生活拍”，突出珠宝玉石、现代文玩等潘家园优势品类。利用“互联网+”模式，“线上+线下”联动，逐步建立潘家园拍卖平台，提供征集、鉴定、展会、物流、拍卖于一体的全流程服务。

【“17捡漏日”直播活动】 7月14日，潘家园文化公司携手新浪微博收藏频道，通过公司微博账号“潘家匠”，以潘家园总鉴定师师俊超带领“粉丝”线上逛潘家园旧货市场的形式开展“17捡漏日”主题直播活动。利用师俊超微博和在业内的影响力，对市场优质商户、商品进行全方位展示和重点推介。以边逛边实物讲解的形式重点传授瓷器、折扇、蜜蜡原石、和田玉等热门品类鉴别、鉴赏知识，直播打磨原石的全过程。播放量606万次。潘家园官方淘宝店推出同款定制商品，实现引流转化。

【老北京胡同文化展】 7月17日至12月31日，潘家园文化公司举办多场“忆童年——老北京胡同文化展”。利用市场规范化地摊经营的先天优势，设计潘家园“地摊经济”老货专区。活动在潘家园市场特色打卡点“胡同里文化巷”举办，30个免费摊位，动员市场商户以亲民化地摊形式销售具有老北京文化特色和时代记忆的老货物件。展会吸引钟情于“老北京文化”和“老货”的游客、藏友游览购物，为市场引流。展会期间，市场客流增长约20%。

【拍卖体验日活动】 7月23日，潘家园文化公司所属市场公司及拍卖公司联合举办“潘家园好物，精选天天拍”拍卖体验日活动。邀请北大宝石鉴定中心鉴定专家何志红、潘家园公司总鉴定师师俊超、资深收藏专家果福军免费为大众提供鉴宝服务，现场拍品征集、入库。活动以“节能环保 低碳生活”为主旨，内部拍卖体验活动覆盖拍品征集、拍卖预展、盲拍大会、拍卖知识竞答、拍卖体验会、拍卖结算内测等，帮助员工了解拍卖会流程和环节。在员工内征集书画、瓷器、杂项、珠宝、蜜蜡、工艺品等品类拍品34件，成交21件。

【第四届“佛博会”】 8月3日，潘家园文化公司携潘家园自创品牌——“潘家园礼物”及市场15家优质商户组成潘家园展团赴山西五台山参加第四届中国（五台山）国际旅游文化用品及工艺品展览会（以下简称佛博会）。潘家园文化公司参展品类涵盖翡翠、琥珀、玛瑙、猛犸、银壶、手串、水晶、工艺品、素食品等，“潘家园礼物”带来茶道、香道、装饰、文创等多品类原创商品。

【首届文化旅游消费季】 8月21日，“文化潘家园·乐游新地标——潘家园首届文化旅游消费季”在潘家园旧货市场开幕。文旅消费季与潘家园“夜游潘家园，悦享夏夜美”活动交相呼应，将老货地摊活动、后备厢集市、儿童淘宝集市等“地摊经济”和文明城市的“夜经济”相融合。首次推出实体优惠券，涵盖市场内20家优质精选商户和自营文创店“潘家园礼物”满减优惠，大众化生活拍。推出11场次“寻宝之旅”潘家匠特色文旅线，介绍潘家园历史，讲述潘家园故事，感受潘家园魅力。潘家园拍卖公司主办的“潘家园好物，精选天天拍”狂欢拍卖夜活动设置20件拍品，涵盖珠宝玉石、瓷器、书画、折扇等时下热门品类，拍品均来源市场商户，专家鉴定择优筛选，拍卖会拍品全部成交。

【大师课小知识线上课堂】 8月，潘家园文化公司入驻微博“真爱粉”平台。依托潘家园品牌影响力和稳定的线上“粉丝”基础，整合常年密切合作的非遗手工传承人、珠宝玉石鉴定专家、古玩收藏行家、潘家园市场优质手工艺人资源，建立非遗手工艺、收藏鉴定鉴赏及传统文化体验和培训课程体系。结合收藏热门话题开发主题课程，为收藏爱好者搭建知识传播的桥梁。潘家园线上课堂设置大师课及小知识讲堂，全年发布大师课9次，小知识讲堂52次，吸引付费用户81人次。

【赏石艺术精品展】 9月3日至10日，由中国观赏石协会指导，国石（北京）网络有限公司主办，潘家园市场公司协办的“2020国石·北京（潘家

▲ 9月3日，潘家园文化公司在潘家园旧货市场胡同专区举办多场“忆童年——老北京胡同文化展”活动 （潘家园文化公司 供图）

▲ 8月21日，潘家园首届文化旅游消费季在潘家园旧货市场开幕 （潘家园文化公司 供图）

园）观赏石宝玉石文化博览会暨第二届‘米芾杯’国石赏石艺术精品展”亮相潘家园旧货市场。展会以佛教系列、仙道系列、文房三大系列为主题，吸引京、津、冀、内蒙古、山西等地知名观赏石、宝玉石藏家参展，展位160余个。参展观赏石数量近两千立方米，品类涵盖灵璧石、太湖石、英石、戈壁石、长江画面石、筋脉石、古磬石、埃及黑金刚、荷花石、海洋玉髓、蒙天珠等。

【文旅专线开通】 9月12日、11月17日，兰州交通大学MBA北京校友会、景德镇乐天陶社项目总监杨英青一行分别参观游览潘家园旧货市场。潘家园文化公司探索文化和旅游消费融合发展，开通文旅专线，将市场特色经营区域和热门打卡点串联，形成一条集中展现潘家园历史、文化、特色的参观游览专线。

【红色收藏展览交易会】 9月14日至25日，由潘家园文化公司和中国收藏家协会红色收藏委员会共同举办北京潘家园第十七届全国红色收藏展览交易会。以《榜样的力量》纪念雷锋同志诞辰80周年文献文物收藏为主题，首次采取线上形式展示雷锋生平和事迹、雷锋学习的榜样、雷锋生前就是沈阳军区的先进典型学习的榜样、党和国家领导人题词讲话、雷锋日记里的哲理名言、学雷锋英雄楷模、关于雷锋的藏品物件7个板块。征集全国藏友“雷锋精神”文献文物藏品100多件，包括宣传画、奖状、邮票品、报纸、奖章、纪念卡证等。

【秋季拍卖会】 9月23日，首届大型拍卖活动“北京潘家园2020秋季拍卖会”在潘家园旧货市场举行。23日至25日为拍卖预展日期，26日拍卖会正式举槌。拍卖会以“价格亲民、品质优良”为特点，包含书画、瓷器、铜镜、钱币、杂项等多个专场拍卖，涉及中国书画、瓷器玉器、铜镜钱币、漆器造像等370余件精选拍品。实体拍卖与直播模式相结合，线上线下同步拍卖，线上藏友打破地域、时间、空间限制，共同参与拍卖活动。拍卖会持续5个小时，成交拍品71件，拍卖额11万余元。

【国际文化旅游节】 10月1日，“潮朝阳·FUN生活”2020年北京朝阳国际文化旅游节开幕。开幕式上，朝阳区发布首批10个特色文旅消费街区名单和10条精品文化旅游线路，为特色文旅消费街区授牌。潘家园旧货市场当选朝阳区首批特色文旅消费街区，被纳入精品文化旅游线路，成为朝阳国际文化旅游节分会场，入住文化旅游节“最文艺”板块。朝阳国际文化旅游节潘家园分会场开幕仪式在潘家园旧货市场举行。首届文化旅游消费季展会延续“夜游潘家园，悦赏夏夜美”夜市和文旅节特色，推出胡同文化展、百姓书场表演、儿童淘宝文化节、十一特卖展销会等活动。

【古旧书博览会】 10月15日，潘家园文化公司与北京古城堡图书有限公司（孔夫子旧书网）联合举办为期5天的“万阅典藏”2020年潘家园第二届古旧书博览会在潘家园旧货市场开幕。展会设立名人信札古籍善本交易区、古旧图书展区、精品出版物区、精品儿童图书区、潘书馆综合体验展区5个板块，600多个展柜及摊位，集中展示展销近万种古今中外优秀出版物及文化产品。古旧书高峰论坛在“书博会”开幕当天举办。增设童趣集市、“你读我送、为您找书、以书换书”、公益鉴宝等多元活动。

【古籍收藏知识讲座】 10月15日，潘家园文化公司在潘家园旧货市场举办“走进线装书”古籍收藏专题知识讲座。邀请国家图书馆副研究员李娜华，从中国书籍发展历史和古籍收藏与鉴别两方面讲解不同时期书籍特点，古籍书装帧、板式、题跋、印章形制，古籍鉴定和辨伪方法，传播古籍收藏知识。

【“潘家园礼物”亮相景德镇】 10月18日至22日，“潘家园礼物”亮相2020年第十七届景德镇国际陶瓷博览会，弓箭、鸡毛掸子、蜜蜡、和田玉、朱砂、铁壶、银壶、实木家具摆件、文创伴手礼等多品类商品同时展示。“聚元号”弓箭第十代传人、国家级非物质文化遗产项目代表性传承人杨福喜受邀现场展示非遗弓箭制作技艺。

【新年贺卡设计】 10月27日，“潘家园礼物”作为2021年市领导新年贺卡设计的责任单位，出席北京市人民政府外事办公室组织召开的设计专题研讨会。“潘家园礼物”设计的贺卡，以“新国风”风格呈现不同时代、不同风格的北京地标建筑，古典与现代元素融合，彰显世界古都和现代化国际城市的大气沉稳与发展态势。

【“非遗”手工艺品交易博览会】 11月12日至15日，潘家园第十三届非物质文化遗产手工艺品交易博览会在潘家园旧货市场举行。32个展位集中展销苗绣、糖画、葫芦烫画、琉璃、掐丝珐琅、手动皮影、弓箭等非遗产品。活动为“非遗”手工艺品经营者与传承者搭建展示展销平台，为“非遗”手工艺品爱好者提供学习交流平台，带动销售收入增加。

【抖音电商直播基地开业】 11月18日，潘家园抖音电商直播基地开幕仪式在十里河文化园举行，80余位商户代表参加，26家媒体宣传，18家媒体现场报道。抖音潘家园直播基地项目是北京潘家园国际民间文化发展有限公司和北京字节跳动科技有限公司共同打造的华北区首个互联网+珠宝文玩艺术品电商直播基地。项目在十里河文化园，占地

2万平方米，近300个直播间。基地BIC质检仓储一体化运营中心占地2700平方米，提供优质电商供应链、质检、物流、仓储、主播孵化、商户运营等全方位服务，3家专业质检鉴定机构覆盖贵金属、珠宝玉石、文玩杂项等，仓内提供7×24小时揽收服务，商户随时送货随时入库，基地配备联通ADSL千兆光纤入户，场内架设移动5G设备，确保每间直播间至少有2种稳定网络供商户选择。

【首届惠民文物艺术品交流会】 12月12日，潘家园拍卖公司与臻古文物商店联合举办“稽古臻藏”潘家园第一届惠民文物艺术品交流会。活动设有展销会和线上拍卖两个环节。召集瓷器、玉器、铜器、杂项等各品类商户48家。线上拍卖活动依托潘家园拍卖小程序，以“妙手天成”潘家园巧雕杂项专场为主题，上拍15件拍品，围观412人次，出价74次，成交6件。

【公司28周年庆典】 12月22日至31日，潘家园市场公司举办“潘淘荟”潘家园28周年庆典系列活动。包括潘家园“艺术品投资的互联网时代”第三届“潘淘荟”年度发布会、北京潘家园艺术品拍卖会、特色展销会、鉴宝讲座、传统文化表演等。潘家园文化艺术品指数发布，呈现行业大数据，精准服务投资者、消费者。（蔺雅楠）

朝阳规划艺术馆

【概况】 2020年，朝阳规划艺术馆接待参观团体50余个，千余人次。承办“全民智学促治理，素质提升增效能”北京市第十六届全民终身学习活动周暨2020年职业教育活动周等多项市区大型会议。接受央广网、人民网、学习强国、《北京日报》、中国文化报、朝阳有线、朝阳报等30余家媒体210余次报道采访。被授予北京市爱国主义教育基地、北京市民终身学习示范基地、北京红色旅游景区、北京地区百家社会单位旅游开放日定点场馆及北京市科普基地。作为中小学生社会大课堂教育基地、朝阳区文化旅游示范单位、朝阳区“科普之旅”品牌线路、朝阳海外学人俱乐部活动基地、微软数字化卡通与动画北京电影学院实验室朝阳实验中心、北京电影学院数字媒体学院教学实践基地服务社会。作为全国老旧厂房保护利用与城市文化发展联盟秘书处，参与工业遗产保护利用研究。

【全国老旧厂房协同发展联盟】 1月6日，朝阳规划艺术馆作为全国老旧厂房协同发展联盟秘书处单位受邀参加“合柴1972”亟待改造的老合钢等工业遗存、老工业区保护利用及开发模式和运营方向座谈。4月9日，召开朝阳区保护利用老旧厂房拓展文化空间项目答辩会，郎园Station、北京日报社百子湾纸库改造项目、电子城·新媒体创新产业园、北汽齿轮场文创园、751D·PARK北京时尚设计广场、美库文化创意产业园、798艺术区参加答辩。5月28日，联盟秘书处启动老旧厂房公共文化设施研究项目，对老旧厂房现状做大数据摸底调查。8月5日，联盟秘书长单位负责人杨军参加北京规划学会国土空间规划研究中心举办的第一期“国土政策对话”，发表《城市老旧厂房转型文创园区的模式、问题与建议》报告。9月2日，《2019年全国老旧厂房改造利用年度发展报告》对外发布，初步摸底国内典型老旧厂房文创园区价值特色和运营模式，总结老旧厂房改造利用机制。9月5日至9日，在服贸会文化服务专题展朝阳展区，展示联盟基本情况、成立以来发展成果及老旧厂房保护利用转型升级优秀文创园区代表；在“云上服贸会”展示全国110家各具特色的文化产业园区，展示老旧厂房保护利用与城市文化发展新成果。11月，“工业遗存·文化富矿·城市更新”2020年全国老旧厂房保护利用与城市文化发展联盟年会，发布《老旧厂房保护利用政策汇编（2020年）》，为郎园Station、锦珑（北京）设计创意园、合柴1972文创园等6家新入盟成员单位授牌。

【系列文创活动】 2月18日至3月27日，朝阳规划艺术馆通过微博、微信文章、插画长图、直播等形式开展“云游规划馆”10周年线上展览系列活动。“一直播”网络平台开展线上直播讲解，介绍朝阳区发展变迁、历史文物、非遗展品、大数据展示中心、数字创意产品等。3月19日，“朝阳good群众”微信表情上线，表情取材包括清代青花龙纹将军罐、金台夕照石碑、奥运缶等10件朝阳区出土文物。3月18日，规划馆在“一直播”、抖音、哔哩哔哩视频平台同步进行“Hi，馆你的一天”探秘“朝阳规划艺术馆”直播活动，介绍规划馆老旧厂房改造、运营理念、数字创意展项、文创产品等内容。5月26日，规划馆参与“首届云端博物馆周百馆直播季”活动，以“一处老房子，用最新科技讲述朝阳故事”“带你‘数’览朝阳前世今生”为主题云游看展。7月28日至8月28日，规划馆承办“新时代朝阳好少年”成长营主题活动。8月23日至25日，联合主办第二届华语青年电影周“猎鹰计划”复审路演，《未来记忆》《套娃》《不过是来去之间》等2019年猎鹰计划十强样片在3D大剧场放映。8月，设计完成“潮朝阳FUN生活”最in朝阳手绘文旅地图攻略。9月，中国国际服务贸易交易会旅游专题展上，展示《东岳庙VR全景漫游影片》《通惠河览春图数字交互长卷》数字创意展项等产品，接待参观游客6500余人。11月29日，举办“创意点亮通惠河”大运河文化遗产创意设计交流活动，打造大运河文创产品及包装设计。12月4日，举办2020年国际特种影像论坛，朝阳规划馆和中国电影学院影视技术系联合打造的《东岳庙VR全景漫游影片》获得虚拟现实（VR）类优秀新闻与纪实片奖。

【工业遗产保护利用研究】 12月16日，北京建筑大学建筑与城市规划院院长、工业遗产保护利用研究中心专家委员会委员张杰到规划艺术馆做工业遗产保护利用学术交流。12月23日，工业遗产保护利用研究中心组织专家委员会一行到首钢园区参观Re国际创忆馆，观看由工业原材料筒仓改造的“重返·万园之园”——数字圆明园光影感映展，从首钢三号高炉、滑雪大跳台、陶楼等角度了解首钢园工业遗产保护利用情况。

【河北数字旅游体验展】 12月26日，朝阳规划馆策划并与合作伙伴共同完成的“河北数字旅游体验展”向公众免费开放。展览分洞鉴古今、印象河北（序厅）、蔚为大观、遇见河北（旅游资源导览区）、人在旅途、趣玩河北（旅游场景打卡体验区）等6个篇章，通过数字创意设计与艺术空间完美结合，再现“望得见山、看得见水、记得住乡愁”意境，展览采用数字内容定期更新、线上扫码互动、链接第三方平台等方式，为旅游消费者提供持续选择。河北数字旅游体验展获中国旅游产业影响力风云榜2020年度数字文旅创新发展案例奖。 （李天然）

新闻传媒

【概况】 2020年，朝阳区融媒体中心绩效考核平台通过验收并投入使用。“镜头展现大美朝阳，光影致敬建党百年”创新工作室成立，由7名平面管理科摄影记者组成。“朝阳群众”抖音平台项目获2020年北京市广播电视媒体融合成长项目。“朝阳群众”官方快手号上线，平台“粉丝”数量15.4万人。区融媒体中心摄影记者朱壮文获“朝阳工匠”称号，编辑李晓燕获北京市先进工作者称号，新闻外宣科获北京市模范集体称号。 （许　阳）

【两会访谈网络直播】 1月3日，朝阳区两会召开期间，区融媒体中心首次在北京朝阳App推出两会直播间网络访谈节目，邀请两会代表、委员围绕朝阳区文化、国际化、大尺度绿化、区域高质量发展、社会治理等热点话题进行访谈，传递两会好声音。4场直播播放量50万次。 （任艳华）

【“朝阳群众”快手号上线】 3月20日，区融媒体中心“朝阳群众”官方快手号上线。平台围绕朝阳榜样、朝阳群众、国际友人等人物事迹进行相关视频策划制作。截至年底，“朝阳群众”官方快手号累计推送各类视频182条，播放量约1.24亿次，平台“粉丝”数量15.4万人。 （单艺伟）

【温榆河示范园开园直播】 9月1日，在温榆河公园朝阳示范园开园活动中，区融媒体中心视频管理科与摄像、技术团队和北京朝阳App平台密切配合，团队作战，一场24分钟的直播节目“京城最大绿肺今日开园，朝阳融媒带您来打卡”，开辟户外网络直播的先河，浏览量近50万人次。 （任艳华）

【“服贸会”媒体宣传】 9月5日至9日，区融媒体中心围绕2020年中国国际服务贸易交易会，策划创新宣传手段，加强融合报道。组织10场新闻发布会、7场集中采访、5场新闻发布会直播、5场展馆慢直播、4场主持人现场直播、3场直播间主题直播、1场论坛直播。涉及朝阳区相关媒体报道及网络转载约2000篇次，传播阅读量近7500万人次。《朝

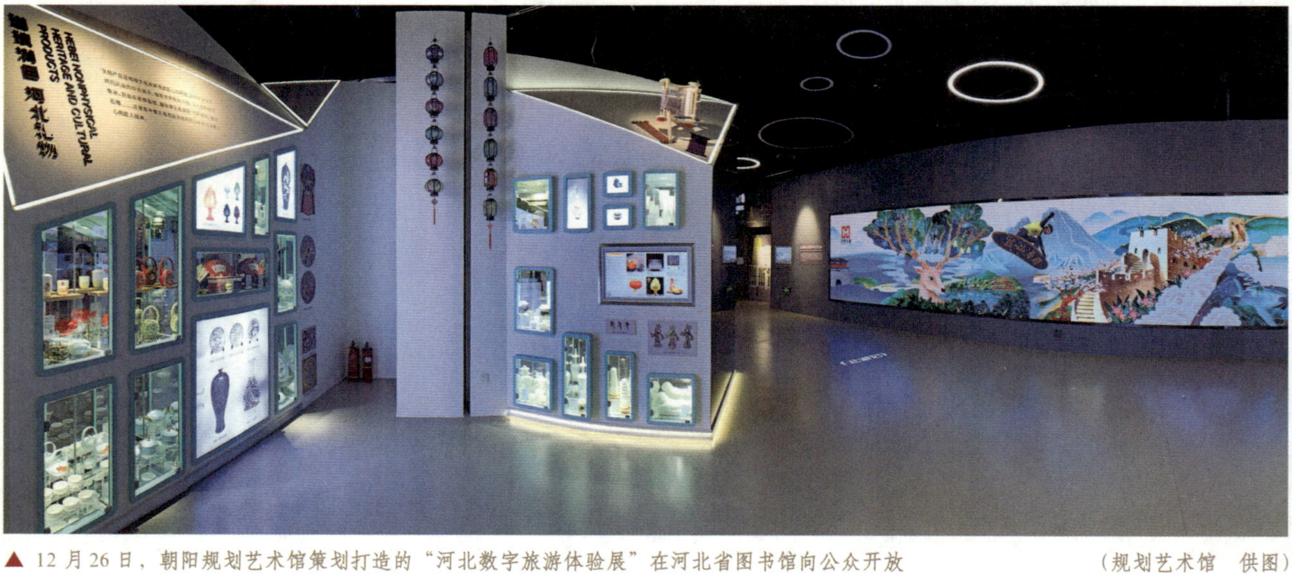

▲ 12月26日，朝阳规划艺术馆策划打造的“河北数字旅游体验展”在河北省图书馆向公众开放 （规划艺术馆　供图）

▲ 9月5日，区融媒体中心在2020年中国国际服务贸易交易会上进行报道　（《朝阳报》 供图）

阳报》策划刊出专题版面7个，《朝阳新闻》播出28条，制作短视频38条。（许　阳）

【绩效考核平台投入使用】 10月29日，区融媒体中心绩效考核平台通过验收投入使用。平台对朝阳区融媒体中心现有传统媒体及新媒体发布渠道上的全部稿件进行统计汇总，通过新闻报道的原创性、发布量、首发率，稿件的点击量、转载量、影响力等多维度指标，对记者及其部门工作量和工作效果进行评估。通过考核模块、考核设置模块、个人中心等模块功能，实现对人员的管理、绩效考核功能。（李　卉）

【创新工作室成立】 12月25日，在朝阳区2020年全国及北京市劳动模范、先进工作者、北京市模范集体暨首届“朝阳工匠”表彰大会上，“朝阳工匠”获得者区融媒体中心摄影记者朱壮文等7名平面管理科摄影记者组成的“镜头展现大美朝阳，光影致敬建党百年”创新工作室成立。工作室旨在创新方式方法，讲好朝阳故事。让读者通过照片，了解不断发展的朝阳，日益幸福的朝阳百姓，以直观的感受向全市、全国、全世界介绍朝阳。（汪春松）

【北京朝阳客户端升级】 年内，区融媒体中心北京朝阳App客户端完成改版升级，完成“新闻信息平台”“居民诉求平台”“政务服务平台”“生活服务平台”和“新时代文明实践中心网上平台”五大平台建设。全新开设“大烨在现场”“朝阳群众怎么看”“朝阳生活必读”三个话题栏目。全年推送文章509篇，总阅读量1149.1万人次，10万+推送20篇次。（冯　烨）

【“十三五”发展成果宣传】 年内，区融媒体中心围绕“十三五”区域发展成就，精心组织新闻宣传活动20次，对接区发改委、社工委民政局、农业农村局、城市管理委、交通委、文创实验区管委会等部门，邀请中央、市属媒体采访报道。开设辉煌“十三五”奋进正当时、回望“十三五”、数说“十三五”等专栏报道，制作《读懂朝阳区砥砺奋进“十三五”》系列海报12张。中央、市属媒体总计报道近500篇次，新媒体阅读量近600万人次。其中《人民日报》头版、中央电视台《新闻联播》、新华社、《光明日报》、《中国日报》整版、《北京日报》头整版、《北京晚报》头版、北京电视台等媒体分别进行报道。（王天航）

【融媒体社区行】 年内，区融媒体中心开展主题为“文化朝阳，最‘潮’是你”和“朝阳融媒喊话朝阳群众！讲出你的奥运故事”社区行。与各分中心（街乡）联动，挖掘“朝阳群众”中的文化达人，在“朝阳融媒”的新媒体平台上发起视频征集挑战赛。融媒体中心与分中心平台融合互动，打通承上启下、连接服务群众的“最后一公里”，巩固壮大基层思想文化阵地综合优势，提升“朝阳融媒”品牌影响力。（陈　婧）

档 案

【概况】 北京市朝阳区档案局（简称区档案局）是全区档案工作主管部门，在区委办公室加挂牌子。负责贯彻执行档案工作有关法律法规和国家有关方针政策；制定全区档案事业发展计划和档案工作制度并组织实施；监督、指导档案工作，依法查处档案违法行为；组织、指导档案理论与科学技术研究、档案宣传与档案教育、档案工作人员培训等工作。区档案馆作为全区立档单位档案综合保管和开发利用部门，全面负责全区立档单位档案接收进馆、区情区史资料征集、档案信息化建设，负责馆藏档案的永久保管、开放鉴定和开发利用。区档案馆与区地方志编纂委员会办公室合署办公，归口区委办公室。截至年底，全区有143家立档单位，全区各社区、行政村和各街乡的政务服务中心均已实现档案工作规范管理。区档案馆建筑面积2800平方米，库房面积1075平方米，馆藏文书档案331268卷272732件、照片档案28761张、声像档案862盘、内部资料17405卷、实物档案1062件、书画319幅、底图74张。全年接收进馆文书档案3906件、实物90件、数码照片640张、电子档案77.39GB。（陈宝媛　戚柏兴）

【疫情防控档案】 2月19日，区档案局以区防控办名义印发《关于做好朝阳区新型冠状病毒感染肺炎疫情防控档案工作的通知》，明确疫情防控工作文件材料归档范围，要求全区相关单位做好疫情防控档案收集、整理、保管、移交等工作。3月26日，区领导主持召开疫情防控期间实物档案资料收集和保密工作专题会，要求将实物档案资料的收集作为疫情防控档案工作的头等大事来抓，发挥档案记录、见证历史作用。12月9日，区档案局举办朝阳区新型冠状病毒感染肺炎疫情防控档案归档整理和移交进馆工作专题培训会，全区防控工作领导小组各工作机构牵头部门档案工作人员20余人参加。（任妍杰）

【档案查档利用】3月16日至7月20日，根据新冠肺炎疫情防控工作要求，区档案馆实行电话预约查询档案，在馆外设立等候区，利用者拨打查档服务电话告知查档需求。工作人员将档案送到馆外等候区，实现“无接触”查档，避免人员聚集。年内，区档案馆接待档案利用者9685人次，接待电话咨询18000余人次，出具证明6275份，复制档案22868页，接收区属单位移送的电子目录163条。自6月9日起，随着北京市数字档案馆民生档案跨馆利用系统启动，区档案馆提供全市婚姻档案跨馆查阅、异地出证服务。（王传会）

【“国庆70周年服务保障工作”档案接收进馆】4月至6月，区档案馆接收区庆祝大会服务保障指挥部及37家区属单位“国庆70周年服务保障工作”档案进馆。接收文书档案2525件、实物档案90件、数码照片档案361张、电子档案77.39GB。（梁　璐）

【开放馆藏1988年、1989年档案】6月9日，区档案馆向社会开放馆藏1988年形成的档案20923件。12月10日，市档案局审批同意区档案馆44826件馆藏1988年档案延期开放。10月26日，向社会开放馆藏1989年形成的档案6904件。（关志雪）

【国际档案日系列宣传活动】6月9日至12日，区档案局以“档案见证小康路、聚焦扶贫决胜期”为主题开展国际档案日系列宣传活动。主要包括档案法治宣传教育活动，发放档案宣传挂图和《〈中华人民共和国档案法〉小红漫画》，宣传普及档案基础知识和档案法。区档案馆举办“持续推动朝阳区档案事业服务朝阳高质量发展”主题展览，从“规划引领　依法治档”“立足大局　服务发展”“依托馆藏　扩大宣传”“强化资源　夯实基础”“需求导向　数字先行”“筑牢底线　确保安全”“为党管档　锤炼队伍”7个方面总结近年来朝阳区档案事业发展经验、展示档案工作在服务区域高质量发展方面做出的贡献，日参观量2000余人次。组织第五届“朝阳档案馆书画笔会”，征集“抗疫”主题书画作品。（王　旸　周佳琳）

【全区档案和地方志工作会】7月20日，朝阳区采用书面方式召开全区档案和地方志工作会议。印发区委副书记王旭讲话、区委办公室副主任王春清在会议上的工作报告。报告从领导重视、单位配合情况、服务全区中心工作、档案法治工作水平有新提升、业务建设扎实提升、档案安全建设有新进展、档案方志队伍素质有新提升、机构改革平稳推进等7个方面回顾总结上年全区档案事业发展情况。从强化意识、提高站位，服务中心、谋划发展、锤炼大局观，守好红线、扩大宣传、增强法治观，严格监督、加强指导、牢固树立业务观，筑好底线、严格管理、持续强化安全观，明确思路、科学培养、践行人才观6个方面部署2020年全区档案和地方志工作。（陈宝媛）

【第二批档案资料搬迁完成】7月22日至24日，区档案馆将第二批档案资料搬迁到市档案馆临时库房。此次搬迁馆藏文书档案248329卷件、报纸1063卷、期刊资料16321册，志鉴书籍及地情资料1000余箱。两批搬迁累计迁移馆藏档案46.5万卷件，占馆藏总量77.5%。（肖　寅）

【区委领导会前学档案法】9月3日，区委书记王灏主持召开区委常委会，会前专题学习新修订的《中华人民共和国档案法》。中央档案馆、国家档案局政策法规研究司司长杜梅以“为档案事业高质量发展提供法治保障”为题，从档案立法的重要性、新档案法的核心要义及领导干部依法治档的责任3个方面解读新修订的档案法。王灏对全区档案工作提出强化责任意识、构建工作机制、实现科学管理的工作要求。（陈宝媛）

【档案执法检查】9月至10月，区档案局采取“双随机”方式对36家单位开展档案执法检查，占受检单位总数25%，督促指导被检查单位整改存在问题，梳理共性和个性问题，分类指导，提高依法治档水平。年内，区档案局落实公示制度，在“北京朝阳”政府外网公示上年度执法检查情况，通报2020年度执法检查计划、执法主体、执法人员等信息。（陈宝媛）

【与求实职业学校签署战略合作协议】11月17日，区档案馆与北京市求实职业学校签订战略合作协议书，建立双向档案人才培养机制，通过参与学科建设和课题研究，提高业务骨干理论功底和实操能力。（李　娜）

【“朝阳记忆”工程】年内，区档案馆通过开展口述历史采集、定时定点拍摄、摄影征集大赛、社会征集等方式，丰富“朝阳记忆”工程。以“迸发信仰的力量、奋斗新时代”为主题启动2020年“口述朝阳”采集工作，采访援鄂抗疫医务、新闻工作者，新冠疫情防控期间坚守岗位外卖配送员，国家级非物质文化遗产传承人等10名，形成采访音频和视频约1800分钟、400GB，文字约20万字。开展定时定点拍摄，对CBD核心区、国家速滑馆、国家会议中心二期等重点项目，化工路改造、九龙山小微空间改造等环境整治项目进行主动跟踪记录，拍摄照片6900余张，视频400余分钟。与区文联、区摄影家协会联合举办的第五届“兰台杯·朝阳符号——美丽朝阳摄影征集大赛”收到63名摄影爱好者报送的169幅/组（336张照片）作品，最终评选出景物单幅作品一等奖1幅、二等奖3幅、三等奖5幅、优秀奖10幅，景物组照作品一等奖1组、二等奖3组、三等奖5组、优秀奖5组，人物照优秀奖20幅/组，获奖作品均作为区档案馆馆藏永久保存。向社会征集图片资料4000余张，音视频资料时长70余小时，实物档案197件，其中包括革命先烈马骏之孙马为平捐赠的反映马骏烈士生平事迹的图书资料和新闻报道，烈士后人缅怀先烈的诗词、文章等25件实物和15GB图片视频资料。（梁 璐）

【馆藏纸质档案数字化】 年内，区档案馆完成馆藏7个全宗2002—2007年文书和婚姻档案数字化，共3401卷、1778件，形成数字化图像475843页。（罗 希）

【区属国有企业改革档案处置】 年内，区档案局对12家涉改企业制发档案处置工作意见，确保相关国有企业在改革过程中依法、有序开展档案处置工作。处置工作意见要求涉改企业加强对档案处置工作的领导，确保资产与产权变动工作与档案处置工作“同部署、同推进、同落实”；及时完成文件材料整理、归档、移交和清点工作，确保档案安全和齐全完整；明确涉改企业档案处置原则和方法，确保相关资产与产权变动档案归属与流向合理明确。（赵志闯）

地方志

【概况】 朝阳区地方志编纂委员会办公室（简称区志办）是主管朝阳区地方志工作的机构。年内，区志办参加多种形式的抗疫工作，坚持推动全区地方志事业均衡发展，深化朝阳志鉴体系建设。《北京市朝阳区地名志》定稿。2019年度《朝阳大事记汇编（季刊）》完成编纂并发放。完善《朝阳区志书审查验收和出版管理办法》，规范街乡志书评审流程等。完成全区年鉴主笔人及《朝阳大事记汇编》街乡主笔人业务培训。指导浙江省《龙游年鉴》申报中国精品年鉴。《北京朝阳年鉴（2019）》入选“中国精品年鉴”。区志办人员撰写的2篇文章入选《第四届全国年鉴论坛文集》，其中1篇被中国版协年鉴工委出版的《年鉴论坛》收录。2篇文章被《北京地方志》采用。

【入选中国精品年鉴】 3月，《北京朝阳年鉴（2019）》入选中国年鉴精品工程“中国精品年鉴”。中国精品年鉴工程是中国地方志指导小组办公室推出的全国地方志“十大工程”之一，全国13部年鉴入选，标志着朝阳区年鉴编纂质量达到全国高水平行列。

【《北京年鉴》供稿】 5月，区志办向《北京年鉴（2020）》7000余字，内容为2019年朝阳区概况，主要包括朝阳区重大活动服务保障、“疏解整治促提升”专项行动、京津冀协同发展、经济建设、城乡建设与管理、民主法治建设及北京商务中心区建设与发展情况等。

【年鉴出版发行】 7月，由区地方志编纂委员会编纂的《北京朝阳年鉴（2019）》由方志出版社出版，印制1500余册，制作电子书1000余套。是创刊以来连续出版的第15卷，全书围绕区委、区政府中心工作，记录2018年全区政治、经济、文化和社会等方面的发展情况、特色亮点和新发展、新变化、新成就等。设30个类目，全书487页150万余字，收录条目4000余条、图片200余张。12月，由区地方志编纂委员会编纂的《北京朝阳年鉴（2020）》由方志出版社出版，印制1500余册，制作电子书1000余套。是创刊以来连续出版的第16卷，全书围绕区委、区政府中心工作，记录2019年全区政治、经济、文化和社会等方面的发展情况、特色亮点和新发展、新变化、新成就等。设30个类目，全书469页150万余字，收录条目42000余张。

【《档案参阅》创编】 10月，《档案参阅》第1期《朝阳区区划变迁》完成编印，并送至区领导及相关部门负责人。《档案参阅》由区档案馆、区志办组织编写，以区档案馆馆藏档案、方志资料为基础，挖掘档案方志信息资源，以内部资料形式分期编发，为各级领导研究区情、科学决策提供历史借鉴和参考。

【方志文化宣传】 11月20日、26日，区志办开展读志用志系列活动之走进“公检法”。在公安朝阳分局、区检察院、区法院摆放地方志宣传展板，赠

▲ 11月20日，区志办在公安朝阳分局开展读志用志活动 （区志办 供图）

送志鉴书籍和《朝阳兰台》报。年内，完成第1—12期《朝阳兰台》报编印发行。

【《中国影像志·高碑店村》境外播出】 12月30日，由区志办联合中央广播电视总台拍摄的《中国影像志·高碑店村》在中央广播电视总台国际频道——长城精品频道《精品纪录》栏目播出。频道有效覆盖美国、加拿大、澳大利亚、法国、老挝等国家约4500万用户，超过1.5亿人可以看到《中国影像志》系列纪录片。

【基层修志指导】 年内，区志办指导完成《和平街街道志》《麦子店街道志》《垡头街道志》的出版。完成《来广营乡志》《平房乡志》等6部志书的初审、复审。指导《亚运村街道志》《安贞街道志》《建外街道志》的编纂启动工作。 （李 静）

文联活动

【概况】 2020年，北京市朝阳区文学艺术界联合会（简称区文联）举办文联文艺工作培训会、“翰墨朝阳”朝阳区优秀青年人才创作培训班；“文艺进万家健康你我他”新时代文明实践文艺志愿服务启动，在6个街乡举办10场“文艺进万家健康你我他”中国文联新时代文明实践学雷锋文艺志愿活动；在云南省昆明市、新疆生产建设兵团农十四师四十七团、河南省淅川县等地开展文化交流活动。区文联获北京市三八红旗集体称号；区文联名誉主席刘兰芳获中国文联终身成就曲艺艺术家称号；朝阳区曲艺家协会副主席、安贞街道文联主席杨非获北京市三八红旗奖章。

【“朝阳艺象”作品展】 6月15日，区委宣传部和区文联主办“朝阳艺象”抗击疫情文艺作品展览。从1606件抗疫文艺作品中精选推出书法、美术、摄影、民间艺术、音乐等100件作品展出。7月至11月，展览在朝阳区图书馆、六里屯街道、东湖街道、安贞街道、孙河地区、豆各庄地区进行巡展。全年征集各类抗疫文艺作品1606件。其中，摄影作品707张；书法、篆刻作品477幅；绘画作品98幅；文学及诗歌作品144首（篇）；剧本作品3部；楹联36副；曲艺作品65部；民间艺术作品34件；音乐作品40首；话剧作品1部；舞剧作品1部《向北·行天岸》。

【“云直播”音乐会】 6月20日，由区文联和朝阳区音乐家协会主办的“以艺抗疫”“云直播”音乐会在《放歌中国》演播大厅举办，活动以庆祝建党99周年和打赢抗击疫情攻坚战为主题，集中展示朝阳区文艺工作者创作的一系列抗疫文艺作品。多名优秀中青年歌唱家演唱《把一切献给党》《美丽中国》《回家那一刻》《和英雄在一起》等歌曲。戴玉强、廖昌永、魏金栋三位著名歌唱家通过连线的方式助力“云直播”音乐会，演唱《一起去爱》《樱花雪》《负重前行总是兵》等歌曲。直播中18首优秀作品是从40首原创抗疫歌曲中精选而来，通过音乐会向全社会展示。央视频、抖音、快手、百度等多家网络平台同步直播，点击量、阅读量、播放量累计超过3600万人次。

【《向北·行天岸》舞剧首演】 8月31日至9月2日，全国首部抗疫题材舞剧《向北·行天岸》在朝阳剧场为医务人员、政法干警及社区工作者专场首演3场，11月9日至12日在二十一世纪剧院第二轮巡演8场。舞剧由朝阳区新时代文明实践中心出品，著名导演、演员田少军编剧并执导，著名舞剧表演艺术家蔡芳担任艺术总监。剧情包括繁华守望者、美丽逆行者、幸福创造者三个篇章，生动再现灾难面前，中华儿女共克时艰战胜疫情的感人画面。作品引入“舞蹈+多媒体”的创作概念，将舞蹈艺术与音乐、视频、灯光等声光电效果融合，立体化、多角度、全方位展现风云迭起的“战疫”图景。剧目由朝阳区新时代文明实践中心出品，区委宣传部、区文联、区文化和旅游局联合出品。

【《抗疫12小时》话剧首演】 9月4日至9月6日，北京市首部抗疫题材话剧《抗疫12小时》在北京二十一世纪剧院首演3场，11月18日至25日在长安大戏院第二轮巡演10场。由著名导演、北京电影学院教授陈兵倾情执导，国家话剧院一级演员褚栓忠、朱旭等著名演员演绎。剧情以真实事件为原型，讲述朝阳区抗疫工作者分流隔离俄航408名乘客（含4名新冠病毒密切接触者），严防病毒扩散，保护人民群众生命安全的动人故事。剧目由朝阳区新时代文明实践中心出

▲ 11月11日，朝阳区新时代文明实践中心出品原创抗疫舞剧《向北·行天岸》演出 （张正晔 摄）

▲ 9 月 4 日，原创抗疫话剧《抗疫 12 小时》演出现场 （张正晔 摄）

品，区委宣传部、区文联、区文化和旅游局联合出品。

【社区民间文化艺术节】 9 月 25 日，朝阳区民间文艺家协会在六里屯街道秀水园社区星月广场举办第九届社区民间文化艺术节。民间文艺家协会主席哈亦琦与协会部分艺术家以及老北京民俗专家为社区居民带来吹糖人、绒鸟、毛猴、面塑、内画、雕漆、雕刻、京剧脸谱、手工编织、风筝等精美的艺术作品。

【文化交流活动】 9 月 29 日，“日月同辉迎国庆，又见大观庆中秋”书法摄影展活动在昆明大观楼启动。活动由区文联、昆明市文联联合主办，由区书法家协会、区摄影家协会、区民间文艺家协会、昆明书法家协会、昆明摄影家协会、昆明民间文艺家协会和昆明市大观公园共同承办。包括书法摄影作品联展、艺术家交流环节。10 月 15 日至 16 日，区文联赴新疆生产建设兵团农十四师四十七团开展文化扶持，艺术家依据四十七团沙海老兵屯垦戍边的老兵精神进行文艺创作，对当地文艺创作进行指导，培养文艺骨干。12 月 1 日，区文联与河南省淅川县文联在淅川县老年大学举办“朝阳艺象”美术、摄影、音乐艺术展暨“梦圆淅川”歌曲发布会。

【基层文联文艺汇演云直播】 10 月 23 日，区文联举办“孝满京城，德润人心”基层文联文艺汇演云直播。文艺会演以喜迎九九重阳节为主题，以器乐联奏、独唱、合唱、快板、单弦、京韵大鼓、相声、诗朗诵多种形式演出 12 个节目，每位艺术家在直播中展示 1 ~ 2 个文艺作品，反映街乡文联特色品牌文艺创作成果。央视频、百度直播、今日头条直播、快手直播观看超过 260 万人次，话题参与及点赞量过百万次。

【文艺工作培训会】 10 月下旬，区文联召开文艺工作培训会，理事会成员、9 个文艺家协会和各街乡文联文艺工作者代表百余人参加。从提高政治站位、强化使命担当、唱响主旋律，坚定文化自信、用文艺传播正能量，做有情怀的新时代文艺工作者等方面进行培训。中国文艺评论家协会副主席张德祥，北京摄影家协会顾问、区文联名誉主席、摄影家协会秦大唐，北京市政协教文卫体委员会副主任、中国古迹遗址理事会副理事长舒小峰分别授课；非物质文化遗产传承人、著名中医世家传承人孔令誉进行中医健康辅导。培训会组织参观田凤银长城美术馆。

【原创歌曲云直播】 11 月 3 日，“乐动朝阳”——朝阳区文联原创歌曲云直播在《放歌中国》栏目演播大厅举办。歌唱家以网络的形式将具有朝阳特色的优秀原创歌曲向观众展示。央视频、百度直播、今日头条直播、快手直播累计超过 210 万人次观看，累计话题参与及点赞量 60.23 万人次。

【“翰墨朝阳”书法大赛】 11 月 9 日，“中国梦·翰墨朝阳”第四届全国书法大赛获奖作品展在中央数字电视书画频道美术馆开幕。大赛历时 3 个多月，收到全国 4475 位书法家、书法爱好者作品 5350 件。来稿作品篆隶楷行草五体兼备，体现文学艺术与书法艺术的完美结合，还有众多讴歌抗疫精神、抗疫英雄的书法作品。经大赛评委会审定，评出入展作品 150 件，获奖作品 115 件，其中，一等奖 5 件、二等奖 10 件、三等奖 20 件、优秀奖 80 件。

【文艺志愿服务活动】 12 月 14 日至 17 日，区文联到街乡、社区等基层开展系列文艺志愿服务活动，包括慰问演出、文艺辅导等。在全国首个“四个 100”最美志愿服务社区——朝阳区六里屯街道秀水园举行“文艺进万家，健康你我他”新时代文明实践文艺志愿服务试点工作启动仪式；在安贞街道安华里社区、六里屯街道炫特社区、垡头街道福园社区、奥运村街道市民活动中心、东坝地区东坝家园社区、东泽园社区、奥园社区、管庄地区文化服务中心 8 个社区举办 10 场中国文联新时代文明实践学雷锋文艺志愿活动，包括 9 场艺术培训辅导和 1 场文艺慰问演出。

【新文艺群体扶持】 年内，区文联加大对新文艺群体优秀代表政策倾斜和指导扶持，举办为期 4 天的“翰墨朝阳”优秀青年人才创作培训班，邀请中国书法家协会专业委员会等专家进行书法家教学，包括书法临摹和创作、技法研究、创作实践等；结合 2020 年中国文联青年文艺创作扶持计划，对朝阳区优秀青年文艺工作者提供指导与扶持，向北京市文联推荐报送区优秀新文艺人才参加 2020 年新文艺群体高级研修班。 （刘向菲）

卫生健康

综 述

【概况】 朝阳区开展爱国卫生和健康促进工作，全区通过创卫国家级技术评估，完成全国健康促进区国家专家组验收。建成10家急救站点建设，采购6辆急救车。推进全国社会心理服务体系建设试点，设置9个心理健康科普宣传基地。完成全区母婴设施现状摸底调查，建立母婴关爱室226家。区卫生健康委获全国计划生育优质服务先进单位、全国宣传工作先进单位。

【人才队伍建设】 年内，全区有226人通过卫生系列高级专业技术职务任职资格评审。完成驻区及直属医疗机构继续医学教育培训52166人，新型冠状病毒感染的肺炎防治知识全员必修培训51868人参加，参加率为99.43%。区卫生健康委所属事业单位有正式人员4312人，其中医院1843人，社区卫生服务中心2128人，公共卫生单位274人，其他事业单位46人，规范管理单位21人。组织开展两批公开招聘工作，其中第一批公开招聘58人，第二批公开招聘完成现场审核237人。

【信息化建设】 年内，区卫生健康信息化项目投入2800万元，完成2020年北京市卫生健康系统软件正版化专项工作、“数字化流行病学调查系统升级改造项目”“北京市朝阳区社区卫生业务能力提升信息化支撑服务”“朝阳区区域卫生信息化建设——院前急救网络信息二期平台建设项目”等46个项目验收；启动“全模式综合管理信息平台（朝阳区紧急医疗救援中心三级急救网络系统）维护”“北京市朝阳区卫生资产管理系统运维服务项目”“朝阳区卫生数据中心核心服务外包项目”“朝阳区卫生信息化运行维护——社区卫生信息化建设巡检服务”等20个运维项目。

【科研工作】 年内，北京市垂杨柳医院、北京市第一中西医结合医院、北京市朝阳区第三医院、北京市朝阳区妇幼保健院、北京市朝阳区双桥医院等15家单位申报“新型冠状病毒转运体系建设的研究”“朝阳区精神卫生突发事件风险因素调查研究”“基于BMD-PCR技术的新冠病毒核酸快速检测方法研究”“耳甲——迷走神经刺激治疗轻中度抑郁症的临床有效性及脑机制研究”“三代测序技术对流行性腮腺炎样病例进行宏基因组分析及腮腺炎病毒基因变异研究”等科研项目44项，获批经费合计485.5万元。其中地方科技项目“基于门诊教学标准化流程提高全科医学急需紧缺专业人才培养质量”“‘社工介入’重性精神疾病社区康复服务模式研究”“朝阳区冬奥会医疗应急保障创伤救治标准研究”“子痫前期血液标志物联合检测早期预测和诊断价值”“老年认知障碍干预：基于社区医疗机构的网络化运动防治老年轻度认知功能障碍的临床随机对照实验研究”等27项，经费合计271万元；其他科技项目“门诊糖尿病患者应用CAPDCA个体化健康教育模式研究”“污水中新型冠状病毒检测与风险识别”“药师参与家庭医生团队为慢病患者提供药学服务的模式研究”“高技能全科医生临床思维能力提升模式研究”“中医药治疗紧张型头痛用药规律及加味散偏汤对肝郁血瘀型紧张型头痛治疗的临床疗效观察”等17项，经费合计214.5万元。发表SCI收录论文*IFITM3 Affects the Level of Antibody Response after Influenza Vaccination*（《*IFITM3*影响流感疫苗免疫后的抗体水平》）、*Effects of Continuous Endotracheal-Laryngopharynx Topical Anesthesia on the General AnestheticRequirements during Surgery*（《连续气管内咽喉表面麻醉减少全身麻醉药用量》）、*Higher Serum Angiopoietin 2 Levels are IndependentlyAssociated with Coronary Microvascular Dysfunction in Patients with Angina in the Absence of Obstructive Coronary Artery Disease*（《在无冠脉狭窄的心绞痛患者中，血清血管生成素2水平升高与冠状动脉微血管功能障碍独立相关》）、*Association of Uric and C-reactive Protein with the Severity ofCoronary Artery Disease Using SYNTAX Score and Clinical SYNTAX Score*（《尿酸、C-反应蛋白同冠心病*SYNTAX*评分及临床*SYNTAX*评分关系》）、*Feasibility* *of 5-Aminolevulinic Acid Mediated Photodynamic Therapy for Male Genital Lichen Sclerosus*（《5-氨基酮戊酸光动力治疗用于男性外阴硬化性苔藓的可行性报告》）等21篇。各单位投入科研经费总额141万元。

【卫生基本建设】 年内，区卫生健康委新建、扩建项目7个，包括朝阳医院东院区建筑面积20万平方米、安贞东方医院建筑面积21万平方米、北京市垂杨柳医院改扩建工程10.9万平方米、和平医院改扩建工程8965平方米、双桥医院改扩建工程周转房项目8300平方米、双桥医院普通病房改造成为传染病病房工程6023平方米、六里屯社区卫生服务中心呼吸机依赖患者康复中心装修工程3072平方米。区卫生健康委2020年工程维修改造项目投入安全隐患维修改造资金1200万元，项目涉及直属单位12家，包括：卫生健康委机关消隐工程和外管线及道路改造工程，第一中西医院污水处理站改造工程、液氧罐更新改造工程、视频监控系统改造工程，第三医院污水处理站改造工程，宣教中心综合改造工程、医管中心监控工程、疾控中心核酸实验室改造工程，崔各庄第二中心污水改造工程等15个工程项目。接收小区卫生配套用房2处，建筑面积约700平方米。 （孙悦　姚雯）

公共卫生

【概况】 朝阳区户籍人口平均期望寿命82.91岁，其中男性80.71岁、女性85.19岁。户籍人口出生上报12541人，计划生育率99.56%，出生人口性别比107。全年户籍人口生育登记12633例，其中一孩生育登记8228例，二孩生育登记4108例，再生育确认（三孩及以上）297例；户籍人口出生12541人，其中男性6563人、女性5978人，出生率8.78‰；死亡15706人，死亡率7.36‰；人口自然增长率1.42‰。因病死亡15392人，占总死亡人数的96.59%；死因顺位前十位依次为：恶性肿瘤、心脏病、脑血管病、呼吸系统疾病、损伤和中毒、内分泌、营养和代谢性疾病、消化系统疾病、神经系统疾病、泌尿生殖系统疾病。

【疾病控制】 年内，区卫生健康委加强传染病防治。全区报告传染病18种23145例，报告发病率666.43/10万，比上年下降70.25%；报告死亡率0.81/10万，比上年下降53.12%。甲乙类传染病发病率100.55/10万。无甲类传染病报告，乙类传染病报告发病率居前三位的依次为肺结核、梅毒、淋病，死亡人数前三位是肝炎、艾滋病、肺结核。确诊肺结核1166例，发病率33.57/10万。报告5种性病2453例，其中梅毒865例、淋病391例、尖锐湿疣244例、生殖道沙眼衣原体感染932例、生殖器疱疹21例，发病率70.63/10万，无死亡病例报告。报告HIV/AIDS现住病例506例，比上年减少35.38%，发病率14.57/10万，死亡18人。全年针对新冠肺炎病例进行流行病学调查，调查处置新冠肺炎聚集性疫情，所有疫情均及时开展流行病学调查，划定和管理接触者，开展病家等疫源地消毒，未发生疫情扩散和蔓延；调查处置手足口病和疱疹性咽峡炎聚集性疫情35起，集中发热事件22起，急性胃肠炎疫情123起（其中40起由诺如病毒感染引起）。全年未接报辖区及外地来京就诊狂犬病病例。开展医疗机构和托幼机构消毒效果检查、监测和培训，检查医疗机构74家104次，监测采样1415件，培训5次；检查托幼机构297家482次，监测采样605件，培训4次。完成374起传染病疫源地消毒工作。完善疾控中心—街（乡）、社区卫生服务中心—居（村）委会、社区卫生服务站、二三级医院三级慢病防控网络。完成农村大肠癌和城市五癌（肺、肝、乳腺、上消、下消）临床筛查任务分别为887人次和1995人次，完成城市和农村筛查问卷分别为6448份和3736份，肿瘤患者随访6452例。新建高血压、糖尿病患者自我管理小组46个（培训组长73人，小组活动300余次），体重控制小组45个，防跌倒干预小组36个，培养各类组长150余人，开展各种小组活动800余次。实施全民健康生活方式各项活动，高血压、糖尿病、肿瘤防治宣传周等慢病相关宣传活动95次，发放200225份宣传品，在《朝阳报》、朝阳有线等多家媒体宣传100余次。新培训健康指导员204人，组织活动100余场；定期督导113家健康示范机构及25条健康步道、28个健康小屋、9个健康主题公园、3条健康一条街；组织开展“万步有约”职业人群健走活动，28个单位640人参加。开展脑卒中高危人群筛查4239人及2845人队列人群随访。

【中小学生生长发育状况受检】 年内，辖区中小学生199743人，身高受检103500人，其中上等36796人、下等1972人；体重受检103500人，其中上等40207人、下等2074人；视力受检103485人，其中视力不良63966人；营养状况受检103502人，其中肥胖15130人、营养不良8806人；贫血受检103417人，其中贫血1081人；沙眼受检103502人，检出沙眼0人；龋齿受检103510人，其中龋齿21857人。

【计划免疫】 年内，朝阳区常规免疫（不含应急接种）接种疫苗862454针次，其中基础免疫499756针次、加强免疫362698针次；北京市户籍儿童接种500573针次、流动儿童接种361881针次。疫苗报告接种率99%以上。接报预防接种不良反应（AEFI）1421例，其中一般反应897例、异常反应225例、偶合症282例、心因性反应17例。水痘、麻风、麻风腮分别应急接种322针次、678针次、239针次（不包含医务人员接种含麻疫苗数字）。接种流感疫苗460013支，包括免费290865支，自费169148支。

【三区联创工作】 年内，朝阳区开展“国家卫生区、全国健康促进区和国家健康区”三区联创工作，通过创建国家卫生区国家级技术评估、综合评审及公示，被命名为国家卫生区。南磨房、太阳宫及来广营乡被命名为2020—2022年国家卫生乡。启动推进平房等16个乡的北京市卫生乡创建工作。朝阳区创建全国健康促进区，经验被全国推广。自制并发放健康传播材料33种77.52万份；开展健康教育培训8场，覆盖健康教育专兼职人员1035人次；组织线上线下健康知识讲座818场，覆盖人群7.29万人次；公众咨询活动539场，覆盖人群23.35万人次；微博发送信息3487条，覆盖532.1248万人次；微信推送文章551篇，覆盖80.86万人次；设计制作健康教育宣传栏电子版6期；完成健康科普视频5个。健康素养线上竞赛行动在线学习3.23万人。完成北京市朝阳区三里屯幼儿园、北京市朝阳区枣营幼儿园、北京市朝阳区团结湖第一幼儿园3所健康促进试点幼儿园北京市验收工作。举办公筷行动主题宣传、农村居民健康素养促进行动、健康北京周主题宣传活动。完成劲松、大屯、南磨房、左家庄、东坝等14个街乡居民健康素养监测工作。制定朝阳区15个防控指引并根据公共卫生应急响应级别进行多版次更新，开展新冠肺炎疫情防控健康宣教工作。

【爱国卫生】 年内，朝阳区爱国卫生办公室举办“防疫有我 爱卫同行”爱国卫生月、世界无烟日主题宣传活动。推选2019年度首都控烟先进集体6家，先进个人14名。创建北京市无烟家庭3680家、控烟示范单位55家。完成区政务服务管理局、区残联北京市“无烟党政机关样板建设”评估验收。开展无烟医疗机构建设工作，全区无烟医疗机构443家。完成12座院内户厕改造，全区无害化卫生户厕覆盖率100%。开展控烟监督检查3.2748万户次，受理控烟投诉3443件，比上年上升54.5%；下达责令改正通知书808份；行政处罚320件。持续开展周末大扫除、周末卫生日活动，全区参加活动50.6万人、清理卫生死角11.83万处、出动车辆3.16万辆次、清理垃圾2.81万吨。成立区疫情防控工作领导小组爱国卫生运动工作组，明确成员组成及职责分工，落实《朝阳区深入开展新时代爱国卫生运动三年行动方案》《朝阳区筒子楼环境卫生专项整治行动方案》等各项工作。推进社区（村）、机关企事业单位、非公组织爱国卫生组织机构建设。

【病媒生物防制】 年内，朝阳区爱国卫生办公室开展统一灭鼠和统一灭蚊蝇灭效评价。开展病媒生物侵害咨询和处置，完成5起咨询（投诉）事件接报、指导和现场处置。开展夏秋季灭蚊蝇、冬春季灭鼠、全年灭蟑专项统一活动，对全区餐饮单位、农贸市场病媒生物防制情况进行两轮督导检查。为688户家庭（烈士家属、孤寡老人、失独家庭、残障人士等）、10个养老院提供入户灭蟑，免费消杀，发放灭蟑套餐821份。全区3.54万人次病媒防制专业人员现场作业，维护鼠站43.4万个，填补鼠洞1.95万处，投放毒饵3.51万千克，处理鼠地下管井36.9万个；投放灭蚊蝇药3.75万千克，处理蚊地下管井27.51万个，处理蚊消杀场所14.07万处，清理散在滋生地9.5万处；参与灭蟑活动单位1.77万家，布放蟑螂屋、粘板8.05万张，使用灭蟑胶饵3.09万支，杀虫剂原液602.2升，清理有蟑迹房间3.21万间。

【综合监督】 年内，朝阳区开展公共卫生监督。公共场所卫生许可证应监督单位7555户，比上年增加4.95%。其中旅店业1014户，文化娱乐场所278户，公共浴室77户，理发店、美容店5647户，游泳场馆252户，展览馆、博物馆、美术馆、图书馆10户，商场、书店275户。监督覆盖率99.68%，完成监督23959户次。公共场所卫生行政处罚1609件（不做处罚7件），其中一般程序416件、简易程序1186件，罚款109.76万元。医疗卫生机构监督检查1707户，覆盖率99.88%，合格率97.32%，处罚211件，罚没款121.25万余元，吊销医疗机构执业许可证1户，该诊所因为擅自接诊发热患者、未按照《突发公共卫生事件应急条例》规定采取控制措施且情节严重，予以吊销《医疗机构执业许可证》。取缔无证行医47户次，行政处罚47件，罚没款100.09万余元，包括没收违法所得21.3万余元。计划生育监督检查83户，覆盖率98.81%，合格率100%。未发现非医学需要胎儿性别鉴定和选择性别人工终止妊娠等违法违规行为。

【急救工作】 年内，区卫生健康委推进辖区急救工作站建设，区卫生健康委与交通委、住建委、民政局、农业农村局、房管局、规自分局、应急局及消防支队9个部门联合下发《北京市朝阳区急救站建设实施方案》。依托区属医院及社区卫生服务中心建设急救站点，通过市级验收13个；新增负压救护车6辆。通过持续增组建站、精细管理、优化排班，年底院前急救呼叫满足率提升到97.12%。利用三级急救网络各专业资源，组建40人综合类紧急医学救援队伍。参与全区各类突发事件23件次，包括Ⅲ级1起、Ⅳ级4起、完成保障任669件次。

【精神卫生】 年内，朝阳区精神分裂症患者服药率91.90%，面访率

89.18%。重性精神疾病患者免费体检3855人。重性精神障碍疾病患者建档13948人，其中京籍患者13286人，报告患病率4.016‰，在册规范管理率94.78%，病情稳定率98.88%，规律服药率86.72%。发放贫困诊疗费补助87.93万元，1505人次患者受益。9259人通过免费服药资格审核，投入免费服药经费987.23万元，免费服药政策惠及率66.38%。10480名严重精神障碍患者监护人申请看护管理补贴，看护补贴申请率84.82%，发放补贴2178.93万元。对免费服药患者开展血药浓度检测552人，投入经费11.66万元。开展新型冠状病毒肺炎疫情相关心理援助工作，区心理援助热线累计接听1016通，线上心理援助91人次，累计对外发表心理科普文章284篇（包括原创92篇），心理健康宣教受众1282167人次；派驻14名心理医生先后为12个医学观察点提供7×24小时心理援助服务。

【妇幼保健】 年内，朝阳区常住产妇25564人，北京市户籍产妇13691人；常住活产25938人，北京市户籍活产13903人，剖宫产率41.70%。孕产妇死亡率0，常住孕产妇系统管理率99.05%，北京市户籍孕产妇系统管理率98.98%。孕产妇住院分娩率100%。常住高危孕产妇管理率99.50%，北京市户籍高危孕产妇管理率99.43%。婚检人数9228人，婚检率36%，检出疾病359人，疾病检出率3.89%。全区0～6岁在册儿童18.93万人，其中北京市户籍在册儿童12.49万人，外地户籍在册儿童6.43万人。新生儿疾病筛查率100.00%，新生儿听力筛查率98.53%。围产儿出生缺陷发生率35.19‰，围产期监测出生缺陷发生顺位前五位分别是先天性心脏病、外耳其他畸形、多指（趾）、隐睾、肾积水。常住5岁以下儿童死亡率2.20‰，户籍5岁以下儿童死亡率2.80‰。常住婴儿死亡率1.62‰，户籍婴儿死亡率2.01‰。0～6岁儿童健康管理率97.58%，0～6岁儿童系统管理率96.26%。

【计划生育】 年内，朝阳区农村部分计划生育家庭奖励扶助9510人，独生子女伤残特扶4167人，独生子女死亡特扶3232人，计划生育手术并发症特扶1人；惠及16910人，累计发放奖特扶金7740余万元；为全区计生特殊家庭发放生日慰问金147.98万元，为失独人员办理安欣计划保险646.4万元、住院护理补贴保险96.96万元，为失独、伤残、低保家庭办理安康计划意外伤害保险18.4575万元，为失独家庭和享受一次性经济帮助的独生子女意外伤残家庭发放中秋节日慰问金55.59万元。

【职业卫生】 年内，朝阳区卫生健康委完成国家重点职业病监测及风险评估工作。区内有毒有害工业企业337家，职业病与健康危害因素监测系统报告职业病病例报卡21例，其中尘肺病死亡病例2例，尘肺病复诊病例5例，尘肺病晋级病例1例，新发职业病病例11例；诊断无职业病2例；完成职业病鉴定3例。完成职业性放射性疾病监测项目、医疗机构医用辐射防护监测项目及非医疗机构放射性危害因素监测项目。完成辖区内86家医疗机构基本信息填报工作；完成15家医疗机构，31台次放射诊疗设备性能检测及场所防护检测；完成3家非医疗机构场所防护监测；完成职业性外照射个人剂量监测8257人次。（孙悦 姚雯）

医疗卫生

【概况】 朝阳区有医疗卫生机构1733个（含驻区医院），其中营利性1189个，非营利性544个。全区有卫生技术人员57098人，其中执业（助理）医师22899人，注册护士25079人，实有床位23975张，每千常住人口拥有床位数6.94张，卫技人员16.54人，执业（助理）医生6.63人，注册护士7.26人、全科医师0.20人。每千常住人口拥有社区卫生服务机构床位数是0.28张。户籍育龄妇女475867人，其中已婚育龄妇女272186人。

【卫生改革】 年内，区卫生健康委以入选国家城市医疗联合体试点城市为契机，持续推进4个紧密型医联体建设。为区属医院引进柔性人才2批36人。建立基层绩效工资增长和家庭医生签约服务奖励机制。依托各质量控制中心持续开展医疗质量控制工作。新增1处国际医院选址，组建国际医疗联合体，提升区域国际化医疗水平。

【医政工作】 年内，区卫生健康委颁发医疗机构执业登记注册84家、中医诊所备案19家。完成医疗机构变更411家、注销76家。办理医师执业注册1466人、变更4006人、注销1567人。外国医师短期行医首注28人、延期124人。医师多执业机构备案6104人。美容主诊备案369人。盲人医疗按摩备案7人。护士变更注册1233人，延续1848人。

【医疗工作】 年内，朝阳区医疗机构总诊疗34388317人次，其中医院19797493人次、社区卫生服务机构11883274人次、门诊部及以下2707550人次；出院532615人次，其中医院（不含护理院）526309人次、社区卫生服务机构6130人次、护理院176人次，平均住院日8.9天；全区医疗机构门诊32608740人次、急诊1709829人次、家庭卫生服务69748人次。区级（6家）医疗机构门诊1615754人次，急诊189091人次，家庭卫生服务77人次，出院28133人次，平均住院日10.9

天，实有床位使用率 59.2%，床位周转 15.46 次，医护比 1∶1.13，死亡率 1.73%，住院手术 8623 人次。委托区医学会医疗事故技术鉴定 3 例，完成鉴定 1 例，确定医疗事故 0 例。

【社区卫生】 年内，朝阳区有社区卫生服务中心 52 个，其中政府办 35 个，社会办 17 个；有社区卫生服务站 187 个，其中政府办 138 个，社会办 49 个。新建北京市朝阳区汇星苑社区卫生服务站。51 家社区卫生服务中心、187 家社区卫生服务站实现标准化建设。50 家社区卫生服务中心建成家庭医生签约服务中心，实现建设标准、标识标牌、人员职责、工作流程"四个统一"，家庭医生服务签约 1287549 人，签约率 38.62%。二、三级医院对口支援门诊服务 24225 人次，开展健康教育 34 次，组织专业讲座 18 次。双向转诊上转 104286 人次、下转 1510 人次。全区建立健康档案 2852507 份，建档率 85.56%，其中电子健康档案 2852507 份，电子健康档案建档率 85.56%，实现 100% 健康档案电子化。

【农村卫生】 年内，朝阳区村卫生室数量为 0，有乡村医生 13 人。区开展乡村医生临床见习、传染病、生物安全、中医适宜技术等在职岗位培训，13 名乡村医生参加培训，全部通过北京市统一理论考试。

【中医工作】 年内，朝阳区将中医药救治工作纳入全区新冠肺炎疫情防控救治工作，印发《北京市朝阳区新冠肺炎中医药防治团队工作方案（试行）》，建立朝阳区中医药新冠肺炎定点收治医院中医会诊专家及防治团队，从驻区大医院和北京中医药大学遴选 15 名以区级师承工程指导教师为主的专家，作为区级定点医院救治中医会诊专家，从朝阳区中青年名中医团队中遴选 23 位中医药骨干人员作为防治团队队员，全程进行中医药预防性投药。年内，有 3 批基层工作室、3 个名老中医站专家基层带徒；5 名双语专家授课 18 次，完成 2020 年师承学员出师考核工作，38 名中医专业学术经验继承人参加考核，13 名中药特色技术传承工程学员通过考核出师。4 月，中药特色技术传承工程学员参与编写《国医大师金世元中药特色技术传承丛书》首本《北京地区中草药识别手册》，并由中国中医药出版社出版发行。区中医协会录制中医药继续教育项目课程网课 100 余学时；组织朝阳区 12 家社区卫生服务中心申报"北京中医药大学丹心计划"培养基地；举办中药饮片质量责任师培训班，120 人入选朝阳区中药饮片质量责任师团队，完成朝阳区中医类医疗机构和社区卫生服务中心中药饮片及处方抽检工作。启动首期"西学中"培训班，开展线下培训 1 次，线上培训 300 学时。对接区教委对 217 家中小学进行中医药文化科普宣传，对 217 家中小学校开展中医药文化进校园工作，占全区中小学的 74.57%。推进北京民俗文化馆（东岳庙）、朝阳区三里屯第二社区卫生服务中心北京中医药健康文化体验馆建设工作。举办第五届"驻华使节健康日"系列日活动。朝阳区中医协会由 AAA 级社团晋级为 AAAA 级社团。

【血液管理】 年内，朝阳区自愿无偿献血量 36290 单位（200ml/单位），比上年下降 27.1%。其中，街头献血 13346 单位，比上年下降 37.0%；团体献血 22944 单位，比上年下降 19.9%。采血点 9 个。全年医疗用血 79150 单位，比上年下降 24.7%，成分输血率 100%。血浆 73190 单位，比上年下降 16.2%。自体输血 32595 单位，自体输血率 29.2%。（孙悦 姚雯）

朝阳区妇幼保健院

【概况】 朝阳区妇幼保健院（朝阳区妇幼保健计划生育服务中心）是区卫生健康委直属的二级甲等妇幼保健院，下设朝阳区潘家园社区卫生服务中心，有卫生技术人员 460 人，其中正高级职称 12 人，副高级职称 35 人，中级职称 116 人，初级师 132 人，初级士 121 人。新增设产科（唐筛）门诊、妇科（内分泌）门诊、中医视力推拿门诊。年底医疗设备净值 1.27 亿元。新购置医用设备 241 台（含乙类医用设备 1 台），2556.49 万元。医院总收入 2.35 亿元，包括医疗总收入 1.67 亿元。多点机构执业 5 人。7 月 28 日，区妇幼保健院获评市卫生健康委首批建设"更年期保健专家工作室"单位。9 月 22 日，通过三级妇幼保健院现场评审。12 月 25 日，朝阳区流动婚检车进驻朝阳区婚登处并运营。年内，区妇幼保健院参加医疗责任保险 370 人，总费用 39.78 万元。经医调委调解医疗纠纷 2 起，年度赔付总金额 11.10 万元。区妇幼保健院选派儿童保健主治医师 1 名（挂职副院长），麻醉科副主任医师 1 名派驻新疆维吾尔自治区和田地区墨玉县妇幼保健院支援 1 年；招聘硕士研究生 4 人。医务人员外来进修人员 38 人。朝阳区妇幼保健院医保患者出院 4278 人次，总费用 3384 万元，次均费用 7910 元。医保门诊 12 万人次，总费用 6744 万元，次均费用 554 元。完成医保总额预付指标 124.68%。获"朝阳区医疗保险医师管理先进单位"，完成医保脱卡结算，成为 CHS-DRG 北京模拟运行试点单位。朝阳区妇幼保健院有护士 208 人（本科 65 人），其中临床护士 162 人、社区护士 23 人、职能科室 23 人。医护比 1∶1.11，床护比 1∶0.47。新生儿重症监护病房（NICU）床位 10 张。护理单元 10 个。新开展成人 PICC 置管技术，成功置管 10 例。改进工作流程

18项，完善质量标准56项。护理不良事件10例，上报率100%，整改率100%。护士理论考试114人次，合格率93.9%；技术操作考试676人次，合格率92.2%。离职率5%，比上年下降3%。组织护理人员外出培训189人次。选派3名护士参加助产、肿瘤及新生儿专科护士资格认证培训6个月并取得证书。完成郑州卫生健康职业学院助产专业14名实习生8个月临床护理实习。

【医疗卫生】 年内，朝阳区妇幼保健院门诊21.4万人次，包括预约15.5万人次，预约挂号占门诊总人次72.4%。开放床位139张，出院6232人次，床位周转44.83次，床位使用率66.11%，平均住院日5.43天，住院手术1900例。儿科接收救治外院转入患儿511例。剖宫产率31.86%，无孕产妇和新生儿、围产儿死亡。实施临床路径包括妇科4种、产科1种、乳腺科1种、儿科1种。门诊药占比31.38%，住院药占比28.36%。门诊抗菌药物使用率3.74%，急诊抗菌药物使用率9.43%，住院抗菌药物使用率56.73%。全年开展新技术、新疗法4项，包括新生儿耳畸形无创矫正用耳模型术、新生儿髋关节超声、新生儿联合使用尿激酶+肝素溶栓、无痛子宫输卵管造影术。

【社区卫生】 年内，朝阳区潘家园社区卫生服务中心门诊80506人次，家庭医生签约26794户，重点人群家庭医生服务签约17541人；建立个人健康档案36752份，包括高血压档案2975份，糖尿病档案1595份；老年人免费体检5711人；管理0～6岁计划免疫儿童4073人，预防接种24424剂次；新生儿访视1615人次，儿童体检5274人次；孕产妇建册940人，孕产妇访视1595人次，高危孕产妇追访2062人次；潘家园社区卫生服务中心辖区传染病报告1254例，结核病追访504人次，艾滋病追访98人次，管理重性精神疾病患者605人；一类疫苗接种24424人次，二类疫苗接种12404人次，完成辖区流感疫苗接种9485剂次，包括老年人免费流感疫苗接种3274人次，学生免费流感疫苗接种3520人次。开展慢病宣传日活动47场次。

【学术交流】 年内，区妇幼保健院举办超声造影在妇科疾病中的应用培训班、第一届盆底超声培训班、第三届全国新生儿肺脏超声学习班、第三期全国新生儿肺脏超声高级培训班，全国各地241名学员参加培训。（王　茜　王海燕）

垂杨柳医院

【概况】 北京市垂杨柳医院（又名清华大学附属垂杨柳医院），是区卫生健康委直属三级综合性医院。年内，垂杨柳医院有本院区、东院区及管庄院区3个院区，本院区位于北京市朝阳区垂杨柳南街2号，东院区位于北京市朝阳区东三环南路54号，管庄院区位于北京市朝阳区三间房西村甲479号。有卫生技术人员934人，其中正高级职称45人、副高级职称97人、中级职称348人、初级师281人、初级士163人。年底，医疗设备净值3.05亿元，其中乙类医用设备数量3台。业务总收入6.65亿元，其中医疗总收入6.50亿元。5月13日，医院感染科与疾病控制部分开单独设立；基建科与后勤保障部合并为基建与后勤保障部。12月29日，乳腺外科并入肿瘤科；东院麻醉科与本院麻醉科合并为麻醉科。垂杨柳医院医保患者出院8052人次，结算总金额1.97亿元。落实上级部门各项新举措：延长门诊开药时间至12周；应检尽检人员新冠病毒核酸检测费用先行垫付；开展"互联网+"诊疗服务，产生的费用纳入医保报销范围；实现医保脱卡结算；开通异地门（急）诊患者持卡实时结算；特病审批改为申请特病后长期有效；实施药品、耗材带量采购；冠状动脉支架置入病组纳入DRG（按疾病诊断相关分组）支付；其余DRG病组进行模拟测算。落实双向转诊工作，年度接收上转病人1050人次、下转病人955人次。垂杨柳医院有护士438人，其中本科240人、研究生2人。医护比1∶0.95，床护比1∶0.38。护理单元26个，开展优质护理、延伸护理、出院后健康宣教、复诊预约等服务。不良事件上报率100%、整改率100%。开展护理制度、流程、优化标准化建设，实施护理同质化管理。加强护士培训，接受5名外院护理骨干到护理部进修。组织全院护士线上考试，通过率100%，护理人员在好医生网及医博士网上授课。

【新院建设】 11月10日，垂杨柳医院新院区完成竣工验收。医院新院区地址：北京市朝阳区垂杨柳南街2号，面积为109736平方米，建筑结构为钢筋混凝土框架——剪力墙。内设医学、教学、科研、预防用房。开工时间为2016年9月1日，建设单位为北京市朝阳区卫生健康委。垂杨柳医院综合门诊和医技辅助科室于12月31日入驻新楼。

【医疗改革】 年内，垂杨柳医院开展新技术、新项目52项，涉及临床医技科室18个。完成卒中中心建设，呼吸科、检验科被评为北京市重点培育学科。推进医联体建设，下派医生879人次，接受进修5人次。利用远程会诊平台开展医疗服务，年度医联体内远程医疗服务15583人次。17名外院医师在医院多点执业。引进柔性人才2人。

【医疗卫生】 年内，垂杨柳医院出院13014人次，床位使用率55.96%，平均住院日7.91天。住院手术例数4686人次；剖宫产率45.81%。孕产妇死亡率为0，新生儿死亡率为0，围产儿死亡率1.5‰。全年用血量：红细胞悬液2432个单位，冰冻血浆181900毫升，血小板523.5个治疗量。自体输血165人次、283个单位。预约挂号401823人次，占门诊总人次83.36%。门诊药占43.74%，住院药占24.58%。门诊患者抗菌药物使用率9.34%、急诊患者抗菌药物使用率32.97%、住院患者抗菌药物使用率54.51%。院内开展体外膜肺氧合（ECMO）、硬质支气管镜下气道病变诊断治疗术等新技术、新项目47项，涉及临床医技科室20个。医院获市卫生健康委“防治卒中中心”认证。12月，医院迎接北京市血液净化质量控制和改进中心检查，各项应急预案完整，患者透析期间血钾及液体管理规范、医疗记录及时完整、医护巡视到位。

【医学教育】 年内，垂杨柳医院是全科住院医师规范化培训基地，承担带教任务教师172人，其中正高级职称22人、副高级职称54人。招录河北医科大学硕士研究生2人。脱产学习人员1人、到院外进修人员13人。

【学术交流】 年内，垂杨柳医院举办“体外冲击波碎石术规范化培训班”“第十二届Ilizarov技术（骨外固定）与骨关节修复重建学习班”“急危重症感染规范化多学科诊治论坛”“医联体核心医院社区考核培训”“动脉粥样硬化性心血管疾病规范诊治培训班”等12场线上线下国内交流学术会议，其中泌尿外科谷现恩举办的体外冲击波碎石规范化培训班学术交流会议，线上参会2.8万人次。（王　贺　李贵华）

北京市第一中西医结合医院

【概况】 北京市第一中西医结合医院（简称市第一中西医结合医院）为区卫生健康委直属三级甲等中西医结合医院，分本部（CBD）院区、东坝院区。有卫生技术人员834人，其中正高级职称21人、副高级职称62人、中级职称273人、初级师336人、初级士142人。医疗设备总值6577.36万元。年内，新购置医用设备总值629.22万元。医院总收入36999.36万元，其中医疗总收入36709.21万元。年内，市第一中西医结合医院参加医疗责任保险550人，费用41.64万元。未发生医疗纠纷。医院举办线上中西医结合心脏康复学习班、中国老年保健协会肛肠分会第二届年会、中国民间中医医药研究开发协会肛肠分会京津冀雄蒙工作部第四届学术大会。北京市第一中西医结合医院有护士364人，其中本科生214人，全院医护比1∶1，床护1∶0.35。电话随访每名出院患者，有效回访率86.5%。护理不良事件上报率100%。组织开展全院中西医护理操作培训2次，累计46人；安排护士长及护理骨干参加院外培训8人次；1名护士完成北京市第二批中医护理骨干人才培养的中医基地临床实习培训；4名护士完成中医健康养老护理员师资培训取证。接收18名北京社会管理学院、10名北京市海淀卫生学校实习生的临床实习。全年未发生差错事故。

【医疗改革】 年内，北京市第一中西医结合医院建立心电中心、2020年度北京中医药“薪火传承3+3工程”［建立三类室（站）已故“中医药名家研究室（宣传陈列室）”、80岁以上老中医药专家“名医工作室”和70岁以上老中医药专家“学术继承工作站”；选拔培养三类中医药优秀传承人才：“优秀中医药传承临床人才”“优秀中医药传承科普人才”和“优秀中医药传承研究人才”］，在院坐诊带教的王道坤名医传承工作站获批北京中医药大学“丹心计划”人才培养基地。医院承办“朝阳区2020年西学中培训班”，医院63人参加培训班。

【医疗卫生】 年内，北京市第一中西医结合医院出院5657人次，床位周转14.51次，床位使用率39.36%，平均住院日9.94天。住院手术1639例。剖宫产率46.54%，无孕产妇死亡，无新生儿死亡，围产儿死亡率7.70‰。两院区输血358个单位，其中红细胞190个单位、血浆14400毫升、血小板24个治疗量；自体输血20人次50个单位，无输血不良事件发生。13个临床专业科室开展36个病种的临床路径。预约挂号375196人次，占门诊总人次的94.91%。门诊药占47.6%，住院药占26.5%。门诊患者抗菌药物使用率6.18%、急诊患者20.62%、住院患者51.09%。

【医学教育】 年内，北京市第一中西医结合医院承担长春中医药大学、中国中医科学院中医基础理论研究所的教学及带教任务。拥有教师106人，包括博士研究生副指导教师1人、硕士研究生指导教师2人。全年脱产学习1人，院外进修8人。（贺　蕾　张雪华）

朝阳区第三医院

【概况】 朝阳区第三医院（北京市朝阳区精神卫生中心）是区卫生健康委直属二级精神病医院，包括双桥院区、金盏院区、美沙酮第六门诊部、美沙酮第九门诊部。有卫生技术人员242人，其中正高职称2人，副高职称9人，中级职称49人，初级职称182人（初级师121人，初级士61人）。年底医疗设备净值606.4万元，医用设备469台。年内，新购置医用设备总金额118.25万元，全年总收入9156万元，包括医疗总收入9117.6万元。医院中标课题1项，为“朝阳区精神卫生护理工作坊模式及效果评价研究项目”，资助经费5万元。录取硕士研究生1人。院外进修2人，规培4人，精神科医师转岗培训1人。医院信息化建设投入404.24万元，开展医疗医护和远程诊疗的部署工作。执行第二批和第三批药品集中采购政策，中选药品带量采购，降低患者负担。区第三医院有护理人员157人，临床岗位128人，护理人员本科62人、大专87人。床位与护士比1:0.3。护理单元8个，7个病区开展优质护理工作，新成立观察病区1个。新入职护士9人。基础护理全年合格率97.2%，精神科重症患者全年合格率97.1%。不良事件上报100例、上报率100%，并落实整改，整改率100%。医院安排2人参加中华护理学会举办的精神科护士专科培训，派往北京安定医院进修学习7人。9人参加回龙观医院举办的精神科护理管理与创新培训班，组织院内培训51次。外派1人援疆、11人支援社区核酸检测、1人参加XG疫苗接种取证培训，上报外派支援接种XG疫苗19人，外派19人参加心理援助服务、7人参加心理危机干预能力提升培训班。

【医疗改革】 年内，朝阳区第三医院派出18名医师到来广营、管庄、团结湖、安贞、将台、常营等17个社区卫生服务中心开展多点执业。引进柔性人才3人。聘请专家顾问15人，涉及精神科、心血管内科、内科、麻醉、护理学、放射影像学、儿科等专业。

【医疗卫生】 年内，朝阳区第三医院出院293人次，平均住院日234天。床位周转率64%，床位使用率105%。预约挂号人次占门诊总人次的74.10%。药占比（即药品收入占医疗业务总收入的比率）22.59%，其中门诊药占比94.82%，住院药占比6.13%。门诊未使用抗菌药物，住院患者抗菌药物使用率3.15%。（陈浩 朱庆生）

朝阳区中医医院

【概况】 朝阳区中医医院是区卫生健康委直属二级甲等中医医院，占地6542.74平方米，建筑面积20295平方米。医生128人、护士98人，医护比1：0.77。专业技术人员278人，包括正高级职称6人、副高级职称13人、中级职称90人、初级职称162人。有执业医师125人（中医类别执业医师92人），占全院执业医师的73.6%；药学专业技术人员25人，其中中药专业技术人员21人，占全院药学专业技术人员73.6%，药学专业技术人员25人，包括中药专业技术人员21人，占全院药学专业技术人员总人数的84%。年底，医疗设备净值6732.39万元，包括乙类医用设备1台，100万元以上设备13台，新增设备19台，价值3587700元。年内，业务总收入1.20亿元，其中医疗总收入1.18亿元（含药品）。朝阳区中医医院接收来自河北唐县进修学习6人次，脱产外出进修学习1人次。年内，朝阳区中医医院有护理人员99人，在编护士51人、合同护士48人，已注册护士99人，其中中医护理人员58人、西医护理人员41人。5个护理单元。加强护士在职教育，加强三基培训；病区开展优质护理，全面落实责任制整理护理，按时上报护理不良事件至北京市护理质控中心及区医管中心，上报率及整改率100%。参加中医药政策法规与医院管理培训；参加护理员师资培训5人；参加中医局疫情防控岗位骨干培训；参加北京质控中心护理部主任培训会；参加中医健康养老护理员培训1人。

【医疗卫生】 年内，朝阳区中医医院门诊就诊145687人次。医院编制床位220张，实有床位213张。出院1738人次，床位周转8.16人次，床位使用率39.32%，平均住院18.8日，死亡率5.01%。预约挂号11.04万人次，占门诊总人次的75.75%。门诊药占比72.91%，住院药占比34.98%。抗菌药物情况：门诊12111张、处方比率4.5%，急诊2183张、处方比率10.51%，住院204例，使用率24.51%。（刘媛 任思洋）

朝阳区双桥医院

【概况】 朝阳区双桥医院（简称双桥医院）是朝阳区卫生健康委直属的二级甲等医院，内设28个临床科室、8个医技科室、4个辅助科室。有卫生技术人员391人，其中正高级职称8人、副高级职称20人、中级职称151人、初级职称212人。年底医疗设备净值4454.63万元，包括乙类医用设备3台。年内，新购置医用设备总金额1638.38万元，包括乙类医用设备1台。业务总收入16691万元，包括医疗总收入14632万元。编制床位236张，开放床位185张。医院信息化建设投入336.75万元，信息化硬件投入300万元。定期召开信息专题会，进行应急演练，全面实行软件正版化。双桥医院派出24人参加脱产学习，外院进修6人，住院医师规范化培训17人，7人参加市骨干医师培训。双桥医院北院区发热筛查哨点方舱建设验收完成；完成核酸检测实验室（PCR）扩建。完成传染病房楼流程改造项目，改造面积6023平方米，财政资金投入1853万元。双桥医院有护士152人，其中本科73人，医护比1:0.92，床护比1:0.81，10个护理单元。实施分级护理，落实责任制整体护理，开展100%优质护理服务，全年不良事件上报率100%，整改率100%。全员参加新冠疫情防控知识与技能培训并落实急救技能考核。针对穿脱防护用品、防护知识等内容进行2次全院护士培训。外出进修手术室专科护士1人。双桥医院参加医疗责任险350

人，总费用9.36万元。处理医疗纠纷26件，其中通过医疗调解2件、诉讼途径1件。年度赔付3万元，其中医院承担1.76万元。

【医疗改革】 年内，双桥医院完成（一院两址）验收工作。5月11日，双桥医院北院区开诊，开设内科（呼吸内科、心血管内科、神经内科、综合科、消化内科）、外科（骨科、普外科）、妇产科（妇科、产科、计划生育）、儿科、急诊科、口腔科、疼痛科、中医科、针灸科、推拿按摩科、康复科、体检科等科室，以及影像科、检验科、超声科、心功能科等医技科室。双桥医院完成二级助产验收、北院区计划生育新取证、计划生育延续换证、病理科迁址验收、体检科迁址验收等工作；成立心衰中心。

【医疗卫生】 年内，双桥医院出院1199人次，床位周转次数7.17次，床位使用率21.25%，平均住院日11.33天。住院手术398例。剖宫产率为0，孕产妇死亡率、新生儿死亡率、围产儿死亡率均为0。10个临床科室、45个病种数量实施临床路径管理。全年异体用血量24个单位，浓缩红细胞14个单位，血浆800毫升，血小板1个治疗量。自体输血2人次回输全血1个单位。开展现场、电话、“114”挂号平台、诊间、网上、微信服务号等预约挂号服务，因疫情实行非急诊预约制。预约挂号91756人次，占门诊挂号比例的31%。医院全年药占比39.48%，门诊药占比45.1%，住院药占比23.15%。门诊抗菌药物使用率8.17%。住院抗菌药物使用率45.73%。（张冬梅　张建东）

体 育

综 述

【概况】 朝阳区体育局(简称区体育局)是区政府工作部门，主管全区体育工作，下设体育运动学校、第一少儿业余体校、第二少儿业余体校、第三少儿业余体校、体育产业管理中心、郡王府体育中心、朝阳体育馆、体育健身休闲公园、社会体育管理中心、体育总会、体育科研所11个事业单位。年内，区体育局强化党建引领，加强宣传教育，提升干部职工整体素养；推广居家防疫健身18法系列课程，更新老旧健身器材，开展全民健身大数据调研及平台建设，助力网球特色区打造，开展网球场地建设工作，加强科学健身和冰雪知识普及，满足群众多元化健身需求，全面提升群众身体素质；有序做好体校新冠肺炎疫情防控，稳步推进各项目队恢复训练，全面部署，做好学生复训补训工作，组织第二阶段学生上冰体验；整合区域资源，推动体育产业提质升级，开展体育企业帮扶工作，依法履行行业监管职责，以“抓防疫促生产、抓安全稳运营”为工作原则，做好体育经营单位疫情防控和复工复产工作，抓好疫情常态化工作落实，推进体育市场管理各项工作。抓好北京冬奥会测试赛组织筹备工作，较好完成区委、区政府交办的各项工作。

【“迎冬奥、促提升”专题培训】 9月28日至29日，区体育局开展“迎冬奥、促提升”专题培训，旨在加强区体育局中青年干部队伍建设，做好服务保障冬奥会人才储备和培养工作，筹办好2022年冬奥会、冬残奥会。培训设冰上项目体验、专家授课和畅谈培训感受三个环节，通过培训使参训学员全面了解两个冬奥会项目、比赛规则等，增进服务冬奥会的责任感和使命感，为更好服务冬奥会做好知识储备工作。结业式上，参训学员观看短视频《蓄势待发》，四位小组代表畅谈培训感受。 （丁 冉）

群众体育

【概况】 朝阳区以贯彻落实《“健康中国2030”规划纲要》《体育强国建设纲要》《北京市全民健身条例》为重点，以群众需求和满意为出发点和落脚点，全面提升群众身体素质，激发基层工作力量；着力解决全民健身领域发展不平衡不充分的问题，精准补短板，打造新亮点；积极转变思路，应对新冠疫情挑战，推广居家防疫健身18法系列课程；更新老旧健身器材；开展全民健身大数据调研及平台建设；助力网球特色区打造，开展网球场地建设工作；加强科学健身和冰雪知识普及，满足群众多元化健身需求。

【全民健身活动】 年内，朝阳区组织全区43个街乡1万名健身爱好者参与8月8日全民健身日活动，开展太极拳、健身气功、篮球、棋类4项社会体育指导员项目推广活动；开展“潮朝阳潮体育”系列赛事活动10项，包括网球、足球、橄榄球、马术、无人机、冰球、花样滑冰等体育活动，参与人数累计200余人；组织2020年朝阳区快乐冰雪季系列活动30多场，涵盖宣传推广、项目体验、赛事活动三大板块，参与人数累计8万余人，覆盖43个街乡的千余个家庭；开展朝阳区体质监测测试工作，完成8家体质监测三级站建站工作，实现朝阳区43家三级测试站街乡全覆盖；配发冰雪健身器材240套，体育器材2万多件，组织开展冰上家庭运动会8场，方便街乡开展日常冰雪体验活动；编制《冬奥知识300问》《健身常识300问》3.6万册配发到各社区、村，实现健身指导进基层100%的社区、行政村全覆盖；与区新时代文明实践中心联合举办体质促进项目活动4场，以健身为平台推动居民树立科学文明的生活方式。

【全区健身大数据调研】 年内，朝阳区更新朝阳区全民健身电子地图数据及在线课程，逐步扩充电子地图覆盖内容，着力打造“一刻钟健身圈”。区体育局对全区约800支街乡健身队伍进行分类调研，实现分类分级管理，建立辖区43个街乡约800支健身队伍分级管理档案；开展朝阳区群众全民健身需求调研，了解朝阳区群众健身现状及潜在需求，提高居民健身需求满意度，真正实现惠民利民；建立全民健身基础数据管理平台，摸清全区全民健身公共体育场地设施情况，为朝阳区体育设施空间布局专项规划落地提供依据；摸清全区老旧健身器材情况，开展器材更新工作，制订21套室外健身路径器材更新方案供街乡选择，为街乡更新老旧健身器材170套。

【网球特色区建设】 年内，朝阳区制定《2020年朝阳区网球特色区建设工作方案》，打造网球特色区，探索建立青少年网球等级评定标准。方案围绕“五个一”（建设一批网球场地，举办一系列品牌赛事，形成一套特色教学培训体系，建立一个青少年网球培训达标体系，打造一整套网球运动进社区、进校园、进公园工作模式）工作要求开展，其中开展14片网球场地。11月底，14片网球场地建设工作全部完成。推进网球运动进社区、进校园、进公园，组织举办朝阳区网球特色区分站赛3站、网球技能推广活动及趣味挑战赛4站。举办北京朝阳区第五届中小学生网球锦标赛，40多所学校460名选手参与。打造网球特色区发展意见的建设工作是朝阳区政府2019年提出的。 （丁　冉）

2020年朝阳区大型体育场馆一览表

表11

序　号	所属街乡	单位名称	地　址	类　型
1	来广营	北京会议中心	北京市朝阳区来广营西路88号	
2	金盏	北京金郁金香文化发展有限公司	北京市朝阳区东苇路郁金香花园内	魔锐水世界
3	金盏	北京市蟹岛绿色生态农庄有限公司	北京市朝阳区金盏乡长店村北凌云600号	
4	金盏	北京市城市海景绿色生态农庄有限公司（城市海景）	北京市朝阳区金盏乡长店村北凌云600号	城市海景水上乐园
5	金盏	北京森禾源农业发展有限公司	北京市朝阳区金盏乡楼梓庄村南	蓝调庄园
6	金盏	北京金港展览展示有限公司	朝阳区金盏乡金港大道1号(办公室)	金港汽车公园
7	奥运村	国家奥林匹克体育中心（英东游泳馆）	北京市朝阳区安定路1号	
8	奥运村	北京欢乐水魔方水上乐园有限公司	北京市朝阳区天辰东路11号国家游泳中心水上乐园	
9	奥运村	北京水立方游泳俱乐部有限公司	北京市朝阳区天辰东路11号国家游泳中心北区办公楼三层	
10	平房	朝阳区体育健身休闲公园	北京市朝阳区姚家园路77号	
11	三间房	北京第二外国语学院	北京市朝阳区定福庄南里1号	体育馆
12	东湖	北京竞时天地体育发展有限公司	北京市朝阳区望京科技创业园第十九号至二十号地	竞时健身
13	六里屯	朝阳体育馆	北京市朝阳区姚家园路10号	
14	朝外	北京市朝阳区陈经纶青少年体育俱乐部（陈经纶中学游泳馆）	北京市朝阳区朝外大街38号（陈经纶中学内）	
15	麦子店	中日青年交流中心银橄榄体育世界	北京市朝阳区亮马桥40号	游泳、健身
16	麦子店	北京市朝阳区开发经营公司沙滩主题乐园	北京市朝阳区朝阳公园南路1号	
17	麦子店	北京郡王府游泳馆	北京市朝阳区朝阳公园南路21号	
18	金盏	北京蓝调庄园发展有限公司	北京市朝阳区金盏乡楼梓庄南蓝调庄园	蓝调滑雪场
19	麦子店	北京嘉乐美时体育有限公司	北京市朝阳区农展南路1号北京市朝阳公园内万人广场	朝阳公园滑雪场
20	大屯	国家体育场有限责任公司	北京市朝阳区国家体育场南路1号国家体育场有限责任公司	国家体育场（鸟巢）

续表 11

序 号	所属街乡	单位名称	地 址	类 型
21	善各庄	北京宏昌竣投资有限公司	北京市朝阳区崔各庄乡善各庄村西	善各庄冰雪大世界
22	常营	精英假日（北京）体育发展有限公司朝阳分公司	北京市朝阳区常通路2号院1号楼4层4F-225	全明星滑冰俱乐部（长楹天街店）（常营）
23	平房	北京零度阳光体育文化有限公司	北京市朝阳区朝阳北路101号朝阳大悦城7F	冠军溜冰场朝阳大悦城店
24	朝外	中国国际贸易中心股份有限公司二期物业中心	北京市朝阳区建国门外大街1号国贸商城B2	国贸溜冰场
25	平房	小狼国际冰上中心	北京市朝阳区平房村48号	小狼国际冰上中心
26	大屯	北京世纪星滑冰俱乐部有限公司	北京市朝阳区北苑路甲13号	世纪星溜冰场
27	崔各庄	华星辉煌体育管理有限公司	北京市朝阳区崔各庄奶东村黄港桥	华星国际冰上运动中心
28	十八里店	华星辉煌体育管理有限公司	北京市朝阳区博大路8号润京会所	华星博大路冰球馆
29	高碑店	远景浩泰体育发展有限公司	北京市朝阳区兴隆公园内甲8号	浩泰冰上运动中心（高碑店）
30	麦子店	精英假日（北京）体育发展有限公司	北京市朝阳区朝阳公园路6号蓝色港湾国际商区2号楼首层	全明星滑冰俱乐部（蓝港店）
31	三里屯	工人体育场	北京市朝阳区工人体育场北路	

（区体育局 供稿）

竞技体育

【概况】 朝阳区以《青少年体育“十三五”规划》《朝阳区“十三五”时期体育发展规划》《朝阳区体育局2020年工作重点》为依据，提前谋划、精心组织，有序做好体校新冠肺炎疫情防控，稳步推进各项目队恢复训练，全面部署，做好学生复训补训工作，组织第二阶段学生上冰体验，科学筹划，严密组织区属体育赛事，通过比赛有效提升队伍整体素质。

【线上训练】 年内，朝阳区采取运动员居家“云训练”方式，避免运动员竞技水平下降和减少各项目队损失，做到新冠肺炎疫情防控期间“停训不停练”。更新完善朝阳区青少年业余训练数据库线上训练功能，联合北京体育大学科技中心，请专业体能训练讲师为不同项目分别录制专业的体能课程，并讲解每个动作的要点、易错点等，累计录制51节体能课程。通过制定居家训练计划、视频讲解、分组教学的方式，利用区体育局练恋App，微信群、视频等，让学生在开展专业技术训练的同时，强身健体，增强体质，提升运动员竞技水平。

【参加北京市青少年锦标赛】 年内，朝阳区在做好新冠肺炎疫情防控的前提下，组织田径、游泳、射击、武术、网球、足球、篮球和排球等99个队伍参加北京市青少年锦标赛26个项目比赛（共开展27个项目比赛），夺得120枚金牌、127枚银牌、116枚铜牌，总分3766分，位居全市第一名。

【体教结合】 年内，朝阳区联合区教育委员会对北京市第八十中学牌坊分校等18所2019年申请体育传统项目学校进行验收和命名；梳理已有的52所区级传统项目学校的名称和项目，与区教委核对部分合并学校、更名学校情况，并对调整过的传统校体育项目进行整理及合并；取消不重视学校体育项目开展、运行情况不达标学校其传统校资格。完成40多家青少年体育俱乐部年检审批工作。注册运动员5835人，向上级优秀运动队输送运动员65人。结合学校学生实际，开展朝阳区学生滑冰体验第二阶段工作，组织22918名学生参加上冰体验活动。 （丁 冉）

体育产业

【概况】 朝阳区整合区域资源，推动体育产业提质升级，开展体育企业帮扶工作，依法履行行业监管职责，以“抓防疫促生产、抓安全稳运营”为工作原则，做好体育经营单位疫情防控和复工复产工作，抓好疫情常态化工作落实，推进体育市场管理各项工作。截至2020年年底，全区体育企业1233家，其中规模以上单位63家，规模以下单位1170家。朝阳区体育产业营业总收入逐年增加，其中 2017 年营业总收入为 337.3 亿元（产业数据隔年发布，近两年数据还未下发），体育企业从业人员 24346 人，产业总体情况稳中有进，营业收入增长速度从高速增长回落至稳定波动增长，平均增长速度为 2.7%，增速有所放缓，利润总额有较快增长，较“十二五”期末利润总额翻两番；新增体育相关企业 522 家，比上年增长 13.5%。2018 年冰雪产业总收入 2.2 亿元（产业数据隔年发布，近两年数据还未下发），朝阳区冰雪产业单位 24 家。

【体育企业帮扶】 年内，朝阳区对区内涉及新冠肺炎疫情影响的滑冰滑雪场所给予适当额度用水用电补贴、强化金融支持助力中小微企业融资、确认延长缴纳基本医疗保险费、对冰雪体育企业等体育企业进行筛查和初审，对接市体育局，协助解决企业申报中的各类问题，完成受疫情影响的 18 家冰雪场所水电补贴费用的初审和发放工作，发放金额 348.034 万元。筛查出符合延长缴纳基本医疗保险费的冰雪企业 35 家。完成三次朝阳区就业工作领导小组关于《重点行业中小微企业名单》确认工作，报送企业 117 家。对区域内体育企业进行重点关注和实时追踪，通过电话沟通、现场走访部分企业、问卷调查等多种方式对全区 1412 家体育企业展开疫情摸底调研，完成新冠肺炎疫情对朝阳区体育产业发展影响分析报告，全面掌握区域内体育行业情况、企业受疫情影响情况、企业困难需求以及意见建议。

【体育行业专项监督检查】 年内，朝阳区指导全区体育经营单位做好安全生产各项工作。开展体育经营单位安全监督检查工作、游泳场馆危险化学品专项检查等专项监督检查工作，检查体育经营单位 3336 家次，全年出动检查人员 6148 人次，组织开展联合检查 20 余次。组织体育经营单位安全生产线上学习培训，指导开展隐患排查 2600 余次、应急演练 1200 余次。全年办理高危项目行政许可 34 件，受理新注册备案单位 273 家。

【无障碍设施建设整改】 年内，朝阳区按照《2020 朝阳区无障碍环境建设整改计划》，推进建设整改无障碍环境 15 家。2020 年计划整改 1 家（为朝阳体育馆），截至 10 月底，提前完成整改任务 2 家（朝阳区体育中心、中日青年交流中心），整改率为 100%，超额完成任务 300%。召开朝阳区无障碍设施工作部署培训会，邀请专业培训讲师为各公共体育场馆相关负责人介绍无障碍设施建设对于特殊人群的必要性；对照无障碍设施建设的标准要求，列举众多公共场所无障碍设施存在的问题与隐患，并从轮椅坡道、无障碍卫生间、无障碍席位等多个重要点位进行讲解，所辖 20 家公共体育场馆负责人参加。组织完成《大型公共体育场馆无障碍设施整改计划》，邀请无障碍专班专家现场指导公共体育场馆无障碍环境建设工作，排查公共体育场馆无障碍设施情况，现场指导朝阳区体育馆、中日游泳馆、郡王府游泳中心等 6 家公共体育场馆的无障碍环境建设工作，并提出整改意见。 （丁 冉）

冬奥会测试赛筹备

【概况】 朝阳区总结第 29 届夏季奥林匹克运动会、2008 年北京残奥会以及 2015 年北京田径世锦赛等国际大型赛事承办任务的经验和做法，对接北京冬奥组委，组织筹备 2022 年北京冬奥会、冬残奥会赛前测试赛各项工作，加强对测试赛筹备工作的组织领导，有序推进冬奥会、冬残奥会测试赛申办工作，较好完成国际单项体育联合会协会到北京考察北京赛区接待服务保障工作。

【国际单项协会考察任务完成】 11 月 9 日至 13 日，朝阳区完成国际单项体育联合会协会到北京考察服务保障任务，完成疫苗接种、核酸检测、住宿交通、会议餐饮、卫生防疫等各项筹备工作和接待保障任务。考察工作在市委、市政府领导，市指挥部直接指挥，北京赛区分指挥部的统筹调度下进行；得到北京市公安局、北京市公安局公安交通管理局、北京市疾病预防控制中心以及冬奥组委等相关部门协同配合；区属单位、业主单位以及酒店共同克服疫情影响，在事项多、变数大等压力下完成。

【5 项冬奥会测试赛承办申请】 年内，朝阳区根据北京冬奥组委统一部署，提出承办 5 项测试赛（2021 年 2 月 18 日至 28 日在国家游泳中心举行 2021 世界青少年冰壶锦标赛；2021 年 2 月 25 日至 28 日在国家速滑馆举行 2021 国际滑联速度滑冰世界锦标赛；2021 年 4 月 10 日至 16 日在国家体育馆举行国际冰联男子冰球世界锦标赛乙级 A 组；2021 年 3 月 6 日至 13 日在国家游泳中心举行 2021 世界轮椅冰壶锦标赛；2021 年 4 月在国家体育馆举行残奥冰球世界锦标赛）的申请，制定冬奥测试赛朝阳区服务保障工作方案，明确测试赛工作指导思想、组织机构及工作职责、工作制度等，并征求区属 40 家相关单位意见。结合疫情情况，按照冬奥组委安排适时调整 2021 国际滑联速度滑冰世界锦标赛等 5 项赛事相关工作。

【朝阳赛区组委会成立】 年内，朝阳区组建由区委书记王灏、区长文献为主席的朝阳赛区组委会。7 月 7 日，经相约北京组委会 2020 年第 17 次副主席专题会审议通过。7 月 8 日，朝阳赛区组委会下发正式函成立。区委常委、宣传部部长黄晓伟主持召开冬奥会测试赛筹办工作专题会议，朝阳区副区长朱晟专项调度冬奥会测试赛筹办工作，相关区领导多次就筹办工作进行研究部署。9 月 10 日，召开北京赛区（朝阳）2021 国际滑联速度滑冰世界锦标赛等 5 项赛事组委会成立大会。 （丁 冉）

社会生活

居民收支

【概况】 国家统计局朝阳区调查队（简称区调查队）是国家统计局派驻地方的政府统计调查机构。年内，朝阳区居民收入小幅增长，居民消费降幅收窄，居民收支达到预期目标，人均可支配收入为78721元，比上年增长2.3%，增速较全市低0.2个百分点，排名城六区第三；人均消费支出44682元，比上年下降7.2%，降幅较全市低2.4个百分点，排名城六区第二。（王秋实 徐文侠）

【居民收入】 年内，朝阳区居民人均可支配收入78721元，比上年增加1785元，增长2.3%。在居民收入的四项构成中，人均工资性收入44459元，比上年下降0.1%，占人均可支配收入的56.5%；人均经营净收入475元，比上年下降15.3%，占人均可支配收入的0.6%；人均财产净收入14709元，比上年下降2.9%，占人均可支配收入的18.7%；人均转移净收入19078元，比上年增长14.2%，占人均可支配收入的24.2%。（徐文侠）

【居民消费支出】 年内，朝阳区居民人均消费支出44682元，比上年减少3492元，下降7.2%。其中，食品烟酒支出9421元，占人均消费支出的21.1%；衣着支出2073元，占人均消费支出的4.6%；居住支出19322元，占人均消费支出的43.2%；生活用品及服务支出2374元，占人均消费支出的5.3%；交通通信支出3713元，占人均消费支出的8.3%，教育文化娱乐支出2902元，占人均消费支出的6.5%；医疗保健支出3837元，占人均消费支出的8.6%；其他用品和服务支出1040元，占人均消费支出的2.3%。（徐文侠）

【耐用消费品拥有量】 年内，朝阳区每百户居民家庭拥有家用汽车54辆，摩托车3辆，助力车15台，洗衣机100台，电冰箱（柜）103台，微波炉80台，彩色电视机133台，空调198台，热水器100台，洗碗机3台，排油烟机95台，固定电话58线，移动电话227部，计算机94台，照相机59台，中高档乐器16架，健身器材13台，空气净化器（含新风系统）45台，吸尘器38台。（徐文侠）

就 业

【概况】 朝阳区人力资源和社会保障局推动区内实现更高质量和更充分就业。区内就业人员233.98万人，北京市户籍城镇登记失业率0.97%，城镇登记失业人员实现就业2.06万人，包括就业困难人员实现就业1.55万人。全年开发就业岗位9.6万个。制定促就业工作实施意见。完成就业扶贫任务。（侯 冲）

【朝阳区职业技能培训】 年内，区人力资源和社会保障局开展技能人才培训，46260人参加培训，其中男性14931人、女性31329人，包括培训外省市来北京务工人员15762人、北京市城镇劳动者10259人、北京市农村劳动者1602人、其他18637人，包括等级培训13450人、其他适应性培训32810人。认定15家定点培训机构的30个工种，承担北京市政策性职业技能培训工作，全年培训1034人。区人力资源和社会保障局开展职业技能提升行动相关培训，培训34.27万人次。落实援企稳岗培训补贴政策，提出“数据定位、政策找企”工作方法，“简、快、准、全”认定朝阳区符合条件的中小微企业。通过合力援企、政策找企、三级助企、服务送企、责任保企，为1.27万家中小微企业11.01万人拨付临时性岗位补贴金额1.7亿元；审核以训稳岗培训补贴6884家企业6.83万人1.67亿元；6971家企业22.19万人申请一次性培训补贴，审核通过4276家企业13.84万人1.38亿元；审核重点群体职业培训补贴548人43.01万元，培训期间生活费补贴128人2.25万元；申请新型学徒制培训注册学员3539人，注册成功学员3429人，受理、审核新型学徒制培训补贴503人、补贴金额175.65万元；受理岗位适应性培训补贴441人、补贴金额22.05万元；受理以工代训补贴7人、补贴金额2.1万元；125名企业员工参加市级高技能人才研修培训；4名领军型高技能人才获得2020年北京市政府特殊津贴。（崔茹茹 刘晓晨 孟 岩）

【促就业工作实施意见制定】 年内，经朝阳区第24次区长办公会审议通过，区政府印发《北京市朝阳区人民政府关于当前和今后一个时期促就业工作的实施意见》(简称《意见》)。《意见》涉及6个方面18条措施，从加大对重点群体就业帮扶力度、提升劳动者就业能力、优化区域人力资源配置、激励劳动者创新创业等方面促进全区就业。 （侯 冲）

【就业扶贫】 年内，区人力资源和社会保障局以推动落实《朝阳区关于进一步加强劳务协作扶贫工作的若干措施》为主线，发挥政策对就业帮扶工作的促进作用，全年投入帮扶资金1653.6万元，促进和稳定帮扶地区贫困人口就业33887人。朝阳区以“劳务协作帮扶工作站”推进劳务协作对口帮扶获全国人社扶贫助力全面建成小康社会优秀成果；区人力资源和社会保障局获北京市扶贫协作奖。 （侯 冲）

【民办职业技能培训机构审批管理】 年内，区人力资源和社会保障局在北京市首推云评审、云认定模式，开展民办培训机构行政许可和定点培训机构认定工作，办理行政许可事项46项，认定15家定点培训机构。加强培训机构日常监管，落实市局新冠肺炎疫情防控要求，疫情防控期间暂停所有线下培训，引导机构开展线上培训；疫情好转按要求有序组织培训机构恢复线下培训，全年开展培训4.63万人。 （崔茹茹）

社会保障

【概况】 朝阳区人力资源和社会保障局加快提升社会保险服务保障效能，构建和谐稳定的劳动关系，各项社会保险基金累计征缴388.55亿元，累计支出363.45亿元。完成综合计算工时工作制和不定时工作制审批517件，完成劳务派遣行政许可申请、延续变更审批366件。劳动监察部门检查用人单位1.8万家。朝阳区劳动保障监察队获由市人力社保局颁发的2019年度北京市劳动保障监察工作先进单位和“无拖欠工资”工作先进单位；获由人力资源和社会保障部办公厅、国家市场监督管理总局办公厅共同颁发的2020年全国清理整顿人力资源市场秩序专项行动取得突出成绩单位奖；朝阳区劳动保障监察队副队长张金胜获由市政府颁发的北京市先进工作者称号。 （王 展）

【医疗保险和生育保险经办职能划转】 1月1日，根据北京市医保中心、北京市社保中心《关于医疗保险 生育保险合并实施有关业务操作问题的通知》要求，医疗保险、生育保险合并实施；1月3日，朝阳区社保中心成立生育保险业务经办小组；1月6日，生育保险、医疗保险系统合并。11月11日起，区医保局和区人力资源和社会保障局对生育津贴业务达成一致意见，生育小组人事关系仍保留在朝阳区社保中心，人员日常管理、考勤、考核由朝阳区医保中心负责，朝阳区社保中心根据朝阳区医保中心的考核结果兑现工资待遇。 （姜桂枝）

【业务办理“不见面，少见面”推行】 2月7日，区医保中心在疫情防控期间采取“不见面”方式提前办理相关医保业务。针对各社会保障事务管理所（简称社保所）建立不见面办理业务群，通过微信群将急需取的单据回执号发送到群内，工作人员提前将相关单据准备好，社保所经办人员到现场实现材料秒取，快速办理完成。办事人员通过中心24小时值班咨询电话，提前预约相关单据材料，工作人员提前查找，实现现场材料秒取快速办理。 （何 京）

【保障农民工工资支付条例宣传活动】 4月22日，区人力资源和社会保障局举办《保障农民工工资支付条例》（以下简称《条例》）宣传月活动。通过“朝阳政企对话直通车”直播访谈节目举办直播解读《条例》宣传活动，区劳动保障监察队副队长刘剑介绍《条例》出台背景、总体思路、具体条款等方面内容。全区3100余家用人单位参与直播培训。 （刘丹奇）

【首家异地直接结算系统验收】 7月8日，区医保局完成辖区内首家“京津冀跨省异地就医普通门（急）诊医疗费用直接结算”系统验收工作。京津冀参保人员可在朝阳医院持社保卡直接结算门（急）诊医疗费用。朝阳医院是继协和医院作为试点后，全市第一批、第一家通过现场验收的定点医疗机构。该系统主要功能是参保人员在异地可通过该系统在门诊直接结算定点医疗机构直接结算的门诊医疗费用。截至2020年年底，朝阳区有86家定点医疗机构完成门（急）诊跨省异地就医直接结算试点工作，其中三级医院9家、二级医院2家、一级及以下医院75家，具备为全国参保人提供门（急）诊跨省异地就医直接结算的条件，占全市医疗机构开通总数的25%。 （何 京）

【社会保险缴费工资申报】 7月31日，区社保中心根据市人力社保局《关于合并申报2020年度“五险一金”缴费工资有关问题的通知》，2020年度北京市五项社会保险和住房公积金缴费工资申报首次合并办理，参保单位通过市人力社保局政府网站进行“五险一金”缴费工资申报，申报完成后人力资源和社会保障部门将相关数据传递给税务部门、医保部门与公积金部门。朝阳区社保中心完成辖区内14.3万家参保单位2020年度的基数核定工作。 （姜桂枝）

【区块链技术应用医保系统政务服务】 7月，区医保中心以生育津贴审核结果推送为切入点，率先申请北京市政务服务领域区块链应用行动计划试点，推进区块链技术在医疗保障系统政务服

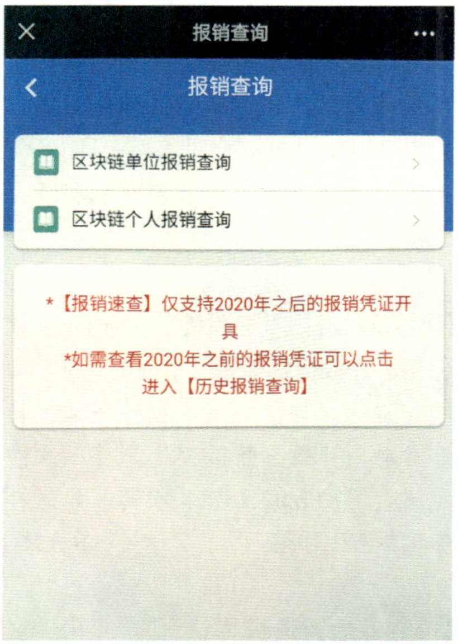

▲ 7月，朝阳区率先实现区块链技术在北京市医疗保障系统政务服务场景应用
（何　京　摄）

务场景应用。个人可通过“朝阳政务”微信公众号——“朝阳医保办事大厅”查询审核结果。截至2020年年底，“朝阳政务”微信公众号完成全年审核完成的生育津贴审核结果推送，完成微信公众号手工认证12749家次，链上数据下载5974份，惠及辖区千余家次企业。（何　京）

【生育保险“一窗办理”试点启动】 8月10日，区医保中心启动生育保险待遇审核支付“一窗办理”试点工作，创建生育医疗费用与生育津贴“一窗办理”经办模式，运用“区块链”技术，实现线上统一查询、打印审核结果。办理时间从4小时缩短至5分钟。（何　京）

【国务院督查考核农民工工资支付工作】 8月19日至20日，国务院督察考核组到朝阳区建筑工地实地考核北京市保障农民工工资支付工作。督察考核组采取现场查阅书面材料、与执法及备检单位等多方代表问询谈话、与农民工代表座谈等方式开展。朝阳区三元桥地铁12号线项目、呼家楼地铁17号线项目、常营朝阳医院东院区、国家会议中心二期4个项目参加实地迎检，均无任何问题。（刘丹奇）

【医保电子凭证就医结算启动】 8月底，区医保局利用多种形式开展辖区定点医疗机构“医保电子凭证就医结算”前期准备工作，派出120个组次前往全区342家定点医疗机构开展系统现场验收工作，并于12月15日前全部通过现场验收。实行医保电子凭证结算模式后，北京市基本医疗保险参保人员通过北京市认证的渠道平台（如北京通App、国家医保服务平台App、微信、支付宝和金融机构App等）激活医保电子凭证后，可在全市定点医疗机构通过扫描医保电子凭证，确认参保人员身份，进行就医结算。（何　京）

【社保中心优化营商环境】 9月14日，区社保中心经过前期分析、调研，启动“一窗通办”，梳理各类业务130余项，整合88项，其中71项业务纳入综合受理范畴，登记、征缴、支付、账户全门类“一窗通办”，参保单位、群众只约1号即可一窗办理；精简材料30%以上，窗口即时办结近90%，收支综合业务办理时长不超过15分钟，群众等候时间缩短至40余分钟；推行“早晚弹性办”“午间不间断”“周末不休息”延时错峰服务，解决办事群众“上班没空办、下班没处办”难题；成立“接诉即办”专项小组，专人跟进问题解决，经办满意度持续提升。（姜桂枝）

【社保中心“局处长走流程”活动】 9月29日，市人力社保局副局长吴晓军带队到朝阳区社保中心开展“局处长走流程”专项活动。吴晓军以企业、群众身份和基层经办人员的身份线下体验朝阳区社保大厅“一窗通办”改革。他肯定前期办公区改造、科室职能调整、人员分工、业务培训、政策宣传和风险调控等筹备工作，指出要切实提高政治站位，坚持为民思想，持续优化营商环境，进一步压时限、压环节、压材料，将“减免缓”等惠企政策落到实处，让百姓有真正获得感；主动解决堵点、难点、痛点，确保行风建设取得实效；紧盯基金监管风险，主动查找违法行为，确保社保基金安全。（姜桂枝）

【区劳动保障监察工作站成立】 10月，区劳动保障监察队第一至第九工作站成立。其中，第一至第五工作站分别位于CBD中心区、来广营乡、酒仙桥街道、三里屯街道；第六至第九工作站位于朝阳区劳动保障监察队本部。每个工作站配备3～4名专职监察员，2～4名执法辅助人员，属于朝阳区劳动保障监察队“1+9”（1个监察队本部，9个监察工作站）工作架构下分支机构，主要是在朝阳区劳动保障监察队统筹下，负责各自划片街乡的劳动保障监察执法工作。（刘丹奇）

【社会保险费征收体制改革】 11月1日，区社保中心根据《北京市关于企业社会保险费交由税务部门征收的公告》，进行社会保险费征收体制改革。企业职工社会保险费、灵活就业人员社会保险费、城乡居民基本医疗保险费由税务部门统一征收，其参保登记、权益记录、待遇发放等业务仍由社保经办机构负责办理，区税务局进驻朝阳区社保中心及各分中心大厅。12月1日起，各分中心财务工作收回中心本部。（姜桂枝）

【医疗保险知识竞赛活动】 11月17日，区医保局举办以“医保政策一口清”为主题的医疗保险知识竞赛活动。活动包括知识竞赛活动、发布“朝阳医保卡通形象”并介绍卡通设计理念，以及区医保局机关党支部与中央美术学院城市设计学院学生党支部签署共建倡议书。中央美术学院党委组织部副部长、市医保局待遇保障处副处长、市医疗保险管理中心副主任等相关领导以及中央美术学院“朝阳医保卡通形象”设计团队和参赛人员108人参加活动。（乔夏菲）

【社会保障卡办理】 年内，区社会保障卡网点办理业务13978笔，单位领卡19.95万张，现场办理照片更新331笔。8月31日起，朝阳区内已领取社会保障卡实体卡的参保人可通过北京人社App、电子社保卡微信小程序、掌上12333、国家政务服务平台等线上渠道领取本人电子社会保障卡。（姜桂枝）

【失业保险待遇发放】 年内，区社保中心落实失业保险受益面扩大政策，为疫情防控期间失业但不符合享受失业保险金的人员发放失业补助金1.75亿元，临时生活补贴1256.29万元，保障参保失业人员基本生活。（姜桂枝）

【社会保险政策宣传】 年内，区社保中心规范电话咨询，设专人汇总高频事项、核对政策口径，推动咨询热线“接得快、答得准、服务暖”，全年接听电话50.5万通；运用关注人数超过25万人的“北京朝阳社保中心”微信公众号开辟“战‘疫’专区”菜单，发布推送100余篇，总阅读量超过50万人次；创新“社保政策月月讲”辅导方式，网上直播五险一金合并申报等新政策，累计观看人数超2万人。4月至6月，朝阳社保中心落实“减免缓”政策，人民网、北京频道相继刊登《朝阳区社保中心：让“不见面”的服务更有温度》《朝阳区将为企业减免三项社保费120亿元助力企业减负增效》，北京电视台《早间新闻》播出《朝阳区为企业减免三项社保费120亿元助力企业减负增效》，宣传社保利企惠民形象。（姜桂枝）

【城镇职工社会保险】 年内，朝阳区城镇职工基本养老保险、失业保险、工伤保险的参保单位数分别为15.73万户、15.76万户、15.97万户，比上年分别增长6.50%、8.09%、6.75%；基本养老保险、失业保险、工伤保险参保人数分别为372.81万人、289.74万人、260.64万人，比上年分别增长2.44%、1.49%、1.34%。各项社会保险基金累计征缴388.55亿元，累计支出363.45亿元（不含职工基本医疗及城乡居民医疗），分别完成全年征缴指标和支出预算的105.36%、98.88%。受疫情影响，落实“减免缓”政策，截至11月30日，朝阳区完成14.3万家企业减免社会保险费单位缴费部分301.39亿元，包括小微企业占比99.73%；完成近5000家企业缓缴社会保险费21.79亿元，疏解企业经营困难。（姜桂枝）

【机关单位和城乡居民基本养老保险】 年内，朝阳区机关事业单位基本养老保险基金累计收入37.93亿元，基金累计支出27.65亿元。职业年金累计收入7.47亿元。朝阳区城乡居民基本养老保险参保人数2.09万人，收缴保险费48975万元；支出待遇46622万元。（姜桂枝）

【城乡居民基本医疗保险】 年内，朝阳区根据北京市医疗保障局、国家税务总局北京市税务局《关于办理2021年度城乡居民基本医疗保险参保缴费手续的公告》文件精神，开展2021年度北京市城乡居民基本医疗保险参保工作。截至12月底，全区41.98万人完成2021年度城乡居民医疗保险的参保缴费，其中免缴费认证人数1.86万人，收缴保险费10.03亿元（其中个人缴费1.37亿元，市区两级财政补助8.66亿元）。（姜桂枝）

【社会保险关系转移】 年内，朝阳区养老保险关系跨省转入8033人，转入金额44868.03万元；转出30063人，转出金额17.82亿元；医疗保险关系跨省转入5309人，转出12451人。（姜桂枝）

【社会保险稽核】 年内，区社保中心接待投诉举报7270人次，立案1840件，办结案件1839件，稽核检查7984人，补缴人数2082人，补缴金额8154.83万元。（姜桂枝）

【社会保险个人权益查询服务】 年内，朝阳区启用新版社会保险权益记录查询系统，参保单位、个人登录“社会保险权益查询服务平台”可随时查询权益记录。朝阳区通过柜台打印个人权益记录3.21万人次，自助终端打印28.97万人次，网上服务平台查询218.34万人次。（姜桂枝）

【建设征地补缴社会保险】 年内，区社保中心完成金盏地区、小红门地区、南磨房地区、孙河地区、豆各庄地区转非劳动力补缴业务69人，其中一次性趸缴金额295.92万元、农转非延迟补缴金额6.9万元。（姜桂枝）

【社会保险待遇资格认证】 年内，区社保中心根据市社保中心下发的《关于2020年度异地（境外）居住人员领取社保待遇资格认证工作的通知》文件，启动异地（境外）居住人员社会保险待遇资格认证工作，涉及朝阳区3915人，其中通过认证3570人、未认证345人，未认证人停发其所享受的社会保险待遇；根据人力资源和社会保障部《关于印发城乡居民基本养老保险经办规程的通知》文件要求，启动城乡居民基本养老保险2019年度待遇领取人员公示工作，涉及待遇领取人员2.5万余人，疑似人员22人，并做中断领取处理。（姜桂枝）

【打击欺诈骗保】 年内，区医保局制定《北京市朝阳区2020年开展打击欺诈骗取医疗保障基金专项工作方案》，成立朝阳区打击欺诈骗保专项工作领导小组，组成打击欺诈骗保专项检查队伍，对辖区内定点医疗机构从实名制就医、药品耗材进销存、诊疗项目、住院病历等方面开展现场检查。截至2020年年底，完成辖区内345家定点医疗机构的全覆盖检查（2家社区服务站因暂时停诊及疫情原因暂缓检查），完成费用退回、追回647.82万元。（何　京）

【医疗保险审核】 年内，区医保局审核结算医疗保险费用133.03亿元，比上年减少16%；拒付、追回各类医疗费用615.09万元。全年完成个人疑问数据筛查11.73万笔，约谈处理参保人8人次，追回违规费用3.97万元。（何　京）

【医疗保险总额控制】 年内，朝阳区定点医疗机构城镇职工总额预算基金累计申报118.58亿元，比上年下降12.48%，超支（参照2019年度清算调整后指标额）医疗机构数量154家，占比全区总额控制医疗机构总数335家的45.97%；结余医疗机构数量168家，占比全区总额控制医疗机构总数335家的50.15%，其余医疗机构包括11家指标额为0，2家精神病医院为定额付费。总额预付定点医疗机构总控基金申报109.17亿元，比上年下降14.51%，超支医疗机构数量55家，占比全区总额预付定点医疗机构总数107家的51.40%，结余医疗机构数量52家，占比全区总额预付定点医疗机构总数107家的48.60%；预算管理定点医疗机构总控基金申报9.41亿元，比上年增长20.83%，超支医疗机构数量99家，占比全区预算管理定点医疗机构总数228家的43.42%，结余医疗机构数量116家，占比全区预算管理定点医疗机构总数228家的50.88%。（何　京）

【跨省异地就医直接结算】 年内，朝阳区审核结算跨省异地就医直接结算住院费用103684笔，涉及金额39.80亿元，基金支付23.97亿元，比上年分别下降52.13%、34.60%、27.24%。朝阳区有64家医院与全国30个省、自治区、直辖市和新疆生产建设兵团开展此项业务。（何　京）

民　政

【概况】 中共朝阳区委社会工作委员会（简称区委社会工委）、朝阳区民政局（简称区民政局）是负责全区社会建设管理、街道工作和民政事业管理工作的主管部门。年内，区委社会工委、区民政局落实政府绩效任务18项，其中，推进全国居家和社区养老服务改革试点区建设、实施街道办事处条例等市、区重点任务12项，推进100个楼门治理示范点建设、新建10家社区养老驿站等重要民生实事6项，推进养老服务、社会救助、社会福利等工作发展。全区累计销售福利彩票5.1亿元，完成全年任务145%。区民政局关于民政部开展的中央财政支持开展居家和社区养老服务改革试点地区成果验收结果为优秀。

【慈善捐赠】 11月，区民政局开展传统的“爱心暖阳”系列之“战疫情奔小康”主题社会捐赠活动，接受捐款30767.80元，全部交北京市慈善基金会。接收衣物34731件，全部清运至市局分拣中心。年内，区民政局组织慈善救助16508人次，接收捐赠款1469.74万元。制定《朝阳慈善捐赠执法专项工作方案》，进行现场执法检查和电话监察，督导相关组织依法依规将各类捐赠款物落实到位。利用微信公众号，做好疫情防控期间的管理宣传工作。加强“五个一”［一块民政部统一制式的“社会捐助接收工作站点”牌匾、一定工作面积、一面宣传墙面、一名专（兼）职工作人员、一组统一制式的固定捐物箱］规范化站点建设，新建4个规范化站点，截至2020年年底，全区85个捐赠站点实现设施统一、流程规范、标准统一，有效提升收捐服务能力。

【城乡低保】 年内，区民政局加快落实低保、低收入等社会救助政策，守牢基本生活保障底线，全区在保59户59人特困供养对象、6738户11284人最低生活保障对象及388户812人低收入对象，全年落实基本生活保障15576.84万元。做好民政对象专项社会救助，指导街乡调整社会救助申请受理、动态管理、审核审批等工作程序，确保疫情防控期间不影响困难群众救助申请和待遇享受。全年发放教育救助、供暖救助、电价补贴、临时补贴等专项社会救助资金1720.33万元。

【救助管理】 年内，区民政局发挥社会组织参与救助工作优势，通过社工深入巡视推进街面外展救助，临时救助407人，为街面流浪乞讨人员和暂时生活困难人员解决实际困难，救助流浪乞讨人员2410人，分流2422人。健全救助工作机制体制，印发《进一步加强和改进流浪乞讨人员救助管理工作的实施方案》，开展“春风”集中救助行动，成功救助长期流浪人员11人。印发《朝阳区新型冠状病毒感染肺炎疫情防控期间社会救助工作保障方案》，建立社会救助信息每日“零报告”和24小时联络机制，做好困难群众基本生活和突发性、紧迫性、临时性生活困难保障工作。

【征地超转人员保障】 年内，区民政局做好建设征地农转非超龄人员信息变更、核减、生活补助费发放和政策性转居人员生活费发放工作。拨付全区政策性转居人员912人生活费661.5万元。征地超转人员23377人生活补助7.53亿元，汇缴区管征地超转人员医疗经费3.78亿元，为15名孤老累计报销医疗费用12.2万元。

【孤儿保障】 年内，区民政局每月为困境儿童发放生活费和临时物价补贴，完善困境儿童和留守儿童关爱探访管理制度，启动受疫情影响儿童排查摸底，发现1名受疫情影响无人照料儿童，指定住所地居委会为临时监护人做好受疫情影响儿童监护和保障工作（该儿童在家长解除隔离后已回归家庭）。疫情防控期间新排查出6名事实无人抚养儿童，优化简化审核审批程序，当月审批、当月发放，为享受生活费补贴的135名重点困境儿童发放一次性疫情防控生活补贴

13.5万元、发放口罩等防护用品3万余件。

【行政区划】 年内，区民政局结合工作实际，以“代表提案”“接诉即办”“吹哨报到”为抓手，先后开展撤村建居、撤乡建街调查研究，研究制定朝阳行政区划优化调整路径。排查边界地区各类风险隐患，对9个区级界桩点（14个界桩）进行日常巡查，完成朝通1号、朝顺1号两处界桩翻修，保持界线界桩及其他标志物完好。梳理全区全部跨界项目，做好行政区划信息化建设，实现行政区划工作精准、精细化管理，完成市、区各项重点工作和重大活动基础性保障工作。

【殡葬服务】 年内，区民政局围绕“加强疫情防控、平安文明祭扫”主题做好疫情防控和清明祭扫服务保障各项工作，属地（一馆三园）接待祭扫群众31507人次、祭扫车辆9971辆，依规为无社保群体发放丧葬补贴1044人、522万元。办理遗体外运6例，协调处理非法土葬事件2起，开展民政部安葬（放）设施系统填报，散葬坟墓整治，排查全区14个乡、99个村散葬坟墓118处，安葬数量52571个。

【婚姻登记】 年内，区民政局完成婚姻登记处政务服务领域无障碍环境建设，办理婚姻登记31839件（含涉外婚姻登记219件），其中结婚登记17055件（含涉外结婚登记123件）、离婚登记11318件（含涉外离婚登记51件）、补发婚姻登记证3381件（含涉外补发婚姻登记证45件）、出具证明85件。 （宋 丛）

社会建设管理

【概况】 朝阳区委社会工委围绕落实全市街道工作和“吹哨报到”改革、“基层建设年”和常态化疫情防控等重点工作，在抓大事、抓重点、抓落实上下功夫，强化党建引领，聚焦“七有”（幼有所育、学有所教、劳有所得、病有所医、老有所养、住有所居、弱有所扶）、“五性”（便利性、宜居性、多样性、公正性、安全性），创新优质发展，保障和改善民生，推进朝阳基层治理体系和治理能力现代化，使人民获得感、幸福感、安全感更加充实、更有保障、更可持续。区委社会工委被评为2020年度首都城市环境建设管理样板单位。

【社会建设和农村城市化工作会】 4月24日，朝阳区召开“基层建设年”暨社会建设、民政工作和农村城市化工作会（视频会）。会议听取主题为《强化党建引领、聚焦七有五性、创新优质发展，奋力推进基层治理体系和治理能力现代化》社会建设和民政工作报告、朝阳区基层建设三年行动计划“强基保障年”工作报告，全面总结2019年全区社会建设和民政工作和“强基保障年”工作；部署2020年全区社会建设和民政工作、“深化提升年”、落实《北京市街道办事处条例》工作。区委、区政府、区人大、区政协主要领导，相关部门区领导，各部委办局正职，街乡及社区村相关领导2600余人参会。

【基层基础治理】 年内，区委社会工委深化党政群共商共治，打造43个市级社区协商示范点，推动1190件为民办实事项目落地。全区建有社区、楼院居民议事厅1922个，推选议事代表19729名。建有网上议事厅358个。在100个楼门治理示范点实现“管起来、美起来、联起来、动起来、亮起来”，让更多居民参与社区事务。印发《全要素小区建设导则》《全景楼院指导手册》，推进小区更新、硬件与软件同步提升，建成20个全要素小区和258个全景楼院；打造30个“社区之家”和12个社区综合服务体，居民生活更加便利。按照空间、资源、事项“三集成”思路，在城市地区设立社区服务站242家，实行“综合受理＋全岗社工”和全程代办，带动提升社区服务水平。选取枣营北里社区、广善第一社区等5个城乡社区，重点打造市级社区服务站开放式服务试点。印发《关于全面推行社区“走动式”工作法的通知》，社区大走访覆盖率100%。下发《关于建立完善并征集典型示范村规民约和居民公约案例的通知》，指导各街乡做好村规民约、居民公约的建立和完善。

【社区减负增效】 年内，区委社会工委按照“规模适度、便于管理、便于服务、便于自治”原则，拆分44个超大型社区。对未纳入社区管理的居住区设立社区居委会或纳入相邻社区管理，实现社区居民委员会组织全覆盖。探索完善“四减三增两满意”（通过部门主动减、街乡统筹减、技术支撑减、准入源头减，推动社区减负，助力社区主体增能、社区服务增效、居民需求增质，实现群众满意、社会满意），减负增效体系，营造良好“社区生态”；印发《北京市朝阳区社区工作准入管理的实施办法（试行）》，规范社区工作准入管理的具体事项。完成社区挂牌清理规范工作；下发《区级2020年度社区工作计划清单》，对10余个区级部门50余个社区表格事项履行审批备案程序，明确要求所有备案表格均不得下派社区填报，确保社区减负工作落到实处。

【社会组织参与社会治理】 年内，区委社会工委制定《2020年社会动员平台建设工作要点》，修订《街乡社会动员平台绩效指导指标》。政府3690万元购买社会组织服务立项280个。推进社区创享计划，投入资金1554.88万元，支持居民1080个提案，253个社区5万人次参与其中。以农村社区为主阵地，投入680

万元推进（三社联动），引导社区居民参与基层社会治理。全年动员社区社会组织开展民生服务和社区治理活动1000多场次，服务人数约2万人次。社区社会组织逐渐成长为增强社区自治和服务功能、吸纳培养社会工作人才的重要载体。动员8家社会组织，对口支援4个扶贫协作县所属10个贫困村，选派14名社会工作专业人才挂职7个行政村。制定《关于贯彻落实社会心理服务体系建设系列文件精神的工作方案》《2020年在全区部分街道社区建设社会心理服务站点建设的工作方案》，新建东湖、八里庄、崔各庄、太阳宫、望京社会心理服务站点。

【城市精细化管理】 年内，区委社会工委抓好党建引领（两件关键小事）。狠抓物业管理水平提升，围绕"三率"（物业管理覆盖率、业委会/物管会组建率、党组织覆盖率）三个层次目标，统筹抓好物业条例落实及老旧小区提升工作，编制《物管会成立指导手册》《物业管理工作党组织覆盖流程》等工作指引，街道系统物业管理覆盖率99.83%，业委会（物管会）组建率82.28%，业委会（物管会）党的组织覆盖率93.92%，物业服务项目党的组织覆盖率99.21%，完成年度目标任务。形成垡头老旧小区"百川归海"（合并辖区内多个老旧住宅管理区域，成立1个物管会，引进一家物业公司统一管理，形成连片效应）；潘家园物管会"点单式"（物管会建立"收集问题、协商问题、解决问题"三步走机制，提供环境治理清单、安全建设清单、便民服务清单）服务等工作经验。提升生活垃圾分类水平，开展"我分类、我承诺"活动，动员在职党员、志愿者参与桶前值守活动。《北京市生活垃圾管理条例》实施以来，厨余垃圾日均分出率稳定在20%以上，探索出"党建引领＋居民自治"呼家楼北社区模式、"分类三集中、垃圾不落地、社区无桶化"甜水西园模式等经验，呼家楼北社区被评为"北京市生活垃圾分类示范小区"。

【"疏整促"任务完成】 年内，区委社会工委完成街道系统"开墙打洞"动态整改423处、地下空间整治187处、转型升级市场2家、规范社会办学办园7家、疏解培训机构11家、建设提升便民商业网点68个、整治无证无照经营113家、治理占道经营乱点67处；拆除违法建设20.47万平方米。在24个街道开展基本无违建街道创建工作。完成中央环保督察迎检任务，协调委局及各街道处理交办案件150件（其中重点交办件11件）。制定《关于开展规划和自然资源领域问题整改落实"两个意见"的工作方案》，会同北京市规划和自然资源委员会朝阳分局、城管执法局做好点位整治工作，全流程梳理大屯街道居然之家拆违控违工作。

【社区党建】 年内，区委社会工委结合物业管理区域划分，优化1207个网格党组织设置，建强党建"末梢"，动员各方力量下沉网格，在疫情防控、复工复产、复商复学中发挥积极作用。试点建设100个楼院治理示范点，探索建立楼门院党建协调小组，试点打造楼院党建网格"格情调度室"，有效解决一批生活垃圾分类、楼道堆物堆料、缓解居民停车难等难题。持续打造社区"领头雁"工程，年内投入100万元资金专项扶持31个书记工作室，实现"五个一成果"（有一个重点课题，有一个品牌课程，有一个优秀工作法，有一个品牌项目，有一个示范教学现场点位）。加强基层党务工作者队伍专业化建设，分层分类开展培训，强化岗位历练。投入自有经费642.8万元提升28个党群活动服务中心，立好资源、需求、项目"三项清单"，全年组织活动7872场次。社区成长伙伴计划铺开，样本社区从50个扩大到100个，与物业管理、垃圾分类等融合，实现赋能增效，提升社区治理能力。

【社工队伍建设】 年内，区委社会工委打造"朝阳社工"品牌，修订全岗社工指导手册，公开招考社区工作者800余人，完成每个社区至少培养1～2名"全岗社工"目标。印发《朝阳区社区工作者交流实施办法》，有效提升社工本社区化比率。完善社区工作者培训体系，累计培训1500余人次，社区工作者持证率36.6%。（宋　丛）

人力资源管理

【概况】 朝阳区人力资源和社会保障局是负责全区人力资源和社会保障工作的区政府工作部门，机构规格为正处级。区人力资源和社会保障局下属法人事业单位调整为8家，分别为朝阳区社会保险基金管理中心、朝阳区人力资源公共服务中心、朝阳区劳动人事争议仲裁院、朝阳区劳动保障监察队、朝阳区劳动服务管理中心、朝阳区考试鉴定中心、朝阳区职业能力建设指导中心（朝阳区人力资源和社会保障局信息中心）、朝阳区劳动能力鉴定中心。年内，区人力资源和社会保障局规范人力资源市场建设，深化事业单位人事制度改革，加强专业技术人员队伍建设，事业单位招聘992人；招录乡村振兴协理员32人；接收非北京生源应届毕业生1092人。办理人力资源行政许可191家，完成180家人力资源机构换证。（王　展）

【"春风行动暨就业援助月"专项活动】 1月至3月，区人力资源公共服务中心开展主题为"春风送真情、就业暖民心""春风行动暨就业援助月"专项活动。对4892名就业困难人员及零就业家庭开展走访和电话摸查工作；举办线上、线下招聘会17场；发布岗位信息14102个，发放宣传资料5202份；为4553人次提供公

共就业创业服务，帮助2012人实现就业。（郭丽颖）

【百日千万网络招聘专项活动】 3月20日至6月30日，区人力资源公共服务中心组织开展百日千万网络招聘专项行动。活动发挥“互联网+公共就业服务”助力就业、战“疫”作用，面向高校毕业生、登记失业人员、转移就业农村劳动力、来京务工人员、低收入农户和贫困劳动力等各类劳动者和有招聘需求的各类用人单位提供线上公共就业服务，在市人力社保局官网“就业超市”板块、“朝阳区人力资源公共服务中心”微信公众号发布国有企业北京专场招聘会、朝阳区面向2020届毕业生网络招聘会、“职等你来、就业同行”系列招聘会等活动信息。携手中国国际技术智力合作有限公司组织“国庆阅兵女兵方阵专场招聘会”等招聘活动，组织线上活动13场，发布339家单位、1.9万个岗位信息，线上点击浏览量4200余人次，接收简历929份。在“朝阳区人力资源公共服务中心”微信公众号发布5期职业指导“云课堂”视频及职业指导微课堂内容，以及《朝阳区疫情防控期间人力资源服务补贴实施办法》《朝阳区疫情防控企业用工一次性吸纳就业补贴的申请操作流程》、临时性岗位补贴等政策资讯，累计点击阅读量2000人次。（郭丽颖）

【“才子朝阳”系列活动】 5月至8月，区人力资源公共服务中心开展“才子朝阳”2020创业“云”课堂系列活动。活动邀请中国人民大学路军博士、国家职业指导师张慕梁、知名创业人徐璐，分“学生创业基础知识”“团队组建与商业计划书撰写”“分享创业经验”3期向高校应届毕业生进行在线直播授课，通过小鹅通App开展创业知识、技能直播授课。全区6所高校、1000余名应届生参与课堂学习。（杨 卓）

【工作居住证及积分落户政策培训会】 9月23日、25日，区人力资源公共服务中心组织召开北京市工作居住证及北京市积分落户政策培训会。培训内容包括政策解读、申报流程、系统操作及北京市工作居住证、积分落户热点解答。全区近200家企业、200余人参加培训，发放宣传材料500余册。（王芊文）

【党务工作者线上培训】 9月至12月，区人力资源公共服务中心举办流动人才党员和党务工作者线上教育培训14期，培训内容涵盖党性教育、国学传统文化、心理健康等，参加培训党员9100人次，比上年增长86%。（穆 丹）

【毕业生网络招聘月专项活动】 10月23日至12月31日，区人力资源公共服务中心开展以“才子朝阳，职等你来”为主题的毕业生网络招聘月专项活动。活动依托市人力社保局官网、“朝阳区人力资源公共服务中心”微信公众号等平台，为毕业生提供网络招聘、就业创业指导等公共就业服务，举办毕业生网络招聘会6场，提供岗位1000余个，组织“大学生创业板”讲堂，向10所高校发放创业书籍400余本。（杨 卓）

【人力资源服务机构在线业务培训会】 10月28日，区人力资源公共服务中心通过小鹅通App组织开展线上人力资源业务培训会。培训会邀请人力资源领域专家、学者及区人力社保局工作人员在线向全区人力资源从业人员讲授人力社保相关政策及知识，在线观看量2400余人次。（杨 卓）

【就业创业服务攻坚季行动】 10月至12月，区人力资源公共服务中心开展以“集中攻坚稳就业、精准服务保民生”为主题的就业创业服务攻坚季行动。活动对8952名帮扶对象进行信息摸排，举办职业指导课112场，开展技能培训课28场，为7500人提供职业介绍、职业指导、政策咨询等服务；电话了解108家预警企业及1325家即时服务企业的就业服务需求，跟踪回访1524家签订日常服务协议的企业，发布招聘信息4860条；组织开展退役军人专场、“送岗到家”街乡专场、毕业生专场等线上、线下招聘活动34场，提供就业岗位1.3万个。活动发放政策宣传折页2.3万份，通过基层公共管理服务岗位、公益性岗位促进1354人实现就业。（郭丽颖）

【积分落户】 年内，区人力资源公共服务中心开展北京市积分落户工作。全年窗口接待服务申请人员2605人次，接听咨询电话23425次，协助9087家单位、29488人完成系统申报注册，线上数据审核夫妻关系5085人、自有住房3106人。全区1288人取得落户资格。（王东玉）

民族宗教

【概况】 朝阳区有汉族、回族、满族、蒙古族、朝鲜族、藏族等56个民族，少数民族人口近20万人（包括流动人口）。区内有民族工作重点街道、民族乡各1个，民族村11个，民族中、小学校7所，经批准的生产经营清真食品单位130余家。区内佛教、道教、伊斯兰教、天主教、基督教五大宗教均有信徒。有宗教团体3个，分别是朝阳区伊斯兰教协会、朝阳区天主教爱国会、朝阳区基督教三自爱国运动委员会。宗教活动场所21处，其中道教宫观1座（北京东岳庙），伊斯兰教清真寺10座，天主教堂1座（平房教堂），基督教堂1座（朝阳教堂），依法批准的基督教固定活动处所6处，外国人集体宗教临时活动地点2处。

【打造民族文化特色街景】 6月，朝阳区为常营回族乡“常营中路民族家园商业楼及民族文化墙改造项目”争取市级专项扶持资金370万元。项目打造极具民族文化特色的独特街景和民族乡村品牌，形成区域文化名片，推进民族乡村经济发展，开创少数民族乡村经济工作新局面。项目对民族家园商业楼门头牌匾、门窗、外墙、地面铺装等进行整体升级改造，在民族学校北围墙建设民族团结宣传墙和宣传栏。

【民族团结进步创建宣传季活动】 8月至11月，朝阳区开展为期3个月的“民族团结进步创建云系列活动”，推出民族团结进步创建云系列活动；开展民族团结知识网上竞赛；策划举办形式丰富的线下主题活动。十一期间推出“共同团结奋斗　共同繁荣发展”民族团结进步网上知识竞赛，3000余人参与。“中华民族一家亲”朝阳区民族团结创建主题海报展，在区内43个街乡、民族学校、清真餐饮企业、景区等地广泛张贴和展示。在区内派发“朝阳区民族团结进步创建工作简览”宣传折页，增进各族群众对朝阳区民族团结工作的了解。活动期间展出海报、派发宣传折页2000余张。

【伊斯兰教协会换届】 12月23日，朝阳区伊斯兰教协会召开第六次代表大会。107名伊斯兰教界代表人士参加大会。大会选举产生新一届委员会和监事会。伊斯兰教协会会长：张万春；副会长：马舍尔巴（兼）、安存虎、马海军、张玉臣、可紫刚、杨亚男；秘书长：马舍尔巴；监事长：马全萍。伊斯兰教协会和清真寺寺管会换届工作于6月23日启动，9月18日至12月2日，8个清真寺寺管会换届工作完成。清真寺寺管会满5年换届一次，寺管会人员主要由社区（村）基层组织代表、主要教职人员、骨干乡老、具有管理能力专职人员和其他人员组成。主要职责是在区政府宗教事务部门的行政管理和当地乡（镇）人民政府、街道办事处行政领导下做好清真寺各项工作。 （孙　洁）

老龄事业

【概况】 北京市朝阳区老龄工作委员会办公室主要负责推动朝阳区老龄事业发展和老龄事务管理工作。年内，不断提升老年健康和养老服务质量，为30.9万余名老年人提供健康管理服务。 （孙　悦　姚　雯）

【养老服务】 1月至2月，区民政局分别印发《关于加强养老服务机构新型冠状病毒肺炎疫情防控和应急处置工作预案》和《关于加强疫情防控期间养老服务机构医疗卫生服务支持的通知》等，辖区社区卫生服务中心与养老服务机构“1+1”合作关系全覆盖。印发《朝阳区居家和社区养老服务改革试点实施方案》，推进落实28项重点任务，满足老年人多样化、多层次养老服务需求。出台《关于印发〈北京市朝阳区百岁老年人优待服务实施办法〉的通知》和《朝阳区民政局公共服务养老配套设施管理办法（试行）》，推进养老服务中长期体系规划，形成北京市朝阳区养老服务体系建设规划草案及朝阳区老龄产业发展报告、老年健康服务体系研究等成果。区第二社会福利院获民政部公办养老机构改革优秀案例。新增备案养老机构6家，新增床位1022张。完成来广营、常营等12个新建养老驿站任务。疫情防控期间，为符合条件的70家养老机构及161家驿站发放运营补贴5400余万元，保障303名困境家庭服务对象入住定点福利机构。形成《朝阳区家庭养老照护床位实施办法（试行）》，建设家庭照护床位150张。发挥“一键呼”智慧养老服务终端作用，确保5万户居民一键急救服务畅通。 （宋　丛）

【医养结合】 年内，北京市第一中西医结合医院确定为朝阳区“老年健康和医养结合服务指导中心”。六里屯、小红门、太阳宫、孙河、安贞和东风6家社区卫生服务中心创建北京市“老年健康服务示范基地”。朝阳区23家社区卫生服务中心被评为“老年友善医疗机构”，创建“老年友善医疗机构”35家。依托43个社区卫生服务中心建设“老年健康服务中心”，初步实现为老服务全区全覆盖。在太阳宫和香河园2个国家老年人心理关爱项目点启动心理健康评估项目。为30.9万余名老年人提供健康管理服务，老年人健康管理率为73.7%；为21.4万余名老年人提供医养结合服务，医养结合服务率为50.8%。为老年人提供“送药上门”服务2926人次；慢性病长处方服务73.7万人次；极简取药服务9.7万人次。 （孙　悦　姚　雯）

【孝亲敬老园建设】 年内，朝阳区建成潘家园街道、垡头街道、和平街街道、大屯街道、金盏地区、十八里店地区、管庄地区、豆各庄地区、崔各庄地区、三间房地区10个街乡孝亲敬老园。全区建成孝亲敬老园43处。 （孙　悦　姚　雯）

残疾人事业

【概况】 朝阳区残疾人联合会（简称区残联）是朝阳区政府批准的由全区各类残疾人及其亲友和残疾人工作者组成的人民团体，是中国残疾人联合会的地方组织。其宗旨是弘扬人道主义思想，发展残疾人事业，促进残疾人平等、充分参与社会生活，共享社会物质文化成果。辖区43个街道办事处、地区办事处（乡政府）均设立残联，397个社区（村）成立残疾人协会，形成三级组织工作网络。年内，区残联完成残疾人证（卡）办理、残疾人康复服务、残疾人就业和社会保障、残疾人文化体育、基层残疾人组织联络等工作，牵头落实朝阳区无障碍环境建设专项行动，完成区政府重要民生实事项目，精准实施扶贫协作，提升服务残疾人的能力水平。

【残疾人心理服务工作室成立】 1月1日，区残联在区残疾人职业康复中心成立朝阳区残疾人心理服务工作室。工作室提供个人和团体心理咨询、组织心理培训讲座、配合残疾人法律维权等服务，全年服务量2000人次；开展对街乡温馨家园、职业康复站、示范性康复站开展团体心理咨询指导服务工作。

【无障碍环境建设专项行动方案印发】 1月9日，区政府办印发《朝阳区进一步促进无障碍环境建设2019—2021年行动方案》。方案明确2个重点整治区域（北京2022年冬奥会和冬残奥会场馆周边、五环路以内地区）、4项重点领域（城市道路、公共交通、公共服务场所、信息交流）和17项重点任务，朝阳区依据该方案成立无障碍环境建设专项行动工作组，办公室设在区残联，将38家委办局和43个街乡纳入成员单位，按照2019年摸清底数、打牢基础、2020年完成整改、2021年查漏补缺的目标要求，解决无障碍设施规划不系统、建设不规范、管理不到位等突出问题。

【心理援助热线开通】 2月10日，区残联开通抗击新冠肺炎疫情防控残疾人心理援助热线服务，每天早9点到下午5点，由专业心理咨询师为残疾人提供答疑等服务。截至2020年年底，为辖区5000余名残疾人提供各类心理健康服务，包括开展心理健康促进与教育、提供心理咨询和心理治疗服务、做好心理危机干预和心理援助等。

【《春雨》杂志创刊】 2月，区残联《春雨》杂志创刊，其宗旨是传播积极向上精神，搭建学习交流平台，传播健康和谐文化，提升朝阳区残联社会影响力。杂志为双月刊，在原《春雨报》基础上进行改编，设置新闻播报、聚焦视点、榜样荣光、助残风采、爱心暖阳、康复前沿、就业帮扶、帮手指南、心理热线、书画抒情等10个板块栏目，发行量每期3000册，面向全区街乡、社区残疾人和助残社会组织发放。

【公益直播培训】 5月9日，区残联举办首期“隔离不隔爱 辅具进家庭”——第三十次全国助残日公益直播培训课程，通过直播形式开展残疾人辅助器具政策解读、辅助器具申请补贴、适配、服务介绍及辅助器具申请答疑互动，1.9万名残疾人及工作者进入直播间观看。6月5日，区残联举办第二期公益直播培训课程——“视觉2020·用声音唤醒万物”。直播面向视力残疾人，内容包含视力残疾人相关政策、辅助器具申领办法、视力残疾人智能家居发展、“光明影院”无障碍电影活动介绍等内容，全区6470名残疾人及工作人员进入直播间观看。

【原创文化作品展示暨助残日活动】 5月15日，由区残联主办，朝阳区残疾人联合会志愿服务中心、朝阳区望京李楠社会工作事务所和中国国际技术智力合作有限公司外企服务分公司联合承办的“非常美的逆行——益路相伴篇”原创文化作品展示暨迎接第三十个全国助残日主题活动举办。活动采用线上直播形式，邀请区残疾人专门协会主席及区残联专门协会联合党支部党员志愿者代表等参与。征集2200余幅作品，包括残疾人书法、绘画作品500余件，用不同类别、形式多样的原创文化作品传递对逆行英雄们的敬意与祝福。区委常委、统战部部长暴剑为全区残疾人带来第三十个全国助残日的问候与祝福。活动吸引5000余名观众观看。

【“全国残疾预防日”宣传活动】 8月21日，区残联举办第四次“全国残疾预防日”主题宣传活动，邀请首都医科大学附属北京天坛医院脑外科专家任添华讲授《精准预防脑血管病致残》线上课程，讲述脑卒中的分类、成因、临床表现、危害以及如何预防、治疗和用药。4510名残疾人在线参加。

【社区（村）康复协调员业务培训】 10月19日至23日，区残联举办2020年社区（村）康复协调员业务培训班，分两批对全区43个街道、地区（乡）残联的368名残联理事长、康复专干、社区（村）康复协调员进行培训。培训邀请华东师范大学应用心理学博士马艳英讲授残疾人工作者常规工作中的有效沟通；朝阳区残疾人辅助器具中心工程师张毅讲解残疾人辅具服务中心的辅具维修、定制、适配、无障碍出行、重度残疾人智能监控等功能；区残联康复部梳理讲解市、区残联的7项政策，并组织各街乡残联理事长就基层社区康复站及辅具站建设工作进行研讨。

【首届“健康杯”残疾人体育大会】 10月19日至24日，区残联组织36名残疾人参加北京市首届“健康杯”残疾人群众体育大会。在象棋比赛中，李春莲、李亚哲分获女子肢体组第一名、第二名，刘四萍获女子听力组第一名；王兴勇获男子肢体组第三名，贺建军、李治平分获男子视力组第二名、第五名；在围棋比赛中，史京阳获男子听力组第六名；在乒乓球比赛中，付宝华、段永魁分获男子坐姿组第五名、第六名，缪昉获男子站立组第四名，孙凤霞、沈燕分获女子坐姿第五名、第六名，刘四萍、莫耀铭分获听力组女子第一名、第三名；在飞镖比赛中，关宏海、常浩分别获男子站姿组第二名、第三名，李春琰获女子站姿组第一名；在旱地冰壶比赛中，听力组获第一名，坐姿组获第一名。来自全市16个区及燕山地区600余名残疾人参加飞镖、象棋、围棋、乒乓球、旱地冰壶5个项目不同组别比赛。

【非物质文化遗产作品展】 10月22日，区残联主办的“非遗匠心·你我共赏”残疾人非物质文化遗产作品展在朝阳

▲ 10月22日，朝阳区残联在区残疾人职业康复中心举办“非遗匠心·你我共赏”残疾人非物质文化遗产作品展开幕式 （周迎春 摄）

区残疾人职业康复中心举办。展览为期2天，展出景泰蓝、鼻烟壶、面塑、风车等20类非遗大师的作品和6个街道（地区）职业康复站残疾人制作的非遗作品100余件。区残联领导为10位优秀非遗传承人颁发“朝阳区残联非物质文化遗产客座讲师”聘书。10位非遗传承人和4名残疾人非遗学员进行现场非遗文化和非遗作品制作讲解。

【残疾人就业专场招聘会】 10月29日，区残联举办残疾人就业专场招聘会，27个街乡的153名残疾人和北京联合大学特教学院32名听障大学生入场求职。国际商业机器公司、北京物美商业集团股份有限公司、北京盘古七星酒店等22家企业，提供财务、运营、计算机、银行行员、医疗辅助人员等62个岗位。现场收到简历219份，初步达成就业意向56人。

【残疾人公益基金成立】 11月6日，朝阳区残疾人公益基金成立大会召开，基金定向用于开展残疾人公益事业及残疾人扶贫协作工作。北京市残疾人福利基金会副理事长、秘书长张亮对朝阳区成立残疾人公益基金表示祝贺，并对基金使用范围和程序作出要求。北京众行智能科技有限公司等社会单位在残疾人公益基金成立仪式现场捐赠防走失腕表、助听器等助残物资。

【北京市专职委员技能大赛获奖】 11月6日，朝阳区代表队参加在乔波国际会议中心举行的主题为“增智展能·融会贯通”第三届北京市专职委员技能大赛决赛，经过“小试牛刀”“分秒必争”“齐心协力”等答题、协作环节，区代表队选手大屯街道张云、常陆平，呼家楼街道孟迎辉，将台地区费冬梅4人取得总分第一名，获得冠军。来自北京各区残联、燕山地区残联的17支代表队近百名专职委员参加决赛。

【全国残疾人机构旱地冰壶赛获奖】 11月16日至21日，朝阳区2支旱地冰壶队参加在杭州塘栖国家盲人门球训练基地举行的第三届全国基层残疾人机构旱地冰壶比赛总决赛。比赛分智力组、轮椅组、听力组。朝阳区2支旱地冰壶队获肢体组冠军、听力组第四名。来自北京、湖北、河南、广东、陕西、浙江等14个省、自治区、直辖市的26支代表队参加该赛事，是历届参赛队伍最多、规模最大的一次。

【区残联第七届主席团第三次会议】 11月20日，区残联第七届主席团第三次全体会议召开。副区长朱晟出席并讲话，区政府办副主任马凌楠主持会议。会议审议通过调整区残联第七届主席团主席、副主席、委员的决议；区残联党组书记、理事长王玉华代表区残联第七届执行理事会做工作报告。朱晟强调，要以习近平新时代中国特色社会主义思想为指引，切实增强做好残疾人工作的责任感、使命感，要贯彻落实党的群团改革精神，持续加强残联组织的自身建设，并对下一步工作提出要求。区残联主席团委员91人参会。

【全国残联专职委员知识竞赛获奖】 12月3日，朝阳区三名选手张云、常陆平、孟迎辉代表北京市参加第四届全国残联专职委员知识竞赛决赛，获得亚军。知识竞赛采用线上模式举办，11月16日至20日初赛，45.2万名专职委员参与初赛。决赛主会场设在辽宁省大连市“北方国家版权交易中心”，主会场与分会场通过视频连线，选手在分会场通过手机端系统进行答题。竞赛通过“专职委员在线”平台进行全程直播。

【“我和冬奥有个约会”技能大赛获奖】 12月4日，由助残志愿者李亚哲、杨萍萍、王梦浩组成的朝阳区代表队参加在北京市西城区举办的“我和冬奥有个约会”北京市第三届助残志愿者技能大赛决赛，获亚军；朝阳区残联获优秀组织奖。比赛内容分为必答题、抢答题、手语视频与无障碍及加时赛四个模块，题目涉及助残、冬奥会等多方面内容，20支助残志愿者代表队参加比赛。

【助残志愿服务表彰大会】 12月9日，区残联举办2020年朝阳区助残志愿服务表彰大会。区残联为“五个100”先进典型及第四批首都学雷锋志愿服务站颁奖；为普华永道中天会计师事务所（特殊普通合伙）

北京分所和朝阳区传统艺术志愿服务队授旗；为武艾云等10名残疾人党员志愿者和助残党员发放《朝阳区助残志愿服务党员风采录》；为12名朝阳区五星助残志愿者和7个五星助残志愿服务组织颁发证书；为在市残联志愿者竞赛中获奖的助残志愿者颁发证书和奖杯。区残联党组书记、理事长王玉华，区残联兼职副理事长李楠，43个街乡残联理事长及基层社会服务分队负责人，优秀助残志愿者等1500余人参会。

【残疾人社会保障服务】 年内，朝阳区有持证残疾人54804人，区残联办理残疾人证事项3796余件，其中办理新证1526件、残疾等级变更503件、外区迁入120件、外省迁入39件、迁往外区192件、注销1273件，上门评定55件。全区新增残疾人就业585人，区残联举办残疾人专场招聘会4场、残疾人大学生职业训练营1场、残疾人雇主政策宣讲会1场。1209人参加各类技能线上培训，625人参加动漫设计、计算机编程、评茶员、咖啡师、非遗等职业技能提升培训。帮助349名贫困残疾人设立公益性岗位，给予公益性岗位补贴扶持资金154.4万元。扶持自主创业残疾人102名，给予一次性扶持资金37.6万元。10241人次残疾人享受康复救助政策2655.7万元，其中267名残疾儿童少年享受康复训练补贴319.94万元；1138名残疾人享受成人康复政策补贴299.0118万元；8784名残疾人申请辅助器具77854件，辅助器具经费补贴2029.56万元；17名残疾人享受白内障复明手术补贴2.04万元；28名贫困肢体残疾人享受训练救助1.36万元；7名贫困成年智力残疾人享受入住康复机构补助3.756万元。完成2020年政府民生实事，为3282名残疾人提供辅助器具服务；为4300名残疾人及家属开展居家康复培训12900人次。全区2586名重度残疾人享受居家助残服务补贴，补贴金额322.33万元；2363名残疾人享受残疾人自主创业就业社会保险补贴，补贴金额3179.82万元；3647名残疾人享受城乡居民养老保险补贴，其中重度残疾人3222人、轻度残疾425人，参保率98%，补贴金额456.10万元。开展融合教育，帮助适龄残疾儿童接受教育。完成适龄残疾儿童少年核查工作，11家机构60名残疾儿童申请到中国残疾人事业专项彩票公益金助学金。全年69名学生享受助学补助政策，17名学生享受中、高等院校新生奖励。开展无障碍环境建设专项行动，全区整改点位10283个，整改率100%。区专项行动工作组召开3次全区推进会，12次实地调研，30余次行业领域和重点区域专题推进会、调度会、现场会。完成各类服务“接诉即办”工作。全年接到“12345”市民服务热线派件350件，解决率90%，满意率100%；信访接待残疾人来访52人次，接听来电83人次，办理区信访交办件3件，办理中国残联信访平台转办4件；受理法律援助9件。解决27类残疾人诉求和涉法涉诉问题，维护残疾人权益，加强残疾人保障和残疾人管理。

【残疾儿童慰问】 年内，区残联配合市残联《关于做好2020年儿童节慰问对象统计上报工作的通知》，核对残疾儿童残疾证号、一卡通号及电话号码572人；对全区277名残疾儿童进行节日慰问；向辖区内191名0～6岁持证残疾儿童发放六一儿童节节日慰问金，每人500元，共计9.55万元。

【残疾儿童康复园建设】 年内，区残联新建1所残疾儿童康复园，位于区残疾人职业康复中心四层，通过政府购买服务方式，为听力、言语、智力、孤独症、多重残疾等特殊儿童提供专业化康复服务，为残疾儿童融入社会奠定基础。区残联依托残疾儿童康复园开展“我们在一起”“爱要让你听见”公益线上直播活动18次，为智力、孤独症和听力、言语残疾儿童及家长讲解残疾预防知识3400人次；为184名残疾人儿童开展线上、线下康复训练17376课时。

【区残疾人辅助器具服务中心建成运行】 年内，朝阳区残疾人辅助器具服务中心建成运行。中心位于朝阳区残联康复中心一层西侧大厅，占地面积570平方米，内设1个展厅、6大功能服务区，配置500多种辅助器具产品。中心以线上、线下相结合方式，为残疾人提供辅助器具申请、体验、试用、维修、定制、改造等服务，新增智能辅具监控管理、接送重度残疾人上下楼、无障碍福祉车出行等个性化服务，提高残疾人幸福指数和参与社会能力。全年服务残疾人6000余人次。

【区级温馨家园建设】 年内，区残联新建2家区级温馨家园，功能覆盖全区65家街乡级、社区（村）级温馨家园的服务示范、引领、指导和项目孵化。第一温馨家园位于区残疾人职业康复中心，开展非遗文化活动、党建文化活动、示范康复训练等服务，服务10757人次。第二温馨家园位于区残疾人综合活动中心，设立直播工作室、日间照料室、心理咨询室、法律咨询服务室等，开展脑病康复讲座、“红歌传唱”线上直播课程、“魅力衍纸画”线上培训等活动21次，服务13618人次。温馨家园以共建共享、残健融合为核心，整合社会资源、专业资源、组织管理经验和残疾人服务经验，促进温馨家园体制机制健全，实现温馨家园常态化、规范化、社会化、专业化发展。

【数字化志愿服务】 年内，区残联利用“志愿北京”平台，督导管理朝阳区57支助残志愿服务队开展志愿服务项目357个、投入志愿者7140人次、服务时长达1785小时、服务残疾人21420人次。

【残疾人就业保障金审核】 年内，区残疾人就业保障金征缴审核中心审核残疾人就业单位5510家，审核残疾人15476人，岗位补贴和社会保险补贴审批通过单位1247家，补贴金额6290余万元。 （许瑞婷）

慈善事业

【概况】 北京市朝阳区慈善协会（简称区慈善协会）2005年成立，是非营利性社会团体，是朝阳区首家获批的慈善组织，并具备公开募捐资格。其主要任务是广泛动员社会力量，多方筹措慈善资金，实施助医、助学、助老、助残、助困等慈善救助活动，在重大自然灾害、突发公共事件发生时实施紧急救助。年内，区慈善协会募集善款1579.6万元，使用善款1100.52万元，实施救助项目140个，惠及困难家庭22661户。

【慈善助医项目】 年内，区慈善协会实施慈善助医项目2个，惠及困难家庭472户，使用善款72.06万元，其中为患有“癌症放化疗”“肾透析”“肝肾移植”“再生障碍性贫血”“血友病”五种重大疾病的135名困难群众送去慰问金，使用善款58.26万元；继续实施2019年度市慈医疗卡项目，惠及低保老人337名，使用善款13.8万元，有效缓解低保老人就医困难。

【慈善助困项目】 年内，区慈善协会实施慈善助困项目133个，使用善款923.41万元，惠及困难家庭15993户。实施第十四届、第十五届“朝阳慈善情　百姓新春大联欢”项目使用善款33.86万元，全区43个街乡4232名困难群众与服务志愿者共度新春；为低保人员、残疾人、贫困职工、空巢老年人、来京务工人员、受助学生和受助官兵等困难群众送去新春慰问品；向全区7923名各类困难群体发放慰问金，使用善款336.19万元；实施困难党员帮扶项目，在职、退休生活困难的党员按照每人1000～3000元的标准，使用善款408万元惠及3397名困难党员；实施分会救助项目127个，惠及困难家庭439户，使用善款115.37万元。

【慈善助学项目】 年内，区慈善协会实施慈善助学项目4个，惠及困难家庭196户，使用善款22.25万元。开展“学叶堂”冠名慈善捐助金项目，为195人次学生参加新东方教育科技集团课程支付助学费用，使用“学叶堂”冠名慈善捐助金9.79万元，协会自筹善款12.16万元；学叶堂另1个项目使用善款3000元。

【重特大灾害项目】 年内，区慈善协会实施重特大灾害项目1个，开展“关于新型冠状病毒感染肺炎疫情防控——突发公共卫生事件”慈善救助项目，惠及困难家庭6000户，使用善款82.8万元。为区卫生健康委提供6000套防护服。 （王东明）

红十字事业

【概况】 朝阳区红十字会（简称区红十字会）是区政府直接领导、联系的社会救助团体。有43个街道、地区（乡）红十字会，2个红十字工作委员会，5支专业红十字志愿服务队伍，32支基层红十字应急救护志愿者队伍，红十字志愿者1.6万余人。年内，区红十字会学习贯彻习近平新时代中国特色社会主义思想和疫情防控、脱贫攻坚等一系列讲话精神，围绕区委、区政府中心工作，强思想、重担当，助力疫情防控、决战脱贫攻坚，致力保护人民生命健康，切实发挥党和政府在人道领域的桥梁和助手作用。区红十字会组织社区居民2.1万余人参加“抗击新冠肺炎疫情暨红十字应急救护知识”竞赛答题活动，获中国红十字会颁发的“抗击新冠肺炎疫情暨红十字应急救护知识”竞赛最佳组织一等奖；获2020年度中国红十字会报刊宣传先进集体一等奖；业务科科长苏秀丽获“中国红十字会抗击新冠肺炎疫情先进个人”称号。

【募集捐款】 年内，区红十字会依托街道、地区（乡）红十字会和红十字工作委员会，创新募捐救助工作机制，通过“博爱在朝阳　博爱在京城”等主题活动、张贴劝募书、线上公益募捐等形式开展募捐活动162次，全区接收除疫情防控之外社会各界募捐款154.82万元。包括在朝阳区街道、地区（乡）红十字会以及区直机关工委、区教委、司法局、社会办、农业农村局的支持配合下，通过“99公益日”活动动员社会单位和市民参与朝阳区“两节送温暖”救助项目的网络募捐活动，募集项目救助款78.83万元，北京区县排名第一。

【发放救助款】 年内，区红十字会坚持“平时救助注重时效、重点救助依托项目”原则，修订制度，完善流程。对生活困难家庭、罹患五种大病少儿、社区矫正和刑释解教困难人员、无业无收入“非典”后遗症人员等弱势群体开展救助。全年发放博爱救助款440.22万元，救助困难家庭2171户。其中，“博爱助困”项目发放救助款279.78万元，救助2080户；“少儿大病”项目发放救助款31.71万元，救助35户；“非典后遗症”项目发放救助款22.5万元，救助50户；“艾滋病感染者”项目发放救助款0.3万元，救助6户；“对口扶贫”项目发放救助款105.93万元。九九重阳节，为暮年颐乐园等5个敬老院发放价值2.94万元敬老物资，将爱老助老工作落到实处。

【关爱生命与健康温暖工程】 年内，区红十字会推进“关爱生命与健康温暖工程”项目，发放专项资金86万元，用于43个街道、地区（乡）红十字会在博爱助老、助困、助医、助残及应急安全培训、健康知识普及、志愿服务等方面开展活动，为社区群众解难事、办实事。

【志愿服务】 年内，区红十字会在朝阳区纪念第6个“世界骨髓捐献者日”期间，整理10位成功捐献造血干细胞志愿者的事迹，制作《让爱相“髓”》造血干细胞宣传片，弘扬无私奉献精神。全年开展造血干细胞捐献宣传志愿者进社区、进大学活动，分别在北京市第二外国语学院、对外经济贸易大学开展造血干细胞血样采集入库工作，完成血样采集入库63例，全区8名志愿者成功捐献造血干细胞。红十字志愿者参与无偿献血、知识宣传、社区值守、防控消杀和物资搬运等志愿服务。全区开展疫情防控等志愿服务25614次。

【应急救护教育培训】 年内，区红十字会在朝阳区43个街乡人员密集场所、政务服务大厅等地安装红十字急救设备终端站53台，配备自动体外除颤器（AED）、外伤处理急救用品等。针对新冠肺炎疫情，启动线上培训新模式，将应急救护培训课程纳入朝阳教育云平台“空中课堂”，拍摄急救知识课程短视频10部，通过网络平台和微信公众号传播。聘请专家培训应急救护新师资28人，并举办师资团建活动。推进应急救护知识进社区、进农村、进机关、进学校、进企业，开展培训125场，应急救护员取证培训8823人，占北京市总数的21.2%。

【红十字青少年培养】 年内，区红十字学校工作委员会组织中小学生参加红十字相关主题教育和志愿服务活动。“99公益日”期间，号召全区中小学生参与线上募捐活动，筹集捐款19.51万元。在“校园总动员”活动项目加入垃圾分类和新冠肺炎疫情防控知识模块，先后走进芳草地国际学校富力分校、北京市润丰学校、北京市朝阳区将台路小学、陈经纶中学嘉铭分校安园小学、北京市星河实验学校平房分校5所学校、23个班级，通过闯关问答方式，让孩子们在游戏中掌握自救、互救技能，在学习中感受红十字文化。 （陈 曦）

▲ 12月4日， 区红十字会到北京市润丰学校园开展“校园总动员”活动 （苏俊肖 摄）

精神文明建设

【概况】 北京市朝阳区精神文明建设委员会办公室（简称区文明办）是区委、区政府精神文明建设工作的综合协调部门，也是区精神文明建设委员会的办事机构，设在区委宣传部。年内，区文明办开展的新童谣征集推广活动征集作品252份，择优在“文明朝阳”微信公众号进行6期推送。开展“文明朝阳少年绘 文明行为童践行”原创作品线上征集活动，号召全区未成年人及其家庭结合《北京市文明行为促进条例》进行文艺创作。区文明办、区委教工委、区教委以庆祝新中国成立71周年为契机，组织全区中小学生开展“向国旗敬礼”主题教育。活动采用网上签名寄语和线下教育实践相结合形式进行，全区中小学参加。清明节前后，区文明办、区委教工委、区教委，采取线上形式开展“清明祭英烈”主题教育，号召全区未成年人线上向先贤先烈鞠躬献花；居家观看红色经典影视作品和“牢记革命历史 传承红色基因”专栏，深化革命传统教育。区文明办、区城管委、区教委联合开展“变废炫宝”创意作品征集活动，活动征集《投篮游戏机》《三弦》《中国印——舞动的北京》等作品1095份，并通过“文明朝阳”微信公众号进行6期展示推送。区文明办联合区教委、区妇联、区社区学院组织开展的第五届朝阳区“好家长之星”评选活动，全区推举出“好家长”3972名，推荐区级“好家长之星”候选人235名，评选“好家长之星”100名。区公共文明引导员代表，三里屯中队赵月星（《阻击疫情 守望家园——柠檬黄在行动》）和十八里店中队潘凤霞（《我是首都护花人》），经线上投票及专家联合评审，获北京市“文明有我健康行”公共文明引导员主题宣讲比赛三等奖。由区检察院主办的“法制特色校”项目活动，被首都文明办评为“2020年首都未成年人思想道德建设创新案例”。王佳、左向军、张芳蕾等9人获评2019—2020年度“首都精神文明建设奖”。朝阳区通过2020年度全国文明城区未成年人思想道德建设工作测评。北京朝阳文明网发布信息

4008条，102条信息被中国文明网采用，其中46条信息在首页头条、要闻及图片栏目展示，策划制作专题22个。（徐祯卿　董姝媛　徐贵鹤）

【市区领导慰问公共文明引导员】1月9日，北京市委常委、宣传部部长杜飞进，市委宣传部副部长、首都文明办主任滕盛萍，区委常委、宣传部部长黄晓伟，到双井街道双井桥交通路口和双井桥北南行公交站台慰问公共文明引导员。市委宣传部相关领导及双井街道相关负责人参加慰问。1月15日，区委常委、宣传部部长黄晓伟带队到地铁望京西站公交站和地铁13号线望京西站，慰问公共文明引导员，区委宣传部副部长、文明办主任张爽以及望京街道工委书记、办事处主任参加慰问。5月1日，市人大常委会主任李伟带队到朝阳公园开展安全检查，并慰问坚守岗位的公共文明引导员。（董姝媛）

【新时代文明实践推动日活动】1月15日，区委宣传部（文明办）举办“新春送福 善满朝阳”2020年朝阳区慰问模范榜样、优秀志愿者专场演出暨新时代文明实践推动日活动。活动为180余名模范榜样、身边好人、优秀志愿者及星级公共文明引导员送上新春祝福。5月30日，朝阳区新时代文明实践中心办公室举办“践行文明手牵手 引领朝阳新风尚”新时代文明实践推动日主题活动。活动采取“1+43+N”（1个主会场+43个文明实践站分会场+云传播）线下线上同步开展形式，解读《北京市文明行为促进条例》重点内容。活动被首都文明办作为全市示范活动进行重点推介，北京日报、北京电视台等市级主流媒体对区级线上活动进行宣传报道，中国文明网首页要闻刊发活动信息。6月21日，朝阳新时代文明实践中心办公室举办“致敬榜样　同心向党”新时代文明实践主题推动日活动暨“2019朝阳榜样”线上发布仪式。李辉、张小路、汪永明、董玉三、田传真、冯锐、郑树丽、刘国宁、海宇、王建军和胡小青夫妻为“2019朝阳榜样”十大年榜样人物，孟恩辉、国庆70周年阅兵女民兵方队为特别奖，史宗良等37人获提名奖。（董姝媛　徐贵鹤　王　莹）

▲ 6月21日，朝阳新时代文明实践中心办公室举办“致敬榜样　同心向党”新时代文明实践主题推动日活动暨“2019 朝阳榜样”线上发布仪式（徐贵鹤　摄）

【未成年人寒假文明实践主题活动】1月至2月，区文明办开展“争做新时代朝阳好少年”未成年人寒假文明实践主题活动，活动包含“大力宣传中华优秀传统文化”“广泛开展文明实践志愿服务活动”“组织未成年人积极参与社会实践”“深入开展文明家庭建设”“持续组织未成年人参与道德建设”五部分内容。各街乡结合疫情防控工作实际，组织开展形式多样的实践活动，号召全区各街乡未成年人及家庭积极参与传统文化教育、志愿服务等活动，在实践中养成良好行为习惯，成为担当民族复兴大任的时代新人。（董姝媛）

【第七届首都道德模范评选获奖】2月17日，第七届首都道德模范先进事迹及提名奖名单正式发布。朝阳区推荐的坚持诚信立业，铸造自主服装品牌的北京靓诺派时装有限公司董事长苑永萍、民盟医疗专家公益行活动发起人北京安贞医院心脏外科主任医师穆军升，获第七届首都道德模范荣誉称号；清华大学附属垂杨柳医院呼吸内科主治医师熊鑫获第七届首都道德模范提名奖。（徐贵鹤　王　莹）

【原创公益广告设计及布置工作】2月至3月，朝阳新时代文明实践中心办公室针对新冠肺炎疫情防控工作，设计创作“我承诺”“宅戴洗”“一米行动”“齐心战疫 你我同行”“进（返）京人员主动居家或集中观察14天”等系列原创公益海报26种，印发12.35万张。6月，针对朝阳区迎接2020年全国文明城区复查测评工作要求，设计创作“社会主义核心价值观”“志愿服务”“文明健康 有你有我”“关爱未成年人”“诚信教育”5类原创公益海报，印发12.832万张。（徐贵鹤　王　莹）

【公共文明引导行动】清明期间，区文明办组织公共文明引导员开展清明祭扫文明引导志愿服务行动，向祭扫市民发放《清明文明祭扫倡议书》等宣传材料，提供咨询指路、维护秩序、做好防护等服务，倡导“一米行动”，劝阻不文明祭扫行为。区文明办分别在清明、五一、十一等假期，组织建外、潘家园、六里屯、亚运村、十八里店、管庄等街乡公共文明引导员，在中山公园开展文明游园志愿服务活动。五一期间，组织酒仙桥、朝外等街乡公共文明引导员，到奥林匹克森林公园、朝阳公园、元大都遗址公园、日坛公园等开展文明游园引导志愿服务。在新冠肺炎疫情防控常态化期间，区文明办组织全区34个街乡1100余名公共文明引导员进入253个社区，宣传《北京市文明行为促进条例》、生活垃圾减量分类，引导市民群众养成绿色健康生活习惯，践行文明行为。全国两会期间，区文明办组织潘家园、建外等9个街乡公共文明引导员，在重点线路和重点地区的公交站台、轨道交通车站开展公共文明引导服务。每月11日，区文明办组织动员全区34个街乡1100余名公共文明引导员，在324个公交、地铁站台，35个市级重点示范交通路口，开展“文明有礼好乘客”“文明北京人——做文明有礼好乘客”“礼在北京　让出文明——市民爱心斑马线”“等灯！点赞！让路口温暖有秩序”等主题宣传活动，深化礼让斑马线专项行动，营造文明礼让社会风尚。（董姝媛）

【“2020北京榜样”主题活动】 5月12日，区委宣传部、区文明办制定印发《朝阳区组织开展“2020北京榜样”主题活动实施方案》。5月至10月，区文明办向市活动组委会推荐上报493名候选人，14人（团体）入选“北京榜样”周榜样以上人物，其中安华里社区获“2020北京榜样”特别奖，刘景院、李辉获“2020北京榜样”十大年榜样人物，侯兵、赵勇、李震、卢雪峰、马保力5人获“2020北京榜样”提名奖。（徐贵鹤　王　莹）

【首都精神文明建设先进推荐评选工作】 5月至6月，区委宣传部（文明办）组织开展2018年至2020年度首都精神文明创建工作，获评先进单位331个，其中太阳宫乡、三间房乡、黑庄户乡、郎各庄村等27个乡村为首都文明村镇；八里庄街道办事处、区审计局、区文化馆等31个单位为首都文明单位标兵；区市场监管局、劲松街道办事处、东坝地区东泽园社区等233个单位为首都文明单位；刘玉杰、王燕章、胡方蓉等11户家庭为首都文明家庭；北京市润丰学校、首都师范大学朝阳小学、北京市第十七中学等29所学校为首都文明校园。（庞永顺　李　扬）

【“童心向党”歌咏活动】 5月至7月，区文明办、区委教工委、区教委联合开展2020年朝阳区“童心向党”歌咏活动。活动征集视频作品100余个，挑选制作包括《我的祖国》《拥抱大中华》《阳光总在风雨后》等12个优秀节目，在“朝阳有线”“首都文明网”“北京朝阳文明网”“文明朝阳”微信公众号等媒体平台进行系列展播。200余所中小学、职业学校18万余名学生参加。（董姝媛）

【2020朝阳榜样推荐评选工作】 5月至10月，区委宣传部（文明办）组织开展2020朝阳榜样推荐评选工作。推荐评选工作要求每月评选“朝阳榜样”月榜样人物10～12名，全年推选“2020朝阳榜样”月榜样人物62人（团体）。12月22日，“2020朝阳榜样”活动组委会召开“2020朝阳榜样”年榜样人物评审会，对“2020朝阳榜样”年度人物候选人进行评议及投票。经会议研究、审议和考察等程序，推选安贞街道安华里社区为“社区抗疫集体”，任玉娟、马建新、张之翠、张洪江、佟敬、张鼎为6人为“最美逆行者”，张芳蕾、孙瑶光、常凯、杨崇熙、高宇轩5人为“朝阳青春力量”，赵勇等年榜样人物10名，提名奖41名。（徐贵鹤　王　莹）

【市第三批文明校园创建活动】 6月，区文明办、区教委联合启动朝阳区第三批文明校园创建活动。经过联合考核、择优推荐，北京市朝阳区呼家楼中心小学青青分校、北京市第八十中学嘉源分校、北京市求实职业学校等34所学校通过北京市教委、首都文明办联合验收，经公示，认定为第三批“北京市中小学文明校园”，实现全区文明校园全覆盖。（董姝媛）

【“新时代朝阳好少年”成长营活动】 7月，由区委宣传部、区新时代文明实践中心办公室主办，北京朝阳规划艺术馆承办的“新时代朝阳好少年”成长营活动启动。活动采用“云课堂”形式，围绕朝阳区历史沿革、地域文化、区情发展、文明行为养成、文化成果等内容，推出《谈古论今话朝阳》《争做朝阳文明小卫士》《大数据链接城市未来》等10期夏令营课程，服务未成年人健康成长。（董姝媛）

【第七届全国道德模范故事汇首场演出】 8月25日，朝阳区推荐的全国道德模范中日友好医院皮肤科主任医师张晓艳、朝阳医院急诊科主任医师唐子人作为模范榜样代表，出席并参与由中央文明办、中国文联主办的第七届全国道德模范故事汇基层巡演启动仪式暨首场演出。相声《最美逆行者》讲述了朝阳医护领域带头驰援武汉一线、全力打赢新冠肺炎疫情防控阻击战的先进典型事迹和感人故事。（徐贵鹤　王　莹）

【全国级群众性精神文明创建工作】 8月26日，区委常委会第23次会议审议通过第六届全国文明村镇、文明单位、第二届全国文明家庭、文明校园和第五届全国未成年人思想道德建设工作先进单位推荐名单。11月，中央精神文明建设指导委员会印发《关于表彰第六届全国文明城市、文明村镇、文明单位和第二届全国文明家庭、文明校园及新一届全国未成年人思想道德建设工作先进的决定》。其中，北京市朝阳区高碑店乡高井村、北京市朝阳区崔各庄乡费家村获评“全国文明村镇”；北京市朝阳区八里庄街道办事处、北京市垂杨柳医院、北京京客隆商业集团股份有限公司、北京潮星控股集团有限公司、北京市朝阳区东坝地区红松园社区获评“全国文明单位”；李楠家庭获评“全国文明家庭”。中国人民大学附属中学朝阳学校获评“全国文明校园”。北京市朝阳区人民检察院第七检察部获评“全国未成年人思想道德建设工作先进单位”。（李　扬）

【参加首都公共文明引导岗位服务知识竞赛】 9月初，朝阳区各街乡组织全体引导员参加首都公共文明引导岗位服务知识竞赛。9月21至23日，各街乡选拔的66名引导员参加区级初赛；10月12日，13名引导员进入区级复赛。经区文明办选拔，罗琦、张云江、崔小芳3名引导员代表朝阳区参加市级竞赛，并获2020年度首都公共文明引导岗位服务知识竞赛一等奖。（董姝媛）

【连续四届获评“全国文明城区”】 9月7日至8日，中央测评组进驻朝阳区进行全国文明城区实地考察，测评组问卷调查298份，涉及12个街道（社区）。朝阳区连续四届获评“全国文明城区”。迎检期间，区委宣传部（文明办）制定《2020年朝阳区迎接全国文明城区复查测评工作方案》，成立由区委书记和区长担任总指挥的复查测评工作指挥部。召开文明委全委（扩大）会暨迎接文明城区复查测评动员部署会，建立督查检查、会商研判、通报点评、专题调度、挂账销账、社会监督6项工作机制和专项督查、定期明查、常态自查、交叉互查、三方暗查的“五查”工作制度，开展5轮第三方测评，对32类1911个申报点位进行全覆盖检查，实现问题“发现—整改—复查—销账—巩固”闭环处置。召开2020年朝阳区迎接文明城区复查测评部署会，部署迎接文明城区复查测评工作、档案整理申报工作和实地考察工作。召开朝阳区文明城区复查测评和创建国家卫生区国家技术评估迎检工作动员部署会，部署全国文明城区复查测评迎检工作。完成文明城区复查测评网上申报工作，系统录入10月份正式发文、30项部门评价、7个数据表格、68项图片资料、136份说明报告。（庞永顺　李　扬）

【“制止餐饮浪费 践行光盘行动”专题会】 9月22日，区委常委、宣传部部长黄晓伟主持召开朝阳区“制止餐饮浪费践行光盘行动”专题会并讲话。会上，区委宣传部副部长、区文明办主任张爽传达习近平总书记对制止餐饮浪费行为的重要指示精神、北京市“制止餐饮浪费　践行光盘行动”专项宣传引导活动推进会会议精神。各参会单位主管领导发言宣讲贯彻落实习近平重要指示精神和首都文明委工作要求情况和下一步工作计划。区委办、区委组织部、区直机关工委、区文化和旅游局、区市场监管局等20个部门主管领导参加。（李　晨）

【心理健康教育培训】 9月28日，区文明办、区教委联合开展“阳光下同成长”心理健康教育培训。培训聚焦学习短程高效的焦点解决咨询技术和家庭治疗技术，采用案例学习和现场练习相结合方式，提升相关单位、街乡专业素养和心理辅导技能。全区43个街乡和中小学校心理健康教育工作人员200余人参与。（董姝媛）

【3人入选2020北京榜样宣讲团】 9月，朝阳区推荐的朝阳医院急诊科主任医师唐子人、残疾人舞者李辉、女民兵蒋瑶3名榜样入选“2020北京榜样”宣讲团，走进高校、企业等开展巡回宣讲。他们分别以《我在驰援武汉的65天》《轮椅上的鸿雁》《我爱你，我的祖国》为题讲述抗击疫情、残健共融、为国受阅的事迹。（徐贵鹤　王　莹）

【市级重点示范交通路口拓展至35个】 10月，北京市公安局公安交通管理局和首都文明办选定200处交通乱象突出、群众反映突出和重点地段路口作为重点创建路口。朝阳区文明引导员岗位新增合生汇路口、国贸桥下路口、夏家园路口等10个市级重点示范交通路口，全区市级重点示范交通路口由25个拓展至35个，推进文明交通示范路口创建行动。（董姝媛）

【首都学雷锋先进典型推荐工作】 11月，区委宣传部（文明办）组织开展的2020年首都学雷锋志愿服务先进典型推荐工作揭晓。李德凯、李立山、刘玉华等5人获评“首都最美志愿者”；朝阳区文化志愿服务队、“国创99”服务队、咱爸咱妈公益学校等6个组织获评“首都最佳志愿服务组织”；中国传媒大学电视学院“光明影院”志愿服务项目、朝阳区高碑店地区高井村“八个一”专项敬老、爱老公益到家志愿服务项目、朝阳区太阳宫地区太阳宫社区一日女儿志愿服务项目等12个项目获评“首都最佳志愿服务项目”。安贞街道安华里社区、劲松街道劲松北社区、东坝乡红松园社区等6个社区获评“首都最美志愿服务社区”。马金兰、李洪刚、吴玲君等7个志愿家庭获评“首都最美志愿家庭”。（李　扬）

【新时代文明实践中心网络互动平台工作】 年内，朝阳新时代文明实践中心办公室开展朝阳区新时代文明实践中心网络互动平台建设工作。4月1日，在北京市政府采购网发布朝阳区新时代文明实践中心网络互动平台项目中标结果公示。4月17日，与北京紫光同创信息技术有限公司签订技术开发合同，启动朝阳区新时代文明实践中心网络互动平台建设工作。12月30日，召开朝阳区新时代文明实践中心网络互动平台项目专家验收会，开展项目验收评审工作。专家一致同意“宣传部朝阳区新时代文明实践中心网络互动平台项目”通过最终验收。（徐贵鹤　王　莹）

【“新时代好少年”评选学习宣传活动】 年内，区文明办、区教委、团区委、区妇联联合举办“新时代好少年”评选学习宣传活动。活动评选出董孟祺、毕

▲ 10 月 27 日，被评为全国“新时代好少年”的王颉（右）在 2020 年度全国“新时代好少年”先进事迹发布会上接受访问（董淑媛　摄）

然、张迪等 2020 年朝阳区“新时代好少年”20 名和袁怡梦、施展、安嘉慧等“新时代好少年提名”30 名。其中，张迪、王怡人获 2020 年首都“新时代好少年”称号。由朝阳区推荐的王颉作为北京市唯一代表，被中央文明办、教育部、共青团中央、全国妇联、中国关工委评为全国“新时代好少年”。（董姝媛）

【2 人入选“中国好人榜”】 年内，朝阳区向中央文明办“中国好人榜”推荐候选人 40 人，其中唐子人以其主动请缨驰援武汉抗击疫情的感人事迹，入选 2 月至 7 月“中国好人榜”敬业奉献好人；钱小松、田夏秋夫妇以其二人国旗下抢救心搏骤停老人，入选 8 月至 9 月“中国好人榜”助人为乐好人。（徐贵鹤　王　莹）

【“我们的节日”主题活动】 年内，区委宣传部（文明办）联合北京民俗博物馆在清明节、端午节、七夕、中秋节、重阳节期间，开展“我们的节日”主题活动。4 月 4 日，开展“清明书香晒书房”“和满京城　奋进九州”等线上线下相结合的文化活动，推进移风易俗，以“云祭扫”等形式倡导理性追思、文明祭扫。6 月 25 日，以网络直播形式，举办 2020 芳香中华四季歌会之《端午赋》主题歌会。8 月 25 日，举办“爱满京城 相约幸福”七夕节系列文化活动。10 月 1 日，以“月满京城 情系中华”为主题的中秋系列活动在北京民俗博物馆举办。10 月 25 日，在北京民俗博物馆以“孝满京城 · 德润人心”为主题，举办“我们的节日 · 重阳”五大类特色文化活动。区委宣传部（文明办）持续推出“我们的节日”中华长歌行系列视频 6 部，在中国文明网刊播。（徐贵鹤　王　莹）

【新时代文明实践中心建设工作】 年内，区委宣传部（文明办）结合疫情防控和重点任务，围绕“决胜全面小康　决战脱贫攻坚”“众志成城　共抗疫情”等重大主题开展宣讲 800 余场，覆盖近 20 万人次。加强“1+8+N”（1 指由区委书记、区长担任总队长的志愿服务总队；8 指政策宣讲、文化服务、健康卫生、科普健身、法律服务、环保公益、助学支教、扶贫帮困等 8 类专业志愿服务队伍；N 指“N”支志愿服务队伍）新时代文明实践志愿服务队伍建设，全区建立各类志愿服务队伍 1089 支，实名注册志愿者 62.23 万人。建成“文明实践网络互动平台”并投入使用，推进百姓“点单”、中心“派单”、志愿者“接单”、群众“评单”相贯通工作模式，实现文明实践活动精准对接、双向互动利用，全年点单派单 1174 次，服务群众 50793 人次。每月组织策划开展“垃圾分类齐动手　文明行为我先行”“文明加速度　健康靓朝阳”“致敬榜样　同心向党”“祝福伟大祖国　共享美好生活”等 10 场区级文明实践主题示范活动，示范带动文明实践所、站开展各类文明实践活动 1.2 万余场次。（李　晨　李　娟）

街道　地区（乡）

安贞街道

【概况】　安贞街道位于朝阳区西北部。东起安定路、安定门外大街，与和平街街道相邻；南至外馆斜街、外馆西街、黄寺大街，与东城区和平里街道接壤；西与海淀区花园路街道、西城区德胜街道相交；北与亚运村街道、奥林匹克公园公共区南部相接。辖区面积3.6平方千米，下辖10个社区。截至年底，辖区常住人口63590人、户籍人口44716人、流动人口19866人；出生人口903人、死亡人口447人；有法人单位3168家，其中央属单位83家、区属单位174家、其他单位2911家；有医院3所、社区卫生服务中心1个、社区卫生服务站3个；有大学1所、九年一贯制学校1所、职业学校1所、幼儿园7所、国际学校1所、特殊教育学校2所；养老机构9个；有280平方米为民服务大厅、2000平方米地区文化中心各1处，文化广场4处、24小时自助图书馆1处；途经辖区公交线路26条，地铁8号线和10号线贯穿其中；辖区绿化率29.13%。年内，安贞街道打造新典型、新经验、新样板、新模式和新局面等“五新”，打赢新冠肺炎疫情防控阻击战和精准扶贫攻坚战，完成中共中央总书记、国家主席、中央军委主席习近平和世卫组织专家到辖区调研新冠肺炎疫情防控服务保障工作，习近平对安贞街道安华里社区疫情防控工作中的“六个一、六到位”工作法给予肯定，相关媒体报道320余次。“接诉即办”年度综合考核获全市排名第120位、区街道系统第3位。《朝阳信息》采用量位列全区街乡第一名。全年完成区级财政收入6.27亿元，比上年增长18.4%。安华里社区获全国新冠肺炎疫情防控先进集体、全国优秀基层党组织、北京榜样团体特别奖；安贞街道获2020年第一批北京市生活垃圾分类示范小区、北京市2019年至2020年年度“接诉即办”改革工作先进集体。

【社区之家建设】　11月20日，安贞街道中油书店“社区之家”挂牌。年内，安贞街道30个“社区之家”示范点建设列入区重要民生实事项目。截至年底，建成中油书店、“便民365”社区服务综合体（外馆站）、“读聚时光”阅读基地、北京市公用事业科学研究所、中国木偶剧院等社区之家7处。

【首个社区门店联合会成立】　12月14日，安贞街道首个社区门店联合会——安外社区门店联合会成立。12月15日，安贞街道举办“贞选益家爱在邻里”安外社区门店联合会社区集市暨“贞心365”邻里粉丝节活动。街道工委、办事处领导，安外社区门店联合会商户代表以及居民等80余人参与活动。

【社区治理专员选派】　12月24日，安贞街道召开社区治理专员选派工作及社区党委书记集体谈话会，部署社区治理专员选派工作。首批21名社区治理专员、各社区党委书记参加会议。安贞街道工委决定自2021年开始，每两年向10个社区派驻一批社区治理专员。

▲ 11月20日，安贞街道中油书店“社区之家”授牌仪式　（史超齐　摄）

【“便民365”公共服务体系】 年内，安贞街道巧用腾退空间，引入首开集团、住总集团、京能集团等国企资源，引进明夷红心、朝阳家园等专业机构，打造4+N“便民365”基本公共服务体系，开发裕民路、外馆、安外、五路居4处便民综合体站点和贞心365App，打造双拥共建服务中心，拓展N项服务功能。完成首批10个“好鲜生”智能售卖机安装，引入“小绿人”充电桩项目，试点建设1处地下智能仓储间，引入24小时“线上便利店”，提供生鲜采购、家政物业等基本便民服务，惠及居民6万余人，实现百姓生活更便捷、军民融合更深入、国有资产更增值和地区业态更规范等“多方共赢”。

【立体停车楼建成】 年内，安贞街道工委、办事处以解决市民需求为导向，坚持“民有所呼、我有所应”，充分利用“吹哨报道”等机制，强化党建引领、统筹谋划，协调地区国企住总集团和首农集团整合辖区内安华路17号、黄寺大街5号2处疏解腾退市场闲置空间，建成黄寺立体停车楼（建筑面积22726平方米）和外馆立体停车楼（建筑面积6039平方米）。

【老旧小区改造】 年内，安贞街道启动安华里等3个老旧小区改造工程和裕民路四号院拆除重建项目、推进6个居民楼节能改造项目、打造五路居市级协商示范点。结合新冠肺炎疫情防控常态化要求，改建安华里和安外社区4个出入口，打造安华里二区8号、9号楼全景楼院、社区门前路精品街巷等工程。发挥社区治理规划师专业优势，完成车棚改造、墙体彩绘等“老区新景微改造”项目10个。完成共商共治社区级项目28个、街道级项目1个。基本完成161项无障碍设施修复或新建工作。

【“智慧安贞”云平台】 年内，安贞街道建设“智慧安贞”云平台。通过安装人员及车辆识别智慧门禁闸机系统、建设社区治理综合服务信息化平台、开发“贞心365”应用程序、规范电动车充电行为等做法，创建24小时管控的封闭式智慧社区，打造集多功能于一体的“云”安贞。 （熊静雯）

朝阳区安贞街道社区居委会一览表

表12

序号	名称	地址	电话
1	安贞里社区居委会	安贞里二区20号楼安贞里社区居委会	64454202
2	涌溪社区居委会	安贞里二区20号楼涌溪社区居委会	64427731
3	安贞西里社区居委会	安贞里二区20号楼安贞西里社区居委会	64437232
4	五路居社区居委会	安贞西里甲1号国学园内五路居社区居委会	64420391
5	安华里社区居委会	安华里二区14号楼安华里社区居委会	64246378
6	安外社区居委会	安华里二区14号楼东头安外社区居委会	64248551
7	安华西里社区居委会	安华西里一区21号平房安华西里居委会	64268241
8	外馆社区居委会	安华西里二区2号楼外馆社区居委会	64260100
9	黄寺社区居委会	黄寺大街28号院黄寺社区居委会	82070950
10	裕民路社区居委会	裕中东里一号院裕民路社区居委会	62353337

（熊静雯）

奥运村街道

【概况】 奥运村街道位于朝阳区西北部。东起北苑路，西至八达岭高速；南起北四环中路；北至清河，与海淀区和昌平区接壤。辖区面积19.6平方千米，下辖16个社区。截至年底，辖区常住人口164455人、户籍人口26772户68116人、流动人口40219人、外籍人口1002人、少数民族人口4440人；出生人口578人、死亡人口640人。有“鸟巢”“水立方”等7个奥运会竞赛场馆；有600万平方米的奥林匹克森林公园；有中国科技馆、中科院感光所及天文台、国家动物博物馆、中国环境科学院等央属企事业单位17家，有行政事业单位83家、规模以上企业316家；有中小学9所（其中小学2所、初中1所、高中2所、九年一贯制学校2所、十二年一贯制学校2所）、幼儿园15所；有三甲医院2所、社区卫生服务中心1个、社区卫生服务站2个；养老服务驿站3家；

有200平方米为民服务大厅1处、2200平方米地区文化中心1处、24小时自助图书馆6处；途经辖区公交线路47条，地铁5号线、8号线、15号线贯穿其中。辖区绿化率47.8%。年内，街道以“文化、国际化、大尺度绿化”为主攻方向，以做好新冠肺炎疫情防控和重大活动服务保障为主线，加强网格化党建体系建设，引领物业及业主委员会参与基层治理；推进垃圾分类和社会治理工作；全面升级冬奥社区建设，做好新冠肺炎疫情防控和保障改善民生各项工作；开展“爱心”助老助残服务、法律服务进社区、“好书伴成长，朝阳伴你行”捐书、新时代文明实践等活动；基层党组织2884名党员为新冠肺炎疫情防控捐款41万余元。实现区级财政收入8.26亿元，比上年减少24%。年内，街道获首都绿化委员“2020年首都绿化美化先进单位”称号。（王星南）

【民间奥林匹克体育大赛】 1月17日，奥运村街道举办以“携手未来，助力冬奥”为主题的“奥运村民间奥林匹克体育大赛暨奔向2022系列活动之第二届冰龙舟友谊赛”。来自奥运村、亚运村、大屯、安贞、小关、和平街、来广营等7个街道和地区的机关干部、社区工作者，北京奥运城市发展促进中心、北京市空竹运动协会、奥运村企业公益联盟成员单位人员以及居民近700人参加比赛。8月8日，街道启动“我和奥运有个约会”项目，打造“北京双奥街道”特色，培育辖区居民奥运情怀。参与居民100余人。（白　颖）

【便民服务延时机制】 6月1日，奥运村街道便民服务中心实行法定工作日“早晚弹性办”“午间不间断”和“周末不休息”的延时服务机制。开展规范化、标准化建设，建立规范服务10项制度，推行“诚心、热心、耐心”三心服务，严格落实一窗受理、一次办结、告知承诺、一网通办等工作机制。（潘　倩）

【智慧城市治理平台建设】 年内，奥运村街道建设智慧城市治理平台。街道利用“城市大脑”试点契机，以智慧城市治理为目标，以“科技赋能、数据驱动”为价值引领，围绕安全、民生、发展三大板块，实施“三步走”战略规划，构建以“人、地、事、物、组织”五个维度为基础的数据库，建立实施框架，推动街乡级“城市大脑”平台与“奥运村智慧台账系统”融合对接，构建社会多元协同的智慧城市治理平台。截至年底，完成207个基础台账统筹整合，实现街道统一管理、数据共享；规划设计应用场景21个，启动实施15个。（王志华）

▲ 8月8日，奥运村街道在社区文化广场启动“我和奥运有个约会”活动　（马海晶　摄）

【“接诉即办”机制落实】 年内，奥运村街道市民诉求中心召开“吹哨报到”协调会20余场次，协调区级部门和物业解决问题20余件，上报典型案例75件，统计职能部门和社区上报领导亲办件547件。受理“12345”市民服务热线诉求7968件，办结6573件。办结件中，涉及住房问题2436件、公共安全及服务问题805件、市容环卫问题707件，占办结件总量的60%。编制工作日报335期、周报44期、工作月报12期、总结性简报2期、指导专刊15期。（焦　娜）

【“河长制”和“街巷长制”落实】 年内，奥运村街道召开“河长制”工作专题会议2次，安装公示牌9块，更新清河、清洋河公示牌信息。街道级河长、社区级河长全年巡河2566.7千米、745人次。街巷长巡街、巡巷3608次、1596小时，街道应急管理大数据指挥平台处理环境案件2114件，其中街巷长曝光案件31件、小巷管家曝光案件2071件、群众曝光案件12件。（马利峰）

【垃圾分类】 年内，奥运村街道发放《北京市生活垃圾管理条例》230本、宣传海报7800余张、垃圾分类标识1.8万余张，发放垃圾分类引导图267张。将辖区内89个小区473组垃圾桶站改造为421组，建成垃圾分类驿站1座、装修垃圾投放点58处、设立大件垃圾投放点58处。大羊坊南社区平安嘉苑小区获市城管委“2020年北京市第一批垃圾分类示范小区”称号。（马利峰）

【无障碍环境建设】 年内，奥运村街道开展辖区无障碍环境建设宣传。通过织密组织网、责任网和制度网“三张网”，加强居民、物业和社会单位“三动员”，落实资金、沟通和督促“三到位”等工作机制。全年改造无障碍设施问题点位548个。科学园南里东街获评区无障碍“示范街区”。（刘　扬）

【疏解整治】　年内，奥运村街道开展“疏解整治促提升”专项行动。对辖区企业从劳动合同签订、按时发放工资等6个方面进行劳动监察，检查单位96家。拆除违法建设面积1.32万平方米、整治背街小巷4条、压缩培训机构1家、整治无证无照经营3户、整治占道经营1处、劳动保障监察96家，群租房排查治理实现动态清零目标。“疏解整治促提升”任务涉及人口106人。其中压缩培训机构涉及人口100人，整治无证无照经营涉及人口5人，整治占道经营涉及人口1人。（甘剑雯　凌　军）

【第七次全国人口普查】　年内，奥运村街道完成第七次全国人口普查工作任务。核实标绘建筑物3020处，划分普查小区572个。选聘普查员456名，选调指导员211名。发放普查入户宣传品12.57万件。入户登记65558户，登记人口164455人。（岳美丽）

【消防安全】　年内，奥运村街道开展消防安全检查。检查辖区六小门店805家，发现消防安全隐患35处，下发“消防违法行为和火灾隐患督办函”285份，发放宣传材料1900余份，开展消防安全宣传活动8次；安装充电桩81组；为1600户安装独立式烟感报警装置；排查整治高层住宅消防隐患280栋；完成消防车通道划线30处，消火栓标识29处，老旧小区消防车通道划线1处；制作并安装标识牌90个。（凌　军）

【时讯发布】　年内，奥运村街道通过《奥运时讯》及微信公众号、微博发布时讯。发行《奥韵时讯》常规刊22期、防疫特刊6期，“守初心担使命”主题教育特刊1期，报刊总数29万份；微信公众号“掌上奥运村”推送265条，关注人数3984人；微博“奥韵时讯”推送175条，其中发布防疫相关信息110条，微信公众号112条，阅读量约5.3万人次。（张丽丽）

朝阳区奥运村街道社区居委会一览表

表13

序　号	名　称	地　址	电　话
1	总装社区居委会	安翔北里十号院内	84249152
2	南沙滩社区居委会	南沙滩66号1号楼1单元侧门3层	52071996
3	科学园社区居委会	科学园南里东街2号楼2层	64847138
4	风林绿洲社区居委会	风林绿洲12号楼4单元1层	64874476
5	国奥村社区居委会	林萃东路2号院	84374870
6	北沙滩社区居委会	北沙滩8号院5号楼	64842312
7	双泉社区居委会	域清街2号院5号楼	62957853
8	林萃社区居委会	林萃路9号院5–18号	84724688
9	龙祥社区居委会	清林路1号院7号楼三层	84942095
10	万科星园社区居委会	万科星园小区西门北侧100米	84945840
11	绿色家园社区居委会	媒体村天居园5号楼1层	84916766
12	大羊坊社区居委会	双营路11号院1号楼东北角	64528889
13	拂林园社区居委会	红军营南路68号天月园1号	84928981
14	大羊坊南社区（筹备组）	北苑路32号院平安嘉苑小区1号楼	84931857
15	林萃西里社区（筹备组）	澳景花庭小区1号楼1–2#楼A	85715988
16	北沙滩北社区（筹备组）	懿品阁小区党建服务中心	64101485

（王星南）

八里庄街道

【概况】 八里庄街道位于朝阳区中西部。东起青年路，与平房乡接壤；西至大望路及金台路，与建外、呼家楼街道相连；南以京通快速路及电厂铁路线为界与高碑店地区相邻；北临二道沟河与六里屯街道相望。辖区面积4平方千米，下辖16个社区。截至年底，辖区常住人口12.1万人、户籍人口31416户83860人、流动人口3.6万人、外籍人口1818人，满族、回族等少数民族人口7303人；出生人口596人、死亡人口1478人；有法人单位6583个，其中央属单位3个、市属单位8个、区属单位15个、私营及其他单位6557个；有社区卫生服务中心、社区卫生服务站各2个；有中学2所、职业高中1所、九年一贯制学校1所、小学5所、幼儿园10所；有养老机构1所、养老驿站4处；有580平方米为民服务大厅和2300平方米地区文化中心各1处，有文化广场8处、图书馆1处、自助图书借阅机多处；途经辖区公交线路50条，地铁1号线、6号线、14号线途经辖区。辖区绿化率35.8%。年内，街道开展老旧小区改造、环境质量提升、复工复产、“接诉即办”、安保维稳以及保障民生等重点工作，完成街道级党政群共商共治项目9个，招录社区工作者35人，新建普惠制公办幼儿园1所，建成地区老年服务综合体，街道慈善驿站投入运营。全年实现地区财政收入18.91亿元，比上年增长5.53%。街道获北京市安全生产先进单位、首都文明单位标兵、第六届全国文明单位和北京市生活垃圾分类示范小区等称号。（黄 凡）

【楼宇联合工会组织全覆盖】 年内，八里庄街道实现楼宇联合工会全覆盖。依托辖区各商务楼宇党建服务站，通过由物业服务企业、产权单位、骨干建会企业申请的方式，完成10家楼宇联合工会、工会联合会的组建工作，实现辖区22个商务楼宇工会组织全覆盖目标。（张茂平）

【平安建设】 年内，八里庄街道开展平安建设。加强辖区基础设施建设，安装大件垃圾存放点消防柜；为老年人、残障人士安装独立式火灾烟感报警器5000余个；组织辖区居民、企业、机构开展安全培训及实操演练；开展消防、防水作业、瓶装液化石油气专项检查；整治消防通道，规范电动自行车充电行为；依托信访联席会议平台，化解社会矛盾纠纷；持续开展法制宣传、人民调解和法律援助等工作。居民安全感明显提升。（马思来 田建国 张 雪）

【城市精细化管理】 年内，八里庄街道梳理辖区环境卫生基础数据，形成道路保洁、绿化养护等《工作图集》和《工作手册》，并建立长效管理机制。组织辖区37名街巷长、28名小巷管家开展巡视1468次，处理环境问题2610个；督促辖区58家餐饮单位完成油烟净化设备升级改造并加装在线监控设备；落实空气重污染预警措施，全年洒水作业1600余车次，苫盖裸地及地面硬化面积1.2万余平方米；健全街道和社区“河长制”工作体系，发挥河长制App平台作用，加强河道沿线环境巡查管控，改善水生态环境。（于长河）

【“五个及时”工作法】 年内，八里庄街道完善“接诉即办”工作机制，实行及时签收、及时核实、及时派发、及时回访和及时上传的“五个及时”工作法，在街道层面建立预警报备机制，发现问题立即上报，形成“小事不出社区，大事不出街道”工作模式。制定《八里庄街道关于市民热线“双否”案件的督查工作办法（试行）》，建立约谈机制，提高响应率、解决率和满意率。全年接诉案件10899件，全部办结，满意率70.94%。（宋玉宝）

【智慧停车管理“4＋1”模式】 年内，八里庄街道探索交通治理新路径。采取全区域统筹，强化资源整合、全领域协同，发挥党建协调委员会作用，盘活商务楼宇停车资源，增加开放车位600余个；利用老旧小区“大小物业”改造契机，新增车位1500余个；建设立体停车设施，新增车位200余个；成立专门执法管理组，严格执行路侧停车收费标准，提高车位周转率，形成停车治理合力。通过多措并举，形成辖区道路停车、小区停车、共享停车、立体停车加智慧停车管理的“4＋1”停车管理模式。（马思来）

【移动居委会·网上云社区】 年内，八里庄街道深化“走动式”工作法，坚持居民有事上门访、街坊有忧上门谈、群众有难上门办“三上门”工作原则，创建“移动居委会”，依托互

▲ 2月14日，八里庄街道罗马嘉园社区移动居委会办公现场 （穆学森 摄）

联网平台打造“云社区”，形成“线上动、线下干”的良性互动，有效推动“未诉先办”工作。“云社区”借助355个微信群、微信公众号，线上收集、分析、解答居民诉求，平均每月化解案件616件，为新冠肺炎疫情防控期间及时解决居民诉求提供保障。同时，对“云社区”无法解决的问题及超出职责范围事项及时“吹哨”，会同相关部门现场办公，全力应呼声、疏堵点。（刘艾菁）

【“疏整促”专项行动】 年内，八里庄街道开展“疏解整治促提升”专项行动。拆除挂账违法建设123处，面积8893.44平方米。整治占道经营，实现动态清零目标。完成市级年度“基本无违建街道”创建工作，精细化整治提升背街小巷3条、中心城区老旧小区环境整治提升1处，全年疏解人口125人。（王月晨　张熹蒙）

朝阳区八里庄街道社区居委会一览表

表14

序　号	名　称	地　址	电　话
1	红庙北里社区居委会	红庙北里53号楼南平房	65014186
2	红庙社区居委会	慈云寺1号院3号楼C座201室	65046519
3	华贸中心社区居委会	建国路89号院15号楼2层	65307249
4	延静里社区居委会	延静西里22楼东侧平房	65014362
5	远洋天地家园社区居委会	八里庄西里59号楼南侧配楼2层	85866626
6	八里庄西里社区居委会	慈云寺北里118号楼东北角	65570478
7	八里庄东里社区居委会	八里庄东里12号楼后	65569064
8	八里庄东里北社区居委会	八里庄东里12号楼后	65587377
9	城市华庭社区居委会	十里堡甲3号院2号楼1层	85789902
10	十里堡社区居委会	十里堡东里127楼2层	65577555
11	十里堡东里社区居委会	十里堡东里127楼2层	65574660
12	十里堡南里社区居委会	十里堡甲2号院1号楼北侧平房	65577308
13	朝阳无限社区居委会	甘露园1号楼2单元1层	85739508
14	甘露园社区居委会	甘露园南里18楼后	85781756
15	甘露园中里社区居委会	青年汇小区5号楼北侧2层小楼	85740338
16	罗马嘉园社区居委会	朝阳北路107号院39号楼4层	85904039

（刘艾菁）

朝外街道

【概况】 朝外街道位于朝阳区西部。东起工体东路、东大桥路，与呼家楼街道接壤；西至朝阳门南北大街，与东城区朝阳门街道、东四街道相连；南至光华路，与建外街道为界；北至吉市口八条、工体西路、工体南路，与三里屯街道、东城区东直门街道相邻。辖区面积2.2平方千米，下辖7个社区。截至年底，辖区常住人口32046人、户籍人口11906户40981人、流动人口约13000人、港澳台同胞及外籍居民551人；有回族、满族、蒙古族、藏族等20多个少数民族，少数民族人口4052人；出生人口289人、死亡人口279人。有法人单位5837个，其中中央单位有外交部、司法部、民建中央、中石化集团等国家机关及企业135家；有英国、朝鲜等13个国家大使馆；市属和区属单位277家；有昆泰、蓝岛等大型商业企业和雅宝路、悠唐广场、侨福芳草地等众多消费娱乐场所；有医院2家、社区卫生服务中心1个、社区卫生服务站5个、社区服务中心1个；中学2所、小学3所、幼儿园3所；养老机构2个；500平方米政务服务中心、3000平方米地区文化中心、2000平方米的党群服务中心各1处，文化广场8处和社区文化活动室7处。途经辖区公交线路17条，地铁2号线、6号线贯穿其中。辖区绿化率

28%。年内，街道以新冠肺炎疫情防控为主线，以“七有五性”和“深化提升年”为抓手，坚持精治、法治、共治的工作思路，深化朝外“多圈建设”目标，开展疫情防控、拆违控违、垃圾分类等重点工作，落实“延时服务”便民措施，推行“朝我说”意见征询平台和在线导办服务，街道综合行政执法队挂牌成立。实现区级财政收入25.89亿元，比上年增长10.64亿元。朝外街道便民服务中心获“北京市模范集体”称号、化家胡同被评为“北京最美街巷”、朝外街道青年突击队获“北京市青年突击队”称号、吉庆里工体西里小区被评为“北京市生活垃圾分类示范小区”。

【垃圾分类】　年内，朝外街道成立“1+6+7”（1个领导小组，下设6个工作专组，对接7个片区）工作体系，带动330名居民志愿者开展“守桶行动”。吉庆里社区发动137名志愿者每日轮班守桶，并根据每户居民垃圾分类积分情况开展月评比，推选“垃圾分类最美家庭”110户。地区设垃圾楼2座，再生资源投放点9个，再生资源中转站1个，有害垃圾投放点32处，大件垃圾暂存点8个。设置分类桶站177处，其中3处为新型创意桶站。全年专项检查1016家社会单位垃圾分类情况，行政处罚62例。

【第七次全国人口普查】　年内，朝外街道成立第七次全国人口普查工作领导小组，下设人口普查办公室，标绘建筑物1291个，划分普查小区171个。选聘普查指导员59人、普查员235人。辖区有居民楼178栋、商务楼宇50余座、社会单位6000余家。第七次全国人口普查短表登记户数21544户，其中空户1128户，登记人口65404人。常住人口32046人、户籍人口40981人、出生人口289人、死亡人口279人、港澳台及外籍居民551人。

【拆违控违】　年内，朝外街道拆除违建面积2041.68平方米，整治占道经营点位1处、开墙打洞无证无照经营点位4处。辖区百脑汇整体转型升级为美克洞学馆。开展垃圾分类、燃气安全等各类专项执法检查204次，处理案件45件。

【环境提升工程】　年内，朝外街道完成15条背街小巷提升和3条道路翻新改造。完成500平方米绿化改造，将三丰里小区纳入老旧小区综合整治计划，打造全要素小区2个、全景楼院7个，实现老旧小区有机更新。解决吉祥里东区元老胡同、首都儿科研究所周边道路拥堵问题。规范小区周边道路，增加停车位70余个，协调解决错时停车位50个，为230户居民办理停车减免收费申请手续，多条道路实施居民自治停车管理。改造吉庆里5号闲置地，建成面积500平方米停车场，增设车位153个；对接日坛宾馆向周边居民提供抵偿错时停车服务。体东社区工体东路11号、13号楼老旧车棚实现智能升级改造。

【敬老助残】　年内，朝外街道开展敬老助残行动。为地区户籍且居住在本地区的年龄60周岁以上、生活不能完全自理的5类老年人23人上门送服务，价值2.76万元；为地区70周岁以上低保低收入、计生困难家庭老年人、百岁老人60人送祝福、送温暖、送礼包，价值2.7万元。开展“智慧养老”，为244名老年人配备智能呼叫及健康监测设备，为1484个家庭安装“一键呼”电话；为社区老人提供居家养老“四进家庭”服务115名、1584人次，开展助餐服务1440人次；为地区60周岁以上低保、低收入、残疾及计生困难家庭154人发放养老服务补贴29.72万元；向60周岁以上失能老人382人发放护理补贴207.72万元，80周岁以上高龄老人2134人发放高龄津贴353.52万元。走访慰问地区困难残疾人252户，发放慰问金15.8万元；安置残疾人就业3人；为66名肢体残疾人办理“机动轮椅车燃油补贴”；为1名残疾人学生申请“扶残助学”补贴；为31名残疾人办理“个体就业保险补贴”。

【平安建设】　年内，朝外街道在社区主要出入口安装智能门禁164套、小区大门智能识别系统49套。组织第三方对辖区600家经营单位风险评估，消除安全生产隐患2184处，整治群租房28处，约谈各类责任主体56人次，清理旅馆1处。联合区房管局、人防办对辖区人防工程和普通地下室开展安全检查2500余次，消除各类隐患300余处。

【“接诉即办”机制落实】　年内，朝外街道建立诉求解决长效机制，推出“接

▲ 10月，建外街道完成背街小巷提升工程——化家胡同道路翻新改造后　（李　丹　摄）

诉即办”“12345”市民服务热线工作“思维导图”。全年一级督办案件69起，制作工作专报708份，化解三丰里小区环境整治等一批重点难点问题，案件解决率较上年提升29.25%，居民平均满意度较上年提升19.05%。

【社区建设】 年内，朝外街道完善街道级“枢纽型”社会组织工作体系。开展社区社会组织培育活动14次、社会动员活动24次，104个社区社会组织服务近3600人次；购买服务项目4个，公益金、基层党组织服务群众等项目整合建库，“社区创享计划”26个民生金点子全部实施。成立“朝外橙”“新家园”两类志愿服务队伍，探索“1+6”组织模式（“1”即1支社工队伍，“6”即朝外先锋宣讲队、文明风尚“红”扬队、文明环保发扬队、邻里走亲志愿队、楼门青年志愿队、文化朝外志愿队6支文明志愿队伍），形成志愿者积分兑换、评优评先“双激励”机制。光中小院小区居民议事厅建立“社区、楼院、楼门”三级协商机制，专题议事协商10余次，有效解决党建宣传墙粉刷、居民自治停车、车辆抬杆系统安装等治理难题。（陈美琳）

朝阳区朝外街道社区居委会一览表

表15

序号	名称	地址	电话
1	芳草地社区居委会	东大桥路23号院	85619525
2	吉庆里社区居委会	工体西里4号楼南侧平房	65538102
3	吉祥里社区居委会	朝外大街北侧112号楼旁	65514388
4	三丰里社区居委会	三丰里14号楼南侧小楼	85612610
5	体东社区居委会	工体南路甲1号平房院	85611495
6	雅宝里社区居委会	朝外大街甲14号楼北侧	85628668
7	天福园社区居委会	天福园8号楼东侧平房	85611185

（陈美琳）

大屯街道

【概况】 大屯街道位于朝阳区西北部。东邻来广营乡、望京街道，南与亚运村街道、小关街道、太阳宫乡相连，西、北与奥运村街道相接。辖区面积10.013平方千米，下辖20个社区。截至年底，辖区常住人口151021人、户籍人口67802户88541人、流动人口44395人、港澳台同胞和外籍人口564人；出生人口1112人、死亡人口412人。有法人单位5090家、产业活动单位1208家。有中国科协科学技术传播中心、北京京投城市管廊投资有限公司、中石油昆仑燃气有限公司、中油祥龙（北京）石油销售有限公司等重点单位；有医疗机构44个，其中医院8所、社区卫生服务中心1个、社区卫生服务站3个；有大学2所、中学3所、小学9所、幼儿园19所；有养老机构1个、养老驿站6个；有为民服务大厅2处、街道级文化活动中心7处、文化广场1处。途经辖区公交线路20余条，地铁5号线、15号线贯穿其中。辖区绿化率41.06%。年内，街道工委以新冠肺炎疫情常态化防控为主线，落实新形势下全面从严治党主体责任，完善区域化党建体系。完成“疏解整治促提升”各项任务、第七次全国人口普查、劳动保障监察、环境治理、安全生产和社会稳定等重点工作。全年实现区级财政收入18.69亿元，比上年减少0.5%；完成房产税征收1392万元，比上年减少15.7%。街道获首都拥军优属拥政爱民模范单位、北京市控烟示范单位、北京市生活垃圾分类示范小区、首都城市环境建设样板单位、首都绿化美化花园式社区、首都绿化美化先进单位等称号。

【应急管理大数据指挥平台搭建】 年内，大屯街道为破解辖区面积大、人口多、企业类型杂、安全风险高与监管人手少、覆盖难度大的矛盾，建立和完善应急管理大数据平台，街道6大办公室、20个社区、6000余家辖区单位、500多处地下空间全部纳入一个平台、一张网的管理体系，初步实现平台各模块之间互联互通、机关职能科室之间信息共享、政企之间沟通高效便捷目标。

【社区建设】 年内，大屯街道完成安慧北里安逸、大屯里、安慧东里、嘉铭园和亚运新新家园等5个超大型社区的拆分工作；完成新新家园社区协商示范点建设，延伸开展社区协商和楼门自治，协商议事20余次，形成新新家园社区“四个放开”工作机制（“放开听”，了解群众的所思所想所盼；“放开议”，让有不同意见的居民多参与；“放开干”，让社区多方主体参与，通过分级分类解决好社区协商事项；“放开管”，划格管理、引导管理、鼓励居民参与小区管理）。完成紫薇天悦小区微景观建设，解决大件垃圾存放、规范物业管理等问题。

【老旧小区环境提升】　年内，大屯街道安慧东里及慧忠里B区2个社区26栋楼开展老旧小区综合整治改造项目。完成改造面积15.6万平方米；实施“增绿护绿行动”，购买绿植苗木6万余株，补种面积1.5万平方米；街道级河长巡河55人次、社区级河长巡查713人次；处理环保App案件310件。

【幼教普惠化】　年内，大屯街道辖区原培基双语欧陆园等4所私立幼儿园转为完全普惠制幼儿园，巧智博仁双语等幼儿园开设普惠班，红黄蓝中灿苑幼儿园、伊顿慧智双语幼儿园转为普惠幼儿园。辖区普惠幼儿园比上年增加学位1300余个，普惠率69%，普惠幼儿园基本覆盖辖区各社区。

【敬老助残】　年内，大屯街道成立朝阳区养老服务行业协会大屯分会，有效整合地区医疗、家政、慈善、企业事业50余家会员单位，借鉴一刻钟服务圈经验，提升养老服务质量。完成秀雅社区养老服务驿站建设，升级为“1+6”二级养老服务体系，即1家养老照料中心、6个社区养老服务驿站，打造大屯街道区域养老联合体。养老照料中心开展助餐、助洁、助医等10项养老服务内容，服务社区老年人1041人次。

▲ 9月24日，大屯街道安东社区开展垃圾分类手绘墙活动　（赵丛聪　摄）

【垃圾分类】　年内，大屯街道完成辖区111个居住小区738组垃圾分类桶站设施改造提升工程。组织740余名志愿者开展“守桶行动”，引导居民分类投放。举办垃圾分类宣传培训活动300余次、日常执法检查1500余次、专项执法检查200余次。引导辖区餐饮服务单位开展“光盘行动”，从源头上实现厨余垃圾减量。

【疏解整治】　年内，街道拆除各类违法建设8251.62平方米，创建“基本无违法建设街道”；开展劳动监察保障专项行动，检查劳动用工单位100家。截至年末，出租房登记14570户，比上年减少7419户；群租房治理92户，拆除隔断56间，疏解人口307人。（韩　露）

朝阳区大屯街道社区居委会一览表

表16

序号	名称	地址	电话
1	慧忠里第一社区居委会	慧忠里甲316楼北侧	64980308
2	慧忠里第二社区居委会	慧忠里B区108楼东南侧	64959011
3	慧忠北里第一社区居委会	慧忠北里309号楼二层230室	64869360
4	慧忠北里第二社区居委会	慧忠北里108号楼1层0106室	64864019
5	安慧北里秀雅社区居委会	安慧北里秀园16号楼102室	64950058
6	安慧北里安园社区居委会	安慧北里安园6号楼104号	64951098
7	安慧北里逸园社区居委会	安慧北里逸园18号楼110室	64924376
8	大屯里社区居委会	大屯里小区院内西平房	84806303
9	中灿家园社区居委会	安立路58号中灿苑物业楼216室	66783428
10	金泉家园社区居委会	金泉家园文化活动中心二层	84805662

续表 16

序　号	名　称	地　址	电　话
11	安慧东里社区居委会	北苑路178号光大名筑7号楼1单元0128号	64826118
12	安慧东里第二社区居委会	北苑路178号光大名筑7号楼2单元0128号（临时）	64821726
13	欧陆经典社区居委会	北苑路172号万兴苑6号楼103室	84853151
14	育慧西里社区居委会	育慧西里小区居委会办公楼	64979709
15	嘉铭园社区居委会	嘉铭园A区5号楼2单元102号	84858717
16	融华嘉园社区居委会	嘉铭园A区5号楼1单元102号（临时）	84869346
17	育慧里社区居委会	成慧路二号院1号楼1单元1层	84634647
18	世纪村社区居委会	育慧北路8号三区1号楼101号	84633844
19	亚运新新家园社区居委会	辛店路亚运新新家园物业一层	51737167
20	富成花园社区居委会	紫薇天悦5号楼102室	84856570

（韩　露）

东湖街道

【概况】 东湖街道位于朝阳区东北部。东至机场高速中心线，与崔各庄乡接壤；西至地铁13号线西侧，与来广营乡相接；南至北小河北侧沿望京西路中心线至湖光北路、宏泰西街中心线及原崔各庄乡，与望京街道界线至机场高速路，与望京街道相邻；北至五环路中心线，与来广营乡和崔各庄乡相连。辖区面积5.39平方千米，下辖12个社区。截至年底，辖区常住人口62467人、户籍人口16769户43108人、流动人口24080人、港澳台同胞及外籍人口1752人；出生人口215人、死亡人口177人；有法人单位4984家，其中央属单位48家、市属单位37家、区属单位12家。有世界500强企业10家、跨国公司总部11家、外商投资企业125家、港澳台商投资企业29家；有医院4所、社区卫生服务中心1个、社区卫生服务站1个；有中学4所、小学5所、国际学校1所、职业学校1所、幼儿园11所、社区办园点3所；有养老机构1所；有406平方米为民服务大厅、2054.87平方米地区文化中心各1处，有文化广场13处、24小时自助图书机3台。途经公交线路37条，地铁13号线、14号线、15号线贯穿其中。辖区绿化率42%。年内，街道以党建为纲、防疫为重、民生为本以服务为先、平安为要、文化为魂、廉洁为根，统筹推进新冠肺炎疫情防控和经济社会发展，各项工作均取得明显成效。完成望京花园、望京西园、利泽西园一区社区拆分调整，新建望京花园东区、望京西园二区、康都佳园社区和东湖湾社区4个社区。拆除求实网球馆等违法建设25处，面积5789.61平方米，完成全年任务的100%。全年实现区级财政收入19.51亿元，比上年增长27%；征收房产税1534.88万元，比上年减少6.1%。（赵　曦）

【社区党委换届】 2月，东湖街道望京花园、利泽西园一区、望湖、望京西园、南湖东园北、南湖中园北和果岭里7个社区党委完成换届选举工作。大望京、东湖湾、望京花园东、康都佳园、望京西园二区5个新批准成立的社区党委（党总支）同步参加选举。南湖东园北社区采取党员代表大会方式，其他社区采取党员大会方式选举，选举产生社区党委委员78名，包括书记、副书记各12名。其中，南湖东园北社区党委设9名委员，望京花园、利泽西园一区、望湖、望京西园、南湖中园北、东湖湾、望京西园二区社区党委设7名委员，果岭里、大望京、望京花园东、康都佳园社区党委（党总支）设5名委员。（盛伟伟）

【花园式单位创建】 2月至11月，东湖街道完成首都绿化美化花园式社区和单位创建工作。开展全民义务植树、市花月季进社区、阳台种植进小区、树木修剪指导进企业和多肉植物种植培训进楼宇等活动。栽植景观月季、玉簪等花卉面积4900平方米，绿化面积9000平方米，绿化覆盖率42%，全民义务植树尽责率98%以上。完成大望京社区“首都绿化美化花园式社区”、保利中央公园小区、远洋万和公馆2家单位“首都绿化美化花园式单位”创建工作。1人获“首都绿化美化先进个人”称号。（高　洁）

【北小河望京花园西区段治污管理】11月，东湖街道投资15万元，完成北小河望京花园西区段截污改造工程。全年开展联合污水溯源23次，排除辖区雨污混排情况。街道级和社区级河长巡河覆盖率100%，处理涉河问题161个，问题整改率100%。（许秀强）

【工会组织建设】11月，东湖街道总工会召开第三次代表大会。选举产生工会第三届委员会委员和经费审查委员会委员。年内新增会员1333名，新建企业工会组织5家、“暖心驿站”20个。全年收缴会费1658万元。（赵建刚）

【楼院事务所建立】年内，东湖街道在各社区居委会建立楼院事务所，指导各楼院专项工作组开展工作，形成“门—楼—院”三级社区社会组织，实现居民自我服务、自我管理。向社区办链接创享计划、动员中心平台、政购服务项目等投资100余万元，用于楼院事务所解决小微问题；备案楼院事务所队伍42支，涌现出董秀华、张少英、张晓莹、要丽萍等一批楼院带头人；形成《导引手册》《案例集》等材料，《中国社区报》《北京晚报》和北京电视台等媒体予以报道。（魏雯）

【智慧社区建设】年内，东湖街道采取设置治安岗亭、在重点楼门设置16个闭门提醒器等方式，破解老旧小区无人看管、治安差等难题。安装防高空抛物视频监控系统，提高预防和侦破能力。4个小区实施人脸识别测温系统和车辆识别系统安装改造工程，建成“基础型”智慧平安小区并达标。（屈晓俊）

【安全生产】年内，东湖街道开展安全生产宣传、培训、演练等活动10余场，发放宣传材料2000余份，受教育群众1万余人。结合有限空间、危化、瓶装液化气、工业、餐饮、学校、重点行业领域隐患排查治理工作，检查生产经营单位2835家次，出动检查人员5670人次，排查安全隐患1429处，立案41起，行政处罚9.3万元。（冯新宇）

【法律服务】年内，东湖街道组织各类法律宣传教育活动48次，发放宣传教育材料3万余份，组织法律讲座16场次，法律宣传覆盖率100%；组织律师进机关、进社区、进企业，为居民提供法律服务600余人次；出具法律意见书8份，协调律师事务审查街道各类合同516份次。协调律师参与街道和社区的协调会30余次，制作调解协议书24份；全年走访矫正人员598人次，谈话教育1189小时，接听电话报到598人次，微信视频报到598次，微信报到2988人次，开展社会调查与居住地核实7人次，走访帮教人员510人次。（苏严）

【依法行政】年内，东湖街道落实行政执法公示制度、全过程记录制度和重大执法决定法制审核制度“三项制度”。制定行政执法信息审核发布管理工作规程、行政执法全过程记录工作规程和重大行政执法决定法制审核工作规程；制定东湖街道行政执法岗位职责和工作流程、重大行政执法决定事项目录、行政执法评议考核办法和行政执法案卷评查工作操作流程；对行政处罚法制审核、领导审批程序及执法文书填写规范提出建议；制定东湖街道行政处罚听证程序实施办法、行政复议案件办理工作规程、行政应诉工作规程。完成与区城管执法部门、生态环境部门、水务部门、农业农村部门和卫生健康部门430项行政执法权限的交接工作。（苏严）

【垃圾分类】年内，东湖街道完成28个居住小区（35个住宅院）、3家党政机关、19所学校、22家医疗机构、20家宾馆、3家大型商场超市、3座垃圾楼和42座商用写字楼市级“垃圾分类示范片区”验收迎检工作。组织小区、餐饮单位与区环境卫生服务中心第二清洁车辆场签订垃圾清运合同1000余份，新建桶站35处、改造桶站231处，桶站规范化建设100%。创建“北京市垃圾分类示范小区”1个。（李征）

【食品安全监管】年内，东湖街道整治和规范餐饮服务环节食品和药品市场秩序。开展保健品、化妆品专项整治，受理各类案件832件，罚没款26.84万元。（刘颖）

【物管会试点】年内，东湖街道作为《北京市物业管理条例》试点单位，物业服务覆盖率100%，业委会或物管会组建率77.78%，业委会或物管会功能型党组织覆盖率61.9%。（辛泊达）

【“魅力东湖”文化节】年内，东湖街道举办第五届“魅力东湖”文化节系列活动。活动包括原创作品征集、“激越东湖·唱响初夏”和“百姓圆梦计划”等7项文化活动，惠及居民20万人次，原创小品《心的呼唤》获“艺术朝阳”原创作品二等奖第一名。（黄文波）

朝阳区东湖街道社区居委会一览表

表17

序号	名称	地址	电话
1	望京花园社区居委会	望京花园130楼1层	84729771

续表 17

序号	名称	地址	电话
2	利泽西园一区社区居委会	利泽西园一区104楼105室	64750195
3	望湖社区居委会	利泽西园二区209楼101室	64786258
4	望京西园社区居委会	望京西园一区116楼东南侧黄色二层楼	64754948
5	南湖东园北社区居委会	南湖东园一区社区办公楼	84713336
6	南湖中园北社区居委会	南湖中园一区117楼底商	64709041
7	果岭里社区居委会	望京东路1号摩托罗拉大厦A座1层1A107	84727412
8	大望京社区居委会	望京东园七区12-2号	84782880
9	东湖湾社区居委会	利泽西街6号院东湖国际中心写字楼1号楼2层	64735671
10	康都佳园社区居委会	澳洲康都4号楼1层2-0102室	64726823
11	望京花园东社区居委会	望京花园西区130楼204室	84729771
12	望京西园二区社区居委会	望京西园一区116楼南侧	64754948

（赵　曦）

垡头街道

【概况】　垡头街道位于朝阳区东南部。东至北京炼焦化学厂东墙，与豆各庄地区办事处相邻；南至规划中翠城小区公共服务配套用房西南侧边线和化工路，与十八里店乡、王四营乡接壤；西至厚金路和翠城小区规划区域西侧，与南磨房乡、十八里店乡相接；北至金蝉北里、垡头北里和北京染料厂和北京炼焦化学厂北墙与王四营乡相连。辖域面积5.32平方千米，下辖14个社区。截至年底，辖区常住人口79804人、户籍人口12367户37806人、流动人口19734人、外籍人口33人；出生人口1301人、死亡人口261人；有法人单位92家，其中区属单位7家、其他单位85家；有医院5所、社区卫生院1个、社区卫生服务站2个；有大中专院校2所、中小学4所、公立幼儿园3所；有养老机构4个；有2000平方米为民服务大厅1处、文化广场6处、24小时自助图书馆3处；有商业楼宇2处；有化工路、垡头路等22条主要道路，途经辖区公交线路13条，地铁7号线贯穿其中。辖区绿化率32.54%。年内，街道落实区委全面提高党的建设质量、落实高质量发展要求，保障改善民生各项工作，实现地区社会发展稳中有进，以此全面提高街道工作水平，确保“十三五”规划全面收官，展现新时代垡头地区工作新气象、新作为。完成新冠肺炎疫情防控工作、重大活动服务保障、党风廉政监督工作网络化管理、拆除违法建设（面积4.17万平方米）以及清理违法群租房屋（88户）等重点工作。实现地区财政收入25177.95万元，比上年增长131.83%；征收房地产税108.95万元，比上年减少5.18%。（李　楠）

【街道总工会第三次会员代表大会】　11月23日，垡头街道总工会召开第三次会员代表大会。选举产生垡头街道总工会第三届委员会委员11名、经费审查委员会委员3名。赵洪玉当选街道总工会第三届委员会主席。年内，街道总工会助力新冠肺炎疫情防控和企业复工复产工作，走访慰问一线职工1690人次，发放慰问金20.64万元，发放防疫物资500份。全年举办活动10场，服务会员3650人次。（王子亭）

【敬老助残】　年内，垡头街道指导寸草春晖养老院、爱依养老照料中心等服务机构承接为老服务项目。为老人提供助洁、助浴服务90余人次，开展适老文化活动46场，服务社区居家老年人2545人次。街道遵循“合规适用”整改原则，投入资金28万元，安装无障碍标识900处、无障碍扶手28处，整改点位284个，整改销账率100%。（张　钒）

【文明实践活动】　年内，垡头街道开展“文明垡头 你我同行”闯关打卡学习实践系列活动。以百姓宣讲、线上答题、“云”会议等形式，宣传展示居民关于新冠肺炎疫情防控的书法、绘画、诗词、歌曲、快板等文艺作品，挖掘居民中的榜样人物，建立“分小萌”

青少年示范引导站，开展多种形式的志愿服务活动，打造文明实践活动新阵地。全年开展新时代文明实践活动150余场次。（杨照光）

【垃圾分类】 年内，垡头街道制定《垡头街道垃圾分类工作推进方案》《垡头街道生活垃圾分类桶站规范化建设工作方案》《垡头街道垃圾分类宣传培训工作方案》《垡头街道开展垃圾强制分类工作实施方案》和《垡头街道桶前值守制度》。全年举办垃圾分类活动25次、入户宣传33次，发放宣传单4万余张，组织由双报到党员、退休老党员组成的党员先锋队与1400余名社区居民桶前值守。开展撤桶并站工作，将原有575组桶站合并为333组，全年厨余垃圾分出量3827吨。（焦 洋）

【物业管理】 年内，垡头街道发挥党建引领作用，实现物管会组建率、党组织覆盖率和物业服务覆盖率“三率”均为100%，位居全区排名前五名。至年底，辖区有党支部114家、物管会8家。（焦 洋）

【“接诉即办”机制落实】 年内，垡头街道落实“接诉即办”日会商、周调度、月点评工作制度，每日将案件发至街道工作群，每周召开一次调度会，每月召开一次月点评会，定期通报考评情况，由街道监察组对排名靠后的科室或社区负责人约谈，追责失职渎职行为。利用网格化城市管理平台，实现24小时“接诉即办”全天候运行。全年接收一级网格案件8174件，处理7653件，结案率93.63%；接收二级闭环案件6903件，处理6240件，结案率90.40%；接收“12345”市民服务热线案件6569件，办结6533件，办结率99.45%、解决率92.51%、满意率91.78%。街道“接诉即办”工作2次位列全市排名前100名。（陈晓琳）

【党风廉政监督网络管理】 年内，垡头街道打造三级监督网络，建立由街道纪工委、14个社区纪委和N个党风廉政监督员组成的“1+14+N”党风廉政建设监督工作机制，实现地区党风廉政建设监督工作全覆盖。街道纪工委负责整个地区的党风廉政建设工作，指导社区纪委和党风廉政监督员开展专项监督和检查。14个社区纪委负责本社区的党风廉政建设工作，指导本社区的党风廉政监督员开展工作，社区纪委分为3个小组，开展互查互评。N个党风廉政监督员分3个小组，对机关和社区巡回监督检查。三级监督网络全年查出各类问题400余个，形成月度督查通报12期，制发日常及专项监督检查清单13份，上报区纪委信息15篇、采用5篇。运用“第一种形态”约谈15人次，下发监察建议书7份、函询通知书2件。（孙彦梅）

【社区纪委书记专职化】 年内，垡头街道规范社区纪委工作，提升社区纪委书记的能力素质。组织街道及社区纪检监察干部参加市区纪检监察大讲堂，学习传达市区及街道会议精神。每月召开社区纪委书记例会，制发街道月度重点监督要点，指导社区纪委书记开展监督检查和自查互查，提升社区纪委实操能力和业务水平。规范社区实体化平台建设，统一安装社区纪委职责展板，制作廉情驿站标识，推广熙园社区“π”（以群众为基础，打造忠诚业务团队；以问题为导向，强化制度体系建设；以廉情室为平台，竭力保障隐私安全；以台账为抓手，助力问题妥善解决）清查工作法。为14个社区配齐配强专职纪委书记，实现社区纪委书记专职化率100%。（孙彦梅）

【依法行政】 年内，垡头街道与安理律师事务所汤巍律师团队续签年度法律顾问合同，完善法律顾问制度。全年审查街道各科室和社区各类合同300余份。代理街道行政复议和行政诉讼案件各1件。（王久全）

【消防安全】 年内，垡头街道创新消防信息化管理模式，引入社会力量“安科365”，实施“安全巡控应急平台”消防服务项目。开展灭火器年检，新增灭火器66个；消防安全巡防7.12万千米；摸排居民楼242栋1153个楼门，巡检楼内消火栓905个、地下消火栓204个；开展“一警六员”实操实训21场，形成“全天候、秒响应、快处置”消防应急防控体系。（王 蕊）

【交通安全示范社区创建】 年内，垡头街道所属14个社区全部完成“交通安全示范社区”创建工作。在全域交通秩序得到明显改善基础上，开展交通安全和交通秩序专项整治，规范地区共享单车运营管理，路侧空地统一施化共享单车停放点位10余处，清理乱停放共享单车1500余辆；加大对黑摩的清理整治力度，维护高峰时段、大流量地段道路秩序，查扣黑车、黑摩的280余辆。（王 蕊）

【社会矛盾排查调处】 年内，垡头街道接待来访群众320余人次，接待集体访50余批次，处级领导接访98次，开展矛盾排查4次。全年化解街道自接各类矛盾210余次，矛盾化解率95%。（乔石东）

朝阳区垡头街道社区居委会一览表

表18

序号	名称	地址	电话
1	垡头一区社区居委会	垡头一区6号楼北侧	67382011

续表 18

序 号	名 称	地 址	电 话
2	垡头二区社区居委会	金蝉里19号楼1层11号	67367009
3	垡头三区社区居委会	金蝉里16号楼北侧	67365471
4	垡头东里社区居委会	垡头东里东院11排房南侧	67365570
5	垡头西里社区居委会	垡头西里24楼北侧	67360853
6	垡头北里社区居委会	垡头北里17号楼北侧	67374703
7	翠城馨园社区居委会	翠城馨园34号楼南侧	67383900
8	翠城雅园社区居委会	翠城馨园237号楼北侧	67202700
9	翠城趣园社区居委会	翠城馨园103号楼	67363500
10	翠城盛园社区居委会	翠城馨园143号楼	67376900
11	翠城熙园社区居委会	翠城馨园420号楼1层	67371136
12	翠城福园社区居委会	翠城馨园501号楼底商	87156463
13	双合家园社区居委会	双合中路3号院c14楼2层	84727412
14	祈东家园社区居委会	祈东家园1号院1号楼东侧底商	87302677

（李　楠）

和平街街道

【概况】 和平街街道位于朝阳区西北部。东以城铁13号线为界，与香河园街道相接；南起北二环路，与东城区东直门街道相望；西至安外大街，与安贞街道接壤；北至元大都公园，与小关街道相邻。辖域面积4.54平方千米，下辖9个社区。截至年底，辖区常住人口78102人、户籍人口25098户83602人、流动人口17710人、外籍人口250人；有少数民族人口3843人（37个少数民族）；出生人口535人、死亡人口671人；有科研院所14家、央属企业45个、有市属企业25个；有中国交响乐团等文艺团体2家、文化娱乐场所8家；有高等院校3所、成人教育学院1所，有中学3所、小学5所、幼儿园5所、幼儿培训机构3所；有社区文化活动室9个、街道文体活动中心1个、社区图书馆1个；有医院2所、医疗机构10家、社区卫生服务站6个、社区卫生服务中心1个；有440平方米为民服务大厅1处、占地2500平方米“寸草春晖”养老院1所；有公交总站3个，途经辖区公交线路51条，地铁5号线和13号线贯穿其中。辖区绿化率30%。年内，街道围绕“深化提升年”要求，在做好新冠肺炎疫情防控和复工复产工作同时，以落实《北京市物业管理条例》、提升精细化管理与市域社会治理水平、推进垃圾分类、完成第七次全国人口普查工作等为重点，完成全年各项工作任务。完成区级财政收入6.81亿元，比上年增长8%，完成全年任务量的103.1%。完成个人出租房产税收入604万元，比上年减少209万元，降幅25.7%。街道城市建设办公室副科长文杨获“北京市先进工作者”称号。（王熙磊）

【便民服务中心综合窗口启用】 6月1日，和平街街道便民服务中心综合窗口启用。按照“前台综合受理、后台分类审批、综合窗口出件”工作模式提供政务服务；完善《和平街街道政务服务中心工作制度》，逐一落实在线导办、延时服务、统一标识、街角化、事项动态管理等工作。（陈荟群）

【新的社会阶层人士联谊会成立】 6月16日，和平街街道召开新的社会阶层人士联谊会成立大会，23位理事成员参加会议。会议审议通过《和平街街道新的社会阶层人士联谊会章程（草案）》《和平街街道新的社会阶层人士联谊会第一届理事会会长、副会长、秘书长、副秘书长选举办法（草案）》。采取等额选举方式，选举产生和平街街道新的社会阶层人士联谊会第一届理事会会长、副会长、秘书长、副秘书长。（朱　琳）

【劳动用工审查】 9月18日至11月26日，和平街街道对辖区林达大厦A座、B座的53家用工企业进行劳动用工书面审查，涵盖国企、社会团体、私营等经济类型，涉及劳动者906人。经审查，合格用工单位29家，复审合格用工单位24家。补签劳动合同12份，责令5家用工单位更新完善劳动合同条款，24家用工单位健全职工花名册。（左艳菊）

【社区图书馆迁址】 10月9日，和平街社区图书馆（始建于2002年4月）由和平街十区13号楼北侧平房迁至和平街八区5号楼西侧平房。新图书馆配备书柜9组、计算机15台，有图书约1.3万册、报刊60种，可同时容纳15人阅览。读者可通过办理北京市公共图书馆网络联合读者卡办理借阅。（朱　旭）

【第十五届邻居文化节】 10月30日至12月，和平街街道以“喜迎建党100周年”为主题，开展和平街第十五届邻居文化节系列活动。活动以“动态+静态”“线上+线下”相结合方式，由群众文化队伍展演声乐、舞蹈、综艺和青少年等4类专场，线上展示4类静态文艺作品，由3大专业院团进基层演出，55支文化队伍参与展演，参与观众约2万人。（朱　旭）

【街道商会成立】 10月29日，和平街街道召开街道商会第一届第一次会员大会，29家会员企业参会。会议审议并通过《北京市朝阳区和平街街道商会筹备工作报告》《北京市朝阳区和平街街道商会章程（草案）》《关于北京市朝阳区和平街街道商会会费减免的建议》《北京市朝阳区和平街街道商会选举办法（草案）》，选举产生和平街街道商会第一届理事会、监事会成员。选举会后，召开第一届监事会和理事会，选举产生第一届监事会监事长和第一届理事会会长、副会长、秘书长，审议并通过商会工作制度（草案）和商会职责（草案）。（朱　琳）

【第七次全国人口普查数据】 11月1日零时，和平街街道第七次全国人口普查数据：常住人口78102人。其中，男性36680人，占常住人口的46.96%；女性41422人，占常住人口的53.04%；汉族74259人，占常住人口的95.08%；少数民族人口中有37个少数民族3843人，占常住人口的4.92%，包括男性1720人、女性2123人。外来人口43867人。其中，外来常住人口26157人，占外来人口总数59.63%；外来流动人口17710人，占外来人口总数40.37%。户籍人口83602人，其中男性40655人、女性42947人。户籍在和平街并居住在和平街49835人，占户籍人口59.61%；户籍在和平街不在和平街居住14466人，占户籍人口40.39%。人户分离78164人，外来人口人户分离44397人。本地户籍人口人户分离33767人。港澳台居民和外籍人口530人。人口年龄构成：0～14岁9072人，占登记人口7.0%；15～64岁97044人，占登记人口75.27%；65岁及以上人口22811人，占登记人口17.69%。登记人口中受教育程度构成：具有大学（指大专及以上）程度86814人，高中（指含中专）程度19811人，初中文化程度12034人，小学文化程度6401人，文盲人口357人，文盲率0.28%。2019年11月1日至2020年10月31日出生人口535人，出生率6.85‰；死亡人口671人，死亡率8.59‰；自然增长率-1.74‰。（王熙磊）

▲ 10月29日，和平街街道商会第一届第一次会员大会召开（高　钧　摄）

【党建引领垃圾分类】 年内，和平街街道以党建为引领，开展垃圾分类工作。通过实施宣传思想引领、组织体系带动、志愿力量带动、党员示范带动、奖惩机制保障等“一引领三带动一保障”做法，推进垃圾分类落实落细。组建宣讲团，开展垃圾分类宣讲40场、举办垃圾分类活动120场，与2.6万户居民签订垃圾分类承诺书；成立工作专班，建立例会制度，推进垃圾分类重点指标完成；统筹发动志愿力量，专业队伍分工负责，调动各方力量参与；街道社区干部带头参与桶站值守，800余名党员志愿者当好垃圾分类宣传员、引导员、分拣员，308组桶站全部完成规范化建设，桶站值守率80%；投入资金200万元，为值桶志愿者发放服务包，开展积分奖励、最美家庭、最美值桶人评选活动。同时，处罚责任不落实单位4家，发提示信10户。（咸金佩）

【物管会组建】 年内，和平街街道在原有1个小区业委会基础上，完成71个小区物管会组建工作，同步成立物管会功能型党支部。实现物管会（业委会）组建率、物业管理覆盖率、物业公司和物管会党组织覆盖率3个100%目标。（咸金佩）

【环境整治】 年内，和平街街道完成辖区323家商户信息收集。签订门前三包责任书483份，规范门前三包213起，规范店外经营112起，拆除广告牌匾9块，查处擅自摆摊设点、店外经营、堆物堆料、擅自散发宣传品广告等违法行为26起，罚款1.55万元。拆除违法建设32处，建筑面积2855平方米。拆除在施违法建设1处，建筑面积252平方米。全覆盖开展生活垃圾分类执法检查，对桶站设置、混装混运、违法投放的单位和个人进行处罚，检查垃圾分类单位352家次，责令整改51家次。处罚8起，处罚金额1.27万元。（张旭瑞）

【社会救助】 年内，和平街街道实施补充医疗救助13人次，发放救助金3.68万元；实施教育救助12人次，发放救助金7.56万元；实施临时救助6户，发放救助金1.78万元；实施城市特困人员供养2人，发放供养金6.85万元；开展精准帮扶工作，对9户困难家庭给予精神慰藉、就业指导等各种帮扶活动45次。元旦、春节期间慰问低保、低收入困难家庭、孤老、空巢、百岁老人以及城市特困人员等609户，发放慰问金、慰问品合计金额17.41万元。慈善救助困难群众6人次，发放救助金2.7万元。为13位60周岁以上困难老人发放慈善医疗卡救助金4116元。完成辖区138处无障碍环境建设整改任务，包括111处无障碍标识施工、12处楼梯加装扶手、5处坡道加装扶手和1处无障碍坡道改造。（王熙磊）

朝阳区和平街街道社区居委会一览表

表19

序号	名称	地址	电话
1	和平家园社区居委会	和平家园社区8区3号楼北侧平房	84291139
2	和平东街社区居委会	和平街15区西门外南侧平房	64226424
3	胜古庄社区居委会	胜古中路皇姑坟小区2号楼南侧平房	64452943
4	胜古北社区居委会	安定路12号院国典华园2号楼105室	64437323
5	樱花园社区居委会	樱花园社区24号楼7门102、103室	64443929
6	小黄庄社区居委会	和平街西苑15号楼西侧平房	84270383
7	十四区社区居委会	和平街14区14楼北侧平房	84258576
8	砖角楼社区居委会	砖角楼北里5号楼院内平房	64219740
9	煤炭科技苑社区居委会	和平街13区34号楼101、102室	84264316

（王熙磊）

呼家楼街道

【概况】 呼家楼街道位于朝阳区中心地带，CBD功能区范围内。东起金台路，与八里庄街道交界；西至东大桥路，与朝外街道接壤；南起光华路，与建外街道为邻；北至工人体育场南路，与团结湖街道和三里屯街道毗邻。辖区面积2.8平方千米，下辖11个社区。截至年底，辖区常住人口55770人、户籍人口28082户62737人、流动人口15479人；出生人口478人，死亡人口610人；有法人单位6707家，其中央属单位75家、市属单位196家、区属单位及其他单位640余家；有三甲医院3家、社区卫生服务中心1家、社区卫生服务站4家、养老照料中心及养老驿站6家；有科研院所4家，大学、中学各1所，小学3所，幼儿园4所；有社区公园3处、健身园19处；有480平方米为民服务大厅1处、文化广场1处和24小时自助图书馆1处；途经辖区公交线路42条，地铁6号线和10号线贯穿其中。辖区绿化率22.73%。年内，街道重点实施基层党建引领、基层治理创新、民生服务提升、老旧小区更新、物业管理规范和城市治理精进等六大工程，推进商务呼家楼、文化呼家楼、平安呼家楼、宜居呼家楼和幸福呼家楼建设。全年完成区级财政收入24.83亿元，与上年基本持平（减少3.7万元）。呼家楼街道连续第4年获北京市理论宣讲示范基地工作先进单位、街道干部刘畅获2020年度北京市理论宣讲示范基地工作优秀工作者、呼家楼北社区党委获北京市抗击新冠肺炎疫情先进集体。（宋 巍）

【公民科学素质大赛】 5月至12月，呼家楼街道2700余名选手参加线上“金葵花”朝阳公民科学素质大赛初赛，55名选手进入线下复赛，3名代表进入朝阳区复赛，分别获第一名、第三名和第九名，其中2名选手获“科学达人”称号。呼家楼选手代表朝阳区参加北京市公民科学素质大赛，取得总成绩第二名。 （马 晶）

【国家卫生区创建】 9月，呼家楼街道接受国家创卫明察技术评估，呼家楼地区3个专业6个点位代表朝阳区迎检并通过专家检查。做好国家级暗访发现问题的整改落实，完成专项任务188项、督办任务74项。辖区各社区、机关企事业单位及非公组织1157家全部建立爱国卫生组织机构，相关信息录入创卫工作系统。组织专业技术队伍集中开展灭越冬蚊、灭鼠、灭蟑、灭蚊蝇工作，定期开展病媒密度水平监测工作。 （杨博雅）

【工会组织建设】 12月22日，呼家楼街道总工会召开第三次代表大会，辖区基层工会干部以及工会会员代表100名参加会议，选举产生第三届工会委员会及经费审查委员会，选举杨志学为工会主席。年内，3家单位建立基层工会、3个楼宇建立工会联合会，发展工会会员725人。 （聂艳军）

【基层党建】 年内，呼家楼街道向200余个基层党支部配发“党建工具箱”，组织地区4000余名党员过“政治生日”，走访慰问困难党员、老党员860余人次，辖区184个基层党支部完成党支部换届选举工作，5000余名党员志愿者参与新冠肺炎疫情防控。老旧小区组建的41个物业管理委员会全部建立功能型党支部，物业服务企业党组织覆盖率100%。 （赵 堤）

【宣传报道】 年内，呼家楼街道开展党的十九届五中全会精神宣讲18场。为宣传地区新冠肺炎疫情防控先进典型和感人事迹，组织开展“感动呼家楼 最美抗疫人”宣传巡讲活动近20场，受众千余人。呼家楼街道报送宣传稿件被中央级媒体刊用32篇、市级媒体刊用282篇、区级媒体刊用298篇。 （刘 畅）

【民生保障】 年内，呼家楼街道有低保家庭228户367人，低收入家庭34户61人，全年发放低保金510.43万元。临时救助32人，发放救助金6.28万元。发放医疗救助和补充医疗救助88.86万元。元旦、春节期间，为地区344户低保边缘家庭和困难老年人发放节日慰问品和慰问金；实施“地区因病致困”“慈善助学百分百”等慈善救助项目，全年为地区70名低保边缘困难人群申请慈善救助13.85万元。发放独生子女父母一次性奖励225人、22.5万元；为8名失独家庭办理一次性经济帮助8万元。政府出资为349户、538人失独、伤残、低保家庭办理安康保险；开展“情暖朝阳”“情暖万家”慰问活动，惠及失独家庭73户、意外伤残家庭6户、计生困难家庭19户。 （齐 瑛）

【为老服务】 年内，呼家楼街道为辖区4976名80岁以上老年人办理高龄津补贴申请，发放津补贴954.47万元；协助1385名失能老年人开展失能评估，为1385人发放失能老年人护理补贴713.48万元；为2068人发放重度残疾人护理补贴30.21万元、为1116人发放重度残疾人生活补贴66.67万元。新冠肺炎疫情平稳后，为地区近800人次老年人提供老年人孝亲活动。 （齐 瑛）

【劳动监察】 年内，呼家楼街道开展根治欠薪专项行动，检查在施工程项目37个，涉及农民工667人。开展保安行业根治欠薪专项行动，检查辖区内22家保安公司按时足额支付劳动者工资等情况，涉及保安人员568人，填写现场检查记录单。专项检查辖区内工地缴纳工伤保险情况，在以太广场项目、地铁17号线工地现场，开展以“全员参加工伤保险，切实保障劳动者利益”为主题的工伤保险系列宣传活动。全年调解以拖欠工资、违法解除劳动合同为主的劳动纠纷56件。开展“劳动用工书面审查工作”专项检查单位80家，完成率100%。 （刘红星）

【垃圾分类工作模式创新】 年内，呼家楼街道开展“垃圾分类我们一起行动”实践活动。组织机关事业单位干部、社区干部、居民家庭签订承诺书，发动“双报到”党员、社区志愿者、社会组织、物业公司、第三方人员等1000余人次参与“桶前值守”，开展宣传活动70余场次，4000余人次参与。实现辖区内54个生活小区垃圾分类责任主体全覆盖。通过撤桶并站和桶站规范化建设，更换垃圾桶站背板630组、垃圾分类标识4000余张、小区垃圾分类示意图80块，安装便民拉环300套、破袋器40个、洗手装置298处，在全区率先完成垃圾分类桶站“四有＋三选配”规范化建设。呼家楼北里社区“党建引领社区治理——专业＋自治”垃圾分类工作模式被《北京日报》、北京电视台等10余家媒体宣传报道。 （孟 杰）

【物业管理】 年内，呼家楼街道51个小区成立物管会、3个小区成立业委会，41个小区成立物管会，业委会（或物管会）组建率88%。 （孟 杰）

【食品药品监督管理】 年内，呼家楼街道检查、巡查辖区400余家餐饮企业、40家商场超市、36家单位食堂、72家沿街道六小门店、13家药店的新冠肺炎疫情防控工作。组织食品抽检7次，处理各类举报326件，行政处罚案件28件，罚没款77.3万元。 （邓洪涛）

【环境整治】 年内，呼家楼街道启动迎冬奥环境整治实地勘察调研工作。联合CBD管委会、辖区责任规划师，实地勘察朝阳北路、朝外大街沿线地区，确定冬奥会环境整治范围。制定《呼家楼街道背街小巷环境精细化整治提升三年（2020—2022年）行动方案》，完成辖区10条背街小巷精细化整治提升。 （孟 杰）

【依法行政】 年内，呼家楼街道聘请北京市浩天信和律师事务所为常年法律顾问。审核各项合同24份，出具法律意见书3份，直接参与矛盾调处20余次。开展“法律十进”活动，举办普法大讲堂20场，发放法制宣传册1500余本，现场解答法律咨询42次；发放防疫宣传资料2000余份，张贴海报200余份；发放信访、人民调解等法制宣传册800余份。接受人民调解咨询30余件，达成调解协议9件，制作民调卷宗9份。司法确认6起。（张鸿生）

【安全生产】 年内，呼家楼街道落实消防网格责任制，以79家消防重点单位和10个社区管理为重点，开展隐患排查、宣传告知和督促整改。在社区居干中推举消防宣传大使10名；为社区维修灭火器材454件、独立式烟道报警器3671个；规范社区三级防火网络，组织社区干部包楼包院清理消防车通道和疏散通道；制作防火宣传标识4000个，发放防火宣传材料1万余张；联合呼家楼消防中队开展119消防演习；处理消防投诉件13件，整改率100%；检查企业5531家次，整改安全隐患3280条；执法人员出动188人次，检查企业66家次，立案66起，处罚金额25万元；完成安全风险评估600家；完成隐患排查A+B库（A库是街道直管企业的台账，B库是非直管企业但街道负责检查的台账）企业899家。（潘玉辉）

【“接诉即办”机制落实】 年内，呼家楼街道“接诉即办”受理群众来信来访230件392人，北京市网上信访信息系统76件151人次；街道信访大厅日常接访51件101人次，社区接待群众来访347件478人次，初信初访化解率100%，全年排查矛盾隐患98件次，处理信访积案5件。网格二级闭环系统受理案件11790件，结案11353件，结案率96.29%。全年全模式城市网格化管理系统受理案件18588件，结案17151件，结案率92.27%。全年网格管理工作案件综合结案率94.41%。处理包括朝阳医院院区建筑物外墙改造工程（二次）劳动纠纷事件等聚众讨薪事件10余起，涉及农民工130余人、工资90余万元。（王柱峰）

【公共文化建设】 年内，呼家楼街道依托区文化馆先后为地区文艺骨干及爱好者获取优质文化培训课程资源17大类、226课时，2000余人次受益。征集涵盖诗词、诵读、书画、剪纸、短视频等文艺作品200余个；上传6部原创文艺作品至抖音朝阳群众创意秀公众号。全年开展群众文化活动80场、公益培训37场，面向地区特殊人群开展活动17场。（王　洁）

【社会保障】 年内，呼家楼街道享受补贴企业总数462家，321家企业已完成申请，申请率69.48%。有劳动能力和就业、转移就业愿望人员7202人，实现就业7032人，就业率97.64%。新增退休人员5059人，死亡115人，户口迁移17人。辖区社会化退休人员为11422人；变更定点医院1418人次，办理社保卡各类业务4814笔；为退休人员报销药费438人次199.75万元；新办、变更或取消异地就医21人；协助异地退休人员认证13人，社会化退休人员异地认证39人；办理自采暖补贴申请270人22.36万元。（王　硕　张　琰）

朝阳区呼家楼街道社区居委会一览表

表20

序　号	名　称	地　址	电　话
1	小庄社区居委会	金台里2号楼北侧平房	85996939
2	新街社区居委会	新街大院2号楼东侧平房	65067802
3	关东店社区居委会	向军南里5号楼北侧	65021910
4	关东店北街社区居委会	圣世一品28号院内	65861972
5	东大桥社区居委会	东大桥路8号SOHO尚都南塔1层	85959821
6	金台里社区居委会	金台北街甲1号	85994144
7	核桃园社区居委会	核桃园北里11号楼	65061163
8	呼家楼北社区居委会	呼家楼北里平房甲1号	65950122
9	呼家楼南社区居委会	呼家楼南里22楼南侧平房	65022156
10	金台社区居委会	金台西路2号院12楼	65369875
11	金桐社区居委会	尚都SOHO南塔1层（暂时）	85959828

（姚　蕾）

建外街道

【概况】 建外街道位于朝阳区西南部。东起西大望路，与八里庄街道、高碑店地区相邻；南起通惠河，与双井街道相接；西至建国门立交桥，与东城区建国门街道接壤；北至光华路，与朝外街道、呼家楼街道为界。辖区面积4.4平方千米，下辖9个社区居委会。截至年底，辖区常住人口61981人、户籍人口13107户35783人、流动人口11529人、港澳台同胞和外籍人口1126人；蒙古族人口241人、满族人口863人、回族人口863人，其他少数民族人口451人；出生人口251人、死亡人口653人（含补报数）；有法人单位13369个，其中央属单位有中国恒天集团有限公司、中国人民财产保险股份有限公司、中国国际金融股份有限公司等78个，市属单位有北京仲裁委员会办公室、北京银泰置业有限公司、北京市旅游发展委员会等；有36个外国驻华使馆、2个外交公寓群，有上海合作组织秘书处、联合国粮农组织和教科文组织驻华代表处、红十字会驻华代表处等国际组织；有社区卫生服务中心1个、社区卫生服务站4个；有中学2所、小学2所、幼儿园5所；有养老机构1个；有750平方米为民服务大厅、2400平方米地区文化中心各1处，文化广场4处、图书馆1个；途经辖区公交线路46条，地铁1号线、2号线、10号线、14号线贯穿其中；辖区绿化率28.06%。年内，街道以防疫情、促复产、惠民生、优治理、强党建思路，完成党群服务中心建设、消防科普教育基地揭牌、街道总工会换届、第七次全国人口普查等重点工作。开展“尊老、敬老、助老”主题活动和第二届社区邻里节等文体活动；街道成立综合行政执法队，建成工会服务站，启动危旧楼房改建试点项目。全年完成区级财政收入71.6亿元，比上年增长16.6%；征收房产税3134.6万元，比上年减少32.6%。街道获北京市安全生产先进单位、北京市第四次全国经济普查先进集体称号。（赵允港）

【拆违控违】 9月30日，街道拆除违法建设53处，销账建筑面积6058.47平方米。推进无违建街道创建涉及的150处图斑核查、举证、拆除。年内，拆除无手续类建筑22处，面积2752.62平方米。有证类举证办结52件，申请公益类18件，线下报送49件（含军事类4件，申报90年代以前30件，数据纠正类4件，申请可持续治理11件），审核中9件。（张金梅）

【基层党建】 年内，街道成立物管会党支部27个、物业公司功能型党支部3个，物管会和物业公司党组织覆盖率100%。开展党建引领垃圾分类工作宣传活动80余场，发动党员志愿者做好桶前值守，打造金地中心垃圾分类宣传示范楼宇，设置主题科普车、党员示范岗，联合楼内商户推出垃圾分类回馈手账，引领商务楼宇垃圾分类新时尚。（平　萍）

▲ 10月13日，建外街道应急消防安全宣教基地成立，市应急管理局党委书记张树森（左三）、朝阳区委常委、副区长綦剑（左二）等领导出席（高宪龙　摄）

【执法检查】 年内，建外街道执法队开展垃圾分类、燃气安全、占道经营、门前三包、店外经营等执法检查。针对占道经营2处挂账点位、5处网传点位、4处非法运营高发点位，制定专项整治方案，以点带面实施专项打击，确保环境秩序良好。全年燃气安全检查497家次，检查垃圾分类1412家次，办理一般程序案件247件，罚款金额10.99万元。（张金梅）

【第七次全国人口普查】 年内，建外街道成立普查领导小组和普查办公室。举办人口普查培训讲座9场，数据质量抽查2次，联合各相关部门组织开展“人普进社区”相关主题活动11场次，举办“2020朝阳区第六届政府统计开放日暨第七次全国人口普查宣传月”分会场宣传活动，完成第七次全国人口普查登记工作。第七次全国人口普查标准时点为2020年11月1日零时，普查对象包括2020年10月31日晚居住在本普查小区的人员（含港澳台及外籍人员）和户口登记在本普查小区但标准时点未居住在本普查小区的人员。街道普查登记总户数30395户，其中空户4181户；登记人口61981人。（王　佳）

【金融风险防范】 年内，建外街道平安建设办公室牵头，联合区金融办、朝阳经侦支队、建外派出所、CBD工商所等部门，以“有效拦截一批、彻底清退一批、严厉打击一批、及时劝阻一批”的“四个一”方式开展地区金融风险防范工作。清理异地经营私募企业134家、P2P企业45家。街道组织各社区邀请金融专家和民警，以讲座方式向社区居民讲述身边案例、普及行骗手段，普及金融风险防范和防诈骗知识。（杜　堃）

【“接诉即办”机制落实】 年内，建外街道纪工委成立“接诉即办”监督工作领导小组，深化“三进五盯”工作法（通力跟进、全力推进、发力促进；盯统筹、盯协同、盯回复、盯回访、盯剔除）。针对7月、9月、10月街道“接诉即办”工作在全区排名靠后情况，下发监察建议书1份，督促其在办理的源头上加强分析和研判，约谈相关负责人10人次，口头督办4次。（徐 岚）

朝阳区建外街道社区居委会一览表

表21

序号	名称	地址	电话
1	建国里社区居委会	建国里三道街1号楼南平房	58783536
2	永安里社区居委会	通惠河北路入口交叉口北200米	58783623
3	永安里东社区居委会	东三环中路39号院15号楼	58783616
4	大北家园社区居委会	建国路大北写字楼南侧	58789731
5	南郎家园社区居委会	建国路88号现代城SOHO（1号楼对面）	58783659
6	北郎东社区居委会	西大望路3号蓝堡南区S216号	58783688
7	北郎家园社区居委会	景辉街与郎家园西路交叉口北100米	58783528
8	光华里社区居委会	光华里临乙15号正东方向60米	58783506
9	秀水社区居委会	东大桥路57号	58783643

（赵允港）

劲松街道

【概况】 劲松街道位于朝阳区西南部。东与南磨房地区相邻，南与潘家园街道、南磨房地区接壤，西与双井街道和东城区龙潭街道相连，北与双井街道相接。辖域面积5.2平方千米，下辖17个社区。截至年底，辖区有常住人口17.8万人、户籍人口31511户76536人、流动人口32524人、外籍人口573人；出生人口574人、死亡人口1408人；有法人单位10109家，其中央属单位11家、市属和区属单位111家、其他单位9987家；有医疗机构30所、社区卫生服务中心1个、社区卫生服务站5个；有职业高中1所、中学2所、九年一贯制学校3所、小学1所、幼儿园13所；有养老机构2个；有1900平方米的为民服务大厅1处；有档案馆1座、电影院3座、文化广场2处、图书馆1处、社区图书阅览室17个；途经辖区公交线路49条，地铁10号线、7号线、14号线贯穿其中。辖区绿化率33.3%。年内，街道坚持“党领、聚力、善治、共建”工作思路，在做好新冠肺炎疫情防控的同时，完成全年重点工作任务。劲松街道劲松北社区实施党建引领社会资本参与老旧小区改造的“劲松模式”得到市、区相关部门肯定。全年实现地区财政收入4.53亿元，比上年下降28.55%；完成小房产税税收465.58万元，比上年下降42.02%。街道城市管理办公室获“北京市人民满意的公务员集体”称号，街道综合行政执法队常务副队长何铁骊获“2016—2020年度北京市城管执法系统先进个人”称号，劲松北社区党委书记陈波获“北京市劳动模范”称号，“劲松老旧小区有机改造示范项目”获ULI亚太区卓越奖，雨禾艺术幼儿园教师王雪征、郑萌、张微微获全国“教育战疫”主题征文活动教师组优秀奖。（李 堃 李 军）

【平安建设】 4月，劲松街道举办“4·15”全民国家安全教育日系列宣传活动。在辖区各小区，商务楼宇、宾馆商超、医院及六小门店张贴海报1500张。完成全国两会、2020年服贸会、党的十九届五中全会等重大活动期间社会面防控工作。全年启动防控31天，日均发动各类执法人员和群防群治力量900余人，开展日巡、夜巡、步巡和车巡，对90个社会面防控重点点位全天候盯守，建立50人应急处突队伍。建成平安智慧小区4个。（苏明超）

【老旧小区改造】 6月9日，劲松街道农光里27号、28号、31号楼老旧小区改造工程抗震加固项目竣工。改造内容为楼体外接加固结构、楼内上下水改造、建筑节能保温改造、加装电梯及楼内外电力、通信、燃气等管线改移。改造前建筑面积6856.7平方米，改造后建筑面积9857平方米，加装电梯9部。（陈伟光）

【社区便民综合服务中心竣工】6月，劲松街道社区便民综合服务中心项目竣工。项目建筑高度6.6米，面积6178平方米。地上2层为社区综合服务用房，包括多功能室、活动室、棋牌室、阅览室、老年饭桌、体育健身室、办公等，地下一层为停车场。（陈伟光）

【劲松街道综合行政执法队成立】7月1日，劲松街道综合行政执法队成立，标志着劲松地区综合执法体系正式组建并运行。市、区有关部门承担的部分行政处罚权、行政强制权下放至街道办事处，由劲松街道综合行政执法队以街道办事处名义开展执法工作。（李园园）

【"最美劲松人"表彰】9月23日，劲松街道举办社区党建品牌展示暨第三届"最美劲松人"表彰大会。区委组织部、区委宣传部、区委社会工委的相关领导，劲松街道处级领导班子成员、机关干部、社区工作者以及辖区党员志愿者、居民代表等参加大会。会上为吴继铭等13名社区志愿者及陈波等9人颁发"最美劲松人"荣誉证书。活动通过线上直播方式同步展开。（刘长鑫　陈玉娜）

【工会组织建设】9月29日，劲松街道总工会成立劲松商务楼宇工会联合会和劲松商务楼宇联合工会，华腾商务楼宇工会联合会和华腾商务楼宇联合工会。11月17日至18日，街道总工会召开第三次代表大会，各基层工会的120名会员代表参加大会。大会选举产生总工会第三届委员会和第三届经费审查委员会，黄海燕当选街道总工会主席，孙军、宋全利当选为街道总工会副主席。（孙　军）

【区委党校劲松街道分校现场教学基地挂牌】12月23日，区委党校劲松街道分校现场教学基地挂牌。区委党校党委委员、二级调研员董淑玲带队到教学点调研并为分校现场教学基地授牌。（刘长鑫）

【环境整治】年内，劲松街道开展违法建设治理攻坚行动。以"控新生、减存量、除隐患"为治违目标，拆除账内存量违建面积5665.02平方米、新生违建面积235平方米。整治违法建设60处、基本便民商业网点建设提升6处、背街小巷环境精细化整治提升9处。全年整治群租房158套。开展专项联合执法行动25次，取缔黑摩的35辆、拆除清理占用停车位杂物及地锁305处、清理僵尸车13辆。设置路侧居民专用停车位420个，增加停车位65个。设立共享单车停放点28处，在校园周边和交通乱点设立交通标牌、施划交通标识、增设护栏等。清理人防工程中居住人员150人，完成地区挂账清理工作8处；全年巡查、检查人防工程出动1950余人次，消除安全隐患62处。开展街面秩序稳控提升行动178次，取缔占道经营365起，暂扣三轮车等经营工具181件。检查社会单位、物业小区875家次，立案27起，罚款7.77万元。重点执法检查地区瓶装液化石油气使用单位735家次，责令整改燃气安全隐患126起。全年制作一般程序案卷211卷，累计罚款35.63万元。（李园园　苏明超　李　曦　张荣春）

【社区建设】年内，劲松街道完成首城社区、西大望路南社区、百环东社区、农光里南社区、西大望路社区、百环社区、农光里社区等7个社区的拆分调整工作，每个社区配备干部11人至19人。完成劲松三区全要素小区、15个全景楼院建设；完成劲松北社区的社区服务综合体建设；完成劲松北社区楼门文化、议事厅建设项目；完成红星美凯龙社区之家示范点建设；完成社区级共商共治项目45个、社区伙伴计划项目3个、政府采购项目6个、创享计划金点子实施项目49个。（张　盈）

【文体活动】年内，劲松街道在社区教育中心及15个社区教育学校开展学习培训、成果展示、沙龙讲座、参观等多种形式的社区教育活动。开展线上线下节庆文化活动30场次，惠及地区居民3万余人。邀请北京儿童艺术剧院、金榜园艺苑艺术团、河北梆子

▲ 7月1日，劲松街道综合行政执法队揭牌　（曹子航　摄）

剧团为地区居民带来周末大舞台演出活动；开展炫彩劲松“迎国庆、庆中秋”优秀儿童剧走进陈经纶帝景分校活动；开展线上线下“一起读科普”系列科普讲座、科普读书和科普小实验等活动，打破传统科普及教学时空界限，使儿童、青少年通过学校科技讲堂、家门社区课堂、在线互动等方式，共享优质科学科普资源；开展冬奥会冰雪项目体验活动，地区居民、辖区中小学生近千人参加体验。（廖　欢）

【创建国家卫生区】 年内，劲松街道开展日常病媒监测12次，向居民发放病媒宣传折页1000余张；利用QQ群、微信群、“云端劲松”微信公众号发布健康知识20条，张贴海报1720张，在各小区出入口发放爱国卫生倡议书1.1万张；在辖区投放鼠饵118千克，堵鼠洞58处，规范防鼠设施150处；受理新冠肺炎健康咨询18件，发放健康宣传海报近2万张，折页1万余件；处级领导带队包片检查社区环境卫生，检查老旧小区25个、背街小巷21条，集贸市场2家、生鲜超市7家、重点场所25家、餐饮116家，整改问题542个。全年开展控烟宣传3次，开展控烟联合执法1次。（刘　丽）

【为老服务】 年内，劲松街道享受高龄津贴老人5153人、享受养老补贴老人333人、享受失能补贴老人1137人，发放各类津贴补贴1618.07万元。会同萤火虫基金会为地区660名年满80岁、90岁和100岁的高龄老人庆祝生日。为4000余名高龄老人免费安装“一键呼”智能服务终端。在劲松五区新建老年餐配送中心。在劲松北社区开展“物业+为老服务”工作试点和友好宜居样板小区建设项目。（么亚波　孙大力）

【社会保障】 年内，劲松街道实现失业人员就业969人，登记失业人员就业率68.77%，对1152名失业人员开展职业指导服务，开发就业岗位2405个，走访跟踪用人单位200户，为329人办理城乡居民养老保险参保和续保手续，为2947人次补办社保卡，为681人办理城乡居民大病医疗保险，为5748名“一老一小”、城镇无业人员提供大病医疗保险服务，为443户低保家庭和高龄老人、困难人员按时发放各类保障金、救助金616.4万元。（王丽丽）

朝阳区劲松街道社区居委会一览表

表22

序　号	名　称	地　址	电　话
1	劲松北社区居委会	劲松二区218楼南侧二层楼	67790796
2	劲松东社区居委会	劲松三区321楼1门1号	67783532
3	劲松中社区居委会	劲松五区507楼	67794210
4	劲松西社区居委会	劲松八区甲813楼	87714607
5	农光里社区居委会	农光里142号楼西侧	67354935
6	农光里南社区居委会	农光里30楼北侧平房	87356776
7	农中社区居委会	武圣路农光里212楼一层	67354936
8	农东社区居委会	农光东里临甲9号	67356577
9	磨北社区居委会	磨房北里社区临甲120号	67313633
10	八棵杨社区居委会	东三环南路54号院东门外甲9号四层	87735585
11	大郊亭社区居委会	广渠路28号院208楼底商北156号	58634292
12	百环社区居委会	劲松街道广渠路66号院10号楼一层	87728617
13	百环东社区居委会	广渠路66号院14号楼北侧二层小楼	67768060
14	和谐雅园社区居委会	武圣北路6号院1号楼	67775750
15	西大望路社区居委会	营盘沟路9号	67779907
16	西大望路南社区居委会	东方雅苑1楼	67764277
17	首城社区居委会	营盘沟路9号	67724055

（李　堃）

酒仙桥街道

【概况】 酒仙桥街道位于朝阳区东北部。东起酒仙桥北路，与崔各庄乡接壤；南起亮马河，与东风乡毗连；西至酒仙桥路、将台路，与将台地区相接；北至京顺路，与东湖街道、望京街道相邻。辖区面积5.3平方千米，下辖11个社区。截至年底，辖区常住人口68183人、户籍人口21931户65791人、流动人口10002人、外籍人口372人；出生人口586人、死亡人口679人；有法人单位5405个，其中央属单位28家、市属单位90家、区属单位39家、其他单位5248家；有医院2所，社区卫生服务中心1个、社区卫生服务站3个；有科研院所3个、大学1所、中学2所、小学3所、幼儿园5所；有养老机构1个；有400平方米为民服务大厅、3600平方米地区文化中心各1处，有文化广场17处、24小时自助图书馆3处；途经辖区公交线路16条，地铁14号线贯穿其中；辖区绿化率19.25%。年内，街道在常态化开展新冠肺炎疫情防控同时，落实“1+5”工作法社区治理20条，完成全国两会服务保障、调整超大型社区、成立银河湾社区，14个物业管理企业成立物管会及联合党支部、6家非公企业成立党支部，实现10个社区专职纪委书记全部到位。疏整促专项任务全面完成。全年完成区级财政收入16.33亿元，比上年减少24.5%，征收房产税357.41万元，比上年减少0.1%。亮马桥9号院获北京市垃圾分类示范小区称号，街道政务服务中心干部李刚获北京市政务服务管理局2020年度“贴心服务标兵”称号。

【红色直播间科普活动】 2月14日，酒仙桥街道新时代文明实践所、朝阳区科学技术协会和北京心理卫生协会携手举办以“众志成城战疫情 专家伴您守安平”为主题的“红色直播间”活动。邀请北京市健康科普专家、首都医科大学附属北京朝阳医院临床心理科主任顾秀玲和北京华信医院（清华大学第一附属医院）呼吸科主任崔蓉，通过“访谈＋互动”形式，就公众关心的疫情防控期间心理应急问题和新型冠状病毒肺炎防控知识进行线上答疑解惑。此次科普活动在北京市科协科学加App、一直播、花椒、映客、虎牙、斗鱼、YY直播等平台同时直播，在线观看人数达362万余人。8月28日，酒仙桥街道举行第十四期“红色直播间”活动。主题为“绿色生活新时尚 垃圾分类伴身旁”，邀请辖区党建共建单位蓝色光标集团和天岳恒物业公司作为企业代表，讲述企业依据《北京市生活垃圾管理条例》并结合重点工作，不断推进垃圾分类、共建美好地区的经验。直播在线观看310万余人。

【七一表彰】 7月，酒仙桥街道工委表彰地区3个优秀基层服务型党委、8个优秀基层党建品牌、12支优秀志愿者队伍、34个优秀基层服务型党支部、18名优秀党员标兵、36名优秀党支部领头雁、225名优秀共产党员。同时酒仙桥街道1人获选朝阳区优秀党务工作者、1人获选朝阳区优秀共产党员，红霞路社区获朝阳区先进党组织称号。

【电子科协30周年庆典】 9月29日，酒仙桥街道联合北京市老科技工作者总会北京电子管厂协会，举办酒仙桥电子工业记忆暨电子科协30周年庆典活动。活动展示电子管、电路板、产品手册等老物件上百件，展示中国电子工业基地发展历程。电子管厂的老员工还分享了774等工厂在建设、发展、改制中的故事，讲述新中国电子工业发展的轨迹。酒仙桥街道广泛征集电子工业发展故事，将40多篇回忆录集结成《酒仙桥电子工业老故事集》在活动上发布。北京市电视台、朝阳有线、朝阳报等多家媒体采访报道本次活动。

【助残帮困】 年内，酒仙桥街道慰问辖区内362名残疾人，发放慰问金27.2万元。助残日期间，慰问辖区319名残疾人，发放慰问金15.95万元。慰问辖区内计划生育特殊家庭95户和困难家庭19户，发放慰问金10.45万元。慰问单亲特困母亲13人、女性低收入家庭65人，慰问金3.9万元。街道评选10名残疾人为抗疫之星。

【环境治理】 年内，酒仙桥街道对各社区及社会单位垃圾分类桶站、指示牌设置标准、桶站整洁等情况进行检查和规范，检查餐饮单位287家、社区10个、学校11所；制止在施违法建设10余处，整改问题150余个；拆

▲ 9月29日，酒仙桥街道在市民活动中心举办“酒仙桥电子工业记忆暨电子老科协30周年庆典”活动 （张 莹 摄）

除违法建设7处，面积4252平方米。检查“七小场所”（小餐馆、小网吧、小旅馆、小浴室、小歌舞厅、小理发店、小便民店）676家，现场整改问题350余个。拆除老旧小区内私装地锁2000余个。整治占道经营挂账点位3处，疏解14人。动态监管辖区燃气安全，检查餐饮单位、食堂335家，处罚案件117起，处罚金额2.04万元。发放疫情防控告知书1100余张，入户走访1000余家。出动环境整治及环境秩序管控专职检查人员20人次，检查在施工地1处，地下室5处，背街小巷9条，检查开墙打洞56处。出动主要道路巡查和重点点位盯守的执法人员56人，执法车辆16车次，查处无照经营4起，规范商户店外经营2起，检查商户门前三包80家，规范违规停放共享单车50辆。

【就业服务】 年内，酒仙桥街道城镇登记失业人员就业率60.34%，城镇登记就业困难人员就业率69.84%，开发就业岗位2019个，创建充分就业社区10个，自主创业21人，创业带动就业72人。 （李满飞）

朝阳区酒仙桥街道社区居委会一览表

表23

序号	名称	地址	电话
1	大山子社区居委会	大山子北里小5楼	64309134
2	高家园社区居委会	高家园小区118号	64309142
3	银河湾社区筹备组	万红西街9号院银河湾1号楼101、102室	64309141
4	中北路社区居委会	酒仙桥路甲11号院平房	64309138
5	万红路社区居委会	万红路甲1号院	84569918
6	红霞路社区居委会	六街坊8号楼后平房院	64309145
7	南路社区居委会	十一街坊16号楼旁平房	64318451
8	电子球场社区居委会	三街坊2号楼旁二层楼	64309151
9	驼房营西里社区居委会	电子城小区9号、10号楼之间	84707693
10	东路社区居委会	驼房营南里兆维小区综合楼二层	64309166
11	怡思苑社区居委会	南十里居15号院10号楼北侧	64309128

（陈宏伟）

六里屯街道

【概况】 六里屯街道位于朝阳区东部。东起京包铁路，与东风乡、平房乡接壤；南以二道沟河为界，与八里庄街道、呼家楼街道、高碑店地区相望；西至朝阳体育馆，与团结湖街道相邻；北以农展南路为界，与麦子店街道相接。辖区面积4.4平方千米，下辖12个社区。截至年底，辖区常住人口99464人、户籍人口24867户60270人、流动人口为27688人。户籍人口中，有满族人口2034人、回族人口1838人、蒙古族人口366人、其他少数民族人口380人；出生人口388人、死亡人口1030人；有法人单位3977个，其中央属单位3家、市属单位10家、区属单位31家，其他单位3933家；有医疗卫生机构16个，其中医院9个、社区卫生服务中心1个、社区卫生服务站6个；有大学1所、中学3所、国际学校1所、小学3所、幼儿园9所；有养老机构4个；有300平方米为民服务大厅、800平方米党群活动中心、700平方米地区文化中心各1处，有文化广场4处、24小时自助图书馆2处；途经辖区公交线路30余条，地铁6号线、14号线贯穿其中。辖区绿化率29.23%。年内，街道落实《北京市物业管理条例》，完成63个小区物管会（业委会）组建，实现物管会及功能型党组织全覆盖；全面推行垃圾分类“撤桶并站”“分类三集中”等经验做法，实现垃圾分类常态化。将11个社区的538组垃圾精拣点撤并为205组，厨余垃圾分拣率从8%提升至22%；完成“疏整促”各项任务，拆除违法建设、整治无照经营和占道经营，整治背街小巷2条、群租房50处。全年实现区级财政收入4.15亿元，比上年增长12.02%。街道获评首批全国示范型退役军人服务站、获2020年度朝阳区消防安全工作先进单位称号；炫特家园社区青年汇获评北京青少年社

▲ 7月23日，六里屯街道召开落实《北京市物业管理条例》、推进三级管理、首批物管会成立大会 （六里屯街道办事处 供图）

会工作协会“2020年最受青年欢迎的青年汇”称号。 （赵之奇 刘思琦）

【第七次全国人口普查】 11月，六里屯街道完成第七次全国人口普查工作机构组建、建筑物核查、普查小区划分、普查小区图绘制、摸底、正式登记、行职业编码等各阶段的数据采集、汇总、审核和复查等工作，累计核查建筑物1044个，划分普查小区408个，绘制普查小区图398张。辖区登记人口115743人。有常住人口91752人、户籍人口61069人，外籍及港澳台人口774人。 （童 霞）

【养老助残服务】 年内，六里屯街道审批临时救助15人，救助金额8万余元；为地区15名低保、残疾人、高龄老人等困难群众实行一对一精准帮扶并录入朝阳区养老助残系统；为涉及240户低保家庭的39家集中供暖公司发放供暖补贴35.18万元；向81户低保对象拨付2020年至2021年采暖季清洁能源分户及燃煤自采暖补助9.65万元；配合区完成优抚对象生活补贴工资调标工作，完成低保、低收入416户710人以及6名地退人员救助资金和退休金调标工作；为322名严重精神障碍患者监护人发放看护补贴75万元，发放生活和护理两项补贴650人次192万元。 （陈 萍）

【社区建设】 年内，六里屯街道将原八里庄北里社区拆分为2个社区，保留八里庄北里社区名称，成立八里庄北里东社区。在改造老旧小区硬件设施基础上，完成八里庄南里小区“花园式社区”创建工作。 （刘思琦 陈启章）

【老旧车棚改造】 年内，六里屯街道投入资金49万元，改造秀水园、六里屯北里、碧水园、八里庄南里等6个社区老旧车棚，打造集非机动车停放、电动自行车集中停放充电、居民安全常识宣传、社区应急库等功能为一体的社区安全角。 （杨 雪）

【安全生产】 年内，六里屯街道出动执法检查人员5304人次，检查生产经营单位2602家次，检查覆盖率100%。排查出各类安全隐患371处，隐患整改率、复查率均为100%。开展有限空间夜查20次、安全生产大检查联合执法22次。 （王 超）

【环境整治】 年内，六里屯街道创建基本无违法建设街道，拆除违法建设面积8466平方米，实现场清地净销账面积5545平方米。辖区内安装市级$PM_{2.5}$、TSP监测设备2个，在11个社区安装区级$PM_{2.5}$监测设备。接收反映扬尘问题120余件，全部按时整改。裸地苫盖面积8400平方米，绿植补种面积7200平方米。 （徐 娟 刘思琦）

【社保服务】 年内，六里屯街道开展“优化营商环境，提升就业服务”主题系列就业政策宣讲活动，为辖区企业、居民提供“精准、优质、高效”就业政策指导服务。挂失补办社保卡649张、换卡1592张、二次申领50张、补换二申卡2331张、新参保人员发卡778张；城乡居民基本养老保险缴费成功续保缴费完成36人，城乡居民基本医疗保险新参保686人、减员39人、变更信息259人次；变更定点医院2310余人次、办理异地就医43人次。报销药费595份160余万元；慰问退休人员467人；接受自采暖补贴申请189人，发放补贴17万元。 （翟 超）

【就业服务】 年内，六里屯街道城乡登记失业人员实现就业509人，就业率56.62%；城乡登记就业困难人员就业率66.61%；开发就业岗位2055个，完成率106.81%；就业困难求职人员实现就业100%；创建充分就业社区9个，完成率100%；20人实现创业，带动就业80人；建立用工单位台账106家，与用工单位建立回访制度。 （翟 超）

【食品药品监管】 年内，六里屯街道接转食品药品投诉400余起，其中一般案件类处罚案卷完成36本，简易类警告案卷完成29本，上缴国库处罚款85.04万元，食药监管工作全区排名第六名。 （刘兵兵）

朝阳区六里屯街道社区居委会一览表

表24

序号	名称	地址	电话
1	秀水园社区居委会	水碓子北里4号楼南侧平房	85977937

续表 24

序 号	名 称	地 址	电 话
2	碧水园社区居委会	甜水园北里6号楼北侧平房	65033285
3	甜水园社区居委会	甜水园东里甲8号	65046013
4	道家园社区居委会	道家园甲4号北侧	65920781
5	八里庄南里社区居委会	八里庄南里8号楼1层南侧	85836663
6	八里庄北里社区居委会	八里庄北里215号楼一层	85918559
7	八里庄北里东社区居委会	八里庄北里301楼103、104室	85521813
8	晨光社区居委会	晨光家园b区324号楼一层	85842390
9	十里堡北里社区居委会	十里堡北里11号楼西侧	85812168
10	六里屯北里社区居委会	丽水嘉园1号楼地下室	65863627
11	炫特家园社区居委会	炫特家园1号楼南侧一层	85857787
12	甜水西园社区居委会	甜水西园甲12号楼	85972199

（陈启章）

麦子店街道

【概况】 麦子店街道位于朝阳区中西部。东起东四环，与东风乡、将台地区接壤；西至东三环北路，与左家庄、三里屯街道相邻；南至农展南路，与团结湖街道、六里屯街道隔路相望；北至机场高速路，与太阳宫地区相接。辖区面积6.8平方千米，下辖6个社区。截至年底，辖区常住人口12663户27797人（其中少数民族人口2235人）、户籍人口10079户22720人、流动人口13304人、外籍人口（居民）1940人；出生人口97人、死亡人口336人。第三使馆区位于辖区（有外国驻华使馆13处），有上合组织、中国·东盟中心为代表的国际组织和涉外机构；有法人单位和产业活动单位7421家；有公立幼儿园、小学、中学各1所，民办学校和教育机构11所；有社区卫生服务站3个，社区服务中心、国际社区服务中心各1个；有社区养老驿站3处、养老照料中心2处；有200平方米为民服务大厅、2900平方米地区文化中心各1处，有文化广场6处、24小时自助图书馆1处。途经辖区公交线路35条，地铁10号线、14号线贯穿辖区。辖区绿化率67%。年内，街道围绕“文化、国际化、大尺度绿化”主攻方向，统筹推进“服务保障、接诉即办、高品质国际化社区建设、疏解整治促提升”等重点工作，在做好新冠肺炎疫情防控工作同时，按照“理念有突破、培育有创新、治理有成效”思路，推进中外居民满意的人文、和谐、宜居城市环境和国际化社区建设新进程、新成效双提升。全年实现区级财政收入28.62亿元，比上年下降6.23%。枣营北里社区党委获“北京市抗击新冠肺炎疫情先进集体”和“北京市先进基层党组织”称号。（曹荣贵）

【“中外居民过大年”活动】 1月15日，麦子店街道联合北京外交人员服务局在亮马桥外交办公大楼三层会议中心多功能厅，共同举办麦子店街道第十六届“中外居民过大年”活动。现场既有中外文艺表演，还能一同包饺子、逛庙会；既有汉服投壶、古建彩绘、糖葫芦等传统文化体验，还有地区文化教育作品展示，以及北京外服局特色展位等。活动同时发布纪录片——《麦子店》。该片通过多角度记录地区中外文化共建共享全过程。中外嘉宾和居民400余人参与活动。“中外居民过大年”活动已连续举办16届，是麦子店街道为地区中外居民创立的共庆中国农历新年、共享中华传统文化的文化品牌，得到外交部肯定、支持和参与，并将其视为开展民间文化交流的基地。（刘丹 叶超）

【维多莉亚小区电梯停运处置】 1月，区市场监督管理局正式封停维多莉亚花园公寓小区15部电梯。小区位于麦子店街道朝阳公园西里南区15号，始建于2004年，2007年7月入住，整体为一栋地上11层环形建筑物，有15个单元、房屋216套，常住户约160户、居民450人，使用老式无机房电梯15部。因开发商违规建设、无法办理房产证等历史问题，小区管理出现物业费用收缴难、居民自治难、设施设备维护难、矛盾问题化解难等问题。区委书记王灏、区长文献多次实地调研并专题部署，区领导黄晓伟、王志勉等给予具体指导。街道工委、办事处带领社区党委、居委会组成50余人现场处置工作小组，召开专题协调会10余次，成立物管会及物管会党支部，召开临时业主大会，动员居民筹集资金，完成新老物业工作交接，15部停运电梯中有13部电梯完成恢复运行调试。（陈立军　孙　鹏）

【亮马河国际风情水岸建设】8月，市委书记、市总河长蔡奇到麦子店街道调研亮马河国际风情水岸建设情况，对亮马河实现水系整治提升和水质改善成效给予肯定。年内，麦子店街道利用“吹哨报到”工作机制，疏解整治综合性市场1家、腾退停车场8处，拆除违法建设面积2083平方米。加强水污染源头防控，合理规划岸线空间，实现河道空间开放。（陈立军　董建英）

【“接诉即办”机制落实】年内，麦子店街道成立“接诉即办”案件处理专班，制定由1个好团队、1张联系表、1份流程图、1张明细单、1套规范语、1周调度会、1套高标准、1份责任心、1笔托底费和1份约谈单组成的“十个一”工作法，优化工作流程，明确主体责任，预判诉求问题，做好前期“未诉先知”“未诉先动”和“未诉先办”工作。全年受理市民来电2295个，解决率71.4%，满意率73.79%，响应率100%，全市街乡综合成绩排名第126名，全区街乡排名第3名。（孙　鹏　刘玉彪）

【“疏解整治促提升”专项行动】年内，麦子店街道拆除违法建设51处，面积5054.72平方米。腾退土地面积3800平方米，完成销账进度的101%。疏解商品交易市场1家、整治背街小巷2个、占道经营1处、开墙打洞反弹12处、无照经营2家，完成比例100%。完成劳动监察246家，完成比例307.5%。市级平台上账的69件任务全部销账。（王　正　金哲浩　李　京）

【垃圾分类】年内，麦子店街道对辖区449家社会单位和58个小区开展垃圾分类执法检查，指导和检查507家社会单位和居住小区垃圾分类工作，填写垃圾分类检查单814份。辖区59个垃圾分类居民小区，将原有280处垃圾分类投放站点合桶并站为190处，桶站人员值守率超过75%，桶站规范化建设任务全部完成。厨余垃圾分出率由10.89%提升至20.02%，位列全区街道排名前五名。（董建英　金哲浩）

▲ 10月28日，麦子店街道改造后的亮马河燕莎段　（王　微　摄）

【安全生产专项治理】年内，麦子店街道安全生产检查队完成生产经营单位日常安全生产检查3316家次，检查覆盖率100%，隐患整改率97.16%。安全生产监察员执法检查295家次，移动端开展现场执法检查覆盖率99.66%，整改隐患552处，立案47起，行政处罚金额25.2万元。年度执法立案任务完成率120.5%。（金捍东）

【社会救助】年内，麦子店街道实现对低保人员、超转人员、无军籍人员、优抚对象和地退人员等255名民政对象慰问全覆盖。救助在新冠肺炎疫情防控期间生活困难家庭7户，发放救助金2.13万元。为967人次发放低保金119.29万元。为3名困难学生家庭发放救助金1.7万元；为10户低保家庭发放救助金1.751万元。动员社会资金参与对口帮扶工作，捐款捐物折合人民币47.16万元。（戴德生　刘　丹）

【为老服务】年内，麦子店街道为“老年人家庭法律服务站”挂牌（全区第一个）；老年大学经典课程实行“云推送”，广泛宣传孝星事迹，弘扬孝文化；慰问地退、超转、失独、困难等老年服务对象270余人；为158名老寿星送生日祝福；制作养老家庭健康护理视频；联合三里屯卫生中心为65周岁以上老年人开展免费健康体检服务。（刘　丹）

【社区建设】年内，麦子店街道改造提升5个社区办公用房。分两批招录社工11人；推进居民议事厅从社区向网格延伸，打造3处楼门治理示范点，健全楼门委员会组织架构；完成枣北社区、枣营社区协商示范点创建工作。推动沿街环境美化、口袋公园、老旧小区改造等11项街道级党政群共商共治项目及便民工程、垃圾分类站点提升等24项社区级党政群共商共治项目落地。完成朝阳公园西里北区全要素小区建设，提升改造麦家邻里中心1个，打造出以绿色低碳为主题的麦子店街2号院、以农耕文化为主题的农展南里

15号、16号楼以及以故宫文化为主题的枣营西里二条14号楼等6个全景楼院。（张　妍）

【地区文化建设】　年内，麦子店街道举办第十届国际社区文化季线上线下18场系列活动，征集各类文艺作品287件，在蓝色港湾举办文化季启动仪式；坚持注重文艺原创开发，创作原创绘本、舞蹈、模特等节目，其中地区舞蹈队原创舞蹈《礼让斑马线》代表朝阳区参加北京市委宣传部组织的比赛。开拓网络空间，开展线上文化活动，在抖音平台参与区文化和旅游局举办的“朝阳群众创艺秀”活动，辖区58支文体队伍录制打卡视频参与互动，9条原创优秀节目和活动视频获评优秀。（叶　超　张子钦）

【社会保障】　年内，麦子店街道通过开展“再就业援助月”和“春风行动”，与辖区108个企业建立长期联系，跟踪回访单位216次。辖区城镇登记失业人员就业率64.3%，完成率94.56%；城镇登记就业困难人员就业率75.33%，完成率112%；就业困难求职人员87.5%实现就业，完成率109%；开发就业岗位665个，完成率107%。全年为147名登记失业人员办理灵活就业社会保险补贴。（余国柱）

【“法治物业”模式探索】　年内，麦子店街道探索党建引领“法治物业”新模式，由枣营北里社区联合酒仙桥法庭，依托物业联盟党支部（功能型），开展“物业纠纷源头治理示范小区”共建项目，形成组织联建、资源联合、难题联解的工作机制。全年，调解矛盾纠纷328件，调解成功312件，成功率95％。排查各类纠纷23件，化解23件。（杨　靖）

【党建工作创新】　年内，麦子店街道落实党建议事协调机制，推动形成党建公益项目18个，开展活动12次。推进“一社区一品牌”和2个党群服务中心建设，建立社区党组织“优秀书记工作室”，指导社区党组织开展培训、沙龙等活动16次。重视在“两新”组织中培养人才，地区“两新”组织“两个覆盖”比例为94.98%。开展机关支部与居民支部手拉手共建，全年开展活动40次。培训机关、社区、企业党组织书记、党务工作者2200人次。全年新增党组织31个，发展党员23人，在职党员报到1030人。完成25个居民党支部换届选举工作。申报成立麦子店街道蓝色港湾文化商圈综合党委，组建地区物业联盟党支部，开展法治、智慧、绿色、安全和品牌“五型”物业创建和评比表彰活动。（王建新）

朝阳区麦子店街道社区居委会一览表

表25

序　号	名　称	地　址	电　话
1	麦子店霞光里社区居委会	霞光里30号院5号楼二层	51302817
2	麦子店枣营北里社区居委会	枣营北里30号楼	65928551
3	麦子店枣营南里社区居委会	枣营南里21楼前平房	65089525
4	麦子店朝阳公园社区	朝阳公园西路9号北小楼	65383824
5	麦子店农展南里社区居委会	农展南里3号楼	65915230
6	麦子店枣营社区居委会	枣营北里19号楼	65910427

（曹荣贵）

潘家园街道

【概况】　潘家园街道位于朝阳区西南部。东与南磨房乡、十八里店乡相接，南与丰台区相邻，西与东城区隔河相望，北与劲松街道相连。辖区面积3.4平方千米，下辖14个社区。截至年底，辖区登记人口133331人、实有人口104476人，户籍人口31875户77898人、流动人口24399人、港澳台同胞和外籍人口224人；出生人口895人、死亡人口885人。有企事业单位约1400家；有潘家园旧货市场、北京古玩城、天雅古玩城、河南大厦、陕西大厦和广西大厦；有中、小学校和幼儿园10所；有老年公寓1处、养老照料中心5处、温馨家园1处；有社区教育中心、文化中心、图书馆、老年大学各1处；有762平方米为民服务大厅、1316.55平方米文体中心、2170平方米社区服务中心各1处，有居民活动站12处、社区文化广场2处。途经辖区公交线路30余条，地铁10号线、14号线贯穿辖区。辖区绿化率20.6%。年内，街道以党建引领、改进工作作风、提升区域统筹能力和群众工作能力为主线，以落实城市总体规划要求、因地制宜优化城市建设、整治环境秩序突出问题、改善城市环境和居住品质为重点，完成街道机构改革、社区建设、垃圾分类等重点工作，落实“接诉即办”机制，制定深化市民诉求办理“潘家园十条”，全年居民诉求响应率为100%，解决率达93%，满意率始终保持在95%以上。全年实现区级财政收入2.38亿元，与上年基本持平。街道获“北京市安全生产先进单位”称号。

【调研交流】 1月29日，市委书记蔡奇以“四不两直”方式到潘家园街道松榆里社区查看新冠肺炎疫情防控工作，市领导魏小东、崔述强一同调研。11月19日，中国建设报社社长王胜军、国务院办公厅秘书二局七处处长姚成杰、国务院办公厅秘书二局八处二级调研员贾祥等到潘家园街道磨房南里小区调研老旧小区改造情况。11月24日，云南省昆明市文联党组书记、主席陆毅敏一行8人到潘家园街道市民活动中心，学习交流街道文联关于人才培养、作品创作和开展活动等情况，观看潘家园街道文联原创情景快板《垃圾分类我来分》和情景舞台剧《五彩风车》。

【“疏解整治促提升”专项行动】 年内，潘家园街道开展“疏解整治促提升”专项行动。拆除违法建设面积8850余平方米，完成率160%；完成4条背街小巷精细化整治提升；整治占道经营8处，整治“开墙打洞”反弹26处；恢复地下空间环境37处，整治群租房71户（其中挂账群租房6户）。

【消防安全专项整治】 年内，潘家园街道开展消防安全专项整治，出动检查人员1240余人次，检查社会单位857家次，消除安全隐患300余处。开展消防培训、演练88次。入户走访常住居民1万余户，发放宣传材料、宣传品2万余份。

【重大活动服务保障】 年内，潘家园街道成立由党政主要领导担任双组长的安保维稳工作领导小组，成立1个工作专班和9个工作组，街道12个社区全程参与，构成街道、社区“1+1+9+12”的指挥体系并制定服务保障工作方案，完成全国两会、服贸会、党的十九届五中全会等重大活动服务保障任务。

【党政群共商共治】 年内，潘家园街道根据《2020年潘家园街道党政群共商共治工程工作方案》要求，通过开展“问需、问计、问政”活动，征集居民各类意见建议1588条，涉及环境、卫生、便民、服务、出行、停车、养老和安全等12个方面问题。全年完成共商共治项目83项。

【社区建设】 年内，潘家园街道拆分万人以上超大型社区2个（其中武圣农光社区和松榆西里社区分别拆分为2个社区）；引入辖区民营企业海文集团，合作完成松榆西里北一小区综合改造项目；与北京愿景集团签订战略合作协议，合作完成南磨房二小区运营管理；成立北京住总集团有限责任公司委员会党校社区之家，实现资源共享；购买5个专业社会组织支持社区建设，以“共建共治共享，守望美好家园”为主题，动员社区多元主体参与社区治理，在辖区12个社区中推行社区创享计划，提升社区居民参与社区事务的热情。“法老新声音，为民来说法”“三新自治小组”等社区创享计划提案项目获区有关部门肯定；成立街道社区社会组织联合会，完善街乡社会动员平台建设，规范、孵化和培育社区社会组织，社区社会组织由上年的86个上升至134个；各社区实行“综合受理+全岗社工”模式和全程代办服务机制，其中4个社区实行“一站多居”、8个社区实行“瘦身健体”，实现“综合窗口”和“全岗社工”模式社区全覆盖。建立由1个街道层面+12个社区层面、68个小区层面的“13+68”居民议事厅体系，试点推行网上议事厅（1个）。在松榆里第六小区建立楼门治理示范点，增强社区居民自治意识。截至年底，建成全要素小区1个、全景楼院12个。

▲ 11月24日，潘家园街道文联原创作品快板《垃圾分类我来分》在社区服务中心演出
（社 源 摄）

【矛盾排查调处】 年内，潘家园街道接待来访群众56批201人次，接听群众来电972人次，接待处置群体访8批。规范化受理办结北京市网上信访信息系统转送案件99件次，开展专项

矛盾排查16次。聘请相关领域专家从心理、法律、调解三大角度组织矛盾调解培训，提高基层化解矛盾能力，调处各类矛盾纠纷453起，出具人民调解协议书22份，调解成功率98%以上。开展各类法治宣传活动42次，发放宣传资料1.3万份，参与群众3万余人次。

【街道首个垃圾分类驿站建成】 年内，潘家园街道规范垃圾桶站588组，招募桶前值守人员1535名，垃圾分出率达20%。方丹苑小区建成潘家园街道首个垃圾分类驿站。驿站可做到垃圾减量化、资源化、无害化，分类投放、分类收运、分类利用和分类处置，即“三化四分”，小区居民对垃圾分类工作的知晓率、参与率和正确投放率明显提高。

【物管会组建】 年内，潘家园街道组建物管会84个，成立功能型党支部98个，组建联合党支部3个。实现物业管理覆盖率、业委会（物管会）覆盖率和党组织覆盖率3个100%。

【依法行政】 年内，潘家园街道完善法律顾问制度，聘请律师担任街道法律顾问，对街道行政管理行为进行合法性、合理性审查。完成430项行政执法职权下放接收，调整组建街道综合行政执法队，制定《潘家园街道办事处行政执法岗位职责和工作流程》《潘家园街道办事处重大行政执法决定事项目录》《潘家园街道办事处行政执法评议考核办法》和《潘家园街道办事处行政执法案卷评查工作流程》等4个行政执法责任制相关文件。

【安全生产】 年内，潘家园街道开展安全生产大检查活动。检查辖区社会单位3646家次，立案18起，消除安全隐患593项，检查企业覆盖率100%。跟踪地区26处挂账隐患和128处非挂账隐患整改落实情况。

【服务民生】 年内，潘家园街道将助浴、助洁、助餐、助医等服务送进老人家门，服务老人75人次；开发就业岗位2284个，完成年度任务指标103%；实现城镇登记失业人员就业730人、就业率63%，完成年度任务指标100%；为895名灵活就业人员办理社会保险补助手续，为8099名社会化管理退休人员办理退休登记、档案及社会保险接收手续，发放社保卡8455张；整合运营平台、服务商和养老机构资源及项目，构建由1个统筹指导小组、2个运营管理平台、5家服务商和7个养老服务机构组成的“1+2+5+7”养老服务联合体，新增华威西里社区第二家养老服务驿站；辖区在建工程项目全部落实农民工工资专用账户和工资保函，劳动合同签订率100%。

【环境整治】 年内，潘家园街道加大对大气、水和土壤污染源头的治理力度，协调办理中央环保督察组案件10个；创建节水型社会单位5家；规范整治店外经营、无照游商、露天烧烤等问题6370余个；清理拆除违法牌匾和小广告470余个。

【改善停车难问题】 年内，潘家园街道开发地区停车资源，完成百环花园立体停车库建设；引入社会资本对松榆东里3.9万平方米土地进行停车场改造，增加车位约800个；引入北京朝阳停车管理有限公司，规范潘家园东路、华威路和劲松南路3条主要大街路侧停车；约谈共享单车公司，清理共享单车5000余辆。 （高　辉）

朝阳区潘家园街道社区居委会一览表

表26

序　号	名　称	地　址	电　话
1	松榆里社区居委会	松榆里26楼104	87379160
2	磨房南里社区居委会	磨房南里31号楼	67347090
3	松榆西里社区居委会	松榆西里61号楼西侧	67303065
4	武圣农光社区居委会	松榆北路7号院9楼2层	87379079
5	松榆东里社区居委会	松榆东里15号楼014室	67358840
6	武圣东里社区居委会	磨房南里31号	67321802
7	华威西里社区居委会	华威西里甲42号楼	87771754
8	华威北里社区居委会	威北里甲32号楼	67790170
9	潘家园社区居委会	潘家园27楼2单元204	87783342
10	华威里社区居委会	华威里翌景家园2号楼1A	87731033

续表 26

序　号	名　称	地　址	电　话
11	潘家园南里社区居委会	潘家园南里11号楼北侧平房	87715076
12	潘家园东里社区居委会	潘家园东里1号楼北侧30米	67705015
13	武圣西里社区居委会	松榆北路7号院9楼2层	87389079
14	松榆西里北社区居委会	松榆西里52号楼西侧平房（警务工作站）	67311289

（高　辉）

三里屯街道

【概况】　三里屯街道位于朝阳区中西部。东起东三环北路，与呼家楼街道、麦子店街道为邻；南临工体南路，与朝外街道接壤；西至春秀路，与东城区东直门街道相接；北濒亮马河，与左家庄街道相连。辖区面积2.9平方千米，下辖7个社区。截至年底，辖区常住人口36435人（其中少数民族人口2354人）、户籍人口13516户36392人、流动人口6389人、外籍人口1430人；出生人口230人、死亡人口675人；有法人单位3486家，其中央属单位13家、市属和区属单位102家；有驻华使（领）馆99家、联合国驻华机构及国际组织驻华机构13家；有医院2所、社区卫生服务中心2个；有大学1所、中学3所、小学4所、幼儿园4所；有老年家园1个、养老驿站2个；有2000平方米地区文化中心、300平方米便民服务大厅、150平方米退役军人服务站各1处，有文化广场3处、城市书屋2处。途经辖区公交线路41条。辖区绿化率21.25%。年内，街道统筹推进新冠肺炎疫情防控和经济社会发展，取得新冠肺炎疫情防控感染率和疑似率“双率”零指标成绩，地区平安建设、城市建设、社会建设和队伍建设等各项事业均取得新进展、新成效。全年受理市民热线转办案件3127件，响应率100%。全年实现区级财政收入16.20亿元，比上年减少9.42%；征收小房产税1233.59万元，比上年减少15%。

【助残扶困】　1月3日、5月15日，三里屯街道分别走访慰问地区残疾人，为134名困难或重度残疾人员发放慰问金21.05万元。7月1日至8月1日，开展为残疾人“送清凉”活动，为1004名残疾人发放价值10.02万元的消暑用品。7月15日，为辖区7名残疾儿童申请康复补贴费用8.13万元。11月1日至12月1日，开展为残疾人“送温暖”活动，为辖区1000名残疾人发放米面油等慰问品，价值19.68万元。

【环境提升工程】　4月15日至6月20日、10月20日至11月20日，三里屯街道分别实施雅秀北路、雅秀西路及周边环境提升工程。在雅秀北路增设面积约700平方米的文化墙和17个花箱；在雅秀西路增设面积约300平方米的文化墙，通过潮流化元素和语言文字，营造活力氛围，探索街道城市微更新样板，增添文化气息。

【法律宣传服务】　8月3日，三里屯街道开展军人军属公共法律服务专项维权活动。活动以线上法律咨询为主，邀请律师为驻辖区武警官兵线上讲解《中华人民共和国民法典》。年内，街道落实“一站一家一律师”工作，结合宪法宣传日等活动，举办专项法律服务讲座。全年解决劳资纠纷21起。

【爱国卫生日】　8月8日，三里屯街道以“文明加速度 健康靓朝阳”为主题，开展“周末卫生日”活动。辖区7个社区759人参加活动，出动车辆12辆，清理卫生死角68处、清运垃圾2.57吨、发放宣传品1580份。区委常委、组织部部长迟行刚到白家庄西里社区参与“周末卫生日”活动。

【文体活动】　8月21日至24日，三里屯街道在3.3大厦启动“京范儿·潮朝阳——缤纷夏日·三里屯文化消费周”

▲ 8月21日，三里屯街道文化消费周活动借助“潮播三里”直播间销售内蒙古自治区卓资县扶贫产品
（林　强　摄）

活动。内容包括创意集市、消费互动、商业推广、潮播三里等内容，旨在展示三里屯风采，激发文化消费、定制消费、时尚消费和品牌消费热情，促进人气回暖、信心回升，助推复商复市。9月24日，三里屯街道柔力球队参加2020年北京市第三届柔力球双拍双球交流赛，取得规定套路比赛一等奖。10月16日，街道举行社区冬奥会体验活动。利用仿真冰板及相关器材，向现场居民们介绍冰球、冰壶球、冰蹴球，让居民近距离接触、参与冰雪项目。10月29日，在世茂工三广场举办"北京市市民体质促进民俗趣味运动会走进三里屯街道"活动，街道7个社区200余人参加活动，街道民俗表演队、武术队、广场舞队参加表演。

【街道总工会换届】 11月25日，三里屯街道总工会召开第三次会员代表大会。街道领导班子成员和100名辖区基层工会代表出席会议。会上，街道总工会主席郑敏代表街道总工会第二届委员会做题为《砥砺前行　奋勇创新 展现三里屯新风采 开拓新时代工会发展新篇章》的工作报告。大会选举产生街道总工会第三届委员会委员11名、经费审查委员会委员3名、女职工委员会委员3名。郑敏当选街道总工会主席。街道工委书记唐涌涛出席会议并讲话。

【社区物管会成立】 年内，三里屯街道辖区成立物管会38家，成立党支部30家。以党建为引领，推动党组织领导下的业委会、物管会独立运作、居民自治，结合居民议事会，提倡居民共同参与解决小区自身问题，完善社区自治体系。（赵　绮）

朝阳区三里屯街道社区居委会一览表

表27

序　号	名　称	地　址	电　话
1	幸福一村社区居委会	三里屯太平庄南里甲三号	64165638
2	幸福二村社区居委会	三里屯幸福二村甲5楼一层	84604871
3	中三里社区居委会	东三里屯中三楼院	64162902
4	东三里社区居委会	东三里屯中十一楼南侧平房	64173175
5	北三里社区居委会	北三里屯甲一号一层	64177960
6	中纺里社区居委会	中纺里九号楼北侧平房	65929071
7	白家庄西里社区居委会	三里屯南路四号楼一层	65912776

（赵　绮）

首都机场街道

【概况】 首都机场街道位于朝阳区东北部。东邻顺义界内T3航站楼，西接顺义区天竺镇，南与天竺镇楼台村相邻，北至顺义界内空港保税区。辖区面积12.23平方千米，下辖4个社区。截至年底，辖区常住人口22943人（其中少数民族人口1178人）、户籍人口6939户22943人、流动人口8526人，外籍人口24人；出生人口228人、死亡人口247人。有法人单位391个，其中央属单位8家、市属单位1家、区属单位7家、其他单位375家；有医院2所、社区卫生服务站1个；有职业中学1所、中学1所、小学1所、幼儿园4所；有养老机构3个；有260平方米为民服务大厅1处、文化广场2处和24小时自助图书馆2处。途经辖区公交线路13条，地铁机场快轨线贯穿其中。辖区绿化率43%。年内，街道统筹推进新冠肺炎疫情防控和经济社会发展。完善社会治理体系，提升基层社会能力，围绕"七有"（幼有所育、学有所教、劳有所得、病有所医、老有所养、住在所居、弱有所扶）、"五性"（市民需求的便利性、宜居性、安全性、公正性、多样性）保障民生，落实"吹哨报到"和"接诉即办"工作机制，提升忠诚国门、平安国门、美丽国门、幸福国门"四型国门"建设水平。实现区级财政收入1.34亿元，比上年增长0.82%；征收房产税1150万元，比上年减少13.79%。街道平安建设办公室获"北京市安全生产先进单位"称号；辖区张黑军家庭获评北京市"最美家庭"。

【物业管理】 5月，首都机场街道工委探索党建引领物业管理工作新模式。7月23日，在朝阳区率先实现物业管理覆盖率、物管会组建率、党组织工作覆盖率3个100%，提前完成三年工作目标。总结出"三四五六"工作法，即"三学"（通读学、组会学、研讨学）打基础；"四分"（将原13个自然小区划分为4个物业管理区域）强布局；"五步"（"一步"公示招募、"二步"宣传动员、"三步"借势走访、"四步"联审核查、"五步"批复报备）抓组建；"六员"（宣传员、监督员、联络员、分析员、协调员、信息员）强作用。物管会发挥党建引领作用，处理问题108件。

【安全生产】 6月30日，首都机场街道小型消防站启用，结束机场地区没有专业消防救援力量历史。年内，协调产权单位为辖区182栋楼，699个单元配备灭火器，为地区鳏寡孤独老人安装烟感报警器532个；开展交通秩序联合检查，驻区民警通过"鹰眼"抓拍违法案件500余起，清理僵尸车26起；增设机场医院西侧路段和南平街东段路段交通禁停标识15个；检查生产经营单位348家2411家次，城市安全隐患治理三年行动挂账隐患整改率100%；行政处罚餐饮经营单位6家，罚没款5.15万元；完成丽豪酒店、机场国际酒店和阳光丽城酒店新冠肺炎疫情防控隔离点食品安全保障工作。

【"三供一业"移交】 年内，首都机场街道配合各相关部门开展社区管理职能分离移交接收工作。地区工商管理职能由北京市工商局机场分局移交至朝阳区市场监督管理局；机场生活区交通执法权由北京市公安局机场分局移交至朝阳交通支队；供暖由北京首都机场动力能源有限公司移交至北京燃气集团；有线电视信号由机场有线电视台移交至歌华有线；居民小区物业管理由机场物业移交至首华物业；垃圾收集转运、主要道路管理、雨污水管网及附属设施以及能源供应等移交接收工作有序推进。

【党政群共商共治工程】 年内，首都机场街道党政群共商共治工程确定的5个街道级项目全部结项。项目分别为：首都机场街道口袋公园环境提升项目、首都机场街道部分居民楼空调冷凝水线路规范整理项目、机场街道无障碍设施标识完善及部分无障碍设施修复项目、首都机场街道2020年全景楼院建设项目和首都机场街道2020年全要素小区建设项目，工程预算336.55万元。

【依法行政】 年内，首都机场街道成立综合行政执法队，接收相关部门下放的行政职权431项，其中朝阳区城管局393项、水务部门22项、生态环境部门4项、农业农村部门1项、卫生健康部门11项。落实法律顾问制度，全年审查合同84项；建立行政应诉培训制度，开展宣传教育培训活动10场次，参加活动4900余人次；完善行政执法人员资格认证、证件管理和培训考核制度，完善行政规范性文件管理制度，规范行政行为。

▲ 8月30日，首都机场街道国门文化中心环境提升项目竣工　（冯佳玮　摄）

【"接诉即办"机制落实】 年内，首都机场街道制定"接诉即办"工作实施意见及诉求案件派发、退回规则等制度，建立三天催办、六天督办、七天查办动态跟踪工作机制；接办市民诉求案件711件，无诉求案件日58天；在市级综合考评月排名中，机场街道于5月和11月两次位列全市街乡镇并列第一名，市委书记蔡奇在全市街道工作会议及全市区委书记月度点评工作会议上给予表扬。全年报送"接诉即办""未诉先办""吹哨报到"和"战疫风采"等典型案例65篇，其中《小区停车秩序乱，规范管理解民烦》《漫天飞絮存隐患，多措治理效果好》《绷紧防疫弦，多措筑牢安全网》3个典型案例被《市民热线反映》采纳。

【文化活动】 年内，首都机场街道在区文化和旅游局举办的第六届"艺术朝阳"社会主义核心价值观原创文艺作品征集和展示活动中，征集舞蹈、器乐、微电影等原创作品13件，获奖2件；参加"朝阳森林演出季"展演活动，选送10个节目，4个节目进入片区展演环节；开展公益电影放映13场；组织24名舞蹈和模特骨干队员参加区文艺骨干培训云课堂培训；开展文艺演出、讲座培训类活动60余场，组织残疾人等特殊人群文化活动10场；在区"寻找抗疫感人故事　宣传时代抗疫精神"主题活动中，上报"社区抗疫人物传"8篇、"抗疫书画摄影作品"40件，8件摄影作品、2件书法作品入选优秀作品，1件摄影作品入选十佳作品。图书馆于10月对外开放。

【社区服务】 年内，首都机场街道完成2个"社区之家"示范点建设，完成燕西8号楼、11号楼楼前环境提升、南路东里4号楼化粪池填埋、西平里门球场外围路面改造、西平里12

号楼北侧车棚改造、南平东里3号楼西侧安全隐患改造等实事项目；适度延长社区服务活动设施和场所开放时间，深化一刻钟社区服务圈建设，实现“微服务”拓展；建成东平里全要素小区，新建全景楼院4处；4个社区制作完成住户数据导图。全年开展志愿者服务活动20次，发动居民及辖区单位职工志愿者近3万人次参与新冠肺炎疫情防控、垃圾分类桶站值守等工作。“七老伴”互助社获2019年“首都最佳志愿服务项目”志愿者称号。

【城市精细化管理】 年内，首都机场街道开展基本无违法建设街道创建工作，拆除违法建设面积1.01万平方米，完成任务的125%，核查图斑1304个，拆除无手续图斑56个、面积5300.9平方米。

【环境治理】 年内，首都机场街道制定垃圾分类创建示范片区方案，组织培训宣传活动30次，发放宣传品6万余份、积分卡400张，选取北垃圾楼为厨余垃圾暂存点，设置公示栏18块，规范化桶站建设162组，厨余垃圾分出率实现10%以上；处理中央生态环保督察案件1件；街道河长巡河473次，创建节水型社区4个；聘请专业绿化养护队伍日常养护绿地面积19.86万平方米；2处占道经营点位整治任务完成；对经营单位门前三包、燃气检查、垃圾分类逐条核对检查，录入移动核录检查单1418条，立案查处106起，罚款7.85万元；劳动保障监察检查单位88家；全年净减人口2660人。

【助残帮困】 年内，首都机场街道开展“情暖朝阳”“情暖万家——生育关怀”计生家庭送温暖活动，为地区特扶家庭21人和独生子女困难家庭12户发放慰问金2.7万元，并赠送食用油、杂粮礼盒、面等生活物资；发放独生子女奖励费4775元，发放独生子女父母一次性奖励费3万元；为辖区户籍计划生育低保、失独以及伤残的52户84人办理保险；为社区及驻地单位计生家庭1293人投保，金额19760元；为计生家庭19户24人投保，暖心计划兑付19户25人；审核养老助残卡补贴1078人，申请各类社会救助资金108万元；节日慰问困难失业、社会化退休人员92人；新开放2家社区养老服务驿站，老年餐桌正常运营；为精神残疾人申请监护补贴7人；地区严重精神障碍患者83人，申请监护人补贴66人，申请率89.1%，补贴发放率100%；走访慰问精神残疾238人次，电话随访168人次，配合公安、医院将疑似和发病患者及时送医就治；完成政务服务大厅无障碍设施改造工作和社区居民楼楼梯扶手维修和无障碍通用标识张贴工作。

【创建国家卫生区】 年内，首都机场街道在机场爱卫办支持配合下，完成创卫工作任务，实现创建目标。发动辖区单位及党员志愿者开展周末清洁日、环境公益日活动100余次，更换健康教育宣传栏6期，制作宣传横幅28条，发放宣传海报折页2万余份；梳理2017年至2020年创卫工作档案，指导4个社区完成创卫档案迎检；以开展冬春季灭鼠、夏季灭蚊蝇和重点行业冬季灭蟑为重点，开展覆盖至机场生活区的病媒生物防制工作，安装捕蝇笼773个、更换诱饵80千克、更新维护鼠饵站469个，全年检查补药24次，补放警示牌1112张，处理地井雨箅子13次。 （张 璐）

朝阳区首都机场街道社区居委会一览表

表28

序 号	名 称	地 址	电 话
1	南路西里社区居委会	燕翔西里2号楼北侧服务办公用房	64571565
2	南路东里社区居委会	东平里5号楼北侧服务办公用房	64571579
3	南平里社区居委会	南平里31号楼西侧服务办公用房	64573848
4	西平街社区居委会	西平街9号楼东侧服务办公用房	64579204

（张 璐）

双井街道

【概况】 双井街道位于朝阳区西南部。东起东四环路，与南磨房乡接壤；南至劲松大街和广渠路，与劲松街道相邻；西至东二环路，与东城区相接；北至通惠河，与建外街道相连。辖区面积5.08平方千米，下辖18个社区。截至年底，辖区常住人口96056人、户籍人口29219户72840人、流动人口46099人、外籍人口1352人（来自96个国家和地区）；出生人口561人、死亡人口1177人；有法人单位291家，其中央属单位14家、区属单位30家、其他单位247家；有老年大学1所、中学2所、职业高中1所、国际学校1所、小学4所、幼儿园10所、社区办园点1处；有综合医院1所、卫生服务中心2个、社区卫生服务站6个；有550平方米为民服务大厅、2000平方米地区文化中心各1处，有文化广场7处和24小时自助图书馆3处。途经辖区公交线路39条，地铁10号线、7号线、14号线贯穿辖区。辖区绿化率36%。年内，街道以党建引领“街乡吹哨、部门报到”为带动，以“13社区”为抓手，夯实基层工作基础，提升为民服务能力，打造以“井井有条”为主题的共享发展新格局，团结带领各部门、各社区，发动社会单位、党员、群众志愿者，攻坚克难、统筹推进疫情防控和地区发展。完成重大活动服务保障、第七次全国人口普查、优化营商环境、环境治理、创建国家卫生区等重点工作。全年完成区级财政收入8.71亿元，比上年增长9.69%。街道获联合国人居署国际可持续发展试点社区、街道退役军人服务中心获全国示范型退役军人服务中心（站）称号、街道妇联获北京市三八红旗集体称号、蒲公英社区青年汇获团市委优秀青年汇称号。

【社区“微春晚”活动】 1月，双井街道举办13社区文化节之“福鼠迎春”鼠年生肖设计大赛和“美井与共，不负韶华”第六届社区微春晚，实现网上投票网上参与。其中鼠年生肖设计大赛收取作品近300件，千余人次参与投票，评出优秀作品10个；辖区居民、社会单位、学校、和幼儿园等参与社区“微春晚”，演出节目22个。居民通过掌上双井微信公众号观看直播，参与互动。中央电视台、北京电视台、《北京晚报》等媒体予以报道。

【社区建设】 年内，双井街道拆分超大型社区，新成立6个社区。其中：拆分九龙南社区，成立东柏街社区和九龙山社区；拆分九龙社区，新成立黄木厂社区；拆分富力社区，成立富力西社区；拆分百子园社区，成立茂兴社区和和平村一社区。

【国际可持续发展社区试点创建】 年内，双井街道围绕联合国可持续发展社区指标体系，强化试点培育，开展可持续更新暨13社区设计节、儿童友好社区、青年专家工作坊等主题活动，宣传可持续发展理念，促进国际可持续发展社区建设。11月16日，由中国城市和小城镇改革发展中心、联合国人类居住规划署和成都市人民政府共同主办的“第四届国际城市可持续发展高层论坛”在成都举行，联合国人居署中国办公室项目主任张振山为中国首个联合国人居署国际可持续发展试点社区——北京市朝阳区双井街道颁发国际可持续发展试点证书。标志着双井街道可持续发展社区试点创建工作获国际认可。

▲ 1月19日，双井街道举办第六届社区微春晚活动　（王　瑾　摄）

【基层党建】 年内，双井街道完成96个党支部换届选举工作。新建业委会（物管会）党支部52个、物业企业党支部28个，业委会（物管会）党组织覆盖率93%，物业服务企业党组织覆盖率100%。

【“井井有条”大数据平台】 年内，双井街道通过采集多元城市数据、构建城市基础动态数据库、评估公共服务设施和智能分析，构建城市动态数据模型，建立城市环境监测体系。在4个固定点位和8台综合执法车上安装环境传感器，适时采集噪声、$PM_{2.5}$、异味等环境数据，通过数据提取分析，及时处置异常情况，形成“感知—分析—执法—查效”的城市问题系统治理闭环，以“井井有条”大数据项目深化数字治理、智能治理和主动治理。与上年相比，群租房案件下降52%，可防性案件下降50%，暴露垃圾案件数和发案点分别下降44.2%和28%，$PM_{2.5}$浓度下降55%。

【“接诉即办”机制落实】 年内，双井街道完善诉求处置机制，健全分类分级诉求响应流程，运用“724”工作法（7天乘以24小时全时响应，打造“全时响应—责任派单—分级把关—满意回复—全面回访—专人核查—严格结案”案件处理闭环“七步流程”，落实接诉后、解决后“两次见面”，建立周会商、联合处置、定向督办、责任实化“四项机制”），发挥“井井有条”社会治理大数据系统作用，创新办理路径，提升“接诉即办”工作实效。办理“12345”市民服务热线案件8052件，日均发案21.52件，案件响应率100%，满意率79.14%，解决率57.25%。市考核平均得分95.68分，位列全市第198名。

【扶残惠残】 年内，双井街道整合地区资源，建设温馨家园3处、康复站1处，形成温馨家园“3+1”功能布局。光环温馨家园作为朝阳区唯一一家街道级温馨家园，于年底通过市级验收。街道满足残疾人个性化服务需求，重点开展“医养相融、守望相助”“与奥运相伴”等六个系列活动，体现政府对残疾人群体的关心，受到残疾人及家属好评。全年开展各项服务活动160余次，惠及残疾人2090人次，服务覆盖率99.2%。

【党政群共建共治共享】 年内，双井街道完成九龙社区和百子园社区掌上议事厅和双井东院、双花园南里1号楼、建机小区居民议事厅建设，结合社区亮点品牌，持续实施全要素小区、全景楼院、邻里会客厅等社区治理项目，以居民自治为基础，以精治、共治、法治为重点，创新楼宇党建，打造精品楼门文化，组建志愿服务队伍，探索微自治管理模式，提升社区智能化服务水平。党政群共商共治立项项目48个，其中街道级项目11个、社区级项目18个、网格级项目19个，涵盖党群工作、环境秩序、社会安全、日常生活、公共服务和社区建设6个方面。以“共建共治共享，守望美好家园”为主题，围绕守望相助、社区文化、社区环保和社区融合4个方向，开展社区创享计划，实施项目41个，开展活动182场。

【“井安”行动】 年内，双井街道开展以教育培训、宣传引导为主题的“井安”行动，开展消防安全、治安安全、生产安全等专题培训，结合新冠肺炎疫情防控工作实际，录制复产复工安全生产教育课程，制定疫情防控常态化形势下“安全生产月”宣传教育计划，以“双井街道安监”微信公众号为平台，推出安全生产科普课程和知识问答等内容。组织2800余人次参加线上培训，655人观看直播课程。以多种形式宣传已经实施的89项安全生产地方标准，提升重点行业领域安全生产管理水平。以“井安”行动为牵引，落实消防安全要求，持续打击“三合一”、群租房、施工现场违规作业、电动自行车违规停放充电、占用消防通道等违法违规行为。辖区火情发生率比上年下降71%。

【市域社会治理示范试点】 年内，双井街道探索建立以“一纵三环”（“一纵”指党建引领下的“街道—社区—小区—单位—居民”纵向治理架构；“三环”指行政体系的管理循环、公众参与的动员循环和信息化支撑的智慧循环）为主要内容的市域社会治理工作体系。建立健全工委统筹、多元共治、大数据支持、四个战区管理等四项机制，按照地理和管理特点相近的原则，将城管、安监、消防、公安、食药、工商等人员下沉，与社区成立四个战区，设立负责人，实行“包片抓日常、战区抓统筹、执法平台抓解难”的工作机制；创新市域社会治理方式多样化，以问题为导向，全面推进地区智能化建设，完成第一批33家智慧平安小区建设，提升住宅小区等区域公共安全智能化管理水平。街道被区委政法委列为全区5个市域社会治理示范街乡之一。（时　文　杨丁虹）

朝阳区双井街道社区居委会一览表

表29

序号	名称	地址	电话
1	广和里社区居委会	广和南里二条14号楼院内平房	67747556
2	垂杨柳东里社区居委会	垂杨柳北里14楼西门4-6号	87712371
3	九龙社区居委会	百子湾32号院苹果社区南区5号楼地下一层	58264735
4	九龙南社区居委会	百子湾南二路76号院5-12号	87724572
5	垂杨柳西里社区居委会	垂杨柳西里6号楼南侧平房	67764486
6	广外南社区居委会	广渠门外大街22楼楼后平房	67739069
7	广泉社区居委会	广渠门外大街甲28号院15号楼206室	87753405
8	双花园社区居委会	双花园西里甲8楼	67398192
9	光环社区居委会	双花园南里二区6号楼5单元101室	87721629
10	富力社区居委会	天力街3号楼（富力城B城）一层富力社区居委会	58621732
11	大望社区居委会	西大望路19号院5号楼7单元101、202室	87755016
12	百子园社区居委会	百子湾路16号百子园小区4号楼B单元203室	87732860
13	和平村一社区筹备组	广和里西路57号院	87753970

续表 29

序　号	名　称	地　址	电　话
14	茂兴社区筹备组	广渠金茂府23号院5号楼一层	67776770
15	东柏街社区筹备组	双井东院2号楼北侧平房	67791171
16	黄木厂社区筹备组	黄木厂路1号院6号楼恒润中心11层	56358082
17	九龙山社区筹备组	广渠路29号院九龙山家园1号楼A座底商6号	67766778
18	富力西社区筹备组	光华北一街19号院2号楼	56876088

（时　文　杨丁虹）

团结湖街道

【概况】 团结湖街道位于朝阳区中西部。东起水碓子东里、水碓子东路、朝阳体育馆西侧，与六里屯街道为邻；南至呼家楼北街和二道沟北侧，与呼家楼街道相接；西至东三环北路，与三里屯街道相连；北至农展馆南路，与麦子店街道接壤。辖区面积 1.23 平方千米，下辖 6 个社区。截至年底，辖区常住人口 31164 人、户籍人口 13506 户 32932 人、流动人口 19079 人；出生人口 255 人、死亡人口 359 人；有法人单位 2206 家，其中央属单位 6 家、市属单位 6 家、区属单位 53 家、有其他单位 2141 家；有医院 4 所、社区卫生服务中心 1 个、社区卫生服务站 1 个；有中等职业学校 1 所、中学 1 所、小学 1 所、幼儿园 4 所、托老所 1 所；有 988 平方米为民服务大厅、4941 平方米地区文化中心、文化广场各 1 处，有 24 小时自助图书馆 2 处。途经辖区公交线路 28 条，地铁 10 号线贯穿其中。辖区绿化率 44%。年内，街道在做好新冠肺炎疫情防控的同时，以高标准引领社会治理、高站位开展环境建设、高要求深化平安建设、高水平抓好社会建设和高质量发展民生事业“五个高”为总体工作思路，全面开展各项工作。完成第七次全国人口普查、地区“创卫”工作通过国家技术评估（明察）验收等重点工作。全年实现区级财政收入 1.89 亿元，比上年增长 11.8%；个人出租房屋房产税征收 847.52 万元，比上年减少 14%。街道民生保障办公室获北京市模范集体称号。

【服务民生】 3 月 27 日至 4 月 6 日，团结湖街道完成辖区无障碍设施核查工作，录入信息 671 条。年内，开展养老服务创新项目 2 个，服务 1 万余人次。发放低保金 248.56 万元、低收入家庭补贴 2.11 万元、临时救助金 1.01 万元；补充医疗救助 146 人次，救助金额 27.58 万元；发放高龄老年人津贴、失能老年人护理补贴、困难老年人养老服务补贴 864.02 万元；2 名事实无人抚养儿童纳入生活费保障范围；城乡劳动力就业 292 人，就业率 62.8%，其中就业困难人员就业 224 人，就业率 77.78%；自主创业 10 人，带动就业 39 人，创建充分就业社区 6 个，采集空岗信息 1386 个，走访跟踪服务用人单位 109 家，就业困难求职人员就业比例 100%；接收社会化退休人员档案 258 份，办理退休审批 123 人次，城乡居民养老参保续保 69 人，医疗参保续保 2238 人；手工报销药费 412 笔、119 万元；办理社会保障卡业务 3189 笔；慰问辖区困难、高龄社会化管理退休人员 386 名；慰问城镇登记失业人员 32 人，发放慰问金 1.56 万元；募集博爱募捐款 4.08 万元，帮扶困难家庭 19 户；为 330 名在册精神障碍患者提供服务，为 4 名严重精神障碍患者办理入院治疗手续；审核发放计划生育奖励 642 人次 18.79 万元，为 172 名特别扶助人员落实扶助政策。

【社会组织成立】 5 月，团结湖街道撤销文化活动中心和社区服务中心，成立市民活动中心。7 月 16 日，成立由 30 家会员单位参加的街道商会。年内，制定《街道落实〈北京市物业管理条例〉工作方案》，组建物管会 29 个、业委会 1 个，组建率 100%。30 个物业管理区域全部实现物业化管理。

【工会服务】 年内，团结湖街道总工会设立 10 万元新冠肺炎疫情防控专项资金，为 250 家企业购买口罩 1.5 万只及消毒液 100 桶。开展送清凉、送温暖、两节困难职工帮扶等活动，全年服务会员 5500 人次。设立暖心驿站服务点 20 个，实现辖区全覆盖。全年新增会员 176 人，京卡办理率 100%。缴款率 99.3%。全年集体合同签订 39 份，覆盖企业 244 家，工资集体协商建制率 100%，百人以上企业建制率 100%，续签率 100%。职代会建制率和厂务公开建制率完成 100%。

【法律服务】 年内，团结湖街道开展法律宣传活动 15 次，发放宣传材料 3 万余册，举办“法律大讲堂”知识讲座 12 场次；开展“七五”普法自查、验收，完成“七五”普法成果总结工作；街道聘请 1 名法律顾问，为街道各部门审阅合同、提供法律咨询 21 件次；落实完成“七有”“五性”监测指标任务，解答群众法律咨询1249人次，开展复工复产公共法律服务“百千万”走访调查活动，新冠肺炎疫情防控期间走访调查辖区4家民营企业。组织开展进军营、爱老月等法律援助惠民专项宣传维权活动5场次，解答咨询53人次，发放宣传材料400余份。人民调解委员会开展矛盾排查556次，调解成功540件，调解成功率97%，其中9件民事调解案件完成司法确认。开展帮教人员教育稳控工作（辖区有在管服刑人员2人、在管刑满释放人员42人），解除帮教7人、救助帮困2人次。

【安全生产与消防安全】 年内，团结湖街道安全生产执法检查社会单位2426家，会同八里庄街道联合执法行政处罚11家。成立各种形式安全生产检查组1200个、出动检查人员4500人次，开展联合检查28次、检查单位96家，开具现场检查记录单2071份、限期整改单289份、复查单289份，发现各类安全隐患387处，全部完成整改。成立各种形式消防工作检查组485个，出动检查人员972人次，开展联合检查24次，检查单位82家次，查处消防隐患279处，全部完成整改。开展消防、安全生产培训6次，培训人员450余人次；开展消防、安全生产宣传活动8次，受教育人数3800余人次；发放各类宣传材料8500余张。

【垃圾分类示范片区建设】 年内，团结湖街道垃圾分类桶站规范化设置率90%以上，桶前值守率100%。通过与物业单位和再生资源企业全环节合作、撤桶并站、精细分拣等方式，辖区垃圾总量由每日60～70吨，降至38～40吨。厨余垃圾收集量由日均7吨提升至11吨，厨余垃圾分出率居全区前列。在辖区6个社区统一安装新型一体化垃圾桶站架126处，桶站标准化建设率100%，所有垃圾桶站实现有宣传栏、公示牌、防雨棚、标志“四有”和选配监控设备、语音提醒设备、洗手装置“三选配”目标。完成市级垃圾分类示范片区复查验收工作。

【劳动监察】 年内，团结湖街道开展疏解整治促提升专项行动。巡查用人单位80家；完成51家用人单位劳动保障书面材料审查工作；完成9家用人单位市级薪酬调查工作；调解劳资纠纷17起，涉及人员25名。

【第七次全国人口普查】 年内，团结湖街道组建第七次全国人口普查工作办公室，选聘、培训普查指导员和普查员159名。开展建筑物清查工作，确认建筑物887个；开展区域划分工作，划分158个普查小区；依法开展人口普查入户登记、比对复查等工作。截至年底，第七次全国人口普查登记阶段各项任务完成，辖区登记人口52006人，其中户籍人口32772人，非户籍人口19234人。女性27335人、男性24671人。

【“接诉即办”机制落实】 年内，团结湖街道通过全模式系统平台接收处理各类网格案件10627件，其中区级平台5780件、二级闭环案件4847件，整体结案率94.32%。受理“12345”市民服务热线各类案件4426件，其中市级直派案件3135件、区级转办案件1291件，办理退回案件922件，实际处置案件3504件，响应率为100%。回访案件3423件，回访过程中解决案件2162件，解决率63.16%，满意案件2411件，满意率70.44%。全市街乡镇排名第244名，全区街乡排名第24名，街道系统排名第18名。

【环境整治】 年内，团结湖街道拆除违法建设19处、面积3400平方米。拆除“创无违建街道”无手续图斑16处、面积726.57平方米；取缔无照经营和擅自摆摊设点400余起，罚没物品千余件；检查“门前三包”单位1400余家次；没收街头擅自散发广告3000余张，清除张贴、喷涂广告200余处，完成案卷39卷，罚款3.28万元。检查燃气用户单位33家次，整改液化气使用单位9家，完成整改7家；没收煤气罐4个，全部上交燃气公司。检查辖区内社会单位生活垃圾分类投放493家次，责令整改41家次，处罚5家，罚款5000元；完成人防挂账任务清理，全年安全巡查地下空间800人次，开展联合执法2次，消除安全隐患10起，清理地下空间违规居住12人。（张　萌）

▲ 6月11日，团结湖街道办事处在三四条社区三四条南小区利用拆违整治空地修建的居民休憩、健身、纳凉步道（杨维鑫　摄）

朝阳区团结湖街道社区居委会一览表

表 30

序 号	名 称	地 址	电 话
1	一二条社区居委会	团结湖北头条4号楼东城侧	65824358
2	三四条社区居委会	团结湖北三条16号	85973550 85988529
3	中路南社区居委会	团结湖中路南一条5号楼西侧	85989270
4	中路北社区居委会	团结湖中路北1条8号	85982265
5	南北里社区居委会	团结湖路21号楼西侧平房	85989524 85987529
6	水碓子社区居委会	水碓子24号楼	85986788

（张 萌）

望京街道

【概况】 望京街道位于朝阳区东北部。东起机场高速路，与酒仙桥街道和将台乡接壤；南起北四环路，与太阳宫乡为界；西至京承高速路，与来广营乡、大屯街道相望；北至湖光北街、宏泰西街、宏泰东街，与东湖街道、崔各庄乡相邻。辖区面积10.36平方千米，下辖25个社区（含1个坝北平房区、1个南湖渠三巷待拆迁区）。截至年底，辖区常住人口19.5万人、户籍人口36431户95499人、流动人口6.6万人、外籍人口4538人；常住人口中，有少数民族人口13065人（其中回族人口1560人、满族人口2145人、朝鲜族人口7800人，其他少数民族人口1560人）；出生人口1395人、死亡人口840人。有法人单位1.2万家，规模以上单位360家。其中央属单位6家、市属单位57家、区属单位34家；有医院6所、社区卫生服务中心1个、社区卫生服务站7个；有科研院所2个、大学4所、中学7所、小学6所、幼儿园17所；有养老机构3个、养老驿站10处；有3200平方米的为民服务大厅和地区文化中心各1处，有文化广场2处、24小时自助图书馆7处。途经辖区公交线路48条，地铁13号线、14号线、15号线贯穿辖区。辖区绿化率36%。年内，街道以社区治理、智慧民生、更新商务街区“年度三件大事”为引领，坚持文化、国际化、大尺度绿化“三化”主攻方向，推进“一五一十建望京”（“一”即“抓住一条主线”——弘扬和践行社会主义核心价值观；“五”即村或社区做到“五有”，有1个中心文化广场、1批文化中心户、1组文化墙或橱窗、1个文体活动队和1个志愿者队伍；“一”即紧扣“中国梦·我的梦”一个主题；“十”即深入开展“十星级文明户”创建），固化新冠肺炎疫情防控多元协同治理体系，提升社会治理能力，推动望京全面发展。实现地区财政收入38.58亿元，比上年下降7.7%；征收房产税2329.41万元，比上年下降27%。街道退役军人服务中心获全国示范型退役军人服务中心；街道综合行政执法队获2016—2020年度北京市城管执法系统先进集体；阜荣街社区获北京市控烟示范单位称号。

【领导调研】 2月26日，区长文献在望京街道主持召开望京小街整治提升工作专题会，检查指导望京园社区对社区外籍人员疫情防控工作。3月1日，区委书记王灏到望京西园三区检查指导小区封闭管理、外籍人员管控措施落实情况。3月10日，市委书记蔡奇以“四不两直”方式到望京融科橄榄城、望京西园三区检查疫情防控工作。8月14日，市委书记蔡奇到望京小街调研商圈业态发展情况。

【垃圾分类】 5月11日，望京街道召开望京地区2020年垃圾分类工作启动视频会，街道处级领导、机关六室一办三中心负责人、22个社区书记、45家小区物业、24家楼宇物业以及相关单位负责人等110余人参加会议。会上，播放垃圾分类宣传片，部署《望京街道全面推进生活垃圾分类行动方案》，明确党政机关社会单位强制垃圾分类、居住小区垃圾分类、垃圾分类收集运输处理3个实施细则和垃圾分类宣传方案。年内，街道投资258万元，聘用第三方开展垃圾分类宣传指导和分拣，建立垃圾分类驿站51个，新建垃圾桶站134处，制作安装小区垃圾分类公示牌70个，大件垃圾、装修垃圾、再生资源暂存点公示牌210个，张贴投放点公示贴纸2000张、垃圾分类引导贴纸3000张，组织物业、居民、楼门长、志愿者参加专业培训和座谈会50余次，打造垃圾分类网红墙，组织“20万+”线上对话活动，建立垃圾分类“合伙人”制度、家庭垃圾减量监测机制，创建北京市垃圾分类示范小区1个。

【物业管理】 6月2日，望京街道召开推进《北京市物业管理条例》落实研讨会，邀请北京市物业服务指导中心副主任吕向东就条例主要内容、重点工作等向相关领导、主责科室、重点单位进行业务讲解和培训。6月29

日，街道工委制定《关于党建引领业委会（物管会）和物业服务企业建设的实施方案》。强调在党建引领社区治理框架下，组建由社区牵头的物管会和业委会。年内，辖区成立业委会（物管会）48个，组建率84.21%；成立党支部44个，覆盖率91.67%；41个物业服务企业全部成立党组织，覆盖率100%。

【建党99周年表彰】 6月30日，望京街道工委召开庆祝中国共产党成立99周年暨2020年度表彰大会。会议表彰望京西园四区社区党委等24个先进基层党组织；王国东等30名优秀基层党组织书记；刘东文等110名优秀共产党员；望京西园四区社区治安巡逻队等22个优秀党员志愿服务队；王亚玲等100名优秀党员志愿者；望京街道食品药品监督管理所等50个抗疫先进单位；刘晖等121名最美抗疫人。向先进单位和优秀个人代表颁发奖牌和荣誉证书。

【街道政协委员工作站挂牌】 8月7日，望京街道在望京便民服务中心举行望京街道政协委员工作站揭牌仪式。区政协副主席王文远、街道工委书记胡建东、工作站部分政协委员参加揭牌仪式。王文远对望京街道开展政协委员进社区工作给予肯定，强调政协委员工作站要在区政协党组、望京街道党委领导下开展工作，要注重总结经验，精心谋划，创新活动，发挥政治委员作用。

【望京小街商圈改造转型】 8月8日，望京街道改造升级后的望京小街开街。望京小街项目位于大山桥西北侧，介于万科和方恒两个大的商业综合体之间，是2019年由区财政局、区环境办联合立项批复的望京街整体提升项目六标段之一，是望京地区城市精细化管理和国际人才社区建设的试验田。小街全长380米，于3月25日动工，8月1日完成。建设中，财政资金1300万元用于街区硬件设施改造，万科出资3500万元、方恒出资500万元，分别用于街区两侧休闲和艺术设施建设。设施老旧、环境脏乱的传统街区商圈转型为“国际化+文化+科技支撑”的现代商业步行街区，集购物、休闲、生活、艺术、智慧于一体。针对周边交通治理痛点问题，建设嗅探系统和导引系统等，探索在“城市大脑”发展背景下建成“小街之芯”，对停车、能耗、垃圾、防疫、车辆秩序和商业运营等管理的综合决策提供支撑，并邀请第三方评价机构对街区发展和运行状态进行长期观测和研究。截至年末，小街商圈客流量超过150万人次，销售额超过5800万元，销售额环比提升37%，其中以工作餐为主的商户日均销售量环比提升50%；区域周边新增企业228家，多家店铺成为网红IP。国家级媒体报道70余篇、市级媒体报道120余篇，中央电视台网络直播报道，全国140万名群众在线体验；服贸会开幕式上，“首都航拍”将望京小街作为城市建设亮点。

▲ 8月4日，望京小街改造完成　　（崔晓松　摄）

【花家地南里社会心理服务站成立】 9月，望京街道花家地南里心理服务站落户“和美花南”工作站。花家地南里心理服务站是北京市民政局在全市范围内认定的首批60余家社会心理服务站之一，有二级以上专业心理咨询师6名，每周为花家地南里和周边10个社区社会单位或居民免费提供心理疏导服务3天。北京青年政治学院教师针对社区家庭纠纷、邻里矛盾等常见问题拍摄微视频，以“心理剧”方式在服务站推广。年内，服务站为个案5人次、团体600人次提供心理服务咨询，协助社区解决居民投诉问题2件。

【社区调整】 10月12日，调整大西洋新城社区、阜荣街社区、望京东园五区、望京西园四区、花家地西里社区、花家地南里社区等6个社区规模，坝北地区（坝北服务站）纳入花家地南里社区管辖。设立夏都雅园社区、国风社区和宝星社区。

【“走进德国，点亮朝阳”活动】 10月31日至11月1日，望京街道在望京小街举办“走进德国，点亮朝阳”活动，市民每天10时至20时免费参与。其间，德甲和5家德国足球俱乐部轮番亮相互动，拜仁慕尼黑足球俱乐部进行三冠巡展，10余家德国品牌和多个德国美食摊位现场展销。31日，柏林市代表和朝阳区代表揭幕“柏林熊”雕塑，“柏林熊”入驻望京小街。活动中，2万余名市民近距离感受德甲、欧冠和德国杯冠军奖杯风采，并通过VR设备了解拜仁球队，约7000名市民购买德国物品或品尝德国食品。

【“‘光盘行动’引领‘新食尚’”】 11月1日，望京街道新时代文明实践所、区新时代文明实践中心在望京小街举办“‘光盘行动’引领‘新食尚’”新时代文明实践推动日活动。区委宣传部、区直机关工委、区商务局、区文化和旅游局、区市场监督管理局、望京街道等单位领导以及望京小街周边商户负责人、辖区文明引导员等80余人参加活动。活动中，发放“公筷行动”桌牌、《望京地区商户文明指南》、“光盘行动”提示贴纸等宣传品，微信推送“光盘行动”倡议书，20名餐饮商户代表推出“半份菜”“小份菜”“免费打包”等措施，倡议全区餐饮商户和居民引领朝阳“新食尚”。活动现场发布望京“小街之星”文明商户评选活动，参会领导为望京小街志愿服务队授旗。

【居民议事厅重装亮相】 11月12日，望京街道投资15万元建设的花家地西里社区居民议事厅重装亮相。议事厅面积54平方米，分室内和室外两部分。改造升级后的议事厅不仅具有议事功能，还通过增设活动设施拓展功能，成为居民活动空间。截至年底，重装后的议事厅开展议事协商活动56次，化解问题纠纷36个，举办社区居民手工活动、书法比赛等6次，参与活动老人279人次。

【艺术与设计创新展】 12月3日，在望京小街举行“艺＋医”——艺术与设计创新展开幕式暨央美青年空间@NEEDART艺术空间揭牌仪式。中央美术学院党委副书记王晓琳，望京街道办事处主任杨晓昇，万科时代中心·望京项目运营总监陈震，北京国际设计周有限公司总经理安雅洁，北京协和医学院医学实验动物研究所团总支书记曲春辉，NEEDART艺术空间负责人刘佳等参加活动。王晓琳、刘佳分别致辞，王晓琳、杨晓昇、陈震、安雅洁为央美青年空间@NEEDART艺术空间揭牌。“艺＋医”——艺术与设计创新展设“抗疫点滴”“中医新解”“探寻本真”“健康未来”四个板块，展出作品58组。作品包括个人独立创作、艺医联合创作及“大健康创新设计”课题创作三类，作品形式涵盖油画、雕塑、设计、国画、壁画、装置等。

【智慧养老】 年内，望京街道为10户高龄老人安装智能养老设备，研发50个智能防走失芯片。首开寸草春晖养老机构望京院正式运营，新增床位110个。开展助餐、助洁、助医、助浴、代办代购、康复护理服务3.7余万人次；为特殊老年人开展巡视探访374次，为203名困难老年人办理养老服务补贴27.72万元；为709人办理失能护理补贴357.91万元；为地区3002名高龄老年人办理高龄老年人津贴464.02万元；为60岁以上老年人办理老年证39个；发放特殊老年人养老服务补贴24人2.88万元；发放特殊老年人服务补贴56人2.36万元。

【智慧平安小区创建】 年内，望京街道投资587万元，完成南湖西里、望花路西里、南湖中园老旧小区更换单元防盗门和门禁智能系统安装项目，安装智能门禁238个。在18个社区29个封闭院落主要出入口（小区、楼栋、地下停车场出入口），建设前端智能安防设备，加强对小区出入口管理，提升居民安全感。　（项　悦）

朝阳区望京街道社区居委会一览表

表31

序　号	名　称	地　址	电　话	备　注
1	望京西园四区社区居委会	望京西园四区414楼107、108室	64706915	
2	南湖东园社区居委会	南湖东园210-1-101	64706917	
3	南湖中园社区居委会	南湖中园215-4-101	64706923	
4	南湖西里社区居委会	南湖西里5号楼东侧	64721671	
5	望花路西里社区居委会	望花路西里9号楼2单元101号	84715085	
6	望花路东里社区居委会	望京中环南路11-5楼后	64735021	
7	花家地社区居委会	花家地9号楼附属楼	84726244	
8	花家地北里社区居委会	花家地北里停车场东北侧	64730512	
9	花家地南里社区居委会	花家地南里2号楼一层	64733093	
10	花家地西里社区居委会	花家地西里109号楼	64716251	

续表 31

序号	名称	地址	电话	备注
11	方舟苑社区居委会	方舟苑7号楼104室	64780405	
12	望京西园三区社区居委会	望京西园三区304楼二层	64716249	
13	南湖西园社区居委会	银领国际122楼101、201室	64704359	
14	花家地西里三区社区委会	花家地西里三区居委会平房院	64719483	
15	大西洋新城社区居委会	大西洋新城529楼4层	64727607	
16	圣星社区居委会	圣馨大地C座101室	64729766	
17	爽秋路社区居委会	蓝色家园小区西门外	64773107—808	
18	望京园社区居委会	华鼎世家304楼103室	84727640	
19	望京东园五区社区居委会	望京东园503楼2层	84781519	
20	南湖西园二区社区居委会	季景沁园5号底商2层	52039158	
21	阜荣街社区居委会	嘉美风尚小区1号楼2单元旁	84763512	
22	望京西路社区居委会	望京西路50号院7号楼一层	84784239	
23	夏都雅园社区居委会	青年报社3号院101室	64720193	从大西洋社区拆分成立
24	国风社区居委会	国风601-6-1层	84763124	从阜荣街拆分成立
25	宝星社区居委会	宝星华庭5号楼二层	84488826	从望京东园五区拆分成立

（项　悦）

香河园街道

【概况】 香河园街道位于朝阳区西部。东与左家庄街道相邻，南与东城区接壤，西与和平街街道相望，北与太阳宫乡交界。辖域面积2.5平方千米，下辖9个社区。截至年底，辖区常住人口39816人（其中回族人口1168人、满族人口1450人）、户籍人口26641户33884人、流动人口19866人、外籍人口54人；出生人口247人、死亡人口624人；辖区有法人单位81家，事业单位7家，机关1家。其中有中国国际展览中心集团公司、应急总医院、中国民航科学技术研究院等央属单位10家，市属、区属单位19家、其他单位60家。辖区有应急总医院1家、社区卫生服务中心1个、社区卫生服务站3个；有中学2所、小学3所、幼儿园9所；有养老照料中心2个、养老服务驿站2个；有584.74平方米为民服务大厅、2257平方米地区文化中心各1处，有2000平方米以上的文化广场4处、24小时自助图书馆4处。途经辖区公交线路29条，地铁13号线贯穿辖区。辖区绿化率32.73%。年内，街道在做好新冠肺炎疫情防控的同时，坚持稳中求进，开拓创新，扎实谋划“十四五”发展，落细落实“不忘初心、牢记使命”制度，全面提高党的建设质量，推进社会治理创新、增进民生福祉、提升地区发展品质，推动美丽宜居香河园高质量发展。完成全国文明城区复查测评、全国卫生城区创建检查工作和第七次全国人口普查工作。实现26个小区业委会（物管会）组建全覆盖，党组织覆盖率95.24%。完成地区总工会换届选举工作。加强社区建设，整治老旧小区，地区环境持续改善，“接诉即办”、垃圾分类等工作取得明显成效。全年实现区财政收入3.82亿元，与上年基本持平；征收房产税5354.89万元，比上年减少28.75%。街道被评为“北京市2019—2020年度‘接诉即办’改革工作先进集体”；光熙门北里南社区党委书记、居委会主任李洋被评为“北京市2019—2020年度‘接诉即办’改革工作先进个人”。

【领导调研】 2月12日，区长文献一行到位于西坝河东里社区的地铁12号线13标段工地，了解地铁复工及疫情防控情况。强调严格落实疫情防控措施、全面加强人员管理，有序复工、安全生产。2月17日，区委书记王灏以“四不两直”方式到街道检查地区疫情防控工作开展情况。3月27日，国家邮政局党组书记、局长马军胜到街道西坝河南里社区调研指导快递进小区工作。办事处主任刘秀芹汇报疫情防控关键时期快递员“双证”进社区管理措施。

【“七一”表彰】 6月29日至30日，香河园街道开展“七一”表彰活动，通过公众号、《拾香报》等平台表彰地区14个先进基层服务型党组织、140名优秀共产党员、10名优秀“领头雁”、8名社会公益带头人、8家社会共建优秀单位、9个优秀基层党建服务品牌。

【邻里社区节】 9月18日，香河园街道以“香河园的幸福生活”为主题，与辖区江苏银行、携程旅游等20余家社会单位联合开展2020年社区邻里节活动。活动分“乐享”“幸福”和“多彩”三个板块，宣传街道惠民服务、倡导邻里友爱的社区生活，400余名社区居民参与活动。

【助残敬老】 9月，香河园街道举办残疾人居家康复培训班，辖区128名残疾人参加培训。年内，在辖区各社区增设无障碍坡道、安装楼道扶手140余个。辖区无障碍点位205处132个元素，上账率92.96%，整改率100.78%。街道推进“全过程居家养老服务平台”建设，为地区1.7万名老人建立健康档案，为500名老年人配备易健呼呼叫设备，为100名老年人配备床上智能感应器。搭建“一刻钟”居家养老服务圈，为地区老人提供助餐服务，在4个社区设立老年餐桌，为地区失能、空巢、独居老人提供免费送餐服务1.32万人次。建立柳北养老照料中心，提供床位64张，入住33人。开展养老机构辐射社区居家养老服务，为老年人提供理发、修脚、按摩、保洁、心理慰藉等服务2000余人次。“香河园街道养老服务系统”微信小程序上线。

【房地产中介协会成立】 10月27日，香河园街道召开房地产中介协会成立大会，街道领导及辖区16家房地产中介公司负责人出席会议。会议通过《北京市朝阳区香河园街道房地产中介协会章程（草案）》《北京市朝阳区香河园街道房地产中介协会选举办法（草案）》。会议选举产生第一届香河园街道房地产中介协会理事会成员5名。链家地产光熙家园店经理魏海军任会长、北京帮家房地产经纪有限公司经理杨岩任副会长。任命香河园街道平安建设办公室副主任堵书山为秘书长。

【楼宇工会联合会成立】 10月28日，香河园街道金泰大厦楼宇工会联合会成立并召开第一次会员大会，地区30名会员代表参会。会议选举产生香河园街道金泰大厦楼宇工会联合会第一届工会委员会委员和经费审查委员会委员，刘转霞当选委员会主席，胡禾当选经费审查委员会主任，蒙菲当选女职工委员会主任。

【社区党建】 10月29日，香河园街道工委批准成立柳南社区第八党支部、柳南社区第九党支部、光北南社区第八党支部、光北北社区第四党支部、光北北社区第五党支部、光北北社区第六党支部等6个党支部。11月5日至30日，街道工委完成机关第一党支部等3个机关党支部、东里社区第一党支部等49个居民党支部换届选举工作。

【就业服务】 年内，香河园街道城乡登记失业人员就业率70%，城乡登记就业困难人员就业率82.73%，开发就业岗位数为959个，建立用人需求档案72份，促进278名失业人员再就业。完善政务服务体系建设，增设“爱心母婴室”，启动延时服务，实现社保服务“不打烊”。

【垃圾分类】 年内，香河园街道从宣传指导、培训动员和执法检查等方面组织动员居民、物业和社会单位落实垃圾分类工作。发放致居民“一封信”2万余张、70本管理条例和垃圾分类指引彩页1万余张，在居住区张贴垃圾分类宣传海报800余张，社会单位张贴宣传海报500余张，替换破损垃圾桶129个和张贴垃圾桶新国标标识1000余张。撤桶并站，开展“百分行动”，为1242名志愿者兑换积分，厨余垃圾日分拣量约12000千克，分拣率22%；新建资源衍生基地3处，发放投放袋8649个，参与人数582人，可回收物投递量53119.36千克，从源头上实现垃圾减量。

【规范街道依法行政】 年内，香河园街道开展法律宣传教育活动140余次，组织“普法大讲堂”18场次，发放各类法制宣传材料1.2万余份，居民直接参与1.2万余人次，活动覆盖居民4万余人次，法治宣传教育覆盖率90%以上。合同合法性审查60份，出具法律意见书31份，备案30份；提供法律咨询服务650人次；调解各类民事纠纷672件，调解成功655件，成功率97%；主动公开政府信息120条，依申请公开政府信息1条。

【社区建设】 年内，香河园街道完成党政群共商共治工作社区级项目37个、街道级项目9个；完成西坝河南里20号楼等8个楼院议事厅规范化建设；完成西坝河中里3号楼、西坝河西里24号楼等9栋“全景楼院”建设；完成柳芳南里社区全要素小区建设，引进便民菜站、便民维修、便民服务等完善柳芳南里社区综合服务体；推广垃圾分类资源衍生基地，4个社区资源衍生基地发放投放袋9474个，可回收物投递量59053.51千克，居民的参与感明显提升。

【环境整治】 年内，香河园街道拆除违法建设35处，面积4700余平方米；完成13处“开墙打洞”整治后再提升工作；劳动保障监察110家，清理人防工程，实现群租房动态清零；街道、社区两级河长巡河2646人次、巡河里程

8669千米，处理河道违规排水问题4处；完成西坝河南路西侧停车自治，新增错时停车场2处、停车位166个；完成新天地小区外雨污水管道改造工程，解决污水井污水外溢问题；建设智慧平安小区16个。

【“接诉即办”机制落实】 年内，香河园街道完善《香河园街道市民服务热线“接诉即办”工作管理和考核办法》《香河园街道市民诉求处置中心网格化管理制度》《市民诉求处置中心人员管理规定》，全天候响应群众诉求。受理市、区两级市民服务热线诉求5876件（其中市级4625件、区级1251件），平均响应率100%。全市排名第146名、全区街乡排名第6名；受理网格案件11228件，排查调处矛盾纠纷8件。全年接区信访办信访件44件，其中北京市网上信访系统纸访件7件、市区面访件5件、网上诉求件30件、市民建议2条，均已办结，办结率100%。

【消防隐患排查】 年内，香河园街道召开各类消防协调会20余次，组织各社区、各微型消防站“消防拉动”演练37次。联合区消防支队、辖区民警和社区，辖区社会单位和老旧居民楼消防安全工作进行“地毯式”排查，出动人员6500人次，检查各类场所2500家次，自查发现消防安全隐患405个，全部完成整改。消除安全隐患，安装电动自行车充电接口882个、独立式烟感报警装置2645个。 （杜素芹）

朝阳区香河园街道社区居委会一览表

表32

序号	名称	地址	电话
1	西坝河东里社区居委会	西坝河东里107楼东侧	64670151
2	西坝河南里社区居委会	西坝河南里20号楼前平房	64621516
3	西坝河西里社区居委会	西坝河西里4号楼	64296921
4	西坝河中里社区居委会	西坝河中里2号楼前平房	64663784
5	柳芳北里社区居委会	柳芳北里甲14号楼	64680342
6	柳芳南里社区居委会	柳芳南里6号楼前平房	64605008
7	光熙门北里北社区居委会	光熙门北里甲6号平房	64272821
8	光熙门北里南社区居委会	光熙门北里19号楼前（甲20号）（柳芳北街9号院内平房）	64211271
9	光熙家园社区居委会	光熙家园9号楼106室	59033942

（杜素芹）

小关街道

【概况】 小关街道位于朝阳区西北部。东起育慧南路，与太阳宫地区接壤；南至元大都城垣遗址公园，与和平街街道交界；西邻北苑路，与亚运村街道毗邻；北至北四环东路，与大屯街道隔路相望。辖区面积2.58平方千米，下辖8个社区。截至年底，辖区常住人口62508人、户籍人口30782户62508人、流动人口101115人、外籍人口256人；出生人口323人、死亡人口102人。辖区有社会单位2756家（其中企事业单位1903家），其中央属单位32家、市属单位28家。社会单位中有新闻单位2家、出版社4家、涉外饭店及购物中心15家；有医院5所、社区卫生服务站2所，有小关东街养老驿站。有科研院所6所；有党校1所、高校2所、高职1所、中学3所、小学2所、幼儿园5所；有200平方米为民服务大厅、2800平方米地区文化中心和文化广场各1处，有24小时自助图书馆3处。途经辖区公交线路20余条，地铁5号线、10号线贯穿其中。辖区绿化率40.2%。年内，街道紧扣文化、国际化和大尺度绿化“三化”，打造“细小微实”升级版，围绕基层建设“深化提升年”，践行“更细更小更微更实”工作理念，固本强基、守正创新，在提升党建水平中打造小关品牌，在精进城市管理中凸显小关特色，在社会治理创新中孕育小关模式，在维护安全稳定中夯实小关基础，在为民服务解难中彰显小关担当。完成新冠肺炎疫情防控、重大活动服务保障、文明城区复查测评、创建国家卫生区以及“疏解整治促提升”专项行动等重点工作。拆分惠新北里社区，新成立惠新西街社区居委会。实现区级财政收入6.37亿元，比上年增长0.72%；征收房产税451万元，比上年减少29.2%。街道干部赵一帆获北京市“七五”普法先进个人称号。 （佟学艳）

▲ 5月7日，区委常委、政法委书记、土城沟朝阳段河长张维刚（右2）等到元大都公园内小关段的土城沟进行巡查 （吴晓敏 摄）

【“河长制”机制落实】 5月7日，区委常委、政法委书记、土城沟朝阳段河长张维刚一行巡查小关街道元大都公园内小关街道段的土城沟，了解河道基本情况和河面保洁、排水口、闸坝等情况，对街道“河长制”工作表示肯定。张维刚强调，各级“河湖长”要认真履职尽责，相关部门、属地街道要协同联动，切实做好河道环境卫生整治和生态绿化等工作，强化河道巡查与监管，做好长效管护，持续巩固提升流域水环境治理成效，进一步提升河道管理水平。年内，街道河长每月至少开展1次巡查，社区河长每周至少开展2次巡查。并对巡查做记录留存，保证工作留痕，有据可查。全年巡视河道220余人次，对马路边沟、雨箅子巡视200余人次。各级河长在巡河过程中发现污水入河问题6起、河面漂浮垃圾问题7起、河岸垃圾堆积问题1起，全部协调解决。 （吴晓敏）

【食品安全示范区创建】 12月3日，小关街道开展创建国家食品安全示范区宣传活动。在辖区主干道、各社区行政服务中心等人流集中地段悬挂创建标语、创建口号，发动沿街企业、商场、超市、医院开启LED屏，不间断播放创建信息。各社区向居民发放宣传品，普及食品安全知识，提升创建知晓度。小关街道创建国家食品安全示范区工作于2018年6月完成，需2019年至2021年连续三年复查确认。国家食品安全示范区创建检查组从食品安全满意度、知晓度、认可度3个方面，以调查问卷形式对地区居民进行创建复查，现场检查辖区同仁堂惠新西街店的保健食品，并通过复查。 （杜 娟）

【疏解整治】 年内，小关街道完成年度“疏解整治促提升”专项行动挂账任务。拆除违法建设面积3534.82平方米，完成无违建街道创建100处点位核查工作；重点整治占道经营挂账点位及周边点位9处，月均举报量比上年下降78%。建设提升基本便民商业网点2处，整治提升背街小巷3条，整治地下空间13户7127平方米，完成开墙打洞销账任务3处，劳动保障监察用人单位82家，整治违法群租房8处，整治占道经营专项行动重点点位1个，涉及人口33人。 （刘 杨）

【环境治理】 年内，小关街道物管会、业委会覆盖率95.2%；实现垃圾分类“三个全覆盖”（生活垃圾分类管理主体责任全覆盖，生活垃圾分类类别全覆盖，生活垃圾分类投放、收集、运输、处理系统全覆盖），单日厨余垃圾分出率最高27%，居民自主分类正确率95%以上。垃圾分类示范片区通过市级验收；配合市规自委推动“小空间·大生活”项目设计方案“会心一笑”落地，实施“向阳而生”惠新东街社区街头广场改造；完成3条背街小巷整治提升工作，“门前三包”签订率和月检查率均为100%；推进“朝阳群众管城市”平台使用，街巷长全年巡查2334次，处理平台案件427件，曝光案件完成率100%；地区$PM_{2.5}$年均浓度、三年滑动平均浓度持续下降；协调实施北苑路单向行驶，疏通北京中医药大学第三附属医院门前堵点。优化交通设施和标线，新增错时停车场2处，新增停车位121个，实现僵尸车动态清零；开展爱国卫生运动，常态化开展环境整治、病媒消杀；开展控烟和健康教育工作。 （佟学艳）

【“接诉即办”机制落实】 年内，小关街道接收各类诉求案件2424件，响应率100%，解决率93.23%，满意率94.77%。街道“接诉即办”综合考评成绩位列区街乡排名第2名、街道系统排名第1名。 （刘 杨）

朝阳区小关街道社区居委会一览表

表33

序 号	名 称	地 址	电 话
1	小关东街社区居委会	小关东街3号楼东侧	64304909

续表 33

序　号	名　称	地　址	电　话
2	惠新里社区居委会	惠新西街18号南院罗马花园南门对面惠新里社区	64810091
3	惠新北里社区居委会	惠新北里8号楼	64810092
4	高原街社区居委会	惠新里甲10号	84626490
5	小关社区居委会	小关北里204号楼旁	64986924
6	惠新苑社区居委会	惠新西街9号院1号楼社区服务站	64810094
7	惠新东街社区居委会	惠新里2号楼北侧惠新东街社区居委会	64921182
8	惠新西街社区居委会	惠新北里8号楼（与惠新北里社区合署办公）	84872634

（佟学艳）

亚运村街道

【概况】　亚运村街道位于朝阳区西北部，地处奥运主场馆核心区域。东起北苑西路，与小关街道相接；西至京藏高速路，与海淀区相邻；南至北土城公园，与安贞街道为界；北抵安翔北路至炎黄艺术馆北侧路，与奥运村街道、大屯街道相连。辖区面积5.13平方千米，下辖13个社区。截至年底，辖区人口总量95746人，其中常住人口66848人、户籍人口38267户47350人、流动人口8245人。少数民族人口3211人；出生人口368人、死亡人口694人；有社会单位3481家，其中央属单位85家、市属单位120家、区属单位203家、非公单位3073家；有大学2所、成人教育学院1所、中学3所、小学4所、幼儿园6所；有医院2所、社区卫生服务中心（站）4家；有养老机构3家；有3000平方米党群活动中心、市民活动中心和1万平方米全民健身园各1处，辖区13个社区均设有文体活动室。途经辖区公交线路70余条，地铁8号线、10号线贯穿其中。辖区绿化率29.6%。年内，街道坚持稳中求进工作总基调，坚持新发展理念，在做好新冠肺炎疫情防控工作的同时，以党建为引领，推动辖区企业复工复产，完成全国两会和服贸会等重大活动服务保障、第七次全国人口普查、“疏解整治促提升”专项行动以及社会治理创新等重点工作。实现地区总收入11.65亿元，比上年增长3.41%。街道获北京市控烟先进示范单位，中科院小区入选2020年北京市第一批生活垃圾分类示范小区，安慧里社区党委书记彭立新获“北京市抗击新冠肺炎疫情先进个人”和“2020年北京市劳动模范”称号，华严北里西社区养老服务驿站获评北京市三星级养老驿站。

【区人大代表补选】　8月24日，亚运村地区启动区人大代表补选工作。设置投票站4个、流动票箱9个，包片处级领导、科级干部29人下沉社区指导补选工作。街道机关干部、派出所民警等分别安排至选区13个投票站点、流动票箱，确保工作责任细化到人。10月10日，投票工作完成。第三选区选民参与率100%，赞成率99.5%。孙扬当选区十六届人大代表。

【筒子楼消隐改造工程竣工】　8月，亚运村街道启动安翔里社区18号楼等6栋筒子楼消除安全隐患改造工程。该工程由街道与小区物业共同完成，物业公司组织实施楼内电线增容改造项目，街道负责屋顶喷涂防火涂料、修复厨房和楼道墙面以及更换线路等项目。截至年末，6栋筒子楼消除安全隐患改造工程基本完工，粉刷厨房和楼道1.6万平方米，解决近300户居民反映的线路老化、屋顶失修、厨房油渍等安全隐患问题。

【街道示范性捐赠站成立】　9月28日，亚运村示范性捐赠站在安慧里一区2号楼106号挂牌成立，站内配备捐赠箱、上墙制度及捐赠流程标识、公示栏等设施，作为敞开式接收捐赠站点，接受社会日常捐赠。

【安全发展示范城市创建】　年内，亚运村街道启动争创全国安全发展示范城市工作，组建4支街道救援队伍、13支社区救援队伍和由501名志愿者组成的地区应急救援志愿队伍。形成《亚运村街道创建工作报告》《亚运村街道调研诊断报告》《亚运村街道安全发展示范城市自评报告》《亚运村街道风险评估、安全文化教育、安全责任、人密区域、社会化服务、市政公共设施、应急救援队伍清单》《亚运村街道安全管理文件》《亚运村街道突发事件应急总预案及13个专项应急预案》等资料。

【环境整治】　年内，亚运村街道投资1417.5万元，完成华严北里3号院、安慧里南和中国地震局地质研究所家属院等3个老旧小区环境整治项目；实施街巷长制环境管理机制，街巷长巡查打卡1356人次，发现、处理环境问题42起。修复安翔西街、祁家豁子街、祁家豁子北街3条背街小巷路面（总面积100平方米）、墙面污损60余处，补植绿化面积200平方米；结合开展“七彩亚运村，环境清洁日”活动，组织大扫除活动80余次，出动各类人员2万余人次，清理堆物堆料和暴露垃圾4200余吨；街道自筹资金补植安慧里葫芦岛公园内斑秃绿地1万余平方米，3300棵杨柳树注射柳絮抑制剂；处理辖区环境污染案件950件。

【垃圾分类】 年内，亚运村街道开展垃圾分类宣传活动16场，制作横幅300条、海报3000张，发放《致居民的一封信》、宣传指南2万张、志愿者桶前值守马甲1500余件。辖区每日产生垃圾约85吨，其中其他垃圾65吨、厨余垃圾19吨，厨余垃圾分出率22%。在42个居民小区建设垃圾分类标准化桶站282处、配备垃圾桶1759个；建设大件、装修垃圾站点103个，建成分类驿站4处，再生资源中转点1处。华西中科院小区被评为北京市首批垃圾分类示范小区。

【“河长制”机制落实】 年内，亚运村街道河长、社区河长、河长制办公室累计巡河150余次，巡河里程250余千米，协调北京市水务局土城沟管理所、元大都公园管理处、市排水集团等部门解决涉河问题12件。开展“河长制冬季安全进校园”“世界水日”“中国水周”等各类节水宣传活动5次。协调辖区5个老旧小区完成自来水管网改造。辖区内2家单位成功创建北京市节水型单位。

【食品安全专项抽检】 年内，亚运村街道食药所配合北京市产品质量监督检验院、北京市出入境检验检疫局检验检疫技术中心、谱尼测试科技股份有限公司等第三方检测机构完成国家局、市局、区局食品抽检任务80件，合格率100%。食品快速检测流通环节完成120件，餐饮环节完成60件，均未发现不合格食品。全年办理各类食品安全案件58件，其中一般程序案件35件，罚没款66万余元；简易程序案件办理23件，全部办结。

【人防工程安全检查】 年内，亚运村街道检查人防工程安全1000余次，查出各类安全隐患1000余处，消除各类安全隐患1000余处，下发安全检查整改单1000余张。清理疏散通道及采光天井堆放可燃物。完成地区挂账人防工程整治工作。

【区域化党建】 年内，亚运村街道加强辖区基层党支部规范化建设，构建“B（标准）+T（特色）+X（先进）”的工作体系，开展“五有”党支部自查整改专项行动，调整3个超过3000户居民的社区党委，拆分2个百人支部。全年开展各类服务活动千余次，非公企业、社会组织党组织覆盖率分别为88.2%和100%。接收“双报到”党员2139人、党组织39个，组织开展活动98次。

【无障碍设施改造】 年内，亚运村街道投资近300万元，改造安慧里全民健身园、温馨家园、安苑北里等老旧小区、地区文化活动中心、政务服务大厅等无障碍环境；完成290处上账整改任务，涉及无障碍卫生间、无障碍坡道、楼梯扶手、盲道、低位服务台等设施，实现残疾人出行“无障碍”目标。

【“巾帼之星”评选】 年内，亚运村街道开展推选“朝阳巾帼之星”“朝阳巾帼文明岗”和“朝阳巾帼建功先进集体”等活动。安苑里社区党委书记庞红、安慧里北社区优秀垃圾分类志愿者赵秀华、北辰东路社区优秀巾帼志愿者孙景凤获评“朝阳巾帼之星”；京民社区金玫瑰垃圾分类志愿者服务队获评“朝阳巾帼文明岗”；亚运村社区卫生服务中心获评“朝阳巾帼建功先进集体”；安翔里社区刘丰梅家庭获评“首都最美家庭”；华西社区妇女之家获评“北京市市级示范妇女之家”。

【第七次全国人口普查】 年内，亚运村街道完成第七次全国人口普查工作阶段性任务。亚运村街道有普查小区291个，选聘普查指导员158名，293名普查员参与普查。普查登记人口38267户95741人，其中户籍人口47350人、常住人口66848人。

【企业调查】 年内，亚运村街道完成北京市规模以上以及规模以下企业生产经营情况调查。调查结果：辖区内规模以上企业236家、规模以下企业112家。

（蒋余豪）

▲11月12日，亚运村街道奥体南区党建协调委员会暨社会治理共同体联盟成立（杨　颖　摄）

朝阳区亚运村街道社区居委会一览表

表 34

序　号	名　称	地　址	电　话
1	北辰东路社区居委会	安慧北里小区1号楼	64978765
2	安慧里社区居委会	安慧里一区甲7号楼	64980227
3	安慧里南社区居委会	安慧里三区13号楼	64932951
4	安慧里北社区居委会	安慧里一区24号楼	64929079
5	安苑里社区居委会	安苑北里9号楼	64810748
6	安苑北里社区居委会	安苑北里12号楼	64962829
7	安翔里社区居委会	安翔里社区40号楼	64851918
8	丝竹园社区居委会	丝竹园7号楼	64869350
9	华严北里社区居委会	华严北里44号楼	82850498
10	华严北里西社区居委会	华严北里甲22号楼	82846023
11	京民社区居委会	华严北里2号院1号楼1单元北侧	82070581
12	祁家豁子社区居委会	华严里16号楼北侧	62007530
13	民族园社区居委会	华严北里3号院1号楼北侧平房	62370141

（蒋余豪）

左家庄街道

【概况】　左家庄街道位于朝阳区西部。东起东三环北路，邻麦子店街道；南濒亮马河，邻三里屯街道；西至左家庄西街，与东城区、香河园街道接壤；北抵静安西街，与太阳宫地区相接。辖区面积4.17平方千米，下辖11个社区。截至年底，辖区常住人口64302人、户籍人口25006户62876人、流动人口19403人、港澳台同胞及外籍人口875人；出生人口397人、死亡人口1243人；辖区有法人单位4382个，纳税社会单位5572家。重点社会单位125家，其中央属单位22家、市属单位24家、区属单位32家、其他单位47家；有社区服务卫生中心1所、社区卫生服务站4所；有大专院校1所、党校1所、中学1所、职高1所、小学5所、幼儿园7所；有养老机构5家，其中养老照料中心1家、养老服务驿站4家；有300平方米为民服务大厅、2700平方米地区文化中心各1处，文化广场7处和24小时自助图书馆3个。途经辖区公交线路119条，地铁10号线贯穿辖区。辖区绿化率30%。年内，街道对接首都“四个中心”城市战略定位和区委文化、国际化、大尺度绿化“三化”主攻方向，秉持“守正创新、集智发展”的理念，积极作为、攻坚克难，各方面工作都取得新实效。调整社区规模，拆分曙光里社区，成立曙光里西社区和曙光凤凰城社区居委会。全年实现区级财政收入40.36亿元，比上年增长10.42%，征收房产税为4.4亿元，比上年增长41.22%。街道获北京市调解工作示范型党组、2020年北京市第一批垃圾分类示范小区、北京市控烟示范单位、北京市2019—2020年度“接诉即办”改革工作先进集体称号。

【党组织和阵地建设】　年内，左家庄街道加强物业企业和物管会党组织建设，19家物业服务企业实现党组织全覆盖率，51家物管会同步成立党支部。以党群服务中心（市民活动中心）为平台，整合辖区文化资源，打造出名为“小左”的拟人化党建文化IP，并衍生出“小左造物社”“小左艺术课堂”“小左笑笑糖”“小左跑跳碰”等系列党建品牌。全年开展活动32场，人民网、北京朝阳App、搜狐网等媒体报道10余次。

【工会组织建设】　年内，左家庄街道完成总工会换届工作。成立2个楼宇联合工会、2个楼宇工会联合会，实现16座商务楼宇工会组织全覆盖。新增工会会员1807人，新建暖心驿站20家，帮助解决劳动纠纷5起，发放夏季清凉包4000份，冬季温暖物品4000份。

【交通秩序管理】 年内，左家庄街道完成3个社区交通安全示范社区创建工作，解决错时停车位232个，优化道路4条，完成对辖区道路高点视频安装；清理僵尸车16辆，处理交通类网格、信访件750余件，引导共享单车企业清理摆放车辆10万余辆次；安排专人加强校区交通引导，遏制重点区域黑摩的非法运营行为。

▲ 10月20日，左家庄街道举办“接您回家”2020重阳敬老系列活动　（郭志明　摄）

【依法行政】 年内，左家庄街道作为区落实行政执法责任制试点示范街乡，完成行政执法权下放交接工作，完成18名综合执法队和城管办执法人员的换证工作。加强对两类人员的管控，开展针对性摸排7次、集中教育5次；搭建普法宣传“云平台”，制作《中华人民共和国民法典》动漫宣传视频，组织机关干部观看庭审直播；化解各类矛盾纠纷，接待法律咨询450件、人民调解案件52件；作为重点验收单位在全区汇报“七五”普法工作，获评北京市“七五”普法工作先进集体。

【“接诉即办”机制落实】 年内，左家庄街道接收市民诉求1.02万余件，街道“8890”市民热线接收群众诉求1400余件。接收网格案件41707件，办结案件40872件，结案率98%。接收各类信访件1221件，接收国信局和市、区信访办转派信访案件46件，案件全部办理。开展社会面矛盾纠纷排查2次，年度重点工作风险评估1次，申报区级挂账项目3项并全部结项。

【敬老助残活动】 年内，左家庄街道与国家老龄委信息中心、中央广播电视总台音频客户端“云听”（中央广播电视总台推出的声音新媒体平台）合作，举办“接您回家”重阳系列活动，以“云上左家庄”云听乐龄项目拓展新时代老龄活动新平台。为辖区2万余名老年人发放各类补助津贴1522.5万元；为4140名老年人家庭发放“一键呼”，为3797名65周岁以上老年人免费体检。在403个点位铺设无障碍设施，开展灵活助残活动2846场，服务残疾人6311人。

【党政群共商共治项目】 年内，左家庄街道完成党政群共商共治项目24个，其中街道级项目1个，受益群众1.39万人；社区级项目23个，受益群众2.367万人。以政府采购项目为依托，挖掘社区带头人，培育社区社会组织，引导居民参与社区建设。全年购买社会组织服务项目4个，开展家庭公益日活动2次、社会公益日活动2次，1000余名居民和10余家企业参与活动。聚焦“共建共治共享，守望美好家园”主题，梳理形成金点子121个，举办提案大赛，实施大赛中标项目28个。

【环境整治】 年内，左家庄街道拆除违法建设面积1.52万平方米，完成全年任务101.5%。完成牛王庙南院小区环境提升工程和牛王庙9号楼门治理示范点建设项目，左家庄北里38号楼、39号楼进入施工收尾阶段。完成16条背街小巷环境精细化整治提升及静安东街、左家庄东街、左家庄中街3条优美大街环境建设工程，依托“街巷长”制工作机制，加强街区治理，实现“监管无盲区、管理无空白”目标。开展“环境卫生清洁日”活动，清理堆物堆料、大件垃圾、无主垃圾等近万吨。补植草坪面积1.51万平方米，补植黄杨绿篱4000株，清理绿地卫生面积25.09万平方米，清理绿化垃圾156车。

【垃圾分类】 年内，左家庄街道通过全域垃圾分类示范小区创建验收，厨余垃圾分出率稳定在20%左右。开展撤桶并站工作，将原有524组桶站减少至464组，加强桶前值守，推广使用上门回收再生资源App，提高居民垃圾分类热情。以“不分类不运输”合同倒逼垃圾分类单位严把垃圾分类质量。调动社区党员和“双报到”党员参与垃圾分类，印制张贴《致居民的一封信》万余张。

【物业管理】 年内，左家庄街道成立物管会51个、业委会3个，组建率98.3%；物业党组织覆盖率100%，业委会（物管会）党组织覆盖率93%。以物管会为抓手，通过菜单式增值服务实现物业服务全覆盖。　（刘　蕊）

朝阳区左家庄街道社区居委会一览表

表35

序号	名称	地址	电话
1	新源里社区居委会	新源街19号楼	84552609

续表35

序号	名称	地址	电话
2	顺源里社区居委会	顺源里04号楼对侧	64637571
3	三源里社区居委会	三源里街10号楼临1号	64654419
4	新源西里社区居委会	新源西里东街甲11号	84551479
5	左北里社区居委会	左家庄北里甲38号楼	64683979
6	静安里社区居委会	静安里甲6号	84542961
7	左南里社区居委会	香河源中里9号楼北侧	64656209
8	左东里社区居委会	左家庄东里14号楼	64656754
9	曙光里社区居委会	曙光里39号楼后小白楼	84515170
10	曙光里西社区居委会	时间国际小区4号楼底商	64610717
11	曙光凤凰城社区居委会	凤凰商街、凤凰城d座小区	58667026

（刘　蕊）

常营地区（回族乡）

【概况】　常营地区（回族乡）位于朝阳区东部。东与通州区永顺镇接壤，南邻管庄乡，西靠平房乡，北接金盏乡和东坝乡。辖区面积9.3平方千米，下辖16个社区。截至年底，辖区常住人口173809人、户籍人口17311户37263人、流动人口71220人、外籍人口432人；新出生人口426人、死亡人口349人。有法人单位6326家，其中央属单位5家、市属单位15家、区属单位12家，其他单位6294家；有社区卫生服务中心1个、社区卫生服务站4个；有大学1所、职业高中1所、九年一贯制学校3所、中学1所、小学2所、幼儿园13所；有社区服务中心1个、养老机构2所；有1804平方米为民服务大厅、1018平方米地区文化中心各1处，有文化广场4处和24小时自助图书馆5处。途经辖区公交线路15条，地铁6号线贯穿其中。辖区绿化率37.41%。年内，常营地区全面落实市委书记蔡奇对常营地区的重要指示精神，坚持新发展理念，落实高质量发展要求，切实保障和改善民生，全面提高党的建设质量，确保“十三五”规划圆满收官。完成地区（乡）机构改革和创建国家卫生区迎检工作；调整5000户以上超大型社区鑫兆佳园社区和万象新天社区，成立鑫兆家园北社区、万象新天北社区；在燕保汇鸿家园和燕保常营家园2个公租房小区分别组建社区居委会，实现辖区社区居民委员组织全覆盖；召开地区工会第三次代表大会，选举产生地区工会第三届委员会；完成拆违面积600平方米，核查整改拆除面积3.08万平方米，无新增违法建设。全年实现区级财政收入25845.56万元，比上年增长1.3%；征收房产税8436.42万元，比上年减少16.97%。常营地区获“北京市安全生产先进单位”称号。

【乡八届四次党代会】　1月8日，中共常营回族乡第八届代表大会第四次会议召开，102名党员代表与34名列席代表出席会议。审议通过《关于中共常营回族乡第八届委员会2019年度工作报告的决议》《关于中共常营回族乡第八届纪律检查委员会2019年度工作报告的决议》；听取乡党委委员述职述德述廉述党建报告并进行民主评议；审议通过代表提案审查情况的报告；审议通过2019年党费收缴、使用和管理情况的报告。

【乡人大十七届八次、九次会议】　1月9日至10日，常营回族乡召开第十七届人民代表大会第八次会议。乡人大代表34人出席，乡领导班子成员，机关各科室、社区及乡属企业负责人24人列席会议。会议听取并审议通过《常营乡人民政府2019年工作报告》《常营乡人大主席团2019年工作报告》《常营乡2019年财政预算执行情况和2020年乡财政预算草案的报告》。8月20日，常营回族乡召开第十七届人民代表大会第九次会议。乡人大代表34人出席、领导班子成员及25人列席会议，会议听取并审议通过《常营乡人民政府2020年上半年工作报告》。

【体育赛事】　8月8日，常营地区2020年度篮球联赛在常营体育公园西园篮球馆开幕，地区31支篮球队370余名篮球爱好者参加比赛。9月5日，常营地区2020年度足球联赛在常营体育公园足球场开幕。地区14支足球队170

▲ 8 月 8 日，由常营地区办事处主办的 2020 年常营地区篮球联赛开幕　（侯　帅　摄）

余名运动员参加比赛。10 月 31 日，第四十六届公园半程马拉松北京公开赛建依常营公园站暨第二届北京常营半程马拉松赛开跑，980 名马拉松爱好者参赛。

【机构改革】 12 月 24 日，常营地区（乡）完成机构改革。改革后设综合保障办公室、党群工作办公室、平安建设办公室、城乡建设办公室、民生保障办公室、社区建设办公室和经济发展办公室。其中，党群工作办公室与人大工作办公室综合设置；平安建设办公室与人民武装部、司法所综合设置；经济发展办公室与统计所综合设置；群团组织机关与相关党政机构综合设置。地区（乡）纪检监察机构、行政执法机构按有关规定设置。将地区（乡）事业单位综合设置为：便民服务中心（退役军人服务站）、市民活动中心（党群活动中心）、市民诉求处置中心（综治中心）、社会公共事务服务中心和农村合作经济经营管理站等 5 个。

【“接诉即办”机制落实】 年内，常营地区建立“12345”市民服务热线接诉即办日、周、月报制度，按照诉求分类和特性，开发应用案件处理App，按照“接诉即办”“召集合办”“专题特办”原则派单，缩短转派流程、减少转办环节、提高办理效率。全年完成市区两级分派“12345”市民服务热线案件 11441 件，回复率 100%。

【民生服务】 年内，常营地区完成常营中路商业楼、民族文化墙改造升级，完成常营南路优美大街项目，新增绿化面积 2200 平方米；推进五里桥公园二期建设项目，完成工程总量 90%；完成常营福第社区“玫瑰童话花园”绿地改造项目；常营公园及周边环境提升工程有序推进，形成“一环五片区”城市公园布局，成功打造“十分钟体育生活圈”。全年发放各项惠民费用约 4858 万元。完成无障碍环境建设点位 480 个。解决讨薪事件 13 起，涉及金额 76 万元。提供就业岗位 560 个，实现就业 241 人。实施二期电梯加装工程，增设电梯 316 部。实施自来水置换工程，为民族家园 B 区、F 区、G 区、J 区、N 区更换水表，达到市政通水要求。推进朝阳医院常营分院建设，完成朝阳医院东院工程主体机构封顶。（曹文娟）

朝阳区常营地区（回族乡）社区居委会情况一览表

表 36

序　号	名　称	地　址	电　话
1	连心园社区居委会	常新路6号院连心园社区居委会	58234691
2	常营民族家园社区居委会	常营民族家园59号楼底商	65738991-626
3	万象新天社区居委会	常营万象新天115号楼二层	65436225-805
4	鑫兆佳园社区居委会	常营乡三间房东路甲9-2号	65431083-8017
5	苹果派社区居委会	黄渠东路2号院苹果派社区13号楼1单元居委会	65466171
6	荟万鸿社区居委会	常营荟康苑3号楼西侧平房	65759200
7	常营保利社区居委会	常营中路保利嘉园3号院19-198底商（保利社区居委会）	57921984
8	常营福第社区居委会	常营朝阳北路15号楼	57923868
9	住欣家园社区居委会	常营住欣家园西院215号楼	57914007

续表 36

序号	名称	地址	电话
10	畅心阳光社区居委会	五里桥一街3号院首开畅心园1号楼1层	59396208
11	丽景园社区居委会	常营丽景园小区1号楼2单元206、207、208	57845099
12	东方华庭社区居委会	常营地区常通路4号院1号楼3层E305	65408501
13	鑫兆佳园北社区居委会	常营乡三间房东路甲9-2号	65431083
14	万象新天北社区居委会	常营万象新天115号楼一层	65436225
15	燕保常营家园社区居委会	朝阳北路20号院燕保·常营家园7#地上一层、二层	65720716
16	燕保汇鸿家园社区居委会	燕保·汇鸿家园1#一层、5#六层	65728616

（曹文娟）

崔各庄地区（乡）

【概况】 崔各庄地区（乡）位于朝阳区东北部。东邻金盏乡，南靠将台乡，西接来广营乡，北与孙河乡接壤。辖区面积30.7平方千米，下辖15个行政村、6个社区。辖区有中国电影博物馆、铁道博物馆、航天航空博物馆等一批国家级文化机构，有草场地文化艺术区、何各庄一号地、万荷文创园等文化旅游点和创意产业聚集区。截至年底，辖区常住人口105513人、户籍人口12871户25856人、流动人口7.3万人；新出生人口238人、死亡人口315人。有法人单位2549个，其中央属单位1家、市属单位10家、其他单位2538家；有公立医院2家、民营医院2家、社区卫生服务中心2个、社区卫生服务站6个；有公立中学5所、小学2所、民办学校1所、幼儿园8所、涉外基础教育学校4所；有养老机构3家；有公共文化活动场所（包括村和社区文化活动室）9个、文化广场6个、乡级图书馆1个。途经辖区公交线路19条，机场轻轨、地铁14号线、15号线贯穿其中。辖区绿化率59.6%。年内，地区（乡）以“一减三促”为重点，以“生态立乡、文化兴乡”为发展理念，聚焦“国际创意商务走廊”发展目标，统筹推进功能疏解提升、地区综合治理、民生事业发展，全面提高发展品质、环境品质、管理品质和服务品质，有序推进平安、美丽、幸福崔各庄建设。完成疏解出租大院35家，回收土地面积29.3万平方米；出租大院基本清零，建设用地减量132万平方米，拆除违法建设面积30万平方米，完成平原造林面积25.33万平方米；水塔公园7月开园、黑桥公园二期和费家村带状公园10月开园、善各庄村城市休闲公园11月开园。南皋组团A3地块安置房正在进行地上4～7层建设。南皋组团A1、A2、D2地块棚改安置房项目进入招标阶段。完成黑桥南皋上市地块3块腾退整理，具备上市条件。大望京商务中心项目、奶东村企业升级改造项目完成主体结构封顶，正在进行招商运营准备。全年经济总收入85277.1万元，比上年增长29.2%；全年人均劳动所得48459元，比上年增长3.8%。（熊建辉）

【乡四届四次党代会】 1月9日，崔各庄乡召开第四届四次党代会。乡党委书记吴选辉做2019年度党委工作报告，乡纪委书记张平做2019年度纪委工作报告，乡党委副书记程振环做2019年度述职述廉报告，其他班子成员以书面形式述职述廉。崔各庄乡87名党代表出席，乡班子成员、机关各科室、村（社区）、集团公司企业负责人及“两新”党组织书记20人列席会议。与会代表审议通过党委工作报告和纪委工作报告。会议以差额选举方式补选苑拓、韩永红、张建波、熊建辉为乡党委委员。（娅丽娜）

【乡人大十七届八次会议】 1月17日，崔各庄乡召开第十七届人民代表大会第八次会议，48名乡人大代表出席会议，各科室、村社、企业负责人68人列席会议。会议审议并通过乡长齐宝良所做《崔各庄乡人民政府2019年工作报告》《崔各庄乡人大主席团2019年工作报告》，审议并通过《崔各庄乡2019年预算执行情况和2020年财政预算草案的报告》及《崔各庄乡第十七届人民代表大会第六次会议代表议案建议及第四届第三次党代会转人大提案提议办理情况的报告》。会议选举王建民、刘岚为崔各庄乡人民政府副乡长。（娅丽娜）

【奶西村棚改安置房项目开工】 4月15日，崔各庄乡举行南皋组团A3地块棚改安置房项目（奶西村棚改安置房项目）开工奠基仪式。乡长齐宝良主持仪式，乡领导班子成员、相关科室负责人、京旺家园社区、奶西村两委班子、部分党员群众代表、乡人大代表、乡集团公司、建设单位、施工单位、监理公司代表出席仪式并共同培

▲ 4月15日，朝阳区崔各庄乡南皋组团A3地块棚改安置房项目开工典礼　（张　峰　摄）

土奠基。该项目占地面积3.72万平方米，总建筑面积138545平方米，其中住宅建筑面积85415平方米，共10栋住宅楼、1067套安置房。（娅丽娜）

【第七次全国人口普查】 5月，崔各庄地区组建第七次全国人口普查领导小组及办公室，组长由乡长担任，负责普查全面工作，常务副组长由乡党委副书记和主管统计的副乡长担任，其他相关副职领导和派出所所长任副组长，相关科长、村和社区书记、主任任组员，下设办公室，办公室主任由主管统计所的副乡长担任，办公室成员由各部门、派出所和社会单位抽调，15个村和6个社区分别成立相应的领导小组，组长由村（社区）书记、主任担任。配齐办公用房和设备，落实普查员和普查指导员。完成普查区边界确认完成建筑物踏查和标绘工作。6月9日召开地区第七次全国人口普查工作动员会，启动培训落实责任到人确保数据质量。11月15日，完成人口普查工作。（张晓娟）

【七一表彰】 6月30日，崔各庄地区召开庆祝建党99周年暨“向逆行者致敬”七一表彰大会，地区领导班子成员，各村（社区）书记，集团公司、农工商公司负责人，崔各庄派出所、南皋派出所、崔各庄工商所所长，机关科室负责人，2019—2020年度优秀党务工作者，2019—2020年度优秀共产党员、优秀志愿者代表在主会场参会；各基层班子、党员，企业中层以上干部、非公企业党员在分会场参会。会议表彰奶东村党总支等6个先进基层党组织、李玉芳等9人优秀党务工作者、成春光等100人优秀共产党员、杨光等478人疫情防控优秀志愿者。（娅丽娜）

【补选乡第十七届人大代表】 8月13日，崔各庄乡启动第十七届人民代表大会补选代表工作。乡选举委员会在乡机关、润达嘉瑞（集团）公司党总支、崔各庄派出所、南皋派出所、刑侦北部队党支部组成的第12选区依法补选第十七届人大代表1名。541名选民参加投票，参选率100%，候选人殷伟涛依法当选崔各庄乡第十七届人民代表大会代表。（娅丽娜）

【乡人大十七届九次会议】 8月20日，崔各庄乡召开第十七届人民代表大会第九次会议。45名人大代表出席会议，各科室、村（社区）、企业负责人69人列席会议。会议听取并审议通过地区办事处主任殷伟涛所做的《崔各庄乡人民政府2020年上半年工作报告》，讨论《崔各庄乡人大主席团2020年上半年工作报告》《崔各庄乡2020年上半年财政预算执行情况和下半年主要工作的报告》《崔各庄乡2020年下半年预算调整的说明》及《崔各庄乡第十七届人民代表大会第八次会议代表议案建议办理情况的报告》。大会表决通过《崔各庄乡第十七届人民代表第九次会议选举办法（草案）》，依法依规补选殷伟涛为崔各庄乡人民政府乡长。（娅丽娜）

【新开公交线路2条】 9月22日，北京公交集团在崔各庄地区新开两条公交线路——专140路和869路。主要方便费家村、马南里社区、东洲家园社区、奶西村、奶东村及周边乘客接驳地铁14号线、15号线。（马丽丽）

【奶西村棚改安置房完成选购】 9月25日，崔各庄乡奶西村棚改安置房期房选购完成，505户村民选到心仪的安置房。奶西村棚改安置房房源1067套，实选1039套，选房率97.38%。剩余房源将在新增人口安置时分配。（娅丽娜）

【拆除违法建设】 9月29日，崔各庄乡完成拆除违法建设面积38.07万平方米。其中21.3万平方米实现场干地净，完成年度任务141%；腾退土地面积22.05万平方米，完成全年任务110%。（张林保）

【马道开放】 10月28日，崔各庄地区全长约4.37千米的马道正式向公众开放，马道分布在顺白路以北，京承高速以东，沿线有林地、公园、绿道、湖泊、葡萄酒庄、水稻田、杨树林和紫薇园等景观，成为串联起乡域北部空间生态系统的绿道，为地区群众提供感受“马”文化和游览休憩相结合的绿色空间。（娅丽娜）

【机构改革】 12月13日，崔各庄乡（地区）实施机构改革。由原来的14个办公室4个科2个所，调整为8个办公室：综合办公室、党群工作办公室、平安建设办公室、城乡建设办公室（环境专班）、民生保障办公室、社区建设办公室、经济发展办公室、纪工委监察办公室；1个队：综合行政执法队；4个中心：便民服务中心（包括退役军人服务站）、市民活动中心（党群活动中心）、市民诉求处置中心（综治中心）、社会公共事务服务中心（农业综合服务中心）；1个站：农村合作经济经营管理站。（熊建辉）

【奶东村美丽乡村建设】 年内，崔各庄乡完成奶东村“美丽乡村”工程建设项目，其中民宅外立面粉刷面积21.8万平方米、道路翻建面积7.3万平方米、修建停车场面积2万平方米，绿化面积6745平方米等。6个未拆迁村全部通过市级人居环境大检查，网格化管理工作排名连续46周全区第一。长店大街工程、京旺家园环境提升工程、泉辛路工程、善各庄工程通过验收。完成奶东垃圾中转站进场道路建设工程。 （熊建辉）

崔各庄地区（乡）社区居委会、村委会一览表

表37

序号	名称	地址	电话
1	马南里社区居委会	来广营东路马南里社区居委会	84702139
2	京旺一社区居委会	京旺家园二区北门	84306002
3	京旺二社区居委会	京旺家园六区东侧	84102168
4	东洲家园社区居委会	来广营北路东洲家园社区	84702652
5	燕保家园社区居委会	香江北路南燕保家园社区	84799022
6	广善一社区居委会	香江北路南广善一社区	84246889
7	崔各庄村委会	京旺家园四区南门东侧	64313676
8	善各庄村委会	京旺家园四区南门东侧	84560307
9	何各庄村委会	崔各庄乡何各庄村委会	64310510
10	马泉营村委会	崔各庄乡马泉营村委会	64364801
11	奶东村委会	顺白路北奶东村委会	84569998
12	奶西村委会	京旺家园二区北门	84568522
13	索家村委会	京旺家园四区南门东侧	64340206
14	费家村委会	崔各庄乡费家村	84701282
15	南皋村委会	崔各庄乡南皋村	64368320
16	北皋村委会	京旺家园一区北门东侧	84560377
17	望京村委会	京旺家园一区北门东侧	64364634
18	草场地村委会	崔各庄乡草场地村	84561509
19	黑桥村委会	崔各庄乡黑桥村	64336747
20	东营村委会	京旺家园一区北门东侧	84160336
21	东辛店村委会	东辛店村委会	64340686

（胡国光）

东坝地区（乡）

【概况】 东坝地区（乡）位于朝阳区东部，东邻金盏地区，北临崔各庄地区，南与平房、常营地区接壤，西接将台地区。辖区总面积24.6平方千米，下辖9个行政村、23个社区。截至年底，辖区常住人口182136人、户籍人口户26768户60900人、流动人口60698人、外籍人口313人；新出生人口767人、死亡人口479人。有法人单位3838个，其中央属单位3家、市属单位6家、区属单位5家，其他单位3824家；有三级医院1所、专科医院1所、社区卫生服务中心2个、社区卫生服务站4个；有养老机构5个；有为民服务大厅（改造中）、1700平方

米的地区文化中心、2100平方米党群服务中心各1处；有1000平方米以上文化广场6个、24小时自助图书馆3处。途经辖区公交线路11条、在建地铁线路2条；辖区绿化率30%。年内，东坝地区贯彻中共中央总书记习近平对北京重要讲话精神和市委书记蔡奇到东坝调研指示要求，坚持稳中求进、高质量发展要求，高标准推进地区城市化建设，全面提升区域发展品质、环境品质、管理品质和服务品质，有序推进“疏解整治促提升”，加速推进经济转型升级，全力提升地区环境水平、社会治理水平和公共服务保障水平。完成第四使馆区腾退任务；围绕东坝地区“两园三河”（“两园”是东坝郊野公园、坝河休闲公园，“三河”是坝河、亮马河和北小河）绿色生态布局，完成坝河景观廊道带（三岔河段）施工任务，以“1+6+7+N+X”（改善城乡环境面貌，提高居民周边生活环境为1个核心目标，以“治违、治脏、治乱、治堵、治水、增绿”6个方面为重点，对五环路内区域、东坝中路、金驹F区西侧道路等7个环境基础薄弱区域，按照“缺什么补什么”原则，联系周边N家企事业单位，共同配合，切实解决X个与群众生活息息相关的环境卫生问题）模式完成地区环境标杆乡项目建设，完成平原造林指标任务。全年实现地区经济总收入2.58亿元，比上年增长0.49%。东坝乡安全生产监察队获北京市安全生产先进单位、红松园社区获第六届全国文明单位称号。

▲ 8月1日，东坝地区“绿色装点幸福生活”垃圾分类百日宣传活动启动仪式　（东坝乡　供图）

【垃圾分类】 5月，东坝乡成立垃圾分类推进工作领导小组，制定《东坝乡垃圾分类实施方案》，以“绿色装点幸福生活”“小手拉大手环保齐步走”为主题，开展41项垃圾分类百日宣传活动，各社区组织垃圾分类宣传活动387场次，累计参加人员近3万人次。

【乡十三届四次党代会】 7月23日，东坝乡召开第十三届代表大会第四次会议。100余名乡党代表出席会议，乡领导班子成员、机关科室负责人、基层单位负责人等列席会议。会议听取和审议东坝乡党委工作报告、东坝乡纪委工作报告及关于党费收缴、使用和管理情况报告，选举产生乡党委委员、乡纪委委员。

【乡人大十七届七次会议】 7月24日，东坝乡人大十七届七次会议召开，49名人大代表和29名列席代表出席会议。会议听取并审议通过乡长于淑杰所做的题为《全乡上下迎难而上，锐意进取，统筹推进疫情防控和区域发展，为打造“国际交往中心的新亮点，活力时尚的高品质国际化街区”而不懈奋斗》的乡政府2020年上半年工作报告。

【机构改革】 12月23日，东坝地区（乡）机构改革工作完成，将原有科室调整为7个办公室、1个监察办（乡纪委）、1个综合行政执法队和5个事业单位。完成机关机构重新设置和编制职数重新核定，人员全部到岗。

【物业管理】 年内，东坝地区39个物业管理企业，成立党组织26家，实现党组织覆盖率61.54%。其中，已成立业委会小区1个，物管会小区23个，实现党组织全覆盖。

【“接诉即办”机制落实】 年内，东坝地区接收“12345”市民服务热线来件9431件，解决率65%，满意率66%，响应率100%。来件主要涉及住房类、公共安全类、交通管理类、投诉举报类、环境保护类等方面诉求。东坝地区按照“未诉先办、一办到底”工作要求，对标对表“未诉先办”工作中的“查、应、解、判”四步工作法，坚持案件派发首接责任人制度。“接诉即办”案件办理情况总体呈现上升趋势，其中10月份在北京市位列第21名，北京市年度考核综合排名第170名。（邢　星）

朝阳区东坝地区（乡）社区居委会、村委会一览表

表38

序　号	名　称	地　址	电　话
1	奥林匹克花园社区居委会	奥园小区723号楼底商	65494272
2	坝鑫家园社区居委会	坝鑫家园底商16号楼1层	84200292

续表 38

序 号	名 称	地 址	电 话
3	常青藤社区居委会	常青藤社区单店西路15号院1号楼底商	85379265
4	朝阳新城第二社区居委会	朝新嘉园东里4区8-1-101室	85095183
5	朝阳新城社区居委会	朝新嘉园东里3区1号楼	65456113
6	东坝家园社区居委会	东坝家园A区社区居委会	65415158
7	东湾社区居委会	和悦园小区5号楼南侧	65494864
8	东泽园社区居委会	红松路1号院1号楼2层	56357678
9	福润四季社区居委会	福润四季2号院8号楼1层	65415791
10	福园第二社区居委会	华瀚福园A区10号楼底商	65477577
11	福园第一社区居委会	华瀚福园C区7号楼S1一层底商	65475011
12	高杨树社区居委会	富北嘉园4号楼	65479710
13	红松园北里社区居委会	红松园北里18号院8号楼底商101室	65435259
14	红松园社区居委会	东坝乡红松园社区居委会	65490321
15	汇景苑社区居委会	汇景苑2区1号楼南侧底商	65495088
16	金驹家园第二社区居委会	金驹F区217号楼1单元102室	65732411
17	金驹家园第一社区居委会	金驹D区116号楼1单元203室	65427941
18	景和园社区居委会	朝新嘉园东里6区6号楼东侧一层	65479712
19	康静里社区居委会	康静里小区西门外南侧平房	65734994
20	丽富嘉园社区居委会	东坝中路30号院6号楼1单元101室	65479669
21	润泽社区居委会	首城东郡汇1号楼1单元南侧	65491007
22	悦和园社区居委会	悦和园小区2号楼2层	85384681
23	郑村社区居委会	畅颐园3号楼1层	65729110
34	七棵树村委会	东坝家园综合楼4层	65413066
25	单店村村委会	东坝家园综合楼4层	65497167
26	西北门村村委会	西北门村大环里老鱼场	84320809
27	后街村村委会	西北门村大环里老鱼场	84312838
28	东风村村委会	东坝乡东风村大街卫生服务站北侧	84318341
29	驹子房村村委会	东坝乡金驹家园F区217号楼地下室	52070581
30	三岔河村村委会	东坝家园综合楼4层	84313874
31	焦庄村村委会	焦庄国际酒店北侧	65780827
32	东晓景村村委会	东坝乡晓景加油站北侧	65780870

（邢　星）

东风地区（乡）

【概况】 东风地区（乡）位于朝阳区中部。东与平房乡、东坝乡接壤，南与八里庄街道、六里屯街道相接，西与六里屯街道、麦子店街道相连，北邻将台乡和酒仙桥街道。辖区面积7.38平方千米、下辖4个行政村、10个社区。截至年底，辖区常住人口64259人、户籍人口15695户35520人、流动人口28161人、港澳台同胞及外籍人口1017人；新出生人口525人、死亡人口399人。有法人单位家1448家，其中央属单位1家、市属单位1家、区属单位20余家，其他单位1400余家；有医院1所、社区卫生服务中心3个、社区卫生服务站2个；有中学2所、小学4所、幼儿园11所；有养老机构4家；有350平方米为民服务大厅和3300平方米地区文化中心各1处，有文化广场4处、益民书屋10处、图书馆1处；有郊野公园1个。途经辖区公交线路23条。辖区绿化率46%。年内，东风地区按照“123456”工作思路（“1”是一个认知，即“根本在人,关键在认识,核心在思想”;“2”是“两以”理念，即“以事业为己任，以勤奋者为本”；“3”是“三主”观念，即“主体责任、主动参与、主人感觉”；“4”是“四同”保障，即“同心、同向、同力、同步”；“5”是“五个东风”，即“新东风、稳东风、美东风、福东风、暖东风”；“6”是“六包”机制，即“包卫生、包整洁、包绿化、包设施、包秩序、包安全”），完成地区（乡）机构改革工作；完成六里屯村劳龄统计、清产核资、资产评估工作；完成豆各庄、辛庄、将台洼3个村农民转居转工安置、劳动年限“三榜公示”、清产核资账面资产清查核实工作；发布2020年“影响东风”十大事件，表彰“感动东风”十大人物。实现区级财政收入2.72亿元，比上年增长5%；集体经济总收入2.58亿元，比上年减少2.64%。获北京市垃圾分类示范小区称号。

【“6个1”工作模式】 2月15日，东风地区紫萝园社区党委依据相关法律法规和地区有关规定，加强辖区单位及六小门店疫情防控工作管理，结合“动态楼宇”闭环管理模式，制定实施《辖区单位及六小门店管理制度》,实行“6个1”（即1份《员工花名册》，1份门店消杀记录，1份门店工作人员体温登记表，发放1封信，在显眼位置张贴1份通告，签订1份六小门店防控责任书）工作模式。

【垃圾分类】 5月1日，东风地区开展生活垃圾分类管理和执法检查。成立垃圾分类专班，通过宣传培训、座谈调研、检查指导、排名通报以及约谈处罚等措施，垃圾分类成效明显，厨余垃圾分出量由日均0.9吨增至10.12吨,分出率21.74%,排名全区前三名。石佛营东里128号院获全市第一个乡、第一批北京市生活垃圾分类示范小区（村）“双第一”。

▲ 12月29日，东风乡表彰“感动东风”十大人物　（刘　珂　摄）

【“三社一体化”领航项目】 5月至9月，东风地区在石佛营东里、石佛营西里等6个社区实施“三社一体化”（将社区、社会组织、社工有机整合起来开展社区服务的一种新的社区治理模式）项目，打造2个“三社一体化”领航社区。项目以社区内“小区疫情防控、民生服务保障和提升物业服务”为共同治理事项，培育和支持小区内居民社会组织和物业服务企业两类主体，以“共生友好”“共治共享”新型关系和理念为目标，构建社区治理共同行动基本格局。

【腾退绿隔滞留户】 7月至8月，东风地区启动绿隔区域腾退收尾工作。30天内，将有经历过2次拆迁滞留17年的116户全部拆除完毕，拆除面积约5万平方米，为京哈高速铁路北京朝阳站道路配套建设顺利实施提供保证。

【拆违控违】 8月21日至9月15日，东风地区拆除石佛营东里楼体外搭鸽舍。依托“12345”市民服务热线导航作用，拆除老旧小区高层阳台外搭鸽舍20处、面积1000余平方米。拆除东润枫景社区311户违建及私搭乱建，拆除面积约1.5万平方米。年内，地区实施北京朝阳站周边道路用地腾退，先后对地雅集团、新七彩商业中心、朝阳区消防支队等7处非宅拆除腾退，拆除面积约7万平方米，保障北京朝阳站周边道路建设，推进乡域内交通设施规划实施。

【“双创”验收】 9月5日至10日，东风地区落实实名制管控，检查店外经营、堆物堆料、违规设置广告牌匾等行为，查处无照经营72起，规范店外经营95起，拆除破损广告牌6处、清理窗贴广告24处，纠正车辆乱停乱放6辆次。完成全国文明城区复查和创建国家卫生城区验收工作。9月14日，上传创建垃圾分类示范片区验收资料。

【第七次全国人口普查】 年内，东风地区完成第七次全国人口普查工作。10月完成入户摸底调查，形成普查登记底册，为国家、区级平台登记录入39454户，82162人，常住人口61351人。11月至12月，完成普查员入户登记和《第七次全国人口普查短表》《第七次全国人口普查长表》《第七次全国人口普查港澳台居民及外籍人员表》《第七次全国人口普查死亡表》的填报，并对普查数据进行审核、检查和验收工作。11月1日至15日完成短表、港澳台及外籍表、死亡表登记，登记40056户84019人，其中户籍人口35520人，常住人口64259人，出生525人，死亡237人、港澳台及外籍1017人。11月15日至28日完成长表登记2777户。11月26日至12月10日，开展数据比对复查工作，通过四下四上反馈各类复查情况1万余人次。12月15日至25日，开展行职业编码工作。乡普办采取集中编码的形式，完成行职业编码3324人。

【交通环境整治】 年内，东风地区实施占道经营执法攻坚行动，全年查处占道经营114起，比上年下降73%；为解决观湖国际社区、泛海国际社区周边居民出行问题，增设辛庄二街3个红绿灯，改建坡型便道，引进朝阳停车公司，实行路侧停车收费，区域交通秩序改善。 （贯 梦）

东风地区（乡）社区居委会、村委会一览表

表39

序号	名称	地址	电话
1	石佛营东里社区居委会	石佛营东里小区113号楼东侧小红楼	85821433
2	石佛营西里社区居委会	石佛营西里临乙1号	85814852
3	石佛营南里社区居委会	八里庄北里129号院2号楼3层	85835729
4	紫萝园社区居委会	石佛营东里136号院1号楼108号	85846204
5	东润枫景社区居委会	东润枫景28号院6号楼2单元	64366261
6	观湖国际社区居委会	东四环北路88号院7号楼1单元2层	59283908
7	公园大道社区居委会	朝阳公园南路6号院4号楼	65306784
8	泛海国际南社区居委会	星火西路17号泛海国际南社区服务站	85855887
9	南十里居社区居委会	南十里居41号院5号楼3单元103室	58294239
10	东风苑社区居委会	星火西路17号楼社区服务中心202室	85904182
11	豆各庄村村委会	高庙村豆各庄村委会	85811977
12	辛庄村村委会	东风乡辛庄甲1号	85846040
13	将台洼村村委会	东风乡将台洼村委会	84315469
14	六里屯村村委会	东风乡六里屯村委会	65862163

（谢 昆）

豆各庄地区（乡）

【概况】 豆各庄地区（乡）位于朝阳区东南部。东邻黑庄户乡，南邻通州区台湖镇，西靠王四营乡和十八里店乡，北接三间房乡，辖区面积14.16平方千米，下辖12个行政村、12个社区。截至年底，辖区常住人口17702人、户籍人口8718户17409人、流动人口22516人、外籍人口218人；新出生人口194人、死亡人口150人。有法人单位1683家，其中中央属单位24家；有社区卫生服务中心1个、社区卫生服务站3个；有中小学5所，普惠性幼儿园7所；有养老机构3个；有200平方米为民服务大厅、3024平方米地区综合文化中心、注册在案的文化广场2个。途经辖区公交线路10条，地铁7号线贯穿其中。辖区绿化率49.63%。年内，豆各庄地区贯彻习近平总书记对北京系列重要讲话精神，落实中央、市区及乡党委各项决策部署，认真贯彻落实乡党代会第八届四次会议精神，以“强基固本、凝心聚力”为主线，紧扣民生“七有”要求和“五性”需求，在疫情防控常态化前提下，扎实推动高质量发展，切实保障和改善民生，全力维护区域安全稳定，全面深化从严治党，奋力谱写豆各庄发展新篇章。按照“精益求精，万无一失”的要求，高标准高水平完成各项重点工作和服务保障任务。落实防控疫情工作、完善垃圾分类综合考核体系、推动新时代爱国卫生运动、提升党建引领吹哨报到机制建设、“接诉即办”工作、完成地区第七次全国人口普查重点工作；豆各庄乡综合行政执法队挂牌成立、启动村和社区“两委”换届选举工作；宸欣园社区居委会（东城区安置房项目）挂牌成立。全年实现区级财政收入5855.53万元，比上年增长2.7%。

【乡八届四次党代会】 1月15日，豆各庄乡召开第八届党代会第四次会议，82名乡党代表出席会议，各科室负责人、部分单位主要负责人及非公企业党组织负责人列席。乡党委书记张军茹代表中共豆各庄乡第八届委员会做2019年度工作报告。与会代表民主测评党委班子及成员。会议表决通过2019年党委工作报告及纪委工作报告。

【乡人大十七届八次会议】 7月10日，豆各庄乡第十七届人民代表大会第八次会议召开。38名乡人大代表出席会议，乡领导班子成员、各村党支部书记、企事业单位主要领导以及部分朝阳区人大代表、机关科室负责人等列席会议。党委副书记、办事处主任戴昌军做豆各庄乡人民政府工作报告（草案），回顾2019年以来的工作，总体部署2020年发展总体要求和下一阶段工作。人大主席吕志做人大工作报告（草案）。大会以书面形式下发豆各庄乡2019年财政预算执行情况和2020年财政预算报告（草案）。表决通过豆各庄乡政府工作报告、人大工作报告以及2019年财政预算执行情况和2020年财政预算报告。大会表决通过《豆各庄乡第十七届人民代表大会第八次会议选举办法（草案）》。补选戴昌军为豆各庄乡人民政府乡长。

【惠民工程】 8月，豆各庄地区启动自备水置换市政水工程，11月4日，地区青青家园社区、朝丰家园社区、明德园社区、富力又一城第一社区、富力又一城第二社区、御景湾社区、京城雅居社区等七个社区及宇达创意产业园顺利接通市政水，水置换工程完成。

【补选区人大代表】 10月10日，豆各庄地区完成朝阳区和豆各庄乡人大代表补选工作。选举张军茹为朝阳区第十六届人民代表大会代表，选举戴昌军为豆各庄乡第十七届人民代表大会代表。

【文化活动】 10月23日，豆各庄地区第二届萧太后河民俗文化节在马家湾湿地公园开幕。文化节以“礼乐母亲河 文化兴家帮”为主题，采取“中心展演+半环带互动+动线游览”形式，设置多个打卡点位，通过歌舞表演、民俗体验、汉服变装秀及猜灯谜等环节吸引居民参与其中。创新互联网时代文体模式，开展“活力豆各庄·幸福在朝阳”豆唱明天第一届线上K歌大赛及第二届萧太后河民俗文化节。参与群众1万人次以上。 （常子涵）

▲ 10月23日，豆各庄地区第二届萧太后河民俗文化节在马家湾湿地公园开幕 （李会娟 摄）

朝阳区豆各庄地区（乡）社区居委会、村委会一览表

表40

序号	名称	地址	电话
1	绿丰家园社区居委会	豆各庄乡绿丰家园东路	85309162
2	朝丰家园社区居委会	天达路8号院6号楼	67206179
3	青青家园社区居委会	豆各庄5号院131号楼	85300959

续表 40

序号	名称	地址	电话
4	京城雅居社区居委会	京哈高速（京城雅居）	87391785
5	阳光家园社区居委会	黄厂路豆各庄一号院	87392814
6	文化传播社区居委会	双桥路中路甲9号	85361423
7	富力又一城第一社区居委会	豆各庄广祥街3号a	59644824
8	富力又一城第二社区居委会	马家湾村萧太后河边	67287036
9	明德园社区居委会	天达路4号院7号楼	67366769
10	青荷里社区居委会	青荷里南山园4号楼	67360687
11	御景湾社区居委会	黄厂路4号院7号楼	87301302
12	宸欣园社区居委会	豆各庄乡荣晨路1号院13号楼	65766105
13	南何家村村委会	绿丰家园小区园内	85308299
14	于北村村委会	绿丰家园小区内	85366353
15	于南村村委会	绿丰家园小区园内	85307431
16	石槽村村委会	朝丰家园8号院6号楼	67206233
17	东马各庄村村委会	绿丰家园小区园内	85307047
18	西马各庄村村委会	朝丰家园8号院6号楼	67206181
19	豆各庄村村委会	朝丰家园8号院6号楼	67206225
20	孟家屯村村委会	朝丰家园天达路6号院	87391357
21	黄厂村村委会	朝丰家园8号院6号楼	67206288
22	马家湾村村委会	朝丰家园天达路6号院	67206230
23	水牛坊村村委会	朝丰家园8号院6号楼	67373802
24	孙家坡村村委会	朝丰家园天达路6号院	67206232

（常子涵）

高碑店地区（乡）

【概况】 高碑店乡位于朝阳区东部。东接东五环外传媒大学，南至广渠路以南与王四营乡相接，西临大望路，北靠朝阳路与平房乡相连。辖区面积15.08平方千米。下辖28个社区、4个行政村（高碑店村、半壁店村、高井村、北花园村）。截至年底，辖区常住人口约155655人（其中少数民族人口6080人）、户籍人口25451户54773人（其中农业人口1265人）、流动人口45655人、外籍人口537人；新出生人口1029人、死亡人口370人。有法人单位9165家，其中央属单位10家、区属单位28家、其他单位9127家；有医院2所、社区卫生服务中心1个、社区卫生服务站7个；有中学4所、小学6所、幼儿园6所；有社区服务中心28个、养老机构3所；有400平方米为民服务大厅、3000平方米地区文化中心各1处，文化广场4处和24小时自助图书馆4处。途经辖区公交线路41条，地铁八通线、1号线、10号线贯穿其中。辖区绿化率13%。年内，地区贯彻落实市、区决策部署，坚持稳中求进工作总基调和高质量发展要求，统筹推进疫情防控和经济社会发展，确保“十三五”规划顺利收官，全面建成宜居、平安、和谐、幸福、富裕、活力、智慧的小康高碑店。完成机构改革工作，形成“七办一队一委四中心”机构组织；招聘社工25人；完成高碑店村、半壁店村、高井村、北花园村村级产权制度改革；完成八里庄村清产核资和资产评估工作。全年实现区级财政收入65049.86万元，比上年减少18.88%；征收房产税1642万元，比上年减少45%。高井村被中央文明委授予第六届“全国文明村镇”称号。

【乡人大十七届十次会议】 6月7日，高碑店乡召开第十七届人民代表大会第十次会议，应参加会议代表44名、实到会代表44名。会议审议并通过《高碑店乡政府2019年工作报告》《高碑店乡人大主席团工作报告》《高碑店乡2019年财政预算执行情况和2020年财政预算草案的报告》。会议选举高云汉为高碑店乡人民政府副乡长。

【政务公开】 9月3日，高碑店地区政务服务中心装修完成投入使用。年内，高碑店地区政务公开政府工作报告和财政预算、决算等信息60余条，全文电子化率达100%；公示行政处罚信息61条，行政检查信息1267条，其他行政执法信息8条；受理申请行政答复书9件，办结9件；收到行政诉讼案件7件，结案3件；处理行政执行案件1起，已终结。全年向区委办、政府办、农委办报送信息70余条，在地区网站、微信公众号、《高碑店地区报》等平台刊登各类新闻信息1000余条。

【“疏解整治促提升”】 年内，高碑店地区完成“疏解整治促提升”年度指标。新增绿地14.45万平方米，调减人口6490人，除建设用地减量外（年度任务为65.81万平方米，已完成38.73万平方米），其余功能疏解任务均提前收官。其中，拆除违法建筑面积5.8万平方米。成立“区—乡—村”三级工作专班，下设1个办公室、6个工作组，全面启动文化园区域疏解拆除工作。市委巡视问题合同（市涉地合同）53份、规自领域问题合同10份，全部整改到位。区纪委问题合同206份，整改完成204份，2份待疏解合同报农业农村局挂账。7项问题整改完成4项。累计增加集体经济收入6667万元，扩大集体资产面积3246平方米，收回集体土地面积1200平方米。

【平安建设】 年内，高碑店地区完成两会、服贸会、国庆期间等服务保障任务。聚焦水、电、气、热等城市生命线运行安全，深化安全生产常态化管理，开展消防夜查125次，执法检查155起，检查隐患8660项，消除隐患8500余项，隐患整改率达到98%。实施八里庄村重点村安全隐患综合整治，实现“三站三室”（“三站”是流管站、巡防站、微型消防站；“三室”是警务室、民调室、视频监控室）全面覆盖，增配巡逻警务车2辆。全乡发生可防性案件34起，比上年下降64起，群众安全感提升。

▲ 9月3日，高碑店地区政务服务中心改造装修完成 （李 桐 摄）

【社区建设】 年内，高碑店地区以项目建设为抓手、社区品牌创新为引领，深化“一社区一品牌”建设，挖掘和创新社区治理新载体，重点打造丽景馨居“七彩志愿”服务、太平庄北社区“三明治”工作法等社区治理品牌、社会组织成长孵化平台、社企联动——社区服务体系建设，全面完成4个“三社一体化”（将社区、社会组织、社工有机整合起来开展社区服务的一种新的社区治理模式）、7个“农民市民化”项目，实现社会治理重心下移，基层治理、调节、自治良性互动。

【物业管理】 年内，高碑店地区33个物业服务企业，成立物管会29个，组建率87%；成立党支部27个，覆盖率达93.1%。各个物管会已成立党组织22个，覆盖率达66.67%。

【大运河文化带（高碑店段）建设】 年内，高碑店地区按照“一带四区”（“一带”：打造通惠河文创文旅科技产业带；“四区”：百姓宜居的社区、文旅科创的园区、风景美丽的景区、人间烟火的商区）定位，统筹全乡环境、产业、建筑资源，瞄准“文创文旅科技融合发展”战略方向，全力打造大运河通惠河商业文化景观带，推动地区环境整体提升。实现通惠河高碑店段通航（通航水域总面积14.29万平方米），涉及配套临时房屋4间，售票厅、救生衣发放处、值班室、配电室、防腐木平台已建设完毕。水域涉及漂浮码头12节，各类船只50条。

【经济发展】 年内，高碑店地区以“援企、稳岗、促就业”为目标，开启走动式服务企业模式，落实减租降费政策，发放各类支持资金2000余万元，减免企业房屋租金1.1亿余元，惠及企业3371家。完成2家异地纳税重点企业落地辖区任务。全年完成一般公共财政预算收入6.5亿元，完成全年任务的77%；实现农村集体经济总收入22849.2万元。

【信访排查】 年内，高碑店地区开展“大走访、大排查、大化解”活动，组织常规排查10次，专项排查3次，动态排查4次，化解各类矛盾纠纷32件，领导包案3件。接待群众来信137件、来访125批539人次，及时受理，按期办结，群众满意率98%以上。联席调处突出矛盾纠纷，化解信访积案3件。对涉及群众切身利益的重大决策开展信访风险评估，全年立项并结案1件。

【垃圾分类】 年内，高碑店地区开展垃圾分类党建引领、全方位监督、宣传发动、亮点打造、示范片区市级验收托底等攻坚行动，创新“一二三四N”（坚持党委核心领导共下一盘棋；聚焦居住区和公共机构两大板块、着力推动；构建协调、分类调研、监督三机制，内核驱动；搭建分类投放、分类收集、分类运输、分类处理四环节体系，精细管控；调动N方力量参与，精密智控）运作模式，探索试点“定时定点投放”“互联网＋智能设备”“入户收取，垃圾不落地”“改造式桶站”等特色多元新模式，厨余垃圾前端进（垃圾）楼量20%。

【助残服务】 年内，高碑店地区为44名残疾人网上申请办理自主创业及一次性医疗保险补贴61万元、为2名残疾人免费提供出行预约服务、为4名残疾人办理特殊困难残疾人家庭安装“一键呼”智能终端服务、为9名残疾儿童申请康复报销补贴23万元、为70名贫困重残人家庭开展家政服务。配合民政部门为457名残疾人发放“两项补贴”173万元、为610名失能老人发放护理补贴290余万元。帮助8名残疾人解决就业；为348名残疾人提供康复服务。地区残疾人运动员魏宝利、田野、杨永杰、曹峙在北京市首届“健康杯”残疾人群众体育大会上获旱地冰壶（听力组）第一名。魏宝利、田野、杨永杰、曹峙在京冀蒙残疾人旱地冰壶邀请赛中，获群体项目组第二名。（刘　洋）

朝阳区高碑店地区（乡）社区居委会、村委会一览表

表41

序　号	名　称	地　址	电　话
1	力源里社区居委会	力源里北街2号院6号楼办公室	85723201
2	八里庄社区居委会	佳兆业广场南塔T4 302室/康家沟甲30号	87728002
3	通惠家园社区居委会	通惠家园惠润园4号楼3单元首层	59679522
4	甘一社区居委会	康家园23号楼1层	85751136
5	甘二社区居委会	甘露园南里二区19号楼东侧居委会	85752718
6	康家园西社区居委会	康家园小区1号楼北头西侧	85753613
7	康东社区居委会	白领家园5号楼3单元201室	51316821
8	丽景馨居社区居委会	甘露园南里3区9号楼2层	85748207
9	兴隆家园社区居委会	建国路29号兴隆家园23号楼2层	85776966
10	太平庄南社区居委会	朝阳路69号院临甲9号	51386093
11	太平庄北社区居委会	高井北街7号院2号楼	65588195—820
12	太平庄社区居委会	黄杉木店路188号阿曼寓所1号楼2单元B1层	58636550
13	汇星苑社区居委会	大黄庄西路3号院6号楼3单元203室	85781235
14	高井社区居委会	大黄庄南里1号高井传媒精英总部大楼东侧	85762152
15	大黄庄社区居委会	大黄庄152号	85761780
16	花北西社区居委会	大黄庄南里25号楼西侧	65791272
17	花北东社区居委会	花园闸北里13号楼	65773806

续表 41

序号	名称	地址	电话
18	花园闸社区居委会	北花园小区1号院5号楼	51077570
19	北花园社区居委会	北花园中路3号院5号楼底商D-1S	53526575
20	高碑店东社区居委会	高碑店村5区14号楼1层	85763010
21	古街社区居委会	高碑店村古典家具街五环桥西	85761701
22	文化园社区居委会	高碑店村民俗文化街1712号	87741123
23	小郊亭社区居委会	尚帝佳公寓南半壁店消防站4层东侧	87529472
24	半壁店社区居委会	尚帝佳公寓南半壁店消防站4层西侧	83050673
25	方家园社区居委会	广渠东路方家村美丽乡村指挥部后	87742811
26	高碑店西社区居委会	高碑店乡高碑店村1区32号楼	85755601
27	西店社区居委会	西店村弘胜大厦西店服务站	85791129
28	水南庄社区居委会	惠河南街1131号君天大厦	87703699
29	高碑店村民委员会	高碑店古家具一条街（阳光幼儿园北侧）	87741570
30	高井村民委员会	朝阳区新维亚商务酒店	85744204
31	北花园村民委员会	朝阳区塔营北街（北花园小学）	65475890
32	半壁店村民委员会	朝阳区高碑店乡半壁店村	87743302

（刘 洋）

管庄地区（乡）

【概况】 管庄地区（乡）位于朝阳区东部。东邻通州区永顺镇，南与豆各庄乡、黑庄户乡毗邻，西接三间房乡，北与常营乡接壤，属CBD—定福庄国际传媒走廊的一部分。辖区面积10.15平方千米，下辖14个社区、12个村。截至年底，辖区常住人口8.2万人、户籍人口23843户65793人（其中农业人口4692人）、流动人口47736人、外籍人口255人。辖区人口以汉族人口和回族人口为主，其中回族人口5163人；新出生人口514人、死亡人口409人。有法人单位3398家，其中央属单位21家、市属单位17家、区属单位18家；有大学2所、中学3所、小学2所（含7个校区）、幼儿园11所；有社区卫生服务中心1个、社区卫生服务站4个；有养老机构2个；有200平方米为民服务大厅、1700平方米地区文化服务中心各1处、3000平方米文化广场各1处，有24小时自助图书馆3处。途经辖区公交线路12条，地铁八通线、京秦铁路、通惠河贯穿其中。辖区绿化率11.5%。年内，乡党委乡政府以高质量发展为根本要求，坚定不移强发展，全力而为优民生，统筹推进疫情防控常态化，经济社会稳定发展，确保“十三五”规划圆满收官、“十四五”规划顺利开局，奋发有为地推动管庄各项事业又好又快发展。完成第七次全国人口普查工作，杨闸（二期）安置房开工建设，调整新天地、管庄北里、管庄东里3个社区居委会规模。全年实现集体经济总收入2468.6万元，比上年减少1262.2万元；农民人均劳动所得实现49492元，比上年增长6%。

【垃圾分类】 6月5日，管庄地区启动“企业助力垃圾分类共建”捐赠仪式，区城市管理委、区农业农村局基层政权建设科、管庄地区领导班子、各社区、村书记、机关科室负责人及共建企业的负责人参加。管庄地区70余家企业在做好自身垃圾分类工作的同时，落实企业社会责任，与25个社区、村“结对子”，为地区居民捐赠厨余垃圾桶近5万个。

【乡八届五次党代会】 9月10日，管庄乡召开中共第八届党代会第五次会议。84名乡党代表、31名列席人员出席会议。乡党委书记万小兵向大会做《牢记初心使命 砥砺奋进前行 坚决打赢加快推进农村城市化建设决胜仗》的党委工作报告（草案）。代表审议并通过党委工作报告（草案）、纪委工作报告（草案）和党费收缴和使用情况工作报告（草案）。

▲ 9月3日，管庄地区管庄西里建东苑西区环境整治后（史 蕾 摄）

【乡人大十七届八次会议】 9月22日，管庄乡召开人大第十七届第八次会议。42名乡人大代表参加会议，机关各科室科长（负责人）以及各社区书记和主任列席会议。会议听取并审议通过汪宝成所做的《管庄乡人民政府2020年上半年工作报告》；会议选举汪宝成为管庄乡人民政府乡长。

【社区环境整治】 11月，管庄西里社区（北内小区、邮局小区、四建小区、科大小区）环境整治项目竣工，累计完成建筑物粉饰面积2万平方米、道路补修面积1.15万平方米、铺装硬化面积3600平方米、拆除侵占绿地私搭乱建面积1300平方米、绿化美化面积5600平方米、防小广告粉刷面积2万平方米、架空线梳理2500延米、安装绿地防护网面积1400平方米。

【机构改革】 12月25日，管庄地区召开机构改革工作会。机构调整为："七办一室一队五中心"，即综合办公室、党群办公室（人大工作办公室）、城乡建设办公室、民生保障办公室、平安建设办公室（司法所、人民武装部）、经济发展办公室（统计所）、社区建设办公室；乡监察办公室；综合行政执法队；便民服务中心（退役军人服务站）、市民活动中心（党群活动中心）、市民诉求处置中心（综治中心）、社会公共事务服务中心（农业综合服务中心）、农村合作经济经营管理站。年底前完成机构调整、人员转隶、备案等各项改革任务。

【第十四届惠河文化节】 年内，管庄地区以"云端汇文化 齐心战疫情"为主题，开展第十四届惠河文化节线上文艺作品征集活动，至9月，征集居民文化志愿者投稿作品80余个，参与演员200余人。10月26日，第31届北京农民艺术节"乡村大舞台"暨管庄地区第十四届惠河文化节闭幕。

【疏解整治】 年内，管庄地区完成拆除违法建设面积26.42万平方米，腾退土地面积7.8万平方米；新生违法建设动态清零；"基本无违法建设街乡"创建工作落实到位。实施城乡接合部绿化9万平方米。整治占道经营48处，关停贝贝之星、佰思童、防腐厂幼儿园等自办园11家，完成劳动监察60家，整治便民服务网点3个，退出一般制造业1家。完成年度常住人口调控任务。

【物业管理】 年内，管庄地区56个物业管理区域，除军产、公租房等小区，成立物管会38个、业委会1个，成立物管会功能型党支部38个，覆盖率90.5%。

【敬老助残】 年内，管庄乡落实城乡居民养老、医疗、保障性住房审批等惠民政策措施。城乡居民基本医疗保险增至981人。开发就业岗位1653个。对低保、低收入、残疾人等开展多渠道社会救助。实施无障碍环境建设3年行动计划，完成289处无障碍设施改造，推进学前教育三年行动计划，针对各类人群开展形式多样的社区教育活动，分级分类强化未批自办托幼场所监督管理。（张 伟）

朝阳区管庄地区（乡）社区居委会、村委会一览表

表42

序 号	名 称	地 址	电 话
1	管庄东里社区居委会	管庄东里35号楼东侧平房	51164080
2	管庄西里社居委会	管庄西里3楼南侧平房社区居委会	65740261
3	建东苑社区居委会	管庄建东苑小区1号楼东侧居委会	65752017
4	丽景苑社区居委会	管庄西里79号楼（尚东阁小区）底商丽景苑社区居委会	65796968

续表 42

序　号	名　称	地　址	电　话
5	京通苑社区居委会	京通苑社区10号楼东二层	65709460
6	八里桥社区居委会	东军庄8号楼5单元103室	85701262
7	瑞祥里社区居委会	管庄瑞祥里小区4号楼3单元101室	85709409
8	惠河东里社区居委会	双桥东路12号院15号楼一层居委会	65485807
9	惠河西里社区居委会	双柳北街一号院14号楼305室	65438728
10	新天地社区居委会	管庄地区朝阳路5号院12号楼北门2层	59121092
11	新天地一社区筹备组（未设居委会）	朝阳路5号院12号楼北侧2层	59121092
12	远洋一方嘉园社区居委会	管庄地区双桥东路5号院1号楼201室	56649598
13	管庄北里社区居委会	常意路3号院4号楼一层	65727639
14	远洋一方润园社区居委会	管庄地区塔营北街6号院7号楼101室	57911631
15	管庄村村委会	管庄乡管庄村	65753126
16	杨闸村村委会	管庄乡杨闸环岛东侧杨闸清真寺西侧	85708652
17	果家店村村委会	瑞祥里小区4-4-103室	85708429
18	八里桥村村委会	管庄瑞祥里小区26号楼北侧	85708932
19	东会村村委会	双桥东路双会桥南100米路西综治中心	65459097
20	司辛庄村村委会	管庄乡司辛庄东路东1时区北200米	65739289
21	重兴寺村村委会	北管庄新村D区 1号楼1单元103 、104室	65739058
22	郭家场村村委会	小寺南街五号院	13581962339
23	咸宁侯村村委会	管庄新村8-2-101室	85365773
24	小寺村村委会	塔营北街3号院1号楼1单元101室	65703627
25	塔营村村委会	瑞祥里小区29-1-102室	85708418
26	西会村村委会	瑞祥里小区4号楼1单元103室	85709632

（张　伟）

黑庄户地区（乡）

【概况】 黑庄户地区（乡）位于朝阳区东南部。东与通州区台湖镇工业园区接壤，南与光机电产业基地相邻，西与垡头边缘集团与豆各庄乡相接，北靠定福庄边缘集团与管庄乡相连，辖区面积24.1平方千米，下辖16个行政村（已拆迁3个）、6个社区。截至年底，辖区常住人口15632人、户籍人口10002户21588人（其中农业人口7447人、非农业人口14141人、回族人口1051人）、流动人口24843人、外籍人口91人；新出生人口162人、死人口亡239人。有法人单位86家，其中有北京海丰宝物流有限公司、北京大秦物流有限公司等单位，有乡直属企业5家；有医院2所、社区卫生服务中心1个、社区卫生服务站9个；有中学1所、小学4所、幼儿园3所；有养老机构2个；有600平方米为民服务大厅1处、文化广场9处、24小时自助图书机3处。途经辖区公交线路7条，地铁7号线在辖区设郎辛庄站和黑庄户站。辖区绿化率65.26%。年内，黑庄户地区深入学习贯彻党的十九大和十九届二中、三中、四中、五中全会精神，保持战略定力、从容应考、沉着应战，统筹疫情防控和经济社会发展，扎实做好“六稳”工作，全面落实“六保”任务，持续推进经济社会各项工作高质量发展。完成全国两会、北京音乐园开园等重大活动安全服务保障、完成基本农田复耕复垦复种167万平方米、实施集体资产规范化管理，完成集体经济问题合同整改260份、协办北京国际音响展等。全乡经济总收入5.88亿元，比上年增长1.7%；农村居民人均可支配收入31152元，比上年增长4%；实现区级财政收入1.25亿元，比上年减少24.24%。黑庄户乡获北京市抗击新冠疫情先进集体称号。

【产业升级】 6月10日，黑庄户地区推进北京音乐产业园规划建设，黑庄户乡将老旧厂房疏解腾退、收归集体，实现产业升级。完成核心区面积约6万平方米建筑及水、电、气、暖等市政设施改造，注册成立园区运营公司。

【环境整治】 年内，黑庄户地区疏解一般性制造企业3家，实现区域绿化留白增绿14.67万平方米。调减人口13658人，完成调控指标的119.5%，完成大鲁店一村、二村、三村、小鲁店等4个村的智慧平安村建设。排查整改安全隐患9463条，启动大鲁店一村、大鲁店二村、双树南村、双树北村4个村的人居环境整治工作，建立常态化机制，坚持对标对表，组织开展多轮专项整治行动。累计出动886人次、车辆102台次，清理点位488个，清除非法小广告318处，清理各类垃圾约14吨。处理暴露垃圾、道路不洁、乱堆乱放等问题2500余处，完成自查问题整改点位730余处。各类裸露土地台账摸排面积128万平方米，整治面积92万平方米。依法查处占道经营类违法行为400余起，行政处罚212起；取缔露天烧烤、大排档8个，规范门前三包店外经营60余家，拆除户外违规广告牌65块，临窗广告70余处。

【垃圾分类】 年内，黑庄户地区开展垃圾分类宣传活动，普及垃圾分类知识，引导居民逐步养成主动分类的习惯，累计开展宣传培训81场，点位宣传80次，发放宣传海报约1400张、宣传单页1000余份、《给居民的一封信》约1.5万份，优化住宅区厨余垃圾清运模式，分出厨余垃圾1891吨，行政处罚152起。

【民生保障】 年内，黑庄户地区组织开展各类公益活动40余次，开展助洁助浴、教育培训、精神关怀、志愿服务等居家养老服务457次；189名精神病患者监护人申领看护管理补贴，发放补贴金额39.96万元；全乡红十字捐赠活动募集捐款5.25万元；安康保险政府出资参保的低保16户、伤扶26户、特扶15户，计划生育家庭户参保2668户，投保金额10.5483万元。

【“接诉即办”机制落实】 年内，黑庄户地区完善“街乡吹哨、部门报到”机制，建立健全快速响应机制。累计受理案件6086件，响应率100%，解决4521件，直派4740件、区转派1346件。办理信访168批次，调解168批次，排查4批次。解决率、满意率综合排名全区农口第10位。

【物业管理】 年内，黑庄户地区16家物业企业，成立物管会13个，物业管理区域完成覆盖率为81.25%，党组织成立11个，完成党组织覆盖68.75%。（杨　冬）

朝阳区黑庄户地区（乡）社区居委会、村委会一览表

表43

序　号	名　称	地　址	电　话
1	一社区居委会	黑庄户乡双桥农场五号井小区39号楼	85392469
2	二社区居委会	黑庄户乡温泉东里中街	85393460
3	三社区居委会	黑庄户乡温泉东里中街	85308661
4	康城社区居委会	双桥东路9号物业楼	85373117
5	旭园社区居委会	黑庄户乡旭园卫生服务站	85384802
6	怡景城社区居委会	黑庄户乡郎辛庄万通路怡景城花园	65739200
7	大鲁店一村村委会	黑庄户乡大鲁店一村	85386242
8	大鲁店二村村委会	黑庄户乡大鲁店二村	85303735
9	大鲁店三村村委会	黑庄户乡大鲁店三村	85383959
10	小鲁店村村委会	黑庄户乡小鲁店村	85386256
11	郎各庄村村委会	黑庄户乡郎各庄村	85381606

续表 43

序　号	名　称	地　址	电　话
12	郎辛庄村村委会	黑庄户乡郎辛庄村	85382273
13	万子营东村村委会	黑庄户乡万子营东村	85387860
14	万子营西村村委会	黑庄户乡万子营西村	85386698
15	黑庄户村村委会	黑庄户乡黑庄户村	51235398
16	四合庄村村委会	黑庄户乡四合庄村	85382075
17	定辛庄东村	已拆迁	—
18	定西庄西村	已拆迁	—
19	苏坟村	已拆迁	—
20	双树南村村委会	黑庄户乡双树南村	85373302
21	双树北村村委会	黑庄户乡双树北村	85372084
22	么铺村村委会	黑庄户乡么铺村	85371777

（杨　冬）

将台地区（乡）

【概况】 将台地区（乡）位于朝阳区中北部，横跨东四环、东五环路，地处朝阳区丽都、燕莎商圈，毗邻电子城科技园区。东至东八间房北岗子村与东坝乡相邻；南至麦子店街与东风乡、麦子店街道相接；西至京顺路与望京街道、太阳宫乡相连；北至将府家园北窑地居民区与崔各庄乡接壤。辖区面积11.45平方千米，下辖2个村委会、11个社区居委会。截至年底，辖区常住人口64063人、户籍人口13695户28201人、流动人口21144人、港澳台同胞和外籍人口1572人；新出生人口218人、死亡人口382人；有法人单位2693个，其中央属单位12家、区属单位1家。有医院、诊所及医务室18家，社区卫生服务中心1个，社区卫生服务站3个；有科研院所1个、大学2所、中学3所、小学4所、幼儿园8所；有地区级养老机构1个、社区级养老机构2个、公建民营养老机构2个；有260平方米为民服务大厅、3000平方米地区文化中心各1处，有文化广场11处和24小时自助图书馆3处。途经辖区公交线路24条，地铁14号线贯穿其中。辖区绿化率50.08%。年内，地区坚持以习近平新时代中国特色社会主义思想为指导，统筹推进疫情防控和经济社会发展，扎实做好“六稳”“六保”工作，开展48项重点工作，完成全年各项任务。全年实现区级财政收入10.37亿元，比上年增长5.5%。辛国明获北京市抗击新冠肺炎疫情先进个人称号。（杨一帆）

【垃圾分类】 1月至3月，将台地区全面消杀辖区内35个小区的310组垃圾桶站，坚持厨余垃圾分拣及清运；在小区内设置废弃口罩回收专用桶，实行单独收集、单独处置，防止二次污染。5月8日，地区召开生活垃圾分类工作部署会，地区相关领导及直属企业、商业企业、物业公司代表、各社区村负责垃圾分类的工作人员、辖区内物业公司、社会单位、公共机构、餐饮单位等214个单位负责人参加线上会议。年内，地区持续做好垃圾分类日常工作，将府小区获2020年北京市第二批垃圾分类示范小区称号。（冯　军）

【义务植树】 4月28日，将台地区举办“植树添绿抗疫情，复工复产在行动”百人全民义务植树活动，在大环牛场南侧空地栽种西府海棠近200株。地区班子成员、机关各部室、各事业单位科级实职干部、社区（村）书记、直属企业一把手以及辖区北京ABB电气传动系统有限公司、新华阳光科技发展集团有限公司、北京和睦家医院等社会单位人员参加植树活动。（杨一帆）

【乡人大十七届七次、八次会议】 5月28日至29日，将台乡召开第十七届人民代表大会第七次会议，区、乡人大代表，列席代表和工作人员70余人参加会议。会议听取并审议通过《将台乡人民政府2019年工作报告》《将台乡2019年财政预算执行情况报告》《将台乡人大主席团2019年工作报告》。会议选举田秀青、黄强为将台乡人民政府副乡长。9月27日，将台乡召开第十七届人民代表大会第八次会议。乡人大代表、列席代表和工作人员70余人参加会议。会议听取并审议通过《将台乡人民政府2020年上半年工作报告》《将台乡人大主席团2020年上半年工作报告》。（杨一帆）

【乡十三届四次党代会】 6月12日，将台乡召开中共将台乡第十三届代表大会第四次会议，乡党委书记宋少伟代表中共将台乡第十三届委员会做题为《砥砺奋进谋发展 不忘初心惠民生 在将台全域城市化征程中迈出新步伐》的工作报告。会上通报乡第十三届党代会第三次会议代表提案办理情况；乡党委班子成员向大会述职述廉，与会代表民主评议乡党委班子及其成员。（杨一帆）

【物业管理】 7月28日，将台地区芳园南里西区物业管理委员会成立，同时成立功能型党支部。9月，地区24个物业管理委员会成立功能型党支部24个。（赵英华）

【丽都商街焕新开街】 8月7日，将台地区在“丽都会客厅”（是丽都商街一处面积800平方米的市民歇脚的地方，同时也是地区“党建引领、政企互动、企企互动、共商共治”的平台）举行“又见面了”——2020丽都商街焕新开街仪式。区妇联、区委宣传部、区委统战部、区侨办等部门领导，地区办事处、乡人大领导及地区班子成员，奥地利大使馆文化参赞奥瑞德、法国大使馆高艾俐，丽都区域知名企业代表以及近20家知名媒体参与活动。将台地区于2019年通过实施“党建引领 城市更新 优化营商环境 精细治理 文化赋能”的商圈共商共治新模式，启动丽都片区环境提升及设施更新项目，全面优化营商环境，打造北京东部靓丽的国际商务生活区。该项目分为三期，一期建设主要包括丽都花园路、丽都花园北路、丽都文投环路3条商街的环境提升，于2020年年底前完成。丽都商圈有企业345家，其中外资企业55家、港澳台资企业30家，区域内有外籍居民800余人。（杨一帆）

【丽都国际露天音乐电影周】 9月30日，北京首个国际露天音乐电影周在将台地区丽都广场开幕。至10月7日，露天展映经典电影7场，举办电影原声音乐会2场，举办音乐演奏会3场以及金秋文化夜市，所有活动免费开放，累计10万余人参与观影活动。（杨一帆）

【社区邻里节暨文化节】 10月17日，将台地区在四得公园举办“2020年北京社区邻里节暨快乐将台文化节”。活动以“邻里文化”为主题，将文艺展演、健步走、健康监测咨询、非遗文创市集、垃圾分类知识普及、网红打卡点相结合，旨在构建“相识、相知、相助、团结、文明、和谐”的新型邻里关系。（郑 琪）

【敬老助残】 年内，完成地区福寿苑养老照料中心项目内部装修工程；开展养老助残活动1800余人次，为1400余名80岁以上高龄老人发放津贴，完成340余名失能人员的评估并发放护理补贴，为60余名计生特困、低保、低收入等特困家庭办理发放助困服务补贴；全年走访慰问267名困难残疾人，发放慰问金17.55万元。完成无障碍环境摸底排查及建设整改任务，共整改158处点位、462个元素。10月，将台地区举办“敬老爱老月”专题活动。为辖区近9000名老年人发放节日纪念品；免费为老年居民提供便民服务，包括理发、染发、按摩、中医义诊、口腔检查，量血压、测血糖等各项服务1000余次；举办“老年人权益保障法”讲座3场次，累计参加活动600人次。（王留成）

朝阳区将台地区（乡）社区居委会、村委会一览表

表44

序 号	名 称	地 址	电 话
1	安家楼社区居委会	安家楼村东（林场）安家楼管委会	64372167
2	水岸家园社区居委会	将台地区酒仙桥村甲1号向西300米	64332726
3	丽都社区居委会	芳园南里西区7号楼1单元101室	64375253
4	芳园里社区居委会	芳园里社区18楼对面社区居委会	64333088
5	将府家园社区居委会	将府家园北里103楼2单元101室	51373060
6	梵谷水郡社区居委会	将台地区驼房营南路二号院梵谷水郡小区14号楼1层	84706491
7	瞰都嘉园社区居委会	将台地区东四环北路10号院2号楼底商	84797568
8	阳光上东社区居委会	东四环北路6号阳光上东C区1号楼底商	51303352
9	驼房营北里社区居委会	将府家园北里131楼111～115号	64361852
10	将府锦苑东社区居委会	将府锦苑1号院8号楼三层	64378851

续表 44

序 号	名 称	地 址	电 话
11	将府锦苑西社区居委会	驼房营路3号临驼房营村委会	64314688
12	东八间房村委会	将台乡东八间房村将台东路东八间房村委会	64371246
13	驼房营村委会	驼房营路3号临驼房营村委会	84561035

（杨一帆）

金盏地区（乡）

【概况】 金盏地区（乡）位于朝阳区东北部，温榆河畔。北部、东部以温榆河为界，与顺义区、通州区接壤，南部与常营地区相邻、西部与崔各庄地区、东坝地区相接。辖区面积50.1平方千米。下辖13个行政村、4个社区。截至年底，辖区常住人口84001人、户籍人口12572户28779人、流动人口82383人、外籍人口260人；常住人口中，有满族人口1130人，另有苗族、回族、土家族、朝鲜族、彝族、壮族、瑶族、侗族等10余少数民族，人口数量均不足百人；新出生人口205人、死亡人口273人。有法人单位2674家，其中央属单位5家、市属单位3家、区属单位5家、乡级企业11家，其他单位2650家；有社区卫生服务中心1个、社区卫生服务站7个；有中学9所（含国际学校5所），小学5所（含民办3所），幼儿园8所；有养老机构3个；有567平方米为民服务大厅1处、25950平方米地区文化中心1处、文化广场15处和24小时自助图书馆5处。途经辖区公交线路19条。辖区绿化率25.77%。年内，金盏地区紧紧围绕统筹推进疫情防控和农村城市化这条主线，全力以赴防控疫情、全力推进复产复工、全力稳定经济增长、全力普惠民生保障、全力优化社会治理、全力加强党的建设，大力实现新发展、展现新作为。年内，开展警示教育、美丽乡村建设、法规宣传等活动。完成重大活动服务保障、乡机构改革、环境整治、平原造林等任务。实现经济总收入11.38亿元，比上年增长26.5%；实现利润-3790.60万元，比上年减少67.7%；实现税金2280.4万元，比上年减少38.5%；人均劳动所得3.6657万元，比上年增长6.0%。金盏乡被北京市应急管理局评选为应急值守工作基层先进单位。

【乡四届四次党代会】 8月18日，金盏乡召开中共第四届党代会第四次会议，参加会议党代表116名、列席代表43名。会议审议通过《中国共产党金盏乡第四届委员会2019年度工作报告》《中国共产党金盏乡第四届纪律检查委员会2019年度工作报告》；大会补选中共朝阳区金盏乡第四届委员会委员；印发和审议《乡党政班子及班子成员述职述廉报告》及《金盏乡2019年度党费收缴、使用和管理情况报告》，并收集、通报代表提案提议。

【环境整治】 年内，金盏地区拆除违法建设面积38.4万平方米，腾退土地面积48.19万平方米。拆除非首都功能疏解点位各类房屋面积8.5万平方米；疏解一般制造业2家；留白增绿面积30.54万平方米；整治占道经营点位1个；整治无证照经营23家；城乡接合部绿化改造面积23.8万平方米；腾退违规幼儿园1家；清理整治出租大院2个；劳动保障监察66家。开展周末大扫除、爱国卫生月、“文明加速度、健康靓金盏”等环境整治行动，出动人员5956人次，车辆2547车次，清理街道641条，清理堆物堆料266000千克，清理垃圾渣土158吨，清理非法小广告6047张，清理白色污染3.8吨。完成长店村、北马房村33个点位，总面积113.44万平方米裸露土地苫盖工作；参照环保局卫星遥感裸地卫片，完成辖区256个点位，232.79万平方米裸露土地苫盖。定期巡查市级建设4个空气子站，检查“小散乱污”企业122家，其中完成整改81家、正在整改或搬离41家。

【基层党建】 年内，金盏乡组织机关10个支部与村、社区、企业结对共建，实施“1+13”书记项目（指乡党委书记项目和13个村级书记项目），培育和打造“金沙聚砺”（指金盏沙窝村推出微信公众号）、“美丽乡村优+计划”（黎各庄村建设美丽乡村）等基层党建工作品牌；深化提升非公党建工作质量，新成立独立党支部15个，新组建17家联合党支部，实现组织工作覆盖率100%。组织开展党员干部集中轮训6次。依托党校分校，开展“四个红色”（红色头雁对应基层党组织书记含乡机关党员干部、红色先锋对应党务工作者及指导员等、红色力量对应后备干部、红色基因对应党员和入党积极分子）专题培训16次。对49名村级换届后新选拔的后备干部，开展为时两年、每月一次课的“梧桐树”系列培养计划（指后备干部培训），为地区基层社会治理和乡村振兴培养储备人才。

【物业管理】 年内，金盏地区建立“一会一专班、一表一流程、一群一计划、一体一品牌”的“八个一”工作体系，全力推动物业企业参与基层社会治理工作。金盏地区7个物业管理区域（含1个单一产权宿舍），物业管理覆盖率为100%；成立物管会4个，物管会组建率66.6%，同步成立党组织，党组织覆盖率100%；有物业服务企业6家，其中成立党组织有5家，党组织覆盖率为83.3%。

【民生保障】 年内，金盏地区为低保家庭和90周岁以上高龄老人实施爱心救助405人次，发放物品总价值6.3万元；募捐衣物1172件、爱心款3640元；完成753名高龄老年人津贴、76名低保低收入和计生特殊家庭老年人养老服务补贴、323名残疾老年人失能护理补贴的数据变更、新增、评估、试算以及录入和审核；入户核查2000余名征地超转人员和135名政策性农转居人员，完成2020—2021年度超转人员清洁能源自采暖补贴247.83万元，发放独生子女费5.69万元，发放千元奖励费31.7万元，发放万元经济帮助5万元，奖励扶助1160人（人均2100元），伤残扶助71人（人均7080元），特别扶助41人（人均8640元）；开展“情暖朝阳、情暖万家”两节慰问，使用经费3.4万元；开展“暖心行动”慰问特扶人员，使用经费7667元；开展“安康保障项目”，累计投保人数6262人次，投保金额18.6万元；完成生育后期体检80人、两癌筛查616人。排查无障碍台账321个点位，改造完成率80%。

【“接诉即办”机制落实】 年内，金盏地区“接诉即办”案件5498件，实际承办案件46629件，总体排名处于朝阳区农村地区中等。受理案件以车辆管理相关问题、拆迁相关问题、违章建筑问题居多。网格全模式V6系统，全年处理案件63869件，网格二级闭环系统，全年处理案件24416件。

【安全生产】 年内，金盏地区行政处罚立案44起，处罚金额9.2万元；累计检查企业5187家次，发现隐患3576处，隐患整改率100%，工业企业覆盖率100%，安责险企业投保441家，风险评估企业614家、隐患排查治理系统覆盖率已按要求完成。

【美丽乡村建设】 年内，金盏地区推进美丽乡村建设，金盏西村民宅外墙粉刷面积5.52万平方米，路面铺设面积1.18万平方米，修建停车场面积3160平方米，地下基础设施管网铺设1.47万延米等，完成工程总量60%。黎各庄村外立面粉刷面积2.7万平方米，路面铺设面积1.2万平方米，地下基础设施管网铺设5140延米。

【垃圾分类】 年内，金盏地区招募124名青年志愿者和368名党员志愿者，参与垃圾分类“桶前值守”。利用《金盏乡情》报、“金盏在线”微信公众号，发布垃圾分类专题信息，刊登“让垃圾分类成为‘新时尚’”等垃圾分类主题信息7篇，发布“新时代文明实践＋垃圾分类”等垃圾分类专题微信推送58条。在乡域范围内悬挂硬质横幅50余条，软质横幅260余条，户外广告20余个，发放各类宣传资料5万余张，发放《北京市垃圾分类管理条例》《工作指南》等1036本，垃圾分类标识1359张、致市民一封信4.37万张；为村、社区安装垃圾分类宣传栏15个。

【平原造林】 年内，金盏乡完成2020年基本农田综合利用任务面积159.398万平方米。完成并通过验收农业领域留白增绿任务面积4.5万平方米，协助区园林绿化局完成金盏乡长店、雷庄、北马房、东村4个村20.75万平方米绿化任务，种植树木12887棵，开挖安装灌溉管道5291延米，完成全年平原造林任务。

【金盏森林公园建设】 年内，金盏地区金盏森林公园建设完成绿化工程量85%，种植乔木8.9万余株、灌木3.4万余株、地被植物面积5万余平方米；灌溉管道系统完成总工程量71%，给水系统挖槽土方10万余立方米，灌溉管道工程7万余延米；完成水系土方和堆筑土山丘等20余万立方米，生物滞留池面积6万余平方米，达到工程总量100%；完成园内甬路铺装88%以上。公园一期建设完成约90%、二期完成约46%，完成公园总进度87%。 （王德铭）

▲ 11月20日，金盏森林公园一角 （邓志远 摄）

朝阳区金盏地区（乡）社区居委会、村委会一览表

表 45

序号	名称	地址	电话
1	金泽家园社区居委会	金泽家园A区服务站	56521025
2	金泽家园北社区居委会	金泽家园C区底商北社区服务站	56521073
3	金盏家园一社区居委会	金盏乡金盏嘉园C区底商1号楼	64180100
4	金盏家园二社区居委会	金盏乡金盏嘉园D区底商1号楼	64180299
5	金盏东村村委会	金盏东村内	84343674
6	金盏西村	金盏西村内	84333599
7	楼梓庄村委会	楼梓庄村	84393471
8	曹各庄村委会	曹各庄村	84391615
9	黎各庄村村委会	黎各庄村	84394984
10	马各庄村村委会	马各庄	65418506
11	北马房村村委会	北马房村	84311013
12	长店村村委会	长店村	84336078
13	小店村村委会	小店村	84333706
14	雷庄村村委会	雷庄村	84341876
15	皮村村委会	皮村	84331772
16	沙窝村村委会	沙窝村	84317838
17	东窑村村委会	东窑村	84393901

（王德铭）

来广营地区（乡）

【概况】 来广营地区（乡）位于朝阳区的西北部。东邻孙河乡、崔各庄乡；西与奥运村街道、大屯街道接壤；南与望京街道、大屯街道相连；北与昌平区东小口镇、北七家镇毗邻。辖区面积 20.93 平方千米，下辖 24 个社区、5 个行政村。截至年底，辖区常住人口 189260 人、户籍人口 31495 户 71039 人、流动人口 77788 人、港澳台同胞和外籍人口 574 人；新出生人口 948 人、死亡人口 468 人。辖区规模以上法人单位 433 家，其中央属单位 21 家、市属单位 25 家、区属单位 49 家、乡属企业 6 家、其他单位 332 家；有医院 1 所，社区卫生服务中心 1 个，社区卫生服务站 4 个；有大学 2 所、老年大学 1 所、中学 6 所、小学 7 所、国际学校 1 所、幼儿园 22 所；有养老机构 7 个；有 110 平方米为民服务大厅 1 处、文化广场 4 处和 24 小时自助图书馆 8 处。途经辖区公交线路 20 条，地铁 13 号线、5 号线、14 号线贯穿其中。辖区绿化率 48.7%。年内，来广营地区（乡）坚持以习近平新时代中国特色社会主义思想为指导，深入贯彻党的十九大、十九届历次全会和 2020 年全国两会精神，扎实做好“六保”“六稳”工作。坚持稳中求进工作总基调，坚持新发展理念、落实高质量发展的要求，全面提高党的建设质量，确保“十三五”规划圆满收官，谱写绿色、健康、和谐、宜居来广营发展新篇章。完成占地面积 89 万平方米的朝来森林公园三期工程建设；完成时代庄园 2 号电网改造；完成对来春园、广华居、赢秋苑、蕴实园 4 个小区 31 部电梯的试点加装工程并投入使用；完成对辖区 28 家自办托幼场所开展联合执法工作；完成 10 个项目 627 条建账信息。实现区级财政收入 9.4 亿元。集体经济总收入 10.16 亿元，比上年增长 2.1%；利润总额 7979.6 万元，比上年增长 6.8%；实现乡属税金 1.26 亿元，比上年增长

5.9%；农民人均劳动所得54785元，比上年增长8.4%。地区获国家卫生乡、北京市抗击新冠肺炎疫情先进集体、北京市安全生产先进单位、北京最美街巷入围奖、北京市体育特色乡镇等称号。

【乡十四届四次党代会】 6月9日，来广营地区（乡）第十四届党代会第四次会议召开，122名乡党代表出席会议。乡党委书记王刚做题为《攻坚克难　决胜全面小康　奋力谱写绿色健康和谐宜居来广营发展新篇章》的工作报告。会议审议并通过2019年乡党委工作报告和乡纪委工作报告。

【乡人大十七届七次会议】 7月27日至29日，来广营乡召开第十七届人民代表大会第七次会议。50名乡人大代表出席会议，乡领导班子、机关科室负责人列席会议，社区党组织书记、企业负责人旁听会议。会议审议并通过《来广营乡人民政府2019年工作报告》《来广营乡人大主席团2019年工作报告》《来广营乡2019年财政预算执行情况和2020年财政预算报告》。选举李明哲、安立超为来广营乡人民政府副乡长。

【综合行政执法队挂牌】 8月7日，来广营地区（乡）综合行政执法队挂牌成立。乡纪委书记韩蓉蓉宣读《关于成立北京市朝阳区来广营乡综合行政执法队的决定》。综合执法队位于北京市朝阳区紫绶园8号，配有执法编制人员33名，执法车12辆。主要职责为针对本行政区域内城市执法部门的行政处罚权、行政强制权；原生态环境部门行使的大气、噪声污染防治方面的部分行政处罚权；原水务部门行使的河湖保护、水土保持等方面的部门行政处罚权、行政强制权；原卫生健康部门行使的禁止吸烟、除四害等方面的全部行政处罚权；原农业农村部门行使的禁止垂钓方面的行政处罚权开展执法检查。

【“i生活e服务”嘉年华】 8月20日，来广营地区（乡）党建引领“i生活e服务”（来广营地区党建引领广达路社区基于“聚力朝来”微信小程序开展的党建项目推广活动）嘉年华活动华丽启幕，社工、物业、企业、志愿者代表分别介绍“聚力朝来”的使用心得，现场开展积分反哺兑换体验、垃圾分类游戏互动，气氛欢乐热闹。社区注册志愿者由原来的100名增至近300名。志愿者可通过“聚力朝来”报名参与社区志愿活动获得积分，通过积分可在公益反哺认证单位兑换理发抵用券和粮油等物品，同时在公益反哺认证的餐饮单位就餐可享受八折优惠。尚艺坊等21家公益反哺认证单位为社区志愿者提供反哺服务。“聚力朝来”新增居民用户累计6000余人，约占社区居民总数的60%。线上开展党建、书法、剪纸、公益反哺等培训直播类活动28场，直播观看量7000余人次，收到居民点赞3万余次。

【地区（乡）商会成立】 8月28日，来广营地区（乡）第一届商会一次会议召开。商会由来广营农工商实业总公司自愿发起成立，是经朝阳区社会团体登记管理机关核准登记的非营利性社会团体。首批入会企业30家，业务范围涵盖科技型、服务型、创新型等多个领域，为商会全面发展奠定基础。

【垃圾分类】 年内，来广营地区（乡）开展各类垃圾分类相关宣传培训、基础设施建设等工作，实行撤桶并站管理，升级桶站设施，配装遮雨棚和拉手等设施，方便居民投放，配发120辆清运三轮车和1900个垃圾桶，发放宣传扇8万把，宣传彩页7.2万份、更换标识和公示牌1500余块，印制宣传海报3000份，发放“致居民的一封信”8.5万张，签订垃圾分类承诺书7万余份。

【疏解整治】 年内，来广营地区（乡）拆除违建面积1万平方米，腾退占地面积1万平方米，留白增绿面积11.55万平方米，整治占道经营11处、无证无照经营17处，开墙打洞6处，压缩培训机构1个，精细化整治提升背街小巷1条，城乡接合部整治改造拆迁1万平方米、用地减量107.2万平方米，治理群租房208套，规范社会办学、办园2个，劳动保障监察60户，调减人口23029人，排除人防工程安全隐患20余处，13项

▲ 8月20日，来广营地区党建引领“i生活e服务”嘉年华启动仪式　（张芷若　摄）

疏解专项任务提前完成。地区环境整治行动出动人员3000人次、车辆96台次，清理卫生死角200余处，清除小广告118处、堆物堆料及各类垃圾10余吨，整治各类场所260余处。

【第七次全国人口普查】 年内，来广营地区（乡）组织开展第七次全国人口普查工作，针对不同阶段的特点，适时召开座谈会、质量会、进度会，完成建筑物标绘及普查小区划分，按时保质完成数据采集和编码工作。全乡登记人口209024人。

【文化建设】 年内，来广营地区（乡）为朝来森林公园三期体育广场安装篮球场、乒乓球场围网面积300平方米，安装篮球架3个、乒乓球台3个、更新健身器材27套。以“璀璨朝来　魅力金秋”为主题，举办第二十七届金秋艺术节系列活动，艺术节开展“星火工程”文化惠民演出、地区综合节目展演和金秋艺术节文艺演出。活动本着全民参与、全民互动、全龄覆盖的原则开展，参与人数千余人，让更多的老百姓参与进来，丰富精神文化生活提升幸福指数。

（王光辉）

朝阳区来广营地区（乡）社区居委会、村委会一览表

表46

序　号	名　称	地　址	电　话
1	广达路社区居委会	广达路2号院5号楼1单元101室	84364537
2	北卫家园社区居委会	北苑路96号北卫家园小区15号楼西侧	84945589
3	北苑一号院社区居委会	北苑一号院10号楼3单元1层	66749494
4	北苑二号院社区居委会	北苑二号院北门	84936317
5	北苑三号院社区居委会	北卫新园小区6号楼西侧二层	84918952
6	北苑社区居委会	红军营东路15号院金茂悦小区6号楼2层	84920511
7	青年城社区居委会	红军营东路8号院	84954599
8	红军营社区居委会	来北家园12号楼一层	53091550
9	朝来绿色家园社区居委会	红军营东路蕴实园小区朝花幼儿园西侧	84950615
10	时代庄园社区居委会	红军营东路18号时代庄园会所三层	84967984
11	紫绶园社区居委会	北苑家园紫绶园来广营城管大院1层	84955849
12	筑华年社区居委会	北苑家园筑华年小区Q4号楼	64936090
13	绣菊园社区居委会	北苑家园5号楼北侧	84966936
14	莲葩园社区居委会	北苑家园莲葩园小区西门二层黄楼一层	84925448
15	茉藜园社区居委会	北苑家园茉藜园小区19号楼101室	84958281
16	新街坊社区居委会	双营路6号院城锦苑小区2号楼1单元	84924841
17	黄金苑社区居委会	旭辉奥都5号楼一层	84931521
18	立城苑社区居委会	立水桥甲3号立城苑小区5号楼	84813176
19	立清路第一社区居委会	立清路明天第一城5号院5号楼7单元101室	84675928
20	清河营中路社区居委会	水岸中街19号院18号楼	84920772
21	清苑路第一社区居委会	水岸庄园2区1010号楼4层	84999980
22	清苑路第二社区居委会	清河营东路6号院中铁国际城16号楼	84903997
23	清苑路第三社区居委会	清河营南街9号院2号楼底商	84933137

续表 46

序 号	名 称	地 址	电 话
24	清苑路第四社区居委会	清河营东路3号院6号楼1层	84926157
25	清河营村村委会	北苑东路清河营郊野公园北区村委会	84945372
26	来广营村村委会	来广营乡来广营村委会	84904455
27	北湖渠村村委会	来广营乡北湖渠村委会	84856597
28	新生村村委会	来广营乡新生村委会	84913125
29	红军营村村委会	来广营乡北苑小街8号红军营村委会	84921483

（王光辉）

南磨房地区（乡）

【概况】 南磨房地区（乡）位于朝阳区东南部。东与高碑店乡、王四营乡、垡头街道相邻，南与十八里店乡交界，西至东三环与双井街道、劲松街道、潘家园街道相接，北至通惠河和CBD。辖区面积9.434平方千米，下辖21个社区居委会及2个村委会。截至年底，辖区常住人口12.9万余人（其中少数民族人口6544人）、户籍人口27001户64070人、流动人口51788人；新出生人口1190人、死亡人口296人。有法人单位9692个，其中市属单位12家、区属单位24家、其他单位9656家；有医院5所、社区卫生服务中心2个、社区卫生服务站5个；有大学1所、中学6所、九年一贯制学校2所、小学1所、幼儿园12所；有养老院1所；有1000平方米为民服务大厅、3352平方米地区文化中心各1处，有200平方米以上文化广场9处、24小时自助图书馆3处。途经辖区公交线路13条，地铁7号线、14号线贯穿其中。辖区绿化率45%。年内，南磨房地区全力推动干净磨房、平安磨房、欢乐磨房和智慧磨房建设，聚焦统筹推进疫情防控和经济社会发展，精准发力，共克时艰。年内，地区开展疫情防控，老旧小区改造，宜居、宜业、宜游、宜养和宜学“五宜社区”建设等重点工作。全年实现乡集体经济总收入20.5亿元，利润总额3.4亿元，上缴国家税金2.4亿元；实现区级财政收入7.44万元，比上年增长7.2%；征收房产税1295万元，比上年减少26.87%。南磨房乡获全国家庭工作先进集体、北京市三八红旗集体、北京市退役军人先进集体称号。（杨 含）

【“菜篮子”惠民工程】 1月16日，南磨房地区欢乐谷社区金蝉南里小区的北菜菜篮子惠民服务中心开业。地区把引进惠民“菜篮子”服务中心列入为民办实事折子工程，让辖区百姓不用出小区就能买到菜、吃上早点，有效解决居民生活“最后一公里”问题。年内，菜篮子便民服务中心为小区居民提供蛋奶粮油，蔬菜水果，鲜肉副食，日用百货等服务，日均客流100余人次，服务5.4万余人次。在小区实施封闭管理时期，菜站坚持平价供应，惠民力度不减。菜站主动担负居家隔离人员送货上门业务，确保隔离人员居家隔离的生活保障。（杨全有）

【乡十三届五次党代会】 6月3日，中共南磨房乡第十三届代表大会第五次会议在地区心连心党群服务中心召开，98名代表出席本次大会。会议听取并审议通过党委工作报告和乡纪律检查委员会所作的工作报告。（孔 铗）

【乡人大十七届十次会议】 6月8日至10日，南磨房乡召开第十七届人

▲ 1月16日，南磨房地区北菜菜篮子惠民服务中心欢乐谷社区店开业 （侯 翔 摄）

民代表大会第十次会议。43名乡人大代表出席会议，列席会议人员22名。大会审议通过《南磨房乡人民政府2019年工作报告》《南磨房乡人大主席团2019年工作报告》《南磨房乡2019年财政预算执行情况和2020年财政预算草案报告》。选举张金鑫为南磨房乡人民政府乡长，选举于树新、曹义为南磨房乡人民政府副乡长。（杨　含）

【党建工作协调委员会成立】 9月4日，南磨房地区召开党建工作协调委员会成立会，驻区中央、市属、区属单位、非公企业等30家单位参加会议。地区党建工作协调委员会通过统筹协调、整合资源，搭建地区议事协商平台，引领辖区各领域、各单位党组织，共抓基层党建，共商区域发展，共育先进文化，共服群众生活，共建美好家园。年内，党建工作协调委员会通过联席会议，以“清单”形式，精准对接需求与服务；为辖区企业北京朝批商贸股份有限公司与乡敬老院互动合作搭建平台。（芮　雪）

【补选区、乡人大代表】 10月10日，南磨房地区双龙南里社区混合选区选举易湘林为朝阳区第十六届人民代表大会代表，华泰乐游和鲲鹏大雅联合选区选举张金鑫为南磨房乡第十七届人民代表大会代表。（杨　含）

【第七次全国人口普查】 10月11日至31日，南磨房地区开展第七次全国人口普查工作。组织318名普查员和160名普查指导员入户登记摸底，地区17个社区划分为696个普查小区、12个虚拟普查小区。地区人口普查登记总户数68661户，登记人口167165人，居住在普查小区的人数为147125人。（杨雨棠）

南磨房地区（乡）社区居委会、村委会一览表

表47

序　号	名　称	地　址	电　话
1	百子湾北社区居委会	东四环中路80号底商116号	59625339
2	百子湾东社区居委会	百子湾家园109楼	87956922
3	百子湾西社区居委会	金泰先锋426号楼（百子湾西社区）	87715691
4	东郊社区居委会	东四环中路辅路深沟村甲168号	87705760
5	广百西路社区居委会	广百西路18号院3号楼一单元101室	87152508
6	广华新城东社区居委会	大郊亭四号办公区北楼101室	87776021
7	广华新城社区居委会	广华新城2区2号楼4单元底商	67703955
8	华侨城社区居委会	南磨房朝阳区华侨城A2号楼10号楼底商东01室	67381521
9	欢乐谷社区居委会	垡头路与金蝉西路交叉路口往西南约50米欢乐谷社区居民委员会	67377070
10	美景东方社区居委会	美景东方社区4-103室	87325578
11	南新园社区居委会	南新园小区26号楼二层	87322075
12	南新园西社区居委会	南新园小区26号楼二层	67314065
13	平乐园社区居委会	窑洼村68号	87380265
14	赛洛城社区居委会	百子湾东里113号楼-R楼	87215916
15	山水文园社区居委会	弘燕东路山水文园东园底商A25	87367539
16	石门社区居委会	百子湾南3路35号院3号楼1单元东侧	67757966
17	世纪东方城社区居委会	南磨房紫南家园108楼商业四层	87362800
18	双龙南里社区居委会	南磨房双龙117号楼北侧双龙南里社区	87320042
19	双龙西社区居委会	南磨房双龙117号楼北侧	87321990
20	远景社区居委会	南磨房紫南家园108楼商业四层	87355471

续表 47

序 号	名 称	地 址	电 话
21	紫南家园社区居委会	紫南家园208楼	87354988
22	大郊亭村委会	窑洼村68号	67348539
23	楼梓庄村委会	紫南家园208楼	87351374

（杨 含）

平房地区（乡）

【概况】 平房乡位于朝阳区中部。东至石各庄村、黄渠村与三间房乡接壤，南靠朝阳路与高碑店乡、三间房乡相邻；西接京包铁路与六里屯街道、八里庄街道和东风乡交界，北至平房村与东坝乡相连。辖区面积 15.18 平方千米，下辖 14 个社区、4 个行政村。截至年底，辖区常住人口 106973 人、户籍人口 19736 户 43208 人、流动人口 60285 人、外籍人口 357 人；常住人口中，汉族人口 104036 人、满族人口 890 人、回族人口 725 人、其他少数民族人口 1322 人；新出生人口 670 人、死亡人口 149 人。有法人单位 4529 个，其中央属单位 4 家、市属单位 7 家、区属单位 17 家、其他单位 4501 家；有中学 4 所、小学 6 所，幼儿园 12 所；有二级医院 1 所、社区卫生服务中心 1 处、社区卫生服务站 6 处；有 300 平方米为民服务大厅 1 处、3000 平方米文化中心 1 处、文化广场 7 处、24 小时自助图书馆 5 处；有体育中心 1 个、郊野公园 5 个、村级公园 3 个。途经辖区公交线路 28 条，地铁 6 号线贯穿其中。辖区绿化率 55.65%。年内，平房乡党委紧扣城市化主线，统筹推进疫情防控和经济社会发展，全面加强基层党的建设，完成第七次全国人口普查、创建国家卫生区、重大活动服务保障、地区总工会换届、辖区超大型社区拆分、对口帮扶、政务服务大厅改造、举办系列特色文化活动等重点工作。全年实现地区集体经济总收入 41494.9 万元，比上年增长 33.5%；人均劳动所得 43271 元，比上年增长 3.0%。平房乡便民服务中心获北京市三八红旗集体称号。

【拥军优属】 4 月 25 日，平房乡完成退役军人关注关心关爱平台新用户注册工作。7 月 27 日，平房乡慰问辖区优抚对象，赠送价值 9480 元慰问品。7 月 29 日，平房乡慰问辖区共建部队并举办迎八一"同心抗疫 水墨军魂"书画展览，展出书画作品近 300 幅。

【公益募捐】 9 月 7 日至 9 日，平房乡开展"99 公益日"温暖募捐活动，募集善款 7.45 万元，其中线上捐款 6.44 万元、线下捐款 1.01 万元。

【乡第十七届人大代表补选】 9 月 10 日，平房乡第一选区（乡机关）补选乡第十七届人民代表大会代表。登记选民 243 人，参加投票选民 243 人，参加投票选民占登记选民总数的 100%。经平房乡选举委员会审查确认，蒋东燕当选为平房乡第十七届人民代表大会代表。

【乡史馆建设】 9 月 17 日，平房乡邀请市文明办第三方、区文明办一行到平房乡黄渠村验收乡史馆。平房乡史馆占地面积 329.6 平方米，于 2019 年 6 月修建，于 2020 年 8 月竣工。展厅分为悠悠古韵、岁月积淀、绿色发展、宜美家园、专题展和榜样力量六大板块，综合体现"都市绿吧宜居平房"主题。整个空间借助声、光、影像等手段，以图片、文字与实物相结合形式陈列，记录平房乡发展历程。10 月 14 日、16 日和 19 日，分三批组织前期访谈人物、村内老人和 80 多名群众预参观，邀请百姓对乡史馆建设建言献策。现场收到意见建议 4 条，招募志愿者 2 名。

【平安建设】 9 月 28 日，平房乡制定《平房地区专项整治三年行动计划》《平房地区安全生产专项整治三年行动专班》《平房地区安全生产专项整治三年行动责任清单》。10 月 1 日至 8 日，针对地区仓储物流企业开展安全生产、消防安全专项检查。检查生产经营单位 36 家，查处隐患 100 余处。11 月 6 日，在达美中心举办主题为"关注消防、生命至上"的平房地区第三十届"119"消防宣传月系列活动启动仪式。现场设置一警六员消防培训、消防器材展示、消防救援演示和逃生车辆体验。

【安全隐患排查】 9 月，平房乡启动网格化防控机制，针对重要时段、重点点位，开展集中夜查 12 次，发动群防群治力量，开展 24 小时不间断巡查巡检，发放消防安全宣传品 1200 余份。对消防重点单位及人员密集场所开展联合集中整治，整改消防设施老化、飞线充电等火灾隐患 32 处。解决电动自行车集中停放充电难问题，设置充电设施 49 处、可供充电口 861 个。12 月 17 日，平安建设办联合青年路消防大队、双桥交通队、天鹅湾社区、德利

▲ 11 月 18 日，平房乡召开第十七届人民代表大会第八次会议　（王　欢　摄）

中天物业对雅筑小区、天鹅湾小区开展“两个通道”检查。出动检查组 60 个、工作人员 200 人，畅通消防车 50 处、清理楼道内电动车 34 辆、清理可燃物 30.4 吨、维修消防设施 8 处。

【就业服务】 9 月至 11 月，平房乡举办失业人员专场招聘会 3 场。辖区企业提供就业岗位 600 余个。115 名求职者达成就业意向。

【乡人大十七届八次会议】 11 月 18 日，平房乡举行第十七届人民代表大会第八次会议，42 名代表出席会议，区政协委员、部分科室负责人以上干部、社区党委书记、直属单位负责人等 52 人列席会议。会议审议乡政府工作报告、乡人大主席团工作报告、乡财政预决算报告，听取城乡规划实施和土地资源管理工作报告。

【地区总工会换届】 11 月 30 日，平房地区工会召开第三次会员代表大会，来自各基层工会的 105 名会员代表出席会议。大会以无记名投票方式选举产生平房地区总工会第三届委员会委员 15 名、经费审查委员会委员 3 名、女职工委员会委员 3 名。秦国华、刘巍巍分别当选新一届总工会主席、副主席。

【“接诉即办”机制落实】 年内，平房乡“接诉即办”受理网格案件 68026 件，综合评价 92.41 分，全区农口排名第 10 名。其中群众诉求案件 12217 件，“三率”综合成绩 94.8 分，全区农口排名第六名。

【环境整治】 年内，平房乡拆除违法建设面积 6.72 万平方米；修缮青年沟亮马厂自然村段截污管线脱落、围挡破损等问题，劝解和拆除百姓倾倒垃圾及私设厕所，并安装宣传标语、维修围挡，拆除封堵排污口 8 处；完成 8 条乡村级河道清淤清障工作，清理长度 10 千米；完成《北京朝阳站（原星火站）配套道路项目腾退补偿方案》编制工作，按照方案开展平房商务会馆宿舍、小狼国际东侧非宅房屋移交和拆除工作；对郊野公园部分绿地铺盖有机覆盖物，铺盖面积约 2 万平方米。　（赵芳芳）

朝阳区平房地区（乡）社区居委会、村委会一览表

表 48

序　号	名　称	地　址	电　话
1	雅成里社区居委会	雅成一里14号楼2层	85512305
2	富华家园社区居委会	黄杉木店路186号院富华家园社区2层	85750295
3	华纺易城社区居委会	青年路29号院华纺易城1号楼4单元一层	85799621
4	国美家园社区居委会	青年路西里国美第一城2号院6号楼底商	85561615
5	姚家园西社区居委会	姚家园西里1号院1号楼4层	85529268
6	平房社区居委会	平房村1780号	85575673
7	定福家园南社区居委会	三间房西路1号院1号楼1单元B1	65761506
8	星河湾社区居委会	星河湾小区西门（126路公交车总站对面）	85560820
9	姚家园东社区居委会	姚家园东里8号院5号楼3单元103室	85798985
10	青年路社区居委会	青年路西里5号院润枫水尚5号楼底商	85563188
11	逸翠园社区居委会	姚家园东里中路14号院1号楼2层	85798550

续表 48

序 号	名 称	地 址	电 话
12	天鹅湾社区居委会	雅成二里20号楼103底商	65565910
13	泓鑫家园社区居委会	东坝中路40号院11号楼物业3层	65713688
14	国美家园第二社区居委会	青年路西里2号院6号楼底商	85561661
15	平房村委会	平房村386号	85575574
16	姚家园村委会	青年路北口东侧	85576803
17	黄渠村委会	幺家店路与定福庄路交叉口向南100米路东	65754870
18	石各庄村委会	定福庄路西侧	65489395

（赵芳芳）

三间房地区（乡）

【概况】 三间房地区（乡）位于朝阳区东部。东与管庄乡接壤，南与豆各庄乡相接，西与高碑店乡相连，北与平房乡、常营乡相邻。辖区面积 8.75 平方千米，下辖 11 个行政村、15 个社区。截至年底，辖区常住人口 99279 人、户籍人口 24192 户 66750 人、流动人口 32529 人；新出生人口 206 人、死亡人口 754 人。有法人单位 6121 家，其中央属单位 16 家、市属单位 14 家、区属单位 18 家；有社区卫生服务中心 1 个、社区卫生服务站 7 个；有大学 2 所、中学 1 所、中等专业学校 1 所、小学 3 所、幼儿园 15 所；有养老机构 3 个、养老驿站 3 家；有 900 平方米为民服务大厅、3000 平方米地区文化服务中心各 1 处，有文化广场 4 处、24 小时自助图书馆 5 处。途经辖区公交线路 16 条，地铁 6 号线、八通线贯穿其中。辖区绿化率 33.69%。年内，三间房地区发挥党建统领作用，统筹推进新冠肺炎疫情防控和经济社会发展，在疫情防控、垃圾分类工作、物业管理条例落实、"接诉即办"工作、为民办实事等工作中，坚持以人民为中心的发展理念，地区开展大尺度绿化，建成杜仲公园二期、白家楼景观生态林和茶家屯口袋公园，不断改善人居环境，提高群众幸福感。全年实现区级财政收入 2.78 亿元，比上年增长 1.09%；集体经济总收入 2.23 亿元，比上年下降 8.6%；征收大房产税 5782.21 万元，比上年增长 6.62%。

【回迁安置房入住】 1 月 20 日，三间房乡位于聚福苑小区 2 号院的 C1 区回迁安置房项目建设完成。安置房总量 247 套，东柳村 68 户 309 人喜迁新居。

【公园绿地建设】 5 月 1 日，三间房地区杜仲公园二期开园试运行。杜仲公园二期与一期连片成景，占地面积 23 万平方米。公园以药用植物、养生文化为特色，设有休闲区、运动区、密林养生区和保健养生区 4 个功能区，打造城市中的"康养森林"。9 月 22 日，位于通惠河北岸、茶家屯东路东侧的茶家屯口袋公园开园。公园占地面积 3000 余平方米，在拆违基础上建成。公园以传承通惠河文化为主题，建有仿古铜造型浮雕彩绘景观墙。园内

▲ 1 月 20 日，聚福苑小区 2 号院回迁安置房建设完成 （三间房乡 供图）

景观区、休息区、观赏区等以环形道路连接，种有海棠、月季、樱花等植被，北侧种植乔木以分割公园和平房住宅区。年内，建成占地面积5.5万平方米的白家楼景观生态林。项目通过大面积植树造林和生态恢复，营建“绿色营地、多彩森林”，突出“生态、自然、多彩”区域景观特色。

【乡八届四次党代会】 8月28日，三间房乡召开第八届党代会第四次会议。87名党代表、22名列席代表出席会议。会议审议并通过《中共三间房乡党委2019年工作报告（审议稿）》《中共三间房乡纪律检查委员会2019年工作报告（审议稿）》《三间房乡2019年度党费收缴、使用和管理情况的报告》，与会代表民主评议乡党委领导班子和党委委员。

【人大代表之家启用】 12月15日，三间房乡人大代表之家启用。三间房乡组织开展区人大代表述职会，三间房乡区人大代表、东柳村、西柳村、北双桥村、金家村、新房村五个村的乡人大代表、定西北里社区居民代表参会。会议由区人大代表、乡人大主席魏强主持。会上，魏强汇报2020年区人大代表述职工作方案、人大代表之家建设情况。区人大代表黄欣述职。区人大代表、乡人大代表就地区发展中的热点难点问题提出意见、建议。

【区域化党建】 年内，三间房地区工委深化“3e通促民生”党建品牌建设，提出“打造‘千百万’指尖解民忧”口号，发动上千名志愿者、成立上百支及时办小分队参与解决问题，动员上万名居民运用“3e通”平台上报民生诉求，通过建立积分管理机制，丰富地区治理参与主体，引导居民发现问题及时报、志愿者接到任务及时办，打造社会治理新格局。至年末，平台有注册志愿者4423人、及时办小分队118支、平台用户11724人、记录有效及时报案件503件、任务完成率97.8%；平台记录文明实践活动1678个，累计参与37759人次。

【垃圾分类】 年内，三间房乡投资200余万元用于完善垃圾分类硬件设施。地区85个小区设桶站546个，发放“四色”垃圾桶1000余个、垃圾收运车80辆。制发垃圾分类宣传资料、生活垃圾分类承诺书等25万余份，制作垃圾分类志愿者马甲1000余个。采取发函、约谈、执法等方式督促主责单位落实厨余垃圾分拣责任，聘用第三方公司对辖区厨余垃圾分类进行专业指导和培训，安排72名垃圾分拣员对地区垃圾进行二次分拣，提高厨余垃圾纯净度。安排10组厨余垃圾转运队伍，保障地区居民及社会单位厨余垃圾转运。厨余垃圾日均产出量19吨。

【就业服务】 年内，三间房地区开发就业岗位1900个，612名城镇登记失业人员实现提档就业。

【物管会成立】 年内，三间房地区47个物业管理企业有43个小区成立物管会，3个小区成立业主大会和业主委员会。实现47个物业管理区域小区的业委会或物业管委会组建工作全覆盖，覆盖率89.4%，33个物业管理企业成立功能型党组织，党组织覆盖率91%。

【疏解整治】 年内，三间房地区疏解一般性制造业1家，完成棚户区改造15处；综合整治中心城区老旧小区面积6.26万平方米，改造城乡接合部2处，拆除腾退减量地块面积35.8万平方米；拆除违法建设建筑面积1500平方米；整治占道经营4处、无证无照餐饮10处；完成地下空间改造9处；全年劳动保障监察企业64家。（吴　迪）

朝阳区三间房地区（乡）社区居委会、村委会一览表

表49

序　号	名　称	地　址	电　话
1	美然动力社区居委会	朝阳北路50号院东侧	65767336
2	福怡苑社区居委会	三间房地区福怡苑小区一期北门东侧	65406809
3	定北里社区居委会	定福庄北街23号院东领鉴筑4号楼一层居委会	65407714
4	定南里社区居委会	定北里1号院社区居委会	65757725
5	定西北里社区居委会	定福庄西里1号院定西北里社区居委会	65715419
6	定西南里社区居委会	定福庄西街定福园小区定西南里社区居委会	65769657
7	泰福苑社区居委会	泰福苑一区2号楼一层底商泰福苑社区服务站	65407599
8	聚福苑社区居委会	朝阳路59号院聚福苑小区北门一号楼底商	65407399
9	三南里社区居委会	三间房南里4号院社区居委会	65756922

续表 49

序　号	名　称	地　址	电　话
10	绿洲家园社区居委会	建国路18号院1号楼107室	65403552
11	艺水芳园社区居委会	北花园街8号院西侧	65400351
12	双惠苑社区居委会	水郡长安1号院三号楼二层	65427426
13	双柳社区居委会	双桥路双柳巷1号楼北侧	65426384
14	双桥路社区居委会	双桥街西大院12号社区居委会	85366803
15	双桥铁路社区居委会	双桥街东柳西里北一区14号楼北侧社区居委会	65758180
16	三东村村委会	泰福苑三区5号楼底商三东村委会	65755102
17	三西村村委会	泰福苑三区5号楼底商三西村委会	65762562
18	定东村村委会	朝阳路59号院聚福苑小区北门一号楼底商	65763494
19	定西村村委会	朝阳路59号院聚福苑小区北门一号楼底商	65765938
20	褡裢坡村村委会	泰福苑三区5号楼底商褡裢坡村委会	65752388
21	白家楼村村委会	朝阳路59号院聚福苑小区北门一号楼底商	65758178
22	东柳村村委会	三间房乡金卫路东柳村村委会	65420301
23	西柳村村委会	三间房乡西柳村拆迁指挥部（杜仲公园北门对面）	65400756
24	北双桥村村委会	三间房乡北花园街6号院天泰北双苑小区10号楼底商1002室	65400913
25	金家村村委会	三间房乡水泥构件厂底商3～4号楼	85361288
26	新房村村委会	三间房乡新房村商业街5号	65758174

（吴　迪）

十八里店地区（乡）

【概况】 十八里店乡位于朝阳区东南部。东南与通州区为邻，西南接小红门乡，西北与东城区接壤，南与亦庄经济开发区毗邻，北与南磨房乡、王四营乡、垡头街道相接。辖区面积25.23平方千米、下辖8个行政村、8个社区。截至年底，辖区常住人口179863人、户籍人口18675户43991人、流动人口175852人；新出生人口370人、死亡人口466人。有法人单位7949家，其中央属单位11家、市属单位3家、其他单位7935家；有社区卫生服务中心1个、社区卫生服务站7个；有中学1所、小学1所、幼儿园1所；有社区服务中心1个、养老院1家；有315平方米为民服务大厅和390平方米地区文化中心各1处，有文化广场6处、社区图书馆7处。途经辖区公交线路16条，地铁10号线、14号线贯穿其中。辖区绿化率26.03%。年内，十八里店乡统筹疫情防控和经济社会发展各项工作，以稳定发展为目标，坚持党建引领、公共安全统领，以党的建设、经济工作、环境建设、公共服务和公共安全建设为重点，促进地区全面发展，推进地区城市化建设进程。各村、社区围绕志愿公益、便民服务、群众活动、服务保障和实事工程等5个方面，开展党组织服务群众项目80余个，为民服务水平明显提升。全年实现地区集体经济总收入13.2亿元，比上年减少1%；集体税金总额7823万元，比上年增长10%；乡属企业总收入5.4亿元，缴纳税款4372万元，税款比上年增长110%。十八里店地区获2020年度北京市体育特色乡镇和首都绿化美化先进集体称号。

【村级集体经济产权制度改革】 1月2日，十八里店乡乡长刘涛主持召开村级集体经济产权制度改革工作会。乡领导班子成员，各村书记、主任、社长、副书记、产改工作人员，乡合作经济联合社管委会和监委会成员及乡有关部门负责人参会。会上，乡人大主席姜金平部署村级产权制度改革工作。乡党委书记张宏明就推进村级集体经济产权制度改革工作提出要求。8

月17日，以视频会议形式召开村级集体经济产权制度改革动员暨业务培训会。乡领导班子成员、区经管站副站长潘佳瑭、机关科室负责人、乡产改办及第三方工作人员、各村产改领导小组负责人、各社区书记、派出所所长，各村“两委一社”班子成员及产改全体工作人员近600人参加会议。会上，乡人大主席姜金平部署《十八里店乡村级参加集体资产量化人员身份界定和劳动年限统计实施办法》《十八里店乡村级集体经济产权制度改革意见》及《十八里店乡村级集体经济产权制度改革实施方案》。乡党委书记张宏明对推进村级集体经济产权制度改革工作提出要求。至年末，村级产权制度改革工作取得阶段性成果，完成集体经济组织成员身份界定和劳动年限统计。

【消防救援站成立】 1月16日，十八里店乡周家庄消防救援站举行成立仪式。周家庄消防救援站配备消防员16名、消防车3辆；12月5日，老君堂消防救援站成立，老君堂消防救援站配备消防员15名、消防车2辆。两支灭火救援力量可辐射十八里店乡全域。

【乡人大十七届八次会议】 7月22日至23日，十八里店乡召开第十七届人民代表大会第八次会议。56名乡人大代表出席会议，乡领导班子成员、机关科室负责人、基层单位负责人等98人列席会议。会议听取和审议十八里店乡政府2019年工作报告，十八里店乡人大2019年工作报告，十八里店乡2019年财政预算执行情况和2020年财政预算报告；选举刘涛、穆宇为十八里店乡人民政府副乡长。

【科技嘉年华暨新时代文明实践活动】 10月16日，十八里店乡举办“科技点燃梦想，创新成就未来”——第四届科技嘉年华暨新时代文明实践活动。活动以科学表演和科学实验相结合方式，让同学们学习新知识、解锁新技能，激发对科技的浓厚兴趣。现场演出垃圾分类情景剧，动手制作叶脉书签、体验活字印刷术，以及科技知识体验等。900余名小学生分批次体验科技乐趣、探寻科技奥秘。

【大羊坊沟绿化景观工程主体建设完成】 10月19日，十八里店乡大羊坊沟绿化景观工程完成主体建设。工程于4月8日开工，历时6个月完成工程主体建设，项目收尾工作与养护工作同步启动。大羊坊沟绿化景观工程位于大羊坊沟两侧30米范围内，北起大羊坊沟二堡子闸，南至东南四环，总长1.5千米，面积近9万平方米。该工程集生态治理和改善人居环境于一体，具有绿化覆盖率高、水生态环境好、环保属性强、建设速度快等特点。

▲1月16日，十八里店乡周家庄消防救援站举行成立仪式 （周震 摄）

【金秋群众文化展演暨第八届群众文化节】 10月20日，十八里店地区2020年金秋群众文化展演暨第八届群众文化节闭幕式在老君堂郊野公园举行。活动历时1个月，累计在各村、社区举办文化演出和系列体育活动9场。

【地区总工会第三次代表大会】 12月15日，十八里店地区工会召开第三次会员代表大会，辖区各基层工会100名会员代表出席会议。会议审议通过地区总工会第二届委员会关于《凝心聚力 实干担当 团结带领地区广大职工为推动十八里店建设做出新贡献》的工作报告、《十八里店地区工会第二届委员会财务工作报告》和《十八里店地区工会第二届经费审查委员会工作报告》。选举产生地区总工会新一届委员会、经费审查委员会，提名产生女职工委员会。地区工委副书记曹长海代表地区工委对新一届工会工作提出希望和要求。

【首个村级联勤联动机制启用】 12月16日，十八里店乡探索社区精细化治理新路，在周家庄村启用北京首个村级联勤联动机制。乡党委书记张宏明、乡长刘涛、区卫生健康委副主任杨宏杰等领导及消防救援、交通、派出所、医疗救援中心等部门负责人参加启用仪式，共同为周家庄村急救工作站揭牌。周家庄村联勤联动机制配有应急救援人员106人，配备消防车12辆、救护车6辆、安全巡逻车14辆和多功能应急指挥车1辆。机制通过整合各支队伍职能，形成部门联动、指挥统一、行动一致的社会治理新格局，提高应急处置效能。

【服务民生】 年内，十八里店乡在周庄嘉园4号院、6号院、7号院3个小区安装充电桩45个，解决居民充电难问题；乡残联为周家庄村、吕家营村、老君堂社区内多个老旧无电梯小区安装电动爬楼机5台，缓解行动不便人士、老年人、残疾人出行难问题；改造政务服务中心门口、大厅等地，修建无障碍停车位、无障碍坡道、设置爱心窗口、低位服务台等无障碍设施，为特殊人群提供服务。 （孙畅旋）

朝阳区十八里店地区（乡）社区居委会、村委会一览表

表50

序号	名称	地址	电话
1	弘善家园第一社区居委会	弘善家园409底商	67049613
2	弘善家园第二社区居委会	弘善家园315楼东侧底商	67049145
3	弘善家园第三社区居委会	弘善家园205号楼底商西侧第三社区服务站	87688292
4	弘善寺社区居委会	弘善家园202楼底商	67049168
5	老君堂社区居委会	君堂好园6号楼	87309990
6	祁庄社区居委会	吕家营村829号	87691516
7	十八里店第一社区居委会	周庄嘉园6号院北门东侧底商十八里店第一社区服务站	67278267
8	周庄嘉园第一社区居委会	西大望南路周庄嘉园7号院12号楼南侧一层	67311910
9	十里河村村委会	十里河村村委会	67325661
10	西直河村村委会	西直河村村委会	6738 8090
11	周家庄村村委会	周家庄村113号	67330483
12	十八里店村村委会	十八里店村村委会2000号	67471738
13	吕家营村村委会	吕家营村村委会	87692485
14	横街子村村委会	横街子村委会	87301229
15	老君堂村村委会	海棠公园管理处二层	87307508
16	小武基村村委会	小武基村村委会	67477844

（孙畅旋）

孙河地区（乡）

【概况】 孙河地区（乡）位于朝阳区东北部温榆河畔，属北京市第二道绿化隔离带和温榆河绿色生态走廊规划控制地区。东靠顺义区天竺镇，西与昌平区隔河相望，南与朝阳区金盏乡和崔各庄乡接壤，北临顺义天竺空港工业区。辖区面积34.54平方千米。下辖14个行政村，其中9个行政村完成拆迁腾退、5个行政村处于待安置周转中，回迁安置5个社区。截至年底，辖区常住人口31288人、户籍人口9896户21927人、流动人口12544人、外籍人口994人；有22个少数民族，其中回族、满族、蒙古族、朝鲜族人口居多；新出生人口153人、死亡人口205人。有法人单位68家，其中央属单位3家、市属单位9家、区属单位8家、乡属单位13家、其他单位35家；有医院1所、社区卫生服务中心1个；有小学2所、幼儿园4所；有养老机构1个，养老服务驿站1个；有500平方米为民服务大厅、3000平方米地区文化中心各1处，有文化广场10处、24小时自助图书馆1处。途经辖区公交线路18条，机场高速、机场南线、机场辅路、京承高速、京平高速、京密路、地铁15号线贯穿其中。辖区绿化率42%。年内，孙河地区统筹抓好疫情防控和经济社会发展，以建设花园孙河、精致孙河、智慧孙河和人文孙河为重点，形成“聚美家园”工程党建品牌；智慧平安小区建设、温榆河公园建设加快、地区产业结构转型升级加快；完成创建国家卫生区验收、全国文明城区复检、综合行政

执法改革、第七次全国人口普查等重点工作。全年实现地区财政收入5.31亿元，比上年增长0.38%；集体经济总收入16.09亿元，比上年增长223.3%；人均劳动所得2.55万元，比上年减少1.2%。孙河乡获“首都全民义务植树先进单位”。

【领导调研】 6月8日，市委书记蔡奇到孙河调研温榆河公园建设情况，强调要坚持“生态、生活、生机”内涵理念，分步实施，精心打磨，确保公园示范区按时开园，着力打造新时代首都生态文明建设金名片。

【乡四届四次党代会】 6月9日，中共孙河乡第四届代表大会第四次会议召开，应到代表104人，实到代表91人。大会听取并审议乡党委书记张晓宁做的题为《党建引领全域治理，聚力强基转型发展》的乡党委2019年度工作报告，审议题为《全面压实从严治党主体责任，强化权力运行制约监督，为孙河地区经济社会发展提供坚强纪律保障》的乡纪委2019年度工作报告。

【乡人大十七届八次会议】 6月11日，孙河乡第十七届人民代表大会第八次会议召开，应到代表53人，实到代表47人。大会审议并通过乡长李兴泉所做的《孙河乡人民政府2020年工作报告》、乡人大主席贾哲做的《孙河乡人大主席团2019年工作报告》，审议并通过《孙河乡2019年财政收支执行情况和2020年财政预算（草案）的报告》。

【温榆河公园示范区开园】 9月1日，孙河地区温榆河公园朝阳段示范区开园。市政府副秘书长陈蓓及相关部门领导、区四套班子领导出席开园仪式。温榆河公园朝阳示范区面积约2平方千米，园内种植乔木2.6万株、灌木17万株，地被（花）面积80万平方米。朝阳示范区塑造高低起伏的地形，营造河流、湖泊、瀑布和坑塘多种湿地形态，通过一条生态水脉串联森林乐谷、梯田湿地、花溪锦田、活力东湖、探险森林五大景区，打造“一轴、一脉、五区”空间格局（“一轴”即游园栈道轴线；“一脉”即湿地净化水脉；“五区”即森林乐谷区、梯田湿地区、花溪锦田区、活力东湖区和探险森林区等五大生态景区）。

▲ 9月1日，孙河地区举办温榆河公园朝阳段示范区开园暨潮趣潮跑活动 （康 文 摄）

【基层党建】 年内，孙河地区构建“一核三融、四联共享”大党建工作格局（“一核”即以党建引领为核心，用好党建协调委员会平台；“三融”即深化“聚力归心、聚美家园、聚智共建”三大项目，促进“各层级理念融合，各行业力量融汇，各领域资源融通”；“四联”即强化党的组织、群团组织、居民自治组织、社会组织联心访事、联动议事、联手办事、联合评事；“共享”即通过共商共治，共享公园生态、共享发展红利、共享和美孙河），深化聚智共建、聚力归心和聚美家园3大项目，依托党建协调委员会和“聚美家园”园区党支部阵地，结合疫情防控“支部包园”有益探索，推进“各层级理念融合，各行业力量融汇，各领域资源融通”，固化社区党委全面统筹、各类力量下沉园区机制，强化党的组织、群团组织、居民自治组织、社会组织联心访事、联动议事、联手办事、联合评事，实现网格化党建单元与居民自治单元全面对接，党建体系、自治体系、网格体系深度融合。“聚美家园”工程获评区社会领域十大党建品牌。

【物业管理】 年内，孙河地区针对辖区别墅物业特点落实《物业管理条例》。成立物业企业10家、物管会9家，业委会（物管会）组建率90%；成立物业党支部10家（其中1个物业联盟党支部、9个物管会党支部），党组织覆盖率100%。制定《党建引领常态下沉工作机制》，采取乡领导包片、社区党委统筹、科室下沉园区结对措施，组织机关、企业、报到党团员、志愿者等各类力量1300余人参与垃圾分类，桶前值守总时长超过12万小时，垃圾分出率达到区优秀水平。

【“接诉即办”机制落实】 年内，孙河地区优化“接诉即办”工作机制，完善实体化综合执法平台和常态化协同联动，推行“三双三上门”（“三双”指双派单、双考核、双督办；“三上门”指合理诉求上门办、不合理诉求上门劝、咨询建议上门谈）工作方法，响应群众诉求，地区“12345”市民服务热线案件量低位运行，全年受理4132件，响应率100%，综合成绩得分96.83分，全年全区综合排名第二。

【智慧平安小区建设】 年内，孙河地区投资462万元，启用智慧门禁33套，安装人像抓拍系统74套，智慧门牌1.2万块，自动报警联动系统2027个，实现小区人口管理动态化、人房管理规范化、服务管理精准化、图像轨迹融合化、便民服务多元化。创新“二级平台、视频巡控”机制建设，全年发案量184起，比上年下降24%。群众安全感、满意度测评居全区农村系统前列。（李建中）

朝阳区孙河地区（乡）社区居委会、村委会一览表

表51

序号	名称	地址	电话
1	康营家园一社区居委会	康营家园D区	64316011
2	康营家园二社区居委会	康营家园B区	84343782
3	康营家园三社区居委会	康营家园24区	84354291
4	康营家园四社区居委会	康营家园14区	84354330
5	景润苑居社区委会	景粼原著二期一号楼六层	64318589
6	下辛堡社区居委会	已拆迁	——
7	上辛堡村村委会	已拆迁	——
8	黄港村村委会	已拆迁	——
9	沙子营村村委会	已拆迁	——
10	前苇沟村村委会	已拆迁	——

（李建中）

太阳宫地区（乡）

【概况】 太阳宫地区（乡）位于朝阳区中西部，东北与望京街道、将台地区接壤，东南与麦子店街道、与第三使馆区、燕莎商业区毗邻，南与左家庄街道相接，西南与和平街街道、香河园街道相邻，西北与小关街道、大屯街道相连。辖区面积5.9平方千米，下辖3个行政村、12个社区。截至年底，辖区常住人口7.1万人、户籍人口24996户64382人、流动人口1.9万人；新出生人口492人、死亡人口528人。有企业法人单位3709个，其中中央企业11家、市属企业10家、区属企业12家、其他企业3676家，民营非营利性组织32个；有中学2所、小学3所、幼儿园7所；有医院1所、医疗卫生服务中心1所、社区卫生服务站3个；有1860平方米为民服务大厅、3450平方米地区文化中心各1处，有图书馆1个、文化活动室10处、文化广场3处、24小时自助图书馆2处。途经辖区公交线路20余条，地铁10号线、13号线贯穿其中。辖区绿化率43.4%。年内，太阳宫地区聚焦常态化疫情防控，以“疏解整治促提升”专项行动、产业转型升级、优化地区环境、社区建设、改善民生等工作为重点，提升群众安全感和满意度。实现地区总收入10.96亿元。实现集体经济总收入1.21亿元，比上年增长12.85%。实现利润1950.4万元，比上年增长222.1%。太阳宫乡获2017—2019年国家卫生乡和北京市模范集体称号。（孔祥一）

【助残帮困】 1月，太阳宫地区开展第十四届“朝阳慈善情·百姓新春大联欢”活动，慰问辖区100名困难人员，发放慰问金4万元。5月，开展“全国助残日”活动，慰问地区225名无稳定收入的残疾人，发放慰问金11.25万元；为14名残疾儿童发放六一儿童节慰问金7000元。10月至12月，举办太阳宫地区第五届慈善义卖捐款活动，为辖区慈善救助项目筹集善款1.55万元。年内，办理京籍人员老年证15张，为210人办理90岁养老补贴，补贴金额109余万元；通过统发平台发放残疾人生活补贴1355人次63.58万元，发放残疾人护理补贴2278人次33.78万元；评选乡级“孝顺之星”15名，发放证书和奖品金额3000元；为762名志愿者上老年人意外保险，金额3.05万元；为855名60周岁以上老年人发放慰问品，金额16.94万元；为50余名残疾人康复培训，为10名残疾人申请无障碍出行服务项目、为30名残疾人解决就业问题。 （杨 望）

【“互联网+全民义务植树”基地揭牌】 4月16日，太阳宫地区举行“互联网+全民义务植树”基地启动仪式。基地位于太阳宫公园。首都绿化委员会办公室副主任廉国钊、首绿办义务植树处处长杨志华、朝阳区园林绿化局副局长彭光勇、太阳宫地区工委书记李华共为基地揭牌。 （孔祥一）

【坝河常庆花园开园】 4月27日，太阳宫地区坝河常庆花园开园。该花园位于北三环东路与北四环东路之间，占地面积5.17万平方米，以元代常庆坝文化为载体，花园定位为满足东北三环—四环区域居民多种需求的城市休闲公园。 （孔祥一）

【乡人大十七届八次会议】 6月29日，太阳宫地区召开第十七届人民代表大会第八次会议，乡人大代表及列席人员60余人参加会议。大会听取并审议《太阳宫乡政府2019年工作报告》；书面审议《太阳宫乡2019年财政预算执行情况和2020年财政预算草案的报告》及《太阳宫乡人大主席团2019年工作报告》；会议通过大会各项决议（草案）。议案审查委员会向大会做议案审查报告、答复代表提出的《关于建设太阳宫乡情村史博物馆的议案》办理情况。 （孔祥一）

【产权制度改革】 8月3日，太阳宫乡启动原小黄庄村集体资产处置分配工作。年内，为原小黄庄村911名已故社员家庭办理继承手续，办理率99%；为1065名社员办理领取手续，领取率100%。11月13日，完成原惠忠庵村社员登记和劳动年限初步统计工作，登记社员2116人。 （孔祥一）

【“爱心超市”暨“公益行”启动】 8月6日，太阳宫地区举行“爱心超市”暨“公益行”启动仪式。地区低保、低收入及特扶等132户家庭领取政府爱心卡。 （孔祥一）

【乡十三届四次党代会】 8月28日，太阳宫乡召开第十三届党代会第四次会议，出席会议代表103人、列席人员19人。会议审议并通过《中共太阳宫乡纪律监察委员会工作报告》，讨论和审查党费收缴、使用情况的报告。 （孔祥一）

【“人大代表之家”揭牌】 9月25日，太阳宫地区举行“人大代表之家”揭牌仪式。区人大地区工委主任、区人大代表李华，乡长、乡人大代表郝宝刚共同为“人大代表之家”揭牌，区、乡人大代表20余人出席揭牌仪式。 （杨 望）

【文化活动】 9月，太阳宫地区举办“妙笔书香 慧眼光影 美丽太阳宫”第二届书画摄影展活动。通过线上云展览方式展出优秀书画作品111件、摄影作品79件。年内，地区累计举办“暖阳”文化节、趣味运动会等文化活动60余场，科学健身云课堂活动10次，参与群众1万余人次；为各社区下发冬奥知识读本、健身知识读物200册，发放记分牌、跳绳等各类健身器材50余套；放映公益电影80场，4000余人次受益；举办“云端七彩文艺秀”，点击量42万余次。 （孔祥一）

【地区工会第三次代表大会】 11月25日，太阳宫地区工会召开第三次代表大会，来自地区工委办事处和基层工会的101名代表参加会议。会议选举产生太阳宫地区总工会第三届委员会和第三届经费审查委员会委员。 （杨 望）

【乡人大十七届九次会议】 12月31日，太阳宫乡召开第十七届人民代表大会第九次会议，乡人大代表及列席代表73人参加会议。乡长郝宝刚向大会做《太阳宫乡人民政府2020年下半年工作报告》；议案审查委员会主任委员陶学丽向大会做代表议案审查报告，副乡长林斌向与会代表通报2020年人大代表接待选民意见建议办理情况；4名乡人大代表向大会述职。 （孔祥一）

【就业服务】 年内，太阳宫地区组织50名失业人员参加免费技能培训班2期，举办失业人员招聘会2场，开发就业岗位1160个，3642人实现灵活就业。 （杨 望）

【物业管理】 年内，太阳宫地区有54个小区、43个物业企业，其中43个小

▲ 9月25日，太阳宫地区人大代表之家揭牌 （王广军 摄）

区成立物业管理委员会、1个小区成立业主委员会，成立功能型党组织39个。物业覆盖率100%、业委会（物管会）组建率88%、业委会（物管会）党组织覆盖率93%。（孔祥一）

【环境整治】 年内，太阳宫地区为24家餐饮单位安装油烟在线监测系统设备41套。处理扬尘问题120余件；注册小巷管家184人、街巷长14人、志愿者214人，累计巡街191人次、处理突发排水事件3起。志愿服务活动时长1.7万余小时；完成常庆公园建设、开展十字口社区花园式社区创建、完成芍药居北里第二社区“208微空间”景观环境改造工程；拆除违法建设面积1546平方米，清理占道经营3处。拆除违法群租房12套，实现开墙打洞动态清零；开展垃圾分类、专题环境清洁日等活动，清运垃圾600余吨，整治环境脏乱区域300余处，累计发动志愿者5000余人次。（孔祥一）

【社区建设】 年内，太阳宫地区新设芍药居五社区和西坝河北里社区；完成社区服务站升级改造，尚家楼社区公益图书室、芍药居318号楼地下活动室开放使用；完成芍药居北里222号楼和305号楼的人脸识别系统建设；建立社区主任例会制度，开展社区挂牌、社区表格集中清理规范工作。（孔祥一）

【交通治理】 年内，太阳宫地区通过施划临时停车位、新建停车位、建设立体停车楼以及共享居住区停车设施等措施，增加停车位近600个，缓解居民停车难问题；通过交通秩序精细化治理，改善地铁周边堵点2处。（杨 望）

【“接诉即办”机制落实】 年内，太阳宫地区制定“接诉即办”优化工作制度，健全“未诉先办、一办到底”大走访工作机制，建立部门、社区和乡属企业“12345”市民服务热线、网格、二级闭环沟通机制，完善《太阳宫地区12345市民诉求及网格问题处置工作机制汇编（试行）》，实现案件红灯“消零”。全年接收“12345”市民服务热线、“96105”政府热线及各类网格案件42468件，拒签10864件，办理31604件，办结31539件，结案率99.79%。（杨 望）

朝阳区太阳宫地区（乡）社区居委会、村委会一览表

表52

序号	名称	地址	电话
1	芍药居一社区居委会	芍药居北里219楼5层	84627464
2	芍药居二社区居委会	芍药居北里203号楼	84628158
3	芍药居三社区居委会	芍药居11号楼北侧	84615524
4	芍药居四社区居委会	芍药居2号院5号楼北侧	84612696
5	太阳宫社区居委会	太阳宫南街7号院6号楼西侧2层	64220891
6	夏家园社区居委会	新纪家园小区8号楼东侧服务中心楼内	84629921
7	十字口社区居委会	太阳宫地区火星园8号楼8-9号	64287853
8	牛王庙社区居委会	太阳宫东坝河1号	64385869
9	尚家楼社区居委会	尚家楼社区48号院内	52087718
10	惠忠庵社区居委会	太阳宫1街1号院10号楼底商	64205711
11	芍药居五社区居委会	芍药居北里312楼4单元001、002号	84362580
12	西坝河北里社区居委会	太阳宫南街7号院6号楼西侧2层	84495934
13	太阳宫村委会	西坝河168号	64460858
14	十字口村委会	太阳宫北街甲1号	64625662
15	牛王庙村 委会	东坝河1号	64385869

（杨 望）

王四营地区（乡）

【概况】 王四营地区（乡）位于朝阳区东南部。东靠豆各庄乡，南接十八里店乡，西邻南磨房乡，北与高碑店乡接壤。辖区面积15.58平方千米，下辖6个行政村、5个社区，实行村居合一管理模式。截至年底，辖区常住人口59666人、户籍人口10637户20503人、流动人口38939人、外籍人口67人；新出生人口157人、死亡人口209人。有法人单位4200个，其中央属单位2家、市属单位2家，其他单位4196家；有社区卫生服务中心1个、社区卫生服务站4个；有小学5所、幼儿园5所；有养老机构3个；有200平方米为民服务大厅和5400平方米地区文化中心各1处，有文化广场6处、24小时自助图书馆2处。途经辖区公交线路17条，地铁7号线贯穿其中。辖区绿化率62.2%。年内，乡党委以“六个聚集”即聚焦新冠肺炎疫情防控，推进联防联控高质量；聚焦主责主业，推进党的建设高质量；聚焦区域统筹，推进创新发展高质量；聚焦精细规范，推进基层治理高质量；聚焦民生福祉，推进民生事业高质量；聚焦从严从实，推进作风建设高质量为总体思路，完成全国两会、服贸会、进博会等重大活动服务保障，完成平原造林168亩、全乡绿化390万平方米，完成创建国家卫生区、第七次全国人口普查等重点工作。全年实现地区集体经济总收入70901万元，比上年增长18.4%；利润总额1375.5万元，比上年增长436.2%；税金5305.8万元，比上年减少9.5%。王四营村获评北京市“接诉即办”改革工作先进集体称号。

【新时代文明实践活动】 1月7日，王四营乡在崇德堂召开新时代文明实践工作部署会，将崇德堂确定为乡文明实践基地。崇德堂由“七堂一园”组成，“七堂”主要有明德堂、悟德堂、修德堂等，“一园”为滴水园，每一堂结合德文化表达各自主题。崇德堂首场活动展出牌匾300多块，每一块都有一段励志故事，通过展出和讲解，让观众了解牌匾文化和德文化的意义。知名书法家高炳山、沈国龙现场为活动参与者书写对联和新春祝福。

【领导调研】 4月8日，区委书记王灏、副区长杨建海到王四营乡调研检查疫情防控和复工复产工作。王灏对王四营乡疏解腾退及违法建设拆除工作给予肯定，他指出，王四营乡向前一步、主动出击，打响全区2020年拆违第一枪，对于疫情防控、铁路沿线和广渠路沿线环境提升、平安朝阳建设等工作意义重大。他强调，要坚定信心，一鼓作气全力推进拆违工作，及时总结实践中的好经验、好做法，不断创新完善，推动区域环境提质升级。要不断强化安全生产意识，进一步提高安全管理水平，确保安全有序推进、保质保量完成拆违任务。要及时做好拆违后绿化跟进，真正绿起来、美起来，带动朝阳东南部地区环境整体改善提升。要围绕民生“七有”要求和“五性”需求，深入挖潜，合理布局便民服务网点，提升百姓生活品质。一方面继续毫不松懈地抓好社区（村）疫情防控工作，坚持“外防输入、内防反弹”总体防控策略，紧盯关键环节，合理配置防控力量，确保疫情防控工作无死角、无遗漏；另一方面，统筹谋划，全面开展绿化美化、拆违控违、疏解整治促提升、社会治理等各项重点工作，切实做到疫情防控和经济社会发展两手抓、两不误、两促进。

【捐赠国语图书】 8月12日，王四营乡团委组织社区团干部、地区团员青年开展“好书伴成长”——为新疆和田地区中小学生捐赠国家通用语言文字（简称国语）图书活动。向新疆和田地区中小学校捐赠图书1072本。

【乡人大十七届七次会议】 8月27日至28日，王四营乡召开第十七届人民代表大会第七次会议。会议应到代表48名，实到代表42名。会议听取并审议《王四营乡人民政府2019年工作报告（草案）》《王四营乡人大主席团2019年工作报告（草案）》；审查《王四营乡2019年财政预算执行情况和2020年财政预算的报告（草案）》；补选周立轩为王四营乡人民政府副乡长。

【文体活动】 年内，王四营地区成立王四营地区文艺骨干智囊团，先后举办第五届古塔文化节、第五届趣味运动会、参加朝阳区森林演出季活动，组

▲ 9月19日，王四营地区举办第五届趣味运动会　（杨　绮　摄）

织开展舞蹈、瑜伽、围棋、茶艺等培训活动。

【环境整治】 年内，王四营乡拆除违法建设96处，面积22万平方米。其中包括北京市严厉打击违法用地违法建设专项行动信息平台案件70处，建筑面积21.88万平方米，销账比例218.8%，腾退占地面积17.57万平方米，销账比例117.1%；拆除巡查发现违法建设25处，面积1460平方米；办结市级新生挂账督办案件1件（红尚书院），拆除违法建设面积65平方米。（晏　国）

朝阳区王四营地区（乡）社区居委会、村委会一览表

表53

序号	名称	地址	电话
1	观音堂社区居委会	与观音堂村村委会合署办公	87741050
2	观音堂二社区居委会	与观音堂村村委会合署办公	87741050
3	白鹿社区居委会	与道口村村委会合署办公	87390769
4	海棠社区居委会	与道口村村委会合署办公	87390769
5	官悦欣园社区居委会	与官庄村村委会合署办公	67366137
6	官庄村村委会	王四营乡官庄村	67366137
7	观音堂村村委会	王四营乡观音堂村	87741050
8	王四营村村委会	王四营乡王四营村	87390168
9	南花园村村委会	王四营乡南花园村	67366973
10	道口村村委会	王四营乡道口村	87390769
11	孛罗营村村委会	王四营乡孛罗营村	87514553

（晏　国）

小红门地区（乡）

【概况】 小红门地区（乡）位于朝阳区南部，东靠京津塘高速公路，南邻北京经济技术开发区，西与丰台区、大兴区接壤，北与丰台区相连。辖区面积12.07平方千米，下辖4个行政村、10个社区。截至年底，辖区常住人口74185人、户籍人口14008户31171人、流动人口37014人、外籍人口98人；新出生人口249人、死亡人口377人；辖区有法人单位3318家，其中区属单位55家，其他单位3263家；有中学2所、小学2所、幼儿园5所；有社区卫生服务中心1个、社区卫生服务站2个；有社区服务中心1个、养老机构2家；有150平方米为民服务大厅1处、文化广场2处、1000平方米室内文化苑1个；有篮球场4个、足球场3个（总面积4900平方米），有“地秧歌文化大院”1个、24小时自助图书机1处、图书馆1个（藏书1.2万册）；途经辖区公交线路12条，地铁亦庄线贯穿辖区；实施绿化面积374.37万平方米，绿化完成率65.09%。年内，小红门地区围绕统筹疫情防控和经济社会发展主线，聚焦朝阳区“三化”主攻方向，着力疏解非首都功能，强化综合治理能力，加强和改善民生，推进地区实现更高层次发展。完成第七次全国人口普查、创建国家卫生区、垃圾分类以及环境治理等重点任务。完成拆除存量违法建设面积69.2万平方米，腾退土地80.2万平方米，疏解人口1.4万人，完成城乡建设用地减量86万平方米。全年实现地区经济总收入19.28亿元，比上年增长22.2%；完成一般公共预算收入2.65亿元，完成全年任务的125.76%。小红门村获第八批“全国民主法治示范村（社区）”和北京市2019—2020年度“接诉即办”改革工作先进集体称号。

【乡十三届四次党代会】 1月9日，小红门乡召开第十三届党代会第四次会议。应到会代表103人，实到会代表87人。乡党委书记王小红做2019年乡党委工作报告。全体代表通过关于党委工作报告、纪委工作报告的决议，通过关于代表提案审查情况的报告。

【乡人大十七届七次会议】 1月9日，小红门乡召开第十七届人民代表大会第七次会议。应到会代表53人，实到

会代表47人。会议审议并通过《小红门乡人民政府2019年工作报告（草案）》《小红门乡人大主席团工作报告（草案）》《小红门乡2019年财政预算执行情况及2020年财政预算草案报告》。

【产权制度改革】 年内，小红门地区完成参加集体资产量化人员身份界定和劳动年限统计结果三榜公示（公示26447人）工作，登记率99.6%。推进清产核资及资产评估工作，4个村清产核资专项审计报告形成初稿。

【集体“三资”管理】 年内，小红门地区以“村账双托管”方式对村集体经济动态监管。实施收支季报制度，对村级财务收支情况动态监管。履行大额资金、预算外资金审批备案程序，全年完成大额资金审批49笔，金额2864万元；完成大额资金备案295笔，金额13810万元。

【“接诉即办”机制落实】 年内，小红门地区落实“闻风而动、接诉即办”群众诉求快速响应机制，构建“12345”市民服务热线工作体系（即成立1个领导小组，建强2支工作队伍，创新3项工作机制，强化4方力量协同，坚持5项工作理念），快速妥善解决群众各类诉求。全年接收案件7759件，解决率95.9%，满意率94.5%，全年综合得分97分，全区排名第一。

【垃圾分类】 年内，小红门地区向9个小区配发分类垃圾桶1062个、运输车辆46台，安装宣传栏37个；举办垃圾分类宣传活动100余场，健全垃圾分类日常执法检查机制，检查门店400余家次，处罚55起。厨余垃圾分出率20%，垃圾分类清运实现“日产日清”目标。

【物业管理】 年内，小红门地区有10个社区、物业企业8家，组建物管会9家，物管会组建率90%；物管会成立功能型党组织9个，物业企业党组织覆盖率100%。

【环境治理】 年内，小红门地区开展大气污染“一微克”行动，全面治理辖区裸地扬尘。办结中央生态环境保护督察交办单10件、信访件7件。健全河长制工作体系，加大巡河频次，辖区内2个河长制考核断面均为达标断面。牌坊沟、三台山东侧沟列入朝阳区三年河道治理工程。全年接市、区环境检查平台环境问题1840个，均按要求完成整改。开展人居环境专项检查6次，发现问题1398处，全部完成整改。

【绿化建设】 年内，小红门地区按照规范对鸿博公园、镇海寺郊野公园进行养护。镇海寺公园二期建设工程完成率99%。启动平原造林工程，完成复垦20个地块，面积29万平方米。实施绿化工程，完成“留白增绿”面积30.21万平方米，实现年度目标。

【社会保障】 年内，小红门地区新增失业登记人员549人，其中实现就业445人；受理177名失业人员灵活就业社会保险补贴申请；建立劳动用工档案16个，采集岗位信息958个；受理233人次医疗救助申请；办理城乡居民基本医疗保险8563人、城乡居民养老保险3475人；发放困难老年人养老服务补贴、失能护理补贴以及高龄老人津贴；受理完成保障房资格初步审核12户，开展保障性住房困难家庭专项配租6户。

【社区建设】 年内，小红门地区完成鸿博家园5个社区农民市民化、“三社一体化”（将社区、社会组织、社工有机整合起来开展社区服务的一种新的社区治理模式）项目申报工作；开展恋日绿岛社区和中海城社区“三社一体化”建设；实施社区成长伙伴计划，搭建社区党组织、居委会、物业公司和居民“四方议事协商平台”，推动形成多元共治格局；建立居民议事厅常态运行机制，启动社区月协商计划，全年召开议事协商会86次，解决安装路灯、更换健身器材、充电车棚、文化长廊修建等问题。以鸿博家园第四社区为示范点，开展社区协商示范点和楼门治理示范点建设；因地制宜、因楼而宜开展小区特色文化建设。

【新时代文明实践活动】 年内，小红门地区成立新时代文明实践所1个、新时代文明实践站11个，实现辖区新时代文明实践所（站）全覆盖。新时代文明实践所（站）围绕地区新冠肺炎疫情防控、垃圾分类、环境整治等重点工作，发挥思想引领作用，开展各类志愿服务活动20余场。　（张　静）

▲ 12月1日，小红门乡镇海寺公园二期竣工　（孙　磊　摄）

朝阳区小红门地区（乡）社区居委会、村委会一览表

表 54

序 号	名 称	地 址	电 话
1	鸿博家园第一社区居委会	鸿博家园一区9号楼1单元底商	87554601
2	鸿博家园第二社区居委会	鸿博家园二期B区8号楼底商	67698893
3	鸿博家园第三社区居委会	鸿博家园二期C区2号楼1单元底商	67909972
4	鸿博家园第四社区居委会	鸿博家园二期D区1号楼底商	67678366
5	鸿博家园第五社区居委会	鸿博家园二期F区15号楼2层	67678895
6	中海城社区居委会	少角中街8号院5号楼底商	87656427
7	恋日绿岛社区居委会	鸿博家园一区9号楼3单元底商	67698799
8	三台山社区居委会	小红门乡三台山甲1号	87601375
9	四道口社区居委会	小红门乡四道口水站	67609221
10	玉器厂社区居委会	小红门乡龙爪树街734号	87693193
11	牌坊村村委会	小红门乡牌坊村村委会	87602958
12	肖村村委会	小红门乡肖村村委会	67680412
13	小红门村委会	小红门乡小红门村委会	87602560
14	龙爪树村委会	小红门乡龙爪树村委会	87698014

（张　静）

人物 荣誉

先进集体

全国先进集体

全国文明城区
北京市朝阳区

全国双拥模范城
北京市朝阳区

全国五一劳动奖状
北京市朝阳区安贞街道办事处

全国工人先锋号
北京五洲妇儿医院妇科

全国五四红旗团委
北京市朝阳团区委

第六届全国文明单位
北京市朝阳区八里庄街道办事处
北京市垂杨柳医院
北京市朝阳区东坝地区红松园社区
北京京客隆商业集团股份有限公司

全国抗击新冠肺炎疫情先进集体
北京市朝阳区安贞街道安华里社区党委

全国脱贫攻坚先进集体
北京市垂杨柳医院

全国五四红旗团委（团工委）
清华附中朝阳学校团委
北京第二外国语学院团委

全国三八红旗集体
北京市朝阳区委党校

全国巾帼文明岗
北京市朝阳区妇女儿童公益慈善促进会
北京京客隆商业集团股份有限公司三里屯店

全国家庭工作先进集体
北京市朝阳区南磨房乡妇联

全国优秀少先队集体
北京师范大学朝阳附属学校少先队大队
北京市朝阳师范学校附属小学和平街分校五（1）中队

第六届全国文明村镇
北京市朝阳区高碑店乡高井村、朝阳区崔各庄乡费家村

第二届全国文明家庭
李楠家庭　北京市朝阳区望京街道花家地南里社区

第二届全国文明校园
中国人民大学附属中学朝阳学校
北京中医药大学

第五届全国未成年人思想道德建设工作先进单位
北京市朝阳区人民检察院第七检察部

爱国拥军模范单位荣誉称号
北京市朝阳区图书馆

国家统计局调查队系统抗击新冠肺炎疫情及时奖励集体嘉奖奖励
国家统计局朝阳区调查队

2020年全国清理整顿人力资源市场秩序专项行动取得突出成绩单位
北京市朝阳区劳动保障监察队

2018—2020年全国计划生育优质服务先进单位
北京市朝阳区卫生健康委员会

全国商贸流通服务业先进集体
北京京客隆商业集团股份有限公司

北京市先进集体

北京市模范集体
中共朝阳区纪律检查委员会、朝阳区监察委员会
北京市朝阳区市场监督管理局奥运村街道所

北京市朝阳区审计局经济责任审计科
北京市朝阳区城市管理委员会城市景观管理科
北京市京客隆商业集团股份有限公司配送中心
北京市朝阳城市建设综合开发公司朝体改造项目组
北京市朝阳区实验小学
北京工业大学附属中学十八里店分校体育教研组
北京市朝阳外国语学校语文教研组
市公安局朝阳分局朝外大街派出所
北京市朝阳区人民检察院第二检察部
北京市朝阳区人民法院民事审判五庭
北京市朝阳区人民政府团结湖街道办事处民生保障办公室
北京市朝阳区人民政府朝外街道办事处便民服务中心
北京市朝阳区人民政府太阳宫地区办事处太阳宫地区社会保障事务所
北京市朝阳区农业综合执法大队执法一科
北京蓝调庄园文化发展有限公司营销部
北京市朝阳区律师协会
北京朝阳中西医结合急诊抢救中心医务部
北京市朝阳区垂杨柳医院感染疾病科
北京市朝阳区文化和旅游局安全与应急科
北京市朝阳区融媒体中心新闻外宣科
北京蓝城兄弟信息技术有限公司
闽龙世纪建材市场有限公司教育事业部
北京国华置业有限公司写字楼部

北京市先进基层党组织

北京市垂杨柳医院党委
北京市朝阳区疾病预防控制中心党总支
北京京客隆商业集团股份有限公司生鲜配送中心党支部

北京市抗击新冠肺炎疫情先进集体

北京市朝阳区麦子店街道枣营北里社区党委
北京市朝阳区东坝地区东泽园社区党委
北京市朝阳区疾病预防控制中心党总支
北京市垂杨柳医院党委
北京京客隆商业集团股份有限公司生鲜配送中心党支部
北京市朝阳区黑庄户乡党委
北京市朝阳区委政法委
北京市朝阳区呼家楼街道呼家楼北社区党委
北京市朝阳区奥运村街道大羊坊社区党委
北京市朝阳区金盏乡青年抗疫突击队临时党支部
北京市朝阳区来广营地区境外返京人员集中观察点前沿指挥部
北京市朝阳区文化和旅游局
北京市朝阳区委教育工作委员会
北京首佳物业管理有限公司党委
北京市朝阳区律师行业党委

北京市扶贫协作先进集体

北京市朝阳区发展改革委
北京市朝阳区人力资源和社会保障局
北京市劲松职业高中
北京市朝阳区妇幼保健院
北京昆泰房地产开发集团有限公司

“2020北京榜样”年度特别奖

北京市朝阳区安贞街道安华里社区

北京市2019—2020年度“接诉即办”改革工作先进集体

北京市朝阳区安贞街道办事处
北京市朝阳区小关街道办事处
北京市朝阳区麦子店街道办事处
北京市朝阳区香河园街道办事处
北京市朝阳区左家庄街道办事处
北京市朝阳区孙河地区办事处
北京市朝阳区小红门地区办事处
北京市朝阳区卫生健康委
北京市朝阳区市场监管局
北京市朝阳区垡头街道翠城福园社区
北京市朝阳区和平街街道和平东街社区
北京市朝阳区潘家园街道华威里社区
北京市朝阳区团结湖街道中路南社区
北京市朝阳区双井街道九龙南社区
北京市朝阳区望京街道望京西园四社区
北京市朝阳区奥运村街道双泉社区
北京市朝阳区高碑店地区甘露园南里二社区
北京市朝阳区豆各庄地区朝丰家园社区
北京市朝阳区黑庄户地区双桥第一社区
北京市朝阳区王四营地区王四营村

北京市安全生产先进单位

北京朝富国有资产管理有限公司
北京市朝阳区东坝地区安全生产监察队
首都机场街道平安建设办公室
北京市三八红旗集体
北京京客隆商业集团股份有限公司三里屯店
北京京客隆商业集团股份有限公司西坝河店
北京市朝阳区文化馆
北京市朝阳区文联
北京市朝阳区税务局酒仙桥税务所

先进个人

全国（含系统）先进个人

全国劳动模范

岳海清　北京京朝出租汽车有限公司出租车司机

全国先进工作者

谷现恩 垂杨柳医院泌尿外科主任，主任医师
张鹫制 奥运村街道南沙滩社区党委书记

全国五一劳动奖章

马建新 北京市朝阳区疾控中心流行病与地方病控制科科长

全国抗击新冠肺炎疫情先进个人

任玉娟 北京市朝阳区三里屯社区卫生服务中心
张之翠 北京市朝阳区双桥医院
马建新 北京市朝阳区疾病预防控制中心流病科科长

全国脱贫攻坚先进个人

张 钧 东北师范大学附属中学朝阳学校副校长

全国巾帼建功标兵

高素梅 北京中视东升文化传媒有限公司的负责人

全国体育事业突出贡献奖

赵 伟 北京市朝阳区疾病预防控制中心、中心主任

中国青年五四奖章

张晓菲 北京市朝阳区青少年指导服务中心主任

中国文联终身成就曲艺艺术家

刘兰芳 北京市朝阳区文联名誉主席

全国"新时代好少年"

王 颉 北京市朝阳区陈经纶中学分校

全国优秀少先队员

杨斯涵 北京市朝阳区人大附中朝阳分校少先队员

全国优秀少先队辅导员

陈 莉 北京明远教育书院实验小学少先队大队辅导员

国家统计局调查队系统抗击新冠肺炎疫情及时奖励个人嘉奖奖励

杨 琪 国家统计局朝阳区调查队 科长

全国税务系统先进工作者

周 颖 北京市朝阳区税务局征收管理科科长

北京市先进个人

北京市劳动模范

陈 波 北京市朝阳区劲松街道劲松北社区党委书记，助理社会工作师
陈桂平（女） 北京市朝阳区麦子店街道枣营北里社区党委副书记、居委会主任，助理社会工作师
高书鹏 北京市朝阳区八里庄街道红庙社区党委书记、居委会主任，助理社会工作师
侯 兵（女，回族） 北京市朝阳区安贞街道安华里社区党委书记、居委会主任，助理社会工作师
侯喜君 北京市朝阳区左家庄街道三源里社区党委书记，助理社会工作师
梁 靓（女） 北京市朝阳区小关街道高原街社区党委书记、居委会主任，助理社会工作师
娄佳盛 北京市朝阳区东湖街道利泽西园一区社区党委书记
马俊东 北京市朝阳区香河园街道柳芳南里社区党委书记、居委会主任
彭立新（女） 北京市朝阳区亚运村街道安慧里社区党委书记、居委会主任，社会工作师
王 佼（女） 北京市朝阳区大屯街道亚运新新家园社区党委书记、居委会主任，社会工作师
王飞雪（女） 北京市朝阳区首都机场街道南路东里社区党委书记
吴长清（女，满族） 北京市朝阳区望京街道花家地南里社区党委书记，助理社会工作师
张改荣（女） 北京市朝阳区三里屯街道白家庄西里社区党委书记、居委会主任，社会工作师
薛卫芳（女） 北京市朝阳区六里屯街道碧水园社区党委书记、居委会主任，技术员
郑树丽（女） 北京市朝阳区垡头街道双合家园社区党委书记，社会工作师
马云红（女） 北京市朝阳区平房地区雅成里社区党委书记
轩秀萍（女） 北京市朝阳区黑庄户乡苏坟村党支部书记
姜伟和 北京市朝阳区王四营乡观音堂村党总支书记
李振东 北京市朝阳区东风地区紫萝园社区党委书记，助理社会工作师
刘明利（女） 北京市朝阳区孙河乡沙子营村党支部副书记
刘雪飞 北京市朝阳区三间房地区三间房南里社区党委书记、居委会主任
邢 凯 北京市朝阳区崔各庄乡东辛店村党总支书记
李 丹（女，满族） 北京市朝阳区金色摇篮全程实验学校教研组组长，二级教师
陈同林 北京朝阳急诊抢救中心院长助理、创伤骨科副主任，副主任医师
董 慧（女，满族） 北京朝阳中西医结合急诊抢救中心总护士长，主管护师
郭永军 北京市保安服务总公司朝阳分公司驻北京市公安局朝阳分局刑侦支队警犬技术管理中队辅警队队长
李 乐 北京市朝阳水利工程有限公司项目负责人，高级工程师
李有义 北京朝阳家园物业管理有限公司工程部组长
刘 洋 北京市保安服务总公司朝阳分公司辅警队长
刘岚滨 北京宝嘉恒基础设施投资有限公司前期计划部部长，高级工程师
田 冬 北京世奥森林公园开发经营有限公司国家网球中心经理

韦　平　北京昆泰房地产开发集团有限公司党委书记、董事长，高级工程师
薛翠松　北京朝阳公园开发经营有限责任公司绿化保洁部车辆维修班班长，汽车维修高级技师
薛小青（女）　北京市朝阳区小橡树三元桥幼儿园教师
薛振义　北京朝坝环卫中心保洁员
杨清海（女）　北京市朝阳区立城苑小金星幼儿园教师，一级教师
张　春　北京温榆河公园建设管理有限公司副经理，工程师
张　艳（女）　北京蓝岛大厦有限责任公司现场主管
张　一（女）　北京望京科技孵化服务有限公司副经理，创业咨询师
张　璋　北京市朝阳城市建设综合开发公司项目副经理，助理工程师
张爱林（女）　北京京客隆商业集团股份有限公司便利店员工，高级收银员、会计初级
张立伟　北京京客隆商业集团股份有限公司副总经理，工程师
张知谦　北京叶氏企业集团有限公司党委书记、副总裁、工会主席，物业管理师
赵朋欣（女）　北京朝来绿色家园物业管理中心党总支书记、副经理
赵学芹（女）　北京市朝阳区陈经纶中学分校实验学校教学主任，二级教师
白雪峰　北京中宏基建筑工程有限责任公司副总工程师、项目经理，高级工程师
程雪姣（女）　北京易初莲花连锁超市有限公司人事主管
樊小敏（女）　北京万东医疗科技股份有限公司产品部经理，高级工程师
郭天光　北京握奇数据股份有限公司企业技术中心主任，高级经济师
郭哲建　北京博鼎诚工程设计有限公司施工经理，工程师
侯　艳（女）　北京和睦家医院有限公司护理部主任，主管护师
姜山赫（朝鲜族）　北京市浩天信和律师事务所合伙人，二级律师
解佳华　北京国际商务中心区开发建设有限公司副总经理，高级工程师
解锦霞（女）　北京易事达投资有限公司执行总经理
孔繁佳（女）　北京国创创投投资有限公司经理
李建伟　三井物产（中国）有限公司高级经理
李黎明（女）　北京链家置地房地产经纪有限公司M9店经理
李晓鹏　北京国遥新天地信息技术有限公司技术总监，高级工程师
李振龙　北京维拓时代建筑设计股份有限公司党委书记，高级经济师
刘金玉　北京爱知之星科技股份有限公司项目工程师，信息系统项目管理师
刘卫华　北京中复电讯设备有限责任公司商场经理
陆利华　北京世青国际学校教师、工会主席，工程师
马　兰（女）　北京市高通律师事务所合伙人
马丽娟（女）　欧蒙医学诊断（中国）有限公司研发经理，高级工程师
曲小松　北京顺丰速运有限公司收派员
王慧超（女）　北京汇丰盛和国际贸易有限公司运营经理，网络工程师
王晓东　雪佛龙（中国）投资有限公司网络发展总经理，工程师
严　兵　北京新崇基置业有限公司新华联丽景温泉酒店分公司助理总经理、财务总监，助理会计师
杨春会（女）　北京思必锐翻译有限责任公司部门经理
张　萌（女）　青创智慧（北京）科技有限责任公司董事长
赵　勇　北京格灵深瞳信息技术有限公司董事长
赵云云（女）　北京新特电气有限公司营销总监
郑东海　北京伟达中医肿瘤医院有限公司副院长，副主任医师
周业辉　北京世邦魏理仕物业管理服务有限公司不动产管理部主管，房地产经济师
孔晓曦（女）　上药康德乐（北京）医药有限公司器械销售代表

北京市先进工作者

曹培谦　北京市朝阳区医疗保险事务管理中心四级主任科员
曾　航　国家税务总局北京市朝阳区税务局第一税务所所长
陈　涛　北京市朝阳区委社会工委民政局办公室副主任
陈　旭（女）　北京市陈经纶中学教师，高级教师
陈国栋　北京市朝阳区水政监察大队队长，工程师
陈景春　北京市朝阳区体育健身休闲公园党支部书记、主任
陈铁苹（女）　北京市朝阳区白家庄小学教师，高级教师
冯　锐　北京市公安局朝阳分局高碑店派出所社区警务一队副队长，三级警长
高春利　北京市朝阳区文化和旅游局党委书记、局长，文联党组书记
高春霞（女）　北京市朝阳区融媒体中心综合办公室主任、机关党委副书记，助理编辑
高国生　北京市朝阳区紧急医疗救援中心站长，主治医师
谷金双（女）　北京市朝阳区劲松第一幼儿园保教主任，高级教师
郭靖楠（满族）　北京市朝阳区政务服务管理局综合科副科长，助理工程师
海　宇（回族）　北京市朝阳区环境卫生服务中心第三清洁车辆场车间主任，二级技师
郝　桐　北京市朝阳区住房和城乡建设委员会朝阳区建设工程施工安全监督站站长

胡雅妮（女）　北京市朝阳区人民法院审判管理办公室（研究室）主持全面工作负责人
李　江　北京市朝阳区房屋管理局供暖中心副主任，助理工程师
李　凯　北京市朝阳区图书馆馆长
李　宁　北京市朝阳区财政局办公室主任，助理工程师
李　蕊（女）　中共北京市朝阳区委宣传部宣教科科长
李凤莲（女，满族）　北京市朝阳区清友实验幼儿园党支部书记、园长，正高级教师
李京兰（女）　北京师范大学朝阳附属学校教师，高级教师
李晓燕（女）　北京市朝阳区融媒体中心编辑、记者
李永锦　北京市朝阳区劲松社区卫生服务中心主任，主任医师
李增辉　北京市朝阳区人民法院民事审判二庭主持全面工作负责人、审判员
刘雪梅（女）　北京市陈经纶中学劲松分校校长，高级教师
吕春华（女）　北京市朝阳区卫生信访服务中心主任，主治医师
麻国栋　北京市朝阳区发展和改革委员会综合科科长
马建新　北京市朝阳区疾病预防控制中心流行病与地方病控制科科长，副主任医师
孟祥宇　北京市朝阳区人民法院聘用制法警
齐振军　北京市朝阳师范学校附属小学校长，高级教师
祁　静（女）　北京市公安局朝阳分局奥运村派出所民警，二级警长
沙新野　北京市朝阳区第三少儿业余体校党支部副书记、校长
商晓晶　中共北京市朝阳区委政法委员会重点整治科科长
石　晶（女，满族）　北京市朝阳区人民检察院四级高级检察官
宋　为　北京市朝阳区垂杨柳中心小学教师，高级教师
宋　维　北京市朝阳区市场监督管理局餐饮服务安全监督管理科副科长，食品工程师、经济师
孙　静（女）　北京市日坛中学教研组长，高级教师
王　薏（女）　北京市朝阳区芳草地国际学校远洋小学党支部书记、校长，高级教师
王　远　北京市公安局朝阳分局南磨房派出所副所长，一级警长
王春育（女）　北京市朝阳区人民政府常营地区办事处常营地区社会保障事务所所长
王仕芹　北京市朝阳区救助管理站副站长
王兴昌　北京市朝阳区城市管理综合行政执法局执法处置中心主任
王月玲（女）　北京市朝阳区环境卫生服务中心三队队长
王跃东　北京市公安局朝阳分局南磨房派出所民警，一级警长
王跃辉（回族）　北京市劲松职业高中教师，高级教师
魏　超　北京市朝阳区环境卫生服务中心基建科科长
文　杨　北京市朝阳区人民政府和平街街道办事处城市管理办公室副主任
吴　薇（女）　北京市朝阳区人民法院亚运村人民法庭副庭长、审判员
吴若南（女）　北京市朝阳区司法局调解工作科科长
夏磊（回族）　北京市公安局朝阳分局环境食品药品和旅游安全保卫大队副中队长，三级警长
夏文斌（女）　北京市垂杨柳医院副院长，主任药师
熊慧丽（女）　北京市朝阳区农业农村局宣传科科长，讲师
徐　靖　北京市朝阳区环境卫生服务中心第一清洁车辆场垃圾清运驾驶员
徐贵雨　北京市朝阳区人民检察院三级检察官助理
薛　琳（女）　北京朝阳国家文化产业创新实验区管理委员会产业发展科科长　一级主任科员
杨碧君（女）　北京市朝阳区教育研究中心主任，正高级教师
杨士博　北京市朝阳区城市管理委员会市政综合管理科科长
叶建宁　北京市朝阳区委区政府研究室副主任
袁　影（女）　北京市朝阳区人民政府南磨房地区办事处四级主任科员
张　超（满族）　北京市公安局朝阳分局刑侦支队中队长，二级警长
张　欣（女）　北京市朝阳区人民检察院第一检察部副主任，四级高级检察官
张爱丽（女）　北京市朝阳区双桥医院院感办主任，主管护师
张红卫　北京市朝阳区人民政府潘家园街道办事处社区建设办公室副主任
张宏明　北京市朝阳区人民政府十八里店地区办事处工委书记
张鸿生　北京市朝阳区人民政府呼家楼街道办事处司法所所长
张金胜　北京市朝阳区劳动保障监察队副队长
张庆诗　北京市朝阳区卫生健康委员会基层卫生健康科科长
张若亭　北京市公安局朝阳分局治安支队中队长，一级警长
张雅静（女）　北京市朝阳区三里屯幼儿园培训主任，高级教师
张亚兰（女，满族）　北京市朝阳区南磨房社区卫生服务中心主任，主任医师
张治国　北京市朝阳区应急管理局执法四队队长
赵乾林　北京市朝阳区酒仙桥街道总工会主席、二级调研员
钟亚利（女，回族）　北京市朝阳区垂杨柳中心小学校长，高级教师
周　炜　中共北京市朝阳区委教育工作委员会书记，工程师
尹德利　北京市东方德才学校教师，高级教师

“2020北京榜样”年榜人物

李　辉　（男　自强不息）　北京市朝阳区心之源艺术康复服务中心负责人
刘景院　（男　敬业奉献）　首都医科大学附属北京地坛医院危重症医学科(ICU)主任

2019—2020年度“首都精神文明建设奖”

王　佳　北京市公安局朝阳分局刑侦支队民警
王世元　北京市朝阳区委教育工作委员会副书记
左向军　北京市朝阳区委宣传部综合科科长
李　凯　北京市朝阳区图书馆馆长
张芳蕾　北京市朝阳疾控中心流行病与地方病控制科科员
杨奎军　北京京客隆商业集团股份有限公司生鲜配送中心党支部书记、经理
侯　兵　北京市朝阳区安贞街道安华里社区党委书记兼主任
赵　勇　北京格灵深瞳信息技术有限公司董事长
韩跃欣　北京市朝阳区东坝地区丽富嘉园社区党委书记
寇立国　龙商立国基金创始人
武　爽　共青团北京市朝阳区委员会人才统战部部长
宋玉婧　北京市朝阳区将台地区办事处党群工作办公室副主任、妇联专职副主席
张超市　公安局朝阳分局刑侦支队十五中队中队长

北京市抗击新冠肺炎疫情先进个人

侯　兵（女）　北京市朝阳区安贞街道安华里社区党委书记、居委会主任
李振东　北京市朝阳区东风地区紫萝园社区党委书记、居委会主任
张芳蕾（女）　北京市朝阳区疾病预防控制中心流行病与地方病防治科科员
佟　敬（女）　北京市朝阳区紧急医疗救援中心调度科科长
云　飞　北京市公安局朝阳分局警务支援大队副大队长
赵剑虹（女）　北京市朝阳区疾病预防控制中心微生物检验科科长
洪　岩　北京市朝阳区委组织部组织三科科长
曹国炳　北京市朝阳区环境卫生服务中心第四清洁车辆场党支部书记
彭立新（女）　北京市朝阳区亚运村街道安慧里社区党委书记、居委会主任
李春明（女）　北京市朝阳区建外街道永安里东社区党委书记
袁　岐（女）　北京市朝阳区人民政府东湖街道办事处望湖社区党委书记
邢　凯　北京市朝阳区崔各庄乡委员会东辛店村党总支书记、村委会主任
毛景鸾　北京市朝阳区三间房地区双柳社区志愿者
辛国明　北京市朝阳区将台乡人民政府平安建设办公室副主任一级主任科员
李　靓（女）　北京市朝阳区卫生健康委员会党委书记、主任
张　政（女）　北京市朝阳区疾病预防控制中心副主任
张洪江　北京市朝阳区疾病预防控制中心消毒与有害生物防制科科长
徐世谦　北京市朝阳区三间房社区卫生服务中心主任
李春营（女）　北京市垂杨柳医院护理部副主任
冯　燕（女）　北京市第一中西医结合医院脑病科护士长
张建东　北京市朝阳区双桥医院院长、党总支副书记
白勇涛（女）　北京市朝阳区太阳宫社区卫生服务中心主任
刘运杰　北京市朝阳区六里屯社区卫生服务中心党支部书记、主任
苗　杰　北京市朝阳区东风社区卫生服务中心主任
邱翠丽（女）　北京市朝阳区十八里店社区卫生服务中心主任
郝　平（女）　北京市朝阳区管庄第二社区卫生服务中心党支部书记
杨振威（女）　北京市朝阳区金盏第二社区卫生服务中心主任
闫　韬　北京市朝阳区垡头社区卫生服务中心主任
司玉静（女）　北京朝阳中西医结合急诊抢救中心脑病中心一区护士长
张育荣　北京市朝阳区三环肿瘤医院党支部书记、主管院长
彭夫松　北京市垂杨柳医院急诊内科副主任（老年病科主任）
钟　巍　北京市第一中西医结合医院（中医院区）内一科主治医师
马小倩　北京市朝阳区来广营社区卫生服务中心副主任
刘玉静（女）　北京市朝阳区安贞社区卫生服务中心保健科科长
刘　鹏　北京市和平街第一中学党总支委员、校长助理
杜　智　北京市公安局朝阳分局崔各庄派出所民警
王英杰　北京市公安局朝阳分局治安支队中队长
张启龙　北京市公安局朝阳分局刑事侦查支队四中队副队长
王国庆　北京市公安局朝阳分局安贞里派出所民警
李建领（女）　北京阳光丽城温泉度假酒店客房部负责人
赵　勇　北京格灵深瞳信息技术有限公司董事长兼首席执行官

北京市扶贫协作先进个人

马　杰　北京市朝阳区财政局预算科科长
王佳鑫　北京市朝阳区南磨房乡党群办三级主任科员
水　伟　北京市朝阳区香河园街道办事处副主任，挂职河北省张家口市阳原县委常委、副县长
石　杨　北京市朝阳区纪委区监委党风政风监督室副主任
田传真　北京市求实职业学校高级教师
吕　英　北京市朝阳区平房乡二级调研员，挂职新疆生产建设兵团第十四师财务局副局长、卫生局副局长
昆玉市工作队、第十四师医生工作队领队
刘镇平　北京市朝阳区委老干部局副局长，挂职河北省张家口市康保县委常委、副县长
李慎林　北京京客隆商业集团股份有限公司副总经理
杨学峰　北京市朝阳区十八里店乡城管执法队四级主任科员，挂职新疆维吾尔自治区和田地区墨玉县扎瓦镇党委委员、副镇长
张秋佳　北京市朝阳区委宣传部研究室主任

姜中一 北京市朝阳团区委三级主任科员，挂职内蒙古自治区乌兰察布市卓资县扶贫办副主任
耿文生 北京市垂杨柳医院主治医师
董则君 北京市朝阳区委组织部干部科科长

北京市2019—2020年度“接诉即办”改革工作先进个人

单 克 北京市朝阳区朝外街道副科长
殷志勇 北京市朝阳区东湖街道市民诉求处置中心主任
修立君 北京市朝阳区呼家楼街道二级调研员
丁秀兰 北京市朝阳区亚运村街道综合办公室科长
姜 山 北京市 朝阳区望京街道市民诉求处置中心科员
皮 源 北京市朝阳区首都机场街道平安建设办公室副主任
王 辉 北京市朝阳区三里屯街道市民诉求处置中心负责人
布 克 北京市朝阳区六里屯街道市民诉求处置中心负责人
王 艳 北京市朝阳区大屯街道诉求处置中心主任、四级调研员
薛 晨 北京市朝阳区十八里店地区12345指挥中心座席员
舒 清 北京市朝阳区太阳宫地区市民诉求处置中心主任
曹 义 北京市朝阳区南磨房地区办事处副主任
张 超 北京市朝阳区东坝乡市民诉求处置中心协管员
沈皓靖 北京市朝阳区平房乡市民诉求处置中心科长
曾光华 北京市朝阳区教委科长、一级主任科员
刘 剑 北京市朝阳区人力社保局劳动保障监察队副队长
于 钋 北京市朝阳区房管局科员
刘小亮 北京市朝阳区环境卫生服务中心检查科科长
牛玉杰 北京市朝阳区安贞街道安外社区服务站站长
吕 东 北京市朝阳区八里庄街道八里庄东里社区党委书记
宋 霜 北京市朝阳区常营地区北京像素治理中心社区工作者
姜 波 北京市朝阳区朝外街道芳草地社区社工
王引红 北京市朝阳区管庄乡八里桥社区党委书记、居委会主任
吴子辉 北京市朝阳区建外街道北部社区居委会副主任
王贺国 北京市朝阳区将台乡芳园里社区居委会副主任
秦 鑫 北京市朝阳区金盏地区金盏家园第二社区居委会副主任
张明宇 北京市朝阳区劲松街道百环社区站长
燕 艳 北京市朝阳区酒仙桥街道南路社区党委书记、居委会主任
龚艳军 北京市朝阳区东湖街道东湖湾社区党委书记
李 洋 北京市朝阳区香河园街道光熙门北里南社区党委书记、居委会主任
梁 靓 北京市朝阳区小关街道高原街社区党委书记
冯美兰 北京市朝阳区亚沂城街道安慧里北社区党委书记、居委会主任
孙 玥 北京市朝阳区左家庄街道曙光里社区党委书记
李铁民 北京市朝阳区麦子店街道霞光里社区居委会民调委员
高 原 北京市朝阳区来广营地区青年城社区工作者
岳士军 北京市朝阳区孙河地区康营家园四社区居委会委员
杨书会 北京市朝阳区小红门地区鸿博家园第三社区居委会副主任
康国清 北京市朝阳区三间房乡绿洲家园社区居委会主任
郭 涛 北京市朝阳区崔各庄乡草场地村民调主任

北京市三八红旗奖章

尹梅妹 北京市朝批公司物流事业一部总经理助理
杨 菲 北京市朝阳区曲艺家协会副主席、安贞街道文联主席
高 楠 北京市朝阳区邮政分公司垡头邮政支局支局长
石莹甘 北京市朝阳区高碑店地区露园南里二区社区居委会社区工作者

北京市安全生产先进个人

李世民 北京蓝岛大厦有限责任公司安全保卫部主任

逝世人物

陆世仪 男，汉族，中共党员，1933年12月出生，北京市人。1949年11月参加工作，1959年9月加入中国共产党，高中文化程度。历任北京市中苏友好协会干部，北京市制药厂二分厂团总支书记，中共朝阳区委工业部干部，中共朝阳区委城工部副部长、部长，中共朝阳区委常委、纪律检查委员会副书记、书记，1994年12月退休。2020年2月因病在北京去世，享年86岁。

郭德魁 男，汉族，中共党员，1930年8月出生，山西省洪洞县人。1944年8月参加革命工作，1944年8月加入中国共产党，大学文化程度。历任晋冀鲁豫边区太岳中学教师，山西榆次地委团校党总支副书记，北京师大工农速成师资班历史组学员，清华大学工农速成中学党委分支委书记、教导主任、副校长，清华大学党委委员，北京市第104中学、20中学党总支书记、校长，海淀区青龙桥街道办事处党委副书记、革命委员会副主任，北京市第三师范学校、海淀区教师进修学校党支部书记、革命委员会主任，中共海淀区委教育部副部长、部长，国家计生委派驻北京市计划生育宣传教育中心工作组组长，北京市计划生育宣传教育中心主任，朝阳区政协副主席、党组成员，1991年5月离休。2020年6月因病在北京去世，享年89岁。

统计资料

2020年朝阳区地区生产总值

表55 单位：万元

项 目	2020年	构成（%）
地区生产总值	70378635	100.00
按产业分		
第一产业	26661	0.04
第二产业	4840855	6.88
第三产业	65511119	93.08
按国民经济行业分		
农、林、牧、渔业	26703	0.0
工业	2876193	4.1
建筑业	1972931	2.8
批发和零售业	10845317	15.4
交通运输、仓储和邮政业	954755	1.4
住宿和餐饮业	1061229	1.5
信息传输、软件和信息技术服务业	8800151	12.5
金融业	12999872	18.5
房地产业	6613573	9.4
租赁和商务服务业	9107228	12.9
科学研究和技术服务业	5956349	8.5
水利、环境和公共设施管理业	613867	0.9
居民服务、修理和其他服务业	497027	0.7
教育	2989279	4.2
卫生和社会工作	2032710	2.9
文化、体育和娱乐业	1120798	1.6
公共管理、社会保障和社会组织	1910653	2.7

说明：产业划分依据国家统计局2018年修订的《三次产业划分规定（2012）》，行业划分依据《国民经济行业分类》（GB/T 4754—2017）

2020 年朝阳区常住人口情况

表 56

项　目	单　位	2020 年
常住人口	万人	345.1
# 常住外来人口	万人	127.6
按性别分		
男性人口	万人	170.6
女性人口	万人	174.5
按年龄分		
#60 岁及以上人口	万人	70.9
0–14 岁人口	万人	39.5
15–64 岁人口	万人	256.3
65 岁及以上人口	万人	49.3
出生人数	人	23644
出生率	‰	6.73
死亡人数	人	15641
死亡率	‰	4.45

说明：本表数据为北京市统计局反馈的 2020 年第七次全国人口普查推算的年末数据

2020 年朝阳区第三产业主要经济指标

表 57

项　目	单位数（个）	资产总计（千元）	收入合计（千元）	利润总额（千元）	从业人员平均人数（人）
合计	12283	18789212589	3473865603	436414197	1534640
按国民经济行业门类分					
批发和零售业	2864	1805640135	1892787327	81596397	211013
交通运输、仓储和邮政业	232	121251837	62460565	4897076	54056
住宿和餐饮业	966	62029728	22190388	–2577650	68863
信息传输、软件和信息技术服务业	1066	675907824	284247936	46924717	184003
金融业	649	9422873779	403961619	186554754	160464
房地产业	1092	1824850857	140541564	11478144	169296
租赁和商务服务业	2662	4046088083	365750030	104704376	324667
科学研究和技术服务业	1172	439532963	139563570	8236191	126614
水利、环境和公共设施管理业	99	63143993	14089633	1110119	23319
居民服务、修理和其他服务业	232	8095172	6576428	–127747	29838
教育	233	75429268	43783453	–8215583	75025

续表 57

项　目	单位数（个）	资产总计（千元）	收入合计（千元）	利润总额（千元）	从业人员平均人数（人）
卫生和社会工作	180	58394736	48658141	181029	58397
文化、体育和娱乐业	836	185974214	49254949	1652374	49085
公共管理、社会保障和社会组织					
按隶属关系分					
中央	675	5591669828	926324725	131124407	180608
地方	11608	13197542761	2547540878	305289790	1354032
按登记注册类型分					
内资	10544	13164860990	2302194898	293050778	1156814
国有	509	325091519	118977632	1581990	147698
集体	86	71703642	4863442	389407	6128
股份合作	32	3347835	3238390	31511	2332
国有联营	4	704033	363004	–1907	395
集体联营	1	***	***	***	80
国有与集体联营	1	***	***	***	42
其他联营	1	***	***	***	12
国有独资公司	289	2146977640	486657546	63737597	45147
其他有限责任公司	3291	3499060208	827676155	39190290	435823
股份有限公司	258	6336636612	381114025	180663293	127882
私营独资	31	855738	555042	23296	1214
私营合伙	126	20221246	19233921	5966572	21639
私营有限责任公司	5667	694054399	417210583	–950006	331281
私营股份有限公司	164	46749694	31379575	1500020	23029
其他	84	19361744	10834131	921064	14112
港澳台商投资	725	2180863139	305610924	28749809	179228
与港澳台商合资经营	128	152245632	36385818	4827440	35451
与港澳台商合作经营	32	31293447	3432492	384816	4094
港澳台商独资	549	1960604280	234525452	21862604	134169
港澳台商投资股份有限公司	6	17672837	29547634	1644420	1234
其他港澳台商投资	10	19046943	1719528	30529	4280
外商投资	1014	3443488460	866059781	114613610	198598
中外合资经营	181	575995559	131677589	16445815	37668
中外合作经营	16	33671403	2339686	–41743	2931
外资企业	794	2795937430	727006350	97484161	151541
外商投资股份有限公司	12	1435125	2327305	90376	5834
其他外商投资	11	36448943	2708851	635001	624

说明：1. 本表为限额以上第三产业主要经济指标数据；
2. 房地产业中的房地产开发经营业只包括重点房地产开发经营业法人单位数据

2020 年朝阳区社会消费品零售总额

表 58　　　　单位：万元

项　目	2020 年	增长速度（%）
合计	**32217314**	**-8.6**
按消费品形态分		
商品零售	29745093	–6.1
餐饮收入	2472221	–31.1

2020 年朝阳区城乡个体工商业基本情况

表 59

项　目	户　数（户）	注册资金（万元）
合计	41134	145604
农、林、牧、渔业	83	575
制造业	273	1144
建筑业	79	206
批发和零售业	31681	109996
交通运输、仓储和邮政业	268	2111
住宿和餐饮业	3391	14359
信息传输、软件和信息技术服务业	28	64
房地产业	11	225
租赁和商务服务业	1417	3568
科学研究和技术服务业	421	1922
水利、环境和公共设施管理业	4	21
居民服务、修理和其他服务业	2971	8687
教育	59	184
卫生和社会工作	15	112
文化、体育和娱乐业	430	2429
其他	3	2

数据来源：北京市朝阳区市场监督管理局

2020 年朝阳区对外经济基本情况

表 60　　　　单位：亿美元

项　目	2020 年	增长速度 (%)
新设外商投资企业（个）	495	–25.2
合同外资金额	60.3	–30.3

续表 60

项　目	2020 年	增长速度 (%)
实际利用外资额	46.2	7.7
外贸出口额	152.0	−20.4

数据来源：北京市朝阳区商务局

2019—2020 年朝阳区外商投资企业新设立情况

表 61　　单位：个

项　目	企业数	
	2020 年	2019 年
合计	**495**	**662**
按登记注册类型分		
合资经营	137	152
合作经营	6	1
独资经营	344	501
其他	8	8
按三次产业分		
第一产业	0	0
第二产业	3	13
第三产业	492	649
按客商国别（地区）分		
日本	7	24
美国	196	322
中国香港	322	358
澳大利亚	7	5
法国	7	6
新加坡	16	18
加拿大	14	14
德国	12	14
西班牙	1	3
中国台湾	28	45
瑞典	2	3
泰国	1	
比利时		1
丹麦	1	1
韩国	19	37
俄罗斯	3	3
其他	150	127

数据来源：北京市朝阳区商务局

2020年朝阳区中资银行人民币月末存款余额

表62　　　　单位：万元

月　份	各项存款	单位存款	个人存款	储蓄存款
1月	277525695	128801231	80782948	57307155
2月	280623419	126638199	80895237	57377337
3月	291536357	131003024	82575352	58467617
4月	292794262	134520657	82583028	58266545
5月	294597215	135663665	82887920	58639253
6月	304810320	140851785	84950612	60926352
7月	299857872	135616151	83941291	60419266
8月	297434387	132637938	84296776	60939327
9月	299750471	146757007	85477600	61651746
10月	301979148	135975348	85707571	62786801
11月	290461390	136683321	86735833	64003429
12月	297614295	141865904	88933463	65920093

数据来源：中国人民银行营业管理部

2020年朝阳区中资银行人民币月末贷款余额

表63　　　　单位：万元

月　份	各项贷款	境内短期贷款	境内中长期贷款
1月	107488539	38353686	67243009
2月	108772517	38994297	67231917
3月	108662372	39056098	67512980
4月	106547417	37418127	66959581
5月	105195203	35460838	66865378
6月	106559994	35710633	67692025
7月	105282995	35959854	66192751
8月	108155144	36714492	68133407
9月	110446665	37927618	69717447
10月	111705068	38415844	70111805
11月	111193550	37909553	70360688
12月	113048805	39317239	70447640

数据来源：中国人民银行营业管理部

主要统计指标解释

一、地区生产总值

是按市场价格计算的地区生产总值的简称。它是一个地区所有常住单位在一定时期内生产活动的最终成果。地区生产总值有三种表现形式，即价值形态、收入形态和产品形态。

二、社会消费品零售总额

指企业（单位、个体户）通过交易直接售给个人、社会集团非生产、非经营用的实物商品金额 以及提供餐饮服务所取得的收入金额。个人包括城乡居民和入境人员，社会集团包括机关、社会团体、部队、学校、企事业单位、居委会或村委会等。

三、对外经济贸易

实际利用外资额：指批准的合同外资金额的实际执行数，外国投资者根据批准外商投资企业的合同(章程)的规定实际缴付的出资额和企业投资总额内外国投资者以自己的境外自有资金实际直接向企业提供的贷款。

合同外资金额：指批准外商投资企业的合同、章程中规定的外国投资者认缴的出资额和企业投资总额内的应由外方投资者以自己的境外自有资金直接向企业提供的贷款，包括新批准企业合同外资和原有企业的增资减资。增资减资不对企业（项目）个数进行调整。

四、存款、贷款

存款：企业、机关、团体或居民根据可以收回的原则，把货币资金存入银行或其他信用机构保管并取得一定利息的一种信用活动形式。根据存款对象的不同可划分为企业存款、财政存款、机关团体存款、储蓄存款、农业存款等科目。它是银行信贷资金的主要来源。

贷款：银行或其他信用机构根据必须归还的原则，按一定利率，为企业、个人等提供资金的一种信用活动形式。我国银行贷款分为短期贷款、中长期贷款、委托及信托类贷款、其他类贷款等。

附 录

北京市朝阳区进一步加快推进城乡水环境治理工作三年行动方案

一、指导思想

以习近平新时代中国特色社会主义思想为指导，深入贯彻党的十九大和十九届二中、三中、四中全会精神，以改善城乡水环境质量为核心，强化主体责任，实现水环境治理由城镇地区向农村地区延伸，由末端治理向源头治理延伸，由注重工程建设向更加注重运行管理转变，以提升污水收集处理能力、溯源治污、雨污分流、水生态治理为重点，进一步补短板、强监管，持续改善水环境质量，不断满足人民群众对优美水环境的需要，为建设国际一流的和谐宜居之都提供有力支撑。

二、工作目标

到2022年底，污水处理率达到99.7%，农村地区生活污水处理设施全覆盖；面源污染和合流制溢流污染治理取得显著成效；黑臭水体治理成效得到有效巩固，国家考核断面水质稳定达标，河道水环境逐步提质。

三、主要任务

（一）加快完善污水和再生水设施，进一步提升区域污水收集处理能力

1. 配合推进污水收集处理设施建设。积极配合北京排水集团，进一步完善区域污水和再生水管网。配合首创集团、桑德集团等单位 2020年底前完成东坝、垡头污水处理厂升级改造工程。组织实施小场沟污水处理站升级改造工程。积极配合市有关部门研究推进高安屯、酒仙桥和定福庄再生水厂扩建或建设一体化处理装置，进一步提高污水处理能力。（牵头单位：区水务局，责任单位：北京排水集团、首创集团、桑德集团，配合单位：市规划自然资源委朝阳分局、区发展改革委、区财政局）

配合北京排水集团开展初期雨水、合流制溢流污水调蓄设施规划研究，减少对下游河道的污染。（牵头单位：区水务局，责任单位：北京排水集团，配合单位：市规划自然资源委朝阳分局）

2. 完善雨水管网系统建设。针对区域雨水设施缺失问题，完善朝阳区雨水规划建设，健全雨水排放系统，逐步消除雨水进入污水管网现象，减小汛期污水处理厂溢流对河道水质影响。（牵头单位：市规划自然资源委朝阳分局，责任单位：区城管委、北京排水集团，配合单位：区水务局、各有关街乡）

3. 积极配合推进粪便与生活污水协同处理。配合市有关部门开展粪便消纳站、化粪池的污染评价，综合考虑污水处理设施运行负荷、排放标准、处理工艺等因素，配合研究制定粪便与生活污水协同处理方案。（牵头单位：区城管委、区水务局，配合单位：区生态环境局、区住房城乡建设委）

（二）加快源头治污、精准治污，推进雨污分流

1. 全面开展排污地毯式摸排。在2019年试点工作的基础上，区水务局、属地街乡及北京排水集团三方协作，启动全区排水情况地毯式摸排，从区域和行业两方面入手，条块结合，加强用水单元的排水管理，治理雨污混接错接，督促问题整改，推进源头治污、精准治污。（牵头单位：区水务局，责任单位：各有关街乡、北京

排水集团，配合单位：区生态环境局、区农业农村局、区民政局）

对于排污地毯式摸排工作中发现的无主管线，实施达标改造，具备条件后移交北京排水集团专业管护。（牵头单位：区水务局，责任单位：各有关街乡，配合单位：区财政局、区城管委、区交通委、北京排水集团）

2.分行业、分系统推进雨污分流。发挥行业和系统的带动作用，以教育、医疗、区属企业、区直管公房、生产经营单位及个体工商户等不同行业、系统为抓手，分头启动排水情况摸排，研究推进重点行业和系统雨污分流工作。（责任单位：区教委、区卫生健康委、区国资委、区房管局、区市场监管局，配合单位：区水务局、北京排水集团）

3.加强河湖岸线管理。加快推进全区主要河湖管理保护范围划定工作。落实"清四乱"等重点工作要求，结合区域功能疏解推进河道管理范围内非宅拆迁，研究推进管理范围内民宅拆迁腾退工作，清理整治河道管理范围生态空间。（牵头单位：区水务局、区农业农村局、区民政局，责任单位：各有关街乡，配合单位：市规划自然资源委朝阳分局、区财政局）

4.控制面源污染。配合北京排水集团采取在排河口安装垃圾拦截装置等措施，减少垃圾入河。在道路上改造雨箅子等雨水收集口，防止倾倒垃圾、污水。（牵头单位：区水务局，责任单位：北京排水集团，配合单位：区城管委、各有关街乡）

治理农业面源污染。推进化肥农药减量增效，深入推进有机肥取代化肥，农作物病虫害统防统治与全程绿色防控，推动化肥农药使用量实现负增长。（牵头单位：区农业农村局，责任单位：区农业农村综合服务中心，配合单位：区生态环境局）

（三）加强河道生态治理，进一步提升水环境质量

加强滨河带生态建设，在重点河段河道两侧建设植被缓冲带和隔离带，对沿河岸线进行生态化改造。加快实施水系连通工程，推广浅水缓流的河道运行模式，通过降低水位、增加流速的方式，增加水体流动性，提高水体自净能力，打造"有水则清、无水则绿"的河道环境。在实现通船的景观河段，控制蓄水位，因地制宜种植水生植物，构建水下森林。在具备条件的河段，开展增殖放流净化水质，增加水生生物种群数量，重建食物链，恢复水生态系统。（责任单位：区水务局，配合单位：区农业农村综合服务中心、区发展改革委、区财政局、区园林绿化局）

（四）进一步强化水环境监督管理

1.强化污水处理设施运行监管。严禁施工降水和基坑排水进入污水处理系统，排查治理河湖水倒灌问题。农村污水处理厂（站）应安装在线监控系统，并明确管理维护责任单位。加强污泥处置监管，推进污泥资源化利用，配合研究推动污泥产品储存、中转场站建设，逐步增加污泥产品在本市园林绿化工程中的使用量。落实全市城镇污水处理厂和污泥处理设施大气污染物排放相关标准和要求，推进相关设施达标排放改造。运营单位要严格落实安全生产责任制，保障污水收集处理和再生水利用设施安全稳定运行。建立污水收集处理绩效考核付费制度。落实污水处理设施维护单位和运行经费。（责任单位：区生态环境局、区水务局、市规划自然资源委朝阳分局、区住房城乡建设委、区园林绿化局）

2.加强排水管网运行监管。加强对公共排水管网的巡查和管理养护，建立居住小区等专用排水管网定期清掏养护工作机制，持续开展雨水管网"清管行动"。优化调整路面清扫方式，坚决杜绝垃圾、渣土、路面清洗污水进入雨水口。（责任单位：区水务局、区住房城乡建设委、区房管局、区城管委、区城管执法局，配合单位：区农业农村局、区民政局、各有关街乡、北京排水集团）

3.加强黑臭水体、小微水体动态长效管理。利用河长制加强34条治理后的黑臭水体河段和区域内小微水体巡查监管，及时发现问题、及时整改，基本实现无污水排入、无集中漂浮物、无垃圾渣土、无臭味、无违法建设的"五无"目标。（牵头单位：区河长办，责任单位：区水务局、各有关街乡，配合单位：区农业农村局、区民政局）

4.深入开展入河（湖）排污口整治。健全排污口管理制度，对入河（湖）排污口进行统一编码，明确管理单位和管理责任。以不达标水体为重点，排查摸清沿岸排污口底数，逐一登记建档，实现生态环境部门与水务部门信息共享。加大整治力度，杜绝污水直排入河（湖）。（牵头单位：区生态环境局，配合单位：区水务局）

5.规范工业企业排水管理。排放污水的工业企业应按照《固定污染源排污许可分类管理目录（2019年版）》要求申领排污许可证，并严格按证管理，履行企业自行监测和管理义务。对于超过水污染物排放标准或超过重点水污染物排放总量控制指标的排污单位采取相关整治措施。排放含重金属、难以生化降解成分以及高盐度的工业废水，不得接入城市生活污水处理设施。评估现有接入生活污水处理设施的工业企业废水对生活污水处理厂运行的影响，导致出水不能稳定达标的，要限期整改。（牵头单位：区生态环境局，配合单位：区水务局、区发展改革委）

6.加强水体及岸线垃圾治理。对河湖管理范围内的非正规垃圾堆放点进行整治，规范垃圾转运站管理，减少雨季污染物冲刷入河（湖）量，防止垃圾渗滤液直排入河。（牵头单位：区城管委，责任单位：各有关街乡）

7. 加强水环境联合执法，规范源头排水行为。进一步完善联合执法工作机制，强化溯源追查和执法，重点查处工业生产、餐饮、洗车、洗涤、医疗等单位超标排污和偷排污水行为。（牵头单位：区生态环境局，责任单位：区水务局、区城管执法局、区卫生健康委、公安朝阳分局，配合单位：各有关街乡）

四、支持政策

（一）投资建设支持政策

区属企事业单位和老旧小区等雨污分流改造、无主管线达标改造、河道生态修复工程等项目建设资金由区政府承担，从项目审批立项流程和建设时序上予以政策支持，并落实专项资金保障。（牵头单位：区发展改革委、区财政局，责任单位：区水务局等相关项目单位）

（二）运营管理支持政策

完善污水处理费征收使用管理。根据全市统一安排，适时调整污水处理费收费标准，原则上应当覆盖污水处理和污泥处置成本并合理盈利。建立农村污水处理费收费标准，开展收费试点，逐步扩大收费范围。（牵头单位：区发展改革委，配合单位：区水务局、区财政局）

五、保障措施

（一）加强基础工作

各有关街乡和单位要在2020年3月底前明确落实本方案的具体措施，制定年度计划，细化年度目标、工作任务、责任单位。各牵头单位要加强统筹协调，及时汇总工作进展情况，协调解决存在问题。要将本方案确定的各项建设任务纳入规划储备库和建设项目储备库，各相关审批部门加快办理手续，为项目尽早开工建设和发挥效益创造条件。

（二）严格日常监督

按照“河长制既是工作机制，也是责任制，要一抓到底”的工作要求，将本方案确定的目标任务作为河长制湖长制工作的重要内容，加强监督检查，持续开展“清河行动”。继续推广“河长+警长+检长”工作模式，深入推进联合执法。同时，充分利用报纸、广播、电视、网络、新媒体等载体，加大违法排污行为曝光力度，形成有力震慑。

（三）做好宣传引导

加大节水和水环境保护宣传力度，持续推进污水收集处理和再生水利用设施向公众开放，引导公众自觉节约水资源、保护水环境、爱护水设施，营造良好社会氛围。

北京市朝阳区人民政府关于做好当前和今后一个时期促就业稳就业工作的实施意见

一、总体要求

（一）指导思想

以习近平新时代中国特色社会主义思想为指导，深入贯彻落实党的十九大和十九届二中、三中、四中、五中全会精神，落实党中央、国务院关于做好“稳就业工作”“保居民就业”任务的决策部署，通过强化就业优先政策，千方百计稳定和扩大就业。进一步加大对市场主体支持力度，进一步强化重点群体就业帮扶，进一步提升劳动者就业能力，进一步优化区域人力资源配置，进一步激励劳动者创新创业，实施好稳定就业这个最大的民生工程，实现更加充分更高质量就业，为区域经济社会发展提供有力支撑。

（二）基本原则

1. 保障民生，聚焦重点。深刻认识当前形势下稳就业、保就业作为“六稳”“六保”之首的重要战略意义。充分发挥保就业对保障和改善民生、稳定社会预期、推动经济社会发展的重要作用。聚焦重点群体，聚焦重点领域，综合施策，全力确保辖区就业形势稳定。

2.服务定位，优化结构。紧紧围绕区域功能定位，结合区域产业发展特点，引导城乡劳动者在重点产业、新兴业态实现就业创业。坚持经济发展促进就业导向，进一步扩大重点产业对就业规模的带动作用，继续优化就业结构，提升人力资源市场配置效率，推动更加充分就业。

3.鼓励创新，提升质量。大力支持城乡劳动者创业创新，拓宽劳动者就业创业渠道。着力提升城乡劳动者就业素质，提升职业能力建设水平，健全就业公共服务体系，不断提高就业质量，增强人民群众的满意度和获得感。

二、加快经济发展，扩大就业规模

扎实做好“六稳”工作,全面落实“六保”任务。突出精准防控，促进生产生活秩序逐步恢复。实施重大产业就业影响评估，明确重要产业规划带动就业目标。紧密围绕新基建、新场景、新消费、新开放、新服务，培育壮大人工智能、生命科学、5G、物联网、大数据、区块链、新材料等新业态新产业新模式，促进经济高质量发展。支持线上线下融合消费，充分挖掘绿色智能、文化旅游、扶贫产品、进口商品消费等消费潜力，激发新消费需求。稳定外贸外资，围绕支持企业增订单稳岗位保就业，推动经济发展带动就业。

三、支持企业稳定发展，促进重点群体就业

（一）加大稳岗支持力度。对不裁员或少裁员的参保企业，根据企业规模按照其上年度实际缴纳失业保险费的一定比例进行返还。对面临暂时性生产经营困难且恢复有望、坚持不裁员或少裁员的参保企业，返还标准可按6个月的本市上年度月人均失业保险金和参保职工人数确定。建立重点企业24小时用工保障制度，通过多种线上途径向社会广泛发布企业岗位供求信息，积极为重点企业和重点项目对接用工需求。

（二）鼓励用人单位招用重点群体。用人单位当年新招用本区户籍应届高校毕业生和本区户籍城乡登记失业人员等重点群体，按照每人5000元标准给予用人单位一次性就业补贴。用人单位稳定本区户籍农村劳动力就业，按规定给予社会保险补贴。

（三）支持劳动者多形式就业。鼓励企业采取共享用工、非全日制等灵活便利的用工方式，满足用工需要。增加非全日制就业机会，推动非全日制劳动者较为集中的保洁绿化、批发零售、建筑装修等行业提质扩容，增强养老、托幼、心理疏导和社会工作等社区服务业的吸纳就业能力。支持发展新就业形态，促进数字经济、平台经济健康发展，加快推动网络零售、移动出行、线上教育培训、互联网医疗、在线娱乐等行业发展，将通过“互联网+就业”等新业态实现灵活就业的群体纳入灵活就业政策覆盖范围。

（四）鼓励青年就业见习。毕业2年内未就业的本区户籍高校毕业生、中专毕业生及技工院校毕业生和16-24岁城乡登记失业人员，在见习单位进行短期全日制就业锻炼，

见习期间按照见习人员人数，给予见习人员生活补贴，补贴标准为本市当年月最低工资，补贴期限最长不超过12个月；同时，对于见习期满后见习单位招用本区户籍见习人员的，按留用人数给予见习单位最长一年的社会保险补贴，补贴标准按照北京市城镇职工社会保险最低缴费标准给予。

（五）做好就业困难人员托底安置。规范社会公益性就业组织的管理,做好就业困难人员的托底安置，保障安置人员工资待遇，给予社会公益性就业组织岗位补贴和劳务派遣管理费。公益性岗位补贴由市、区两级补贴组成，补贴总额为上年全口径城镇单位就业人员平均工资的70%，主要用于安置人员工资、社会保险费、住房公积金、其他费用等人员经费支出。劳务派遣管理费标准参照编制外人员经费标准执行，由区级财政保障。

四、强化职业技能培训，加快提升就业质量

（一）鼓励劳动者实现单位就业和成功创业。本区户籍劳动力通过技能培训后半年内在用人单位就业的，每就业1人，分别给予培训机构和劳动者1000元一次性就业补贴；创业培训后半年内实现成功创业且经营3个月以上的，每成功创业1人，分别给予培训机构和创业者5000元成功创业补贴。

（二）紧密对接市场需求开展项目制培训。针对辖区重点领域、重点行业、重点产业、重点地区急需紧缺工种、新兴业态工种，开展项目制补贴培训，按1500元/人的标准和实际培训人数给予用人单位或培训机构培训补贴。

（三）加大技能人才选拔力度。组织开展全区性职业技能竞赛，由区财政投入不少于100万元专项经费予以保障，非全区性大赛年度，由区财政投入不超过30万元专项经费予以保障；鼓励行业、企业、院校开展职业技能竞赛活动，按参赛规模给予一次性补贴，50人-100人的一次性补贴3万元，100人-200人的一次性补贴5万元，200人以上的一次性补贴10万元；对在全区性技能竞赛中取得前三名的选手，授予“朝阳区技术能手”荣誉称号，给予获奖个人1万元至3万元一次性补贴；对参加北京市及以上职业技能竞赛并获得优异成绩的给予获奖个人3万元至10万元一次性补贴。

（四）提升培训机构办学质量。辖区民办职业技能培训机构在北京市分级评估中取得A类等级的，给予一次性10万元培训补贴。辖区定点职业技能培训机构当年开展本市城镇登记失业人员、农村转移劳动力职业技能培训500人以上或定点创业培训机构开展创业培训200人以上的，给予一次性5万元培训补贴。辖区民办职业技能培训机构年度培训人数在3000人以上的一次性给予3万元培训补贴，5000人以上的一次性给予5万元培训补贴，8000人以上的一次性给予10万元培训补贴。

五、完善创业政策，鼓励创业带动就业

（一）加大创业项目扶持。紧密结合首都及朝阳区经济发展需要，以支持朝阳区创业为重点，以鼓励创业带动就业、强化新型产业培育为导向，兼顾创新能力、业态规模等因素，突出对朝阳区创业进行宣传和扶持。对新纳入朝阳区创业项目库的创业项目，按照每个创业项目5万元的标准给予一次性补贴。

（二）鼓励创业带动就业。注册地及纳税地均在朝阳区且正常经营1年（含1年）以上5年（含5年）以下的中小微企业,带动3名以上（含3名）朝阳区户籍劳动力实现就业，给予3万元一次性就业补贴。每增加1人，增加1万元补贴，补贴总额不超过20万元。

（三）降低自主创业成本。本区户籍城乡登记失业人员、高校毕业生等重点群体，通过自谋职业、自主或合伙创办企业及经济实体，租赁办公经营场地, 注册地及纳税地均在朝阳区且正常经营1年（含1年）以上5年（含5年）以下的，每年给予5万元房屋租赁补贴，房屋租金不足5万元的，按实际数额给予补贴，最长补贴3年。

六、提升就业服务水平，实现均等化就业

（一）持续优化就业服务环境。积极清理取消对就业的不合理限制，按规定取消涉及就业的行政事业性收费，最大限度降低就业创业门槛。维护就业公平，坚决纠正针对劳动者的就业歧视。坚持“管行业必须管就业、管属地必须管就业、管生产经营必须管就业”的原则，压实行业主体责任，行业主管部门要全面掌握本行业企业情况，稳定并积极扩大从业人员规模，不断提高就业质量。

（二）提升公共就业服务能力。以街（乡）为单位，社区（村）为网格，设置人社服务专员。通过网格化管理服务，以人社服务专员为节点，对接属地各类企业和劳动者，做好解读政策、了解需求、发现问题、反馈信息、指导就业等服务工作，打通人社就业服务“最后一公里”。

（三）鼓励社会机构参与公共就业服务。辖区经营性人力资源机构根据公共就业服务需求为本区应届高校毕业生、登记失业人员等重点群体提供就业服务的，给予一次性就业服务补贴。承担朝阳区重点产业人才市场供求监测分析，按项目给予工作补贴。

七、健全失业预警体系，降低失业风险

（一）健全失业预警机制。加强新形势下全区就业形势的分析研判，建立健全本辖区失业风险预警工作体系，对反映就业、失业状况的指标进行监测和跟踪分析，实施警戒等级评估。加强对重点行业重点企业的失业监测，适时启动相应的风险处置预案。

（二）**完善劳动用工风险防控机制**。坚持政府主导、行业规范、企业自律、社会协同、多元共治的综合治理模式，进一步发挥劳动关系三方协调机制，稳定劳动关系。加强基层调解组织建设，推进协商调解力量延伸下沉，畅通劳动关系“毛细血管”。加强行政执法检查，对重点领域、重点行业持续完善信息台账、落实稳控措施，着力突破解决难点问题，全力保障区域就业形势和谐稳定。

八、健全保障体制

（一）**强化组织领导**。充分发挥区就业工作领导小组作用，健全就业工作机制，完善就业工作运行体系，统筹做好全区就业形势分析、指导检查等工作。在全区建立就业工作通报制度，将各街乡就业工作完成情况纳入全区总体考核。

（二）**加强宣传引导**。区级相关单位、各街乡要积极开展政策宣传，向社会公布政策清单、申办流程、补贴标准等，深入企业宣讲政策、了解困难、做好帮扶，积极引导城乡劳动者树立正确就业观，主动提升就业技能，通过自身努力实现就业创业。

（三）**优化资金保障**。做好稳定和促进就业的资金保障，鼓励创业带动就业，重点支持困难群体就业，在保持政策连续性、稳定性的基础上，提高政策可操作性和精准性。严格落实就业帮扶对象实名制管理，切实保障资金安全运行。

朝阳区关于2020年义务教育阶段入学工作的意见

一、指导思想

以习近平新时代中国特色社会主义思想为指导，深入贯彻党的十九大和十九届二中、三中、四中全会精神，全面贯彻党的教育方针，积极落实全国和北京市教育大会精神，坚持以人民为中心发展教育，牢固树立“四个意识”，提高“四个服务”水平，大力促进教育公平，依据相关法律法规，进一步完善义务教育入学规则，严格规范入学秩序，加强入学工作管理，确保朝阳区义务教育阶段入学工作有序推进，努力让每个孩子都能享有公平而有质量的教育。

二、工作原则

坚持区政府统筹，将义务教育阶段入学工作作为政府行为予以保障。

坚持以区教委为主，组织实施本区义务教育阶段入学工作。

坚持免试、就近，确保每一个适龄儿童少年接受义务教育。

坚持平稳有序、严格规范，通过巩固成果，完善制度，引导预期，努力保障入学机会均等。

三、入学条件

（一）本市户籍适龄儿童少年入学条件

1. 小学入学条件： 凡年满6周岁（2014年8月31日以前出生）且具备下列条件之一的适龄儿童可通过“北京市义务教育小学入学服务系统”中的“朝阳区”端口参加学龄人口信息采集，免试就近入学。

（1）具有本市朝阳区户籍的适龄儿童；

（2）具有本市户籍且实际居住地址（凭适龄儿童父母或其他法定监护人的房屋所有权证或不动产权证书）在朝阳区的适龄儿童；

（3）本市外区户籍无房家庭长期在朝阳区工作、居住，符合在朝阳区连续单独承租并实际居住3年（截至2020年5月1日）以上且在住房租赁监管平台登记备案，其父母或其他法定监护人至少一方在朝阳区合法稳定就业3年（截至2020年5月1日）以上（凭劳动合同和北京市社会保险个人权益记录）等条件的适龄儿童。

2. 初中入学条件： 凡符合下列条件之一的本市户籍小学毕业年级学生均可进入朝阳区初中继续接受并完成义务教育。

（1）在朝阳区完成小学教育的学生；

（2）已经办理回朝阳区升入初中手续的在外区及外省市完成小学教育的学生。

（二）非本市户籍适龄儿童少年入学条件

1. 按本市户籍对待的适龄儿童少年入学条件。

（1）小学入学条件： 区台办认定的台胞子女、区侨务部门认定的华侨子女、持有全国博士后管理部门开具的《博士后研究人员子女介绍信》及其父（或母）的《博士后研究人员进站备案证明》（加盖博士后设站单位公章）、现役军人证件及部队师（旅）级单位政治工作部门出具的随军家属身份确认函等能确认身份函件，且符合按朝阳区户籍对待或按本市外区户籍对待但家庭实际居住地址在朝阳区（凭适龄儿童父母或其他法定监护人的房屋所有权证或不动产权证书）的适龄儿童，可通过“北京市义务教育小学入学服务系统”中的“朝阳区”端口参加学龄人口信息采集，免试就近入学。

（2）初中入学条件： 按本市户籍对待且在朝阳区完成小学教育和已经办理回朝阳区升入初中手续的在外区及外省市完成小学教育的学生可申请在朝阳区进行初中入学登记。

2. 外省市户籍适龄儿童少年入学条件。

（1）小学入学条件： 因父母或其他法定监护人在朝阳区工作或者居住，且通过非本市户籍适龄儿童少年在朝阳区接受义务教育证明证件联合审核的非本市户籍适龄儿童，可申请在朝阳区进行小学入学登记。

（2）初中入学条件： 具有朝阳区学籍的非本市户籍小学毕业年级学生或具有外省市学籍且通过非本市户籍小学毕业年级学生在朝阳区接受义务教育证明证件联合审核的非本市户籍小学毕业年级学生，可申请在朝阳区进行初中入学登记。

按照北京市非本市户籍适龄儿童少年接受义务教育证明证件材料审核指导要求，结合朝阳区实际情况制定《2020年非本市户籍适龄儿童少年在朝阳区接受义务教育证明证件材料审核实施细则》。

非本市户籍适龄儿童的父母或其他法定监护人通过北京市义务教育入学服务平台的“非本市户籍适龄儿童接受义务教育证明证件材料审核入口”、外省市学籍且已在外省市完成小学教育的非本市户籍小学毕业年级学生的父母或其他法定监护人通过“朝阳区义务教育阶段入学转学报名系统”，按系统提示采集本人在朝阳区务工就业证明（其中：受雇于用人单位的，提供的务工就业证明须至少一方是在朝阳区务工就业的劳动合同和在朝阳区缴纳社会保险证明即2019年11月至2020年3月的“社会保险个人权益记录”，符合北京市新冠肺炎疫情防控相关规定的除外）、在朝阳区实际住所居住证明、全家户口簿、父母或其他法定监护人在朝阳区的北京市居住证（或有效期内的居住登记卡，符合北京市新冠肺炎疫情防控相关规定的除外）等相关材料信息，各街道办事处、地区办事处（乡政府）及相关部门根据审核标准对非本市户籍适龄儿童少年接受义务教育证明证件材料进行联网审核。通过审核的适龄儿童和小学毕业年级学生信息导入北京市义务教育入学服务平台。

（三）同等条件优先保障符合条件的残疾儿童少年就近就便入学。

（四）凡属区级以上人民政府引进人才子女中的适龄儿童和已完成小学教育的学生入学，规范管理，严格审批。

（五）对烈士子女、台籍学生、华侨子女、现役军人子女、全国劳动模范子女中的适龄儿童和已完成小学教育的学生入学，按相关规定，在划定区域内同等条件下给予照顾。

（六）对疫情防控一线医务人员子女中的适龄儿童，按其户籍所在地或家庭实际居住地（凭适龄儿童父母或其他法定监护人的房屋所有权证或不动产权证书）划定的入学服务片，根据其入学意愿优先安排保障；对疫情防控一线医务人员子女中的已完成小学教育的学生，按其学籍所在地、户籍所在地或家庭实际居住地（凭小学毕业年级学生父母或其他法定监护人的房屋所有权证或不动产权证书）划定的入学服务片，根据其入学意愿优先安排保障。

四、入学规则及方式

（一）入学规则

1.依据《北京市人民政府关于印发〈北京市居住公共服务设施配置指标〉和〈北京市居住公共服务设施配置指标实施意见〉的通知》（京政发〔2015〕7号），从2017年起，朝阳区对适龄儿童少年入学登记的实际居住地址（凭适龄儿童少年父母或其他法定监护人的房屋所有权证或不动产权证书）实施记录管理，实际居住地址（凭适龄儿童少年父母或其他法定监护人房屋所有权证或不动产权证书）用于登记入学之年起，原则上小学六年内、初中三年内只提供实际居住地址服务范围内的一个入学学位（符合国家生育政策的除外）。

2.朝阳区适龄儿童少年登记入学原则上是按照户籍所在地和家庭实际居住地址（凭其父母或其他法定监护人在市规划自然资源委登记的房屋所有权证或不动产权证书）明确服务片，并根据适龄儿童少年户籍登记情况及其父母或其他法定监护人在市规划自然资源委登记的房屋所有权证或不动产权证书登记情况进行入学登记。

3.实行入学资格联动审核机制，区教委联合相关职能部门共同审核入学资格，特别是对本市户籍无房家庭、合法稳定工作、实际居住等条件的审核，重点对过道房、车库房、空挂户等情况进行核查，凡不符合实际居住（以市规划自然资源委确定的房屋使用性质为准）等条件的，均不能作为入学资格条件。

4.区教委根据适龄儿童少年的人数、学校分布、学校规模等因素，按相对就近原则，合理划定学校服务片，并根据适龄儿童少年报名志愿（或意向）进行统筹分配入学。报名人数少于招生人数的学校，直接接收分配的适龄儿童少年入学；报名人数超过招生人数的学校，接收在划定服务片内以随机派位等方式分配的适龄儿童少年入学，保证每位符合在朝阳区入学条件的适龄儿童少年按时接受义务教育。

（二）入学方式

1. 2020年朝阳区小学入学使用“北京市义务教育小学入学服务系统”，对每一个适龄儿童的入学途径和方式全程记录。

（1）本市户籍适龄儿童就近登记入学

凡符合在朝阳区登记入学的本市户籍（含按本市户籍对待）适龄儿童的父母或其他法定监护人均须按照市教委统一规定的时间在“北京市义务教育小学入学服务系统”中完成相关信息采集工作，并按规定的时间办理登记手续。

适龄儿童的户籍所在地和家庭实际居住地址（凭适龄儿童父母或其他法定监护人房屋所有权证或不动产权证书）对应的服务学校为一所的，其父母或其他法定监护人应在规定的时间内通过“朝阳区义务教育阶段入学转学报名系统”采集信息并以附件形式在线提交相关材料，办理登记手续。当服务学校学位不足时，超出学位数的适龄儿童在划定服务片内以随机派位等方式统筹安排入学。

适龄儿童的户籍所在地和家庭实际居住地址（凭适龄儿童父母或其他法定监护人房屋所有权证或不动产权证书）对应的服务学校为多所的，其父母或其他法定监护人应在规定的时间内通过“朝阳区义务教育阶段入学转学报名系统”采集信息并以附件形式在线提交相关材料，按划定服务片所属学校学位情况以随机派位等方式统筹安排入学。

适龄儿童的家庭实际居住地址为租住房屋（凭适龄儿童父母或其他法定监护人的房屋租赁合同、房主的房屋所有权证或不动产权证书和身份证及出租房屋发票等材料）且符合在朝阳区入学条件，其父母或其他法定监护人应在规定的时间内通过“朝阳区义务教育阶段入学转学报名系统”采集信息并以附件形式在线提交相关材料，按划定服务片所属学校学位情况以随机派位等方式统筹安排入学。

（2）适龄儿童到公办寄宿学校登记入学

适龄儿童的父母或其他法定监护人可以根据实际情况为适龄儿童申请就读寄宿学校，并须按市教委统一规定的时间在“北京市义务教育小学入学服务系统”中完成相关信息采集工作后，在“朝阳区义务教育阶段入学转学报名系统”中完成相关信息采集及公办寄宿学校报名意向的填报。

公办寄宿招生按照市教委要求实行电脑随机派位录取。区教委在规定时间内统一组织随机派位录取工作，请相关单位和家长代表参与，并在公证处的监督下进行，同时将派位结果进行公证。

（3）适龄儿童到民办学校登记入学

适龄儿童的父母或其他法定监护人可以根据实际情况为适龄儿童申请就读民办学校，并须按市教委统一规定的时间在“北京市义务教育小学入学服务系统”中完成相关信息采集工作后，在“朝阳区义务教育阶段入学转学报名系统”中完成相关信息采集及民办学校报名意向的填报。

民办学校与公办学校同步招生，其招生简章、广告均实行备案制度。各学校按照区教委下达的招生计划在本区规定范围内接收适龄儿童，对于报名人数超过招生计划的，实行电脑随机派位录取，区教委在规定时间内统一组织随机派位录取工作，请相关单位和家长代表参与，并在公证处的监督下进行，同时将派位结果进行公证。

（4）残疾适龄儿童登记入学

智力有障碍或身体有残疾的适龄儿童的父母或其他法定监护人可以根据适龄儿童残疾程度，为其申请进入特殊教育学校、小学附设特教班或普通小学随班就读，并须按市教委统一规定的时间在“北京市义务教育小学入学服务系统”中完成相关信息采集工作。

学校须在规定的时间内优先接收本校服务片内的残疾适龄儿童登记入学，确保其就近就便接受义务教育。

（5）非本市户籍的适龄儿童登记入学

申请在朝阳区登记入学的非本市户籍适龄儿童，由其父母或其他法定监护人通过“北京市义务教育入学服务平台”中的“非本市户籍适龄儿童接受义务教育证明证件材料审核入口”采集信息后，经朝阳区居住地所在街道办事处或地区办事处（乡政府）按信息初审，通过后提交联网审核。联审通过后按照区教委统一规定的时间通过“朝阳区义务教育阶段入学转学报名系统”采集信息，并以附件形式在线提交相关材料，按划定服务片所属学校学位情况以随机派位录取等方式统筹安排入学。

2.2020年朝阳区初中入学使用“北京市义务教育初中入学服务系统”，对已完成小学教育的学生的入学途径和方式全程记录。

（1）就近分配学生的入学

根据已完成小学教育的学生人数及其所在学校及学区服务片情况、初中学校的规模、分布以及学生户籍所在地和家庭实际居住地等因素，按照相对就近原则，合理划分学校服务范围，根据学生志愿进行派位入学。

①自愿申请全区范围内公办初中校就近登记入学

具备在朝阳区登记入学资格的已完成小学教育的学生，可以在全区范围内的公办初中校中自愿就近选择一所学校登记报名，并在“朝阳区义务教育阶段入学转学报名系统”中完成报名志愿的填报。

报名人数少于学校招生人数时，初中学校直接接收学生入学。

报名人数超过学校招生人数时，初中学校接收以随机派位录取方式确定的学生入学。随机派位录取工作由区教委统一组织，请相关单位和家长代表参与，并在公证处的监督下进行，同时将派位结果进行公证。

②自愿申请一般公办初中校就近登记入学

具备在朝阳区登记入学资格的已完成小学教育的学生，可以在全区范围内的一般公办初中校自愿就近选择一所学校登记报名，并在“朝阳区义务教育阶段入学转学报名系统”中完成报名志愿的填报。

报名人数少于学校招生人数时，初中学校直接接收学生入学。

报名人数超过学校招生人数时，初中学校接收以随机派位录取方式确定的学生入学。随机派位录取工作由区教委统一组织，请相关单位和家长代表参与，并在公证处的监督下进行，同时将派位结果进行公证。

③单校划片入学

九年一贯制学校的初中部对口接收本校小学部已完成小学教育的学生入学。

各初中校对口接收户籍所在地和家庭实际居住地归属本校招生服务片的已完成小学教育的学生。

④多校划片入学

以学籍所在地划分的学区服务片内各独立小学已完成小学教育的学生，根据实际情况填报学区服务片内初中学校的入学志愿。

报名人数少于学校招生人数时，初中学校直接接收学生入学。

报名人数超过学校招生人数时，初中学校接收以随机派位录取方式确定的学生入学。随机派位录取工作由区教委统一组织，请相关单位和家长代表参与，并在公证处的监督下进行，同时将派位结果进行公证。

（2）学生到公办寄宿学校的入学

具备在朝阳区登记入学资格的已完成小学教育的学生可以在全区范围内的公办寄宿学校自愿申请一所登记报名，并在“朝阳区义务教育阶段入学转学报名系统”中完成报名志愿的填报。

公办寄宿招生按照市教委要求实行电脑随机派位录取。区教委在规定时间内统一组织随机派位录取工作，请相关单位和家长代表参与，并在公证处的监督下进行，同时将派位结果进行公证。

（3）学生到民办学校的入学

具备在朝阳区登记入学资格的已完成小学教育的学生可以在全区范围内的民办学校自愿申请一所登记报名，并在“朝阳区义务教育阶段入学转学报名系统”中完成报名志愿的填报。

民办学校与公办学校同步招生，其招生简章、广告均实行备案制度。各学校按照区教委下达的招生计划在本市规定范围内接收学生，以招收本区学生为主。对于报名人数超过招生计划的，实行电脑随机派位录取，区教委在规定时间内统一组织随机派位录取工作，请相关单位和家长代表参与，并在公证处的监督下进行，同时将派位结果进行公证。

（4）残疾学生的入学

智力有障碍或身体有残疾且已完成小学教育的学生，根据其残疾程度，优先安排其进入特殊教育学校或普通中学随班就读，确保其就近就便接受义务教育。

（5）非本市户籍且已完成小学教育学生的入学

申请在朝阳区就读的非本市户籍且学籍在朝阳区的已完成小学教育的学生，可直接参加朝阳区的初中入学方式登记入学；申请到朝阳区就读的非本市户籍且学籍在外省市的已完成小学教育的学生，由其父母或其他法定监护人按规定时间通过“朝阳区义务教育阶段入学转学报名系统”采集信息，经朝阳区居住地所在街道办事处或地区办事处（乡政府）按信息初审，通过后提交联网审核。联审通过后登录“朝阳区义务教育阶段入学转学报名系统”，按 系统提示以附件形式在线提交相关材料，在规定时间内按朝阳区就近分配入学方式入学。

五、做好非本市户籍和本市外区户籍无房家庭适龄儿童在朝阳区接受义务教育证明证件材料审核工作

区教委牵头，相关部门配合制定《2020年非本市户籍适龄儿童少年在朝阳区接受义务教育证明证件材料审核实施细则》《2020年本市外区户籍无房家庭适龄儿童少年在朝阳区接受义务教育证明证件材料审核实施细则》，区人力社保局、区市场监管局、区税务局、市规划自然资源委朝阳分局、公安局朝阳分局等相关单位依据上述《实施细则》的任务分工，落实适龄儿童少年在朝阳区接受义务教育证明证件材料审核工作。街道办事处或地区办事处（乡政府）依据上述《实施细则》的任务分工，负责材料初审及联审结果反馈。

六、工作要求

1.加强组织领导。成立2020年朝阳区义务教育入学工作协调小组，统筹整体入学工作。各相关单位要认真履行部门职责，严格依据工作流程规范操作；要加强沟通与协调，建立特殊情况会商机制和突发事件报告制度，及时化解矛盾，确保2020年义务教育入学工作平稳推进。

2.实行计划管理。义务教育阶段入学实行计划管理。区教委根据学龄人口数量、小学毕业学生数量和中小学校办学规模等制定小学、初中招生计划并报市教委备案。各学校未经批准不得擅自调整计划。

3.严格公办寄宿学校招生。公办寄宿招生实行电脑随机派位录取，对招生范围、招生名额、招生方式、录取名单进行公示。

4.严格民办学校招生。民办学校招生由区教委统一管理，与公办学校同步报名、同步开展录取、同步注册学籍，对于报名人数超过招生计划的，实行电脑随机派位录取。严格执行民办中小学招生简章、广告备案制度，公开公示招生计划、招生范围、招生方式、收费标准等，以招收本区学生为主。

5.严格学籍管理。北京市中小学学籍管理信息系统将依据小学和初中入学服务系统建立新生学籍。区学籍管理部门要加大对民办学校学籍的监管力度，各学校不得招收不符合条件的学生在校就读。

6.严肃入学纪律。各学校严格执行市、区教委统一规定的时间表和入学工作程序。严禁以考试成绩和各类竞赛证书、培训竞赛成绩、考级证明等作为招生依据。严禁以面试、评测等名义选拔学生。严禁学校和校外培训机构以培训班、校园开放日、冬夏令营等形式提前招生、选拔学生。严禁初中校违规在小学非毕业年级提前招生。严禁任何学校以实验班、特色班、国际部、国际课程班等名义招生。严禁以寄宿招生方式招收非寄宿学生。义务教育学校实行随机均衡编班，严禁分班前组织考试，严禁以任何名义设立重点班、快慢班、实验班。严禁校外培训机构曲解宣传入学政策，炒作公办学校排名，将培训成绩与入学挂钩。严禁任何学校私自招生，对于出现违规违纪行为的交有关部门依规依纪处理。

区教委加强管理。对存在违规行为的公办学校，严肃处理，视情节轻重给予通报批评、追究相关人员责任直至免职。对存在违规行为的民办学校，视情节轻重给予通报批评、减少招生计划、警告、停止招生、吊销办学许可证等处理。对存在违规行为的校外培训机构,视情节轻重给予警告、罚款、停止招生、停止办学、吊销办学许可证等处罚，并纳入黑名单。

区教委统一组织入学工作，加强对义务教育学校入学工作的指导、监督和检查，会同各街道办事处、地区办事处（乡政府）组织和督促适龄儿童和已完成小学教育的学生在新学年开学时入校就读，防止义务教育阶段学生辍学。

7.加强政策宣传。区教委及时公布2020年朝阳区义务教育学校（含民办）的性质、办学规模、经费来源、服务片区、招生计划及接收学生的结果等信息。做好入学政策宣传，让学生家长了解朝阳区2020年义务教育入学政策，一般公办初中升入优质高中校额到校政策，明确升入优质高中预期。

北京市朝阳区人民政府办公室关于支持企业应对新型冠状病毒感染的肺炎疫情稳定发展的若干措施

一、加大资金支持力度

1.建立支持企业稳定发展专项资金池。设立总规模3亿元的朝阳区支持企业应对疫情稳定发展专项资金池，重点用于扶持创新创业载体、支持防疫领域科技创新、推动防疫新技术新产品落地、保障企业复工复产、稳定企业就业岗位、加强对企业法律支持、提供线上健康咨询、加强企业员工心理建设等方面，帮助企业应对疫情，支持企业稳定发展。（主责部门：区发展改革委）

二、降低企业经营成本

2.减免中小微企业房租。在朝阳区注册纳税的中小微企业承租区属国有企业京内房产从事生产经营活动，按照政府要求坚持营业或依照防疫规定关闭停业且不裁员、少裁员的，经认定后，免收2月份房租，3月份、4月份房租减半；对承租用于办公用房的中小微企业，经认定后，2月份、3月份、4月份房租减半。在朝阳区注册纳税的中小微企业承租区属事业单位京内房产从事生产经营活动或办公的，参照区属国有企业房产租金减免期限、标准执行。鼓励集体经济组织参照执行。鼓励商务楼宇运营单位为承租企业减免租金，具体事宜双方协商解决，对于采取减免租金措施的，给予奖励支持。鼓励商场卖场、商业街区等物业运营单位为租户减免租金，具体事宜双方协商解决，对于采取减免租金措施的，给予奖励支持。（主责部门：区国资委、区财政局、区农业农村局、区发展改革委、区商务局）

区属国有企业方面租金减免政策，区国资委联系人：张云飞、贾思渊，电话：（010）65094387、（010）65094345

区属事业单位方面租金减免政策，区财政局联系人：辛丽、顾冠华，电话：（010）65090227、（010）65090207

集体经济组织租金减免政策，区农业农村局联系人：门前江、邳学红，电话：（010）65099701、（010）65099265

商务楼宇租金减免奖励政策，区发展改革委联系人：苏品、王丽颖，电话：（010）65090512、（010）65090555

商场卖场、商业街区租金减免奖励政策，区商务局联系人：白杨、卫磊，电话：（010）65099102、（010）65099183

3.扶持创新创业载体。在疫情期间，为承租在朝阳区注册纳税的中小微企业减免租金的科技创新园、众创空间、创业基地、科技企业孵化器、文化产业园等载体，经行业主管部门认定后，按减免金额的30%给予奖励，每个单位不超过100万元。（主责部门：区科技和信息化局、区文创办、文创实验区管委会、区发展改革委）

科技创新园、众创空间、创业基地、科技企业孵化器减免租金政策认定，由区科技和信息化局负责，联系人：刘悦镔、韩娇，电话：（010）64842996、（010）64842989

国家文创实验区范围内的文化产业园减免租金政策认定，由文创实验区管委会负责，联系人：李孟杰、鲁晓钰，电话：（010）67731194、（010）87771210

国家文创实验区范围外的文化产业园减免租金政策认定，由区文创办负责，联系人：周少英、刘莹，电话：（010）65099847、（010）65099891

4.认真落实税费减免政策。疫情期间，对受影响较大的中小微企业停征特种设备检验费、污水处理费、占道费。对受疫情影响纳税申报困难的中小微企业，符合法定条件不能按期申报或按期缴纳税款的企业，可依法办理延期申报或延期缴纳税款，最长不超过3个月。对受疫情影响的个体工商户简化停业手续。延期申报、延期缴纳、个体工商户停业事项均可在电子税务局上办理。（主责部门：区财政局、区税务局）

涉企收费减免政策，区财政局联系人：韩耀辉、马杰，电话：（010）65090755、（010）65090347

涉税相关政策，区税务局联系人：杨娜、张佳秋，电话：（010）87426426、（010）87427908

5.适当延迟缴纳社保费用期限。按照全市统一部署，将2020年1月、2月应缴社会保险费征收期延长至3月底，对于旅游、住宿、餐饮、会展、商贸流通、交通运输、教育培训、文艺演出、影视剧院、冰雪体育等受影响较大的行业企业，经相关行业主管部门确认，可将疫情影响期间应缴社会保险费征收期延长至7月底。延迟缴费期间，不收取滞纳金，不影响正常享受各项社会保险待遇，不影响个人权益记录。（主责部门：区人力社保局）

区人力社保局联系人：李艳秋、田霖，电话：（010）53918591、（010）53918583

三、强化金融支持力度

6.强化线上金融服务。切实发挥朝阳区中小微企业金融综合服务平台作用，鼓励更多银行机构入驻平台，为全区企业提供线上金融服务，实现企业金融服务需求与金融供给的精准匹配和高效转化。（主责部门：区金融办）

区金融办联系人：赵祎堃、苏叶蕾，电话：（010）65978750—888、（010）65978750—826

7.强化企业续贷支持。加强对中小微企业续贷支持力度，提供中小微企业应急续贷金融服务，设立朝阳区中小微企业防疫应急续贷基金专项信托计划，为受疫情影响较大的中小微企业发放应急续贷信用类周转贷款。（主责部门：区国资中心、区金融办）

区国资中心联系人：阎麦英、王岩，电话：（010）84537318、（010）84537588-8013

区金融办联系人：赵祎堃、苏叶蕾，电话：（010）65978750—888、（010）65978750—826

四、保障企业正常运营

8.加大复工复产服务保障。主动做好对企业防疫工作服务指导，加强对商务楼宇疫情防控，全力帮助复工企业、开复工重点建设工程项目采购口罩等急需防疫物资，帮助企业在疫情防控达标前提下开展生产经营活动。努力提供餐饮保障，鼓励支持电商、外卖企业提供无接触配送服务，协调大型餐饮企业提供送餐服务或者订餐自提服务。积极帮助疫情防控期间有需求的企业协调员工住宿周转，解决员工住宿困难。（主责部门：区发展改革委、区住房城乡建设委、区商务局、区文化和旅游局）

涉及商务楼宇疫情防控和复工企业急需防疫物资，区发展改革委联系人：贾楠、陈珊，电话：（010）65090556、（010）65090607

涉及开复工重点建设工程项目急需防疫物资，区住房城乡建设委联系人：王小刚、郝桐，电话：（010）85854120、（010）85565974

涉及餐饮保障，区商务局联系人：范永军、马越，电话：（010）65099184、（010）65094597

涉及员工住宿周转，区文化和旅游局联系人：杨迪、陈军，电话：（010）65027454、（010）65020491

9.鼓励企业稳定工作岗位。认真贯彻落实北京市援企稳岗相关政策措施，对于受疫情影响导致生产经营困难的企业，可以通过与职工协商一致后采取调整薪酬、轮岗轮休、缩短工时、待岗等方式稳定工作岗位。对受疫情影响较大，面临暂时性生产经营困难且恢复有望、坚持不裁员或少裁员的参保企业，可按6个月的上年度本市月人均失业保险金标准和参保职工人数，返还失业保险费。疫情期间，对符合首都功能定位和产业发展方向的中小微企业，截至4月底企业职工平均人数与上年平均人数相比持平或增长20%（不含）以内的，一次性给予该企业3个月应缴纳社会保险费30%的补贴；截至4月底企业职工平均人数与上年平均人数相比增长20%及以上的，一次性给予该企业3个月应缴纳社会保险费50%的补贴。对于享受上述政策的企业，根据岗位需要组织职工（含待岗人员）参加符合规定的职业技能培训，可按每人1000元的标准享受一次性技能提升培训补贴。符合条件的本区失业人员按照有关规定可享受免费培训。（主责部门：区人力社保局）

区人力社保局联系人：朱雅丽、柴军丽，电话：（010）64307301、（010）64364591

10.加大招工用工支持。在疫情期间，通过多种线上途径向社会广泛发布企业岗位供求信息，积极为受疫情影响较为严重的餐饮、商超等企业以及重点建设工程项目对接用工需求。鼓励短期内用工需求较大的企业与受影响较大的餐饮、旅游行业企业开展短期用工合作。（主责部门：区人力社保局）

区人力社保局联系人：刘艳杰、任奕霏，电话：（010）65090432、（010）65090433

五、支持企业参与防疫科技创新和服务保障

11.对涉及防疫领域研发项目予以重点支持。鼓励区内生物医药领域科技企业和相关机构开展针对新型冠状病毒感染的肺炎预防、诊断与治疗创新品种临床研究，鼓励区内人工智能、大数据、智能制造等领域科技企业围绕疫情防控关键环节开展产品研发与技术应用服务，对取得重大突破的，给予奖励支持。（主责部门：区科技和信息化局、中关村朝阳园管委会）

区科技和信息化局联系人：刘伟凡、林鹏，电话：（010）65099685、（010）65099827

中关村朝阳园管委会联系人：段梅、刘亚奇，电话：（010）64318200、（010）64318324

12.为防疫相关新技术、新产品提供应用场景。围绕疫情防控需要，相关部门及时发布涉及防疫设备、治疗药物、楼宇小区疫情智能管理、线上诊疗、线上心理干预、线上授课辅导等重点领域应用场景，并积极推动应用场景落地。加大政府采购和中小微企业购买产品服务支持力度，加大对中小微企业的倾斜力度，进一步提高面向中小微企业采购的金额和比例。

（主责部门：区科技和信息化局、区发展改革委）

涉及场景应用落地，区科技和信息化局联系人：刘伟凡、林鹏，电话：（010）65099685、（010）65099827

涉及加大对中小微企业产品服务采购支持，区发展改革委联系人：车卫红、李建，电话：（010）65090645、（010）65090624

13.鼓励企业积极参与疫情防控物资保障。对疫情防控过程中，在防疫应急物资保障、生活必需品供应储备等方面做出突出贡献的企业，给予奖励支持。（主责部门：区商务局）

区商务局联系人：白杨、卫磊，电话：（010）65099102、（010）65099183

六、精心精准做好企业服务

14.推行“不见面”审批服务。主动发布“网上办”事项清单，鼓励企业优先选取“网上办”“掌上办”服务。开通“邮寄办”服务，对于无法通过网上、掌上办理事项，在电话咨询、远程核实及申报材料准备齐全后，企业可选择快递送达方式提交申请材料，办事结果通过邮政快递免费送达。对确需来大厅办理的事项，在“朝阳政务”微信公众号提供预约办理服务，减少企业工作人员在大厅等待滞留时间。（主责部门：区政务服务局）

区政务服务局联系人：田伟、张怡然，电话：（010）64094634、（010）64681802

15.加强对企业的法律服务。支持各类商协会或行业组织及时收集、整理受疫情影响企业遇到的各类法律问题，并积极向相关单位反映。组织律师事务所、法律专家顾问团队为受疫情影响产生经济纠纷的企业提供咨询、代理服务，降低企业经营风险。（主责部门：区工商联、区司法局）

商协会或行业组织问题反映，区工商联联系人：韩鹏、贾磊，电话：（010）65094914、（010）65094815

企业法律服务，区司法局联系人：刘素红、徐文晖，电话：（010）85821651、（010）85962316

16.提供心理咨询、干预及建设服务。进一步发挥朝阳区24小时健康咨询热线作用，为企业及其员工提供健康咨询服务。支持引导社会组织、专业机构为企业员工提供免费在线心理咨询服务，缓解企业员工紧张情绪。（主责部门：区卫生健康委）

朝阳区24小时健康咨询热线：（010）87789709

区卫生健康委联系人：张玄武、赵瑞萍，电话：（010）65859622、（010）65859631

17.强化对外资企业的沟通服务。进一步做好与外资企业沟通联系，及时回应外资企业关切问题，协调解决外资企业遇到的困难，增强外资企业安心经营稳定发展的信心。在外资企业、外籍人员较为聚集的商务楼宇、产业园区和外籍人员公寓、酒店等地发放英语、日语、韩语等多语种防疫通知通告，增强外籍人员对新型冠状病毒感染的肺炎的自我保护能力。（主责部门：区商务局、区金融办、区外办）

一般外资企业，区商务局联系人：程春、李佳静，电话：（010）65094561、（010）65099189

外资金融机构，区金融办联系人：张春山、王立群，电话：（010）65978750—838、（010）65978750—825

18.加强对重点企业的沟通服务。优化落实重点企业“服务包”工作机制，扩大重点企业“服务包”范围，做好与市、区两级“服务包”企业沟通联系，及时回应企业提出的诉求，对“服务包”企业在疫情防控方面加以支持，提供更多“雪中送炭”服务，积极帮助企业解决 困难和问题。（主责部门：区发展改革委）

区发展改革委联系人：李欣阳、陈珊，电话：（010）65090587、（010）65090607

除经各相关部门认定的直接参与疫情防控工作的企业外，享受以上政策措施的企业须在朝阳区注册纳税，中小微企业须符合工业和信息化部、国家统计局、国家发展改革委、财政部联合发布的《中小微企业划型标准规定》（工信部联企业〔2011〕300号）。上述政策措施自印发之日起实施，有效期至2020年底（文中具体措施有明确期限规定的从其规定，因北京市新型冠状病毒感染的肺炎疫情应急响应结束等原因政策措施不再有必要性的自然失效）。

中共朝阳区委主要文件目录

京朝发〔2020〕2号：中共北京市朝阳区委关于命名表彰朝阳区优秀共产党员优秀党务工作者和先进党组织的决定

京朝发〔2020〕4号：中共北京市朝阳区委北京市朝阳区人民政府印发《北京市朝阳区生态环境保护工作职责分工规定》的通知

中共朝阳区委办公室主要文件目录

京朝办发〔2020〕1号：中共北京市朝阳区委办公室关于中共北京市朝阳区委常委分工的通知

京朝办发〔2020〕2号：中共北京市朝阳区委办公室北京市朝阳区人民政府办公室关于做好2020年春节期间有关工作的通知

京朝办发〔2020〕3号：中共北京市朝阳区委办公室北京市朝阳区人民政府办公室关于印发《区委区政府2020年工作重点任务书》的通知

京朝办发〔2020〕4号：中共北京市朝阳区委办公室关于转发《中共北京市朝阳区委党的建设工作领导小组2020年工作要点》的通知

京朝办发〔2020〕5号：中共北京市朝阳区委办公室关于印发《区委常委会2020年议题计划》的通知

京朝办发〔2020〕6号：中共北京市朝阳区委办公室北京市朝阳区人民政府办公室关于做好2020年五一劳动节假期期间有关工作的通知

京朝办发〔2020〕7号：中共北京市朝阳区委办公室北京市朝阳区人民政府办公室关于做好2020年全国“两会”期间有关工作的通知

京朝办发〔2020〕8号：中共北京市朝阳区委办公室北京市朝阳区人民政府办公室关于印发《朝阳区推进“一廊”地区“五大提升工程”2020年度工作方案》《朝阳区推进城乡发展“六个一百”工程2020年度工作方案》的通知

京朝办发〔2020〕9号：中共北京市朝阳区委办公室印发《关于深化朝阳区纪委区监委派驻机构改革的实施意见》的通知

京朝办发〔2020〕10号：中共北京市朝阳区委办公室北京市朝阳区人民政府办公室关于印发《朝阳区党建引领物业管理暨落实北京市物业管理条例工作方案》的通知

京朝办发〔2020〕11号：中共北京市朝阳区委办公室北京市朝阳区人民政府办公室关于印发《朝阳区迎接中央生态环境保护督察工作方案》的通知

京朝办发〔2020〕12号：中共北京市朝阳区委办公室北京市朝阳区人民政府办公室关于做好2020年中国国际服务贸易交易会期间保障工作的通知

京朝办发〔2020〕13号：中共北京市朝阳区委办公室北京市朝阳区人民政府办公室关于做好2020年中秋、国庆期间有关工作的通知

京朝办发〔2020〕14号：中共北京市朝阳区委办公室北京市朝阳区人民政府办公室关于做好重要服务保障工作的通知

京朝办发〔2020〕15号：中共北京市朝阳区委办公室北京市朝阳区人民政府办公室关于印发《朝阳区公共卫生应急管理体系建设三年行动计划（2020—2022年）》的通知

京朝办发〔2020〕16号：关于做好2021年元旦春节期间有关工作的通知

京朝办发〔2020〕17号：中共北京市朝阳区委办公室北京市朝阳区人民政府办公室《关于做好朝阳区村和社区“两委”换届工作的实施意见的》通知

朝阳区政府主要文件目录

朝政发〔2020〕1号：关于印发《政府工作报告》的通知

朝政发〔2020〕2号：关于印发《北京市朝阳区进一步加快推进城乡水环境治理工作三年行动方案》的通知

朝政发〔2020〕3号：关于开展第七次全国人口普查的通知

朝政发〔2020〕5号：北京市朝阳区人民政府关于街乡落实行政执法责任制的工作意见

朝政发〔2020〕6号：北京市朝阳区人民政府关于明确有关行政执法事项和执法范围的决定

朝政发〔2020〕8号：北京市朝阳区人民政府关于印发《北京市朝阳区国家森林城市建设总体规划（2019—2035年）》的通知

朝政发〔2020〕9号：北京市朝阳区人民政府关于做好当前和今后一个时期促就业稳就业工作的实施意见

朝政发〔2020〕10号：北京市朝阳区人民政府关于印发《朝阳区落实户有所居加强农村宅基地及房屋建设管理的实施细则（试行）》的通知

朝阳区政府办公室主要文件目录

朝政办发〔2020〕2号：关于支持企业应对新型冠状病毒感染的肺炎疫情稳定发展的若干措施

朝政办发〔2020〕3号：关于印发《北京市朝阳区污染防治攻坚战2020年行动计划》的通知

朝政办发〔2020〕5号：关于印发《北京市朝阳区2020年办好重要民生实事项目分工方案》的通知

朝政办发〔2020〕6号：关于贯彻市政府办公厅通知精神为新冠肺炎疫情牺牲烈士和逝世同胞举行全国性哀悼活动的通知

朝政办发〔2020〕7号：印发《朝阳区关于2020年义务教育阶段入学工作的意见》的通知

朝政办发〔2020〕8号：关于落实北京市人民政府办公厅进一步支持中小微企业应对疫情影响保持平稳发展若干措施的通知

朝政办发〔2020〕9号：印发《关于全面推行行政规范性文件合法性审核机制的工作规定》的通知

勘　　误

《北京朝阳年鉴（2020）》发现 1 处错误，特此更正，并向读者致歉。

1. 第 91 页中栏第 6 行条目标题改为“社情民意调研”。

索　引

说　明

本索引以地名、机构名称、活动名称、事件（事物）名称为主题词。主要选自本年鉴正文部分，特载、专文、大事记、区情概览、人物 荣誉、统计资料、附录以及图片不在索引范围内。

本索引按主题词汉语拼音字母顺序排列主题词后面的数字和字母分别表示所在页码和分栏位置（abc 表示本页码左中右三栏）。

汉语拼音索引

A

B

C

D

E

F

H

J

K

L

M

R

S

T

X

Y

数字索引

字母索引